중국 역학사

진복강 저 | 김태관 역

신아사

목차

第二章 만청민초(晩淸民初)의 역학이론(譯學理論)

第三章 민국(民國)시기의 譯論(번역이론)

第四章 신중국(新中國) 성립 이후의 역학이론

중국
역학사

引 言

중국번역자협회에서 발간한 회보《中國飜譯(중국번역)》의 '발간사'에는 "역학이론 연구를 활성화한다."는 구절이 첫머리에 서술되어 있다. 그런데 이때 언급되고 있는 '역학(譯學)'이라는 말은 중문 사전에는 수록되어 있지 않은 단어이다(만약 나의 말을 믿지 못하겠으면 대형 중문 사전인 신판《辭海(사해)》·《辭源(사원)》이나 대만판《中文大字典(중문대사전)》및 일본판《大漢和辭典(대한화사전)》등을 찾아보기 바람.). 이것은 정말 깜짝 놀랄 정도로 소홀함의 극치가 드러나는 부분이다. 왜냐하면, '역학(譯學)'이라는 단어는 이미 오랫동안 사용되어 왔으므로, 사전이나 백과전서에서 제외시킬 만한 이유가 전혀 없기 때문이다. 1993년이 되어서야 비로소《漢語大辭典(한어대사전)》에 "역학(譯學)"이라는 단어를 수록했다고 할 수 있는데, 그러나 例句에 많은 문제가 있다. 다음을 살펴보기 바란다.:

> **【譯學】** 飜譯之學이다. 陶曾佑의《中國文學之概觀》에서는 다음과 같이 적고 있다: "최근의 작품들을 모아놓은 것으로, 더 먼 것은 근대를 넘어서는 것도 있다: 그 왕소농(汪笑儂)의 극본이나, 황공도(黃公度), 장관운(蔣觀雲)의 詩, 임외려(林畏廬), 엄후관(嚴侯官), 마군무(馬君武)의 역학(譯學)·집첩선(陳蝶仙)·석상생(惜霜生)의 詞曲, 양음빙(梁飲氷), 유광한(劉光漢), 장태염(章太炎), 유아려(柳亞廬)의 논문, 허냉혈(許冷血), 천소생(天笑生), 이백원(李伯元), 첩현생(喋血生)의 소설 등등은 일반문인들이 숭배한다."

위에서 인용한 인증문의 "역학(譯學)"이란 용어를 "劇本"·"詩"·"詞曲"·"論文"·"小說" 등과 함께 같이 거론하고 있어, 그 뜻이 결코 "번역지학(飜譯之學)"이라는 의미로 볼 수는 없고, 함께 거론된 것들과 상응하는 "譯作(번역한 작품)" 또는 "譯品(번역한 작품)"으로 해석하여야 할 것이다. 이 용어는 예를 잘못 들었거나, 의미를 잘못 해석한 것이라고 해야 할 것이다.《漢語大辭典(한어대사전)》은 語彙의 語源에 대해서 중요하게 생각을 하지 않았으며(나는 이것이 이 사전의 가장 큰 결점이며 실수라고 생각한다.) 語源을 찾는 것에 주의를 기울인《辭源(사원)》은 어이없게도 빠뜨려버려, 사람들로 하여금 "譯學"이라는 단어의 유래를 찾을 수 없도록 만들어버렸다.

2010년에 비로소 최신 수정된 《辭海(사해)》에 비록 "譯學"이라는 단어가 수록되지는 안했지만, "飜譯學"이라는 새로운 단어가 첨가되었다. 당연히 진일보한 것이라 평가할 만하다. 그러나 애석한 점은 그 해석이 별로 과학적이지 못하다는 것이다.

> **【飜譯學】** 번역활동의 전 과정을 연구하여 그 가운데의 규율과 특징을 밝혀내어, 이로서 번역의 실천을 지도하는 學科(학문분야)이다. 구체적인 내용은 번역의 성질과 원리, 번역이론과 기교, 번역단위와 번역방법, 번역인재의 배양과 번역사 등을 포함한다.

이 문장의 문리와 어귀가 잘 통하지 않는다(예를 들면 "學"과 "학과"는 서로 다른 두 개의 개념이니, 이를 혼용하면 안 된다.)는 것은 잠시 접어두고, 단도직입적으로 말하면, "飜譯學"의 "구체적 내용"에 어찌 "飜譯單位"를 포함시킬 수 있겠는가? "飜譯單位"라는 것이 번역과 관련된 기구나 조직을 가리키는 것인가, 아니면 번역 중의 문법구조를 가리키는 것인가? 또 "飜譯單位"를 "飜譯方法"과 함께 나란히 거론할 수가 있느냐? 정말로 다소 애매모호하다. 나는 사전 중에 나타난 위에서 이야기한 상황들은 사람들이 "譯學"(또는 飜譯學)에 대해서 거의 이해하지 못하고 있다는 사실을 반영하는 것은 아닐까? 하고 생각해 본다. "譯學"이 아직까지도 진정으로 설립되지 않았다거나, 어쩌면 아직까지도 정식으로 승인되지 못한 이러한 상황을 말해주는 것은 아닐까? 이것은 번역 종사자들이 깊이 생각할 만한 가치가 있는 문제이다.

그러나 어떻게 이야기하던 "譯學"이라는 단어는 일찍부터 있어 왔다. "譯學"이 바로 "飜譯學"이며, 또 "飜譯之學"이다. 어떤 사람은 "譯學"이란 단어의 첫 번째 義項(의미)가 飜譯學, 飜譯之學이라고 말한다. 이것은 말할 필요도 없다. 그렇다면, "譯學" 또는 "飜譯學"이라고 부르는 이러한 명사들을 우리의 선조들은 언제부터 처음 사용하기 시작하였을까? 이 문제에 대해서 아직까지 누구도 거론하지 않았던 것 같다. 나는 고견들을 듣기 위해서 나 자신의 견해부터 먼저 이야기해보고자 한다.

나는 "飜譯學"이라는 용어는 清代이전의 옛사람들은 사용할 수 없는 것이라고 생각한다(이 문제는 고대한어합성어의 발전법칙 등의 이치와 관계되는 것으로, 복잡한 문제이기 때문에 여기서는 이야기하지 않기로 한다.). 나는 일찍이 당(唐)나라 때 시인 유우석(劉禹錫)이 쓴《送僧元暠南游(송승원고남류)》라는 시 한수를 본 적이 있는데, 첫 句가 "寶書飜譯學初成(불경의 번역함에 배움이 처음으로 이루어졌다.)"인데, 이 詩句 속의 "飜譯學" 중의 "學"字는 당연히 아래와 붙여서 읽어야 한다. 이것은 飜譯學이라고 할 수 없다. 그러나 "譯學"이라는 용어는 내가 생각하기로는 적어도 隋唐이전, 서기 6세기, 南北朝시기에 이미 있었으며 이 용어는 마땅히 불경번역계에서 처음으로 만들어 사용했을 것이라고 생각한다.

"飜譯之學"은 본래부터 하나의 명사가 아니었으며, 청(淸)대에 와서야 비로소 보인다. 예를 들면, 이문전(李文田)의《元祕史注(원비사주)》卷十四에 "飜譯之學未精也(번역지학은 면밀하지 못하다.)"고 적혀있는 것, 반뢰(潘耒)의《遂初堂文集(수초당문집)》卷三과《類音(류음)》卷一《音論(음론)》에 모두 수록된《反切音論(반절음론)》이란 글에서 "범문서적(梵文書籍)이 들어온 이래로, 번역지학(飜譯之學)이 일어났다."고 적고 있는 것,《四庫全書總目(사고전서총목)》卷四三. 經學, 小學類存目一《華夷譯語(화이역어)》의 提要에서 "明人于飜譯之學, 依稀影向, 十不得一(明나라 사람들은 飜譯之學에 거의 영향을 받지 않은 듯하다, 아마도 10명 중 한 명도 영향을 받지 않은 듯하다.)"고 적은 것, 장지동(張之洞)의《勸學篇(권학편)》卷下外篇《廣譯(광역)》에서 "飜譯之學有深淺(번역지학에도 (수준의) 깊고 얕음이 있다.)"고 적고 있는 것 등등이 있다. 이 이전 당(唐)나라 때에도 "飜譯之學"이라고 부르기도 하였는데, 釋玄奘(玄奘스님)이 쓴《大唐西域記(대당서역기)》卷十二《二十二國》에 보인다. 그러나 "飜譯學"과 "飜譯之學"의 내용은 크고 작은 차이가 있으니, 같은 양으로 같이 볼일은 아닌 것 같다. 원대(元代)에는 "상서역제지학(象胥譯鞮之學: 象胥譯鞮는 동서남북의 각 지역의 통역을 부르던 호칭)"이라 부르기도 하였는데, "譯學" 또는 "飜譯學"과 동의어라 할 수 있는데, 元나라 사람 오징(吳澄)이 쓴《吳文正集(오문정집)》卷三三《送李見翁巡檢序(송이견옹순검서)》에 보인다.

현존하는 수(隋)나라 당(唐)나라 때에 편집한 불경목록에는 "譯學士"란 호칭이 보이고 있다. 예를 들면, 수(隋)나라 비장방(費長房)이 쓴《歷代三寶紀(역대이보기)》卷十一《譯經(역경)》, 당(唐)나라 때 석도선(釋道先)이 지은《大唐內典錄(대당내전록)》卷《五》上《歷代衆經傳譯所從錄(역대중경전역소종록)》第一之五. 당(唐)나라 때 석원

조(釋圓照)가 지은《貞元新定釋教目錄(정원신정석교목록)》卷十《總集群經錄(총집군경록)》上之十, 당(唐)나라 때 석지승(釋智升)이 쓴《開元釋教錄(개원석교록)》卷七《總括群經錄(총괄군경록)》上之七 등에 모두《佛頂咒經并功能(불전주경병공능)》一卷을 수록하고 있는데, 모두가 다 "保定四年, 譯學士鮑永筆受(보정 4년에 역학사 鮑永이 필수했다.)" 하고 注를 분명하게 달고 있다. "保定"은 北朝의 北周, 武帝인 宇文邕의 년호로, 保定4년은 곧 564년이다. 만약 남북조시대에 "譯學"이라는 용어가 없었다면, 어찌 "譯學士"가 있을 수 있었겠는가?

宋나라 때 석찬녕(釋贊寧)이 쓴《宋高僧傳(송고승전)》卷四《義解篇(의해편)》卷二之一《唐新羅國順璟傳(당신라국순경전)》의 첫머리에서 "唐順璟者, 浪郡人也, 本土之氏族, 東夷之家系, 故難詳練, 其重譯學聲教, 蓋出天然(唐나라 順璟스님은 浪郡사람으로 본토의 씨족이기는 하나, 東夷의 가계이다. 따라서 (경전을) 상세하게 익히는 것이 힘들어, 그는 역학과 聲韻學을 매우 중요시하였는데, 그것은 너무나 자연스러운 일이었다.)."고 적었다. 이 역시 당(唐)나라 때 이미 "역학(譯學)"이라는 용어를 사용하고 있었다는 사실을 설명해 주고 있다.

역학은 어떤 성질을 가지고 있는가, 어떤 내용을 반드시 포함해야 하는가, 어떻게 체계를 잡아나가야 하는가 하는 등의 문제에 대하여 현재 학술계에서 활발한 논의가 이루어지고 있으므로 여기서는 그에 대한 언급은 잠시 보류해 두기로 한다. '譯學理論'은 곧 '飜譯理論'을 지칭하는 것으로 통용되고 있는데, 이는《中國譯學(중국역학)》'發刊詞'의 영역문을 보아도 잘 알 수 있다. 비록 역학이라는 단어가 사전마다 모두 누락되어 있기는 하지만 어느 누구도 '譯論(飜譯理論)'이 오랫동안 존재해 왔다는 사실을 부인할 수는 없다.

번역이론과 번역실천의 관계도 인류 인식발전의 일반적인 변증법의 지배를 받는다. 번역실천이 어느 정도의 수준에 이르면 필연적으로 번역이론이 뒤따라 나타나게 된다. 그러나 번역이론이라는 것이 지금까지 존재하지도 않았고, 또 존재할 필요도 없었다고 강력하게 주장하는 사람들이 있다. 어떤 사람들은 외국에는 어쩌면 번역이론이 있을지도 모르지만, 중국에는 근본적으로 번역이론이라는 것이 존재하지 않았을 것이라고 한다. 그들은 만약 중국에 번역이론이 있었다 하더라도 한 두 마디 정도의 단편적인 기록에 불과하기 때문에 지엽적이고 순간적으로 떠오른 생각들로 채워져 있어서 거론할 가치조차도 없다고 말한다. 또 어떤 사람들은 중국에는 나름대로의 체계가 잡힌 번역이론이 있었다고 말하기도 한다. 또 어떤 사람은 '案本(원본에 충실할 것)', '求信(원본의 뜻을 살림)', '神似(원본의 정신을 살림)', '化境(원본의 것을 그대로 번역본에 옮겨놓음)' 등 여덟 자로 중국의 번역이론과 그 발전 역사를 개괄하기도 한다. 이러한 주장들이 과연 타당한 것인가, 일부에서 주장하는 바와 같이 중국의 번역이론은 정말로 거론할 가치조차 없는 것인가, 또 중국의 번역이론은 체계가 명확하게 확립되어 발전해온 것인가, 역사의 진상을 밝히는 것은 물론, 이러한 의문들에 대한 정확한 답을 찾기 위해서도 중국 역학이론사라는 책이 반드시 한 권은 있어야 할 것으로 생각되었다. 이것이 이 책을 쓰게 된 첫 번째 이유이다.

번역이론 수준의 높고 낮음이나 그것의 흥망 여부는 번역 실천이 이론을 얼마나 필요로 하느냐 하는 정도에 따라 결정된다. 또한 번역이론이 발전하여 오늘날 중국 번역 사업이 급속하게 성장하는 데에 뒷받침해 주기를 기대한다. 예를 들어 번역이 사회와 자연 환경을 개조함에 있어 어떤 역할을 하는가, 번역 작업은 어떤 조직을 필요로 하는가, 번역가는 어떤 조건을 구비해야 하는가, 어떻게 해야 정확한 번역을 할 수 있는가, 번역을 평가하는 표준에는 어떠한 것이 있는가 하는 등의 문제들에 대해서 선행 연구들은 우리에게 많은 자료를 제공해 주고 있다. 번역이론가들만 번역이론사를 이해함으로써 자신의 교양을 쌓는 데에만 활용할 것이 아니라 외국어 전공 학과에 재직 중인 선생님들도 학생들을 교육하는 데 있어 번역이론사를 이해할 필요가 있다. 이것이 내가 이 책을 쓰는 두 번째 이유이다.

번역이론의 발전은 끊임없이 변화하는 무한한 과정이다. 중국의 번역이론도 날로 새로워지고 수준이 높아져야 한다. 그러나 새로워진다고 하는 것도 전통의 기초 위에서만 가능하며, 수준이 높아진다는 것도 원래의 출발점이 있어야 거기서부터 높아질 수 있다. 뿐만 아니라 언어와 문자라는 것은 민족의 특성을 띠고 있는 것이기 때문에 각국의 번역이론도 자국의 역사적 구조와 특정의 문화적 토양에 깊이 뿌리를 내리고 있다. 따라서 중국의 번역이론도 중국 민족의 특색을 띨 수밖에 없다. 역사의 맥락을 단절시킬 수도 없고 민족이라는 인식을 지워버릴 수도 없다. 횡적으로 남의 것을 배워오는 것도 중요하지만, 종적으로 자신들의 전통을 계승하는 문제도 대단히 중요하다. 따라서 번역 사업에 관한 연구를 진행시키고 번역이론의 수준을 끌어올리려고 한다면 반드시 먼저 중국 번역이론사를 연구하여 먼저 '가정의 자산'을 정리하고 가정의 족보를 분명히 정리하고 나서야 비로소 발전을 추구할 수가 있다고 할 수 있다. 이것이 내가 이 책을 쓰는 세 번째 이유이다.

번역이론은 그 자체가 종합적이고 개방적인 체계를 가지고 있으므로 언어학에서부터 문예학, 철학, 심리학, 미학은 물론이고 수학, 논리학 및 신생 학문인 부호학, 정보학 등 수많은 학문 분야와 예술 부문들과 관련을 맺고 있다. 그러면서도 번역이론은 그 나름대로의 독립성을 유지하고 있다. 예를 들면 번역이론은 언어학과 가장 밀접한 관련이 있다. 언어학과 서로 교차하고 중복되는 부분이 있어서 언어학의 원리를 빌려 와서 언어 간의 전환에 대한 규칙을 밝혀낼 수 있다. 그러나 번역이론은 결코 언어학에 의존하지는 않는다. 번역이론은 문예학이나 문체학의 원리를 빌려 와서 번역문의 풍격이나 운율 등의 문제를 논할 수는 있지만, 번역이론이 문예학이나 문체학에 예속될 수는 없다. 이를 뒤집어 이야기하면, 번역이론의 성과는 언어학, 문예학, 심리학, 철학 등의 연구에 많은 사례를 제공하고 이들 학문의 발전을 촉진하는 결과를 가져올 수 있다. 예를 들면 비교문학 가운데 영향 연구는 반드시 번역이론을 빌려 와서 매개학의 기초로 삼는다. 이들과 관련된 분야의 연구자들도 번역이론사라는 책이 있다면 반드시 참고할 만한 가치가 있을 것이다. 이것이 내가 이 책을 쓰는 네 번째 이유이다.

지금까지 이 책을 쓰는 이유를 이야기했으니, 이제 이 책을 쓰는 방법에 대해서 소개하고자 한다.

번역이론은 어떤 것을 포함해야 하는가에 대해서 그동안 학술계에서는 적지 않은 논의가 있어 왔다. 어떤 사람은 '案本(원본에 충실할 것)', '求信(원본의 뜻을 살림)', '神似(원본의 정신을 살림)', '化境(원본의 것을 그대로 번역본에 옮겨놓음)' 등에 대한 논술이 바로 번역이론이라고 생각했다. 또 어떤 사람들은 번역이론을 기초 번역이론, 응용 번역이론 및 발전 번역이론으로 나누어야 한다고 생각하기도 하였다. 나의 좁은 소견으로는 서양의 문학 이론가들이 문학을 연구할 때 내부연구와 외부연구로 나누는 것을 참고하여 번역이론도 내부 연구와 외부 연구로 나누거나, 아니면 중국의 고대 사상가들이나 문학가들이 자신들의 저서를 편집할 때 사용하던 양식을 참조하여 번역이론도 '內篇'과 '外篇'으로 나누는 것이 좋다고 생각한다.

내편(內部硏究)은 곧 본체 연구로, 번역의 기본 이론, 번역의 실제·원리·표준, 번역의 사유 방법, 가역성 문제, 번역의 방법론(直譯, 意譯, 音譯 등), 번역 순서론, 번역 미학, 번역의 예술·풍격·기교 등과 같은 번역이론의 핵심적인 내용 등이 포함된다.

외편(外部硏究)은 번역과 외부와의 관계를 연구하는 것이다. 예를 들면 번역과 관련이 있는 철학·사회학·문화학·언어학·심리학 등과의 관계를 연구하는 것을 말한다. 여기에는 그밖에도 번역의 교학문제, 번역비평의 건설 문제, 번역자들을 양성하는 문제, 번역자들이 갖추어야 할 소양 문제, 번역을 하는 데에 반드시 필요한 사전과 교재의 편찬 문제·외국 학자들과의 교류 협력 문제 등이 포함된다.

물론 이러한 분류는 상대적인 분류에 불과할 뿐 절대적인 분류는 아니다. 예를 들면, 번역의 사회적 기능에 대한 연구는 간단하게 내편이나 외편으로 분류할 수 있는 문제가 아니다. 왜냐하면 이 문제는 번역의 본질적인 문제를 내포하고 있을 뿐만 아니라 번역과 사회와의 관계를 포함하고 있기 때문이다. 또한 이 책에서 하고 있는 작업은 어느 부류에 속한 것이냐에 대한 물음도 제기될 수 있다. 따라서 위에서 나눈 분류라는 것은 대략적인 분류에 불과할 뿐이다. 사실 번역이론을 반드시 이러한 두 부류의 내용으로 나누어야 한다고 이야기하는 것은 중국 역사상 존재하였던 위와 관련된 이론들을 모두 이 책에서 논의 대상으로 삼겠다는 뜻이다.

중국의 역사상 번역이론은 위에서 설명한 것과 같이 내외 편으로 나누어 체계적으로 설명된 적이 없으므로 앞으로 연구해야 할 분야가 적지 않다고 할 수 있다. 그러나 전반적으로 볼 때 대부분의 영역들이 다소간의 차이는 있지만 이미 연구된 부분도 있고 어떤 측면에서는 (예를 들면 근대 이후 번역의 사회적 공헌 등에 관한 논의) 서양의 학자들이 소홀하기 쉬운 부분까지도 상당히 많은 논의들이 전해져 내려오고 있다. 이러한 것들은 중국 선조들이 번역의 양 측면에 대해서 어느 한 쪽으로 치우치지 않는 훌륭한 전통을 유지해 오고 있었다는 사실을 보여주고 있다. 우리보다 체계적으로 발전된 서양의 현대 번역이론이라 할지라도 아직은 완전하고 과학적인 체계를 갖춘 번역학이라고 말하기는 어렵다. 지난날 그들의 연구는 외부 연구를 소홀히 하는 편향된 경향을 보였다. 그들의 번역이론사도 아직까지도 공백으로 남아 있는 부분이 많으며, 그들 또한 지금까지도 변변한 번역이론사 한 권을 가지고 있지 못한 실정이다. 따라서 중국인들도 스스로 자신을 지나치게 비하할 필요는 없을 것 같다. 중국 역사상 존재했던 번역과 유관한 내외 방면의 이론들을 통해 그들이 가지고 있는 특징과 장점 및 단점들을 보여주면 되는 것이다.

중국의 역학이론의 발전은 기본적으로는 번역사와 그 궤를 같이 하고 있다. 번역사에 있어 분기문제는 아직까지는 깊이 있는 토론이 이루어지지 않았으며, 학자들마다 다소간 차이가 있는 주장을 펴고 있을 뿐이다.

예를 들면 주작인(周作人)은 번역사의 분기를 아래와 같은 세 단계로 나누고 있다. 一. 육조(六朝)에서 당(唐)에 이르는 불경번역시기, 二. 청말(淸末)의 성경 번역에서부터《時務報(시무보)》시기, 三. 엄복(嚴复)과 임서(林紓)의 과도기를 거쳐 신문학 시기(이 책 제4장 周作人 일절)까지로 나눈 것이 그것이다. 구주상(裘柱常)은 一. 당(唐)나라 이전의 불경 번역 시기, 二. 청말(淸末) 서방의 문학, 철학, 과학 등이 전래된 이후의 번역 시기로 나누는 것이 적절하다고 하였다. 마조의(馬祖毅)는 一. 동한(東漢)에서 송(宋)나라 때까지의 불경번역 시기, 二. 명말(明末)에서 청초(淸初)까지의 과학 번역 시기, 三. 아편전쟁 이후의 서학 번역 시기(마씨의《中國飜譯簡史》참조) 등 5·4 운동 이전에 번역이 고조에 달한 시기가 3차례 있었다고 생각했다. 이 책에서는 서술의 편의를 위해 일반적인 중국사의 시기 구분법에 따라서 고대, 근대, 현대, 당대로 나누어 살펴보기로 한다.

고대 역론에서는 주로 육조(六朝)시대에서 송(宋)나라 때까지의 불경번역과 명청(明淸) 시기의 과학기술 번역 및 종교 번역 등 번역이 고조에 달한 두 시기와 관련한 번역이론을 포함하고 있다. 그러나 이 책에서는 선진 시기의 번역과 관계된 단편적인 기록들로부터 이야기를 시작하여 소수 민족들의 단편적인 번역이론에 대한 언급, 그리고 새로 발견된 건륭 초기의《繙淸說(번청설)》로 마무리하고자 한다.

만청민국초(晩淸民國初)의 역론에서는 아편전쟁 이후부터 5·4 운동 이전까지의 역론을 살펴보고자 한다. 여기서는 유신파 인사들의 번역이론이 주를 이루겠지만 양무파의 번역이론도 간단하게 소개하고, 마지막에서는 장사쇠(章士釗), 호이로(胡

以魯) 등의 명사의 번역에 관한 논의와 호회침(胡懷琛)이 쓴 최초의 역시(譯詩) 이론에 대해서도 기술하고자 한다.

민국시기(民國時期)는 《新青年(신청년)》, 《新潮(신조)》, 문학연구회(文學研究會), 창조사(創造社) 등의 유명한 문학 동인지들의 대표적인 인물들의 번역이론과 노신(魯迅), 구추백(瞿秋白) 및 임어당(林語堂), 진서형(陳西瀅) 등 30년대의 서로 다른 경향을 대표하는 인물들의 번역이론 및 3, 40년대의 애사기(艾思奇), 하린(賀麟) 등과 같은 철학자들의 번역 관계 이론도 소개하고자 한다.

신중국 건립 이후 40년간의 번역이론은 이를 다시 문화대혁명을 경계로 하여 두 부분으로 나누어 약간의 대표성을 띠는 철학자들의 번역이론을 차례대로 서술하고, 동시에 원로 혁명가들의 번역이론과 홍콩이나 타이완에 거주하는 번역이론가들의 논술 등에 대해서도 언급하고자 한다.

여기에는 여러 가지 문학 이론사를 참고하여 두 가지의 구체적인 서술방법을 적용하기로 하였다. 한 가지는 역사 발전의 순서에 따라 중요한 번역이론가들을 뽑아서 한 사람씩 따로 소개를 하고 평을 하는 것이다. 다른 한 가지는 시간의 선후에 관계없이 자신의 견해와 이론적 계획에 따라 관련 자료들을 새롭게 조합하여 어떤 유형(類型)이나 유파(類派)에 따라 나누고, 여기에 종합적인 서술을 해 나가는 것이다. 전자의 단점은 서술이 너무 평이하게 흘러 '나무만 보고 숲을 보지 못하게' 되어 각 개인의 번역이론에 대한 평론을 한데 모아놓은 것처럼 되고 만다는 것이다. 그 반면에 중요한 번역이론가들에 대해서 상세하게 서술할 수 있어서 연구자들에게 비교적 많은 자료정보를 제공할 수 있다는 장점이 있다. 후자의 경우, 쉽게 주관적으로 흘러 '숲만 보고 나무를 보지 못하게' 되어 사료를 발굴하지 못하거나 상세한 자료가 없을 경우에는 '이론이 역사를 대체하여' 선인들의 관점을 재단하는 등 자신이 미리 설정해 놓은 틀 속에 채워 넣을 수 있다는 문제점이 있다. 뿐만 아니라 이러한 방식은 사건의 내용을 부각시키기 위해 사소한 부분들을 방치함으로써 독자들이 번역이론가 개인들을 온전하게 이해할 수가 없다는 단점 또한 지닌다. 그러나 이 방법은 '이론성'과 '체계성'을 쉽게 드러낼 수 있다는 장점이 있다.

이제 전문적인 연구가 시작되는 단계에 있고 자료의 수집도 미비한 단계에 놓여 있는 현실을 감안하면 당연히 전자의 방법 활용하는 것이 적절할 것으로 보인다(현재는 모두 고인이 되셨지만, 내가 복단대학에 다닐 때에 가르침을 받았던 곽소우(郭紹虞), 주동윤(朱東潤) 두 분의 선생님께서 중국문학비평사를 쓰실 때에도 앞의 방법을 채택하셨음.). 후자는 왠지 모르게 구마라십(鳩摩羅什) 스님이 말씀하신 '밥을 씹어서 입에 넣어주는 것'과 같은 느낌을 지워버릴 수가 없다. 나의 개성이나 취향 등을 미루어 보아도 전자의 방법을 선호할 수밖에 없으므로(씹지도 않고 토해내는 그러한 방법은 당연히 취할 수 없음.) 나는 기본적으로 전자의 방법을 취하고자 한다. 두 가지 방법 가운데 좋은 점은 취하고 나쁜 점은 버리는 방법을 선택하려 하지만 경우에 따라서는 종합, 논술하는 방법도 활용하기로 한다. 동시에 한 개인 번역이론가의 독립적인 번역이론이 되지 않도록 최대한 노력하여 각 편이 역사적인 관점에서 서로 관련이 있음을 서술하고 또 유기적인 연결이 되도록 하겠다. '정곡을 찌르는 짧은 평어로 서술하여' 그들의 주요한 공헌을 드러내기 위해 노력하고자 한다. 어떤 문제나 어떤 관점을 누가 처음으로 제기하였고, 어느 번역이론가는 선인들에 비해서 어떤 점이 선인들을 능가하였으며, 어떤 내용을 더 발전시켰는지를 찾아내는 데 특별히 더 주의를 기울이려 한다. 고대 역론에 대해서는 남아 있는 자료가 매우 적다. 남아 있는 단편적인 기록들은 마치 큰물이 모래를 쓸어 내려간 것처럼 모두가 소중한 보석과 같은 것이어서 이들에 대해서도 상세하게 서술하고자 하였다. 현대와 당대의 번역이론은 이론가들이 비교적 많고 논점이 서로 중복되는 것도 많기 때문에 가장 중요한 이론가들을 선별해서 서술하였다. 번역이론사의 공백기에 대해서도 있는 그대로를 반영함으로써 각 시기가 서로 연결이 되게끔 하였다. 종합적으로 말하자면 이 책에서는 비교적 영향력이 크거나 의의가 있는 번역이론가와 번역학 유파의 관점에 대한 평설을 기술함으로써 중국 번역학이론의 윤곽을 그려내고 그 흐름을 정리하여 자료를 제공하고, 거기에다 나의 견해를 덧붙여 연구자들에게 도움을 주고자 하였다. 평범하다는 질책이야 면하기 어렵겠지만, 이것은 향후 연구를 위한 밑거름이 되기 위한 것이니 번역학의 깊은 의미도 모르는 문외한이라는 비난이라도 면했으면 하는 바람이 있을 뿐이다.

第一章
중국 고대의 역학이론

一. 최초의 번역과 단편적인 논술

세계 각지의 오랜 인류들은 노동을 하는 가운데 자신들의 언어를 창조했는데 이들 언어들은 각종 언어 계통에 속하게 되었다. 이후 서로 간의 교류 가능성이나 필요가 있기만 하면 번역 활동이 없을 수가 없었을 것이다. 따라서 번역의 역사는 각지의 원시 인류들이 서로 다른 언어를 도구로 하여 교류를 하던 그때부터 시작되었다고 할 수가 있다. 우리는 번역의 역사가 얼마나 유구한지 가히 상상할 만하다. 여기서 이야기한 번역이라는 것이 엄격한 언어 번역만을 이야기할 때에는 아마도 언어가 태어난 것보다는 약간 늦다고 해야 할 것이다. 그러나 손짓 발짓을 통한 의사소통이나 도형 문자까지도 언어라고 가정하고 부호 역시 언어라고 가정한다면 번역의 역사는 언어의 역사와 그 궤를 같이 한다고 할 수 있을 것이다.

모두가 다 아는 바와 같이 일찍이 선사시대부터 중국 각 지역의 부락이나 민족 사이에 교류와 융합이 있어 왔다. 중국의 화하민족(華夏民族)은 아주 오랜 옛날부터 먼 곳에 사는 다른 주민들과 교류를 시작했다. 옛 문헌의 기록과 학자들의 연구에 의하면 멀리 하(夏)나라 때 황하 유역에 살고 있던 선민들은 이미 외 바이칼호와 미네르신스크 지역에 살고 있던 주민들과 내왕이 있었다고 한다. 최초에 '적력(狄歷)'이라고 불리던 '북해(바이칼호)'에 살고 있던 정령(丁靈) 민족과 하(夏)나라 때에 중국에서 만났으니, 이것이 바로《虞書, 益稷(우수, 익직)》에서 말하고 있는 '弼成五服', '外薄四海'(중앙의 정치를 안정시키고, 그 교화가 멀리 四海에까지 미치게 한다.) 중의 하나일 것이다(沈福偉의《中西文化交流史》를 참고하기 바람.). 당(唐)나라 이전의 고문헌을 정리하여 만든, 송나라《冊府元龜》라는 책의《外臣部, 朝貢》편에는 적지 않은 기록이 남아 있다. "夏后가 즉위한지 7년이 되던 해에 오랑캐 지역에서 손님이 왔다.", "소강(小康)이 즉위 3년이 되던 해에 방이(方夷)가 손님으로 왔다."고 하는 것이 그것이다. 이들 먼 지역에서 조공을 드리러 온 사자들은 서로 언어가 통하지 않았을 것이므로 통역이 있어야 의사소통이 가능했을 것이다. 물론 하(夏)나라, 상(商)나라 때 번역 활동과 관계된 기록은 찾지 못하고 있으므로 이 이야기는 추측에 불과하다. 은허에서 발견된 갑골문에서도 번역과 관계된 기록은 현재까지 발견된 적이 없다.

그러나 주(周)대에 이르면 역외 민족들과 교류한 역사적 사실에 대한 기록이 많아졌을 뿐만 아니라 번역 활동에 대한 명확한 기록들이 발견되었다. 《周禮(주례)》와 《禮記(예기)》라는 두 고서 속에는 주(周)나라 당시의 통역관의 전문 직명까지도 기록되어 있다. 《冊府元龜(책부원귀)》라는 책의 《外臣部, 鞮譯(외신부, 제역)》에는 주나라 때의 번역에 관한 일을 아래와 같이 기록하고 있다.

> 주공이 섭정을 한지 3년째 되던 해 월상(越裳)국에서 세 명의 상서(象胥)를 통해 중역(重譯)을 해서 흰 꿩을 조공으로 바치면서 아래와 같이 말하였다. "길은 멀고 산천이 가로막고 있어 말이 서로 통하지 아니하여 중역을 해서 조공을 바칩니다." 따라서 《周官(주관)》에 의하면 "상서(象胥)는 만이민맥융적(蠻夷閩貉戎狄: 중국을 둘러싸고 있는 소수민족들) 등의 나라를 담당하고, 사(使)는 왕의 말씀을 전하되 분명하게 전하는 것을 담당했다."고 한다.

같은 책 《外臣部(외신부)》의 《朝貢(조공)》 一章에는 또 다음과 같이 적고 있다.

> 주공이 섭정을 한 지 6년째 되던 해에 예(禮)를 제정하고 악(樂)을 만듦으로써 천하가 태평하여졌다. 교지(交趾)국의 남쪽에 있는 월상(越裳)국에서 세 명의 통역관을 통해 중역을 해서 흰 꿩을 조공으로 바치면서 다음과 같이 말했다. 길은 멀고 산천이 가로 막고 있어 말이 서로 통하지 아니하여 중역을 해서 조공을 바칩니다.

위의 두 문장에서 월상국의 사자가 세 사람의 통역을 통해 중역을 해서 이야기했다는 구절은 일치하고 있다. 이 말은 통역의 필요성에 대해서 이야기하고 있는 것이다. 한 곳에서는 '섭정을 한 지 3년 째 되던 해'라고 말하고 있고 또 다른 쪽에서는 '섭정한 지 6년째 되던 해'라고 말하고 있지만, 어찌 되었든 간에 중국에서는 아무리 늦어도 기원전 11세기에는 이미 다중의 重譯을 통해서 교류한 역사적 사실이 있었다는 것을 알 수 있다. 여기에 기록되어 있는 '象胥'는 세계에서 가장 빠른 3천 년 전의 통역에 대한 기록이다.

소위 말하는 '상서(象胥)'라는 것은 고대의 통역관에 대한 직명이다. 첫 인용문에서 언급한《周官》(곧《周禮, 秋官》을 가리킴.) 역시 그것이 직책임을 분명히 말해 주고 있다. 또《周禮, 王制》에 근거하면 '象胥'는 주로 남방 각지를 책임지는 통역관의 명칭이었고, 주대에는 다른 지역을 책임지는 통역관들에게도 각기 다른 정식 명칭이 있었다고 한다.

> 오방(동서남북중)의 백성들이 서로 언어가 통하지 아니하고, 원하는 바도 서로 달랐다. 그들의 의사를 서로 통하게 하고 서로가 원하는 바를 서로 통하게 하는 자가 있었으니, 동방을 담당하는 통역관을 기(寄)라 하고 남방을 담당하는 통역관을 상(象)이라고 하며, 서방을 담당하는 통역관을 적제(狄鞮)라 하며, 북방을 담당하는 통역관을 역(譯)이라고 하였다.

동한(東漢) 때 사람 정현(鄭玄)이 쓴《禮記注》에 의하면 이러한 명칭은 "모두 속인들이 사용하는 명칭인데 전부 맡은 일을 가리키는 것이다. '제(鞮)'는 곧 '지(知: 아는 것)'를 말한다. 오늘날 기부(冀部)에는 '적제(狄鞮)'라는 것이 있다."라고 하고 있다. 당(唐)나라 때 사람 공영달(孔穎達)이 쓴《禮記正義》에는 더욱 더 상세하게 설명하고 있다. "기(寄)는 내외(중국과 오랑캐 지역)의 언어를 전기(傳寄: 전달하는 것)하는 것을 말한다.", "象이라는 것은 내외의 언어가 서로 닮아가게 하는 것이다(의사가 소통되게 하는 것).", "적재(狄鞮)라는 것은 狄은 知이니, 이적(夷狄)의 언어를 전달되게 하여 중국의 언어와 서로 알게 하는 것을 말한다.", "譯은 陳(펼치는 것)이니, 내외의 언어를 펼쳐 말하는 것을 이른다." 그러나 당(唐)나라 때 사람 가공언(賈公彦)이 지은《周禮義疏(주례의소)》에서는 다음과 같이 해석했다. "역(譯)이라는 것은 바꾼다는 뜻이니, 언어를 서로 바꾸어 해석이 되게 하는 것이다." 결론적으로 말하면, 이 네 가지 명칭은 서로 비슷한 것이어서 고대에는 '상기(象寄)', '제역(鞮譯)' 등의 명칭도 존재했다. 후대에 오면 통역관들을 지칭하는 더욱 더 통속적인 명칭도 존재했다. 예를 들면《呂氏春秋, 功名(여씨춘추, 공명)》편에는 '만이반설(蠻夷反舌)'이라는 말이 나오는데 동한(東漢) 때 사람 고유(高誘)가 주를 달아 다음과 같이 언급했다. "융적(戎狄)의 언어가 중국과 서로 달라서 이를 반설(反舌)이라고 했다." 같은 책《爲欲(위욕)》편에도 고유(高誘)가 주를 달아 다음과 같이 말하고 있다. "반설(反舌), 이(夷)의 언어가 중국과 서로 다르므로 이를 반설(反舌)이라고 불렀다." 이로 미루어 옛날에는 외국의 언어를 반설(反舌)이라고 불렀음을 알 수 있다. 또한《國語, 周語(국어, 주어)》에는 다음과 같이 적고 있다. "따라서 문밖에 앉아서 설인(舌人: 통역)으로 하여금 뜻을 알아들을 수 있도록 하게 했다." 이에 대해 삼국시대 사람 위소(韋昭)가 주를 달아 다음과 같이 말했다. "설인(舌人: 통역)이라는 것은 다른 나라의 말을 능히 통하게 하는 상서(象胥)의 직책을 가리킨다." 그러므로 옛날에는 통역관을 '설인(舌人: 통역)라고도 불렀음을 알 수 있다.

그렇다면 왜 훗날 사람들은 이것을 '역(譯)' 또는 '번역(飜譯)'이라고 통칭하게 되었을까? 송(宋)나라 때 승려인 찬녕(贊寧)이 지은《宋高僧傳(송고승전)》의 卷三에는 "한(漢)나라 이래로 북방에서 일이 많이 일어났으므로 역(譯)이라는 명칭이 친숙하게 된 것이 아닌가 생각한다."고 기록되어 있다. 송(宋)나라 때의 승려인 법운(法雲)이 지은《飜譯名義集(번역명의집)》의 卷一에서도 이를 긍정하는 다음과 같은 구절이 나온다. "오늘날 서방의 언어를 통역하는 사람을 역(譯)이라고 부르는 것은 아마도 한(漢)나라 이래로 북방에 일이 많았으므로 역관들이 모두 서어(西語)에도 능통했기 때문이었을 것이다. 마등(摩騰)이 처음으로 중국에 와서《四十二章經(사십이장경)》을 번역했는데, 이로 인하여 '역(譯)'이라고 하게 되었다."는 것이다. 이러한 기록으로 미루어 보아 한(漢)나라 때 이후로 정치적·군사적으로 북방과 교섭하는 일이 매우 중요하였으므로 역(譯)이 곧 '번역(飜譯)'을 총칭하는 말로 자리 잡은 것으로 보인다. 그러나 贊寧의 설에 의하면 역(譯)이라는 용어는 마등(摩騰)이《사십이장경(四十二章經)》을 번역한 것에서부터 유래되었다고 한다. 그리고 번역(飜譯)이라는 두 글자를 붙여 쓰기 시작한 것은 아무리 늦어도 남북조(南北朝) 시대의 불경 번역자들은 이미 사용하였던 것으로 추측된다.

앞에서 언급한 바와 같이 이론이라는 것은 실천에서 비롯된다. 인류의 모든 사회적 실천 활동이 어느 정도의 수준에 달하게 되면 반드시 이를 뒤따라 그에 상응하는 이론이 나타나고, 그때부터는 오히려 이론이 실천을 지도하게 된다. 번역 활동도 마찬가지다. 이제 막 출발 단계에 있는 번역이론은 아주 초보적이고 체계적이지 못할 것이다. 뿐만 아니라 최초의 번역이론은 입으로 말해졌을 것이며(위에서 이야기한 '설인(舌人: 통역)'이라는 것이 그러한 사실을 잘 설명해 주고 있음.), 구전되었기 때문에 기록으로 남아 있기가 어려웠을 것이다. 위에 인용하고 있는 고서에 실린 번역

관련 기록과 그 주석들은 옛 사람들이 생각했던 번역의 성격과 역할에 대한 인식을 반영하고 있는데, 이러한 것도 최초의 번역이론에 대한 유산이라고 해도 좋을 것이다.

서양의 일부 학자들이 번역이론사를 서술할 때, 기원전 46년 고대 로마의 서색라(西塞羅)가 쓴《論演說術(논연설술)》이라는 책에 수록된 "글자를 한자 한자 쫓아서 번역을 해서는 안 된다."는 구절에서부터 시작한다. 그들의 역사에서 제대로 된 번역이론이라고 할 수 있는 것은 아마도 1530년 독일의 종교개혁 지도자 마틴 루터가 쓴《論飜譯書(논번역서)》일 것이다. 중국의 사서에는 번역에 대한 기록이 아주 이른 시기부터 있었던 것으로 기록되어 있지만, 애석하게도 선진제자(先秦諸子)의 저서 속에는 번역과 관계된 저술들을 찾아볼 수가 없다.《莊子, 天道(장자, 천도)》편에는 "공자가 십이경(十二經)을 번(繙)했다."고 적고 있는데, 어떤 사람들은 이 '번(繙)'자가 바로 '번역(飜譯)'이라고 주장하고 있지만, 그것이 정확한지 정확하지 않은지는 알 수 없다. 그러나 공자는 번역에 대해서 명확하게 논한 적이 있다. 그 중에서 우리가 찾아낸 두 구절을 인용하면 다음과 같다. 첫 번째는《大戴禮記, 小辨(대대예기, 소변)》에 나와 있는 다음과 같은 구절이다.

> 공이 말씀하시기를, "과인(寡人)은 소변(小辨)을 배워서 정치를 살펴보고자 하는데 그것이 가능하겠습니까?" 공자께서 말씀하시기를, "아닙니다, 불가능합니다. … 천자(天子)는 음악을 배워서 그 노래를 변별하고, 예(禮)를 제정해서 정치를 행합니다. … 선비(士)는 순(順: 천도를 따르는 것)을 배워서 말씀을 변별함으로써 뜻을 이룹니다. … 이렇게 하여도 이루지 못할까 두려워하는데 어찌하여 소변(小辨)을 말씀하십니까?"
>
> 공이 말씀하시기를, "분별을 하지 못하면 어떻게 정치를 합니까?" 공자께서 말씀하시기를, "辨이라는 것은 적지 않습니다. 무릇 소변(小辨)하여 말씀을 깨뜨리고, 소언(小言)하여 의(義)를 깨뜨리며, 소의(小義)하여 도(道)를 깨뜨리니, 도(道)는 작으면 통하지 아니하니, 도(道)가 통하려면 반드시 간명해야 합니다. 그러한 까닭에 현악기에 얹어 연주를 해서 그 음악을 듣고 그 나라의 풍속을 알게 됩니다. 이아(爾雅)라는 책을 통해서 옛날의 일을 보고, 그리고 나서야 비로소 그 말씀을 변별하게 됩니다. 상(象: 통역관)으로 하여금 통역을 하게 되면 모든 외국어를 다 통하게 할 수 있으니, 간단한 방법이라 할 수 있습니다."

공자는 노(魯)나라 애공(哀公)이 '천자(天子)' 만큼이나 고귀한 신분이라고 여겼다.

따라서 그러한 소도(小道)를 스스로 애써 배울 필요는 없고, 예악(禮樂)과 같은 것만 배워도 정치를 행할 수 있다고 생각했다. 만약 외교적인 일이 있으면 통역관을 불러 '전언(傳言: 통역)'을 하게 하면 아주 간단하게 문제를 해결할 수 있다고 생각했던 것이다. 맨 마지막 구절에 대하여 청(淸)나라 때의 공광삼(孔廣森)이 지은《大戴禮記補注(대대예기보주)》에는 "사방의 언어를 이야기하는 것은 상역(象譯)이 있어서 한 것이지 임금이 직접 한 것은 아니었다. 임금이 장차 배우려 한다고 하더라도 그것은 그렇게 쉬운 일이 아니다."고 기록되어 있다. 번역에 대한 공자의 이 말은 한편으로는 번역이 서로 다른 언어를 사용하는 사람들을 원활하게 소통시켜주는 작용을 한다는 사실을 알고 있었음을 말하고 있기도 하며, 다른 한편으로는 번역을 '小辨(하찮은 재주)'으로 치부하여 경시하는 태도를 가지고 있었다는 것을 반영하고 있기도 하다. 번역에 대한 공자의 또 다른 언급은《春秋穀梁傳(춘추곡량전)》에서 찾을 수 있다. 이 책의 환공(桓公) 2년에는 다음과 같은 구절이 있다. "공자께서 말씀하시기를 '명사는 각자 그 주인을 따르고 물건은 모두 중국을 따른다.'" 소공(昭公) 원년에는 또 다음과 같은 구절이 나온다. "호(號)는 중국을 따르고 이름은 각자 그 주인을 따른다." 공자는 여기에서 중국과 주인을 상대적으로 거론하고 있는데, '주인'은 분명하고 작은 제후국이나 소수 민족 이외에도 먼 곳의 다른 나라까지도 포함하는 의미이다. 여기에서 공자는 역사서를 편찬함에 있어서 사물의 명칭을 기록하는 방법에 대하여 말하고 있지만, 이와 동시에 명칭을 번역하는 원칙에 대한 가르침도 이야기하고 있다. 2천여 년이 지난 후 주작인(周作人) 등이 명사의 음역 문제를 토론하면서 아무런 이의도 없이 '名從主人(명사는 그 주인을 따른다.)'을 대원칙으로 삼았으니, 공자의 이 사상이 얼마나 강한 생명력을 가지고 있는지는 충분히 짐작하고도 남음이 있다. 공자는 서색라(西塞羅)보다도 4, 5백 년이나 앞선 철학자이다. 그러나 그가 남긴 위의 두 문장을 중국의 초기 번역이론으로 여겨야 하는가 하는 문제에 대해서는 아직도 분명하게 판단을 내리기가 어렵다.

아마도 춘추(春秋) 시대부터 양한(兩漢)에 이르는 기간 동안의 고서들 가운데 다행히 오늘날까지 전해져 내려오는 서적 중에서도 서색라(西塞羅)가 했던 것과 같은 단편적인 논의(論議)들을 찾을 수 있지 않을까 생각한다. 그러나 향후에 이루어질

지속적인 발굴을 기대할 수밖에 없다. 최근 사람인 전종서(錢鍾書) 선생은 한대(漢代)의 문자학자인 허신(許愼)의 설문해자(說文解字)에 있는 와(囮)자의 훈고(訓詁) 문장 가운데에서 번역과 관계된 풍부한 의미 요소를 발굴해내었다(이 책의 '전종서의 譯論에 관하여'라는 독립된 절에서 상세하게 거론한 내용을 참고하기 바람.). 그러나 오늘날 우리들이 번역이론사를 이야기할 때는 주로 삼국시대부터 시작한다. 당시에는 이미 불교 경전의 번역이 상당히 성행했기 때문에 번역과 관계된 기록이 서색라(西塞羅)나 하라사(賀拉斯) 등이 제기한 단편적인 이야기를 훨씬 뛰어넘는 것이었다.

二. 불경 번역이론의 첫 장을 연 지겸(支謙)

중국의 불경 번역의 역사가 언제부터 시작되었을까? 학술계에는 이 문제에 대하여 아직도 서로 다른 견해가 존재하고 있다. 그러나 그 시작 시점을 아무리 늦게 잡는다 하더라도 동한(東漢) 환제(桓帝) 건화(建和) 2년(148년)으로 거슬러 올라갈 수 있다. 당시는 안세고(安世高)가 이미 비교적 대규모로 불경 번역 사업을 전개하던 시기였다. 그러나 오늘날 사람들은 《法句經序(법구경서)》를 불경 번역이론의 성질을 띤 최초의 문장으로 여긴다. 이 서(序)를 쓴 시기는 이미 불경 번역을 시작한 때로부터 상당한 시간이 경과한 후였다. 서(序)에 다음과 같은 기록이 있다.

> 모든 불교 경전은 천축(天竺)에 있다. 천축의 언어는 한(漢: 중국)과 음이 다르다. 그 책을 천서(天書)라 부르고 그 언어를 천어(天語)라 부른다. 사물을 부르는 이름이 서로 달라 있는 사실대로 전달하는 것이 쉽지 않았다. 다만 옛날의 람조(藍調)·안후(安候)·세고(世高)·도위(都尉)·불조(佛調) 같은 분들만이 호어(胡語: 서역어)를 한어(漢語: 중국어)로 번역할 때 그 언어의 체계를 잘 알고 있었는데, 그것을 계승하기가 어려웠다. 그 후의 전승자들은 비록 엄밀하지는 않았지만 내용을 전달하는 것을 숭상해서 거치지만 겨우 그 대략적인 뜻을 전달하는 데 그쳤다. 최초로 시작한 사람은 유지난(維祇難)으로 천축에서 태어나서 무창(武昌)으로 왔다. 나는 그로부터 오백게본(五百偈本)을 받아서 그의 도반(道伴)인 축장염(竺將炎)으로 하여금 번역하도록 요청했다. 장염(將炎)은 비록 천축어에는 능통하였지만 한어(漢語: 중국어)에는 능통하지 못했다. 그가 번역한 문장은 어떤 것

은 호어(胡語)를 음역하고 어떤 것은 그 뜻에 맞추어 번역을 했는데, 전체적으로는 직역에 가까웠다. 나는 처음에는 그 문장이 전아(典雅)하지 못하다고 생각했다. 유지난(維祇難)은, "부처님의 말씀은 그 뜻에 의거할 뿐 수식을 하지 않았으며, 그 법(法)을 취할 뿐 엄격하게 구속당하지 아니했다. 불경을 번역하는 사람은 마땅히 사람들이 쉽게 알아보게 하면서도 그 뜻을 잃지 아니하면 그것이 바로 훌륭한 번역이다."라고 말씀하셨다. 그 자리에 모인 사람들이 모두 다 다음과 같이 말했다. "노씨(老氏: *노자를 가리킴.)는 '아름다운 말은 믿음이 가지 않고 믿음이 가는 말은 아름답지 않다고 했다.'고 말했으며, 공자도 '글은 말을 다 나타내지 못하고 말은 뜻을 다 나타내지 못한다.'고 했다. 성인의 뜻을 밝히는 것은 참으로 심오한 일이다. 오늘날 호의(胡義: 서역어로 된 불경)를 번역함에 있어서도 마땅히 뜻을 정확하게 전달하는 것을 으뜸으로 삼아야 할 것이다." 따라서 게송(偈頌)을 받아서 다른 사람이 읽을 수 있도록 번역을 함에 있어서 본래의 의미를 좇아서 번역을 하였고 문장을 수식하지는 않았다. 자신도 이해를 못하는 부분을 번역하게 되면 곧 오류가 나타나 전달이 되지 아니하니, 내용이 빠진 곳이 나타나게 되어 많은 곳이 생략되고 만다. 그러나 직역을 하게 되면 비록 그 단어는 소박하나 뜻은 깊고, 문장은 간략하나 그 뜻은 대단히 광범위하다.

이 서(序)에는 원래 서명이 되어 있지 않았기 때문에 양(梁)나라 때 승려인 승우(僧祐가 편찬한《出三藏記集(출삼장기집)》卷七에 수록될 때 주를 달아 '작자 미상'이라고 하였다. 근세에 이르러 호적 선생이《白話文學史(백화문학사)》를 지었을 때도 누가 지었는지 알 수 없다고 하였다. 청(淸)나라 때의 동고(董誥)·완원(阮元) 등은《全唐文(전당문)》을 편찬할 때 卷九八六에 이 서(序)를 수록하면서 당(唐)나라 사람이 지은 것으로 잘못 기록하였다. 사실 이 서(序)가 이미《出三藏記集(출삼장기집)》에 실려 있다는 사실 만으로도 남조(南朝) 량(梁)나라 이전에 쓰였다는 것은 자명하다. 서(序) 가운데에 '황무(黃武) 3년'이 있는 것으로 보아 실제로 삼국시대 오(吳)나라 대제(大帝: 손권을 가리킴) 때, 즉 서기 224년에 쓰였다는 것을 알 수 있다. 작자 문제에 있어서는《出三藏記集(출삼장기집)》卷十三의《安玄傳(안현전)》에 "승려 유지난(維支難)이란 사람은 천축인(天竺人)이다. 손권(孫權), 황무(黃武) 3년에《曇鉢經(담발경)》서역본을 가지고 무창(武昌)으로 왔는데,《曇鉢(담발)》은 곧《法句經》이다. 당시 지겸(支謙)이 경을 출판하기를 요청하자 그의 도반(道伴)인 축장염(竺將炎)에게 번역하게 하여 지겸(支謙)이 이를 한문(漢文)으로 옮겼다."고 기록되어 있다. 동시에 이 전(*安玄傳)에는 제1인칭으로 '복(僕: 자신을 낮추어 종이라고 칭함)'을 쓰고 있는데 이는 곧 '지겸(支謙)'을 가리킨다. 또 《出三藏記集(출삼장기집)》 卷十三 《支謙傳(지겸전)》에서도 지겸(支謙)이 《法句經(법구경)》을 번역했다고 하고 있다. 이로 미루어 이 서(序)의 작자가 오(吳)나라 거사이며 불경 번역의 명가인 지겸(支謙)임은 의심의 여지가 없다. 따라서 당(唐)나라 때의 원조(圓照)가 지은 《貞元新定釋教目錄(정원신정석교목록)》 卷三에는 《法句經(법구경)》은 "겸(謙)이 서(序)를 지었다."고 주를 달아놓았고, 청(淸)나라 때의 엄가균(嚴可均)은 《全上古三代秦漢三國六朝文(전상고삼대진한삼국육조문)》을 지을 때 이 서(序)를 삼국문권(三國文卷) 속에 수록했다.

지겸(支謙)은 자가 공명(恭明)이었으며 월(越)이라는 이름도 가지고 있었다. 원래 월지국(月支國) 사람이었기 때문에 성이 지(支)씨다. 그의 조부께서 동한(東漢) 영제(靈帝) 때에 중국으로 건너와서 정착하였기 때문에 지겸(支謙)은 중국에서 태어났다. 그는 지량(支亮)에게서 배웠고 지량(支亮)은 지참(支讖)에게서 배웠다. 사람들은 당대에 이름을 날린 이 세 사람에게 "천하에 박식하기로는 三支를 능가할 사람이 없다."고 칭찬하였다. 한(漢)나라 헌제(獻帝; 189-200) 말년에 그는 난리를 피하여 오(吳)나라로 들어왔다. 손권(孫權)은 그의 재주를 아껴서 박사(博士)에 제수하고 동오(東吳) 사람들을 가르치도록 하였다. 그는 군서(群書)를 두루 박람하였고 여섯 가지 언어에 통달하였기 때문에 이 서(序) 가운데에서 옛 사람들이 번역한 경전들이 상당히 "혼만(渾漫: *혼탁하고 산만하다)하다"고 한 것이나, 축장염(竺將炎)이 "비록 천축어에는 능통하나 한어(漢語)에는 능통하지 못하였다.", "그 문장이 전아하지 못하다."고 하는 등의 비평을 할 만한 자격이 있는 사람이었다.

지겸(支謙)은 서로 다른 언어 사이에는 "사물을 부르는 이름이 서로 달라 있는 사실대로 전달하는 것이 쉽지 않았다.", "호어(胡語: 서역어)를 한어(漢語: 중국어)로 옮길" 때 그 어려움이 "그 언어의 체계를 파악하는 데 있다." 최소한 "비록 그것이 정확한 것은 아니라 하더라도", 반드시 "그 대략적인 체계라도 파악하고 있어야 한다." 그는 첫머리에 축장염(竺將炎)이 번역한 문장이 "어떤 것은 호어를 음역하고 어떤 것은 그 뜻에 맞추어 음역을 했는데(의역을 했음.) 전체적으로는 직역에 가까웠다."고 평가를 하면서, "그 문장이 전아(典雅)하지 못하다."고 생각했다. 그러나 유지난(維祇難)이 불경을 번역함에 있어서 반드시 '식(飾: *수식)'과 '엄(嚴: *장엄,

꾸밈)'[1]을 추구할 필요는 없고, 다만 '이효(易曉: *보는 사람이 쉽게 이해할 수 있고)', '물실궐의(勿失厥義: *그 뜻을 잃지 아니하면 됨.)하면 훌륭한 번역이라고 강조하는 것을 듣고서 그 자리에 모였던 사람들이 공자와 노자의 이야기를 인용하여 부화뇌동을 하고, 번역을 함에 있어서는 "그 의미가 반드시 정확히 전달되어야 한다."고 강조를 하였다. 따라서 지겸(支謙)이 이 경을 번역을 할 때도 "이 경의 본래의 뜻을 살려 번역했을 뿐 문장에 수식을 가하지는 아니했다."고 말하였다.

어떤 사람들은 지겸(支謙)의 이 서(序)를 "최초의 직역(直譯)설로 볼 수 있다."고 말한다(羅根澤語). 그러나 원문을 자세히 읽어보면, 이 직역설을 주장한 사람은 지겸(支謙)이 아니라 유지난(維祇難)과 그 자리에 있었던 수많은 번역 인재들이었다는 사실을 알 수 있다. 《高僧傳(고승전)》에서는 "지겸(支謙)이 어휘가 문아(文雅)하고 아주 완곡한 방법으로 성인의 뜻을 전달했다."고 칭찬하고 있다. 지민도(支敏度) 또한 "지겸(支謙)이 계세상문(季世尙文: 당시의 문장(駢驪文)을 숭상했음.)하였는데 때로는 간략한 문장을 좋아했다. 따라서 그가 불경을 번역해낼 때에도 문장의 아름다움을 상당히 좇았다."고 한 바 있다. 따라서 지겸(支謙)은 직역보다는 의역에 치우친 경향이 있었던 것으로 생각되므로 직역론자로 볼 수는 없을 것 같다.

지겸(支謙)의 이 서(序)에서는 중국의 번역사상 세 가지 의의를 찾아볼 수 있다. 첫째, 이 서(序)에는 번역이 쉽지 않다는 사실이 처음으로 제기되었다. 그것은 근세인 라근택(羅根澤)이 "번역을 필요로 하는 까닭은 언어문자가 사물을 부르는 이름이 서로 다르기 때문이다. 사물을 부르는 이름이 서로 다르기 때문에" "사실대로 전달하는 것이 쉽지 않다." "사실대로 전달하는 것이 쉽지 않다."는 사실을 알았기 때문에 번역을 연구하게 만들었고 번역 방법을 발표하도록 만들었다."고 한 것과 그 취지가 같다. 이에 덧붙여 "이 서(序)는 번역의 어려움을 제기함으로써 뒤이은 연구자들이 번역의 방법에 대해서 연구하게끔 하는 데 매우 큰 선도적인 작용을 하였다."고 하고 있다(《中國文學批評史》). 둘째, 이 서(序)에는 조기 질파(質派: *직역

1) 호적(胡適) 선생은 《白話文學史》에서 다음과 같이 말했다. "'嚴'은 당시의 白話인데, 裝飾하다는 뜻으로 쓰였다. 예를 들면 《佛本行經》 第八에서 '태자가 연못으로 나아가자 모든 여인들이 더욱 더 아름답게 꾸몄다.'고 한 것과 같다." 전종서(錢鍾書) 선생도 《管錐篇》에서 "嚴"은 "莊嚴"의 "嚴"이니, "飾"과 글자는 달라도 그 뜻은 같다고 지적했다.

파)의 역학 관점을 반영하고 있다. 중국의 불경 번역사에는 처음부터 끝까지 '질파(質派: *직역파)'와 '문파(文派: *의역파)'라는 두 파벌이 존재했다. 근세인 양계초(梁啓超)는 "직역을 숭상하거나 의역(意譯: 미문의식)을 숭상하는 그 이면에는 남과 북의 기질의 차이가 숨겨져 있다. 직역파니 의역파니 하고 나누고 있지만 이들 파벌 현상은 한(漢)나라 때 이미 서로 대치를 하곤 했었다."(《飜譯文學與佛典(번역문학과 불교경전)》)고 말한 바 있다. 지겸(支謙)이 의역을 선호하는 경향이 있었다면 유지난(維祇難)은 직역을 선호하는 경향이 있었다. 이 서(序)도 천 몇 백 년 전에 있었던 두 파의 논쟁을 기록한 것이라고 할 수 있으나 다만, 의역을 좋아하는 사람들의 관점이 충분히 전개되지 않았을 뿐이다. 근세인 임계유(任繼愈)는 이 한 바탕의 논쟁에서 "직역파가 비록 승리를 하기는 했지만, 그러나 실제 결과에 있어서는 의역파가 이 책을 쓰는 결과를 낳았다."고 하였다(《中國佛敎史(중국불교사)》). 이 글로 미루어 볼 때 비록 직역파와 의역파가 서로 대치하기는 하였지만, 물과 기름이 서로 섞이지 못하는 것과 같은 극단적인 대립은 하지 않았음을 알 수 있다. 셋째, 이 서(序)에는 중국의 번역이론이 그 시작부터 중국의 전통 문화에 깊이 뿌리를 내리고 있음을 설명하고 있다. 유지난(維祇難) 등이 자기 자신의 관점을 지지하기 위하여 '부처님의 말씀'뿐만 아니라, 중국 고대의 노자와 공자의 말씀(《周易, 繫辭(주역, 계사)》를 참조하기 바람.)을 인용하고 있다. 그들의 이러한 논의는 고대 전통 문화의 서술들과 면면히 이어져 있어, 이 서(序) 자체도 중국 전통문론 중의 한 편이 되었다. 전종서(錢鍾書)는 "엄복(嚴复)이 《天演論(천연론)》을 번역한 후 변례(弁例)에서 번역의 세 가지 어려운 점을 말하였다. 그것은 信, 達, 雅인데, 이 세 가지는 이미 이 서(序)에 다 들어있다."고 지적하였다(《管錐篇(관추편)》). 이것은 결코 우연의 일치는 아닐 것이다. 이로 미루어 볼 때 중국의 번역이론은 일맥상통하고 있으며, 이 서(序)가 중국 번역이론의 출발점이라는 사실을 알 수 있다.

三. '오실본(五失本)'과 '삼불이(三不易)'를 논한 도안(道安)

양계초(梁啓超)는 불경을 번역하는 사업이 번성한 이후 "새로운 불경이 날마다 쏟아져 나와 옥석을 분간하기 힘들어졌다. 따라서 眞本을 추구하는 마음이 갑자기 생겨나 직역을 숭상하는 논의들이 일어나게 되었다."고 하였다. 예를 들면 동진(東晋)의 승려이자 반야육가(般若六家) 중의 하나인 '심무종(心無宗)'의 창시자인 지민도(支敏度)는 지겸(支謙), 축법호(竺法護), 축숙란(竺叔蘭) 등 세 사람이 차례로 번역한 세 권의 《維摩詰經(유마힐경)》이 "어떤 것은 단어나 문장이 빠진 것이 있어 앞뒤가 맞지 않으며, 또 어떤 것은 있는 부분 없는 부분, 서로 떨어져 있는 것, 붙어 있는 것 등 띄어쓰기가 상당 부분 서로 다르다. 어떤 것은 방언으로 뜻을 풀이하여 글자는 서로 다르지만 그 뜻은 같다. 어떤 것은 문장이 범어(梵語)로 된 것과 월(越)나라어로 된 것도 있을 뿐만 아니라 그 교리도 서로 어긋난다. 어떤 것은 문장의 뜻이 혼잡하여 맞는 것 같기도 하고 아닌 것 같기도 하다."고 생각하였다(《合維摩詰經序(합유마힐경서)》). 그는 당시에 불경을 번역하는 사람들이 엄격하게 원문을 따르지 않는 데 대한 불만을 분명하게 나타내고 있다.

그러나 이에 대해 구체적으로 문제를 제기하고 이론적으로 연구한 사람은 동진(東晋), 전진(前秦)의 고승이며 반야육가(般若六家) 중 칠종(七宗)의 하나인 '本無宗(본무종)'의 대표 도안(道安)이다. 도안(道安)은 속성이 위(衛)씨였고, 상상부류(常山扶柳: 오늘날의 河北冀縣) 사람이었다. 양계초(梁啓超)는 "안(安)은 중국 불교계를 최초로 반석 위에 올려놓은 사람이다. 비록 스스로 불교경전의 번역작업에 참여하지는 아니하였지만, 부진(苻秦) 시대의 번역 사업은 실제로 그가 주도했다. 부견(苻堅)이 구마라십(鳩摩羅什)을 영입한 것도 모두 그가 건의한 것이다. 四《阿含(아함)》, 《阿毘曇(아비담)》경을 처음으로 번역하게 된 것도 모두 그가 번역 구성원을 조직한 결과였으며, 번역 문체도 모두 그가 확정한 것이었다."고 생각했다(《飜譯文學與佛典(번역문학과 불교경전)》). 뿐만 아니라 그의 번역이론상의 공헌도 뛰어났다. 도안(道安)이 불경의 번역이론에 대해 언급한 불경의 서는 비교적 많은 편이지만, 그 중에서 가장 유명한 것은 '오실본(五失本)'과 '삼불역(三不易)'의 이론을 제기한《摩訶鉢羅若波羅蜜經鈔序(마하발라약바라밀경초서)》이다. 전종서(錢鍾書)는 "우리나라에서 최초로 번역이론을 제기한 것은 바로 이 글이다. 지겸(支謙)의《法句經序(법구경서)》는 겨우 그 단서를 제공한 것에 불과하다."고 생각했다(《管錐篇(관추편)》 참조). 도안(道安)은 동진(東晋), 태원(太元) 4년(379)에 전진(前秦)왕 부견(苻堅)이 데리고 장안(長安)으로 들어왔다. 서(序)에 "경사에 들어온 지 어느새 4년이 되었다."는 구절이 있는 것으로 보아 이 서는 382년에 지어진 것이 틀림없을 것으로 추측된다. 이는《法句經序(법구경서)》가 서술된 후 150여 년이 지난 시기이다. 그는 서(序)에서 다음과 같이 말하고 있다.

> 호어(胡語: *서역어)를 진(秦: 漢語)어로 번역할 때 본래의 모습을 잃어버리는 다섯 가지의 사례가 있다. 그 첫 번째로 들 수 있는 것이 호어(胡語)는 모두가 도치되어 있는데 이를 진(秦)나라의 어법에 따르게 한다는 것이다. 또한 호경(胡經)은 문장의 내용을 중시하는 데 반하여 진인(秦人: *중국 사람)은 아름다운 문장(美文)을 좋아한다. 모든 사람들의 마음속에 그것을 전하고자 하면 문장이 아름답지 아니하면 안 되므로 이것이 두 번째 사례가 된다. 세 번째는 호경(胡經)은 우회적으로 매우 상세하게 표현을 하는 습관이 있어 영탄을 하는 데 이르면 중언부언 반복을 하는데, 때로는 세 번 네 번 반복을 해도 번거롭게 여기지 않는다. 지금의 번역에서는 이를 모두 무시하니 이것 또한 본래의 모습을 잃어버리는 경우라 할 수 있다. 호경(胡經)에는 의설(義說)이란 것이 있다. 이는 중국 문장에 있는 '난사(亂辭)'와 매우 비슷한데, 그 말을 살펴보면 전혀 새로운 내용은 없지만 때로는 천 자, 때로는 오백 자가 반복되기도 한다. 그런데 오늘날 번역을 함에 있어서는 그것을 남겨두지 아니하니, 이것이 네 번째 사례라 할 것이다. 한편, 사건을 모두 묘사하고 난 후에도 그것을 더욱 부연하여 앞의 말을 반복해서 사용하는데 이것을 '후설(後說)'이라고 한다. 번역을 할 때 이들을 모두 삭제해 버리니 이것이 다섯 번째 사례가 된다.
>
> 그러나《般若經(반야경)》에 나오는 삼달지심(三達之心)이란 그 뜻을 바꾸어서 이야기하는 것을 이르는 말이다. 성인은 반드시 그 시대 상황에 맞추어서 이야기하는데, 시대와 풍속도 시간이나 장소에 따라서 변하기 때문이다. 전아하고 고풍이 나는 것을 모두 빼버리고 오늘날의 것에 맞추기가 어려우니 이것이 첫 번째 어려움이다. 어리석은 자와 지혜로운 자는 하늘과 땅처럼 차이가 나는데, 성인은 따라잡을 수가 없다. 천 년 이전의 미언대의(微言大義)를 번역하여 온갖 세상의 부적절한 풍속에 맞추기가 어려우니, 이것이 두 번째 어려움이다. 아난(阿難)존자께서 불경을 편찬하실 때는 부처님께서 세상을 떠난 지 얼마 되지 아니하였는데도 대가섭존자께서는 오백 명의 육통(六通: 수행이 六

通의 경지에 달한 사람)으로 하여금 번갈아 가며 살펴보고 번갈아 가며 써 보도록 하셨다. 지금은 부처님이 세상을 떠나신 지 이미 천 년이 되었으므로 모든 것을 오늘날의 뜻으로 헤아려야 할 수밖에 없다. 당시의 아라한(阿羅漢)들은 지혜로웠음에도 불구하고 그렇게 많은 어려움을 겪었는데 오늘날의 사람들은 평범하기가 이와 같으니 무지한 사람이 용감하다는 이야기가 어찌 우리를 두고 하는 말이 아니겠는가? 이것이 세 번째 어려움이다.

이 '五失經'과 '三不易'의 내용을 읽고 나서도 호경(胡經: 서역어로 된 불경)을 중국어로 번역하는 데 어찌 신중하지 않을 수 있겠는가? 번역의 목적은 사람들이 다른 지역의 언어를 모르기 때문에 통역관이 통역을 함으로써 서로 소통하여 알도록 함에 있는 것이니, 앞선 불경 대가들의 번역의 득실을 경솔하게 비판할 생각은 없다. 내가 번역에 대해 어찌 감히 언급할 수가 있겠는가? 옛사람들 가운데 지참(支讖), 세고(世高) 등은 호본(胡本)에 능통했는데 그들을 따를 자가 없었다. 차라(叉羅), 지월(支越) 등은 문장을 갈고 다듬는 데 능한 사람들이다. 교묘하긴 교묘한데 그것이 완성되고 난 후 본래의 뜻이 죽어버릴까 염려가 된다. 만약 시(詩: *詩經을 가리킴)가 중복되어 번거롭고 서(書: *書經을 가리킴)가 지나치게 질박하다고 생각되어 모두 가려 뽑아서 오늘날 사람들의 기호에 맞게끔 한다면 마융(馬融)이나 정현(鄭玄)같은 대유(大儒)들이 크게 실망할 것이다. 최근 이 책을 내는 과정에서 복잡한 부분을 정리하면서 원래의 경이 내포한 대의를 분명히 하여 오로지 본래의 모습을 잃지 않기를 바랐다. 또한 방언과 옛날의 단어들은 그 밑에 주해를 달았다. 매번 앞뒤가 맞지 않고 문장이 서로 통하지 아니하는 곳을 만나면 어둡기가 마치 부적을 서로 맞추어 보는 것 같고, 짜증스러워 책을 다시 덮어버리고 싶을 정도였다. 옛날 사람들이 크게 오류를 범한 것을 보게 되어 외국의 언어에 능통해질 그날을 기다린다.

도안(道安)은 이 글에서 번역을 하는 데 있어 다섯 가지 경우에 본래의 면목을 잃어버릴 수가 있으며, 번역 작업이 쉽지 않음을 결정하는 데에도 세 가지의 경우가 있음을 지적하고 있다. 따라서 번역을 할 때 신중에 신중을 기하기를 바란다고 당부한다. 소위 '五失本'이라는 것은 다음의 다섯 가지이다. 첫째, 경문(經文)이라는 것은 외국어(外國語)이다. 따라서 그 언어의 순서가 중국인들이 보기에는 거꾸로 된 것이니 중국어로 번역할 때는 중국어의 문법에 따라 순서를 바꾸어야 한다. 둘째, 경문(經文)은 질박하나 중국인들은 아름다운 문장을 좋아하므로 수많은 독자들의 기호에 맞추기 위해서는 반드시 문장에 적당한 수식을 가해야 한다. 셋째, 경(經)내에서 논술을 함에 있어 때때로 번거로운 것을 싫어하지 아니하여 게송(偈頌) 등은 제삼제사 반복을 하는데, 번역을 할 때 이러한 것들은 빼어버린다. 넷째, 경문(經文)에서는 긴 본문 다음에 게송을 넣어 반복을 하는데, 이것을 '의설(義說)'이라고 한다. 이는 중국인들이 운문의 맨 끝에 결론을 내리는 '난사(亂詞)'와 비슷한 것으로, 내용이 중복되어 때로는 천 자가 되기도 하고 때로는 오백 자가 되기도 하는데, 번역을 할 때는 모두 빼어버린다. 다섯째, 經文 중에는 한 가지 일을 모두 이야기하고 일단락을 짓고 난 후 다음 이야기로 넘어갈 때, 앞의 이야기를 한 번 더 거론하고 계속해서 이야기를 하는데, 번역을 할 때는 이런 이야기도 모두 빼어버린다. 소위 말하는 '삼불이(三不易: 세 가지 쉽지 않은 것)'는 다음과 같다. 첫째, '성인(聖人)'은 본래 당시의 풍속 습관에 따라 설법을 하셨는데, 오늘날은 이미 시대가 달라졌으니 옛날의 것을 오늘날에 맞도록 바꾸는 것이 매우 어렵다. 둘째, '성인(聖人)'의 지혜는 본래 범인이 미치지 못하는 것이거늘, 천 년 전 고대 성인들이 하신 깊고 오묘한 말씀을 후대의 천박하고 속된 대중들에게 전달하는 것이 매우 어렵다. 셋째, 석가모니께서 세상을 떠나신 후, 그의 대제자였던 아난(阿難)존자 같은 분도 경을 출판하실 때 반복해서 토의를 하면서 전전긍긍하셨는데, 오늘날 평범하기 그지없는 인물들이 번역을 함에 있어서야 그 어려움이란 말로 표현할 필요가 없을 것이다.

한편, 도안(道安)은 사람들이 다른 지역의 언어를 모르기 때문에 통역관이 통역을 함으로써 서로 소통하여 알도록 하는 것에 번역의 목적이 있다고 생각하였다. 따라서 그는 앞선 불경 대가들의 번역을 경솔하게 비판할 생각이 없다고 설명하였다. 다만 그는 장자(莊子)에 나오는 전고를 교묘하게 이용한 지월(支越: 支謙을 가리킴.) 등을 비평하여 그들은 '다듬는 것이 매우 정교한 사람들인데', 사람의 모습을 다 다듬고 나자 그만 사람이 죽고 말았다고 하였다. 이것은 번역이란 작가가 의도한 원래의 의미를 살리는 것에 전력을 기울여야 하며, "오로지 본래의 모습을 잃을까 두려워해야 한다."고 주장한 것이다. 그는 호(胡)경전의 원문을 삭제하여 중국인의 습관에 맞추는 것, 문장의 아름다움을 추구하여 뜻을 손상하는 것, 교묘함을 추구하여 원래의 취지를 잃어버리는 것들을 완강하게 반대하였다. 그는 만약 어떤 사람이 詩經(시경), 서경(書經)의 문장을 제멋대로 삭제하게 되면 마륭(馬融)이나 정현(鄭玄) 등과 같은 대유들이 크게 화를 낼 것이 틀림없다고 가정한 것에 비유하여, 충실하지 못한 번역자들을 신랄하게 비판하였다. 도안(道安)은 그의 다른 불경번역본의 서(序)에서도 이와 같은 견해를 밝히곤 하였다. 예를 들면 《道行經序(도행경서)》에서 볼 수 있듯, 불경을 번역할 때에는 '불경 본래의 이야기를 나타내어야 하기' 때문에 '중복되는 것을 생략함으로써 문장의 아름다움을 추구하는' 등의 행위를 찬성하지 않았다. 왜냐하면 경을 베끼면서 생략을 한다면 그 폐해가 반드시 클 것이기 때문이다. 근본을 무시한 채 성인만을 좇는 태도는 부처님께서 가장 경계하셨던 것이다. 이는 경건한 종교적 입장에서 출발하였기에 더욱 강조되었을 것이다. 진(晋)나라 태원(太元) 원년(376)에 쓴 《合放光光贊隨略解序(합방광광찬수략해서)》에는 옛사람들은 불경을 번역할 때 말씀도 줄이고 사건도 간략하게 해서 중복된 것을 빼버렸다고 하고 있다. 사건마다 줄거리만 드러내었는데 그 모양이 경전과는 현저히 달라졌다는 사실을 통해 간략하게 하다보면 반드시 버려지는 것이 있음을 지적하였다. 천축에서는 단어들이 반등(중복되는 것)을 하는데, 번역을 하고 나서 보면 매번 매우 간략해지고 말았다고 하였다. 또한 진(晋)나라 건원(建元) 19년(383)에 쓴 《鞞婆沙序(비파사서)》에서 당시 조정에서 주관하던 불경번역사업의 총책임자였던 비서랑(秘書郎) 조정(趙政)의 말을 인용해서 그는 다음과 같이 서술하고 있다.

> 《爾雅(이아)》에는 《釋古(석고)》, 《釋言(석언)》 등 두 편이 있는데 여기서는 옛날과 오늘날의 차이를 밝히고 있다. 옛날부터 경(經)을 번역하는 사람들은 대부분 호언(胡言)은 문장의 내용을 중요시하므로 이것을 바꾸어 오늘의 풍속에 맞추어야 한다고 생각하고 있으나, 정(政)은 이런 태도는 취하고 싶지 않다. 왜냐하면 호어(胡語)를 중국어로 바꿈에 있어 방언을 번거롭다고 여기지 아니하고 그 단어의 취지를 알아내는 것이 어찌 문장의 내용을 중시하는 것이겠는가? 문장의 내용이란 그 시대의 내용이니 그것을 바꾸려고 해서는 안 된다. 경(經)의 내용이 묘하게 질박한 것은 경의 내용에서 나오는 것이다. 사실을 제대로 전달하지 못하는 것은 번역인의 잘못이다.

조정(趙政)에 의하면 번역자는 마땅히 '방언을 번거롭다고 여기지 않고' 사람들로 하여금 그 뜻을 충분히 알 수 있도록 해주는 것이니, 원문의 문장 내용을 시대에 맞도록 바꿀 필요가 없다고 하였다. 뿐만 아니라 번역자의 책임은 사실을 있는 그대로 충실히 전달하는 데 있다는 것을 강조하였다. 도안(道安)은 확실히 이러한 관점에 뜻을 같이 하고 있다. 그리하여 "모든 사람들이 다 훌륭하다고 하는 것은 바로 진실한 언어이다. 반드시 원본에 근거해서 번역을 하되 말을 빠뜨리거나 언어유희를 하여서는 안 된다. 때로는 내용을 바꾸기도 하고 어순을 바꿀 수도 있지만 사실대로 전하기 위하여 최선을 다하여야 한다."고 하였다.

거의 같은 시기에 씌어진 《比丘大戒序(비구대계서)》에는 당시의 번역가인 혜상(慧常)의 말을 인용해서 다음과 같이 서술하고 있다.

> 중국의 《尙書(상서)》와 《河(하)》, 《洛(락)》 등의 서적에서 그 문장이 질박하더라도 아무도 감히 손을 대지 못하는 것은 선왕의 법언을 공경하여 신의 명령에 순종하는 것을 밝히고 있기 때문이다. 어찌하여 부처님의 계율은 성현들이 모두 귀하게 여기는 것임에도 불구하고 그것을 바꾸어서 현지의 언어에 맞게 고쳐야 한다고들 생각하는가? 계율이 분명하지 않은 종교로 전락할까봐 두렵다. 정교하고 편리하게 하는 것보다 차라리 전아하고 분명한 것을 택하겠다. 호어(胡語) 경전을 중국어로 번역을 함에 있어서 중국 선비들 가운데 어떤 이는 번역 자체를 부정하는 사람도 있지만 나는 삭제를 해서 문장을 수식하는 것은 하지 않기를 바란다.

혜상(慧常)의 이 이야기는 어떤 사람이 그에게 불경을 번역함에 있어 '중복되는 부분은 삭제하라'고 요구한 것에 대한 항변이다. 도안(道安)은 그의 이 의견에 분명히 찬성하여 "모든 사람들이 모두 훌륭하다고 칭찬을 한다. 따라서 범문(梵文)을 좇아서 번역을 하되, 다만 어순이 도치되었을 경우에는 중국의 어순에 따라 번역한다."고 하였다.

위에 서술한 두 편의 서문(序文)으로부터 우리들은 도안(道安)이 제기한 '오실본(五失本)' 중의 第一條 … 외국어의 원래의 순서를 도치하여 중국어의 문법을 따른다. …는 것은 사실 부인할 수가 없다. 그는 스스로도 어쩔 수 없이 '때로는 순서를 바꾸어서 문장을 도치시키고', '문장이 도치되었을 경우에는 어법의 순서에 맞게 고친다.'는 것에 찬성을 하는 수밖에 달리 방도가 없었다. 왜냐하면 전종서(錢鍾書) 선생이 아래와 같이 지적한 그대로이다. "'본(本)' 가운데에는 '잃지' 않으면 안 되는 것이 있다. 이 '本'을 '잃지' 아니하면 번역이 되지 아니한다. 안(安)이 이야기한 잃어버림으로써 스스로 통하게 한 것이란 어쩔 수 없이 그렇게 할 수밖에 없는 것이다. 아마도 거기에서 잃은 것을 여기에서 얻는 것을 말하니, 안(安)이 아직도 전체를 보면서 그 이치를 소통시키는 것을 극복하지 못한 것 같다."(《管錐篇(관추편》) 확실한 것은 도안(道安)이 비록 이러한 관점을 제기하기는 하였지만 이를 효과적으로 설명해내지는 못한 것 같다.

도안(道安)은 '오실본(五失本)' 중 第二條에서 '질(質)을 중시하는 문장'을 '아름다움을 중시하는 문장'으로 번역하는 것이 '失本'이라고 했다. 사실 불경(佛經) 가운데는 '전아(典雅)'함과 '문장의 아름다움을 추구한 문장'들도 있다. 승예(僧睿)는 《小品經序(소품경서)》에서 "호문(胡文)이 전아하면서도 꾸밈이 없다."고 말했고, 구마라십(鳩摩羅什)도 승예(僧睿)를 위해서 서방의 문체를 논할 때 "천축국의 풍속은 문장을 화려하게 꾸미는 것을 매우 중요하게 생각한다."고 말했다. 따라서 전종서(錢鍾書)는 "번역자가 범어(梵語)의 내용을 윤색하여 아름다운 중국어 문장으로 만드는 것도 '실본(失本)'이고, 범어(梵語)의 아름다운 문장을 손상하여 질박한 중국어 문장으로 만드는 것 또한 '실본(失本)'이다."라고 말했다(《管錐篇(관추편)》). 그밖에 第三. 四. 五條에서 설명하고 있는 것은 모두 번역할 때 번거롭고 쓸데없는 내용을 삭제해야 하는 상황을 언급한 것인데, 이것을 모두 합쳐서 하나의 조항으로 만들 수도 있다. 번역문을 자기 마음대로 삭제하는 것도 '실본(失本)'이며, 번역문을 마음대로 늘리는 것도 '실본(失本)'이다. 이러한 경우에 대해 도안(道安)은 유추 능력을 발휘하여 효과적으로 그 이치를 설명하지는 못했다. 그의 '삼불이(三不易)' 이론이라는 것도 주로 옛날과 지금의 차이점을 비롯하여 소위 말하는, "지혜로운 사람과 어리석은 사람은 하늘과 땅 만큼의 차이가 있다."는 것으로 인하여 생기는 어려운 점에 대해서 이야기하고 있는데, 이 또한 번역 작업의 어려움을 효과적으로 설명하지는 못했다. 그러나 이것은 지겸(支謙)이 말한, "사물을 부르는 이름이 서로 같지 않기 때문에 사실대로 전달한다는 것이 어렵다."고 한 이야기에 대한 보충 설명이 될 만하다.

도안(道安)이 주창한 '오실본(五失本)'설을 자세히 읽어 보면 이것은 그가 생각하기에 이상적이지 못하거나 부정확한 다섯 가지 번역법으로, 그는 이러한 번역법에 찬성하지 않는 것이 분명함을 알 수 있다(앞에서도 설명했듯이 그는 第一條에 대해서만은 어쩔 수 없이 동의할 수밖에 없었음.). 그러나 당시의 《僧伽羅刹集經後記(승가라살집경후기)》(작가실명)에는 다음과 같이 언급되어 있다. "당시 축불염(竺佛念)이 여러 경들을 필사했는데 중국 사람들이 화려한 문장을 좋아한다고 생각하여 매번 수식의 여지를 남겨 두었다. 안공(安公)은 이를 몹시 싫어하여 끝까지 교정을 해서 그 정신이 살아 있게 하는 데 전력을 기울여 그의 오실본(五失本)에 나오는 것만 허락하였다. 이것을 제외하고는 조금의 오차도 허용하지 않았다." 만약 이 설이 믿을 만한 것이라고 한다면 도안(道安)이 제기한 '오실본(五失本)'설은 번역할 때 허용할 수 있는 한계에 대한 표준을 제시한 것이라고 할 수 있다. 그러나 도안(道安)의 다른 저술들에 비추어 보면 그가 허용할 수 있는 실본(失本)의 한계는 第一條뿐이다.

오늘날 우리들이 보기에 '오실본, 삼불이(五失本, 三不易)'설에는 부족한 점이 많지만, 당대나 후세에 큰 영향을 미친 것만은 분명한 사실이다. 양계초(梁啓超)도 "훗날 번역학에 대해서 이야기하는 사람들은 모두 다 이를 인용하였다. 번역학사에 있어 정식으로 학술계에 토론의 대상이 되게 된 것은 안공(安公)에서부터 시작되었다."(《飜譯文學與佛典(번역문학과 불교경전)》)고 한 바 있다. 예를 들면 구마라십(鳩摩羅什)이 불경을 번역할 때 필수(筆受: 받아 적는 사람)를 맡았던 승예(僧睿)는 그의 스승인 도안(道安)이 불경 이론을 개척한 공이 있음을 인정하였고, 그의 '오실본, 삼불이(五失本, 三不易)'설을 지침으로 삼았는데 그는 다음과 같이 말했다. "돌아가신 스승 안(安) 스님께서는 황무지를 개척하여 새 길을 내어 성공(性空)에 새로운 좌표를 제시함으로써 지금까지의 발자취를 벗어나서 곧 바로 도달할 수 있는 방법을 제시하였다." 그러나 그는 "집필을 할 때면 돌아가신 스승님의 '五失'과 '三不易'의 가르침을 생각하고는 걱정과 두려움이 교차하여 선생님께서 옆에서 격려를 하는 것처럼 두려워 비록 깊은 물위의 살얼음을 걷는 것처럼 조심하지만 아직도 그 뜻을 다 알 수는 없다."(《大品經序(대품경서)》)고 하였다. 수(隋)나라 때 언종(彦琮) 이《辨證論(변증론)》을 써서 번역이론에 대한 결론을 지을 때도 '오실(五失)'과 '삼불이(三不易)' 이론을 인용하였다. 그 역시 이를 참으로 대단한 학설이라고 여긴 듯하다. 그는 '신의 지혜를 홀로 얻어', '후학들에게 길을 열어주었으며', "범어불경(梵語佛經)의 쉽고 어려움을 상세히 밝히고, 번역자들의 득과 실을 상세히 설명하였으니 동굴 속 깊은 세계로 들어가 깊이 숨어 있는 것들을 모두 밝혀내었다."고 하였다.

한 가지 더 지적하여야 할 것은 도안(道安)과 조정(趙政), 혜상(慧常) 등은 중국 번역사에 있어 최초로 불교 경전을 시경(詩經), 서경(書經), 이아(爾雅) 등 유가경전(儒家經典)과 직접 비교하였다. 그들은 중국어와 외국어와의 차이를 확인했을 뿐만 아니라 각국의 언어에서도 고문과 현대문 사이에 차이가 있음을 확인한 바 있었다. 그들은 차이를 가지고 이와 관계된 번역이론을 제기하였다. 도안(道安)은《人本欲生經序(인본욕생경)》에서 안세고(安世高)의 불경 번역을 평하여 다음과 같이 말하였다. "언어는 고문을 다하였고 뜻은 묘한 이치를 완곡하게 표현했다." 또《大十二門經序(대십이경서)》에서도 "세고(世高)는 불경을 번역함에 있어 본질을 귀하게 여기고 수식하는 것을 중시하지 않았다. 천축(天竺)의 고문은 문장이 통하면 그 다음으로는 내용을 중시하였다."고 말하였다. 어떤 한 연구자는 이 말이 불경의 번역을 논한 글 가운데에서 처음으로 서로 다른 문체를 뜻하는 '고문(古文)'이라는 말을 사용한 예(내가 생각하기로는 앞 절의 '古文'은 서로 연결하여 사용한 것이 아님.)라고 여겨 중국문체발전사를 연구하는 아주 재미있는 자료라고 생각하였다(손창무(孫昌武) 저《佛教與中國文學(불교와 중국문학)》을 참고하기 바람).

도안(道安)은《比丘大戒序(비구대계서)》에서 불경을 번역할 때 번잡한 것을 삭제하거나 간단명료한 문장을 추구하는 것을 반대하면서 다음과 같은 묘한 비유를 들었다. "장래의 학자들은 옛 성현들의 아름다운 말씀을 추구할 것이니 마땅히 이를 상세히 살펴봐야 할 것이다. 중국어로 번역된 여러 경 가운데 간략히 하여 번거롭지 아니한 것들은 모두가 다 포도주에 물을 탄 것들이다." 전종서(錢鐘書)는 이 말이 송(宋)나라 때 석도랑(釋道朗)이《大涅槃經序(대열반경서)》에서 "마음대로 늘리거나 줄이고 세속적인 말을 끼워 넣게 되면 본래의 의미를 왜곡하여 바른 뜻을 잃게 되어 마치 우유에 물을 탄 것과 같이 되고 만다."고 한 말과 같은 뜻이라고 생각하였다. 이 말들은 모두 다 그 본래의 모습을 잃게 됨을 지적한 것으로, 질적인 문제(내용)를 가리키는 것이지 양적인 문제를 이야기한 것이 아니다. 왜냐하면 우유나 술에 물을 탄다는 것은 양적인 증가를 지칭하고, 번잡한 것을 삭제하고 간단명료한 것을 추구한다는 것은 내용의 삭제를 이르는 말로 오해할 소지가 있기 때문이다. 전종서(錢鐘書)는 다음과 같은 말을 덧붙였다. "빅토르 위고에 의하면, 번역이란 병목이 넓은 병에 있는 물을 병목이 좁은 병에다 따르는 것과 같아서 옆으로 기울이게 되면 밖으로 쏟아지는 물이 많아진다고 한다. 앞서 언급한 '술에 물을 타게 된다.', '우유에 물을 타게 된다.'는 의미는 물을 붓는 것을 말하는 것이고, 여기에서 말하는 것은 물을 따라내는 것을 말한다. 그러나 그것이 본래의 모습을 잃어버린다는 점에서는 같다. 하나는 질(質)을 이야기하고 있고 하나는 양(量)을 말하고 있다."(《管錐篇(관추편)》) 양계초(梁啓超)는 도안(道安)이 했던, "포도주에 물을 탄다.", "(조각을 함에) 모습은 훌륭하게 완성을 하였으나 그만 사람이 죽고 말았다." 등의 비유가 참으로 적절한 비유라고 생각하고, "번역가의 최대의 병은 주관적 이상을 끼워 넣거나 원저의 정신을 몰래 바꾸는 것이다."라고 생각하였다(《飜譯文學與佛典(번역문학과 불교경전)》). 도안(道安)의 이러한 비유는 번역자들이 반드시 되새겨 보고 깊이 생각할 만한 가치 있는 언급이라 하겠다.

四. 서방의 사체(辭體: *언어 체계)를 논한 구마라십(鳩摩羅什)

구마라십(鳩摩羅什 344-413)은 후진(後秦)의 승려로 중국식 이름은 동수(童壽)이고 도안(道安)보다 30여 세 아래인 중국 고대 불경번역대사였다. 그의 할아버지의 본적은 천축(天竺: *인도)이었으며, 본인은 서역구자(西域, 龜玆: *현 新疆省, 庫車 일대)에서 태어났기 때문에 어려서부터 범문(梵文: *산스크리트어)과 호어(胡語: *서역어)를 잘 했고, 19세에 이미 불경에 정통하여 이름을 날렸다. 소문에 의하면 도안(道安)이 만년에 '라십(羅什)이 서역 지방에 있다는 이야기를 듣고 그와 더불어 부처님 말씀을 연구하고 강술하기를 원하여', 국왕인 부견(苻堅)에게 그를 장안으로 초청할 것을 건의했다. 부견(苻堅)이 허락하자 382년에 여광(呂光)이 군대를 이끌고 구자(龜玆)를 정벌할 때 라십(羅什)을 양주(凉州)로 데려왔다. 뜻밖에도 구자(龜玆)를 정벌한 후 부견(苻堅)은 피살되고, 여광(呂光)이 양주(凉州)에 눌러앉아 왕의 노릇을 하자 라십(羅什)도 그 곳에서 15, 6년을 머물렀다. 다행스러운 것은 그가 이 기간 동안 점차 중국어를 익히게 되었다는 사실이다. 후진(後秦), 홍시(弘始) 3년(401) 국왕인 요흥(姚興)이 서쪽으로 사람을 파견하여 라십(羅什)을 장안(長安)으로 모시고 와서 서명각(西明閣)과 소요원(逍遙園)에 머물게 하고 국사(國師)의 예로 대우를 했다.

장안(長安)은 본래 부진(苻秦) 시대에 이미 역경의 중심지였다. 요진(姚秦) 시대에 들어와 이미 도안(道安)이 세상을 떠나기는 하였지만 라십(羅什)이 온 이후로 여러 승려들이 새로운 주인을 맞이함으로써 불교가 중흥하게 되어 16국 시기의 최고봉에 달하게 되었다. "흥(興: 姚興을 가리킴)이 승려인 승조(僧肇), 승략(僧略), 승막(僧邈) 등 800여 명으로 하여금 라십(羅什)의 뜻을 받들게 하였다."(승우저 라십전(승우(僧祐)《羅什傳》)) 전해져 내려오는 말에 의하면 라십(羅什)이 주관하여 번역한 불교 경전은 거의 400여 권이나 된다고 한다. 그는 처음으로 인도 불교 경전의 원문을 직접 중국어로 번역하여 육조(六朝) 시대에 불교를 번성하게 하고 수당(隋唐) 시대에 불교의 제종파가 일어나게 하는 데 중요한 역할을 하였다.

라십(羅什)의 불경 번역 수준은 당시 사람이나 후대 사람으로부터 대단히 높은 평가를 받고 있다. 예를 들면 그의 문하생인 승조(僧肇)가 《維摩詰經序(유마힐경서)》에서 그를 자랑스러워하며 다음과 같이 말하였다. "십(什)공은 세상 사람들이 깜짝 놀랄 만큼 많은 번역을 하였는데, 그의 높은 깨달음은 온 세상에 알려졌으며 그는 특히 방언에 뛰어났다. 항상 그는 호문(胡文)을 손에 들고 입으로 구역을 했는데, 승려들이나 속인들이 모두 경건하게 경청하였다. 같은 구절을 세 번씩 반복했는데, 갈고 닦아서 성인의 덕을 그대로 옮기고자 노력하였다. 문장은 간결하면서도 조예가 깊어 그 뜻이 완곡하면서도 유창하여 높고도 깊은 뜻이 잘 드러났다." 승조(僧肇)는 또 《百論序(백론서)》에서도 다음과 같이 언급하였다. "천축(天竺)에서 온 승려 구마라십(鳩摩羅什)이라는 스님이 있는데 그 기량이 깊고도 넓으며 높은 경지에 올라 있어 몇 년을 옆에서 지켜보아도 그 경지를 알 수가 없었다." 그가 번역한 불경은 "갈고 닦으면서도 논지를 분명히 하는 데 힘을 써서 직역을 하면서도 속되지 않게 하고, 간략하면서도 반드시 높은 수준에 달해 있었다. 궁극적으로 나타내고자 하는 바를 분명히 나타내면서도 조금의 차이도 없었다." 양(梁)나라 때 승려인 승우(僧祐 스님은 다음과 같이 생각했다. "라십법사(羅什法師) 때에 이르러 부처님의 사상이 빛을 발하기 시작하였다. 진(秦)나라 승려 융조(融肇)는 지혜가 맑고 고요하여 능히 문장을 쓸 수 있었고 경전의 깊은 뜻을 밝혀낼 수 있어 대승불교의 심오한 뜻이 이때부터 마침내 밝게 빛나게 되었다." (《胡漢譯經音義同異記(호한역경음의동이기)》) 최근의 사람인 양계초(梁啓超)도 "구마라십(鳩摩羅什)은 번역계의 최고가는 종장(宗匠)이었다."(《飜譯文學與佛典(번역문학과 불교경전)》)고 극찬하였다.

라십(羅什)은 번역 방법과 이론에 대해서도 깊이 있는 연구를 하였으나 안타깝게도 이 방면에 대해 서술한 문장은 남아 있는 것이 거의 없다. 남아 있는 단편적인 기록과 번역한 글들로 미루어 보아 그가 비교적 의역을 중시했다는 사실은 알 수 있다. 양(梁)나라 때 혜교(慧皎) 스님이 쓴《高僧傳(고승전)》의 卷六《僧叡傳(승예전)》에는 다음과 같은 이야기가 적혀 있다.

> 당시 승예(僧睿)라는 스님이 있었는데 요흥(姚興: *姚秦의 임금)과는 잘 아는 사이였으며, 라십(羅什)이 주관하던 역경사업에 참정(參正)으로 참여하였다. 옛날에 축법호(竺法護) 스님이《正法華經, 受決品(정법화경, 수결품)》을 출판하여 다음과 같이 말했다: "사람이 하늘을 보고 하늘도 사람을 본다(人見天, 天見人)." 라십(羅什)이 번역을 하다가 이곳에 이르러서 다음과 같이 말했다. "이 말은 서역어와 뜻은 같으나 언어를 사용함에 있어 너무 직역을 한 것 같다." 예(睿)가 "사람과 하늘이 서로 교류를 하니 둘이 다 서로를 보는 것이 아닙니까?" 하고 물으니, 십(什)이 기뻐하면서 "그렇습니다."고 대답하였다.

호적(胡適)은 "이 문장을 통해서 라십(羅什)은 직역을 반대했다는 것을 알 수 있다. 법호(法護)가 번역한 문장도 비록 나쁘지는 않지만 너무 직역을 하여 읽는 사람으로 하여금 매우 낯선 느낌이 들게 하여 마치 외국어를 읽는 것 같다. 승예(僧睿)가 본래의 것을 약간 바꾸고 나서야 비로소 중국어처럼 느껴진다. 당시는 과도기였기 때문에 라십(羅什)의 번역방법이 가장 적절한 방법이라고 할 수 있었다." (《白話文學史(백화문학사)》)고 하였다.

또《高僧傳(고승전)》卷二《鳩摩羅什傳(구마라십전)》의 기록에 의하면 그가 임종할 즈음 여러 스님들을 향하여 고별사를 하는 가운데 다음과 같이 말하였다.: "나는 아둔하여 번역을 함에 많은 오류가 있었다. 내가 번역한 경, 론(經, 論) 300여 권 가운데 오로지《十誦(십송)》한 부(部) 만은 번잡한 것을 손질하지 않고 그대로 남겨두어 그 본래의 취지를 원래대로 살릴 수 있었으니, 원전과 차이가 나지 않을 것이다." 그는 스스로 자신이 번역한 경전 가운데《十誦律(십송률)》1부만 번잡한 부분을 잘라내지 않았다고 하였으니 그 밖의 다른 경전은 모두 손질을 해서 잘라내었음을 알 수 있다. 최근 사람인 진인각(陳寅恪) 선생이 라십(羅什)이 번역한《大莊嚴論(대장엄론)》과 잔존하는 범어 원본을 대조해보니 과연 그러했다. 심지어 한걸음 더 나아가 원문의 체제에 구애됨이 없이 수시로 바꾸었다. 양계초(梁啓超)는 다음과 같이 말했다. "십(什)공이 번역한 것을 보면 원본에다 보태기도 하고 빼기도 하였는데, 그 의도는 뜻이 통하게 하려는 데 있었다. 도안(道安)이 이야기한, 가능한 한 사실대로 기록할 뿐 글자를 늘리거나 줄이거나 문자놀음을 하지 않는다는 것과는 완전히 상반된다. 나는 안(安)과 라십(羅什)의 입장을 바꾸어 놓고 생각해 보면 그럴 수밖에 없었을 거라고 생각한다. 안(安)은 범문(梵文)을 몰랐기 때문에 범문 원래의 모습을 잃어버릴까봐 전전긍긍할 수밖에 없었을 것이고, 라십(羅什)은 중국어와 범문에 모두 능통했기 때문에 마음대로 잘라 버리고도 남음이 있었던 것이다." 그는 또 다음과 같이 생각하기도 하였다. "라십(羅什)이 번역을 하면서 많은 것을 잘라내 버리기는 했지만 그래도 대단히 신중했다고 할 수 있다."(《飜譯文學與佛典(번역문학과 불교경전)》) 호적(胡適)은 또한 "인도인들은 책을 지을 때 수도 없이 반복을 했는데 읽는 사람이 통렬하게 잘라내 버리고 나서야 비로소 읽을 수가 있었다."(《白話文學史(백화문학사)》)고 하였다. 결국 호적(胡適)도 라십(羅什)의 이러한 번역법에 동의했다고 할 수 있다.

라십(羅什)이 중국의 번역사상 남긴 어록 가운데 가장 유명한 말은 그가 승예(僧叡)에게 한 것으로, 그 속에는 아주 묘한 비유가 담겨져 있다. 《出三藏記集(출삼장기집)》 卷十三 《鳩馬羅什傳(구마라십전)》에는 다음과 같은 기록이 있다.

> 십(什)은 매번 승예(僧叡)를 위해서 서방의 문장 체제에 대해 강의를 할 때 중국어와 같은 점과 다른 점에 대해서 토론을 벌였다. 그는 "천축국의 풍속은 어휘의 수식을 대단히 중시하는데 그 언어는 악기로 연주를 해서 잘 어울리는 것을 최상으로 여긴다. 무릇 국왕을 알현함에 있어서도 반드시 덕을 찬양하는 부처님을 친견할 때의 예를 갖추었는데, 공덕을 찬탄하는 것으로 존경을 나타내었다. 경전에 보이는 게송(偈頌)이 바로 그 형식이다. 그러나 범어를 중국어로 번역함에 있어 어휘의 번잡함을 피하니, 비록 그 뜻은 대체로 전달이 되지만 문체는 완전히 다르다. 번역을 함으로써 마치 밥을 씹어서 입에 넣어주는 것 같아 맛을 잃어버리는 것은 물론이고, 구역질이 나게 할 정도이다."라고 말했다.

그에 의하면 인도의 문장은 수식이 화려하고 경전 속에 게송(偈頌)이 들어 있어 음창(吟唱: *읊조리기도 하고 노래를 부르기도 함.)을 할 수도 있다. 그러나 이를 중국어로 번역한 후에는 문장의 아름다움을 잃어버려 비록 그 대략의 뜻을 보존하고 있기는 하나 문체가 아주 딴판으로 바뀌고 만다. 마치 밥을 씹어서 다른 사람의 입에 넣어 주었을 때처럼 맛이 없을 뿐만 아니라 구역질이 날것만 같다고 하였다. 이와 같은 언급에 대해 양계초(梁啓超)는 십(什)公의 이야기가 번역불가론을 주장하는 것처럼 보인다고 생각하였다(《飜譯文學與佛典(번역문학과 불교경전)》). 사실 그는 부정적인 면에서 출발하여 이상적이지 못한 번역의 역효과를 지적하고자 하였다. 이것은 "평범하면서도 기가 막힌"(錢鐘書의 표현) 비유였으나 라십(羅什)은 번역불가론 등과 같은 극단적인 견해를 가지고 있지는 않았다. 그러나 그는 실제로 중국의 번역이론사상 처음으로 원어의 문체와 어감을 어떻게 나타내어야 하는지에 대한 문제를 제기함으로써 번역 문학에 큰 영향을 끼쳤다. 송나라 승려인 찬녕(贊寧)은 "동수(童壽: *라십(羅什)의 호)가 법화(法華經)를 번역한 것은 절충식이라고 할 수 있는데 자연스러운 서역어의 뉘앙스가 그대로 살아 있다."(《宋高僧傳(송고승전)》)고 하였다. 라십(羅什)은 비록 의역을 선호하는 경향을 보이고 있지만 실제 번역에 있어서는 기본적으로는 절충식을 채택하여 어느 쪽으로도 치우치지 않으려고 하였다. 그가 비록 '밥을 씹어서 입에 넣어준다.'는 말을 사용하기는 하였지만, 자기 자신은 비교적 성공적으로 '자연스러운 서역어의 뉘앙스가 살아 있는' 번역을 하였다. 이에 대해 양계초(梁啓超)는 "'자연스러운 뉘앙스'라는 표현은 참으로 정확한 평가이다. 라십(羅什)이 여러 경(經), 론(論)을 번역해낸 이후로 중국의 번역 문학은 비로소 성립되었다고 할 수 있다. 외래어의 '뉘앙스'가 들어오자 문학의 내용도 확대되었으며, 이로 인하여 소질(素質)도 커다란 변화가 일어나게 되었다."고 지적하였다. 그는 라십(羅什)이 번역한 불경이 "사상계에 신천지를 열었을 뿐만 아니라 문학계에 미친 영향도 대단히 커서 문장이란 것이 옛날과 같을 수가 없게 되었다."고 생각하였다(《飜譯文學與佛典(번역문학과 불교경전)》).

五. 궐중지론(厥中之論)을 주장한 혜원(慧遠)

동진(東晋)의 고승인 혜원(慧遠: 334-416) 스님은 속성이 가(賈)씨이고, 안문루번(雁門樓煩: 현 山西省 寧武 附近) 사람이다. 어려서는 유학(儒學)을 배워 '육경(六經)에 두루 능통'했으며 '노장(老莊)사상에도 밝았다.'(《高僧傳(고승전)》) 스물한 살이 되던 해에 태항항산(太行恒山)에 가서 도안(道安)이 《般若經(반야경)》을 강의하는 것을 듣고 출가하여 도안(道安)에게 귀의하여 그의 수제자가 되었다. 혜원(慧遠)은 또 북방의 구마라십(鳩摩羅什)과 서신을 늘 주고받으면서 그가 번역한 여러 경전들을 모두 읽어 보았다. 앞에서 서술한 바와 같이 도안(道安)은 직역을 주창한 반면, 라십(羅什)은 의역을 선호하는 경향을 띠고 있었다. 혜원(慧遠)은 이 두 사람의 주장에 대해 비교적 잘 알고 있었으며, 이 두 사람의 각기 다른 번역이론의 틈을 파고들어 '궐중(厥中)'의 견해를 제기했다.

혜원(慧遠)은 제파(提婆)가 번역한 《三法度(삼법도)》경의 서문을 썼는데 맨 끝부분에서 다음과 같이 언급하였다.

> 제파(提婆)는 스스로 손에 경전을 들고 중국어로 번역하였다. 비록 음을 그대로 다 전할 수는 없었지만 문장의 뜻은 모두 전달하였다. 문장의 화려함을 버리고 그 뜻을 정확하게 전달하여 본래의 모습을 그대로 남기려고 애를 썼다. 한(漢)나라 때 불교가 들어온 이래 진(晉)나라에 이르기까지 승려나 세속의 명현(名賢)들이 불교 경전에 관심을 가지게 되었다. 그간 불교에 두루 정통한 사람들이 불경을 많이 번역하였다. 어떤 것은 내용보다 문장의 화려함에 치중하였고 어떤 것은 문장의 화려함보다는 교리를 충실히 전달하는 데 치중하였다. 서로 비교해 보면 모두 예전의 경전 번역을 참고하고 있다. 앞으로 현명한 사람이 나타나 중국어와 호어(胡語)에 모두 능통하고 방언까지도 잘 번역할 수 있게 되면 번역의 표준을 상세하게 수립하고, 최후로 가장 적절한 방법(의역과 직역을 적절하게 결합한 방법)을 찾아내게 될 것이다.

여기서 이야기하는 '문과기의(文過其意: 문장의 수식이 과도하여 그 뜻을 해친다.)'란 문파(文派: 문장의 아름다움을 추구하는 번역의 한 부류)가 전적으로 의역만을 중시하는 폐단을 지적한 것이고, '이승기사(理勝其辭: 문장의 내용을 지나치게 강조한 나머지 문장이 아름답지 않다.)'란 질파(質派: 문장의 내용을 그대로 전달하는 것을 추구하는 번역의 한 부류)가 지나치게 직역에 매달리는 단점을 지적한 것이다. 따라서 그는 반드시 '문불해의(文不害意: 문장이 수식이 과다해서 그 뜻을 훼손해서는 안 된다.)'와 '무존기본(務存其本: 본래의 뜻을 그대로 보존하려고 애를 써야 한다.)'을 주장하고 있으니, 두 종류의 번역 방법(이것을 저것과 비교하여 서로 참고함.)을 참고하고, 또 두 언어의 기본적인 문법을 연구한 후(胡語와 중국어 둘 다에 능통하고 그 목표를 분명히 정한 후) 최후에 가장 알맞은 방법을 선택하여 번역을 완성하고자 하였다.

혜원(慧遠)은 《大智論鈔序(대지론초서)》에서도 이와 비슷한 견해를 보였다.

> 童壽는 이 문장에서 많은 것에 대해서 이야기를 했지만 세세한 부분까지 다 말할 수는 없었다. 왜냐하면 방언은 쉽게 생략할 수 있어 본래의 것을 줄여서 백 권으로 만들었지만, 여기에서 빠진 것을 계산하면 아마도 세 배도 넘을 것이다. 그러나 문장가들은 아직도 번거롭다고 생각하며, 그 넓이에만 얽매여서 그 실질(내용)을 중시하지 않았다. 비유해서 말하자면 아무리 훌륭한 죽을 끓이더라도 재료가 잘 배합되지 아니하면 진귀한 맛을 낼 수 없고, 아무리 훌륭한 보석이라도 빛을 잃어버리면 아무런 필요가 없다. '信言不美(믿음이 가는 말은 지나치게 아름답게 꾸미지 않은 말)'라고 한 것은 다 그 나름대로 까닭이 있기 때문이다. 만약 끝내 正典(바른 가르침)이 화려함 속에 파묻혀 버리거나 현묘하면서도 고졸한 아름다움이 작은 잔재주에 손상을 입고 만다면 그것은 마치 백가쟁명(百家爭鳴)하고 구류쟁천(九流爭川)하여 긴 어둠 속으로 빠져드는 것과 같고 해와 달을 지고 어둠 속으로 뛰어드는 것과 같으니, 어찌 슬프지 않겠는가!
>
> 그래서 조용히 그 까닭을 찾아 들어가 근본을 살펴보니, 성인은 방편을 알아듣는 사람의 수준에 따라 그 설법을 달리 했으니, 문장의 아름다움을 추구한 것도 있고, 내용의 전달에 치중을 한 것도 있음을 알겠다. 문장의 아름다움을 추구하여 내용을 소홀히 한다면 내용을 이해하지 못하여 의문을 가지는 사람이 많아질 것이다. 문장의 내용만을 중요하게 생각하여 문장의 아름다움을 소홀히 하면 문장을 보고 기뻐하는 사람이 줄어들 것이다. 따라서 천축어(天竺語: 인도어)를 중국어(中國語)로 번역함에 있어서 어휘는 질박하면서도 그 의미는 깊고, 언어는 일상생활에서 사용하는 용어이면서도 이치는 원대해야 한다. 의미가 깊으면 그 뜻을 정확하게 파악하기가 어렵고, 이치가 원대하면 그윽한 의도를 찾아들어갈 수가 없다. 따라서 일반적인 해석을 따르는 사람은 최근 사람들의 해석에 휩쓸리게 되고, 名教에 집착하는 사람은 시대 흐름에 어둡게 된다. 만약 누구나 쉽게 들어갈 수 있는 길을 닦는다면 따라 배울 수 있는 방법을 마련하는 것이 될 것이다. 조금씩 깨달아 갈 수 있는 방법을 알면 첫걸음을 내딛는 방법을 배우게

> 될 것이다. 간단하고 복잡하며 질서정연하고 너저분한 것에서 벗어나 가장 적당한 것을 밝힘으로써 質(直譯)과 文(意譯)이 각자 그 장점을 찾아 정확하게 전달이 되도록 해야 한다.

동수(童壽: 鳩摩羅什)가 원래 번역했던 《大智度論(대지도론)》도 이미 많은 부분 삭제를 하였으나 문장의 아름다움을 추구하는 선비들이 보기에는 아직 너무 번거롭게 보였다. 바꾸어 말하면, 극단적인 의역파들이 보기에는 아직도 의역이 부족하다고 생각되었던 것이다. 혜원(慧遠)은 아무리 아름다운 재료라도 요리를 잘 못하면 맛이 없고 아무리 값진 보석이라도 그 광채를 잃어버리면 아무런 필요가 없다고 생각했으므로 번역문이 일반적으로 '신(信: 정확한 의미 전달)'만을 강조한 나머지 '불미(不美: 문장이 아름답지 못함.)'하면 성공적인 번역이라고 할 수 없다고 생각했다. 사실 이것은 그가 직역만을 주장하는 사람들을 완고하게 비판한 것이다. 동시에 그는 만약 일방적으로 번역문의 아름다움만을 추구하게 되면 경의 본래의 취지를 밝힐 수가 없어 온갖 이설이 난무하게 되어 엄청난 혼란을 초래하게 될 것이므로 이 또한 비극이 아닐 수 없다고 지적하였다. 이것은 맹목적인 의역파들에 대한 비판이다. 그는 위와 같은 두 가지 번역 경향에 대해 깊이 사색한 결과 '성인(聖人)'들은 설법을 함에 있어 이야기를 듣는 대상의 수준에 맞추어서 교리를 설파했기 때문에 불경에는 문장의 아름다움을 추구한 것도 있고 그 내용의 정확한 전달을 추구한 것도 함께 존재한다는 사실을 깨닫게 되었다. 따라서 번역을 할 때는 '의역을 주장하여 직역에 대항하여서도 안 되고', 또 '직역을 주장하여 의역에 대항하여서도' 안 된다. 따라서 그는 '간단하고 복잡한 것의 잘못된 점을 찾아내고, 가장 알맞은 형태를 상세히 밝혀냄'으로써 '질(質: 직역)'과 '문(文: 의역)'이라는 두 가지 번역법의 장점을 밝혀 모두 적절하게 사용될 수 있도록 해야 한다고 주장했다. 양계초(梁啓超)는 이러한 논조가 모두 화해를 강조하는 것이니, 두 파가 격렬하게 대립하고 난 후 시대의 요구에 부응한 것임을 지적하였다(《飜譯文學與佛典(번역문학과 불교경전)》). 이때에 이르러 중국의 불경 번역에 있어 직역과 의역의 논쟁은 잠시나마 일단락되었다고 할 수 있다.

六. 명사의 번역 문제에 대하여 논한 승예(僧睿)

중국의 고대 불경 번역에는 '文(의역)'과 '質(직역)'에 관한 논쟁 외에도 명사의 번역(譯名(名實:))에 관한 토론도 있었다. 그 대표적인 인물이 후진(後秦)의 승예(僧睿)였다(약 371-438). 그는 위군, 장락(魏郡, 長樂: 현재의 河南省, 安陽市 東) 사람으로 18세에 출가하여 승려가 되었으며 얼마 지나지 않아서 경, 론(經, 論)에 두루 통달하였다. 그는 24세에 각지를 두루 유람하면서 가는 곳마다 설법을 하였으며 일찍이 도안(道安)을 은사로 섬겼다. 후에 그는 장안(長安)으로 들어가서 진왕, 요흥(秦王, 姚興)으로부터 후한 예우를 받았다. 또한 구마라십(鳩摩羅什)의 역장에 참여하여 번역을 도왔으며, 그의 중요한 제자 중의 한 사람이 되었다. 《高僧傳(고승전)》에는 구마라십(鳩摩羅什)이 번역한 불경에 승예(僧睿)가 참정(參正)으로 참여했다는 기록도 전하고 있다.

승예(僧睿)가 번역이론사에 이룩한 새로운 공헌은 도안(道安)과 라십(羅什)에 이어 비교적 자각적으로 불경 번역에 있어서 '명사의 번역(名實)' 문제를 토론했다는 점이다. 그는 홍시(弘始) 6년(404)에 쓴 《大品經序(대품경서)》에서 다음과 같이 말했다.

> 보물이 소중하면 방비도 삼엄하고 공(功)이 높으면 그 가르침도 넓다. 선교를 매우 은근(慇懃)하게 하는 까닭은 그 공덕이 매우 크기 때문이다. 참으로 좋은 인연이다. 불경이 중국으로 들어와 중국어로 번역될 때 서로 다른 제도로 인하여 본래의 의미가 제대로 전달되지 못하고, 부주의로 인하여 명사의 번역에 오류가 생기게 되었다. 깊이 생각하면 할수록 원래의 의미에서 더욱 더 멀어지게 되었다. 온갖 고난을 뚫고 널리 전파한다고 하더라도 훌륭한 대사(大師: 큰 스승)를 만나 오류를 바로잡지 않으면 장차 불교가 추락을 할지도 모른다.

만약 번역문 중 명사의 번역이 신중하게 이루어지지 않으면 경전의 의미에 대한 이해는 그 의도했던 바와는 정반대로 원래의 의미에서 멀어져 갈 뿐이다. 만약 훌륭한 대사(大師)가 출현하여 이를 바로잡아 주지 아니한다면 불교가 쇠락의 길로 빠져들 위험성도 있다. 그는 또 이 序에서 당시의 불경 번역에 관한 상황에 대해 "스님(羅什)께서는 손에는 胡本(經典)을 쥐고 중국어로 번역하셨는데, 다른 나라 말(胡語)을 두 번씩 읽고 나서 명사의 번역이 옳게 되었는지 반복해서 고려했다. 진왕(秦王: 姚興)이 몸소 옛 경전과 대조하여 그 득과 실을 따져보고 옳은 해석에 대한 자문을 구한 후에 최종적으로 뜻을 확정했다. 전문적인 여러 명사들과 승려 등 오백여 명이 그 뜻을 상세히 밝히고 심사한 후에 결정을 하고 그것을 적었다."고 서술하였다. 소위 '명사의 번역(名實)' 문제란 먼저 원문의 의미를 상세하게 이해한 후, 漢譯한 명사가 원래의 명사와 대등한지에 대해 반복적으로 고려한 후에야 비로소 명사를 확정한다는 것이다.

그는 또 《思益經序(사익경서)》에서 "이 경은 천축의 정음으로는 《毘絁沙眞諦(비시사진체)》라고 하는데 다른 지역 범천수특묘의보살(梵天殊特妙意菩薩)의 호칭이다. 십공(什公)이 이를 번역하는 것을 자세히 들으면 이리저리 반복해서 시도해도 뜻을 다 나타낼 수가 없었음을 알 수 있다. 왜냐하면 중국어 중에는 그것을 정확하게 번역할 단어가 없기 때문이다. 그 뜻을 자세히 관찰해 보고 그 이름이 뜻하는 것을 모아보면 당연히 '持意(뜻을 가지고)'라고 해야 하고, '思益(더 깊이 사고하다.)'이라고 해서는 안 된다."고 언급하였다. 여기에서 그는 자신의 스승인 구마라십(鳩摩羅什)마저도 직설적으로 비판하고 있다. 그는 구마라십(鳩摩羅什)의 번역에 적절하지 않는 곳이 있는데 그 원인은 한문(漢文)의 '名實之變(명사의 번역)'에 대한 연구가 부족하기 때문이라고 생각했다. 그는 또 支謙을 비판하여 "공명(恭明: 支謙의 字) 이전의 번역은 그 어휘가 대단히 아름다웠지만 여전히 그 뜻이 분명하지 않았다. 그릇된 문장에 의해 큰 뜻이 잘못 전달되고, 화려함 때문에 그 깊은 맛이 가려지기도 했다. 비록 다시 이를 보완하려고 연구하였으나 그윽한 의미를 다 나타낼 수는 없었다."고 언급했다. 결국 그는 명사의 번역을 충실하게 하지 못한 병폐가 의역파에게서 더 많이 나타났음을 보여주고 있다. 《大智釋論序(대지석론서)》에서 그는 구마라십(鳩摩羅什)의 역경 성과를 충분히 긍정함과 동시에 "법사는 중국어를 개략적으로 알고 있어 번역하다 보면 方言이 특별히 뛰어났음에도 불구하고 중국어에 막힘이 있어 뜻이 잘 통하지 않는 때가 있었다. 언어가 서로 소통되지 아니하면 그 뜻을 나타낼 방법이 없다. 나타낼 수 없는 마음은 문장으로 표현해낼 수 없다. 표현할 수 없는 언어로 어찌 다른 사람이 나의 마음을 꼭 같이 느낄 수 있게 만들 수 있겠는가? 바로 이와 같은 이치이다"라고 언급한 바 있다. 그는 번역을 할 때 만약 대등한 명사를 찾지 못하면 사상을 서로 소통할 방법이 없다는 것을 강조하였다. 그는 또《毘摩羅詰提經義疏序(비마라힐제경의소)》에서 "구마라십(鳩摩羅什)법사께서 현문(玄文: 불경의 문장)을 바로잡고 깊은 뜻을 설명해주신 후에야 비로소 이전의 번역이 본래의 의미를 훼손하고 본래의 취지에서 벗어났다는 것을 깨닫게 되었다. '불래상(不來相)'을 '욕미(辱米)'라 하고 '불견상(不見相)'을 '견상(見相)'이라 하고 '미연법(未緣法)'을 '시신(始神)'이라 하고 '연합법(緣合法)'을 '지심(止心)'이라고 한 예들은 품(品)마다 없는 곳이 없고 문장마다 들어 있지 않는 곳이 없다. 일상적인 용어로는 진언(眞言: 呪文)을 나타내거나 깨달음과 같은 깊은 의미를 나타내기 어렵다는 것을 알겠다. 불교가 중국으로 들어와 사람들이 불경을 읽기 시작한 이래, 비록 설법을 한다 하더라도 뜻을 우회적으로 나타내어 본래의 의미에서 벗어나니 육가가 모두 한 쪽으로 치우쳐 온전한 것이 없다."고 지적하였다. 확실히 명사의 번역이 정확하지 못하면 필연적으로 번역문이 본래의 의미를 손상하거나 본래의 취지에서 어긋나게 되니 그 궁극적인 의미를 찾을 방법이 없고 따라서 내용을 이해하기가 어려울 수밖에 없다.

초기의 불경번역은 외지에서 온 승려들이 낭송을 하고 입으로 번역을 하면 중국의 승려들이 받아 적고 이를 윤문(潤文: 문장을 다듬다.)하여 이루어졌다는 것은 모두가 다 알고 있는 사실이다. 따라서 대부분이 '취지를 전달하는 것(達旨)'에 치중할 뿐 명사의 번역이 적절한지 아닌지의 문제에 대해서는 자세히 퇴고할 겨를이 없었다. 구마라십(鳩摩羅什)은 그의 할아버지가 천축(天竺) 사람이었으므로 범문(梵文)에 정통하였을 뿐만 아니라 또 중국어도 알았기 때문에 번역장(飜譯場)을 주관하고 나서부터 구역(舊譯: 구마라십 이후부터 玄奘 이전까지의 번역)에 "뜻이 착오가 많은 것은 번역에 급급하여 그 취지를 잘 살리지 못함으로써 범본과 서로 상응하지 못하게 되고 말았다."는 사실을 비로소 발견할 수 있었다. 게다가 승예(僧睿) 등 많은 사람들이 '참정(參正)'으로 참여하였기 때문에 비로소 명사의 번역 문제에 관한 연구를 시작할 수 있었다.《高僧傳(고승전)》卷六《僧睿傳(승예전)》의 기록에 의하면 한 번은 라십(羅什)이 "《成實論(성실론)》을 꺼내어 승예(僧睿)에게 강의를 하게 하였다. 그리고는 승예(僧睿)에게 '이 논쟁 중에 일곱 곳이 바뀌었는데 문장이 불경의 내용을 잘못 전달하여 그 말의 뜻이 다소 분명하지 않다. 만약 묻지 않고 그것들을 찾아낸다면 영재라고 할 만하다.'고 말했다. 승예(僧睿)가 라십(羅什)에게 묻지 않고도 그 깊은 뜻을 스스로 찾아내니 꼭 들어맞았다. 이에 라십(羅什)이 찬탄하여 말하기를, '내가 경론(經, 論)을 번역함에 그대를 만나 함께 하였으니 더 이상 바랄 것이 없다.'"고 하였다. 이렇듯 승예(僧睿)가 명사의 번역 문제에 대하여 상당히 많은 논술을 할 수 있었던 것은 그가 범문(梵文)과 중국어에 모두 정통하였을 뿐만 아니라 독립적인 사고로 '깊은 뜻을 스스로 찾아내는' 탁월한 능력을 가지고 있었기 때문이다.

七. 호어(胡語)와 한어(漢語)의 음과 뜻의 같음과 다름을 논한 승우(僧祐)

대규모의 번역 활동이 3백 년 이상 진행되자 불교사의 각도에서 자료를 수집하고 정리하는 작업을 해야 할 필요성이 생겨나게 되었다. 이에 南朝의 齊 梁 나라 사람인 승우(僧祐, 445-518)가 이 역사적인 임무를 담당함으로써 중국 최초의 저명한 불교 사학자와 불경번역사학자가 되었다.

승우(僧祐)는 속성이 유(兪)씨이고 본적은 팽성, 하비현(彭城, 下邳: 현 江蘇省 睢寧 西北) 사람으로 아버지는 건업(建業: 현 南京)에서 살았다. 그는《出三藏記集(출삼장기집)》《弘明集(홍명집)》《釋迦譜(석가보)》《世界紀(세계기)》《法苑雜緣原始集(법원잡록원시집)》 등을 편저(編著)했다. 이러한 편저들에는 많은 양의 佛教史料와 이전 사람들의 번역이론이 수록되어 있다. 이 책의 앞부분에서 거론한 각 역론가의 序文은 대부분이《出三藏記集》에 수록되어 있는 것이다. 승우(僧祐)는 불경 번역 사료를 편집·정리하였을 뿐만 아니라 자신의 번역에 대한 약간의 견해를 발표하기도 하였다.

예를 들면 그는 '文(의역)'과 '質(직역)'의 문제에 대해서 혜원(慧遠) 등과 마찬가지로 변증법(辨證法)이나 궐중론(闕中論: 절충론)과 같은 견해를 가지고 있었다.《出三

藏記集(출삼장기집)》 卷一의 그가 쓴《胡漢譯經音義同異記(호한역경음의동이기)》에서 그는 구마라십(鳩摩羅什)의 번역을 찬양하였을 뿐만 아니라 다음과 같이 말했다. "의역이 지나치면 부염(浮艷)하게 될까 두렵고 직역이 지나치면 거칠어질까 두렵다. 거친 것이나 부염한 것은 모두가 다 병폐이며 모두가 다 경의 본의를 손상한다." 그는 역경의 목적이 "번역을 하여 경의 심오한 뜻을 밝힘으로써 大乘의 깊은 가르침을 밝게 드러내는 데"에 있다고 하였다.

또한 그는 이 글에서 인도 문자 자체의 동이(同異: 같음과 다름)와 한문자(漢文字)의 동이(同異: 같음과 다름)를 논하는 가운데 번역이 대단히 어려운 작업임을 다음과 같이 말했다.

> 옛날 글자를 만드는 세 사람이 있었다. 가장 큰 사람은 이름이 범(梵)이었는데 그 글자는 왼쪽에서 오른쪽으로 썼다. 둘째는 이름이 거루(佉樓)였는데 그 글자는 오른쪽에서 왼쪽으로 썼다. 막내인 창힐(蒼頡)은 글자를 위에서 아래로 썼다. 범(梵)과 거루(佉樓)는 천축에 살았고 황제(黃帝)의 사관(史官)이었던 창힐(蒼頡)은 중국에 살았다. 범(梵)과 거루(佉樓)는 맑은 하늘을 본떠서 글자를 만들었고 창힐(蒼頡)은 새의 발자국을 본떠서 글자를 만들었다. 문자와 그림은 서로 다르지만 이치를 전달하는 점에 있어서는 같다. 멀리 선각자들이 말한 것을 찾아보면 64가지의 글자가 있었는데 鹿輪轉眼, 筆制區分, 龍鬼八部, 字體殊式 등이 있다. 범(梵)과 거루(佉樓)만이 세상에서 뛰어난 글자이어서 천축의 각 나라에서 이를 천서(天書)라고 불렀다. 서방에서 경(經)을 쓸 때 사용하는 문자는 모두가 다 범문(梵文)에서 나오기는 하였지만 36국이 서로 차이가 나곤 했다. 비유해서 이야기하자면 전서체(篆書體)와 주서체(籀書體)가 서로 서체에 있어 차이가 나는 것과 같은 이치이다. 창힐(蒼頡)의 고문(古文)은 시대에 따라 변했는데, 고문(古文)이 변해서 주문(籀文)이 되었고 주문(籀文)은 다시 전문(篆文)이 되었다. 거기에 다시 전문(篆文)이 변해서 예서체(隸書體)가 되는 등 여러 차례 변화가 있었다. 8체가 생겨나면서 선용운지(仙龍雲芝)가 나타났고 24서(書)가 생겨나면서 개전침수(揩奠鍼殳) 등의 서체가 나타났으니, 이름과 실제는 대단히 복잡하나 용도는 많지 않았다. 그러나 그 원류를 찾아 들어가면 모든 서체는 육서(六書)에서 나왔다. 적재적소에 사용하면 되나 예서(隸書)가 가장 널리 사용된다. 동서(東西)의 서체(書體)의 근원에 대해서 대략적으로나마 살펴본 결과 호어(胡語)의 음은 단음절과 복음절 등 여러 가지 형태가 있어 일정하지 않으며, 어떤 것은 한 글자에 여러 가지 이치가 들어 있기도 하고 또 어떤 것은 여러 글자가 모여서 하나의 뜻을 형성하기도 한다.《大涅槃經(대열반경)》을 찾아보면 글자 50자를 나열해 놓고 여러 가지 뜻을 종합적으로 해석하고 있는데 14가지 음이 있어, 이를 자본(字本)이라고 부른다. 그 발음 구조를 살펴보면 완곡하게 서로 연결되어 있다. 어떤 것은 혀뿌리나 입술

끝 등에서 소리가 나는데, 장단(長短: 긴 소리와 짧은 소리)에 따라서 서로 뜻이 달라지기도 한다. 한마디로 말해서 문장이 되지 않으면 여타의 언어와 결합하여 문장을 이루어 완전한 뜻을 나타내게 된다. 그러하니 번역자가 번역을 하는 것이 어찌 어렵지 않겠는가?

여기에서 언급하고 있는 인도와 중국의 문자 기원에 관한 이야기는 당연히 옛날부터 전해 내려오던 전설에 근거한 것으로, 반드시 정확한 것이라고 할 수는 없다. 그러나 이 논의는 양국 文字의 기원 및 音과 訓 등 여러 각도에서 번역을 논했다는 것 자체만으로 중국의 번역이론사에 있어 비교적 신선한 느낌을 준다. 그 글 속에는 또 다음과 같은 지적도 있다. "漢나라 말엽부터 불경이 번역되기 시작하였는데 음역이 서로 와전이 되어 일치된 음역이 없었다. 따라서 '부도(浮屠: 부처)'와 '상문(桑門: 승려)' 등이 《漢史》에 서로 다르게 기록되어 있다. 글자의 소리도 이러한데 글자의 뜻이야 더 말할 필요가 있겠는가?" 그는 이전의 불경 번역에 있어 명사의 음역에도 이와 같은 오류가 발생하였는데 원래의 의미를 이해하는 것에 문제점이 발생하였다는 사실은 말할 필요가 없다고 생각했다. 그밖에도 新 舊譯 불경 번역을 살펴보면 명사의 번역에 있어 수많은 차이를 보이고 있는데 사실 어떤 것은 '언어는 다르나 뜻은 같고', 어떤 것은 '생각 자체가 다른 것도 있고', 또 어떤 것은 '두 나라의 발음 자체가 다른 것도 있다.' 승우(僧祐의 이러한 지적은 승예(僧睿)가 명사의 번역에 관해서 논한 것에 비해 한층 더 발전한 것이라 할 수 있다.

八. 언종(彦琮)의 《辯證論(변증론)》

위에서 언급한 대부분의 중국 고대 번역이론은 번역된 불경의 서문에서 인용한 것이며, 어떤 경우는 약간의 전기(傳記: 고승전 등에 보이는 인물 전기) 재료에 들어 있는 단편적인 기록에서 인용한 것이다. 중국 최초의 번역 전문 저술은 5세기 말 6세기 초 隋나라의 명승 언종(彦琮)이 쓴 《辯證論》이다. 이 글은 비록 관련 傳記 속에 들어 있는 것이기는 하지만 전문이 완정할 뿐만 아니라 비교적 문장이 긴 것으로, 중국 고대 번역이론사에서 얻기 힘든 소중한 자료라 할 수 있다.

언종(彦琮, 557-610)은 속성이 이(李)씨이고 조군백(趙郡白: 현 河北, 隆堯 西南) 사람이다. 열 살에 출가하여 도강(道江)으로 이름을 바꾸었다. 열네 살에 제(齊)나라 후주(後主)인 고위(高緯)를 위해《仁王經(인왕경)》을 강의했다. 스물한 살에 북주, 무제(北周, 武帝)의 내전에 들어가 노장학(老莊學)을 강의하였으며 통도관, 학사(通道觀, 學士)에 임명되어 겉에는 속의(俗衣)를 걸치고 안에는 승복(僧服)을 입고서 이름을 언종(彦琮)으로 개명하였다. 그는 대정(大定) 원년(581)에 다시 삭발하고 승려가 되었다. 수(隋)나라 초기 개황(開皇) 3년(583)부터는 불경번역작업에 참여하였다. 개황 12년(592)에 조칙(詔勅)을 받아 장안으로 가서 대흥선사(大興善寺)에 머물면서 불경번역작업을 주관했다. 대업(大業) 2년(606)에 다시 동도(東都)인 낙양(洛陽)으로 가서 상림원번역관(上林園飜譯館)에 들어가 불경의 정리와 번역 작업에 종사했다.

당(唐)나라 때 도선(道宣)이 쓴《續高僧傳(속고승전)》卷二의《彦琮傳(언종전)》에는 다음과 같은 기록이 나온다. "언종(彦琮)은 오래도록 불경번역작업에 참여하여 범문(梵文)을 오묘하게 터득하였다. 중국의 여러 학자들이 중국문자를 연구하였으나 음(音)과 훈고(訓詁)에 있어서 그를 따를 만한 사람이 거의 없었다. 마침내 그는《辯證論(변증법)》을 지어 번역이론을 남겼다." 이 글은 '그가 오래도록 불경번역작업에 참여한' 경험을 종합한 것으로 '이 땅(중국)의' 번역대사(飜譯大師)들을 지도할 의도로 썼음을 알 수 있다. 이《彦琮傳(언종전)》에는《辯證論(변증론)》의 전문을 인용하여 수록하고 있다.

그는 이 논문의 첫머리에서 도안(道安)의 '오실본, 삼불이(五失本, 三不易)'의 논점을 완정하게 다시 서술하고 높이 평가하였다(이 책의 앞부분에서 이미 인용하였기 때문에 여기서는 생략함.). 그러나 그는 '도안(道安)이 비록 멀리까지 내다보는 혜안을 가지고는 있었으나', 다른 사람들과 마찬가지로 '범(梵)'과 '호(胡)'를 구분하지 못했다고 지적했다. "호(胡)는 본래 여러 융(戎: 흉노)족의 후예였으며 범(梵)만이 진정한 성인의 묘손(苗孫: 후손)들이다. 뿌리가 서로 다르니 서로 뒤섞일 까닭이 없다. 분명하게 알지 못했기 때문에 비슷하다고 생각했다. 오랑캐의 모습을 보고는 범종(梵種: 인도인)이라고 생각하였다. 그리고 실제로는 범인(梵人)인데 제멋대로 호족(胡族)이라고 불렀다. 진위(眞僞)를 구별하지 못하니 참으로 슬퍼할 만하다. 범어(梵語)가 비록 와전되었다 하더라도 호어(胡語)와는 구별이 되는 듯하다. 이를 고쳐서 범학

(梵學)이라고 하니 호학(胡學)이 아님을 알겠다." 그는 서역문자와 인도문자가 서로 다르다는 것을 지적하고 훌륭한 번역자는 반드시 풍부한 역사, 지리 및 언어 지식을 갖추어야 한다고 설명했다. 그는 또한 "사법란(使法蘭)을 한(漢)에 귀화하게 하고 승회(僧會)를 오(吳)나라로 가게 하였으며 선비들로 하여금 승려의 짝이 되도록 하였다. 그리고 지엄(智嚴), 보운(寶雲) 등의 제자들로 하여금 속의(俗衣)를 벗어던져 버리고 범자(梵字)를 배우게 하여 승려 몇 사람에게 우선 엽전(葉典: 나뭇잎 위에 적은 인도의 불경)을 읽게 하였다. 오천축(五天竺)의 정음(正音)이 온 세상에 가득 펴져 나가 부처님의 말씀이 중국에 두루 전파되어 사람마다 모두 이를 이해하여 번역의 수고를 들고, 자손 대대로 밝게 깨달아 의혹을 벗어던지기를 바란다."고 하였다. 이 말은 그가 처음부터 범어(梵語) 배우기를 강조하면 번역하는 수고를 덜 수 있다고 생각했음을 이야기하고자 한 것이다. 그러나 이것은 그저 이상에 불과했다. 양계초(梁啓超)는 "이 말에 의하면 언종(彦琮)은 실로 '번역무익론자(飜譯無益論者)'라 할 수 있다."고 말했다(《飜譯文學與佛典(번역문학과 불교경전)》). 그러나 언종(彦琮)의 뜻은 결코 번역작업을 부정하고자 한 것은 아니었다. 그는 이어서 도안(道安)의 득실을 논하고 나서 번역요례십조(飜譯要例十條)를 거론했다.

> 안(安)의 서술은 크게 불교의 문을 열어 놓았다. 그 가운데는 왜곡되고 불충분한 곳이 없지 아니하나 正文(범문)에 근거하여 지난 발자취를 밝히는 것을 도왔다. 그 글은 비록 아직 거칠기는 하지만 字聲一. 句韻二. 問答三. 名義四. 經論五. 歌頌六, 祝功七. 品題八, 專業九, 異本十 등으로 十條의 要例를 밝히고 있다. 각각 그 용도를 설명하면, 論처럼 그 문장이 광범위하다.

아쉽게도 그는 이 '十條'에 대해서 상세하게 논하지 않아 그 내용을 구체적으로 파악할 수가 없다. 여기서 지적을 하고 넘어가야 할 것은 후인들이 이 문장(예를 들면 상무인서관(商務印書館)에서 출판한 《飜譯論集(번역론집)》이나 중화서국(中華書局)에서 출판한 《中國佛敎思想資料選編(중국불교사상자료선집)》 등에 방점을 잘못 찍어 그 뜻을 더욱 더 이해하기 어렵게 만들었을 뿐만 아니라 거의 대부분의 연구자들이 이 '십조(十條)'가 언종(彦琮)이 주장한 것으로 여기게 만들었는데, 사실은 앞뒤 문장으로 미루어 볼 때 도안(道安)이 주장했을 가능성이 매우 크다(이 편은 "각각 그 용도를 설명하면, 논(論)처럼 그 문장의 내용이 광범위하다."고 한 부분은 보아 하니 이미 失傳된 듯함.). 왜냐하면 언종(彦琮)이 도안(道安)의 관점을 인용하였을 뿐 그것은 자신이 내세운 주장이 아니었기 때문에 상세하게 서술하지 않았을 것이다. 간단히 언급하면 宋나라 때 법운(法雲)이 편찬한 《飜譯名義集(번역명의집)》 第十一篇 《宗飜譯主(종번역주)》에도 이 '십조(十條)'를 언급하고 있는데(그도 역시 언종(彦琮)이 주장한 것으로 알고 있었음.) 그 내용은 《辯證論(변증론)》의 내용과 사뭇 다르다. 그것은 '一句韻(일구운), 二問答(이문답), 三名義(삼명의), 四經論(사경론), 五歌頌(오가송), 六祝功(육축공), 七品題(칠품제), 八專業(팔전업), 九字部(구자부), 十字聲(십자성).'으로, 그도 똑같이 여기에 대해서 어떤 해석도 달지 않았다. 따라서 소위 말하는 이 '십조(十條)'가 비록 고대 불경 번역사에서는 대단히 유명한 것이기는 하지만 우리는 여기에 대해서 평가를 할 수가 없다.

《辯證論(변증론)》에서는 역대역경(歷代譯經)의 득실에 대해서 아래와 같이 비평했다.

> 불교가 처음 중국으로 유입되었을 때 인도어를 아는 사람이 매우 적어 인도어를 중국어로 번역함에 있어 뜻을 제대로 전달하지 못할까 두려워하였다. 후인들이 앞선 훌륭한 사람들의 뒤를 이어니, 범서(梵書)가 차츰 전파되어 불교 사상이 점차 유행하기 시작하였다. 불교의 교리가 다소간 분명해지면서 이 이야기들로 인해서 마침내 고역본(古譯本) 불경들을 설명할 수 있게 되었다. 한(漢)나라 때는 설사 본래의 의미를 지킨다 하더라도 감히 비평을 서슴지 않았으며, 위(魏)나라 때는 비록 그것이 옛것이라 할지라도 공개적으로 토론을 벌였다. 어떤 것은 번거롭고 어떤 것은 간략하여 글자를 가지런히 하기가 쉽지 않았다. 때로는 거칠고 때로는 화려하여 표준을 정하기가 상당히 어려웠다. 진, 송(晉, 宋)나라 때는 청담을 숭상하여 서로 다투어 그 순수함을 훼손하였다. 진, 량(秦, 凉)나라 때는 문재(文才)를 중시하면서도 그 내용도 중시하였다. 몇몇 고승대덕(高僧大德)이 도(道)로써 이들을 모으지 않았다면 오늘날 접하는 8-9권의 큰 경전들이 올바르게 기록되지 못했을 것이다. 이 때 이후 차례로 조술(祖述: 선인들의 저술)을 따르게 되어 옛 경전들을 모범으로 삼고 이를 준수하게 되었다. 서로 돌려보며 서로 답습하여 함께 쓰며 시비를 가리지 아니하고 처음부터 끝까지 따라 했다. '승만(僧鬘)'은 '대면(對面: 얼굴을 장식하는 물건)'하는 물건이라서 '화만(華鬘)'이라 하였고, '안선(安禪)'은 '함장(合掌)'의 일종이지만 관례대로 '선정(禪定)'이라 하였다. 이러한 예는 수도 없이 많다. 낙양(洛陽)에서 오래 전해지면서 약간 더 보태지기도 하였는데, 진리를 풀어 설명하면서 여러 가지 다른 방법으로 설명되었다. 만약 인도에서 온 승려로 하여금 독단적으로 결정하게

하면 미언대의(微言大義: 글 속에 담긴 깊은 사상)가 잘 설명되지 않기 때문에 필인(筆人: 중국인으로 문장을 潤文하는 사람)이 검증하게 되면 다른 말이 섞여 들어가게 되고 만다. 차라리 질박하면서도 본래의 이치에 가까운 것을 택할지언정 교묘하면서도 원래의 의미에서 벗어나는 것을 채택하지 않겠다. 만약 순수하고 질박한 것을 보거든 번거롭다고 생각하지 마시길 바란다.

이상과 같은 언급으로 보아 그의 비평은 대단히 날카롭고 역동적이라 할 수 있다. 앞선 사람들의 잘못을 과감하게 비판할 수 있는 그의 이러한 정신은 정말 감탄스럽기까지 하다. 그는 "차라리 질박하면서도 본래의 이치에 가까운 것을 택할지언정 교묘하나 원래의 의미에서 벗어나는 것을 채택하지는 않겠다."는 원칙 아래 忠實第一의 원칙을 견지하면서 직역에 가까운 경향을 띠고 있다. 그는 또 불경의 이해와 번역의 어려움에 대해 다음과 같이 강한 주장을 펴기도 했다. "전날에 존안을 우러러 뵈었더니 다시 보려고 해도 기다려주지 않는구나. 친히 그 훌륭한 설법을 배우려고 하나 다른 사람이 그 다름을 알아본다. 논쟁이 일어나 온갖 설이 난무하여 열반의 기록을 미리 밝히고자 한다. 여러 부파가 일어나 문수의 경전을 밝히려고 한다. 비록 두 지역의 언어가 서로 다른 것은 부처님도 허락하시겠지만 서로 다른 도(道)는 비구가 이를 허락하지 아니한다. 하나의 경전이 사라지자 하나의 종파가 사라지고 천년이란 긴 세월이 지나 사람들의 마음이 잘못된 길로 접어드는구나! 가느다란 물새 소리도 듣기 힘들거늘 큰 강물이 흘러가는 것과 같은 위대한 설법은 듣기가 더욱 힘들다. 꿈속에서라도 듣기를 바라건만 어찌 들을 수 있겠는가? 유학(儒學)의 고문(古文)도 세월이 지나면 오류가 발생하여 오늘날 사람들의 언어로 전하려면 들쭉날쭉 한다. 하물며 범인(凡人)과 성인(聖人)은 서로 그 능력이 다르고 지역적으로도 동서로 멀리 떨어져 있으니 그 어려움이야말로 다 표현할 수가 없다." 우리는 이와 같은 그의 주장이 도안(道安)의 '三不易'설과 완전히 일치한다는 것을 어렵지 않게 알 수 있다.

《辯證論(변증론)》이 중국 번역사에 있어 가장 크게 공헌한 점은 '팔비(八備)'설을 주장한 것으로, 언종(彥琮)은 자격을 갖춘 번역자는 반드시 이와 같은 여덟 가지 조건을 갖추어야 한다고 생각했다.

> 첫 번째로 갖추어야 할 조건은 불법에 충실하며 다른 사람을 도와주는 것에 뜻을 세워 어려움을 겪거나 시간이 걸리는 것을 두려워해서는 안 된다는 것이다. 장차 불경의 번역장을 드나들 때는 계율을 지키고, 악에 물들어서는 안 된다는 것이 두 번째 갖추어야 할 조건이다. 불교의 여러 경전을 두루 열람하여 소승·대승의 교리를 정확하게 앎으로써 애매하여 분명하지 못한 문제를 해결하는 것을 힘들어 하지 말아야 한다는 것이 세 번째로 갖추어야 할 조건이다. 중국의 경전과 역사를 두루 섭렵함으로써 문학수양을 강화하여 번역된 문장이 생소하지 않도록 해야 한다는 것이 네 번째로 갖추어야 할 조건이다. 그 태도를 너그럽게 가지며 겸손해야 하고, 독단적으로 판단해서는 안 된다는 것이 다섯 번째로 갖추어야 할 조건이다. 도술의 연구에 몰두하여 적막함을 이겨내고, 공명심을 내지 말아야 한다는 것이 여섯 번째로 갖추어야 할 조건이다. 범문(梵文)에 정통하고 정확한 번역방법을 익혀서 원저의 정신을 훼손하지 말아야 한다는 것이 일곱 번째로 갖추어야 할 조건이며, 마지막 여덟 번째 조건은 기본적으로 중국의 문자학과 훈고학을 장악하여 본토의 문자에 정통하여야 한다는 것이다.

양계초(梁啓超)는 "(一)(五)(六) 등 세 가지는 특별히 번역자의 인격 수양을 중시한 것으로 매우 근본적인 문제를 파헤친 것이라 할 수 있다. 그 나머지는 일반적인 이야기에 지나지 않는다."고 생각하였다(《飜譯文學與佛典(번역문학과 불교경전)》). 제1조에서는 불법에 충실하며 다른 사람을 도와주는 것에 뜻을 세워 어려움과 시간이 걸리는 것을 두려워해서는 안 된다고 강조하고 있다. 제5조에서는 태도를 너그럽게 하고 겸손을 잃어서는 안 되며 독단적으로 판단해서도 안 된다고 하고 있다. 제6조에서는 도술의 연구에 몰두하여 적막함을 이겨내고, 공명심을 내지 말 것을 요구하고 있다. 양계초(梁啓超)는 이 세 가지 외에도 제2조 계율을 지킬 것을 요구하는 것에 대해서도 비평을 하지 않았으니, 이 또한 번역자의 인격 수양과 관계된 것이었다. 이 몇 가지는 불교도들에게만 국한되는 특별한 요구라기보다는 일반 번역자들도 마땅히 주의해야 할 인격 수양과 관계된 참고할 만한 가치가 있는 요소들이라 하겠다. 양계초(梁啓超)는 그 밖의 몇 가지는 모두가 독서인들이 항상 이야기하는 평범한 이야기일 뿐이라고 생각하였으나 사실은 이 몇 가지도 번역자들의 학식 수양상의 조건들로 매우 중요한 문제들이다. 제3조는 불교의 여러 경전을 두루 열람함으로써 그 교리를 정확하게 인식함은 물론, 애매하여 분명하지 못한 문제를 없애야 한다고 요구하고 있다. 제4조는 중국의 경전과 역사를 두루 섭렵함으로써 문학 수양을 강화하여 번역된 문장이 생소하지 않도록 해야 한다고 요구하고 있다. 제7조는 범문(梵文)에 정통하고 정확한 번역 방법을 익혀서 원저의 정신을 훼손하지 말아야 한다고 하고 있으며, 제8조에서는 기본적으로 중국의 문자학과 훈고학을 장악하여 본토의 문자에 정통하여야 한다고 강조하고 있다. 언종(彦琮) 이전에는 이러한 문제들에 대해서 어떤 사람도 이처럼 체계적이고 명확하게 언급한 적이 없으므로(번역자는 중국과 외국의 문자학과 훈고학을 이해해야 한다고 승우(僧祐)만이 간략하게 언급한 적이 있을 뿐임.) 이 몇 가지는 당시에 있어 결코 '일반적인 이야기'라 할 수 없다. 요컨대 언종(彦琮)이 주장한 '팔비(八備)'설의 1, 2, 5, 8조는 인격 수양과 관계된 것이고 3, 4, 7, 8조는 학식 수양과 관계된 것으로, 이 모든 요소는 우수한 번역자들에게 없어서는 안 되는 요소들이다. 그가 이야기한 대로 이 여덟 가지가 갖추어지면 비로소 최고의 번역자라 할 수 있을 것이다.

전종서(錢鐘書)는 언종(彦琮)이 정한 '십조(十條)'와 '팔비(八備)'설이 도안(道安)이 핵심을 찌른 것에는 미치지 못한다고 생각하였다(《管錐編(관추편)》). 위에서 언급한 것처럼 소위 말하는 '십조(十條)'의 구체적인 내용은 밝히기가 어려우며, 또 이 '십조(十條)'를 누가 주장했는지도 밝혀내어야 하는 문제이다. 그러나 도안(道安)이 제기한 '오실본, 삼불이(五失本, 三不易)'설이 주로 번역방법과 관계되는 문제라면 언종(彦琮)이 이야기한 '팔비(八備)'설은 번역자 자신의 조건과 관계된 문제이니, 이 두 가지는 비교 대상이 될 수는 없을 것 같다.

결론적으로 말하자면 언종(彦琮)의 '팔비(八備)'설은 중국의 번역이론사에 있어서 번역 활동의 주체인 번역자 자신의 문제에 대해서 전면적으로 논술한 최초로 언급이었으므로, 양계초(梁啓超)가 지적한 대로 매우 근본적인 문제를 파헤친 것이라 할 수 있다. 따라서 이 논의는 그의 독보적인 이론으로 매우 중시할 만한 가치가 있다고 하겠다.

九. 현장(玄奘)의 오종불번이론(五種不飜理論)

중국 불교사에 있어 어떤 사람들은 구마라십(鳩摩羅什), 진제(眞諦), 현장(玄奘), 불공(不空)(一說에는 義淨) 등 4명을 병칭해서 4대 번역대사(飜譯大師)라고 부른다. 사실 이들 중 가장 특출한 사람은 구마라십(鳩摩羅什)과 현장(玄奘) 두 사람이며, 그 가운데서도 현장(玄奘)이 더욱 뛰어나다. 불교사가(佛敎史家)들은 구마라십(鳩摩羅什) 이전의 불경 번역을 '고역(古譯)'이라 하고, 구마라십(鳩摩羅什) 이후의 번역을 '구역(舊譯)'이라고 하며, '新譯'이라는 명칭을 현장(玄奘)에게 양보하였다. 현장(玄奘)은 확실히 중국불경 번역사에 신풍격과 신국면을 열었던 인물이다.

현장(玄奘, 600-664)은 당대(唐代)의 명승으로 삼장법사(三藏法師)로 불린다. 속명은 진위(陳緯)이며 낙주(洛州) 侯縣(오늘날 河南省 偃師 侯鎭) 사람이다. 13세에 출가하여 21세에 구족계(具足戒)를 받고 각지를 유람하면서 名師들을 탐방하여 여러 경전들을 두루 배웠는데, 여러 가지 설이 분분하여 정설이 없다는 것을 절실히 느꼈다. 그래서 인도로 가서 불법을 구해와 의혹을 풀기로 결심하였다. 당태종(唐太宗), 정관(貞觀) 3년(629)에 그는 장안(長安)을 출발하여 돈황(敦煌)을 거쳐 4년을 전전한 끝에 인도에 도착한 후 정관(貞觀) 19년(645)에 장안(長安)으로 돌아왔다. 왕복 17년 동안 5만 리를 걸으며 온갖 고난을 다 겪음으로써 마침내 그는 전설적인 인물이 되었다. 중국 민간에서는 그의 이러한 경력을 연의(演義: 소설의 다른 이름)로 써서 당승취경고사(唐僧取經故事)를 창작하였다. 그는 인도에서 유가행학설(瑜珈行學說)을 깊이 연구하였을 뿐만 아니라 유식학(唯識學), 중관학(中觀學) 및 논리학, 언어학 등의 제 학문을 배워 왔다. 그는 그밖에 또 여러 차례 佛學의 변론에 참가하여 가는 곳마다 명성이 자자하여 전 인도에 명성을 날렸다. 그는 명예롭게 귀국을 하였을 뿐만 아니라 범문경전(梵文經典) 650여 부를 가지고 돌아왔는데, 그것은 수량이 많고 종류도 다양하여 이전에 볼 수 없었던 크나큰 성과였다. 당태종(唐太宗)은 즉각 그를 접견하고 관리가 되기를 권하였으나 그는 극구 사양하고 불경번역사업에 매진하기로 결심하였다. 그 후 그는 장안(長安)의 홍복사(弘福寺)에서 살다가 다시 대자은사(大慈恩寺)로 옮겼으며 마지막에는 옥화궁(玉華宮)에 머물렀다. 20년 동안 그는 경, 론(經, 論) 75部 1,335卷의 번역을 주관하였다. 이는 기타 3대 번역 대사가 번역한 수량을 합친 것보다 6백여 권이 더 많은 분량으로, 당대 신역 불경 총수량의 절반 이상을 차지한다. 그밖에도 그는 《老子(노자)》, 《大乘起信論(대승기신론)》 등을 인도어로 번역하여 인도에 전했다고 한다. 인도학자인 백락천(柏樂天)은 현장(玄奘)을 역사 이래 최고의 번역가이며 그의 업적은 영원히 전 세계인들에게 기억될 것이라고 생각하였다(《偉大的翻譯家玄奘(위대한 번역가 현장)》).

현장(玄奘)의 불경 번역 수준 역시 불경을 중국어로 번역하기 시작한 이래 최고의 수준에 이르렀다. 도선(道宣)은 당시에 이미 다음과 같이 말한 바 있다. "前代 이래로 번역된 불경은 처음에는 梵語로부터 본문을 중국어로 바꾸어 쓰고, 그 다음에는 처음으로 되돌아가서 중국의 언어 습관에 맞게끔 고쳐 쓰고 그런 후에 筆人들이 문장을 손질하여 더할 곳은 더하고 뺄 곳은 빼서 전체 문장 중에서 많은 것을 탈락시켰다. 오늘날 번역하는 것은 모두가 玄奘의 뜻에 따라 결정하였는데, 그 뜻을 혼자서 결정하였을 뿐만 아니라 입만 열면 문장이 줄줄 흘러나왔다. 필경하는 사람이 따라 적기만 하면 책으로 펴볼 수 있게 되었다."(《續高僧傳(속고승전)》) 바꾸어 말하면 이전의 불경 번역은 모두 범문을 좇아서 한 자 한 자 옮긴 후에 다시 이를 한문 문법에 따라 바꾸어 쓰고 마지막으로 필인(筆人)이 윤식(潤飾)을 하는데, 문장 가운데 부분적으로 보태기도 하고 빼기도 하여 많은 부분이 원래의 뜻을 잃어버리곤 하였다. 그러나 현장(玄奘)은 그렇지 않았다. 그는 두 가지 언어에 모두 능통하였을 뿐만 아니라 불교의 교리를 깊이 이해하고 있었기 때문에 "문장을 보는 것이 자유자재였으며 이를 번역하여 읽는 음성도 참으로 낭랑하였다."(《大唐西域記(대당서역기)》). 그야말로 그는 번역을 할 때 입만 열면 줄줄 흘러 나와 기록하기만 하면 되었다. 양계초(梁啓超)는 "현장(玄奘)같은 사람은 직역(直譯)과 의역(意譯)이 원만하게 조화를 이루었으니 이는 이 방면의 가장 이상적인 방법이다."(《飜譯文學與佛典(번역문학과 불교경전)》)라고 생각하였다. 인도학자인 백락천(柏樂天)과 중국학자 장건목(張建木) 등의 연구에 의하면, 현장(玄奘)은 불경 번역을 하는 가운데 성공적으로 보충법(補充法), 생략법(省略法), 변위법(變位法), 분합법(分合法), 역명가차법(譯名假借法), 대사환원법(代詞還原法) 등과 같은 번역 기교를 운용하였다. 그밖에도 현장(玄奘)은 번역사업의 조직과 번역인재의 양성 등에 있어서도 지대한 공헌을 하였다.

현장(玄奘)이 이와 같은 위대한 업적을 이룰 수 있었던 것은 당연히 번역이론의 방면에 있어서도 깊은 연구를 하였기 때문일 것이다. 그러나 불경번역과 관계된 이론은 극소수만 남아 있어서 그의 거대한 역경과정과 서로 균형을 이루지 못한다. 그의 저술은 《大唐西域記(대당서역기)》를 제외하면 황제의 은혜와 덕을 칭송하고 또 불경의 번역을 마치고 나서 황제께 진상을 할 때 보낸 수십 통의 서신이 전해져 내려올 뿐이다. 현장(玄奘)은 642년에 《大唐西域記(대당서역기)》를 완성하고 나서 쓴 序言에서 다음과 같이 말하였다.

> 그러나 불교는 서방에서 생겨나 그 법이 東國(중국)으로 전해졌는데 통역을 함에 있어 그 음이 와전되고 단어 구사에 있어서 방언(方言: 사투리)의 오류가 빈번하니, 음이 와전되면 뜻을 잃게 되고 단어가 틀리게 되면 교리에 어긋나게 되고 만다. 그래서 "공자께서 반드시 그 이름을 바로 세워야 한다."고 말씀하신 뜻이 번역을 함에 있어 그 이치에 어긋나지 않고 뜻이 어긋남이 없는 것을 귀하게 여긴다는 것임을 알겠다.

그는 공자(孔子)의 말씀을 인용하여 번역할 때 음이 와전되지 아니하고 단어가 틀리지 않아 뜻이 사라지지 않고 교리에 어긋남이 없도록 해야만 한다고 지적했다. 《大唐西域記(대당서역기)》의 맨 마지막에 변기(辯機)가 서명을 한 《記贊(기찬)》이 실려 있는데, 그 가운데 한 '진신선생(搢紳先生: 유학자)'의 불경 번역에 대한 견해를 수록하고 있다. 이 글은 동시에 현장(玄奘)의 번역에 대한 태도와 방법을 반영하고 있다.

> 스님은 인도학에 정통하여 깊고 오묘한 경전을 명확하게 밝혔고, 문장을 보는 것이 자유자재였으며 이를 번역하여 읽는 음성도 참으로 낭랑하였다. 성인의 뜻을 존경하고 좇아서 문장에 수식을 가하려고 하지 않았다. 방언(方言: 사투리)이 통하지 아니하고, 범어의 번역본이 없으면 이를 해결하려고 노력하여 바른 경전을 구하여 미루어 유추하되, 실제 내용과 괴리가 생길까 두려워하였다. 한 儒學者가 있어 정색을 하고 다가와 엄숙한 태도로 다음과 같이 말했다. "무릇 인도라는 나라는 성령이 모인 곳이라 현명하고 훌륭한 인물들이 많이 태어나는 곳이므로 그 책은 천서(天書)라 하고 그 말은 천어(天語)라 한다. 문장의 수식이 아름답고 음의 운율이 순환하여 어떤 때는 한마디로 여러 가지

뜻을 나타내기도 하고 또 어떤 때는 하나의 뜻으로 여러 가지 뜻을 종합하기도 하는데, 성(聲)에는 억양(高低)이 있고 조(調)에는 淸濁이 있다. 범문(梵文)은 극도로 심오하여 번역을 할 때는 반드시 明人에게 맡겨 경의 취지의 현묘함을 다하게 하고, 그 뜻은 성덕을 다 담을 수 있도록 하여야 한다. 번역을 할 때 삭제해 버리거나 성조를 중국적인 것으로 바꾸게 되면 본래의 모습과 달라져 올바른 내용을 전달할 수 없게 된다. 경의 깊은 뜻을 전달하기 위해서는 반드시 알기 쉽게 하기 위해 노력하여야 한다. 가능한 한 본래의 모습에서 벗어나지 않는 것을 훌륭한 번역으로 여긴다. 문장의 수식이 과다하면 화려하기만 하고, 직역에 치중하면 지나치게 거칠어지기 쉽다. 뜻이 잘 전달되면서도 지나치게 화려하지 아니하고 뜻이 명확하면서도 지나치게 직역에 가깝지 아니하면 무난한 번역이라 할 수 있고, 이러한 번역일 때만 비로소 더불어 논할 만하다. 노자가 말씀하시길 '지나치게 아름다운 문장은 믿음이 가지 아니하고, 믿음이 가는 문장은 지나치게 아름답지는 않다.'고 하였으며, 한비자는 '이치가 바른 문장은 곧고 지나치게 꾸민 문장은 그 이치가 분명하지 아니하다.'고 하였다. 이 말로 미루어 보통 사람들에게 내리는 교훈은 그 뜻이 대동소이하여, 분명치 않은 것들을 없애고 분명한 것들만 남겨 놓아야 한다는 것을 알 수 있다. 원본의 취지를 벗어나면서까지 문장의 수식에 치중하면 그 피해가 심각해질 것이다. 예전의 법도를 그대로 지키는 것이 부처님의 지극한 가르침이다." 치소첨(緇素僉)은 "그렇다! 그 말이 참으로 옳다."고 하였다. 옛날에 공자께서 재판을 담당하실 때 사용하시던 용어와 다른 사람이 사용하는 용어가 같은 것이 어찌 그에게만 있었겠는가? 그러나 《春秋(춘추)》를 편찬할 때에는 더할 것은 더하고 뺄 것은 빼고 하였는데, 游, 夏등과 같은 글자는 공자 문하의 문학에는 한 자도 들어가지 않았다. 스님의 불경 번역도 이와 같았다. 童壽(鳩摩羅什)가 즐기는 문집(文集)이 승생(僧生), 승조(僧肇), 승융(僧融), 승예(僧睿)에게 맡겨 삭제를 하도록 한 것과 다르다. 하물며 갈고 다듬어서 질박하게 하려고 하는 때에 어찌 성인의 뜻을 보태고 빼고 하며 경문에 과다하게 수식을 가하려고 하겠는가?

이 유학자(儒學者)는 번역하는 가운데 마음대로 보태거나 빼고 원문에 수식을 가하는 것에 반대하고, 번역은 마땅히 '쉽게 이해할 수 있고' 또 '원본에 위배되지 않아야 한다.'고 생각했다. 그가 승우(僧祐) 스님이 말한 "문장의 수식이 과다하면 화려하기만 하고, 직역에 치중하면 지나치게 거칠어지기 쉽다."는 구절을 인용하였을 뿐만 아니라 노자와 한비자의 말까지 인용한 것은 주목할 만한 일이다. 《記贊(기찬)》에서는 또 현장(玄奘)의 역경에 대해서 설명하기를, 공자께서 《春秋(춘추)》를 지을 때처럼 수식할 때는 수식을 하고 삭제할 곳은 삭제를 했던 것과 마찬가지로 대단히 과단성 있게 원칙을 고수했다고 하였다. 어떤 학자들은 이 《記贊(기찬)》의 적지 않은 내용으로 미루어 보아 현장(玄奘)이 이 책을 위해서 쓴 後序이지만 후인의 표절을 거쳐 변기(辨基)의 작으로 바뀌고 말았다(주연관(周連寬)의 《大唐西域記史地硏究叢稿(대당서역기사지연국총고)》를 참고하기 바람.)고 생각했다. 만약 그렇다고 한다면 이《記贊(기찬)》 중에 반영된 현장(玄奘)의 역학에 대한 견해는 더욱 더 주목할 가치가 있다.

그동안 내가 보았던 10편 이상의 오늘날 사람들의 글에서는 현장(玄奘)이 번역이론으로 다음과 같은 8字를 제시했다고 하고 있다. '旣須求眞, 又須喩俗(진실을 추구하는 것은 물론, 당시의 풍속도 반드시 알고 있어야 함.)', 그러나 이러한 문장들은 하나같이 그 출처를 밝히지 않고 있다. 나는 현장(玄奘)의 문장을 여기저기 찾아보았으나 이 8자를 찾을 수가 없었다. 그러나 뜻밖에도 양계초(梁啓超)의 《飜譯文學與佛典(번역문학과 불교경전)》과 《佛典之飜譯(불교경전의 번역)》이라는 두 저술에서 이 8자를 발견하였는데 이는 원래 양(梁)씨가 도안(道安)의 '삼불이(三不易)' 가운데 '일불이(一不易)'의 주요 내용을 요약한 것이었다(내가 생각하기로는 이 8자의 뜻은 대단히 좋으나 '일불이(一不易)'가 뜻하는 원래의 의미와는 잘 부합하지 않는 듯함.). 아무리 살펴보아도 양(梁)씨의 이 8자가 왜 잘못 인용되어 현장(玄奘)이 한 이야기로 탈바꿈했는지, 또 현장(玄奘)의 큰 명성을 빌려 광범위한 영향력을 발휘했는지 그 까닭을 알 수가 없었다. 그러므로 확실한 증거를 찾아내기 전까지는 현장(玄奘)의 이론이라고 인정할 수가 없다. 뜻밖에도 宋나라 때 승려 법운(法云)이 편찬한 《飜譯名義輯(번역명의집)》의 첫머리에 주돈의(周敦義)가 소흥(紹興), 정축년(丁丑年, 1157)에 쓴 序文이 들어 있는데, 그 가운데 현장(玄奘)의 '오종불번(五種不飜)'의 글이 들어 있다. 이것은 위에서 언급한 《大唐西域記(대당서역기)》에 나오는 한 문장을 제외한 오늘날 우리가 찾아볼 수 있는 유일한 玄奘의 번역이론으로, 이 序文 속에 다음과 같이 기록되어 있다.

> 唐, 玄奘 스님께서는 오종불번(五種不飜: 다섯 가지는 번역하지 아니함.) 이론을 논하셨다. 一. 비밀인 말은 번역하지 아니한다. 예를 들면 다라니(眞言, 呪文)같은 말은 번역하지 아니한다. 二. 다의어(多義語: 뜻이 여러 가지인 말)는 번역하지 아니한다. 예를 들면 '薄伽'라는 말은 범어에서 여섯 가지 뜻(自在, 熾盛, 端莊, 名稱, 吉祥, 尊貴)이 있다. 三. 이곳에는 없는 말은 번역하지 아니한다. 예를 들면 중국에는 염부수(閻浮樹(勝金樹))라는 나무가 없다. 四. 옛날부터 쓰는 관례적인 말은 번역하지 아니한다. 예를 들면 阿耨菩提(正偏知)는

> 번역하지 못할 것은 아니지만 마등(摩藤) 스님 이래로 항상 범어(梵語)로 쓰여 왔다. 五. 번역하지 않는 것이 더 이로울 때는 번역하지 아니한다. 예를 들면 반야(般若)라고 하면 장중한 느낌이 들지만 지혜(智慧)라고 하면 뭔가 모르게 다소 가벼운 느낌이 든다. 칠미지작(七迷之作)은 번역하지 아니한다. 석가모니(釋迦牟尼)라는 말은 번역하면 능인(能仁)이라고 번역할 수 있는데 왠지 모르게 주공(周公)이나 공자(孔子)보다도 그 지위가 아래인 것처럼 보인다. 아뇩보리(阿耨菩提)는 정편지(正偏知)라고 번역할 수 있는데 중국 노자의 가르침 중에 무상정진(無上正眞)의 道라는 말과 구별되지 않는 것 같다. 보리살타(菩提薩埵)를 번역하면 대도심중생(大道心衆生: 크게 도심을 낸 사람)이라고 번역을 할 수 있는데 어딘지 모르게 고상해 보이지 않는다. 따라서 모두 덮어 두고(음역을 함.) 번역을 하지 않는다.

현장(玄奘) 스님이 이야기한 '불번(不飜: 번역을 하지 아니함.)'이란 음역(音譯)을 한다는 의미이다. 음역(音譯)이란 번역(飜譯)을 하지 않는 번역(飜譯)이다. 그는 구체적으로 다섯 경우에는 번역하지 않는다고 주장하였는데, 그러한 경우란 신비어(神秘語), 다의어(多義語, 중국에는 없는 사물의 명칭, 이미 통용되고 있는 음역(音譯) 및 불교를 선양하기 위하여 꼭 필요한 때 등을 말한다. 예를 들면 반야(般若)라고 하면 장중한 느낌이 들지만, 지혜(智慧)라고 하면 뭔가 모르게 다소 가벼운 느낌이 든다. 석가모니(釋迦牟尼)라는 말은 의역을 하면 능인(能仁)이라고 번역할 수 있는데, 마치 주공(周公)이나 공자(孔子)보다도 그 지위가 아래인 것처럼 보인다. 아뇩보리(阿耨菩提)는 정편지(正偏知)라고 번역할 수 있는데, 중국의 도교에서 사용하는 용어와 구별하기 어렵다. 보리살타(菩提薩埵)를 번역한 대도심중생(大道心衆生: 크게 도심을 낸 사람)은 어딘지 모르게 고상해 보이지 않는다. 무릇 이러한 명사를 마주치게 되면 모두 당연히 번역하지 않고 음역을 한다.

주돈의(周敦義)가 이 序文을 쓸 당시는 현장(玄奘)이 세상을 떠난 후 500년 쯤 지난 뒤였다. 그러나 인용한 이 번역이론은 믿을 만한 것이다. 전해 내려오는 이야기에 의하면 이러한 '不飜'(번역하지 아니하는)의 번역법은 마등(摩藤) 이래로 빈번히 사용되어 왔다. 그는 이론적으로 분류를 하여 제시했을 뿐만 아니라, 이론적으로 이렇게 적절하게 분류를 하기 시작한 것은 현장(玄奘) 때부터였다. 이로 미루어 볼 때 현장(玄奘)은 확실히 번역이론 방면의 연구를 하였음에도 불구하고 애석하게도 그 이론의 대부분이 남아 있지 않다.

다시 한마디 덧붙이고 싶은 것은 현장(玄奘)이 '역장(譯場)' 번역이론 방면에도 공헌을 하였다는 점이다. 중국의 불경번역은 동한(東漢) 시대 이래로 '역장(譯場)'의 방식으로 운용하였다. 여러 사람이 모여 서로 협력하며 엄격하게 역할 분담을 하여 불경번역작업을 진행하였는데, 현장(玄奘)이 운영하던 역장(譯場)은 그 이전의 역장(譯場)에 비하여 더욱 더 엄밀하고 완벽하였다. 《續高僧傳(속고승전)》의 기록에 의하면 현장(玄奘)의 불경 번역은 아래와 같이 11가지로 그 역할을 분담하였다고 한다.

一. 역주(譯主) : 번역장의 중심 인물로 주 번역인을 말한다. 중국어와 범어에 정통할 뿐만 아니라 불교의 교리에도 깊은 조예가 있어서 어려운 문제가 생기게 되면 판단을 내리고 해결해야 한다.

二. 증의(證義) : 역주(譯主)의 조수로 원문과 번역문의 뜻을 심사하고 만약 잘못이 발견되면 역주(譯主)와 상의해서 이를 바로 잡는다.

三. 증문(證文) : 증범본(證梵本)이라고 부르기도 하는데 역주(譯主)가 범본(梵本)을 낭송할 때 원문과 다른 것이 있는가를 주의 깊게 살펴서 만약 원문과 다른 것이 발견되면 곧바로 지적한다.

四. 도어(度語) : 서자(書字)라고도 하는데 범문의 글자 소리에 근거하여 중국어(漢文)로 기록한다.

五. 필수(筆受) : 녹취한 범음(梵音)을 원문의 문장법에 따라 기록한다.

六. 철문(綴文) : 필수(筆受)가 기록한 것을 정리하여 중국어 관습에 부합하도록 만든다.

七. 참역(參譯) : 이미 교감을 본 원문을 다시 번역문을 사용하여 대조함으로써 원문과 어긋난 곳이 있는지 역으로 교감을 한다.

八. 간정(刊定) : 역문에 대하여 지나치게 길게 늘어진 부분을 삭제하여 문장의 의미를 확정한다.

九. 윤문(潤文) : 수사적인 각도에서 번역문에 대하여 윤식(潤飾)을 한다.

十. 범패(梵唄) : 번역문을 唱하고 朗誦하기를 반복하여 독송하기에 적절하게 만든다.

十一. 감호대사(監護大使) : 임금의 칙명을 받은 대신이 불경 번역의 전 과정을 감독하고 검열한다.

현장(玄奘) 이후의 역장은 더욱 더 발전하고 변화를 거듭하였겠지만 전체적으로 보면 현장(玄奘)이 사용하던 방법을 능가하지 못했던 것 같다. 현재 홍콩의 번역연구자인 대천(戴天)은《采花與釀蜜-飜譯瑣談(꿀을 따는 것과 꿀을 만드는 것-번역 뒷이야기)》(1986)이라는 글에서 현장(玄奘)이 사용한 번역에 있어서 역할을 분담하는 방법은 오늘날에 사용하여도 여전히 대단히 과학적인 번역 방법이라고 언급하였다. 현존하는 미국의 번역이론가인 내달(奈達)은 번역문의 좋고 나쁨을 평가하기 위해서는 반드시 독자들의 반응을 살펴보아야 한다고 강조하였다. 대천(戴天)은 현장(玄奘)의 번역 방법은 "내달(奈達)이 독자의 반응을 살펴서 평가하던 것을 전문가들의 반응을 살펴서 평가하는 것으로 대체한 것이다. 이러한 여러 가지 공정(工程)을 거치다 보면 역문의 정확성이나 가독성이 완전무결하다고는 할 수 없어도 거의 완미(完美)한 수준에 가깝게 다가갔다고 할 수 있다."고 하였다. 대천(戴天)은 오늘날 서방의 학자들이 최신 과학 기술을 이용하여 언어 정보를 받아들이는 가능성과 언어를 내보내는 정보의 가능성이 서로 다를 수 있기 때문에 반드시 하나의 '비밀 부호'를 만들게 되면 체계적이고도 수시로 변화하는 환경에 알맞게 언어의 의사소통에 적응할 수 있도록 할 수 있다는 것을 연구해 내었다. 그러나 현장(玄奘)이 만들어낸 제도는 '비밀 부호가 아니라' 인간 두뇌의 역할'을 하였다. 다시 말하면 그것은 충분하고도 필요한 지식을 갖춘 인간이었던 것이다. 뿐만 아니라 현장(玄奘)은 '유일한 방법'이라고는 생각하지 않았기 때문에 곳곳에 검문소를 설치하여 '재주가 여덟 말이나 되는 뛰어난 사람'이라 하더라도 조금의 실수도 범하지 않도록 검사를 하였다. 현장(玄奘)의 방법은 능히 철문(綴文), 참역(參譯), 간정(刊定), 윤문(潤文) 등 서로 다른 여러 측면으로부터 문자의 순정(純正)함과 유창(流暢)함을 보장하였던 것이다. 뿐만 아니라 증의(證義), 증문(證文) 등을 순수한 문자 작업의 전에 배치하여 먼저 번역의 정확성을 보증하였다. 따라서 그의 이러한 역장 제도는 우리들이 연구하고 본받을 만한 충분한 가치가 있다고 할 수 있다.

十. 역대 불경 번역을 비평한 도선(道宣)

위에서 이야기한 것처럼 중국의 불경번역 사업은 시작부터 극성기에 이르는 약 500여 년 동안 번역의 대가들이 배출되었고 번역된 불경도 매우 많았으며 각종 번역방법(직역, 의역, 음역 등)이 모두 토론되는 등 매우 번성하였다. 그동안 일부의 불교 역사학자들이 불경목록을 정리하고 편찬하는 작업에 착수하였는데, 그것을 정리하는 과정에서 필연적으로 비평 작업이 진행될 수밖에 없었다. 예를 들면 동신(東晋)의 도인(道安)은 최초로 《綜理衆經目錄(종리중경목록: 여러 경을 종합 정리한 목록)》을 편찬했으며 양(梁)나라의 승우(僧祐)는 《出三藏記集(출삼장기집)》 등을 편찬하였다. 앞의 책은 이미 없어졌으나 그 내용은 이미 후인들이 기본적으로 흡수하였다. 승우(乘祐)는 "도안(道安)부터 목록을 작성하기 시작하였는데 번역서들에 대해서 체계적으로 비평하고 시대 순으로 배열하니, 불교 경전의 고증은 이 사람으로부터 시작되었다."고 하였다. 따라서 중국의 불경 번역이론사상 체계적인 번역 비평(銓評譯才)은 도안(道安)으로부터 시작되었음을 알 수 있다. 그 후 승예(僧睿), 혜교(慧皎), 언종(彦琮) 등도 모두 이 방면과 관련된 논술을 남겼다(이 책의 앞부분에서 이미 서술하였음.). 당(唐)나라 때 승려 도선(道宣)은 양(梁)나라의 혜교(慧皎)가 편찬한 《高僧傳(고승전)》의 뒤를 이어 《續高僧傳(속고승전)》을 편찬하였는데, 현장(玄奘)과 관련된 전론(傳論)에서 더욱 더 상세하게 역대의 불경 번역을 비평하고 주목할 만한 견해들을 발표하였다.

도선(道宣)은 율종(律宗) 3파 가운데 하나인 남산종(南山宗)'의 창시자이다. 속성은 전(錢)씨이고 윤주, 단도(潤州, 丹徒: 현 江蘇성에 속함.) 사람인데 일설에는 장성(長城: 현 浙江省, 長興) 사람이라고도 한다. 그는 일찍이 현장(玄奘)의 번역장에 참여하여 윤문(潤文)을 책임졌다. 그는 학식이 넓고 뛰어났으며 많은 저술을 남겼는데 《大慈恩寺釋玄奘傳論(대자은사석현장전론)》에서 "무릇 번역의 공은 참으로 크다."고 언급한 바 있다. 그는 번역의 역할을 크게 긍정하였을 뿐만 아니라 번역과 관계된 이론도 긍정하였다. 또한 "도안(道安)의 제 논점은 오실본(五失本)이론에서 쉽게 볼 수 있고 언종(彦琮)의 속문(屬文)은 八例에 들어있으나 이를 섭렵하기가 어렵다. 이것들은 고금의 통서(通敍: 통달한 문장)이니 어찌 함부로 넘볼 수 있겠는가?" 하고 언급하였다. 그는 또 다음과 같이 말하였다.

무릇 구대 동안이나 전해 내려오는 것들이 간략한 기록 속에 들어 있다. 한위(漢魏)는 근본을 중시하여 그것을 확실히 지키고 화려함을 배제했다. 진, 송(晉, 宋) 때는 이를 더욱 발양하여 의역과 직역이 모두 크게 유행하였으며 풍자의 맛이 탁월하였다. 이 이후에는 문풍이 경박하여 뛰어난 번역도 없었고 깨달음을 논하는 것도 없었다. 어휘에 따라 마음을 움직이고 뜻은 마음의 정을 표현하여 세상의 파란을 일으키니 이러한 풍조가 통식(通式: 시대사조)이 되었다. 경전이 세상에 가득하니 불법이 크게 일어나, 그 좋은 점은 복을 구하는 것이 넘쳐나게 되고 그 나쁜 점은 한 번 틀린 것은 계속 해서 와전된다는 것이다. 따라서 용맹하게 청원을 하니 모두 화려한 문장을 좇게 되어 이를 본보기로 하여 뒤따르니, 문장이 아름다울 뿐만 아니라 성스러움이 넘쳐나는데 이는 모두 다 까닭이 있는 것이다. 여러 서적이 전해지는 것은 그 법이 사라졌기 때문이니, 일도 서로 맡기거늘 하물며 지식이야 서로 맡기지 못할 게 무엇이냐? 그러나 습관이라는 것이 생겨나 일상화되면 잘못되었음을 알아도 고치기가 어려워 비록 바꾸려고 애를 쓰나 앞에서 하던 대로 따라할 뿐이다. 멀리 한, 명제(漢, 明帝)때부터 당나라에 이르기까지 범본불경(梵本佛經)을 번역하여 전해 내려왔으나 번역자를 믿고 일을 나타내는 것은 쉽게 표현할 수 있지만 뜻을 나타내는 것은 거의 보이지 않는다. 감정을 표현하는 일은 오로지 문장을 쓰는 사람에게 의존할 수밖에 없으니, 소(疏)를 뒤적이게 되고 마침내 여전히 옛것을 따를 수밖에 없다. 범승(梵僧)이 불경을 들고 번역을 하나 서로 감정이 통하지 아니하고 서로 언어가 통하지 아니하니, 옳은 것과 그른 것이 서로 뒤섞여 있었다. 삼학(三學)[2]의 성전은 설명으로 행할 수 있으나 팔장(八藏)[3]의 깊은 뜻은 그 뜻을 풀이해야 한다. 차례로 번역하여 출판하니 靡墜風猷(교화가 닿지 않은 곳이 없다.)하여 고금의 현철(賢哲)들이 서로 인품은 달라도 그 계율은 항상 같다. 말이 서로 달라 억측이 난무하여 세상이 바뀌고 인심이 야박해졌는데 이 어찌 몰래 세속과 야합을 한 것이 아니겠는가? 옛날에 순수한 노래가 고상하게 번창할 때에 비하면 아주 황당한 경우라 할 것이다. 문장을 아름답게 꾸미기만 하고 잘못 전달되어 복잡하기만 하니, 끝을 알리는 종소리가 난 것이나 다름없다는 이야기를 들었다. 본질과 내실을 생각하지 아니하고 문장 꾸미기

2) 三學은 계율(戒), 명상(定), 지혜(慧)를 이른다. 이 셋은 가장 기본적인 실천 형태로, 여기에 다시 세 항목을 더해 布施, 持戒, 忍辱, 精進, 禪定, 智慧라고 한 것이 여섯 개의 파라미타(육바라밀)로 알려져 있다.

3) (一)胎化藏, 中陰藏, 摩訶衍方等藏, 戒律藏, 十住菩薩藏, 雜藏, 金剛藏, 佛藏. (二)大小乘各有經, 律, 論, 咒等四藏, 合称爲八藏.

에만 신경을 쓰는 등 모두가 앞을 다투어 천박한 문장을 쫓으니 정성(鄭聲: 음란한 노래)은 끊이지 않는다. 최초의 깨달음의 말씀이 시대를 뛰어넘어 우뚝 서있고, 불교의 염불소리(八音四辯 ; 불교음악)는 끝이 없다. 평범한 마음을 얻어 마음을 비우고 성인의 생각을 참배하여 이를 목표로 삼으니 이것이 진실로 입언(立言: 훌륭한 말씀)이 아니겠는가? 비록 즐거운 말씀이 많아 그 종류별로 일일이 풀이하니 깊은 이치가 감정을 떠나 펼쳐지고 말씀이 온 세상에 가득하다. 마땅히 문장을 갈고 닦아서 문장은 금옥(金玉)보다도 값지고 그 소리는 하늘나라의 음악과 통하고 운(韻)은 보통사람이 다다를 수 있는 한계를 벗어났다. 최근에는 진, 송(晉宋)의 안연지(顔延之)와 사령운(謝靈運)의 문장이 세상에 비할 자가 없다고 하지만 이와 어긋나면 어찌 말을 할 수가 있겠는가? 반드시 앞사람의 발자취를 뒤쫓아 가지만 시대가 이미 변하니 그 가운데 어지럽고 복잡한 것을 어찌 따르겠는가? 옛날에 서량(西凉)의 법참(法讖)은 세상 사람들이 통인(通人)이라고 불렀으며 후진(後秦)의 동수(童壽: 鳩摩羅什)는 세상 사람들이 걸출한 승려라고 칭송하였는데, 문장의 뜻을 정확하게 파헤치고 경(經)의 핵심을 절묘하게 드러내이 방언을 잘 통하게 하여 풍격이 변화하였지만 그래도 온 세상에 퍼져나가 경전을 번역함에 조금의 허점도 보이지 않았다. 송(宋)에는 혜엄(慧嚴)이나 보운(寶雲) 등과 같은 보살이 있어 세상 사람들이 모두 현명하다고 칭송하니 전에 번역한 작품들을 살려내어 여러 부(部)의 경전들을 널리 전파하니, 이미 끊어졌던 불경들을 다시 연결시켜 중국 관리들의 도움을 받지 않고서도 스스로 訓詁를 하여 그 명성이 천년토록 이어진 것은 모두 다 그 까닭이 있다. 나머지는 그 일이 전해져 내려와 충분히 정신에 영향을 미치며 병을 기울여 물을 따를지언정 함부로 흘러 내려가도록 하지 않으니, 우유에 물을 탄다는 비유는 오늘까지도 전해져 내려오는 것으로 이는 비록 끝내 이 이야기를 만족시키기 어려우나 순정함을 유지하도록 도와준다. 오늘날 세상에 장공(奘公: 玄奘)이라는 사람이 있는데 무리들 가운데서 홀로 우뚝 솟아 있다. 그는 어디를 가더라도 그 명성이 진동하여 각 나라를 두루 순방할 당시 백여 개국의 군왕과 신하들이 그를 존경하여 알현하였고 중간에 통역을 쓸 필요도 없이 그 깊은 경전의 내용을 풀이하니 중국과 흉노들이 모두가 기뻐하였다. 당(唐)나라 이후의 번역은 옛사람들의 번역에 얽매이지 아니하고 원본을 들고서 곧 바로 번역하였는데 전인들의 번역에서 볼 수 있는 오류의 많은 부분을 바로 잡았다. 이미 잘못된 것을 따라서 오늘날까지 어긋나게 한다면 이를 바로 잡기는 매우 어렵다. 마침내 이를 바로 잡으려 하니 다시 무슨 말이 필요하겠는가?

도선(道宣)은 진, 송(晉, 宋) 이후의 불경 번역은 잘못된 것을 그대로 잘못된 채 전하였다. 그뿐 아니라 자연스럽게 습관이 되어 잘못을 알고도 고치기가 어려워 전철(前轍)을 답습하였다. 그 원인을 살펴보면 대체로 梵僧이 불경을 번역하면 중국 사람이 이를 받아 적었는데 일반적인 범승(梵僧)들은 중국어를 잘 모르고, 또 중국 사람들은 범어(梵語)를 잘 몰랐기 때문에 정확하게 그 뜻을 알 수가 없어 항상 시비구람(是非俱濫: 옳은 것과 그른 것이 뒤섞여 있음)'하였다. 그는 특별히 구마라십(鳩摩羅什) 등의 번역을 두고 '문장의 뜻을 잘 밝혀내어 경의 본래 취지를 잘 드러내었'을 뿐만 아니라 풍격이 있다고 찬양하였다. 그는 특히 현장(玄奘)이 국내외적으로 명성이 높고 각국과의 교류를 함에 통역을 대동하지 않았으며 그가 주관하던 당대신역(唐代新譯)이 '불설고인(不屑古人: 옛사람들의 잘못을 답습하지 아니함.)'하고, '빈개전실(頻開前失: 자주 이전의 잘못을 비평함.)'했다고 하였다.

十一. 역경 이론을 총결산한 찬녕(贊寧)

중국의 불경번역은 북송(北宋)에 이르러 이미 쇠퇴의 길로 접어들었다. 송(宋)대 이후로 역경 이론에 대해서는 약간의 흩어져 있는 문장을 찾아볼 수는 있으나 대부분은 주목받을 만한 것이 못 된다. 宋나라 초기의 고승인 찬녕(贊寧)은 혜교(慧皎)와 도선(道宣)을 뒤이어 《宋高僧傳(송고승전)》의 편찬을 주관하였으며 동시에 이 책에서 주목할 만한 뛰어난 번역이론을 주장했다.

찬녕(贊寧, 919-1001)은 속성은 고(高)씨이고 본적은 발해(渤海)이며 오흥, 덕천(吳興德淸: 현 절강성(浙江省)에 속함)에서 태어났다. 그는 '남산율(南山律)'에 정통하였기 때문에 사람들은 그를 '율호(律虎)'라고 불렀다. 그는 태평흥국(太平興國) 7년(982)에 칙명을 받들어 이 책을 짓기 시작하여 단공(端拱) 원년(988)에 완성하여 진상하였다. 《宋高僧傳(송고승전)》의 제1권 《義淨傳(의정전)》의 맨 끝에서 다음과 같이 말했다.

> 역(譯)이란 역(易: 바꾸다)을 말하는데 이는 있는 것으로 없는 것을 바꾼다는 뜻이다. 비유해서 이야기하면 토양을 바꾸어 탱자와 귤을 심으면 귤이 탱자로 변하고 만다는 것과 같은 이치라고 하겠다. 탱자와 귤은 이름이 서로 다르기는 하지만 그 맛과 향과 줄기와 잎은 같은 것이다. 또 다른 비유를 하면 서역 지방의 니구율타(尼拘律陀)라는 나무는 중국의 양류(楊柳: 버드나무)를 일컫는데 이름은 서로 다르지만 그 나무는 같은 나무이다. 한(漢)나라 때부터 지금 송(宋)나라 때까지 이를 번역하는 사람들이 많았다. 위

> 진(魏晋) 시대에는 서쪽의 천축 사람들이 와서 '니구(尼拘)'라고 불렀으며 중국 사람 가운데 번역에 참여한 사람들은 서방에서 온 승려들이 양류(楊柳: 버드나무)를 가리키므로 그 말의 뜻을 알 수 있게 되었다. 그 후 중국 승려들이 천축으로 가면서부터 니구(尼拘)가 중국의 양류(楊柳: 버드나무)라는 것을 알게 되었다. 이로써 두 나라의 말을 한꺼번에 다 알게 되었다. 중국만을 알고 또 천축만을 알게 되면 이러한 류의 사람들은 양쪽 모두를 잘 알기가 어렵다. 동쪽(중국)의 승려들이 서방(天竺)으로 가서 범서(梵書)를 배우고 불법을 모두 이해하게 되면 비로소 훌륭한 번역자라 말할 수 있다. 또한 송, 제(宋, 齊: 위진남북조 시대의 宋나라 齊나라를 가리킴.) 때 천축을 다녀온 자가 없지 아니하였는데 만약 그 나라에 가서 풍속을 살피게 되면 반드시 그 나라의 정치도 들을 것이니, 현장법사(玄奘法師)나 의정법사(義淨法師) 같은 분들은 모두 그 실체를 듣고 보았을 것이다. 이 두 법사는 풍속이나 정치 모두에 통달하여 마치 옥쇄를 보면 그것이 천자의 책인 줄 알고 믿는 것과 같았을 것이다. 《周禮(주례)》에 나오는 상서(象胥)라는 사람은 이적(夷狄: 東夷, 北狄)의 말에 통달했다 하였으니 의정(義淨)의 재주와 지혜는 불교계의 상서(象胥)라 해도 좋을 것이다.

이 글에서는 '역(譯)'자를 동음자(同音字)인 '역(易)'으로 해석하여 있는 것으로 없는 것을 바꾼다고 말하고 있다. 이는 이미 있었던 해석을 빌려온 것으로, 唐나라 때 가공언(賈公彦)이 《周易, 秋官(주역, 추관)》 중에 나오는 '상서(象胥)'라는 말에 '주소(注疏)'를 달아서 이와 같이 이야기한 것이다. 이 해석은 번역의 역할을 비교적 잘 반영하고 있다. 찬녕(贊寧)은 여기에 더해서 중국 고대의 '귤을 회북(淮北)에 심으면 탱자가 된다.'는 전고(典故)를 빌려와 번역에 비유함으로써 더욱 더 신선하고 생동감이 넘치게 하였다. 그가 이야기한 양류(楊柳: 백양나무와 버드나무)의 명칭과 관계된 번역 명칭에 대한 견해는 사람들로 하여금 많은 생각을 하게 해준다. 그는 이상적인 번역자는 마땅히 외국에 직접 가서 외국어를 배우는 것은 물론, 외국의 풍속이나 정정(政情)에 대해서도 알고 있어야 한다고 생각했다. 또한 그는 현장(玄奘)이나 의정(義淨) 등이 온갖 고난을 무릅쓰고 서방에 가서 학습한 일에 대하여 높이 평가했다.

《宋高僧傳(송고승전)》의 《譯經篇(역경편)》은 모두 세 권이 있는데 제3권의 맨 끝에 찬녕(贊寧)은 매우 중요한 종합, 결론적인 성격을 띤 장편의 논술을 제시하고 있다. 첫머리에서 그는 '인연이 있으면 만나게 되고 도가 없으면 곧 어긋나게 된다.'고 중국의 번역사업의 기원에 대해 서술하고 있다. 진(秦)나라 때에는 '무기로 엄하게 방비를 했기 때문에' 인연을 맺을 수가 없었으며, 한(漢)나라 조정에서는 (경전을 실은) 백마를 맞아들임으로써 서로 교감이 있었다고 하고 있다. 비단 불경의 번역만이 그러한 것이 아니라 일체의 번역활동은 개방 정책과 사회의 수요를 떠나서는 생각할 수 없다. 그는 또 "주(周)나라, 진(秦)나라 때에는 유헌사자(輶軒使者)라는 직책이 있었는데, 진(秦)나라 사람이면서도 다른 나라의 말을 잘 알아서 임금이 집 밖을 나가지 않고서도 먼 곳의 풍속과 다른 지역의 언어를 알 수 있었다."고 지적하였다. 이것(輶軒使者)과 번역을 서로 비교해 보면 "번역(飜譯)은 그 먼 지역의 것을 알고 방언(方言: 사투리)은 그 가까운 지역의 것을 아는 것이다."고 할 수 있다. 그러나 그 목적은 서로 비슷하여 둘 다 "대략 다른 지역의 풍속을 살피고 먼 지역의 인정에 통하자는 것이었다." 그는 또 "훌륭하다 동한(東漢)이여! 《四十二章經(사십이장경)》을 번역하기 시작하였으며 거기에 더하여 '번(飜)'하기까지 하였다. '번(飜)'이라는 것은 비단에 수를 놓아 뒤집는 것과 같아서 뒷면에도 꽃이 있지만 그 꽃의 좌우가 서로 다를 뿐이다. 이때부터 '번(飜)'과 '역(譯)'이라는 두 명칭이 쓰이기 시작하였다."고 지적하였다. 여기에서 번역에 대한 비유는 대단히 생동감이 있다. 전종서(錢鐘書)는 이에 대해 다음과 같이 말했다. "이 비유는 우리들로 하여금 堂, 吉訶德이 말한 대로 번역본을 읽는 것은 마치 카펫을 뒤집어서 보는 것과 같다고 한 이야기가 생각나게 만든다."(《林紓的飜譯(임서의 번역)》). 전종서(錢鐘書)의 고증에 의하면 《堂, 吉訶德(당, 길가덕)》 중에 나오는 이 말은 1591년 2명의 스페인의 번역가가 이야기한 것이다. 그렇다면 찬녕(贊寧)의 이 말은 그들보다 600년이나 앞서 이야기한 것이 된다. 찬녕(贊寧)은 이 문장 속에서 이전의 가장 유명한 번역이론을 다음과 같이 적고 있다.

> 멀리 거슬러 올라가보면 도안(道安)은 "오실(五失)·삼불이(三不易)" 이론을 논하였다.: 언종(彦琮)은 그의 팔비(八備)설을 지었다.: 명칙(明則)은 《飜譯儀式(번역의식)》이라는 책을 지었다.: 현장(玄奘)은 "오종불번(五種不翻)"이라는 번역원칙을 세웠다. 이 이론들은 모두가 다 《左氏(좌씨: 春秋左傳)》의 제 범례(凡例)와 같은 부류로서, 다같이 사가(史家)의 변례(變例)이다.

여기서 주목할 만한 점은 그가 '십조(十條)'를 언종(彦琮)의 주장으로 귀속시키지 않았다는 점이다. 그리고 명칙(明則)의 《飜譯儀式(번역의식)》은 이미 실전되고 없으니, 우리들이 불학사(佛學史)와 역학사(譯學史)를 연구하는 데 매우 큰 손실이라 하지 않을 수 없다.

찬녕(贊寧)의 이 문장 가운데 가장 유명한 부분은 그가 위의 각 사람들의 업적을 열거한 다음에 "오늘날 새로운 뜻을 세우니 이를 육례(六例)로 하기로 한다."고 한 부분이다. 그의 '육례(六例)'는 "역자역음(譯字譯音)을 一例로 한다. 호어범언(胡語梵言)을 一例로 한다. 중역, 직역(重譯, 直譯)을 一例로 한다. 조언, 세어(粗言, 細語)를 一例로 한다. 화언, 아속(華言, 雅俗)을 一例로 한다. 직어, 밀어(直語, 密語)를 一例로 한다."고 한 것이 그것이다.

第一例는 '역자역음(譯字譯音)'인데 그는 이에 대해 다음과 같은 四句로 요약했다. '역자불역음(譯字不譯音: 글자를 번역할 때 소리는 번역하지 않는다.)', 역음불역자('譯音不譯字: 소리를 음역할 때 글자는 번역하지 않는다.)', '음자구역(音字俱譯: 소리와 글자를 모두 번역한다.)', '음자구불역(音字俱不譯: 소리와 글자를 모두 번역하지 않는다.)' 번역을 하는 동안에는 서로 다른 특수한 사정을 보아가면서 그 사정에 알맞게 번역하여야 한다. 여기에서 이야기하는 역자(譯字)'라는 것은 그 글자의 뜻을 번역하는 것을 말하고 '음자구불역(音字俱不譯)'이라는 것은 불경의 제목 위에 붙어 있는 符號 등을 가리키는 것이다.

第二例는 '호어범언(胡語梵言)'으로, 그는 불경을 번역할 때 4가지 언어가 사용되는 상황을 분명히 구분해야 한다고 생각했다. 一. '오천축국(五天竺國)에서 사용하는 순수한 범어(梵語)', 二. '설산(雪山) 이북에서 사용하는 호어(胡語)', 三. '범어(梵語)도 되고 호어(胡語)도 되는 것', 四. '호어(胡語)도 아니고 범어(梵語)도 아닌 것', 즉 '순화어(純華語)'이다. 그는 소위 말하는 '호어(胡語)'라는 것은 사정이 매우 복잡하다고 지적했다. 수(隋)나라 이전에는 서역을 통칭해서 '호(胡)'라고 불렀으니 이것도 타당하지 아니하고 언종(彦琮)과 도선(道宣)이 '범본(梵本)'을 강조하고 나서부터는 불경(佛經)을 통칭하여 '범(梵)'이라고 불렀으니 이 또한 타당하지 아니하다. 왜냐하면 이렇게 하는 것은 모두가 '과유불급(過猶不及: 지나친 것도 모자라는 것과 같이 문제가 된다.)'이기 때문이다. 당초에 모두 '호(胡)'라고 부른 것은 수(隋)나라 이후 총칭하여 '범(梵)'이라고 부른 것과 같은 이치이다. 그는 만약 근본을 존중하는 입장에 근거하면 범(梵)을 위주로 해야 하고 지말(枝末: 지엽말단)도 존중하는 입장에서 본다면 호(胡)로 칭하는 것도 남겨둘 필요는 있다고 생각하였다. 왜냐하면 오천축(五天竺)에서 령북(嶺北)에 이르는 지역에는 오랫동안 대를 이어 번역을 해 오던 특수한 사정이 있기 때문이다. 이 같은 분석은 대단히 실사구시(實事求是)적인 것일 뿐만 아니라 양(梁)나라 승우(僧祐)의 《胡漢譯經音義同異記(호한역경음의동이기)》에 비해 크게 발전된 것이기 때문이다.

第三例는 '중역직역(重譯直譯)'으로, 그는 불경을 번역하다 보면 아래와 같은 몇 가지 특수한 사정이 있다고 생각했다. 一. 인도에서 직접 중국으로 전해져와 '직역(直譯)'한 것, 二. 서역(西域)을 경유해 들어와 '호어(胡語)'로부터 '重譯'한 것, 三. 인도로부터 전해 들어올 때 서역을 거치면서 호어(胡語)에 뒤섞여 '직역(直譯)이라 해도 되고 중역(重譯)이라 해도 되는 것'이 그것이다. 그밖에 또 한 가지가 더 있는데, 그것은 '작역(直譯)이라 할 수도 없고 중역(重譯)이라고도 할 수 없는 것'으로, 호어(胡語)에 뒤섞여 들어갔으나 번역하지 아니한 것을 들 수 있다. 이와 같은 몇 가지 번역법은 상황에 따라 알맞게 사용하면 되는데 第三例는 위의 第二例와 관련이 있다.

第四例는 '조언세례(粗言細語)'이다. 그는 여기서 불경의 언어는 조(粗: 거친 것)한 것과 세(細: 세밀한 것)한 것의 구분이 있음을 지적했는데, 그와 관련해서는 아래와 같은 세 가지 상황이 있다. 一. '거칠어서 세밀하지 아니한 것', 二.' 세밀하여 거칠지 아니한 것', 三. '거칠기도 하고 세밀하기도 한 것'이 그것이므로 번역을 할 때는 마땅히 주의를 기울여야 할 것이다.

第五例는 '화언아속(華言雅俗)'인데, 그는 중국어 중의 아속(雅俗) 문제를 다룰 때도 역시 세 가지로 나누어야 한다고 하였다. 그것은 '고상하여 속되지 아니한 것', '속되어서 고상하지 아니한 것', '고상하기도 하고 속되기도 한 것'이 그것이다. 이러한 第五條도 위의 第四條와 관련되어 있다.

第六條는 '직어밀어(直語密語)'이다. 그는 불경 구절을 번역할 때 두 가지 방법이 있을 수 있다고 하였다. 곧 '섭속위직(涉俗爲直)'과 '섭진위밀(涉眞爲密)'이 그것이다. 전자는 비교적 통속적인 말을 사용해서 직역을 한다는 뜻이고, 후자는 비교적 은밀한 말을 사용하여 의역을 한다는 뜻이다. 여기에도 '시직비밀(是直非密: 직역을 하고 의역을 하지 아니한다.)', 시밀비직(是密非直: 의역을 하고 직역을 하지 아니한다.)', '역직역

밀(亦直亦密: 직역도 되고 의역도 된다.)', '비직비밀(非直非密: 직역도 아니고 의역도 아니다)'의 네 가지 경우가 있다.

결론적으로 말하면 이 '육례(六例)'는 불경을 번역하는 가운데 나타날 수 있는 각종 사례들을 귀납해서 여러 가지 모순의 해결책을 제시한 것이다. 특히 여기에 예를 들은 여러 유형은 그 경전의 법칙을 포괄하고 있으므로 반드시 완벽하게 이해하여 숙지해야 한다. 그렇지 아니하면 그가 말한 것처럼 "'해설을 하는 사람도 그 소의 전부를 보지 못하고, 길 가는 사람들은 그 늙은 말을 따라갈 뿐이다."(여기에서 그는 장자(莊子)의 말과 한비자(韓非子)의 말을 한 구절씩 각각 인용했음.)고 할 수 있다.

이어서 찬녕(贊寧)은 문답의 형식을 통해서 번역문의 아속(雅俗: 고상하고 속된) 문제에 대한 자신의 견해를 발표하였다. 그는 불경을 번역할 때 "굳이 속된 말들을 섞어서 쓴다면 천한 직업을 가진 자들의 족보와 무엇이 다르겠는가?"라고 하면서 반드시 전고(典故)와 같은 고상한 말을 회피할 필요는 없다고 하였다. 그러나 만약 적재적소에 쓰지 못한다면 비난받기 쉬우므로 그는 또 다음과 같이 지적했다. "그러나 잡다한 책은 없는 것보다 못하니, 그 지나치게 고상한 것보다는 차라리 속된 것이 낫다." 그는 또 지나치게 속된 것도 경계하여 "만약 너무 깊이 속된 것에 탐닉하게 되면 그것은 너무 지나치게 가볍다."고 하였다. 결론적으로 말하면 반드시 중용을 취해서 때에 알맞게 하면 그 속에 법어(法語)가 있으니, 이렇게 하면 불경번역의 최고의 경지에 올랐다고 할 수 있을 것이다. 그는 "동수(童壽: 鳩摩羅什)가 《法華經(법화경)》을 번역하였을 때 아주 적절하여 자연스러운 서역어의 어감이 풍긴다."고 생각했다. 이들 토론은 장기간에 걸친 '직역(直譯)'과 '의역(意譯)' 논쟁의 또 한 번의 총결산이라고 할 수 있다.

마지막으로 그는 역시 대화의 형식을 통하여 '역장경관설관분직(譯場經館設官分職: 역장에서 구성원들간 역할의 분담)'의 상황을 논술하였는데, 각각 따로 역주(譯主), 필수(筆受), 도어(度語), 증범본(證梵本), 증범의(證梵義), 윤문(潤文), 증의(證義), 범패(梵唄), 교감(校勘), 감호대사(監護大使) 등의 번역직관들의 역할 분담과 그 책임들을 서술하고 있다.

결론적으로 말하면 찬녕(贊寧)의 이와 같은 논술은 중국 고대 불경번역이론의 殿軍(최후의 이론)이라고 할 수 있다.

十二. 소수 민족의 그 밖의 번역이론

중국은 통일된 다민족 국가이다. 국내의 각 민족은 역사적으로 존재했었고 그 후의 발전 과정에서 다른 민족들과 서로 융합하여 제 각각 전체 중화 민족으로서의 문화 창조와 번영 및 발전에 일정 부분 공헌을 했다. 한(漢)민족 이외의 다른 민족들도 수많은 번역활동에 종사했다. 이론적으로 말하면 소수 민족의 번역사상과 번역활동은 당연히 중국의 번역이론사에서 중요한 위치를 차지해야 한다(사실 이 책에서 언급한 불경의 번역이론자 가운데 일부 사람들은 소수 민족임.). 그러나 대단히 유감스러운 것은 이 방면의 자료를 찾기가 매우 힘들다는 점이다. 여기서는 필자가 찾을 수 있는 자료를 적은 분량이나마 아래에 상세하게 기술함으로써 그 형태를 갖추고자 하였다. 뿐만 아니라 그것을 소홀히 여기지 않았음과 더불어 앞으로도 지속적인 자료 발굴과 연구가 이루어지기를 기대한다.

역사적으로 보면 소수 민족들은 다른 지역의 소수 민족들과 가족 단위의 교류를 하였을 뿐만 아니라 소수 민족과 한민족(漢民族) 사이에도 지속적으로 교류와 번역 활동을 해왔다. 때로는 소수 민족이 한민족(漢民族)과 외국 간의 교류를 위하여 교량적 역할을 하기도 했다. 예를 들면 일찍이 서기 10세기에 당항족(黨項族: 大夏族)의 한 번역 종사자가 번역작업이 각 민족 간의 단결을 위하여 아주 중요한 역할을 한다는 점을 논술했는데 이와 관련된 자료가 20세기 초에 발견되었다. 1908년 제정 러시아군관 가자락부(柯玆洛夫)가 중국의 黑水城 유적지(현 內蒙古自治區, 額濟納旗)에서 많은 양의 서하고문서(西夏古文書)를 발굴해서 가지고 갔다. 그 후 러시아 학자 이봉각(伊鳳閣)이 그 가운데에서 서하문(西夏文)과 한문(漢文)이 對照되어 있는 어회본(語匯本)《蕃漢合時掌中珠(번한합시장중주)》와 서하문자전(西夏文字典)인《音同(음동)》 등과 같은 진귀한 자료를 발견하여 1909년부터 여러 차례 이를 공개한 바 있다. 1912년 중국의 학자인 라진옥(羅振玉)이 일본에 가서《掌中珠(장중주)》를 부분적으로 촬영하고 돌아왔으며, 1924년에는 책 전체가 인쇄본으로 출판되었다.《同音(동음)》이라는 책도 초록본(抄錄本)으로 유포되었다. 근년에는 중국에서

《掌中珠(장중주)》가 새롭게 정리되어 출판되었다.

《掌中珠(장중주)》의 저자는 당항인(黨項人: 大夏國)인 골륵무재(骨勒茂才)이며 책은 1190년에 지어졌다. 저자는 이 책의 서언에서 다음과 같이 말했다.

> 오늘날 사람들은 番(이민족, 외국)의 언어와 한어(漢語)를 동시에 할 수 있어야 한다. 번어(番語: 이민족 언어)를 배우지 않고 어떻게 이민족의 민중들과 화해할 수 있으며, 한어(漢語)를 배우지 않고서 어떻게 한인(漢人)들의 교화(敎化)를 받아들일 수 있겠는가? 번(番: 이민족이 사는 지역)에 지혜로운 사람이 있어도 한인(漢人)들이 그를 존경하지 아니하고 한(漢: 중국)에 현사(賢士: 현명한 선비)가 있어도 번인(番人: 이민족)들이 그를 숭배하지 아니하기도 한다. 이와 같은 현상이 일어나는 것은 언어가 서로 통하지 않기 때문이다.

번(番: 이민족)과 한(漢)민족 간의 이해와 단결을 강화하기 위하여 그는 마침내 "이민족과 한민족(漢民族)의 언어를 집대성하여 개괄적으로 책 한 권을 편찬하였다. 말의 소리를 서로 구분하여 나누고 어귀(語句)들을 잘 정리하였다. 말의 소리가 확실하지 않은 것은 가르치는 사람이 능히 이를 정리하게 되면 문장이 비록 속되기는 하지만 배우는 사람이 이를 쉽게 배울 수 있을 것이므로 그 이름을《合時掌中珠(합시장중주)》라고 하였다."고 그 배경을 설명하였다. 그밖에도《同音(동음)》이라는 책은 12세기에 쓰여졌다. 그 서언 가운데 "音(소리)으로써 字(글자)를 기록하고 말이 다시 문장이 되니 세상의 큰 보배이다.", "온 나라에 유포되어 백성들이 배울 수 있도록 권장하기 바란다."고 이 책에 대해 설명하고 있다.

대체로 13세기 이후에 많은 소수 민족이 모두 이와 같은 한어(漢語)를 대역(對譯)한 단어 수첩을 가지고 있었다. 어떤 것은 한족통치자(漢族統治者)가 주관하여 소수민족의 언어 전문가로 하여금 편찬하도록 만들었다. 예를 들면 明나라 때의《華夷譯語(화이역어)》라는 책은 최소한 3차례 이상 편찬되었다. 맨 첫 번째는 태조, 홍무(太祖, 洪武) 15년(1382)에 편찬한《華夷譯語(화이역어)》로, 몽고문(蒙古文)인《韃靼譯語(달단역어)》한 종류만 있었다. 성조, 영락(成祖, 永樂) 5년(1407)에 '四夷館(사이관)'을 설립하고, 몽고(蒙古), 여진(女眞), 서번(西番), 서천(西天), 회회(回回), 백이(百夷), 고창(高昌), 면전(緬甸) 등 여덟 관을 두고 각 館마다 모두《華夷譯語(화이역어)》를 편찬하였다. 이들《譯語(역어)》의 서문에는 대부분 번역을 통하여 상호간의 사상을 교류하고 민족 간의 화목을 강화한다는 생각을 나타내고 있다. 예를 들어《四庫全書總目提要(사고전서총목제요)》에 의하면, 원(元)나라 때의《蒙古譯語(몽고역어)》에는 "언어가 서로 통하지 아니하니 통역이 없으면 그 뜻을 전할 수가 없다. 지금《譯語(역어)》一卷을 편찬하니 호사가(好事家)들로 하여금 이를 숙지하게 하여 문답을 할 때 즉각 통역할 수 있게 하여 언어로 인한 분쟁이 일어나지 않도록 하기 바란다."고 서술되어 있다고 한다.

고대의 몇몇 소수 민족들도 역시 불경번역활동을 했었다. 불경번역활동을 가장 많이 한 민족은 아마도 장족(藏族)일 것이다. 7세기에 창제된 장문(藏文)은 당시 장문문법(藏文文法) 등의 책을 쓰는 외에는 불경을 번역하는 데에 사용되었다. 14세기에 채공당사(蔡公塘寺)에서《甘珠爾(감주이)》(佛語의 飜譯)와 그 편목(編目)을 편찬하였으며, 1334년에는 또 하로사(夏魯寺)에서《丹珠爾(단주이)》(論의 번역)과 그 편목(編目)을 편찬하였다. 이 두 질의 번역 총서를 합쳐서 통상《藏文大藏經(장문대장경)》이라 부른다. 수백 년에 달하는 오랜 세월 동안의 역경 활동을 통하여 장족 번역자들은 풍부한 경험을 쌓았는데 그 경험을 바탕으로 번역이론이 형성되었으며, 이들 이론은《丹珠爾(단주이)》 가운데《語合(어합)》이라는 책 속에 집중적으로 기록되어 있다.

《語合(어합)》의 제1권에는 적송덕찬(赤松德贊, 755-797년 재위)이 반포한 법령이 들어 있다. 여기에는 역경중의 용어(厘定譯語)를 통일할 것을 요구한 것 외에도 번역 중에 일어날 수 있는 일련의 문제들에 대한 원칙적인 규정이 제시되어 있다. 예를 들면 불경 번역의 표준에 대해서 "원래의 의미를 훼손하지 않는 것은 물론, 장어(藏語: 티벳어)의 문장이 가능한 한 통순(通順)하도록 해야 한다."고 하고 있다. 번역하는 중에 언어의 순서를 바꾸어야 하는 문제에 대해서는 "만약 범문(梵文)의 순서를 바꾸지 않고서도 장문(藏文)"으로 번역하였을 때 그 뜻과 어휘가 잘 연결되고 통순(通順)하다면 원문의 순서를 바꿀 필요가 없다. 만약 원문의 순서를 바꾸었을 때 장문(藏文)이 통순(通順)하고 쉽게 이해가 된다면 "바꾸어도 무방하다." 또한 원문이 게송체(偈頌體)이든 산문체(散文體)이든 관계없이 이 원칙은 모두 적용된다. 다의어(多義語: 뜻이 여러 개인 단어)의 번역에 대해서는, 법령은 위와 아래의 문장에 근거하여 구체적인 의미를 확정할 수 있는 경우에는 "위와 아래의 문장에 근거하여 그 단어를 확정"해도 좋다고 하고 있다. 다만 하나의 단어로는 원문 전체의 뜻을 다 포함시킬 수 없어서 "하나의 뜻만 포함시킬 수밖에 없거나 그 밖의 특별히 중대한 사유가 없을" 때에는 음역(音譯) 방식을 채택한다. 법령에는 또 "지방, 동물, 화훼, 초목 등의 명칭을 번역할 때에는" "번역한 명칭 위에다 '지방(地方)' 또는 '화(花)' 등과 같은 부호를 표시함으로써 어떤 종류의 명칭인지를 알 수 있게 하고, 범본(梵文)의 원래의 모양을 보존한다."(곧 음역을 말함.) 이것은 오늘날 우리가 "음역을 하고 나서 그 위에 해석을 다는 것"과 같은 방식이다. 이러한 규정은 현장(玄奘)의 '오종불번(五種不飜)' 이론보다도 더 구체적이고 완전하다. 법령 가운데에는 그밖에도 불경번역의 구체적 규정 등이 포함되어 있는데 보편적 의의가 결핍되어 있어 여기서는 인용하지 않는다. 위에서 소개한 내용만 보더라도 고대 장족(藏族)의 번역이론이 상당히 성숙된 것임을 알 수 있다.

몽고족(蒙古族)들도 이미 천 년 이상의 문자 역사를 가지고 있다. 그들은 늦어도 13세기경에는 이미 한족(漢族), 유오이족(維吾爾族: 위구르족, 장족(藏族) 등 형제 민족들의 작품을 번역하기 시작하였으며 동시에 한역(漢譯)을 통하여 印度나 아랍 국가의 일련의 작품을 전역(轉譯: 重譯)하였다. 1264년에 후필열(忽必烈: 쿠빌라이)가 원(元)나라를 세우고 지원년(至元年) 간에 연경(燕京: 현 北京)에 수도를 정하고 한문 경전 저작을 번역하고 역사를 편찬하는 한림국사원(翰林國史院)을 설립하였다. 해력한(海力汗, 1308-1311) 시기에는 확길오사이(確吉敖斯爾)가 경전(經典)과 사승(史乘)《三三三部》(즉 108部《甘珠爾(감주이)》와 225部《丹珠爾(단주이)》의 合稱)를 번역하는 수많은 원칙을 세우기도 하였다. 대부분은 위에서 언급한 장족(藏族)의《丹珠爾(단주이)》에 규정한 원칙과 비슷하다. 18세기에 만주족의 청(淸)나라가 중국을 통치하고 나서 강희(康熙) 황제는 근대 몽고 어문의 최초의 사전인《二十一部(이십일부)》(1717년판)를 흠정(欽定: 칙명으로 정하고)으로 편찬하게 하고, 동시에 몽고어판《甘珠爾(감주이)》를 다시 편찬하도록 명하였다. 이후 건륭(乾隆)황제 때 다시《丹珠爾(단주이)》(1749년판)의 출판을 명하였다. 1741년에 몽고번역자가 몽역필수서(蒙譯必修書)인《知慧之鑒(지혜의 거울)》을 편찬하였는데 그 책의 서문에는 다음과 같이 언급되어 있다.

번역자는 마땅히 개인의 명예욕을 버리고 진지하게 한 단어 한 단어를 절차탁마(切磋琢磨)해야 한다. 만약 번역하기 어려운 것을 만나면 마땅히 겸손한 마음으로 지혜로운 사람에게 도움을 청해서 하나하나 차례대로 해결해 나가야 한다. 재주도 적고 학식도 일천한 자신의 생각이 옳다고 생각하는 것을 경계해야 한다.

장문(藏文)을 몽고문(蒙古文)으로 번역할 때 내용이 정확하고 문장이 유창하도록 해야 하는데 이것이 번역의 원칙이다. 만약 필요한 경우에는 원문의 순서를 바꾸어서 유창하고 쉽게 이해할 수 있도록 만들어야 한다. 그러나 원문의 내용과 문장의 정확성에 영향을 미칠 때는 이를 신중하게 처리하여야 한다.

어떤 때는 장문(藏文)을 직역하면 현격하게 번거로울 때가 있는데 이런 경우에는 내용을 훼손하지 않는 범위 안에서 간략하게 생략할 수 있다. 또 어떤 때는 한 두 단어를 보태지 않고서는 내용을 정확하게 나타낼 수 없을 때가 있다. 이런 경우에는 간략하게 한 두 단어를 보탤 수 있다.

뜻이 서로 상반되는 단어에 대해서는 피차간의 모순 관계를 고려해야 한다. 포폄(褒貶: 높게 평가를 하거나 평가절하를 하는 말)을 하는 말에 대해서는 선명하면서도 쉽게 이해할 수 있는 단어를 선택해서 번역하여야 한다. 칭송하거나 추악하게 묘사하는 말, 놀라서 의아해하거나 고민스러운 말, 두려워하는 말 등의 표현은 몽고에서 광범위하게 유행하는 생동적인 단어를 선택하여 번역하는 것이 가장 좋다.

또 몽고문 가운데에는 시가(詩歌)와 서술문(敍述文)의 구분이 있고 시가(詩詞)에는 장단과 압운의 요구가 있다. 따라서 장문(藏文)을 몽문(蒙文)으로 번역할 때에는 시사(詩詞)의 말은 간략하면서도 뜻이 잘 드러나며 장단이 알맞도록 하는데 특히 두운(頭韻)에 주의하여 번역하여야 한다.

이상이 번역자가 반드시 지켜야 할 법칙이다.

19세기 초의 저명한 몽고학자이자 번역학자인 알랍상(嘎拉桑)은 몽고언어학사(蒙古言語學史)상 중요한 지위를 차지하고 있는 《蒙文詮釋(몽문전석)》이라는 책을 편찬하여 그 속에서 적지 않은 뛰어난 역학 견해를 발표하였다. 그는 "어떤 몽고 사람들은 몽고어 속에 원래 있는 '대모(戴帽)'와 '작반(做飯)'이라는 두 단어는 한어(漢語)의 단어에 적합한 단어가 없어 자신들의 생각대로 대모('帶)帽'와 '치반(治飯)'으로 바꾸어 보았지만 결과적으로는 당나귀도 아니고 말도 아닌 '잡종(雜種)'이 되고 말아 자신의 언어의 실제상황을 벗어나면 자신들마저도 잘 알 수가 없게 되었다." 고 말하였다. 또 다른 예로 중국어에서는 '흡연(吸煙)'을 '흘연(吃煙)'이라고 하는데 '흘(吃)'과 '흡(吸)'은 엄연히 달라서 '흘(吃)'은 입으로 먹는 것을 나타낸다. 만약 중국어대로 그것을 억지로 번역하면 정말로 입으로 연기를 먹는다는 뜻이 되니, 이게 어떻게 가능하겠는가? 어휘라는 것은 아주 풍부하지만 만약 억지로 한 자 한 자 번역을 하다보면 우리의 어휘는 아마도 부족할 것이다.

17세기 이후에는 회족(回族)의 번역자들이 이슬람교 경전을 중국어로 번역한 것도 적지 않다. 그들 가운데에는 일부 학자들이 자신들의 번역학에 관한 견해를 발표한 것도 있다. 예를 들어 오준계(伍遵契, 약 1598-1698)는 《修眞蒙引(수진몽인)》(1672), 《歸眞要道(귀진요도)》(1679) 등과 같은 책을 번역하였는데, 《歸眞要道(귀진요도)》에서 "번역하는 것이 쉽지 않음을" 이야기하면서 자기 자신은 "번역한 뜻이 잘 전달되기를 추구하며 감히 문장을 수식하지 아니한다.", "자신의 견해를 삽입하지 아니하며 원문의 내용을 빼버리지 아니한다."는 원칙을 견지했다고 설명하였다. 또 중국 이슬람교 역사상 가장 저명한 학자이며 번역가인 유지(劉智, 약 1660-1730)는 일찍이 《天方性理(천방성리)》, 《天方典理(천방전리)》 및 《天方至聖實錄(천방지성실록)》 등을 번역하였다. 1724년에 번역한 《天方至聖實錄(천방지성실록)》이라는 책의 서문에서 그는 "經文(이슬람 경전)과 漢文(중국어)은 원래 잘 들어맞는다. 학자들이 경을 강의하고 학문적으로 풀이할 때 일반 세속에서 쓰는 이야기를 많이 씀으로써 經의 원래의 의미를 잃어버리는 경우가 있었다. 우(愚: 자신을 낮추어서 하는 말)는 번거로움을 마다하지 아니하고 한 문장 한 글자마다 대조하여 퇴고한 후에 둘이 서로 잘 맞게 하고 나서야 비로소 붓을 들어 이를 적었다."고 말했다. 이는 그의 완벽한 번역에 대한 열망이 잘 드러난 구절이다.

十三. 선교사들의 번역이론

중국 고대에 불경 번역의 고조(高潮) 시기가 지나간 이후 명말청초(明末清初)까지, 즉 17세기 초에서 18세기 중엽의 만력(萬曆)에서 건륭(乾隆)까지 시기에 이르러서야 비로소 제2의 번역고조시기(飜譯高潮時期)가 도래하였다. 이 두 고조(高潮) 시기 가운데 600여 년간은 소수 민족 지역을 제외하고는 비교적 큰 규모의 번역활동은 없었으며 번역이론 또한 공백 상태에 있었다.

제2의 번역고조시기가 도래한 것은 유럽의 예수회 선교사들이 차례로 중국에 들어온 것과 관계가 있다. 당시 그들은 로마의 교황청으로부터 동방으로 종교를 확장해야 한다는 사명을 받고 중국에 들어왔다. 원동(遠東)의 오래된 중화제국의 굳게 닫힌 대문을 열기 위해, 또 침략과 확장이라는 그들의 감추어진 의도를 중국인들이 느끼지 못하도록 하기 위해, 이마두(利瑪竇: 마테오리치) 등은 한 걸음 한 걸음 '학술선교(學術宣教)'라는 방침을 정하고 많은 양의 번역활동을 통하여 그 영향력을 넓혀감과 동시에 천주교의 지위를 끌어올렸다. 그들의 번역 활동은 주로 선교를 목적으로 하였지만 동시에 서방의 학술을 소개함으로써 객관적으로 과학문화의 교류를 촉진시켰다. 따라서 저명한 과학사가인 이약슬(李約瑟)은 이것을 두고 양대문명(兩大文明)이 서로 연계되기 시작한 최고의 사례라고 하였다.

그러나 손바닥이 마주쳐야만 소리가 나는 것처럼 번역 고조시기를 초래한 데에는 중국에 온 서방의 선교사들 외에도 천주교를 믿거나 천주교를 믿지는 않지만 선교사들과 친숙하게 지낸 중국학자들의 역할도 있었다. 이들 두 그룹이 서로 합작하여 제2차 고조기를 이끌어내었다. 당연히 이번의 번역고조기(飜譯高潮期)는 지속된 시간이나 번역자의 대오(隊伍)나 그 번역된 수량 등 모든 면에서 앞 시기의 불경 번역에는 훨씬 미치지 못하는 것이었다. 그와 비례해서 번역이론 또한 중대한 성과는 없었다. 다만 1, 2백 년 동안 지속된 번역고조기간 동안에 종교 서적의 번역 외에도 종교와 관계되기는 하지만 독립적 학술적 가치를 가진 철학이나 윤리학 등과 관련된 서적들이 번역되기도 하였고, 특별히 천문(天文), 수학(數學), 기계(機械) 등 자연과학과 관련된 서적들이 번역되기도 하였다. 따라서 비록 이 시기에 '번역이론이 가물가물하여 찾기가 어렵지만'(商務印書館《飜譯論集, 例言》), 우리들은 관련된 역서(譯書)의 서문(序文)에서 그와 관련된 파편들을 주워 모아, 이를 잘 정리하여 간략하게 분석함은 물론, 형식이라도 갖추고자 한다. 여기서는 외국에서 온 예수회 선교사들의 번역이론에 대해 먼저 서술하고자 한다. 역사적으로 볼 때 불경이 막 번역되기 시작하였을 때와 마찬가지로, 16세기 말 17세기 초에 시작된 천주교서적의 번역은 대부분 천주교 선교사들이 구역(口譯)이나 초역(初譯)을 담당하고 중국인들이 이를 받아 적거나 윤문(潤文)을 하였을 것이다. 외국에서 온 선교사들은 필경 중국 사람이 아닌데 그들의 번역에 대한 견해가 책 속에 포함될 수 있었을까? 그 번역서나 서문이 반드시 중국 사대부들의 윤문을 거쳤다는 점을 감안하면 관련 번역이론에는 중국인 조수들의 의견이 포함되어 있거나 그들의 의견을 대표한 것이라고 할 수 있다. 또한 이들 역서(譯序)가 중국역학계(中國譯學界)에 일정 정도의 영향을 미쳤다고 한다면 이 책에서는 그들의 의견도 기술되어야 한다고 생각한다.

선교사들이 중국에 들어와 쓴 최초의 번역서는 이탈리아인 라명견(羅明堅)이 구술하고 중국인이 받아서 윤문을 한, 1584년에 출판된 《天學聖錄(천학성록)》이다. 라명견(羅明堅)과 또 다른 한 명의 이탈리아 선교사 이마두(利瑪竇: 마테오리치)는 1583년에 함께 중국의 내지에 들어왔다. 그들은 가장 먼저 언어와 번역이 종교를 신교하기 위한 필수불가결한 도구라는 사실을 인식했다. 1600년 이마두(利瑪竇)는 다른 한 명의 스페인 선교사 방적아(龐迪我)를 대동하고 유생들이 입는 도복과 관을 쓰고 북경으로 가서 태감(太監)의 '후문(後門: 편법을 쓰는 것을 속어로 후문으로 들어간다고 함.)'으로 들어가 명, 만력(明, 萬曆) 황제의 환심을 사서 북경에 머무를 수 있게 되었다. 이 사실은 서방 천주교 선교사들이 마침내 중국에 교두보를 마련하게 되었다는 것을 상징한다. 그 후 예수회 선교사들의 번역서들이 대량으로 출판되기 시작하였다.

무엇보다도 먼저 출판된 것은 천주교를 자연스럽게 보급하기 위한 서적들로, 그 목적은 너무나 분명한 것이었다. 천주교 사학자인 서종택(徐宗澤)은 리류사(利類思)가 번역한 《司鐸日課(사택일과)》를 이야기하면서, "원래 이(利)씨가 《司鐸日課(사택일과)》를 번역한 목적은 … 중국이 본적인 성직자를 배양하기 위한 것이었다. 중국에는 다른 종교를 믿는 사람들이 대단히 많았기 때문에 선교를 하기 위해서는 반드시 많은 중국인 신부가 필요하였다. 이 목적을 달성하기 위하여 인품과 학식이 뛰어난 장년의 학자들을 많이 선발하지 않으면 안 되었다. 그러나 장년의 학자들이 모두 라틴어를 배우는 것은 형편상 불가능한 것이었다. …또 청초(淸初)에는 천주교가 아직도 뿌리를 내리지 못하였다. 따라서 일단 풍파가 휘몰아치면 서양의 선교사들은 쫓겨나기 마련이었기 때문에 중국에서의 초기의 천주교는 위험이 매우 컸다. … 이 목적을 위하여 교황 바오로 5세는 1615년 6월 27일, 유지(諭旨: 교황의 칙령)를 내려서 예수회 선교사들이 《聖經(성경)》과 《彌撕經(미사경)》 등을 많이 번역하여 중국의 사목(司牧)들이 중국어로 미사를 올리고 성사와 주기도문 등을 행하도록 허락했다."(《明淸間耶穌會士譯著提要(명청간 예수회사 역저제요)》)고 지적하였다. 선교사와 유관한 번역 견해 가운데, 이것은 모두 아주 분명한 목적이라 할 수 있다.

1614년 방적아(龐迪我)가 번역한 《七克(칠극)》(徐光啓와 합역)의 서문에서 그는 다음과 같이 말하였다. "중국의 언어와 문자는 서로 통하지 아니하여 힘들게 배우기는 하나 어린 아이의 수준을 벗어나기 어렵다. 근래에 와서는 대략적으로나마 알아서 강론에 임한다." 따라서 선교사들이 번역을 논할 때에 가장 많이 이야기하는 것이 번역의 어려움이었다. 예를 들면 만력, 정미년(萬曆, 丁未年(1607)), 이마두(利瑪竇)가 《幾何原本(기하원본)》(徐光啓와 합역)을 위해 쓴 서문에서 제시한 다음 글이 대표적인 경우이다. "동서의 문리(文理)가 너무나 큰 차이가 있어서 서로 뜻을 같게 하려고 하나 여전히 생략된 곳이 많다. 읽기에 좋게 하려고 많은 노력을 기울였으나 붓을 들어 쓰고 보면 입에 거슬린다. … 아! 이 놀이와 같은 학문이 처음으로 하는 시도인 만큼 언어와 형상이 거칠어서 읽기가 힘들어 어려움이 있다 하더라도 이해해 주시기 바란다." 그와 서광계(徐光啓)가 합작한 후 "반복해서 책을 넘겨보면서 원본의 뜻에 부합하기 위해 중국어를 중복해서 교정하여 세 번이나 원고를 바꾸었다." 그는 번역의 어려움을 논술했을 뿐만 아니라 중국과 외국의 인사가 합작하는 '대역(對譯)'의 가능성에 대해서도 말했다. 이류사(利類思)는 1654년 자신이 번역한 《超性學要(초성학요)》의 서문에서 다음과 같이 말하였다. "스스로 재주와 지혜가 부족함을 부끄럽게 생각하나 붓을 들어 쓰려 하니 참으로 어렵고, 여기에 더해서 문장은 지역이 달라서 완전히 다를 뿐만 아니라 단어의 수도 제한되어 있다. 계속해서 열심히 수정하고 새로운 단어를 더하여 최초의 몇 권을 완성하였으나 원문을 제대로 번역하였는지는 감히 확신할 수 없다." 여기에서 "문장은 지역이 달라서 완전히 다르고 언어는 단어의 수가 제한되어 있다."라고 한 말은 매우 잘 표현한 것이라 할 수 있다. 이 말은 국가와 지역이 달라서 문자가 서로 다를 뿐만 아니라 관련 개념 용어들은 사상 체계가 달라서 서로 다르다는 것을 설명하고 있다. '반복해서 수정을 하는' 동안에 반드시 중국 인사가 참여하여 '새로운 단어를 더하는' 것은 번역 과정에서 반드시 거쳐야 한다.

선교사들은 번역의 '信'과 '達'의 문제에 대해서도 토론했다. 이탈리아 선교사 고

일지(高一志)는 1627년 그와 다른 선교사가 함께 쓴《聖人行實(성인행실)》을 위해 쓴 서문에서 "말학(末學: 자신을 낮추어 말함.)이 비루(鄙陋)하나 일찍부터 열심히 공부하여 다른 사람을 돕기를 원하였다. 감히《聖人行實(성인행실)》을 택하여 그 가운데 유명한 부분만을 선택, 번역하여 한 질의 책으로 엮었다. 말이 문장을 이루지 못하나 쉽게 통할 수 있도록 하는 데 주력하였다. 동지들께서 누추하다고 내쳐버리지 않기를 바랄 뿐이다."라고 말하였다. 또 한 명의 이탈리아 선교사인 라아각(羅雅各)도 1633년《哀矜行詮(애긍행전)》을 위해 쓴 역서(譯書) 서문에서 다음과 같이 말했다. "중국과 서양의 말이 서로 달라서 글이 서로 통하지 아니하여 거칠고 투박함은 면할 길이 없었다. 언어와 문자 외에 뜻이라도 통한다고 이해해 주기를 바랄 뿐이다." 이탈리아의 또 한 명의 선교사인 애유략(艾儒略)은 1642년에《天主降生言行紀略(천주강생언행기략)》을 번역, 출판하였는데 문장이 비교적 유창하다. 그러나 그도《萬日略經說(만일략경설)》가운데에서 다음과 같이 말했다. "요약한 것을 모아서 거칠게나마 뜻은 전달하였다. 말이 글을 이루지 못하니 그 이치를 오랫동안 생각하여 사람들로 하여금 마음으로 받아들이고 몸으로 느끼게 한다. 비록 경의 취지를 훼손하지는 아니하였지만 감히 역경(譯經)이라고 할 수는 없다." 17세기 초반의 선교사들이 강조한 것은 '달의(達意: 뜻을 전달)'하여 '경지(經旨: 성경의 취지)'를 유포하는 것이었다. '말은 하나 문장이 훌륭하지 못하다'는 등의 문제는 그들 스스로 면하기 어렵다는 것을 알고 있었고 이 문제는 다음에 해결해야 할 문제로 남겨두었다.

프랑스 선교사인 풍병정(馮秉正) 등이 저술하고 번역하여 1733년에 출판한《盛世芻蕘(성세추요)》는 어록체의 천주교 교리 이론서인데 후인들로부터 "세속적이면서도 고상하고 쉬우면서도 분명하여 교리를 창달할 수 있는 어체문의 훌륭한 책"이라는 칭송을 들었다(徐宗澤《明淸間耶穌會士譯著提要(명청간 예수회사 역저제요)》). 이 책의 제1권인《仁愛引言(인애인언)》에서 이전에 번역, 출판된 '성서(聖書)'가 매우 많지만 여전히 부족한 부분이 있다고 지적하였다.

생각하는 교리(敎理)는 본래부터 정미한 것이나 어휘가 화려하고 수식된 것이 많다. 누구 집이라서 노비들까지도 모두 문인이겠는가? 친척이나 친구들을 다 응대하기도 어려운데 어찌하면 고상한 것과 속된 것에 모두 다 통할 수 있겠는가? 만약 사람들이 잘 이해할 수 있도록 하고자 한다면 반드시 속어와 일상생활 용어이어야 한다. 이것이 바로《芻蕘(추요)》를 지은 이유이다. … 말이 대단히 간명하고 일이 대단히 긴요한 것일 때 여기에 근거해서 핵심을 찾아들어가 보면 아마도 거의 착오가 없을 것이다. 하물며 산간벽지에까지 찾아 들어가 일일이 만나서 이야기해 줄 수가 있겠는가? 이 한 권의 책을 구해서 각자가 스스로 펴서 읽어보면 이야기를 듣는 것이나 다를 바가 없다. 만약 글자를 알지 못하는 사람이나 부녀자나 아동들, 노인네나 병든 사람들이 천주교의 가르침을 듣고자 하나 아무도 이야기해줄 사람이 없을 때 글자를 아는 친구 한 명이 있어 이 책을 보고 낭송을 해준다면 이 도를 강의하는 것이나 다를 바가 없다. 바로 책 속에 혀가 있다는 말처럼 서로 얼굴을 마주보고 이야기하는 것과 같다.

이 이야기는 번역 경험이 풍부해짐에 따라 선교사들이 '거칠게나마 뜻을 전달하던' 경험의 기초 위에서 한 걸음 더 나아가 '고상한 것과 속된 것 둘 다 통할 수 있도록' 요구할 뿐만 아니라 동시에 번역문 가운데 중국의 '속어와 상용어'를 응용할 것을 요구하고 있다.

프랑스의 선교사 하청태(賀淸泰)는 중국에 온(1770) 것이 비교적 늦었으나 그는 중국어에 정통했을 뿐만 아니라 만문(滿文: 만주어)까지 배웠기 때문에 건륭(乾隆)황제로부터 상당히 인정을 받았다. 따라서 그는 예수회가 취소된 이후에도 여전히 북경에 체류할 수 있었다. 만년에는《古新聖經(고신성경)》의 번역에 진력하여 42권을 번역하였으나 여전히 번역을 끝내지 못했기 때문에 출판되지는 못했으며 그 초본(抄本)이 아직 보존되어 있다. 그는 역서에서 자신의 번역에 대한 견해를 아래와 같이 말했다.

《聖經(성경)》을 번역하는 사람은 경건하고 조심스럽게 해야 한다.《聖經(성경)》의 본의에서 벗어나게 되면《聖經(성경)》의 대도(大道)가 어지럽혀지고 마니 이를 경계하여야 한다. 번역의 명사들도 각 나라마다 그 나라의 문리(文理)를 설명한 문법이 있다는 것을 알고 있다. 그들은 각 나라의 본국문장의 문법에 근거하지 않고 완전히《聖經(성경)》본문의 문의(文意)에 근거하며, 사람들을 기뻐해주는 것을 목표로 하지 않고《聖經(성경)》의 본문의 문의(文意)를 보존하는 것을 목표로 한다. 예로부터 성현들은 모두 이렇게 하였으며 나도 그들을 본받아서 그렇게 할 것이니, 가장 요긴한 것도 도리(道理)이며 귀중한 것도 도리(道理)이다. 겉이 번지르르 하고 문장이 기묘하게 아름답고 사람들의 요구에 잘 부합한다 하더라도 무슨 도움이 되겠는가?

그는 완전히 '본문문의(本文文意)'를 좇아서 번역하는 직역법을 강조하였다. 또한 교리가 문장보다 중요하므로 그가 "사람들의 요구에 잘 부합하는 것을 목표로 하지 않는다."고 생각하고 있었음을 알 수 있다. 그러나 그는 번역 중에 적지 않은 문자를 보충하거나 주석(註釋)을 첨가하였다.

> 만약 큰 글자 사이에 끼어 있는 작은 글자는 무엇인가? 하고 묻는다면 큰 글자는《聖經(성경)》의 본말이고 작은 글자는 어쩔 수 없이 갖다 붙인 것이라고 대답할 것이다. 만약 작은 글자를 갖다 붙이지 아니하면 중국말이 불완전하여《聖經(성경)》의 본래의 의미가 분명하게 드러나지 않기 때문이다. 다시 이 동그라미의 용도가 무엇이냐고 물어본다면 경전 가운데 잘 이해하지 못하는 부분이 있을 때 기호를 표시해 두었다가 다음에 여기에 주해(註解)를 달기 위한 용도라고 대답할 것이다. 만약 이를 분명하게 해석하지 아니하여 사람들이 이해하지 못하게 되면 이익이 되지 아니함은 물론이고 오히려 해가 될 수도 있다. 만약 본문과 주해를 같이 쓰게 되면《聖經(성경)》의 본문이 잡다해져서 사람들이 알아보기 힘들고, 또 편장이 잘 나누어지지 않기 때문에 주해(註解)는 모두 뒷면에 따로 모아두었다. ….

하(賀)씨가《古新聖經(고신성경)》을 위해 쓴《再序(재서)》에서 그는 독자에는 두 종류가 있음을 논하고 있다. 그 한 종류는 도리(道理)를 추구하는 독자로 '속되게 번역을 했든 아니든', '문장이 유창하든 아니든' 관계치 않으며, 다른 한 종류는 여가를 보내기 위해 보는 독자로, 그들은 어쩌면 번역문 문장의 아름다움이나 문법에만 주의를 기울인다고 주장했다. 그는 후자는 아마도 그의 번역법을 좋아하지 아니할 것이나《聖經(성경)》자체가 본래 천주교의 수천만의 '어리석은 사람들에게' 도리(道理)를 가르치고 도리(道理)를 행하게 하는 책이라고 생각했다. 그렇기 때문에 번역자는 단지 "본문을 한 자 한 자 좇아서 번역을 하되, 도무지 어떻게 할 수 없는 부분에 가서는 때로는 보태기도 하고 때로는 빼기도 하며, 때로는 말하는 방법을 바꾸기도 하는 것이다." 그는 원문에 충실하지 아니하고 문장을 수식하는 것에 치중하는 번역법에 반대한다는 것을 강조하기 위하여 마침내는 한 번역자가 신중하게 번역을 하지 아니하여 천신으로부터 혼이 났다는 '신화(神話)'까지 이야기하였다. 사람들로 하여금 옛날 불경번역 중에 있었다는 비슷한 이야기를 생각나게 하는 이 이야기는 물론 한 번 웃자고 하는 이야기이다. 그러나 그의 이러한 이야기로부터 우리들은 후기 선교사들의 번역에 대한 견해와 기교가 상당히 진보되었음을 알 수 있다.

十四. 번역과 초승(超勝: 뛰어 넘다.)에 관하여 논한 서광계(徐光啓)

명말청초(明末淸初) 번역고조기(飜譯高潮期)의 중국인 번역자 가운데 가장 저명한 사람으로는 서광계(徐光啓), 이지조(李之藻), 양정균(楊廷筠), 왕징(王徵) 및 풍응경(馮應京), 이천경(李天經), 구식사(瞿式耜) 등이 있었다. 그 중에서도 특히 앞의 세 사람은 예수회 선교사들에 의해서 '중국성교(中國聖敎)의 세 기둥'이라고 칭송되었다(徐宗澤《明淸間耶穌會士譯著提要(명청간 예소회사 역저제요)》). 그들의 주요 역저와 영향력이 있는 역저는 오히려 '성교(聖敎: 천주교)'와 관련된 역저라기보다는 서방의 과학기술서적과 관련된 역저이다. 그들이 중국역사상 헌신한 공적, 즉 그들이 중국인민의 마음속에 영원히 남아 있을 불후(不朽)의 공적은 과학기술서적의 번역작업이다. 심지어 수많은 독자들의 마음속에서 그들은 예수회선교사라는 사실마저도 잊혀져버렸다.

서광계(徐光啓, 1562-1633)는 자가 자선(子善)이고 호가 현호(玄扈)이며, 사후에 문정(文定)이라는 시호가 내려졌다. 상해, 오송(上海, 吳淞)사람이다. 그는 만명(晩明) 시기에 살았고 국가의 운명에 관심이 많았으며, 과학기술을 발전시켜 강한 나라의 부유한 국민이 되기를 희망하였다. 그러나 공허한 유심(唯心)적 리학(理學)이나 쓸모없는 팔고문(八股文)에서 그는 아무런 희망도 발견할 수가 없었다. 1597년 그는 과거에 응시하여 거인(擧人)에 합격하였다. 1600년 봄, 그는 남경에서 이마두(利瑪竇: 마테오리치)를 만나게 되었고 이(利)씨야말로 '세상의 모든 일에 통달한 군자'라고 생각하게 되었다(徐光啓《跋二十五言(발이십오언)》). 그는 초보적으로 이(利)씨의 지리과학(地理科學) 방면의 도형과 유가사상과 결합된 천주교 교리방면의 서적을 읽고 나서 1603년에 세례를 받고 바오로라는 세례명을 받았다. 1604년 그는 진사에 급제하여 경관(京官: 그 후 예부시랑(禮部侍郞)과 태자태보(太子太保) 등의 벼슬을 지냈음.)이 되었으며 이(利)씨 등 선교사들과 더욱 더 빈번하게 교류했다. 그들로부터 교리를 배우는 외에도 더욱 더 중요한 것은 과학 기술을 배웠다는 것이며 번역 활동도 시작하게 되었다. 그는 만력, 갑신(萬曆, 甲辰(1604))에 쓴《跋二十五言(발이십오언)》에 그가 일찍이 이(利)씨에게 다음과 같이 말했다고 적고 있다. "선생이 가지고 있는 경서(經書) 가운데에는 미언대의(微言大義: 참으로 오묘한 이치를 담은 말)가 바다와 땅만큼 무한하다. 진실로 동지 몇 명과 함께 번역하여 사람들이 원하는 최고의 지식을 마음껏 듣게 하고 원본에 빠진 곳이 있을 경우 그 나머지라도 볼 수 있게 하면, 이 또한 천하에 큰 즐거움이 아니겠는가? 그대의 생각은 어떠하신가?" 이 글로부터 그가 당시에 책을 번역하고자 했던 목적이 '백성들이 사용하는 데 도움이 되도록 하고자' 하는 데 있었다는 것을 분명히 알 수 있다.

그와 이(利)씨가 공동으로 번역한 가장 유명한 책은 독일의 수학자 극라유사(克拉維斯)(서씨는 '丁' 선생이라고 번역했음.)가 편주(編注)한 구아리득(歐兒里得)의《幾何原本(기하원본)》 전 6권[4]이다. 양계초(梁啓超)는 이 책의 번역을 매우 높이 평가하여 "글자마다 세세하게 정성을 쏟아 천금 같은 천고에 남을 불후의 명작"이라고 극찬하였으며, 또 "원호(元扈: 徐光啓의 호)가 처음으로 유클리드의《幾何原本(기하원본)》六卷을 번역하였는데 유럽의 명저가 중국에 들어온 것은 이것이 처음이다. … 유럽의 학문이 가치가 있다고 인정하기 시작한 것은 이 책에서부터 시작되었다." 고 말했다(《中國近三百年學術史(중국근삼백년학술사)》).《四庫全書總目提要(사고전서총목제요)》에서도 "광계(光啓)는 반복해서 추리하여 (그 뜻을) 명백히 하였으며 그 문장 또한 쉽고 분명하여 서양의 학술을 소개한 것 가운데 가장 뛰어나다고 해도 과언이 아니다."라고 하였다. 서광계(徐光啓)는 이 책의 역서(譯序)에서 다음과 같이 말하였다.

4) 원본은 모두 13권인데, 1-6권은 평면기하이고 7-10권은 數論이며 11-13은 立體幾何이다. 徐光啓는 원래 전체를 다 번역하고자 하였으나 利瑪竇는 이전의 예를 들어 전 6권만 번역하기를 권했다. 그 후 200년이 지난 후 李善蘭이 영국인 偉烈亞力과 공동으로 남은 책 전부를 번역하였다.

> 기하(幾何)라는 것은 쉬운 것에서부터 깊은 곳으로 파고 들어가 의문이 나는 것들을 믿음으로 바꾸어 놓았다. 아마도 쓰임이 없는 쓰임이며, 모든 쓰임의 기본이 되는 것이다. 만상의 형태의 전시관이며 모든 학문을 한 데 모아놓은 것 같다. 비록 실제로 경험을 해보지 않았다 하더라도 이 책을 통해서 그것을 논할 수 있다. 나의 개인적 생각으로는 뜻하지 않게도 옛날의 학문이 폐기된 지 2천 년이 지난 오늘 당우삼대(唐虞三代: 堯舜禹 三代)의 학문의 부족한 부분을 보충해 줄 수 있을 것이라 생각한다. 오늘날의 세상에도 도움이 되는 것이 틀림없이 적지 않을 것이다. 따라서 두세 명의 동지와 힘을 합쳐 이 책을 펴낸다.

그는 《幾何原本雜議(기하원본잡의)》에서 또 다시 반복적으로 "이 책은 그 용도가 매우 광범위하며 이 시기에 아주 필요한 것이다."라고 강조하였다. 그의 번역사상은 아래와 같은 두 가지 특징을 가지고 있다. 첫 번째는 지식을 추구하고 진리를 추구하여 '시대를 이롭게 하는 것'이고, 다른 하나는 중요한 핵심을 파악하고 '급히 필요한 것'을 파악하며 동시에 철학적인 각도에서 파악해야 한다는 것이다. 그는 먼저 서방수학의 엄밀한 이론과 논리의 체계를 중시하여 이러한 방법론이야말로 쓰임이 없는 쓰임이며 모든 쓰임의 기본이라고 생각하였다. 그는 또 서방의 수리 철학이 중국의 전통적인 역수지학(易數之學: 周易)을 보충해 줄 수 있다고 생각하였다. 그가 '고학(古學)이 폐기된 지 2천 년 후에' 발분하여 이 책을 번역한 것은 당연히 조국의 학술이 이미 다른 나라에 비해 낙후되어 있었으므로 반드시 다시 시작하여야 한다고 생각했기 때문이었다. 그는 1611년에 쓴 《簡平議說序(간평의설서)》에서 다음과 같이 말했다.

> 널리 두루 도예(道藝: 학문)를 추구하고자 하는 사람은 마음을 비우고 열심히 노력해서 그들이 3천 년 동안 조금씩 이룩한 업적을 우리들은 순식간에 그들이 이룬 성과를 흡수해서 우리 성스러운 명(明)나라를 더욱 더 번성하게 하여 역사에 그 이름을 남기게 하는 것이다. … 오늘로부터 시작하여 멀리 이전의 업적을 초월하려 하니 이 어찌 기쁘지 아니한가?

그는 번역작업이라는 것은 마음을 비우고 다른 나라의 장점을 흡수하는 것으로, 장차 그들이 여러 해에 걸쳐서 쌓아 올린 과학기술의 성과를 가장 빠른 속도로 우리의 것으로 만들어 그들을 추월하게 하는 것이라고 생각했다.

숭정(崇禎) 2년(1629)부터 서광계(徐光啓)는 칙명을 받들어 역법(曆法)을 수정하는 작업에 전념했다. 서종택(徐宗澤)은 다음과 같이 말했다. "문정공(文定公)은 칙명으로 역법(曆法)을 수정하면서 가장 먼저 주의를 기울인 것은 서양역서(西洋曆書)를 번역하는 것이었다. 공(公)의 번역은 방침을 정해 놓고 시작하는 것이었다. 숭정(崇禎) 4년 정월,《曆書總目表(역서총목표)》를 올려 다음과 같이 말했다. '신은 이 일은 너무 심오하고 중대하며 법수 또한 매우 복잡하다고 생각합니다. 여기에 대한 절차도 매우 복잡하므로 순서대로 차근차근 해야 합니다. 일의 순서 또한 매우 번거로워서 마땅히 가장 기본적인 것부터 시작해야 합니다.'…(《明淸間耶蘇會士譯著提要(명청간 예소회사 역저제요)》)" 서광계(徐光啓)는 1631년 봄에 올린 이《曆書總目表(역서총목표)》에서 서양역서(西洋曆書)를 번역할 때는 반드시 경중과 완급을 나누어서 순서대로 차근차근 진행해야 한다는 의견을 제출했을 뿐만 아니라 대단히 명확한 언어로 빛나는 번역 사상을 발표하였다.

> 신들의 어리석은 생각으로는 이러합니다. 그들을 뛰어넘고자 한다면 반드시 회통(會通: 동서양에 두루 통달함)해야 하니 회통(會通)하기 전에 먼저 반드시 번역을 해야 합니다(臣等愚心以爲: 欲求超勝, 必須會通, 會通之前, 先須飜譯).

바꾸어 말하면 번역을 통해서만 '회통(會通)'(學習與掌握, 배워서 내 것으로 만듬.)할 수 있고, '회통(會通)'을 하여야만 비로소 '초승(超勝)'(超越與爭勝: 그들을 능가하여 그들과 싸워서 이김.)할 수 있다는 것이다. 이 열여섯 글자는 얼마나 훌륭한 이야기인가? 그의 주관하에 숭정(崇禎) 2년부터 7년 사이에 역서(曆書) 일백수십책(一百幾十冊)을 共譯하여 5차례에 나누어 진상하니 모두 합쳐 137卷이나 되었다. 비록 그 후 명(明)나라가 망하여 그가 주관하여 수정하던 역법은 반포되지는 못하였으나 그가 주관하여 많은 양의 서양 역서를 번역하였다는 사실은 중국 고대의 중대한 과학기술 번역사업의 하나로 기록될 만하다. 그는 황제에게 올린 상소문 가운데서 그와 서방의 학자들과 함께 공역을 하던 상황을 아래와 같이 말했다. "신등(臣等: 저희들)은 여러 신하(서양학자)들의 논리와 수학을 빌리고 그들은 신등(臣等: 저희들)으로부터 말과 문장을 빌립니다. 공(功: 내용)과 력(力: 형식)이 서로 의존하니 어느 것 하나도 없어서는 안 될 것입니다." 그가 설명한 번역(飜譯)-회통(會通)-초승(超勝)의 사상과 과학기술서적의 번역 중에 '理與數(이론과 수학)'와 '言與筆(말씀과 문장)'이 서로 결합하여야 한다는 사상은 모두 참으로 뛰어난 것이라 하겠다.

많은 양의 과학기술서적을 번역하는 것 외에도 서(徐)씨는 서방의 철학서적류도 번역했다. 예를 들면 천계(天啓) 4년(1624)에 출판된 《靈言蠡勺(영언여작)》는 이탈리아 선교사 필방제(畢方濟)가 구술하고 서광계(徐光啓)가 받아 적어 번역한 '亞尼瑪'(Anima, 生命, 靈魂)의 전문 서적이다. 사학자 진원(陳垣)은 이 책이 내용이 광범위하고 의미심장하며 현묘하고 신기하고 '논리의 전개가 정밀하여' 가장 번역하기 어려운 책이라고 생각했다(《重刊〈靈言蠡勺〉序 (〈영은려표〉의 재발간서)》). 서종택(徐宗澤)은 또한 다음과 같이 지적하였다. "이 책은 철학의 한 부분을 나타내는 사상으로, 매우 현묘하여 그 뜻을 안다고 하더라도 그것을 표현하기가 대단히 어렵다. 마침내 서자경(徐子竟)이 그 현묘한 문장력과 명석한 두뇌로 대단히 추상적인 이치를 책 속에 표현해 내었다. 문자도 대단히 고상하고 뜻이 잘 통하며 본래의 의미도 정확하게 나타내니 실로 철학적으로 경지에 달한 사람이 아니면 한 자도 번역할 수 없고 한 문장도 이룰 수가 없다. 술어의 선택이 확실하고 용어의 선택이 적당한 것은 말할 필요도 없다. 서광계(徐光啓)가 이 책을 번역할 당시 이미 그는 63세의 고령이었다. 학문에 정통하고 도(道)가 빼어나서 이 책을 걸작이라고 해도 당연한 일이라 하겠다."

결론적으로 말하면 서광계(徐光啓)는 명말청초(明末清初)의 대번역가라고 해도 조금도 손색이 없으며, 최초로 번역의 범위를 종교와 문학으로부터 자연과학기술의 영역으로까지 확대한 당대 최고의 인물이다. 그는 걸출한 애국과학자인 동시에 과학문화운동의 영도자라 할 수 있다. 그는 자신의 번역경험과 이론을 체계적으로 정리할 시간적 여유를 가지지 못했던 것 같다. 그는 사실 대단히 걸출한 철학적 사변능력(思辨能力)을 가진 인물이었다. 그가 철학적 차원에서 상세하게 자신의 번역과 관계된 이론을 발표하지 못했던 것은 참으로 애석한 일이다.

十五. 서양의 역법 등을 번역하도록 요청한 이지조(李之藻)

이지조(李之藻, 1569-1630)는 字가 아존(我存)이며 진지(振之)라는 자(字)를 쓰기도 하였다. 호는 량암(凉庵)이고 인화(仁和: 현 浙江, 杭州) 사람이다. 만력(萬曆) 26년(1598)에 진사에 급제한 후 태복사소경(太僕寺少卿), 광록사소경(光祿寺少卿) 등을 지냈다. 이마두(利瑪竇: 마테오리치)가 북경에서 머무는 10년 동안 그와 가장 많이 교류한 사람은 이지조(李之藻)였다. 그는 이(利)씨에게서 열심히 배웠고 굳게 결심을 하고 서방의 수학(數學), 천문학(天文學) 및 철학(哲學), 논리학(論理學) 등을 연구하였을 뿐만 아니라 또 이(利)씨 등과 함께 《渾盖通憲圖說(혼개통헌도설)》, 《同文算指(통문산지)》, 《圜容較義(환용교의)》, 《乾坤體義(건곤체의)》와 《寰有詮(환유전)》, 《名理探(명리탐)》 등의 서적을 번역하였다. 그는 이(利)씨와 매우 교분이 두터웠으나 시작부터 천주교를 신봉한 것은 아니었다. 그 후 1610년 이(利)씨가 죽기 얼마 전에 이(李)씨가 중병에 걸려 유서까지 써 두었는데 이 때 이(利)씨가 강력히 건의하여 세례를 받았다. 그가 처음에 이(利)씨와 교분을 가진 것은 결코 종교적 신앙 때문이 아니었으며 오로지 과학지식을 추구하기 위한 목적이었다.

이(李)씨가 이(利)씨의 구술을 받아서 연역한 《同文算指(동문산지)》라는 책은 그 내용이 서방의 초등학교 교과서로, 더하기, 빼기, 곱하기, 나누기에서부터 제곱, 세제곱 등에 이르는 내용이었으며 매우 많은 연습문제가 부록으로 달려 있었다. 서광계(徐光啓)는 이 책의 서(序)에서 "대체로 중국의 옛날 계산법과 같으나 중국의 계산법이 미치지 못하는 곳도 있다. 중국의 계산법과 다른 부분은 옛날에는 없던 것들이다."라고 이 책의 내용에 대해 언급하였다. 이는 아마도 이(李)씨가 "중국의 계산법을 취해올 때 깊이 생각하여 취사선택함으로써 번역된 서양식 계산법을 이용하여 나란히 첨부해서 출판했기" 때문일 것이다. "비록 십경(十經)을 읽는다 하더라도 헌신짝 버리듯 할 수도 있는데 이것은 학문을 한 데 모은 것에서 볼 수 있는 아름다움이자 저술의 영역을 확대한 것이다." 이는 李씨의 번역이 흔히 볼 수 있는 일반적인 번역이 아니라 "깊이 생각하여 취사선택한", 고증을 거친 번역이라는 사실을 말한다. 이(李)씨 스스로 만력(萬曆) 41년(1613)에 쓴 서문에서 이 책은 "먼 나라의 문헌들을 다양하게 들여와서 쌓아두고 번역하여 동문관(同文館)이 번성하다는 것을 보여주려는 의도로" 집필된 것이 결코 아니며, "일상생활에서 편리하게 사용하기를 바라는 의도로" "관리들이 민생을 보살피는 데 음으로 도움을 받기를" 바라는 마음에서 작성된 것이다. 숭정(崇禎) 2년(1629)에 서광계(徐光啓)를 책임자로 하여 부서를 설치하여 역법(曆法)을 편역하고 수정할 때 이(李)씨는 그의 중요한 조수(助手)였다. 일찍이 1613년 만력(萬曆) 황제의 51세 생신을 맞이하여 이(李)씨는《請譯西洋曆法等書疏(서양역법 등의 서적을 번역할 것을 요청하는 상소문)》라는 상소문을 올렸다. 이 글은 번역에 대한 언급을 담고 있는, 우리들이 매우 중요시할 만한 가치가 있는 논문이다. 이 글에서 그는 방적아(龐迪我), 용화민(龍華民), 웅삼발(熊三拔), 양마락(陽瑪諾) 등의 선교사들이 "모두 남달리 총명하여 역산학(曆算學)을 익히 알고 있으며 그 나라에서 가지고 온 수많은 서적들을 가지고 있는데 그들은 오랫동안 천주교를 전파하여 중국어를 배워 알고 있다. 북경에서 관리들과 강론을 할 때 그들이 천문(天文)과 역수(曆數)를 말하는 데에 중국의 옛날 성현들이 말한 것 가운데 들어있지 않는 것이 열네 가지가 있었다." 그는 또 황제를 향해 서방의 학자들은 이 열네 가지 방면에서 중국보다 뛰어남을 다음과 같이 아주 날카롭게 지적하고 있다. "아마도 그 나라에서는 천문역학(天文曆學)을 금지하지 않은 것은 물론, 5천년 이래(아마도 시간에 착오가 있는 것 같음.) 온 나라의 뛰어난 인재들이 모여서 그것을 연구해 왔기 때문일 것입니다. 예측하면 곧 검증을 하고 연구할 때는 심사를 합니다. 우리 중국에서는 수백 년에 한 사람의 인재가 태어나더라도 스승도 없고 친구도 없으며 스스로 깨달아서 스스로 인정을 하는 것이 전부이니, 혼자서 하는 것과 여러 사람이 하는 것이 어찌 같을 수가 있겠습니까? 그들이 만든 천체(天體)를 관찰하고 태양을 관찰하는 기기들 하나하나가 정밀하기가 이를 데 없어 곽수경(郭守敬)과 같은 사람이 있다 한들 그들은 털끝만큼도 측량할 수가 없을 것입니다. 물시계에는 먼지가 덮여 있고 첨성대에는 발길이 끊겼는데 하물며 관리들조차 귀당방안(晷堂方案: 해시계 등 천체관측을 하는 방안)이라는 것이 무엇인지도 모르고 있으니 어찌 그들과 서로 비교를 할 수 있겠습니까?" 봉건사회에서 한 나라의 대신이 황제가 자신의 독점 권한이라고 생각하고 있던 천문, 역법 등과 같은 제도를 비평하고, 봉쇄 정책의 우매함을 통박한 것은 아무나 할 수 없는 참으로 엄청난 사건이다. 그는 큰 소리로 다음과 같이 질타하였다. "이 역법(曆法)에 오차가 있다면 당연히 다른 나라의 역법(曆法)을 모두 번역하여 두루 참고하여 바로잡아야 할 것입니다. 가령 그것이 먼 외국에 있는 것이라 하더라도 마땅히 부탁도 하고 방문도 하여 이를 수집해야 하며 더 나아가 모든 가치 있는 자료를 모으고 손님들을 조정에 모셔야 할 것입니다. 어찌 앉아서 기회를 놓치고 나서야 훗날 유서(遺書)를 붙들고 탄식하겠습니까?"

그는 한 걸음 더 나아가 천문(天文), 역학(曆學) 등의 서적뿐만 아니라 서방의 수법산법(手法(水利)算法), 측망(測望: 측량), 의상(儀象), 일궤(一軌), 만국도지(萬國圖志), 의리(醫理), 악기(樂器), 격물궁리(格物窮理), 기하원본(幾何原本) 등과 같은 책들도 모두 번역할 만한 가치가 있다고 주장했다. 이와 관련하여 그는 다음과 같이 말했다.

> 위에서 이야기한 여러 책들은 대부분이 우리 중국에는 전해져 내려오는 책들이 아닙니다. 생각해 보니 그들 나라에도 성현들이 있어 명작들을 지어 그들 나름대로 또 일가를 이루었습니다. 실학의 자료가 되고 세상을 경영하는 데 도움이 되는 책들입니다. 학문은 무궁하며 성인의 가르침은 끝이 없습니다. 또한 세월은 쉽게 흘러가지만 인생은 유한합니다. 저 해외의 아주 먼 나라의 사람들이 이 먼 곳까지 와서 저렇게까지 방방곡곡을 누비며 애를 쓰고 있습니다. 작년에는 이마두(利瑪竇)가 가장 학식이 뛰어나고 깨달음이 높다고 칭송이 자자하였으나 그 학문을 다 전하지도 못한 채 갑자기 그만 세상을 떠나고 말았습니다. 오늘날 방적아(龐迪我) 등이 이미 백발이 성성하여 점점 쇠퇴해져 가고 있습니다. 먼 나라에서 수입된 서적들도 그 원래의 뜻을 좇아서 중국 성현들의 사상과 서로 보완할 수가 있습니다. 그러나 서로 문자가 완전히 다르니 이 몇몇 사람들이 아니면 누가 번역을 할 수가 있겠습니까? 만약 오늘 기회를 놓치고 나면 앞으로는 이를 해석할 만한 사람이 없어 애석하게도 이 가치 있는 서적들이 모두 쓸모없는 책으로 변하고 말 것입니다. 엎드려 바라옵건대 황제 폐하께서 훌륭한 업적을 오래도록 남기기를 기원합니다. … 지금 외국의 서적을 번역하여 두루 널리 가르침을 펴지 않으시면 오늘날 온 세상의 책들이 모여 드는 이 성세를 어떻게 밝히실 것이며 장차 어떻게 찬란한 업적을 이룩할 수 있겠습니까?

이것은 나라와 민족의 장래를 위하여 과학 기술 서적의 번역의 필요성을 황제에게 직설적으로 제기한 강한 주장이다.

이(李)씨는 만년에도 포르투갈의 선교사 부범제(傳汎際)와 함께 《寰有詮(환유전)》

《名理探(명리탐)》 등 2권을 번역하였는데 이 책들은 중국을 위해 조기에 서방의 철학을 소개한 명저이다. 앞의 책은《明史, 藝文類(명사, 예문류)》의 '도가류(道家類)'에 열거했고《四庫全書總目提要(사고전서총목제요)》의 "잡가류(雜家類)"에 열거했는데, 사실 이 책은 우주관을 담고 있는 아리스토텔레스 철학의 일부분이다. 원서는 17세기 포르투갈 고인반리(高因盤利)대학의 예수회선교사(耶蘇會宣敎師)의 교과서이다. 이(李)씨는 이 책을 번역하기 위해 5년이라는 시간을 보냈으니 이 책이 얼마나 번역하기 어려웠는지 가히 짐작이 간다. 서종택(徐宗澤)은 이 책을 다음과 같이 평가하였다.: "번역본은 내용을 간추려 번역한 것으로 직역이 아니다. 그러나 문리가 대단히 심오하고 문장이 고상하면서도 뜻이 잘 통해 대가의 문장으로 조금도 손색이 없다." 또한 이(李)씨는 숭정(崇禎) 원년(1628)에 쓴 번역의 서문에서 다음과 같이 말했다.

> 나는 계해년(癸亥年, 1623년으로 추정)에 고향으로 돌아와 선교사인 부범제(傅汎際) 공을 좇아서 호숫가에 초가모옥을 짓고 전심전력으로 본시(本始: 창세기)에 대해서 연구하고 토론했다. 하나의 뜻을 가지고 지금까지는 없었던 새로운 단어를 만들어 내니 마음의 눈이 비로소 떠지게 되었다. 나이를 잊고 매진하여 번역을 하나 살아 있는 동안에 다 하지 못할까 안타깝다. 다만 문언(文言)은 멀리 사양하였다. 목이 아프고 가래가 끓어 몇 번이고 중단하였다. 우선 형태가 있는 것들을 취해서 천(天), 토(土), 수(水), 기(氣), 화(火) 등 소위 형체가 있는 오대(五大)를 발췌해서 창조적으로 번역하였다. …. 그러나 세밀한 뜻과 깊은 사상은 문장에 자연스럽게 드러나 있다. 모든 것들이 중국어를 사용하여 서양의 것들을 번역해 내는 것을 목적으로 하였을 뿐 나 자신의 견문을 삽입하여 원본의 정신을 훼손하지는 않았다. 결론적으로 말하면, 지식이 있으면 없는 것을 보충할 수 있고 이 모든 五大(天土水氣火)를 알게 되면 자신의 작고 어리석음을 고칠 수 있게 된다. 세상의 복록을 구하고자 하는 삶은 진실로 지천(知天: 자연의 섭리를 터득함)하기를 원할 것이니 여기에서부터 시작을 하여야 할 것이다. 기독교에서는 비록 수많은 귀중한 말씀들이 있다고 하더라도 먼저 이 책에서부터 시작하여야 할 것이다.

그는 자신의 번역을 창역(創譯)이라고까지 하였으니 이는 그의 번역 가운데 창조적인 노력이 가미되었음을 알 수 있는 말이다. 비록 이 책은 내용을 간추려 번역한 것에 불과하나 그는 '중국어로 서양의 뜻을 번역해 내는 것'에 목적을 두었을 뿐 '나 자신의 견문을 삽입하여 원본의 정신을 훼손하는 등의' 일은 하지 않았다. 그는 또 다음과 같이 말하기도 하였다. "이 편찬이 끝난 후에는 서양의 선교사들 중에 중국어에 능한 자들이 많으니 이로 인하여 능히 자신들이 이야기하고자 하는 것을 유창하게 할 수 있게 되기를 바란다. 그래서 그 뒤를 이어 철학서들이 계속 번역되었으면 한다." 그가 이어서 번역한 《名理探(명리탐)》은 중국 최초의 서방 논리학에 관한 번역서이다. 원서는 역시 고인반리(高因盤利)[5] 대학의 강의 노트로, 원명은 《亞里士多德辨證法概論(아리스토텔레스의 변증법개론)》이다. 주요 내용은 중세기 경원파(經院派)학자들의 아리스토텔레스와 유관한 개념과 범주에 대한 학설이다. 진원(陳垣)은 "《名理探(명리탐)》의 번역 작업은 《寰有詮(환유전)》의 그것보다 더 깊고 심오하다."고 했으며, 마량(馬良)은 역서(譯序)에서 "번역문이 절묘하여 종종 그것이 번역문이라는 사실을 망각하게 만든다."고 하였다. 서종택(徐宗澤)은 "번역한 문장이 대단히 간결, 명료하여 信, 達, 雅 등 세 가지의 장점을 모두 갖추고 있다."(《明淸間耶蘇會士譯著提要(명청간 예소회사 역저제요)》)고 평하였다. 이(李)씨는 이 책을 번역하기 위하여 몇 년간의 시간을 투자하였으며 심지어는 한 쪽 눈을 실명하기까지 하였다. 그는 번역을 하는 가운데 '사능달의(辭能達意: 단어는 뜻을 전달하면 그만이라는 의미)'라는 원칙을 견지하였는데 그가 창조한 적지 않은 술어와 번역 명칭은 오늘날까지도 사용되고 있다.

이(李)씨는 그밖에 또 역자의 사상 및 수양에 대한 의견도 발표하였다. 허긍신(許肯臣)은 애유략(艾儒略)의 《西學凡(서학범)》이라는 책을 위해서 쓴 인언(引言)에서 다음과 같은 이(李)씨의 말을 인용했다.

> 李太僕(이지조의 관직)의 훌륭한 말씀 중에는 학자들에게 네 가지 병폐가 있다고 하신 것이 있다. 학문이 깊지도 못하면서 오만하게 구는 것이 그 첫 번째이다. 게으름을 피우면서 학문을 하지 않는 것이 그 두 번째이며, 당고(黨錮: 무리들의 잘못된 습관)에 얽매이는 것이 세 번째이다. 또한 누군가가 자기보다 낫다고 하는 것을 듣기 싫어하는 것이 그 네 번째이다. 이 네 가지 병을 벗어던져 버리고 서로 앞을 다투어 외국의 관점들을 배우게 되면 온 세상의 학문에 정통하게 되어 자신에게 빚을 지지 아니하고 소중한 날들을 허송세월하지 아니하고 동지들로부터 많은 신망을 받게 될 것이다.

5) 포르투칼의 한 신학대학

이러한 언급은 오늘날의 번역 종사자들에게도 꼭 필요한 말씀이다.

이(李)씨는 '만력강행엽차지세(萬曆疆圉葉洽之歲)'(1607) 이마두(利瑪竇)가 재출판한 《天主實義(천주실의)》를 위해 쓴 서문(序文)에서 다음과 같이 말했다. "동양이든 서양이든 마음과 사물의 이치는 똑같다고 믿어라. 다른 것이 있다면 그것은 오로지 언어의 차이일 뿐이다. 그러나 편자(利瑪竇)가 나와서 중국어로 이를 아름답게 번역하여 이 방면의 선구자가 되었다. 이로써 아름답고 분명하게 번역하는 분위기를 북돋울 뿐만 아니라 종교를 찬양하고 이를 속인들에게 권장하니 이것이 어찌 우연한 일이며 어찌 갑작스레 이루어진 것이겠는가?" 이(李)씨 자신이 바로 동서양의 사상과 학술이 소통하게 하는 데 있어 '동문아화(同文雅化: 중국어로 고상하게 번역함)'의 선구자가 아니고 무엇이겠는가? 그는 또한 천계, 계해년(天啓, 癸亥年(1623))에 양정균(楊廷筠) 등이 역술한 《職方外紀(직방외기)》를 위해 쓴 서문의 맨 끝에서 다음과 같이 말했다. "예악(禮樂)이 1백 년 동안 번성한 후에 기독교가 사해(四海)에 두루 전파되니, 선비들은 여러 학문을 두루 섭렵하여 이를 곳곳에 선교를 하나 이 책들이 구마라십(鳩摩羅什)이나 현장(玄奘)이 번역한 책들에는 미치지 못한다는 것을 반드시 알 것이다." 서광계(徐光啓)나 이지조(李之藻) 등으로 대표되는 신세대 번역가들은 확실히 역사상의 구마라십(鳩摩羅什)이나 현장(玄奘) 등을 계승하였다. 그러나 그들이 번역한 책은 앞선 선각자들이 전문적으로 종교의 경전을 번역한 것과는 달라서 같은 기준으로 평가할 수는 없다. 그러나 한 가지 측면에서 그들 간에는 서로 같은 점이 있다. 그들은 모두 번역의 대가들이지만 모두 체계적이고 상세한 번역 방법과 이론을 남기지 않았다는 점이다. 이는 정말 애석한 일이다.

十六. 서양 서적을 번역할 것을 호소한 양정균(楊廷筠)

楊廷筠(1557-1627)은 자(字)가 중견(仲堅)이고 호가 기원(淇園)이다. 그는 이지조(李之藻)와는 좋은 친구였으며 역시 인화(仁和: 현 浙江, 杭州) 사람이다. 만력(萬曆) 20년(1592)에 진사에 급제하여 감찰어사(監察御使), 순천부소경조(順天府少京兆), 강소학정

(江蘇學政) 등의 관직을 역임했다. 그는 처음에는 불교신자였으나 나중에 이지조(李之藻)보다 몇 년 늦게 천주교의 세례를 받아 명말(明末)에 비교적 영향력이 있는 불교를 버리고 천주교로 개종을 한 사람 중의 한 명이 되었다. 그가 천주교에 들어가게 된 것은 서양의 과학기술을 배우고자 한 것과 밀접한 관계가 있었다.

양정균(楊廷筠)이 번역한 책은 서광계(徐光啓)나 이지조(李之藻)만큼 그렇게 많지 않다. 그러나 그는 천계, 계해년(天啓, 癸亥年(1623))에 이탈리아 선교사 애유략(艾儒略)이 편찬한 《西學凡(서학범)》이라는 책을 위해서 쓴 서문에서 자신의 번역에 대한 견해를 이야기했다. 《西學凡(서학범)》은 아마도 당시 유럽의 각 대학의 학과에서 가르치던 요람(要覽)일 것으로 추측된다. 그것은 대략 6개 학과, 즉 문과(文科), 이과(理科), 의과(醫科), 법과(法科), 교과(教科), 도과(道科) 등으로 나누어져 있다. 그는 "이(利: 瑪竇) 씨는 해외에서 와서 홀로 학문의 근원에 능통한데 실증을 중시하여 입만 열면 사실을 밝히라고 한다. 당시의 유명한 관리들이나 석학들이 모두 그를 신뢰하고 사랑했다. 그러나 그 학문을 배우려고 하는 사람은 없었다. 이유는 그 나라가 구만 리나 떨어져 있어 통역을 할 사람이 없어 뜻이 서로 통하지 않았기 때문이다. 번역을 할 만한 것은 기기나 도형 등과 같은 것들이나 흔적이 있어 추측이 가능한 것뿐이었다. 그러나 깊은 의리나 현묘한 도(道)에 관하여 자세히 분석한 것이나 추상적인 것에 대해서는 책이 비록 많이 있으나 이를 손짓이나 말로 표현을 다 해내기가 어렵다."고 하였다. 그는 또한 번역의 어려움에 대해서 논술하였는데, 특히 철학 등과 같은 인문과학 분야의 저작이 번역하기가 가장 어렵다고 하였다. 한 걸음 더 나아가 그는 번역가들을 양성할 필요성과 이의 시급함에 대해서 다음과 같이 말했다. "꼭 필요한 인재들을 추천한다 하더라도 중국 선비들은 학문을 함에 있어서 반드시 순서가 있으므로 갑자기 양성해 낼 수가 없다. 이들 가운데 대단히 명석한 사람이라 하더라도 반드시 20년이 지난 후라야 비로소 완성될 것이다. 다시 시험을 쳐서 이들 중 인품이 훌륭한 사람을 선발하여 유학을 보냈다가 다시 중국에 데려온다 하더라도 중간에 수년이 걸리는데 다시 몇 년 동안 언어를 배워 경서와 문장에 통하여야 비로소 두 나라의 사정에 밝아져 뜻을 해석을 할 수 있으니, 이렇게 되면 이미 너무 나이가 들어 버린다. 그러나 우리 중국 사람들은 마음을 비우고 연구하거나 공동 작업을 하려고 하지 않는다. 따라서 선후배들이 모두 힘을 모아 몰두해도 학문을 다 번역해 전할 수가 없다.” 그도 서광계(徐光啓)나 이지조(李之藻)와 마찬가지로 조국의 융성을 위해서는 반드시 국외의 선진학문들을 한시 바삐 번역해 들여와야 한다고 생각했다. 그는 대단히 선동적인 말투로 다음과 같이 말했다. “이미 언급한 육과(六科) 서적들은 대략 7, 000여 부가 되는데 이미 배를 타고 건너오고 있을 뿐만 아니라 이를 모두 번역할 수 있다. 이는 채음(蔡愔)이나 현장(玄奘) 등이 가까이 인도의 여러 나라에서 들여오는 것보다 훨씬 더 간단하니, 충분히 할 수 있는 일이 아니겠는가?” 그는 동시에 원대한 포부를 아래와 같이 밝혔다.

> 아! 우리 중국의 교육은 하늘에 비칠 만큼 찬란한 것이었지만 문서 보관소나 깊은 산속에 숨겨져 있는 것은 마치 보석상자나 패물상자에 숨겨져 있는 것과 같아서 전해지지 않는 것이 많다. 이러한 학문은 뒷전에 물러나 홀대를 받고 있는데도 세월은 덧없이 흘러 광채가 오랫동안 파묻혀 빛을 발하지 못하고 있다. 나에게 십 년만 빌려 준다면 동지 수십 명을 한데 모아서 모두 힘을 합쳐, 성스러운 천자의 뜻을 받들어 모두 번역하여 천 년에 한 번 이룰 업적을 이룰 수 있을 텐데. 어찌 황하가 맑아지기를 기다리며 인생이 짧음을 탓하리오! 내가 뛰어나지 못하기는 하나, 구만 리 바다를 건너온 것들을 보호하지 못하여 마침내 이들이 헛되이 사라져 버리게 만들게 할 수야 없지 않겠는가?

十七. 왕징(王徵)의 번역유용(飜譯有用)의 사상(思想)

왕징(王徵, 1577-1644)은 자가 규심(葵心)인데 양보(良甫)라는 자(字)를 쓰기도 했으며, 일도인(一道人) 또는 지리수(支離叟) 등의 호를 썼다. 24세(1594)에 거인(擧人)에 급제하였으나 52세(1622)에 비로소 진사(進士)에 제수되었다. 1627년 양주추관(揚州推官)에 보(補)해졌으며 1631년에 산동안찰관첨사(山東按擦官僉事)에 발탁되어 해외의 군대를 감독하게 되었으나 그 다음해에 등래성(登萊城)이 함락되었다. 그 후 조정으로 불려 올라와 서조(西曹)에 감금되었다가 죄를 받아 변방을 지키러 떠나게 되었다. 모두 합쳐 10년이 조금 못되게 관직 생활을 하였다.

그는 7세부터 장인인 장일(張鎰)로부터 사사받아 국가의 흥망에 대하여 관심을 가지기 시작하였으며 병서를 읽기 시작하였고 기계에 대해서도 연구하였다. 40여 세가 되어서 서방의 선교사인 등왕함(鄧玉函), 방적아(龐迪我), 탕약왕(湯若望), 용화민(龍華民) 등과 교류하기 시작하였으며 학술 토론을 벌이기도 하였는데 그들과 우정이 매우 돈독하였다. 그는 어려서는 불교를 믿었으나 24세에 도교(道敎)로 개종을 했고, 20여 년이 지난 뒤 다시 도교(道敎)에서 천주교로 개종하였다. 그는 서광계(徐光啓), 이지조(李之藻), 양정균(楊廷筠) 등과 함께 남보다 앞서 서학을 받아들인 사람이다. 약간 다른 점이 있다면, 첫째로 그는 다른 세 사람처럼 조정에서 높은 벼슬을 지내지 않았으며 둘째, 서(徐), 이(李), 양(楊) 등은 외국어를 전혀 몰랐으나 그는 조금은 알고 있었다는 점이다. 그는 중국에서 최초로 라틴어를 배운 사람이며 또 서방의 언어학 지식으로 중국어 음운을 연구한 선구자일 뿐만 아니라 중국 고대의 저명한 기계학자이다. 그는 일찍이 프랑스 선교사 김니각(金尼閣)을 도와서 외국인들에게 중국어를 가르치는 교과서인《西儒耳目資(서유이목자)》를 지었으며《遠西奇器圖說錄最(원서기기도설록최)》와《崇一堂日記隨筆(숭일당일기수필)》 등을 편역하였고《西儒縹緗要略(서유표상요략)》 등의 책을 지었다.

《西儒耳目資(서유이목자)》는 문자, 음운학 전문서적으로, 그 속에는 창조적인 수확이 많이 담겨 있어 중국 언어학 발전에 지대한 영향을 미쳤다. 왕징(王徵)은 천계, 병인년(天啓, 丙寅年(1626)) 봄에 쓴 이 책의 서문에서 다음과 같이 말했다.

> 중국은 틀림없이 천하의 문명국가이다. 방언과 속어들이 나비 떼가 몰려드는 것처럼 서로 비슷하여 구별을 할 수가 없다. 어찌 저 하늘거리는 것이 큰 무리가 되고, 땅에 떨어진 아이의 울음소리가 만국에 꼭 같기를 바랄 수가 있겠는가? 무릇 천하는 한 가정이다. 한 집안에 있는 사람들이 서로 말이 달라서 코웃음소리가 듣는 각도에 따라서 죄다 다르게 되면 그 집안은 반드시 이상하게 되고 만다. 지금 여러 문을 통해서 들어와서 여러 번을 통역을 해야 비로소 서로 소통이 된다면 다른 지역에서 오는 사람들을 들어오지 못하게 하자는 것인가? 자주적으로 천하와 교류를 하려고 한다면 한 집안 사람처럼 지내도록 해야 한다. 한 집안 사람이 되고도 홀로 문자가 서로 통하지 않는다고 타령을 하고 있으면 이를 어찌 보고만 있을 수 있겠는가?

천하는 원래 일가(一家)이니 언어의 장벽을 타파하기 위해서는 반드시 통역을 하여야 하고, 통역을 하더라도 '구역이통(九譯而通: 여러 차례 통역을 해서 서로 통함.)'해서는 안 되고 외국어를 배워서 직접 교류를 하는 것이 가장 좋다. 이 책의《釋疑(석의)》편(篇)에서 그는 일부 사람들의 외국어를 배우는 것에 대해 두려워하는 심리를 겨냥해서 중국인이 외국어를 배우는 것은 외국인이 중국어를 배우는 것에 비해서 어렵지 않다는 점을 강조했다. 그는 "배우지 않으려고 하는 것보다는 차라리 배우는 것이 쉽지 않음을 걱정하는 편이 낫다."고 하였다. 또한 그는 "마땅히 마음을 비우고 모든 것을 받아들이며", 이 책과 같은 언어학적 저서로 "明나라가 천 년이 흐르도록 길이 남을 찬란한 번역의 업적을 이루어 널리 창달할 수 있도록 해야 한다."고 생각했다.

스위스의 선교사 등옥함(鄧玉函)이 구술하고 그가 번역하여 삽화를 수록, 출판한《遠西奇器圖說錄最(원서기기도설록최)》라는 책의 내용은 물리학(物理學)과 역학(力學)의 기본 원리 및 그 응용 방법으로 구성되어 있다. 그는 천계(天啓) 7년(1627)에 쓴 이 책의 서문에서 다음과 같이 말했다.

> 선생(鄧씨를 가리킴)은 나를 위해 펼쳐 놓고 가르쳐 주었는데 나는 며칠을 배우고 나서 상당히 많은 내용을 알게 되었다. 그래서 등(鄧)선생은 여러 기기의 도면, 전질(圖面, 全秩)을 취하고 분류를 해서 구술해주었다. 나는 이를 받아 적어서 순서나 문장을 무시하고 간결하고 쉽게 알 수 있도록 만들어 많은 사람들이 볼 수 있도록 하였다. 그러나 그 도면 속에는 교묘한 기기(器機)가 상당히 많고 또 사람들이 쓰기에 긴요하지 않은 것들도 있었다. 예를 들어 비연(飛鳶: 비행기류의 나는 것)이나 수금(水琴) 등은 국가적 사업에 급히 필요한 것도 아니어서 수록하지 아니하고, 그 가운데 가장 절실히 요구되는 것만 골라서 특별히 수록했다. 기기(器機)는 꼭 필요하나 만드는 방법이 어려운 것, 예를 들어 나사의 회전수가 너무 많아서 기능 명장들도 그렇게 만들 수 없는 기계, 또는 제작비가 너무 큰 기계들은 수록하지 않고 특별히 간단하고 편리한 것들만 수록하였다. 기기(器機)가 필요하기도 하고 편리하기도 하지만 똑같은 제작 방법으로 여러 가지를 만들거나 한 가지 종류를 여러 개로 만든 것은 수록하지 않았다. 예를 들면 분수(噴水)를 만드는 방법은 일백여 종이나 있어 어떤 것은 중복되고 어떤 것은 대단히 번거롭기도 하여 특별히 그 가운데 정교한 것만 골라서 실었다. 이것이 완성되자《遠西奇器圖說錄最(원서기기도설록최)》라고 이름 지었다.

이 책을 비록 '기기(奇器)'라고 명명하였으나 결코 다른 사람들이 이야기하는 특이한 것과는 비교가 된다는 것을 알 수 있다. '錄最'라고 명명한 것은 스스로 취사선택한 표준이 있었음을 말해준다. 그는 온 정성을 기울여 '백성들의 생활에 꼭 필요한 것'이나 '국가적 사업에 급히 필요로 하는 것'들을 선택해서 번역할 때 '차례나 문장의 아름다움 등을 고려하지 않고 간결하여 쉽게 이해할 수 있는' 방법을 채택했다는 것은 그의 이러한 번역사상이 매우 소중하다는 점을 말해준다. 당시 어떤 사람이 그에게 다음과 같이 물었다. "그대가《西儒耳目資(서유이목자)》를 편찬하였는데 문인학사(文人學士)들이 이것을 폐기하지 않았는가? 오늘 여기에 실려 있는 것들은 모두가 공장(工匠)들의 기예들이 아닌가? 군자는 不器(어떤 한 곳에 얽매이는 일이 없음.)라고 하였는데 그대는 어찌하여 이런 일에 관심을 가지는가?" 그는 이와 같은 진부한 전통 관념의 도전에 직면해서 다음과 같이 명쾌하게 대답했다.

> 학문이란 그것이 정밀한 것이든 거친 것이든 결국에는 세상을 구제하는 데에 그 목적이 있고, 사람 또한 중국 사람이든 서양 사람이든 모두 천리(天理)를 위배하지 않기를 바랄 뿐이다. 여기에 수록한 것들은 비록 그것이 모두 '지엽말단적인 작은 기예'에 불과하지만, 백성들이 사용하기에 도움이 되고 국가흥망에 급히 필요로 하는 것들이다. … 따라서 예전에는 눈과 귀와 관련된 자료, 즉 언어만을 요구했지만 지금은 손과 발로 직접 만들어낼 무엇(과학 기술)을 요구하고 있다. 여기에 어찌 다른 목적이 있겠는가?

또 다른 친구가 그에게 물었다. "그건 그렇다 하더라도 자네 말대로라면 귀와 눈에 필요한 것들(言語), 즉 손으로 발로 만들어 낼 무엇(科學技術)이 여기에 있는데 왜 유독 마음으로 생각할 만한 것(哲學理論)은 없는가? 서양의 학자들에게는 방안에 책이 가득하다는데 마음의 양식이 될 만한 책도 많을 것이 아닌가? 자네는 그런 책은 번역하지 아니하고 오로지 이러한 책들만 번역하니 어찌된 까닭인가?" 이러한 물음에 그는 다음과 같이 대답하였다.

> 형체가 있는 기기(機器)는 거칠기는 하나 그것을 표현할 수가 있지만. 형체가 없는 이치(理致)는 갑자기 번역을 하면 어떻게 표현해 낼 방법이 없다. 나는 현명하지 못하여 이와 같은 것을 번역하는 것만으로도 충분하다. 서양학자들의 이론적 서적들은 목천(木天)이나 석거(石渠) 등과 같은 대문호가 아니면 번역을 할 수가 없다. 이것은 나와 같은 사람들이 밤낮으로 원하는 것이긴 하지만 역부족이니 먼 훗날 그렇게 할 수 있는 날이 오기를 기대한다.

그는 철학류의 서적들이 가장 번역하기 어렵다는 사실을 정확하게 지적하였다. 그는 서방의 언어, 과학기술, 철학 이론 등 세 가지로 나누어 분류하고 이를 '자이목(資耳目: 눈과 귀를 위해 필요한 것)', '자수족(資手足: 손과 발을 위해 필요한 것)', '자심(資心: 마음의 수양을 위해 필요한 것)' 등으로 명명하였다. 이 가운데 어떤 것들도 폐기를 해서는 안 되며 모두 진지하게 번역해야 한다고 생각했다. 그의 이러한 사상은 당시로서는 대단히 깊이 있는 사상이었다.

十八. 위상건(魏象乾)의《繙清說(번청설)》

위에서 서술한 것처럼 明淸이 교체하는 시기에 중국의 번역활동은 새로운 고조기(高潮期)가 나타났으나 관련 번역이론은 매우 적었다. 서(徐), 이(李), 양(楊), 왕(王) 등 여러 사람들이 약간의 논술을 하고 있기는 하지만 대부분이 번역의 목적(目的), 역할(役割) 및 번역사업의 필요성 등에 관한 논술이다. 청(淸)나라 중엽에 이르기까지 번역 자체의 방법이나 이론방면에 관한 깊이 있는 연구는 찾아보기 힘들었다. 이는 매우 유감스러운 일이라고 생각한다. 그러나 최근에 와서 건륭(乾隆) 초년에 위상건(魏象乾)이 쓴《繙清說(번청설)》이라는 대단히 뛰어난 평론문이 발견되었는데 이는 정말 다행스럽고도 기쁜 일이다.

위상건(魏象乾)은 자(字)가 건보(健莆)이며 한족(漢族)이다. 옹정, 건륭(擁正, 乾隆) 년간의 사람이며 본적과 생평은 모두 분명하지 않다. 옹정조(擁正朝)《淸實錄(청실록)》을 찾아보면 그는 이 책에 이름이 여섯 번째로 올라 있는 만주어 번역자로, 관직이 '承德朗候選知縣七品筆帖式加二級(승덕양후 선지현 칠품필첩식 가이급)'이었다. 위(魏)씨는 칠품관(七品官)이었고 일찍이 옹정조(擁正朝)실록의 만주어 번역작업에 참여했다는 것을 알 수 있다. 건륭(乾隆) 4년(1739)에 처음으로 번역진사과가 설치되었다.《淸朝進士題名碑錄(청조진사제명비록)》에 의하면 위(魏)씨는 이 해에 한인(漢人)으로 팔기(八旗: 鑲紅旗漢軍)에 들어가서 첫 번에 응시하여 바로 진사에 급제하였으며 성적은 20번째였다.《繙清說(번청설)》의 마지막에 한 서명을 보면 그가 마침내

'실론관(實錄館) 겸 내번서방(內飜書房)'의 찬수(纂修)로 임명되었음을 알 수 있다. 따라서 위(魏)씨는 '어용(御用)'의 '전문번역종사자'라 할 수 있다. 《繙淸說(번청설)》은 건릉(乾隆) 5년(1740)에 내부에서 출판된 것으로 모두 여섯 페이지의 분량으로 구성되어 있다. 외부에는 거의 유출되지 않고 '내번서방(內飜書房)' 내부에서 교류되던 논문 같아 보이지만 새로운 번역관을 양성하는 데 사용하던 교재였을지도 모른다. 이는 중국 최초로 내부 출판된 번역연구 전문서적이라고 할 수 있다. 원서(原書)는 1932년 가을에 중국의 저명한 언어학자이자 문학가인 유반농(劉半農) 선생이 헌책방에서 발견하여 소장하다가 현재는 북경의 청화대학(淸華大學)도서관에 소장되어 있는데 이것이 중국 유일본이다. 1988년 2월, 《中國飜譯(중국번역)》이라는 잡지에 처음으로 전문이 공개되었다. 유반농(劉半農)은 일찍이 발문(跋文)에서 다음과 같이 말했다.

> 번역의 방법에 대해서는 옛날 사람들이 강론한 것이 거의 없다. 위(魏)씨는 옹정, 건릉(擁正, 乾隆) 년간에 살았던 사람으로, 이러한 학설은 오늘날 번역자들의 생각과 약속이나 한 듯 거의 일치하니 그러한 까닭에 번역계에 있어 대단히 중요한 사료라고 할 수 있다.

《繙淸說(번청설)》은 모두 합쳐 1,600여 자인데 언어는 간결하고 뜻은 두루 갖추고 있으며 견해는 대단히 깊이가 있다. 소위 '번청(繙淸)'이라는 것은 한문(漢文)을 청어(淸語: 만주어)로 번역한다는 뜻이다. 만문(滿文)은 비교적 늦게 만들어졌는데 만청(滿淸)이 산해관(山海關)을 넘어 북경으로 들어오기 이전 청태조(淸太祖) 누르하치가 만든 것이다. 태종(太宗) 때 저명한 언어학자인 달해(達海)에게 명하여 개조하게 하여 그 후에 통용된 신만주자(新滿洲字)를 만들어 청(淸)나라 때의 국서(國書: 표준어)로 쓰게 하였다. 청(淸)나라 초기에는 통치를 강화하고 한족(漢族)의 선진문화를 받아들이기 위한 시급한 필요에 의하여 만주어를 한문(漢文)으로, 한문(漢文)을 만주어로 번역하는 사업이 대대적으로 시행되었다. 위(魏)씨의 이 문장은 주로 자신이 한문(漢文)을 만주어(滿洲語)로 번역작업을 하는 중에 몸소 체험한 것에 근거하여 번역의 원칙과 표준 및 번역의 초학자들이 입문하여 수준을 끌어올리는 일 등에 대해 논술했다. 그는 먼저 '번역지도(飜譯之道)'와 '올바른' 번역의 표준에 대해서 다음과 같이 이야기했다.

> 혼자 번역지도(飜譯之道: 번역의 방법)를 생각해 보니 가장 분명하면서도 가장 은밀함을 함축하고 있어야 하며, 가장 간결하면서도 광범위한 뜻을 함축하고 있어야 하니, 참으로 그 변화가 무상하여 신묘함을 예측할 수가 없다. 그 변화가 무궁함을 생각하면 착오가 있어 실수를 할 수가 있으므로 학자들은 신중에 신중을 기해야 한다.
>
> 소위 말하는 '正(올바른)'이라는 것은 그 뜻을 이해해서 단어를 정확하게 옮기며 흐름을 좇아서 그 정신을 전하는 것이니 不增不減, 不顚不倒, 不恃取義(보태지도 말고 빼지도 말며, 아래위로 뒤집지도 말고, 앞뒤로 순서를 바꾸지도 말며, 자신의 견해를 더하지 말라.)하여 문장을 청결하고 세련되게 다듬어 적당하게 되면 되는 것이다.

유반농(劉半農)이 지적했던 것처럼 이 단락의 언급은 현대 번역의 표준에 아주 잘 부합된다. 또한 원문의 의의와 내용을 충실히 재현하고 원문의 뉘앙스를 잘 살려내어야 한다는 요구를 포함하고 있을 뿐만 아니라 그 표현 방법도 대단히 세련되어 있다. 그가 언급한 '不增不減, 不顚不倒, 不恃取義(보태지도 말고 빼지도 말며, 아래위로 뒤집지도 말고, 앞뒤로 순서를 바꾸지도 말며, 자신의 견해를 더하지 말라.)'에서 다섯 개의 '不'은 개괄적으로 이야기한 것이니 이를 절대시하거나 형이상학적으로 이해하여서는 안 된다. 따라서 그는 또 다음과 같이 말했다.

> 중간에 증감을 하거나 전도를 하거나 뜻을 더한 곳도 있는데 아무런 까닭도 없이 그렇게 하였겠는가? 아마도 더한 곳이 있다면 한문(漢文)이 본래 함축성이 있어 보태지 아니하면 그 뜻이 통하지 않기 때문일 것이다. 또한 뺀 곳이 있다면 한문(漢文)이 본래 중복된 곳이 있으므로 그것을 빼지 않으면 문장이 세련되지 못하게 보이기 때문이다. 만약 전도된 곳이나 자신의 견해를 더한 곳이 있다면 앞뒤의 순서를 바꾸지 않으면 서로 맞지 않아 뜻이 통하지 않기 때문이며, 자신의 견해를 덧붙이지 아니하면 말의 느낌을 이해할 수 없기 때문이다. 이는 만주어의 특성상 어찌할 방법이 없어서 그렇게 해야 비로소 뜻이 통하기 때문에 바꾼 것이니 이것에 무슨 특별한 다른 장점이 있어서 그런 것은 아니다.

이 단락의 논술은 "定(올바른)" 번역의 표준에 대한 자신의 견해를 매우 잘 보충 설명해 주고 있다. 이어서 그는 또 편파적인 의역자('意'譯者)들에 대해 대단히 합리적으로 비평했다.

> 때로는 만주어에 뛰어난 자가 있어 신기한 번역을 숭상하여 견강부회하기를 좋아한다. 대자(對字: 對句를 맞추는 것)로 제약을 가하고 말끝마다 자신의 의견을 덧붙였다. 순순하게 번역하면 졸역(拙譯)이라고 순서를 바꿀 것을 강요한다. 옛말을 원음이라고 강조하고 한문(漢文의) 원문의 취지에 맞는지 그렇지 않은지조차 고려하지 않으며, 어휘가 부족하여 增減을 일삼으면서도 거꾸로 청문(淸文: 만주문)이 정교하여 그렇다고 둘러댄다. 그 장점을 발휘하면 할수록 단점만 드러내 보일 뿐이라는 것을 알지 못한다. 정교함을 추구하면 할수록 더욱 더 올바른 번역에서 멀어질 뿐이다. 그러나 처음 배우는 사람들이 여기에 마음이 기울어져 있는 사람이 있으니, 그들은 淸文으로써 사람들을 迷惑하게 만드는 것이므로 그들은 入門부터 이미 틀린 것이다. 초학자들이 무엇을 근본으로 삼아야 하는지조차도 모르고 있는 것이 아닌가?

위의 글은 전 문장 가운데 가장 뛰어난 부분으로, 반복해서 되씹어 보고 그 맛을 재삼 음미해 볼 만한 가치가 있다. 그 아래 부분부터는 주로 번역 입문의 방법에 대해서 이야기하고 있다. 그는 당시 한문(漢文)을 만주어(滿洲語)로 번역한 서적 가운데 '가장 타당하고 실수가 적으며 한문(漢文)의 깊은 뜻을 가장 잘 살리고 청문(淸文: 만주어)을 가장 세련되게 번역한 것'으로는《資治通鑑綱目(자치통감강목)》과《四書大注(사서대주)》만한 것이 없다고 생각했다. 처음 번역을 배우는 사람은 반드시 '양맹(兩孟: (《孟子》의 원본과 만주어 번역본)'을 대조해서 읽어야 한다고 생각했다. 그는 고도로 만문(滿文)《孟子(맹자)》를 찬양하여 번역의 전범(典範: 교과서)이라고 칭찬했다.

> 기세(氣勢)가 창성한 문장을 청문(淸文)에서는 문장의 맥락의 최고로 여긴다. 자구가 편안하면서도 타당한 것을 단어 배치의 최고로 여긴다. 세밀하고 상세하게 체험한 것을 문장 이치의 최고로 여긴다. 때로는 의미를 함축하고 때로는 정신(분위기)을 전달하기도 하지만 간결한 것을 문장의 세련됨의 최고로 여긴다. 때로는 실자(實字)를 쓰기도 하고 때로는 허문(虛文)을 쓰기도 하지만, 너무 느슨하지도 않고 너무 넘치지도 않는 것을 청문 문장의 긴장도의 최고로 여긴다. 소위 말하는 글자를 버리고 뜻을 취한다는 것과 증감하고 전도한 것은 많이 보이지 않는다. 그렇게 해서는 안 되는 것인가? 아니면 그렇게 하지 않는 것인가? 진실로 한문(漢文)에 정통하고 청문(淸文)을 열심히 익혀서 그 사이에 어떤 조작도 가하지 않고서도 그 자체로 가장 타당한 문장이 되도록 하는 것이다(가장 훌륭한 번역이다.). 이것이 어떻게 청문(淸文)에 자신이 있다고 자만을 하는 사람들이 할 수 있는 말이라 할 수 있겠는가?

만문(滿文: 만주문) 《孟子(맹자)》가 그가 칭찬한 만큼 그렇게 훌륭하게 번역되었는지는 우리로서는 알 방법이 없다. 그러나 이 단락의 평술(評述)로부터 이상적인 번역에 대한 그의 견해를 한층 더 상세하게 알 수 있다. 그가 이야기한 다섯 가지 '可宗(가장 뛰어난 문장)'에서는 번역문의 맥락, 단어의 배치 및 문장의 이치(理致) 등 각 방면에 걸쳐 언급하고 있으며 상당히 깊이가 있다. 그는 또 초보자들은 어떻게 대조해서 연구를 하며 매일 숙독을 하고 암기를 하여야 하며, 이렇게 한 이후에 '그 잘못된 것과 뒤섞이어 순수하지 않은 논리들이 나의 눈과 귀를 어떻게 피해갈 수 있겠는가?'라고 생각했다.

《繙淸說(번청설)》은 맨 마지막에서 다음과 같이 말했다. '나 역시 지금까지 번역을 하여 여러 해 동안 이 일에 종사하였지만 자신의 비루함을 살피지도 아니하고 나 자신이 본 것을 적어 보았다. 이것은 확실히 고명한 분들에게는 도움이 되지 않을 것이나 초학자들에게는 약간의 도움이 될 수 있을지도 모르겠다.' 사실 이 문장은 위(魏)씨 개인에게는 '수년간 종사한' 경험의 총결산이라고 할 수 있으며 중국의 고대 '번역지도(飜譯之道)'의 매우 뛰어난 소결(小結: 작은 결론)이라고 할 수도 있으므로, 그 의의는 결코 작다고 할 수 없다. 따라서 우리는 즐거운 마음으로 이 논문을 이 책의 고대역론(古代譯論) 부분의 끝에서 두 번째 장에 배치하였다.

十九. 古代譯論을 마치면서

중국의 주(周), 진(秦), 양한(兩漢) 시대에는 매우 찬란한 문화가 있어 백가쟁명(百家爭鳴)하고 제가(諸家)가 서로 경쟁하였다. 그러나 번역과 관계된 논술은 거의 보이지 않으니 이는 대단히 유감스러운 일이다. 이와 같이 중국 고대 역학이론의 주요내용은 육조(六朝) 이후의 불경번역이론이 거의 대부분을 차지한다. 그러나 천년을 이어져온 역경활동과 수없이 많은 불경의 역저(譯著)와 서로 비교해 볼 때 그와 관계되는 불경번역이론의 수량과 분량은 현저하게 비례하지 않는다. 이것은 부정할 수도 없고 회피할 수도 없는 객관적 사실이다. 다만 우리들은 불경 번역이론으로부터 아래와 같은 몇 가지 특징을 발견할 수 있다.

첫째, 불경 번역이론의 대부분은 흩어져 있는 단편적인 논의에 불과하다. 그러나 그것은 희귀한 골동품과 같이 더욱 더 진귀해서 이들을 한데 모아놓고 보면 그것들이 언급하고 있는 분야는 대단히 광범위하다. 예를 들면 번역의 '난(難: 어려움)'과 '실본(失本: 원래의 것을 잃어버림)', 번역의 각종 방법('문(文: 意譯)'. '질(質: 직역)'과 '궐중(厥中: 그 가운데, 즉 折衷)' 등), 번역자의 수양 조건 '팔비(八備)', 번역의 '사체(辭體: 어휘)'와 '어취(語趣: 뉘앙스)', 명사의 '음역(音譯) 문제(오종불번(五種不飜)' 및 번역비평과 번역의 집체적 조직 등의 문제에 이르기까지 토론을 했다. 중국의 번역이론은 처음부터 번역의 내부문제와 외부문제를 똑같이 중시하였기 때문에 초보적인 체계를 갖추고 있었다고 할 수 있다. 애석하게도 이때까지는 번역이론이 자각성을 갖추고 있지 않았기 때문에 구마라십(鳩摩羅什)이나 현장(玄奘)과 같은 번역 대가들도 번역이론을 많이 남겨 놓지는 않았다.

둘째, 불경 번역이론이 비록 외래종교를 위해서 한 작업의 결과물이었지만 결코 종교의 정신적인 구속을 많이 받지는 않았으며, 과감하게 본토의 문장론을 수용하여 전통문화의 토양에 뿌리를 내리도록 했다. 예를 들면 불경번역이론 중에 불교경전을 본토의 전통적 경전인 《詩經(시경)》·《尙書(서경)》·《河圖(하도)》·《洛書(낙서)》 등과 서로 빈번하게 비교하였으며, 또 여러 차례 공자와 노자의 어록 및 《莊子(장자)》·《韓非子(한비자)》 등의 전고(典故) 등을 인용하여 논증하고 실마리를 풀어나갔다. 또 전통 문론과 문장학으로부터의 영향을 흡수하는 일에 주의를 기울였다. '문(文: 의역)'과 '질(質: 直譯)'의 논쟁과 '사체(辭體: 語彙)'와 '어취(語趣: 뉘앙스)' 등에 관한 논술은 사용한 술어가 전통적인 문장학이나 수사학과 상통할 뿐만 아니라 이러한 논술 자체가 중국 전통 문론(文論)이라는 큰 틀 속으로 녹아들어갔다. 도안(道安)으로부터 시작된 불교 목록의 종합, 정리는 분명하게 중국 서한시대 유향(劉向)父子가 시작한 전통적 목록학을 모방한 것이다. 동시에 도안(道安)에서부터 시작된 '번역비평(銓品譯才)'은 분명하게 한말(漢末), 조비(曹丕) 등의 《典論, 論文(전론, 논문)》에서 시작된 자각적 문학비평의 영향을 받은 것이 분명하다. 이러하기 때문에 중국의 역학이론은 시작부터 일정한 개방성을 띌 수 있었던 것이다.

당연한 일이지만 본토 문화의 영향을 받고 있기 때문에 많은 불경번역이론의 문장이 병려체(騈儷體) 문장으로 쓰여 있어 번역이론이 대단히 아름답게 보이도록 만들기는 했지만 이론전개의 깊이에 영향을 미치기도 하였다. 불교는 항상 그 이론개념을 논할 때에 수자(數字)와 연결시키기를 좋아하는데(예를 들면 '사제(四諦: 苦集滅道)'. '오온(五蘊: 色受想行識)'. '십이인연(十二因緣)' 등) 이러한 습관들도 불경 번역이론에 영향을 미쳤다. 예를 들면 '오실본(五失本)', '삼불이(三不易)', '십조(十條), 팔비(八備)' 등이 모두 그러하다. 이렇게 하는 것의 장점은 일목요연하여 쉽게 기억할 수 있다는 것인데 어떤 때는 이런 분류가 별로 타당하지 않을 때도 있다.

불경 번역은 북송(北宋) 때에 이르러 이미 기본적으로는 중단된 것이나 다름없었고 그 이후에는 국내 정정의 불안과 통치자들의 봉쇄정책으로 인하여 개별 소수민족지구의 개별적 시기에 조직적인 번역활동이 있었던 것을 제외하고는 국내에서 대규모의 문자나 학술적인 번역활동은 600년이라는 긴 세월동안 거의 중단된 상태로 있었다(물론 통역활동은 끊임없이 지속되었는데 송(宋), 원(元) 시기 주밀(周密)이 《癸辛雜識(계신잡식)》에서 다음과 같이 이야기한 것과 같다.: "번역자란 오늘날 북방에서는 '통사(通事)'라 하고 남번(南蕃)의 해박(海舶: 항구)에서는 '당박(唐舶)'이라고 하며 서방의 만요(蠻猺)들은 '포차(蒲叉)'라고 부르는데 모두가 통역관의 명칭이다." 그밖에 노신(魯迅)이 거론했던 '원역상유(元譯上諭)' 등은 일종의 서면 번역을 말한다.). 이 600년 동안 번역이론은 거의 공백상태이다. 여기에 대해서는 우리는 하나의 커다란 생략 부호를 찍을 수밖에 없다.

17세기에 이르러 비교적 큰 규모로 새로운 서방 천주교의 번역활동이 시작되었지만, 그 규모는 불교의 번역과는 비교가 되지 않을 만큼 작았으며 특별히 중요한 번역이론도 나오지 않았다. 오히려 서광계(徐光啓) 등이 과학기술서적의 번역방면에 약간의 이론을 남겼는데, 비록 수량도 적고 주로 번역의 공리적 목적방면에 치우쳐 있지만 의의는 과소평가할 수 없다. 그 이유는 첫째, 그것은 종교 번역의 울타리를 뛰어넘었고, 둘째로 번역이론과 애국주의를 긴밀하게 결합시켰다는 것을 들 수 있다. 이것은 근대와 관련된 번역이론의 서막이라고 할 수 있다. 다만 애석한 것은 徐씨 등은 외국어를 전혀 몰랐으며(王徵만이 약간 알았음.), 또 번역의 내부 연구 방면에 대하여 의견을 개진할 만한 여유도 없었다는 점이다.

18세기 초에 이르러 로마 교황청이 중국에 내정간섭의 시도를 하고 또 적지 않은 선교사들이 '이마두규거(利瑪竇規矩: 마테오리치규칙)'를 위반하여 중국의 전통 예의와 풍속을 존중하지 아니하자 원래 서방의 과학기술을 중시하던 강희황제(康熙皇帝)의 반감을 사게 되었다. 옹정황제(擁正皇帝)가 즉위한 후 1724년에 명령을 내려 천주교를 금지하고 동시에 관문을 닫아버리는 봉쇄정책을 실시하였다. 이 정책의 시행은 직접적으로 중국과 외국 간의 문화적 교류와 번역사업의 발전에 영향을 미쳤고, 중국 고대의 두 번째의 비교적 큰 규모의 번역 활동이 종말을 고하고 말았다.

그러나 뜻밖에도 건릉(乾隆) 초년에 대단히 뛰어난 번역이론 저작인《繙淸說(번청설)》이 기적처럼 나타났다. 그것의 중요한 의의에 대해선 이미 앞에서 상세하게 서술하였으므로 여기에서는 생략한다. 대단히 유감스러운 것은 이 논저(論著)가 먼지 속에 파묻혀 빛을 보지 못하여 중국의 근현대번역사에 있어 마땅히 끼쳤어야 할 영향과 역할을 하지 못했다는 것이다. 이 번역이론에서부터 근대번역이론이 시작하기까지 그 사이에 또 1세기가 훌쩍 지나가 버렸다. 여기에도 또 다시 작지 않은 생략 부호를 찍을 수밖에 없다.

第二章

만청민초(晩淸民初)의 역학이론(譯學理論)

一. 눈을 크게 뜨고 세상을 바라본 임칙서(林則徐)

청(淸)나라가 굳게 걸어 잠그고 지키던 대문은 1840년 아편전쟁 중에 제국주의의 총과 대포에 의해 열리고 말았다. 이때부터 중국은 점차 봉건 사회로부터 반봉건·반식민지 사회로 변해 가기 시작했다. 이 시기부터 1919년 5·4운동이 일어나기 전까지 80년 동안의 중국 근대사는 제국주의자들과 중국의 반동세력들이 결탁하여 중국의 인민들을 침략하고 점차 압박하였던 역사였으며, 동시에 중국의 인민들이 제국주의자들과 그들의 주구들에게 끊임없이 용감하게 대항하였던 역사였다.

각국의 제국주의자들이 중국의 비옥한 대지를 향해 물밀 듯이 쳐들어왔을 뿐만 아니라 그와 동시에 진보적, 반동적, 과학적, 종교적 측면에서 각양각색의 사상문화 조류가 대량으로 밀려들어왔다. 다른 한편으로는 중국의 선진지식인들이 나라를 구하고 종족을 보존하기 위해 서방의 선진기술을 배우기 위한 어렵고도 힘든 길을 걷기 시작하였다.[1] 이와 같이 두 방향으로 나아가는 역사의 진전 과정에서 번역 활동은 날이 갈수록 빈번해졌고, 더 많은 사람들이 번역의 중요성을 자각하게 되어 번역은 사회적으로 대단히 중요한 역할을 하기 시작하였다. 번역 활동이 활발해짐과 동시에 번역에 관한 이론도 더 많이 발표되고 내용도 풍부하게 되었다.

쇄국정책을 고수하던 독립국가가 갑자기 사방으로부터 침략을 당하고, 심지어는 국토를 빼앗기는 위기 상황에 직면하자 중국의 농민들은 제국주의와 봉건지주계급의 잔혹한 수탈에 대항하여 끊임없이 봉기하였다. 이러한 상황 속에서 중국의 정치세력은 대략 다음과 같은 몇 가지 부류로 나누어져 있었다. 첫 번째 부류는 자희태후(慈禧太后), 왜인(倭仁)과 국제 정세에 눈멀고 귀먹은 왕공 귀족 및 봉건사대부들을 대표로 하는 완고파(頑固派)이다. 그들은 전통적인 중국의 법을 사

1) 당시 중국의 선각자들은 제2차 아편전쟁이 끝난 후부터 무술변법운동이 실패로 끝난 30여 년 동안 양무운동을 전개했다. 양무운동의 내용은 '中體西用'으로, 中體는 '保國', '保種', '保教'였으며 西用은 '軍艦, 大砲' 등을 이르는 말로, 이때 자연과학은 서양의 것을 배웠다.

수하며 어떠한 개량적인 조치와 변혁의 요구에도 반대하였다. 두 번째 부류는 증국번(曾國藩), 이홍장(李鴻章), 장지동(張之洞) 등 관료들을 대표로 하는 양무파(洋務派)로, 그들은 '중학위체, 서학위용(中學爲體, 西學爲用: 중학을 근본으로 하고 서학을 도구로 삼음.)'이라는 구호를 외치면서 정치체제나 사상이론의 기초를 바꾸지 않는다는 전제하에서 부분적으로 서양의 과학기술의 도입을 희망했다. 세 번째 부류는 강유위(康有爲), 양계초(梁啓超) 등을 대표로 하는 유신파(維新派)로, 이들은 서양의 사회과학, 정치학설과 자연과학을 배우고 입헌군주제를 실현하며 정치를 개량하고 유신변법을 실행할 것을 주장했다. 네 번째 부류는 손중산(孫中山), 장태염(章太炎) 등을 대표로 하는 혁명파(革命派)들로, 그들은 '구제달로(驅除韃虜: 만주족을 몰아내자)'라는 구호를 내걸고 민족 혁명을 실행에 옮겨 민국을 건립하자고 주장하였다. 이들 가운데 극단적으로 완고한 입장을 견지하던 소수를 제외하면 각 파의 인물들이 비록 그들의 정치적 입장은 다르다고 하더라도 대부분 번역의 중요성은 인식하고 있었으며 번역에 대한 자신들의 견해를 발표하기도 하였다.

아편전쟁(阿片戰爭)시 가장 뛰어난 애국자였던 임칙서(林則徐, 1785-1850)는 사람들로부터 근대 중국에서 '최초로 눈을 크게 뜨고 세계를 바라본 중국인'(範文淵의 말)이라고 칭송받았다. 그는 복건(福建)성 후관(侯官) 사람으로, 자(字)가 무무(無撫) 또는 소목(少穆)이었다. 그는 13살에 '군시관군(郡試冠軍: 군시에 일등으로 합격함.)'으로 관리의 길로 나아가 54세(1838) 때 흠차대신(欽差大臣: 황제의 특명을 받고 임지로 파견되는 관리)으로 광동으로 내려가 세관 업무를 관장할 때까지 순탄하기 그지없는 세월을 보냈다. 그는 개인의 안위에 만족하지 않고 백성들의 어려운 생활에 관심을 가졌기 때문에 제국주의의 침략에 맞서 분연히 들고 일어섰다. 그는 비록 서양어는 몰랐지만 만주어에는 능통했기 때문에 일찍이 사마광(司馬光)의 《諫院題名記(간원제명기)》와 한유(韓愈)의 《師說(사설)》 등을 만주어로 번역하여 경사(京師: 수도를 경사라고 하는데 당시의 경사는 북경이었음.)에 이름을 날려 '흠취번역제일명(欽取飜譯第一名: 황제가 번역의 일인자라는 명칭을 내림.)'이라는 영광을 얻었다. 따라서 그는 번역의 중요성과 어려움에 대해서 일찍부터 알고 있었다. 광주(廣州)에서 아편을 금지시킬 당시에 그는 "매일 사람을 시켜 서양 사람들의 동태를 감시하게 하고 서양의 책들을 번역하게 하였으며 신문을 구입하여 보고 있었다."(위원(魏源)이 지은 《聖武記

(성무기)》를 참조하기 바람.). 당시 마카오(澳門)의 신문에 임(林)씨가 '관청 안에 번역인을 양성하고 있었으며' 그들로 하여금 서양서적을 번역하게 하여 적들의 상황을 파악하였다는 기사를 실었다. 김안청(金安淸)이 쓴 《林文忠公傳(임문충공전)》에서도 "공은 홀로 전문 기구를 두어 신문 잡지와 서양 서적들을 구입하여 중역(重譯)을 통해 그들의 심중을 꿰뚫어 보고 있었으며, 서양인들의 움직임을 모두 파악하고 있었으니 서양인들은 신이 그를 돕고 있는 것으로 오해하고 그를 두려워하였다." 고 적고 있다. 임씨의 이러한 활동은 강유위(康有爲)의 언급에 의하면 중국인들 가운데 그는 '최초로 외국의 사정을 알기 위한 활동'을 했던 사람이었다고 칭송되고 있다. 그밖에도 그는 사람을 조직하여 외국의 역사, 지리 방면의 서적을 번역하였다. 아쉽게도 임씨가 번역에 관해 남긴 문장은 없지만, 그가 열강의 침략에 저항하는 가운데 최초로 '사적지장기이제적(師敵之長技以制敵: 적의 장점을 배워서 적을 제압한다.'는 사상(위원(魏源)이 지은 《道光洋艘征撫記(도광양소정무기)》를 참조하기 바람.)을 제출하였다. 그가 이것을 번역한 의도는 서양을 배우기 위함이었고 궁극적인 목적은 '적을 제압하는 데' 있었다. 그의 이러한 사상은 중국 근대 역학이론에 매우 큰 영향을 끼쳤다.

임(林)씨와 동시대의 사람이었던 위원(魏源 1794-1857) 역시 근대중국에서 가장 이른 시기에 외국의 사정을 이해하고 서양의 장점을 배우기를 주장한 위대한 사상가였다. 그는 호남(湖南)성 소양(邵陽) 사람으로 자(字)가 묵심(默深)이었고, 도광(道光) 때 진사에 합격하여 일찍이 내각중서(內閣中書)를 역임했다. 아편전쟁(阿片戰爭)이 터지자 그는 절동항영투쟁(浙東抗英鬪爭)에 참가하기도 하였다. 그 후 그는 투항파들이 나라를 그르치고 청나라 정부가 전쟁을 할 것인지 화의를 할 것인지 결정하지 못하는 것을 보고 분개한 나머지, 관직을 사직하고 저술에 몰두하였다. 그는 '적의 장점을 배워서 적을 제압한다.'는 구호에 대해 《海國圖志(해국도지)》라는 책에서 상세하게 서술하고 있다. 《海國圖志(해국도지)》는 그가 임칙서(林則徐)의 부탁을 받고 임(林)씨가 주관하여 번역하였던 《四洲志(사주지)》를 기초로 하여 편역한 것이다. 애석한 것은 위원(魏源) 역시 번역에 관한 이론을 남기지 않았다는 점이다. 그러나 변혁을 요구하는 그의 일련의 주장들은 중국 근대번역이론의 확립에 중대한 영향을 미쳤다. 바로 이러한 이유 때문에 본장을 서술함에 있어 임칙서(林則徐)와 위원(魏源) 두 사람을 첫머리에 두었다.

二. 풍계분(馮桂芬)의 《采西學議(채서학의)》

중국 근대사에서 번역 문제에 대해 가장 이른 시기에 비교적 많은 의견을 제시한 사람으로는 마땅히 임칙서(林則徐)의 제자인 풍계분(馮桂芬, 1809-1874)을 맨 먼저 거론해야 할 것이다. 馮씨는 자가 임일(林一)이고 호가 경정(景亭)으로, 강소, 오현(江蘇, 吳縣) 사람이었다. 도광(道光) 20년(1840) 2등(榜眼)으로 진사에 급제하여 한림원편수(翰林院編修)를 제수(除授)받았다. 그는 일찍이 임칙서(林則徐)의 영향을 받아 그의 문하생이 되었다. 1832년 임씨가 강소순무(江蘇巡撫)가 되어 소주(蘇州)에 부임했을 때 풍(馮)씨는 겨우 24세의 수재(秀才)였는데 임씨는 풍(馮)씨를 보고 '한 시대에 둘도 없는 재주를 가진 사람'이라고 칭찬하면서 장차 '국사(國士: 나라의 동량)'가 될 것을 기대했다. 후에 풍(馮)씨는 상해(上海)로 가서 비교적 많은 서양의 자산계급 사상을 접촉했다. 그는 정치를 개량하고 서양의 부강 정책을 배울 것을 주장했다. 그의 사상은 양무파(洋務派)와 자산계급계량파(資産階級改良派)에게 두루 영향을 미쳐 그는 중국 근대 개량주의 운동의 선구자 중의 한 사람이 되었다. 그러나 그는 만년에 태평천국의 의거를 진압하고 남의 토지를 점령하는 등 나쁜 족적을 남기기도 하였다.

한편, 풍(馮)씨는 번역 작업을 매우 중요시했다. 《清史稿(청사고)》의 기록에 의하면 그는 상해에서 광방언관(廣方言館)을 설립하고 서학에 두루 통한 인재들을 구하여 앞으로 다가올 변화에 대응하고자 하였다. 그의 일생 중 가장 중요한 저서로 들 수 있는 것은 1861년 저술하여 출판한 《郊邠廬抗議(교빈려항의)》라는 책이다. 이 책은 모두 40편으로 구성되었는데, 비교적 이른 시기에 체계적인 변법 개량 사상을 제기하고 있다. 책 중의 《采西學議(채서학의: 서양사상을 받아들일 것을 건의함.)》편에는 번역사업의 중요성을 논술하였을 뿐만 아니라 '번역공소(繙譯公所: 번역기관)'를 설립할 것을 제안하였는데 이는 근대 번역이론사에서 매우 중요한 의의가 있는 것이다. 그러나 애석하게도 오늘날까지도 번역학 연구자들이 여기에 대해서 언급을 하지 않고 있다.

《采西學議(채서학의)》에서 풍(馮)씨는 "옛날의 학자들은 옛날 것을 두루 익히고 현재에 통달하며 상하와 종횡을 종합하여 학문을 이루었다."로 시작하여 "오늘날의 천하를 살펴보면 삼대(夏殷周: 옛날 성현이 살았던 시대) 시대와는 비교도 할 수 없는 시대이다."고 지적하였다. 예를 들면 《주비산경(周髀算經)》 편에는 '사극사화(四極四和)'와 반년은 낮이고 반년은 밤이라는 설이 있는데 앞의 사람들은 이를 해석하지 못했다. 《周禮(주례)》의 직방소(職方疏)에 신주(神州: 중국을 가리킴.) 바깥에 대구주(大九州: 아홉 개의 큰 대륙)가 있다고 말한 것이나 추연(騶衍)이 하늘에 대해 이야기하면서 중국의 바깥에 적현(赤縣)의 신주(神州: 앞에 중국이라는 말이 있으므로 여기에선 대륙으로 해석하는 것이 옳을 것 같음.)가 아홉 개 있다고 하는 등의 말을 당시에는 사람들이 의심을 하여 황당한 이야기로 치부하였던 것 같다. 그러나 "오늘날 지구 9만 리에 선박이나 차량이 통하지 않는 곳이 없고 사람의 힘이 미치지 않는 곳이 없다. 《周髀(주비)》, 《禮疏(예소)》, 騶衍(추연) 등에 나오는 이야기가 모두 실재하는 땅이다. 서양인들의 지도에 의하면 지구상에는 100여 개의 나라가 있다." 그는 곧이어 번역의 문제에 대하여 다음과 같이 이야기했다.

> 이 백 나라 가운데 번역서가 나온 것은 明나라 말의 이탈리아와 오늘날의 영국 두 나라 책 수십여 종뿐이다. 예수교에 대해서 서술한 책은 모두가 함부로 지껄인 것이어서 볼만한 것이 없다. 그 밖의 산술(算術), 중학(重學), 시학(視學), 광학(光學), 화학(化學) 등은 모두가 자연의 이치를 궁구한 것들이다. 지도책들은 지구상의 백여 국들의 산천과 요새와 풍토와 물산을 열거하고 있는데 중국 사람들이 미치지 못하는 곳이 많다. 옛날 정(鄭)나라의 공손휘(公孫揮)는 사국(四國: 춘추전국시대의 네 나라를 일컬음. 여기에서 구체적인 나라는 찾기가 어려움.)의 사정에 통달했고, 자산(子産)은 진(晉)나라의 내부 사정을 훤히 꿰뚫고 있었는데, 열국(列國: 춘추전국시대의 각 나라)이 이러한 인재를 보유하고 있음으로써 중화제국이 통일된 국가를 이룰 수 있지 않았겠는가? 오늘날 이러한 인재가 없는 것은 학자들이 심히 부끄러워 해야 할 일이다.

이와 같이 그는 문명의 발달과 과학의 진보라는 측면에서 번역의 필요성을 제기하고 당시 번역 임무의 매우 번거롭고도 어려운 특수성을 가장 먼저 제기했다.

뿐만 아니라 당면한 필요성에서 출발하여 과학서적과 지리서적의 번역의 필요성을 중점적으로 제기하고 종교서적에 대한 번역의 필요성은 단호하게 부정했다.

그는 국가에서 번역 인재를 배양해야 하는 중요성을 특히 강조하면서 이전의 인재양성의 방법이 잘못되었음을 지적하고 '번역공소(繙譯公所: 번역 기관)'를 설치할 것을 건의하였다.

> 오늘날 오랑캐에 관한 업무를 담당하는 사람들을 통사(通事)라고 부른다. 그들은 모두 시정잡배들로서 시골에서 빈둥거리다 의식주의 문제마저도 해결할 길이 없어서 이 일에 뛰어든 사람들이다. 그들의 성질은 거칠고 식견은 형편없으며 그 마음 씀씀이도 비루하다. 즐기고 이익을 탐하는 것 외에 다른 것은 아는 것이 없다. 그들이 할 수 있는 것이라고는 약간의 외국어를 구사하는 것뿐이고, 글자를 안다고 하더라도 겨우 물건의 숫자나 쓸 수 있는 정도이고 겨우 일상적인 용어 몇 마디를 할 수 있는 게 고작이니 어찌 그들이 학문을 하기를 바라겠는가? 이러한 사람들보다도 못한 사람들이 의학(義學: 사설 학교)을 세워 가난한 집안의 아이들을 불러 모아 중국과 외국의 문자를 가르친다. 시골 아이들이 천박하고 영리한 아이가 아주 적다는 사실을 모르니 그 아이들도 오랑캐들의 나쁜 습관에 물들어 버려 그들이 길러낸 아이들도 그들과 다를 바가 없다. 오늘날 서양의 학문을 배우려고 한다면 마땅히 광동과 상해에 번역공소를 세우고 가까운 군현의 15세 이하의 영명한 아동들을 선발하여 그들에게 대우를 배로 좋게 하고 기숙사에 머물게 하며, 서양인들을 초빙하여 각 나라의 언어와 문자를 가르치게 하고 또 중국의 명사를 초빙하여 경전과 역사를 가르치게 하며, 이와 동시에 산학(算學: 산수)도 배우게 해야 한다. 영화서원(英華書院)과 묵해서원(墨海書院)에는 장서가 대단히 많다고 들었다. 러시아 오랑캐들이 도광(道光) 27년에 들여온 서적 1천여 종도 방략관(方略館)과 이발원(宜發院)에 보존되어 있다고 들었는데 이들 가운데 합당한 것을 선정해서 번역해야 할 것이다. 여기서 출발하여 칭산지술(秤算之術: 대수), 격치지리(格致之理: 순수자연과학). 제기상상지법(製器尙象之法: 응용과학), 겸종조관(兼綜條貫: 사회과학), 륜선화기(輪船火器: 국방과학) 등을 번역하는 것 외에도, 그밖에도 여러 가지가 있다. 예를 들면, 역법(曆法)같은 것도 수십 년 동안 바꾸지 않고 그대로 쓸 수는 없다. 오늘날 사용하는 역법은 건륭갑자년(乾隆甲子年)을 원년(元年)으로 하고 있는데 사용한지가 이미 백 년을 넘어 점점 많은 차이가 나고 있다. 갑진(甲辰)년에 한 번 개정하기는 하였으나 서양의 역법을 그대로 따라 그 수(數)만 조정하였으므로 믿을 만한 것이 못되니 반드시 이를 바로 잡아야 한다. 서양 사람들은 지동신술(地動新術: 지동설)과 천행(天行: 천제의 움직임)을 긴밀히 결합하여 역서를 반포한다고 들었다. 또 하공(河工: 토목기술자)들이 백룡수사(百龍搜沙: 일종의 토목공법)의 기계를 만들었으나 성과가 없어 철회하였다. 서양 사람들은 항구를 준설함에 있어 그 공사가 매우 민첩하게 이루어진다고 들었는데 이를 도입하여 준설할

만하다. 또 농기구나 방직기 등은 노동자들이 필요로 하는 것으로 동력식 기기를 사용해 힘은 적게 들고 그 효과는 크다고 들었으므로 이를 도입하여 민생의 문제를 해결해야 할 것이다. 그 밖의 국리민복(國利民福)에 유익한 것들은 모두 다 도입해야 하며, 사람의 눈을 현혹하는 음란한 사상들은 모두 도입해서는 안 된다. 3년 후에 다른 나라의 서적을 훤히 꿰뚫어 볼 수 있는 문동(文童: 학생)들은 모두 관리로 임명해야 한다. 통상대신은 학문을 이루어 실무에 능통한 사람에게는 전의 관직에 의하면 거인에 해당하는 벼슬을 내리도록 해야 한다. 중국에는 뛰어난 인재들이 많으니 오랑캐를 뛰어넘어 오랑캐들과 싸워 이길 사람들이 반드시 나올 것이다. 이것이야말로 오늘날 학문을 논함에 있어 시급한 임무이다.

이 글로부터 풍(馮)씨가 번역하기를 강조했던 서적들이 어떤 것이었는지 분명하게 알 수 있다. 그는 한 걸음 더 나아가 외국인들이 중국 서적을 번역하는 것과 대조하여 다음과 같이 지적했다.

외국과 통상을 시작한 지 20여 년 이래, 그들의 대표들은 우리의 언어와 문자를 배우는 자가 매우 많았다. 그들 가운데 뛰어난 사람들은 능히 우리의 경전과 역사책을 읽고 우리나라의 공문서와 통치방법, 풍속과 민심 등을 이야기하기도 하였다. 우리나라의 관리들은 중앙이나 지방을 막론하고 모두 흐리멍텅하여 그들에 대해 아는 것이 없다. 서로 비교해 보면 부끄럽지 않은가? 그래서 어쩔 수 없이 멍청하기 그지없는 통사들에게 의지할 수밖에 없는데, 말의 뉘앙스나 그 속에 숨겨진 함의를 겨우 억지로 번역하다 보니 상대방의 의도를 파악하지 못해 사소한 일도 오히려 큰 사건으로 키워 버리고 말지 않는가? 오랑캐들을 통제하는 일이 나라의 가장 중요한 정치의 요체이나 가장 중요한 부분을 이러한 사람들에게 의지할 수밖에 없으니, 적과 아군을 구별하지도 못하고 진실과 허위를 구별하지도 못하게 되고, 화친을 건의할 것인지 전쟁을 건의할 것인지 그 요령을 알지 못한다. 이러한 현실은 국가의 말 못할 근심거리이다. 이 건의가 받아들여지게 되면 그들의 언어와 문자를 배우는 사람들이 반드시 많아질 것이다. 그렇게 되면 통치에 정통한 정인군자가 그 속에서 나올 것이니 요령을 터득하여 오랑캐들을 통제하게 될 것이다. 변방을 평안하게 잘 통치하게 되면 나라를 평안하게 다스리는 길도 바로 그 속에 있는 것이다. 방방곡곡에서 이런 논의만 무성하고 건의를 하지 않는 것은 선입견에 사로잡혀 눈앞의 현실을 외면하는 것이니, 아마도 옛날의 박물군자(博物君子: 세상일에 두루 정통한 사람)들은 반드시 그렇게 하지 않았을 것이다.

그는 번역작업을 '천하에서 가장 중요한 정치적 임무'를 위해 꼭 필요한 사업으로까지 끌어올려 서술하였는데, 그의 이러한 주장은 자신이 임칙서(林則徐)와 위원

(魏源)의 사상을 계승한 것임을 보여준다. 그는 또 옛날 태사공은 '법후왕(法後王: 앞으로 다가올 훌륭한 임금들을 본받아야 함.)'을 주장하였지만, 오늘날은 '여러 나라의 것을 배워야 한다.'는 주장을 해야 한다고 하였다. 그의 이 강령(綱領: 선언)은 "중국의 윤리와 유교를 근본으로 삼고, 서양 여러 나라의 부강정책으로 보완해야 한다."는 것이다(이러한 주장은 앞으로 나타날 '中學爲體, 西學爲用'이라는 구호의 근원이 됨.). 풍(馮)씨의 번역 문제에 관한 여러 논술들은 이러한 취지에서 벗어난 적이 없었다.

풍(馮)씨는 곧이어 《上海設立同文館議(상해설립동문관의: 상해에 동문관을 설립할 것을 건의하는 건의서)》《顯志堂集(현지당집)》 卷十에 수록되어 있음.)를 썼다. 그가 본래 건립을 건의한 것은 '번역공소(飜譯公所: 번역기관)'였으나, 그 후 1862년 북경에 이미 동문관('同文館)'이 창설되었으므로 그도 이 이름으로 바꾸었으며 상해와 광주에도 이런 기관을 설립해 줄 것을 건의하였다. 이 건의문의 내용은 앞에서 이미 서술한 《采西學議(채서학의: 서학을 배울 것을 건의하는 건의서)》의 내용과 거의 비슷하므로 여기에서는 서술하지 않기로 한다. 이 건의서의 맨 끝부분에서 "서양인들이 뛰어난 것들은 역산지학(曆算之學: 천문학), 격물지리(格物之理: 순수자연과학), 제기상상지법(製器尙象之法: 응용공학) 등이 있으며, 이들이 모두 책으로 출판되어 있으나 번역된 것은 열에 한둘 정도에 불과합니다. 아직 번역되지 않은 책들도 반드시 번역하여 볼 수 있도록 해야 할 것입니다. 만약 깊이 들어가 숨어 있는 것들까지 찾아내어 점점 그 진수를 파악하게 되면 우리 중국인들은 지혜가 총명하니 필시 서양인들보다 못하지는 않을 것입니다. 어찌 얼음이 물에서 나왔으나 물보다 더 차고 청색이 남색에서 나왔으나 남색보다 더 푸른 이치를 모른다고만 하시겠습니까?"라고 하고 있다. 이 글은 번역을 통해서 세계 선진 수준을 따라 잡으려고 하는 그의 웅지를 담고 있는데, 마치 2백여 년 전 서광계(徐光啓)가 주장한 '번역(飜譯)' - '회통(會通)' - '초승(超勝)'의 명언을 보는 듯하다.

三. 양무파(洋務波)의 번역에 대한 견해

함풍(咸豐)[2] 말년, 1856년에서 1860년에 이르는 기간 동안 중국은 제2차 아편전쟁[3]의 피해를 입어 청나라 정부는 침략자인 열강들과 일련의 굴욕적인 조약들을 강제로 체결하게 되었다. 그 후 당시 양무파의 최고 권력자였던 공친왕(恭親王) 혁흔(奕訢, 1832-1898) 등은 함풍(咸豐) 11년 겨울(1861년 1월)에 상소를 올려 북경에 총리각국사무아문(總理各國事務衙門)을 설립하여 외교 업무를 전담하게 하여 이전의 흠차대신(欽差大臣: 황제가 파견한 특사)을 대신할 것을 건의하였다. 황제가 이 건의를 받아들였으나 당시의 대신들 가운데에는 외국어를 아는 사람이 없어 적당한 외교 문제를 담당할 인재를 구하기가 어려웠다. 이러한 사실이 당시의 관료들로 하여금 외국어를 배우는 것과 외교 업무의 중요성을 인식하도록 만들었다. 당시 혁흔(奕訢) 등은 상소문에서 "외국과의 교섭 문제를 조사해 보니 반드시 그 사람들의 성격부터 먼저 파악하여야 한다고 생각합니다. 현재 언어는 통하지 않고 문자도 알지 못하여 모든 것에 의사소통이 되지 않으니 어찌 그들과 타협이 능히 이루어지기를 바라겠습니까? 이전부터 러시아의 문자는 문관(文館)을 설립하여 배우도록 하고 있는데 이는 참으로 의의가 있는 일입니다. 오늘날 문장에 이르기까지 해독하지 못하는 것이 없습니다. 이는 참으로 고무적인 일이어서 이를 참고로 했으면 합니다. 들리는 이야기에 의하면 광동(廣東)과 상해(上海)의 상인들 가운데 영국·프랑스·미국 등 세 나라의 문자와 언어를 전문적으로 학습한 사람들이 있다고 합니다. 이들 省의 독무(督撫: 省의 행정장관)들에게 공문을 내려 보내어 성실하고 믿을 만한 사람을 각 성(省)에서 2명씩 총 4명을 선발하여 각국의 서적을 가지고 경사(京師: 수도)로 올라오게 하십시오. 또 팔기(八旗: 청(淸)나라 때의 군대 편제)에서 나이가 13·4세 이하의 총명한 자를 각각 4·5명씩 선발하여 충분한 대우를 하여 배우도

2) 청(淸)나라 문종(文宗)의 연호 1851-1861.

3) 제1차 아편전쟁은 아편 문제로 인하여 영국과 청나라 사이에 일어난 전쟁이다(1840-1842).

록 해야 할 것입니다. …" 하고 말했다. 그러나 이 상소문은 '봉지윤준재안(奉旨允準在案: 황제의 인준을 받아 정식으로 받아들여짐)'이 되었으나 끝내 선생을 구하지 못하여 실행에 옮기지 못했다. 동치(同治)[4] 원년(1862), 혁흔(奕訢) 등은 마침내 '동문관(同文館)'을 세우게 되었다. 그들은 다시 올린 상소문에서도 "신들은 엎드려 건의를 올립니다. 각국의 사정을 소상하게 알려고 한다면 반드시 먼저 그 나라의 언어와 문자를 알아야 하며, 그래야만 비로소 치욕을 면할 수 있습니다. 각국은 모두 거대한 자금을 투자하여 중국의 학자들을 초빙하여 중국어를 배우고 있는데, 중국에서는 아직까지도 외국의 언어와 문자를 잘 아는 사람이 없으니 그들의 본질을 꿰뚫어 보지 못할까 두렵습니다." 하고 말했다. 그들이 이러한 인식을 가지게 된 데에는 양귀(洋鬼: 서양 사람들)의 침략에 직면하여 현실적 필요에 의해 인식하게 된 면도 있고, 또 한편으로는 국내의 임칙서(林則徐), 위원(魏源), 풍계분(馮桂芬) 등과 같은 선각자들의 호소에 의하여 촉발된 면도 있다.

가. 동치(同治) 2년(1863) 2월, 강소(江蘇) 순무(巡撫: 행정장관)를 지내던 양무파의 대표적인 인물 이홍장(李鴻章: 1823-1901)은 상해(上海)에도 외국의 언어와 문자를 가르치는 학관(學館)을 세워줄 것을 건의하는 상소문에서 "중국이 서양 사람들과 교섭을 함에 있어서 먼저 그들의 의지를 알고 그들이 바라는 것이 무엇인지 알며, 그들의 허와 실을 알고 진실과 거짓을 다 알고 난 후에야 비로소 대등한 입장에서 교섭할 수 있습니다. 그들과 교역을 시작한 후 20여 년 동안 그들의 대표들은 우리나라의 문자와 언어를 익힌 자가 적지 않고 그들 가운데 뛰어난 사람들은 우리나라의 경전과 역사는 물론, 공문이나 법률조문 및 각 지방의 행정과 민심까지도 훤히 꿰뚫고 있습니다. 그러나 우리의 관리나 지방유지들 가운데 외국의 언어나 문자에 통달한 사람은 거의 없습니다. 각 나라에서는 호(滬: 상해지방의 별칭)에 각각 2명의 통역관을 두고 있는데 중국과 외국의 대신이 통상 문제를 교섭할 때마다 이들 외국통역관을 통해서 교섭을 하니 자신들에게 유리하도록 농간을 부리는 것을 면하기가 어렵습니다. 중국인들 가운데 외국어에 능통한 사람은 통사(通事: 통역관)밖에 없어서 세관이나 군대의 교섭할 일을 모두 이들을 시켜서 왕래하며

4) 同治는 청(淸)나라 목종(穆宗)의 연호(1862-1874)

업무를 처리하게 하는데 이들은 이미 서양과의 교섭에 있어 큰 장애가 되고 있습니다." 하고 말했다. 그는 당시의 '통사(通事: 통역관)'들의 출신 성분을 분석하여 아래와 같은 두 종류의 부류에서 벗어나지 않는다고 하였다. 첫 번째 부류는 "상인들의 자제로, 경솔하고 빈둥거리고 놀기만 하다가 달리 마땅한 일자리를 구할 수 없자 통역하는 법을 배워 직업으로 삼은 사람들이다. 두 번째 부류는 '사설 학교를 세우고 현지의 가난한 아동들을 모집하여 먹여주고 입혀주면서 통역 업무를 가르쳤다. 이런 시골아이들은 출신성분을 알 수 없고, 또 이들이 양놈들의 나쁜 말과 습관만 배워 서양인들의 종교를 배우고 전파하는 일을 마다하지 않는다.'고" 하였다. 그는 또 "이 두 부류의 사람들은 자질이 아둔하고 품성이 비루하여 이익만 탐하고 유흥이나 즐기려고 할 뿐 그 밖의 것은 아무 것도 모른다. 서양어로 겨우 의사소통 정도를 할 수 있는 사람이 열에 여덟, 아홉이고 문자까지 아는 사람은 열에 한둘에 불과하다. 그 글자를 안다는 사람들도 기껏해야 물건의 이름이나 일상생활에서 사용하는 간단한 용어를 겨우 알뿐이다. 그들은 병영의 보급상황이나 이동상황 등 중요한 상황에 대해서는 아는 것이 전무하다. 어쩌다 외교적 교섭이 있어도 그들은 말의 뉘앙스를 알지 못하여 본래의 의도를 파악하지 못하기 일쑤이다. 오로지 양놈들의 세력을 이용하여 농간을 부려 자신들의 잇속을 챙기기에만 혈안이 되어 있을 뿐이다. … 중국 사람들이 외국어를 모르는 것을 빌미로 자신의 외국어 실력을 뽐내고 때로는 사소한 일을 큰 사건으로 만들기도 한다." 고 말했다. 그의 이 이야기는 확실히 풍계분(馮桂芬)의 이야기를 반복한 것에 지나지 않는다. 풍(馮)씨는 《校邠廬抗議(교빈려항의)》라는 책을 썼을 때 사본을 만들어서 증(曾)씨에게 붙여 주고 증(曾)씨에게 이 책의 서문을 써 달라고 부탁하였다.[5] 증(曾)씨는 이 책에 대해서 칭찬을 아끼지 않았으며 그의 관점을 받아 들였다. 증(曾)씨는 당시에 올린 상소문에서 "서양의 법은 방대하면서도 심오한 이치를 담고 있으나 서로 언어와 문자가 달라서 앞으로 깊이 있게 연구하고 그 연원을 밝히려고 한다면 번역해서 읽는 방법밖에 달리 방법이 없습니다."고 말하고 서양의 서적을

5) 이 책의 문맥으로 보아서는 마땅히 李씨라고 하여야 할 것이다. 갑자기 曾씨가 등장하니 앞뒤가 맞지 않는 느낌이 든다. 만약 曾씨가 맞다고 한다면 여기에 나오는 曾씨는 아마도 증국번(曾國藩)일 가능성이 가장 높다.

번역하는 일을 반드시 해야 할 큰 사업으로 인식했다.

나. 1865년 양무파들은 다시 '강남제조국(江南製造局)'을 설립하였다. 1867년에는 이 기구 안에 '번역관(飜譯館)'을 설치하고 영국인 부란아(傅蘭雅)·위열아력(偉烈亞力), 미국인 김해리(金楷理)·임락지(林樂知)·마고온(瑪高溫) 등을 초빙하여 번역에 종사하게 하고, 당시 제조국의 직원이었던 서수(徐壽)·화형방(華蘅芳)·왕덕균(王德均)·서건인(徐建寅) 등으로 하여금 이들을 돕도록 하였다. 청(淸)나라 말까지 강남제조국(江南製造局)에서 약 200권의 서양 서적을 번역해 내었는데, 그들은 대부분 국방과학이나 과학기술 분야의 서적이었다. 당시 강남제조국의 총책임자였던 풍준광(馮焌光)은 당시의 상황을 다음과 같이 말했다. "총·대포·화약은 기선과 서로 관련이 있고 서적을 번역하는 일과 이러한 무기를 제조하는 일은 뗄려야 뗄 수 없는 관계에 있으므로 어느 하나도 소홀히 할 수가 없다."(《海防檔, 丙, 機器局(해방당·병·기기국)》). 그의 이러한 사상은 양무파의 번역 사상을 대표하는 전형적인 것이라고 할 수 있다.

다. 양무파의 대표적인 인물 가운데 한 사람인 장지동(張之洞: 1837-1909)은 그가 운영하던 '자강학당(自强學堂)'의 입시 요강 첫머리에서 "자강(自强)의 길은 진실과 거짓을 분명하게 아는 것이 중요하며 남의 장점을 배우는 것에서 출발해야 한다. 만약 서양의 문자를 정확하게 알지 못하면 서양의 서적을 스스로 읽을 수가 없으니, 정확하게 이해하고 널리 배울 방법이 없다."고 강조하면서 학생들이 "장차 학문을 이룬 후에 다른 나라의 학문에 통달하여 이웃나라의 정치를 관찰하면 그 용도가 실로 클 것이니, 이 일에서부터 시작하기를" 희망했다. 그는 1898년에 출판된 자신의 유명한 저서 《勸學篇(권학편)》에서 특별히 《廣譯(광역)》 편을 독립편장으로 분리시키고 "최근 10여 년간 각 성(省)의 학당에서는 서양인들을 교사로 초빙하였다. 그러나 거기에는 두 가지 폐단이 있었다. 선생과 학생이 서로 언어가 통하지 않아 통역관이 아주 중요한 역할을 하였는데, 통역관들의 학문적 수준이 높지 못하여 겨우 말이나 전달할 뿐 내용이 전달되지 못하여 수많은 오해들이 생겨났으며, 심지어는 그가 이해하지 못하는 말은 마음대로 빼버리거나 바꾸어 버렸는데, 이것이 첫 번째 폐단이다. 가령 통역관이 훌륭하게 통역을 한다 하더라도 서양인 교사들이 하루에 두세 시간밖에 수업을 하지 않고 가르친 내용도 한 두 가지밖에 안 되니, 서양 사람들의 습관이 때로는 고의로 지각을 하거나 수업에 빠져 자신이 아는 것을 다 전수하지 않고 시간 연장만을 꾀하니 어떤 때는 더하기 빼기를 가르치는데 1년이 걸리기도 하였다. 가르치는 일에 태만하지 않는다 하더라도 한 사람의 교사가 가르칠 수 있는 양이 얼마나 되겠는가? 가르치는 양에 비해 서양인 교사 한 사람에게 들어가는 비용도 너무 많다. 따라서 학당이 비록 세워졌다고는 하나 인재를 양성하기에는 많은 어려움이 있다. 주자(朱子)가 이야기한 '마음에 얻는 것이 없으니 아는 것이 별로 없다.'라고 한 것은 바로 이를 두고 했던 말일 것이다. 이것이 두 번째 폐단이다. 앞의 폐단은 학문을 정확하게 배우지 못하는 폐단을 지적한 것이고, 뒤의 폐단은 학문을 많이 배우지 못하는 폐단을 지적한 것이다. 기기제조국(機器製造局)의 공장에서도 서양인들을 기술자로 채용하여도 중국의 장인들이 그들의 말을 알아듣지 못해 통역관을 한두 사람 쓰나 역시 똑같은 폐단이 나타난다."고 지적하였다. 그러면 어떻게 하는 것이 좋을까? 그가 말한 가장 좋은 방법은 "만약 통역관이 있다면 그 통역관은 중국어를 잘 알면서 서양어에도 능통해야 한다. 서양인교사가 있으면 교사와 학생이 대화를 할 때 잘못 전달되는 일이 없어야 할뿐만 아니라 학생들을 쉽게 깨달을 수 있도록 해야 한다. 서양인 교사가 없는 경우에는 책으로 스승을 삼고 자신의 적성에 맞게 두루 배워야 한다."고 하였다. 그러나 외국어를 배워서 능통하게 구사한다는 것이 어디 말처럼 그렇게 쉬운 일인가? 그는 통역을 하는 데도 정도의 차이가 있다는 것을 인식하고, 번역을 상·중·하 세 등급으로 나누고, "하등은 3년, 중등은 5년, 상등은 10년 이상을 수련해야 능히 도달할 수 있다. 그러나 나는 번역 인재가 많아진 후에 그들을 등용할 수 있을 때까지 10년을 기다릴 수는 없다. 또 비록 번역의 수준이 높다 하더라도 그들의 인격과 지식이 반드시 높다고 할 수는 없는 일이다. 또 정식으로 관리로 임명되지도 않으니 나라의 위기를 구하는 일에 직접 나설 수도 없다."고 생각하였다. 따라서 그는 "서양의 유용한 책들을 많이 번역하여 서양어를 배우지 않은 사람들을 가르치는 것"이 가장 빠르고 효과적인 방법이라고 생각하였다. 그는 한 걸음 더 나아가 서적을 번역하는 데에는 다음과 같은 세 가지 방법이 있다고 하였다. 첫째는 각 성(省)에 더 많은 驛書局을 신설하는 것이고, 둘째는 외국을 방문하는 대신(大臣)들이 방문하는 국가의 중요한 서적들을 선택하여 번역하는 것이며, 셋째는 출판업자나 문인들로 하여금 서양의 서적을 두루 번역하도록 지원하는 것이다. 장(張)씨는 심지어 "오늘날 급히 신지식인을 개발하는 것은 관직에 종사하는 사람들의 책임이다."고 주장을 하면서 《廣譯(광역)》 편의 끝부분에서 다음과 같이 결론을 내렸다.

> 왕중임(王仲任)이라는 사람은 다음과 같이 말했다. "옛날의 일을 알면서 오늘의 일을 알지 못하는 것을 가리켜 육침(陸沈: 하찮은 벼슬에 머물러 있거나 세간에 은둔해 있음을 가리킴.)이라 하고, 오늘의 일을 알면서 옛날의 일을 모르는 것을 농고(聾瞽: 귀 먹고 눈 먼 것)라고 부른다." 내가 이를 좀 변형시켜서 이야기하면 "외국의 일은 알면서 중국의 일은 모르는 것을 실심(失心: 실성하다. 미치다.)이라 하고, 중국의 일만 알고 외국의 일을 모르는 사람을 농고(聾瞽: 귀먹고 눈먼 것)라고 한다."고 할 수 있다. 무릇 서양의 언어를 모르고 서양의 문자를 모르면서 서양의 서적을 번역도 하지 아니하면, 남이 나보다 뛰어나다는 사실을 믿으려 들지 않고 남이 나를 넘보더라도 못들은 척하며, 남이 나를 호시탐탐 노려도 모르는 척하며, 남이 나를 집어 삼켜도 느끼지도 못하고, 남이 나를 못살게 굴어도 보지 않으려 하니, 귀머거리 소경이 아니고 무엇인가? 서양어를 배우는 것이 비록 어렵기는 하지만 그 쓰임이 광범위하니, 소년들 가운데 아직도 관리에 등용되지 아니한 사람은 이 방면으로 진출을 시도해 봄직하다. 서적을 번역하면 빨리 그 결과물을 얻을 수도 있고 효과도 금방 나타나니 중년의 관리들이 시도해 볼만한 일이다. 만약 동양문(東洋文: 당시 중국인들은 일본을 東洋이라 불렀음.)을 배워서 동양(일본) 서적을 번역한다면 이는 가장 빨리 효과를 볼 수 있는 방법이다. 따라서 서양 선생님을 모셔서 배우는 것은 서양의 문장을 능통하게 익히는 것만 못하고, 서양의 책을 번역하는 것은 동양(일본)의 책을 번역하는 것만 못하다.

당연한 이야기지만 양무파의 사상에는 시대에 뒤떨어지고, 심지어는 반동적인 면이 엿보이기도 한다. 엄복(嚴复)은 장(張)씨와 같은 사람들을 겨냥해 "신법을 논하는 것은 당시에 가장 유행하는 화두였다. 말끝마다 신법을 논하면서 부화뇌동하였지만 실제로 마음속에서 우러나온 이야기는 아니었으며" 그가 실제로는 "대단히 수구적인 사람이었다."고 폭로하였다(《論中國分黨(논중국분당)》을 참고 바람.). 양무파의 한계는 그들의 번역 주장에도 보이고 있다. 예를 들면 장(張)씨 등이 그 후 1903년 《教育雜誌(교육잡지)》에 발표한 《奏定學堂章程(주정학당장정: 학당규정을 마련할 것을 건의함.)》이라는 문장의 《學務綱要(학무강요 : 학사업부요강)》에서 "외국어의 무위명사(無謂名詞: 허사를 말하는 것 같음)의 사용을 경계해서 국문(國文: 순정한 중국어)

을 보존하고 학풍을 단정히 해야 한다."고 주장하고, 번역하는 가운데 "만일 중국과 외국의 문법이 뒤섞이게 되면 날이 갈수록 점차 중국의 문법과 글자의 뜻이 바뀌게 되어 중국의 학술과 교육이 모두 망하게 될까 두렵습니다." 하고 말했다. 그들은 특히 외국 서적들 가운데 '남녀평등'의 내용을 담고 있는 서적들을 번역하는 것에 반대했으며, 반드시 "성경(聖經: 유교 경전)에 대한 학습을 기본으로 해서" 외국어를 열심히 학습할 때에만 비로소 "중국과 외국에 두루 통하여 난적(亂賊: 사문난적의 줄임말로 반역자란 뜻)들을 일소하고 사설(邪說: 사악한 학설: 이교도의 교리)이 난무하지 못하게 하고 학문이 파행하는 것을 막을 수 있습니다."고 주장하였다.

아. 따라서 양무파의 번역에 관한 주장들 가운데 가치가 있는 것은 초기에 나온 번역을 부국깅병의 방법과 연계한 주장들이 대부분이다. 이러한 관점에서 보면 그들의 주장은 유신파(維新波: 改良派라고 부르기도 함.)나 혁명파(革命派)의 주장과 같은 맥락이라 할 수도 있고, 또 어떤 주장들은 유신파들의 문장 속에 그대로 들어있는 것들도 있다. 예를 들면 장지동(張之洞)이 이야기한 "서양의 서적을 번역하는 것이 일본 서적을 번역함만 못하다."고 한 이야기 등은 이미 강유위(康有爲)가 그보다 앞서 한 이야기들이다. 비록 양무운동이 실패했고, 또 양무파들의 사상이 태생적인 한계성과 반동성을 가지고 있다 하더라도 그들이 번역을 중시하고 외국을 배울 것을 주장한 견해들은 긍정할 만한 가치가 있다고 하겠다.

四. 과학기술서적을 번역한 부란아(傅蘭雅)

앞에서 이미 이야기한 것처럼 중국의 과학기술서적의 번역은 명(明)나라 말기에 이미 시작되어 청(淸)나라에 들어와서는 더욱 활기를 띠었다. 그러나 그것은 옹정(擁正: 淸나라 世宗의 연호, 1723-1735) 초기 1724년에 선교사들을 추방하면서부터 완전히 중단되고 말았다(그 후 로마교황청에서 1773년에 야소회(耶蘇會)를 완전히 해산하고 말았다.). 이것이 중국에서 과학기술서적을 번역한 제1단계였다. 이 시기를 대표할 수 있는 인물로는 서광계(徐光啓)와 이마두(利瑪竇; 마테오리찌)를 들 수 있다. 이 시기의 시작을 알리는 상징적인 업적이 바로 이들 두 사람이 1607년에 번역하여 출판한 《幾何原本(기하원본)》 전 6권이다.

도광(道光) 말년인 1848년에 영국인 선교사 애약슬(艾約瑟) 등이 중국에 와서 고상지(顧尙之) 등과 수학에 관하여 토론을 하고, 이미 중단된 지 오래된 과학기술서적을 계속 번역하였다. 가장 먼저 번역된 책이 1857년 외국에서 출판된《幾何原本(기하원본)》 후 9권이었는데, 번역자는 이선란(李善蘭)과 영국인 위열아력(偉烈亞力)이었다. 이 때 이후로 과학 기술 서적의 번역은 다시 한 번 고조기를 맞이하게 되었고, 이전 시기를 능가하였다. 중국 과학기술서적 번역의 두 단계를 연 대표적인 역저는 같은 서적이었는데, 이 책은 250년의 간격을 두고 비로소 완질본을 출간하게 되었으니 이는 사람들을 충분히 감동시킬 만한 일이었다.

이 제2단계의 과학 기술 서적의 번역은 제1단계와 비슷한 점이 있었는데, 그것은 선교사들이 번역사업에 참여하였다는 점이다. 그러나 두 가지의 다른 점도 있다. "비록 외국인에 의해서 시작되었으나 두 번째 단계에서 이를 계승한 사람들은 모두 중국인들이었다."는 점은 첫 번째와 다른 점이라고 할 수 있다(周昌壽《譯刊科學書籍考略(역간과학서적고략)》). 두 번째로 다른 점은 기본적으로 종교와 아무런 관련 없이 진행되었다는 점이다. 이것 역시 제2단계가 제1단계를 능가하는 부분이다. 그들 가운데 중국의 역저자로는 이선란(李善蘭)·서수(徐壽)·화형방(華蘅芳) 등이 참여하였고, 외국인으로는 부란아(傅蘭雅)·위역아력(偉烈亞力), 임락지(林樂知) 등이 참여하였다. 아쉽게도 이선란(李善蘭)은 매우 적극적으로 번역 활동에 참여하기는 하였지만 번역에 관해 서술한 글을 남겨 놓지는 않았다. 부란아(傅蘭雅)의 이름으로 광서(光緒) 6년(1880)에 발표한《江南製造總局飜譯西書事略(강남제조총국번역서서사략 : 강남제조총국에서 서양의 서적을 번역출판한 일을 약술함.)》이라는 문장에서 그들이 당시에 과학기술서적을 번역할 때 '번역의 방법'에 대하여 교환한 의견들을 엿볼 수 있다. 나는 이러한 논술이 이선란(李善蘭) 등 당시 중국인 번역자들의 의견을 종합한, 그들의 의견을 대표할 수 있는 글일 뿐만 아니라 중국어문장이 대단히 유창한 것으로 미루어보아 이 글을 쓸 때에도 중국인이 참여하였을 것으로 생각한다.

부란아(傅蘭雅, 1839-1928)는 영국의 한 목사 가정에서 태어나 어릴 때부터 선생님들이나 상인들로부터 중국에 관한 신기한 전설들을 듣고 자라나면서 중국에 가

보겠다는 희망을 품었다. 1861년 스물네 살의 나이에 대학을 졸업하자마자 홍콩에 있는 성보라서원(聖保羅書院: 성바오로학교)의 초빙을 받고 원장(교장에 해당함.)에 취임했다. 그 다음해 경사동문관(京師同文館)이 설립되자 북경에 가서 영어교사로 부임했다. 1865년에는 상해에 있는 영화서관(英華書館)의 교사로 전근이 되었다. 1868년 화형방(華衡芳)과 서수(徐壽)의 건의에 따라 강남제조국 안에 편역관(編譯館)이 설립되자 그는 다시 이 편역관으로 전보되어 편역(編譯)의 임무를 맡아 편역관의 사무를 보면서 수많은 과학 서적을 편역(編譯)하였다. 1875년에는 《格致匯編(격치회편)》 잡지의 발간을 주관하였고, 1885년에는 격치서원(格致書院)을 설립하였다. 1896년에는 미국으로 돌아가 캘리포니아대학 동방어문학과 교수를 역임하기도 하였다.

부(傅)씨는 30여 년 동안 중국에 머물렀는데, 그 중 20여 년을 과학기술서적의 번역업무에 종사하였다. 그는 기본적으로 선교업무에 나서지 않았으며 종교서적을 한 권도 번역하지 않았으니, 그야말로 순수한 '외국인전문가'라고 할 수 있다. 요송령(姚崧齡)이 지은 《傅蘭雅譯著中西名稱對照一覽表(부란아역저중서명칭대조일람표)》에 의하면, 부(傅)씨가 번역한 서적은 총 138종인데, 당시로서는 가장 많은 저서를 남긴 것이라고 한다. 이들 저서의 대부분은 자연과학서적들이고 사회과학서적들도 중간중간에 섞여 있다. (예를 들면 소련학자 적극문사기(狄克文斯基)가 지은 《戊戌變法與康有爲(무술변법과 강유위)》라는 책에 의하면 강(康)씨가 지은 책 《大同書(대동서)》 속에도 傅씨가 1885년에 번역한 《佐治蒭言(좌치추언)》에서 따온 부분이 들어 있다고 함.) 부(傅)씨는 중국의 과학과 교육사업에 관심을 가지고 있었으며 심지어는 그가 중국을 떠난 이후에도 14종의 과학기술서적을 번역하여 강남제조국에 보내 출판하기도 하였다. 또 중국을 떠난 지 15년 후까지도 기금을 모금하여 보내와 상해육동학당(上海育童學堂)을 설립하기도 하였다. 그는 집으로 보내는 사신에서 다음과 같이 말했다.

> 책을 번역하는 것은 중국인들의 지혜를 계발하는 일로, 실로 신성한 책임이라고 할 수 있다. 지식은 이미 국경이 없으므로 교육에는 종족관념이 없어져야 한다. 따라서 그들이 와서 배우기를 원하면 나는 언제든 가서 가르치겠다.

그의 이런 확고한 교육 정신은 참으로 고귀한 것이다. 그는 중국에 체류하는 기간 동안 근면하고 성실하게 근무하였기 때문에 淸나라 정부에서 '삼품정대(三品頂戴: 청나라에서는 예복의 수식에 따라 관직의 품계를 표시했음. 명예 삼품의 벼슬)'를 수여하였다. 따라서 중국인민들은 중국근대사에 이런 외국인 친구가 있었다는 사실을 잊지 못한다.

부(傅)씨가 지은 《江南製造總局飜譯西書事略(강남제조총국번역서서사략)》의 제1장인 《論源流(논원류)》에는 서수(徐壽), 화형방(華蘅芳) 등이 과학서적을 번역한 과정을 긍정적인 관점에서 상세하게 기술하고 있을 뿐만 아니라 그들의 번역사상도 반영하고 있다. 예를 들면 1867년 난에 서수(徐壽)의 뛰어난 번역사상에 대하여 다음과 같이 적고 있다. "한 가지 방법을 생각해 내면 곧장 서양의 중요한 서적을 번역하였는데, 자신의 지식을 증진하기 위한 것만이 아니라 이책을 출판하여 전파함으로써 온 국민이 다 알 수 있도록 하고자 하였다. 또 영국에 편지를 보내어 《泰西大類編書(태서대류편서)》(《大英百科全書》를 말함.)를 구입해서 번역자들에게 편리하게 이용하도록 할 뿐만 아니라 책이 번역되고 난 뒤에 각 성(省)에 학교를 세워 강의를 하도록 하여 사람들마다 다 이 책들의 내용을 알게 하면 반드시 국가에 큰 이익이 될 것이라고 생각하였다." 또 부(傅)씨는 "서적을 번역하게 되면 또 국가에도 크게 이익이 되는 것이 있는데, 서적의 번역으로 인하여 관리들이 모두 서양의 사정을 알게 되어 서양과 교섭을 함으로써 국가에 많은 도움이 된다는 점을 알게 될 것이다."고 주장하였다.

제2장 《論譯書之法(논역서지법: 서적의 번역방법을 논함.)》과 제3장 《論譯書之益(논역서지익 : 서적을 번역함으로써 얻는 이익에 대하여 논함.)》에서는 그들의 번역에 관한 주장을 더욱 체계적으로 서술하고 있다. 이를 개괄적으로 설명하면 아래와 같은 몇 가지로 요약할 수 있다.

一. 중국어로는 과학기술서적을 번역하기 어렵다는 주장을 반박하고, 중국도 과학기술을 표현할 수 있는 새로운 단어를 만들어 내야 한다고 주장하였다. 부(傅)씨는 제2장의 첫머리에서 "중국의 언어와 문자는 서양인들이 가장 배우기 어려운 언어와 문자인데, 배웠다 하더라도 서양 서적의 세밀하고 심오한 내용을 중국어로 번역하기는 참으로 어렵다. 아마도 중국의 문자는 가장 오래되고 가장 생소한 문자인데, 만약 중국어로 서양의 과학서적을 번역한다는 것은 우스갯소리나 다름없다. … 더구나 오늘날 서양의 자연과학은 종류도 다양하고 이름도 다양한데 중국에는 그러한 학문이나 이름이 없으니 어떻게 정확하게 번역할 수가 있겠는가? 참으로 뛰어넘기 힘든 한계상황 밖의 일이라고 할 수 있다."고 말한 어느 서양인의 말을 인용하고, 곧이어 이를 다음과 같이 강력하게 반박하고 있다.

> 그러나 곰곰이 생각해 보면 이 이야기는 맞지 않는 것 같다. 명(明)나라 때의 이마두(李瑪竇)나 그 밖의 사람들과 오늘날의 번역자들은 결코 이렇게 큰 어려움에 봉착하여 번역을 중단하는 사례가 없었다. 번역을 함에 있어 가장 중요한 것은 이름을 번역하는 것인데, 만약 번역할 때 사용하는 이름이 중국어 사전에 들어 있는 글자의 의미만을 사용하고 다르게 해석해서는 안 된다고 한다면 책을 번역한다는 것은 영원히 불가능한 것이다. 그러나 중국의 언어와 문자도 다른 나라의 그것과 마찬가지로 세월이 갈수록 점점 새로운 단어가 생겨나고 있으니 이는 오늘날 갑자기 생긴 현상은 아니다. 따라서 옛날에도 새로운 단어가 생겨났던 것처럼 후에도 새로운 단어가 생겨날 수 있으며, 이런 일은 영원히 계속될 것이다. 최근에 와서 중국과 서양의 교섭이 날로 증가하고 있으니 새로운 이름도 날로 증가하게 될 것이다.

부(傅)씨는 중국어도 다른 나라의 모든 발달된 언어와 마찬가지로 강력한 생명력과 자생력이 있음을 이론적으로 천명하였다. 그의 이 이야기는 문제의 핵심을 찌른 정확한 지적이다.

二. 최초로 과학 기술의 번역 명칭을 통일할 것을 주장하고 명칭을 번역하는 구체적인 규정을 제정하였다. 그는 '명목(名目: 譯名을 가리킴. 즉 명사의 번역)'이 번역을 함에 있어 가장 중요한 일이라고 생각하였으며, 특히 처음으로 '각종 자연과학서적'을 번역할 때에는 반드시 "명사를 번역할 때에 신경을 써서 서로 합의하게 되면 사용자들이 처음부터 자신을 가지고 번역할 수 있고, 뒤에 가서 많은 수정을 할 필요도 없게 된다." "만약 번역을 시작할 때, 명사에 대한 번역명을 미리 준비해 두면 일은 반으로 줄고 효과는 두 배로 날 것이며", "특히 같은 명사에 대한 번역의 명칭이 일치할 때는 그 효과는 더욱 더 커질 것이다." 그는 중국인동업자들과 "여러 차례 협의를 거친 후", "대체로 다음과 같은 세 가지 일에 합의하였다."

(一) 중국어에 이미 있는 명칭은 하나의 명칭으로 통일하여 이미 있는 명칭을 그대로 쓴다. 그러나 사전에 없는 단어는 다음과 같은 두 가지 방법으로 해결한다. 一. 중국에 이미 있는 자연과학이나 공업용서적 등이나 이전의 천주교 선교사 및 근래의 예수교 선교사들이 지은 자연과학서적과 공업용서적 등을 조사한다. 二. 중국의 상인이나 제조업 공업방면에 종사하는 사람 등 이러한 명칭을 아는 사람을 찾아가 조사한다.

(二) 새로운 명칭을 만들어낸다. 중국어에 이런 명칭이 없는 경우에는 반드시 새롭게 이름을 지어내야 하는데 이름을 짓는 방법에는 아래와 같은 세 가지가 있다. 一. 미(鎂: 마그네슘), 신(鉀), 포(鈽: 플루토늄), 석(矽: 규소) 등과 같이 평소에 쓰던 글자에다 편방(偏旁)을 붙여서 새로운 명사를 만들어 내거나 또 백(鉑; 병기 이름), 갑(鉀: 갑옷), 고(鈷: 다리미), 신(鋅: 아연) 등과 같이 이미 있는 글자에 새로운 뜻을 부여하여 새로운 이름으로 사용한다. 양기(養氣: 산소), 경기(輕氣; 수소), 화륜선(火輪船 기선), 풍우표(風雨表: 풍량계와 우량계) 등은 여러 글자를 모아서 그 물건을 설명하는 것인데 이것으로 그 이름을 삼았으니 이때 이름이 짧으면 짧을수록 좋다. 중국 글자를 사용해서 서양의 이름을 소리나는 대로 적는데 이때 음은 관음(官音 당시 관청에서 쓰던 말)을 표준으로 한다. 이때 서양어의 각 음은 상용되는 같은 중국의 문자로 바꾸는데 이미 이전의 번역자들이 상용하던 음은 그대로 따라 써서 중국인들이 그것을 보면 곧바로 서양의 명사를 번역한 이름이라는 것을 알아볼 수 있도록 한다. 이미 쓰기로 한 이름이더라도 임시로 그렇게 쓰기로 한 것일 뿐 이후에 중국에서 이미 사용되고 있는 오래된 이름이 있거나 새로 붙여진 이름이 타당하지 못할 때에는 이를 다시 바꿀 수 있다.

(三) 중서명목자회(中西名目字匯: 외래어 목록)를 만들어 책을 번역할 때 새로운 이름을 만든 것은 사물이든 인명이든 지명이든 간에 모두 그때마다 영중사전으로 만들어 기록하여 책을 출판할 때 부록으로 책의 말미에 붙임으로써 독자들이 읽을 때 찾아보거나 서양 사람들에게 물을 때 편리하게 사용하도록 한다. 여러 책 속에 들어 있는 이름들을 한데 모아서 총서(總書: 외래어 사전의 초기 형태)의 형태로 만들어 한 권의 책으로 펴냄으로써 이후에 독자들이 찾아볼 때 혼동하는 일이 없도록 해야 할 것이다.

부(傅)씨는 여기에서 이름을 번역할 때의 자신들의 경험을 종합 정리하였을 뿐만 아니라 아주 중요한 건의 또한 하고 있다. 그는 이미 이전에 그들의 동업자들과 함께 《化學材料中西名目表(화학재료중서명목표)》(1855), 《西藥大成藥品中西名目表(서약대성약품중서명목표)》(1887), 《金石中西名目表(금석중서명목표)》(1883), 《汽機中西名目表(기기중서명목표)》(1889) 등 여러 종류의 명사 관련 전문 용어 사전을 만든 적이 있었다. 이 몇 종류의 명목표(名目表: 전문 용어 사전)는 대부분 이 방면에 있어 중국에서 최초로 통일된 번역명칭의 효시였으며 그들 중 적지 않은 명칭은 오늘날까지도 사용되고 있으니 그 영향이 아주 크다 하겠다.

三. 또한 번역할 과학서적을 선택하는 방법과 중국인과 서양인 번역자들이 어떻게 공역(共譯)을 하는 것이 효과적인지에 대해서도 글을 남겼다. 부(傅)씨는 "처음에 번역을 시작하려고 하였을 때 본래 대류편서(大類編書: 대영백과사전을 일컫는 것 같음)를 번역하려고 하였다. 그러나 영국에 이미 나온 백과사전은 벌써 여덟 차례나 재판되었지만 그 가운데 몇 권은 너무 간략하여 고대나 근대의 새로 나온 신법이나 신리(新理: 새로운 이치)들을 수록하지 못하였으므로 더 크고 새로운 백과사전을 찾아서 번역을 시작하려고 하였다. 그 후 중국 고위관리의 권유로 관(館: 여기에서는 편역관을 가리킴.)에서 급히 필요로 하는 책부터 번역하기로 하고 백과사전을 번역하겠다는 생각을 점차 하지 않게 되었다. 그러다 보니 번역한 책들이 모두 새로 나온 단행본들이어서 서양의 분류법으로는 분류할 수가 없었다. 평상시에 책을 선정하는 방법으로는 서양인이나 중국인이 그들이 급히 필요로 하는 책들부터 번역하다 보니 번역한 책들 간에 서로 어떤 연관성이 있는지는 고려할 겨를이 없었다. 따라서 식물학(植物學), 동물학(動物學), 명인전(名人傳) 등과 같은 책은 아직도 번역하지 못했다. 그밖에 자연과학과는 별로 관계가 없지만 해군, 육군 등이 필요로 하는 병법이나 무기에 관한 책들은 다른 책에 비해 먼저 번역하였다."고 하였다. 그는 원서를 선정함에 있어 '신(新: 새로운 것)', '긴용(緊用: 꼭 필요한 것)', '가자이계진(可藉以階進: 기초 필수서)' 등을 기준으로 삼아야 한다고 했는데, 이는 당시로서는 아주 정확한 기준이었다고 할 수 있다. 구체적인 번역법에 대해서는 그가 편역관에서 일한 경험을 종합 정리하여 다음과 같이 말했다.

> 장차 번역하고자 하는 책을 서양 사람이 먼저 마음속으로 읽고 책의 내용을 숙지하고 난 후에 중국의 학자와 더불어 공역을 하되, 서양의 서적을 한 문장 한 문장 차례대로 중국어로 번역하여 중국인으로 하여금 받아 적도록 하게 해야 한다. 말로 표현하기 어려운 곳에 부딪치면 어떻게 표현하는 것이 좋을지를 중국인과 반드시 의논해야 한다. 중국인이 분명하게 이해하지 못하는 부분이 있으면 설명해 주어야 한다. 번역을 마친 후에 중국인 학자는 초고를 수정하고 문장을 윤색하여 중국어 문법에 맞도록 해야 한다. 몇 가지 요긴한 서적이 있어 임시로 번역 출판을 할 때도 서양인과 중국인이 서로

> 대조를 하여야 하며, 평상서(전문서적이 아닌 교양서적)는 반드시 대조를 할 필요는 없으나 반드시 중국인으로 하여금 교정을 보도록 해야 한다. 중국인 선비들은 상세하고 신중하게 교정을 보아 잘못된 곳이 발생하지 않도록 해야 하며 문법에 어긋남이 없도록 해야 할 것이다.

四. 중국은 반드시 서방의 진보적이고 유용한 책들의 번역을 통하여 새로이 태어나고 진보해야 한다고 논술하였다. 부(傅)씨는 "서양인들이 모두 중국어로는 최근 서양의 자연과학을 분명히 나타낼 수가 없고, 중국인들이 서양어를 배우지 않으면 서양의 자연과학을 중국에 전할 수가 없다고 생각하고 국(局: 여기서는 江南製造局을 가리킴.) 안에서 책을 번역하는 일을 보면 괜히 헛되이 시간을 낭비하는 것쯤으로 치부하였다."고 하는 설을 반박하였다. 그뿐 아니라 "장차 영어는 세계 공용어로 될 것이니 번역할 필요가 없다."고 주장한 사람들의 그릇된 주장에 대해서도 반박하였다. 더욱 중요한 것은 그가 다음과 같은 주장을 제기하였다는 점이다.

> 중국의 서적과 문자는 옛날부터 면면히 이어져 왔고 수천 년 동안 한 번도 바뀐 적이 없어서 국민들이 대단히 존중할 뿐만 아니라 국가도 이 문자로 국가를 통치해왔다. 자주 국가가 어찌 자신들의 서적과 문자를 버리고 다른 나라의 문자와 언어만을 쓸 수가 있겠는가? 만약 중국이 다른 나라의 속국이 된다면 억지로라도 서양의 문자를 통용어로 쓸 수도 있을 것이다. 그러나 이런 일은 절대로 일어날 수가 없는 일이니 생각할 필요도 없다.

그는 중국은 독립된, 외국에 정복되어서는 안 되는 대국이므로 중국의 인민들은 자신들의 유구한 역사를 지닌 언어를 소중하게 간직할 권리를 가지고 있다고 생각했다. 또 그는 중국의 선진 지식 분자들은 굳건하게 진리와 과학을 추구할 결심을 하고, "서양의 유익한 서적을 보면 힘든 것을 마다하지 않고 번역하여 출판함으로써 온 나라에 퍼져나갈 수 있도록 해야 하며", 사방의 인민들은 마땅히 그들을 지지하며 "서양인들은 그들을 찬양할 것이다."고 주장했다. 그는 앞으로 "중국에 체류하는 서양인 가운데 번역을 하는 사람이 나와야 할뿐만 아니라 서양에 있는 서양인 중에서도 번역을 하는 사람이 나오기를" 희망했다. 그는 또 중국인들이 과학 기술을 천시하는 전통적인 관념을 바꾸기를 간절히 소망하여 "비록 서양의 학문으로 관리를 등용하는 과거를 치르는 것은 감히 바랄 수 없지만 과거장의 시험과목 가운데 자연과학 등의 과목을 넣기를 바라며 정말로 그런 날이 오기를 절실히 기다린다."고 말하였다.

결론적으로 말하면 부란아(傅蘭雅)의 번역이론은 明, 淸시기의 선교사들의 이론을 훨씬 능가했다. 또한 그의 중국 인민에 대한 우호적인 감정과 중국 문화, 학술 사업에 대한 공헌도 明, 淸시기의 선교사들에 비해서 훨씬 더 깊고도 넓다고 하겠다.

五. 마건충(馬建忠)의 《擬設飜譯書院議(의설번역서원의)[6]》

중국 번역이론의 발전에 가장 큰 공헌을 한 사람은 주로 유신파(維新派) 인사들이다. 그러나 앞에서 이미 이야기한 것처럼 양무파(洋務派)의 번역이론은 별로 이야기할 만한 것이 없다. 그 후의 자산 계급 혁명파들은 한편으로는 정치 투쟁에 주력하고, 또 다른 한편으로는 그들이 모두 유신파(維新派)들의 번역이론 주장에 찬동하였기 때문에 그들은 번역이론 방면의 의견을 발표한 것이 별로 없다. 유신파(維新派)인사들 가운데 어떤 사람들은 처음에는 양무운동에 참여하였으나 그 후 양무파(洋務派)의 잘못된 주장에 반대하면서부터 유명한 유신파 인사가 되었다. 마건충(馬建忠)과 엄복(嚴复) 등이 그 대표적 인물이다.

마건충(馬建忠, 1845-1900)은 자가 미숙(眉叔)이고 강소성, 단도(江蘇省, 丹徒: 현 鎭江) 사람이다. 소년기에 태평천국의 난이 일어나자 온 가족이 상해로 이사하여 서가회공학(徐家匯公學)에서 공부하였기 때문에 외국어를 읽을 수 있는 능력을 배양하였다. 그는 1896년 지은 《適可齋紀言, 紀行(삭가제기언, 기행)》이라는 책의 서문에서 당시를 회고하여 다음과 같이 말했다. "나는 당시에 반역의 풍조가 온 천하에 만연되고 잔인하게 살육하는 것이 마치 오랑캐가 침입한 것 같아 다른 일을 생각할

---

6) 번역서원을 세울 것을 건의함.

겨를이 없었다. 洋人들이 군함을 수만 리 밖에 대어 놓고 한 개의 사단병력을 싣고 북상하여 안정을 되찾으니, 전 병력이 모두 상해에 주둔하여 백성들도 모두 그들과 함께 안정을 되찾고 마치 변고가 일어난 것을 잊은 듯하였다. 그러나 우리 관료들은 전대미문의 치욕을 당하고서도 이러한 사실을 감추기에만 급급하고 해외의 일을 일절 이야기하지 않는 것이 상책인 것처럼 행동할 뿐 그 원인을 분석하여 적절한 대책을 내놓는 사람이 아무도 없었다. 그러나 앞으로 이민족들의 화가 미칠 것은 너무나 자명해 보였다. 따라서 나는 지금까지 배웠던 모든 학문을 버리고 소위 말하는 양무(洋務)를 배우기 시작하였다." 그는 처음에는 상해에서 번역된 서적을 구해서 읽었으나 기대에 미치지 못하였다. 따라서 서양의 현대어와 고어를 배워 그들의 자연과학이 이룬 업적과 사회과학의 요점을 파고들어 그 연원과 발전 과정을 살펴보니, 그제서야 비로소 다소간 마음에 와 닿는 것이 있었다. 그는 당시 지주계급의 입장이었기 때문에 농민의 의거를 '발역(發逆: 반역)'이니 '유구(流寇: 폭도)'니 하는 등의 표현을 쓰고 있기는 하지만, 제국주의자들의 침략이 가장 큰 화근이라 지적하고 동시에 당시 통치자들의 외국을 두려워하는 심리와 매국적 행위에 대하여 질책하였다. 바로 그러한 이유 때문에 의연하게 과거를 포기하고 '양무(洋務)'를 배웠으며 동시에 외국어를 열심히 배워 외국의 자연과학과 사회과학을 연구할 수 있었다. 그는 광서(光緒) 2년(1876)에 국비로 프랑스에 유학하여 파리대학을 졸업한 후에 프랑스공사를 역임하였던 곽숭도(郭嵩燾)의 통역을 맡기도 하였다. 1879년 박사학위를 취득한 후 이홍장(李鴻章)의 휘하에서 양무를 주관하면서 인도와 조선(朝鮮)을 다니면서 외교 업무를 처리하였다. 그는 또 윤선초상국회판(輪船招商局會辦)과 상해기기직포국총판(上海機器織布局總辦) 등을 역임했다. 그 후 그는 양무파들이 국정을 농단하는 것에 반대하여 자신의 갈 길을 갔다.

아. 마(馬)씨는 영어와 불어에 정통하였으며 희랍어와 라틴어도 알았다. 앞에서 언급한 대로 그가 외국의 고문자를 연구하여 얻은 성과는 그 후 그의 명저인 《마씨문통(馬氏文通)》에 집중적으로 나타나 있다. 이 책은 1898년에 출판되었는데, 중국 최초로 서양의 문법이론을 원용하여 종합적, 체계적으로 중국의 고어문법을 연구한 저서이다. 이 책은 중국의 언어학사(言語學史)상 새로운 장을 여는 중대한 공헌을 하였다. 《淸史稿(청사고)》에서는, 이 책은 독자의 입장에서 보면 "고문사(古

文詞: 古文을 가리킴)를 배움에 있어 지식과 도덕을 겸비할 수 있도록 하였을 뿐만 아니라 서양의 고대 및 현대의 일체의 문자를 배움에 있어 쉽게 배워 알 수 있도록 하였다."고 적고 있다. 마(馬)씨는 이 책의 후서(後序)에서 다음과 같이 말했다.

> 중국 문자가 점과 선으로 이루어진 구조는 서양어가 절음(切音: 표음문자: 알파벳과 같은 문자)으로 이루어진 것에 비해서 비록 어렵기는 하나, 중국 문자의 쓰는 법이나 문법은 구별하기가 쉽고 앞뒤가 도치되어 있어 그 뜻을 나타내거나 변화를 알아보기가 더 쉽다. 서양 언어는 본래 어려우나 쉽게 배우고 중국어는 본래 쉬우나 배우기가 이처럼 어려운 것은, 서양 언어는 일정한 법칙이 있어서 그에 따라 순서대로 배워가기만 하면 습득하게 되나 중국어는 경전도 있고 규칙도 있기는 하지만 그것이 경전 속에 숨어 있고 예문을 들고 체계적으로 정리되어 있는 것이 없다(체계적으로 정리된 문법이 없다.). 결승문자가 만들어진 이래 4천여 년 동안 지혜와 재주가 도를 담고 이치를 밝히는 문장 속에 들어 있지 않는 것이 없으나, 도는 실을 방법이 없고 이치는 분명하게 밝혀지지 않고 있다(도리가 분명하게 밝혀지지 않고 있다.). 따라서 도리를 밝게 밝히려는 서양인들과 서로 경쟁할 때 누가 현명하고 누가 어리석은지는 말할 필요도 없다.

마(馬)씨의 이러한 논의는 중서 비교 언어학의 새로운 장을 열었을 뿐만 아니라 중국의 번역이론의 확립에도 커다란 의의가 있다.

그가 갑오년(1894) 해전(중일전쟁을 가리킴.)에서 참담하게 패배한 그해 겨울에 쓴 《擬設繙譯書院議(의설번역서원의: 번역학교를 세울 것을 건의함.)》라는 글은 중국 근대 번역사상 아주 유명한 문장이다. 이 글은 《適可齋紀言(적가재기언)》 권4에 실려 있다. 이 글은 시작하는 첫 구절부터 "제가 보기에는 오늘날 중국은 외국인들에게 심한 모욕을 당하고 있습니다."라고 질타한 뒤, 그는 비장한 어투로 제국주의의 공사들은 수도에서 거드름을 피우고 있고 영사들은 각 항구에서 강제로 교역을 요구하며 장사치들은 조계(租界)에서 군림하고 각양각색의 선교사들이 내지까지 깊숙이 들어와 활보하고 있다고 폭로했다. "무릇 그들이 아무런 거리낌 없이 이렇게 행동하는 것은 우리들이 그들의 속사정을 모르고 허와 실을 모르기 때문이다.", "중국 사대부들 가운데 수구적인 사대부들은 말할 것도 없고 어쩌다 한두 사람 뜻을 가진 지사가 있다 하더라도 언어가 서로 통하지 아니하고 문자가 통하지 않으며 그들의 습관을 모르니 이러한 기만을 당하지 않으려고 하여도 어찌 그 뜻을 이룰 수가 있겠는가?"고 탄식하고, 이러한 인식에 기초하여 "번역을 하는 일이 오늘날 가장 시급한 임무이다. 옛 병법가가 '지기지피 백전백승(知己知彼 百戰百勝: 자신을 알고 남을 알면 백 번 싸워 백 번 이김.)'이라고 하였으니 변방에서의 전투가 이러하거늘 하물며 조정의 일이야 말해 무엇 하겠는가?" 하고 주장하였다.

이와 비슷한 주장들은 이미 풍계분(馮桂芬)이나 심지어는 양무파의 주장에서도 익히 보아왔지만, 갑오해전(甲午海戰: 중일전쟁을 가리킴. 우리나라에서는 청일전쟁이라고 함.)에서의 참담한 실패를 눈으로 확인한 마건충(馬建忠)은 더욱 더 분명하고 절실한 말로 번역의 가장 중요한 임무 … 외국의 모욕에 반항하고 그들과 싸워서 이기는 것 … 를 분명하게 주장했다. 이 문장이 중국 번역사상 끼친 새로운 공헌은 번역의 어려움을 강조한 동시에 '훌륭한 번역의 표준'을 제시했다는 데에 있다.

> 번역이란 일은 참으로 어렵다! 앞으로 번역을 어떻게 할 것인가? 평소에 항상 마음속으로 구상하고 반드시 번역할 대상의 문자(원어)와 번역할 문자, 양국의 문자에 대해 깊은 관심을 가지고 단어를 다듬고 문장을 비교하여 두 문자의 연원을 탐구하고 같은 점과 다른 점을 연구하여야 한다. 두 문자 간의 실제적 의미와 그 파생적 의미를 탐구하고 그 음성의 높낮이와 문장의 복잡함과 간단함을 깊이 연구하여 문체의 변화에 정통해야 하고, 의미의 심오함을 파악하고 있어야 한다. 이렇게 한 후에 한 권의 책을 선정하여 반복해서 읽어본 후 원저자의 의도를 확실히 파악하고 그 책을 쓸 당시의 분위기까지 파악하면 어투까지 느낄 수 있게 될 것이니, 그런 후에 방향이 결정되면 번역을 시작한다. 번역한 문장이 원래 의도했던 대로 된 것을 확인하면 착오가 없게 될 것이다. 그렇게 하면 독자들이 그 책을 읽고 얻는 이익이 원서를 읽고 얻는 이익과 다르지 않을 것이다. 이러한 번역을 훌륭한 번역이라고 한다.

이 문장은 상당히 의심장한 내용을 담고 있다. 마(馬)씨는 '훌륭한 번역'을 하기 위해서는 반드시 평소에 번역할 언어(원서의 언어)와 번역될 언어(역서의 언어) 등 두 종류의 언어에 대한 깊은 연구가 되어 있어야 하며, 심지어 각각의 문자의 어원과 그 문자들 간의 같은 점과 다른 점에 대해서도 깊이 있는 연구가 되어 있어야 한다고 지적했다. 번역할 때 원문의 음조, 문장의 번거로움과 간단함, 문체의 변화 및 의미의 핵심 소재 등을 충분히 숙지한 후 반복해서 고려하고 마지막에는 원문의 뉘앙스나 의미까지도 모방하도록 해야 한다. 그의 이러한 주장은 이미 풍격학

(風格學: 문장의 특징을 다룬 이론), 문법학, 수사학(修辭學) 및 일반 문화연구의 영역에까지 미치고 있다. 그가 제시한 '훌륭한 번역'의 표준은 원문과 비교하여 의미상 조금의 착오도 인정하지 않는 것은 물론, 독자들로 하여금 번역문을 읽었을 때 원문을 읽는 것과 똑같은 느낌을 받도록 하는 수준까지 요구하고 있다. 이러한 표현법은 이미 현대의 등가가치 번역이론과 매우 근접해 있다.

마(馬)씨는 또 근대번역이론 사상 최초로 당시 번역의 오류를 지적하고 있다. 당시 번역에 있어서의 오류는 주로 다음과 같은 몇 가지로 요약할 수 있다. 一. 당시의 상해제조국(上海製造局), 복건선정국(福建船政局) 및 경사역서(京師譯署) 등에서 학생들을 모아 비록 외국어를 가르치고 있기는 하지만 주로 의사소통(회화 등)에만 급급할 뿐 전문적으로 번역 업무를 가르치지 못하고 있다. 二. 어쩌다 한두 사람 정도 번역 업무를 가르친다 하더라도 한 분야에 국한된 것일 뿐 외국의 정치나 교육 등 근본적인 조항들을 완벽하게 번역해 내지 못하고 있다. 三. 대부분의 번역자들이 겨우 외국어를 초보적으로 이해하고 있을 뿐만 아니라 중국어 능력도 형편없어서 번역해 낸 책들의 수준이 아주 낮다. 따라서 그는 "서적을 번역하는 일은 잠시도 늦출 수 없는 시급한 문제이니 번역인재들을 한시 바삐 길러내야 한다."고 주장하고 서적을 번역할 인재들을 길러 내기 위해서 '번역서원(繙譯書院: 번역학교)'을 건립해야 한다고 건의하였다. 그가 건의한 '번역서원(繙譯書院)'은 풍계분(馮桂芬) 등이 건립하기를 건의한 '번역공소(繙譯公所)'나 '동문관(同文館)' 등과 같은 점도 있고 다른 점도 있다. 그가 건의한 '번역서원(繙譯書院)'은 '동문관(同文館)' 등에 비해 한 등급 높은 것으로 전문적인 번역인재를 양성하는 대학과 같은 곳이다. 그는 구체적으로 두 방향에서 접근할 것을 건의하고 있다. "두 반으로 나누는데 한 반은 이미 영어와 불어를 알고 있는 20세 전후의, 자질이 보통 이상인 사람 10여 명을 입학시켜 그들의 영어와 불어 실력을 심사하여 수준에 맞게 학습을 시키되 날마다 새로운 문장 몇 편을 번역하게 하고, 당(唐), 송(宋) 제가지문(諸家之文: 唐宋八家文 등)과 주(周), 진(秦), 한(漢)의 명가들의 한문(漢文)을 읽게 하고 날마다 이들에게 강의를 함으로써 그 단어들이 가지는 함의와 논리를 익히게 한다. 이렇게 1년 동안 하게 되면 번역에 종사할 수 있는 수준에 이를 것이고, 번역된 문장도 무딘 느낌은 면할 수 있게 될 것이다. 다른 한 반은 중국어 능력이 뛰어난 사람 가운데 20세 전후의 수재들을 10여 명 뽑아 매일 시간을 정하여 영어와 불어 등을 가르치고 더 나아가 라틴어와 희랍어까지 익히게 한다. 공부에 태만하지 않고 의지가 분명한 사람을 선발하여 훌륭한 스승을 모셔 그들을 지도하게 하면 2년이 지나지 않아 서양어를 능히 익히게 될 것이니, 그런 후에 그들로 하여금 번역에 종사하게 하면 반드시 빠른 시일 내에 효과를 볼 수 있을 것이다."고 건의하였다. 그는 이러한 방법은 실현 가능할 뿐더러 가장 빠른 시일 내에 번역인재를 양성할 수 있는 방법이라고 생각하고 있었다. 그는 그밖에도 교사의 자질 문제, 사전의 편찬, 번역서의 내용, 책의 구입과 출판 등의 문제에 대해서도 언급했다. 그는 '번역서원(飜譯書院)'에서는 반드시 가르치고 배우고 번역하고 출판하는 문제를 서로 결합해서 운영해야 한다고 생각했다. 그의 이러한 건의는 상당히 독창적이면서도 비교적 실현 가능한 것이었다. 그러나 애석하게도 무능하고 부패한 청(淸)나라 당국에서는 그의 이 건의를 받아들이지 않았기에 마건충(馬建忠)은 한 편의 빼어난 번역이론 문장을 남기는 것으로 만족해야만 했다.

六. 강유위(康有爲)의 번역사상

1894년 갑오중일전쟁(甲午中日戰爭)에서 청(淸)나라 정부의 해군과 육군은 모두 참패를 당하고 말았다. 그 다음해 일본의 협박에 굴복하여 치욕적인《馬關條約(마관조약: 시모노세끼조약)》에 서명하였다. 갑오전쟁(甲午戰爭)의 실패는 양무운동의 철저한 실패를 선언하는 것이었다. 심각한 민족위기는 중국 민족들의 강렬한 애국심을 촉발하였으며 자산계급 개량사조가 급속히 퍼져나가 정치 운동으로 발전하는 계기를 만들었다. 이 개량유신운동(改良維新運動)의 가장 중요한 지도자가 바로 강유위(康有爲)였다.

강유위(康有爲, 1858-1927)는 광동, 남해(廣東, 南海) 사람이다. 원명은 조이(祖詒)이고 자가 광하(廣廈)였으며, 호는 장소(長素) 또는 갱생(更生)을 쓰기도 했다. 처음에는 유명한 유학자였던 주차기(朱次琦)의 문하에서 경전과 역사를 배웠으나, 그 후 정주리학(程朱理學: 성리학을 말함.)을 포기하고 육(陸: 陸象山), 왕(王: 王陽明)의 학문을 선호하였다. 1879년 홍콩을 여행하다가 서방의 자본주의 문화를 접하게 되어 그것을 학습하고 연구할 만한 가치가 있다고 생각했다. 1882년 상해에 가서 각종 서양 학문의 번역서를 읽고 많은 것을 깨달았다. 1888년 10월 애국 열정이 북받치어 개인의 명의로 제1차로 청(淸)나라 황제에게 상소문을 올려변법(變法)을 실행하고 하의를 상달하며, 좌우의 삼사(三事: 太師, 太傅, 太保 등 고위 관료)를 신중하게 기용할 것 등을 주장하였다. 또한 서방을 학습하고 유신을 실행하여 국가를 구할 것을 요구하였다. 이 상소는 중간에 압류를 당하여 황제에게 전달되지는 못했으나 강(康)씨의 명성은 애국적인 지식분자들 사이에 널리 유포되어 그들이 숭배하는 대상이 되었다. 그는 그 후 광주, 장흥리(廣州, 長興里)에 만목초당(萬木草堂)을 설립하여 학생들을 모아 가르치며 인재를 길러 유신역량(維新力量)을 배양했다. 1895년 《馬關條約(마관조약)》이 체결될 당시에 북경에서 실시된 회시(會試: 과거)에 참가하고 있었는데, 그 소식을 듣고 피가 끓어올라 그의 문하생인 양계초(梁启超) 등을 시켜 북경의 회시(會試)에 참가한 전국 각성의 1,300여 명의 거인들을 동원하여 5월 2일에 연명으로 청(淸)나라 황제에게 상소문을 올려 조약에 서명하는 것을 거부하였다. 또한 천도를 하여 항전하고 변법을 시행하여 부강을 꾀할 것을 요구하였다. 이것이 바로 전국을 진동시킨 '공차상서(公車上書)' 사건이다.

내부의 적폐를 일소해야만 외교를 바르게 할 수 있습니다. 춘추(春秋) 시대에 자우(子羽)는 능히 사국(四國: 네 나라)의 일을 알았으므로 한 무제(漢 武帝)는 조칙을 내려 변방의 사자와 교섭을 하게 했습니다. 소무(蘇武)는 나라를 욕되게 하지 않았으며 부필(富弼)은 능히 전쟁을 수행하였습니다. 여러 나라가 서로 전쟁을 하니 그 임무가 얼마나 막중하였겠습니까? 그러나 지금은 외교적 인재는 양성되어 있지 아니하여 외교 업무를 몰라 국가를 심히 욕되게 하고 외국인들은 이들을 비웃고 있습니다. 지금 마땅히 사재관(使才館: 외교관을 양성하는 기관)을 설립하여 공(貢), 생(生), 감(監)에서 영민한 인재를 선발하고 사재관(使才館)에 입학시켜 배우도록 하여야 하며, 한림원(翰林院)의 학사들 가운데에서도 원하는 사람들이 있으면 와서 듣도록 해야 할 것입니다. 각국의 언어와 문자, 정치, 교육, 법령, 풍속과 외교 문서 등도 모두 배워야 합니다. 학문이 완성되면 일부는 각지를 다니면서 현장실습을 시키고, 일부는 수행원으로 충당시켜 밖으로 나가서 영사업무를 담당하게 하고 공사(公使)로도 임명하여 외교업무를 잘 이해하여 절충하도록 하여야 할 것입니다.

강(康)씨는 그 후에도 몇 차례 계속해서 올린 상소문에서 이와 같은 내용의 번역 인재의 양성에 대하여 건의하였다. 그는 이러한 상소문에서 줄곧 번역업무를 외교업무에 예속시킬 것을 주장하였는데 그가 국가에 건립할 것을 건의한 것은 '사재관(使才館: 외교관 양성 학교)'이었지 번역관(飜譯館: 번역인 양성 학교)은 아니었다.

그는 그해 8월 문정식(文廷式), 진식(陳熄) 등과 함께 북경에서 '강학회(强學會)'를 조직하였다. 이 기관을 다른 이름으로 '번역국(飜譯局)'이라고도 불렀는데 이로 미루어 그가 얼마나 번역업무를 중요시하였는지 알 수 있다. 그는 자신이 쓴《强學會序(강학회서)》라는 문장의 첫머리에서 중국이 당면한 위기상황을 다음과 같이 사실적으로 묘사했다. "러시아는 북쪽에서 내려다보고 있고 영국은 서쪽에서 엿보고 있고 프랑스는 남쪽에서 전선을 맞대고 있으며 일본은 동쪽에서 노려보고 있어 4강의 한복판에 놓인 중국은 참으로 위급한 상황에 놓여있다. 이를 갈고 혀를 날름거리며 그 나머지 땅을 차지하려고 하는 나라가 10여 국이나 된다. 멀리서 바라보니 조정에는 근심이 가득하고 인심은 흉흉하고 형세가 참으로 위태로운데 이런 상황이 언제 끝날지 알 수가 없다." 이러한 형세하에서는 번역업무 역시 강국들의 형세와 관련지어 생각하지 않을 수 없었다. '강학회'가 창립되고 나서 그들은 또 다시《萬國公報(만국공보)》와《中外紀聞(중외기문)》 등의 신문을 발간했는데 내용은 대부분 외국의 정보와 자료를 번역한 것이었다.

양계초(梁啓超)는《戊戌政變記(무술정변기)》의 부록으로 실은《改革起源(개혁기원)》이라는 글에서 "그 당시 경사(京師: 수도 당시의 북경을 일컬음.)에는 신문이라는 것도 없었으며 무슨 회(會)도 없었다. 있는 것은 모두 다 강유위(康有爲)가 만든 것이었다."고 말했다. 강학회(强學會)에서 한 일은 모두 다섯 가지가 있는데 그 중 첫 번째가 "서양과 일본의 서적을 번역하는 일이었다."

그 후 얼마 지나지 않은 1895년 11월에 강(康)씨는 '상해강학회(上海强學會)'를 발기하고 그 다음 해 1월에 정식으로 회를 설립하였다.《上海强學會敍(상해강학회서)》는 장지동(張之洞)의 이름으로 발표되었으나 실제로는 강(康)씨가 쓴 것이었다. 이 서(序)에 첨부된《强學會章程(강학회장정: 강학회회칙)》에서 강(康)씨는 이 회에서 해야 할 '가장 중요한 네 가지 일'을 열거하고 있다. 그것은 도서를 번역, 출판하는 일, 신문을 발행하는 일, 도서관을 여는 일, 박물관을 여는 일인데, 그 중에서도 '도서를 번역, 출판하는 일'을 가장 중요한 것으로 거론하고 있다. 그는 제1조 '도서를 번역, 출판하는 일'에서 다음과 같이 서술하고 있다.

> 도(道: 길)는 막히는 것만큼 우려되는 것이 없고 뚫리는 것만큼 좋은 것이 없다. 장사를 할 때는 서로 통상을 함으로써 있는 것과 없는 것을 교환해 준다. 통역을 할 때는 통사(通事: 통역관)가 있어 학문을 넓혀 주어야 한다. 서양의 학문을 배우고자 하면 서적번역만한 것이 없다. 중국인들 가운데 서양어를 하는 사람은 기껏해야 서로 언어를 소통하는 정도에 불과하며 편지나 간단한 문장을 번역하는 정도에 지나지 않아 공문서나 법률 등을 번역할 수 있는 사람은 극히 드물다. 전문적인 학술서적들은 각자 나름대로의 심오한 이치를 담고 있고 그 단어들도 매우 전문적인 용어들이어서 번역하기가 쉽지 않다. 서양사람이라 할지라도 이 방면의 전문가가 아니면 그 용어들을 잘 모른다. 따라서 서양 각국을 두루 여행한 사람이 아니면 알 수 없고 동문(同文)이나 방언들은 번역자가 알 수 없는 것들이다. 가령 한두 사람 전문가가 있다 하더라도 전국의 학자들에게 다 알릴 수는 없는 것이니 그 효과가 매우 낮다. 천하의 학자들이 모두 서학에 능통하게 하려고 한다면 서양의 서적을 중국어로 번역하여 책으로 출판함으로써 중국의 백만 학자들로 하여금 모두 이해할 수 있도록 하면 인재가 자연히 그 속에서 나와 국가의 동량이 될 것이다. 오늘날 서학당(西學堂: 신식 학교)에서 언어와 문자를 가르치고 있기는 하나 서적을 번역할 만한 수준에 이른 사람은 극히 드물다. 성조(聖祖) 인(仁) 황제께서 어명으로 《수리정온(數理精蘊)》이라는 책을 편찬하게 하여 사림(士林)에 은혜를 베푸셨고, 고종(高宗) 순(純) 황제께서 어명으로 《四庫提要》를 흠정하실 때 명나라 이래로 번역한 서양 서적을 수록하는 것을 허락하셨다. 증문정공(曾文正公: 曾國藩을 가리킴.)께서 제조국(製造局: 上海江南製造局을 가리킴.)을 개국하여 서적을 번역하는 일을 근본으로 삼으셨는데 이는 정말 타당한 조치였다. 오늘 창립된 이 회(强學會)는 번역하는 일을 먼저 할 것이며 무엇보다도 서양 각국의 신문을 번역하여 자료로 삼아야 한다. 다음으로 장정(章程: 규칙), 조교(條敎: 공문서), 율례(律例: 관행)조약, 공법, 일지, 조패(照牌: 간판) 등의 서적은 그 다음으로 번역하며, 그 다음으로는 지도나 각종 학술서적을 번역하기로 한다. 번역을 하는 대로 출판해야 하며 신문에도 등재를 할 것이다. 때로는 지역에 따라 분류를 하고 때로는 종류에 따라 분류를 하고 때로는 도표를 만들기도 할 것이다. 이를 나누어 놓으면 신문의 보도에 불과할 것이나 이를 합해 놓으면 큰 규모의 책이 될 것이니, 견문을 넓히는 훌륭한 자료가 될 것이다. 이와 동시에 번역학교를 세워 이 일을 전담하도록 할 것이다.

강(康)씨는 서적을 번역하는 것이 서양을 배우는 가장 중요하고 근본적인 방법이라고 주장하였을 뿐만 아니라 그가 번역을 주관함에 있어 우선적으로 할 것과 나중에 할 것의 순서를 분명하게 선언했다. 여기서는 그가 주목하고 있는 내용이 이미 양무파들이 중시했던 병기기계, 과학기술서적 등으로부터 정치, 법률 및 각종 학술서적으로 옮겨가 있음을 볼 수 있다. 이러한 사실은 양무파와 유신파의 사상노선의 차이가 번역이론에도 그대로 나타난 결과라고 하겠다.

1898년 1월, 강(康)씨는 자신이 지은 《日本變政考(일본변정고)》와 《俄大彼得(러시아 피트르대제)變政考(아대피득변정고)》라는 두 권의 책을 광서(光緖) 황제에게 진상했다. 그는 앞의 책 서문에서 일본이 서양을 배운 것과 최근에 일본서적을 번역한 것을 통해 중국이 변법을 시행함으로써 유리한 점과 또 그것의 중요함을 강조하여 논술하였다. 그는 이 글에서 다음과 같이 말했다.

> 만약 일본의 번역사업 성과와 정치적 업적을 잘 이용하면 일본의 문자와 우리의 문자가 같으므로(사실은 일본에서도 한자를 많이 사용하기는 하지만 중국어와 일본어가 같지는 않음.) 전역(轉譯: 일본어로 번역된 것을 다시 중국어로 재번역하는 것. 우리말로는 重譯이라고 하는 것이 옳음.)해서 책으로 펴내면 서양어를 중국어로 번역하는 것보다 같은 노력으로 만 배의 성과를 낼 수 있다. 일본과 우리는 풍속이 같으므로 변법을 실시한 순서를 고찰하고 실행의 득실을 거울삼아 그 폐단을 버리고 잘된 것만 취하게 되면 얼마 가지 않아 서양의 신법과 일본의 좋은 제도가 모두 중국에서도 실행될 것이다. … 같은 문자를 빌려서 그들이 변천한 발자취를 뒤따라가게 되면 그 전체적인 윤곽을 쉽게 파악할 수 있고 그 이치도 쉽게 파악할 수 있으니, 서양어를 번역하는 온갖 어려움과 안내자도 없이 걸어가는 맹인처럼 무턱대고 시행하는 것에 비하면 얼마나 다행스러운 일인가?

강(康)씨는 중국의 근대 인물 가운데 최초로 일본 서적 번역의 편리함을 주장한 학자이다. 같은 해 7월, 變法維新運動 기간 동안 황제에게 다시 《請廣譯日本書, 設立京師譯書局折(청광역일본서, 설립경사역서국절: 일본 서적을 광범위하게 번역하게 하고 북경에 역서국을 건립하기를 건의하는 상소문)》을 올려 다음과 같이 말했다.

> 옛날, 대학사(大學士) 증국번(曾國藩)이 상해에 제조국을 세워 서적을 번역하기 시작한 이래 어언 40년이 흘렀습니다. 천진(天津), 복건(福建), 광주(廣州) 등에도 번역 기관이 세워졌습니다. 그러나 모두 구미의 서적만을 번역했기 때문에 번역하기가 너무 어려워 책으로 출판된 것은 아주 적었습니다. 또 학문에 통달한 사람이 없어 농업, 공업, 무기 등과, 오래되어 별 필요도 없는 책들을 번역하였기 때문에 사람들의 지식을 넓혀 주기에

> 는 부족한 점이 많았습니다. 괜히 시간과 자금만 많이 낭비하고 말았습니다. 신이 비록 아둔하나 곰곰이 생각해 보니 일본의 문자는 우리와 같은 문자를 쓸 뿐만 아니라 변법을 시행한 지 이미 30년이나 되어 구미의 정치, 문학, 무기, 신지식 등을 담은 훌륭한 책들을 모두 번역하였습니다. 그러나 공업은 발전이 늦어 구미(歐美)만큼 발달하지는 못했습니다. 일본의 서적을 번역하면 한자가 10분의 8이나 되어 많은 힘을 들이지 않고도 빨리 번역해 낼 수 있습니다. 원컨대 경사(京師: 수도)에 번역국을 설립하여 학문에 통달한 사람을 선정하여 주관하도록 하여 그의 추천을 받아 석학들을 초빙하고 일본의 정치 서적 가운데 빼어난 것을 선정하여 계획을 세워 번역해 나가십시오. 얼마 지나지 않으면 일본의 빼어난 서적들을 거의 다 번역할 수 있을 것입니다.

물론 강(康)씨도 일본의 새로 나온 책들은 그 수량이 많아 관에서 설립한 번역국에서 모두 번역한다는 것이 불가능하며 각 성마다 번역국을 세운다 하더라도 모두 번역할 수 없다는 사실은 알고 있었다. 그래서 그는 황제에게 또 다른 생각을 제시했다. “중국인들은 과거를 매우 중시하는 민족이 아닙니까? 일반인들이 과거에 급제하여 관리가 되는 것은 너무 어려워 생각조차도 할 수 없는 일이고, 또 팔고문(八股文)으로 관리를 등용하는 것은 별로 의의 없는 일입니다. 황제께서 명령을 내리시어 선비들 가운데 일본어를 능히 번역할 수 있는 사람에게 크게 상을 내리도록 하십시오. 만약 동생(童生: 향시를 통과한 秀才) 가운데 5만 자 이상이 되는 일본 서적을 번역한 사람에게는 그 내용을 잘 이해하는지 시험을 보아 부생(附生: 생원의 일종)을 제수하고, 부생(附生), 증생(增生) 등이 3만 자 이상이 되는 일본 서적을 번역하면 내용을 잘 이해하는지 시험을 보아 름생(廩生: 생원)을 제수하고, 이들이 10만 자 이상이 되는 일본 서적을 번역하고 그 내용을 잘 이해하고 있으면 거인(擧人: 省試에 합격한 사람, 수재보다 한 급 위임.)을 제수하고, 거인(擧人)에게는 진사(進士)를 제수하고, 진사(進士)에게는 한림(翰林)을 제수하며, 관리는 1등급 특진을 시키십시오.” 뿐만 아니라 그는 또 다음과 같은 건의도 하였다. “반드시 번역해야 할 책은 매달 경사역서국(京師譯書局)에서 분류를 하고 종류별로 공고하여 중복되는 것을 피하도록 하십시오. 이렇게 해서 번역되는 모든 책들은 역서국에 제출하도록 하고, 역서국에서 검사하여 통과가 되면 각 성의 학정에게 내려 보내 다시 시험을 본 후 급제시키도록 하십시오. 거인(擧人)에서부터 하급 관리까지는 역서국에서 매달 불러 모아 시험을 보도록 하십시오.” 그는 “이것이 시행되기만 하면 중국의 백만의 동생(童生), 이십만의 제생, 일만의 거인, 수천 명의 관리들이 힘써 일본 서적의 번역에 종사하게 될 것이다. 이렇게만 되면 국고를 낭비하지 않고서도 일본의 수많은 서적들이 2, 3년 내에 모두 중국어로 번역될 것이고 중국의 학자들이 모두 자신의 적성에 맞는 분야를 선택해서 연구하여 다방면에 두루 통한 학자들이 배출될 것이니 그 수는 헤아릴 수 없을 정도로 많을 것이다."고 생각했다.

다. 그러나 강(康)씨의 이러한 '건의'는 매우 추상적인 견해로, 근본적으로 실현이 불가능한 것이었다. 뿐만 아니라 그는 일본어는 배우지 않고서도 알 수 있고 누구라도 마음만 먹으면 다 번역할 수 있는 것으로 생각한 것 같으나, 이 또한 전혀 현실성 없는 이야기이다. 여기에서 주목할 점은 그가 이전의 역서국이 '오래되어 필요성이 떨어지는 책'을 번역하는 데 치우쳤다고 비판하고, 지금은 '정치 서적들 가운데 빼어난 책'을 번역하는 데 치중해야 한다고 강조한 것이다. 그의 이러한 번역 사상은 중국의 근대 번역사에 매우 큰 영향을 끼쳤다.

七. 번역이론에 큰 공헌을 한 양계초(梁啓超)

유신파의 가장 중요한 인물 가운데 또 다른 한 사람은 바로 양계초(梁啓超)이다. 앞장에서 서술한 것처럼 강유위(康有爲)는 번역 사업을 매우 중요하게 생각하고 있었고 번역에 관한 견해를 발표하기도 하였으나 전문적인 번역이론은 많지 않았다. 그러나 유신파 지도자들 가운데 번역문제에 대하여 가장 많은 글을 남기고 영향력이 가장 컸던 사람은 양계초(梁啓超)였다.

양계초(梁啓超, 1873-1929)는 자가 탁여(卓如)이고 호가 임공(任公), 또는 음빙실주인(飮氷室主人)으로, 광동, 신회(廣東, 新會) 사람이다. 그는 근대중국의 유명한 정치가이자 사상가이며 당대의 뛰어난 대학자였다. 그의 일생 중 특히 전반부는 중국의 사상계 및 문화계에 대단히 큰 영향력을 행사했으며 번역에 대한 논술 역시 중국의 번역계에 대단히 큰 영향을 미쳤다.

양(梁)씨는 1889년 광주를 떠나 북경에 가서 과거에 응시했으나 낙방하였다. 그는 돌아오는 길에 상해에 들러 서점에서 《瀛寰志略(영환지략)》이라는 책과 강남제조국(江南製造局)에서 번역 출판한 서양서적들을 구매하여 읽고 처음으로 서학과 접촉했다. 그 다음해 강유위(康有爲)의 제자가 되었는데 이때부터 사상적으로 유신(維新)을 주장하게 되었다. 그는 1894년 만목초당(萬木草堂)을 떠났다. 그 다음해 과거에 응시하기 위해 북경에 갔다가 '공차상서(公車上書)'[7] 운동에 적극적으로 참여하였으며 강(康)씨가 발기한 '강학회(强學會)'의 서기로 임명되었다. 1896년 봄, 그는 북경에서 상해로 내려와 강학회(强學會)에서 쓰고 남은 자금으로 황준헌(黃遵憲) 등과 함께 8월에 순간(旬刊) 《時務報(시무보)》를 발행하고 주필을 맡았다. 이것이 바로 그가 일생 동안 신문 사업에 종사하고 수많은 정론 문장을 발표하게 된 하나의 계기가 되었다. 그가 북경을 떠나 있는 동안 당시 형부 좌시랑(刑部 左侍郞)이었던 이단분(李端棻)은 《奏請推廣學校, 設立譯局, 報館折(주청추광학교, 설립역국, 보관절)》이라는 상소문을 올렸다. 라돈융(羅惇曧)이 쓴 《京師大學堂成立記(경사대학당성립기)》에 의하면 이 상소문은 실제로는 양계초(梁啓超)가 초안한 것이라고 한다. 이 상소문에서 '설장서루(設藏書樓: 도서관을 건립할 것)', '창의기원(創儀器院: 기상 관측소를 설치할 것)', '개역서국(開譯書局: 번역 기관을 설치할 것)', '광립보관(廣立報館: 널리 신문사를 설립할 것)', '선파유력(選派遊歷: 시찰단을 선발하여 연수를 시킬 것)' 등 다섯 가지를 건의하였는데, 그 중 세 번째인 '개역서국(開譯書局: 번역 기관을 설립할 것)' 항목에서 그는 다음과 같이 건의했다.

> 병법에서 이야기하기를 "나를 알고 남을 알면 백전백승이다."고 하였습니다. 오늘날 서양과 교류를 하면서도 그들의 사정을 모르니 이것이 약점을 보이는 근본적인 원인입니다. 만약 저들을 알려고 한다면 우선 그들의 서적을 번역하여야 합니다. 최근 들어 제조국과 동문관 등에서 100여 종의 서적을 번역, 출판하였으니 마땅히 해야 할 일을 하

7) 1895년 갑오중일전쟁에서 중국이 참패를 당하고 馬關條約이 체결된다는 소식이 알려지자 마침 과거를 보기 위해 북경에 모여 있던 유생들이 이 소식을 전해 듣고 황제에게 조약의 비준을 반대하고 천도를 하여 항전할 것을 주장하는 상소문을 올렸다. 이 상소문 운동은 강유위가 앞장을 서고 양계초(梁啓超) 등 그의 제자들이 주동이 되었다. 이 상소문은 1300여 명의 거인이 연명으로 서명을 하여 올렸다. 그들은 이 상소문에서 변법유신을 주장하였는데, 이는 곧 변법유신운동의 시발점이 되었다.

고 있다고 하겠습니다. 그러나 번역한 책들이 기술 분야는 상세하게 설명하고 있으나 정치 분야는 거의 거론되고 있지 않아 그 가운데에서 그들의 나라를 다스리는 이념과 통치술, 시국의 변천 등에 관한 것은 거의 알 수가 없습니다. 학교, 농정, 상무, 철도, 우정(郵政: 우편 업무) 등은 모두가 마땅히 추진해야 할 업무들이니 모든 공문서와 법규 등은 전문서적이 있어 상세하게 설명하고 있습니다. 그러나 아직까지 이들을 번역한 책은 나오지 않았습니다. 서양의 자연과학이나 응용과학(제조업) 서적들은 날로 새로운 서적들이 쏟아져 나오고 있는데 새로 나온 책들이 기존의 서적들보다 좋습니다. 그러나 이미 번역된 책들은 대체로 10년 이전의 서적들이고 그 숫자도 별로 많지 않아 서양의 장점들을 다 배울 수가 없습니다. 청컨대 경사(京師: 북경을 가리킴.)에 큰 역서국(譯書局)을 설립하고 서양의 서적들 가운데 정치를 논하고 시국의 변화를 논하고 학교 및 농공상광(農工商鑛)을 이야기한 것과 신법이나 신학을 논한 것 가운데 최근에 나온 것을 종류별로 번역해 내어 번거롭고 힘든 것을 마다하지 않고 즉시 출판하여 싼 가격으로 판매하게 되면 견문을 넓히고 넓은 지식을 얻는 데 큰 도움이 될 것입니다.

그는 이 상소문에서 "서양을 알기 위해서는 우선 서적을 번역하여야 한다."는 점을 강조하고 "공업, 기술방면의 책은 상세하게 번역하면서도 정치방면의 서적은 경시하였다."는 이전 번역계의 폐단을 분명히 지적하고, 오늘날 '마땅히 추구하여야' 할 방향은 '정치' 분야의 서적을 번역하는 것이라고 주장하였다. 그는 또 과학, 기술서적이나 제조업분야의 서적을 번역함에 있어서는 마땅히 가장 최근에 나온 서적을 번역하여야 한다고 주장하였다. 이러한 견해가 비록 매우 탁월한 것이고 다른 사람의 이름으로 올린 상소문에서 발표한 것이기는 하지만, 여기에서는 양씨 특유의 번역사상의 정수를 어렵지 않게 찾아볼 수 있다. 그러나 애석하게도 조정에서는 이 상소문을 받아들이지 않았다. 1897년 양씨는 《時務報(시무보)》에 당시 세상을 깜짝 놀라게 했던 《變法通議(변법통의)》라는 장편의 글을 발표하였다. 그 중 제7장인 《論譯書(논역서)》라는 글은 5호에서 7호까지 세 차례로 나누어 발표되었는데 여기에서 그는 자신의 번역 사상을 더욱 상세하게 천명했다.

만 자에 달하는 《論譯書(논역서)》라는 글의 첫머리에서 그는 "병법에서 말하기를 '나를 알고 남을 알면 백전백승이다.'고 하였다."고 쓰고 있는데, 이는 마건충(馬建忠)이 《擬設繙譯書院議(의설번역서원의)》라는 문장에서 단도직입적으로 국가가 "여러 차례 전쟁에서 패배하여 통탄할 만한" 위기 상황에 놓여 있다고 말한 것과 같은 맥락이다. 국가를 구하고자 하는 충정에서 살펴 보건대 "서양어를 알고 서양서적을 번역할 수 있는 인재가" 사실 너무 적고, "이러한 폐단을 바로 잡기 위해서는 제가 보기에는 두 가지 방법이 있습니다. 첫 번째는 온 나라의 학생들로 하여금 어릴 때부터 외국어를 배우게 하는 것이고, 두 번째는 서양 서적 가운데에서 좋은 책을 선정하여 모두 중국어로 번역하는 것입니다. 이 두 가지 가운데 어느 것 하나라도 소홀히 할 수가 없습니다."만 첫 번째 방법은 그 효과가 대단히 늦게 나타나니 "따라서 서적을 번역하는 것이 사실 가장 근본적인 해결책입니다."고 주장하였다. 그는 번역의 목적을 아주 분명하게 논술하였으며 "곧 불타 버릴 것 같고 물에 빠져 죽을 것 같은 이 나라를 구제하기 위해서는" "서적의 번역이 부국강병으로 가는 가장 중요한 일이라는 것은 말할 필요도 없습니다."고 지적하였다.

이 글에서 그는 또다시 마건충(馬建忠)이 언급한, 당시의 번역계의 폐단을 인용하고 한 걸음 더 나아가 "오늘날 번역을 논하는 사람들은 반드시 다음의 세 가지의 원칙에 충실하여야 한다. 그 첫 번째는 마땅히 번역할 가치가 있는 서적을 선택하여야 한다. 두 번째는 모두가 사용할 수 있는 번역의 규범을 만들어야 하며, 세 번째는 유능한 번역 인재를 양성하여야 한다."라고 건의하였다.

첫 번째 방법은 번역할 서적의 내용을 선택하는 방법을 말한 것이다. 당시에 중국의 官局(관서국)에서 번역한 책은 거의 절반이 군사학에 관한 것이었다. 그러나 그는 "서양이 강한 것은 물론 강력한 군대를 가지고 있기 때문이지만 강하게 된 가장 근본적인 이유는 병법에 있는 것이 아니라고" 생각했다. 따라서 더 긴급하게 필요로 하는 책들부터 번역하여야 한다고 생각했다. 그는 중국에 있어 중요한 참고자료가 될 만한 공문서와 규범, 학교 교재, 법률서, 역사서, 정치서적, 농업서적, 광업서적, 공업서적, 경제학서적, 철학서 등을 예로 들어 상세하게 설명하고, 이 모두 번역할 필요가 있다고 하였다. 그러나 "처음 시작함에 있어 두루 다 번역을 할 수는 없기 때문에 먼저 해야 할 것과 나중에 해야 할 것의 순서를 정해서 해야 하며" "같은 종류의 서적이 많을 경우에는 마땅히 그 가운데 뛰어난 책이나 나중에 나온 책을 선정해서 번역해야 한다."고 하였다. 유신구국(維新救國)의 큰 목표하에 제시한 이러한 논의는 마건충(馬建忠)이 이야기한, "마땅히 번역해야 할 책을 세 부류로 나눈다."고 한 것이나 고봉겸(高鳳謙)이 《繙譯泰西有用書籍議(번역태서유용서적의: 서양의 유용한 서적을 번역할 것을 건의함)》에서 말한 것보다 훨씬 더 상세하고 깊이가 있다.

두 번째 방법은 번역할 때의 명칭 통일 문제에 대해 주로 논의한 것이다. 그는 오늘날의 번역업무는 한 번 정돈할 필요가 있는데 무엇보다도 시급한 것은 번역의 명칭을 통일할 수 있는 전문서적을 편찬하여 질서정연하게 하나로 통일함으로써 모든 번역자들이 이를 준수할 수 있도록 해야 한다고 생각했다. 그는 인명, 지명, 물명(物名: 사물의 명칭), 관제(官制), 도량형단위, 기년(紀年: 연대를 기록하는 방법) 등을 번역하는 방법에 대한 자신의 견해를 구체적이고도 상세하게 서술했다. 예를 들면 인명과 지명 가운데 이미 오래 전부터 사용되어 왔던 번역 명칭이 있는 것들은 그 가운데 가장 많이 쓰이고 있는 이름을 택하여 통일함으로써 사람들에게 불필요한 혼란을 초래하는 것을 예방해야 한다고 하였다. 관제(官制: 관리제도)에 대해서는, "뜻을 번역하여 의미가 분명해질 때는 뜻을 번역하여 譯名으로 하고, 뜻을 번역할 수 없는 것들은 소리나는 대로 음역을 한다."고 말하고, 일본어 번역명칭을 참고할 필요가 있다고 하였다. 사물의 명칭에 대해서는 새로 발명되는 물건들이 나날이 늘어가고 있는데, "새로 발명된 물품에는 새로운 명사를 만들어 붙이는 것이 가장 좋다."고 하였다. 그는 논술하는 가운데 고봉겸(高鳳謙)이《繙譯泰西有用書籍議(번역태서유용서적의)》라는 글에서 이야기한, 관련 있는 견해들을 받아들이기는 하였으나 고(高)씨의 견해보다 한층 더 깊이가 있다. 따라서 당시로서는 번역 명칭 문제에 대한 가장 깊이 있고 상세한 주장이라고 할 수 있으며, 그 후 번역계에서도 그의 이러한 견해를 대부분 그대로 수용하고 있다. 그는 또 다음과 같은 주장을 펴기도 하였다.

> 서적을 번역하는 데 두 가지 폐단이 있었다. 한 가지는 중국어로 잘 표현하려다 그만 서양어의 의미를 잘못 옮기게 되는 경우이고, 다른 한 가지는 서양어의 뜻을 정확하게 표현하려다 그만 중국어가 딱딱하여 읽기가 어렵게 되는 경우이다. 번역은 그 내전(內典)[8](원문의 내용)에 충실하게 하는 것보다 더 중요한 것이 없고, 번역의 근본도 역시 원문을 충실하게 번역하는 것보다 더 훌륭한 것이 없다. 따라서 오늘날 번역법을 논함에 있

8) 중국 불교에서 이야기하는 명칭으로 불교의 경전이나 그와 관계되는 서적을 내전이라 하고, 불교와 관계가 없는 다른 서적들을 외전이라고 하였다. 이 명칭이 일반화 되자 심지어는 유가에서도 한때 유가 경전을 내전이라 하고 그 밖의 서적들을 외전이라고 한 적도 있었다.

> 어 당연히 원전의 내용을 본받는 것을 가장 중요한 원칙으로 삼아야 할 것이다. 구마라십(鳩摩羅什)이나 실차난타(實叉難陀) 등은 모두 중국어에 뛰어났기 때문에 따로 대필을 두지 않았다. 현장(玄奘)이 《瑜伽師地論(유가사지론)》을 번역할 때에도 힘들게 현지로 가서 그 언어를 배우고 그 뜻을 터득한 후 돌아와서 자신이 깨달은 바를 기록하였다. 번역할 때는 이렇게 하는 것이 좋은 방법이고 남이 이야기하는 것을 듣고 받아 적는 것은 바람직한 방법이 아니다. 무릇 번역을 하려는 사람은 독자들이 원문의 뜻을 정확하게 이해하고 그 뜻이 누락되지 않도록 해야 한다. 비록 보태고 빼고 앞뒤를 뒤바꾸고 하는 일이 있을지라도 뜻이 정확하게 전달되기만 하면 큰 문제가 될 것이 없다. 번역자나 원작자가 하는 일은 별로 다를 것이 없으니 둘 다 언어로 나타내기 때문이다. 최근에 엄우릉(嚴又陵: 嚴復 又陵은 그의 자)이 《天演論(천연론)》을 아주 새롭게 잘 번역하였는데 바로 이러한 방법을 사용한 것이다.

그는 이 글에서 옛날 불경을 번역할 때의 이론과 경험을 반드시 배워야 한다는 중요한 견해를 제기하였다. 그는 번역에서 가장 중요한 일은 "뜻이 누락되는 일이 없어야 한다."는 것이고, 이러한 전제하에 더하고 빼고 앞뒤를 바꾸고 하는 것은 허용될 수 있다고 생각했다. 이어서 만약 기존 번역이 잘못되었다면 "마땅히 원서를 구해 와서 다시 번역해야 한다."고 주장하고 새로 나온 책을 "두 사람 이상이 동시에 번역하는" 문제를 피할 수 있을 것인지에 대해서도 의견을 제시했다. 이러한 문제들도 당시 사람들은 별로 거론하지 않던 문제들이다.

세 번째 방법은 번역인재를 어떻게 양성하는가 하는 문제이다. 무릇 번역자는 "중국어와 서양어, 그리고 번역하고자 하는 내용에 대해서 모두 잘 알고 있어야 하는데 이 세 가지를 다 갖추고 있는 사람은 고급 번역인재이고, 두 가지만 갖추고 있으면 그 다음이고, 한 가지만 갖추고 있는 사람은 번역인재라고 부를 수가 없다." 따라서 "번역인재를 양성하려면 번역학교를 세우는 일에서부터 시작해야 한다." 그는 마건충(馬建忠)이 《擬設繙譯書院議(의설번역서원의: 번역학교를 세울 것을 건의함.)》라는 글에서 번역학교를 세울 것을 건의한 데 대해 적극적으로 지지했다. 그는 또 일본어가 중국어와 비슷하고 일본이 유신 후 서학에 상당히 심혈을 기울이고 있어 "오늘날 일본어를 배워 일본서적을 번역하게 되면 힘을 적게 들이고도 많은 성과를 얻을 수 있다."고 주장하였다. 그의 이러한 견해는 당시의 황준헌(黃遵憲), 강유위(康有爲) 및 장지동(張之洞) 등의 주장과 완전히 일치한다. 결론적으로 이야기하면 서적을 번역함에 있어 양(梁)씨가 《變法通議, 論譯書(변법통의, 논역서)》에서 제기한 '수립삼의(首立三義: 먼저 세 가지 방법을 세워야 한다.)"는 당시 번역 작업에서 가장 중요한 이론 문제를 제기한 것이라고 할 수 있다.

당시 관방에서 설립한 경사동문관(京師同文館), 천진수사학당(天津水師學堂), 강남제조국(江南製造局) 등에서 운영하는 번역 기구는 이미 설립한 지 30년이 가까웠으나 번역서가 겨우 100권에도 미치지 못하여 당시에는 모두가 이미 문을 닫은 상태나 다름없었다. 따라서 그는 1897년 가을, 자금을 모아 상해에 '대동역서국(大同譯書局)'을 창립했다. 그는 이를 통해 국내의 번역사업을 진흥시키고 자신의 번역이론을 실천에 옮기고자 하였다. 그는 10월 16일 《時務報(시무보)》 제42기에 《大同譯書局序例(대동역서국서례)》라는 글을 발표하였다. 그는 이 글의 첫머리에서 "서적을 번역하는 것이 오늘날 가장 시급한 문제"임을 강조하고 "오늘날 서둘러 서적을 번역하지 아니하면 소위 말하는 변법(變法)이라는 것은 모두 헛소리가 되고 말 것이며, 국가에서도 아무런 법적인 효과도 얻지 못하게 되고 말 것이다."고 강하게 주장하였다. 그가 번역국을 운영하던 방침은 "동토(東土: 일본을 가리킴.)를 위주로 하고, 서양의 서적으로 부족한 부분을 보충한다. 정치학을 우선으로 하고 기술서적은 그 다음으로 한다. 기존의 번역본 가운데 희귀본이나 내국인이 쓴 새 책 중에서 뛰어난 것들은 모두 받아들여 출판한다. 어떤 것들은 총서로 하여 구입하기 편리하도록 하고 어떤 것들은 단행본으로 하여 널리 보급되도록 한다. 헛소리만 해댄다는 비난을 일소하고 실용적인 학문을 증가시켜 관리들에게 필요한 부분을 도와주어 시급한 위기를 구할 수 있도록 한다."로 정했다. 그는 "본국(대동역서국을 가리킴.)에서는 장차 각국의 변법과 유관한 서적과 이제 막 변법을 시작하려고 하는 지역의 형세 등에 관한 서적을 먼저 번역하여 오늘날 변법의 필요에 대비하려고 한다. 역학당의 각종 수업은 책 읽기에 편리하도록 한다(각 번역 학당의 교재로 제공한다.). 헌법 서적을 번역하여 국가의 근본을 분명하게 밝힌다. 행정 조례를 번역하여 사무를 처리하는 데 사용하도록 한다. 상업 서적을 번역하여 상업을 진흥시키고 이권(利權)을 만회한다. 대략 위에 열거한 종류의 책들을 먼저 번역하고 그 밖의 분야의 책들은 시간이 나는 대로 한두 가지씩 번역한다. 종류가 너무 많아 일일이 다 열거할 수가 없다. 농업 서적은 농회에서 전문적으로 번역하고, 의학

서적은 의학회에서 전문적으로 번역하고, 병서(兵書)들은 각 성의 관에서 설치한 관서국에서 지금도 계속해서 번역을 하고 있으니 대동역서국에서는 이러한 종류의 번역은 잠시 보류한다."고 강조했다.

같은 해에 그는《西學書目表(서학서목표)》라는 책을 썼는데,《序例(서례)》에서 다시, "병서에서 말하기를 남을 알고 나를 알면 백전백승이라고 하였다. 상대방은 우리 측을 날마다 엿보고 있어 우리가 하는 일을 모두 알고 허와 실을 모두 꿰뚫고 있다. 그러나 우리는 허풍이나 떨면서 태평스레 누워 있으니 적을 알 수 없을 뿐만 아니라 자기 자신도 알지 못한다. 가만히 앉아서 침략과 능욕을 당하는 것은 바로 이 때문이다. 따라서 국가가 부강해지려고 하면 서양의 서적을 많이 번역하는 것이 근본적인 방법이다. 학생들이 자립하기를 원한다면 서양 서적을 많이 읽어야 한다."고 강조했다. 그는 또 "영국의 런던도서관에는 8만 권이 넘는 책이 있다고 들었는데 그 중 번역이 된 책은 극소수에 불과하다. 서양의 모든 지시사항이나 훈령 등이 모두 갖추어져 있는데 바로 이것이 정치의 근본이며 부강의 원인이다. 오늘날까지 번역되어 나온 것은 정말 몇 종류 되지 않는다. 그 가운데 기술서적은 날로 새로운 책이 나오고, 내용도 달라져 새 책이 나오기만 하면 기존의 책들은 모두 자취를 감춘다. 오늘날 번역된 서적들은 이미 2, 30년 전에 번역된 것들이어서 그 사람들이 보기에는 이미 진부하기 짝이 없는 책들이다."고 지적했다. 이 글에서 그는 당시의 번역 임무의 막중함과 급박함을 강조했다. 1898년 9월 무술변법(戊戌變法)이 실패로 돌아가자 그는 일본으로 망명하여 계속해서 정치활동에 종사했다. 그는《三十自述(삼십자술)》에서 다음과 같이 말했다. "일본 동경에서 생활한 지 1년이 지나자 일본어를 제법 읽게 되었고, 따라서 사상도 또 한 번 바뀌게 되었다." "일본어를 제법 읽을 수 있게 되었기 때문에" 그는 더욱 번역을 중시하게 되었다. "사상이 또 한 번 바뀌게 되면서부터" 문학작품번역의 중요성을 강조하는 쪽으로 바뀌어 갔다. 그의 이러한 사상은《譯印政治小說序(역인정치소설서)》와 그 밖의 소설과 '군치(群治: 광의의 정치)'의 관계를 논한 글에 집중적으로 나타나 있다.《譯印政治小說序(역인정치소설서)》라는 글은 1898년 12월 23일, 그가 일본 횡빈(橫濱)에서 창간한《淸議報(청의보)》제1기에 발표되었다. 그는 중국문학사에 처음으로 '정치소설'이라는 개념을 도입하였는데 정치소설이란 작가가 소설을 빌려서 자기의 가슴속에 품고 있는 정치적 사상이나 포부를 토로하는 소설이라고 개념을 규정하였다. 그는 "특히 외국의 유명한 인물들의 소설 가운데에서 오늘날의 시국에 관계되는 것들을 선별해서 차례로 번역하고" 이러한 '정치소설'의 번역을 통해 직접 사회, 정치 투쟁에 참여함으로써 "전국의 여론이 이 소설로 인해 바뀌지기를" 바랐다. 그의 이러한 논의는 나름대로 진보성과 합리성은 갖추고 있지만 너무 한 쪽으로만 치우친 감을 면할 수 없고, 특히 문학만이 가지는 예술적 특성을 간과했다는 비판을 면하기 어렵다. 그 후 그의 이러한 생각은 노신(魯迅)과 주작인(周作人) 등으로부터 비판을 받았다. 그는 또 일본어를 알았기 때문에 다른 사람들과 함께 《和文漢讀法(화문한독법)》이라는 책을 합편하였고, 또 1899년에는 《論學日本文之益(논학일본문지익: 일본어를 배우는 것의 이익에 대하여 논함)》이라는 글을 '애시객(哀時客)'이라는 필명으로 4월 1일자 《淸議報(청의보)》에 발표하였다. 그는 자신의 체험을 바탕으로 하여 일본어를 배울 것을 강조하고 일본 서적을 번역함으로써 중국이 "백성을 새롭게 일깨우고 나라를 부강하게 하는 데 있어" 얻을 이익을 다시 한 번 더 강조했다.

1902년, 그는 자신이 주편을 맡고 있던 《新民叢報(신민총보)》에 《東籍月旦敍論(동적월단서론)》이라는 글을 발표하고 그 첫머리에서 다음과 같이 말했다.

> 새로 외국의 언어와 문자를 배워 알게 되니 마치 하나의 신식민지를 얻은 것 같다. 비록 새로운 땅을 얻었다고 하더라도 사람을 이주시켜 개간하지 않으면 돌밭과 같을 뿐이다. 언어와 문자를 알면서도 책을 읽지 아니하면 앵무새에 불과한 것이다. 우리 중국인들은 영어와 영문을 중시한 지가 수십 년이 되어 이를 배워 아는 자가 수천 명이나 되나, 엄우릉(嚴又陵: 본명은 嚴復, 자가 又陵)을 제외하고는 누구도 그들의 학술사상을 중국에 수입한 사람이 없다. 이렇게 된 것은 영어를 배운 사람들이 중국학문에 대한 연구가 결핍되어 있거나 서양의 학문을 깊이 있게 연구하지 않았기 때문이 아닐까? 통상을 시작한 지 수십 년이 지난 지금, 서양학문을 수입하는 일은 어쩔 수 없이 일본서적을 읽을 줄 아는 사람들이 해주기를 기다리게 되었으니 중국인들에게는 참으로 큰 불행이다. 그러나 일본서적이 있어서 하나의 모범이 되니 오늘날 일본학문을 하는 사람으로 하여금 앞서 서학을 받아들인 행적을 따라갈 수 있게 만드니, 이것은 참으로 불행 중 다행이라 아니할 수 없다.

분명한 것은 외국어는 하나의 도구에 불과하니 외국어를 배워서 능통한 사람은 반드시 그것을 필요로 하는 곳으로 보내져야 하고, 한 걸음 더 나아가 그 나라의 학문을 연구해야만 한다. 그렇게 하지 아니하면 말을 배워서 종알거리는 한 마리의 앵무새에 불과할 뿐이다. 양(梁)씨의 이러한 비유가 아주 야박하게 들릴지 모르겠지만 그것은 실제로 자신의 진지한 번역사상을 나타내고자 하는 하나의 표현 방법에 지나지 않는다. 그는 또 다음과 같은 문제를 제기하였다. 그렇게 수많은 사람들이 영어를 배웠으나 서양의 학술을 소개한 사람은 몇 사람에 불과하고, 또 그것을 일본어를 배운 사람들이 重譯해서 소개를 해야만 했을까? 이것은 서양어를 배운 사람들이 중국학문에 대한 지식이 부족할 뿐만 아니라 동시에 서양의 학문에 대해서도 깊이 있게 연구하지 않았기 때문이다. 이것은 문제의 핵심을 찌른 정확한 지적이다. 중국 근대 학술사(현대까지 포함)를 전체적으로 보면, 일본유학생들의 공적이 서양 유학생들의 공적보다 훨씬 더 크다고 할 수 있는데 이것은 분명한 사실이다. 그 까닭은 무엇일까? 양(梁)씨는 다음과 같은 두 가지 원인을 제시했다.

> 첫 번째 이유는 서학을 공부하는 사람들은 어려서부터 서학을 공부하였기 때문에 중국의 학문은 조금도 알지 못하였으며 심지어는 글자까지 읽지 못하는 사람도 있었다. 뿐만 아니라 학문을 하는 목적도 분명하지 않아 어떤 학문을 해야 하는지도 선택하지 못하는 경우가 있었다. 그것은 그들이 학문을 하는 목적이 학문을 연구하거나 대학자가 되는 것에 있지 않았기 때문이다. 또 그들을 가르치는 선생이라는 사람들도 시정잡배들이 대부분이어서 그들을 인도한 곳도 학문의 길이 아니라 그저 밥이나 먹고 살도록 하는 길이었다. 그 가운데에는 이러한 세속적인 생각에서 벗어나려고 한 사람이 없는 것은 아니었지만 그 수는 극히 미미하였다. 그러나 일본의 학문을 공부하려고 하는 사람들은 최소한 이미 약관(弱冠)을 넘긴 사람들이어서 이미 머릿속에 자제력과 분별력을 갖추고 있고 학문에 대한 열정이 상당히 절실했기 때문에 많은 성과를 거둘 수 있었던 것이다.
>
> 두 번째로는 서양어로 된 정치, 경제, 철학 등의 서적을 읽고 온전하게 이해하려면 최소한 5, 6년의 노력 없이는 불가능하다. 어린 아이들은 아직도 지각력이 떨어져 초등학교 고학년에 올라가 시작한다하더라도 10여 년의 노력이 없으면 불가능하다. 여태껏 서양의 학문을 배우는 자들은 분명한 목적을 가지고 있지 않았을 뿐만 아니라 형편도 어려워 졸업을 하는 사람이 많지 않았다. 일반적으로 중국인들 중에서 서양 학문을 하는 사람들은 최종 학력이 기껏해야 고등학교를 졸업한 것에 불과하니 학문다운 학문을 들어보지도 못한 것은 별로 이상할 것도 없다. 일본의 학문을 하는 사람들은 중국 문학에

> 대해서는 이미 상당한 깊이가 있으며, 1년을 배우게 되면 책을 능히 볼 수 있고 막히는 곳이 없다. 열정적으로 학문을 하고 사려가 깊은 사람은 수준이 높은 전문 학문도 선생님 없이 대략적인 내용을 알 수가 있으니 그 효과가 참으로 빨리 나타난다.

양(梁)씨의 이와 같은 분석은 중국 근대 번역사에서 '서불여동(西不如東: 서양 서적을 번역하는 것이 일본 서적을 번역하는 것만 못함.)' 현상이 나타나게 된 원인을 설명하여 주고 있을 뿐만 아니라 어떻게 하면 수준 높은 번역자를 양성할 수 있는가 하는 문제에 하나의 답을 제시하고 있는 것이다. 동시에 강유위(康有爲)가 여러 차례 제기했던 "서양의 문자를 배워서 번역하는 것보다 일본의 문자를 배워서 번역하는 것이 더 낫다."고 한 주장의 합리성을 이론적으로 증명한 것이다. 양(梁)씨는 "정통적인 학문 방법으로 볼 때는 서양의 서적을 번역해야 하는 것이 마땅하고 일본서적을 번역하는 것이 좋은 방법이 아니기는 하나, 일본서적의 번역은 임시방편으로 번역하기에는 언어를 깊이 이해하지 않고서도 안 되는 것은 아니다."고 생각하였다. 그는 또 한 걸음 더 나아가, "일본학문을 하고자 하는 사람도 반드시 그 언어에 정통해야 하니 이것이 바로 가장 기본적인 방법이다."고 주장하였다. 뿐만 아니라 일본어에 정통하는 것도 결코 쉬운 일이 아니며 반드시 일본에 거주하면서 그 사람들과 접촉하고 몇 년 동안 열심히 노력해야 한다고 하였다. 그러나 "임시방편으로 그 책을 능히 읽고자 하면 지혜가 있는 사람은 열흘이면 가능하고, 좀 아둔한 사람이라 하더라도 두 달만 배우면 흥미진진하게 읽을 수 있다. 따라서 말을 배우지 않고 학문만 할 사람이나 문장을 짓지 아니하고 책만 읽을 사람에게는 이런 임시방편적인 방법을 택하는 것도 배척할 만한 일은 아니다."고 하였다.

중국의 자산 계급 혁명파들이 총궐기하고 청나라 정부에서 예비 입헌 군주제를 선포하고 난 후부터 양(梁)씨의 정치사상은 점차 보수와 반동으로 기울기 시작하였다. 이후 그는 번역사상 방면에 있어서도 그의 생애 전반기에 보여주었던 날카롭고 진보적인 색채는 그만 사라지고 말았다. 다만 그는 1910년 장사쇠(章士釗)가 명칭번역 문제에 대한 글(十六 章士釗《論飜譯名義(논번역명의)》 등을 참고 바람.)을 발표했을 때 그의 견해를 지지하였다. 20년대 초에 그는 중국의 번역학사에서 아주 중요한 공헌을 하였다. 그는 중국고대불교사를 총정리하면서 고대불경번역이론을 정리하고 평가하였다. 그는 차례로 10여 편의 불경연구논문을 발표하였는데, 여기서 그는 번역이 중국의 언어와 문자 발전에 미친 중요한 영향 등에 관하여 논했다. 중국의 고대불경번역이론가들의 이론문장은 이미 앞의 제1장에서 논의를 했으므로 여기서는 생략하기로 한다. 주목할 만한 점은 그는 자신이 주간하던《改造》라는 잡지에 1921년 7월부터《飜譯事業之硏究(번역사업지연구)》라는 고정란을 만들어 자신이 쓴《中國古代之飜譯事業(중국고대지번역사업)》, 정진탁(鄭振鐸)의《俄國飜譯史中的翻譯家(아국문학사중적번역가: 러시아문학사중의 번역가)》, 장백리(蔣百里)의《歐洲文藝復興時代飜譯事業之先例(구주문예부흥시대번역사업지선례: 유럽문예부흥시대의 번역사업의 선례)》 등의 글을 실었다. 그는 중국과 외국의 번역사를 정리하는 일에 관심을 가지고 있었을 뿐만 아니라 빈역 사업을 함에 있어 이것을 하나의 모범으로 삼고자 하였으니 그 탁월한 식견에 놀라울 따름이다. 양계초(梁啓超)는 고대번역이론을 총정리하는 일을 대단히 중시하였는데, 이는 중국 근대번역사에 있어서 가장 큰 공헌이라 아니할 수 없다.

八. 뛰어한 번역이론을 세운 엄복(嚴复)

갑오전쟁(甲午戰爭: 淸日戰爭)에서 패하고 난 이후의 중국은 점점 더 심각한 위기상황으로 치닫게 되었다. 그러나 바로 이 시기에 근대 중국에서 가장 뛰어난 번역이론가인 엄복(嚴复)이 나타났다.

엄복(嚴复, 1854-1921)은 자가 우릉(又陵) 또는 기도(幾道)로, 복건, 후관(福建, 侯官)사람이다. 그의 부친은 시골에서 의사를 겸한 유생이었는데 그가 열네 살 되던 해에 그만 세상을 떠났다. 부친이 세상을 떠나자 유복하던 가정이 빈곤하게 되었다. 그 후 그는 시험을 쳐서 양무파였던 좌종당(左宗棠), 심보정(沈葆禎) 등이 운영하던 복건선정학당(福建船政學堂)에 들어가 영어와 항해술 등을 배웠다. 그는 5년 만에 졸업한 후 실습선을 타고 싱가포르, 빈랑서(檳榔嶼: 필리핀의 섬이름), 타이완, 일본 등에 가 보았다. 1877년, 다시 영국에 파견되어 격림니차(格林尼次: 그리니찌) 해군대학에서 2년 동안 유학하였다. 이 기간 동안 그는 또 프랑스를 여행하기도 하였다. 2년이란 세월이 비록 짧기는 하였지만 이 기간은 그의 번역 능력을 향상시켰을 뿐만 아니라 일생 동안 그의 사상에 커다란 영향을 미쳤다. 당시의 영국은 이미 자본주의가 상당히 발달하였는데 영국과 프랑스는 당시 서방에서 사회과학이 아주 발달한 지역이었다. 바로 이때 엄복(嚴复)의 사상에는 자산 계급 민주주의 사상이 씨앗을 뿌리기 시작하였고, 그와 동시에 이때부터 그는 당시의 양무파들의 주장에 대하여 회의를 느끼기 시작하였다. 그는 귀국하고 나서 복건선정학당에서 교사를 지냈다. 그 다음 해에 이홍장(李鴻章)은 그를 다시 천진수사학당의 교무처장으로 발령을 내렸다. 얼마 지나지 않아 그는 다시 승진하여 정4품관인 교장(총장)이 되었다. 겉으로 보기에는 순탄하게 계속 승진하는 것처럼 보였지만 사상적으로는 매우 견디기가 힘들었다. 그는 심지어 외국어를 배운 것을 후회하여 "당시에 잘못 판단하여 방행서(旁行書: 곁가지 학문: 외국어를 가리킴.)를 배웠는데 온 세상 사람들이 모두 오랑캐 취급을 한다."(《送陳彤鹽歸閩(송진동염귀민)》을 참조 바람.)고 말하였다. 이 때문에 그는 처음부터 다시 시작하여 과거를 볼 생각까지도 하였다.

갑오해전(甲午海戰: 청일전쟁)에서 중국이 참패하자 그는 그제서야 격분하기 시작했다. 그는 연이어 몇 편의 정치적인 글을 발표하여 의회를 창립하고 서학을 널리 보급함으로써 중국을 위기에서 구해 내자고 주장하였다. 그를 일약 전국적인 유명 인사로 만든 것은 1897년에 발표한 역저 《天演論(천연론)》(헉슬리 원저)이었다. 1년 후 이 책은 다시 단행본으로 출판되었는데 이때부터 더욱 선풍적인 인기를 누렸다. 오여륜(吳汝倫)과 같은 봉건사대부들까지도 이 책을 읽고 난 후 문장의 아름다움과 논리 정연함을 칭찬하였다고 한다. 곧이어 그는 또 아단사밀(亞丹斯密: 아담, 스미스)의 《原富(원부: 국부론)》, 약한목륵(約翰穆勒: 존, 밀)의 《群己權界論(군기권계론)》과 《穆勒名學(목륵명학)》, 孟德斯鳩(맹덕사구: 몬테스큐외)의 《法意(법의: 법의 정신)》, 斯賓塞爾(사빈색이: 스펜스)의 《群學肄言(군학이언)》, 구극사(歐克斯)의 《社會通詮(사회통전)》, 야방사[9](耶芳斯)의 《名學淺說(명학천설)》 등 서양의 철학과 사회과학의 명저

9) (W. S. Jevons, 1835-1882年).《辯學啓蒙》据譯的英文版本, 其書名直譯爲《邏輯初級讀本》或《邏輯入門》.

들을 번역하였다. 그 수가 무려 총 200여 만 자나 되어 그는 일시에 중국 근대번역의 대가가 되었으며 서양의 사상, 문화, 제도를 체계적으로 소개하는 제1인자가 되었다. 강유위는 그가 "번역한《天演論(천연론)》은 중국에 소개된 서학 중 제일이다."라고 하였다(《與張之洞書(여장지동서)》). 채원배(蔡元培)도 "50여 년 동안 서양의 철학을 소개한 사람들 가운데 후관(侯官) 사람 엄기도(嚴幾道)가 으뜸이다."고 하였다(五十年來之中國之哲學). 그 후 비록 사상이 낙오되어 만년에는 신문화운동에 반대하는 입장을 취하기도 하였지만 당시 서방의 학문을 확실하게 배우고자 하는 선진적 중국인의 대표임에는 틀림없었다.《天演論(천연론)》을 번역할 때 그는 중국의 근대에 있어 가장 유명한 '신(信), 달(達), 아(雅)'라는 번역이론을 제창했다. 그는《天演論(천연론)》의 맨 첫머리에 있는《譯例言(역례언)》의 제1단에서 다음과 같이 주장했다.

> 번역을 하는 일에는 세 가지 어려움이 있는데 바로 신(信),《달(達)》,《아(雅)》이다. '신(信: 정확성)'을 기하는 것만도 대단히 어렵다. 신(信: 원문을 정확하게 번역함.)만 추구하다 달(達: 정확하게 전달하는 것)이 되지 아니하면 비록 번역을 했다 하더라도 하지 아니한 것과 같으니, 반드시 달(達)을 추구하여야 한다. 문호가 개방된 이래, 통역을 할 수 있는 인재는 곳곳에 있지만 책을 번역함에 있어 두 나라의 언어를 책임지고 능통하게 번역할 수 있는 사람은 드물다. 그 까닭은 겨우 맛이나 본 정도인 사람이기 때문인 것이 그 첫 번째 이유이고, 어느 한 쪽에만 치우쳐 있는 것이 두 번째 이유이고, 이 두 언어의 차이점을 능히 구별하지 못하는 것이 세 번째 이유이다.

이 책에서는 이미 앞에서 '신(信)', '달(達)', '아(雅)' 세 자(字)가 일찍이 삼국시대 지겸(支謙)의《法句經序(법구경서)》에서 이미 모두 거론되고 있음을 서술하였다. 그러나 이 세 자(字)를 번역 작업의 내재적 규율과 관계 속에서 배열, 조합하고 또 명확하게 자각적으로 '번역 작업의 모범'으로 제기한 것은 엄복(嚴复)이 처음이었다. 엄복(嚴复)의 삼자이론(三字理論)이 최초의 불경 번역이론에 모두 보이는 것은 우연한 일치라고 할 수만은 없으며, 그 속에는 반드시 필연적인 연관 관계가 있다고 할 수 있다. 예를 들면 지겸(支謙)이 서(序)에서 노자와 공자를 인용하여 입론의 근거로 삼고 있고, 엄복(嚴复) 역시 아주 비슷하게 유가의 경전과 공자의 이와 관련된 논술을 인용하여 자신의 입론의 근거로 삼고 있는데, 이는 엄복(嚴复) 역시 전통적 문장학의 풍부한 경험 속에서 번역의 이치를 이끌어내었다는 것을 보여주고 있는 것이다. 이 점 또한 중국의 전통 역학이론의 중요한 특징 중의 하나임을 잘 드러내고 있다.

엄복(嚴复)은 '신(信), 달(達), 아(雅)' 삼자의 주종선후(主從先後) 관계에 대해서도 비교적 분명하게 인식하고 있었던 것 같다. 이 점은 그가 이 세 자(字)를 배열하고 논술한 순서에서 찾아볼 수 있다. 그는 번역을 할 때는 먼저 반드시 그 신(信: 정확성)을 추구하여야 하는데, 정확하게 번역되었다 하더라도 만약 달(達)이 되지 아니하면 번역하지 아니한 것과 같다. 따라서 신(信: 정확성)을 추구하는 외에도 반드시 달(達: 전달)을 추구해야 한다. 그는 중국어와 서양어의 문법상의 차이를 다음과 같이 설명하였다. "서양의 문장에서 명사는 그 때마다 쓰고 있는데 중국어에서 곁가지는 앞 뒤 문장과 연결하고 나서야 비로소 정확한 뜻을 알 수 있다. 따라서 서양어의 문장은 짧게는 두 세 단어, 길게는 수백 배가 되는 문장도 있다. 만약 이를 그대로 번역하게 되면 아마도 뜻이 통하지 않게 될 것이다. 그렇다고 생략하고 요점만 번역하면 원래의 의미가 빠져 버리게 될까 두렵다." 따라서 그는 번역자는 반드시 "원문이 가지고 있는 정신을 완벽하게 파악하고 나서 붓을 들어 번역하게 되면 자연스럽게 원문의 정신이 드러나게 될 것이다. 원문의 의미가 본래부터 어려운 것이어서 드러내기가 쉽지 않을 때에는 마땅히 앞뒤 문장의 관계 속에서 그 뜻을 파악해야 한다." 그는 "이러한 전 과정을 달(達)이라고 한다. 달(達)을 하는 과정이 곧 신(信)을 이루는 과정이다."고 지적했다.

엄복(嚴复)의 '신(信)'과 '달(達)'의 관계에 대한 논술은 비교적 명확하여 훗날 사람들이 별로 의문을 제기하지 않았다. 그러나 그의 '아(雅)'에 관한 논술에는 수많은 이견과 비판이 있었다. 이는 적지 않은 사람들이 엄복(嚴复)의 본의를 제대로 파악하지 못한 결과인 것 같다. 엄복(嚴复)은 이 《譯例言(역례언)》이라는 문장의 셋째 단락에서 다음과 같이 말하였다.

> 《역(易: 주역을 가리킴.)》에서 말하기를 "수사(修辭: 문장을 꾸밈.)를 할 때는 성실하게 임해야 한다."고 했다. 공자께서도 말씀하시기를 "문장은 의미를 전달하는 것일 따름이다." 고 하였으며, 또 "말을 하되 훌륭한 문장이 따르지 못하면 오래 갈 수가 없다."고 하였다. 이 세 말씀이 바로 문장의 정통적인 규범이며, 또한 번역의 모범이라 하겠다. 따라

> 서 신(信)과 달(達) 외에도 이아(爾雅: 우아함)도 추구해야 한다. 문장이 오랫동안 전해지기를 바랄 뿐만 아니라 정교한 이치나 깊은 의미를 지닌 것을 나타내기 위해서는 중국어의 이전의 문법과 문장법을 사용하면 달(達: 의미를 전달)이 쉬워진다. 오늘날 세속의 언어들을 사용하면 오히려 전달하는 것이 어려워진다. 때로는 원문의 의미를 달리 해가면서도 문장을 미문으로 만들려고 노력하는데, 그러면 원문의 정신에서 아주 멀어져 버리고 만다. 이 두 가지 가운데에서 부득이하게 어느 한 가지를 선택해야 한다면 어찌 기이함을 취하겠는가?(마땅히 뜻을 분명하게 나타내는 신(信)을 택해야 한다.) 내가 번역한 이 책도 어렵고 문장이 고루하다는 비난을 면하기 어려울 것이나 사실은 뜻을 분명하게 드러내기 위해 노력을 하였지만 만족할 만한 수준에는 이르지 못한 것 같다.

"신(信)과 달(達) 이외에도 이아(爾雅)를 추구해야 한다."는 이 말 속에는 무엇이 더 중요하고 무엇이 덜 중요한 것인지의 문제가 확연하게 드러나 있다. 소위 말한 '이아(爾雅: 문장의 아름다움)'라는 것은 앞뒤 문장의 문맥으로 보아 '문장의 수식'을 추구하라는 것으로, 문장을 아름답게 꾸밈으로써 그 문장이 오래갈 수 있도록 해야 함을 강조한 것이다. 어떤 논자들은 '아(雅)'의 문제를 《論語(논어)》에서 말한 '아언(雅言)'과 결부시킴으로써 문제를 더욱 복잡하게 만들고 말았다.

'아(雅)'에 대한 이 기준이 도대체 존재할 필요가 있을까? 가장 흔히 보이는 비판은 만약 원문 자체가 문장의 수식을 중요하게 여기지 않고 문장의 유창함을 강구하지 않은 문장을 억지로 화려한 문장으로 번역한다면 이미 이는 '신(信)'의 표준을 위배하는 방향으로 흐르게 된다는 것이다. 따라서 그들은 '아(雅)'라는 기준은 근본적으로 제기할 필요가 없었다는 것이다. 그러나 우리들이 볼 때에는 이 기준은 그래도 필요하며 성격이 다른 작품에 각기 달리 기준이 적용되어야 한다고 생각된다. 문학 작품의 번역에 있어서는 이 기준이 대단히 높게 적용되어야 하며, 철학이나 사회과학 부류의 서적의 번역에서는 다소 낮게 적용되어야 하고, 과학기술서적이나 공문부류의 서적번역에 있어서는 더욱 낮게 적용되어야 한다. 만약 원문 자체가 문장의 수식이나 문장의 유창함을 강구하지 않는 것이라면 이미 문학적인 가치를 상실한 것이며, 널리 유포될 수도 없고 아예 번역할 필요도 없다. 따라서 위에서 거론한 비판자들은 너무 지나친 걱정을 하는 것이라고 할 수 있다. 어떤 문학작품 가운데는 거칠고 저속하며 어지럽고, 심지어는 추잡한 문장들도 보이는데 이것은 내용의 필요에 의한 것이고 이러한 '추악한' 묘사는 전체 작품의

'아름다움'을 묘사하기 위한 방법이니 이것은 예술적 변증법이라고 하겠다. 따라서 번역할 때는 원문대로 원래의 '추잡한' 특색을 유지하는 것이 옳다. 이것 또한 '아(雅)'의 일종이며 일종의 '문채(文采: 문장의 수식)'임을 반드시 알아야 한다. 우리들이 '아(雅)'를 이해함에 있어서는 반드시 예술변증법을 이해해야 하며 이를 구속해서는 안 된다. 어떤 논자들은 '아(雅)'의 기준을 '원문에 상응하는 문장의 수식'이라는 표준으로 바꾸어야 한다고 주장했는데, 이 주장은 이 기준이 존재해야 할 필요가 있다는 것을 인정하는 것이다.

다만 엄복(嚴复)은 그 이유를 분명하게 설명해 내지 못하였을 뿐만 아니라 이 글 속에서 아(雅)의 표준도 미학상의 '고아(古雅: 예스럽고 우아함)'에 편중되어 있었다. 그가 말한, "중국어의 고어의 자법(字法)이나 구법(句法: 문장법)으로 하면 쉽게 전달되나 근래의 세속적인 언어로 나타내면 전달되기 어렵다."고 한 이야기는 타당하지도 않고 다른 사람의 오해를 쉽게 불러올 소지도 충분하다. 여기에서는 마땅히 좀 더 깊이 있게 분석하고 다음과 같은 두 가지 점에 대해서는 충분히 고려해야 한다. 첫 번째로 고려해야 할 점은, 이 이야기는 외국의 철학이나 사회과학 서적의 '정교한 의미나 함의가 풍부한 언어' 등과 같은 특정한 번역 대상을 두고 이야기하였다는 점이다. 이와 같은 서적을 번역할 때에는 지나치게 세속적인 언어는 적절하지 아니하다. 두 번째로 고려해야 할 점은 엄복(嚴复)의 이야기는 당시(19세기 말)의 중국사대부, 다시 말하면 상층의 지식분자나 관료 등과 같은 특정한 독자 대상을 두고 말했다는 점이다. 따라서 반드시 이들 독자들이 마음속으로 경탄할 고아(古雅)한 문체를 응용해야 하며 고아하면 고아할수록 더욱 쉽게 전달된다고 말했던 것이다. 바로 이러한 이유 때문에 엄복(嚴复)은 "어쩔 수 없는 면이 있기는 하지만" "실제로 각별히 신경을 써서 전달이 잘 되도록 해야 한다."고 반복해서 말했던 것이다. 따라서 엄복(嚴复)의 이러한 견해는 확실히 그 나름대로의 설득력이 있는 것이라 할 수 있다.

이 문제에 대해서 엄복(嚴复)은 그 후 1902년 양계초(梁啓超)에게 보낸 자신이 번역한 《原富(원부; 국부론)》에 대해 설명하는 서신 속에서 명확하게 표현하였다. 양(梁)씨는 당시 엄복(嚴复)이 '중학과 양학의 두 방면에 걸쳐 최고의 인물'이라고 극찬을 하면서도 엄복(嚴复)의 번역이 "지나치게 고아한 것을 추구하여 의도적으로 선진(先秦)의 문장을 모방하고 있다."고 아주 완곡하게 비판하고, 학리(學理)가 심오한 서적들도 마땅히 '유창하고 예리한' 필치로 번역하였으면 좋겠다고 생각하였다. 엄복(嚴复)은 이 문제에 대해 다음과 같이 답변하였다.

> 문사(文辭: 문장)라는 것은 이상을 싣고 나는 날개요, 감정을 전달하는 음성이라고 생각합니다. 따라서 심오한 이치를 담은 글은 거친 단어로는 표현을 해 낼 수 없고, 곧은 감정을 비천한 어투로는 표현하기 어렵습니다. 중국의 문장 가운데 아름답기로 말하면 사마천(司馬遷)이나 한유(韓愈)의 문장만한 것이 없습니다. 사마천이 말하기를 "뜻이 순결한 것은 그 명칭마저도 아름답다."고 하였으며, 한유는 "문장에는 어렵고 쉬운 것이 있는 것이 아니라 옳고 그름이 있을 뿐이다."고 하였습니다. 나는 문장을 씀에 있어서 심오하고 고아함을 추구하는 것이 아니라 오로지 옳음을 추구할 따름입니다. 문체의 변화는 그 시대의 문화의 정도와 성비례한다는 것을 글을 쓰면서부터 비로소 알게 되었습니다. 중국의 학술에 관하여 논하자면 전국시대(戰國時代)와 수당(隋唐)시대에 전성기에 도달하여 크게 빛을 발한 적이 있으니, 문체를 사용함에 있어 이 두 시대를 버리고 나면 어느 시대를 따라야 하겠습니까? 또 문계에 어찌 혁명이라는 게 있을 수 있습니까? 근세의 문장과 옛날의 문장을 비교하여 보면 진보한 것은 그들의 이상이요, 그들의 학술일 뿐입니다. 감정의 오묘함은 옛날의 문장만 같지 못합니다. 특히 문법이나 체제는 달라진 것이 별로 보이지 않습니다. 중국에서는 번역의 문체에 관한 논의에 있어서 옛날의 말씀과 다른 것이 있다면 오직 불교서적이 있을 뿐입니다. 그러나 그들은 규칙과 명의(名義)를 먼저 정한 후에 다른 사람에게 알렸습니다. 오늘날의 번역자들은 규칙과 명의를 세우지 않고 갑자기 서양의 문법에 따라 번역하니, 그 책을 읽는 사람들이 그것을 어찌 모두 알겠습니까? 아마도 다 알지 못할 것입니다. 만약 함부로 세속적인 용어들을 사용하여 시정 사람들이나 배우지 못한 사람들이 쉽게 알 수 있도록 하는 것은 문계(文界: 문인 세계)를 능욕하는 것일 뿐, 그것은 혁명이 아닙니다. 뿐만 아니라 내가 번역하고자 하는 서적은 학리(學理)가 깊고 심오한 서적들로, 아동들에게 제공하여 교육을 시키자는 것도 아닙니다. 내가 번역한 책들은 중국의 고서를 많이 읽은 사람들을 대상으로 한 서적들입니다. 중국의 고서들을 많이 읽지 않고서 나의 번역서들을 비판하는 것은 그 잘못이 독자에게 있는 것이므로 번역자는 책임질 수가 없습니다. 무릇 책을 쓰고 번역하는 일은 모두가 문명 사상을 국민에게 전파하고자 하는 목적에서 나온 것입니다. 독자의 자질과 수준의 차이가 있으니 이들을 뒤섞어 똑같은 독자로 볼 수는 없습니다. 청사에 길이 남을 명예를 반드시 원하는 것은 아니지만 이왕 할 것이면 말이 진부하고 내용이 빈약하여 그 문장이 세상에 선보였을 때 하루살이처럼 순식간에 사라져 버리는 것은 비록 신문에 실리는 문장이라 할지라도 글을 쓰는 사람의 입장에서는 꺼려지는 것입니다. 따라서 아름다운 음악도 모든 사람의 귀를 다 즐겁게 해 줄 수는 없고 아름다운 것도 세속 사람들의 눈에는 그렇게 느껴지지 않을 수도 있다고 하였으니,

> 뛰어난 문장도 어리석은 사람들이 다 알아보게 할 수는 없습니다. 모든 사람들이 다 알아보게 하려고 하지 않는 것이 아니라 그렇게 할 능력이 없는 것입니다.

엄복(嚴复)이 "고아함을 추구하는 것이 아니라 그 옳음을 추가하는 것이다."라고 한 이야기는 그가 여전히 실사구시를 강조하며, 번역에서 실제로 사용한 문체도 주관적인 관점에서 볼 때 번역의 목적을 위해서 그렇게 할 수밖에 없었던 것임을 의미한다. 그가 '佛氏之書'(불교 서적)를 거론한 것은《천연론(天演論), 譯例言》에서 '십법사(什法師; 鳩摩羅什을 가리킴.)'를 거론한 것과 마찬가지로 그가 확실히 한(漢), 당(唐) 시대의 역경이론을 연구한 적이 있다는 것을 설명해 주고 있다. 그가 번역한 역저와 이 책의 독자 간의 특수한 관계를 강조하고 있는 점도 앞에서 이야기한 바와 같이 충분히 납득할 수 있다. 그러나 그의 '아(雅)'에 대한 논술과 변명 속에는 여전히 문제가 남아 있다. 첫 번째는 그의 글 속에는 확실히 맹목적으로 옛것을 숭상하는 착오적인 경향이 드러나고 있다는 점이다. 그는 '한대(漢代) 이전의 자법(字法)과 구법(句法)'(그가 숭배하고 있는 한유(韓愈)는 결코 한대(漢代) 이전의 사람은 아니었지만 그도 마찬가지로 복고(復古)를 주장했음.)을 사용할 것을 강조하고 "이 두 시대를 버리면 돌아갈 곳이 없다."고 생각했을 뿐만 아니라 심지어는 서방의 문장마저도 옛것이 낫다고 여겼다. 이러한 견해는 시대가 진보한 오늘날의 관점에서 보면 황당하기까지 하다. 두 번째는 그는 '아(雅)'와 '속(俗)'의 관계를 절대적인 대립 관계로 봄으로써 변증법을 위배했다. 그가 이야기한 '아(雅)'는 '고아(古雅)'에만 편중되어 있으므로 그는 고(高: 높은 것)와 과(寡: 부족한 것)를 곡해하여 자신의 업적을 자만하였다. 그의 적지 않은 번역서들이 고풍스럽고 심오한 것 역시 독자들이 많지 않은 원인이 되기도 하였다. 어떤 논자들은 엄복(嚴复)의 서양 정치와 철학에 대한 조예는 양계초(梁啓超)가 미치지 못하며, 엄복(嚴复)의 책은 순조롭게 출판되었지만 양계초(梁啓超)의 책은 빈번히 출판금지가 내려졌음에도 불구하고 근대 계몽사상사에 있어 양계초(梁啓超)의 영향이 엄복(嚴复)의 영향을 훨씬 능가하였다고 지적하였다. 이러한 사실은 양계초(梁啓超)의 충고와 그가 간 길이 옳았고 엄복(嚴复)이 옳지 않았음을 설명해 주는 것이다(왕식(王栻) 著《嚴复與嚴譯名著(엄복여엄역명저)》를 참고 바람.). 양계초(梁啓超)의 영향력이 엄복(嚴复)의 영향력을 훨씬 능가하게 된 데에는 여러 측면의 원인이 있을 수 있다. 저술과 번역 상의 문체가 결정적인 원인이라고 할 수는 없지만 엄복(嚴复)이 번역할 때 사용한 문체에 문제가 있었음은 분명하다. 이 또한 훗날 그가 신문화 운동을 반대하게 된 사상적인 근원이 된 것 같다.

그러나 그가 제기한 '신(信), 달(達), 아(雅)' 삼자 이론(三字理論)은 옛것을 계승하여 새로운 미래를 개척하였다. 말은 간결하면서도 그 의미는 적절하여 의의가 크고 영향력도 심원(深遠)하였다. 양계초(梁啓超)는 "최근에 엄복(嚴复)이라는 사람이 信, 達, 雅를 표방하였는데 참으로 핵심을 꿰뚫은 이야기이다."고 하였다(《佛典之飜譯(불전지번역: 불교경전의 번역)》). 욱달부(郁達夫)는 심지어 "信, 達, 雅 이 삼자(三字)는 번역계의 금과옥조(金科玉條)로서 모르는 사람이 없다."(《讀了瑠生的譯詩而論及于飜譯(독료당생적역시이논급우번역)》)고 말했다. 우리들은 '아(雅)'를 포함하는 '信, 達, 雅' 이론에 약간의 수정과 합리적 해석이 덧붙여진다면 번역의 표준으로 사용될 수 있다고 생각한다. 사실상 그 후의 현, 당대 번역자들이 이와 같이 하고 있다. 이것은 일종의 실사구시(實事求是)적인 태도이다.

또 어떤 논자들은 엄복(嚴复)의 '信, 達, 雅' 이론이 영국의 번역이론가 태특륵(泰特勒: Tytler)이 제기한 '번역 삼원칙(飜譯三原則)과 비슷하다.'고 주장하기도 하였다. 실제로 이 두 가지 사이에는 차이가 있다(이 책 3장 3절의 내용을 참고하기 바람.). 엄복(嚴复)이 어쩌면 태(泰)씨의 영향을 받았을지도 모르지만 확실한 증거는 없다. 나는 엄(嚴)씨가 태(泰)씨의 영향을 받았다 하더라도 '信, 達, 雅'라는 삼자 이론(三字理論)의 제기는 상당히 독창적인 것이라고 생각한다. 독일 학자인 오리희, 와이체(烏利希, 瓦爾蒂: Ulich, Valtier)는 '信, 達, 雅'라는 삼자 이론(三字理論)이 혁백특, 라삼사탄(赫伯特, 羅森斯坦: Herbert, Rothenstein)이 제창한 'Triness'(세 개의 ness, 즉 faithfulness, expressiveness, Gracefulness) 이론과 비슷하다고 주장했다. 이 두 가지 이론 사이에 무슨 연관 관계가 있는지는 모르겠으나 글자만 보아서는 오히려 태(泰)씨의 '삼원칙(三原則)'론과 더 비슷하다. 남들이 무슨 이야기를 하든 '信, 達, 雅'라는 삼자 이론(三字理論)은 중국의 전통적인 번역이론과 문학 이론의 비옥한 토양 위에 뿌리를 내리고 있는 것이다. 또 태(泰)씨의 '삼원칙(三原則)'론은 18세기와 19세기 초 서방의 번역계에 영향이 매우 컸으며, 혁백특(赫伯特)의 '三ness' 이론도 19세기 중엽에서 20세기 초엽에 이르기까지 전 유럽에 풍미하여 금과옥조로 받아들여졌다고 한다. '信, 達, 雅'와 비슷한 3가지 기준으로 번역계를 지도하였다는 사실은 이 이론이 보편적인 의의를 가지고 있다는 사실을 증명해 주고 있다. 엄복(嚴复)은 19세기 말에 이 삼자 이론(三字理論)을 제창하여 근 백 년 동안 중국 번역자들로부터 호응을 얻고 있다. 만약 이 견해에 동의하지 않는 사람이 있다고 할지라도 그들마저도 약간의 수정을 가하여 채용할 수 있다고 여기고 있다. 물론 이 견해가 재삼재사 비판을 받고 있는 것도 사실이지만, 현재 이 이론은 중국의 번역가들과 번역이론가들을 지도하고 있고 널리 통용되고 있다. 가령 이 삼자 이론(三字理論)을 좋아하지 않는 사람이 있다 하더라도 그들마저 이런 사실만은 부정할 방법이 없으니 이 점만은 다시 한 번 더 생각해 볼 충분한 가치가 있다고 하겠다.

이 삼자이론(三字理論) 외에도 엄복(嚴复)은 번역의 중심 사상 방면에서 많은 글을 남겼는데 이들 또한 중국 근대 번역이론의 핵심이라 할 수 있다. 우리들은 당시의 중국 문화계가 '중학위체, 서학위용(中學爲体, 西學爲用)'의 영향이 매우 커서 서학을 배우려고 하는 많은 사람들이 서양 각국의 군함과 대포 또는 자연과학에만 시선을 집중했음을 알고 있다. 본래 영국해군학교를 우등으로 졸업하여 공업이나 기술과학 방면에 정통하고 있던 엄복(嚴复)이었으나, 그는 오히려 서방의 사회과학이나 학술사상 방면에 관심을 가졌다. 만약 크고 깊은 식견을 가진 사람이 아니었다면 지식을 가지고 있다 하더라도 그렇게 하기란 쉬운 일이 아니었을 것이다. 그는 《天演論(천연론)》의 《自序(자서)》에서 다음과 같이 분명하게 밝혔다.

> 사회의 분위기가 점점 바뀌어 선비들이 부끄러움을 알게 되었으며 서학에 대해 접할 수 있는 길이 날로 많아졌다. 그러나 여전히 고관들 가운데 한두 사람은 거들먹거리며 "그들의 뛰어난 점은 수학이나 형이하학적인 것들뿐이며, 그들이 애써 하는 짓들이란 공리적인 것들뿐이다."고 떠들면서 억지를 부리고 그들의 실상을 알려고도 하지 않는다. 국사를 논의하고 자기 자신들을 반성해야 하는 사람들이 결코 이렇게 해서는 안 될 것이다!

여기에서 비난하고 있는 '일이거자(一二巨子: 한두 사람의 고관)'는 분명 이홍장(李鴻章)이나 장지동(張之洞)과 같은 양무파의 무리들을 가리킨다. 엄복(嚴复)은 이미 그들의 억지스러운 주장이 중국의 실제 현실에 맞지 않는다는 사실을 간파하고 '적을 알고 자신을 반성하기' 위해서는 반드시 사회과학이론의 전문서적들을 번역하여야 한다고 생각했다. 그는 1894년에 쓴《論世變之亟(논세변지극)》이라는 글에서 사람들이 주목하고 있는 서방의 '기선이나 병기 등과 같은 것들은 모두 형이하학적인 겉으로 보이는 것'에 불과하며 소위 말하는 '수학이나 자연과학의 정수라는 것들도' '그들의 우수한 것들 가운데 한 부분에 불과하며 그들이 뛰어나게 된 근본적인 핵심은 아니다.'고 지적하였다. 그가 서방의 사회과학서적의 번역을 주창하고 나선 근본적인 이유는 그들의 근본을 자각적으로 파헤치고자 한 것이었으며, 그것은 자본주의의 '명맥의 소재(생명의 원천)'를 탐구하기 위한 것이었다.

엄복(嚴复)은 유신운동(維新運動) 기간 중에 서방의 사회과학 저서의 번역에 종사하기 시작하였다(대략 1894년에《天演論(천연론)》을 번역하기 시작하였음.). 그러나 그가 번역을 자신의 필생의 사업으로 삼기로 결심한 것은 무술변법(戊戌變法)이 실패한 직후였다. 그는 그가 번역을 하는 목적이 한 애국자로서 하늘이 내린 책무를 다하기 위해서임을 강조하였다. 그는 1902년에 쓴《與梁任公論所譯〈原富〉書(여양임공논소역〈원부〉서: 양계초(梁啓超)에게 보내는 자신이 번역한〈原富(국부론)〉에 대한 의견을 적은 편지)》에서 다음과 같이 말했다.

> 나는 중국에서 태어났습니다. 19세기와 20세기가 교차하는 시점에서 민족이 위기에 처해 환골탈퇴하는 과정이 마치 큰 뱀이 허물을 벗는 것과 마찬가지로 끝에 가서는 반드시 도움의 손길이 필요합니다. 사은(四恩: 부모, 중생, 국토, 삼보의 은혜)에 보답하고 삼세(三世: 태평세, 승평세, 난세)에 대처하기 위해서 한 사람의 국민으로서 하늘이 내게 준 책무를 다하고자 할 따름입니다. 생명이 다하는 날까지 최선의 노력을 경주할 것입니다.

그는 또한 1899년 3, 4월 사이에 쓴 장원제(張元濟)에게 보낸 편지에서 다음과 같이 말했다.

> 복이 지난 가을 이래로(조사를 해보니 戊戌變法을 가리킴.) 하늘을 우러러 보고 인사(인사: 세상 일)를 굽어보아도 할 만한 일이 하나도 없습니다. 그러므로 백성들의 민도가 높아지지 아니하면 수구(守舊)든 유신(維新)이든 어느 것도 가능하지 않습니다. 가령 조정에서 아무런 조치도 취하지 않고, 또 하는 일마다 제대로 하는 일이 없다고 하더라도 재야에 있는 사람들과 뛰어난 후학들 가운데 중국과 서양의 실상을 꿰뚫어 볼 수 있는 자

> 들이 날로 증가하고 있으니, 우리 중국의 민족들이 망하지는 않을 것입니다. 불행하게도 잠시 저들의 속박의 굴레를 벗어나지 못하고 있으나 반드시 소생하는 그 날이 올 것입니다. 따라서 세상과 모든 인연을 끊고 오로지 번역하는 일에만 매진할 것입니다.

그는 염황종족(炎黃種族: 중국 민족)이 멸망하지 않게 하고 중국이 소생하는 그날을 보기 위해 열심히 서적을 번역하였던 것이다. 엄복(嚴复)은 시대의 요구에 부응하기 위해 먼저 할 일과 나중에 할 일을 정하여 번역에 종사하였으며, 매번 책을 번역할 때는 반드시 분명한 목적의식을 가지고 있어야 한다고 주장하였다. 그는 1901년《原富(원부: 국부론)》을 번역할 때 쓴《譯事例言(역사예언)》에서 다음과 같이 말했다.

> 학문하는 입장에서 보면 근대로 내려올수록 점점 더 정교해진다고 하나 내가 굳이 이 책을 선택하여 먼저 번역하기로 한 것은 온고지신(溫故知新)의 의미가 담겨 있는 것이 그 첫 번째 이유이다. 그 가운데 당국자들의 잘못을 질책한 부분은 중국의 재정을 담당하는 사람들도 똑같은 잘못을 저지르고 있기 때문에 소위 말하는 뒷날이라도 그것을 질책하여 편달하자는 의도이니 그것이 두 번째 이유이다. 이 책은 아시아와 유럽이 교류를 시작하는 시대의 조류에 따라 영국과 프랑스 등 여러 나라들이 예전부터 사용해 오던 법령 제도들을 많이 수록하고 있어 참고 자료로 제공하고자 하는 의도를 가지고 있으니 이것이 세 번째 이유이다. 하나의 공리(公理: 정당한 도리)를 표방함에 있어서도 반드시 구체적인 사실을 예로 들어 증명을 하고 있어 다른 책들과 같이 난삽하여 논리가 정연하지 못하거나 또는 너무 간결하고 어려워 초보자들이 배우기에 불편한 그런 폐단이 없다는 것이 네 번째 이유이다.

엄복(嚴复)은 그 밖에도 번역과 학술 연구, 천석(闡釋; 해설), 정치 비평 등을 서로 연계시킬 것을 주장하였다. 그는《天演論(천연론)》을 번역할 당시에 그《譯例言(역례언)》에서 다음과 같이 주장하였다.

> 원서에서는 희랍(希臘) 이래의 각 학파에 대해 많이 언급하고 있는데 각 학파의 대표적인 인물들은 모두 당대의 석학들이다. 그들의 유풍(流風: 후대에 미친 영향)에 대해서도 서술하고 있는데 이들은 모두 서구 2천 년 동안의 민심과 지혜에 상당하는 것들이며, 서학에 대해서 이야기하는 사람들이 반드시 알아야 할 것들이다. 각 편의 말미에 수록하고 있는 생평과 업적에 대한 내용은 학자들이나 지식인들이 참고 자료로 활용할 수

> 있도록 미흡하나마 갖추어 놓은 것이다.
>
> 학문에 종사하는 사람이나 정치에 종사하는 사람 모두 그 목적은 사상을 집대성하여 여러 사람에게 두루 이익을 주고자 하는 데에 있다. 원문에서 거론하고 있는 것이 다른 서적에서 거론하고 있는 것과 다른 것들은 내가 아는 대로 후안(後案)에 정리해서 열거하였으니 참고하기 바란다. 사이사이에 나 자신의 견해를 첨부하고 있는데 이는 시경(詩經)에서 말한 '앵구(嚶求: 동지를 구함.)'[10]를 하자는 의미이며, 《역(易: 주역)》에서 말한 '여택(麗澤: 벗끼리 서로 도와 절차탁마함.)'[11]을 하자는 의미이다. 이것의 옳고 그름에 대해서는 많은 사람들의 지도 편달을 기다릴 뿐이다.

《原富(원부: 국부론)》의 《譯事例言(역사례언)》에서 그는 또 《原富(원부)》의 본문은 여러 가지 판본이 있는데 그가 번역할 때 사용한 저본(底本)은 라철사(羅哲斯)의 주석본을 사용하였다고 말하였다. 그는 라철사(羅哲斯)가 빈번히 "앞의 사람들이 하지 않은 새로운 견해를 자주 내놓는 사람이다. 그는 이 책의 많은 주석들을 바로 잡아 놓았다. 그 가운데 뛰어난 견해들을 모아 번역하여 부록(後案)으로 첨부했다. 나는 사이사이에 다른 사람의 학설도 삽입하고 내 자신의 의견도 달아 독자들의 이해를 돕고자 하였다. 온고지신(溫故知新)을 하자는 의도에서 이들을 취합하여 성실한 연구자들에게 제공함으로써 전체를 개괄하고 토론 자료로 삼기를 바랄 뿐이다."라고 말하였음을 지적하였다. 이는 엄복(嚴复) 번역서의 아주 큰 특징이다. 통계에 의하면 엄복(嚴复)의 역저 가운데 자신의 견해를 첨가한 부분이 차지하는 비중은 전체 분량의 약 10분의 1에 달한다고 한다. 그 가운데 명사에 대한 약간의 해석을 제외하면 대부분 그 자신의 원서에 대한 비평, 보충, 발휘(發揮: 자신의 의견을 덧붙임.)가 차지하고 있다. 그 중 많은 부분이 중국의 국내 현실과 직결된 문제에 대한 자신의 의견을 발표한 것이다. 이러한 번역 방식이 당시에 유행하게 되었는데 이는 엄복(嚴复)이 그 길을 열어놓은 것이다.

그 밖에도 엄복(嚴复)은 자신이 새로 만들어낸 '달지(達旨: 원문의 정신을 전달하는)'의 번역법에 대해서 서술했다. 그는 자신이 번역한 《天演論(천연론)》을 그 예로 들

10) 嚶求: 嚶其鳴矣, 求其友聲: 새가 짹짹 울어 그 친구를 찾다, (소리를 질러) 동지를 구하다.

11) 麗澤: 벗끼리 서로 도아 절차탁마하다(연접해 있는 두 못이 서로 물을 윤택하게 한 데서 온 고사).

면서 다음과 같이 말했다.

> 번역문은 원문의 심오한 의미를 분명하게 드러내어야 한다. 따라서 어떤 때는 문자의 앞뒤를 바꾸기도 하고 말을 더 만들어 넣기도 한다. 문장만 그러한 것이 아니라 글자 또한 그러하다. 그렇게 한다 하더라도 본문의 정신을 위배해서는 안 된다. 이러한 것을 달지(達旨)라고 한다. 이는 번역 문장을 두고 말하는 것이 아니라 번역자가 자신의 의견을 자유롭게 기술하는 것을 말한다. 그러나 이것을 정통적인 방법이라고 할 수는 없다. 구마라십(鳩摩羅什) 스님께서도 "나를 따라 배우는 자는 많은 폐단이 있을 것이다"고 하였으나 그를 따라 배우는 자가 많았다. 결코 이것으로 핑계를 삼으려고 하는 것은 아니다.

그의 이러한 자유로운 번역법에 대해 훗날 칭찬하는 사람도 많고 비난하는 사람도 많았다. 그러나 그는 스스로 이것이 올바른 번역법이라고 할 수는 없다고 자인하였고 다른 사람이 그를 따라 배우기를 원하지도 않았다. 그 후 그는《原富(원부)》를 번역하면서 스스로 "이번의 번역은 이전에《天演論(천연론)》을 번역할 때와는 다르다. 번역을 시작할 때 이미 책 속의 모든 내용에 대해 완전히 이해하지 아니한 것은 아니지만, 문장을 씀에 있어 원문의 앞뒤를 바꾸거나 원문에 없는 말을 만들어 넣지는 않았다."고 하였다. 다만 어떤 부분은 "원문이 지나치게 반복이 심하여 원문의 정신과 관계없는 부분은 개괄적으로 요약하였고", "당시의 상황을 시시콜콜하게 나열한 부분은 삭제하였다."고 하였다. 그의 번역은 여전히 원문에 충실한 번역은 아니었다. 1908년에 쓴《〈名學淺說〉, 譯者自序(명학천설, 역자자서)》에서 그는 또 "중간의 뜻은 원문의 정신을 계승했으나 중간에 예를 들어 비유한 곳은 임의로 바꾸기도 하였다. 내가 책을 쓸 때에는 독자들에게 올바로 전달되었는가에 신경을 쓸 뿐, 원문의 문장을 정확하게 번역하였는가 하는 문제는 논외로 한다. 어떤 친구들은 내가 자신의 저서를 내지 않고 남의 이야기나 지혜를 번역이나 하고 있으니 자신의 독립된 사상 체계를 가진 사람이 할 일이 아니라고 비난을 하지만 웃고 넘길 뿐 신경을 쓰지 않는다."고 하였다. 근래 사람인 하린(賀麟)은 엄복(嚴复)의 이런 번역법이 "사실 중국 번역계에 일종의 새로운 번역법을 창조한 것이다. 우리는 이러한 번역법을 '환례역법(換例譯法: 예를 바꾸어 넣는 번역법)'이라고 불러도 좋겠다. 만약 이를 적절하게 사용만 한다면 외국의 서적을 번역하는 대단히 효과적인 번역법이 될 수도 있다."고 하였다. 물론 수많은 논자들이 이러한 번역법을 배워서는 안 된다고 비판을 하기도 하였다. 엄격히 말하면 이러한 달지(達旨: 원문의 정신을 전달), 산절(刪節: 잘라 없애는 것), 환례(換例: 예문을 바꾸는 것) 등과 같은 번역 방법은 엄복(嚴复)이 스스로 말한 바와 같이 "그것을 취해 와서 자신의 견해를 피력하는 데는 편리하지만 사실 정통적인 번역방법이라고 할 수는 없다." 만약 잘못 운용하게 되면 그 폐해는 적지 않을 것이다. 사실 번역이 시작되고 나서부터 이러한 각종 방법들은 줄곧 많은 번역자들이 이용하던 방법들이다. 따라서 엄복(嚴复)의 이러한 논술과 경험들은 후학들이 반드시 참고해야 할 중요한 경험임에 틀림없다.

마지막으로 오여륜(吳汝綸)의 일련의 번역에 대한 견해들을 부연하고자 한다. 오여륜(吳汝綸, 1840-1903)은 자가 집보(緝甫)이고 안휘 동성(安徽, 桐城) 사람이다. 증국번(曾國藩)에게 사사를 받은 적이 있고 이홍장(李鴻章)과도 친밀하였으며, 후에 경사대학당(京師大學堂: 북경대학의 전신)의 교무처장을 역임했다. 그는 동성파(桐城派) 구문학(舊文學)의 최후의 거두였다. 오(吳)씨는 외국어를 몰랐으며 서적을 번역한 적도 없었고, 또 그의 번역과 유관한 문장들은 모두 엄복(嚴复)의 역저를 위해 쓴 서문과 서신 가운데에 들어 있는 것들이다. 따라서 그를 위해 특별히 따로 독립된 장절을 만들 필요는 없고 엄복(嚴复)의 번역론을 서술한 후에 몇 문장 덧붙이는 것이 옳다고 생각한다.

오(吳)씨는 동성파(桐城派)의 대가였기 때문에 《天演論(천연론)》을 위해 쓴 서문에서 엄복(嚴复)의 문필이 "산뜻하기가 만주(晩周: 전국시대)의 제자들과 비길 만하다."고 칭찬하고, 또 번역문이 "문장의 맛을 잃는 것보다는 차라리 그 뜻이 약간 훼손되는 것이 낫다."고 하였기 때문에 현재의 많은 연구자들이 그가 복고를 주장하는 고집불통이었으며 엄복(嚴复)에게도 나쁜 영향을 주었다고 생각한다. 사실 이러한 견해는 너무 편향된 면이 있다. 오(吳)씨의 훌륭한 번역이론이 그의 인격의 문제로 인하여 폐기되어서는 안 될 것이다. 그는 엄복(嚴复)에게 많은 격려와 도움을 주었다. 예를 들면 병신년 7월 18일(1896년 8월 26일) 엄복(嚴复)에게 보낸 편지에서 그는 당시 학자들이 어떤 사람은 수만 리 떨어진 다른 지역의 언어와 문자에 대해서 알 방법이 없어 고통스러워하고, 또 어떤 사람들은 중국의 고전과 학설 및 제자의 학설에 기초가 부족한 데 오로지 엄복(嚴复)만이 "두루 섭렵하였을 뿐만 아니라 문장 또한 뛰어나서 학문이 동서 수만 리의 장점을 다 갖추고 있다. 공자께서 말씀하시기를, 문장의 공은 중국과 사방의 오랑캐 학문을 다 하여도 양쪽을 두루 다 갖추기는 어려운데 한 손에 다 모였다고 말씀하셨으며, 옛날로 거슬러 올라가 찾아보아도 엄복(嚴复)과 짝을 이룰 만한 사람은 찾기가 어렵다."고 칭찬하였다. 그는 만약 국가에서 이러한 인재를 찾지 않으면 몰라도 이러한 인재를 구한다고 한다면 엄복(嚴复)만한 사람이 또 있겠는가 하고 생각했다. 오(吳)씨가 자신보다 훨씬 어린 엄복(嚴复)을 이렇게 높이 평가한 것은 결코 그의 문장이 뛰어난 점만을 높이 산 것은 아니었다. 엄복(嚴复) 자신도 "내가 예전에 번역을 마치면 초고를 반드시 동성오(桐城吳) 선생께 보였다. 선생은 연세는 들었어도 깊은 통찰력을 가지고 있어 한 번 읽어 보시면 곧 마음속까지 꿰뚫어 보셨다. 인용한 부분을 고쳐 주셨을 뿐만 아니라 문장도 많은 부분 수정해 주셨다. 책이 나오면 반드시 그에게 보여드렸고 그 때마다 서(序)를 써 주실 것을 부탁했다."고 하였다(《群學肄言, 譯余贅言(군학이언, 역여췌언)》). 이 글로부터 오(吳)씨가 '문장을 수정해 준 것' 뿐만 아니라 번역이론 방면에서도 그를 도와주었다는 사실을 알 수 있다. 오(吳)씨의 번역에 대한 견해는 아래와 같은 몇 가지로 요약할 수 있다.

一. 명사를 번역할 때 "새로운 이름을 지어냄에 있어 옛날부터 내려온다고 해서 반드시 답습할 필요는 없다."고 생각했다. 엄복(嚴复)은 《天演論, 譯例言(천연론, 역례언)》에서 이 책의 《導言(도언)》을 처음에는 '치언(卮言: 허튼 소리: 자신의 저서 첫머리에 쓰는 序言을 낮추어 부르는 말)'이라고 번역하려고 하였으나, 하증우(夏曾佑)가 번역 명칭이 너무 '악랄하다'고 하며 '현담(懸談)[12]'이라고 번역할 것을 건의하였다. 오(吳)씨가 무술년 2월 28일 (1898년 3월 20일) 엄복(嚴复)에게 편지를 보내어 "'치언(卮言)'은 너무 경박하고 '현소(懸疏)'는 불가의 말이니, 모두 새로운 이름을 지어냄에 반드시 옛것을 답습할 필요는 없다고 하는 원칙에 어긋난다."고 지적하였다. 엄복(嚴复)은 이 편지를 읽고 깨달은 바가 있어 반복해서 생각한 끝에 '그 원문의 의미를 직역

12) 懸談: 경론(經論)을 강하기 전에 먼저 그 제호(題號), 저자(著者), 대의(大義) 등을 풀이하는 일

하여' '도언(導言: 일러두기)'이라고 번역하기로 결정하였다.

二. 번역 내용 방면에 있어 마음대로 중국의 명사나 단어로 원문을 바꾸는 것을 반대하였다. 그는 정유년 2월초 7일(1897년 3월 9일) 엄복(嚴复)에게 보낸 편지에서 그는 엄복(嚴复)이 번역한 《天演論(천연론)》이 "충성심과 분노가 촉발하여 혁서려(赫胥黎: 헉슬리)의 책을 빌려 그것을 주된 문장으로 삼아 넌지시 충고한 것에 불과하다."고 생각하고, 간단하게 "통역인이 하는 방법으로 함부로 책을 번역하여서는 안 된다." 만약 그렇게 한다면 "원문의 깊은 정신을 크게 잃어버리고 말 것이다."고 충고하였다. 그러나 그는 《天演論(천연론)》의 번역에 대해 다음과 같이 매우 예리한 지적을 하였다.

> 번역을 하면서 마치 자기가 책을 쓰는 것처럼 하여 제 마음대로 서술을 해 버릴 수도 있다. 만약 혁(赫)씨의 책을 번역한다면 책 속에서 인용한 고서나 고사들은 원서에 나오는 서방의 것을 그대로 인용하는 것이 당연하고 중국인들이 알고 있는 것으로 바꿀 필요가 없을 것 같다. 중국의 사물이나 사람에 대해서 혁(赫)씨도 다 알지는 못할 것이다. … 비록 이러한 부분이 대저작 가운데 일부분에 지나지 않는다고 《例言》에서 밝히고는 있지만 원서의 인용문을 그대로 인용하는 완전함만은 못하다.

오늘날 우리가 《天演論(천연론)》의 《譯例言(역례언)》을 읽어 보면 중국의 사건과 중국말로 바꾸었다는 부분은 찾아볼 수 없다. 그것은 그 후 엄복(嚴复)이 수정했을 것으로 추측된다. 그는 그 후의 번역에서는 '신(信: 정확성)'을 위주로 하고 있는데(魯迅의 말) 이는 오씨의 의견을 받아들인 것으로 보인다.

三. 번역 문체에 있어서도 그는 불경 번역의 경험을 학습하여 번역 체제를 중국 학자들의 저술 체제와 구별해야 한다고 주장했다. 위에서 인용한 정유년(丁酉年)의 편지에서도 오씨는 "진, 송(晋, 宋)의 저명한 학자들이 불경을 번역함에 있어 중국 학자들의 서적과 분명하게 체제를 달리했던 것을 본받아야 서양서적의 체제에 합당할 것이다."고 하였다. 기해년 2월 23일(1899년 4월 3일)의 편지에서는 한 걸음 더 나아가 다음과 같이 말했다.

> 유럽의 문학은 우리나라와 아주 다르므로 번역할 때는 반드시 다른 체제를 창조해야

> 한다. 육조시대 사람들이 불서를 번역할 때 그 체제는 완전히 특별하게 창조한 것이었다. 오늘날 번역을 함에 있어 중국 문학의 체제를 답습하지 않아야 하는 것은 물론이고 불서(佛書: 불교 서적)의 체제를 답습하여서도 안 될 것이다. 나는 훌륭한 문장을 쓰기 위해서는 반드시 스스로 고문을 지어야 한다고 생각한다. 또 지극히 개인적인 생각이지만 서방의 서적들도 확실히 그들만의 독특한 체제가 있기는 하나 그 단어를 바꾸고 체제를 바꾸는 것도 가능하기는 할 것이라는 생각도 든다. 서방의 언어를 모르니 감히 무어라 결론을 내릴 수는 없지만 중국의 서적들은 그들의 체제를 모방할 필요는 없다고 생각한다.

그가 《天演論(천연론)》을 위하여 쓴 서(序)에서 다시 한 번 더 "지난 날 불교가 중국에 들어왔을 때도 중국의 학문은 쇠퇴하지 않았으며, 중국학에 능한 학자들이 호승(胡僧)들이 이야기하는 것을 받아 적어서 앞뒤가 맞도록 하여 불서들이 그들만의 하나의 체제를 만들었는데 그것은 중국의 체제와는 달랐다."고 지적하였다. '중국의 학문이 쇠퇴하지 않았을 때'도 번역은 나름대로의 독특한 체제를 갖추었는데 고문이 몰락한 당시에 하필이면 그 고문을 모방할 필요가 있었을까? 번역 문체에 관해 오(吳)씨가 결코 '동성고문(桐城古文)'을 사용하기를 강요하지 않았다는 것을 볼 수 있는데도 훗날 일부 비평가들은 실제로 그를 모함하였다. 오(吳)씨는 사실 이 방면에 있어서는 상당히 열린 사고를 가지고 있었다. 그가 비록 '서방의 언어를 모르기 때문에 감히 무어라 결론을 내릴 수는 없다.'고 하였지만 그의 이러한 주장은 마땅히 존중되어야 한다. 훗날 노신(魯迅), 주작인(周作人), 유반농(劉半農) 및 철학자 진강(陳康) 등과 같은 사람들도 모두 그와 같은 견해(이 책의 유관한 장절들을 참고하기 바람.)들을 주장했는데 이들은 모두 오(吳)씨의 영향을 받았을 것으로 생각된다.

九. 임서(林紓)의 번역이론

중국 근대 번역사상 임서(林紓)는 엄복(嚴复)과 쌍벽을 이루는 대번역가이다. 강유위(康有爲)는 1912년에 쓴 《금남선생사만목초당도, 제시견증, 부사(琴南先生寫萬木草堂圖, 題詩見贈, 賦謝)》[13]라는 시의 맨 첫 구절에서 "번역의 대가로는 온 세상의 사람들이 모두 엄, 림(嚴, 林: 엄복(嚴复)과 林紓)을 첫 손가락으로 꼽는다."고 하였다. 손보선(孫寶瑄)은 일찍이 광서(光緖) 28년(1902) 10월 19일에 쓴 《忘山廬日記(망산려일기)》에서 "요즘 사람 가운데 번역에 뛰어난 두 사람이 있는데 한 사람은 엄우릉(嚴又陵)이고 다른 한 사람은 임금남(林琴南)이다. 엄(嚴) 선생은 논리적인 문장의 번역에 뛰어나고 임(林) 선생은 서사적인 문장에 뛰어나다. 두 사람 모두 명성이 온 중국에 자자하다."고 하였다. 확실히 두 사람은 서로 견줄 만큼 뛰어나며 서로 같은 점도 많고 다른 점도 많다. 그들 두 사람은 동향 출신으로 절친한 친구 사이였다. 나이도 서로 비슷하였으며 번역 활동을 시작한 시기도 별로 차이가 나지 않는다. 둘 다 고문에 뛰어났으며 서로가 서로의 문장을 보고 감탄하였다. 또 둘 다 고문으로 번역하였으며 두 사람 모두 뛰어난 성과를 거두었다. 그러나 엄복(嚴复)이 유학을 하고 외국어에 정통한 데 비하여 임서(林紓)는 한 발짝도 국내를 벗어나 본 적이 없었으며 어떤 외국어도 알지 못했다(그는 다른 사람이 입으로 번역을 해주는 것을 듣고 문장을 지었다.). 엄복(嚴复)이 주로 사회과학서적을 번역한 데 비하여 임서(林紓)는 주로 소설을 번역하였다. 역서의 수량이나 독자의 수를 비교하면 엄복(嚴复)은 임금남(林琴南)과 비교도 할 수 없을 만큼 적다. 그러나 번역이론에 대한 공헌이나 이론의 수립 등에 있어서는 임서(林紓)가 엄복(嚴复)을 따라갈 수 없다.

임서(林紓, 1852-1924)는 복건(福建) 민현(閩縣: 현 福州) 사람으로, 원명은 군옥(群玉)

13) 임금남 선생께서 강유위(康有爲)가 만목초당도를 그리고, 그 위에 시를 써서 선물로 보내준 데 대하여 감사하는 부를 지어 답장으로 보낸다.

이고 자가 금남(琴南)이었으며, 호는 외려(畏廬) 또는 냉홍생(冷紅生)이라는 별호를 쓰기도 하였다. 그는 부유한 상인 집안에서 태어났으나 어린 시절에 가정이 몰락하였다. 31살에 과거에 급제한 후 일곱 차례나 예부의 진사 과거에 응시하였으나 매번 낙방하고 말았다. 1888년 8월 프랑스 군함이 중국의 해군을 공격하여 중국의 관병이 700여 명이나 전사하는 사건이 발생하자 임서(林紓)는 친구들과 함께 거리에서 머리를 파묻고 울었으며 흠차대신 좌종당(左宗棠)이 복주에 내려왔을 때 친구들과 함께 죽기를 각오하고 길을 막고 상소문을 올려 어리석은 관리들이 군대의 상황을 잘못 보고한 것을 고소하였다. 1895년, 청나라 정부가 국권을 상실하고 치욕적인 마관조약(馬關條約)을 체결하자 그는 또 다시 친구들과 함께 죽기를 각오하고 관청으로 나아가 석고대죄하며 거부투쟁을 벌였다. 그 후 그는《閩中新樂府(민중신악부)》라는 글을 지어 자신의 우국충정을 유감없이 발휘하였다. 1898년 그는 북경으로 가서 유신인사(維新人士) 임욱(林旭)과 회동하고, 고풍기(高鳳岐) 등과 3차례나 어사대로 나아가 상소문과 책략을 올렸을 뿐만 아니라 독일의 중국 교주만(膠州灣: 현 산동의 청도 교주만) 침공에 항의하였고, 심지어는 청나라 황제에게 상소를 올려 자신에게 벌을 내릴 것을 건의하였다. 그러나 그의 이러한 노력은 모두 수용되지 않았다. 1901년 그는 북경으로 이사한 후부터 장기간 북경에 체류하면서 여러 학교에서 교편을 잡았는데 경사대학당, 역서국(京師大學堂, 譯書局)에 발령받기도 하였다. 위의 간단한 이력에서 보았던 것처럼 그는 비록 신해혁명(辛亥革命) 후부터 점점 보수 쪽으로 기울었고 신문화운동이 일어난 후 반대의 입장을 취하기도 하였지만, 전 일생을 통해 볼 때 그는 애국지사라고 할 수 있다.

그가 근대 문화사에서 남긴 가장 큰 공적은 아주 많은 서양의 문학 작품을 집중적으로 소개하였다는 점이다. 학자들의 연구에 의하면 1897년 부인이 사망한 후 슬픔에 빠져 있었던 그에게 어느 날 프랑스에서 귀국한 왕수창(王壽昌: 자는 子仁)이 "나는 그대와 함께 한 권의 책을 번역하고자 한다. 그대는 참적(岑寂)을 능가하게 될 것이고 나도 또한 명저 한 권을 소개하는 것이 되니, 이마를 찌푸리고 마주 앉아 있는 것보다야 낫지 않겠는가?" 하고 말했다(전기박(錢基博) 저《中國現代文學史(중국현대문학사)》 참조). 그래서 왕씨는 입으로 구역을 하고 임씨는 붓으로 받아 적어 프랑스 대종마의 《巴黎茶花女遺事(파리차화녀유사)》를 共譯하여 1899년 2월에 초판을 출판하였다. 이 소설은 내용이 신선할 뿐만 아니라 문장 또한 애절하고 정감이 있어 전국적으로 선풍을 불러 일으켰다. 엄복(嚴复)은 "불쌍한 소설 속의 차화녀(茶花女)가 중국 탕아들의 애간장을 다 녹인다."고 하였다. 이 소설이 불러온 의외의 성공이 임서(林紓)의 서적번역에 대한 열정을 불러 일으켰다. 그는 또 다른 사람과 함께 《黑奴吁天錄(흑노우천록: 톰 아저씨의 오두막집)》을 공역(共譯)하였는데, 이 책 역시 독자들의 대대적인 환영을 받았다. 그가 경사역서국(京師驛書局)에서 근무하고 난 후 친구였던 고봉겸(高鳳謙)이 상무인서관(商務印書館)에서 근무를 하게 되었는데, 그가 전문적으로 서양소설을 번역하면 출판해주겠다고 약속하였다. 그때부터 그는 대량의 외국 작품을 거침없이 번역하여 중국 근대문학계에서 서양소설 번역의 제1인자가 되었다. 통계에 의하면 임서(林紓)가 일생 동안 번역한 서양소설은 180여 종에 달하며, 글자로는 1천 수백만 자에 달하여 다른 번역자들이 감히 넘보지 못할 방대한 분량을 번역하였다고 한다. 그의 번역 사상은 그가 이들 번역서들을 위해 쓴 역서(譯序)나 후기(後記) 등에 나타나있다. 전문적인 번역이론문장은 매우 적어 오늘날 볼 수 있는 것으로는 1901년 1월 11일 《清議報(청의보)》에 발표된 《譯林叙(역림서)》와 1913년 2월 2일 《平報(평보)》에 발표된 《譯嘆(역탄)》 등이 있을 뿐이다.

그가 《巴黎茶花女遺事(파려차화녀유사)》를 번역, 출판한 후 얼마 지나지 않아 그는 그의 학생인 임장민(林長民) 등과 함께 《역림(譯林)》이라는 월간잡지를 창간하였다(1901년 3월 5일 창간). 비록 이 잡지가 그 후 정치, 경제 등에 관한 번역 문장만 싣고 문학 작품의 번역물은 거의 싣지 않았지만 임서(林紓)는 경자년(庚子年) 동짓날(1900년 12월 22일) 이 잡지를 위해 쓴 서(序)에서 그의 번역 사상을 분명하게 밝혀 놓았다.

> 지금 다른 사람과 수영 경기를 하려고 한다면 먼저 물의 성질부터 배워 익히고 난 후에 시합을 하여야 할 것이 아닌가? 옷을 입은 채로 물에 들어가도 파도의 위험에 직면하게 되면 배우지 않고서도 헤엄을 칠 수 있다고들 하며, 어쩌다 한 번쯤 이길 수 있기를 기대한다. 총을 쏠 줄도 모르면서 솔개를 잡기를 바라고, 올가미를 놓지 않고도 곰을 잡기를 바라는 그 어리석음이 어찌 이와 같지 않겠는가? 아시아인들이 유럽인들에

> 게 능히 대항할 수 없는 것은 유럽인들은 날로 학문에 매진하는데, 아시아인들은 아직도 미몽에 빠져 헤어나지 못하면서도 유럽의 학문이라는 것이 음란하고 괴팍한 것이어서 배울 만한 것이 없다고 하고, 그들과 경쟁하려 하지 않으면서도 스스로 이길 수 있다고 생각하고 있기 때문이다. 이는 물의 성질조차 모르면서 수영 경기에 참가하는 것과 다를 바가 없다. 나는 백성들의 지혜를 일깨우려면 반드시 학당을 세워야 하며 학당을 세워 그 성과를 기다리는 것이 너무 늦다고 생각하면 국회를 열어 연설하는 것이 더 낫고 연설하는 것도 쉽지 않다면 마지막으로 남은 것은 번역을 하는 길밖에 없다고 생각한다.

그는 번역 사업을 발전시키는 길만이 백성들의 지혜를 일깨울 수 있고, 그러고 나서야 비로소 서구 열강들과 대항할 수 있다고 생각했다. 그렇지 않으면 "물의 성질조자도 모르면서 수영 경기에 참가하는 것처럼 어리석은 짓"이라고 생각했다. 이 비유는 사람들로 하여금 많은 것을 생각하게 해준다. 그는 또 외국 작가들은 "소설로써 백성들의 지혜를 일깨운다."고 말했는데, 이 말은 그도 당시 양계초(梁啓超)의 문학사상과 번역사상의 영향을 받았음을 분명히 보여주는 것이라 하겠다. 어떤 연구자들은 그가 당시에 양씨와 똑같은 번역 사상을 가지고 있었다고 말하기도 한다. 당시 여덟 개 나라의 연합군이 북경을 침공하였을 때 청(淸)나라 정부는 서쪽으로 피난을 갔는데, 이 사실이 그를 몹시 격분하게 만들었다고 한다. 《譯林叙(역림서)》 가운데에서 가장 극단적으로 표현한 부분은 다음과 같다.

> 아! 오늘날 신성한 수도를 지켜내지 못하고 두 성인(光緖帝와 西太后를 가리키는 것 같음.)은 서쪽으로 피난을 갔습니다. 이는 부끄럽고 치욕적이며 비통함을 금할 길 없는 일입니다. 서양의 서적들을 모두 번역한다 하더라도 어떻게 이 치욕을 만회할 수 있겠습니까? 비록 강물이 말랐어도 샘물은 아직 마르지 않았으니 어찌 내가 그 물줄기를 열지 않을 수 있겠습니까? 요원의 불길은 꺼졌지만 잔불은 아직도 타고 있으니 내가 어찌 이 불씨를 살려내지 않을 수 있겠습니까?

그는 '동서양 서적의 번역'에 뜻을 둔 것이 사실 구국의 일심에서 나왔다는 것을 명확하게 밝히고 있는데, 여기에서는 마치 말라 들어가고 있는 샘물의 물꼬를 트고 꺼져 가는 불씨를 살리려는 그런 긴박한 심정을 여실히 보여주고 있다. 아영(阿

暎)은 이 서문(序文)을 "실제로 번역계에 있어서 대단히 중요한 문헌이다."고 칭송하였다(《初期的飜譯雜誌(초기의 번역잡지)》).

이 문장과 마찬가지로 그의 많은 번역작품의 서, 발(序, 跋[14]) 가운데 보이는 번역사상에 관한 글은 번역의 목적과 번역의 역할 등에 집중되어 있다. 그는 아마도 근대 번역가들 가운데 이 방면을 가장 강조한 번역가 가운데 한 사람일 것이다. 앞에서도 인용한 바 있는 강유위(康有爲)가 임서(林紓)에게 보낸 시(詩)의 두 번째 구절에서는 '백부우초구세심(百部虞初[15]救世心: 백 권의 소설이 세상 민심을 구함.)'이라고 하였다. 확실히 그의 번역이론에서 보이는 일관된 사상은 애국과 구세(救世)라고 할 수 있겠다.

그는 신해년(辛亥年, 1901) 9월에 자신이 번역한 《黑奴吁天錄(흑노우천록)》의 《例言(례언)》에서 이 책은 "명계(明季)가 지은 《六君子碧血錄(육군자벽혈록)》과 같은 성격의 책이니", 중국인들이 흑인 노예들의 비참한 처지를 "거울삼아야 하며", "소설가의 황당한 이야기로 치부해서는 안 될 것이다."라고 말하였다. 그는 또 이 책의 발문(跋文)에서 "나와 위(魏)군이 이 책을 공역하였는데 괜히 슬프게 꾸며 독자들로 하여금 눈물이나 자아내게 하자고 한 것이 아니라 특별히 노예로 전락할지도 모를 세태가 점점 우리 민족에게 다가오고 있음에 대중에게 이를 알리지 않을 수 없어서 이 소설을 번역했다."고 하였다. 그는 "오늘날 이제 막 변정(變政: 維新變法)을 실시하고자 할 즈음에 때맞추어 나의 책이 나오게 되었다. 이제 사람들마다 낡은 고서더미를 던져버리고 새로운 학문을 추구하여야 할 때이다. 나의 이 책이 비록 누추하기는 하지만 사기를 진작시키고 애국심을 고취시켜 민족을 구하는 데 일조를 하기를 바랄뿐이다."고 하였다. 광서(光緖) 31년 7월 6일(1905년 8월 6일) 자신이 번역한 《撕克遜劫後英雄略(살극손겁후영웅략)》이라는 책의 역서(譯序)에서 그는 "이 책을 황인종들에게 읽게 함으로써 외경심이 생기게 하고자 하였다."고 하였다. 광서(光緖) 32년 6월 6일(1906년 7월 26일) 《霧中人(무중인)》을 위해 쓴 역서(譯序)에서 그는 "나는 이제 늙어 지혜도 없고 용기도 없고 배운 것도 없으나 나라를 위해 복수

14) 跋 또는 跋文은 옛날에 책을 베낄 때 책의 끝에 필자 이름, 베낀 사정, 년월일 따위를 쓴 글.

15) 虞初: 虞初는 漢나라 무제(武帝) 때의 방사(方士). 황차사자(黃車使者)라고도 칭함. 주서(周書)에 의거하여 쓴 주설(周說)은 후에 필기소설(筆記小說)의 시조(始祖)로 불림.

하는 일을 포기할 수는 없어 날마다 애국의 눈물을 흘리다 학생들에게 고하노니, "또 그만 둘 수도 없어 있는 힘을 다해서 소설을 번역할 뿐이다."고 하였다. 그는 백인들이 아프리카를 집어삼킨 것에 대해 번역 문장에서 여러 번 언급하고 있는데, 야만적인 행위로 표현하는 것만으로는 부족하다고 생각했다. "백인들이 아프리카를 집어삼켰을 뿐만 아니라 중국과 아시아를 집어삼킬 수도 있다는 사실을 알아야만 한다."고 적고 있다. 그는 중국인들이 무기를 들고 분연히 일어서기를 희망하여 광서(光緒) 33년 8월 20일(1907년 7월 27일) 《劍底鴛鴦(검저원앙)》이라는 작품을 위해 쓴 역서(譯序)에서, "내가 이 책을 번역한 것은 천하의 사람들이 무(武)를 숭상해 주기를 바랐기 때문이다."고 하였다. 광서(光緒) 29년(1903) 9월에 《利俾瑟戰血余腥錄(이비슬전혈여성록)》을 위해 쓴 역서(譯序)에서 그는 심지어 이 책을 중국인들이 "병서의 대용으로 읽어주기를" 원했는데 그것은 이 책에 많은 행군과 작전의 실례들이 들어 있었기 때문이었다.

임서(林紓)는 나라를 구하기 위해서는 반드시 실업(實業: 산업)을 일으켜 세워야 한다고 생각하였다. 따라서 그는 번역을 할 때도 실업 사상을 선전하는 데 주의를 기울였다. 심지어 그는 번역을 하는 것도 하나의 실업이라고 보았다. 광서(光緒) 33년 6월 19일(1907년 7월 28일) 《愛國童子傳(애국동자전)》을 위해 쓴 역서(譯序)에서 그는 이렇게 '체읍술지(涕泣述之: 눈물로써 호소하고 있음.)'하고 있다.

> 외려(畏廬: 그의 호)는 복건성(福建省) 바닷가의 한 학구(學究: 서생)에 불과합니다. 어려서는 재주가 없었고 지금은 늙었어도 다른 사람보다 뛰어난 점은 없습니다. 그러나 나의 친구들인 위역(魏易), 증종공(曾宗鞏), 진두형(陳杜蘅), 이세중(李世中) 등을 좇아서 그들이 서양언어를 낭송하고 이를 중국어로 번역하는 것을 듣고 외려(畏廬)는 그것을 받아 적어 책으로 펴내어 전국의 고귀하고 가족처럼 사랑하고 성현처럼 존경하는 청년 학생들에게 읽혀 애국심을 고취하고자 하였습니다. 사람들은 이것이 외려(畏廬)의 사업이라고 말합니다. 아! 어찌 외려(畏廬)에게 실업(實業: 사업)이라는 것이 있겠습니까? 만약 나를 두고 하는 말처럼 정말로 전국의 사랑하는 청년 학생들로 하여금 실업에 종사할 수 있도록 만들 수만 있다면, 외려(畏廬)가 가진 진심으로 나라를 위하고자 하는 마음이 실현되는 것이니 이것도 사업이라면 사업이라 할 수 있겠습니다. 정말로 머리 숙여 바라노니 전국의 청년 학생들이여, 이 불쌍한 늙은이를 가엽게 여겨 이 이야기를 들어 주었으면 합니다.

> 외려(畏廬)는 미치광이입니다. 평생 동안 고집만 피워 남의 아래에 들어가는 것을 원치 않았고 호시탐탐 중국을 노리고 있는 열강들에게 굴욕 당하는 것을 원하지 않았습니다. 심상(沈湘)[16]과 같은 훌륭한 공적도 목숨이 아까워 이루지 못했습니다. 그렇다고 외려(畏廬)가 장생불사할 수 있겠습니까? 아닙니다. 언젠가는 반드시 죽음이 닥칠 것입니다. 나는 단 하루라도 목숨이 붙어 있는 한, 전국의 청년 학생들에게 실업을 일으켜 스스로 일어나야 한다고 고할 것이며, 내가 더욱 죽을 수 없는 것은 내가 죽기 전에 더 많은 유익한 책들을 번역하여 따끔한 말로 그들을 일깨우는 데 도움이 되고자 하기 때문입니다. 그러하니 내가 정말 사랑하는 청년 학생 여러분께서 이 외려(畏廬)를 이해해 주시고, 외려가 억지를 부리며 배우지도 못한 노인네가 꽁생원 같은 이야기나 하고 있다고 생각하지는 말아 주었으면 합니다. 나무꾼 같은 시골 촌뜨기가 올린 글도 성인은 함부로 내버리지는 않는다고 합니다. 내가 끔찍이 사랑하는 청년 학생 여러분, 나의 이런 이야기를 시골 나무꾼의 이야기로 생각해도 좋으니 귀를 기울여 주셨으면 합니다.

신해혁명(辛亥革命) 이후 그는 점점 활동을 줄여나갔지만, 1913년 2월 2일에 발표한 《譯嘆(역탄)》이라는 글에서 여전히 다음과 같이 말했다.

> 슬프다! 《譯嘆(역탄)》을 왜 쓸 수밖에 없었을까? 외국인이 우리를 능멸하고 약화시키고 유린하고 병탄하려 하는 것을 탄식하기 때문이다. 말로는 우리를 사랑한다, 불쌍히 여긴다고 떠들어대지만 일단 그들의 뜻이 이루어지게 되면 그 말은 믿을 것이 못 될 것이고, 그들은 온 나라의 백성들을 어린애 취급을 하고 애완동물들처럼 가지고 놀 것이다. 슬프도다! 만세토록 어찌 이 원수를 잊을 수 있을까! 그 단어를 그대로 번역하지 않고 그들이 욕하고 우리를 업신여기는 것을 임의로 끼워 넣어도 우리나라 사람들은 넋을 놓고 듣고만 있을 뿐이다. 그 문장들을 번역함에 있어 비난하는 것만으로는 모자라 나무라고, 나무라는 것만으로는 모자라 그들을 능멸하고, 능멸하는 것으로도 모자라 공공연히 그들의 침략 음모를 폭로하고, 나의 이 노예와 같은 사람의 의견도 첨가했다. 아 슬프도다! 이것이 어찌 외국인들의 허물을 탓하는 것이겠는가? 이 모두가 자신의 허물을 탓하는 것에 다름이 아니다.

그는 번역을 통해서만이 중국인들로 하여금 열강의 흉악함과 그들의 음모를 이해하게 할 수 있고, 외국인들이 감히 중국인을 모욕하는 것은 중국인들이 번역을

16) 심상(沈湘)之擧: 심보정(沈葆楨1820-1879) 청말 남양의 통상대신, 해운 항만 행정에 공이 많았음. 심보정이 이룬 것과 같은 훌륭한 공적

통해서 외국의 사정을 알려고 하지 않는 것과 관계가 있으므로 당연히 우리 자신들의 잘못을 반성해야 한다고 생각하였다. 당연하지만 임서(林紓) 자신도 나라를 구할 정확한 방도를 찾아낸 것은 아니어서 번역문의 서(序)와 발(跋) 등을 통해 일련의 잘못된 사상과 봉건예교 등을 선전하기는 하였지만, 그가 번역사업을 자신의 사업으로 생각한 것은 참으로 고귀한 것이라 하겠다.

임서(林紓)는 그밖에도 서(序), 발(跋) 등의 문장을 통해 번역상의 구체적인 문제까지도 언급하였다. 그는《譯林叙(역림서)》에서 '서적을 번역하는 것의 어려움'에 대해서 이야기하고 "그 어려움을 내가 가장 잘 안다."고 하였다. 그가 한 이야기는 엄복(嚴复)이 한 이야기와는 약간 차이를 보이고 있는데, 그는 주로 번역자의 학식 수준의 문제에 대하여 이야기했다. 그는 '역사적 지식이 없는 사람'은 역사 서적을 번역해서는 안 된다고 주장하였다. 왜냐하면 "외국의 역사서적은 많은 고서적을 인용하고 있어서 각국의 언어와 문자를 종합적으로 이해하고 난 후에야 비로소 가능한 것이기 때문이다."고 하였다. 그는 자신이 외국어를 이해하지 못하였기 때문에 외국어학습의 중요성을 더욱 강조하였다.《撕克遜(색슨)劫后英雄略(살극손겁후영웅략)》의 역서(譯序)에서 "애석하게도 나는 이미 나이가 오십넷이나 되어 책 보따리를 둘러메고 학생들의 뒤를 따라 외국인 선생에게 배우러 갈 수가 없다. 내가 번역한 모든 서적들은 다른 사람이 번역하는 것을 귀로 듣고 손으로 옮긴 것인데 이는 참으로 일생일대의 불행이다. 서방의 문장의 대가들에 대해서 프랑스에는 중마(仲馬) 부자가 있고, 영국엔 사각덕(司各德: 스코트)과 합갈덕(哈葛德: 하이데거) 두 선생이 있다는 것을 알고 있다. … 중국과 서양의 문자가 달라 이들을 사숙하고 싶어도 어찌 할 방법이 없다. 아! 청년학생들이여, 이 늙은이의 전철을 밟지 않기를 바란다!"고 하였다.《洪罕女郎傳(홍한여랑전)》의 역발(譯跋: 번역서의 발문)에서도 그는 "서양의 문자를 모르는 것이 상당히 후회스럽다. 친구들이 구술하는 것에 의지하지만 서양 문장의 뛰어난 점이나 상세한 묘사를 다 그려낼 수가 없었다. 나는 강의를 할 때, 학생들에게 열심히 공부하여 서양의 어문을 자유자재로 구사하여 그들의 새로운 문리를 깨쳐 내가 문장을 쓸 때 도와주면 훗날 학계에 더욱 빛나는 업적을 남길 수 있을 것이라고 말해 왔다."고 하였다. 그는 외국어와 중국어를 다 같이 중시해야 한다고 생각하여 "학당에서 서양어와 중국어 두 과목을 각

각 나누어 가르침으로써 낡은 것(중국어에도)에도 정통하고 새로운 것(서양어)에도 숙달하게 되면 중국어와 서양어를 하나의 용광로에 넣어 녹인 것과 같으니 엄기도(嚴幾道: 엄복(嚴复))가 바로 이와 같은 사람이 아니겠는가?"고 말했다.

임서(林紓)는 번역을 할 때 번역자는 반드시 자신의 주관적 감정을 그 속에 투입해야 한다고 강조하였는데, 번역자는 반드시 원작자와 작품 중의 인물의 정서와 서로 교류해야 한다고 생각했다. 전종서(錢鐘書)는 임서(林紓)가 초기에 "그가 번역하던 작품 속에 푹 빠져들었으며 심지어는 감정의 충동을 느껴 열심히 번역하던 중에 붓을 멈추고 눈물을 닦은 사실을" 매우 칭찬하였다. 그는 임서(林紓)의 이러한 '자신이 번역한 작품을 애지중지하고 아끼는' 태도를 매우 높이 평가하였다(《林紓적 번역(林紓的飜譯)》을 참고 바람.). 임서(林紓)는 1908년 출판된《塊肉余生述(괴육여생술)》의《後編識語(후편식어)》에서 적경사(狄更斯: 디킨스)의 소설은 "슬픈 것을 이야기하면 독자들도 슬퍼하고, 기쁜 것을 이야기하면 독자들도 기뻐한다. 번역자는 웃고 울고 하는 사이에 작가가 놓은 덫에 걸려들고 말았다."고 하였다. 그는 을묘(乙卯)년 6월 6일(1915년 7월 17일)에 자신이 번역한《鷹梯小豪傑(응제소호걸)》을 위해 쓴 서문에서 자신이 외국 문학 작품을 번역하면서 느낀 소감을 다음과 같이 적었다.

> 때로는 기뻐하고 때로는 경악하여 수시로 얼굴 표정이 바뀌었으며, 책 속의 등장인물이 마치 내 친척이나 되는 것처럼 가련하게 느껴졌다. 작중 인물이 어려움을 당하면 슬퍼하고 성공하면 기뻐하였는데, 나는 허수아비가 되어 마치 작가가 줄을 묶어서 나를 조종하고 있는 것 같았다.

그는《黑奴吁天錄(흑노우천록)》을 번역할 때 "울면서 번역하고 번역하면서 울었다."고 하였는데 그렇게 함으로써 그의 번역작품은 독자들의 심금을 울리는 효과를 거둘 수 있었다. 그는 번역자의 감정이입이 번역작업에 미치는 영향관계를 강조함으로써 그 후 곽말약(郭沫若)과 같은 일단의 번역가들이 새로운 번역이론을 펴는 데 또 다른 길을 열어놓았다.

임서(林紓)는 서문(序文)과 발문(跋文)을 통하여 여러 차례 서양어와 중국어 간의 같은 점과 다른 점에 관하여 논술하였다. 그는《孝女耐兒傳(효녀내아전)》의 역서(譯序, 1907)에서 "나는 비록 서양어를 모르기는 하지만 매일같이 남들이 구술하는 것을 들으면서 가족들의 발자국소리를 구별할 수 있는 것과 마찬가지로 문장의 유파를 구별할 수 있게 되었다."고 하였다. 또 《撕克遜劫後英雄略(살극손겁후영웅략)》의 역서(譯序, 1905)에서는 "서(紓)가 비록 서양어를 모르기는 하지만, 매번 서술자가 구술하는 가운데 복선이 깔리거나 연결되는 곳, 또는 문장이 갑자기 반등하는 곳 등에서 우리 고문가들이 사용하는 방법과 크게 다르지 않다는 것을 느꼈다."고 하였다. 《黑奴吁天錄(흑노우천록)》(1901)의 역서(譯序)에서는 "이 책은 개장(開場: 발단), 복맥(伏脈: 전개), 접순(接筍: 클라이맥스), 결혈(結穴: 대단원) 등을 운용함에 있어서 우리 고문가들이 사용하는 문장법과 상당히 닮은 데가 있다. 따라서 서양의 문장법과 중국의 문장법은 서로 다르면서도 같은 점이 있다. 번역가들이 서양어를 중국어로 옮김에 있어 서학에 뜻을 둔 사람들이 갑자기 서양어를 폄하하여 그들의 문장이 중국어만 못하다고 생각하지 않기를 바란다."고 하였다. 1905년에 그는 《鬼山狼俠傳(귀산랑협전)》을 번역하면서 원서(原序)의 뒤에 부기(附記)를 달아 "이 문장은 상당히 문장법에 맞지 않는다. 중국과 서양의 문장법에 다소간 차이가 있으니 독자들은 이 점을 양해해 주기 바란다."고 하였다. 이러한 논술은 대단히 짧고 산발적인 것이기는 하지만 중국의 전통문학에 깊은 조예를 가지고 있는 고문가의 입을 통해서 나왔을 뿐만 아니라 실제로 번역작업에 참여한 경험이 있는 사람이 자신의 실제 경험을 토대로 했다는 점에서 당시의 많은 독자들을 계발(啓發)시켰다. 따라서 이러한 언급은 오늘날까지도 번역이론을 정립하기 위해 연구하는 학자들에게 참고할 만한 가치가 있는 이야기라고 하겠다.

번역 명칭의 통일 문제(명사의 통일)에 대해서도 임서(林紓)는 약간의 글을 남겼다. 1914년 그는 《中華大字典(중화대자전)》의 발간에 즈음하여 쓴 서문(序文)에서 "중국의 글자는 한 자가 하나의 뜻을 가지고 있기 때문에 연합을 하지 않으면 문장을 이룰 수가 없다. 따라서 번역할 때 자주 적당한 단어를 찾지 못하여 서양의 언어로 보충을 할 수밖에 없었다." 그렇기 때문에 "정부에서 기관을 설치하여 새로운 명사를 만들어 고상하면서도 외국어의 명사와 잘 통할 수 있는 명사를 선택하여 설명을 더해 줌으로써 학자들이 공부하는 데 도움을 줄 수 있었으면 좋겠다. 그렇게 하면 이후에는 법률을 번역하거나 역사를 번역하거나 공업 기술과 생물을 번역하거나 간에 서로 어긋남이 없을 것이니 그 이익이 적지 않을 것이다."고 건의하였다. 비록 그의 이러한 건의가 받아들여지지는 않았지만 그는 근대 중국 번역사에 있어 부란아(傅蘭雅)와 양계초(梁啓超)에 이어 또 다시 명사의 통일을 건의한 학자일 뿐만 아니라, 정부에서 기관을 설립하기를 건의하였고 그 범위를 법률, 역사, 공업 기술과 생물학까지 넓혔다는 데 그 의의가 있다. 이 또한 그가 중국의 근대 번역사에 있어 이룩한 하나의 공헌이라 하겠다.

번역 방법에 있어서도 그는 여러 차례 지적하였는데, 외국 작품의 내용에 대해서는 반드시 그렇게 할 필요는 없지만 번역할 때는 반드시 원저의 내용에 충실하여야 한다고 주장하였다. 예를 들면 그는 《黑奴吁天錄(흑노우천록)》의 《例言(례언)》에서 "이 책은 미국 사람이 지었다. 미국 사람들은 신심이 독실하여 책의 내용 또한 종교적 가치를 최고의 가치로 삼았다. 번역자는 비록 종교의 신도가 아니기는 하지만 종교적 내용을 번역하지 않을 수 없었다. 독자들은 이 점을 양해해 주기 바란다."고 적고 있다. 또 《魯濱孫漂流記(노빈손표류기)》의 역서(譯序)에서는 "이 책에는 종교적 내용이 상당히 많은데 번역자도 조금씩 그들 종교에 마음을 뺏기는 것 같지만 실제로 그렇지는 않았다. 책을 번역한다는 것은 책을 짓는 것과는 다르기 때문이다. 책을 짓는 사람은 자기 자신의 견해를 마음대로 펼치다 보면 그 속에 빠져들어 그렇게 하지 못할 것도 없다. 그러나 번역하는 사람은 이미 정해져 있는 내용을 그대로 따라가야만 하니 어찌 자신의 의견을 삽입할 수가 있겠는가? 이 책에는 종교적인 이야기가 많이 있는데 나는 있는 그대로 번역할 뿐 어찌 내가 그것을 기피한다고 하여 삭제할 수 있겠는가? 나는 원문에서 이야기한 대로 하나하나 따라서 번역할 뿐이다."고 말하였다. 그는 또 《鬼山狼俠傳(귀산랑협전)》의 원서(原序)의 부기(附記)에서 "이 책은 문장이 지루할 정도로 길기는 하나 원문이 그러하기 때문에 나는 원문을 그대로 번역하여 있는 그대로 보여줄 뿐이다."고 하였다. 그는 서사체문장(敍事體文章)에는 때로는 적지 않은 산절(刪節: 빼버리는 것)을 하였지만 논사(論事: 논설문 또는 어떤 주장을 펴는 문장) 문장에 대해서는 마음대로 가감하지 않았다는 점을 설명하고 있다. 그는 《黑奴吁天錄(흑노우천록)》의 《例言(례언)》에서, 책 속의 몇 편의 시를 번역할 때 "뜻은 살리되 단어는 부분적으로 바꾸었으나 원문의 정신을 바꾼 것은 결코 없다."고 하였다. 이 말은 정곡을 찌른 말로, 간단명료하게 시 번역(詩飜譯)의 원칙을 설파한 것이다.

임서(林紓)는 이러한 역서(譯序)들 가운데에서 자신이 번역사업에 종사한다고 해서 외국의 종교를 믿지는 않는다는 사실을 여러 차례 강조하였을 뿐만 아니라 번역자의 원칙은 "문장은 그대로 번역은 하지만 그 문장에 나타난 사실을 그대로 따라갈 필요는 없다(자신의 신념으로 받아들일 필요는 없다.)."(《劍底鴛鴦序(검저원앙서)》)고 하였고, 또 외국의 나쁜 것이나 중국에 맞지 않는 것들도 그대로 남겨 경계로 삼을 것을 주장하였다. 그는 우리가 번역을 하는 것은 서방을 배우기 위해서 이니 서양의 강도 행위는 배워서는 안 된다고 강조하였다. 그는《霧中人(무중인)》의 역서(譯序)에서 "나는 항상 나의 학생들에게 다음과 같이 말했다. 저 도둑들은 자신들의 도둑질을 자랑하지만 그것들을 배워서는 안 된다. 당연히 도둑들을 막을 방법을 강구해야 한다. 도둑질을 하려는 강도에 대비하는 방법은 반드시 칼과 총으로써 대비해야 하고, 종족을 멸종시키려는 도둑들을 대비하는 방법은 반드시 배움으로써 해야 한다. 도둑들이 배운 것을 배우려는 것은 도둑이 되기 위해서가 아니라 도둑들을 방비하기 위해서이며 그렇게 되면 도둑들의 힘도 다하고 말 것이다."고 말하고, 엄숙하게 "나의 이 책을 읽을 독자인 사랑하는 청년 학생 여러분에게 다음과 같이 경고한다. 외려거사(畏廬居士)가 이 책을 번역한 것은 여은나(黎恩那)가 초영(超瑛)을 얻은 것을 부러워해서가 아니라 도둑들이 도둑질하는 하는 것과 우리 종족을 멸종시키려고 하는 도둑들을 엄하게 방비하기를 바라기 때문이었다."고 하였다. 이것은 중국을 멸망시키고자 하는 제국주의 강도들을 향한, 비할 바 없는 큰 분노를 표시한 것일 뿐만 아니라 "도둑들이 배운 바를 배우고자 하는 것은 도둑이 되고자 해서가 아니라 도둑을 방비하고자 하기 때문이라는" 원칙을 표명한 것이니 임칙서(林則徐) 등이 제기한 "적의 장기를 배워서 적을 제압한다."는 사상에 대한 아주 중요한 보충 설명이라고 할 수 있다.

十. 역학이론을 논한 손이양(孫詒讓)

손이양(孫詒讓 1848-1908)은 아명(兒名)이 효수(效洙)이고, 덕함(德涵)이란 이름을 사용하기도 하였다. 자가 중용(仲容)이고 호가 주경(籀廎)이었다. 절강(浙江, 瑞安) 사람이었다. 그의 아버지는 들리는 이야기에 의하면 한림학사(翰林學士)로 무영전협수(武英殿協修)를 지냈으며, 직상서방(直上書房)에 출입했다. 손(孫)씨는 어려서부터 아버지를 쫓아서 독서를 하여, 19세에 원시(院試)에 응시하여 일등으로 합격하여 읍상(邑庠: 읍에서 운영하는 학교)에 입학하였다. 그 다음해 절강향시(浙江鄕試)에 합격하여 동치 정묘(同治, 丁卯) 과거인(科擧人)에 합격하였다. 그러나 그 후에 여러 차례 전시에 응시했으나, 끝내 진사에는 합격하지 못했다.

1884년 중국과 프랑스가 전쟁을 선포하여, 연해지역에는 계엄령이 선포되자, 손(孫)씨와 마을사람들은 의병을 조직하였다. 1886년 여름 5월에 상해로 가서 처음으로 중국어로 번역된 서방의 정치, 사상 및 과학기술 서적과 잡지들을 접촉하게 되었으며, 다음해 겨울 다시 상해지역을 여행하여 국내의 시무보(時務報) 등 신문잡지와 서적들을 정기구독하게 되었다. 그는 앉으면 생각하고, 서기만 하면 걸어, 조금씩 서재를 벗어나서 서학을 전파하고, 변법을 토의하며, 실업을 일으키고, 학교를 세워서, 백성들의 지혜를 일깨우고 정치를 혁신하여 국가와 민족을 위기에서 구해내고자 하였다.

1894년 중일갑오전쟁(中日甲午戰爭)이 일어나자, 손(孫)씨는 서안주방국총동(瑞安籌防局總董: 서안의용대장)을 맡아, 절강순무(浙江巡撫)에게 《防辦條議(방판조의)》라는 상소문을 올렸다. 중국이 전쟁에서 패한 후, 그는 매우 가슴 아파하며 "시국이 이렇게 어려운데, 이후에는 다시는 집에 앉아서 책이나 짓는 일은 하지 않을 것이다."고 말했다. 다음해 마관조약(馬關條約)이 체결되었다. 강유위(康有爲)와 양계초(梁啓超) 등은 18개 성(省)의 거인(擧人: 과거응시자)들을 모아 상소(公車上書)를 올려, 강화를 거절하고, 천도(遷都: 수도를 옮김)를 하며, 변법(變法: 유신변법)을 시행하여, 치욕을 설욕할 것을 요청하였다. 손(孫)씨는 강유위(康有爲)와 양계초(梁啓超)보다도 몇 살이 많았으나, 이 소식을 듣고 비분강개하여 유학(儒學)을 일으켜서 나라를 구할 것을 주장하고, 흥유회(興儒會)를 창립하고, 《興儒會略例(흥유회약례)》 21조를 만들었다. 1895년 양계초(梁啓超)는 폐단을 없애고 나라를 구하는 방법이 과저제도를 폐지하고 학교를 세우는데 있다고 말하였다. 손(孫)씨는 읽고 난 후, 그 말이 옳다고 생각하여, 양(梁)씨에게 답하는 글을 쓰서 다음과 같이 말하였다.: "매번 친구들과 시국을 논할 때마다 가슴이 답답하여, 망령되게 호언장담을 하면서 글을 쓰는 것으로 억지로 위안을 삼았습니다. 부국강병의 원천이 학교를 세우는 데에 있음을 알게 되었습니다." 1897년 손(孫)씨는 상해시무보관(上海時務報館)의 왕강년(汪康年)에게 편지를 쓰서 만약 조정이 확실하게 개혁적인 조치를 취하지 아니한다면, 어떻게 하더라도 이 위기를 헤쳐 나갈 길이 아예 없으니, 20개 성(省)의 현명한 사대부들의 지지를 모아 내년 봄 예부에서 시행하는 과거시험에 응시생들이 모일 때에 수천 명을 모아 상소를 올려 위기국면임을 호소하여 하루빨리 변법자강을 실시하도록 요청해야 한다. "만에 하나라도 뜻이 이루어지게 되면, 이것은 중화민족을 약소국에서 강대국으로 바꿀 수 있는 전기가 될 것이다." 또 그는 라진옥(羅振玉), 서수란(徐樹蘭), 장보(蔣黼) 등과 함께 상해(上海)에서 무농회(務農會)를 창립하였고, 황소기(黃紹箕), 황소제(黃紹第) 등과 함께 서안(瑞安)에 농학지회(農學支會)를 조직하자고 발기하였다. 다음해 정월 20일, 다시 또 왕강년(汪康年)에게 편지를 보내어, 이번 과거시험에서는 의견을 반드시 개진할 것이며, 그는 이미 응시하지 않기로 결정을 하였으나, 그러나 서명자에 이름을 올리는 것은 무방하며, "아무리 강하게 반대에 부닥치더라도, 나는 확실히 뜻을 함께 할 것이며. 아무리 꾸짖는다 하더라도 관계치 않을 것입니다."라고 하였다. 여름 4월에 청(淸)나라 조정에서는 변법유신(變法維新)을 결정하였다. 얼마 지나지 않아, 변법(變法)은 실패로 끝이 나고, 강유위(康有爲)는 홍콩으로 도망을 하였고, 양계초(梁啓超)는 일본으로 도망을 하였으며, 담사동(譚嗣同), 임욱(林旭), 양예(楊銳), 유광제(劉光弟) 등은 죽임을 당하였다. 이에 앞서 손(孫)씨는 장지동(張之洞)에게 급히 편지를 쓰서, 그들을 구해달라고 요청을 하였으나, 뜻을 이루지 못했다.

1899년, 손(孫)씨는 20년이 걸려, 여러 번 수정을 거쳐 마침내 《周禮正義(주례정의)》 86권을 완성하였다. 이 책은 그의 일생의 중요한 저작 가운데 하나였다. 1901

년 청(淸)나라 조정에서는 형세가 위급하여, 새롭게 변법을 하여 제도를 개선하기로 하고 조서를 내려 의견을 구했다. 손(孫)씨는 성선회(盛宣懷)의 요청에 응하여, 10일 동안 두문불출하여, 《變法條議(변법조의)》 40條(조)를 썼으나, 그러나, 성(盛)씨가 시간만 끌뿐 상신을 하지 않는 것을 보고, 변법경제(變法更制: 변법을 하여 제도를 바꿈)라는 것이 사람을 속이기 위한 이야기라는 것을 알게 되었다. 1902년 손(孫)씨는 벌써 55세가 되었음에도 불구하고, 채원배(蔡元培), 장태염(章太炎) 등이 상해(上海)에서 창립한 중국교육회에 참가하였다. 이 해에 《變法條議(변법조의)》를 《周禮政要(주례정요)》 2권으로 이름을 바꾸어, 서안보통학당(瑞安普通學堂)에서 인쇄하여, 자신들이 운영하던 학당의 교재로 삼았다. 이 책은 후에 상해(上海)의 서점에서 인쇄, 출판하여, 각 성(省)에 유포되었으며, 그 영향이 상당히 컸다. 1907년 추근(秋瑾)이 체포되자, 그가 방법을 강구하여 구를 구해내었으며, 그전에도 반청혁명가들을 숨겨준 적이 있었다.

손이양(孫詒讓)은 유월(俞樾), 장태염(章太炎) 등과 함께 청말(淸末) 3대학자로 나란히 병칭되었다. 만청(晚淸)의 "경학전후(經學殿後: 최후의 경학대가)", "박학대사(樸學大師: 청대고증학의 큰 스승)" 등의 명예로운 칭호가 부여되었다. 그는 경학(經學), 사학(史學), 자학(子學), 갑골학(甲骨學), 금석학(金石學), 교감학(校勘學), 문헌학(文獻學) 등 방면에 모두 탁월한 성과가 있었다. 만년에는 그는 또 묵가(墨家)의 고지역행(苦志力行: 뜻을 세워 열심히 행함)의 실천정신으로 열심히 고향을 위해 봉사하여, 학교를 세웠을 뿐만 아니라 각 종의 실업(實業)활동을 진행했다. 특히 1896년부터 애써 자금을 마련하여, 그곳의 19개 현(縣: 우리나라의 군에 해당하는 행정단위)에 300여 개의 학당을 세워 절남(浙南: 절강성의 남쪽지역)지역의 근대교육을 위하여 지대한 공헌을 하였다. 그는 일찍이 절강성교육총회회장(浙江省敎育總會會長)을 역임했다(회장이던 채원배(蔡元培)가 회장에 취임을 하지 않자 부회장이던 손이양이 회장직을 대행했다.).

손(孫)씨는 일생동안 학문의 생애를 보냈는데, 48년 동안 저서 20여 종을 출판하였는데, 《周禮正義(주례정의)》나 《周禮政要》에 비해서는 무게감이 떨어지는 책이다. 이 책은 《周禮(주례)》의 요점을 해설하는 형식을 빌어서 변법구국(變法救國)사상을 선전하였다. 이 책들 속에서 우리들은 중국번역이론연구가들이 거론한 적이 없는 그의 번역이론에 대한 견해를 볼 수 있다.

《周禮政要》에서 여러 차례 번역에 대해서 언급했다. 권상(卷上)의 《廣報(광보)》 편에서는 맨 마지막에 가서 널리 신문사를 여는 것에서 시작해서, 더 나아가 외국의 유명한 신문잡지를 번역할 것을 다음과 같이 주장했다.: "서방의 국가와 통상을 하면서부터, 민(閩: 복건성의 별칭), 오(奧: 마카오의 별칭, 상해(上海) 등지에서 처음으로 일간신문이 나타났으나. 모두가 다 서양인들이 주간하였다. 최근에 각성(省)의 사대부들이 신문사를 열고 신문을 발간하기 시작하였으나, 아직도 그 숫자는 많지 않다. 마음속으로 폐간조치를 당하지는 않을까 두려워하여, 서양식 이름을 내걸기도 하였다. 수만 가구가 사는 현(縣)에서 신문을 보는 집이 100의 1에도 미치지 못하고, 고루함을 가리니 계몽을 할 방법이 없어, 참으로 개탄스럽다. 나는 이 변화의 시기를 맞이하여 마땅히 수도지역에 널리 관보신문을 설립하고 그 다음으로 차례로 각 직할 성시(省市)로 확대하며, 청주현(廳州縣)급의 각급 단체들도 널리 신문사를 열고, 민간의 사인신문도 그 금지조치를 해제하여, 매달 이부(吏部)의 독무(督撫: 고위관료, 책임자)들은 공사의 신문잡지들을 모아서 군기처(軍機處)로 보내어, 두루 열람을 하도록 하여야 한다고 하였다. 또 각 관서와 학당에서는 지방에서 발간되는 신문을 서로 부쳐주어, 확충하고 보호하여, 열심히 (신문사들이)번창하도록 해야 할 것이다. 외국의 저명한 각 신문들 예를 들면 영국의 《太晤士(TIMES)》나 미국의 《滴森令》과 같은 신문을 구매, 번역하여, 황제에게 열람하게 하고, 동시에 그 가운데 중요한 것들을 선택하여 관보에 실어서 각 성(省)에 회람하게 해야 한다. 이렇게 하면 위로는 성학(聖學: 중국학 즉 儒學)을 보좌하고, 아래로는 백성들의 지혜를 계몽하여, 시세의 흐름을 살피고 사람들의 마음을 서로 통하게 하니 도랑치고 가재 잡는 일거양득이 아니겠는가?" 곧바로 이어서 글 가운데 《通譯(통역)》이라는 한 문장이 있는데, 번역에 대해서만 전문적으로 논하고 있는데, 상당히 중요하나, 지금까지 번역에 대해서 연구를 한 사람들이 알지 못하는 문장으로, 역학사(譯學史)에 실을 만한 가치가 있는 문장이다. 글 가운데 "名從主人(이름은 주인을 따른다. 다시 말하면, 고유명사는 그 나라의 발음대로 음역을 한다.)"(저자의 생각으로는 아마도 공자께서 하신 말씀이다.)은 최초의 "역언지략례(譯言之略例: 번역을 할 때 사용하던 간략한 예규)"이며, 양웅(揚雄)의 《方言(방언)》은 "옛날 역학(譯學)의 한 지류(支流)"라고 보아도 좋을 것이며, 당(唐)나라 때에도 이미 서해(西海: 광의의 서역으로 현재의 서아시아와 유럽)를 통하게 하는 통역이 있었을 것이라고 하는 등의 이야기는 모두가 다 식견이 있는 이야기이다. 글 가운데, 특히 역학(譯學)은 마땅히 두 분야로 나누어야 한다고 주장하였는데, 그 중 한 분야는 책을 번역하는 것을 말하고, 다른 한 분야는 어언, 문자(言語와 文字)를 번역하는 것을 말한다. 소위 말하는 "언어와 문자를 번역한다."는 것은 외국어를 학습하는 것을 말한다. 다시 말하면, 손(孫)씨는 당시 역학에서 가장 중요한 것은, 바로 외국의 서적을 번역하는 것과 외국어를 학습하는 두 가지 일이라고 생각하였다.

왕은 천하(백성들을)를 어루만지는데, 언어와 문자로서 천하에 고한다. 그러나 이역지방에는 통하지 않음으로, 반드시 통역관을 세워서 서로의 감정을 통하게 한다. 《公羊, 昭元年, 傳(공양, 소원년, 전)》에 "大原(대원)"을 "대로(大鹵)"라고 하였는데, "地物從中國地, 人名從主人(지명이나 물명은 중국의 것을 따르고, 인명은 그 나라의 이름을 따른다.)"고 하였는데, 곧 당시 역관들이 사용하던 간략한 예규이다. 한(漢)나라, 양웅(揚雄)이 《方言(방언)》이란 책에서 스스로 "옛날 선대의 사자(외교관)들이 아뢰었던 이미 전해지지 않는 다른 나라의 언어(古輶軒使者所奏絶代別國語言)"을 채집한다고 하였는데, 역시 고대 역학(譯學)의 한 지류이다. 위진(魏晉)이래로 석(釋: 釋迦牟尼)씨의 불교경전이 가장 많이 번역되었다. 당(唐)나라 때에는 역경윤문사(譯經潤文使: 번역을 할 때 문장을 다듬는 직책을 맡은 관리)를 두었는데, 대부분이 재상(宰相)급의 관리가 맡았다. 그러나 범어(梵語)로 된 서적들은 천축(天竺: 인도)에서 쓰여졌기 때문에, 서해(西海: 현재의 서남아시아와 유럽)를 거치지 않은 것이었으나, 그러나 경교(景教: 기독교의 일파)가 중국에 전해지면서 경전이 번역되었다. 그렇다면, 라틴어나 로마문자가 당(唐)나라때 이미 어쩌면 상서(象胥: 통역관)을 통하여 번역되었다는 것일까? 중국의 조정에는 이미 사역관(四譯館)에 역생(譯生: 번역을 공부하는 학생)이 있어, 변방나라들의 언어를 전달하였다. 유럽의 각 나라 가운데 오로지 러시아의 사자(使者: 외교관)만이 일찍부터 왕래가 있었다. 도광(道光)이래로 영(英: 영국), 법(法: 프랑스) 등 각국의 사자(使者: 외교관)들이 줄줄이 들어왔다. 교섭이 많아지자, 번역할 일도 자연 매우 많아져서, 나는 당연히 서방의 제도를 모방하여 외교부를 세워서 그 일을 총괄하도록 해야 한다고 말했다. 곧 일본의 외무성(外務省)과 같은 것으로, 일본은 외교학을 전문적으로 가르치는데, 각국의 언어와 문자, 정치법률, 풍속관례 등에 대해서 오래도록 경험을 축적하였다. 마땅히 한첨과도(翰詹科道: 한림원에 속한 고위관료) 가운데 서양언어를 능통한 자를 뽑아서, 이러한 학문을 공부하게 하여, 그 학식이 통달한 사람을 외교부장관이나 외국공사에 임명하고, 그 다음의 사람을 영사수행원으로 임명하면 외교담판의 효과를 거둘 수 있을 것이다.

이밖에도, 역학(譯學)은 반드시 두 분야로 나누어야 한다.

한 분야는 책을 번역하는 것을 말한다. 최근에 서양의 학술은 대단히 발달하여, 새로운 서적을 저술하는 자가 수만 명이나 된다고 하니, 마땅히 그 가운데 가장 절실하고 필요한 것들을 가려서 중국어로 번역하여, 온 중국에 배포하여, 백성들의 지혜를 계몽하여야 한다. 전에 경사동문관(京師同文館: 북경에 있던 외국어교육기관)과 강남제조국(江南製造局: 상해에 설치한 번역기관)에서 외국어서적을 많이 번역을 하였다. 그 외에도 서양인들이 세운 교회와 강절민광(江蘇, 浙江, 福建, 廣東)지역의 사설학회에서 번역해서 출판한 서적들이 있다. 마땅히 수도와 지방의 각 성(省)에서 널리 역서지관(譯書之館: 번역관)을 열고, 관에서 경비를 염출하여 서학에 정통한 학자들을 불러 모아 이일을 주관하여야 할 것이다. 책이 출간될 때마다, 이것을 중앙에 진상하여 열람하고, 각지의 크고 작은 학당에 이를 배포하여 모든 학생들에게 읽도록 해야 한다. 오늘날 일본은 서학을 숭상하여, 번역한 서적이 목록에 보이는데, 거의 만 종(種: 가지)에 이른다. 왜어(倭語: 일본어)와 중국어는 그 근본이 같으나 중간에 평가명(平假名: 히라가나)과 편가명(片假名: 가타카나) 등이 끼어있다 하여도 찾아 읽기에 아주 어려운 것은 아니다. 일본인들이 이미 번역한 책들을, 다시 번역(重譯)을 하는 일에 먼저 종사(착수)해야 할 것이다.

다른 한 분야는 "어언, 문자를 번역한다."는 것을 말한다. 서방국가의 문자는 모두 라틴어에서 나왔는데, 최근에 와서, 영국, 러시아, 독일, 프랑스의 문자가 서로 다르기는 하나, 거의 비슷하다. 우리나라 성조 강희(康熙)황제께서는, 언제나 학문에 정진하시어, 일찍이 서양학자 남회인(南怀仁(Ferdinand Verbiest, 1623.10.9.-1688.1.28., 享年 66歲)) 등을 내전으로 불러, 라틴어를 배우셨다. 랍체낙(拉體諾)이 곧 납정(臘丁)이다. 고개를 들어 심모원려(깊이 생각하여 먼 미래를 내다 봄)가 만세에 빛난다. 최근에 세계 각국이 몰려 들어오나, 우리나라의 돌아가는 판세는 모두가 다 번역관들의 번역에 의존하니, 명령을 내려도 그 사정을 전달할 수가 없다.: 정치를 연구하고 학문을 배움에 있어, 모두가 다 이미 번역된 서적에 의존할 뿐이니, 그 심오한 이치에 통달할 수가 없다. 따라서 그 나라의 언어와 문자를 배우는 것이 가장 긴요하다. 일본은 변법(變法)을 실시한 이래 온 나라를 통틀어 관민(官民)들 가운데 서양어를 모르는 사람이 아주 적다. 그러나 중국은 통상하는 각 부두를 제외하면, 서양어를 아는 사람은 천명 가운데 한두 명도 되지 않으며, 성(省)의 각 관청에서도 서양어를 아는 사람이 한 명도 없다. 일본과 중국의 사정이 이렇게 차이가 나는 것은 모두가 여기에 연유한다. 오늘날 각 성(省)에서는 널리 방언관(方言館)을 열고, 힘써 동서의 언어를 모든 사람이 알 수 있도록 하여 만리 밖의 서양의 일들이 마치 잡안의 일처럼 환히 알게 되면, 곧 서양의 정치를 행하게 하고 서양의 학문을 배워 조금의 차이도 없게끔 하는 것이 중국과 외국이 함께 문명화하는 성궤(盛軌: 번성하는 길)이다.

손(孫)씨는 이 책의 권하(卷下: 하권)의 《冶金(야금)》이라는 절에서 서방의 과학기술 전문서적을 번역할 것을 주장했다. "이렇게 큰 중국에 야금(冶金)을 강의할 만한 학자가 없다니, 이 얼마나 우스운(부끄러운) 일인가? 전에 호북성(湖北省) 성도(省

都)에 일찍이 철정국(鐵政局)을 세워 철강을 제련하는 방법을 강구하였으나, 규모도 적고 경비도 불충분하여 서방의 국가들과는 서로 어깨를 겨루고 함께 나갈 수가 없었다. 나는 마땅히 화학(化學), 광학(鑛學)의 제 학당에 연금(錬金)학과를 설립하여, 두루 널리 서양의 전문서적을 번역하여 학자들과 학생들로 하여금 연구실험하게 하는 것이 공정의 가장 중요한 나아갈 길이라고 말하고자 한다." 권하(卷下)의《敎農(교농: 농학교육)》1절에서는 "널리 농학학당을 열고, 서양의 농서를 번역하여, 식물화학(植物化學) 및 지질학(地質學), 수리학(水利學) 등을 강구(연구)해야 한다." 권하(卷下)의《保商(보상)》절에서는 "상무에 관계되는 신문사를 크게 열어서 서양국가의 상무와 관계된 책을 번역하여, 서양의 상인들이 사용하는 언어와 문자를 연구하여 그들의 지혜를 배우고, 그들의 기술을 배워야 한다." 권(卷下)의《考工(고공)》절에서는 "산학(算學), 중학(重學: 물리), 화학(化學) 등의 학당을 열어서, 백성들의 지혜를 계몽하고, 마땅히 서방의 공업과 관계된 서적을 광범위하게 번역하여, 천하에 배포하여 모든 사람들이 줄줄 외울 수 있게 해야 한다."고 주장하였다. 권하(卷下) 의《考醫(고의)》절에서는 "각 성(省)에서는 광범위하게 의학학당을 열고, 서양각국의 의서(醫書)를 번역하여, 중국의 전통적인 의서(醫書)와 서로 비교, 대조함으로써 그 학설을 정밀하게 연구해야 한다."고 주장하였다. 권하(卷下)의《諭刑(유형)》절에서 서양법률서적 번역의 중요성을 논술하였는데, 상당히 가치가 있는 주장이다.

> 주아사(周訝士)는 제후의 빈객을 맞이하는 일을 맞고 있는데, 이 일은 서양에서는 주로 외무부에 소속된 일로, 제후국의 소송업무도 겸하고 있다. 무릇 죄에 연루되면 형벌을 내려야 하는데, 반드시 공리와 통례에 맞아야, 비로소 천하에 통용될 수가 있다. 따라서 사(使: 외교사절)는 유(愈: 황제의 명령)를 (제후의)나라에 전하니, 변방의 나라와 유화정책의 한 단면이다. 이는 무왕(武王)과 주공(周公)이 새로 시행한 제도로서, 속국(屬國)들을 잘 통치했으니, 그 주공(周公)은 신중하기가 이와 같았다. 우리 (淸)나라 조정에서는 변방을 통치함에 있어, 대체로 중국의 법률을 적용하였으나, 몽고(蒙古)의 여러 맹(盟: 행정 단위)에 대해서는 이번원(理蕃院)에서 형률(刑律)을 시행하였는데, 유배를 보내고 태장을 때리는 형벌에서 구금을 하고 벌금을 매기는 형벌로 바꾸는 조항이 있는데, 이는 곧 중국이 변방을 통치함에 있어, 항법(恒法: 이미 바꿀 수 없는 정해진 법)에만 의존한 것은 아니었다는 사실이다.

오늘날 오주(五洲: 오대양 육대주, 즉 온 세상)의 모든 나라들이 중역(重譯: 번역본을 재번역)을 하는 방법으로, 적을 평정하고 우방으로 만드는 것은 이미 고개를 숙여(조공외교), 속방(屬邦)으로 여기는 것은 불가능하다. 여기에 더해서 종교가 서로 다르고, 성정(性情)과 언어까지도 서로 다른데다, 우리나라(중국)의 형률(刑律)은 아주 복잡하고, 법원의 판례라는 것도 얽히고설키고 가려져 있어, 오래된 관리들도 다 알 수가 없는데, 서양인들이 어떻게 알 수가 있겠는가? 따라서 중국과 서양 사이에 형사소송이 붙으면, 중국 사람들은 서양의 형법이 너무 가볍다 의심을 하고, 서양의 사람들은 중국의 형법이 너무 무겁다고 의심을 하니, 피차가 서로 의심을 하니, 마침내 중국의 형법의 판례로는 다만 중국인들을 재판할 수 있을 뿐이고, 서양사람들은 양인들을 다스림에 자신들의 양법(洋法)을 고수를 한다. 서양사람들은 치외법권을 주장하고, 중국은 무거운 형벌을 고수하여 스스로 얽매고 있으니, 정책적 실수가 참으로 심하다. 따라서 우리의 법률의 가장 중요한 요지를 간단명료하게 요약하여 그들로 하여금 쉽게 알 수 있도록 하여야 한다. 한 걸음 더 나아가 역학에 정통한 학자들에게 명하여, 그들(서양)의 형법을 번역하게 하여, 중서율법학당(中西律法學堂)을 세우고 형부관리들 가운데 잘 훈련된 자를 선발하여, 서로 정밀하게 교정을 하고 고찰을 하게 하여, 서로 다름을 비교하고 경중을 저울질하여 중서(中西)의 문서가 서로 통할 수 있게 만들어야 한다.

일본의 변법이라는 것은 간단히 설명하면 아래와 같다.: 대학당(大學堂: 대학)의 문과계열 학생들로 하여금 서양의 율법을 연구하게 하여, 학문이 이루어진 사람들로 하여금 사무를 대신하게 하니, 곧 서양사람들이 이야기하는 율사(律師: 변호사)이다. 이로서 서양인들과의 교섭안건이 생길 때마다 동서율례(東西律例: 일본과 서양의 판례)에 따라 법률적 지원을 함으로써, 그들과 대등한 입장에서 다툴 수 있게 되어, 마침내 자주권을 행사하여, 외국이 농단하는 치외법권을 폐지하게 되었다. 이것이 바로 서양의 법률을 연구한 효과의 명확한 증거이다. 서양에서 옛날에 통행하던 로마법을 고찰해 보면, 근대에는 프랑스법을 으뜸으로 삼아서 금과옥조(金科玉條)로 여기고 있음을 알 수 있다. 전 동문관(同文館)의 교습(教習: 교수)을 맡았던 정위량(丁韙良)은 번역본을 만들었는데, 프랑스의 나폴레옹이 만든 것으로, 공평명윤(公平明允: 공평무사)하여 가장 훌륭한 선본(善本)으로 꼽힌다. 오늘날 유럽각국에서 대체로 이를 사용한다. 나는 이 책을 근본으로 삼고, 다시 《羅馬律要(라마율요: 로마법요지)》, 《諸國律例異同(제국율례이동)》, 《公法例案(공법례안)》, 《條約集成(조약집성)》 등의 책을 번역하여 그 비율을 정해 종합하여 한 권의 책으로 집대성하여, 각성(省)의 학당에 배부를 하여, 율학을 전공하는 학자들은 모두가 다 이 책에 정통하게 하고, 《萬國公法(만국공법)》으로 이를 보충하게 해야 한다고 주장한다. 무릇 중국인이 서양인들과 소송을 하게 되면, 반드시 이 책에 근거해서 재판을 해야 하고, 그러고도 남은 문제가 있어, 그들과 대항을 해야 한다면, 그들이 일방적으로 서양인들의 잘못을 비호하지 못하도록 하여야 할 것이다.

또 영국, 프랑스, 미국등에 거주하는 화교들 가운데 그 나라의 법률에 정통하여, 변호사가 된 사람들이 있다고 듣고 있다. 이 화교들은 서양의 법률에 정통해 있지만 중국이 옛날의 법을 고집하여 이들을 쓰려고 하지 않을 뿐이다. 만약 각국의 공사대신(公使大臣: 고위외교관) 등을 초빙하여 귀국하게 하여 관직을 주어 법학교수나 법무부관리로 충당한 후 감옥을 지어, 편협하고 오욕적인 옛날의 잘못을 제거하고, 화학(化學), 의학(醫學) 등을 잘 연구하여 송(宋)나라이래의《洗寃錄(세원록)》의 오류를 바로 잡는다면, 그 민족들도 기꺼이 승복하고, 점점 자주권도 회수할 수 있을 것이니, 이 얼마나 바라던 일인가?

여기에서, 청말(淸末)의 성본복(成本璞)의 역론(譯論)을 부대하여 기록함으로써 그 사람과 그의 주장을 남기려고 한다. 성(成)씨 역시《周禮(주례)》와《禮記(예기)》의 정신을 천명하는 형식으로 번역을 이야기하는 것으로 미루어, 어쩌면 손이양(孫詒讓)의《周禮政要(주례정요)》를 읽었을지도 모르겠다.

손웅(孫雄)이 지은《道咸同光四朝詩史(도함동광4조시사: 道光, 咸豐, 同治, 光緖는 청말 4명의 황제)》, 권6에서는 다음과 같이 소개하고 있다.: "성본복(成本璞)은 자가 탁여(琢如)이고, 상향(湘鄕)사람이며, 우수한 공생(貢生)이었다. 광서, 계묘년(光緖, 癸卯年: 1903)에 경제특과(經濟特科)에 천거되어, 절강후보지현(浙江候補知縣)이 되었다.《通雅齋詩詞(통아재시사)》 한 권이 전한다." 청말(淸末)에 장사(長沙)에서 발행된《通雅齋叢書(통아재총서)》의 각본(刻本)《九經今義(구경금의)》 권28에는 성(成)씨의《自叙(자서)》가 실려 있는데 다음과 같이 적고 있다.: "본복(本璞)은 초(楚)지역의 비인(鄙人: 촌사람)이다. 재질(材質)이 우둔하며, 행동함에 계획성이 없었다(이 말은 자신을 낮추어 겸손하게 표현한 말이다.). 13세에 제경장구(諸經章句)를 모두 낭송하였으며, 14세에 고체시(古體詩)와 금체시(今體詩)를 모두 배워서 지을 수 있었으며, 15세에 현학생(縣學生)에 임명되었으며, 16세에 제자백가(諸子百家)에 심취하게 되었으며, 고문사(古文辭)를 지을 수 있게 되었고, 17세에《毛詩(모시)》에 통달하였으며, 18세에《公羊春秋(공양춘추)》에 통달했고, 19세에 상(庠: 학교)에 보내졌으며, 세 번 향시에 응하고자 하였으나, 정원이 차서 응시가 허락되지 않았다. 점점 세상이 어려워지고 황제의 권위가 실추되고 있음을 느꼈다. 느낀 바가 있어서, 크게 개탄을 하고, 이때부터 경세지학(經世之學: 정치)에 뜻을 두고, 널리 최근에 번역된 서양의 서적을 읽기 시작하였다. 마침내 그 정치서적이나 기술과 관계된 서적들이 모두 고경(古經)에서 나옴을 알게 되었다. 마침내 시간을 내어, 이들을 고증을 하고 조사하고 정리하여, 차례를 갖추게 되니, 다음과 같이 설명을 하였다.: 도(道)는 실용에 바탕을 둔 것을 귀하게 여기고, 학(學)은 반드시 실사구시를 해야 한다. 지금 동서가 서로 다투어 나라가 위태롭다. 세가 미미하여 위급하다. 공자의 가르침이 천하에서 끊어질까 두렵다. 非, 墨(아프리카, 아메리카) 二洲를 분할하여 빼앗고, 홍인종과 흑인종을 노예로 하는 것을 보라, 얼마나 끔찍한가? 오늘날 그 위급한 것이 둘 있으니, 그 하나는 공교를 보위하는 것이고, 다른 하나는 종족을 보존하는 것이다. (나는) 소위 말하는 한 사람의 선비로, 갓끈과 호패를 차는 사람으로서, 국가의 일에 책임이 있는 사람이다. 배를 타고 외국으로 나가서, 공장이나 도시들을 두루 둘러보고, 편리한 기계들을 연구하고, 서양의 선비들 가운데 고상한 사람들과 서로 의견을 교환하고, 이렇게 해서 많은 것을 얻어서 귀국을 하여, 다음과 같이 말하고자 한다.: 훌륭하도다!, 성인들의 경전이여, 중국과 서방의 핵심요체를 통달해서, 고금의 실마리를 풀어서, 그 대의(大義)를 연역(演繹)해서 나라를 경영할 백년대계를 만들었으며, 온갖 심혈을 기울여서, 자연과학적 기술을 개발하였으며, 그 뛰어난 법규를 종합하여, 문서에 기록하여, 현명한 군주들에게 넘겨주어, 앞의 전철을 따르게 하니, 옛날의 것의 옳고 그름과 손해와 이익을 모두 따져서, 새로운 것들을 만들어 내니, 서로 이들을 참고하여, 신통한 것들을 발명해 내어야 한다. 감히 옛날의 서궤를 열어, 지난날의 원고를, 점검해보니, 논술한 것들이 있어, 혜씨(惠氏)의 옛 방식을 이어받고, 소왕(素王: 공자를 일컬음)의 미언대의(微言大義)를 계승하여, 《九經今義(구경금의)》 28권을 만드니, 합계 10만 여 언이라, 사실은 모두가 다 사건을 논한 문장이라 감히 설경(說經: 경에 대해서 논함)체에 비교해 보았다. 아 슬프다! 세상이 날로 급격히 변하여, 대도(大道)가 마침내 자취를 감추고, 사람들이 라틴어를 배워서, 기독교의 경전을 낭송하니, 흰옷은 쉽게 물이 드니, 갈림길에 쓰서 슬퍼하니, 수백 년이 더 지나고 나면, 공자(孔子)의 가르침이 있었다는 사실조차도 모르는 사람들이 있어, 허둥대며 허신(許愼)과 정현(鄭玄)이 누구냐고 물으며, 정, 주(程, 朱)철학이 다 무엇이냐고 물을까 두렵다. 나는 이 일을 생각하니 비통함을 금할 수 없어, 서양인들의 일을 이야기하면서, 고경(古經: 옛날의 경전)을 언급한 것은 아직도 더 흥성하기 전에 그들의 것을 거절하여, 더 돌이킬 수 없게 되기 전에 흐트러짐을 바로 잡아놓자는 것일 뿐, 오랑캐의 것을 빌어 중국을 변화시키자는 것이 아니며, 잘 생각하여 오늘의 어려움을 바로 잡고 옛날로 되돌아가자는 것이다. 대체로 변법이란 오늘의 장점을 파악하여 옛날의 성인의 정치가 행하던 시절로 되돌아가자는 것이다. 활달한 탁 트인 식견이 없이 옛날의 규제만을 일삼던 폐습을 답습한 것은, 여름 한 철을 사는 새가 얼음을 이야기하는 것과 같아서, 놀랍기는 하나 함께 할 수는 없다. 크고 굳센 밑천을 가지고 있지 못하면서 무겁고도 원대한 임무를 어깨에 지는 것은 한단(邯鄲) 사람이 걸음마를 배우는 것과 같이 엎드려 배를 깔고 포복하는 것처럼, 모방하기만 할뿐 창의성은 전혀 없다. 그들의 성경은 수천 년을 내려오면서, 영적인 후손들이 마침내 중국에까지 들어와서 그 혜광(慧光)이 중국에서도 빛이 난다. 만약 능히 그 두뇌를 진동시킬 수 있다면, 그 영혼마저도 살찌게 할 수 있을까? 세상의 군자들 가운데 나를 알고 계시는 분들은, 나의 이 어리석음을 이해해주시고 나의 이 광기를 용서해주시기 바란다!" 비록 성(成)씨가 성인(聖人)의 경(經)에는 "포함되지 않는 것이 없지만, 그러나 약간의 진부한 느낌이 있는 것은 어쩔 수가 없다."고 생각하고 있다는 것을 알 수 있다. 그렇지만 그도 전 세계를 바라보고 있는 애국지사였다. 성(成)씨가 《九經今義(구경금의)》의 권10 《周禮(주례)》에서 "중국은 당연히 역학을 강구해야 한다."고 큰 소리로 질타하고 있다.

세상에 먼저 소리가 있은 후에 형태가 나타나고, 형태가 나타나고 난 후 뜻이 생겨나게 되었다. 따라서 허서(許書: 許愼의 說文解字)에는 해성(諧聲: 形聲)이 절반 이상을 차지한다. 결승(結繩) 문자가 나타난 후에, 이어서 서계(書契: 글자)가 나타났고, 거로(佉盧: 인도의 문자를 발명한 사람)는 좌행(左行: 오른쪽에서 왼쪽으로 씀), 창힐(蒼頡: 중국문자를 발명한 사람)도 마찬가지다. 서양사람들은 소리에 의거해서 글자를 만들었는데, 비록 각 나라의 자모(字母)가 서로 다르긴 하지만, 모두가 다 해성(諧聲: 形聲)의 원리에 근본하고 있으며, 모두가 라틴어(拉丁之文)에서 나왔다. 유태(猶太)와 희랍(希臘은) 문자를 가장 중요시하였는데, 서양의 각종 서적들은 모두가 그 책들을 번역하고 해설을 하여, 매우 상세하게 기록하였다. 서양 사람들은 많은 사람들이 그곳을 유학하였는데, 아마도 중국의 추로(鄒 맹자의 고향, 魯; 공자의 고향)지역과 같은 현송지구(弦誦之區: 문명의 발상지)이다. 중국도 마땅히 빨리 역학(譯學)을 강구하여, 서양서적들의 심오한 이치를 깊이 연구하여, 나라를 다스리고 학자들을 가르침에 대원칙을 세워, 시정잡배나 거간꾼들이 언어와 문자를 조금 이해하는 것을 밑천삼아 농간을 부리지 못하게 해야 한다.

권11의 《周禮(주례)》에서 그는 또 "세관을 닫고 시장을 폐쇄하는 것이 올바른 일은 아니다."고 말하고 "오늘날 마땅히 역학(譯學)을 강구해야 한다."고 급하게 호소했다.

무릇, 세상의 역사에 관한 일은 내사(內史: 나라 안의 역사)는 이것을 읽고, 외사(外史: 외국의 역사)는 이것을 장(掌: 수완을 발휘해서 처리: 여기서는 번역)해야 한다. 삼황오제(三皇五帝)의 역사를 읽고, 이 책의 이름을 사방에 전하니, 성전(盛典: 성대한 경전)이 되었다. 옛날의 성왕들은 집안에서 다스림을 행하는데도, 변방의 모든 민족들이 복종을 해오고, 은혜가 온 세상에 다 미치니, 그 위엄이 미치지 않는 곳이 없었다. 그러므로 두루 통역을 배치하여, 마치 자기나라 말로 교화를 하는 것처럼, 온 세상의 일을 잘 알고, 피아의 형세를 잘 판단하여, 교섭과 응대의 단서로 삼는다. 세관을 닫고 시장을 폐쇄하는 것이 올바른 일은 아니다. 다가올 일은 살피지 아니하고, 자신만을 존중하고 남을 업신여기며 옛것만 지키고 새것을 비웃으며, 장황하게 떠벌리고 뿔뿔이 흩어지면, 수천 년 내 겪어보지 못한 사변(事變)을 당하게 될 것이다. 대체로 다른 나라의 사정을 알지 못하여, 근거도 없는 소리로 억지주장을 펴며, 스스로 지식인인 것처럼 행동하는 사람이 있다. 오늘날, 번역을 강구하여, 두루 널리 통인(通人: 석학)들을 방문하고, 서양서적을 널리 번역하여, 학계에 이를 보급함으로써 백성들의 지혜를 계몽하여야 한다. 백성들이 지혜롭게 되면, 여론이 크게 화합하게 될 것이나, 이는 말로만 떠들어 이룰 수 있는 일이 아니다.

권15《禮記(예기)》에서도 다음과 같이 말했다.;

남방을 담당하던 통역관을 상(象)이라 부르고, 북방을 담당하던 통역관을 역(譯)이라 하였으며, 동방을 담당하던 통역관을 기(寄)라고 부르고, 서방을 담당하던 통역관을 극(棘)라고 불렀는데, 역학(譯學)을 강구하였다. 역학(譯學)에 정통하게 되면, 남과 나의 사정에 통달하게 된다. 예나 지금이나 역학(譯學)에서는 이를 중요하게 여긴다. 동방의 이민족을 이(夷)라 부르고, 남방의 이민족을 만(蠻)이라 하였으며, 서방의 이민족을 융(戎)이라 부르고, 북방의 이민족을 적(狄)이라고 불렀는데, 여러 지역을 두루 옮겨 다니면서 배우는 것을 강구했다. 능히 여러 지역을 두루 돌아다니게 되면, 그 풍토와 인심 및 정치와 장단점 등을 더 깊이 있게 이해할 수 있게 된다. 이 돌아다니면서 공부하는 것을 옛날부터 중시하였다.

十一. 장태염(章太炎)의 번역이론

장태염(章太炎, 1869-1936)은 원명이 학승(學乘)이고, 자(字)가 매숙(枚叔)이었으며, 그 후에 이름을 병린(炳麟)으로 바꾸었다. 고염무(顧炎武: 원명은 강(絳)이었음)의 기절학문(氣節學問; 기개와 절조를 중시하는 학문)을 흠모하여, 다시 이름을 강(絳)으로 바꾸고 호를 태염(太炎)으로 지으니, 세상사람들은 그를 태염(太炎)선생이라 불렀다. 절강, 여항(浙江, 余杭) 사람이다. 광서(光緖) 17년(1891), 장(章)씨는 아버지의 유언에 따라, 항주고경정사(杭州, 诂經精舍)에 입학하여, 유월(兪樾)과 담헌(譚獻) 등을 사사하여, 경학(經學)과 자학(子學)을 깊이 연구하였다. 1894년 중일갑오전쟁(中日甲午戰爭) 후에 강유위(康有爲), 양계초(梁啓超) 등과 통신을 하며, 자금을 지원하였을 뿐만 아니라, 강학회(强學會)에 가입하였다. 1897년《時務報(시무보)》의 주필에 임명되어, 변법(變法)을 선전하였다. 1898년 봄, 장지동(張之洞)의 요청에 의하여, 무한(武漢)으로 가서 신문을 발간하였으나, 얼마가지 않아 떠났다. 무술변법(戊戌變法) 이후, 체포령이 내려 대만(臺灣)으로 피신하여,《臺灣日日新報(대만일일신보)》의 기자가 되었다. 1899년 여름, 일본으로 건너가, 양계초(梁啓超), 손중산(孫中山) 등과 왕래하였다. 얼마 지나지 않아, 상해(上海)로 되돌아와《亞東時報(아동시보)》의 편집업무에 참여하였다. 이 때 그는 소주(蘇州)에서 저서《訄書(구서)》 제1판(목각본, 양계초 題簽)을 출판하였다. 1900년 의화단(義和團)사건이 발발한 후, 엄복(嚴复), 왕강년(汪康年), 당재상(唐才常) 등이 상해에서 "중국의회(中國議會)"를 조직하여 시국을 만회하고자 하였으므로, 장(章)씨도 요청에 응하여 참여하여, 만주족과 몽고족의 대표를 몰아낼 것을 주장하고, 결의를 보여주기 위해 변발을 잘라버렸다.

1902년 장(章)씨는 다시 일본으로 도망하여, 양(梁)씨의《新民叢報(신민총보)》관에 머물면서, 손중산(孫中山)과 강유위(康有爲) 두 파를 규합하려고 적극적으로 노력하였다. 동시에 서방의 철학, 사회학 및 문자학 등을 연구하였다. 그해 여름 귀국한 후, 다시《訄書(구서)》(1906년 동경(東京)에서 鉛印本으로 출판하였으나, 추용(鄒容)이 제호를 썼다.)를 개정하였으며,《中國通史(중국통사)》의 계획서를 씀으로써, 양계초(梁啓超)

와 함께 중국의 "新史學(신사학)"의 수립자가 되었다. 1903년《駁康有爲論革命書(강유위의 혁명을 논한 것에 반박하는 편지)》를 발표하여, 청(淸)나라 황제를 직접 배척하고, 추용(鄒容)이 쓴《혁명군(革命軍)》이라는 책에 서문을 쓰서 혁명을 고취하고 마침내 중국과 외국을 깜짝 놀라게 한 "蘇報案(소보안)" 사건이 발생하여, 3년간 옥살이를 하였다. 감옥에서, 또 광복회(光復會)를 조직하는 계획에 가담하였다.

1906년 다시 일본으로 건너가, 동맹회(同盟會)에 가입하여,《民報(민보)》의 주필을 맡아, 양계초(梁啓超)와 논전을 벌였다. 이때, 장(章)씨는 "국수(國粹: 나라의 문화)로 국민성을 격려하고", "종교로서 열정을 발기하며", "불교의 교리로서 혁명을 말할 것" 등을 주장하며, "혁명의 도덕"을 주장하였다.《中華民國解(중화민국해)》라는 책을 편찬하여, "中華民國(중화민국)"이라는 국호의 창의자가 되었다. 또 국수주의 운동에 참여하여, 1905년부터 시작해서《國粹學報(국수학보)》에 적지 않은 학술문장을 발표하였다. 동시에 동경에 국학강습반을 개설하였는데, 노신(魯迅)도 그 학생 가운데 한 명이었다. 이 시기에 장(章)씨는 발분하여 학문을 하고 학문적 주장을 펴서,《文始(문시)》,《新方言(신방언)》,《國故論衡(국고논형)》 등을 저술하였다.《國故論衡(국고논형)》 같은 책은 일대의 학술명저로 한어언문자학(漢語言文字學), 경학(經學), 문학(文學) 및 철학(哲學), 심리학(心理學) 등의 근대화한 연구의 시발점이 되었다. 1908년 10월, 일본당국이《民報(민보)》의 발행을 금지하고, 장(章)씨를 경찰에 넘겨, 벌금 150원이나 복역 150일의 실형을 판결했다. 노신(魯迅) 등이 벌금을 대신 납부하여 풀려날 수 있었다.

1911년 신해혁명(辛亥革命)이 폭발하자, 장(章)씨는 상해(上海)로 돌아왔다. 그 다음해 2월, 손중산(孫中山)의 임시정부의 추밀고문(樞密顧問: 군사고문)에 임명되었다. 겨울에 원세개(袁世凱)정부의 동북3성주변사(籌邊使)에 임명되었다. 1913년 4월, 다시 상해(上海)로 되돌아왔다. 6월에 공교회(孔教會)를 향하여 공교(孔教)를 국교(國教)로 하는 방안을 제의하고《駁建立孔教議(박건립공교의)》라는 글을 발표하였다. 2차혁명 후에 장(章)씨는 원세개(袁世凱)의 음모를 알아차리고, 1913년 8월에 북경으로 갔으나, 원(袁)씨가 만나주지 않자, 장(章)씨는 마침내 대훈장으로 선추(扇墜: 부채의 장식물)를 만들어, 신화문(新華門) 앞에서 크게 (원세개를) 꾸짖다 구금을 당하고 말았다. 구속이 된 기간에도, 오승사(吳承仕) 등을 위해서 강학을 중단하지 않았는데, 후에 모아서《葑漢微言(도한미언)》이란 책으로 펴냈다. 이 기간 동안에 또 다시《訄書(구서)》를 수정하여《檢論(검론)》으로 이름을 바꾸어 출판했다. 1916년 6월 원(袁)씨가 사망한 후 석방되어 자유의 몸이 되었다.

1917년 3월, 단기서(端祺瑞)에 반대하여 참전을 주장하였다. 7월, 호법(護法)활동에 참여하여, 해육군대원수부비서장(海陸軍大元帥府祕書長)에 임명되어, 손중산(孫中山)을 대신하여《大元帥就職宣言(대원수취직선언)》을 썼다. 1920년, 련성자치운동(聯省自治運動)을 옹호하였다. 1922년 그는 상해에서 강학을 시작하였는데, 강의노트는 녹취되어《國學槪論(국학개론)》으로 출판되었다. 이후 "장(章)씨는 민중으로부터 분리되어, 점점 쇠퇴의 길로 접어들었다."(魯迅의 말), 스스로 자신을 "중화민국의 유민(遺民)"이라고 불렀다. 1930년대 이후 그는 경전을 읽을 것을 주장하였다. 그러나, 일본이 중국을 침략한 이후로는, 장(章)씨는《春秋(춘추)》 대의에 근거하여 강력하게 항일을 주장하였으며, 동시에 당국이 애국운동을 억압하는 것에도 반대하였다. 1935년 소주(蘇州)에서 국학강습회(國學講習會)를 열고, 동시에 학보《制言(제언)》을 출판하였다. 1936년 6월, 비두암(鼻竇癌)으로 소주(蘇州)에서 사망했다. 노신(魯迅)은 개관정론(蓋棺定論: 사후평가)을 다음과 같이 하였다.: "선생의 업적은 혁명사에 길이 남을 것이다. 사실상 학술방면에 끼친 업적보다도 더 커다 해야 할 것이다." "그의 생평을 되돌아 볼 때, 선추(扇墜: 부채에 다는 장식물)를 만들어, 총통부(總統府) 앞으로 가서, 원세개(袁世凱)의 음흉한 흉계를 크게 꾸짖은 것은, 세상의 그 누구도 할 수 없는 오직 그만이 할 수 있는 행동이었다. 일곱 번 체포되어 세 번의 옥살이를 하고도 혁명의 의지가 꺾이지 않은 것은, 오로지 그만이 할 수 있는 전무후무한 일이다. 이것이 바로 선철(先哲)의 정신이며, 후학들의 모범이 되었다."(《關于太炎先生二三事(태염선생에 관한 몇 가지 일)》).

장(章)씨는 혁명가와 학문가를 겸했기 때문에, 그가 근대사상문화에 끼친 영향은 다방면 적이다. 만약 장(章)씨의 어떤 저서가 그의 학문사상을 가장 잘 나타내고 있는가 하고 묻는 다면, 대답하기가 쉽지 않을 것이다. 1923년 호적(胡適)이《五十年來中國之文學(50년 이래의 중국의 문학)》을 발표하였을 때, 중국 2천 년 내의 저술사(著述史)를 차례로 거론하면서 다만 7, 8종의 서적만이 그가 마음속으로 생각하던 저술의 자격을 갖추었다고 인정했는데, 그 가운데《國故論衡(국고논형)》과

《檢論(검론)》 두 권이 들어 있어, 유협(劉勰)의 《文心雕龍(문심조룡)》, 유지기(劉知幾)의 《史通》, 장학성(章學誠)의 《文史通義(문사통의)》 등과 어깨를 나란히 했다. 이것은 대단히 높은 평가였다. 《檢論(검론)》은 곧 《訄書(구서)》의 수정본이다. 이로 《訄書(구서)》가 장(章)씨의 대표저작임을 알 수 있다.

《訄書(구서)》는 1899년 겨울에 소주(蘇州)에서 인쇄에 들어가 1900년 7월전에 출판된, 선장(線裝)의 한권짜리 책으로, 총 50편으로 이루어져 있으며, 그밖에 보일(補佚: 빠진 부분을 보충) 2편이 더 있다. 그 후 증정(增訂)을 거쳐 개량(改良)을 주장하던 문장 13편을 빼고, 반청혁명(反淸革命)을 선전하는 문장 24편과 부록2편을 보태어서, 1904년에 일본에서 출판되었다. 노신(魯迅)이 칭찬해마지 않았던 책도 바로 이 증정본(增訂本)이다. 《訄書(구서)》는 근대서방의 학술사상방법을 운용하여 중국사상사(中國思想史)를 고찰하였는데, 선진제자(先秦諸子)에서부터 만청 각 학파의 학술사상에 이르기까지의 변천과정의 맥락을 정리한 것이다. 《訄書(구서)》는 장(章)씨가 "중국과 서방의 언어를 합쳐놓은" 대표작으로, 중국과 서방의 비교를 통하여, 수많은 변혁의 방안과 구상을 주장했다. 그는 중국고유의 문화전통을 근대서학과 결합하여, 중국의 사정에 적합하면서도 또 현시대의 특성을 띤 이론을 세움으로서 깊은 재난에 빠진 조국을 위해 새로운 출로를 찾기 위한 시도를 하였다. 장(章)씨 본인도 《訄書(구서)》의 반청(反淸)언론으로 인하여 옥살이를 하게 되었지만, 소보안(蘇報案)사건의 판결문에도 크게 《訄書(구서)》가 열거되어 있다.

우리가 주목할 만한 것은 《訄書(구서)》 제25 《訂文(문장을 바로잡음.)》에 부기된 《正文雜義(본문의 여러 가지 뜻)》 1편으로, 역학(譯學)에 대해서 언급하고 있다. 첫 번째는 외국의 "고문전책(高文典冊: 조정의 문서나 고급문서)"에 나오는 물질을 초월해 존재하는 사상, 학술류의 명사에 대해서 이야기하면서, "연결해 내려가려해도 단어가 결핍되어 연결을 할 수가 없었다.", 만약 중국에 "이를 대신할 만한 단어가 없을 때에는", "뜻을 번역하지 않는 것만" 못하므로 곧 "그 음을 드러낸다." 즉 음역(音譯)을 해야 한다. 장(章)씨는 역사상의 불경번역을 그 예로 들어서, "가르치는 사람은 비속한 언어로 문언을 대체하여서는 안 되며, 번역자는 문언으로서 학설을 대체하여서는 안 된다."는 원칙을 제시했다. 장(章)씨의 이 주장은 옛날의 것을 계승하고 후대 사람들을 계몽함으로써 그 영향이 매우 컸다(훗날 노신(魯迅)의 문장에도 그의 영향을 받은 흔적이 보인다.).

> 옛날의 불교경전에 보이고 있는 "반야(般若)"라는 단어는 중국어로 의역하면 "지혜(智慧)"로 번역을 할 수 있다. "반야(般若)"는 뜻이 너무 광범위해서 "지혜(智慧)"라는 단어로는 그 뜻을 다 포함할 수가 없다. 그렇지만, (중국어에는) 이를 대신할 만한 단어가 없어, 그 뜻을 번역하지 아니하고, 그 소리만을 드러내었다. 무슨 까닭이냐 하면? 물질을 초월해 있는 단어 즉 고문전책(고문전책: 고급 공문서 상의 단어 또는 철학적인 용어)는 연구를 하면 할수록, 전하려고 해도 이를 대체할 단어가 없는데, 단어가 없으면, 두 나라 말이 모두 혼란스러워지고 만다. 그래서 가르치는 사람은 비속한 언어로서 문언을 대체하여서는 안 되며, 번역을 하는 사람은 문언으로서 학설을 대체하여서는 안 된다. 그것은 다른 사람으로부터 쉽게 반박을 받을 수 있기 때문이 아니다. 빠르고 편리하게 가려다 진의(眞意)를 혼란스럽게 하는 것보다는 차라리 빠르고 쉬운 길을 가지 않기 위해서이다.

또 다른 곳에서는 외국의 문서에 등장하는 관직의 명칭을 번역하는 문제에 대해서 이야기했는데, 구체적인 상황을 보아서 알맞게 번역해야 한다고 생각했다. 중국의 관명과 서로 바꿀 수 있는 것은 말할 필요도 없다. "서로 비교할 대상이 없는" 것들은 특별히 "작명(作名: 이름을 짓는 것)"을 해야 했는데, 이것이 곧 의역(意譯)이다. 그것의 이름을 짓는 것도 힘들 때는 음역(音譯)을 했다. 이러한 원칙은 기타의 다른 이와 같은 류의 고유명사의 번역에도 원칙상 서로 통용되어 적용되었다.:

> 관직의 명칭을 번역하는 것도 또 한 어려운 일이었다. 각 나라마다 제도가 서로 달랐기 때문에, 서로 모방할 연고가 없었다. 어떤 사람은 모든 것을 음역하여야 한다고 주장하는데, 예를 들면 한(漢)나라 때의 "且渠(차거)", "當戶(당호)" 등이 그 예이다. 그러나 옆에서 흔히 접할 수 있는 "賢王(현왕)", "僮僕(동복)", "都尉(도위)" 등은 확실하게 의역을 하였다. 요약을 하면, 중국에는 스스로 정한 관직의 명칭이 있었기 때문에, 명(名)과 실(實)이 서로 부합하여, 서로 어울리는 이름이 많이 있었다. 서로 상응하는 명칭이 없을 때에는 예를 들면, "賢王(현왕)"이나 "僕尉(복위)" 등은 확실히 중국에는 없는 명칭이기 때문에 특별히 작명을 할 수 밖에 없었다. 어떻게 해도 작명을 할 수 없는 것일 때에는, 예를 들면 "且渠(차거)", "當戶(당호)" 등은 음역을 하였다.

장(章)씨는 중국의 문자학, 방언학, 음운학 등에 깊이 있는 연구를 하였는데, 그의 일련의 역학(譯學)사상은 문자학, 방언학 등의 논술 속에 포함되어져 있다.

1908년 오치휘(吳稚暉) 등이 프랑스에서 《新世紀(신세기)》 잡지에 문장을 발표하여, 중국은 한문(漢文)과 한어(漢語: 중국어)를 폐지하고, 소위 말하는 "만국신어(萬國新語)"(즉 Esperanto, 세계어)로 바꾸어야 한다고 생각하였다. 같은 해 5, 6월에 장(章)씨는 《民報(민보)》와 《國粹學報(국수학보)》에 동시에 만 자나 되는 《駁中國改用萬國新語(중국이 만국신어로 바꾸어 써야 한다는 주장을 반박함)》(그 후 《太炎文錄》 별록 권2에 수록됨)이라는 긴 문장을 발표하여, "漢字落後(한자가 뒤떨어졌다)"는 주장에 대하여 합리적이고 증거를 갖춘 논쟁을 벌여 다음과 같이 주장하였다.:

> 파리의 유학생들이 모여 《新世紀(신세기)》라는 잡지를 발간하여, 중국은 마땅히 한자(漢字)를 폐지하고 "만국신어(萬國新語)"로 바꾸어 써야 한다고 하였다. 아마도 말세(요즈음)의 학자들은 이상한 것만을 숭상하고, 백인들의 큰소리에 놀라고 두려워하고, 밖으로는 명예에 눈이 멀어 그 주장의 잘못에 대해서는 따져 볼 생각조차 하지 않는데, 그것이 어찌 "만국신어(萬國新語)" 한 가지만 그러하겠는가? 그들이 주장하는 근거는 상형문자는 미개한 사람들이 사용하는 문자이고, 표음문자는 개화된 사람들이 사용하는 문자일 뿐만 아니라, 더 나아가 한자(漢字)는 복잡하기만 하고, 뚜렷한 준칙도 없어서, 그 형체를 보아도 글자를 알 수가 없으니, 마땅히 만국신어(萬國新語)로 대체하여야 한다는 것이다. 나는 풍속과 규범이 서로 다르면, 반드시 그 나라의 특수한 사정을 살펴서 그 말의 강약과 뉘앙스를 나누어야 한다고 들었다. 바람이 불면 구멍마다 그 나는 소리가 다른 것처럼, 그 구멍마다 스스로의 소리를 내도록 하여, 앞의 것이 우(喁: 중국어 발음은 yu하고 소리난다)하고 소리가 나면, 뒤의 것은 우(吁: 중국어 방음은 yu 또는 XU 소리가 난다.)하고 소리가 나는 것이 대단히 교묘하기는 하나 똑같이 나게 할 수는 없는 것이다. "만국신어(萬國新語)"는 원래부터 유럽을 표준으로 삼아서, 그 가운데 가장 보편적이고 쉽게 알 수 있는 것을 취해 와서, 이들을 혼합하여 하나로 만들었으므로, 다른 대륙의 것은 취하지 않았다. 대지는 풍성하고 넓어서, 각종 피부색의 인간들이 모여 사는 곳으로, 백인들만이 혼자 사는 곳이 아니니, 그것이 전 세계에 두루 쓰일 수 없으며, 유럽에서만 서로 소통하기에 편한 뿐이라는 점을 충분히 밝혀야 한다. 유럽의 각 언어들은 모두가 다 희랍어, 라틴어에서 나왔기 때문에, 그 변화가 다르지 않다. 그러나 이를 개조하는 사람이 희랍어, 라틴어를 직접 취해오지 않고, "만국신어(萬國新語)"라는 깃발을 든 것은, 다음 아닌 고금의 각기 다른 서적들을 모두 한꺼번에 바로 잡을 수 없기 때문이다. 이것으로 서로를 고증을 해 보면, 중국어와 만국신어의 관계는 만국신어와 희랍어, 라틴어의 관계보다 훨씬 더 거리가 멀다. 그곳(유럽)에 있어서는 편리하게 사용할 수 있는 공(역할)이 있겠지만, 이곳(중국)에서는 일을 방해하고, 사람의 인정과 멀어져서, 일을 그르칠 뿐이다.

> 상형(象形文字), 합음(合音文字)는 어느 것이 더 낫다고 단정적으로 말할 수는 없다. 오늘날 남쪽으로는 말레이시아로부터 북으로는 몽고에 이르기까지, 문자는 모두 표음문자로 그 근본을 삼는데, 어찌 그들의 문화가 중국의 문화보다 우수하다고 하겠는가? 표음문자는 보고서 알 수 있는 것은 그 소리일 뿐이고 그 뜻은 알 수가 없으니, 상형문자와의 차이가 매우 크다. 따라서 러시아사람들 가운데 글자를 아는 사람들의 비율이 중국에 비해서 적다. 일본인들이 이미 가명(假名: 히라가나)을 이미 알고 있고, 한자(漢字)를 대략 어렴풋이 알고 있다고는 하나, 한자상형(漢字象形)을 일본인이 알고 있는 것이 이상하게 여길 일은 아니나, 항상 어렵다. 이로서 우리나라(중국) 사람들이 한자를 잘 알고 있는지 여부로서 그 사람이 교육을 받았는지 여부를 강박하고 있는데, 그것이 상형(象形), 합음(合音: 표음문자)의 차이와 무관하다는 것을 알 수 있다. 글자를 익히는 어려움은 풀과 나무를 구별하는 것만큼 어렵지는 않다. 풀과 나무는 형체가 비슷하여 구별하기가 어렵지만, 문자는 형체가 서로 달라 쉽게 구별할 수 있다. 그렇지만 농부들은 대부분 다 백여 종의 풀과 나무들은 구별할 수 있다. 우리가 흔히 쓰는 잡다한 글자 가운데 백성들의 공통된 재산을 나타내는 글자는 수 백자를 넘지 않는다. 문학을 하는 사람은 약초를 캐는 사람과 비슷하고, 소학(小學)을 하는 사람도 박물을 하는 선비와 같으니, 비록 약간은 더 어렵다하더라도, 반드시 사람들이 아는 것을 다 알 필요는 없다.

장(章)씨는 상세하게 한자가 한어(漢語: 중국어)에 적합할 뿐만 아니라, 중국역사문화와 떼려야 뗄 수 없는 깊은 관계가 있음을 논증했다. 한자(漢字)를 다른 외국의 표음문자와 서로 비교하면, 각자가 서로 다른 특징을 가지고 있다. 다만 번역을 통해서만 서로 교류를 할 수 있거나, 또 혹은 "만국신어(萬國新語: 에스페란토)"를 사용하여 "서로 통역하는 것을 생략하는 것은 가능할지 모르겠다."고 할 수 있지만, 그러나 절대로 한자를 폐기할 수는 없다. "반드시 한자를 폐기하고 '만국신어(萬國新語)'를 사용하여야 한다고 주장하는 것은 아래와 같은 두 가지 잘못이 있다."고 지적하였다.:

> 一. 만약 언어를 통일하기를 원하면서도, 자신들의 언어를 모두 쓰는 것으로 하는 것은, 유럽의 제민족들은 원어(原語)와 크게 차이가 나지 않기 때문에, 그것을 배우더라도 빠르고 쉽게 배울 수 있다. 그러나 중국에서는, 배열하는 앞뒤(어순(語順)을 가리킴)가 서로 다르고, 성모(성모)의 숫자가 다르며, 운모(韻母)의 운용이 복잡할 뿐만 아니라, 기물(器物: 그릇) 등이 서로 달라서 (그곳에 있는 것이 이곳에는 없고, 이곳에는 있는 것이 그곳에는 없다.), 두 곳의 언어환경은 완전히 다르다. 이것이 가장 큰 이유이다. 억지로 바꾸게 되면, 악기의 음을 조절하는 것처럼 조절하기를 원하나, 확실히 불가능한 일이다. 무릇 시골

의 방언들은 자신들만 아는 말들로 가득하여, 사람들의 마음이 서로 다르니 바꾸려해도 어떻게 해 볼 방법이 없다. 톨스토이는 중국의 도(道)자는 어떤 나라의 어떠한 글자로도 바꿀(번역할) 수가 없다고 말했다. 무릇 번역을 할 수가 없는 까닭은 절대로 그에 상응하는 글자를 찾을 수가 없어서가 아니라, 그것을 쓰려고 하니. 영역의 크고 작음이나, 그 의미의 깊고 얕음이 같을 수가 없기 때문이다. 이러한 현상은 비단 "도(道)" 한자만이 그런 것이 아니고, 사람의 제반 동작과 관계된 용어도 마찬 가지인데, 어떤 한 선교사가 중국어는 참으로 독특한 장점이 있다고 말하였다. 예를 들면 "지(持)"는 여러 가지를 통괄하는 이름이다. 높이 어떤 것을 들어 올리는 것을 "항(抗)"이라 하고, 아래를 내려다보면서 끌어당기는 것을 "제(提)"라 하고, 끝을 잡고 끄는 것을 "졸(捽)"이라 하고, 가슴 앞으로 끌어안는 것을 "포(抱)"라 하고, 양손으로 떠 받드는 것을 "봉(奉)"이라 하며, 어깨와 손으로 떠받치는 것을 "담(擔)"이라 하고, 힘을 합쳐서 들어 올리는 것을 "태(台)"라 하고, 혼자 힘으로 무거운 것을 들어올리는 것을 "강(扛)"이라고 한다. 이와 같이 이름이 다른 것은, 다른 나라에서는 찾아볼 수 없다. 오늘날 그 분명한 것을 스스로 폐기해 버리고, 남의 혼란스러운 것을 받아들이는 것은, 말이란 뜻을 잘 나타내면 그것으로 족한데, 어찌 이것을 받아들여야 한단 말인가? 예를 들면 그릇이나 기계의 유무는 동서양이 서로 다른 전통을 가지고 있어, 음식을 먹을 때는 대나무 젓가락이 있고, 서로 내기를 함에는 바둑이나 장기가 있고, 악기에도 簫, 管, 笙, 磬(피리, 대금, 생황, 석경) 등의 형태가 각각 다르며, 옷을 입을 때도 용도에 따라서, 袍, 褂, 衫, 襦(두루마기, 마고자, 적삼, 꼬쟁이) 등이 있으니, 이러한 종류는 수백 가지에 이른다. 무릇 "帽(모자)"를 "관(冠)"이라 부르고, "반(盤: 넓적한 판)"을 "안(案)"이라 부르니, 정명(正名: 이름을 바로 잡는 일)하는 것이 불가능해 보이기도 한데, 하물며 (이곳에는) 근본적으로 존재하지 않는 것에 있어서는 명장이라 하더라도 어떻게 이름을 붙일 수 있겠는가? 두 용어가 서로 주를 달 수 있다(서로를 설명하기 위한 적절한 용어)고 하더라도, 복잡하고 간단하고 많고 적음에 차이가 있어, 번역하기가 어렵기는 마찬가지다. 하나의 글자가 파생하여 여러 가지 뜻으로 쓰이는 글자는 말의 어근(語根)은 같으나, 새로운 뜻으로 전용을 하는데, 그 조관(條貫: 만드는 조리: 질서)이 일치하지 않아서, 어근(語根)과 단절되어 버리고 만다. 우리가 늘 상용하는 단어마저도 그 본래의 뜻이 있으나 잘 모르는 경우가 있는데, 오늘날 사람들이 존경을 표하여 "태(台)"라고 칭하기도 하고, "령(令)"이라고 칭하기도 하는데, "태(台)"라는 말은 삼능(三能)에서 나왔는데, 능(能)은 발이 셋인 별(鱉: 벼슬이 누런 꿩의 일종)으로, 괴성(魁星: 북두칠성)의 아래 쪽의 여섯 개의 별이 둘씩 짝을 지으면 서로 비슷한데, 그래서 삼능(三能)이라고 불렀다. 고음은 "능(能)"과 "대(台)"가 같았기 때문에, 따라서 어떤 책에서는 "삼태(三台)라고"부르고 이로서 삼공(三公: 삼정승)에 비교하곤 하였는데, 존칭으로 "태(台)"자를 쓰는 것은 삼능(三能)으로부터 나왔다. 오늘날 만약 사람을 불러 별(鱉)이라고 하면, 얼굴색이 변하도록 화를 내지 않는 사람이 없을 것이나: "태(台)"라고 부르면, 존경하는 의미가 될 것이다. 고금의 언어의 변천으로 미루어볼 때, 오늘날에는 별(鱉)자로 능력 있는 사람을 일컫는 사람이 없을 것이다. "령(令)"이라는 말은 본래 "령(靈)"에서 나왔다. 령

(靈)한 사람은 곧 무(巫: 무당)이다. 상고시대에는 신에 관한 일을 대단히 신성하게 여겼기 때문에 선(善)자의 의미로 사용하였고, 가차(假借)하여 "령(靈)"자로 사용하게 되었으며, 존칭하여 "령(令)"자로 부른 것은 "령(靈)"에서 나왔다. 오늘날 만약 사람을 무당과 비유하면, 곧 모욕하는 말이 된다. 그러나 "령(令)"으로 호칭하면 존경의 뜻이 담겨있다. 이러한 경우는 고금의 언어의 차이에서 나온 것으로, 오늘날은 무당을 불러 "령(靈)"이라고 하는 사람은 없다. 만약 그것을 새로운 말로 바꾸고자 한다면, 존경의 의미를 가득 채우고 싶다면 "대(台)"로 바꾸고, 선량함이 가득하다는 의미의 말로 바꾸고 싶다면 "령(令)"으로 바꾸게 되면, 너무 거칠어 말의 어원을 잃어버리고 만다. 만약 직역을 하여 "별(鱉)"이나 "무(巫)"로 번역을 하게 되면 존경의 의미가 사라지고 만다. 무릇 통상적인 번역은 그 대강의 의미를 전달하면 된다. 언어를 바꿈에 있어서는, 그 원어의 원류에 상당하고 난 후에야 가능하다. 넘치게 되면 실질을 잃어버리게 되고, 모자라게 되면 그 속의 정서를 잃어버리게 되니, 장차 어떤 방법으로 그것을 바꾸게 되면 가능하겠는가? 그러나 "만국신어(萬國新語)"는 배우기 어려운 것은 반드시 그 언어의 풍토를 버리지 아니하고 그 용법만 새롭게 하여 사용하고, 그것의 배우기 쉬운 것은 간단한 언어들로 위로는 학술을 명확히 할 수 없고, 아래로는 정서와 뜻을 잘 말하기에 충분하지 않다. 억지로 소통을 하려고 한다면, 오늘날 다른 나라와 우편물을 소통하는 것처럼, 다른 나라의 문자를 쓰면 그만인데, 왜 하필 스스로 한자(漢字)를 폐가하려고 하는가? 어찌 한어(漢語: 중국어)만 그러한가, 그러면 인도어나 유럽의 각 언어들은 보존하기에 적합한가? 대체로 학문 가운데 본질에 가까운 것은, 긴밀하고 깊이가 있는 어휘가 아니면 잘 표현하기에 부족하다. 오늘날 무정부주의 사상을 가진 사람들 가운데에는 강권(강압적인 권력)을 폐지하자고 주장하는 사람은 있어도 학문을 폐지하자고 주장하는 사람은 없다. 학문 가운데 문학에 가까운 것은 그 아름다움이 리듬과 단락에도 들어 있어, 전적으로 문사(文辭: 문장의 수식)에만 의존하지는 않는다. 만약 그 성모가 서로 다르면, 그 운도 다르게 되는데, 명사의 장단과 왕복이 모두 다르게 되면, 그 속에서는 가장 아름다웠던 것도, 이런 상황이 되면 반대로 군더더기가 되고 만다. 바이런의 시가 서방에서는 구슬프고 아름다운 것으로 알려져 있으나, 한어(漢語)로 번역을 하게 되면 솔직하여 별로 볼품이 없다. 그 가운데 그래도 볼만한 것은 그 문장 자체와 문체에 가감을 하여 억지로 우리나라(중국)의 시체에 가깝게 한 것인데, 이는 마치 옥(玉)을 다듬는 사람이 조각을 하여 본래의 모습을 바꾸어 놓은 것과 같은 이치이다. 이로 미루어, 중국의 대단히 아름다운 문장을 유럽어로 번역을 하거나, "만국신어(萬國新語)"로 바꾸어 놓았을 때, 너무 솔직하여(직설적이어서) 문학적인 맛과 멋이 떨어지는 것도 같을 것임을 알 수 있다. 본래는 압운(押韻)을 했던 것이 바꾸어(번역해) 놓으면 무운(無韻: 韻이 들어있지 않은 문장.)이 되고: 본래는 쌍성(雙聲)이었던 것이 번역해 놓고 나면 서로 다른 성모가 되고 말며: 원래는 몇 개의 글자가 모여 된 고사성어(故事成語)이던 것이 번역을 하게 되면 음절이 길어지고, 리듬을 잃어버리고 만다. 이렇게 되면 문학성은 떨어지고, 평범한 문장이 되고 만다. 악악왕(岳鄂王: 岳飛를 추존함.)의 가사를 악보로 만들어 풍금으로 연주를 하면, 그 소리가

착 깔아 앉고 탁해지고 만다. 그 질박하고 여운이 길게 남는 음악을 사당의 제사나 종교의 행사에 쓰게 되면, 그 자체만으로 최고의 음악이 된다. 중국의 사곡(詞曲)은 그 소리가 처량하여, 오로지 피리만이 그 소리에 잘 어울린다. 풍금은 곡조가 느려, 청음과 탁음이 확연하게 구별이 되어, 가만히 듣고 있으면 잠이 온다. 무릇 악기로서 음의 기준으로 삼을 것 같으면, 사죽(絲竹: 중국의 현악기와 관악기. 피리, 단소, 비파, 거문고 등)은 서로 대체를 할 수 없는데, 하물며 언어의 차이야, 말할 필요도 없다. 만약 교통(소통)만을 목적으로 한다면, 옛날부터 해오던 방식대로, 학술문장의 복잡한 구절들을 일체 삭제하고, 심하게는 (전체를) 내다버리고, 가볍게는 (부분만을)잘라내게 되면, 그러면 그 도(道)가 잘 굴러가게 될 것이니, 백성들에게 딱 알맞은 일이 아니겠는가?

二. 만약 상형문자(象形文字: 표의문자)가 불편하여, 그 음(音)만 사용하는 것은 문명과 야만의 문제는 차치하고, 언어와 문자가 구별되는 것이 성(聲)이 복잡하면 쉽게 구별이 되니 우수한 문자이고, 성(聲)이 간단하면, 구별이 힘이 드니 열등한 문자라고 구별한다고 한다. 일본은 일찍이 라틴어자모를 사용하기를 원하였는데, 일본어의 자모(字母)가 간단하고 숫자가 적어 라틴어로 충분히 대체할 수 있을 것 같다. 그러나 중국은 그렇지 않아서, 그 음운의 역사를 살펴보면, 인도에서 불교서적이 전래된 이후, 성모의 숫자가 중국만큼 많은 나라는 없다. … 혹자는 다음과 같이 말한다.: 한자(漢字)의 음이 비록 많기는 하나, 그러나 다른 나라의 고유명사를 번역하다 보면 (음을 다 표현하기에는) 부족하여, 같은 류가 차이가 나, 그 대체적인 소리를 얻을 수 있을 뿐이다. 이와 견주어, 현재의 신어(新語)로 중국의 옛 이름을 번역하더라도 조금 낫기는 하겠지만, 충분하지는 않다. 이 말에 대답하여 다음과 같이 말했다.: 한어(漢語)로 역술하는 사람은 중국 사람이다. "인명이나 지명은 각 지역의 이름을 따르고, 사물의 명칭은 중국을 따른다.", 다른 나라의 인명이나 지명은 우리가 익숙한 것이 아니어서, 비록 약간의 변화가 있다한들, 어찌 방해가 되겠는가? 오늘날 중국인들이 스스로 마을의 이름을 이야기할 때도 소리가 차이가 나는데, 이것으로 예를 드는 것은 옳지 않지만, 그 까닭은 분명해진다. 아마도 발을 깎아 신발에 맞추는 것은 장인의 어리석음일 것이다. 갯버들을 손상하여 술잔을 만드는 것은 일(본성)을 그르치는 것이다. 근래에 일본인들이 "한자통일회(漢字統一會)"를 창립하고, 중국 사람들로 하여금 한문을 읽고 쓰도록 하게 해놓고는, 일본의 잡다하게 뒤섞인 음으로 통일하고자 하였던 것이다. 오늘날 만국신어를 사용하고자 하는 사람들이 어떻게 이것과 다르다고 할 수 있겠는가? 또 한자(漢字)가 상형문자(象形文字: 표의문자)만을 쓰고 합음문자(合音文字: 표음문자)를 쓰지 않는 것은 그 까닭이 있는 것이니, 본디 그 이름에 부호로서 말했는데, 모두가 다 한 음절로 이루어졌으므로, 음은 같으나 뜻이 다른 것이 많다. 만약 표음문자를 썼다면, 혼란스러워 구별을 할 수도 없었을 것이다. 하물며 땅이 넓고, 각 지역마다 다른 방언을 쓰는데, 만약 표음문자로 문장을 쓰면, 천리만 넘어가면 서로 알 수가 없게 되어, 그 지역의 자모가 아니면 그 지역에서 통용되어 질 수 없으며, 비록 스스로 그 성운의 문장을 선택했다고 하더라도, 선이나 점의 획수를 생략하여, 경계를 나누어 분리하게 되면, 그 방법 또한 너무 힘들어서 실행하기가 쉽지 않다. 창힐(倉詰), 주문(籀文), 사(斯: 李斯의 小篆), 막(邈) 이래로 문자는 모두 부수(部首)로 표기를 하였는데, 형태에 근거하여 이와 관련을 맺은 것으로, 그 당시의 추세로는 부득이한 것이었다. 이 두 가지 이유로 말미암아 그 음만을 사용하게 되면, 간단하고 복잡한 차이가 발생하여, 말을 하고 학문적 저술활동을 함에 부족함이 있을 것이다. 그 음(音)만을 사용하면, 복잡하고 단순한 것이 차이가 심해, 소리를 다 표현해내지 못 할 것이다. 이를 이야기하는 사람들이 그 장점과 단점을 깊이 따져보지도 아니하고, 과거의 것을 청산하고 새 것을 펼치자는 구호에 빠져서, 자신의 지식이 알지 못하는 부분도 있다는 사실을 간과하고, 명분에 사로잡혀 실사구시(實事求是)를 하지 못하는 우를 범하고 있다.

장생(莊生: 莊子를 가리킴)이 다음과 같은 말을 했다.: "오리의 목(鳧頸)이 비록 짧으나, 이를 이어 붙이면 고통스럽게 만들뿐이고, 학의 목이 비록 길기는 하지만, 이를 잘라내면 슬퍼할 뿐이다." 본성이 긴 것은 잘라낼 것이 아니고, 본성이 짧은 것은 이어 붙일 것이 아니니, 잘라내어서 고통을 줄 이유가 없다. 오늘날 중국의 자모를 유럽의 언어에 강제로 쓰게 하면, 그 짧은 것을 이어 붙이게 하는 병폐가 되고: 또 유럽의 자모를 중국의 언어에 강제로 쓰게 하면, 긴 것을 잘라내게 하는 병폐가 된다. 또 하물며 다른 손해에 대해서는 앞에서 이야기한 그대로이다. 세상의 군자들이 당연히 실사구시(實事求是)하기를 기대하며, 눈앞의 명예를 얻는 일에 휩쓸리지 않기를 바란다. 멀리까지 바라보면, "만국신어(萬國新語)"를 사용하여 번역을 생략하는 것이 가능할 수는 있겠지만: 한자(漢字)를 대체하는 것은 방법이 아니다. 이를 따라서 잘 번역을 하게 하려면, 문장을 잘 쓰는 방법도 가르쳐야 하는데, 모두들 쉬운 것을 능사로 생각하는데, (쉬운 것만을 능사로 여기는 것은) 그 근본에서 상반될(벗어날) 수도 있다.

근 백 년 동안 한자의 존폐문제에 대해 때로는 대단히 격렬한 논쟁을 벌였다. 컴퓨터가 발명된 후, 한자의 쾌속입력법이 발명된 후에야 비로소 이 논쟁은 최종적으로 해결되었다. 지금 이 시점에서 보면, 당시 장(章)씨가 민족문화를 옹호하고, 한자를 지키려는 정확한 주장을 편데 대해서 경의를 표하지 않을 수 없다. 장(章)씨는 그 해 이 논쟁 중에서, 러시아의 대문호 톨스토이의 중국의 "도(道)"란 글자가 번역하기가 어렵다는 논술과, 선교사들이 "중국어는 특유의 뛰어난 점이 있다."고 하는 논술을 인용하고 있는데. 깊이 생각할 여지를 남겨주고 있다. 그는 "언어를 바꾸는 것(飜譯)은 그 원류(原流)가 상당한 후에 가능하다. 넘치게 되면 실질을 잃게 되고, 자르게 되면 그 정을 잃게 된다."고 지적한 것은 번역의 지침이라고 할 수 있다. 그는 또 바이런의 시의 한역(漢譯)과 "아름다운 중국문장의 유럽언어로의 번역”에 대해서도 거론했는데, “옥을 다듬는 사람이 조각을 하는 것처럼 하되, 구태의연하게 해서는 안 된다.”고 생각하였는데, 이 역시 식견이 있는 말이다.

《태염문록(太炎文錄)》 별록권삼(別祿卷三)에는 《초보범문전서(初步梵文典序: 초보범어사전서문)》라는 문장이 실려 있는데, 1907년에 소만수(蘇曼殊)가 편저한 범어사전(梵語辭典)에 서문을 쓴 것이다. (그는) 서문(序文)에서 아주 정련하게 고대의 경전의 번역역사를 개괄했다. 불경을 번역함에 있어 술어를 확정하는 것은 역술이 뛰어나지 아니하면 사람들로 하여금 의문이 생기게 하는데, 노장(老壯)의 술어와 불경의 관계는 그 술어가 진실로 대단히 밀접한 것은 아니며, 가끔씩 서로 비슷할 따름이니, 반드시 “반복해서 대조를 해야”, 비로소 “그 뜻에 가까워 질 수 있다.”고 지적하였다. 그는 또 불경을 번역하기 위해서는 범어(梵語)와 한어(漢語)에 반드시 능통해야 할 뿐만 아니라, 철학에도 뛰어나야 한다고 지적하였다. 장(章)씨는 불경을 번역함에는 반드시 “훈고(訓詁: 자구의 해석)를 떠날 수가 없는데”, 유가(儒家)의 서적에 《설문(說文)》, 《이아(爾雅)》가 있는 것처럼 불교서적에도 《번역명의(飜譯名義)》라는 사전이 있다고 하였다. 그는 또 번역자는 “명사무애해(名詞無碍解: 명사를 해석하는데 막힘이 없어야)”하니, 음의(音義)와 석문(釋文)에도 상당한 연구가 있어야 할 뿐만 아니라, 동시에 “명법무애해(名法無碍解)”해야 하니, 문법과 문장론에도 연구를 해야 한다고 하였다. 따라서, (이 문장은) 한 편의 짧지만 뜻은 깊은 중요한 번역이론이라 할 수 있으니, 반드시 중요하게 여겨야 한다.

불전(佛典: 불교경전)은 이미 동한(東漢)시대부터 번역한 기록이 있으며, 진(晉)나라, 송(宋)나라 때부터 점차 번성하였으나, 견강부회한 번역이 많았다. 유지(留支)와 진제(眞諦)의 번역이 술어가 비교적 정밀하였다. 당(唐)나라 때, 현장(玄奘)과 의정(義淨) 등 대사들에 이르러서, 서술이 엄숙해지기 시작하였는데, 그들의 책을 모아 보면, 문장을 확정하는 것이 그렇게 어려웠음을 볼 수 있다. 송(宋)나라 초기에, 시호(施護), 유정(惟淨) 등이 대승경전을 전역(轉譯: 重譯을 가리킴)을 하였는데, 무려 수십 편이나 되었다. 송(宋)나라 때 자경(子京)이 시호(施護), 유정(惟淨) 두 대사와 시대가 서로 붙어 있어, 방등(方等), 반야(般若) 등 제부(諸部)의 경전이 여기(子京스님)에서부터 위조되어 나와서, 그 근원을 노, 장(老, 莊)사상에 두고 있는 것이 아닌가 의심되어, 참으로 허망하다. 요약하여 말하면, 역술이 뛰어나지 않아서, 사람들로 하여금 의심을 하도록 만든다. 아마도 한(漢)나라 때부터, 안세고(安世高), 지루가참(支婁加籤: 줄여서 支讖이라 부름) 등이 《華嚴(화엄)》, 《寶積(보적)》,《般若(반야)》 등 여러 편을 번역하였다. 이들은 모두 안식(安息), 월씨(月氏)국에서 태어났기 때문에, 범문(梵文)과 한문(漢文)에 모두 능했다. 한(漢)나라 때에는 유가사상 우선정책을 실시했기 때문에, 경전에는 능통하였으나, 철학방면에는 단점이 있었다. 이 당시 필수(筆授: 받아 적다.)하는 사람도 서툴러서, 자신의 이름을 내기 위해 소(疏)를 숭상하였으나, 아직도 자신의 지론을 가질 정도는 아니었다. 그래서 특별히 몇 권을 뽑아서 번역을 하였으나, 그 문장은《論語(논어)》나《효경(孝經)》에 가까웠다. 진(晉), 송(宋)나라 때에는 사대부(士大夫)들이 노장(老莊)사상을 좋아하여, 양생(養生)에 대해서 논하기 시작했다. 노장(老莊)사상과 불경의 관계는 그 술어가 진실로 밀접할 수가 없었으나, 때때로 서로 비슷하여, 승조(僧肇), 도안(道安) 등 대사(大師)들이, 청언(淸言)으로 여겼다. 그러나 동수(童受: 구마라십)가 번역한《知度(지도)》 142문(門)《華嚴(화엄)》,《成實》 등 제론(諸論)은, 그 본문에 확실히 도가(道家)사상을 취하지 않았다. 반복해서 증명하고 따져서, 진실한 의미가 드러나게 하였다. 소가(疏家: 疏를 다는 사람)들 가운데에는 노장(老莊)사상으로 서로 소(疏)를 단 사람이 있었는데, 앞에서는 성세영(成世英)이 의문(《慈恩傳(자은전)》을 보라)을 제기했고, 뒤에서는 송자경(宋, 子京)이 의혹을 제기했다. 그러나, 그 다음으로 범문(梵文)에 대해서 논하고 있는데, 아마도 이 부분이 가장 중요한 부분일 것이다. 무릇 그 대의를 추구하자면, 생각건대 훈고(訓詁)를 벗어나지는 못했을 것이다. 그 내전(內典: 도구서 곧 사전을 말함.)에는《번역명의(飜譯名義)》가 있는데, 유가(儒家)의 서적에《說文(설문)》과《爾雅(이아)》가 있는 것과 같다. 당인(唐人)들 가운데, 불가(佛家)의 경전에 대하여 언급하고 있는 사람이 100 여명이나 되는데, 오늘날엔 모두가 없어지고 벌레가 먹어 찾아볼 수가 없다. 처음으로 잠연(湛然)이《輔行傳(보행전)》을 지었으나, 이미 대부분이 흩어져 사라지고 말았다. 송(宋)나라 때에 이르러 법운(法雲)이《飜譯名義集(번역명의집)》을 지었으나, 잘못 전해진 것이 많았다. 나는 매번, 장공(奘公: 현장스님)이 이러한 기록을 남겨놓지 않아 오늘날 겨우 알 듯 말 듯 한 사람으로 하여금 견강부회를 할 수밖에 없도록 만든 것이 원망스럽다 생각했다.

광주(廣州)의 만수(曼殊) 비구스님이 영국사람 마격사모라(馬格斯牟邏)와 위림사배(圍林斯輩) 등이 범어석문(梵語釋文) 등의 서적을 지었는데, 비록 간략하여 대승(大乘)의 대의를 다 나타낼 수는 없었지만, 그러나 명(名)과 상(相)을 나타내기에는 적절하였으므로, 마침내 그 책에서 뺄 것은 빼고, 보탤 것은 보태어《初步梵文典(초보범문전: 불교사전)》 4권을 지었는데, 나는 상당히 가치가 있는 책이라고 생각했다. 나는 개인적으로 사전에서 논하고 있는 내용들이 사무애해(四無礙解: 卽法无碍辯, 義无碍辯, 辭无碍辯, 辯无碍辯)하여 한 번 보고 내버릴만한 그런 책은 아니라고 생각한다. 언음(言音)에 대하여 완곡하게 설명을 하고 있어, 총지(總持: 謂持善不失, 持惡不生)가 자재하며, 명법(名法: 이름의 작법)에 무애해(無碍解: 해석하기에 막힘이 없고), 명사의 해석에 막힘이 없으며, 음의(音義)와 석문(釋文)에도 막힘이 없으며, 경을 해설함에 있어서도 (總持: 謂持善不失, 持惡不生: 항상 선을 간직하며, 악이 생겨나지 않도록 한다.) 자재하며, 이 명법무애해(名法無碍解)란, 문법과 문장론에 막힘이 없음을 일컫는 것이다. 옛날에 중국에서 해석을 한 것을 보면, 대부분이 문신

(文身: 문자학)과 명신(名身: 명사의 번역)에 국한되어 있어서, 구신(句身: 문법)에는 전문서적이 없다. 만수(曼殊) 비구스님이 두각을 나타내어, 이를 잘 보완하여, 상당한 성과를 거두었다. 대승경의(大乘經義)는 반야(般若)와 유가(瑜伽) 두 종파를 최상으로 여기는데, 이들은 외도육사(外道六師)에 대해서 배척하기 보다는 그들로부터 많은 것을 섭취하는 태도를 취하였다. 육사(六師)가 비록 한 방면으로 치우쳐 있기는 하지만, 그들의 심오함은 오히려 플라톤이나 아리스토텔레스보다 더 깊은 것 같다. 다만 독일의 여러 철학자들이 그들의 울타리주위를 맴도는 그런 수준에 올라 있는 것 같다. 육사(六師)들의 저서들을 읽지 않고서는 대승의 넓고 깊음을 알 수 없다. 중국에서 번역된 것으로는, 승거(僧佉)의 《金七十論(금칠십론)》과 비세사(鞞世師)의 《十句義(십구의)》가 있다. 전자의 여러 스승에는 우파니샤드가 있고, 그 후 상갈라(商羯邏)의 견산다(吠檀多) 철학이 있었으나, 모두 다 전해지지 않는다. 대승(大乘)이 홀로 행해지고, 외도(外道: 불교이외의 다른 종교)들이 대승과 서로 다투지 않게 되자, 변론(辯論)은 폐지되고 그 뜻도 점차 희미해졌다. 만수(曼殊)비구스님은 이미 범어(梵語)를 아니, 앞으로 더욱 매진하여 여러 스승들의 말씀을 잘 번역하여, 반드시 대승과 서로 보완할 수 있도록 하며, 헛되이 허명(虛名)을 좇아 허송세월 하지 않기를 바랄뿐이다.

十二. 장원제(張元濟)가 번역을 논함

유신(維新)운동에 참여한 인사들 가운데, 번역학에 비교적 큰 공헌을 한 사람 중에 장원제(張元濟, 1867-1959)도 있다. 장(張)씨는 자가 소재(筱齋)이고 호가 국생(菊生)이며, 절강해염(浙江, 海鹽)사람이다. 광서(光緖) 년간 1892년에 진사(進士)에 급제하여 한림원서길사(翰林院, 庶吉士)에 제수되었다. 한림원이 해체된 후 형부주사가 되었다. 그 후 총리각국사무아문의 장경(章京)이 되어 황제의 비서역할(책을 빌리고 서신을 수발하는 등)을 맡았다. 갑오년 중일전쟁에 패배한 후, 국력의 쇠퇴와 국력진흥의 필요성을 통감하였다. 병신년(丙申年, 1896) 전후에 경관(京官) 수십 명과 도연정(陶然亭)에 모여서 국시(國是: 국가의 기본 정책)를 논하고, 강유위(康有爲)와 량계초(梁啓超)가 조직한 "보국회(保國會)"와 "강학회(强學會)"의 활동에 참여하고, 개혁과 서방을 학습할 것을 제창했다. 장(張)씨는 젊었을 때 영어를 약간 배웠는데, 이때가 되어서는 외국어의 학습과 번역작업의 중요성을 더욱 절감하게 되었다.

광서(光緖) 23년 8월 24일(1897년 9월 20일) 장(張)씨가 선두에 서서 공부주사하해복(夏偕復), 내각중서진무정(陳懋鼎), 왕의통(王儀通) 등 4명이 총리각국사무아문(總理各國事務衙門)에 정문(呈文: 상소문)을 올려 그들이 경사(京師: 수도)에 "통예학당(通藝學堂)"을 열어 "문자와 기술서적을 강의할 수 있도록" 허락해줄 것을 건의하였다. 이 학당의 명칭은 유명한 번역가인 엄복(嚴复)이 지은 것이었다. 장(張)씨가 기초한 상소문에는 "저는 시사문제가 매우 어려우므로 재능이 있는 인재를 길러내는 것이 매우 시급하다고 생각합니다."고 강조하고, 그렇기 때문에, 그들은 일찍이 이해 정월에, 스스로 자금을 갹출하여, 한 곳의 학당을 열고, "교사를 초빙하여, 우선 외국어문을 배우도록 하였다." 시험을 통해서 그들은 외국어문의 학습과 서학(西學)에 대해서 모두들 더욱더 분명한 인식을 갖게 하였다.

> 수개월간, 열심히 연구하여 (외국어의) 논리전개가 조리 있고, 파생어가 복잡하며, 자구의 선후, 어감의 경중, 예를 든 것이 번잡하여 통달하기가 어렵다는 점을 깨닫게 되었다. 스스로 중국어에 능통하지 아니하면, 서양어의 정교함을 연구할 방법이 없다. 또 수학, 자연과학, 천문기상학, 나라를 다스리는 법 등도 모두 전문분야로 나누어져 있는데, 족히 참고할만한 가치가 있다. 그러나 중국의 고금의 연혁(沿革)에 통달하지 아니하면, 그들의 변천과정도 연구할 방법이 없다. 지금까지 중국의 학자들은 다른 나라의 언어들을 방언이라 멸시하여 하찮게 여겼다. 번역을 학습하는 사람들은 대체로 여염집의 미천한 신분이거나 영민하지 못한 사람들이었다. 서로 수십년 동안 거래를 하면서도 중국과 외국의 문자와 학술에 통달한 사람을 한 두 명도 찾을 수 없다는 것에 의문이 생기지 않을 수 있겠는가? 우리가 학당을 설립하자, 이 학당에 오는 사람들 중 많은 사람들이 수도에 거주하는 관리들이나 자질이 총명한 관리들의 자재들이어서, 그들은 중등정도의 학문에 대해서는 이미 상당한 규모로 실력을 갖추었다. 현재 과정을 확정하여, 먼저 영문과 천문, 산수, 지리 등을 먼저 학습하게 한 후, 프랑스어, 러시아어, 독일어, 일어 등의 언어를 차례로 학습하게 추천한다. 서양의 군사, 농업, 상업, 광업, 자연과학, 제조업 등은 그들이 서양어에 정통할 때까지 기다려서, 그 성질이 가까운 것을 찾아서, 전공별로 나누어서 학습하게 한다. 예산이 조금 확충되기를 기다려서, 다시 서양의 교사를 채용하며, 실습자료를 구입하고, 도서관과 번역관 등을 나누어 짓고, 학기마다 엄격하게 시험을 보아, 온고지신(溫故知新)하게 하며, 동시에 광서(光緖) 21년 5월 총리아문(總理衙門), 의복형부시랑(議復刑部侍郎), 이단분(李端棻)이 반포한 학교장정(學校章程: 학교설립법)에 따라서, 우수한 학생들을 선발하여 외국에 유학하게 하고, 다시 각국의 대학당을 졸업시켜 크게 학문을 이룰 수 있도록 때에 맞게 지원한다.

여기에서 장(張)씨는 두 가지의 중요한 번역이론을 언급하였는데, 상당히 주목할 만하다. 한 가지는 외국어의 정교함을 파악하기 위해서는 먼저 반드시 중국어에 통달해야 한다는 것이다.: 서방의 과학기술과 정치법규 등을 학습하고 번역하기 위해서는 반드시 중국역사의 변천과정에 두루 통달해야 한다고 지적했다. 그는 이렇게 할 때에만 서로 비교, 참조하여 통달할 수 있게 된다고 생각했다. 이러한 그의 생각은 단순히 외국어의 학습을 강조하는 사람들에 비해서 훨씬 더 설득력이 있다. 이러한 관점은 그의 친구인 엄복(嚴复)이 당시에 반복해서 강조하던 관점이기도 하였다. 다른 한 가지는 역대 "선비, 학자"들이 번역을 경시하던 잘못된 전통관념에 대해서 명확하게 비판을 가했다는 점이다. 그의 전에, 풍계분(馮桂芬)과 이홍장(李鴻章), 장지동(張之洞) 등이 나라에 번역인재가 적음을 이야기할 때, 모두들 현재 활동하고 있는 "통역사"들의 인격이 낮음을 지적하여, 일이 더욱 낭패가 되도록 하였을 뿐이다고 비판하였다. 그들은 문제가 된 가장 중요한 한 부분, 즉 그들 신분이 높은 사람들이 한결같이 번역종사자들을 경멸하던 태도를 지적한 사람은 없었다. 장(張)씨가 이점을 지적한 것은 문제의 핵심을 찌른 것이다.

장(張)씨 등의 이 상소문은 같은 해 11월 24일(양력 12월 17일)에 황제의 비준을 얻었다. 그 다음해 무술년 4월 28일(1898년 6월 16일), 한림원학사(翰林院學士), 서치정(徐致靖)의 건의에 따라서, 광서(光緖)황제는 장원제(張元濟)와 강유위(康有爲) 두 사람을 불러 면담을 하고, 장(張)씨의 통예학당(通藝學堂)의 상황에 대해서 집중적으로 물었다. 그러나, 이러한 호시절은 길지 않았으며, 전국적으로 들끓었던 무술변법은 참담한 실패로 끝나고, 장(張)씨도 "직책에서 파면하고 영원히 등용하지 않는다."는 처분을 받았다. 그 결과, 그는 부득이 통예학당(通藝學堂)의 문을 닫고, 상해의 남양공학(南洋公學: 현재의 상해교통대학)으로 가서 역서원원장(譯書院院長)을 담임했다. 이 일은 번역사업과 더욱 밀접한 관계를 맺고 있었다. 그는 엄복이 번역한 복극(宓克)의 《支那教案論(지나교안론)》과 아담, 스미스의 《原富(원부: 국부론)》 등의 서적을 번역, 출판했다. 이 때 그가 엄복(嚴复)에게 보낸 편지에서 많은 량의 번역이론과 관계된 내용이 포함되어 있었으나, 애석하게도 보존되지 못했다. 1902년 초에 장(張)씨는 상무인서관(商務印書館)에 들어가 일하게 되었는데, 차례로 편역소(編譯所) 소장, 경리, 감사, 사장 등의 요직을 담임하여, 중국의 근대출판사업의 걸출한 개척자가 되었다. 동시에 그는 번역사업과 끊을래야 끊을 수 없는 인연을 맺게 되었다. 그의 주관 하에, 상무인서관은 많은 량의 번역저작들을 출판하였는데, 그 가운데 가장 유명한 것이 전에 이미 거론한 적이 있는 엄복(嚴复)이 번역한 외국의 정치학, 경제학 저작 및 임서(林紓)가 번역한 외국문학명작들이었다. 장(張)씨는 너무나 많은 일을 하였기 때문에 자신이 저작을 할 시간적 여유가 없었으나, 그러나 번역문제에 대해서는 약간의 의견을 발표하였다.

1902년 3월, 그는 상해에서 《教育雜志(교육잡지)》 제20기에 《答友人問學堂事書(친구의 학당일에 관한 질문에 보내는 답장)》이라는 글을 발표하여, 그의 외국어학습과 번역작업 등에 대한 중요한 견해를 언급했다. 중요한 것은 아래 두 가지 견해이다.: 한 가지는 맹목적으로 "서양을 배워야 한다는 구호"를 표방하는 것에 반대하며, "이것은 조롱거리에 불과하다."고 생각하고, "반드시 배워서 중국인이 되어야 하며, 배워서 외국인이 되어서는 안 된다."고 강조하고, "서구의 각종 학술을 배워서, 중국인의 교양, 풍속, 교육, 정치체제를 잘 조합(적당하게 고쳐)을 하여, 부패한 유생들의 진부한 학설을 일소하고, 우리(중국) 국민들의 정신을 진작시켜야 한다."고 강조하였다. 그는 또 그의 이러한 주장이 "중국의 학문을 체로 삼고, 서양의 학문을 용(用: 도구)로 삼는다."는 것을 말하는 것이 아니라고 주장했다. 다른 한 가지는 제국주의 열강들의 문화침략음모를 폭로하고, 민족독립정신을 강조했다. 따라서 그는 "서양어는 필수과목으로 하지 말고", 외국어를 가르치는 동시에 반드시 한어교육도 중시해야 한다고 말했는데. 왜냐하면, "언어라는 것은 민생의 기본으로, 입국의 정신이기 때문이다. 그 언어가 망하고 나서도 민족이 존재하는 나라는 없다."고 하였다. 그는 또 "교육을 외국인들에게 맡겨서는 안 된다.", "국가의 기운은 교육에서부터 나온다. 교육이 어떤 일인데, 어찌 외국인에게 맡길 수 있겠는가?" 하고 강조하였다. 그는 또한 "서양의 교과서를 그대로 사용하는 것"도 반대하고, "서양어독본은 반드시 스스로 편찬하여야 한다."고 주장하였다. 그는 중국어교과서도 교회에서 발간한 것을 사용해서는 안 되고, "가장 빠른" 방법은 "스스로 번역해서 편찬하는 것"이며, 그 다음 차선책으로는 통유(通儒: 세상일에 통달한 유학자)들을 모아서 이미 있는 기존의 교과서들을 모아서 상세하게 교정을 가하여 개정하는 것이라고 생각했다. 그의 이러한 논술은 참으로 멀리를 내다 본 탁월한 식견이라 하겠다.

한 사람의 걸출한 출판가로서, 그는 1905년 스스로《對版權律, 出版條例草稿意見書(판권법, 출판조례초고에 대한 의견서)》를 작성하였는데, 중국출판역사에서 대단히 중요한 의의를 지닌다. 그는 이 의견서에서 외국저작물번역의 판권문제에 대해서도 의견을 발표하여, 원래 정한 판권법은 "이 조항은 상당히 문제가 있으니, 마땅히 상세하게 따져봐야 한다. (판권률초안에) 따르면, 판권이 있는 서적은 번역, 인쇄를 할 수 없을 뿐만 아니라, 번역도 할 수가 없다. 중국은 과학이 발달하지 않았기 때문에, 외국의 서적을 수입하는 것이 필요하다. 현재 학당에서 사용하고 있는 교과서들은 그 내용이 좀 수준이 있는 것은 대부분이 동서양의 서적으로부터 번역을 한 것이다. 서양어를 연구하고 학습하는 교과서는 전적으로 외국에서 현재 사용하고 있는 것들을 그대로 들여와 쓴다. 만약 판권료를 지불하면, 지금 우리가 반드시 번역해야 하는 책들을 모두다 번역을 할 수 없게 될 것이며, 반드시 스스로 편찬하여야 할 것이니, 이 어찌 어렵지 않겠는가? 서양어로 된 서적들을 한 권 한 권 모두 사서 보아야 한다면, 가난한 사람들은 매우 곤란하게 될 것이다. 앞으로 나아가려다 오히려 퇴보하는 꼴이 되고 말 것이다." 그는 또 판권률초안(版權律草案)에는 외국이 만약 중국의 저작판권을 보호해준다면, 중국 역시 외국인판권을 보호해 줄 것이라고 말하고 있는데, "이 말은 사람의 귀와 눈을 속이는 말에 불과하다."고 생각했다. 왜냐하면, 당시 외국이 중국서적을 번역하는 것은 극소수에 불과하기 때문에 "그들이 우리에게 판권료를 주려고 하면, 아마도 그들은 인색하게 굴지는 않을 것이다.", 그러나 "이것은 실제적 이권으로, 그들의 이름뿐인 보호라는 허명과 맞바꾸는 것일 뿐이다." 장(張)씨는 국제판권사무를 다루는 일에 있어서는 반드시 국가의 이익과 번역사업을 진지하게 고려해야 한다고 지적하였다. 이 중요한 견해는 오늘날까지도 참고할만한 가치가 있다.

1906년 초, 청(淸)나라 학부(學部)에서 장(張)씨에게 원직에 복귀하고 학부, 참사청, 행주(學部, 參事廳, 行走)로 임명한다는 조칙을 내렸다. 그는 관직으로 복귀하는 것에는 조금도 흥미가 없었으므로, 오랫동안 연기하다가, 3월 하순이 되어 북경으로 가기는 하였으나, 다만 국가의 문교(文敎), 외교사업에만 관심이 있어, 이를 위하여 여러 차례 상소를 올렸다. 윤4월 21일(6월 12일) 그가 쓴《條陳外務部事宜稿(외무부의 업무를 조목조목 나열한 글)》에는, 외무부가 마땅히 "儲才館(저재관: 인력양성

소)"을 설립하여, 국가에서 널리 외교인재를 양성하여 보유하여야 한다고 제의하고, 그는 국가를 대신하여《辦理儲才館事宜奏折(저재관 사무를 처리하는 것에 대한 상소문)》을 기초하고, 차례로《儲才館辦事章程(저재관사무규정)》,《儲才館學習員章程(저재관학습원규정)》 등의 초안을 작성했다. 그는 외무부에 의해서 파견되어 "提調(제조: 지도책임자)"가 되어 이 관의 주비(籌備)업무를 책임졌다. 그는 한나라의 외교관의 필요조건은 "각국의 언어와 문자를 우아하게 익혀서 구사하는 것"이라고 여겼으며, 또 특별히 오광건(伍廣建) 등 다섯 명의 젊은 번역종사자들을 저재관(儲才館)에 와서 공부할 수 있도록 추천하였다. 그가 초안한 계획안에는 이 관에 "번역과(飜譯課)"를 설치하는 것이 들어 있었는데, 그 내용은 "각국의 신문이나 서적에 외교와 관계된 것, 중국정세를 언급한 것 및 본부의 서양어로 된 안건들 가운데 마땅히 번역해야 하는 것 등을 번역하는 것"이었다. 그는 또 이 관 안에 특별히 "조사번역처(調査飜譯處)"를 설치하여, "학습원(學習員: 학생)"들이 사건을 조사하고, 서적과 신문 등을 번역하는 데 사용하도록 하려고 생각하였다. 그는 이 관을 창립하기 위하여 상당히 열심히 주비를 하였으나, 책임자였던 당소의(唐紹儀)와 의견이 맞지 않아서, 분연히 북경을 떠나 상해로 내려와, 이때부터 다시는 관직으로 나아가지 않았다. 저재관(儲才館)이 비록 세워지지는 않았지만, 그러나 그가 남긴 10여건의 장정(章程: 규정)과 계획으로부터 그의 번역작업과 번역인재의 양성 등 방면의 그의 견해를 볼 수 있다.

장(張)씨는 오랜 기간 동안 상무인서관(商務印書館)에 근무하면서, 어쩌다 한 번씩 번역서적을 위해서 서문을 쓰기도 했다. 예를 들면 1934년 그는 영국인 翟理斯(H.A.Giles)와 韋勒(A.Waley)이 번역한《英譯中國歌詩選(영역중국가시선)》(英漢對照)를 출판하였을 뿐만 아니라, 그해 10월 10일에는 이 책을 위하여 서문을 썼다. 서문에서 그는 적(翟), 韋(위) 두 사람은 "전자는 운(韻)을 사용했고, 후자는 직역을 했다. 문장이 한자 한자 글자를 따라서 순탄하게 번역을 했는데, 둘 다 각자의 장점을 가지고 있다. 이 번역서가 우리나라(중국)의 운문을 서양에 전하는데 공이 아주 크다."고 하였다. 그가 시(詩)를 번역함에 있어 운을 사용하던, 직역을 하던, 번역을 잘 하기만 하면, 국제문화교류에 큰 공이 있다고 생각하고 있었음을 볼 수 있다. 1939년 출판된 응박천(應薄泉)의《德詩漢譯(독일시 번역)》이라는 책의 맨 앞에 그가 그 해 1월에 쓴 서문이 실려 있는데, 더욱 더 뛰어난 한 편의 번역이론이다. 서(序)에서 다음과 같이 말했다.:

> 옛날 일찍이 《玄奘三藏法師傳(현장삼장법사전)》을 읽은 적이 있는데, 당시에 불경을 번역할 때 증의(證義), 철문(綴文), 필수(筆受) 등의 직책이 있었으며, 문자학이나 범어와 범문을 고증하는 큰스님들이 있어 불경법역을 도왔고, 그 뒤에 우지녕(于志寧), 래제(來濟), 허경종(許敬宗), 설원초(薛元超), 이의(李義), 두정륜(杜正倫) 등이 있어 항상 읽어보고 그때그때 윤색(潤色)을 했다. 이 두 나라의 문자는 확연히 달라서, 도랑을 파서(번역을 해서) 서로 통하게 하였으니 어려움이 이와 같았고 신중하기가 이와 같았다. 해통이환(海通以還: 인도의 불경이 중국으로 들어오니)하니, 번역학이 크게 일어나고, 다른 지역의 명저들이 날마다 들어와 번성하였다.: 그 유래를 잘 알지도 못하는 당(唐)나라의 불경번역의 례를 들어 종사자들을 격려하고자 한다. 나의 친구 후관(侯官)사람 엄기도(嚴幾道: 엄복)은 어려서 영어를 배우고, 후에 돌아와서는 한학(漢學)을 배워, 스스로 번역의 예규를 만들었는데, 순식간에 당대의 진실로 간명한 이론이 되었다. 그 례는 세 가지가 있는데, "신(信)", "달(達)", "아(雅)"라 부른다. 그가 번역하여 책을 만드는 것을 보면 조금도 부끄러운 기색이 없다. 내가 일찍이 그가 쓴 서론(緒論)을 읽어보니, 문장가의 말을 번역하는 것이 가장 어렵다고 말했다. 대체로 문장이라는 것이 문자에서 생겨나서, 문자로 옮겨지니, 문장의 어디를 다듬어야 할까? 견강부회를 하게 되면, 반드시 단어를 해치고 뜻을 해치게 되는 실수를 범하게 된다. 나는 영문에 조예가 거의 없지만, 나는 그 말을 듣고 깊이 신뢰하게 되었다. 근래 "직역(直譯)"설을 창조한 사람이 관절과 맥락이 한 번 막히게 되자, 그것이 가지고 있는 실제의 의미를 취해 와서, 그것과 상응하는 단어로 바꾸자, 뜻이 잘 통하지 않고 읽기도 어려워, 끝까지 다 읽을 수가 없었으며, 가령 다 읽었다 하더라도 오리무중에 떨어져 무슨 소리를 하는지 알 수가 없었다. 이 둔갑술은 자신도 속이고 남도 속이는 것이 되니, 장려할만한 것은 못될 것 같다.

여기에서 장(張)씨는 두 가지의 중요한 견해를 발표했다. 한 가지는 그는 "당(唐)나라 때의 불경번역의 조례"가 여전히 오늘날의 번역자들에게도 참고할 만한 가치가 충분히 있으며, 동시에 엄복(嚴复)이 "스스로 정한 번역의 조례"를 매우 높게 평가했다. 하나의 고대와 하나의 현대의 두 가지 "조례(條例)"는 확실히 중국의 번역사에서 가장 보배 같고 귀한 경험이며, 진지하게 연구하고 크게 선양할만한 가치가 있다. 다른 한 가지는 당시 판에 박은 듯이 한 단어 한 단어 옮겨 놓은 "직역(直譯)"에 대해서 엄중하게 비판을 가하고, "궁지에 몰려서 숨을 곳을 찾는", "자신도 속이고 남도 속이는 것"이라고 생각했다. 당연히 이러한 "직역(直譯)"은 노신(魯迅), 모순(矛盾) 등이 주장하던 "직역(直譯)"과는 완전히 다른 별개의 일이다. 그는《德詩漢譯(독일시 한역)》의 번역자의 "그 뜻을 위반하지 않음은 물론이고, 그 단어의 뉘앙스나 그 음절도 하나하나 양국의 언어로서 서로 교합하고 어긋남이 없도록 한" 번역방법과 번역태도에 대해서 대단히 높게 평가를 하고 칭찬을 하였다. 그는 더욱더 "그 나라의 시는 통속적이고 쉽게 이해할 수 있어서, 능히 독자들로 하여금 그 기질이 바뀌게 할 수 있기" 때문에, 그는 더 나아가 번역자가 다음과 같기를 희망했다.: "만약 능히 더욱더 쉬운 문장과 늘 쓰는 글자로, 한 편을 더 번역할 수만 있다면, 마치 백향산시(白香山詩)가 할머니들마저 이해할 수 있는 것처럼 할 수 있다면, 이는 곧 중국인들에게 더욱 더 반향을 불러일으켜, 그 효과는 더욱 넓고 오래갈 것이다. 혹자는 내가 시대조류에 부응하는 것이라고 생각할 수도 있겠으나, 이것은 내가 박천(薄泉)에게 바라는 바가 아니다." 그가 번역자들에게 독일시를 번역할 때 더욱더 통속적으로 번역을 하라고 건의를 한 것은, 결코 유행을 쫓으라고 하는 것이 아니며, 원시가 본래 통속적이고 쉽게 이해할 수 있는 것이기 때문에, 역시(譯詩) 역시 이와 상응해야 된다고 생각했음을 알 수 있다.

여기에서 간략하게 손육수(孫毓修)에 대해서 쓰려고 한다. 손(孫)씨는 번역에 대해서 비교적 뛰어난 의견을 발표하였으나, 독립된 장으로 쓰기에는 부족하여, 그가 한 때 상무인서관에서 장원제(張元濟)의 조수로 일했던 점을 고려하여, 여기에 붙여 쓰기로 하였다.

손육수(孫毓修, 1871-1923)는 자가 성여(星如)이고 호가 유암(留庵)이며, 필명이 녹천옹(綠天翁), 낙천거사(樂天居士) 등을 사용했으며, 서재의 이름이 소록천(小綠天)이었다. 강소무석(江蘇, 無錫) 사람이다. 1895년 수재(秀才)에 급제하였으나, 그는 "과거는 이미 쓸모없는 것이 되고 말았으며, 세상은 넓고 커서, 스스로 새 길을 개척하지 않으면 출세를 할 수 없다."고 생각하였다. 따라서 그는 미국목사 뢰앙(賴昂)으로부터 영어를 배웠다. 그리고 중국어에 대해서도 상당한 연구를 하여, 세상에 다른 언어는 있지만 다른 이치는 없다는 것을 깨달아,《中英文字比較論(중영문자비교론)》이라는 책을 한 권 썼다. 1907년 상해상무인서관, 편역소(商務印書館, 編譯所)에 들어가 중학, 소학의 교과서를 편집했다. 1909년부터 그는《童話(동화)》총서 등을 주편하였으며, 다량의 아동도서를 썼는데(어떤 것은 편역을 한 것이었다). 모순(茅盾)은 훗날 그를 칭찬하여 "중국동화의 개산조사(開山祖師: 창시자)"라고 하였다. 1915년부터, 상무인서관, 함분루(涵芬樓)에서 선본고적(善本古籍)들을 수집하고 감정하여, 장원제(張元濟)를 도와 《四部叢刊(사부총간)》을 편인하고, 《四部叢刊書錄(사부총간서록)》을 지었다. 손(孫)씨는 1913년 3월 《小說月報(소설월보)》 제3권 제12기에 《녹천청화(綠天淸話)》라는 칼럼에 발표한 《譯文(역문)》이라는 문장을 발표하여 다음과 같이 말했다.:

> 문인들은 붓을 들면, 남을 모방하는 것을 좋아하여, 황제의 조칙을 서술하면 곧 《大誥(대고)》를 연상을 하고, 사전(史傳: 역사)을 편찬할 때는 용문(龍門: 사마천의 고향이 가까워 사마천을 가리킴)을 모방하고 싶어 한다. (역사상의) 명칭이나 제도도 세월과 풍속이 달라짐을 쫓아서 바뀜에도 불구하고, 몸은 현재에 있으면서도 (마음은) 옛날로 되돌아가고자 하니, 그 기록한 사실이 어찌 진실일 수가 있겠는가? 예를 들어 오늘날의 사람을 그리면서 옛날 옷을 입혀 놓거나, 서양의 문장을 읽으면서 중국의 말로 음역을 하면, 그것은 반드시 모양은 비슷하나 정신은 아닐 것이다. 오늘날 번역을 강의하는 학자들이 문장의 수식을 강조하여 그 문장이 완전히 중국화 하도록 요구하니, 아(雅)하기는 아(雅)하지만, 그러나 신(信)과 달(達)은 반드시 이루었다고 할 수 없다. 책을 잘 번역하는 사람은, 그 뜻을 우회적으로 표현해야 할 때에는 우회적으로 표현을 해야 하고, 그 말의 뉘앙스를 모방할 필요가 있을 때에는 모방을 하여야, 우리나라(중국)에도 일종의 새로운 문학이라는 것이 나올 수 있을 것이다. 육조(위진남북조시대의 후반)시대의 문자가 일변한 까닭은 불학(佛學)의 감화를 받은 때문이었다. 지금 사전을 보면 괴이하면서도 오묘한 단어들은 모두가 범문에서 번역해서 나온 것들로, (불전을) 모방한 사견은 들어있지 않다. 《熙朝新語(희조신어)》에는 몽고의 科爾沁土謝圖汗(科爾沁지역의 土謝圖汗)이 편지를 보내어 청태조의 국상에 문상을 하였는데, 당시에 만주문자로 직역을 하였다. 그 후 《實錄(실록)》을 편찬할 때, 이를 다시 한문으로 직역하였다. 그 인사말에 〔按, 其辭略(할 말은 많으나, 이만 총총 줄입니다.)〕라고 적고 있다. 나는 이 번역이 몽고의 문학과 그 이상을 잘 나타내고 있으며, 당연히 합작을 추진하고 싶다고 말하겠다.

손씨의 "직역(直譯)"과 관계된 논술과 적당히 외국어의 뉘앙스를 흡수하면 우리나라(중국)의 새로운 문학이 나올 수 있을 것이라는 논술은 오여륜(吳汝綸)의 영향을 받은 것이다(그가 "信, 達, 雅"를 말하는 것은 스스로 엄복의 영향을 받은 것을 인정하는 것과 마찬가지다.). 노신(魯迅)의 이와 비슷한 논술(당연히 노신의 논술이 더욱 깊이가 있다.)과 비교해 볼 때 20여 년이나 더 빠른 것은 우리들이 주목할 만하다.

十三. 채원배(蔡元培)가 번역을 논함

장원제(張元濟)의 절친한 친구이자 "동년(同年: 光緖 28년 같은 해에 진사에 합격한 동료)"이며, 나이가 2, 3개월 밖에 적지 않은 채원배(蔡元培, 1868-1940)도 번역에 대한 독창적인 논술을 남겼었다.

채(蔡)씨는 절강소흥(浙江, 紹興)사람으로 자가 학경(學卿)이고 호가 혈민(孑民)이다. 갑오전쟁(甲午戰爭: 청일전쟁) 이후 신학을 접촉했다. 1901년 장원제(張元濟)가 상해남양공학역서원원장 겸 남양공학총리를 담임하고 있었을 때, 채(蔡)씨를 "특반(特班)"의 주임으로 초빙하였다. 이어서 그들은 또《外交報(외교보)》를 창간하여 장(張)씨는 동리(董理: 총관 즉 사장)를 맡고, 채(蔡)씨는 찬술(撰述: 주필)을 맡았다. 1902년, 채(蔡)씨는 중국교육회를 창립하고, 회장을 맡았다. 또 애국학사를 창설하고, 총리(總理)를 맡았으며, 그 밖에 또 반청단체인 암살단의 활동에도 참여하였다. 이때부터 채(蔡)씨는 중국의 가장 걸출한 교육가와 혁명가가 되었다. 1903년부터,《俄事警聞(아사경문)》을 주편하였다. 1904년 겨울, 광복회(光復會)를 조직하고 참여하여, 회장을 담임했다. 다음해에 중국동맹회(中國同盟會)에 가입하여, 상해분부 주맹원(主盟員)을 역임하였다. 1907년 독일에 유학하여, 신해혁명(辛亥革命) 후에 귀국하였다. 1912년 남경임시정부교육총장(南京臨時政府教育總長)을 역임하였으나, 얼마 지나지 않아 원세개(遠世凱)에 반대하여 사직하고, 다시 독일로 되돌아갔다. 1913년 가을 프랑스로 가서 유법근공검학회(留法勤工儉學會: 재프랑스중국독학생회)를 창립하고, 화법교육회(華法教育會)를 조직하였다. 1906년 겨울에 귀국하여, 그 다음해에 북경대학교총장에 취임하여, "사상자유"와 "겸용병포(兼容並包: 모든 것을 다 포용함)"을 제창하였다. 북경대학이 신문화운동의 중심이 된 것은 채(蔡)씨가 과학과 민주의 정신을 부르짖은 것과 무관하지 않다. 그 후 중화민국대학원원장(中華民國大學院院長), 중앙연구원원장(中央研究院院長) 등을 역임하였다. 1932년, 장개석(蔣介石)의 전제통치에 반대하기 위해서 송경령(宋慶齡) 등과 함께 중국민권보장동맹(中國民權保障同盟)을 창립하고, 부주석을 맡았다. 항일전쟁(抗日戰爭)이 폭발한 후, 홍콩으로 건너가서 국공(國共: 국민당과 공산당)이 합작하여 국난에 공동으로 대처할 것을 주장하였다. 1940년 3월 병사하였다. 모택동(毛澤東)은 위로의 전보를 보내어 "학계의 태두(泰斗)요 인간세상의 모범이다."라고 찬양하였다.

채(蔡)씨가 남양공학특반(南洋公學特班)의 총교습(總教習: 교무주임)을 맡고나서 《外交報(외교보)》의 창간을 주비할 때인, 1901년 11월 11일에, 그는 한 편의 중요한 번역학 전문문장을 썼다. 그러나 아마도 당시에는 발표를 하지 않았으며, 최근에 손으로 쓴 원고에 근거하여, 《譯學(역학)》이라는 제목을 부쳐서, 《蔡元培全集》 제1권 중에 수록하였다.

채(蔡) 씨는 다음과 같이 생각하였다.: "역학(譯學)은 크게 두 분야로 나누어진다. 한 분야는 정치적인 분야이고, 한 분야는 학문적인 분야이다." 소위 말하는 정계(政界)의 역학이라는 것은 주(周)나라 때부터 "이만융적(夷蠻戎狄: 東夷, 西戎, 南蠻, 北狄) 등의 호칭이 있었으며, 따라서 상(象), 기(寄), 역(譯), 제(鞮) 등과 같은 학문이 있었으며, 상서(象胥: 번역관)를 임명하여 외국으로부터 온 설인(舌人: 통역관) 등을 접대하는 관청을 관장하게 하였다." 그 후, 역대로 모두 정계(政界)의 일이 있었으며, 특히 청(淸)나라 때에는 "개국을 하자말자 곧 러시아와 조약을 맺었으며, 도광(道光), 함풍(咸豐)이후에는 바닷가의 항구에서 통상을 하게 되어, 교섭이 빈번하여, 총리사무아문(總理事務衙門)을 세워 그 사무를 감독하게 하였다. 빈번히 출사대신(出使大臣)을 파견하여 각국에 주둔하게 하였을 뿐만 아니라, 경사(京師: 당시 북경)에 동문관(同文館)을 설치하여 번역인재를 양성하였다." 채(蔡)씨는 "전대의 외교는 대단히 불평등하여, 섬오랑캐(남쪽 오랑캐)니 북쪽오랑캐니 하는 비난하는 용어와, 은자를 갖다 바치고 자신을 낮추어 조카라 부르는 등의 혐오스런 일도 있었으며, 하나는(어떤 것은) 오랑캐라 부르고, 하나는(어떤 것은) 변방속국이라 부르며, 겉으로는 신뢰 하는 척 하면서 속으로는 근심, 걱정을 하니, 이런 관계가 오래 지속될 수가 없었다."고 생각하였다. 그러나 20세기에 들어와서는 "공법(公法)이 대명(大明)하여", 마땅히 "진실로 자주국가의 권리를 보유하게 되면, 선린외교를 넓혀서, 모든 나라는 나라의 크고 작음에 관계없이 대등한 권리를 갖는다고 외치고 있음"을 깨달아야 한다. 따라서 "교섭상 문명되고 야만적인 교섭기술의 정도가 국가의 안위와 직결되어 진다. 그러나 중국은 외교를 담당하는 사람들이, 어떤 사람은 언어에는 통하나 정책방면에 어둡고, 어떤 사람은 정책은 연구하였으나 언어가 유창하지 못하여, 서로 협력하여 일을 하여야 하나 일이 잘 이루어지지 않을 때가 많다. 이러하니 이것이 역학(譯學)을 시급히 육성해야 하는 까닭이다." 이 말로 미루어, 채(蔡)씨가 소위 말하는 "정계(政界)의 역학(譯學)"이라는 것은 외교와 유관한 번역작업을 말하는 것임을 알 수 있다. 그는 이러한 번역작업에 종사하는 사람은 언어가 능통할 뿐만 아니라 동시에 정책에도 능통하여, 이 두 가지가 서로 분리되는 상황을 타개해야 된다고 생각했다. 그는 이것은 국가안위와 관계되는 대사(大事)이므로, "역학(譯學)이 시급히 육성되어야 한다."고 지적했다. 이것은 역학(譯學)을 외교와 결합한 광의의 역학(譯學)이다.

채(蔡)씨가 말한 바의 학계(學界)의 역학(譯學)이라는 것은, 그 문장을 자세히 읽어 보면, 그가 가리키는 것이 학술성 문장의 번역이라는 것을 알 수 있다. 채(蔡)씨는 공자(孔子)에서부터 시작해서 다음과 같이 말했다.: "공자(孔子)께서 관담자(官郯子)에게 물어 천자(天子)가 실관하면, 그 학문이 사방의 오랑캐들에게 있게 된다고 하였던가 하고 물었다. 《爾正(이정)》이란 책은 혹자는 주공이 지었다고 가탁을 하였고, 《釋言(석언)》이란 책에서는 《論語(論語)》도 아언(雅言)이라고 하였다. 아(雅)는 곧 하(夏)를 말하는 것이다." 《論語(논어)》와 《爾雅》라는 책에는 결코 번역과 관계된 논술이 없으니, 채(蔡)씨가 이렇게 이야기하는 것은 상고시대에는 역학과 언어학이 서로 상통하는 것이었다고 말하는 것에 지나지 않는다. 그는 한 걸음 더 나아가 학계의 역학(學術飜譯)의 역사를 다음과 같이 논술하였다.:

> 학계의 일은, 한(漢)나라, 진(晉)나라 이후로, 불교(佛敎)가 서쪽으로부터 들어와, 고승과 대덕이 서로 앞을 다투어 (중국으로) 들어왔고, 철문(綴文: 문장을 짓는 사람: 작가)하는 선비가 우후죽순처럼 일어나 경(經)을 번역하고 논(論)을 짓는 사람이 줄을 이었으며, 그 가운데 뛰어난 사람도 상당히 많았다. 음의집(音義集), 명의집(名義集) 등과 같은 (사전류의) 책들도 교정을 잘 보아서 이를 사용하며 한세대를 풍미하여, 동쪽 이웃(중국)에도 흘러들어왔다. 그러나 공맹(孔孟)의 유서(遺書)들도 한 학문으로 역시 크게 발달했다. 송명(宋明)의 여러 유학자들은 이를 회피하며 스스로 떨치고 일어나, 새로운 학풍(신유학)을 일으켜, 그 흔적이 이어져 가릴 수가 없었다. 그러나 그 이후에는 잠잠하여 그 소리를 들을 수가 없었다. 명(明)나라 유럽의 종교가 중국으로 들어올 때, 수학도 함께 들어왔다. 우리시대에 와서 비로소 정착이 되면서 책으로 펴내어 알려지게 되었다. 최근 수 십

년 동안에, 제조국(製造局), 동문관(同文館) 및 광학회에서 도서를 번역, 출판하여, 그 나라들(사양 여러 나라)의 자연과학, 법학 및 역사서적들이 다소간 전파되기 시작하였다. 최근 5, 6년 동안 후관(侯官) 엄(嚴: 嚴復)씨가 서양의 학자인 헉슬리, 스펜스 등의 책을 번역, 저술하여, 철학 역시 그 단서(실마리)를 볼 수 있게 되었다. 이 때 일본이 동종동문지설(同種同文之說)을 우리나라(中國)에 퍼뜨리고, 일본어를 중국어로 옮기는 번역법이 때마침 중국학자들에게 알려지게 되어, (일본어서적을) 두루 구입하여 널리 번역하게 되어 중국인들의 사상이 드디어 옛날처럼 골동(骨董: 보수)과 제조(製造: 진보) 등 양파로 되돌아가지 않아도 되었다.

이와 같이 세련된 언어로 전체의 중국번역사를 되돌아 본 후, 그는 집중적으로 중국의 번역학이 아직도 초보적인 단계에 머물러 있음을 지적하고, 더욱더 열심히 건설해야 한다고 아래와 같이 강조하였다.:

그러나 전국의 학자들 가운데 일본어서적을 읽을 수 있는 사람은 백에 한 명도 되지 않는다. 더구나 서양어 서적을 읽을 수 있는 사람은 천 명에 한 명도 되지 않는다. 반면에 유럽과 미국의 우리나라(중국)에 와서 선교를 하는 선교사들은 모두가 다 중국의 말과 글을 배운다.: 일본은 근래 불교를 각국에 포교를 하는데, 모두다 그 나라의 언어로 번역을 하였다. 우리나라(중국)는 공교(孔教: 儒教)로서 건국이념으로 삼았는데, 근래 존공교회(尊孔教會: 공자를 숭상하는 모임)를 세워 해외에 포교를 하자는 의견이 대두하고 있으니, 종교로서 학계의 부속물로 삼으려고 하면, 역학을 더욱더 중시하여야 하지 않겠는가?

채(蔡)씨의 이러한 논술은 대단히 실사구시(實事求是)적인 것이다. 강유위(康有爲)가 아무 근거도 없이 황제에게 전국의 모든 동생(童生: 생원시험에 합격하지 못한 선비), 부생(附生: 생원), 증생(增生), 름생(廪生), 공생(貢生) 등 모든 선비들에게 명령을 내리어 일본어서적을 번역하게 하라고 한 것에 비하여, 일본어서적을 "2, 3년내에 중국어로 번역을 하도록 하자고 한 것은" 훨씬 더 합리적이라고 할 수 있다. "치(稚: 유치한 단계)"자 한자로서 당시의 중국번역계의 현상을 지적하였다. 그는 또 다음과 같이 말했다.: "우리나라(중국)의 학자들이 무리를 지어 영어를 배웠으며, 최근에는 일본어를 배우는 학자들이 점점 늘어나고 있다. 그 외 다른 나라의 언어는 정통한 사람이 거의 없다." 이러한 현실인식에서 출발하여 채(蔡)씨는 다음과 같이 그의 견해를 밝혔다.:

> 요약해서 이야기하면, 정계지사(政界之事: 정치적 업무)라는 것은 각국과 소통하는 것으로 각국의 언어를 나누어서 배우지 않으면 안 된다. 학계지사(學界之事: 학술서적을 번역하는 일) 근래에는 비록 일본서적을 번역하는 것을 지름길로 삼고 있으나, 그러나 일본인이 번역한 서양어문도 완벽한 것은 아니며, 최근에는 판권동맹에 가입하여, 번역본의 숫자도 점점 줄어들고 있으며, 그런 까닭에 그 나라에서도 전문적으로 연구하는 학자들은 그 나라의 외국어를 배워 연구하고 참고하는 것을 근본으로 삼고 있다. 영문으로 된 책들은 일본에 상당히 완비되어 있지만, 그러나 과학이나 법률 같은 서적들은 독일이나 프랑스에 미치지 못하는 부분들도 있다. 보통학교 선생님들의 숫자도 아직도 적고, 예비교사를 양성하는 것도 쉽지 않으나, 그러나 영어나 일본어로 된 교재는 우리나라(중국)의 보통학교에 이미 여유 있게 준비되어 있다. 동문관(동문관), 광방언관(廣方言館)과 같은 전문적으로 외국어학을 가르치는 기관에는 몇 가지 언어를 더 가르치고 있어, 그 실마리를 풀고 있다(초보적으로 실행하고 있다.). 부(府)나 현(縣)에서 운영하는 학당은 당분간 영어와 일어를 가르치는 것을 원칙으로 하고, 자세한 것은 그 지역의 실정에 맞게 운영한다.

채(蔡)씨는 부끄럽지 않은 대교육자이다. 그는 이미 중국의 외국어교육과 번역인재의 양성의 문제에 대해서 지적을 하였으며, 또 국가의 당시의 실력에 근거해서 현실에 맞는 가능한 방법을 제시하였다.

1906년 가을, 채(蔡)씨는 북경에서 독일로 유학할 준비를 하면서, 북경의 역학관에서 교수로 재임하며, 국문학을 강의했다. 자신의 저서《國文學講義(국문학강의)》를 위해 쓴 서문에서, 또다시 자신의 역학에 대한 견해를 논술하였다. 그는 학생들에게 다음과 같이 질문하였다.: "제군들은 본 관(역학관)에서 영, 독, 불, 러시아 등 네 나라의 문자 가운데 하나를 반드시 배워야 한다. 제군들은 이를 역학의 본과라고 생각하겠지만, 그러나 보통학 각 분야는 보충학습에 불과한 예비학습이라 여겨, 소위 말하는 역학이 아니라고 여길 것이다. 그렇지만, 제군들이 본관에서 배우는 것이, 역학이 아닌 것이 없다는 사실을 알아주기 바란다." 그는 여전히 역학에 대해서 광의의 이해와 논술을 하고 있다. 그는 외국어교사가 가르치는 외국어만이 역학이 되는 것이 아니라, 가령 가르친 과학, 수학 등도 그것이 국문으로 해석이 되어 있던 국문으로 해석이 되어 있지 않던, "나는 이미 우리나라의 문장에 습관이 되어 있기 때문에, 책을 읽거나 강의를 듣는 동안에, 자신도 모르는 사이에 이미 국문을 통해서 이를 이해하게 하게 되니, 이것이 바로 역(譯)이라는 것이다." 뿐만 아니라, 가령 그것이 국문으로 된 책이라 하더라도, 그것이 과학이던 문학이던, 번역을 하기만 하면, 곧 한 자라도 바꾸지 않으면 안 되며, 기록을 하기만 하여도, 곧 한자라도 바꾸지 않으면 안 되고, 특히 우리나라의 고문은 백화문과 다르니, "이것도 또한 역(譯)이다."고 생각하였다. 채(蔡)씨는 여기에서 중국에서 당, 송(唐, 宋)이래의 "역(譯)이란 역(易: 바꾸다.)이니, 언어로 서로 바꾸어 줌으로써 서로 이해할 수 있도록 하는 것이다."라는 사상을 충분히 발휘하였다. 이로 인하여 채(蔡)씨는 또 "횡역(橫譯)", "종역(縱譯)"과 "일역(一譯)", "재역(再譯)" 등의 설(說)을 다음과 같이 주장하기도 하였다.:

> 따라서 외국어가 역학이 되는 것은 이것을 저것으로 바꾸는 것이니, 그 영역은 땅을 기준으로 삼은 것이니, 이를 횡역(橫譯)이라 하고: 국문이 역학이 되는 것은, 오늘의 것으로서 옛것을 바꾸는 것이니, 그 영역이 시간을 기준으로 한 것이니, 이를 종역(縱譯)이라 하고: 땅이나 시간을 기준으로 하지 않으면, 문사(文詞: 문장에 나타난 말)라는 것은 언어의 대표이며: 언어라는 것은 의식의 대표이다. 동일의식이라 하더라도, 다른 지역의 사람이 그것을 이야기하면 그 언어가 달라진다. 언어와 의식의 관계는 결코 바꿀 수 없는 그러한 관계가 아니며, +−×÷ 등의 기호가 더하기, 빼기, 곱하기, 나누기 등을 가리키는 관계와 비슷하며, HOCN 등의 화학원소기호가 수소, 산소, 탄소, 질소 등을 가리키는 관계와 비슷하다. 따라서 의식에서 언어로 바뀌는 것도 일역(一譯: 한 번 바뀌는 것)이며, 이는 중국이나 외국이나 마찬가지이다.: 언어로부터 문자로 되는 것은 재역(再譯: 두 번 바뀌는 것)이니, 이것은 우리나라(중국)에만 있는 것이다.

채(蔡)씨는 다른 지역의 언어를 번역하는 것을 "횡역(橫譯)"이라 하고, 옛날의 언어를 지금의 언어로 번역하는 것을 "종역(縱譯)"이라고 하였다. 또 의식에서 출발하여 언어로 바뀌는 이것도 번역(채(蔡)씨는 일역(一譯)이라고 칭함)이라고 생각하였다. 이러한 사상은 철학적 이치로 충만 되어 있으며, 다른 사람은 미처 생각도 못하는 것이었다. 1921년이 되어서야, 우리들은 정진탁(鄭振鐸)의 《譯文學書的三個問題(문학서적 번역의 세 가지 문제)》라는 문장에서 비로소 "사상을 번역하여 문자로 만든다."는 식의 표현법을 접하게 되었다. 채(蔡)씨가 중국 특유의 것이라고 부른 "재역(再譯)"이라는 것도 앞에서 이야기한 "종역(縱譯)"과 비슷한 것으로 당시 중국의 언어와 문자가 통일되지 않은 것을 지적한 것이다. 이러한 견해는 이후의 신문화운동에서 백화문을 제창하게 된 근거가 되었다.

채(蔡)씨가 "역학(譯學)"에 대해서 이와 같은 논술을 한 것은 대단히 독창적인 것이다. 사실이 이미 증명을 하고 있으니, 그가 이야기한 당시의 역학관 학생들이 배운 것 가운데 "역학이 아닌 것은 없다."는 관점은 대단히 정확한 것이었으며, 실천 가운데 많은 성과를 내었다. 10여 년이 지난, 1931년 11월, 채(蔡)씨는《京師譯學館校友錄(경사역학관교우록)》을 위해 쓴 축사에서 결론적으로 다음과 같이 말했다.: 역학관(譯學館)이 "동문관(同文館), 광방언관(廣方言館) 등과 다른 것이 두 가지가 있는데, 한 가지는 국문(國文)을 함께 가르쳤다는 점이고, 다른 한 가지는 다른 과목도 함께 가르쳤다는 점이다. 이 두 가지가 있었기 때문에, 역학관(譯學館)이 운영기간이 길지 않았고 졸업생의 숫자가 많지 않았음에도 불구하고, 그 가운데 우수한 학생들은 사회를 위한 공헌이 탁월하였으며, 또 어떤 학생들은 계속해서 공부하여 전문학자가 되었으며, 어떤 학생들은 번역서적을 출판하였는데 신(信), 달(達), 아(雅)라는 세 가지 장점을 갖추고 있었다. 이로서 이 단기간 존재했던 학교가 역사상 그 이름을 남기게 되었다."

十四. 고봉겸(高鳳謙)의《飜譯泰西有用書籍議(번역태서유용서적의)[17]》

장원제(張元濟)와 함께 중국 근대 출판사업에 비교적 큰 업적을 남기고, 번역이론에 공헌을 한 사람으로 고봉겸(高鳳謙)이라는 인물이 있다.

고봉겸(高鳳謙, 1870-1936)은 자가 몽단(夢旦)이고 복건, 장락(福建, 長樂) 사람으로, 유명한 문학가이며 번역가인 정진탁(鄭振鐸)의 장인이다. 고(高)씨는 어려서 과거를 포기하고 관직으로 나가기를 원치 않았으며 스스로 독학을 했는데 실용적인 학문을 좋아해서 사상적으로 유신파(維新派)에 가까웠다. 그는 양(梁: 양계초)씨의 문

17) 유용한 유럽 서적을 번역할 것을 건의함.

장을 읽는 것을 좋아하였으며, 양씨가 운영하던《時務報(시무보)》에 투고하여 양(梁)씨와 알게 되었고 서로 친구가 되었다. 1895년 그는 임계(林啓)를 도와 杭州에서 서호잠학관(西湖蠶學館)을 설립하여 중국 직업교육의 새 길을 열어놓았다. 1901년에는 절강대학당(浙江大學堂)의 교무처장이 되었다. 그 다음 해 10명의 유학생을 인솔하여 일본으로 건너가 일본의 교육을 시찰하였다. 1903년 겨울에는 장원제(張元濟)의 초빙을 받아 상무인서관(商務印書館) 편역소, 국문부부장을 맡았다. 이때부터 그는 유명한 출판가가 되었으며 장(張)씨는 수족처럼 그를 신임하였다. 그 후 장(張)씨의 뒤를 이어 편역소(編譯所)소장 등의 직을 역임하였다. 입관 초기부터《日本法律大全(일본법률대전)》등의 책을 번역할 것을 발의하여 중국근대번역사에 적지 않은 영향을 미쳤다.

고(高)씨는 일생 동안 교육사업과 출판사업에 헌신했지만, 자신의 저작은 별로 많지 않았고 다른 사람의 저서에 서문을 써 준 문장도 그렇게 많지 않은 편이다. 당시 다리가 불편하고 여러 가지 질병을 앓고 있던 심조분(沈祖芬)이 1898년에 번역한《絶島漂流記(절도표류기)》(금역《魯濱孫漂流記》)의 앞에 고봉겸(高鳳謙)의 서(序)가 붙어 있는데 거기에서 "자신의 병환도 돌보지 아니하고 이 책의 번역에 매진하여 4억 대중을 각성시키고자 하였다."고 번역자의 정신을 극찬하였다. 이 글에서 고(高)씨의 번역관을 잘 볼 수 있는데 이러한 종류의 글마저도 많지 않다. 그가 젊은 시절에 쓴《飜譯泰西有用書籍議(번역태서유용서적의)》는 확실히 근대 번역 사상 한 편의 명편이라고 할 수 있다. 이 번역이론은 그가 광서(光緖) 23년(1897)에 양계초(梁啓超)에게 투고한 문장으로, 양(梁)씨는 그해 5월 12일《時務報(시무보)》에 발표하였고, 그 후《集成報(집성보)》등 신문에 전재(轉載)하였는데 당시로서는 꽤 영향력 있는 문장이었다. 뿐만 아니라 양(梁)씨도 같은 해에 쓴《變法通義, 論譯書(변법통의, 논역서)》라는 글에서 고(高)씨가 이 문장에서 주장한 논점을 여러 차례 인용하여 논술하였다. 고(高)씨는 글 속에서 다음과 같이 말하였다.

> 음성이 있고 나서 언어가 있고, 언어가 있고 나서 문자가 나왔다. 그러나 각 지방마다 고저장단이 다르고 청탁과 빠르기가 다 달라서 언어와 문자가 각기 다르게 되었다. 왕이라는 사람이 나타나서 천하가 하나로 통일되지 못할까 걱정하여 문자를 통일하게 되었다. 그래서 독서인들이 사방으로 한 촌 밖에 안 되는 통(책을 말하는 것 같음)을 끼고 상

하로는 천 년 동안 수만 리를 종횡으로 돌아다닌 결과, 통하지 않는 지역이 없게 되었고 그러고 나서야 비로소 중국의 문자가 하나로 통일되었다. 중국을 둘러싸고 있는 일본과 조선 같은 나라들도 비록 중국 문자를 쓰기는 하지만 조금도 다름이 없다. 유럽은 수만 리나 떨어져 있어 천 년 동안이나 서로 통하지 않았다. 서로 교역이 이루어지고 나서 온 천하가 다투어 서학을 숭상하고 서양의 언어를 배우고자 한다. 그러나 음과 뜻이 모두 달라 배우기가 어렵다. 가르치려 해도 아는 사람이 없어 선생을 찾기가 쉽지 않다. 관에서 학교를 세워도 두루 가르치기가 쉽지 않고, 백성들이 독학을 하려고 하여도 경비를 마련하기가 쉽지 않다. 문장의 의미가 심원하여 배워도 제대로 알기가 어렵다. 또 나라도 한 나라가 아니니 이들 나라의 말을 다 알기도 어렵다. 번역을 해서 가르치게 되면 그 어려운 소임을 맡은 사람은 수십 명에 불과하지만, 그 이익을 보는 사람은 천만 명도 넘을 것이다.

고(高)씨는 번역 사업이 중국과 외국의 교류에 있어서 수많은 어려운 일을 쉽게 할 수 있도록 만들어 주는 중요한 의의가 있다는 점을 충분히 긍정하였다. 이어서 그는 서양의 사회과학서적을 번역한 것이 사실은 자연과학(格致之學)서적을 번역하는 것보다 더 중요하다는 점을 강조하여 주장했다. 바로 이러한 점이 당시 유신파 인사들의 뛰어난 점이라고 할 수 있는데, 엄복(嚴复)이나 양계초(梁啓超) 같은 사람들도 이 점을 알고 있었다. 이전의 서적 번역이 한 쪽으로 치우쳐 있어 많은 부분 부족함이 있었다고 지적하기는 하였지만, 고(高)씨는 빠른 시기에 비교적 명확하게 이론적으로 이 문제를 제기하였다.

유럽의 유용한 서적은 매우 다양하게 두루 갖추어져 있다. 그러나 이 많은 서적들을 크게 분류하면 격치(格致; 자연과학)와 정치서적(사회과학)의 두 부류로 나눌 수 있다. 자연과학은 요즘 사람들이 그 필요성을 느껴 강구를 하고 있고 제조국에서 번역한 서적들도 대부분이 이 분야의 책들이다. 그러나 사회과학 서적에는 관심을 가지는 사람도 많지 않고 번역하려는 사람도 많지 않다. 대체로 중국인들은 자연과학의 어려움을 절감하고 모두들 유럽의 가장 뛰어난 학문(絶學)이라고 추천하고 있다. 그러나 사회과학은 우리 중국에도 예로부터 있는 것이어서 바깥에서 구할 필요가 없다고 생각하고 있다. 중국의 환부를 모르고 학문이 일어나지 못한 것이 정치가 바로 서지 못한 데 원인이 있다고 걱정하고 있다. 유럽이 정치가 잘되고 있는 것은 자연과학이 발달하였기 때문만은 아니다. 하물며 자연과학은 그것이 각자 전문 분야가 있어서 기술자가 아니면 배울 수도 없고 배웠다 하더라도 소용이 없을 뿐만 아니라 반드시 실험 기구를 통해서 실험을 해야 하는 것이지 책만 가지고 공리공담을 하는 것은 아니다. 무릇 사회과학 서적은 사실이 그렇게 될 수밖에 없는 이치를 탐구하여 현실 정치를 논하는 것이니 한문(漢文)에 능통한 사람이면 누구나 할 수 있는 학문이다. 전력을 다해서 각국 정치의 득과 실을 살피고 병력의 강약과 외교 관계의 유무 및 풍속의 같고 다름 등을 살펴서 어떤 나라와 가까이 지내고 어떤 나라를 멀리하며 어떤 일을 배우고 어떤 일을 경계해야 할 것인지를 모두 훤히 가슴 속에 꿰뚫고 있으면 외교 문제가 발생하더라도 비교적 능숙하게 처리할 수 있을 것이다. 또한 새로운 정치를 시행하려고 할 때도 사람들에게 비웃음을 당하지 않아도 될 것이며 반대로 그들을 압도할 수도 있을 것이다. 이것이 사회과학서적을 번역하는 것이 자연과학서적을 번역하는 것보다 더 시급한 까닭이다.

고(高)씨의 이 견해는 양무파가 고취했던 '중학위체, 서학위용(中學爲体, 西學爲用: 중국의 학문을 본으로 삼고 서양의 학문을 도구로 삼음)'이라는 사상의 한계를 비판하고 돌파하였으니 전체 문장 가운데 핵심이 들어 있는 부분이다. 이는 당시 번역계 전반의 방향과 형세를 조정하는 데 매우 중요한 역할을 하였다.

이어서 고(高)씨는 당시의 번역계의 하나의 중요한 문제였던 번역 명칭의 통일 문제에 대해서도 의견을 제시했다. 그는 의역과 음역 두 부류를 모두 포함하여 '변명물(辨名物: 명사를 번역하는 것)'과 '해성음(諧聲音: 음성을 조화시키는 것, 음역을 말함)'으로 명명하였다.

번역할 때 두 가지 핵심 사항이 있다. 한 가지는 변명물(辨名物: 사물의 명칭을 번역하는 것)이다. 유럽은 옛날부터 중국과 왕래가 없어 물건들이 자질구레한 부분까지 모두 다르다. 서양에는 있는 것이 중국에는 없는 것도 있고 중국에는 있는 것이 서양에는 없는 것도 있으며, 어떤 것은 서양과 중국에 모두 다 있으나 그 용도가 다른 것도 있다. 그러나 그 명칭은 완전히 다르다. 번역자가 상세한 사정을 몰라 마음대로 명칭을 정하다 보니 같은 사물을 두고도 두 책에서 사용한 명칭이 서로 다르게 나타날 수가 있고, 그 물건이 중국에 본래부터 있는 것도 중국의 이름을 사용하지 않는 경우도 있다. 새로운 이름으로 바꾸기를 좋아하는 사람들은 억지로 의미를 부여하여 자신의 지식을 자랑하고자 하여 독자들로 하여금 혼란을 일으켜 어찌할 바를 모르게 만든다. 예를 들면 64원소(元素: 화학의 원소)나 생활필수품 등과 같이 서양에 있는 물건이라 할지라도 하나하나 고증을 해야 한다. 그 가운데 중국에 있는 것은 중국의 명칭을 써야 하고 중국에 없는 것은 이미 번역된 서적들을 찾아서 그 가운데 통용되고 있는 것을 사용하며, 번역서에 없는 것은 그 물건의 성질과 용도를 파악하여 새로운 이름을 만들어야 한다. 무릇 서양에서 사용하는 물건들을 중국 문자와 서양 문자로 배열하여 한 권의 책으로 만들어 반포하고 통용되게 하여 이후의 번역자들로 하여금 이것을 표준으로 삼아 마음대로 바꾸지 못하게 하여야 한다. 그밖에도 도량형 같은 것은 나라마다 모두 다르므로 반드시 하나의 표를 만들어야 한다. 영국의 파운드 등 무게를 재는 단위가 중국과 다른 것과 프랑스의 마일 등과 같은 길이를 재는 단위가 중국과 다른 것들을 상세하게 표를 만들어 책 앞에 첨부하도록 해야 한다.

하나는 해성음(諧聲音: 음역)이다. 물건이나 제도에 이름을 붙이는 것은 뜻을 따라 하게 되면 비록 약간의 차이가 있다고 해도 모두 조사할 수 있다. 지명이나 인명은 소리는 있으나 뜻이 없으니 대단히 혼란스럽다. 서양의 언어가 발음하기가 어려워 빨리 하면 하나의 음으로 들리다가도 천천히 하면 두세 개의 음으로 들리기도 한다. 뿐만 아니라 제(齊: 산동 북부 일대)인이 발음하면 제(齊)음이 되고 초(楚: 양자강 중류 일대, 고대 초나라 지역. 현재의 호남성 일대.)인이 발음하면 초(楚)음이 되고 만다. 본래 하나의 이름이라 할지라도 번역하는 사람에 따라 모두 다르고, 또 한 사람이 번역을 하였다고 하더라도 앞에 번역한 것과 뒤에 번역한 것이 다르다. 《瀛寰志略(영환지략)》에 번역된 나라의 이름 가운데에는 서로 다르게 표현된 것이 너무 많아 일일이 다 거론할 수도 없을 정도이다. 마땅히 로마자모(알파벳)로 한 권의 책을 편찬하고 한 자에서부터 수십 자에 이르는 것까지 일일이 나열하고 중국의 음으로 주를 달아야 할 것이다. 외국어는 이전의 번역서들이 대부분 영어를 위주로 했기 때문에 영어를 위주로 하고, 중국어는 북경어를 위주로 하여 온 천하의 사람들에게 통용되도록 해야 한다. 이후로는 중국어를 서양어로 번역을 하든 서양어를 중국어로 번역을 하든 모두 이를 근본으로 삼아야 한다. 비록 한두 가지의 음이 서로 맞지 않는 곳이 있다 하더라도 마음대로 바꿔서는 안 되며 통일을 시켜야 한다. 만약 이 책이 완성되면, 명물지서(名物之書: 앞에서 이야기한 辨名物, 명사를 번역하는 것을 기록한 책)와 서로 보완 관계가 되도록 만들어야 할 것이다. 장차 이 두 책이 완성되면, 번역을 관장하는 기관에 보내어 칙령으로 공포하여 각 성(省)의 번역국이나 개인적으로 번역하는 사람으로 하여금 모두 이를 지켜서 편리하게 사용하도록 해야 할 것이다. 이 두 가지는 서적을 번역하는 근본이 될 것이다.

고(高)씨의 이런 건설적인 의견에 양계초(梁啓超)는 칭찬을 아끼지 않았다. 양(梁)씨는 그 후 《變法通義, 論譯書(변법통의, 논역서)》에서 거의 전문 전체를 인용하고, 또 자신의 의견을 보태어 상세하게 보충하였다. 양(梁)씨는 고(高)씨의 이 논술이 '정당한 논술'이며 '그의 이야기가 옳다.'고 칭찬하면서 고(高)씨에게 '명물지서(名物之書)'와 '음역지서(音譯之書)'를 편찬할 것을 제의하고 양(梁)씨는 '이렇게 하는 것이 번역가들이 이름을 바로 세우는 거시적 방법'이며, '오늘날 번역업무를 정돈하려면 이 두 책을 편찬하는 것이 가장 급선무'라고 하였다. 고(高)씨가 이러한 두 책을 편찬하기를 제의한 것은 참으로 탁월한 식견이라고 할 수 있으나 이러한 역명수

첩이 발간되어 광범위하게 보급된 것은 1949년 신중국(중화인민공화국)이 건립된 이후에야 가능했다. 고(高)씨는 이 글의 끝 단락에서 다음과 같이 이야기했다.

> 서적을 번역하려는 사람은 중국어와 서양어에 모두 정통해야 한다. 서양어에만 정통한 사람에게는 반드시 문장가가 보충해 주어야 한다. 전(傳)에서 말하기를 "문장이 아름답지 못하면 오래가지 못한다."고 하였다. 번역한 책들의 내용을 반드시 충실하게 번역할 뿐만 아니라 저속해서는 안 되고 광범위하면서도 황당한 이야기로 흘러서도 안 되며, 문장과 내용이 모두 훌륭하면서도 원문의 정신을 잃지 않도록 함으로써 사람의 마음을 살찌우고 인도하며 새로운 기풍을 진작시키는 데 일조해야 한다.

이 글 속에는 번역 방법, 표준, 목적 등에 대하여 간단하면서도 충분히 만족할 만한 내용이 들어 있다. 결론적으로 말하면 이러한 언급은 확실히 근대 중국에서 찾아보기 힘든 대단히 중요한 번역이론임에도 불구하고 현재까지 나온 각종 번역 논집 속에는 수록되지 않았으니 이는 참으로 유감스런 일이다.

十五. 라진옥(羅振玉)의 《驛書條議》[18]

라진옥(羅振玉)은 중국 근대 정치사의 마지막에서 대단히 빛이 바랜, 암울한 길을 걸어간 사람이다. 그러나 중국근대학술사에서 그는 결코 무시할 수 없는 대학자였다.

라진옥(羅振玉, 1866-1940)은 강소 회안(江蘇, 淮安) 사람으로, 본적은 절강 상우(浙江, 上虞)이다. 자(字)가 숙온(叔蘊, 叔言)이고 호(號)가 설당(雪堂)이며 또 정송(貞松)이라는 호(號)를 쓰기도 하였다. 라(羅)씨는 어려서부터 전통 경사훈고(經史訓詁)와 금석문자(金石文字)를 연구하여 튼튼한 기초를 쌓았다. 갑오전쟁(甲午戰爭) 후에 그는 친구로부터 서양의 번역서를 빌려 와 읽고 나서, 서학이 중국에 도움이 될 수 있다는 사실을 알게 되었다. 또 두 번째 과거에 낙방한 이후에는 관계로 나아갈 길

18) 서적을 번역함에 있어 몇 가지를 건의함.

이 막히자 방향을 바꾸어 농업에 대해 연구하기 시작하였다. 1896년 그는 상해에서 '학농사(學農社)'를 창립하고 그 다음해에 《農學報(농학보)》를 발간하였는데, 여기에서 그는 구미(歐美)와 일본의 관련 서적을 구매하여 이를 번역하여 참고하였다. 그 후 일본의 농업서적들을 전문적으로 번역하였는데 일본 사람 등전풍팔(藤田豊八) 등을 초빙하여 번역을 전담하도록 하였다. 일본서적을 번역하고 일본사람들과 교류하기 위해서 그는 1898년에 '동문학사(東文學社)'를 창립하여 일본어 인재를 양성하였다. '학농사(學農社)'에서는 그 후 10년간 차례로 농업서적 백여 권을 번역하여 국외의 농업기술을 소개하는 데 일정 정도 역할을 하였다. '학농사(學農社)'와 '농보관(農報館)'이 어느 정도 성과를 거두자 1900년 가을에 장지동(張之洞)이 전보를 쳐서 그가 무창(武昌)으로 와서 호북(湖北) 농무국(農務局) 총리 겸 농업학교감독(監督)을 맡아줄 것을 요청하였다. 이때부터 그는 관계로 진출하게 되었다. 1901년 무창(武昌) 강초편역국(江楚編譯局)을 경영하였고 《教育世界(교육세계)》라는 잡지를 창간하였으며 일본으로 건너가 교육을 시찰하였다. 이때부터 그는 농업연구에서 교육연구로 방향을 전환하게 되었다. 그 후 그는 청정부에 봉직하여 학부(學部: 교육부), 참사청(參事廳), 행주(行走)와 참사(參事) 등의 관직을 역임했다. 그는 사상이 완고하고 보수적이어서 개혁에 반대하였다. 신해혁명(辛亥革命)이 폭발한 후 그는 일본으로 도망가 8년 동안이나 갑골문과 금석문의 연구에 몰두하여 풍성한 성과를 거두었다. 1919년 봄에 귀국하였고, 1924년에는 청(淸)나라의 폐제(廢帝) 부의(溥儀)의 부름을 받고 직남서방(直南書房)으로 들어갔다. 같은 해 11월에 부의(溥儀)를 도와서 일본대사관(日本大使館)으로 도망시켰다. 그 다음 해 몰래 천진(天津)으로 숨어들어갔다. 9·18사변(九·一八事變)이 터지자 그는 만주국(滿洲國)의 건립에 적극 참여하였고 그 후 만주국(滿洲國), 감찰원(監察院) 원장(院長) 등의 직책을 맡았다.

라(羅)씨는 일생 동안 갑골학(甲骨學), 간독학(簡牘學: 서간문), 금석학(金石學), 돈황학(敦煌學), 문헌학(文獻學) 등 다방면에 걸쳐 학문적 업적을 남겼다. 그는 번역학 방면에도 약간의 공헌을 하였다. 위에서 언급한 농학사(農學社)와 강초편역국(江楚編譯局)을 운영한 것 이외에도 1926년 《教育世界(교육세계)》에 번역이론을 발표하였는데, 번역연구자들에 의하여 언급되지는 않았으나 주목할 만한 가치가 있는 것이었다.

《教育世界》는 반월간으로 1901년 상해에서 출판된 중국 최초의 교육 잡지이다. 라(羅)씨는 이 잡지의 창간호에서 《序(서례)》라는 글을 발표하여 "매호마다 앞부분은 논설 및 교육규칙과 새 소식을 싣고, 뒷부분은 역서(驛書)를 싣는다. 번역할 서적은 … 대부분이 일본서적으로부터 번역할 것이다."고 설명하였다. 따라서 이 잡지도 번역과 밀접한 관계가 있었음을 알 수 있다. 1902년 3월에 발간된 21기에 라(羅)씨는 《教育贅言八則(교육췌언팔칙)》이라는 글을 써서 발표하였는데 그 第七則이 '번역(飜譯)'이었다. 그 내용은 다음과 같다.

> 번역을 하기 위해서는 중국과 외국의 문학, 학술 및 전문학문에 두루 통해야 하니, 사실 서적을 선택하기가 매우 어렵다. 오늘날 번역에 종사하는 사람들은 마땅히 작은 학교(일종의 사설 학당을 말하는 것 같음)나 초등학교의 교과서를 번역하여 규격을 만들고, 중등의 교과서를 원본으로 하여 일본인 가운데 중등학교 이상을 졸업한 사람에게 번역 업무를 맡기고 중국문학에 정통한 자에게 교정을 보고 문장을 다듬도록 해야 한다. 일본에서 이 일을 다 하기에는 비용이 너무 많이 들기 때문에 일본인에게 하청을 주어 번역하게 하면 중등학교와 초등학교의 비용을 모두 합쳐도 그 비용은 2, 3천원(圓)에 불과할 것이니, 번역이 완성되기를 기다려 중국에 가지고 와서 문장을 다듬으면 비용이 저렴하면서도 그 효과는 빨리 나타나게 될 것이다. 지금 동료들이 일본에 머무르고 있는데 물가가 비싸서 한 달 체제비가 중국 체제비의 4, 5배가 된다고 한다. 따라서 이번에 학교들을 시찰하고 나서 신속히 귀국하여 편역(編譯)을 하는 데 도움이 되도록 했으면 한다. 오래도록 동경에 머물면 비용만 늘어나고 시간만 더 걸리게 될 것이다.

라(羅)씨는 이 글에서 교재의 編譯 문제에 대해 구체적으로 언급하고 있는데, 그는 공리공담만 늘어놓는 것에 반대하고 반드시 '비용이 적게 들면서도 빨리 효과를 볼 수 있는' 방법으로 번역해야 한다고 생각하고 있었음을 알 수 있다. 그는 대학자로서의 체면을 생각하지 않고 구체적으로 경비 문제까지 거론하였는데 이것이 바로 그의 번역이론이 가지고 있는 하나의 특색이다. 그는 《教育世界(교육세계)》(제22기) 다음 호에 발표한 《譯書條議(역서조의)》라는 글에서 이 점을 더욱 분명히 하였다.

《譯書條議(역서조의)》라는 글의 첫머리에서 "지금 신정(新政)을 실시하고 교육을 개량함에 온갖 이론이 분분하나 그 가운데 가장 중요한 것은 서적을 번역하는 일이다. 여기에서 구체적인 방법을 제시하면 여덟 가지로 나누어 볼 수 있는데 그것은 아래와 같다."고 하였다. 라(羅)씨는 비록 정치 혁신에는 찬성하지 않았지만 유신변법이 실패한 후에도 여전히 번역이 가장 중요한 핵심적인 사업이라고 여겼는데 그의 이러한 생각은 높이 평가할 만하다.

그가 제시한 여덟 가지 방법 가운데 제1조는 '경비를 마련하는 것'이다. 그는 "오늘날 경비를 지출함에 있어 번역을 할 때는 가장 저렴하면서도 편리한 방법으로 해야 쉽게 진행할 수 있을 것이다."고 말하였다. 그는 '번역 비용, 교정, 조판, 인쇄' 등 네 가지 과정으로 나누어 구체적으로 계산하고, 첫 해에는 비용이 많이 들어가지만 책을 팔아서 이윤을 남기기 시작하면 해마다 경비가 줄어들 것이라고 하였다. 그는 "이렇게 진행하면 비용은 절감되고 일은 순조롭게 진행될 수 있을 것이다. 그러나 이 일을 추진함에 있어서 반드시 적당한 인물을 찾아서 책임을 맡겨야 비로소 가능할 것이다."고 생각하였다. 라(羅)씨가 번역 문제를 거론함에 있어서 맨 먼저 경비의 문제부터 먼저 끄집어낸 것만 보아도 그의 실사구시 정신을 엿볼 수가 있다.

제2조는 '분류'이다. 라(羅)씨는 "오늘날 번역을 함에 있어서는 반드시 분류를 해서 번역해야 쉽게 시작할 수 있다. 지금 마땅히 번역해야 할 서적이 수도 없이 많은데, 닥치는 대로 번역하다보면 체계적인 번역을 할 수가 없다. 우선 학(學), 정(政), 업(業) 등 세 가지로 나누어 볼 수 있다. 먼저 교육과 교과서 및 법률과 행정 방면의 서적들을 번역하고 그 다음으로 실업(實業)에 관한 각 서적들을 번역해야 한다. 어쩌면 이 성(省)에서는 교육과 행정 서적들을 번역하고 저 성(省)에서는 실업에 관한 서적을 번역하는 것도 방법이 될 수 있을 것이다. 그렇게 해야 체계적으로 번역할 수 있을 것이다."고 지적했다. 그가 분야를 나누어 번역하기를 강조한 것은 모든 번역이 '체계적으로' 이루어지도록 하기 위한 것이었다. 그는 '학(學), 정(政), 업(業)'에서 어느 한 분야도 소홀히 할 수 없다고 생각했지만 교육 및 행정 분야 서적의 번역을 더 중시했던 것처럼 보인다.

제3조는 '정명(定名: 명사의 통일)'이다. 그는 "번역의 명칭은 반드시 통일되어야 한다. 예를 들면 지명이나 인명 및 은행, 법률, 심리, 물리 등의 모든 이름은 반드시 통일되어야 한다. 오늘날 번역을 함에 있어서는 반드시 일본의 《法律字典(법률자전)》 등의 서적을 반드시 갖추어야 하며, 일본의 자전에 없는 것들은 정통한 사람

을 선발해서 새로운 책을 만들되 영국과 네덜란드와 프랑스의 3국어를 병렬하여 참고하도록 해야 한다. 이 책이 만들어지면 번역하는 일이 훨씬 더 쉬워질 것이다. 이 일은 사실 조금도 늦출 수 없는 매우 시급한 일이다."고 생각하였다. 이것은 부란아(傅蘭雅), 고봉겸(高鳳謙), 양계초(梁啓超) 등에 이어 다시 한 번 번역 명칭의 통일 문제에 대해 강조한 것으로, 라(羅)씨가 일본의 번역 명칭을 참고하자고 한 주장은 양계초(梁啓超)의 주장과 일치하는 것이라고 할 수 있다.

제4조는 '서적의 구입'이다. 라(羅)씨는 "동서 각국에서 새로운 서적이 날마다 쏟아져 나오고 있는데 그때마다 그 책을 구입하여 번역해야 한다. 매년 3, 4백 원(圓)이면 구입할 수 있으니 이는 반드시 해야 할 것이다."고 주장하였다. 이러한 주장을 보면 라(羅)씨가 외국의 새로운 서적을 구입하는 방면에 있어서는 조금도 보수적이지 않았다는 사실을 알 수 있다.

제5조는 '통력(通力: 각 省이 힘을 합치는 것)'이다. 그는 "오늘날 서적을 번역함에 있어서 하나의 성(省)의 힘으로는 한계가 있다. 각 성(省)이 힘을 합해서 번역을 하려면 서로 멀리 떨어져 있고 서로 의논을 하는 데도 많은 어려움이 있을 뿐만 아니라 반대로 견제도 만만치 않을 것이다. 따라서 각 성에서 스스로 번역 업무를 수행하는 것만 못하다. 반드시 서로가 관심을 가짐으로써 중복되는 것을 피하고 각종 서적들이 동시에 출판될 수 있도록 해야 한다. 그러나 반드시 먼저 분명하게 의논하여 분야를 나누어 번역해야 한다."고 주장하였다. 라(羅)씨의 이 조항은 번역사업의 전체적인 형세를 주목하고 있는 것이다. 그러나 나라의 형세가 모래알처럼 흩어져 있던 시대적 상황으로 인해 그의 이 정확한 건의는 아무런 성과도 거둘 수가 없었다.

차. 제6조는 '전임(專任)'이다. 그는 "번역을 함에 있어 마땅히 전담하는 사람을 두어 책임지고 할 수 있도록 해야 하며 사람을 선정할 때는 신중을 기해야 한다. 사람이 선정되면 그 사람으로 하여금 전적으로 책임지도록 해야 하며 간섭하지 않음으로써 비록 공사이기는 하지만 개인의 일을 하는 것과 같은 효과를 거둘 수 있도록 해야 한다. 만약 사람을 쓰는 일이라든지 경비문제에 견제를 하게 되면 좋은 업적을 내기가 어렵다."고 주장했다. 이 이야기는 번역사업의 조직에 관한 이야기로, 번역을 인재양성사업과 이력 관리 등과 연계시킨 것이다.

카. 제7조는 '장려(奬勵)'이다. 그는 "관에서 제 서적을 번역하는 것 이외에도 사재를 털어서 번역하였거나 번역을 도운 사람 중 우수한 사람에게는 포상하고 그 나머지 사람에게는 격려하여야 한다. 이 시점에서 번역해야 할 서적이 수도 없이 많은데, 모든 것을 관에서 주관한다면 재력이 모자라 할 수 없을 것이니 부득이 사재로 번역하는 사람들의 도움을 받을 수밖에 없다."고 하였다. 이렇게 '두 다리로 걸어가는' 방법(관민이 협력하여 각자 번역을 하는 방법)은 실현 가능한 방법이었으나 당시의 부패한 당국에서는 라(羅)씨의 이 장려 정책을 채택하지 않았다.

제8조는 '판권(板權)' 문제에 관한 것이었다. 라(羅)씨는 "이번에 관에서 번역한 각 서적의 판권은 관에 귀속되어야 하며, 민간에서 함부로 출판하지 못하게 함으로써 원금을 회수하고 이익을 남겨서 번역사업을 확대시켜 나가게 해야 한다."고 주장하였다. 번역서의 판권 문제에 대해서는 전 중국근대사를 통틀어서 라(羅)씨와 장원제(張元濟) 두 사람만이 거론했는데, 그러나 두 사람의 주장은 서로 달랐다. 라(羅)씨는 대내적인 판권 문제를 거론하였고 장(張)씨는 대외적인 판권 문제를 거론하였다.

이 글의 맨 끝에서 라(羅)씨는 "이상의 방법으로 각 성(省)이 힘을 합해서 번역을 하면 매년 새로운 서적 2, 3천 종을 번역할 수 있을 것이니, 한 해도 거르지 않고 계속하게 되면 10년 후에는 문명이 날로 발전하게 될 것이다. 이 방법이 비용이 적게 들면서도 빨리 효과를 볼 수 있는 방법이기는 하나 그 성패는 합법적으로 시행하고 적절한 인재를 등용하는지의 여부에 달려 있다."고 말했다. 그는 또 "여기에 거론한 방법은 그 대략을 이야기한 것에 불과하니, 상세한 것은 다음번에 다시 이야기하도록 하겠다."고 말하였다. 아쉬운 것은 그가 계속해서 발표한 더욱 상세한 내용을 담은 글을 찾지 못하고 있다는 것이다. 그러나 위의 '대략(大略)'에서 보는 바와 같이 라(羅)씨가 언급한 적지 않은 조항들은 다른 번역이론가들이 잘 언급하지 않은 내용들이어서 번역이론사에서 주목할 만한 내용들일 뿐만 아니라 그 가운데 몇몇 견해들은 오늘날까지도 참고할 만한 내용들이라 할 수 있다.

十六. 왕국유(王國維)의 철학서적 번역

중국 근대사에서 왕국유(王國維)는 라진옥(羅振玉)과 관계가 밀접하고 정치사상이나 철학의 범위도 가까운 대학자였다. 왕국유(王國維, 1877-1927)는 자가 정안(靜安 또는 靜庵), 또는 백우(伯隅), 호는 관당(觀堂)으로, 절강, 해녕(浙江, 海寧) 사람이다. 그는 어려서부터 전통교육을 받고 자라나 과거에 뜻을 두고 있었다. 15살에 수재에 급제하였으나 그 후 두 번이나 향시에 실패하였고, 갑오전쟁(청일전쟁)의 실패에 충격을 받아 과거에 급제하여 관리가 되겠다는 꿈을 포기하고 전향하여 신학을 공부하기 시작하였다. 그러나 그가 청년이 되었을 때 가세가 기울어져 학교에 갈만한 경제력도 없었고 유학은 생각할 수도 없어, 한편으로는 스스로 생계를 꾸리고 다른 한편으로는 독학을 해서 학업을 이어나갔다. 1898년 그는 상해로 가서 다른 사람의 소개로《時務報(시무보)》사에 들어가 교정의 업무를 보았고, 업무를 마치면 라(羅)씨가 설립한 동문학사(東文學社)에 가서 일어를 배웠다. 한 번은 라(羅)씨가 우연히 그가 쓴 시의 기세가 범상치 않음을 보고 그를 달리 생각하게 되었다. 1901년 가을, 라(羅)씨는 자금을 대어 그를 일본으로 유학을 보냈다. 1907년 라(羅)씨는 다시 그를 북경으로 불러들여 추천을 하여 청(淸)나라 학부총무사(學部總務司)의 행주(行走)의 직책에 임명되도록 하였다. 신해혁명이 일어나자 그는 라(羅)씨를 쫓아서 일본으로 망명하였다가 1916년에 귀국하였다. 1923년 다시 추천을 받아 폐제 부의(溥儀; 괴뢰정부의) '남서방행주(南書房의 行走)'에 임명되었다. 그 후 청화연구원(淸華硏究院)에 들어가 연구에 몰두하였다. 1927년 이화원(頤和園)의 곤명호(昆明湖)에 투신하여 자살하였다. 왕(王)씨의 정치적 태도나 인생 역정은 비교적 복잡하여 사람들마다 각자 다른 평가를 내리고 있으나, 그의 학문적 업적에 대해서는 모두가 하나같이 높은 평가를 하고 있다. 그는 사학(史學), 고고(考古), 철학(哲學), 미학(美學), 문학 등 다방면에 걸쳐 독창적인 공헌을 하였을 뿐만 아니라 중국 근대번역학 방면에 있어서도 독창적인 공헌을 하였다.

1905년 그는 라진옥(羅振玉)이 창간한 중국 최초의 교육잡지《教育世界(교육세계)》 제96기에 《論新學語之輸入(논신학어지수입)》이라는 글을 발표하였는데, 이것은 최초로 중서 사상 방법 비교(中西思想方法比較)와 사상발전사적 각도에서 번역사업을 연구한, 매우 독창적 의의가 있는 논문이다. 이 문장의 첫머리에서 그는 다음과 같이 말했다.

> 최근에 와서 문학상 아주 독특한 현상이 나타나고 있는데 그것은 다름 아닌 새로운 언어의 수입이다. 무릇 언어라는 것은 국민의 사상을 대표하는 것이다. 사상의 정조광협(精粗廣狹: 정교함과 조잡함 및 광활함과 협소함)은 언어의 정조광협을 보고 표준으로 삼을 수 있다. 그 나라의 언어를 보면 그 나라 국민의 사상을 알 수 있다. 주(周)나라 진(秦)나라의 언어는 불경을 번역함에 이르러 부족함을 절감하게 되었다. 오늘날의 언어는 서양의 서적을 번역함에 이르러 다시 한 번 그 부족함을 절감하기에 이르렀다. 그것은 단지 두 나라의 언어 사이에 나타나는 정조광협(精粗廣狹: 정밀하고 거칠음과 광활하고 협소함)의 차이뿐만이 아니다. 국민성도 제각기 다를 뿐만 아니라 그 사상의 연원도 서로 다르기 때문에, 그 언어도 어떤 것은 번잡하기도 하고 또 어떤 것은 간단하기도 하며 정밀하기도 하고 거칠기도 한 것이다. 이러한 현실은 문화가 비슷한 나라에서도 그러한데 문화가 다른 나라에서는 더욱 그렇다. 우리나라의 국민성을 살펴보면 실제적이고 통속적인 데 반하여 서양 사람들의 국민성은 사변적이고 과학적이다. 추상적인 사고에 뛰어나고 세밀하게 분류하는 데 능하여 세계의 일체의 유형, 무형의 사물에 대하여 종합(generalization)하고 분석(specification)하지 않은 것이 없어, 그들의 언어 중에는 자연의 이치에 대한 것이 많다. 우리나라 사람들의 장점은 실천방면에 있는데, 이론방면에 있어서는 구체적인 지식을 얻는 것으로 만족하고 만다. 학문적으로 분류하는 일에 있어서는 현실적으로 그렇게 할 필요가 있을 때를 제외하고는 대체로 하려들지 않는다. 무릇 전국시대에 제자백가가 나타나 활발하게 학설을 제기하였을 때에는 인도의 6철학파나 희랍의 궤변학파의 시대와 비교해도 조금도 손색이 없었다. 그러나 인도에서는 실제로 경험하고 눈으로 보는 것을 뛰어넘어 수론(數論)이나 성론(聲論) 등의 변론을 통하여 이들을 추상화시켜 인명학(因明學: 일종의 논리학)으로 발전시켰다. 희랍에서는 아리스토텔레스라는 사람이 나와서 아리아학파의 궤변을 추상화시켜 명학(名學: 일종의 논리학)으로 발전시켰다. 중국에서도 혜시(惠施)나 공손룡(公孫龍) 등과 같은 명가의 유파들이 궤변을 채택했다. 그러나 그들이 사상을 변론하는 방법은 희랍인들이나 인도인들이 토론하지 않는 내용들이었으며 토론하기를 원하지도 않는 내용들이었다. 그 결과 우리 중국에는 변론이 있기는 하였지만 명학(名學: 논리학)은 없었으며, 문학은 있었으나 문법은 없었으니 이로 미루어 추상화나 분류 문제는 우리나라 사람들이 가진 장점이 아니었기 때문에 우리나라의 학술은 자각적인(selfconsciousness) 지위를 가질 수 없게 된 것이다. 우리나라에서는 일찍부터 이러한 학문이 없었으니 번역하기에 적절한 이러한 언어가 없는 것

은 당연한 일이다.

왕씨가 여기에서 이야기한 '문학'이라는 것은 광의의 의미의 문학으로서 '학술'이라는 의미에 상당한다. 그가 지적한 중국과 서양 사상의 특질이 옳은 지적인지에 대해서는 잠깐 판단을 보류한다고 하더라도 그가 사상 방법이나 특징의 차이로 인하여 언어가 정조광협(精粗廣狹: 정밀하고 거칠고 광활하고 좁음) 등의 차이가 날 수밖에 없다고 지적한 점은 의심할 나위 없이 정확한 것이다. 그는 그밖에도 이 두 가지 학술방법의 장점과 단점에 대해서 객관적으로 분석하여 "추상적인 것이 지나치게 되면 때때로 논리에 빠져 현실에서 멀어지게 된다. 유럽 중세 학술의 큰 폐단이 바로 그러한 것을 증명해 주고 있으니 오늘날의 학문에 그러한 잘못을 범할 우려가 있다. 만약 추상적인 방법이 결핍되면 실제로 행하고 있으면서도 그것이 그렇게 되는 까닭을 몰라 그 실제라는 것도 막연하여 근거가 없게 되어 연구의 대상이 될 수가 없다."고 생각했다. 따라서 그는 다음과 같이 강조했다.

> 따라서 우리나라의 학술이 발전하기 위해서는 봉쇄정책을 써서 외국과 교류하지 않았을 때도 어쩔 수 없이 새로운 명사를 만들었는데, 하물며 서양의 문물이 물밀듯이 밀려들어오는 이때, 적절한 언어가 부족한 것은 너무나 당연한 것이다.

그는 번역을 함에 있어 적절한 언어의 부족현상에 대해서 이러한 관점에서 분석하였으니 매우 깊은 성찰이라 하지 않을 수 없다. 그는 한 걸음 더 나아가 다음과 같이 지적했다. "언어라는 것은 사상을 대표하는 것이다. 따라서 새로운 사상을 수입한다는 것은 바로 새로운 언어를 수입한다는 의미이다. 10년 이전에는 서양의 학문을 수입하기는 하였지만, 형이하학적인 것에 국한되어 있어서 비록 새로운 글자와 새로운 단어를 만들어 내어도 문학방면에 있어서는 커다란 영향을 미치지는 못하였다. 최근 수년 동안 형이상학이 점점 중국에 들어오고, 또 일본이 중간역과 같은 역할을 하여 일본에서 서양어를 번역하면서 새로 만들어낸 한문(漢文)이 물밀듯이 몰려 들어와 우리나라(中國)의 문학계에 침입하고 있다." 이러한 새로운 국면을 맞이하여 호기심이 많은 사람은 그것을 남용하고 수구적인 사람은 침을 뱉으며 거들떠보지도 않으려 하였으나, 왕씨는 "이러한 태도는 둘 다 옳지 않다."고 생각하고, 정확한 태도는 마땅히 "보통의 문자 가운데에는 새롭고 신기한 것을 나타내는 단어가 없다. 따라서 한 학문을 강의를 하든지 한 분야와 관련된 연구를 함에 있어서도 새로운 신조어를 만들어 내지 않으면 안 된다. 일본 학자들이 우리보다 앞서 신조어를 만들었고 중국에서도 이미 사용하고 있는데 그것을 쓰지 않을 이유는 없다. 그것 가운데 아주 적절하지 못한 것을 제외하고는 새로운 신조어를 만들어낼 필요는 없다고 본다."고 생각하였다.

그는 다시 엄복(嚴复)에 대해 거론하면서 그가 학술 방면의 새로운 신조어를 만들어낸 훌륭한 번역가라고 인정하면서도 "신조어를 만들어내는 조예가 대단히 뛰어났지만 그 가운데에는 적절하지 못한 것도 상당히 많이 있다."고 지적하고 '천연(天演: 진화)', '선상감(善相感)', '우주(宇宙)' 등의 단어를 예로 들어 원어의 단어가 가지고 있는 의미와 완전히 일치하지 않는다고 지적하였다. 그는 동시에 일본인들이 번역명칭을 결정하는 방법에 대해서도 언급하면서 "일본인들도 번역 명칭을 정함에 있어 함부로 하는 것은 아니다. 수십 명의 전문가들이 연구하고 수십 년의 개정을 거쳐 오늘날에 이르게 되었다."고 지적했다. 따라서 그는 일본인들이 사용하는 번역명칭을 사용하면 다음과 같은 두 가지 편리한 점이 있다고 말했다. "다른 사람이 쓰고 있는 것을 그대로 모방하는 것이 창조하는 것보다 훨씬 더 쉽다는 것이 첫 번째 편리한 점이고, 중국과 일본 양국 간의 학술적 내용이 서로 쉽게 소통되어 개념상의 차이가 별로 없는 것이 그 두 번째 편리함이다. 이러한 두 가지 편리한 점이 있음에도 불구하고 무슨 까닭으로 쓰지 않겠다는 것인가?"고 말하였다. 물론 그는 예를 들어가며 일본 사람들이 사용하는 번역 명칭 가운데 정확하지 않은 것들을 지적하기도 하였다. 그러나 그는 최종적으로 "중요한 것은 오늘날 강의를 할 때 신조어를 만들어 단어를 증가시킬 수밖에 없는 추세이며 다른 사람들이 이미 만들어 사용하고 있으니, 우리들이 그것들을 답습해 쓰는 것보다 더 편리한 방법이 없다."고 말했다. 이것은 일종의 실사구시(실용주의)적인 태도이다. 왕(王)씨가 철학에 정통했을 뿐만 아니라 또 일본어에도 능통했기 때문에 그의 이러한 견해는 대단히 설득력이 있었다. 우리나라의 학술 번역, 특히 철학 분야에서 왕씨가 이야기한 대로 이루어졌다는 사실은 그의 주장이 설득력이 있었다는 것을 증명해 주고 있다.

1907년 10월 12일 왕씨는 위에서 언급한 잡지에《書辜氏湯生英譯〈中庸〉后(고탕생이 영역한〈중용〉이라는 책에 후서를 쓰다.)》라는 문장을 써서 3차례로 나누어 연재하였다. 십여 년이 지난 1925년 7월, 이 문장이《學衡(학형)》제43기에 다시 실린 것으로 보아 이 글의 영향력이 비교적 컸음을 짐작할 수 있다. 고탕생(辜湯生, 1857-1928)은 자가 홍명(鴻銘)으로 이름보다 자가 더 널리 알려져 있다. 고(辜)씨는 어려서 영국에 유학했고 이어서 독일, 프랑스, 이탈리아, 오스트리아 등 여러 나라를 유학하여 서방 각국의 언어에 정통했으나 사상은 매우 보수적이었다. 일찍이 유가 경전인《論語(논어)》,《中庸(중용)》등을 영어로 번역했을 뿐만 아니라《尊王篇(존왕편)》,《春秋大義(춘추대의)》등을 영어로 저술하기도 했다. 또한 그는 서방에 중국의 고대사상과 문화방면을 소개하는 데에 일정한 공헌을 하였으나, 그의 역저는 지나치게 독자들의 기호에 영합하였다는 단점을 가지고 있다. 예를 들면 그는 영역본《論語(논어)》의 서문에서, 가능하면 영국의 독자들이 이질감을 느끼지 않도록 하기 위해서 번역문에 중국의 인명과 지명을 일률적으로 사용하지 않았으며 심지어는 서양 명작가들의 명언으로 주를 닮으로써 독자들이 원래부터 익숙한 방법으로 읽을 수 있도록 하였다.

왕(王)씨는 철학자였기 때문에 번역어 개념의 정확성을 매우 강조했다. 그는《中庸(중용)》이 고대 유가 경전 가운데 보기 드문 철학서이며 이 책에서 이야기하고 있는 내용이 서양 철학과는 '확실히 다르다.'고 생각했다. "중용에 나오는 이야기가 사색을 함에 있어서 모두 다 정밀한 것은 아니며, 개념정의가 분명한 것도 아니다. 또 거기에서 토론하고 있는 문제도 반드시 주제를 한정하고 있는 것도 아니다. 근세 철학의 관점에서 고인들의 이야기를 서술할 때 고인들의 이야기를 미봉한다고 하면 가능한 이야기일지 모르지만 고인들의 이야기에 충실하였다고 말할 수는 없을 것이다."고 생각했다. 그는 '고인들에게 충실할 것'을 분명하게 주장했다. 그는 철학성이 농후한 저서를 번역할 때 가장 어려운 점은 원문과 상당한 명사를 찾아내는 일이라고 생각했다. 그는 "무릇 고인들의 이야기가 모두 논리적인 것은 아니다. 한편안에서도 어떤 때는 천도를 가리키기도 하고, 때로는 인사(人事)를 이야기하기도 한다. 한편 안에서만 그런 것이 아니라 어떤 때는 같은 장(章)

안에서도 그렇다. 다행스럽게도 여기에서 사용하고 있는 단어의 의미가 광범위하여 하늘을 이야기하든 인간을 이야기하든 모두 이 단어를 사용할 수 있어, 일관되지 않다는 것을 느끼지 못하게 되고 만다. 만약 이것을 다른 나라 언어로 번역하게 되면 다른 나라 말 가운데 이것에 상당하는 단어의 의미가 이처럼 광범위하지 않을 수도 있다. 가령 그 의미가 상당하거나 더 광범위하다고 하더라도 그 단어가 사용된 곳에서도 모두 똑같이 쓰여졌다고는 할 수 없다. 따라서 일관되지 못하고 통일되지 못한 문제점이 나타나는 것은 면할 수가 없다. 따라서 일관되게 하고 통일되게 하기 위해서는 더욱 더 광범위한 단어를 사용할 수밖에 없는데 단어의 의미가 광범위해지면 질수록 그 단어는 공허해질 수밖에 없어 고인들의 이야기의 특질은 점차 사라지고 껍데기만 남게 될 것이다. 고서를 번역하는 어려움은 모두 여기에 있다."고 지적했다. 그는 또 "중국어를 외국어로 번역할 때 번역할 수 없는 것을 어떻게 하나하나 다 이야기할 수 있겠는가?"고 지적하였다. 예를 들면《中庸(중용)》의 첫 구절은 어떠한 방법으로도 번역할 수가 없는데 그 이유는 외국어 가운데 중국 고대의 '천(天)'자에 상당하는 단어가 없기 때문이라는 것이었다. 중국 고대의 '천(天)'은 자연적인 하늘만을 의미하는 것도 아니고, 또 만물을 주재하는 천제(天帝)를 의미하는 것도 아니다. 실제로 그것은 이 둘 사이의 중간적 개념으로 자연적인 하늘(물질적 개념)과 주재자적인 하늘의 개념(정신적인 개념)을 모두 가지고 있다. 번역을 할 때는 상당한 고려가 필요하다. 따라서 '성(性)', '중(中)', '도(道)', 화(和)' 등과 같은 단어들도 모두 다 번역하기가 매우 어렵다.

그는 고(辜)씨의 이 번역에는 두 가지의 문제가 있는데 그 첫 번째 문제는 '지나치게 고인들의 이야기를 통일하려고 하는 것'이고, 두 번째는 '모든 면에 있어서 서양의 형이상학으로 이 책을 번역하려고 했던 것'인데, '첫 번째 문제는 고서의 의미를 감소시켰고, 두 번째의 문제는 고서의 의미를 증가시켰다.'고 생각하여 다음과 같이 강조했다.

> 우리들이 고서를 번역할 때 그 양을 고려하면 될 것이다. 감소를 하는 것이든 증가를 하는 것이든 문제의 성격은 다르지만, 두 문제가 모두 고인들의 뜻에 충실하지 못하다는 점에 있어서는 같다.

이러한 견해는 현재의 등가번역이론과 매우 비슷하다. 그는 한 걸음 더 나아가 고(辜)씨가 역사적 안목이 부족하고 또 서양철학에도 이해가 부족한 것을 비판했다. 그는 중국의 고대 철학서적을 번역하려고 하는 사람에게는 이 두 가지가 반드시 갖추어져야 할 조건이라고 생각했다. 고(辜)씨는 이 두 가지 조건이 갖추어져 있지 않았기 때문에 번역할 때 때로는 고루함에 빠지고 때로는 기만하는 잘못을 저지르게 되었던 것이다. "고루함에 빠지는 것과 기만함에 이르는 것이 서로 다른 문제이기는 하지만 고인들의 뜻에 충실하지 못했다는 점에 있어서는 같다."고 지적했다. 왕(王)씨의 이 문장은 매우 날카롭고 '젊고 혈기가 넘쳐나는' 대단히 뛰어난 지적이라 하지 않을 수 없다. 뿐만 아니라 왕(王)씨는 철학자의 관점과 신분에서 번역을 논했는데, 중국의 근대번역사에 있어 그는 철학자의 관점과 신분으로 번역을 논한 첫 번째의 인물이라고 하겠다.

十七. 주계생(周桂生)과 서념자(徐念子)의 번역이론

임서(林紓)를 제외하고 만청(晩淸)의 번역계에서 많은 외국문학작품을 번역한 사람으로는 주계생(周桂生)과 서념자(徐念子) 등을 들 수 있다. 이 두 사람은 번역이론 방면의 글도 남겼다.

주계생(周桂生, 1873-1936)은 자가 수규(樹奎)이고 필명은 신암(新庵)이다. 그는 상해, 남회(南匯) 사람으로 어려서부터 광방언관(廣方言館)에 들어가 외국어를 배웠고, 그 후 중법학당(中法學堂)에 들어가 불어를 전공하는 동시에 영어도 배웠다. 갑오년(甲午年, 1894) 전후에 천진전보국(天津電報局)에 들어가 주임을 맡았고, 그 후 영국 상인들이 경영하는 이태윤선공사(怡太輪船公司)에 들어가 수년 동안 매판(買辦: 지배인)을 역임했다. 그도 젊은 시절에 양무운동(洋務運動)에 종사했던 한 사람이라고 할 수 있다. 신해혁명(辛亥革命) 이전에는 혁명당 인사들과 왕래가 잦았으며, 남사(南社)에도 가입을 했다. 1906년부터 그는 월간 잡지《月月小說(월월소설)》의 총역술(總譯述: 번역담당총간사)을 맡았으며, '역서교통공회(譯書交通公會)'를 발기하여 설립하였다. 1912년 동맹회(同盟會)의 기관보인 《天鐸報(천역보)》의 역술(譯述: 번역담당간사)을 역임했다. 1915년 원세개(袁世凱)가 복벽하여 제제(帝制)의 부활을 기도했을 때 그는 글을 써서 반대했다. 그는 일생 동안 많은 작품을 번역했는데 그가 번역한 문학 작품은 주로 정탐소설과 과학소설, 환상소설 및 동화 작품이 대부분이었다.

주(周)씨가 번역 활동에 종사하기 시작한 것은 대략 임서(林紓)와 같은 시기였다. 그는 번역작업의 의의에 대하여 분명하게 인식하고 있었다. 광서(光緒) 28년(1902) 겨울 그는 최초의 번역 작품집인 《新庵諧譯初編(신암해역초편)》을 출판할 때 자서에서 번역의 목적을 아래와 같이 설명했다.

> 근래 조정에서는 변법(變法)의 조칙을 내렸고, 국민들도 모두 자강부국의 열망이 간절하여 뜻있는 선비들은 시국 문제에 관심을 가지고 그 까닭을 연구하여 문명의 기술을 수입하지 않으면 안 된다는 것을 알고 있습니다. 그러나 그 고집스러운 성격을 바꾸는 것이 매우 어렵다는 것을 알고, 서양어를 번역하고 일본서적을 번역해오고 있습니다. 날로 다르게 새로운 서적들이 쏟아져 나오고 있는데, 모두가 세상을 일깨우고 백성들을 새롭게 하여 지혜를 가지도록 하려는 노력입니다. 그 기세가 당당하니 이 모두가 번역자들의 공이라고 하지 않을 수 없습니다.

주(周)씨는 번역의 목적은 '각세용민(覺世庸民: 세상을 일깨우고 백성을 일깨움.)'과 '개지계혜(開智啓慧: 지혜를 열어나감.)'에 있다고 밝히고 있는데, 그의 이러한 견해는 양계초(梁啓超)나 엄복(嚴复) 등의 견해와 완전히 일치하고 있다.

광서(光緒) 32년(1906) 8월, 그는 앞장서서 '역서교통공회(譯書交通公會)'라는 학회를 조직하였다. 이 모임은 중국 역사상 최초로 번역자(문서 번역자를 위주로 함)들이 자발적으로 조직한 학술, 친목의 성격을 띤 학회였다. 소위 말하는 '교통(交通)'이라는 것은 '교류(交流)', '교제(交際: 친목)'라는 뜻이다. 그는 또 광서(光緒) 병오(丙午) 계월(桂月: 음력 8월) 24일(1906년 10월 11일) 《譯書交通公會序(역서교통공회서)》와 《試辦簡章(시판간장: 규칙초안)》을 지었는데, 그는 서 가운데에서 다음과 같이 말했다.

> 중국문학은 본래 대단히 왕성했다. 그러나 최근에 이르러 날로 쇠락해지고 말았다. 수구적인 인사들은 허탈해져 걱정을 하고 안달이 나서 국수(國粹: 문화적 정통성)를 보존할 방법을 찾고 있으나 실추되고 있을 뿐이다. 내가 생각하기로는, 오늘날 인류는 날로

> 진화하여 온 세계의 각 나라들이 날로 교류가 편리해지고 있다. 경쟁이 날로 치열해지고 지혜는 갈수록 발달하여 각국이 점차 부강해져 가는 대세가 너무나 확연하다. 우리나라는 비록 문화가 일찍 발달하였으나 오랫동안 쇄국 정책을 씀으로써 오늘에 이르러서는 다른 나라의 장점을 받아들이지 않고서 어찌 우리의 단점을 보완할 수 있겠는가? 그러나 전 세계 각국들이 나라마다 문자가 다르고 언어가 달라 그들의 장점을 배우고자 한다면 널리 각국의 서적을 번역하지 않고서는 소기의 성과를 거둘 수가 없다. 그럼에도 불구하고 선지적인 지식인들이 새로운 것을 추구하지 아니하고 과거에만 매달리는 것은 어찌된 까닭인가? 무릇 낡은 것은 반드시 한계가 있기 마련이고 새로운 것은 끝이 없는 법인데 진취적인 것을 버려두고 수구적인 일에만 매달리겠는가? 무릇 새로운 것과 낡은 것의 관계는 상반되는 것 같으면서도 상호 보완적인 관계에 있다. 진실로 신사상과 신학술을 차례로 수입하여 우리나라를 강대국의 반열에 올려놓게 되면 구학(舊學: 전통 학문)도 덩달아 창성하여 마침내 서로 보완적인 효과를 거둘 수 있게 될 것이다. 이는 서적을 번역하는 사람들이 반드시 이루어야 할 임무이다.

이 문장은 우리나라(중국) 역사상 최초의 번역자들의 선언이며 그것은 또한 분명히 의미심장한 것이다. 주(周)씨는 현실을 직시하였을 뿐만 아니라 중국 문학이 근대에 들어 낙후한 현실을 인정하였다. 그는 서방에서 들어온 '진화론'의 관점에서 출발하여 '수구적인 인사들'이 '국수(國粹: 전통적 학문)를 보존'하려는 행동에 찬성하지 않았으며, '다른 사람의 장점을 배워서' '우리의 단점을 보완하는' 것만이 우리나라의 문학을 진흥할 수 있다고 믿었다. 뿐만 아니라 그는 외국 문학을 번역, 소개하여 중국의 '전통학문도 덩달아 창성하게 될 것이다.'고 예견하였다. 따라서 그는 '널리 서적을 번역하지 않으면 소기의 성과를 거둘 수 없다.'고 지적하고, '수구적인 것보다는 차라리 진취적인 것을 추구하겠다.'는 힘찬 구호를 제기했다. 이러한 그의 정확한 관점은 주(周)씨가 정신이 깨어 있고 예리한 판단력을 갖추고 있었음을 보여주는 것이며, 번역계의 선진 지식인으로서 부끄럽지 않은 행동으로 많은 사람들을 일깨워 폐쇄적이던 중국 학계에 커다란 충격을 주었다.

주(周)씨의 번역학상의 더 큰 공헌은 번역대오를 형성하고 서로 간 교류를 하게 하였으며 한 차원 높은 이론적 견해를 제시하였다는 점일 것이다. 그는 이 서에서 아주 엄숙하게 질문을 던짐으로써 번역계에 존재하고 있던 문제들을 제기하고 이 문제를 해결할 수 있는 방법들도 제시했다.

> 오늘날 우리의 번역계의 현상을 볼 때 신사상과 신학술을 수입할 책무를 다할 수 있겠습니까? 날이 갈수록 더욱 더 전통학문을 고수하고자 하는 사람들이 과연 이 책무를 다할 수 있겠습니까? 한 권의 책을 번역함에 있어서 신(信), 달(達), 아(雅)의 장점을 고루 갖춘 번역은 찾아보기가 힘이 듭니다. 오늘날 번역을 한다는 사람들은 대체로 대충대충 습관적으로 직역을 하는 데 그칩니다. 그렇지 않은 사람들도 남의 것을 표절하여 중언부언하기 일쑤입니다. 일본어를 번역하는 경우에는 새로운 명사는 볼 만한 것이 있으나, 서양어를 번역하는 경우에는 문장이 난삽함을 면하기가 어렵습니다. 따라서 독자들이 이해하기 쉽지 않은 점은 둘 다 마찬가지입니다. 더 심한 것은 서점에서 파는 책이 이름은 서로 다르지만 실제 같은 책도 있습니다. 이러한 경우가 한두 권에 그치는 것이 아니어서 괜히 신경을 쓰게 만들 뿐만 아니라 일을 하는 데도 도움이 되지 않습니다. 책을 사는 사람들도 두 권 값을 지불하고도 한 권밖에 사지 못하는 결과를 가져올 뿐만 아니라 서적상들에게도 크게 불리합니다. 그 이유를 객관적으로 살펴보면 번역가들끼리 서로 연락이 없어 협조가 되지 않은 것이 가장 큰 원인입니다. 나는 영어와 불어는 조금 배운 바가 있어 번역하는 일에 10여 년간 종사하여 왔습니다. 이런 생활 속에서 번역이 무엇인지 약간은 알고 있습니다. 그래서 감히 무모함을 무릅쓰고 이 회의 발기인으로 나섬으로써 중국의 모든 번역자들과 서로 지식을 교환하고 정보를 교환하는 데 편리함을 제공하고자 할 따름입니다. 이와 같은 큰 뜻을 가지고는 있으나 재주와 역량이 부족하니, 뜻을 함께 하는 분들께서는 부족한 부분을 도와주시고 좋은 일에 동참해 주시기를 간절히 바랍니다.

주(周)씨는 엄복(嚴复)이 주창한 신(信), 달(達), 아(雅)의 설을 깊이 신봉하고, 당시의 번역 작품들 가운데 이러한 표준에 도달한 작품이 극히 적다고 지적하였다. 그는 폐단을 지적하고 이를 바로잡을 것을 호소하는 한편, 서로 정보를 교환하고 경험을 공유할 것을 주장하였는데, 참으로 크나큰 꿈을 가지고 열정적으로 추진하였음을 볼 수 있다. 주(周)씨는 선량한 의지를 가지고 있었을 뿐만 아니라 내놓은 대안도 현실적으로 실천 가능한 것이었다. 그의 이 서(序)와 《試辦簡章(시판간장)》은 둘 다 그가 주편을 맡고 있던 《月月小說(월월소설)》 잡지의 창간호에 실렸는데, 그는 《月月小說(월월소설)》 잡지를 '역서교통공회(譯書交通公會)'의 기관보처럼 이용하려고 생각하고 있었던 것 같다. 그가 초안한 《試辦簡章(시판간장)》의 내용을 간추려 보면 다음 몇 가지로 요약할 수 있다. 첫째, 널리 회원을 모집하고, 둘째, 매월 회원들의 번역계획을 공포하고 교류함으로써 같은 작품을 중복해서 번역하는 것을 피할 수 있게 하며, 셋째, 회원들의 우수한 번역작품을 추천하고 소개하며, 넷째, 회원들을 위하여 외국작품을 대신 구입해 주는 일을 한다는 것이다. 이와 같이 번역계의 문제를 성심성의껏 해결하고 서로 교류하며 편의를 제공함으로써 그 영향을 확대하려는 시도는 매우 바람직한 시도라고 할 만하다. 그러나 애석하게도 당시 중국의 학계나 번역계는 주(周)씨가 바라던 의식수준이나 동류의식이 형성되어 있지 못하였다. 《月月小說》 제7기에 실린 《譯書交通公會廣告(역서교통공회광고)》에서 그는 "본회를 발기한 후 반 년이 지났지만 동업계의 성금이 답지하지 아니하고, 아직도 뜻을 같이 하는 사람들이 호응을 하지 않아 회원들의 숫자가 몇 명 되지 않으니 참으로 뜻밖입니다. 따라서 회의를 거쳐 이 공회를 잠시 중단하기로 하였습니다. 다음에 동지들이 많아지기를 기다려 회칙을 개정하고 다시 회의를 열어 이어갈까 합니다. …" 하고 말하였다. 선구자들의 발자취는 적막하기 그지없지만 후인들은 그들의 업적을 잊어서는 안 된다. '역서교통공회(譯書交通公會)'는 비록 반여 년 동안 존재한 것에 불과하지만, 周씨가 이 모임을 위해 쓴 서문은 중국 근대 번역사상 거론하지 않으면 안 되는 아주 중요한 문장이 되었고, 현재 출판되고 있는 각종 번역문집에는 모두 그의 이 문장에 대해서 언급하고 있다.

그밖에도 주(周)씨가 서양소설의 번역본을 위해 쓴 서문이나 발문(跋文) 가운데 번역에 대한 자신의 견해를 서술한 것이 더러 보이는데, 그것은 비록 단편적인 것이기는 하지만 언급할 만한 가치가 있다. 소문에 의하면 정탐소설(偵探小說)이라는 명칭도 그가 만들어낸 것이라고 한다(楊世驥 저 《文苑談往(문원담왕)》 참조). 그는 근대의 가장 빠른 시기에 제일 열심히 정탐소설을 번역한 사람이었다. 그는 1904년 《新民叢報(신민총보)》 제55기에 발표한 《歇洛克復生偵探案(헐락극복생정탐안)변언(弁言: 서문)》에서 '우리나라(중국)의 입장에서 보면 서양의 풍속은 너무나 다르고 취미 또한 다르다. 소설가들의 관심사도 매우 달라 소설도 한 자리에 놓고 이야기할 수조차 없을 만큼 완전히 다르다. 특히 정탐소설은 우리나라에는 아예 없는 것이어서 서양 사람들의 전유물처럼 되어 있다. 대체로 우리나라의 형사소송제도는 서양의 각국들과는 달라 정탐과 같은 이야기는 꿈에서조차 생각할 수 없다." 고 하였다. 그는 한 걸음 더 나아가 서양의 각국들이 상해에 '조계(租界)'를 설치한 이후로는 '경찰(警察)'이나 '포탐(包探: 형사)' 등의 직업이 생겨나기는 하였으나, 이러한 사람들은 "전문지식은 없고 여우나 들쥐처럼 도시를 배회할 뿐이다. 공동조사안건은 정실에 얽매어 눈치만 보기 일쑤이다." 하고 "내지의 형사소송을 심리하면서 형벌을 동원해서 취조할 뿐 사건 자체에 대해서는 아무 것도 모른다는 사실은 말할 필요조차 없다."고 폭로하였다. 주(周)씨가 정탐소설을 번역한 것은 사실 '문명을 수입하고' '법치주의를 소개하겠다.'는 의도를 가지고 있었다. 훗날 만청(晩淸) 문단에 황당하고 저질적인 정탐소설이 범람하여 재난거리가 되어 거의 '흑막소설(黑幕小說)'의 수준에 이른 것은 어떤 의미에서는 부정적인 의미에서의 발전이라고 할 수 있으며, 주(周)씨가 예견하지 못한 방향으로의 발전이었다고 할 수 있다. 당시에 주(周)씨가 가장 많이 소개한 것 중 하나는 서양의 과학, 환상소설이었다. 그는 이들 소설을 '과학소설(科學小說)' 또는 '이상소설(理想小說)'이라고 불렀다. 그가 갑신년 제석일(1905년 2월 3일)에 번역소설 《神女再世奇緣(신녀재세기연)》을 위해 쓴 서문에서 이야기한 것처럼 이러한 부류의 소설들은 "대체로 탐험, 유기(遊記: 기행문), 이상(理想), 과학, 지리 등을 겸하고 있는데 하나의 주제 아래 통일되어 있다." 고 할 수 있다. 그는 자신이 이러한 소설을 번역하는 일에 열중하는 이유를 "작가가 장인정신을 살려 뛰어난 안목을 가지고 있고, 또 그 중에는 우언(寓言)과 같은 이야기가 10중 8, 9라 하더라도 모두 범상한 것들이 아니어서 선문답과 비슷한 내용들로 근대 과학과 아주 밀접한 내용들이다."라고 설명했다. 그는 또 "서방의 한 학자가 '아침에는 이상에 불과하던 것이 저녁에 현실로 이루어진다.'고 하였다. 무릇 천하의 일이란 반드시 이상(理想)이 있고 나서야 비로소 현실로 이루어진다. 따라서 서양의 과학자들은 이러한 이상소설들에서 소재를 취해와 연구의 대상으로 삼는다. 이로 미루어 그들이 이상소설을 얼마나 중시하는지 생각하고도 남음이 있다."고 지적을 하였다. 따라서 그는 우리나라의 독자들이 이러한 소설들을 읽을 때에 "형체가 이상하고 색상이 다양한 것만을 느껴서는 안 되고" 반드시 "그 속에 들어 있는 작자의 의도를 파악해야 한다."고 주장했다. 그는 이러한 류의 과학, 환상소설들이 "각 나라마다 번역본이 나왔는데 중국에만 없을 수는 없다." "최근에 나온 서적들 가운데 가장 가치가 있는 서적이다."라고 생각했다. 주(周)씨가 이러한 부류의 소설을 번역할 것을 주장한 속뜻은 소설의 형식을 빌려 과학지식을 보급하여 창조와 상상의 능력을 끌어올림으로써 지식의 폭이 넓지 못한 한계를 극복하려는 데 있었다는 것을 알 수 있다. 그의 이러한 생각은 노신(魯迅)이 1903년 자신이 번역한 과학소설《月界旅行(월계여행)》의《弁言(변언; 서문)》에서 천명한 관점과 기본적으로 일치하는 것으로 주목할 만한 가치가 충분하다.

두 번째로 그는 서방의 문학 작품을 번역할 때 중국의 전통 문학과 다른 부분을 어떻게 처리해야 하느냐 하는 문제에 대하여 논하고 있다. 예를 들면 그는 1903년 자신이 번역한《毒蛇圈(독사권)》이라는 책을 위해 쓴《譯者識語(역자식어: 번역자 일러두기)》라는 글에서 "우리나라 소설의 체제는 종종 소설 속의 주인공의 성명과 이력을 먼저 기술하고 나서 사건의 전개 과정을 상세하게 적는다. 때로는 설자(楔子: 들어가는 말), 인자(引子), 사장(詞章), 언론(言論) 등으로 시작한다. 그렇게 하지 않으면 어떻게 시작할 방법이 없었다. 이러한 형식이 끊임없이 이어져 내려와 천편일률적으로 답습한 것은 책을 읽어본 사람이면 누구나 다 아는 사실이다."라고 말했다. 그러나 이 프랑스 소설은 그렇지 않다. "첫머리부터 부자간의 문답으로 시작하고 있는데, 기암절벽이 눈앞에 우뚝 솟아난 것처럼 느닷없이 사건이 시작되어 마치 하늘에서 갑자기 날아온 것 같다. 또 마치 불꽃놀이를 하는 것과 같이, 화염이 타오르는 것처럼 사건이 전개된다. 그러나 자세히 살펴보면 모두가 질서 정연하여 대가의 솜씨가 아니면 이런 작품을 써내는 것은 감히 엄두도 못 낼 일이다."고 말했다. 그는 또 "이러한 체제는 서구 소설가들이 보여주는 일반적인 모습에 지나지 않는다."고 말하고, 중국의 전통적인 소설과는 다른 이러한 '일반적인 모습'을 어떻게 번역하는 것이 좋을까 하는 문제에 대해 그는 명확하게 "있는 모습 그대로 번역하여 우리나라 소설계에 소개하나 건전하지 못하다는 비난을 면하면 그나마 다행으로 생각한다."고 말했다. 그의 이러한 태도는 당시로서는 대단한 용기가 필요한 결정이었다. 어떤 연구자가 "그는 우리나라에서 가장 먼저 서양문학의 장점을 허심탄회하게 받아들인 학자로, 임서(林紓, 林叙)가 찰스 디킨스의 소설이 좋다고 말하려고 하면 반드시 우리나라의 태사공과 같은 면이 있다고 말을 하는 것과는 달리, 그는 구미문학의 장점을 직설적으로 분명하게 이야기했다."(楊世驥 저《문원탐왕(文苑探往)》)고 지적한 그대로다. 1907년 그는 자신이 번역한《解頤語(해이어)》의《序言(서언)》에서 "서양에서는 언어(구어체)와 문자(문언체)를 병용하는데 이를 뒤섞어 써도 별로 문제가 되지 않는 것이, 중국 문학에서 고금(고문과 현대문)과 아속(정통문학과 속문학)이 확연히 구분되는 것과는 다르다. 중국에서는 소설을 제외하고는 문언체와 구어체를 병용하는 경우가 거의 없다. 서양은 우리와는 사뭇 다르며 같은 소설체제라 하더라도 약간 차이가 난다."고 지적했다. 그는 또 "같은 서양에서 나온 백화라고 하더라도 그 방언을 모르고서 중국어로 번역하게 되면 너무 저속한 표현이 되기 쉽다. 그 까닭은 다른 데에 있는 것이 아니라 문언과 구어가 아직도 서로 통일되지 않았기 때문이다."고 언급했다. 그는 중국과 서양의 문언과 구어 관계의 차이점에 대해 지적했을 뿐만 아니라 한 걸음 더 나아가 "다른 나라에서는 대단히 우스운 일도 고집스럽게 직역을 하여 우리나라 사람들 앞에 내어놓게 되면 그 의미를 그대로 느끼지 못할 뿐만 아니라 그 웃음에 대해서 이야기하는 것에 지나지 않게 되고 말 것이다. 그것은 서로의 습속이 다르고 취미가 달라서 몇 마디 말로 그 의미를 다 전달할 수 없기 때문이다."고 지적했다. 그러면 이러한 문언과 구어의 관계, 습속이나 취미의 차이에서 나타나는 서로 간의 괴리를 어떻게 번역해야 메울 수 있을까? 그는 "원문의 내용을 헤아려 그것을 살짝 바꾸어줌으로써 독자들로 하여금 웃게 만드는 효과를 거둘 수 있을 것이다."고 말했다. 원문의 예술적 효과가 '대단히 우스운 것'이라면 번역문은 적당하게 변통함으로써 이러한 예술적 효과를 간접적으로 전달할 수 있을 것이다. 주(周)씨의 번역에 대한 이러한 견해는 정확한 지적이다.

세 번째, 그는 당시의 부실한 번역이나 경솔한 번역 및 표절 등의 왜곡된 풍조를 신랄하게 비판했다. 그는 1907년 《月月小說(월월소설)》 제7기에 발표한 《海底漫遊記(해저만유기)》라는 글에서 "새로 번역한 소설이 도처에 넘쳐난다. 그러나 훌륭하게 번역된 것을 찾기란 쉽지가 않다. 가장 안타까운 것은 아무런 의식도 없는 팔고문 작가들이 직업을 잃은 나머지 생활비를 마련할 방법이 없어 그들의 그 아둔하기 짝이 없는 생각으로 여기저기에서 베껴와 팔고문을 짓는 방식으로 소설을 지으니 소설도 아니고 팔고문도 아닌 희한한 것이 되어 사람으로 하여금 실소를 자아내게 한다. 더욱 교활한 자들은 역서의 원고료가 저서의 원고료보다 적다는 사실도 잘 알고 있어 기를 쓰고 날조해서 저서인 양 포장을 함으로써 남을 속일 뿐만 아니라 자신도 속이고 있다."고 폭로하였다. 그는 또 "번역계의 인사들이 제대로 찾아보지 않았기 때문에, 번역한 책들이 다른 사람이 번역한 책들을 모방한 것이 많다. 출판사도 조사를 하지 않고 무턱대고 출판한 경우도 자주 있다. 심지어는 학당의 학생들 가운데 제대로 공부하지 않은 학생이 사사로이 번역을 하는 경우도 비일비재하다."고 폭로했다. 그는 또 당시 서점에서 팔리고 있던 《海內漫遊記(해내만유기)》라는 책이 《新小說(신소설)》에 발표되었던 번역소설 《海底旅行(해저여행)》을 그대로 베낀 것이라는 사실도 지적하였다. 그는 엄숙하게 "우리나라의 소설이 오늘날 크게 번성하고 있지 아니한가? 그러나 이런 소설들이 세상의 도리와 인심을 바로 세우고 풍속을 개량하는 데 조금이라도 도움이 된다는 사실을 누가 믿을 수 있겠는가?" 하고 질문을 던졌다. 그는 번역 방법 자체에 대해서도 '고기솔 역기니(固忌率 亦忌泥 : 경솔한 것도 금물이고, 지나치게 꼼꼼하게 하는 것도 금물이다.)'라는 여섯 자로 말했는데(吳趼人《新笑史, 犬車(산소사, 견거)》), 전종서(錢鍾書)는 '이 말이 대단히 적절한 말이다.'고 평가했다. 결론적으로 이야기하면 주계생(周桂笙)은 대단히 엄숙한 번역가로, 그의 당시 번역계와 출판계의 왜곡된 풍조에 대한 비판은 오늘날까지도 주목할 만한 가치가 있다 하겠다.

당시 번역계에서 주계생(周桂笙)과 어깨를 나란히 할 수 있는 또 한 사람으로 서념자(徐念慈, 1875-1908)를 들 수 있다. 서(徐)씨는 본명이 증의(烝義)이고 자가 언사(彥士)였으나 한때 주적희(朱積熙)로 이름을 바꾸기도 하였으며, 각아(覺我)라는 필명을 썼다. 그는 강소성, 소문(江蘇省, 昭文: 현 常熟) 사람이다. 그는 어려서부터 허례허식적인 것을 경멸하고 경세치용(經世致用)적인 학문을 배웠으며, 외국어를 열심히 배워 영어와 일어에 정통했다. 광서(光緒) 23년(1897) 친구들과 함께 고향에 중서학당(中西學堂)을 건립하고 신학문 보급에 힘썼다. 그 후 몇 년 동안 교육 사업에 몰두하였다. 광서(光緒) 28년(1902) 후에는 채원배(蔡元培) 등과 교류하였으며, 흥중회(興中會)에도 가입하였다. 광서(光緒) 30년(1904) 가을, 당시 유명한 소설가였던 증박(曾樸) 등과 함께 상해에 '소설림사(小說林社)'를 설립하고, 이때부터 정식으로 번역과 편집 생활을 시작하여, 소설림사의 편집주임을 역임하였고 빛나는 성과를 거두었다. 광서(光緒) 33년(1907)에는 《小說林(소설림)》 월간의 창간에 참여하여 주요한 번역 업무는 모두 자신이 담당하였다. 뜻밖에도 제11책을 편집하던 중 피로가 누적되어 병을 얻어 서거하였다. 젊은 나이에 요절하였으니 당시의 번역계로서는 매우 큰 손실이었다.

서(徐)씨는 요절을 하였기 때문에 많은 역저를 남기지는 않았지만, 그가 죽기 전

1, 2년 사이에 남긴 《小說林緣起(소설림연기)》와 미완성인 장편의 논문 《余之小說觀(여지소설관)》 등은 중국 근대문학비평사의 명편으로 남아 있다. 그의 주요한 논술은 주로 소설의 번역에 관한 것이었기 때문에 그 가운데 번역에 대한 자신의 견해가 자연스럽게 녹아들어가 있다.

그는 양계초(梁啓超), 임서(林紓), 주계생(周桂生) 등과 마찬가지로 소설의 번역이 중국 사회에 미치는 영향을 매우 중시했다. 정미(丁未) 원소(元宵: 정월 대보름)가 지난 후 3일째 되는 날(1907년 3월 2일)에 쓴 《小說林緣起(소설림연기)》에서 "위대하도다! 최근 번역된 서적이 중국으로 들어와 학술이 모두 서구화하고 우리나라의 신구(新舊) 사회를 진동시키니, 문인이나 일반 지식인이나 어리석은 사람을 막론하고 모두 환영하는 것은 근대에 출현한 신소설이 아니고 무엇이겠는가?" 하고 말했다. 그는 또 최초로 헤겔의 미학원리를 운용하여 우수한 소설은 이상미학(理想美學)과 감정미학(感情美學)에 부합하는 최고의 작품이라고 정의 내렸다.

당시 서방 정탐소설의 번역에 대해서도 그는 자신의 견해를 밝혔다. 1907년 2월 창간된 《小說林(소설림)》 제1기에 발표된 《第一百十三案(제일백십삼안)》의 뒤에 《贅語(췌어: 추신)》를 덧붙여 "정탐소설은 우리나라에서는 여태까지 없는 것이었다. 따라서 책이 출간되자마자 소설계에서 매우 이채를 뛰었는데, 이를 환영하는 사람들은 소설 가운데 가장 뛰어난 것이라는 평가를 내렸다. 최근 2, 3년 동안 이러한 소설들이 종종 선을 보였다. 그것은 탈산(奪產: 재물을 빼앗다.), 쟁풍(爭風: 사랑싸움), 당회(黨會: 집회, 결사), 사판(私販: 밀매), 밀탐(사설탐정) 등이 주된 내용이고, 살인이나 재물의 손실 및 절도 등이 밖으로 드러나 있다. 정탐소설이 수십 종이나 이 범위를 벗어나는 것은 거의 없다. 그러나 이 소설이 가진 뛰어난 점은 사건 전개의 우여곡절과 기발한 방법으로 수사를 하는 데에 있다. 결점은 집을 짓는 데 비유를 하면 대청과 방과 건물과 정자가 다 정교하게 설계가 되고 질서정연하지 아니한 것은 아니지만, 곧 실내의 장식이나 대청마루의 문양이나 장식된 커튼과 병풍 및 장식품 등 어느 것 하나 빠진 것 없이 다 갖추어져 있지만, 이런 것은 다 제쳐두더라도 기껏해야 조각이 정교하지 않느니 색깔이 아름답지 않느니 하는 등의 것만 논하는 것과 같다. 따라서 독자들은 한 번 보고 나면 이들을 팽개쳐 버리고 만다. 사실대로 말하면 정탐소설은 그 구성이 뛰어난 것이지 문장이 뛰어난 것은 아니다. 바꾸어 말하면 형식이 뛰어난 것이지 그 정신(주제)이 뛰어난 것은 아니다." 고 말했다. 여기서 그는 이러한 소설들의 형식상의 뛰어난 점을 지적했을 뿐만 아니라 그것들의 구성이 천편일률적이고 내용이 없는 단점을 비평했다. 그는 이듬해 《小說林(소설림)》 제9기에 발표한 《余之小說觀(여지소설관)》이라는 글의 제5절에서 "소설이 지향하고 있는 바는 곧 우리의 마음이 지향하고 있는 나침판과 같은 것이다." "정탐소설들은 항상 법률과 밀접한 관계를 가지고 있다. 중국의 국민들은 아직도 의식 수준이 낮고 법치주의 정신이 보급되지 않음에도 불구하고 정탐소설을 읽기를 좋아하는데, 온갖 교활한 속임수가 사람들에게 영향을 미쳐 좋은 영향을 미치기를 기대하기는 어렵다."고 지적했다. 그의 이러한 지적은 사회 제도와 독자의 의식수준에 근거해서 정탐소설의 번역이 가져올 사회적 영향을 분석하고, 이러한 소설이 나쁜 쪽으로 발전했을 때 나타날 사회적 후유증에 대해서 경고를 한 것이다. 그의 이러한 지적은 불과 2, 3년 전에 발표된 주계생(周桂笙)의 글에 비해 훨씬 더 깊이가 있다.

그는 번역계의 폐단을 바로 잡기 위해 불량한 풍토를 비판하는 글을 쓰기도 했다. 《余之小說觀(여지소설관)》 제5절에서 정탐소설이나 염정소설들을 무분별하게 번역하는 것을 비판한 후 엄숙하게 "국민으로서의 의무를 다하고 육지와 바다에 관한 중요한 지식을 전달하고 학술의 정수를 천명하며 세상을 살아가는 데 꼭 필요한 그러한 소설들은 오히려 홀시를 한다. 이러한 면에서 보면 사회의 장래를 위해서는 위기라고 할 수 있다."고 말했다. 그는 번역이 사회에 미치는 영향을 강조하였는데, 그것은 번역계의 정확한 방향을 설정하는 데 매우 참고할 만한 가치가 있다. 이 글의 제4절에서 그는 또 소설의 명칭을 붙이는 것에 대해 논술하면서 "오늘날 사람들은 모두 번역소설을 숭상하는데 서로 연락이 되지 않아 한 권에 여러 권의 번역본이 쏟아져 나와 같이 진열되어 있다. … 번역자나 서점이나 모두 조사를 하지 않아 이런 불필요한 낭비를 하고 있으며, 독자들 또한 속임을 당하고 있다. 이러한 폐단을 없앨 마땅한 방법이 현재로서는 없다. 나는 부득이한 방법으로 지면을 개량하고 책을 소개하는 난을 개량하는 방법을 제시하고자 한다. 예를 들면 한 권의 서양서적의 번역본이 나오게 되면 그 책의 표지에 원작자의 성명이 무엇이고 원명은 무엇이며 어디에서 출판되었는지를 원명(원문 명칭)으로 표기하고, 번역명은 무엇이며 또 번역자가 누구인지 밝힐 뿐만 아니라 이것을 신문에도 그대로 등재하여 모든 사람들이 어느 책의 원본은 무엇이며 작가가 누구인지 알 수 있도록 해야 한다. 또 해마다 연말에 각 출판사가 연합하여 서목 일람표를 출판함으로써 번역자들로 하여금 찾아볼 수 있도록 하고 독자들에게 전체를 파악할 수 있도록 함으로써, 상도의나 영업상의 신용에도 큰 도움이 될 수 있도록 하여야 한다."고 말했다. 비록 한 권의 책에 여러 권의 번역본이 나오게 되면 서로 비교하여 번역 수준을 높이는 데 도움이 되기도 하겠지만, 청말(淸末) 번역계에는 맹목적인 번역이나 저속한 번역이 범람하는 불량한 풍조가 성행하였을 뿐만 아니라 제목만 바꾸거나 남의 번역을 표절하여 이익을 추구하는 현상까지 빈번하게 나타났다. 서(徐)씨가 '개량(改良)'을 주장한 것이 대증요법에 불과하고 비록 근본적인 문제해결의 방법을 제시하지는 못했다 하더라도 당시 번역계의 병폐를 극복하는 데는 많은 도움이 되었을 것이다.

十八. 주(周)씨 형제의 번역이론

노신(魯迅, 1881-1938)과 주작인(周作人, 1885-1967) 형제 두 사람의 생애와 업적은 누구나 다 아는 바이니 여기서 따로 지면을 할애하여 소개하지는 않겠다. 두 사람은 모두 근대와 현대를 아우르는 대문호이다. 한 사람은 끊임없이 발전을 거듭하여 신문화 운동의 거장이 되었으나 한 사람은 우여곡절을 거듭한 끝에 한때 가장 수치스러운 나락에 떨어지기도 하였다. 다만 청말(淸末) 문단과 신문학 운동 초기에 그들 두 사람은 '周氏 형제'로 병칭되며 함께 명성을 날리기도 하였다. 이 기간 동안 이들 두 형제는 서로 친밀하게 협력하여 번역활동에 종사하였으며, 두 사람의 번역에 대한 견해도 기본적으로는 일치했다. 이 절(節)에서는 주로 청말(淸末)기(신문학운동초기 포함.) 이 두 사람의 번역에 대한 견해를 소개할 것이다. 그러나 그 이후에는 두 사람은 점차 각자 자신의 길을 갔다. 30년대에 들어서도 노신(魯迅)은 번역문제에 대한 아주 중요한 수많은 글을 발표했지만, 주작인(周作人)은 신중국

건립(1949) 초기에 이르러서야 비로소 번역연구에 대해 적지 않은 유익한 견해들을 발표했다. 여기에 관해서는 이 책에서는 뒤에 가서 따로 지면을 할애하여 논의할 것이다.

주(周)씨 형제 또한 청말(淸末)에 서양문학을 소개하고 번역한 선구자였다. 노신(魯迅)은 1902년 3월에 일본으로 유학을 가서 1903년부터 번역활동을 시작하였으며, 처음으로 일본어로 번역된 빅토르위고의 작품인 《哀塵(애진)》과 유륵(儒勒), 범이납(凡爾納)의 작품인 과학소설 《月界旅行(월계여행)》 등을 중역하였다. 주작인(周作人)은 1906년 초가을에 일본으로 유학을 떠났으나 1904년에 이미 영문소설 《俠女奴(협녀노)》 등을 번역하였다. 그들은 1907년부터 일본에서 공동으로 번역활동을 시작하였다. 맨 처음으로 발표한 작품은 주작인(周作人)이 번역한 《紅星佚史(홍성일사)》라는 작품으로, 그 가운데 제16절의 시 부분을 노신(魯迅)이 번역하였다. 같은 해 톨스토이의 작품인 역사소설 《勁草(경초)》를 공동으로 번역하였으나 사고로 출판되지 못했다. 1909년 두 사람은 중국 번역사에 대서특필할만한 사건인 《域外小說集(역외소설집)》을 공동으로 발췌, 번역하여 2권의 책으로 펴냈다. 1921년 주(周)씨 형제(周建人을 포함)들은 《現代小說譯叢(현대소설역총)》을 발췌, 번역하여 출판하였고, 1922년에는 두 사람이 공동으로 발췌, 번역하여 《現代日本小說集(현대일본소설집)》을 출판하였다. 주(周)씨 형제는 당시에 외국문학 작품의 번역활동에 적극적으로 참여하였을 뿐만 아니라 번역에 관한 중요한 견해들을 적지 않게 발표하였다. 이들의 견해를 요약하면 다음 두 가지 방면으로 나누어 볼 수 있다.

첫 번째는 그들도 양계초(梁啓超) 등이 번역의 중요성을 주장한 글의 영향을 받아 번역활동이 '사상을 개량하고 문명을 보조하며' 국민들을 진보하게 하는 중대한 의의가 있다는 점을 강조하는 동시에 '이역문술신종(異域文述新宗: 다른 지역의 새로운 문학 경향)'의 예술성에 주목하여 번역문학 작품의 감정 이입 작용과 정신을 함양하는 작용을 강조했다.

노신(魯迅)은 1903년 《斯巴達之魂(사파달지혼: 스파르타의 정신)》을 번역하고 그 번역서문에서 자신이 이 역사소설을 번역한 까닭은 '스파르타정신'의 '불굴의 정신'에서 감동을 받아 이 작품을 통해 중국의 애국지사들이 '붓을 던져버리고 분연히 일어나도록' 격려하기 위해서였다고 밝히고 있다. 같은 해 노신(魯迅)은 과학소설

《月界旅行(월계여행)》을 번역하고, 이 책의 《辨言(변언)》에서 독자들로 하여금 '약간의 지식이라도 습득하여 조상 대대로 물려받은 미신을 타파하고 사상을 개량하여 문명을 보조하도록 하기' 위해서 이 책을 번역하였다고 명확하게 설명하고 있다. 당시 국내에서 번역에 대한 열기가 고조되었고 적지 않은 책들이 번역, 출판되었지만, 볼 만한 것은 그렇게 많지 않았고, 온갖 잡동사니들이 뒤엉켜 아무런 의미도 없는 저급한 정탐소설과 연애소설들이 범람했다. 노신(魯迅)은 번역계의 폐단을 직시하고 이 《辨言(변언: 일종의 서문)》에서, 당시에 특히 "과학소설은 매우 찾아보기가 힘들다. 정확하지도 않은 지식이 넘쳐나니 이것이 폐단이다. 따라서 오늘날 진실로 번역계의 결점을 바로 잡고 인민들을 바른 길로 인도하려고 한다면 반드시 과학소설에서 시작해야 한다."고 지적하였다. 노신(魯迅)은 그밖에도 《地底旅行(지저여행)》, 《造人術(조인술)》 등의 과학소설을 번역하였다. 앞에서 이미 언급한 바와 같이 청말(淸末) 번역계에서 주계생(周桂笙)도 과학소설을 소개하고 번역하는 것을 대단히 중시하였으나, 노신은 그보다 훨씬 이전에 과학소설번역의 중요성을 역설했다.

노신(魯迅)은 당시 그와 주작인(周作人)이 공동으로 번역한 《域外小說集(역외소설집)》을 위한 《序言(서언)》을 썼는데, 이 서언은 중국 근대 번역 사상 대단히 귀중한 자료로 남아 있다.

> 《域外小說集(역외소설집)》을 책으로 펴냈으나, 문장이 소박하고 어눌하여 오늘날 명인들이 번역해 낸 번역본과 비교하면 부족한 부분이 많다. 특히 원작을 선정하여 수록함에 신중을 기하여 번역할 때 원문의 정신을 살리려고 노력하였다. 다른 지역의 새로운 문학 경향이 처음으로 중국에 도입되도록 하고자 하였다. 특별한 뜻을 가진 선비들로 하여금 봉건적인 문학관을 탈피하여 마음속으로 감동하여 중국이 처한 시대 상황에 근거하여 그들의 마음속에서 우러나오는 마음의 소리를 듣고 앞으로 나아가야 할 방향을 헤아릴 수 있도록 하고자 함이다. 비록 이 책이 큰 바다 한가운데서 일어나는 작은 파도에 불과하다고 하더라도 내가 바라는 바는 바로 여기에 있다. 중국 번역계는 비록 만시지탄의 감이 있다 하더라도 지금부터 시작해야 할 것이다.

여기에서 노신(魯迅)은 다시 한 번 당시 번역계의 결점을 직시하고 만시지탄의 감을 지울 수 없다고 생각하였다. 당시의 번역계의 형편을 살펴보면, 원작을 정확하게 선정하는 것이 보편화되어 있지 않았고 전체 문단의 형편을 놓고 보더라도 면모를 일신하지는 못한 것이 사실이었다. 따라서 노신(魯迅)은 그들이 '원작을 선정함에 신중을 기했음을' 강조하고, 또 그들이 선정한 작품이 다른 지역의 새로운 문학 경향 가운데서도 신사상이 풍부한 뛰어난 작품들이며, 이러한 작품들을 중국에 이식을 함으로써 뿌리를 내리고 꽃이 필 수 있도록 하고자 하였다는 점을 강조하였다. 만약 일상적인 풍속(즉 봉건 문학 전통)에서 벗어나고자 하는 의식이 있는 선비가 있기만 하다면 반드시 '의연하게 마음에 느끼는 바가 있어', '그 마음에서 들려오는 소리를 듣고서 자기 자신이 원하던 바가 여기에 있다는 것을 헤아릴 수 있을 것이다.'고 믿었다. 이것이 바로 노신(魯迅)이 《摩羅詩力說(마라시력설)》 등의 문장에서 '다른 나라에서 새로운 경향(새로운 사상)을 배워 와야 한다.'고 반복해서 강조한 원래의 의미로, 번역 작품을 통해 중국의 독자들로 하여금 지금 세계에서 일어나고 있는 '자각의 소리가 사람들의 마음속에 큰 반향을 일으키고 있는데 이 소리는 너무나 분명하여 보통의 일반적인 소리와는 분명히 다르다.'고 한 그 자각의 소리를 느끼도록 해야 한다는 바로 그 이야기이다. 따라서 노신(魯迅)은 자신만만하게 이 《域外小說集(역외소설집)》이 비록 바다 한가운데에 일어나고 있는 작은 파도에 불과하지만 중대한 사상적 의의를 가지고 있다고 믿었던 것이다.

당시 주작인(周作人)은 형인 노신(魯迅)을 좇아서 문학과 번역활동에 종사하고 있었으나 그의 번역의 의의에 관한 문장은 별로 많지 않았을 뿐만 아니라 그 깊이도 노신(魯迅)에 미치지 못했으니, 대체로 그의 형의 관점에 찬동하고 있었다고 하여도 무방할 것이다. 그는 자신이 최초로 번역한 《俠女奴(협녀노)》라는 작품을 설명하는 가운데 '이 깊고 깊은 노예의 바다 같은 세상에 기이한 물건이 하나 있어, 서양어에서 번역하여 노예근성이 뼛속에 베인 사람들에게 고하고자 한다.'고 적어 당시 그가 이 작품을 번역하고자 한 목적이 중국인들의 반항정신을 불러일으키고자 하는 데 있었음을 밝히고 있다. "그의 행적은 묘연하여 마치 신성한 용과 같이 붉은 선을 드러내는 것과 같더니 어느새 흔적도 없이 사라져 버렸다. 중국의 의관을 정제한, 적지 않은 선비들도 은혜를 저버린 것에 대해 이 협녀에게 부끄러워해야 할 것이다."(주작인 《〈俠女奴(협녀노)〉원본에 부치는 글》) 그가 이 글을 쓴 것은 첫째, 여성을 찬양하고, 둘째로 그녀의 투쟁 정신을 찬미하는 데 있었는데 이는 당시 그의 진보적인 번역관을 보여주는 것이다. 1908년 말, 그는 폴란드 작가 현극미지(顯克微支)가 쓴 역사소설《炭畵(탄화)》라는 작품을 번역하였는데, 역자 서문에서 "옛날 사람들이 말하기를 백성들이 생업에 종사함에 탄식하고 미워하는 마음이 일어나지 않는 것은 정치가 공평하고 법의 집행이 제대로 되기 때문이니 '양두촌(羊頭村)'의 일을 본받을 만하다."고 하였다. 이는 그가 외국의 우수한 작품을 번역하는 이유가 그것을 모범으로 삼자는 데 있었음을 알 수 있다. 그 후 그는 1926년에 쓴《〈炭畵(탄화)〉에 관하여》라는 글에서 이 작품을 번역한 의도에 대해 다음과 같이 명확하게 밝히고 있다. "1908년 동경에서 구정(寇丁)이 번역한 두 권의 현극미지(顯克微支)의 단편집을 찾아내어 몇 편을 선정하여 번역하였는데, 그 때《炭畵(탄화)》도 번역하게 되었다. 번역 후 얼마간 시간이 흐른 후에 이 소인(小引: 서문의 일종)을 썼는데, 그 때는 선통(宣統) 원년으로 청(淸)나라 조정에서는 입헌(立憲) 군주제를 한답시고 적지 않은 자치 단체를 설립하였다. 글 가운데 비아냥거리는 이야기는 바로 이러한 조치에 반대해서 한 이야기이다. 왜냐하면 나는 당시에 중국의 지방 자치라는 것이 틀림없이 '양두촌(羊頭村)'과 같이 될 수밖에 없다고 생각하였기 때문이다."

주(周)씨 형제는 당시 폴란드 등 동구 약소국가들의 문학 작품을 번역하는 데 심혈을 기울이고 있었다. 그것은 일종의 숭고한 사명감에서 나온 것으로, 피압박 민족간의 위대한 동정심에서 우러나온 것이었다. 특히 주작인(周作人)은 당시 그가 주창했던 인도주의라는 관점에서 이 활동을 시작하였다. 그러나 주(周)씨 형제의 이러한 활동은 양계초(梁啓超)가 강조했던 것처럼 단순하게 직접적으로 사회를 개량하기 위한 무기로 삼는다거나 정치활동의 도구로 삼은 것은 아니었다. 그들은 번역의 사회적, 공리적 목적을 강조하는 것 외에도 문학 자체가 가지는 예술적 특성과 사회적 기능 등에도 관심을 가졌다. 이러한 면은 주작인(周作人)이 1907년에 쓴《紅星佚史(홍성일사)》의 번역 서문에 분명하게 나타나 있다.

> 중국은 최근 설부(說部: 소설이나 전설 및 민간설화 등을 총칭)로써 도덕을 가르치는 것이 당면 과제인 것처럼 온 나라가 야단법석을 떨고 있는데, 이러한 서적을 번역하는 것이 오늘날 국민의 도덕성을 높이는 데 별로 도움이 되지 않을 것 같다. 돌이켜 보면 설부(說部)가 만연하게 된 것은 시(詩)에서부터 시작되었는데, 서양의 시들은 모두 개인의 창

> 작으로서 개인의 자유의지를 표현하고 자신들의 문학적 정서를 표출한 것에 지나지 않았다. 그러나 중국에서는 법령이나 제도의 잣대로 시(詩)를 대하였고, 이러한 경향이 설부(說部)에까지 그대로 영향을 미쳤다. 권선징악(勸善懲惡)이 소설의 주제가 되면서 문장과 교훈의 명확한 구별이 쉽지 않았고, 문장은 최소한 그 교훈적인 경계선을 넘어서는 안 되었으므로 일단 그 교훈적인 요소를 침범하면 독자들이 핍박을 가하였다. 그 개념부터가 다르니 그것이 가져오는 효과도 자연스럽게 다를 수밖에 없었다. 그러나 세상에 존재하는 문장은 학(學)과 문(文), 두 종류의 범위를 벗어날 수 없으니 학(學)은 지혜를 더해 주는 것이고 문(文)은 감동을 줌으로써 사람의 마음을 변화시키는 것이다. 사람의 마음을 감동시킬 수 있다면 문장의 책무를 다하는 것이 되며 그 밖의 다른 이익을 가져다주는 것은 다 부차적인 것에 불과하다. 설부(說部)는 문(文)에 속하는 것이다. 서양의 책을 읽으면 서양 사람들의 정서가 묻어나니 고정관념을 가지고 새로운 제도들을 보게 되면 무언가 잘 맞지 않는 것은 당연한 일이다.

주작인(周作人)은 '아름다움을 추구하고', '마음에 감동을 주는 문학적 정서'를 강조하였는데, 그의 이러한 견해는 당시 노신(魯迅)의 견해와도 일치하는 것이었다. (내가 생각하기로는 주작인(周作人)이 서명한 이 번역서문도 당시 두 사람이 공동으로 번역한 책의 역자서문과 마찬가지로 노신(魯迅)도 최소한 발표하기 전에 보기는 했을 것이다.) 노신(魯迅)은 《摩羅詩力說(마라시역설)》에서 다음과 같이 말했다. "순문학적 관점에서 보면 모든 예술의 본질은 독자나 관중으로 하여금 기쁨을 느끼도록 하는 데 있다. 문장 역시 미술(예술)의 일종이니 그 본질은 당연히 이와 같은 것이다." 노신(魯迅)이 여기에서 말한 미술은 바로 예술을 일컫는 것이다. 노신은 또 "인생에 있어서 예술의 용도는 결코 의식(衣食), 궁실(宮室: 집), 종교, 도덕 등의 용도보다 중요하지 않은 것이 아니다. 사람이 살다보면 반드시 극(極)과 극(極) 사이를 왔다 갔다 할 수밖에 없는데, 어떤 때는 자각적으로 열심히 생업에 종사하고, 또 어떤 때는 자신의 존재마저도 망각하고 멍하니 하늘만 쳐다볼 때도 있으며, 또 어떤 때는 좀 더 잘 살아 보겠노라고 노력하기도 하고, 또 어떤 때는 모든 것을 내팽개치고 오락에 탐닉하기도 한다. 또 어떤 때는 현실에서 활동을 하다가도 또 어떤 때는 이상을 찾아서 헤매기도 한다. 만약 어느 한쪽으로 치우치게 되면 뭔가 부족함을 느끼게 마련이다. 엄동설한만 영원히 계속되고 봄의 기운이 나타나지 않는다든지, 육체만 건장하고 정신은 죽었다면 비록 살아 있다고는 하더라도 사람답게 사는 것은 아닐 것이다. 문장의 쓰임새 없는 쓰임(눈에 보이지 않는 용도)도 바로 여기에 있는 것이다.

약한 목려(約翰, 穆黎: 존 밀)는 '근세 문명은 과학기술과 합리성을 그 근본으로 하고 공리(功利)를 목적으로 하지 않는 것이 없다.'고 말했다. 대세가 이와 같으니 문장의 용도는 정신을 이롭게 하는 데 있다. 왜냐하면 그것이 우리의 정신을 함양하기 때문이다. 인간의 정신을 함양하는 것이 바로 문장의 의무이자 쓰임(용도)인 것이다."고 말했다. 노신(魯迅)이 남긴 문학의 '불용지용(不用之用 : 쓰임새 없는 쓰임. 눈에 보이지 않는 용도)'에 관한 글은 중국 근대 문장론사에서 대단히 참신한 견해였다. 이와 마찬가지로 주(周)씨 형제는 이 문학사상을 번역이론에도 운용함으로써 양계초(梁啓超)의 번역이론의 극단적인 면을 바로잡아 주었다. 이 점은 연구자들이 주목할 만한 가치가 있는 것이다.

주(周)씨 형제가 번역이론 방면에서 두 번째로 큰 공헌을 한 것은 비교적 명확한 '직역(直譯)'에 관한 관점을 제기하여 중국 근대 번역이론사에 큰 획을 그었다는 점이다.

앞에서도 인용한 바 있는 《域外小說集, 序言(역외소설집, 서언)》의 첫머리에서 "《域外小說集(역외소설집)》을 책으로 펴냈으나 문장이 소박하고 서툴러서 오늘날 명인들이 번역한 책들에 비하면 부족한 점이 많다."고 하였다. 이 말은 단순히 겸손함을 표시하는 것도 아니고, 또 문장이 소박하고 서투르다는 것만을 나타내려는 것은 아니고, 당시 임서(林紓)로 대표되는 번역문풍에 대한 그들의 견해를 나타내고자 하였던 것이다. 또 노신(魯迅)은 《域外小說集(역외소설집)》을 위해 쓴 《약례(略例)》라는 글에서 "마음대로 빼고 바꾸고 하는 것은 성실한 태도가 아니다. 따라서 당시의 번역경향을 거스르는 한이 있더라도 한 자 한 자 충실하게 번역하는 것을 추구하려 한다."고 하였다. 노신(魯迅)은 그 후 1932년 1월 16일, 증전섭(增田涉)에게 보내는 편지에서 "《域外小說集(역외소설집)》은 1907년과 1908년 사이에 발행되었는데 그 때는 나와 주작인(周作人)이 일본 동경에 있을 때였다. 당시 중국에서는 임금남(林琴南: 林紓)이 고문으로 번역한 외국 소설이 크게 유행하고 있었다. 그 문장은 확실히 매우 훌륭하였으나 오역이 매우 많았다. 우리들은 여기에 상당한 불만감을 느껴 그것을 바로잡고자 하여 이 책을 번역하기 시작했다."고 하였다. 따라서 이 책에서 말한 "번역은 원문의 정신을 잃어서는 안 된다."고 한 이야기는 자신들의 '직역(直譯)'에 관한 견해를 피력한 것이다. 노신(魯迅)은 주작인(周作人)이 번역한《勁草(경초)》를 위해 쓴 서문에서도 번역은 마땅히 '신(信: 정확성), 달(達: 문맥이 잘 통함)의 표준에 더 가까이 다가감으로써' 원작자의 '진정한 정신이 나타나도록 해야 한다. 때로는 번역자의 간절한 소망이 약간 들어갈 수도 있을 것이다.'고 지적했다. 노신(魯迅)은 그 후 1913에 자신이 번역한《藝術玩賞之教育(예술완상지교육: 예술감상을 위한 교육)》이라는 글을 위해 쓴 부기(附記)에서 자기 자신은 번역을 함에 있어 "한 자 한 자 원문을 좇아서 번역하는 것으로, 원문의 정신을 훼손하지 않으려고 하였다."고 말하였다. 물론 이 말은 한 자 한 자 글자에 얽매어 판에 박은 듯한 번역을 하라는 것은 아니었다(이 점에 관해서는 노신(魯迅)과 주작인(周作人) 두 사람 모두 그 후 분명하게 자신들의 견해를 밝혔다. 아래의 설명을 참고하기 바람.). 그들이 직역(直譯)을 강조한 것은 당시에 유행하던, 제멋대로 빼먹고 앞뒤를 바꾸고 마음대로 자신의 견해를 삽입하던 번역방법으로 인한 번역계의 혼란스러운 번역관념을 일소하기 위한 것이었다. 그들은《域外小說集(역외소설집)》등과 같은 번역 활동을 통해서 자신들이 제창한 이 원칙을 실천하고 널리 보급하고자 하였다. 당시 주(周)씨 형제와 함께 생활했던 허수상(許壽裳)은 당시를 회고하여 "나는 일찍이 독일어 원본과 번역본을 대조해 본 적이 있었는데, 한 자 한 자 모두 충실하여 조금의 흐트러짐도 없었고 마음대로 빼거나 보탠 병폐도 보이지 않아, 사실 번역계의 새 시대를 여는 기념비적인 번역이어서 정말 흥분을 감출 수 없었다."고 말하였다(《亡友魯迅印象記(망우노신인상기)》).

그러나 당시 주(周)씨 형제의 번역이론에서는 '직역(直譯)'이라는 단어는 그때까지는 보이지 않았다. 그들이 처음 사용했던 용어는 아마도 '대역(對譯)'이라는 단어였던 것 같다. 1913년 상무인서관(商務印書館)의《小說月報(소설월보)》사(社)에서 주작인(周作人)이 변역한《炭畵(탄화)》라는 번역본의 원고를 되돌려 주면서 주작인(周作人)에게 보낸 편지에서 "비록 원본을 보지 못했으나 번역본에 나타난 의미로 헤아려 보면, 대역(對譯)을 하여 원본의 정신을 잘 살렸기 때문에 서양인들의 면모가 그대로 살아 있다. 그러나 문장이 서툴러 마치 고문을 대하는 것 같고 상당히 통속적이지 못한 아쉬움이 남는다."고 적었다. 그 의미를 자세히 들여다보면 주작인(周作人)이 투고를 위해 쓴 편지에서 '대역(對譯)'이라는 용어를 사용하였음을 알 수 있다. '원문의 정신을 잃지 않았다.' '서양인들의 면모가 그대로 살아 있다.'라고 한 표현은 바로 주(周)씨 형제가 주창한 것이 직역(直譯)이었음을 알 수 있게 해 준다('문장이 서투르다.' '마치 고문을 대하는 것 같다.'고 비판받은 것은 당시 그들이 초기에 장태염의 영향을 받아 고문으로 번역한 결점을 이야기한 것으로, 그 후 그들도 이 사실을 인정했다. 그러나 이러한 것들은 그들의 번역이론과는 별 관계가 없으므로 여기에서는 더 이상 언급을 하지 않겠다.).

주작인(周作人)은 1917년에 쓴《古詩今譯題記((고시금역제기))》에서 다음과 같이 말했다.

> 구마라십(鳩摩羅什) 스님이 말씀하시기를, 번역이 밥을 씹어서 입에 넣어 주는 것과 같다면 그것만으로도 훌륭한 것이라고 하셨다. 그러나 정말로 번역을 잘하려고 한다면 번역을 안 하는 것이 더 낫다. 번역을 하려고 하면 반드시 두 가지 결점이 나타나게 되는데, 그것이 바로 번역의 중요한 두 가지 요소이다. 첫째, 원문에 미치지 못한다는 점이다. 이미 중국어로 번역한 것인데도 원문만큼 훌륭하여야 한다고 한다면 제아극렬다사(諦阿克列多思)로 하여금 중국어를 배워서 스스로 저술하도록 하는 것밖에 다른 방법이 없기 때문이다. 두 번째는 훌륭한 중국어 문장 … 성조가 있어 읽기에 편한 문장 … 이 되지 못한다는 점이다. 그것은 그 원서 자체가 외국어 문장이기 때문이다. 만약 한문(漢文)의 일반적인 격식을 따르라고 한다면 그것은 내가 멋대로 뜯어고쳐서 엉망진창인 문장으로 될 것이기 때문에 옳은 번역이라고 할 수 없을 것이다.

그는 직역의 결점을 이미 인식하고 있었으며, 그것이 바로 번역의 요소라는 점도 인식하고 있었다. 이것은 매우 변증법적 의미가 있는 견해이다. 1918년 11월 8일, 장수붕(張壽朋)에게 보낸《文學改良與孔教(문학개량과 공교)》라는 답신에서 그들의 직역 방법에 대해서 설명하고 직역이 가장 정당한 방법이라고 주장했다.

> '융화(融化)'의 이론을 바꾸어 말하면, 그것을(원문을) 중국의 사정에 맞게 개작을 하자는 이야기인데, 개작을 하고 나면 그것은 이미 번역본이 아니다. 만약 개작을 하지 않으면, 직역을 하는 풍조가 습관이 될 것인데 어찌해서 '다시 또 새로운 풍조를 만들자는 것인가?' 나는 앞으로 번역본들이 … 중국어가 외국어를 수용할 수 있는 능력을 늘려야 하며 … 또 마땅히 원작의 '품위나 습관, 문장기법'까지도 그대로 보존하기 위해 노력해야 한다고 생각한다. 한 자 한 자 원문을 좇아서 번역하는 것이 가장 이상적이며, 부득이한 경우에는 한 문장 한 문장 원문을 좇아서 번역하는 것이 이상적이므로 차라리 번역문이 '중국어 같지도 않고, 서양어 같지도 않게 되는 한이 있더라도' 문장을 뜯어고쳐 개작을 해서는 안 된다. 예를 들면 육조(六朝)에서 당(唐)대에 이르기까지의 불경 번역은

문체는 불교의 경론과 같지 않으면 안 되었다. 그것은 바로 번역을 하는 것이기 때문이었다. 내가 재주가 없어 지금까지 별 성과를 이룬 것은 없지만, 그러나 번역 방법에 있어서는 올바르다고 할 수 있다.

대체로 20년대에 들어와서 주(周)씨 형제는 분명하게 '직역(直譯)'이라는 용어를 사용해서 그들의 번역이론을 개괄했다. 1920년 4월 17일, 주작인(周作人)은 자신의 번역집인 《點滴(점적)》의 서문(序文)에서 그가 번역한 이 몇 편의 작품은 '두 가지 특징'이 있는데, 그 가운데 첫 번째는 '직역이라는 문체'를 사용한 점이라고 말했다. 노신(魯迅)은 1924년 11월 22일, 자신이 번역한 《苦悶的象徵(고민적 상징)》이라는 작품의 《引言(인언)》에서 '문장은 대체로 직역을 하였으며 원문의 느낌까지도 그대로 보존하려고 노력하였다.'고 말하였다. 노신(魯迅)은 1925년 12월 3일, 자신이 번역한 《出了象牙之塔(출료상아지탑)》이라는 작품의 《后記(후기)》에서 '문장은 여전히 직역을 하였는데, 내가 지금까지 해오던 방법과 같다. 원서의 느낌까지 그대로 보존하기 위해 노력하였으며 단어의 전후순서까지도 거의 바꾸지 않았다.'고 적었다.

1925년 6월 12일, 주작인(周作人)은 자신이 번역한 《陀螺(타라)》라는 작품의 서문에서 대단히 예리하게 '직역(直譯)'과 관련된 이론을 종합적으로 설명하고, 또 '직역(直譯)'과 '사역(死譯: 판에 박은 듯한 진부한 번역)', '호역(胡譯: 제멋대로 한 엉터리 번역)'의 차이점에 대해서도 분명히 밝혔다.

나는 지금까지 직역법(直譯法)을 사용해 왔다. … 나는 아직까지도 직역법을 신봉하고 있는데, 그것은 더 좋은 방법이 없기 때문이다. 그러나 직역(直譯)에도 조건이 있다. 그것은 의미를 정확하게 전달하여야 한다는 것으로, 한어(漢語)가 미치는 범위 내에서 원문의 품위와 원어의 의미를 최대한 전달하여야 한다는 것이니, 다른 말로 바꾸어 이야기하면 곧 신(信: 정확성)과 달(達: 의미의 전달)의 의미이다. 최근에 어떤 사람들은 직역의 의미를 잘못 알아 원문을 한 자 한 자 순서대로 한어(漢語)로 바꾸어 놓기만 하면 직역이 되는 줄로 착각하고 있다. 예를 들면 영문의 'Lying on his back'을 '앙와착(仰臥着: 위를 보고 반드시 누워 있다.)'으로 번역하지 않고 '와착재타적배상(臥着在他的背上: 그의 등위에 누워 있다.)'으로 번역하여, 정확하게 번역을 하려다 말이 되지 않는 경우가 그에 해당한다. 내 생각으로는 '앙와착(仰臥着: 위를 보고 반드시 누워 있다.)'이라고 번역한 것은 직역(直譯)이면서 동시에 의역(意譯)이다. 이것을 번역하지 않고 생략해 버린다든지 '탄복고와(坦腹

高臥: 배를 드러내 놓고 높은 자리에 누워 있다.)'라고 번역하거나 '와북창하자이위희황상인(臥北窓下自以爲羲皇上人: 북쪽 창문 아래에 누워 자신이 희황보다도 더 나은 삶을 살고 있다고 생각한다.)'으로 번역하게 되면 그것은 호역(胡譯: 제멋대로 한 엉터리 번역)이며 '와착재타적배상(臥着在他的背上: 그의 등 위에 누워 있다.)'이라고 번역한 것은 '사역(死譯: 판에 박은 듯한 진부한 번역)'이라고 할 수 있다.

주작인(周作人)의 이러한 글(노신(魯迅)도 동의를 했다.)에서는 모순(矛盾)을 반복적으로 언급하였는데 대다수의 번역자들이 이를 받아들였고 그 영향 또한 매우 컸다. 그는 일생동안 이러한 번역 주장을 견지했으며 만년인 1958년에 출판한 《日本民間故事(일본민간고사)》라는 책의 번역자서문에서도 여전히 "나의 번역에 대한 입장은 예전부터 지금까지 직역을 주장하는 것이다."고 적었다. 노신(魯迅) 또한 일생동안 직역을 주장했다. 그는 30년대에 번역이론에 대해 더욱 분명하게 주장하였는데, 여기에 대해서는 다음 장에서 따로 상세하게 서술하기로 한다.

十九. 장사쇠(章士釗)가 발표한 《論翻譯名義(논번역명의)》와 그 밖의 문장

장사쇠(章士釗)는 중국 근·현대사에서 대단히 복잡한 경력을 가진 유명한 정치가이며 대학자이다. 그러나 현재까지도 그에 대한 연구는 대단히 부족하다. 그는 청말(淸末), 민초(民初)의 번역이론에 대해 특별한 공헌을 하였으나, 사람들이 모르고 있거나 알고 있다 하더라도 온전하게 알고 있지 못한다.

그의 생평에 대해서는 워낙 복잡하기도 하고 남아 있는 자료도 많지 않아 여기에서는 간단하게 소개하기로 한다. 장사쇠(章士釗, 1881-1973)는 호남(湖南) 장사(長沙) 사람으로, 자가 행엄(行嚴)이며 흔히 쓴 필명으로는 추동(秋桐), 고동(孤桐) 등이 있다. 1901년 무창에 있는 양호서원(兩湖書院)에 들어가 숙식하며 공부하는 동안 황흥(黃興)과 알게 되어 함께 '화흥회(華興會)'를 조직했다. 1902년에는 시험을 쳐서 남경에 있는 강남육사학당(江南陸師學堂)에 입학했다. 그 다음 해, 선두에 서서 학문의 조류를 비판함으로써 '학괴(學魁: 학문의 우두머리)'라는 별명을 얻었을 뿐만 아니라 퇴학당한 학생들을 이끌고 상해로 가서 채원배(蔡元培), 장태염(章太炎) 등이 주도하던 '애국학사(愛國學社)'에 가입하였다. 그 후 《蘇報(소보)》의 주필을 맡아 적극적으로 민족 혁명을 부르짖었다. 이 신문이 폐간을 당한 후에는 스스로 '동대륙도서역인국(東大陸圖書譯印局)'을 설립하여 일본어로 된 《大革命家孫逸仙(대혁명가손일선)》을 번역, 출판하기도 하였다. 1904년에는 '애국협회(愛國協會)'의 창설에 참여하여 부회장을 맡아 시위를 주도하다가 사전에 발각되어 체포되기도 하였다. 1905년에는 일본으로 도망하였는데 이때부터 점점 소극적으로 바뀌어 동맹회(同盟會)의 가입을 거부하고 학문에만 열중하였으며, 그 시기부터 영어를 배우기 시작하였다. 1907년 여름, 영국으로 유학을 가서 런던대학에 입학하여 정치학, 경제학 등을 공부하였으나 논리학을 가장 좋아하였다. 신해혁명(辛亥革命) 후 손중산(孫中山)의 요청으로 귀국하였으나 여전히 동맹회(同盟會)에는 가입하지 않았고, 동맹회의 기관지이던 《民立報(민립보)》의 주필을 맡기만 하였다. 국민당에 가입하기를 거부하고 '훼당조당(毁黨造黨: 당을 허물고 새로운 당을 만들 것을)'을 주장하여 회원들의 공격을 받아 이 신문을 떠나게 되자 1912년 9월에 따로 《獨立周報(독립주보)》를 창설하였다. 그는 원세개(袁世凱)에게 잠시 몸을 의탁하기도 하였으나 곧바로 반원세개(反袁世凱) 진영에 참여하였다. 그것이 실패로 돌아가자 또 다시 일본으로 망명한 후, 1914년 일본 동경에서 《甲寅(갑인)》 잡지를 창간하여 '연방론(聯邦論)', '정본론(政本論)' 등을 주장하였다. 원세개(袁世凱)가 사망하자 장(章)씨는 다시 귀국하여 북경대학에서 논리학을 강의하였으며, 그 후 다시 계씨군벌(桂氏軍: 광서군벌)의 정치 활동에 참여하여 이들을 지지하였다. 1921년 2월, 영국으로 가서 헌정(憲政)을 시찰하였다. 얼마 후 귀국하여 상해(上海)에서 《國聞報(국문보)》의 주필을 맡았다. 1924년 이후에는 북경으로 가서 북양군벌(北洋軍閥) 정부에 들어가 사법총장(司法總長)과 교육총장(教育總長)을 경임하였으며, 《甲寅(갑인)》 잡지를 복간하여 신문화운동에 반대하였다. 1926년 3·18사변이 일어난 후 민중봉기에 의해 관직을 박탈당했다. 1928년 국민당 정부(國民黨政府)가 들어서자 그는 유럽으로 달아나 학문연구에 전념하였다. 1930년에는 장학량(章學良)의 요청을 받고 귀국하여 동북대학(東北大學)에서 강의를 하였다. 그 다음 해에 상해로 가서 법률사사무실을 내고, 두월

생(杜月笙)에게 의탁하였다. 항일전쟁(抗日戰爭) 기간 동안에는 중경(重慶)으로 가서 참의원(參議員)을 역임하였다. 승리한 후에는 상해로 돌아가 여전히 법률사무소를 열었다. 1949년 봄에 이종인(李宗仁)의 요청을 받아들여 국민당 대표의 자격으로 공산당과의 협상에 참여하였다. 협상이 결렬된 후에는 국민당으로의 복귀를 거부하였다. 해방된 후(신중국(新中國)이 건립된 후 1949년 공산당 정부가 들어선 것을 가리킴.) 중앙문사연구관(中央文史研究館) 관장을 맡아 중국의 통일대업을 위해 상당한 공헌을 하였다.

장(章)씨가 번역이론방면에서 중요한 공헌을 이룬 것은, 20세기 10년대 전기의 국외신학문의 학술 용어에 대한 정확한 번역명칭 문제에 대해 아주 상세한 견해를 발표하고 진지한 토론을 주도한 데에 있다. 그의 이러한 활동은 중국 근, 현대 번역이론의 발전과 전체 학문의 발전에 매우 긍정적인 역할을 하였다.

일찍이 선통(宣統) 10월 21일(1910년 11월 22일), 장(章)씨는 '민질(民質)'이라는 필명으로 양계초(梁啓超)가 주편을 맡고 있던 《國風報(국풍보)》 제29기에 중요한 번역이론논문인 《論翻譯名義(논번역명의)》라는 글을 발표하였다. 양(梁)씨 또한 '창강(滄江)'이란 필명으로 이 글 앞에 중요한 해설을 붙였다. 이러한 사료들을 번역이론연구자들이 찾아내지 못했다는 것은 참으로 안타까운 일이다. 양(梁)씨는 장(章)씨가 제기한 이 문제의 중요한 의의에 대해 집중적으로 지적했다.

> 창강(滄江)은 다음과 같이 말하였다. 참으로 오랜 세월동안 번역의 어려움을 겪어왔다! 오늘날 국가는 그 국민들로 하여금 세계에 대한 상식을 갖추게 하지 않고서는 살아남기 어렵게 되었다. 오늘날 세계의 학술은 열에 아홉은 전대에 없던 것으로, 그 사상이나 사상을 나타내는 용어들도 전대 사람들은 꿈에도 생각지 못하던 것들이 즐비하다. 그러면 이에 상당하는 용어들을 어디에서 찾아야 할 것인가? 번역자들의 학문적 수준이 중국과 외국의 학문에 두루 능통한 수준에 이르지 못했고, 또 자신이 하고 있는 학문에도 충실하지 못할 뿐만 아니라 여기저기서 표절하여 독자들의 인기에 영합하려고만 하고 있다. 온 지면에 애매하고 불분명한 단어가 가득하고 각 페이지마다 말이 되지 않는 엉터리 같은 문장이 난무하고 있어 사람들이 번역본을 싫어하거나 의심을 하게 만듦으로써 읽는 것을 금기시하게 되었다. 그 학문은 우리들이 이전에 학습하지 못했던 것이어서 비록 대단히 정성들여 반듯한 문장으로 만든다 하더라도 독자들이 책을 펴들었을 때 기쁜 마음으로 이해하려고 노력하도록 만들기는 어렵다. 하물며 오늘날과

> 같은 번역본으로는 사람들을 미혹하게 만들 뿐이다. 이러한 관점에서 보면 온 나라 사람들이 책 읽기를 좋아하지 않는 것이 누구의 잘못인가? 명사를 번역하는 것은 번역의 중추적인 부분이다. 나는 서양 언어에 대한 깊은 이해가 없으니 이 부분에 대해서 말할 만한 자격이 없다. 저자는 젊었을 때 일찍이 총명하여 본국의 문학에 튼튼한 기초를 다졌고, 현재는 다시 영국 런던에 유학하여 학문을 깊이 있게 연마하고 있는 중이다. 오늘 먼 곳에서 이 원고를 부쳐 왔으니 그가 얼마나 우리 신문을 사랑하는지 알고도 남을 만하다. 따라서 이 몇 자를 덧붙여서 독자들에게 참고하도록 하고자 한다.

서방의 과학학술이 고도로 발달하고 중국과 서방의 교류가 날로 발전하여 감에 따라 번역명칭(飜譯名義)의 문제는 또 다시 현안으로 대두되어 '번역의 중추'적인 문제가 되었다. 장(章)씨의 문장은 "명사의 번역 문제는 참으로 어려운 문제다. 이 문제에 대해 상세하게 논의하자면, 나의 능력도 부족하고 지면도 허락하지 않는다. 따라서 이 글에서는 논의의 범위를 좁혀서 가장 중요한 문제에 대해 간단하게 언급하고자 한다."로 시작하고 있다. 이 문제는 결국 '의역과 음역의 장단점을 토론하는' 것으로, 그는 이를 여섯 개의 항목으로 나누어 말했다.

一. 뜻에 따라 명사를 의역하면 과연 원문의 정신에 부합하는 번역어를 찾을 수 있을까?

二. 뜻에 따라 명사를 의역했을 때 그 폐해(弊害: 단점)는 무엇인가?

三. 만약 원문의 정신에 부합하는 번역어를 찾았다고 하더라도 과연 그것이 실제로 적용 가능한 번역어가 될 수 있을까?

四. 만약 원문의 정신에 부합하는 번역어를 찾지 못한다면 그것에 가까운 번역어를 선택하고 그 즉시 의역을 포기할 것인가?

五. 만약 의역의 방법으로 양호한 번역어를 찾았다면 범하지 말아야 할 병폐에는 또 어떤 것이 있는가?

六. 소리나는 대로 음역을 하면 어떤 폐단이 있는가?

곧이어 장씨는 이에 대해 하나하나 차례대로 자신의 관점을 논술하였다.

第一. 그는 '뜻을 좇아서 명사를 번역'(의역)하게 되면 빈번히 원어의 의미에 부합할 수가 없다. 그는 logis(논리)를 예로 들어, 당시 어떤 사람은 그것을 '명학(名學)'이라고 번역했고 또 어떤 사람은 '논리학(論理學)'이라고 번역하였으나, 엄복(嚴复)은 이미 《名學淺說(명학천설)》에서 천박하다는 이유로 이를 배척했다. 장(章)씨는 '명학(名學)'이라는 명칭은 "아리사다득(亞里士多得: 아리스토텔레스)의 '라집(邏輯: 논리)'을 나타내기에는 충분할지 모르지만, 배근(倍根: 베이컨) 이후의 '라집(邏輯: 논리)'을 모두 나타낼 수는 없다."고 여겼다. 따라서 그는 "번역이 이런 문제에 봉착하게 되면 국문의 범위 내에서 한두 글자를 찾아 원문이 가지고 있는 광의의 의미와 협의의 의미까지 다 포함하는 명칭을 찾는다는 것은 거의 불가능에 가까운 일이라고 생각했다.

第二. 그는 "아무리 적절한 글자를 선택한다 하더라도 그 번역한 명칭은 이미 원명이 아니며, 원명이 가지고 있는 정의가 되어버리고 만다."고 생각했다. 일본에서는 '라집(邏輯: 논리)'을 번역해서 '논리학(論理學)'이라고 하였는데 이 세 글자가 하나의 정의(定義)이다. 엄복(嚴复)은 '라집(邏輯: 논리)'을 번역하여 '명학(名學)'이라고 하였는데 이도 또한 하나의 정의(定義)이다. "우리는 원래 그 술어(述語: 용어)를 번역하려고 하였으나 결과적으로는 그 정의(定義)로 술어(述語: 용어)를 삼고 말았다. 우리는 새로운 술어(述語: 용어)를 세상에 공표하여야 하며 필연적으로 새로운 정의를 부여해서 그것이 무엇을 나타내는지 사람들이 알 수 있도록 하여야 할 것이다. 그러면 이 정의(定義)는 앞의 정의(定義)를 확대 해석하여야 할 것인가? 아니면 또 새로운 글자를 찾아서 이를 해석해야 할 것인가?" 그는 만약 술어(述語)의 입장에서 보면 술어(述語)와 정의(定義)가 서로 중복되게 하는 결과를 가져올 뿐이고 정의(定義)의 입장에서 보면 앞의 정의를 아무런 의미가 없는 것으로 만들어 버릴 뿐만 아니라 만약 앞의 정의가 적당한 것이라고 하면 중복을 피할 방법이 없게 된다고 생각하였다. 그는 또 의역한 명칭을 사용하게 되면 글자의 뜻대로 해석하여 전혀 다른 의미가 생겨날 수도 있다고 생각했다. 또 "학술이라는 것은 진보하는 것이기 때문에 정의 역시 진보할 수 있다. 우리가 반드시 억지로 한 때의 한 사람의 정의로 그 명칭을 정한다면, 그 후에 다시 정의를 내릴 때 큰 어려움을 겪게 될 것이다. 불합리한 정의로 쉽게 정의를 내리고 나면 학문의 발전을 방해하는 결과만을 초래할 뿐이다. 새로운 학설이 출현하게 되면 또 다시 정의의 속박을 받을 수밖에 없으므로 필연적으로 서로 모순되는 정의가 나올 수밖에 없다."고 말했다.

第三. 그는 어떤 술어(述語: 용어)는 원문 자체가 타당하지 않거나 다른 의미로 사용되는 것도 있기 때문에 이로 인해 "원문의 본래 의미가 동요를 일으킬 경우에 우리들이 그것이 옳은 것인지 않은 것인지에 매달리는 것은 현명한 태도가 아니다. 따라서 번역어도 어떤 때는 원문의 정신에 부합되는 때도 있겠지만 반드시 가장 알맞은 표현이라고는 할 수가 없다."

第四. 그는 "의역이 필요하다고 생각할 때 원어에 부합되는 적당한 번역어를 찾지 못하였을 때는 원문에 가장 가까운 번역어를 선택할 수밖에 없으며, 의역을 하는 것이 매우 어렵고 또 필요하지도 않다고 생각할 때에는 다른 방법을 찾을 수밖에 없다."고 생각했다. 여기에서 이야기한 '다른 방법'이란 곧 '음역(音譯)'을 이야기하는 것이다.

第五. 그는 "의역(意譯)을 함에 있어서 반드시 범해서는 안 되는 것이 있는데, 그 가운데 가장 두드러진 것으로는 다음 네 가지가 있다."고 생각했다. 첫 번째는 '두자(斗字: 글자를 합치는 경우)'이다. 예를 들면 엄복(嚴复)은 Neuter, Gender(中性, 無性)를 '망량(罔兩: 기댈 곳이 없는 것)'으로 번역하였는데, 장씨는 이를 기상천외한 번역이어서 정확하게 뜻을 전달한 것으로 볼 수 없다고 생각했다. 두 번째는 '부회(傅會: 억지로 갖다 붙이는 것)'인데, 예를 들면 엄복(嚴复)이 'Syllogism(三段論法)'을 번역하여 '연주(連珠: 구슬을 꿴 것 같은 것)'라고 한 것이 그것이다. 세 번째는 '선자부정(選字不正: 글자를 잘못 선택한 것)'으로, 예를 들면 엄복(嚴复)이 'Fallacy(허위, 거짓)'을 '원사(眢詞: 눈먼 단어)'라고 번역한 것이 해당된다. 네 번째는 '제명불간결(制名不簡潔: 이름이 간결하지 않다.)'이다. 예를 들면 엄복(嚴复)이 'Convertion(도치)'을 번역하여 '조환사두(調換詞頭: 단어의 위치를 옮기는 것)'라고 번역을 한 것이 이에 해당하는데 그것은 일본인들이 '환위(換位: 위치를 바꾸다.)'라고 번역한 것만 못하다.

第六. 그는 "우리나라의 문자가 서방의 문자와 확연하게 달라 다른 나라의 문자를 채용해 쓸 방법이 없다. 따라서 명사를 음역하는 것도 이러한 단점을 보완하는 한 방법이 될 수 있다. 그 장점에 대해서 이야기하면, 의역을 할 때 나타나는 폐단이 전혀 없다는 것이 그 장점이라 할 수 있다. 그 단점에 대해서 이야기하면, 낯설어서 사람들이 읽기가 어렵다는 것을 제외하면 다른 단점은 전혀 없다고 할 수 있다. 사람들이 배워서 익히기가 어려운 것은 사실이지만 이것을 단점이라고 할 수는 없다. 이러한 어려움은 시간이 지나면 자연스럽게 해소될 것이다."고 생각했다. 그는 또 "불경의 명칭이 범람하지 아니한 것은 음역이라는 방법이 그것을 절대적으로 보장해 주었기 때문이었다. 오늘날 '열반(涅槃)', 반야(般若) 등의 단어를 사람들이 읽기 어렵다고 이야기하는 것을 들어본 적이 없다. 따라서 나는 음역(音譯)이 아니면 통하지 아니할 뿐만 아니라 의역(意譯)이 우리들에게 더 많은 어려움을 가중시킬 것이라고 생각하여 마땅히 이 방법(音譯)을 채택해야 한다고 생각한다."고 주장하였다. 그는 또 엄복(嚴复)은 '호립신의(好立新義: 새로운 의미를 만들어 내는 것)'를 좋아하였지만 어떤 때는 어쩔 수 없이 음역을 통해서 생동감을 불어넣으려고 하기도 하였는데 '머익(麽匿: money)', '척도(拓都: total)' 등이 그 좋은 예라고 할 수 있다.

장(章)씨의 논의를 종합해 보면, 이는 명사를 번역할 때 나타나는 의역(意譯)의 폐단과 음역(音譯)의 장점을 강조한 것으로 요약할 수 있겠다. 그의 주장 가운데 한 쪽으로 치우쳐 타당하지 않은 부분도 있고 또 지나치게 절대화한 부분도 있다. 그러나 그 목적을 좀 더 신중하게 살펴보면 서방의 중요한 새로운 술어(述語: 용어)를 번역함에 있어(예를 들면 '邏輯') 그 원어가 가지고 있는 전체 의미를 정확하게 포함할 수 있도록 하여야 하며, 만약 의역(意譯)으로 그렇게 하지 못할 것 같으면 차라리 음역(音譯)을 하는 게 낫다는 취지이다. 이러한 그의 주장은 높은 식견을 보여주고 있다. 그러나 이 글이 발표될 시점이 신해혁명 바로 직전이었고 당시 이 신문의 주필이었던 양계초(梁啓超)가 국내에서 평판이 좋지 않았으므로 장(章)씨의 이러한 주장이 당시 크게 반향을 불러일으키지는 못하였다.

장(章)씨는 영국에서 돌아온 후 1912년 초부터 《民立報(민립보)》의 사설을 쓰기 시작했다. 그가 소개하거나 다른 사람들과 토론한 서방의 '양원제(兩院制)', '연방제(聯邦制)' 등의 정치 논문 속에는 '정명(正名)', '라집(邏輯)', '역명(譯名)' 등과 같은 번역과 관계된 문제들이 언급되고 있다. 특히 4월 18일에 발표한 《論邏輯(논라집)》이나 같은 달 21일에 발표한 《釋邏輯(석라집)》 등과 같은 글에서 그는 일본인들은 logic을 '논리학(論理學)'이라고 번역하였고 엄복(嚴复)은 '명학(名學)'이라고 번역하였으며 또 어떤 사람은 '변학(辨學)'이라고 번역하였는데 모두가 원어의 의미를 제대로 전달하지 못하고 있으니, 엄복(嚴复)이 처음에 제기하였다가 나중에 취소해 버린 음역 '라집(邏輯: 논리)'만도 못하다고 다시 한 번 주장하였다. 같은 달 26일, 장(章)씨는 T, K, T가 투고한 문장《論譯名(논역명)》을 발표하였다. 이 글은 장(章)씨의 음역(音譯)에 관한 주장을 옹호하였을 뿐만 아니라 한 걸음 더 나아가 '음역한 글자는 뜻을 나타낼 수 없도록 함으로써' 다른 의미가 생겨나는 것을 방지해야 하며, 오치휘(吳稚暉)가 사사비아(莎士比亞: 세익스피어)를 '섭사벽(葉斯壁)'이라고 번역하고 극로포특김(克魯泡特金: 크로포트킨)을 '가백견(柯伯堅)'으로 번역한 것 등과 같은 '서양 사람의 이름을 억지로 한자식 이름으로 번역하는 것'에 반대하였다. 장(章)씨는 동시에 부기(附記)를 발표하여 찬성을 표시하였다. 장(章)씨의 이러한 행동이 곧바로 오(吳)씨의 반박을 불러와 이 신문 28, 29일자에 오(吳)씨의《論譯名答T, K, T君(논역명답T, K, T군)》이라는 문장이 연재되었다. 오(吳)씨는 명사를 음역하는 문제를 전면적으로 반대하는 것은 아니었으나 다음과 같이 반박했다.

> 이러한 통례(通例)로 영원히 적용될 수 있는 번역어를 만들어 내라고 하면 아마도 번역자는 망설일 수밖에 없을 것이다. 따라서 음역이라는 방법도 하나의 편법(便法: 임시 변통적인 편리한 방법)일 뿐이며 통법(通法: 언제 어디서나 통용될 수 있는 절대적인 방법)이 아니다. 다른 나라에서 중국책을 번역할 때 태평(太平)을 Taiping으로, 개두(磕頭)를 Kotou로 번역한다면 어쩌다 한 번 볼 때는 신선하게 느껴질지 모르지만 온 책 속에 이와 같은 단어들이 널려 있다면 사람들이 그만 현기증이 날 것이다. 만약 전문 서적을 번역하면서 음역만 하고 원어를 병기하지 아니한다면 읽기 어려워 번역본이라고 할 수도 없을 것이다.

당연한 이야기지만 오(吳)씨의 이러한 주장도 상당히 설득력이 있는 것이며 장(章)씨 이론의 편협한 부분을 바로 잡아주는 역할을 하고 있다. T, K, T의 비평에 대해서도 오(吳)씨는, 번역 명칭은 반드시 기억하기 쉽고 친절한 것을 취해야 한다고 강조하여 "옛날 한(漢), 위(魏) 때에도 외국의 인명이나 지명을 번역할 때에는 의역(意譯)이 비교적 많았으며 음역(音譯)할 때에도 좀 더 우아한 이름을 붙이려고 노력하여 학자들이 기억하기에 좋은 것이 비교적 많았다. 그러나 금(金), 원(元) 시대의 역사책에는 읽기 어렵도록 기상천외한 이름들을 붙여 이족의 야만성이 드러나도록 노력하여 역사책을 읽는 사람들이 도무지 기억할 수가 없다. 읽지도 못할 이름들을 나열하는 것은 백해무익한 짓일 뿐이다."고 말하였다. 그는 또 "외국 인명을 중국 이름에 가깝도록 번역하려다 음을 생략하는 경우가 비교적 많다. 예를 들면 '극로포특김(克魯泡特金: 크로포트킨)'을 '가백견(柯伯堅)'으로 번역한 것이 너무 지나치게 압축했다는 비판에 대해서는 나도 인정을 한다. 다만 학술적인 명사나 인명, 지명을 막론하고 그것을 음역한다는 것은 결국은 그에 상당하는 문자로 부호를 삼은 것에 불과할 뿐 그 의미와는 별개라는 것이다. 만약 앞뒤 문장의 문맥을 살피거나 그 근원을 따져보지도 않고 그저 음에만 의존해서 번역하게 되면 뜻이 통하지 않게 될 것이다. 따라서 음역을 함에 있어서도 생략을 하지 않을 수 없으니 이는 자연스러운 추세이다. 그렇지 않다면 '사사비아(莎士比亞)'에도 '극(克)'자 한 자가 생략된 것을 어떻게 설명할 수 있겠는가?"고 말했다. 오(吳)씨의 이러한 견해는 대단히 독창적인 견해로, 주목할 만하다. 오(吳)씨(1865-1953)는 근·현대의 유명한 정치가이며 학자로, 단편적인 번역이론을 발표하기는 하였으나 번역이론연구자들에 의해서 잊혀지고 말았다. 이 책에서는 따로 한 장을 할애하여 설명할 수가 없어서 이 장에서 비교적 상세하게 그의 번역이론을 인용함으로써 다른 사람이 편리하게 인용할 수 있게끔 하였다.

5월 17일, 장(章)씨는 이 신문에 독자 장예헌(章禮軒)이 투고한《論譯名(논역명)》이란 글을 게재하고, 음역(音譯)과 관계된 주장에 이의(異議)를 제기하였다. 그는 "음역(音譯)이란 인명이나 지명 및 새로 발견된 사물의 명칭에만 적용될 수 있는 것이다. 그 까닭은 거기에는 아무런 의미가 내포되어 있지 않기 때문이다. 그 밖의 의미를 내포하고 있는 명사들은 여전히 의역을 하는 것이 옳다. 한편으로는 관념이 서로 연결되어 기억하기에 편리하기 때문이고, 다른 한편으로는 글자를 유추함으로써 이해하기에 편리하기 때문이다."고 생각하였다. 이렇게 해서 장(章)씨로 하여금 또 다시《論譯名(논역명)》이라는 논문을 쓰게 만들어 같은 날짜, 같은 신문에 다시 한 번 자신의 학문에 대한 견해를 발표하게끔 하였다.

> 명사를 번역함에 있어 음역(音譯)을 해야 할 것인가 의역(意譯)을 해야 할 것인가에 대한 문제는 번역할 당시의 구체적 상황 속에서 결정되어야 할 문제이지 결코 간단히 개괄적으로 이야기할 문제가 아니다. 기자(記者: 章씨 자신을 가리킴)가 음역을 주장한 것은 어떤 특정한 하나의 명사만을 염두에 두고 그렇게 번역해야 한다고 한 것이 결코 아니다. 특히 음역의 장점에 대해 논술한 것은 그럴 만한 이유가 있기 때문이다.

그가 이야기한 이러한 전제(前提)는 다른 사람의 오해를 방지하고 사람들이 쉽게 받아들일 수 있도록 하기 위한 것이었다. 그는 '음역(音譯)의 장점'에 대해 서술할 때 여전히 '라집(邏輯)'을 예로 들었다. 의역(意譯)이 '원어의 정의(定義)'에 불과할 뿐이며 '쉽게 다른 의미가 생겨날 수 있다.'고 생각한 것은 반년 전《論飜譯名義(논번역명의)》를 발표할 때의 생각과 완전히 똑같았다. 마지막 부분에서 장(張)씨가 음역(音譯)을 할 때 마음대로 동음자(同音字)를 씀으로써 수많은 번역 명칭이 나올 수 있다고 한 주장에 대해 장(章)씨는 "이러한 불편함은 실제로 있는 것이다. 그러나 이러한 불편함이 음역(音譯)을 할 때만 있는 것이 아니라 의역(意譯)을 할 때도 똑같이 있다."고 말했다. 뿐만 아니라 한 걸음 더 나아가 "이러한 폐단은 의역(意譯)을 할 때 더욱 심하다. 대체로 의역(意譯)에는 쟁점이 수없이 많으나, 음역(音譯)에는 쟁점이 음을 취함에 있어 서로의 견해가 다른 것을 제외하면 다른 쟁점은 아무것도 없다. 또 학자들의 고집을 미루어 보면, 의미를 다투는 부분에는 곳곳에서 논쟁을 벌이지만 음(音)을 다투는 부분에는 별로 마음을 쓰지 않는다."고 말했다.

장(張)씨는 그의 이러한 견해에 여전히 동의하지 않고, 7월 6일 같은 신문에《論飜譯名義(논번역명의)》라는 글을 발표하여 계속해서 장(章)씨와 토론을 벌였다. 그는 '번역의 본래 취지'는 이해하기에 편리하고 학문하기에 편리하게 하기 위한 것이니, 의미가 내포된 명사를 음역하는 것은 실로 불편한 것이 한두 가지가 아니라고 강조하였다. 장(章)씨는 동시에 부기(附記)를 발표하여 토론을 환영한다고 하였다. 7월 14일 장(章)씨는 그와는 다른 의견을 가진 독자 채이문(蔡爾文)이 투고한《問飜譯名義(문번역명의)》라는 글을 게재하였다. 글 가운데 "문자는 사상을 표현하는 부호에 불과하며 부호가 곧 사상은 아니다. 따라서 부호가 사상을 표현함에 있어서는 변천이 있기 마련이다. 오늘은 이것을 표현하고 있으나 과거에는 저것을 표현할 수도 있으며, 전에는 협의의 의미로 사용되다 후에는 광의의 의미로 사용되기도 하니, 이러한 까닭에 중국어에 가차(假借: 기존하는 글자를 빌려 쓰는 것)가 많다. '명학(名學)'을 예로 들어 이야기하면, 정의(定義)하기에 따라 그것이 나타내는 사상이 변한다고 해서 안 될 이유가 무엇인가? 다시 말하면 '명학(名學)' 두 자의 범위를 확대하여 오늘날의 '라집(邏輯)'과 같은 의미로 사용하게 해도 하등 문제될 것이 없다."고 말했다. 그의 이러한 주장은 아주 이른 시기에 현재 크게 유행하고 있는 '부호학(符號學)' 이론을 운용하여 번역명칭을 논의한 것으로, 대단히 주목할 만한 가치가 있다. 장(章)씨는 여전히 부기(附記)를 써서 토론을 활발히 했다. 같은 해 9월, 장(章)씨는《民立報(민립보)》를 떠나 스스로《獨立周報(독립주보)》를 창간했다. 그는 9월 22일 주보(周報) 제1기와 29일 제2기에 이록기(李祿驥), 장고분(張杲芬), 풍숙연(馮叔鸞), 경의(耿毅) 등이 쓴 4편의《論譯名(논역명)》이라는 글을 연달아 싣고 자신의 부기(附記)도 함께 실어 "의역(意譯)과 음역(音譯)이라는 두 종류의 번역 방법은 모두 한 쪽으로 치우쳐 있어 어느 것이 절대적으로 옳다고 할 수는 없다. 훌륭한 번역자는 그 옳고 그름을 가려 스스로 선택하여야 하며 선입견을 가지고 대해서도 안 된다."고 입장을 밝혔다. 그는 이렇게 서술함으로써 전면적이면서도 공평한 태도를 유지할 수 있었다.

아마도 그는 무척 바쁘기도 하고 자신이 발표할 수 있는 견해는 이미 다 발표하였기 때문에 이 시기에 이르러서는 독자들이 서로 다른 의견을 발표한데다가 자신의 부기(附記)를 게재하는 것 외에는 더 이상 번역명칭에 관한 자신의 견해를 담은 글을 발표하지는 않았다. 그 후 1914년 2월 15일에 天津에서 발행되는 잡지《庸言(용언)》에 호이로(胡以魯)가 쓴《論譯名(논역명)》이 발표된 후(이 글 속에는 장씨의 이름이 거론된 적은 없지만, 내용으로 미루어 장(章)씨와 의논한 흔적이 역력하다. 이 문장은 상당히 중요하기 때문에 다음 장에서 독립적으로 논술하기로 하고 이 장에서는 생략하기로 한다.), 장(章)씨는 같은 해 5월 10일에 자신이 주편한 잡지《甲寅(갑인)》창간호에 '추동(秋桐)'이라는 필명으로《譯名(역명)》이라는 이름의 논문을 발표하여 자신의 견해를 논술하였다. 주요 내용은 아래와 같은 몇 가지로 요약할 수 있다.

一. 호(胡)씨가 '음역(音譯)'이란 명칭은 성립할 수가 없으며 무릇 번역이란 뜻을 모두 옮기는 것이니 음을 옮기는 것은 있을 수 없다는 관점에 동의하지 않고, 이론적인 관점과 역사적 근거를 들어 '음역(音譯)' 또한 엄연히 번역의 일종이며 존재할 가치가 있다는 사실을 천명했다. 동시에 그가 '음역(音譯)'을 주장한 것은 비교하는 관점에서 한 것이며 거기에는 상대어(相對語)가 있다는 점을 다시 한 번 설명하였다. 호(胡)씨가 비록 의역(意譯)을 중시하기는 하지만 결코 의역(意譯)을 할 수 없는 10가지 사항을 들고 있으니, 서로의 견해에 통하는 바가 있다는 사실을 지적했다.

二. "명사를 의역함에 있어 가장 어려운 문제는, 이름은 번역명이지만 실제는 그 명사의 정의가 되고 만다는 것이다." 따라서 명사가 이미 정해졌지만 논쟁은 끊이지 않는다고 다시 한 번 지적하였다. 이에 그는 하나의 새로운 방안을 제기하였는데 그 방안이란 "역명(譯名)과 정의(定義)를 둘로 나누자는 것이다. 이름 가운데 중국에 이미 있는 것은 논할 필요가 없고, 중국에 없는 것은 서양어의 음에 따라 음역을 한다. 이름은 이름일 뿐이고 뜻은 뜻일 뿐이다. 뜻은 이름을 위하여 정의(定義)를 내리는 것이고, 이름은 사물을 위한 부호일 뿐이다. 정의를 내리는 일에는 진실로 논의의 여지가 있지만, 부호를 나타내는 일은 하나의 사물을 두고 갑(甲)이라 해도 그만이고 또 을(乙)이라 해도 그만으로 논쟁의 여지가 없다. 정의(定義)로 부호(符號)를 삼고 부호(符號)로 정의(定義)를 삼으니 논쟁이 그칠 날이 없다."고 하였다. 이것은 장(章)씨가 독자 채이문(蔡爾文)이 투고한 내용 중에서 합리적인 부분을 흡수하여 '부호학(符號學)'적 관점에서 학술적 용어의 음역(音譯)이 합리적이라는 사실을 논증한 것이다.

三. 그는 역명(譯名)의 통일 문제에 대해서도 논술하였는데 호(胡)씨의 논술보다 훨씬 더 깊이가 있다. 호(胡)씨는 마땅히 전문가들이 모여 결정하고 정부에서 심사를 한 후, 이를 반포하여 시행하여야 한다고 주장하였다. 장(章)씨는 "간단한 일상용어들이야 법으로 시행하면 통용되겠지만, 심오한 문학 용어는 어찌 법으로써 강요할 수 있겠는가? 내가 '명학(名學)'이라는 용어를 버리고 '라집(邏輯)'이란 용어를 선택한 것을 두고, 정부에서 반포를 하여 이것으로 하기로 한다고 나에게 맹목적으로 따르도록 한다는 것은 결코 있을 수 없는 일이다. 또 정부에서 나에게 억지로 그렇게 시킬 권리도 없다."고 생각했다. 여기에서 그는 호(胡)씨의 단순하고 무모한 주장의 부당성을 지적함과 동시에 자신의 진리와 학문적 자유를 추구하려는 신념을 잘 드러내고 있다. 그는 "의미에 대해서는 생각하지 않고 의미에 전혀 혼돈을 일으키지 않는 이름을 지을 수 있는 것도 있다. 예를 들면 과학자가 새로 발명한 새로운 원소 같은 것이 바로 그것인데, 학자들이 음역에 동의하기만 하면 과학적 명칭은 이미 정해진 것이 되고 아무런 논쟁의 여지가 없게 되는 것이다. 사실 이러한 방법보다 더 좋은 것은 없다."고 생각하였다.

四. 그는 이 문장의 주석(註釋)에서 번역자가 번역명칭을 정할 때 취할 정확한 태도에 대해 다음과 같이 주장하였다. "최근에 와서 문인들이 보이고 있는 보편적인 폐단은 모두 다른 사람이 이미 정한 이름을 쓰려고 하지 않는다는 것이다. 나는 스스로 이 점에 대해서 상당히 경계한다. '명학(名學)'이라는 이름은 후관, 엄(侯官, 嚴: 嚴復)씨가 지은 것이지만 나는 그것을 사용하지 않는다. 그것은 엄(嚴)씨가 지었기 때문에 사용하지 않는 것이 아니라 아직도 그 이름이 확정되지 않았기 때문이다. '라집(邏輯: 논리)'이라는 두 글자 역시 처음으로 사용한 것이기는 하지만 나는 그것을 본받아 쓰고 바꾸려 하지 않았다. 그 이유는 음역이 논쟁의 여지를 없앨 수 있는 방법이라는 증거로 생각하였기 때문이다."

잡지 《甲寅(갑인)》의 같은 호 '통신란(通信欄)'에 장(章)씨는 독자 오종곡(吳宗穀)이 투고한 《邏輯(라집)》이라는 글을 게재하고 자신이 쓴 장편의 해설을 실었다. 해설의 내용은 장(章)씨가 이전에 쓴 글과 위에서 인용한 문장의 내용이 같기 때문에 여기에서는 생략하기로 한다. 한 달이 지나 《甲寅(갑인)》 제2기에 장(章)씨는 독자 오시(吳市)가 투고한 문장 《邏輯(라집)》이라는 글을 게재하였다. 오시(吳市)는 장(章)씨의 견해에 동의했을 뿐만 아니라 "우리나라의 번역사업 중 불경번역 사업을 가장 큰 성과로 꼽을 수 있는데 《飜譯名義集(번역명의집)》을 살펴보면 '오불번(五不飜: 다섯 가지는 의역을 하지 않고 음역을 한다.)'의 예를 찾아볼 수 있다. … 성실한 번역자는 반드시 이를 모범으로 삼아야 할 것이다. '라집(邏輯)'이라는 용어는 '다함(多含: 여러 가지 의미가 복합적으로 내포되었다.)', '차방무(此方無: 이 나라에는 없는 용어이다.)', '존중(尊重: 원문의 정신을 존중한다.)' 등 세 가지 의미가 겹쳐져 있다(의미상으로 볼 때 다섯 가지는 번역하지 않는다는 내용 중 세 가지가 겹치고 있다.)."고 지적하였다. 사실 장(章)씨의 음역(音譯)과 관계된 이론은 멀게는 현장(玄奘) 스님의 '오불번(五不飜)' 이론을 계승한 것이라 할 수 있다. 章씨는 이 문장의 뒤에도 부기(附記)를 덧붙였다.

위에서 이야기한, 1910년부터 4년 동안 장(章)씨가 번역명칭 문제에 관해 발표한 논문과 부기들은 현재의 연구자들이 거론한 적도 없고 번역논문선집(1949년 신중국이 건립될 당시는 물론 대륙 내외를 막론함.)에도 수록된 적이 없었는데, 이는 참으로 이상한 일이라 하지 않을 수 없다. 그 후에 언급된 것도 장(章)씨가 쓴 《答容挺公論譯名(답용정공논역명)》이라는 글 한 편뿐이다. 그것은 1914년 11월 10일 《甲寅(갑인)》 잡지 제4기에 장(章)씨가 용정공(容挺公)이 투고한 《譯名(역명)》이라는 글을 발표한 것이다. 용(容)씨는 장(章)씨의 음역 주장에 동의하지 않았으며 "오랑캐들에게는 학술적으로 의의가 있는 용어들이 존재하지 않았으며 있었다고 하더라도 전문학자들이 아니면 그 의미를 알 수 없었다. 직감적으로 해석을 해도 글자대로 해석이 되지 않고, 연상을 하더라도 역시 관념화하기는 어렵다."고 생각했다. 그는 또 "중국의 문학은 이미 완전히 토착화되어 있어서 바꾸는 것이 쉽지 않아 유럽의 문학이 유연하여 쉽게 전파되는 것과는 다르다. 그러나 정신문명은 중국의 고대로부터 형성되어 온 것이어서 외국의 정신과학분야의 명사를 중국어로 번역하면 완전히 부합되는 것도 없고 또 비슷한 것이 전혀 없는 것도 아니다. 완전히 합치되는 것은 그대로 번역하면 되겠지만, 마땅한 것이 없을 때에는 의미를 포괄해서 함축적으로 표현할 수밖에 없다. 이렇게 하여 번역 명칭과 원명을 대조해 보면 모든 것을 내포한다고 할 수는 없지만 그래도 내포할 수 있는 범위 내에서 가장 적당한 명칭을 찾을 수 있을 것이다."고 말했다. 끝으로 용(容)씨는 "자신이 가상적으로 역례(譯例)를 만들어 놓았다."

> 서양어의 구체적 명칭 가운데 그 사물이 우리나라에 있는 것일 때는 그대로 번역하면 될 것이니 여기에는 별다른 설명이 필요 없다. 그것이 중국에 없을 때에는 음역을 한다. 그 물건은 중국에 없지만 그와 같은 속(屬)에 속하는 것이 있는 경우에는 음역을 하여 그 속에 귀속시킨다. 추상명사인 경우에는 의역 위주로 한다. 그 의미를 다 담을 수 없는 것이 있을 때는 최대한 의미를 내포할 수 있는 것을 택한다. 어떤 방법으로도 번역되지 않고 그 의미가 여러 방면을 내포하고 있을 때는, 그 의미가 갑(甲)일 때는 갑(甲)으로 번역하고 을(乙)일 때는 을(乙)로 번역한다. 이렇게 해도 여의치 않을 때에는 음역(音譯)을 하고 원문을 덧붙여 참고할 수 있도록 한다. 부득이한 경우를 제외하고는 음역(音譯)하는 것을 원치 않는다.

장(章)씨는 용(容)씨의 이 글이 발표된 후 현재 번역논문집에 드물게 수록되어 있는 긴 분량의 부기(附記)를 덧붙였다. 그는 용(容)씨의 글에는 적지 않은 정확한 주장도 있지만, 그의 진의를 오해한 부분과 그가 찬성할 수 없는 부분도 들어 있다고 생각했다. 그는 다시 한 번 그가 음역(音譯)을 주장하는 이유를 설명하여 "음역이 비교적 좋은 방법이라는 것이지 다른 것과는 비교도 되지 않는 절대적으로 옳은 방법이라는 것은 아니다. 이 방법을 씀에 있어서도 특정 단어가 다른 단어들과 잘 어울리는지를 살펴야 하며 아무 명사나 함부로 음역(音譯)한다는 것은 아니다."고 말했다. 그는 또 "의역(意譯)의 가장 큰 폐단은 명칭을 정할 때 정의(定義)를 내리는 것과 혼돈되는 것이다."고 강조해서 지적했다. 이 때 그가 든 예는 여전히 '라집(邏輯: 논리)'이었다. 그는 한 번 신중하지 못한 명칭이 정해지고 나면 바꾸려고 해도 바꾸기가 쉽지 않으니, 여기에서 말한 '천연공리(天演公例: 자연 법칙)'라는 것도 반드시 적절한 표현이라고는 할 수 없으니, "적자(適者)가 반드시 양자(良者: 우량한 것)는 아니다."고 생각했다. 끝 부분에서 "음역에도 폐단이 있다는 것은 그대가 지적한 그대로이다. 나는 비록 음역이 바람직하다고 생각하지만 그런 면이 있다는 것을 감히 부정하지는 않는다. 따라서 내가 이 방법을 운용할 때에는 사용할 만한 곳을 골라서 사용할 뿐, 문제가 있음에도 불구하고 오로지 이 방법만을 고집하는 것은 아니다. 그대가 제시한 역례(譯例)는 곧 의역(意譯)이라는 방법인데 참으로 심혈을 기울여서 만든 것이니 나도 신중한 학자들에게 추천하여 그대의 뜻을 따르도록 할 것이다. 그러니 그대도 의역(意譯)만 가지고 대단히 곤란한 경우를 당하게 되면 내가 한 이야기가 조금의 가치도 없는 것이 아니라는 점을 기억해 주면 학계에서 큰 다행이라고 생각한다."고 말했다. 이때에 이르러 장(章)씨는 자신의 견해를 이미 여러 차례 반복해서 논술하였고, 이미 자신만의 정확한 견해를 가지고 있었다. 그뿐 아니라 원래 자신이 가지고 있었던 견해를 지나치게 절대화시킨 결점을 보완했기 때문에 상대방의 의견 중에도 옳은 부분이 있으며 그런 점은 무시할 수 없다는 것을 분명히 인정했다. 이렇게 해서 이 문제는 거의 원만한 해결점을 찾았다고 할 수 있다. 이후에도 장(章)씨는 잡지 《甲寅(갑인)》의 제6기에 장진백(張振白)이 투고한 《譯名(역명)》이라는 글을 게재하였고, 1925년에도 그가 주편을 했던 《甲寅(갑인)》에 '라집(邏輯: 논리)'의 역명(譯名)에 관한 글을 발표하였다. 그러나 이 문장에서는 새로운 의견이 별로 많지 않았기 때문에 글이 그렇게 길지는 않았다.

결론적으로 말하면 장(章)씨가 중국의 근·현대 번역이론사에 끼친 중요한 공헌은 서방의 학술명사의 번역 방법에 대한 토론을 앞장서서 이끌었다는 점이다. 주자청(朱自淸)은 그 후 이 토론이 대단히 중요한 토론이었다고 평가했다(《역명(譯名)》). 이 토론에서 장(章)씨는 대번역가인 엄복(嚴复)을 과감하게 비판했을 뿐만 아니라 동시에 자신의 의견에 동의하지 않는 의견들도 발표하였는데, 학풍이 대단히 민주적이었다. 그의 논점은 어떤 때는 많은 토론의 여지를 남기기도 했지만, 음역의 의의와 장점에 대해서 충분히 설명함으로써 현장(玄奘) 스님의 '오불번(五不飜)'설을 크게 발전시켰다고 할 수 있다. 그는 왕국유(王國維)를 계승하여 철학자의 신분으로 번역 문제를 토론한 또 한 사람의 철학자였다. 그가 적극적으로 주장했던 '라집(邏輯)'이라는 명사는 오늘날까지도 사용되고 있으며, 이를 능가하는 새로운 이름이 나오지 않는 것만 보아도 그의 번역학과 관계되는 견해 가운데 정확한 견해가 번역계에서 공인되고 있다는 사실을 증명해 주고도 남음이 있다고 하겠다.

二十. 호이로(胡以魯)의 《論譯名(논역명)》

호이로(胡以魯)는 자가 앙증(仰曾)이고 절강(浙江)성 정해(定海) 사람이다. 생평은 알려진 것이 없고 대략 1915년에 세상을 뜬 것으로 보인다. 1918년 일본인 전원정차랑(田原禎次郎)이 편찬한 《清末民初中國官紳人名錄(청말민초중국관신인명록)》에 의하면 호(胡)씨는 청말(淸末)에 이미 일본에 유학했고 일본대학(日本大學) 법학과를 졸업한 후 다시 동경제국대학(東京帝國大學)의 문과에 입학했다. 졸업 후 귀국하여 절강고등학교(浙江高等學校: 중국의 고등학교는 우리나라의 대학에 해당함.)의 교무처장과 북경법정전문학교(北京法政專門學校)의 주임교수(학과장)를 역임했다. 그는 1914년에는 사법부의 비서, 참사 등을 역임했다. 같은 해 9월, 북경대학에서 언어학을 가르쳤고, 또 북경민국대학(北京民國大學)의 예과학장과 북경사범학교(北京師範學校)의 겸임교수 등을 역임했는데, 이러한 행적을 종합해 볼 때 호(胡)씨는 교육자라고 할 수 있다.

호(胡)씨의 번역학상의 공헌은 1914년 天津에서 양계초(梁啓超)가 주편을 하던 《庸言報(용언보)》 제26-27 합집에 실린 만 자에 달하는 장문 《論譯名(논역명)》(후에 단행본으로 출판되었음.)을 발표한 것이라고 할 수 있다. 이 문장은 분명히 그 앞 몇 년 동안 장사쇠(章士釗) 등이 역명(譯名) 문제를 놓고 벌인 토론에 대한 반응으로,

그 가운데 장사쇠(章士釗)의 주장을 겨냥한 것들이 들어 있으나 글 가운데에서 분명하게 밝히지는 않고 있다. 호(胡)씨는 이 글에서 심사숙고한 견해들을 적지 않게 내놓고 있어 이것은 하나의 학설이라고 할 만하다. 이 글의 첫머리에서 그는 다음과 같이 밝히고 있다.

> 사방의 오랑캐의 말을 전하는 것을 역(譯)이라 한다. 따라서 '역(譯)'이라고 부를 때는 반드시 그 뜻을 따라야 한다. 만약 그 음을 답습해 쓴다면 그것은 '차용어(借用語: 그 말을 빌려 쓴 것)'에 불과하다. 따라서 '음역(音譯)'이라는 두 글자는 맞지 않는 말이다. 차용어는 반드시 자형(字形)을 빌릴 필요는 없다. 자형(字形)이 비록 우리나라의 글자라 할지라도 이미 이 나라에 있는 말이 아니기 때문에 모두 차용어(借用語)일 뿐이다. 또 그 音을 빌릴 필요도 없다. 외국인들이 긁어모은 우리나라의 글자도 해석해 보면 뜻이 통하지 않는 것은(형태와 음이 모두 우리나라의 말이라 해도 그것은) 실제로는 여전히 용어를 빌려온 것에 지나지 않는다. '차용어(借用語)'는 원래 명칭번역의 범주 안에 들지 않는 것이나 세상 사람들이 요즘 '음역(音譯)'이라는 말을 만들어 내어 '의역(義譯)'과 장·단점을 비교하면서 이를 함께 거론하고 있다.

호(胡)씨는 '음역(音譯)'이라는 용어는 맞지 않다고 생각했다. 사실 한 편의 글이나 한 권의 책을 통째로 음역한다면 그것은 당연히 뜻이 통하지 않을 것이다. 그러나 그 가운데 개별적인 단어나 문장을 필요에 따라 음역의 방법을 채택한 것은 예나 지금이나 중국이나 외국에서 흔히 볼 수 있는 사실이라는 것을 호(胡)씨 자신도 아마 부인하지 못하였을 것이다. 호(胡)씨가 여기에서 처음으로 제기한 '차용어(借用語)'라는 개념은 번역이론에 의외로 공헌을 하였다. '차용어(借用語)'는 현재 '외래어(外來語)'로 통칭되고 있는데 그 가운데 대부분은 명사를 음역한 것으로, 당연히 일본어로 의역된 서방의 명사를 빌려 쓰는 것도 포함된다. 예를 들면 '철학(哲學)' 등과 같은 명사가 그것이다. 호(胡)씨는 다음과 같이 주장했다.

> 사회는 고립될 수는 없고 언어는 교제에 있어 필요불가결한 도구이니 억지로 교류를 막을 방법도 없다. 예를 들면 옛날의 에스키모인들마저도 그들의 국어에 외국어가 침입하는 것을 막을 수가 없었다. 이와 같이 침입한 외국어를 차용어(借用語)라고 한다. 그러나 언어는 그 사회의 오래된 습관이므로 외국어를 빌려 쓰는 것은 습관이 된 것이 아닐 뿐만 아니라 그들이 좋아하는 것도 아니다. 습관이 되지 않은 것은 좋아하지 않을 뿐만

> 아니라 자신의 것을 버리고 남의 것을 쫓는 것이 된다. 예를 들면 폴란드 사람들의 러시아어에 대한 감정이 바로 그러한 것이다. 그와는 반대로 어떤 사물이나 사상이 그 나라의 고유한 것이 아니어서 새로운 국어를 창조하려고 하더라도 마땅한 언어가 없어서 부득이 하게 빌려 쓰는 경우도 있다.

호(胡)씨의 이러한 글은 20세기 초 중국의 지식인 누구나가 할 수 있는 그러한 이야기는 아니었다. 그는 이 이야기 속에서 외래어명사 음역의 현실적 합리성을 인정하고 있다. 다만 호(胡)씨는 함부로 음역하는 것에는 찬성하지 않았다. 그는 만청(晩淸) 이래 음역을 주장한 사람들 가운데 '분명한 의식을 가지고 합리적으로 설명한 것'을 대략 여섯 파로 분류하였다.

> 一. 상형문자(象形文字)는 대부분 사회의 유적에 얽매어 있어서 사상이 변해도 그것이 나타내는 의미는 여전히 그대로다. 따라서 외래어가 아니면 새롭고 독특한 개성을 지닌 명사들을 나타낼 수 없다고 생각하고 상형의 구태의연함을 걱정하여 외래어를 빌려 쓸 것을 주장하는 것이 그 첫 번째 부류이다.
>
> 二. 의표문자(意標文字: 표의문자)는 글자만 보고 뜻을 생각하는 폐단이 있어 명사가 통속적으로 남용되고 습관적으로 화려하게 꾸며져 흔히 그 정확한 의미를 잃어버린다. 따라서 외래어의 심오함을 이용하여 그 개념을 분명히 할 것을 주장하는 것이 그 두 번째 부류이다.
>
> 三. 그 나라에 옮겨와 살면서 책을 낭송할 때 외래어 명사만 보아도 그 사물이 연상되고 이미 향토색이 아주 짙어 그 어휘 특유의 느낌을 느낄 수 있으므로 그것이 아니면 뜻을 충분히 나타낼 수 없다고 주장하는 것이 그 세 번째 부류이다.
>
> 四. 명사의 발달이 서로 달라 인신지의(引伸之意: 전의된 뜻)에 차이가 나지 않을 수 없다. 오랜 세월 동안 가차(假借: 빌려 씀.)를 하다 보면 특히 각 어족들 사이에 차이가 나타날 수밖에 없는데 이러한 단어를 빌려 새로운 사실이나 새로운 이론을 나타내는 여러 가지 함의가 서로 일치하지 않을 수가 있다. 그 병폐가 심각해서 해결 방법이 없을 때에는 차라리 외국어의 개념을 그대로 이어받아 그 고유의 개념을 채택하는 것이 낫다고 주장하는 것이 네 번째 부류이다.
>
> 五. 서로의 풍속과 습관이 다르면 일도 다르고, 풍토가 다르면 그 생산물도 달라 서양 세력이 동양으로 몰려들면서 새로운 문물이 수도 없이 밀려들어오는데도 우리나라의 명사로는 그것을 일일이 다 나타낼 수 없다. 이 땅에 없는 것은 당연히 그 나라에서 상용하고 있는 이름을 그대로 따를 수밖에 없다는 주장이 그 다섯 번째 부류이다.
>
> 六. 북송이 멸망하자 백성들이 날로 편안함만 추구하여 문장과 언로가 폐쇄되고 상용되는 언어가 천여 개에 불과하니 사물이 비록 번성한다고는 하나 그것을 부를 마땅

> 한 이름조차 없고 이를 적고 번역하는 것이 어려워 옛날 것을 답습하기만 한다고 주장하는 것이 여섯 번째 부류이다.

호(胡)씨의 위의 분류는 비교적 분명하기는 하지만, '파(派: 부류)'에 대한 상세한 번역이론을 찾아 볼 수 없기 때문에 아마도 호(胡)씨가 가정을 해서 자의적으로 설명한 것이 아닌가 하는 생각이 든다. 만청(晩淸) 이래 명사의 음역을 주장한 주요 인물은 이 책 앞장에서 서술한 장사쇠(章士釗)라는 사람이었다. 장(章)씨의 논점은 기본적으로 위에서 인용한 4조(四條: 네 가지 조항)에 잘 나타나 있다.

호(胡)씨는 사상의 발전과 진화는 반드시 명사의 끊임없는 발전과 특이한 변화로 표현될 필요는 없다고 생각했다. 서방을 예로 들면 통상적인 용어는 옛날 이름 그대로 답습하여 변화시키지 아니하고 학술적인 용어도 대부분 희랍이나 라틴어에서 취해 와서 약간의 손질을 하는 것이 보통이라고 생각했다. 그는 어떤 사람들은 새로운 명사를 만들어 내어 사람들을 깜짝 놀라게 하려고 하나 결과적으로는 별로 활용되지도 못하고 잡다한 것을 긁어모아 한 번 시도해 보는 것에 불과할 뿐이라 하였다. 이렇게 만들어진 명사가 여러 사람의 입을 통해 전해져서 명사가 범람하게 되었다. 중심이 서 있지 않고 부화뇌동하기를 좋아하는 국민들의 과시욕과 습관의 변화가 더욱 깊어져서 이러한 명사가 범람하는 병이 더욱 극성을 떨게 되었다. 세월이 흐름에 따라 이러한 새로운 명사들에 사람들이 싫증을 느끼게 되자 외국어와 접촉을 하면서 이들을 취해와 빌려 쓰게 되었다. 자신들의 문화가 비교적 손색이 있을 때는 외래어에 대해 신선한 느낌을 가질 뿐만 아니라 이를 숭배하는 감정을 가질 수도 있다. 명사를 한 번 듣기만 해도 그 사실과 물건에 대해서 황홀감을 느껴 빠져들고 마는데 이러한 느낌을 현혹감이라고 한다. 이러한 감정이 깊어지게 되면 차용어(借用語: 외래어)에 대해 신비한 매력을 느끼게 되어 어떤 말로도 바꿀 수 없게 되고 만다."고 비평을 가하였다. 그는 또 어떤 사람들은 "외국 물건을 보기만 해도 눈이 현혹되고 정신을 못 차린다. 서양 학문을 배워 그것의 숭배자가 되었다. 남이 하는 이야기를 듣고 그대로 따라할 뿐 그것을 우리말로 바꿀 생각도 하지 못한다. 빌려 쓰는 것도 모자라 외국의 온갖 새로운 용어들을 제멋대로 지껄여 댄다. 외국의 것에 습관이 되어 본래의 취지를 망각하고 끊임없이 떠들어 대는 것이 어제 오늘의 일이 아니다."고 지적하였다. 반드시 또는 도입할 필요가 있는 약간의 새로운 용어들을 제외하면 호(胡)씨의 이러한 비평들은 매우 설득력이 있는 것이었다. 몇 년 전 중국의 학계에서 새로운 명사의 범람에 대해 문제를 제기한 것과 연관지어 생각해 보면 그의 이러한 주장이 정곡을 찌른 것임을 알 수 있다.

호(胡)씨는 또 "중국의 국어는 두세 개의 어휘를 결합해서 하나의 명사를 만들기 쉽다. 의미를 제대로 나타내기 어려울 때에는 두세 개의 의미를 혼합하고 그것을 다시 다듬어 새로운 명사를 만든다."고 지적했다. 따라서 번역할 때 함부로 '외국어를 차용'할 필요가 없다. 그는 "외국어 쓰기를 좋아하는 사람은 아직 국어의 사용에 숙달되어 있지 않은 사람이다."고 지적했다. 그의 이러한 주장은 맹목적으로 음역을 주장하는 사람들에 대한 적절한 비평이라고 할 수 있다.

그는 또 중국어 자체의 발전역사를 분석하여 중국어와 페르시아어, 영어, 일어 등과 서로 비교하여 볼 때 이러한 류의 '차용어(借用語: 외래어)'가 차지하는 비율은 아직도 미미한 수준이라고 지적하였다. 이러한 현상은 중국이 예로부터 '스스로 대국을 이루고' 있었기 때문에 외국과 접촉한 이래 페르시아와 아랍 간의 문화적 격차, 영국과 라틴이나 희랍 간의 문화적 격차, 일본과 중국 간의 문화적 격차와 같이 외국과의 문화에 큰 차이가 나지 않았기 때문이다. 또 "어휘가 풍부하고 글자가 간단하여 분리와 결합이 자유로우며, 음성부호를 모아 붙여 조잡한 단어를 만들어 내는 것과는 근본적으로 다르다."는 중국어 자체의 우수한 점과 특징이 있기 때문에 중국어에는 여태껏 차용어(借用語: 외래어)가 많지 않았다. 만청(晩淸) 이래 서구 문물이 물밀듯이 밀려들어오면서 외국어를 빌려 쓰는 것이 늘어나기 시작했을 뿐이다.

그는 또 음역명사의 불편한 점을 다음과 같이 지적하였다. "표음문자에서 음역한 어휘들은 잡다하게 꿰맞춘 것들이어서 읽기 어렵고 이해하기도 힘들다. 품사를 바꿀 수가 없어 어휘배열이 어렵다. 접촉하는 나라가 많기 때문에 여러 나라의 외국어 가운데 어느 나라의 외국어를 선택할 것인가가 쉽지 않다. 동음자(同音字)가 많고 지방마다 발음하는 것이 달라 음을 나타내기도 어렵다. 이러한 여러 가지 어려움을 알고는 있지만 해결할 방법이 없다."고 지적하였다. 그는 또 "차용어

(借用語: 외래어)를 주장하는 사람들도 어찌 학술적 보존을 위하여 그렇게 주장하는 것이 아니겠는가?" 하고 반문하고, "통속적인 사람들에게는 알맞은 것이 없어 표현할 방법이 없으므로 그 명사를 신비하게 보이도록 하여 소외감을 느끼게 한다. 조금 나은 사람들은 우리나라의 학교에서 개설한 학과에서 한두 가지 외국어를 배워서 알고 있으니 이런 효과적이지 못한 군더더기를 쓸 필요가 없다. 더 많이 배워 이미 외래어의 어원까지 아는 사람들은 명분 없는 말 바꾸기만 하는 것을 경멸했다."고 설명했다.

그는 한 걸음 더 나아가 외국의 언어정책과 번역의 역사 및 번역의 추세 등을 예로 들면서, "독일어와 같이 형상이 거친 언어도 외국의 새로운 명사에 대해 애써 의역을 하려고 할 뿐만 아니라 희랍이나 라틴어의 구어(舊語)에서 소재를 취하려고도 하지 않는다. 13세기 이래 이탈리아의 등퇴(鄧堆: 단테)나 영국의 창사(倉沙: 찰스 디킨즈) 및 독일의 가덕(加德: 괴테) 등도 모두 외국어에서 탈피해서 국어를 순화시키는 것을 급선무로 삼고 있다. 이것이 국가주의교육의 큰 흐름이다."고 말했다. 그가 외국의 저명한 문학 대가들인 단정(但丁: 단테), 교수(喬叟: 찰스 디킨즈), 가덕(歌德: 괴테) 등이 자신들의 모국어의 순결을 지켜내기 위해서 힘껏 노력하는 것을 예로 들어 설명한 것은 대단히 설득력이 있었다.

이와 같이 호(胡)씨는 '리지곡직(理之曲直: 논리의 옳고 그름)', '세지순역(勢之順逆: 대세를 따르는 것과 거스르는 것)', '계지득실(計之得失: 정책의 득과 실)' 등의 관점에서 출발하여 명사의 번역에 있어서 '반드시 의역(意譯)을 원칙으로 해야 한다.'는 주장을 논술했는데 이것은 매우 논리정연하다. 뿐만 아니라 그의 이러한 주장으로부터 그가 중국과 외국의 학술분야에 상당한 조예가 있었음을 볼 수 있다. 그는 '삼십례(三十例)'를 들어 그의 구체적인 주장을 펴고 있다. 대체로 전이십례(前二十例)는 의역(意譯)을 논한 것이고, 후십례(後十例)는 음역을 논한 것이다. 원문은 상당히 분량이 많지만, 많은 부분을 생략하고 그 요점만 열거하기로 한다.

一. 우리나라에 이미 있는 명사는 그것이 비록 구체적이고 또 이미 잘 쓰이지 않는 말이라 할지라도 당연히 이미 있는 우리말을 번역명칭으로 삼는다. 본래 미미하게 시작하여 점점 분명하게 되는 것이니 명사의 개념도 자연스럽게 굽혀졌던 것이 펴지게 될 것이다. …

二. 우리나라에 이미 있는 명사는 그 개념에 조금의 변화가 있다 하더라도 당연히 이미 있던 것으로 변역한다. 개념이란 사람이 만든 것이고 또 언어라는 것이 적응성을 가지고 있으므로 원래의 의미가 협소하다 하더라도 무방하며 글자의 형태에 구애될 필요가 없다. …

三. 우리나라에 이미 있던 명사는 현재 폐기되어 사용되지 않는 명사라 하더라도 이미 있는 것을 부활시켜 사용해야 한다. 사람들은 모두 옛것을 숭상하는 마음이 있으므로 새로 만드는 것보다는 폐기된 것을 다시 갈고 닦는 것이 쉽다. …

四. 우리나라에 이미 있는 것이라 할지라도 새로운 이름이 생겨나 옛것을 대체한 경우에는 새로운 이름을 사용한다. 언어에도 생, 노, 병, 사의 현상이 엄존하여 이미 죽어 묻혀버린 언어의 효용은 현존하는 언어에 비하여 떨어지기 때문이다. …

五. 중국에는 아직까지 그 이름이 없으나 일본 사람들이 한자를 빌려서 번역한 것 가운데 중국에서도 통용될 수 있는 것들은 그대로 따른다. 학술이란 천하의 공기(公器: 공공적인 도구)이며, 한자(漢字)는 또 우리나라 고유의 문자이기 때문이다. 뜻이 통하는 범위 내에서 남의 것을 빌려 쓴다는 것은 문제가 되지 않는다. …

六. 일본 사람들이 번역한 명칭이 의미가 완전히 전달되는 것은 아니라 하더라도 바로 잡기 힘들고 중국어에서도 의미상 통용될 수 있는 것들은 그대로 쓰기로 한다. 명사는 완벽하게 번역하기 어려우므로 똑같은 의미의 누락을 가져오면 이전의 명사를 사용함만 못하다. …

七. 일본 사람들이 번역한 명사 가운데 우리나라에 이미 있던 것을 잘못 사용함으로써 개념의 혼란을 초래하고 오해의 소지가 있는 것은 마땅히 바꾸어야 한다. …

八. 이미 있는 명사라 하더라도 중국 사람들이 잘못 사용하여 번역한 것들은 이를 삭제하고 바로잡아야 한다. 잘못 사용되고 있는 용어는 반드시 폐기시켜야 하며 이것이 정비되고 난 후 다시 사용하더라도 혼란을 가져올 우려가 있으므로 반드시 고치도록 해야 한다. 그러나 비슷하여 서로 빌려 쓸 수 있는 것들은 언어에는 흔히 있을 수 있는 현상이니 외국어의 이름이 서로 다르다고 해서 반드시 새로운 이름을 만들어 여러 가지 이름을 사용할 필요는 없다. …

九. 상대방 언어에 하나의 단어가 여러 가지 뜻을 가졌으나 우리나라에서 잘 사용되지 않아 쉽게 혼란을 불러일으킬 경우에는 그 단어가 사용될 때의 의미에 따라 각각 다르게 번역하여야 한다. …

十. 상대 언어의 문장에는 하나의 단어로 나타나 있으나 우리나라의 단어에는 그에 상당하는 단어가 없을 때, 즉 앞에서 네 번째까지의 예에도 해당되는 것이 없을 경우에는 몇 개의 글자를 모아서 번역해야 한다. 중국의 학술은 정교하지 못해서 술어가 부족한 것이 많으나, 후세에도 반드시 허약하고 쇠퇴한다고는 볼 수 없다. 따라서 일마다 처음부터 끝까지 설명을 다 하려고 하면 사정상 그렇게 하는 것이 어렵기도 하고 또 그렇게 할 필요가 없는 것도 있다. 중국어의 발전추세는 다음절어로 가는 경향을 띠며, 과학적인 문장은 하나의 글자를 하나의 술어로 하게 되면 장애에 부딪쳐 표현하지 못하는 것이 있으므로 불편하지 않겠는가?

十一. 주요 명사에 새로운 의미를 부여할 때는 부득이한 경우가 아니면 진부한 것을 취하여 무슨 의미인지 모르도록 해서는 안 된다.

十二. 쉽게 알 수 있는 것을 취하고, 옛날의 명칭과 서로 혼동되는 애매한 것을 취해서는 안 된다.

十三. 세상의 도의와 인심을 위해서 정확한 뜻을 취하여 나라의 사정에 맞도록 해야 하며, 근본적인 것을 버려두고 지엽말단적인 것을 취하거나 작은 것을 배우고 큰 것을 잃어버리는 폐단을 키워서는 안 된다.

十四. 같은 글자이지만 각 나라의 말에 다 들어 있는 것은 대체로 그 언어마다 특수한 역사적 사실과 또 나라마다 그 사정이 다르니 더욱 세심하게 살펴서 각자의 사정에 맞도록 번역하여야 한다.

十五. 이미 의역(意譯)을 하였다면 일본인들의 가차어(假借語: 일본이 소위 말하는 宛字)는 쓸 필요가 없다. 어차피 빌려 쓴 것이고 말도 잘 통하지 않는 것이므로, 나귀도 아니고 말도 아닌 그러한 말은 괜히 국어만 혼란스럽게 만들 뿐이다. …

十六. 이미 의역을 하기로 결심하였으면 그 음은 고려할 필요가 없다. 음(音)과 의(意)가 모두 상통하는 외국어는 틀림없이 얻기 어려운데 두 가지 모두 상통하게 하려면 그 폐단은 둘 다 잃어버리고 만다.

十七. 때때로 한 자가 명사가 될 수도 있고 동사가 될 수도 있으며 또 둘 다 쓰일 수도 있는데, 의역을 하려면 차라리 명사로 하여 명사개념을 존중하는 편이 낫다. 동사로 쓸 것 같으면 다른 동사를 빌려와 도움을 받는 편이 낫다.

十八. 명사를 형용사로 쓸 때 일본어 번역에서는 항상 '적(的)'을 붙인다. 영어의 '적(的: ty)' 또는 '적부(的夫: tive)' 등은 어미(語尾)에서 나온 것으로 음과 뜻을 겸하고 있다. 중국어에서는 '지(之)'자를 사용하여 통속적으로 대명사형 어미로 쓰는데 뒤섞여 정리되지 않고 있다. 이에 관해서는 한 번 토론하여 정리해야 할 것이다.

十九. 일본어 명사는 자신들 고유의 언어계통이 있어 일어번역(日語飜譯)은 우리나라의 문법에 맞지 않을 수도 있으니 비록 뜻이 서로 통한다 하더라도 그대로 모방하지 않음으로써 혼란을 미리 방지해야 한다. …

二十. 기계 등은 이미 그 명칭이 있으므로 그대로 따라 이름을 붙이면 된다. 옛날부터 이름이 없는 것은 스스로 번역하여 붙이기만 하면 된다. 이름이라는 것이 온전하게 그것을 다 나타낼 수는 없으나 너무 천박하거나 미신적이거나 외세를 배척하거나 외세에 아부하는 등의 의미가 들어 있는 것은 짓지 않는 것이 좋다. …

위의 내용은 '의역을 원칙으로 하는 것'에 대해 논술한 것이고, 이에 뒤이어 호(胡)씨는 "사물들 가운데 이 땅에는 없고 저쪽 땅에만 있는 것은 한 자 한 자 그 뜻을 따져보고 명칭을 짓는 것을 원칙으로 하나, 아무리 해도 명칭을 지을 수 없는 것은 그들이 부르는 명칭을 사용하는 것도 무방하다."고 했다. 즉 그는 이어서 음역에 대하여 거론하였는데, 구체적으로는 아래와 같은 열 가지 예가 있다.

一. 사람의 이름으로 호칭을 삼는 것은 비록 특별한 뜻이 있다 하더라도 의역을 하지 않는다. …

二. 지명(地名)은 인명(人名)과 마찬가지로 음을 취한다. 그 인연을 부연설명하고 싶으면 부연설명하는 것도 무방하고 … 생략하고 싶으면 생략하는 것도 무방하다. … 인명을 번역할 때와 다른 점은 의역을 하고 싶으면 의역을 하여도 무방하다는 점이다.

三. 관명(官名)은 각국의 제도가 다르기 때문에 서로 직접 비교하기가 어려우므로 그 명칭을 음역하고 나서 그 밑에 실제 역할을 설명하는 것이 낫다.

四. 새, 짐승, 풀 등의 이름은 이 땅에 있는 것일 때는 당연히 《爾雅(이아)》, 《本草(본초)》 등의 제 서적을 찾아 옛 이름대로 호칭을 하고, 이 땅에 없는 것일 때는 의역을 할 수 있을 때는 의역을 해도 무방하고 의역을 할 수가 없을 때에는 라틴어의 옛 이름을 따서 음역을 하나 … 그 가운데 한두 가지 음을 따와서 호칭으로 삼되 장기적으로 중국어에 동화할 수 있는 이름으로 하는 것이 낫다.

五. 금석(金石)이나 화학(化學)의 명칭도 이와 같이 하면 된다.

六. 논리학상의 명칭이 가장 번역하기 어렵다. 옛날부터 이름이 있으면 그대로 상용하면 된다. 확실하게 그 뜻이 있으면 의역을 하고 … 고유명사가 실제의 뜻과는 별 관계가 없다 하더라도 의미상 다소 손상이 있으면 옛날에 있던 그대로 쓰면 된다. … 다만 의미상으로 큰 손실이 없도록 해야 한다. 고유명사인 듯하면서도 그 속에 의미를 내포하고 있는 것은 신중을 기하여야 한다.

七. 기계류는 의역을 할 수 있는 것은 앞에든 제이십조(第二十條)와 같이 하면 되고, 그렇게 할 수 없는 경우에는 아래의 후삼, 사조(後三. 四條)를 모방하여 새로운 이름을 지어야 한다.

八. 현학(玄學 : 形而上學 또는 哲學)상의 다의어(多義語)의 명사는 번역할 수 없다.

九. 종교상의 신비한 명사는 번역할 수 없다.

十. 역사서에 등장하는 한 민족이나 일시적으로 나타나는 특수한 명사는 번역할 수 없다.

호(胡)씨가 제기한 역명 삼십례(譯名 三十例)는 당시로서는 가장 상세한 것일 뿐만 아니라 자신만의 독특한 견해도 적지 않게 들어 있다. 예를 들면 예로부터 그 명칭이 있어 회복이 가능한 것을 거론하면서도 새로운 명사를 사용하고 있으면 새 명사를 사용해야 한다고 생각하였다. 일본어 번역 명사 가운데 사용할 만한 것은 그대로 사용한다고 생각하면서도 혼란을 일으키고 오류가 있는 것은 마땅히 바꾸어야 한다고 지적한 것 등이 그 예이다. 대부분이 변증법적 의의가 있는 것들이다. 그는 또 번역명칭에 천박한 것, 미신적인 것, 외세를 배척하거나 외세에 아부하는 것 등의 명칭을 사용하는 것에 반대하고 '양화(洋火)', '번찬(番餐)' 등을 그 예로 들었는데 이는 당시에 있어서는 보기 드문 특별한 견해라 할 수 있다. 호(胡)는 마지막으로 이 '삼십례(三十例)'가 실제로는 '삼단(三端 : 세 가지 근본적인 문제)에서 나왔다고 지적하였다.

一. "옛날부터 있던 이름은 그대로 가져다 쓴다." … "순자(荀子)가 이야기한 바와 같이 만물에 이름이 있는 것은 중국의 풍속이 그렇게 만든 것이다."

二. "예부터 이름이 없는 것은 여러 글자를 모아서 만든다." … "순자(荀子)가 이야기한 바와 같이 뜻을 겹쳐서 문장을 이루어 그 이름을 아름답게 한다."

三. "특별한 이유도 없이 서로 비슷한 것은 '오불번(五不飜)'의 예를 모방하여 외국어의 한두 음을 빌려와서 그 이름을 만든다." …"순자(荀子)가 이야기한 바와 같이 옛날의 이름 짓는 법을 배워서 새로운 이름을 짓는다."

이로 미루어 호(胡)씨는 명사의 번역 문제를 전면적으로 연구하여 가능한 한 의역을 한다는 원칙을 주장하였다. 그밖에 또 현장(玄奘)의 '오종불번(五種不飜)'의 음역 이론을 계승하였을 뿐만 아니라 선진 시대 대철학자인 순자의 정명(正名) 이론을 근본사상으로 하고 있음을 알 수 있다. 이러한 사실이 당시 명사번역의 문제에 관한 논문 가운데 이 논문을 가장 뛰어난 글로 만들었다. 따라서 장사쇠(章士釗)마저도 문장 가운데 적지 않은 부분이 "자신의 생각과 약속이나 한 듯이 완전히 일치하고" 자신의 견해도 "胡군의 견해와 다를 바가 없다."고 설명하였다.

二十一. 시(詩)의 번역에 대해서 논한 호회침(胡懷琛)

시(詩)란 문학의 제 장르 가운데 가장 빛나는 보석과 같다. 시가의 번역은 난이도가 가장 높은 것으로 번역 문학의 최고봉이다. 시가 번역의 이론과 관계된 토론은 당대(當代)의 중국과 외국의 역학이론 논의에서 대단히 중요한 위치를 차지하고 있다.

중국 고대의 시가번역 작품은 매우 적으나 시가번역은 아주 일찍부터 시작되었다. 양계초(梁啓超)는 고서중에 보존된 순문학 번역작품은《說苑善說(설원선술)》중에 실려 있는 춘추시대의《月人歌(월인가)》와《後漢書 南蠻西南夷列傳(후한서남만서이열전)》에 실려 있는 백랑왕(白狼王) 당추(唐菆)의《慕化詩(모화사)》3장(三章)이다(《飜譯文學與佛典(번역문학과 불교경전)》참조.). 그 밖에도《史記索引(사서색인)》《樂府詩集(악부시집)》《括地志(괄지지)》등에 수록된, 서로 다른 역사(譯詞 : 번역된 詞)인《匈奴歌(흉노가)》가 있다. 이들은 중국에서 전해 내려오기 어려운 최초의 번역시가이다. 다만 이러한 시들은 주자청(朱自淸)이 지적한 것처럼 "단지 정치적 인연으로 인하여 번역되어 전해진 것일 뿐이다."(《譯詩(역시)》) 진정으로 문학적인 동기에서 출발하여 비교적 많은 시들을 자각적으로 번역한 것은 만청(晩淸) 시기에 소만수(蘇曼殊), 마군무(馬君武) 등에서부터 시작되었다. 이와 같은 이유로 소(蘇)씨와 마(馬)씨 등과 같은 사람 이전의 중국 고대와 근대의 시가번역 관련 이론은 찾을 수가 없다.

소(蘇)씨와 마(馬)씨가 비록 외국시의 번역에 열중하기는 하였지만 시의 번역과 관련된 이론을 서술한 글은 찾아보기가 어렵다. 그러면 중국의 시의 번역이론은 언제부터 시작되었을까? 이전에는 사람들이 일반적으로 현대 신문학운동이 시작한 이후, 즉 20세기 20년대 곽말약(郭沫若), 문일다(聞一多), 성방오(成仿吾) 등이 시의 번역을 논하는 문장을 발표하고 나서부터라고 생각했다. 그러나 내가 본 자료들에 의하면, 10여 년을 앞당겨 소(蘇)씨, 마(馬)씨 두 사람이 시의 번역활동을 시작한 이후 곧 이어 몇몇 사람들이 시가의 번역에 대한 이론적 탐색을 시작하였다. 1908년 소만수(蘇曼殊)가 중국 최초의 번역시집인 《文學因緣(문학인연)》을 출판하고, 1909년에는 또 《拜倫(바이런)詩選》을 출판하였으며, 1911년에는 역시(譯詩)도 포함되어 있는 《潮音(조음)》을 출판하였다. 1914년 마군무(馬君武)는 역시(譯詩)를 수록하고 있는 《馬君武詩稿(마군무시고)》를 출판하였다. 1914년 출판된 호회침(胡懷琛)의 《海天詩話(해천시화)》에는 시의 번역과 관계있는 아주 뛰어난 글이 실려 있다.

호회침(胡懷琛, 1886-1938)은 자가 기진(寄塵)이고 안휘(安徽) 경현(涇縣) 사람이다. 그는 어려서부터 시를 읽고 쓰는 것을 좋아하였으며, 중학교에 입학하면서부터 서양의 학문을 접하고 그에 경도되었다. 1910년 그는 남사(南社)에 가입하게 되었고 특히 류아자(柳亞子)와 친하게 지냈다. 신해혁명 후 그는 류(柳)씨와 더불어 《警報(경보)》와 《太平洋報(태평양보)》 등의 편집업무를 맡았다. 그 후 그는 문명서국(文明書局)의 편집인, 상무인서관(商務印書館)의 편집인, 상해통지관(上海通志館)의 편집인을 역임하였으며 상해호강대학(上海滬江大學), 중국공학(中國公學), 국민대학(國民大學), 지지대학(持志大學), 정풍문학원(正風文學院) 등에서 교수를 역임하기도 하였다. 그는 일생 동안 많은 저술을 남겼다. 그러나 일본제국주의가 전면적으로 중국을 침략하기 시작하자 울분을 못 이겨 세상을 떠나고 말았다. 《海天詩話(해천시화)》는 《古今文藝叢書(고금문예총서)》 제3집(第三集)에 수록되어 있는데, 광익서국(廣益書局)

에서 출판한 중국 최초로 시의 번역에 대해 전문적으로 서술(중국인들이 해외에서 보고 들은 시를 부록으로 수록함)한 대단히 희귀한 시화저작(詩話著作)이다. 이 책의 짧은 서(序)에서 호(胡)씨는 다음과 같이 말했다.

> 유럽과 서방의 시는 그 사고와 시어의 운용이 사뭇 다르다. 번역을 하고 보면 그 원시의 정신을 잃어버리기 쉽다. 그러나 문장에 능한 사람이 그 뜻을 취해 와서 잘 다듬어 번역해내면 중국 시의 범주에도 들게 할 수 있을 것이고, 또 시단에 새로운 낭송법을 창조하여 특별한 한 체제로 만들 수도 있을 것이다. 소만수(蘇曼殊)의 《文學因緣(문학인연)》과 《潮(조음)音》 및 마군무(馬君武)의 《新文學(신문학)》 등은 모두 세상 사람들이 칭송하는 작품들이다.

이 글에서 호(胡)씨는 시를 번역하면 필연적으로 원시(原詩)가 가지고 있는 것 중의 일부를 잃어버릴 수도 있으나, 시의 재능이 탁월한 번역자는 자신의 능력을 발휘할 여지가 있으므로 중국의 독자들로부터 환영받을 수도 있다. 호(胡)씨는 이 책에서 소(蘇), 마(馬) 두 사람의 뛰어난 번역 작품에 대해서 蘇씨가 번역한 雪萊(쉘러)의 《冬日(동일)》이라는 시는 "훌륭한 문장력으로 인하여 원시(原詩)의 정경(情景)이 눈앞에 펼쳐지는 듯하다." 마(馬)씨가 번역한 가덕(歌德: 괴테)의 《阿明臨海哭女詩(아명임해곡녀시)》 9장(九章)은 "처량하고 비장하여 독자로 하여금 눈물이 줄줄 흘러내리게 한다."고 논술하였을 뿐만 아니라 특히 한 절에서는 전문적으로 시의 번역이론에 대하여 다음과 같이 논술하고 있다.

> 어떤 사람들은 문학은 번역할 수 없다고 말하지만 반드시 그런 것만은 아닌 것 같다. 문학도 번역할 수 있는 것이 있고 번역할 수 없는 것도 있는 것 같다. 문장에 능한 사람이 잘 마름질하고 다듬기도 하면 번역을 못할 것도 없다. 만약 문장에 근거하여 직역을 하기만 하면 웃음거리가 되고 말 것이다. 예를 들어 영국 사람이 중국어의 '치빙문장(馳騁文場 : 문단에 이름을 날리다.)'이라는 네 자를 '서탁상포마(書桌上跑馬 : 책상 위에서 달리는 말)'로 번역하게 되면 어찌 이상하다고 말하지 않을 수 있겠는가? 이백의 《子夜詩(자야시)》의 '총시옥관정(總是玉關情)'이라는 구절을 영문으로 번역하여 '옥관(玉關)'으로 음역하였는데 내가 보기에는 이를 틀렸다고 할 수는 없다. 중국 사람은 문장을 보면 '옥관(玉關)'이라는 것이 어떤 것인지 알 수 있지만, 영국 사람은 알 수가 없다. 이 구절의 정신은 이미 잃어버렸다. 이로 미루어 보면 중국인들이 서양어를 번역하더라도 이와 비슷할

것이다. 대체로 전고(典故)를 많이 사용하면 할수록 더욱 번역하기가 어렵다. 예를 들어 의산(義山)의 《錦瑟》이라는 시를 비록 의산(義山) 자신으로 하여금 영어를 잘 이해할 수 있게 만들어 뜻을 입으로 구술하여 펼쳐놓게 하고 영어로 번역을 하게 하면, 원문과 조금도 차이가 나지 않게 할 수 있을까? 나는 결코 가능하지 않다고 생각한다. 이것이 문학은 번역이 불가능하다고 하는 주장이다. 그러나 서구시인들의 사상은 많은 부분 중국시인들의 사상과는 다르다. 예를 들면 모군이 《晩景》이라는 시를 번역하여 다음과 같이 썼다. '暮天蒼紫若洪海, 枯枝亂撑如珊瑚(저녁노을 자색으로 물들어 마치 큰 바다와 같고, 말라빠진 가지가 바치고 있는 것이 마치 바다 속의 산호와 같구나.)' 이러한 경계는 만약 서양시를 읽어보지 않았다면 누가 감히 상상이나 할 수 있었겠는가? 따라서 그 시상을 취해와서 중국어로 바꾸어 놓으면 걸작이 되지 않겠는가? 또 영국인의 시에 푸른 하늘을 키가 작은 풀들이 펼쳐진 목장에 비유하고 하얀 흰 구름이 하늘가에 떠가는 것을 보고는 양떼가 풀밭 위에서 뛰노는 것에 비유한 것이 있었다. 만약 이를 운문으로 번역하면 절묘한 시가 될 것이다. 이는 중국시인들이 아직까지는 쓴 적이 없는 것들이다. 누가 서양의 시는 우리에게 아무런 도움이 되지 않는다고 말했던가? 대체로 서양의 많은 시를 읽고 우리의 사상을 넓혀서 하나의 句나 하나의 節에서 뜻을 취하여 다른 모든 것을 생략하고 자신의 뜻으로 이것을 보충하여 중국시의 성조와 운율(韻律)에 부합되게 하면 가장 좋다. 시 전체를 번역하여 순서를 바꾸고 그 문장 자체를 변화시키는 것이 그 다음이다. 문장을 좇아서 한 자 한 자 번역하는 것은 별로 좋은 방법이 아니다. 옛날 한 친구가 나에게 다음과 같이 말했다. "한 나라의 문자를 배우는 것은 하나의 금광을 얻는 것과 같다." 그 말이 참으로 맞는 것 같다. 그러나 나는 다음과 같이 말하고 싶다. "이미 금광을 얻었으면 단련하는 방법을 마땅히 알아야 한다. 그렇지 않으면 금은 금일뿐이니 우리에게 무슨 도움이 되겠는가?" 이 말이 맞는지 어떠한지는 통달한 사람에게 물어보아야 하겠다.

호(胡)씨의 이러한 주장은 그 함의가 대단히 풍부하여 적지 않은 중요한 역학이론의 문제를 언급하고 있는 것이다. 예를 들면 이 문장은 문학작품을 번역할 수 있느냐 없느냐의 문제에 대해서 토론하고 있는데, 이는 아마 중국에서 최초로 이 문제에 대해서 언급한 글일 가능성이 높으며 또 그 견해가 대단히 변증법적이고 구체적이다. 글 가운데 외국시가의 번역이 중국 사람들의 사상의경을 확대하는데 도움을 줄 수 있다고 한 부분은 대단히 생동적일 뿐만 아니라 당시로서는 참으로 보기 드문 견해이다. 번역시의 수준에 대해서도 자신의 견해를 밝히고 상중하 세 가지로 분류하였는데 그것 또한 우리들이 참고할 만한 가치가 있다. 그는 시를 번역할 때는 "한 자 한 자 글자를 좇아서 번역해서는 안 된다."고 강조하고,

번역자는 비교적 많은 재창조의 자유를 가지고 있다고 생각하였다. 이러한 관점에서 곽말약(郭沫若), 모순(茅盾), 성방오(成仿吾) 등이 유사한 역시(譯詩) 이론을 발표하게 되는데 여기에는 그가 선구적 역할을 하였다. 마지막으로 그는 외국어를 배우고 또 외국어를 운용하고 연구하는 문제에 대해서도 논술을 하였는데 대단히 깊이가 있다. 금광을 얻었으나 연금할 줄을 모른다는 이 비유는 양계초(梁啓超)가 이야기한, 새로운 땅을 얻었으나 이민을 시켜 개간하지 않는다면 돌밭이나 다름없고 외국어를 배웠으나 외국의 서적을 읽지 아니하면 단지 한 마리의 앵무새와 다를 바가 없다고 한 말이 생각나게 한다.

결론적으로 말하면 호(胡)씨는 신구 교체 시기의 한 시인으로, 시가 창작 방면에서는 예술적으로 별로 큰 성과를 거두지는 못했으나, 시화 저작(詩話著作) 방면에서는 시의 번역문제에 대해 최초로 논술을 한 사람이다. 비록 장편의 대문장은 아니지만 이 방면에 있어서 최초의 글일 뿐만 아니라 그 견해 또한 비교적 깊이가 있어 소홀히 할 수 없는 글이다. 한 마디 덧붙일 것은 호(胡)씨의 이 책도 비교문학 연구자들에게는 대단히 중요한 사료임에도 불구하고 유감스럽게도 아무도 이를 거론하지 않았다

二十二. 만청민초(晩淸民初)의 역론(譯論)을 마치면서

근대(現代에 이르기까지)는 하나의 구망(救亡: 조국의 멸망을 구제) 시기이며, 동시에 하나의 계몽시기였다. 구망(救亡)과 계몽은 서로 뗄레야 뗄 수 없는 관계였으며, 동시에 진행되면서 서로 촉진하는 관계였다. 왜냐하면 구망(救亡)하지 않으려 하면서 어찌 계몽을 이야기하겠는가? 또 계몽을 하지 않고서 무슨 방법으로 구망(救亡)을 하겠는가? 근대의 자산 계급 계몽 운동이 소기의 성과를 거두지 못했기 때문에 진정한 계몽 운동과 구망(救亡)의 임무를 진정으로 완성하는 것은 현대로 넘어가게 되었다. 이 이야기는 뒷이야기일 뿐이다. 당대(當代: 신중국 성립 이후 1949…)에 와서 누군가가 고담준론을 발표하여 중국 사람들은 아직도 계몽이 이루어지지

않았기 때문에 누군가가 이를 '보과(補課: 보충수업)'을 해야 한다고 생각한다면 그것은 더욱 뒷이야기일 뿐이며 논제 밖의 이야기이다. 여기에서 구망(救亡)과 계몽은 근대(현대에 이르기까지)의 한 시대적 특징이라 할 수 있다. 중국 근대(현대에 이르기까지)의 번역이론 또한 이 시대적 특징의 제약을 받을 수밖에 없었다.

앞에서도 이야기했다시피 중국 고대의 역학이론은 주된 내용이 종교서적의 번역과 관계된 것이었다. 명청(明淸) 교체시기의 서광계(徐光啓) 등과 같은 사람 역시 비록 종교계인사이기는 하였지만 번역내용은 종교의 영역을 뛰어넘기 시작하였고, 과학기술의 번역에까지 그 범위를 넓혔다. 뿐만 아니라 중국의 허약함을 걱정하고 번역을 통해 서방의 과학기술을 '회통(會通 : 깊이 익혀서)'하여 최후에는 그들을 '초승(超勝 : 뛰어넘다.)'하기를 희망했다. 이것은 이미 단순한 종교적 경건함을 뛰어넘어 애국주의정신의 단계로 진입한 것이다. 근대에 이르러 이러한 애국주의맥박은 더욱 견고해졌다. 이 같은 역사적 특수성을 고려하여 임칙서(林則徐), 위원(魏源) 등과 같은 사람들이 주장한 "적의 장점을 배워서 적을 제압한다."는 등의 논술은 비록 엄격히 이야기하면 번역이론이라고 할 수는 없으나 본 장의 맨 첫머리에 이들을 거론한 것은 이 주장들이 전체 근대번역이론에 중대한 영향을 미쳤기 때문이었다. 다른 번역이론가들의 번역의 현실적 필요성 등과 관련된 논술들도 반드시 이 책의 범주에 들어가야만 한다. 이러한 것도 어떤 외국인(개별적인 중국인도 포함)들은 이해하기 어렵겠지만, 이것은 확실히 근대중국번역이론의 한 특징이라고 할 수 있다.

양계초(梁啓超)는 《淸代學術槪論(청대학술개론)》에서 근대 80년간의 학술사상사와 번역사를 회고하여 다음과 같이 말했다. "아편전쟁 이후에 점차 외환(外患)을 두려워하게 되었다. 홍양(洪楊 : 洪秀全과 楊秀淸 곧 太平天國의 亂을 가리킴)의 난 때 외세를 빌려서 내란을 평정을 하니 서양인들의 '군함과 대포'는 더욱 더 위력을 더해 갔다. 그래서 상해에 제조국(製造局)을 설립하고 광방언관(廣方言館)을 부설하였다. 경사(京師)에도 동문관(同文館)을 설립하였다." 이것은 관방과 양무파들의 서적 번역을 이야기한 것이고, 그밖에도 교회인사들의 서적번역활동이 있었으나 그 내용은 모두 천산(天算), 기술(技術) 등과 관계된 것을 제외하면 다른 것은 별로 없었다. 양(梁)씨는 이 시기를 '학문기황(學問饑荒 : 학문이 기근이 듦)'의 시대라고 하였다. 그는 또 다음과 같이 말했다. "갑오전쟁에서 패하자 온 나라가 진동을 하였고, 젊고 피 끓는 사람들은 머리를 싸매고 손을 높이 쳐들고 '유신변법(維新變法)을 외쳤다.' 변방의 장수들 가운데 이홍장(李鴻章)이나 장지동(張之洞) 같은 사람들은 다소간 호응하였으나 그들이 유행시킨 구호는 소위 말하는 '중학위체, 서학위용(中學爲體, 西學爲用: 중학을 근본으로 하고 서학을 도구로 한다.)'이라는 것이었다. 장지동(張之洞)이 이 말을 가장 좋아하여 전국적으로 중요한 말이 되었다. 당시 사람들은 서양 사람들이 능히 제조를 하고 항해를 하며, 능히 군사를 조련하는 것 외에 다른 학문은 절대 없다고 생각했다. 서양의 서적을 번역하여 그 가운데서 무엇을 추구하고자 한다면 이들을 제외하고는 다른 것은 볼 만한 것이 없다고 생각했다. 강유위(康有爲), 양계초(梁啓超), 담사동(譚嗣同) 등과 같은 사람들은 이와 같이 '학문기황(學問饑荒 : 학문이 기근이 듦)'의 환경에서 성장하여 깊이 사색하였다." 무술정변(戊戌政變)에 이어 경자(庚子事變)사변이 일어나자 청실의 쇄미함은 더욱 더 폭로되고 청년 학생들 가운데 해외 유학을 하는 사람들이 더욱 늘어나게 되었으며 마침내 '임인(壬寅), 계묘(癸卯)'년에는 번역사업이 특별히 성행하였다." 이때에 이르러서는 더 이상 과학기술서적의 번역에 주중하지 않았고 주로 '신사상의 수입'에 주력하였다. 그러나 양(梁)씨는 당시에 "소위 말하는 양계초식 수입(梁啓超式輸入)이라는 것이 있었는데, 단체도 없고 선택도 하지 않고 근본과 지엽말단도 고려하지 아니하고 파별도 불분명한, 오로지 양이 많은 것만을 추구하는 그런 번역의 시대가 있었으며 사회도 이를 환영하였다. 마치 오랫동안 재해지역에서 살아온 사람들처럼 초근목피나 얼어 죽은 참새나 썩은 쥐들까지도 무엇 하나 가리지 않는 것 같았다. 입이 터지도록 가득 씹으면서 소화가 되든 말든 병이 걸리든 말든 따지지 아니하니 마치 이를 대신할 식품이 없는 듯이 보였다."고 인정하였다. 양(梁)씨는 이 시대에 오로지 엄복(嚴复)만이 서방의 명저를 선택할 줄 알았다고 하였다. "비록 이미 반은 낡은 서적에 속하며 이미 출판된 지가 상당히 오래 되었으나 서양의 유학생이나 본국의 사상계에 관계를 맺고 있는 영향력이 있는 사람 중에는 엄복이 그 으뜸이었다." 그밖에 또 임서(林紓)라는 사람이 있어 소설 백 수십 종을 번역하였다. 비록 번역한 소설의 대부분이 유럽의 이, 삼류 작가들의 작품이었으나 당시에는 상당히 유행하였다. 양(梁)씨가 이와 같은 종합적인 결론을 내린 이후, 호적(胡適)이《五十年

來中國之文學(오십년래중국지문학)》이라는 글에서 별반 차이가 나지 않는 회고를 하고 "엄복(嚴复)과 임서(林紓)의 큰 공로는 이 두 가지 큰 결점을 보완한 데에 있다." 고 긍정하였다. 두 가지 큰 결점이란 이전의 번역이 서방의 철학사상방면의 저작과 문학방면의 저작을 중시하지 않은 결함을 가리킨다. 근대의 번역 사업이 비교적 빠른 발전을 보인 것은 번역이론의 끊임없는 발전과 밀접한 관련이 있다. 앞에서 논술한 바와 같이 유신파(維新派)들의 이 방면의 이론적 공헌이 가장 컸다. 예를 들면 마건충(馬建忠), 고봉겸(高鳳謙), 양계초(梁啓超) 등이 최초로 광범위하게 번역할 것을 주창하여 양무파나 교회인사들이 자연과학서적들을 전문적으로 번역하는 좁은 범위에서 벗어났으며, 강유위(康有爲)와 양계초(梁啓超) 등이 빠른 번역과 일본어서적의 번역을 주장함으로써 하나의 지름길을 찾았다고 할 수 있다. 또한 엄복(嚴复), 임서(林紓), 양계초 (梁啓超) 등이 앞장서서 철학서적과 문학서적을 번역할 것을 호소함으로써 그 범위를 더욱 넓혀 새로운 국면을 열어나갔다. 민국 초년에 이르러서는 드디어 시의 번역과 관계된 이론도 출현하였다. 그밖에도 번역인재를 양성하고 번역자공회를 조직하자는 등의 이론도 논리적으로 제기되었다. 번역이론의 형식적인 측면에서 살펴보면 고대에는 주로 비교적 짧은 서(序), 발(跋) 등과 같은 형식이었으나 근대에 들어와서는 장편의 논문과 독립된 진술문이나 건의문과 같은 형식으로 바뀌었다. 번역자의 측면에서 보면 고대의 대번역가들은 별로 많은 번역이론을 남기지 않았으며(예를 들면 구마라십(鳩摩羅什)이나 현장(玄奘)) 또 어떤 번역가는 스스로 외국어를 잘 이해하지 못했으나(예를 들면 도안(道安)이나 서광계(徐光啓)), 근대에는 대번역가 겸 대역론가(예를 들면 엄복(嚴复))가 출현하였으며 또 대정치가, 대학자 겸 대역론가(예를 들면 양계초(梁啓超)와 장사쇠(章士釗))도 나타났다.

고대의 번역이론은 논쟁이 별로 없었는데 그나마 '문(文; 의역)'과 '질(質: 직역)'을 초점으로 하여 이루어졌다. 그러나 근대번역이론사에 있어서는 최소한 두 차례의 비교적 규모가 큰 토론이 있었다. 첫 번째는 엄복(嚴复), 양계초(梁啓超)와 오여륜(吳汝綸) 사이에서 주로 번역의 문체와 언어 등을 대상으로 하여 전개되었다. 또 다른 논쟁은 장사쇠(章士釗), 오치휘(吳稚暉), 호이로(胡以魯), 용정공(容挺公) 등 사이에서 일어난 것으로, 이는 주로 역명(譯名 : 명사의 번역)을 대상으로 전개되었다. 또

한 근대 역론사에는 아주 뛰어난 번역이론들이 쏟아져 나왔다. 예를 들면 마건충(馬健忠)의 '선역(善譯)' 설, 양계초의 '역서삼의(驛書三義)', 라진옥(羅振玉)의 '역서판법팔단(曆書辨法八端)', 호이로(胡以魯)의 '역명삼단삼십례(譯名三端三十例)' 등이 있다. 이 중에서 엄복의 '신달아(信達雅)' 설을 가장 중요한 번역이론으로 꼽아야 할 것이다. 이 시기에는 역명(譯名) 문제를 제외하고는, '신달아(信達雅)' 설 및 기타 번역이론의 '내부 연구'에 관해서는 아직도 깊이 있는 연구가 전개되지 못했다. 또한 번역이론과 관계된 전문 서적도 아직 출현하지 않았다. 중국의 번역이론의 진일보한 발전은 아직도 한 바탕의 진정한 사상계몽운동이 전개되는 것을 기다려야만 했다.

第三章

민국(民國)시기의 譯論(번역이론)

一. 호적(胡適)과 유반농(劉半農)의 번역론 추의(芻議: 제언)

중국 현대 신문화운동(中國 現代 新文化運動)의 서막을 열었던 문학혁명의 구호를 정식으로 제기한 것은 1917년 초의 잡지 《新青年(신청년)》이었다. 호적(胡適)은 그 해 1월에 《新青年(신청년)》에 《文學改良芻議(문학개량을 위한 제언)》라는 글을 투고하였다. 곧이어 그 다음 호에 이 잡지의 주편인 진독수(陳獨秀)가 《文學革命論(문학혁명론)》을 발표하였는데, 이때부터 문학혁명군의 기치가 높이 세워졌다. 이대조(李大釗), 노신(魯迅), 주작인(周作人), 전현동(錢玄同), 유반농(劉半農) 등도 차례로 《新青年(신청년)》 동인으로 참여하였다. 이들처럼 최초로 문학 혁명 운동에 참여한 장수들은 모두 번역 사업을 매우 중요하게 생각했기 때문에 거의 대부분이 번역에 대한 다소간의 의견을 발표하였다. 예를 들면 진독수(陳獨秀)는 1916년 12월 1일 《新青年(신청년)》 제2권 제4기에 《西文譯音私議(서문역음에 대한 나의 생각)》라는 글을 발표하여 "서양의 서적을 번역함에 있어서 지명과 인명, 도량형의 단위가 번역하는 사람마다 달라 각 사물이 등장할 때마다 이름을 붙이니, 지나치게 복잡하여 어떻게 기록할 방법이 없다."고 하였다. 또한 그는 "소리나는 대로 한자로 옮기고 다시 그것의 뜻을 유추해서 옮기니 부족한 줄을 모르겠다."고 하였다. 그는 이를 '單獨字母譯音(단독자모역음)'과 '拼音字母譯音(병음자모역음)'의 두 부류로 나누고, 200여 가지 음으로 영어, 독어, 불어, 러시아어, 범어(梵語) 등과 같은 제 언어의 음역(音譯)을 시도하였다. 그는 "번역음을 통일하는 것이 학자들로 하여금 시간과 정력을 절약할 수 있도록 하는 방법이 아니겠는가?" 하고 인식하였다. 이 글은 확실히 그의 친구인 장사조(章士釗)의 번역이론의 영향을 받아 쓴 것으로, 현대에 들어 처음으로 음역문제를 제기한 것이다. 그밖에도 노신(魯迅), 주작인(周作人) 등의 번역이론은 앞 장에서 이미 거론했기 때문에 본 장에서는 호적(胡適)과 유반농(劉半農)의 번역이론에 대해서만 거론하고자 한다.

호적(胡適, 1891-1962)은 안휘, 적계(安徽, 績溪) 사람으로, 원명은 호홍성(胡洪騂)이고 자가 적지(適之)이다. 1910년 미국으로 유학하여 처음에는 농학을 전공하였으나, 뒤에 철학과 문학으로 전공을 바꾸었다. 1917년 귀국하여 북경대학교 교수가 되었고, 《新青年(신청년)》 편집부에 가입하였다. 그 후 오랫동안 문화, 교육 사업에 종사하였다. 항일전쟁 기간 동안에는 주미 대사로 부임하였고, 1946년에는 북경대학교 총장이 되었다. 그 후 미국으로 갔으며 나중에는 대만으로 갔다. 호적(胡適)은 일생 동안 번역과 관계되는 약간의 글을 발표하였다. 그는 비록 번역이론의 대가라고는 할 수 없지만, 신문학운동 초기에 그가 발표한 번역이론과 관계되는 글은 비교적 큰 영향을 미쳤다.

호적(胡適)은 《文學改良芻議(문학개량을 위한 제언)》를 발표한 후 1년 정도 지난 1918년 4월에 《建設的文學革命論(건설적인 문학혁명론)》을 발표하여 '국어적 문학, 문학적 국어'라는 구호를 제창하였다. 이는 '파괴에서 시작하여' '건설에 힘을 쏟는' 것에 주안점을 두고 있는 것이라 할 수 있다. 바로 이 유명한 글의 말미에서 호(胡)씨는 다음과 같이 언급하였다.

> 신문학을 창조하는 첫걸음은 도구이고 그 다음은 방법이다. 그 방법의 대략은 내가 조금 전에 말한 바와 같다. 지금 다시 묻건대 어떻게 준비하면 고명한 문학방법을 얻을 수 있을까? 곰곰이 생각해 보니 오로지 한 가지 방법밖에 없다. 그것은 한시바삐 서양문학을 번역하여 우리의 모범으로 삼는 것이다.

그의 이러한 주장은 사실은 주(周)씨 형제(魯迅과 주작인(周作人))가 10년 전에 발표하였으나 실제로 실천에 옮기지 못한 주장과 완전히 일치하는 것이다. 그는 신문학운동이 일어나려던 시기에 정식으로 많은 외국명저를 번역하자는 구호를 내걸었을 뿐만 아니라 외국문학명저의 번역만이 신문학을 창조하는 유일한 준비이자 모범이라고 생각하였으니 이는 하나의 대단한 사건이었다. 뿐만 아니라 그는 이어서 또 다음과 같이 말하였다.

> 현재 중국에서 번역된 서양의 서적들은 대체로 그 방법을 얻지 못하여 효과가 미미하다. 나는 아래와 같이 몇 가지 서양문학명저를 번역하는 방법을 제시하고자 한다.
>
> 1. 대문호의 명작만을 번역하지 이류 이하의 작품은 번역하지 아니한다. 진정으로 서양문학을 이해하는 국내 학자들을 대상으로 회의를 열어 반드시 번역하지 않으면 안 되는 얼마간의 일류 문학작품을 공개적으로 선정해야 한다. 예를 들면 100편의 장편소

설, 500편의 단편소설, 300종의 희곡, 50편의 산문들을 선정, 번역하여 제1부《서양문학총서》를 5년 기한으로 발간하고, 그 후에 다시 제2부를 선정한다. 번역된 원고를 이 학자들이 심사하고 또 각 작품마다 서를 쓰고 또 작가의 생평을 소개하는 글을 써서 출판한다. 하이데거와 같은 제2류 이하의 작가들의 작품은 일률적으로 선정하지 아니하며, 시가와 같은 장르는 번역하기가 쉽지 아니하므로 시간을 두고 연구할 따름이다.

2. 완전히 백화만을 사용해야 한다. 운문으로 쓰여진 희곡들도 반드시 백화를 사용하여 번역하여야 한다. 고문으로 번역하게 되면 반드시 원문의 장점을 잃고 만다. 예를 들면 임금남(林琴南)선생이 번역한 '其如珠, 其母下之(그녀의 미모는 그 어미도 따라가지 못한다.)'. 등의 번역은 말도 안 되는 우스갯거리일 뿐이니 여기서는 거론조차도 하지 않겠다. 어제《圓室案(원실안)》이라는 한 탐정소설을 보았는데, 어느 탐정의 '勃然大怒, 拂抽而起(몹시 화가 나서 소맷자락을 걷어붙이고 일어났다.)'라는 문구가 있었다. 이 탐정이 입은 옷이 캠브리지대학의 소매가 넓은 가운이 아닌지 모르겠다. 이렇게 번역한다면 번역을 하지 아니함만 못하다. 또 임금남(林琴南)선생은 셰익스피어의 희곡을 기서체(記叙体)의 고문으로 번역해 놓았는데 이는 셰익스피어에 대한 모독으로, 그 죄가《圓室案(원실안)》의 번역자의 죄보다 컸으면 컸지 덜하지 않다.

호적(胡適)이 주장한 이 두 가지 방안은 당시에는 상당히 큰 영향력을 발휘하였는데, 부사년(傅斯年) 같은 사람은 이 문장으로부터 영향을 받아 전문적인 번역이론에 대한 글을 쓰게 되었다고 말한 적이 있다. 백화로 번역하는 일은 얼마 지나지 않아 실현되었으며, 번역 문학총서를 발간하는 일은 정진탁(鄭振鐸), 모순(茅盾) 등이 이끌던 문학연구회가 가장 큰 역할을 하였다.

《新青年(신청년)》이 내건 문학혁명의 구호는 처음부터 어느 누구도 공개적으로 반대하는 사람이 없을 정도였다. 옛 문인들은 마치 '아무런 관심도 없는 것처럼 무시하는 듯한' 태도를 취하거나 '마치 대꾸할 가치조차도 없다는 듯한' 태도를 취하는 것 같았다. 이러한 그들의 태도는 신문학운동을 주창한 사람들이 적막함을 느낄 정도였다. 따라서 전현동(錢玄同)은 '왕경헌(王敬軒)'이라는 가명을 사용하여《新青年(신청년)》의 편집자에게 한 통의 편지를 썼다. 곧 옛 문인의 심리와 어투를 모방하여 그들이 신문학운동을 반대하는 관점을 귀납하여《新青年(신청년)》제4권 제3기(1918년 3월)에 발표하였다. 동시에 유반농(劉半農)은《復王敬軒書(왕경헌; 王敬軒에게 보내는 답글)》을 통해 조목조목 통렬한 비판을 가하였다. 위조되었으나 상당히 진실한 내용을 담고 있던 그 편지 속에는 봉건수구 문인들의 번역에 대한 견해도 포함하고 있었으며, 유반농(劉半農)의 '답신' 속에는 《新青年(신청년)》파의 번역에 대한 견해도 포함되어 있었다.

유반농(劉半農, 1891-1934)은 강소성, 강음(江蘇省, 江陰) 사람으로 원명은 수팽(壽彭)이었으나 복(復)으로 개명하였다. 자가 반농(半農)이었는데 주로 자를 사용하였다. 1912년 상해로 건너가서 《中華新報(중화신보)》의 특약(特約) 편역원과 中華書局(중화서국)의 편집인을 차례로 역임하였다. 1916년부터 잡지 《新青年(신청년)》에 적극적으로 글을 발표하였으며, 1917년에는 북경으로 가서 북경대학 예과 교원이 되었다. 또한 《新青年(신청년)》 잡지의 편집인을 맡아 신문화운동에 적극적으로 참가하기도 하였다. 1920년에는 프랑스로 유학을 가서 언어학을 전공하였다. 1925년 박사학위를 취득한 후 귀국하여 각 대학에서 강의하였다. 그 후 1934년 서북지역에서 방언을 조사하던 중 병에 걸려 생을 마감하였다.

1918년에 쓰여진 '쌍황신(雙簧信)[1]'에서 그는 번역에 대한 두 가지 문제를 중요하게 언급하고 있다. 첫 번째는 '용필조사(用筆措詞)[2]'라는 번역 용어(名詞의 번역)와 문필(文體) 문제이다. '왕경헌(王敬軒)'은 다음과 같이(원문은 고의로 신식 문장 부호를 사용하지 않고 있는데, 여기에서도 그대로 인용하기로 한다.) 말했다.: "임(林)선생은 당대의 문호로, 능히 당대(唐代)소설의 신운(神韻)으로 외국소설을 잘 번역할 수 있다. 그 소설에 등장하는 사건들은 모두 서양사람들의 사건이지만 사용하는 문체와 단어는 모두 우리나라(중국) 말과 우리나라 문체여서 독자들은 그것이 서양의 사건이라는 사실을 잊고 만다. 이 어찌 일반 문인들이 미칠 수 있겠는가? 그러나 귀사(貴社: 신문사)에서는 뜻이 잘 통하지 않는다고 불평을 하니 참으로 뜻밖이다. 내가 보기에는 귀사의 4권 1호에 실린, 주(周)군이 번역한 타사(陀思)의 소설은 뜻이 통하지 않는다는 비평을 들어 마땅하다. 나는 서양어를 몰라서 그 소설의 원문이 어떠한지

---

1) 역자주 : 한 사람은 전면에 나서서 동작을 하고 한 사람은 뒤에 숨어서 대사만 하는 연극의 일종. 전현동(錢玄同), 은 왕경헌이라는 가상의 인물을 내세워 고문가들이 신문학 운동가들을 비판하는 편지를 쓰고, 유반농(劉半農)은 다시 신문학 운동가의 입장에서 고문가들을 비판하는 글을 발표하였으므로 이를 비유하여 '상황신'이라고 하였음.

2) 역자주 : 문장에서 사용하는 단어로, 용필은 주로 문체를 말하며 조사란 용어의 사용 문제를 말한다.

는 모르겠으나, 만약 원문 또한 이렇게 서로 통하지 아니한다면 번역할 만한 가치가 없는 것이다. 만약 꼭 번역을 하고 싶다면 마땅히 쉽게 잘 통하는 국문으로 뜻이 통하도록 해야 할 것이다. 원문을 하나하나 좇아서 번역하였으나 이어질 듯 끊어질 듯하여 문장의 앞뒤가 일관되지 아니하니 읽어내려 가기가 어렵다. 아! 귀사에서는 그만둘 지어다. 임(林)선생의 심원한 고문은 보아도 그 뜻이 통하지 아니하고, 아직도 덜 익어 떫은 주(周)군의 문체는 잘 통하기 때문에 실렸는가? 진실로 이는 옥석을 구별하지 못하는 어리석음을 범한 것이 아니겠는가?[3] 임(林)선생이 번역한 소설은 무려 일백 종이나 되는데 문체가 아름다운 것은 말할 것도 없고 책 이름도 음변연어(吟邊燕語)나 향구정안(香鉤情眼) 등과 같이 아름다움의 극치를 다하였다. 이것이 바로 문장마다 향기롭지 않은 것이 없고 글자마다 아름답지 않은 것이 없다는 향구정안(香鉤情眼) 본래의 뜻이다. 만약 귀 잡지의 주장에 따르면 아마도 혁리정안(革履情眼)으로 고치는 것이 맞을 것 같은데, 어떻게 생각하시는지 그 답변을 듣고 싶은 바이다." 이에 유(劉)씨는 다음과 같이 답변했다.

> 임(林)선생이 번역한 책을 '한가로이 시간을 때우는 책'으로 간주하면 그것을 공격할 필요가 없을 것 같다. 왜냐하면 임(林)선생이 번역한 《哈氏叢書(하이데커총서)》 등과 같은 책은 《*眉語鶯花雜志*(미어경화잡지)》 등과 비교하면 '한 차원 높다'고 할 수 있으니 어찌 애써 '흠집을 내려'고 하겠는가? 만약 문학 작품으로 대하며 평론을 한다면 사실대로 한 마디 하지 않을 수 없다. "임(林)선생이 번역한 책은 첫째, 번역할 책을 엄선하여 선정하지 않았다는 것이다. 때때로 외국에서 아무 가치도 없다고 여기는 책들을 번역해 내곤 하였으니, 소위 선생이 말하는 '옥석을 구별하지 못하는 어리석음을 범하는 것'이라는 평어가 곧 임(林)선생이 번역한 책에 대한 절묘한 평어가 아니겠는가? 둘째, 오류가 너무 많다는 것이다. 역문과 원문을 대조해 보면 빼버리고 고치고 하여 정신은 모두 사라지고 원래의 모습은 찾아볼 수가 없다. … 셋째, 임(林)선생이 '당대 문호'가 되고, 선생이 임(林)선생을 숭배하는 까닭은 모두가 '당대(唐代)소설의 신운(神韻)으로 서양소설을 번역한' 까닭이다. 그럼에도 불구하고 당신은 이것이 그의 가장 큰 원인이라는 사실을 어찌 모르는가? 마땅히 역서(譯書)는 저서(著書)와 달라서 저서는 저서 자체를 주체로 하

3) 周鼎：宝鼎，喻杰出之士. 康瓠：空酒器，喻平庸之才. 凡世人皆有私心，總希望自己的后代是周鼎而不是康瓠. 賈誼的"斡弃周鼎而宝康瓠"如果改爲：斡弃康瓠…. "주정은 뛰어난 선비를 비유하고, 강호는 빈 술잔으로 평범한 선비를 비유하는 것이다. 무릇 세상 사람들은 모두 사심이 있어 자신의 후대는 모두 주정이 되기를 원하고 강호가 되기를 원치 않는다."는 것에서 유래한 말.

지만, 역서는 원본을 주체로 한다는 사실을 알아야만 한다. 따라서 역서의 문체는 본국의 문자로 외국의 문자에 맞추어야지 외국의 문자와 신운(神韻)을 억지로 바꾸어 본국의 문자에 다가가도록 해서는 안 된다는 사실을 알아야 한다."

유(劉)씨의 답신 중에는 임서(林紓)가 번역한 소설에 대한 평가가 지나치게 그 업적을 폄하한 면이 있다(이 책에서는 인용할 때 그 부분은 삭제하였다.). 그러나 임서(林紓) 번역의 결점에 대한 비평, 특히 그의 번역문의 '문체와 용어사용'에 대한 문제제기는 정확한 것이다. 유(劉)씨는 그밖에도 임서가 번역한 소설의 제목이 지나치게 선정적인 문제에 대해서도 비평을 가했지만 여기에서는 글이 너무 길어 생략하기로 한다. 유(劉)씨는 그밖에도 고대 불경번역이론을 예로 들어 그의 번역이론을 써 내려갔는데, 그것은 매우 주목할 만하다.

우리나라 고대 번역사상 가장 유명한 두 부(部)의 번역작품은 한 부(部)는 후진(後秦) 구마라십(鳩摩羅什) 스님이 번역한 《金剛經(금강경)》이고, 또 다른 한 권은 당(唐)나라 때 현장(玄奘) 스님이 번역한 《心經(심경)》이다. 이 두 사람은 본래 고대에 태어났으니 만약 번역문에서 진(晉)나라 당(唐)나라 때의 문체를 사용했다면 눈앞에 펼쳐지는 풍광을 그대로 묘사만 하면 되었으니, 임(林)선생이 2천 년 전의 골동품을 모방하는 것에 비하면 훨씬 더 쉬웠을 것이다. 그러나 그들은 실사구시의 태도로 변화무쌍하고 대단히 세밀한 필치로 원문의 깊은 뜻을 묘사해 내어 원문의 뜻을 한 자도 더하거나 빼지 않았을 뿐만 아니라 어리석고 무식한 양반들의 그 냄새 나는 어투를 《經(경)》에 넣지 않았기 때문에 오늘날까지도 이 두 《經(경)》을 읽는 사람들은 마음속으로 이 문장들이 서역으로부터 온 문장이라고 생각하지, 결단코 "先生不知何許人也(선생은 어디에서 온 사람인가?)" 하는 진(晉)나라 문장이라 여기지 않으며, 또한 '龍噓氣成雲(용이 입김을 내뿜으니 구름이 뒤따른다…)' 등[4]과 같은 당(唐)나라의 문장이라고 느끼지 않는다. 이러한 외국문학을 수입하여 중국문학계에 새로운 지평을 연 능력은 '여러 해 동안 공부를 해도 평범한 선비를 면하지 못한 서생들'이 어찌 꿈엔들 넘볼 수 있는 경지이겠는가?

'쌍황신(雙簧信)' 속에 언급한 두 번째의 번역학에 관한 문제는 소위 말하는 '중국의 고훈으로 서양의 부족한 부분을 메운다.'고 하는 명사의 번역 문제이다. '왕경헌(王敬軒)'은 "오늘날 능히 신문학을 창달할 수 있는 사람은 엄기도(嚴幾道)와 임

---

4) 《荀子 勸學》: "上不能好其人, 下不能隆礼…則末世窮年, 不免爲陋儒而已."

금남(林琴南)[5] 선생 두 사람뿐이다. 임(林)선생의 문장은 앞에서 말한 바와 같고, 엄(嚴)선생은 주진(周秦)의 제자(諸子)들의 문장으로 서양인들이 발명한 새로운 이치를 설명할 뿐만 아니라 중국의 고훈(古訓)으로 서양의 부족한 부분을 보충해 주기도 하였다. 예를 들면 논리학을 번역하여 명학(名學)이라고 하였는데 이를 통해 서양인들이 말하는 논리를 증명하였을 뿐만 아니라 공손용(公孫龍)이나 혜시(惠施)가 말하는 명교(名教), 명분(名分), 명절(名節) 등의 뜻을 나타내고 있는데, 이는 서양의 논리학이 가지고 있지 못한 부분이다. 곧 명학(名學)으로 번역하니 이 모든 뜻을 다 포함하게 된다. 중성(中性)을 망양(罔兩)[6]으로 번역하니, 이상한 동물의 이름을 빌려서 그 정확한 뜻을 전달하였다. 또한 아상국(理想國)을 번역하여 오탁방(烏托邦)이라고 하였는데, 오유(烏有: 없다)와 기탁(寄託)의 두 가지 뜻이 모두 분명하게 드러난다. 더욱 더 묘한 것은 음역한 글자 가운데 그 뜻이 들어 있다는 것이다. 예를 들면 명학(名學)을 라집(邏輯)이라고 번역하였는데, '라(邏)'는 아마도 연역법을 가리키고 '집(輯)'은 아마도 귀납법을 가리키는 것 같다. 은행을 판극(板克: BANK)이라고 번역하였는데, 대판(大板)을 '업(業)'이라 하고 '극(克)'은 이김을 나타낸다. 영업하는 것이 셈하는 것을 뛰어넘는다(이긴다)는 뜻이니, 그 정교하고 신묘하기가 다른 사람이 도저히 미치지 못할 정도이다. 귀사(貴社)의 여러 사람들이 마땅한 방법을 찾지 못하여 서양의 알파벳을 중국어 사이에 끼워 넣는 방법과 비교할 때 어느 방법이 뛰어난지 허심탄회하게 생각해 보기 바란다."고 언급하였다. 유(劉)씨는 이에 답하여 다음과 같이 말하였다.

> 명사의 번역문제는 오늘날 많은 학자들이 제삼 토론을 벌이고 있으나 아직도 해결하지 못한 어려운 문제이다. 기자 등이 이 문제에 대하여 장차 논문이나 담화 등을 통하여 발표할 것이다. 지금은 선생과 이론상의 연구를 위하여 선생께서 든 예를 가지고 하나하나 간략하게 토론하고자 한다. 서양의 logic과 중국의 명학(名學) 및 인도의 '인명학(因明學)' 등 세 가지 학문은 성향이 비록 비슷하기는 하지만 그 범위나 정신적인 특징은 각자 서로 다른 데가 있다. 따라서 인도 사람들은 logic을 자신들에게 있던 것으로 생각

5) 엄기도 기도는 엄복(嚴复)의 자이고, 임금남 금남은 임서의 자이다.

6) 古代傳說中的山川精怪；鬼怪. 罔兩은 남녀 둘 중에는 없는 것이라는 뜻이니 곧 중성을 의미한다.

하지 않고, 그것이 원래부터 있던 또 다른 하나의 '인명학(因明學)'이라고 말한다. 중국인 역시 견강부회하여 '명학(名學)'으로 여겨서는 절대로 안 된다. 엄(嚴)선생이 번역한 '명학(名學)'이라는 두 글자는 이미 발꿈치를 깎아서 신발에 맞추는 잘못을 저질렀으며, 왕경헌(王敬軒)선생은 더 나아가 '명교(名教), 명분(名分), 명절(名節)' 등과 같은 일련의 개념을 끌고 들어가니 이 어찌 서양의 순수학문의 하나가 중국에 들어와서 《만보전서(萬寶全書)》로 바뀐, 다시 말해서 하나의 큰 쓰레기통으로 바뀐 것이 아니겠는가? 결론적으로 말하면 고학(古學)은 고학(古學)이고 금학(今學)은 금학(今學)이니 우리는 그들을 분별하여 연구하되, 서로 뒤섞이지 않게 하면 된다. 분별하여 연구한 후에 서로 비교하고 서로 보완하도록 하면 되는 것이다. 제대로 연구도 하지 않고, 겉만 보고 나서 그것을 견강부회하여 제멋대로 이용하면 그야말로 비열한 짓이 되고 만다.

엄(嚴)선생은 '중성(中性)'을 '망양(罔兩)'으로 번역하였다. '망(罔)'은 무(無)'자로 해석하고 '양(兩)'은 '음양양성(陰陽兩性)'을 가리키니 그 뜻은 매우 분명하다. 왕경헌(王敬軒) 선생에 의하면 그는 "이상한 동물을 빌려와 무이(無二: (음양) 두 가지가 다 아니다.)의 의미를 확실하게 하였다."고 말하고 있으니 일체의 '중성의 명사'가 모두 짐승으로 변하고 말았다. 선생께서 그렇게 견강부회한 것을 엄(嚴)선생이 아시게 되면 아편 상점에서 뛰어나와 이 "망할 놈의 자식!"이라고 크게 꾸짖을 것이다('망양'은 세 가지 뜻이 있다. 첫 번째는 《莊子(장자)》에 나오는 것으로 '罔兩問景'이란 뜻인데, 이는 '그림자 가장자리의 희미한 그늘'을 말한다. 두 번째 뜻은 《楚辭(초사)》에 나오는 것으로 '神罔兩而無主'라는 뜻이다. 이는 '정신이 의지할 데가 없다'는 의미이다. 세 번째는 《魯語(노어)》에 나오는 것으로 목석의 괴물을 기(夔) 또는 망량(罔兩)이라고 한다. 즉 망량(魍魎: 요괴)과 같은 뜻이다. 만약 선생께서 정말로 견강부회를 하려고 하면, 두 번째 뜻에 가까울 것으로 여겨지는데 선생은 어떻게 생각하시는가?).

'Utopia'를 오탁방(烏托邦)'으로 번역하였는데 이는 완전한 음역이다. 선생의 말씀에 따르면 이는 '오유기탁(烏有寄託)'으로 해석되어 '무기탁(無寄託: 기댈 곳이 없다.)'으로 변하고 만다. '라집(邏輯)'으로 'Logic'을 번역한 것은 완전한 음역이다. 따라서 '라(邏)'자는 결코 '연역법'을 개괄하지 않으며, '집(輯)'자도 결코 '귀납법'을 개괄하고 있다고 할 수 없다. 역어의 뜻에 대해서 이야기를 한다고 하더라도 이 두 글자는 어떠한 방법으로도 서로 연결할 수 없는 그러한 글자를 모아 놓은 것일 뿐이다. 또 'Bank'를 '판극(板克)'으로 번역하였는데 이도 음역을 한 것일 뿐이다. 선생께서는 '대판위지업(大板謂之業, 큰 상점을 업이라 한다.)'으로 '판(板)'자를 해석하고 있는데, 만약 모든 상점을 다 '판극(板克)'이라고 한다면 반드시 '은행'을 가리킬 필요는 없는 것이다. 만약 장례용구를 파는 상점의 주인이 "우리 집의 원심혈(圓心血) '판(板)'이 영업이 매우 잘 되면 우리 집도 '판극(板克)'이라고 할 수 있느냐고 묻는다면 선생께서는 찬성하시겠는가? 또 엄(嚴)선생이 이야기한 '판극(板克)'은 '판극(版克)'이라고도 쓸 수 있을 것 같다. 선생께서 생각해 보시면 대단히 만족해하실 것 같다. 왜냐하면 '판(版)'은 '수판(手版)'을 의미하니 '수판(手版)'을 사용하면 '영업상 반드시 셈을 하는 것보다 뛰어날 것'이기 때문에 선생이 마음속으로 가장 좋아할만한 말이 아니겠는가?"

유(劉)씨의 이 답신은 대단히 신랄한데, 오늘날의 연구자들에 의해서 많이 언급되지 않았기 때문에 여기에 다소 많은 분량을 인용하였다. 유(劉)씨가 비록 정식으로 명사의 번역문제를 논한 건 아니지만 그의 견해는 매우 분명하게 드러나 있다. 첫째, 그는 중국에서 옛날부터 말해오던 외국의 새로운 사물을 의역하는 것에 대해 반대하였다. 둘째, 명사를 음역함에 있어서 그 의미를 견강부회하는 것에도 반대하였다.

전현동(錢玄同), 유반농(劉半農)의 이 '쌍황신(雙簧信)'은 신문학사상 유명한 이야기가 되었다. 또 이러한 형식을 통하여 번역학과 관련 있는 견해를 발표한 것은 정말 드문 일이었다.

劉씨의 역학에 대한 관점은 주씨(周氏) 형제와 대단히 가까웠다. 1921년 3월 20일, 그가 영국 런던에서《十二個(12가지)》라는 긴 시를 발표한 후, 주작인(周作人)에게 긴 편지를 써서 자신의 번역에 관한 견해를 조금 이야기했다. 애석하게도 그 편지가 당시에는 발표되지 못했고 그 후《半農雜文二集(반농잡문이집)》에《關于譯詩的一點意見(譯詩에 관한 약간의 의견)》이라는 제목으로 부분적으로 발췌되어 실렸다. 그 가운데 직역에 관한 글은 상당히 뛰어난데 아래와 같은 부분이 들어 있다.

> 우리들의 기본방법은 당연히 직역(直譯)이다. 직역이기 때문에 우리들은 그 뜻을 번역해 내야 할뿐만 아니라 원문에 보이는 그 표현방식도 남겨두도록 해야 한다. 또 직역이라는 것으로 글자 순서대로 한 자 한 자 번역하는 것이 아니기 때문에 번역문 가운데서 문장을 글자의 순서대로 할 것인지, 언어의 자연스러움에 부합하는지를 고려해야 한다. 이 두 가지 방면을 모두 고려하다 보면 어느 한쪽이 희생되는 경우가 생기는 것을 면할 수는 없다. 그러나 대략적으로 말하면 보통의 응용문에서는 포함되는 것은 의미일 뿐이다. 따라서 이 의미를 나타낼 때에는 언어의 방식으로 전달한다. 그밖에 어떤 것도 존재하지 아니한다. 그러나 그것이 문예작품일 경우에는 정감(情感)이라는 매우 중요한 문제가 발생한다. 정감과 문예의 관계에서는 정감이 어쩌면 의미보다도 더 중요한 위치에 놓일 수도 있으므로 우리들은 이를 절대로 소홀히 해서는 안 된다. 그러나 정감상의 서로 다른 변화는 인류가 공통으로 가지고 있는 것이지만 언어의 방식은 모두 다른 것이다. … 또 어떤 한 종류의 언어에서의 어떤 단어의 기능(기본 의의에 관해서만 이야기한다는 전제 조건 하에서는)이 또 다른 한 언어에서 이에 상당하는 언어의 기능과 완전히 일치하는 경우는 결코 있을 수 없다(엄격하게 이야기하면 서로 다른 두 언어에서건 아니면 같은 언어에서건 두 가지의 단어의 기능이 완전히 일치하는 경우는 찾기가 쉽지 않으며, 통상 서로 번역하거

나 서로 뜻을 새길 때에는 그들 일부분의 기능이 일치하는 부분을 이용할 뿐이다.). 따라서 갑이라는 언어에서 어떤 방식이나 어떤 글자를 사용하여 표현된 어떤 정감을 을이라는 종류의 언어로 바꿀 때 능히 직역을 할 수 있다면 당연히 좋겠지만, 만약 그렇지 못할 때는 그 언어의 방식을 바꾸거나 보태거나 빼기도 하고 또 약간의 글자를 바꾸어도 안 될 것은 없다. 왜냐하면 이들 "의미와 정감, 두 가지를 모두 다 갖추지 못할 경우에는 마땅히 어느 것이 더 중요한 것인지 헤아려야 한다. 만약 그것의 진실한 정감을 표현해 낼 수만 있다면 다른 방면을 조금 희생을 하더라도 충분히 보상을 받을 수 있다고 생각한다."

유(劉)씨는 또 운문(韻文)번역에서의 성조(聲調) 문제에 대해서도 언급하였다. 성조(聲調)라는 것은 번역과정에서 절대로 옮길 수가 없는데, 그것은 어떠한 한 언어에만 있는 전유물이거나 어떠한 한 방언에만 있는 것이기 때문이라는 점을 지적하였다. 그러나 이 번역할 방법이 없는 성조라는 것은 문예작품의 감동이라는 측면에서 보면 대단히 중요하다. 유(劉)씨는 이것은 어찌할 수 없는 일이라고 여겼다. 그러나 번역자가 원작의 '신정(神情)'을 표현해 내려고 노력할 수밖에 없는데 만약 이 '신정(神情)'을 표현해 낼 수만 있다면 그가 비록 원래의 성조를 번역해 내지는 못했다하더라도 번역문 가운데 성조의 상당한 부분을 얻을 수 있을 것이다. 나는 우리가 번역을 할 때 그 뜻을 번역하는 것 외에 번역문 가운데 신정(神情) 속에 나타나 있는 성조를 추구하는 경지에 이를 수 있다고 생각한다. 20년대 초라는 특수한 시기에 유(劉)씨가 이와 같은 문제를 이처럼 분명하게 논할 수 있었다는 것은 정말 놀라운 일이다. 번역이론을 연구하는 사람들이 다시는 이렇게 깊이 있는 글을 소홀히 해서는 안 될 것이다.

二. 라가륜(羅家倫)과 부사년(傅斯年)의 번역이론

당시 북경대학교(北京大學校) 학생이던 부사년(傅斯年), 라가륜(羅家倫) 등은 《新青年(신청년)》의 영향을 받고 또 《新青年(신청년)》 동인들의 도움을 받아 '新潮社(신조사)'를 조직하고 또 1919년 1월에 잡지 《新潮(신조)》를 발간하였다. 《新潮(신조)》와 《新青年(신청년)》은 서로 영향을 주고받았을 뿐만 아니라 당시의 독자들로부터 가장 환영받던 신문화운동의 출판물이었다. 이 잡지의 영문 명칭은 'The Renaissance'인데, 이는 '문예부흥'이라는 뜻이다. 노신(魯迅)은 그해 1월 16일 허수상(許壽裳)에게 보낸 편지에서, "사람들의 의욕이 상당히 강하다."고 평가하였으며 그 중에서도 "부사년(傅斯年)의 의욕이 가장 강하며 라가륜(羅家倫)의 의욕도 약하지 않다."고 하였다. 부(傅)씨와 라(羅)씨 두 사람은 번역 문제에 대해서도 영향력이 있는 견해를 발표하였다.

라가륜(羅家倫, 1897-1969)은 자가 지희(志希)였고 본관은 절강성, 소흥(浙江省, 紹興)이었으며 강소성, 진현(江西省, 進縣)에서 태어났다. 1917년 북경대학교에 입학하였으며 신문화운동에 적극적으로 참가하는 한편, 《新潮(신조)》월간지의 창간에도 참여하였다. 5·4 운동 기간 중에는 학생 대표 가운데 한 명이기도 하였으며, 1920년 이후에는 미국, 영국, 독일, 프랑스 등 세계 각국에 유학하였다. 1926년에 귀국하여 국민당중앙간부학교부주임(國民黨中央黨務學校副主任), 청화대학교총장(清華大學校總長), 중앙정치학교대리교육장(中央政治學校 代理教育長), 중앙대학교총장(中央大學校總長) 등을 역임하였다. 1950년에 대만으로 가서 고시원부원장 등을 역임하였다. 라(羅)씨는 1918년 11월 1일《新潮(신조)》창간호에 발표한《今日中國的小說界(오늘날 중국의 소설계)》라는 글에서 번역문제에 대해 언급하였다. 글 가운데 미국 사람 예은시(芮恩施)가《遠東思想政治潮流(극동지역의 정치사상조류)》라는 글 가운데 임서(林紓)의 번역 소설을 신랄하게 비판한 부분을 인용하여 "중국인들은 서양문학의 진정한 가치를 받아들이려 하지 않는가?"라고 지적하였다. 또 라(羅)씨는 번역가들을 향해 다음과 같은 네 가지 의견을 제시하였다.

> 一. 가장 시급한 것은 재료를 선택하는 것이다. 소설이란 원래 사회를 개량하기 위한 것이다, 따라서 다른 나라의 소설을 들여올 때에는 반드시 본받을 만한 것이 있어야 하는데, 이러한 목적에 맞는 것을 선택하는 것이 그 비결이다. … 소설이란 '인간의 천성'을 써냄으로써 인류들로 하여금 서로에 대한 이해를 돕게 하는데 그 목적이 있다. 현재 우리가 이해하고자 하는 인류는 세계에 현존하고 있는 인류이지 이미 죽어 사라져버린 인류를 이해하자는 것은 아니다. 따라서 … 오래된 소설은 번역하지 않아도 무방하며, 그들의 문체가 우리나라 太史公의 문체와 같은지 같지 아니한지는 물어볼 필요조차도 없다. 현재 서양의 소설은 이전의 소설보다 뛰어나다. 번역의 원본을 구할 때 반드시 영미의 소설만으로 제한할 필요는 없으며 러시아나 프랑스의 소설도 모두 가능하다.

二. 오늘날 서양에서 뛰어난 소설을 쓸 때는 모두 백화를 사용하였는데, 그들의 절묘한 부분은 모두 백화에 있다. 왜냐하면 인류가 서로 의사소통을 함에 있어서 모두 백화를 사용하기 때문이다. 어떤 한 번역가가 톨스토이의 소설을 '주고은반(周誥殷盤)'[7]에나 쓰는 고대 언어로 번역한다고 가정하면, 러시아인 가운데 누가 이것을 보려고나 하겠는가? 또 러시아인들이 그에게 러시아 최고의 문호라는 칭호를 부여하였겠는가? … 일본사람들은 서양 소설을 동경사람들이 쓰는 백화로 번역하였는데, 예은시(芮恩施) 박사도 이를 칭찬하였다. 한 번 생각해 보라. 이것은 소설이지, 임(林)선생이 선정한 중학생용 고문교과서(古文教科書)가 아니지 않는가?

三. 무릇 소설을 번역하고자 하는 사람은 만약 자신이 서양어를 모르면 서양어 실력이 훌륭한 사람을 청할 일이지, '삼각묘(三脚猫)[8]'를 청하여 공동작업을 해서는 절대 안 된다. 만약 서양어를 조금밖에 모른다면 자세하고 꼼꼼하게 따져서 해야지, 사전을 찾는 것에만 의존해서는 절대 안 된다. 즉 번역하기 힘든 부분을 적당히 처리하고 넘어가서는 안 될 것이다. 번역하기 힘든 그 부분이 가장 뛰어난 부분이라는 점을 반드시 알아야 한다. 임(林)선생은 다른 사람과 더불어 번역을 함에 있어서 자주 다른 사람의 꾐에 넘어간 것 같다. 따라서 틀린 부분이 무척 많다.

四. 또 외국의 소설을 번역할 때 하나의 중요한 조건이 있으니, 원래의 뜻을 바꾸거나 중국의 뜻을 그 속에 함부로 삽입시켜서는 안 된다는 것이다. 중국인에게는 중국 고유의 풍속, 습관, 사상 등이 있고, 외국인들 또한 그들만의 고유한 풍속, 사상, 습관이 있다는 사실을 알아야 한다. 중국인은 무슨 전지전능한 하느님이 아닐 뿐만 아니라 외국인 또한 어리석어서 아무리 가르쳐도 교화가 불가능한 그런 어리석은 사람도 아니다. 따라서 소설을 번역하려는 사람은 소설 원래의 뜻을 충실히 나타내면 그만이다. 현재 임(林)선생은 외국소설을 번역하면서 외국인을 대신하여 그들의 사상을 바꾸고 있다. … 가령 내가 임(林)선생과 함께 한 편의 작은 자서전을 쓴다고 한다면 "임(林)선생은 카이제를 수염을 기르고, 칼라를 빳빳하게 세우고, Robbin과 함께 Sofa에 앉아서 동성파의 소설을 쓰고 있다."고 하게 되면 선생은 어떻게 생각하겠는가? 선생께서는 '자신이 원하지 않는 일은' 제발 '다른 사람에게도 시키지 마시기 바랍니다!'라고 할 것이다.

---

7) 周誥銀盤 : 周나라 때 왕이 포고령을 내릴 때 쓰던 언어나, 殷나라 때 동종이나 동거울 등에 새겨진 고대의 문자를 말함. 이들은 모두 현재 우리가 쓰고 있는 해서(楷書)와 달라 극히 소수의 전문가를 제외하고는 해독을 할 수 없음.

8) 겉만 번지르르하고 실속이 없는 물건이나 어떤 기예에서 피상적인 것만을 조금 아는 사람을 가리킴.

라(羅)씨가 여기에서 제기한 선택원저(選擇原著)[9], 응용백화(應用白話)[10], 인진자세(認眞仔細)[11], 각구기진(各求其眞)[12] 등의 네 가지 견해는 확실히 《新靑年(신청년)》 잡지의 호적(胡適), 류반농(劉半農) 등의 번역이론에 대한 지지였다. 라(羅)씨 스스로도 이 네 가지 견해는 '近乎建設(건설에 가깝다.)'이라고 자평하였는데, 확실히 그의 이러한 의견은 현대 번역이론사에서 한 번쯤 거론할 만한 가치가 있는 견해임에 틀림없다.

부사년(傅斯年, 1896-1950)은 자가 맹진(孟眞)이고, 산동(山東), 료성(聊城) 사람이다. 1913년 여름 북경대학교(北京大學校) 예과에 입학하여 1916년 가을 중문과 본과에 승급하였다. 곧 이어 신문화운동과 학생운동에 참여하였으며, 新潮社(신조사)의 발기인으로 참여하여 잡지 《新潮(신조)》의 주편을 맡았다. 1919년에는 영국에 유학하였고 1923년에는 독일로 가서 연구를 계속하다가 1926년 말에 귀국하였다. 이후 고등교육사업과 학술연구업무를 계속하였고, 중앙연구원역사연구소소장(中央硏究院歷史言語硏究所所長), 중앙연구원총간사(中央硏究院總幹事), 북경대학교총장서리(北京大學校總長署理) 등을 역임하였다. 30년대 이후 그는 국민당에 투신하였으며, 1950년 대만에서 병으로 유명을 달리하였다.

부(傅)씨는 1919년 3월 1일 《新潮(신조)》 잡지 제3기에 《翻譯感言(번역소감)》을 발표하였다. 이는 신문학운동이 전개된 이후에 발표된 최초의 번역전문논문이라고 할 수 있다. 당시 영문명칭이 '문예부흥'이었던 《新潮(신조)》 잡지의 편집인을 맡고 있던 대학생은 이 글의 첫머리에서, "현재 중국 학문계의 사정은 서양의 중세가 막 끝나던 시대상황과 매우 비슷하다. 따라서 현재 서양의 상황과는 대략 4백 년 정도 거리가 있다." '서양을 따라잡기' 위해서 '가장 효과적이고 빠른 지름길'은 … '외국의 언어를 배워서 현대에 유익한 지식을 습득하는 것이다. 한 걸음 더 나아가

---

9) 選擇原著 : 원서를 선택함에 제1류의 원서를 선택하라.

10) 應用白話 : 번역을 함에 있어 문체는 반드시 백화로 하라.

11) 認眞仔細 : 성실한 자세로 모호한 부분이 없게 어려운 곳을 정확하게 번역하도록 최선을 다하라.

12) 各求其眞 : 원저의 모습을 진실하게 번역하면 되는 것이지 헛되이 중국적인 것으로 바꾸려고 애쓰지 말라.

외국의 서적을 번역하여 모두에게 오늘날 유익한 지식을 제공해 주는 것이다.'라고 말하였다. 따라서 그는 번역의 중요성은 더 말할 필요가 없다고 지적하였다.

이 부분은 앞에서 제기한 문제와 서로 맞지 않는 것 같아서 사람들로 하여금 약간의 실망스러움을 느끼게 하지만 사실은 그가 맨 마지막에 다시 한 번 더 이 문제에 대해 언급하기 위해 암시를 한 것이라 할 수 있다. 그러나 부(傅)씨가 여기에서 제기한 번역자의 두 가지 책임 문제는 번역이론상 중요한 문제이다. 그 후 호적(胡適)이 1923년 4월 1일 《努力周報(노력주보)》 제46기에 《譯書(책을 번역함.)》라는 글을 발표하여 좀 더 발전적인 견해를 제시하였다. 그는 "책을 번역함에 있어 첫 번째로 중요한 것은 원작자에 대해 책임을 지는 것으로, 원래의 의도를 잃지 않도록 하는 것이다. 두 번째로 중요한 것은 독자에 대해 책임을 지는 것으로, 독자들이 능히 이해할 수 있도록 하는 것이다."라고 주장하고, 거기에 하나를 덧붙여 "세 번째로 중요한 것은 자신을 속이지 않는 것으로, 이는 곧 자신을 속이지 않고 남을 속이지 않도록 하는 것이다."고 언급하였다. 부(傅)씨는 또 다음과 같이 말하였다.

> 우리가 작가의 공신이 될 수는 없다고 하더라도 어찌 작가의 죄인이 될 필요가 있겠는가? 작가는 동쪽이라고 하는데 번역자는 서쪽이라고 한다면, 이는 있어서는 안 될 일이다. 작가는 양분(兩分)이라고 하는데 번역자는 일분(一分)이라고 번역하면 그 역시 번역자에게 죄를 짓는 것이다. 원서는 충분한 이유를 설명하고 있는데 번역자가 이를 비슷하게 얼버무린다든지, 원서의 문장은 아주 명백한데 우리들이 그것을 이해되지 않도록 만들어 버린다면 … 이것은 작가에 대해서 책임을 지는 결과가 아니다. 엄기도(嚴復) 선생이 번역한 책 가운데 《天演論(천연론)》과 《法意(법의)》가 가장 잘못되었다. 만약 헉슬리나 몽테스키외가 몇 년만 더 살아서 중국어를 배워 자신의 저서에 대한 번역문을 보았다면 아마도 법원에 고소를 하였을 것이다. 그렇지 않았다면 아마도 신문에 글을 발표하여 사실을 밝히고자 하였을 것이다. 이것은 모두 엄 선생이 작가에 대해 책임을 지려고 하지 않았기 때문이다. 그는 자기 자신에게만 책임을 졌다. 다시 말하면 그는 자신의 명예와 자신의 지위에 대해서만 책임을 졌던 것이다.

엄복(嚴复)이 《天演論(천연론)》 등의 서적을 번역한 지대한 역사적 업적을 부인할 수는 없지만, 번역 자체만을 놓고 본다면 부(傅)씨의 그에 대한 비평은 정확한 것이다. 그는 또 첨모사(詹姆士: James)의 《實際主義(실제주의)》(현재는 《實用主義》로 번역되었다.)라는 책의 번역을 예로 들면서 이와 같은 서양철학 저서를 번역하려고 한다면 먼저 (一) 믿을 만한 서양사상사나 서양철학사, (二) 믿을 만한 서양근대사상통론, (三) 믿을 만한 실제주의 개론서 등의 책이 있어야만 한다. 이와 같은 세 권의 책이 먼저 출판되고 난 후에《實際主義(실제주의)》가 번역되었다면 사람들이 보고 이해하고 혜택을 얻을 수 있었을 것이다. 그렇지 않으면 만담가들의 재료로, 또는 신식학문을 한다는 융통성 없는 학자들이 견강부회하는, 다시 말하면 사람들에게 호신부 같은 재료를 제공할 뿐 실용주의는 실용주의이고, 중국인은 여전히 중국인일 뿐이다. 이러한 발상은 독자의 지위만을 생각할 뿐이지 독자들에 대해서 책임을 지는 자세는 아니다. 따라서 그는 또 '주의를 하지 않으면 안 되는' 네 가지를 다음과 같이 말하였다.

一. 어떤 책을 번역을 하기 전에 먼저 이 책이 가치가 있는 책인지, 또 같은 부류의 책 가운데 가장 훌륭한 책인지를 검토해야 한다.

二. 어떤 책을 번역하기 전에 먼저 이 책을 번역할 정도로 여건이 성숙되었는지, 또 이 책이 다른 책에 비해서 마땅히 우선적으로 번역되어야 하는지를 검토해야 한다.

三. 어떤 책을 번역하기 전에 먼저 이 책이 번역되고 난 후 대중들이 이해할 수 있는지 … 靈性이(靈感) 없다고 느끼지는 않을까를 검토해야 한다.

四. 어떤 책을 번역하기 전에 먼저 이 책이 번역, 출판된 후 독자들에게 어떤 효과가 발생할지를 검토해야 한다.

글의 맨 끝에 이르러 부(傅)씨는 또다시 '마땅히 가장 유용한 책을 번역해야 한다. … 중국인에게 가장 유용한 것'이라는 문제로 되돌아왔다. 그는 8개 조항의 번역서 원칙을 다음과 같이 제기하였다.

一. 먼저 개론서(概論書)를 번역해야 한다. 왜냐하면 중국 사람들은 각종 학문에 대하여 개론마저도 잘 모르기 때문에 갑자기 전문서적이 번역되어 나온다 하더라도 아무도 사보려고 하지 않는다. 먼저 개론서를 번역하여 길잡이로 삼아야 한다.

二. 먼저 통론서(通論書)를 번역해야 한다. 통론서적은 보급하기가 쉬울 뿐만 아니라 이러한 서적에는 아주 정밀하고 특수한 저서보다 포함하고 있는 내용이 많기 때문에 읽는 사람이 적은 노력으로도 많은 효과를 거둘 수 있다. 정밀하고 특수한 저서를 연구하는 것은 학자들에게 해당하는 일이니 이러한 작업을 하는 사람은 마땅히 외국의 원서를 구해 직접 읽어야 하며, 번역에만 완전히 의존해서는 안 된다. 번역은 보통의 독자들을 위해서 하는 것이다.

三. 먼저 실증적인 서적을 번역하고 공허한 내용을 담은 서적은 번역하지 아니한다. 왜냐하면 공허한 이론이 중국의 사상계를 구제할 수 없기 때문이다.

四. 인생과 밀접한 관계가 있는 책부터 먼저 번역한다. 관계가 밀접하면 밀접할수록 먼저 번역해야 한다(《北美瑜珈學說(북미유가학설)》, 《長壽哲學(장수철학)》 등과 같은 책은 저자가 어떤 마음으로 이들을 썼는지 나는 이해할 수가 없다.).

五. 최근의 책을 먼저 번역한다. 왜냐하면 후에 나온 책은 앞에 나온 책을 수정하여 출판한 것이기 때문이다. 앞선 사람의 장점은 포함하고 앞선 사람의 단점은 고쳤기 때문이다. 우리는 반드시 가장 정확한 결과를 얻어야 하기 때문에 가장 최근의 서적을 번역해야 한다.

六. 같은 부류의 책들 가운데에서는 가장 쉽게 효과를 얻을 수 있는 책을 먼저 번역해야 한다.

七. 같은 부류의 책들 가운데에서는 제1류의 작가의 책을 먼저 번역해야 한다.

八. 문학 서적의 번역에 관해서만 이야기하면 그렇다는 것이다. "명가의 저서만을 번역하고, 제2류 이하의 작가의 저서는 번역하지 아니한다." 이것은 바로 호적(胡適) 선생이 그의 《建設的文學革命論(건설적인 문학혁명론)》에서 주장한 한 가지 제의이다.

부(傅)씨가 주장한 이 8개 조항은 당시에는 비교적 실천이 가능한 것이었다. 따라서 많은 지식인들이 그의 견해에 긍정적인 의견을 제시하였다. 예를 들면 정진탁(鄭振鐸)은 1920년 7월 2일에 《我對于編譯叢書底几个意見(편역 총서에 대한 몇 가지 나의 견해)》이라는 글을 발표하였는데, 여기에서 그는 부씨의 의견에 긍정적으로 화답하고 있음을 볼 수 있다. 정(鄭)씨는 훗날 《文學硏究會叢書(문학연구총서)》 등을 발간할 때에도 번역 방면에 있어서는 일관되게 "먼저 개론서(槪論書)를 번역한다.", "먼저 통론서(通論書)를 번역한다."는 원칙을 강조하였다. 상세한 것은 다음 절의 서술을 보기 바란다.

三. 번역이론에 대한 정진탁(鄭振鐸)의 공헌

중국 현대사에서 회원이 가장 많았던 유명한 신문학단체는 1921년 1월 4일에 정식으로 설립된 '문학연구회(文學硏究會)'로, 이 모임은 중국의 20, 30년대 문학번역 사업에 가장 큰 공헌을 한 단체였다. 문학 연구회에는 번역의 경험이 풍부한, 열정적인 번역가들을 많이 보유하고 있었을 뿐만 아니라 핵심 지도자였던 정진탁(鄭振鐸)과 심안빙(沈雁冰: 茅盾) 등은 당대의 뛰어난 번역이론가들이었다(앞에서 논술한 주작인(周作人)도 이 단체의 주요한 발기인 중의 한 사람이었다.).

정진탁(鄭振鐸, 1898-1958)은 복건성, 장락(福建省, 長樂) 사람으로, 항상 서체(西諦), 곽원신(郭源新) 등의 필명을 사용하였다. 그는 절강성, 영가(浙江省, 永嘉(현 溫州))에서 태어나 1917년 북경철도관리학교에 입학하여 수업 외의 여가 시간에 많은 양의 서방 사회과학서적과 러시아의 문학작품을 읽어 서방사상에 일찍이 눈을 뜨게 되었다. 5·4 운동 기간에는 재학 중인 학교의 학생지도자가 되었으며, 구추백(瞿秋白), 경제지(耿濟之) 등과 함께 《新社會(신사회)》, 《人道(인도)》 등을 발간하였다. 1920년 10월에 그를 핵심으로 하여 문학연구회(文學硏究會) 발기를 준비하였으며 그 후 그는 그 단체의 서기 겸 간사를 맡았다. 1921년 봄에 졸업하여 상해로 발령이 났으나 얼마 지나지 않아서 상무인서관(商務印書館)으로 옮겨 편집업무와 문학업무에 종사하게 되었다. 그는 20, 30년대에 오랫동안 《文學硏究會叢書(문학연구회총서)》《文學旬刊(문학순간)》 (후에 주간(周刊)으로 바뀜.), 《小說月報(소설월보)》, 《文學月刊(문학월간)》, 《文學季刊(문학계간)》, 《世界文庫(세계문고)》 등의 주편을 맡았는데, 현실주의적 진보문학을 적극적으로 제창하여 문화계에 영향력이 매우 컸다. 30년대에 그는 복단(復旦), 연경(燕京), 청화(淸華), 기남(暨南) 등의 대학에서 교편을 잡았다. 항일전쟁 기간 동안에는 상해에 머무르면서 조국을 보호하자는 내용의 문헌을 출판하였다. 항일전쟁 승리 후에는 민주운동에 적극 가담하였으며, 신중국 성립 이후에는 문화계와 학술연구기관의 지도자 역할을 맡았다.

정진탁(鄭振鐸)은 여러 방면에서 중대한 공헌을 하였는데, 번역이론 방면에서도 훌륭한 업적을 남겼다. 그가 발표한 최초의 번역이론은 1920년 3월 20일 경제지(耿濟之) 등이 번역한《俄羅斯名家短篇小說集(러시아명가단편소설집)》을 위해서 쓴 서(序)였다. 그는 이 서(序)에서 러시아의 비판적 현실주의문학을 다섯 가지로 나누어 소개함으로써 중국의 신문학을 창조하는 사업에 미치는 중대한 의의를 논했다. 동시에 이전의 번역, 소개가 '산발적이고 혼란스럽고 체계가 없다'는 등의 결점을 지적하고, '처음부터 끝까지 정리하여 체계가 바로 선' 소개를 할 것을 제창하였다. 그는 더 나아가 경(耿)씨 등이 원문을 직접 번역한 것을 찬양하고 그것이 전역(轉譯, 다른 언어로 번역된 것을 또 다시 새로운 언어로 번역하는 것, 곧 중역(重譯)을 가리킴.)에 비해 훨씬 명확하다고 지적하였다. 이 책을 위해 쓴 정진탁(鄭振鐸)의 서문과 구추백(瞿秋白)이 쓴 또 다른 한 편의 서문은 중국 초창기에 있어서 러시아문학의 번역과 관계된 중요한 문헌이다.

그는 1920년 7월 2일에 또《我對于編譯叢書底几个意見(나의 번역총서에 대한 몇 가지 의견)》(7월 6일자《晨報(신보)》와 7월 8일자《民國日報》에 게재되었다.)이라는 글을 써서 당시의 번역상황에 대한 자신의 견해를 발표하였다. 주요한 관점은 다음 몇 가지로 요약할 수 있다. 一. 그는 '처음에 정교하게 시작하면 그 끝이 빠르고' '경솔하게 한 작업은 결코 완정할 수가 없다.' 그렇기 때문에 다음과 같이 말했다. "예로부터 '전쟁의 승패는 그 군대의 정예함에 달려 있지 군사의 숫자의 많고 적음에 달려 있는 것이 아니다.'고 하였는데, 편역 총서를 출판하는 일도 이와 같다. 마땅히 그 질의 정교하고 세심함을 추구해야지 출판된 수량의 많음을 추구해서는 안 된다." 고 하였다. 그는 번역을 할 때는 반드시 '신중'을 기해야 하며, 일관된 마음으로 '교열(校閱)'을 잘해야 한다는 의견을 제시하였다. 二. 그는 문학, 철학 및 사회과학은 물론, 자연과학을 번역하는 것도 망각해서는 안 된다고 하였다. 三. 그는 명사를 음역할 때는 원문을 다는 것이 가장 이상적이라고 생각하였으며, 더 나아가 역문에 원문의 페이지를 주로 담으로써 연구자들에게 편리함을 제공하도록 하자고 건의하였다. 四. 그는 "총서를 출판함에 있어서 반드시 일정한 체계가 있어야 하는데, 먼저 입문(入門)을 돕는 개론서를 출판하고 그 다음으로 명가의 전문서적을 출판해야 한다."고 주장하였다. 이는 확실히 부사년(傅斯年)의 관점과 일치하는데, 어쩌면 부사년(傅斯年)의 영향을 받은 결과인지도 모르겠다. 여기서 주의할 점은 그가 문장 중에서 직역(直譯)과 의역(意譯)의 문제에 대하여 자신의 관점을 다음과 같이 제시하였다는 점이다.

> 책을 번역함에 있어서 원문의 뜻을 보존하는 것이 가장 중요하다. 그러나 만약 한 자 한 자 비교하여 번역하게 되면 중국어 문장을 이해할 수 없게 될 것이니, 결과적으로 좋은 번역이라고 할 수 없을 것이다. 지나치게 의역을 하면 원문을 자의적으로 해석하여 조금의 오해가 있기만 해도 크게 잘못될 수도 있으니 더욱 더 큰 문제라 할 수 있다. 가장 좋은 방법은 한편으로는 원문의 뜻을 잃지 않도록 최선을 다하며, 다른 한편으로는 번역문이 유창하도록 하는 것이다.

이 글로 미루어 보면 이제 스무 살이 갓 넘은 청년이 이미 번역이론에 대해 진지하게 사고하고 있었음을 알 수 있다. 그러나 그의 최초의 번역이론에 대한 전문적인 논문은 문학 연구회가 성립되고 난 이후 이 단체의 제1편 번역전문논문이라고 할 수 있는 1921년 3월《小說月報(소설월보)》의 첫머리를 장식한 2, 3만 자에 달하는《譯文學書籍的三个問題(번역문학서적의 세 가지 문제)》라는 글이었다. 이 글에서 제기한 첫 번째 문제는 "문학 서적을 능히 번역할 수 있느냐?" 하는 것이었다. 본래 중국은 이미 수천 년의 번역(문학성 작품의 번역도 포함)의 역사를 가지고 있기 때문에 이 문제는 새삼 제기할 필요가 없는 것이었고, 또 호회침(胡怀琛) 씨도 이미 문학 작품의 가역성문제에 대한 글을 발표한 적이 있었다. 그러나 호(胡)씨의 글은 본 사람이 많지 않았고, 또 신문학운동이 시작되고 나서부터 사람들의 문학의 본질에 대한 인식이 상당히 높아졌을 뿐만 아니라 어떤 사람들은 번역 작품이 원작이 가지고 있는 사상이나 예술적 아름다움을 나타낼 수 있느냐 하는 문제에 공개적으로 의문을 제기하였다. 심지어 문학 작품은 절대로 번역할 수 없다고 여기는 사람도 있었다. 정(鄭)씨는 이러한 관점은 두 종류로 나누어 볼 수 있는데 한 종류는 '통속'적인 것으로, 곧 문학의 풍격이 향토적이고 고정적인 것은 번역할 방법이 없음을 강조하는 것이다. 또 다른 한 종류는 '철리적인 것'이라고 할 수 있는데, 이는 작품의 사상과 풍격이 문자와 불가분의 관계에 놓여 있음을 강조하는 것이다. 특히 시가의 번역에 있어서 이러한 번역절대불가능설이 더욱 더 유행하였다. 분명한 것은 이론적으로 이 문제를 천명하는 것은 중국의 번역사업을 발전시키기 위한 가장 중요한 전제가 되어 있었다. 정(鄭)씨는 또한 다음과 같이 지적하였다.

> 문학서적도 절대적으로 번역을 할 수 있다. 그 작품이 내포하고 있는 사상을 원문으로부터 번역문으로 옮겨놓을 수 있을 뿐만 아니라 원문의 예술적 美도 번역문으로 충분히 옮겨놓을 수 있다. … 번역자의 예술적 수준의 높고 낮음에 따라 그 정도의 차이가 현격하게 나타날 수 있다. … 우리는 이러한 이상을 가지고 있을 뿐만 아니라 지금까지 수많은 번역가들의 경험적 결과가 이 말이 매우 옳음을 증명해 주고 있다.

그는 '사상'은 '완전'하게 능히 번역할 수 있는 것이고, '예술적 미' 또한 '충분'히 번역할 수 있는 것이라고 용어선택에 매우 신중함을 기하여 표현하였다. 또 이론적으로도 이러한 결론을 도출할 수 있을 뿐만 아니라 실천면에서도 이러하다는 것을 능히 증명할 수 있음을 지적하였다. 그는 문학상의 '풍격(風格)'이라는 것은 '표달(表達, 나타낸다.)'이라는 의미의 대명사에 불과하며, 문학에서 '표달(表達)'이라는 말은 사상을 문자로 바꾸어 놓는다는 것을 의미한다. 인류의 사상이란 공통성을 가지고 있기 때문에 '풍격(風格)'이라는 것도 각종 언어로 옮겨놓는 것이 가능하다. 그는 더 나아가 좋은 번역은 원작의 '전체적 결구(全体的結构: 전체의 구조)', '절단중의 배열(節段中的排列: 문단의 안배)', '귀법적 조직(句法的組織: 문장의 조직법)' 및 '용자적 정묘처(用字的精妙處: 단어의 운용)' 등을 모두 옮겨놓아야 한다고 하나하나 예를 들어가면서 설명하였다. 따라서 그는 문장의 풍격은 원문의 풍격이 번역문에서 상실되지 않게 할 수 있음을 증명하였고 또 작품의 사상 또한 '하나의 문자에서 또 다른 문자로 옮겨질 때 이중 또는 이중 이상의 표현이 있음을' 증명하였다. 시가(詩歌)에 있어서도 그는 "만약 번역자의 예술수준이 높으면 시(詩)의 본질을 충분히 표현해 낼 수 있을 뿐만 아니라 시의 예술적 미(美)까지도 …운률(韻律)은 제외하고… 번역문 가운데 재현시킬 수 있다."고 지적하였다. 그는 "문학 작품은 번역할 수 없다."는 설은 본질적으로 낡은, 협의의 문학관념의 산물이라고 여겼다. 그는 만약 번역의 가능성을 부정하면 실제적으로 문학의 국제교류의 가능성을 부정하는 것이 되며, 세계문학의 의의를 부정하는 것이 되고 만다고 생각하였다. 만약 일반적으로 '사상'과 '문자'가 분리될 수 없다는 점만을 강조하게 되면 결과적으로는 문학 자체의 생명력을 부정하게 되는 것이라고 여겼던 것이다.

이 문제에 대해서 심택민(沈澤民)은 같은 해《小說月報(소설월보)》제5기에 다른 의견을 발표하였다. 그는 번역 자체는 반대를 하지 않았지만, 여전히 '문학 작품은 번역할 수 없는 것'이라고 생각하였다. 이러한 견해에 대하여 정(鄭)씨는 그 후《文學的統一觀(문학적통일관)》이라는 글을 발표하여 원작의 정서, 영감, 지방색, 사상 등까지도 '충실불와(充實不訛: 충실하여 와전되지 않아야 함.), 불루불지적번역(不漏不支的翻譯: 빠뜨리거나 더 넣은 것이 없는 번역)'을 통하여 모두 '옮겨 놓을 수 있다.'는 주장을 전개하였다. 심택민(沈澤民)의 형인 심안빙(沈雁冰, 茅盾)도《翻譯問題(번역문제)》라는 글을 발표하여 정(鄭)씨의 관점을 지지하였다. 정(鄭)씨의 이러한 학설은 이론적으로 당시의 번역자와 독자들의 의구심을 해소시켜 줌으로써 중국 번역사업의 발전에 도움을 주었으니 당시로서는 큰 의의가 있었다.

장(鄭)씨는 번역의 목적, 기능 등과 같은 기본적인 문제에 대해서도 20년대 초에 일련의 중요한 견해를 발표하였다. 앞에서도 언급한 바와 같이 그는 최초로 러시아 문학작품을 번역하는 의의에 대해 논술할 때 이러한 번역, 소개를 통하여 비로소 중국신문학의 기초를 건설할 수 있다고 언급하였다.《小說月報(소설월보)》를 개혁하고 난 후 제1기에 그는 세계의 문학을 번역, 소개하는 것이 바로 현대 중국문학가들이 해야 할 이중의 중요한 책임이라고 제시하였다. 그는 자신이 쓴《文學旬刊(문학순간)》의《宣言(선언)》에서 번역자의 대오에 가입하기를 원한다고 분명하게 선언하고, 그것은 '중국 문학의 재생'을 위한 것이라고 하였다.

그는 1921년 6월 10일,《文學旬刊(문학순간)》에 '잡담(雜譚)'《處奴与媒婆(처녀와 매파)》를 발표하였는데, 이 글은 창조사(創造社)와 문학연구회(文學硏究會) 간의 뜨거운 논쟁의 쟁점 중의 하나가 되었다. 사실 이 글은 정(鄭)씨의 신문학 번역사업의 의의와 역할에 대한 자신의 견해를 비교적 선명하게 발표한 것일 뿐이었다. 이 글은 먼저 곽말약(郭沫若)의 번역에 대한 견해에 약간의 비판을 가하는 것으로부터 시작하였다. 곽말약(郭沫若)은 당시에 다음과 같이 말하였다. "국내 인사들이 매파(媒婆)에게만 주의를 기울일 뿐 처녀에게는 주의를 기울이지 아니하고, 번역에만 주의를 기울일 뿐 창작에는 주의를 기울이지 아니한다. … 번역 사업은 공백상태에 빠진 현재 우리나라(중국)에 매우 절실하게 필요하다. … 다만 부수적인 위치에 있는 사업에 불과한 것을 창조와 연구 위에 놓이게 해서 지나치게 그 위용을 진작시켜서는 안 될 것이다." 곽(郭)씨는 실제 행동에 있어서 번역에 대하여 결코 반대하지 않았을 뿐만 아니라 그가 번역을 '媒婆(중매쟁이)'에 비유한 것도 결코 잘못된 이야기라고 할 수는 없다. 그러나 이 이야기를 할 당시에 그는 또 다른 심리적 동기와 종파적 정서가 있었다. 그는 당시에 번역의 의의와 가치, 번역사업의 현상에 대한 견해에 있어서 확실히 문제가 있었다. 정(鄭)씨는 곽(郭)씨가 '번역에 대한 견해가 잘못되었다.' '처녀가 마땅히 존중되어야 한다는 점은 조금도 의심할 여지가 없다. 그러나 번역을 매파로 본 것은 번역을 지나치게 경시하였다는 비판을 면하기 어렵다.' '번역의 가장 중요한 기능은 여기에 있는 것이 아니다.' '문학 자체의 관점에서 보면 하나의 문학작품이 탄생하여 그것을 소개해 들여오면 문학이라는 화원에 또 한 송이의 꽃을 피우는 것일 뿐만 아니라 인류의 최고정신에 위안의 소통이라는 광명의 도로를 하나 더 놓는 것이다.'라고 하였다. 그는 '세계 문학'이라는 넓은 가슴에서 출발하여 '하나의 문학 작품을 번역하는 것은 하나의 문학 작품을 창조하는 것과 마찬가지로, 번역과 창조는 인류의 최고 정신상의 작용에 있어서는 같은 것'이라고 생각하였다. 그는 곽(郭)씨가 이야기했던, 당시의 번역이 이미 창작과 연구를 능가해서 위용을 진작시키고 있다는 것은 '관찰 착오'이며 말이 지나쳐 사실을 왜곡한 것이라고 비판하였다. 그 후 노신(魯迅)과 모순(茅盾) 등도 그의 비평적 견해에 완전히 동의했으며, 곽(郭)씨와 관련된 언론을 비판하였다.

정(鄭)씨는 그 다음 해 2월에 쓴 《介紹与創作(소개와 창작)》(2월 21일 《文學旬刊(문학순간)》 제29기에 실렸다.)이라는 글에서 당시 일부 사람들의 번역 기능에 대한 잘못된 견해를 비판하여 다음과 같이 말하였다. "이전에 어떤 사람이 '번역이라는 것은 매파에 불과할 뿐이니 우리는 마땅히 창작에 노력해야 할 것이다.'라고 말하였다. 그 후 또 어떤 사람이 말하기를 '우리는 마땅히 번역을 적게 하고 창작을 많이 해야 할 것이다.'고 하였다. 근래에 와서 또 어떤 사람들이 '나는 번역을 조금 하고 창작도 조금 하며 연구를 더 많이 하기를 원한다.'고 말하였다. 그는 이러한 견해에 동의하지 않고 다시 한 번 더 다음과 같이 지적하였다.

> 번역의 역할은 매파에만 그치는 것이 아니다. 비록 매파에 그친다고 하더라도 많이 소개하는 것만으로도 도움이 된다. 문학개혁의 시대를 맞이하여 외국의 문학작품은 우

리들에게 매우 큰 영향을 미칠 수 있기 때문이다. 이러한 사실은 문학사를 한두 권이라도 본 사람은 모두 알 수 있는 사실이다. 어떤 사람도 모든 언어와 문자를 다 알 수는 없기 때문에 번역사업은 정말 필요한 것이다.

그는 외국문학에 대해 별로 많은 지식을 가지고 있지 못한 사람이 한 책을 붙들고서 번역을 하고 있으면 그것은 확실히 모범으로 삼을 만한 것은 아니다. 그러나 그렇다고 하더라도 그 사람은 무엇인가 하려고 하는 사람임에는 틀림없으니, 아무 것도 하지 않으려 하는 사람이나 하지도 않으면서 한 쪽에서 하려는 사람을 비방을 하거나 방해를 하려는 사람보다는 훨씬 낫다고 생각하였다. 그는 1923년 7월 2일《文學旬刊(문학순간)》제78기에 발표한《翻譯与創作(번역과 창작)》이라는 글에서 번역을 '유모(乳母)'에 비유하여 다음과 같이 말하였다.

번역자는 한 나라의 문학사의 변화가 급박한 시기에는 언제나 가장 필요한 사람이었다. 비록 번역사업이 중매쟁이의 역할에 불과하다고 하더라도 번역자역할의 중요성은 '유모(乳母)'의 역할과 비슷하다고 할 수 있다. … 우리들이 만약 창작을 풍부하게 하고 힘이 넘치게 하려고 한다면 절대로 문을 걸어 닫고《西游記(서유기)》《紅樓夢(홍루몽)》등과 같은 책이나 읽고 앉아 있어서는 안 된다. 또한 눈을 부릅뜨고 사회의 한쪽면만 바라보면서 책 속에서 얻을 수 있는 것들만 붙들고 있어서도 안 된다. 최소한 중국문학이라는 캄캄한 방 안에 몇 개의 창문이라도 뚫어서 창밖의 햇빛과 맑은 공기와 일체의 아름다운 풍경을 끌어들여야 한다. 이러한 창문을 뚫는 작업이 바로 번역자들이 열심히 해 나가야 할 작업이다.

곽(郭)씨의 '번역(翻譯)'과 '창작(創作)'을 대립적인 것으로 보는 관점을 겨냥해서 정(鄭)씨는 1922년 5월,《文學旬刊(문학순간)》에 새로 개설한《最新的出産(최근의 창작)》난에《本欄的趣旨與態度(본란의 취지와 태도)》라는 다음과 같은 글을 발표하였다. "소위 말하는 문예의 창작이란 당연히 본국산 … 창작 문학 …과 외국산 …번역문학 …을 모두 포함해야만 한다. 우리는 번역을 창작과 똑같이 중요하게 대해야 한다." 정(鄭)씨의 이러한 주장은 곽(郭)씨가 주장한 '번역은 매파(媒婆)에 불과하다'는 설이 당시에 일어났거나 일어날 가능성이 있었던 소극적 작용을 방지하여 제거해 버리고, 신문학사업에 있어 번역의 중요한 위치를 효과적으로 끌어 올렸다.

한 걸음 더 나아가 이러한 점을 설명하기 위해 그는 외국문학사를 본보기로 삼아 번역의 의의를 강조하였다. 그는 1921년 7월 15일, 잡지《改造(개조)》의 제3권 제1기에《翻譯事業的研究(번역사업의 연구)》라는 난에《俄國文學史中的翻譯家(러시아문학사 가운데의 번역가)》라는 글을 발표하였다(이 잡지에서 이 난을 새로 개설한 것은 분명하게 정(鄭)씨가《小說月報(소설월보)》에서 번역문제 대하여 토론할 것을 제안한 데에 대한 회답이었다.). 이 글의 첫머리에서 그는 다음과 같이 강조하였다.

> 번역가의 공적의 위대함은 창작가에 비해 절대 손색이 없다. 번역가들은 인류의 가장 높은 정신 세계와 정서를 소통시키는 사람이다. 문학의 소통으로 인해 인류의 오해가 적지 않게 제거되었다. 따라서 전 세계의 공통 언어가 있기 이전까지는 번역가의 사명은 대단히 중대한 것이다. 문학 자체의 입장에서 보더라도 번역가의 책임은 대단히 중요하다. 어떤 나라의 문학사를 보더라도 다른 나라 문학의 영향을 받은 흔적을 드러내지 않은 것은 없다. 이러한 소개의 책임을 지고 있는 사람이 바로 번역가이다. 위극립부(威克立夫, Wyclif)의《성경(聖經)》번역본은 '영국 산문의 아버지(Father of English Prose)'이며, 로덕(路德, Luther)의《성경(聖經)》번역본 역시 독일의 모든 문학의 기초가 되었다. 이러한 사실들로 미루어 볼 때 번역가의 역할이 얼마나 중요한가를 알 수 있다.

이 글에서는 러시아문학의 발전 속에서의 번역사업을 서술하였는데 초기 러시아어의 형성, 독일과 프랑스 양대 문학조류가 번역을 통해 쏟아져 들어온 과정, 극뢰락부(克雷洛夫)[13], 조가부사기(助加夫斯基)[14] 등 저명한 번역가들의 러시아문학에 대한 공헌에서부터 '최근의 러시아의 붉은 혁명의 성공'과 高爾基(고리끼)[15]가 이끈

13)克雷洛夫是俄羅斯作家, 全名是伊万·安德列耶維奇·克雷洛夫(1769-1844). …克雷洛夫生活的年代經歷了十八世紀最后三分之一和十九世紀前半叶. 這一時期俄國社會經歷了反對農奴制的普加喬夫起義, 叶卡捷琳娜二世統治走向反動和沒落, 亞歷山大一世反動統治, 1812年衛國戰爭, 十二月党人起義等重大事件. 克雷洛夫接受社會先進思想的影響, 緊密關注祖國的現實生活.

14) 在十九世紀之初期, 最有力的作家是助加夫斯基(Zhukovskv, 1783-1852), 他是羅曼派的詩人, 介紹了不少英, 德的重要詩歌進來, 如拜倫, 如席勒, 都經過他的手而引進于俄國 ; 以后俄國的漫爛的文壇之造成, 他是有大功的.

15) 瑪克西姆 高爾基(Максим Горький, 英譯Maksim Gorky, 1868. 3. 28~1936. 6. 18)前蘇聯无産階級作家, 原名阿列克賽 馬克西莫維奇 彼什科夫(Алексей Максимович Пещков). 社會主義現實主義文學的奠基人.

대규모의 번역사업에 이르기까지를 서술하였다. 그는 이 사실을 중요한 예로 들어가며 번역이 한 국가의 문학사업의 발전에 미치는 중대한 작용에 대해서 대단히 설득력 있게 증명하였다.

그는 번역의 기능과 역할을 이렇게 중요한 위치로까지 끌어올림과 동시에 번역자의 책임 또한 매우 중대하다는 점을 지적하여 다음과 같이 언급하였다. "번역자는 한편으로는 자신의 사업의 중요성과 영광스러움을 자각하여야 하며, 또 다른 한편으로는 자신의 책임의 중대함을 깨달아 대단히 신중하게 소개하는 작업을 하여야 한다."(《雜談(잡담)》) 그는 가장 먼저 번역할 내용의 선택에서부터 신중함을 기해야 한다고 생각하였다. 그는《處奴與媒婆(처녀와 매파)》이라는 글을 발표한 후 얼마 되지 않아 또《盲目的翻譯家(맹목적 번역가)》라는 글을 발표하여 문학이 영미(英美)에서 직업화되고 난 후 수많은 작가들이 그들의 생활을 영위할 목적으로 작품을 씀으로써 돈 냄새가 풍기는 것을 면할 수가 없고, 또 독자들의 심리에 영합하려는 경향을 면할 수가 없다고 지적하였다. 따라서 그는 외국의 작품을 맹목적으로 번역해서는 안 된다고 생각하였다. 그는 또 "최근의 잡지에 발표된 작품만 함부로 번역해서는 안 되는 것이 아니고, 이미 가치가 확정된 작품도 함부로 번역해서는 안 된다."고 생각하였다. 예를 들면 단테의《神曲(신곡)》, 세익스피어의《哈姆雷特(햄릿)》, 괴테의《浮士德, (파우스트)》 등과 같은 작품도 중국에서 가장 필요로 하고 가장 적합한 작품이 아닐 수도 있다는 것이다. 따라서 그는 번역가들이 먼저 눈을 크게 뜨고 원서를 보고 나서 현재 중국의 현실을 직시한 연후에 번역에 종사할 것을 호소하였다. 이는 정(鄭)씨의 번역사상이 사회적 책임감을 얼마나 강하게 띠고 있는지 알 수 있다. 그의 일련의 논의로부터 당시 그가 번역, 소개할 만한 가장 가치 있는 작품이라고 여기고 있었던 것은 러시아문학과 그 밖의 피압박민족들의 반항적 현실주의 문학작품이라는 것을 알 수 있다. 이러한 사상은 노신(魯迅) 등과 같은 사람들의 그것과 곧바로 일치하는 것으로, 노신(魯迅)은 그 후 이러한 작품들은 '우리들의 세상과 더욱 가까운 것'이라고 언급하였다(《葉紫作〈(豊收)〉序》).

정(鄭)씨의 위의 언급은 일반론을 이야기한 것일 뿐 반드시 당시에《부사덕(浮士德: 파우스트)》을 번역하고 있던 곽말약(郭沫若)을 겨냥해서 한 말은 아니었다. 그러나 그 후 창조사(創造社)와 문학연구회(文學研究會) 사이에 논쟁이 벌어졌을 때 곽(郭)씨는 이 문장이 '정면으로' 자신을 '비난한 것'이라고 여기고, 번역가가 무엇을 번역하든 간에 그것은 모두 번역자 개인의 자유이며, 번역작품을 선택할 때에는 반드시 그것이 '순수하냐? 순수하지 아니하냐?', '진실하냐? 진실하지 아니하냐?' 하는 점만을 보면 된다는 견해를 제시했다(이 책의 다음 내용 참조). 정(鄭)씨는 아무렇지도 않다는 듯이 태연하게 답하기를, 자신은 결코 《부사덕(浮士德: 파우스트)》 등의 작품을 가치 없는 것으로 생각한 적이 없으며 그들을 번역해서는 안 된다고 이야기한 적도 없다고 말하였다. 그러나 그는 이러한 작품을 번역하는 것이 '구문학을 파괴하는 일에도, 신문학을 건설하는 일에도 큰 영향을 미칠 수는 없다.'고 생각하였다. 연구할 때는 당연히 다방면으로 섭렵해야 하지만 번역해서 소개할 때에는 최소한 반드시 국내의 구체적인 상황을 고려하여 '신중에 신중을 기해야 하며', 이렇게 해서 소개를 할 때야 비로소 힘이 있고 '한 나라의 문학계의 장래'에 영향을 미칠 수 있게 된다고 보았다. 따라서 그는 다음과 같이 주장하였다.

> 현재 소개하려는 문학작품은 아래와 같은 두 가지 조건을 갖춘 것이 가장 이상적이다. (1) 중국의 전통적인 문학관념을 바꿀 수 있는 것이어야 한다. (2) 중국인들을 능히 현대의 인생문제로 인도할 수 있고, 현대의 사상과 접촉할 수 있도록 인도할 수 있는 작품이어야 한다.

그는 고전적인 작품이 이러한 소임을 다하지 못할까 걱정이 되어 천천히 번역해도 무방하다고 생각하였다. 당시 모순(茅盾) 역시 글을 발표하여 정(鄭)씨의 의견에 찬성의 견해를 표시하고 곽(郭)씨의 유미주의(唯美主義)적 경향에 비판을 가하였다. 현재의 입장에서 보면 정(鄭)씨의 이러한 이론과 이 한 바탕의 변론이 중국 현대번역사업의 방향을 바로잡고, 번역사업이 신문학건설을 위해 복무하도록 함에 있어 의심할 여지없이 상당한 역할을 하였음을 알 수 있다. 번역사업은 마땅히 국내의 신문화사업의 수요에 근거해야 하고 시대상황을 정확히 헤아려 보고 경중과 완급을 조절하여야 한다는 이 정신은 오늘날까지도 여전히 유효하다.

정(鄭)씨는 번역작업의 '신중'한 기술(능력)이 번역 작업의 질로 나타나야 한다고 생각하였다. 이렇게 하기 위해서는 반드시 번역예술, 번역방법 및 번역의 원칙 등을 연구해야 한다. 이것은 번역학 중 가장 기본적인 것이며, 영원히 탐색해야 할 이론문제이다. 그는 아주 이른 시기에 이 문제에 대해 탐색하였고 또 보급작업도 하였다. 그는 첫 번째의 번역전문논문인《譯文學書的三个問題(문학 서적 번역의 세 가지 문제)》라는 글에서 두 번째 문제가 바로 '문학서를 번역하는 방법이 어떠해야 하는가?' 하는 문제임을 제시하고 있다. 그 글에서 그는 처음으로 국내의 번역자들을 향해 영국의 번역학자 태특륵(泰特勒, F. Tytler)이 쓴《論翻譯的原則(번역의 원칙을 논함)》이라는 책과 그 세 가지 원칙을 소개하고 평가하였는데, 그 '삼원칙(三原則)'은 아래와 같다.: "一. 번역문은 반드시 원작의 의미를 완전하게 전달하여야 한다. 二. 역저의 풍격과 태도는 반드시 원저의 성질과 같아야 한다. 三. 번역문은 반드시 원문 중에 나타난 모든 유리(流利: 언어의 통순)한 사항을 함유하도록 해야 한다." 근년에 국내의 어떤 연구자가 여기에서 말한 "첫 번째, 세 번째 조항은 엄복(嚴复)이 말한 '신(信), 달(達)'에 상당하고, 두 번째 조항은 대략 넓은 의미의 '아(雅)'에 상당한다."고 할 수 있다고 말하고, 또 "신(信), 달(達), 아(雅)가 이 세 가지 조항에 비하여 간명하고 기억하기 쉬울 뿐만 아니라 함의가 깊고 넓을지도 모르겠다."고 하였다(라신장(羅新璋,《我國自成体系的翻譯理論(우리나라(중국)의 자연스럽게 체계화된 번역이론)》). 태(泰)씨의 이 '삼원칙(三原則)'은 이론의 엄밀성이나 논리성으로 보면 확실히 신(信), 달(達), 아(雅) 이 세 자에 미치지 못한다. 엄복(嚴复)이 제기한 이 삼자이론(三字理論)은 중국이 수천 년 동안 실행해 온 번역경험의 총결산이라고 할 수 있다. 그러나 엄복(嚴复)의 주장은 지나치게 간략하여 삼자이론(三字理論)은 아직도 연구와 설명이 필요하지만 태(泰)씨의 '삼원칙(三原則)'은 비교적 상세할 뿐만 아니라 서양번역계에 비교적 큰 영향력을 가지고 있었다. 따라서 이 '삼원칙(三原則)'을 소개하는 것만으로도 상당히 의의 있는 일인데 정(鄭)씨는 여기에 대해서 상당히 상세한 평가까지 덧붙이고 있다.

제1조 원칙에 대해서 정(鄭)씨는 '확실히 맞는 말'이라고 생각하였으며, 태(泰)씨가 '융통성이 없는 절대적인 직역'에 반대한 것에 찬성을 표하기는 하였다. 그러나 태(泰)씨가 주장한, 번역 중에 가감을 할 수 있는 자유에 대해서는 찬성하지 않았다. 정(鄭)씨는 이러한 '자유'는 마땅히 '절대적으로 신중하게 사용해야 하며 또 적게 사용해야 한다.'고 생각하였다. 시(詩)를 번역할 때는 적당하게 부분적으로 사

용할 수도 있겠지만 산문을 번역할 때에는 반드시 상용하지 않아도 된다. 이러한 것으로 미루어 볼 때 정(鄭)씨는 '신(信)'이 번역에 있어 가장 중요한 요소이며, '신(信)'의 기초 위에서 다시 '달(達)'을 추구해야 한다고 아주 엄격하게 생각했음을 알 수 있다. 제2조의 원칙에 대해서도 그는 '아주 필요한 것이다. 이러한 단계까지 도달했을 때 비로소 훌륭하고 완전한 번역이라고 할 수 있다.'고 생각하였다. 그는 이 제2조가 제1조만큼 중요하지는 않지만 도달하기는 더 어렵다고 여겼다. '우리는 충실히 가능한 범위의 한도 내에서 원문의 풍격과 태도를 번역문에 최대한 새롭게 나타낼 수 있도록 해야 한다. 만약 풍격과 태도를 옮겨 놓는 것이 불가능한 곳에서는 마땅히 풍격과 태도를 희생하더라도 원문의 뜻을 살리는 방법을 취할 수밖에 없다.'고 하였다. 제3조에 대해서 그는 '그 유리(流利 : 언어가 통순함.)함이 방종으로 흐르는 것을 방지해야 한다.'고 강조하고, 동시에 '너무 지나치게 판에 박은 듯하여 융통성이 없는 번역이 되어 유리(流利)함을 망각하는 것도 방지해야 된다.'고 언급하였다. 그렇기 때문에 그는 '훌륭한 번역자는 중용의 도를 얻어 충실하면서도 그 유리(流利)함을 잃지 아니하고, 유리(流利)하면서도 방종으로 흐르지 않는다.'고 생각하였다. 그는 번역자가 원작에 대해 '새로운 상상과 새로운 사상을 증가시킬 수 있는 자유가 있다.'는 것에 동의하지 않는다는 점을 반복하여 나타내었다. 이로 미루어 보면 정(鄭)씨는 처음으로 태(泰)씨의 번역이론을 소개했을 뿐만 아니라 그 이론에 비평을 가하고 또 응용을 함으로써 자신의 견해를 전개하였다는 사실을 알 수 있다. 그의 견해는 두 가지로 요약할 수 있다. 첫 번째는 이 세 가지의 원칙이 나란히 병렬되는 것이 아니라 '신(信)'에 충실한 것을 가장 중요하게 생각한다는 것이고, 두 번째는 '중도(中道)'를 소중하게 여겨 '사역(死譯)'이나 '방종(放縱)'과 같은 양극단으로 흐르는 것을 방지할 것을 강조했다는 것이다. 이러한 견해는 분명히 변증법적인 의미가 있다.

신(信), 달(達), 아(雅) 삼자이론(三字理論)에 관해서 정(鄭)씨는 1935년에 쓴 《〈世界文庫〉編例(〈세계문고〉편례)》이라는 글 제3조에서도 서술하였다. 그는 이 글에서 다음과 같이 말하고 있다. "'신(信)'이란 첫 번째의 신조(信條)이다." 그는 또 이 삼자 간의 관계에 대해서도 "능히 '신(信)'할 수 있으면서도 '달(達)'할 수 없는 것은 없다. 무릇 '달(達)'할 수 없는 번역문은 원작에 대한 충실한 정도에 있어 상당히 회의를

품을 수 있다."고 하였다. 이는 '달(達)'하지 못한 번역문은 '신(信)'할 수도 없다는 점을 이야기한 것이다. '아(雅)'에 이르러 그는 반드시 이야기할 필요는 없다고 생각한 것 같다. 그렇다고 해서 그가 반드시 '아(雅)'하지 않아도 된다고 생각했다는 것이 아니라 역자가 최우선적으로 고려해야 될 사항은 아니라고 생각했다고 여기는 것이 옳을 것이다. 그가 엄(嚴)씨를 비평한 것은 '엄(嚴)씨의 '아(雅)'가 '신(信)'을 희생해서 얻은 '아(雅)'라는 것'에 대한 평(評)이었음은 더 말할 필요가 없다. '직역(直譯)'과 '달(達)', '아(雅)'의 관계에 대해서도 그는 다음과 같이 생각하였다. "직역한 문장이 뜻이 통하지 않는 중국어 문장만 아니면 '달(達)'한 것으로 간주할 수 있다. 만약 원문을 빼 버림으로써 번역문의 유창함을 추구한다면 비록 '아(雅)'한 문장이 되었다 하더라도 칭찬할 만한 일은 못 된다. 따라서 우리들의 번역문은 '신(信)'을 제1의 가치로 간주하며, 그러고 나서 번역문이 이해가 되지 않는 문장이 되지 않도록 노력한다." 정(鄭)씨의 이러한 언급은 대단히 정확하고 적절한 것으로, 노신(魯迅)이 당시에 쓴 이와 관련된 서술과도 완전히 일치한다. 3, 40년대에 이르러서는 중국의 번역계에 번역의 원칙과 관계된 글과 논술이 점점 많아졌지만, 20년대 초에는 이와 같은 문장이 아주 드물었다는 점을 지적해 두고자 한다. 정(鄭)씨의 《譯文學書籍的三个問題(문학서적을 번역함에 있어 세 가지 문제)》라는 글 속의 관련 논술은 이 방면에 있어서 실제로 개척적인 글이라 하겠다. 이 글을 발표한 다음 기의 《小說月報(소설월보)》에 모순(茅盾) 또한 《譯文學書方法的討論(문학서의 번역방법에 대한 토론)》이라는 글을 발표하여 이 문제에 대하여 설명하고 더 깊이 연구하였다. 그는 이 글에서 '많은 논점이 정진탁(鄭振鐸) 선생의 앞의 문장의 논점과 서로 일치하고 있음이 증명된다.'고 설명하였다. 이렇게 서로 계발하고 상호 연구, 토론하는 과정에서 중국의 현대번역이론의 수준은 조금씩 높아져 갔다.

정(鄭)씨가 이 번역전문논문 속에서 마지막으로 거론한 것은 '중역문제(重譯問題)'(전역(轉譯) : 이미 다른 나라 언어로 번역된 것을 다시 자국어로 재번역하는 것)였는데, 이 역시 당시 중국의 번역계가 이론적 설명을 기다리던 현실적인 문제였다. 정(鄭)씨가 지적한 것처럼 "이와 같이 번역한 것을 또 다시 재번역하는 방식은 어느 나라에서든 대단히 드문 현상이지만 당시 중국에서는 매우 성행하고 있었다." 왜냐하면 당시 중국에서 영어를 아는 사람은 비교적 많았으나 다른 문자를 아는 사람은 아주 적었으며, 이 아주 적은 사람 가운데 번역에 종사하는 사람은 더욱 적었다. 예를 들면 러시아문학 작품이 중국에 소개될 때와 같이 적지 않은 영어가 아닌 외국어로 된 문학작품은 대부분이 영문으로부터 중역된 것이었다. 정(鄭)씨는 먼저 이것은 대단히 '가슴 아픈 일'로 당시 중국 문화사업의 낙후성과 문학계가 활성화되지 못했음을 설명해 주고 있는 것이며, 이것은 객관적 현실조건에 의해 결정된 것으로 어쩔 수 없는 것이며, 일정 정도 필연성을 띠고 있다고 생각했다. 그 다음으로 그는 중역을 할 때는 불가피하게 괴리감이 생길 수밖에 없으며 심지어는 착오가 생길 위험도 있다고 생각했다. 그러나 이러한 작업(重譯)은 여전히 필요성이 있고 가치 있는 작업이라고 생각하였다. "문학적 취미는 대단히 박약하고 문학계가 사람소리를 들어볼 수 없을 정도로 적막한 이때, 원문을 직접 번역할 수 있는 인재를 어떻게 얻을 수 있겠는가? 그들이 출현하기를 기다려 다시 번역하려 한다면 그것은 '마치 황하물이 맑아지기를 기다리는 것과 같으니, 사람이 늙는 것은 어찌하려는가?' 지금 전 세계의 문학계와의 관계를 단절시키고 싶지 않다면 조금이라도 있는 것이 아예 없는 것보다는 낫다는 심정으로, 억지로라도 이 불완전하고 또 위험하기도 한 중역법을 사용하여 서적을 번역해야 한다."고 생각하였다. 그렇기 때문에 최대한 번역의 실수를 줄이기 위하여 그는 중역의 '신중과 정교한 심사'의 원칙을 제시하였다. 그 원칙이란 "중역자(重譯者)는 (1) 번역본 가운데서 가장 믿을 만한 판본을 근거로 하여 중역을 한다. (2) 만약 2종 이상의 번역본이 있을 때에는 이들을 모두 수집해서 세밀하게 대조해야 한다. (3) 번역을 마친 후에는 반드시 원본 문자를 아는 사람을 불러서 중역본과 원본을 대조해 보아야 한다는 것을 지키는 것이 가장 좋다."는 것이다. 정(鄭)씨의 이러한 주장은 번역의 실제에서 출발하여 이론적인 면에서 중역문제를 연구 검토한 가장 선구적인 업적이다. 사실상 중국에서는 상당히 오랜 기간 동안 중역의 필연성과 필요성이 존재해 왔으나 모든 문학종사자들이 이 점을 인식하고 있었던 것은 아니었다. 예를 들면 양실추(梁實秋)는 1928년에 《翻譯(번역)》이라는 글에서 "호적(胡適) 선생의 말에 의하면 프랑스나 러시아 작품 가운데 중국어로 번역된 작품은 상당수가 영문에서 전역(轉役: 重譯)된 것이다. 영어를 아는 사람이 영문으로 된 명저를 번역하기보다 불어나 러시아어로 된 작품을 중역하려고 하는 것은 영문 명저의 언어가 어려워 성어나 전고 및 속어 등은 우리들처럼 ABC 정도만 겨우 아는 사람이 이해하기 어렵지만, 프랑스나 러시아의 작품이 영문으로 번역된 작품은 기초적이고 쉽게 이해할 수 있도록 되어 있기 때문이다."라고 언급하였다. 나는 이 말이 틀리지 않는다고 생각한다. 대체로 번역에 종사하는 사람들도 다른 사람들과 마찬가지로 저항이 가장 적은 길로 가는 것을 좋아한다. 호적(胡適)과 양실추(梁實秋) 선생이 한 이 말은 아마도 번역자 개인들에 대해 이야기하면 사실일 가능성도 있다. 그러나 이러한 잣대로 전체 중역의 문제를 평가한다면 그것은 크나큰 실수이다. 중역에 대한 공격과 오해를 겨냥하여 노신(魯迅)은 1934년《論重譯(중역을 논함)》과《再論重譯(중역을 재론함)》등의 글을 발표하였다. 노신(魯迅)의 관점은 여전히 정(鄭)씨의 20년대 초의 관점과 일치하였다.

또한 정(鄭)씨는 1921년 6월,《小說月報(소설월보)》에《審定文學上名詞的提議(문학상의 명사를 선정하는 문제에 대한 제의)》라는 글을 발표하였다. 여기에서 말하는 '문학상 명사'라는 것은 번역하는 가운데 만나게 되는 '문학사(文學史)와 관계된 것, 문학평론과 관계된 것, 문학 작품 속에 나타나는 명사 등'을 가리킨다. 그는 이것을 구체적으로 다섯 가지로 분류하였다. 곧 외국문학가의 성명, 문학사에 나타나는 지명, 문학 작품의 제목, 문학 작품 중의 인명과 지명, 문학 이론적 용어 등이 그것이다. 당시에 명사들의 이러한 번역명칭은 대단히 혼란스러웠다. 정(鄭)씨는 번역명칭이 혼란스러운 현상이 쉽게 독자들의 오해를 불러일으킬 수 있고, 또 연구의 흥미를 방해할 수도 있다고 생각하였다. 동시에 번역자나 연구자의 입장에서 보면 대단히 불편한데, 특히 문학지식의 보급이나 수준을 끌어올리는 데 대단히 불리하다고 생각하였다. 이를 위해 그는 '큰 소리로 호소하여 문학을 연구하는 동지들에게 고하여' 문학 명사의 번역명칭을 통일할 것을 요구하였다. 그는 문학 작품제목의 대부분과 문학이론용어의 전부는 의역을 해야 하고, 인명이나 지명과 일부분의 서명(書名)은 음역을 해야 한다고 생각하였다. 이 두 부류의 번역명칭의 심사와 통일에 대해 그는 아주 상세하고 구체적인 의견을 내놓았는데, 그 대부분이 매우 합리적이어서 그 후 번역계에서 보편적으로 승인을 하거나 채용하였다(이들 구체적 의견에 대해서는 여기서는 지면 관계상 생략하기로 한다.). 맨 마지막에 그는 "문학명사판정회(文學名辭審定會)가 조직되어 모든 문학상 명사를 심사 판정(審查判定)하여 문란하고 잡다한 것을 하나로 귀납하여 의학사전, 화학사전 등과 같은 문학대 사전을 편찬했으면 좋겠다. 그 사전이 중국의 문학계에 미치는 공헌은 이루 말로 표현할 수 없는 정도일 것이다."라고 그의 바람을 나타내었다. 당시《小說月報(소설월보)》의 주편을 맡고 있던 모순(茅盾)은 정(鄭)씨의 이 글 뒤에 평어를 달아 자신의 견해를 밝히고, 또 다른 사람들도 의견을 발표하기를 희망하였다. 그 후《小說月報(소설월보)》는 독자들로부터 적지 않은 편지를 받았는데, 독자들은 이 문제에 대한 토론을 요구하였다. 이어 1923년, 정(鄭)씨가 이 잡지의 주편을 맡은 이후 그는 2월호에《文學上名詞譯法的討論(문학상의 명사번역방법에 대한 토론)》이라는 전문코너를 개설하고, 이 코너의《發端(발단)》이라는 글에서 다시 통일된 명사의 번역 명칭의 필요성을 역설하고 또 자신과 모순(茅盾), 호유지(胡愈之), 오치각(吳致覺) 등의 토론 문장을 발표하였다.

이 책에서 이미 거론한 바와 같이 번역 명칭의 통일 문제에 대해서는 정(鄭)씨의 이 글 이전에도 이미 이야기한 사람이 있었다. 예를 들면 서계여(徐継畬)는 1848년,《瀛寰志略(영환지략)》을 위해 쓴 서(序)에서 번역명칭의 통일문제에 대해서 거론하였고, 그 후 부란아(傅蘭雅), 고봉겸(高鳳謙), 량계초(梁啓超), 라진옥(羅振玉), 임서(林紓), 장사쇠(張士釗) 등과 신문학가인 주자청(朱自淸), 허지산(許地山), 경제지(耿濟之) 등도 각자 자신들이 발표한 글 속에서 번역명칭의 통일문제에 대하여 거론하였다. 그러나 첫째, 그들이 말한 것은 명사를 두루 가리키는 것이지 문학사상의 명사만을 가리키는 것이 아니다. 뿐만 아니라 그들은 문학명사라는 사실을 망각하고 있었다. 둘째, 그들은 모두 번역명칭을 통일하는 문제를 거론하기는 하였으나 장사쇠(章士釗) 한 사람을 제외하고는 거의 토론할만한 분위기를 형성하지 못했다. 또한 그들이 글을 발표한 곳은 문학잡지가 아니었다. 따라서 정(鄭)씨가 처음으로 정중하게 '문학상의 명사'를 통일할 것을 주장하였다고 할 수 있다. 그뿐 아니라 당시 상당히 넓은 지역에 판매되던 문학잡지에서 토론을 벌인 것은 중국 문학번역사업의 발전에 비교적 큰 공헌을 했다고 할 수 있다. 당시의 한 독자가 말했던 것처럼《小說月報(소설월보)》에 '등고일호(登高一呼, 높은 곳에 올라 큰소리로 외치다. 즉 다시 말해서 글을 써서 발표하다.)' 하면, 마치 '국내 문단의 맨 선봉에 서서 번역명칭에 대한 통일의 깃발을 드는 것과 같다.'고 하겠다.

20년대 초, 외국문학의 번역이 날로 증가함에 따라 소위 말하는 '서구화의 문제'가 문학 이론계에 정식으로 거론되기 시작하였다. 이보다 전인 1919년 2월 잡지《新潮(신조)》에 부사년(傅斯年)이《怎么做白話文?(어떻게 백화문을 지을 것인가?)》라는 글을 발표하여 '구화(歐化, 서구화)' 문제를 제기하였다. 그는 이 글에서 '서양문의 관식(款式), 문법(文法), 사법(詞法), 구법(句法), 장법(章法), 사지(詞枝) 등 일체의 수사학상의 방법을 바로 수용하여 현재의 국어를 초월하는 서구화된 국어를 만듦으로써 일종의 서구화된 국어의 문학을 만들어 내어야 한다.'고 주장하였다. 그러나 당시 사람들은 이 문제에 별로 반응을 보이지 않았다. 1921년 6월 정진탁(鄭振鐸)과 모순(茅盾)이《小說月報(소설월보)》에《文藝叢談(문예총담)》,《語体文歐化之我觀(구어체 문자의 서구화에 대한 나의 견해)》이라는 두 편의 글을 발표한 후에야 비로소 사람들의 관심을 모으게 되었다. 곧 이어 그들 두 사람은 자신들이 주편을 맡고 있던《文學旬刊(문학순간)》,《小說月報(소설월보)》 등에 토론란을 마련하고, 정진탁(鄭振鐸), 모순(茅盾), 주작인(周作人), 왕통조(王統照), 부동화(傅東華), 호천월(胡天月) 등 문학연구회(文學研究會)의 작가와 그 밖의 적지 않은 독자들로 하여금 남북 각지의 신문지상에 글을 발표하게 하여 대단히 열띤 토론을 벌였다. 두 사람은 당시에 영향력이 매우 컸는데, 특히 정(鄭)씨는 토론을 발기하고 조직하는 한편 자신의 견해도 발표하였다. 그는 먼저 "중국의 구문체(舊文體)는 너무 오래 되어서 아주 낡았다. 수많은 훌륭한 사상과 정서가 이 낡은 문체에 구속되어 마음껏 정교하게 표현될 수가 없다. 문언문(文言文)만 그런 것이 아니라 어체문(語体文, 구어체 문장) 또한 그러하였다."고 생각하였다. 따라서 '문학예술의 정진을 위하여' 그는 구어체문장의 '서구화'에 찬성하였다. 둘째로, 그는 '구어체 문장의 서구화는 문학예술 정진의 한 방법'이라고 생각하였으나 그것이 방법의 전부라고 생각하지는 않았다. 문학예술이라는 것이 '형식'이나 '문법'만을 가리키는 것은 아니지만 '형식'이나 '문법' 등의 개조를 너무 가볍게 생각해서는 안 된다. 셋째로, '서구화'와 '서구의 보통 문법을 도입하는 것'은 간단히 '모방'하자는 것과는 다르다. 넷째로, '서구화'라는 것도 반드시 일정한 '정도(程度, 법도)'라는 것이 있어야 하며, 그것은 '중국인들이 지금까지 써왔던 구어체문장을 닮지 않았다는 것이지 중국인들이 알아보지 못하는 문장이라는 뜻은 아니다.' 노신(魯迅)이 그 후 30년대에 '서구화'의 문제에 대해 발표한 의견도 정(鄭)씨의 이러한 관점과 기본적으로는 일치한다.

마지막으로 정(鄭)씨의 중국의 근대번역사에 관한 논술에 대해서 이야기하고자 한다. 중국의 외국문학번역사는 엄격히 말하면 아편전쟁 후인 19세기 후반부터 시작되었다고 해야 할 것이다. 이 번역문학사에 대해서는 정(鄭)씨의 단편적이고 부분적인 연구도 있었지만 전체적이고 총괄적인 논의도 있었다. 앞의 부분에 있어 가장 눈에 띄는 것이 중국 근대서양문학을 가장 많이 소개한 임서(林叙)의 번역에 대한 평론이다. 이 평론은 임서의 생전에 이미 시작되었다. 예를 들면 1922년 9월에 그는 《雜譚(잡담)》이라는 글에서 임서(林叙)에 대해서 이야기했는데, 임서(林叙)가 스페인 세르반테스의 명저 《唐吉訶德(돈키호테)》을 번역한 것에 대해 긍정적인 평가를 내리고 있다. 또 임서(林叙)가 책의 이름을 《마협전(魔侠傳)》이라고 바꿈으로써 무슨 '모험소설'이나 '탐정소설'류로 뒤섞여 들어가게 되어 결과적으로 이 책이 '소리도 없고 냄새도 없는(별로 반향을 일으키지 못한)' 책으로 치부되어 버린 것을 애석해 했다. 또 한 걸음 더 나아가 책을 반쯤만 번역하고 갑자기 제멋대로 끝을 내어 버리고도 아무런 설명도 하지 않는 태도에 대해서 비판을 가하고 있다. 그러나 정(鄭)씨는 그 책이 이미 번역된 작품 중 훌륭한 작품이므로 마땅히 '모래더미 속에서 사금을 캐는 식으로 그 책을 재발굴'해 내어야 한다고 생각했다. 1924년 10월 임서(林叙)가 세상을 떠났을 때 정(鄭)씨는 즉각 자신이 주편을 맡고 있던 《小說月報(소설월보)》의 같은 달 《國內文壇消息(국내의 문단소식)》란과 《最後一頁(마지막 페이지)》란에 이 소식을 전하고 '애통'함을 표하였다. 곧이어 그 잡지의 다음 호에 《林琴南先生(임금남선생)》이라는 장문의 글을 발표하였다. 그의 이 글은 모두가 인정하는 임서(林叙)가 세상을 떠난 후 가장 빠른 시기에 가장 객관적으로 서술한, 가장 분량이 많은 한 편의 논문으로 그 글 속에서 특히 임서(林叙)의 번역 활동에 대해서 정당한 평가를 내리고 있다. 이 글은 임서(林叙)의 번역활동에 대해서 한편으로는 '매우 깊은 감사를 드려야 하며', 다른 한편으로는 '그 노력의 태반 이상이 허비된 것으로 되어 버리고 만 것은 참으로 애석한 일'이라고 평가하였다. 애석해 한 것은 첫째, 그가 번역한 수많은 작품 가운데 3분의 2 이상의 작품은 2, 3류의 별로 가치가 없는 작품이다. 둘째, 자주 희곡을 번역하여 소설로 만들었고, 또 제멋대로 보태거나 빼버림으로써 본래의 면모를 완전히 상실해 버리고 말았다. 이 글에서는 '이 모든 책임을 임(林)선생 한 사람에게만 돌릴 수는 없다.' 왜냐하면 임(林)선생은 외국어를 알지 못하였기 때문에 그와 함께 합작을 했던 구술자에게도 책임의 일단이 있음을 공정하게 평가하였다. 이 글에서는 임서(林紓)의 공헌을 충분히 긍정하였는데, 먼저 수량이 많음을 인정하였다. 이 글에 나타난 통계에 의하면 책으로 출판된 것만 156종이다. 그 중에는 훌륭한 작품도 없지 않았는데 정(鄭)씨는 그 가운데 40여 종의 작품은 비교적 뛰어나다고 칭찬하였다. '중국에서 40여 종의 세계명저를 번역한 사람이 임(林)선생을 제외하고 또 누가 있겠는가?' 그 다음으로 그들 우수한 작품들은 '아주 작은 몇 곳의 틀린 부분을 제외하고는 원문의 정서마저 상당히 훌륭하게 잘 나타내고 있으며' 어떤 문체는 '중국에서는 처음 보는 창의적인 문체라고 할 수 있다.'고 밝히고 있다. 뿐만 아니라 그는 매번 원작자의 이름을 열거하고 원작 중에 나오는 인명과 지명도 바꾸지 않았으니, '이렇게 충실하게 번역한 번역자도 당시에는 찾아보기가 쉽지 않다.'고 언급하였다. 이 글은 또 임서(林紓)의 번역활동의 '영향'과 '공적'을 세 가지로 나누어 평가하였다. 첫째로 수많은 사람들이 그의 번역을 통하여 서방세계에 대한 상식을 가지게 되었고, 그제서야 비로소 서방사람들도 우리와 똑같은 '사람'이라는 것을 알게 되었다. 둘째로, 수많은 사람들이 그의 번역작품을 통하여 서양에도 소위 말하는 문학이라는 것이 있음을 알게 되었고 구미에도 중국의 태사공(太史公: 사마천)과 나란히 어깨를 겨룰 만한 작가들이 있다는 사실을 알게 되었다. 셋째로, '소설(小說)'은 '소도(小道)'라고 여기던 중국의 전통관념을 타파함으로써 외국의 문학작품을 번역하는 기풍을 진작시켰다.

근대 문학번역사에 관한 전체 평술은 본래 정(鄭)씨의 《揷圖本中國文學史(삽화가 있는 중국문학사)》에 한 장으로 계획되어 있었다(제팔십장(第八十章) 《歐美文學的輸入(구미문학의 수입)》. 그러나 애석하게도 이 책이 끝까지 집필되지 못해 이 장은 읽을 수가 없게 되었다. 다행스러운 것은 1936년에 발표된 그의 중요한 논문, 《淸末飜譯小說對新文學的影響(청말 번역소설이 신문학에 미친 영향)》이 발견됨으로써 그의 견해를 대체적으로나마 볼 수 있게 되었다는 점이다. 그는 '중국의 번역작업이 적지 않은 소임을 다했다. 사람들을 일깨우고 소개하였을 뿐만 아니라 지금까지 전해져 내려오던 문장작법의 기교를 바꾸어 놓음으로써 중국의 문학계, 아니 중국 학술계에 매우 큰 변화를 불러일으켰다.'고 생각하였다. 따라서 그는 청말의 번역활동에 대해 '결코 홀대해서는 안 된다.'고 생각하였다. 그는 중국 근대 번역문학사의 연구는 당연히 17세기 이후 전체 중국 사회역사의 발전과 중서문화교류라는 큰 배경 속에서 고찰되어야 한다고 생각하였다. 그리하여 그는 중국 근대번역문학사는 세 시기로 나눌 수 있다고 하였다. 1600년부터 1894년까지는 '서양문화와 접촉하던 시기'로, 기계공학과 기타 응용과학을 흡수하였다. 이 시기는 '중학(中學)을 체(體)로 하고 서학(西學)을 용(用)으로 한다(中體西用).'는 구호가 출현했으나, '중일전쟁 결과 이 구호는 바로 분쇄되었다.' 1894년부터 1917년까지는 '정치교육(政治教育)'의 '개혁시기(改革時期)'로, 사람들은 중국이 응용과학만 결핍된 것이 아니라 정치와 교육도 형편없다는 사실을 알게 되었다. 따라서 정치, 법률 등과 같은 사회과학을 받아들이는 일에도 주의를 기울이게 되었다. 1918년부터 작자가 이 글을 쓸 당시인 30년대까지는 윤리와 문학의 개혁 시기이다. 이때는 모두 정치 개혁을 부르짖는 외에도 더 나아가 윤리와 문학의 개혁을 시작하였다. 정(鄭)씨는 이 발전노선에 주의를 기울일 때에만 비로소 근대번역사가 '어떻게 시대를 따라 변천하였으며 시대를 따라 발전하였는지를' 분명하게 볼 수 있다고 생각하였다. 청말, 무술정변(淸末, 戊戌政變) 후의 문학번역에 대해 논할 때 그는 이 시기의 번역은 그 기백(氣魄)이 늠름하여 '오늘날 사람들까지도 그들을 뛰어넘을 수 없다.'고 생각하였다. 그러나 '그들은 대부분 실패하고 말았다.' 실패의 원인은 '태도상의 일련의 착오'에 있었는데 그는 그 착오를 아래의 다섯 가지로 요약했다. 一. '타협(妥協)'이다. 내용 면에서 감히 중국독자의 독서습관과 윤리관을 위배할 수 없었기 때문에, 심지어 원작의 내용을 바꾸어가면서까지 중국의 구세력과 타협할 수밖에 없었고, 형식면에서도 문언이나 장회체(章回體) 등으로 번역하였다. 二. '이용(利用)'이다. 외국 작품을 이용하여 개혁의 도구로 삼겠다고 간단하게 생각하였다. 三. '소견(消遣)'이다. 무료한 탐정소설과 연애소설을 아주 많이 번역하였다. 四. '정확한 문학상식이 없었기 때문이다.' 번역자는 대부분 당시의 정치인이거나 양행매판(洋行賣辦, 서양회사의 직원)이었기 때문에 진정한 문학명저는 별로 번역이 많이 되지 않았다. 五. '불충실(不忠實)'이다. 잘못 번역된 곳도 아주 많고 심지어는 제멋대로 바꾸기까지 하였다. 그러나 그는 그 영향만은 충분히 긍정하였다. 그는 두 방면으로 현저하게 영향이 나타났다고 생각한바, 그 첫 번째는 이후의 창작에 영향을 미친 것이며 두 번째는 중국인의 생활방식에 영향을 미쳤다는 것이다. 그에 의하면 근대 문학 번역사의 연구를 통하여 청말번역(清末飜譯)과 5, 4후번역(五四后飜譯)에는 본질적인 차별이 존재하는데 전자가 '무의식적으로 소개'하는 것이라고 하면, 후자는 '의식적으로 소개'하는 것이라고 할 수 있다. 또한 그는 이들 사이에는 '불용상혼(不容相混, 뚜렷이 구별되는)' 특징이 있다고 지적하였다. 그는 '앞 사람들의 전철'을 거울삼아 신문학번역 종사자들은 마땅히 '철저하게 일체의 앞 사람들의 번역의 착오를 극복해야 한다.'고 주장하였다. 나는 정(鄭)씨의 이러한 논술로 미루어 볼 때 이미 중국 근대문학번역사를 저술하기 위하여 기본 골격과 기조(基調)를 정해 놓고 있었으니 그 의의는 결코 낮게 평가할 수 없다고 생각한다.

결론적으로 이야기하면 정진탁(鄭振鐸)은 2, 30년대에 이미 번역방면에 있어서 비교적 체계적이고 완정한 논술을 하였다. 몇몇 중요한 이론문제는 그가 최초로 거론하였는데 그것은 계몽적, 개척적인 의의가 있다고 생각한다. 많은 기본적인 관점에 있어서는 노신(魯迅)의 견해도 그의 견해와 완전히 일치하였다. 그의 이러한 번역에 대한 논술은 당시에 매우 중요한 역할을 하였다. 뿐만 아니라 역사의 검증을 거치면서 오늘날까지도 기본적으로는 정확한 것으로 여전히 강력한 생명력을 유지하고 있다.

四. 번역이론에 대한 모순(茅盾)의 공헌

모순(茅盾, 1896-1981)의 원명은 심덕홍(沈德鴻)이고 자는 안빙(雁氷)이었다. 그가 가장 흔히 쓰는 필명이 모순(茅盾)이었고, 그밖에도 현주(玄珠)와 랑손(郎孫) 등의 필명을 쓰기도 하였다. 절강성, 동현(浙江省, 桐鄉) 사람인 그는 1913년 북경대학 예과에 합격하였으며, 1916년 상해, 상무인서관, 편역소(上海, 商務印書館, 編譯所)에 입사하였다. 1920년 상해에서 공산당 발기조(發起組)에 가입하여 조기에 공산당원이 되었다. 같은 해 정진탁(鄭振鐸)의 요청으로 문학연구회의 발기인으로 참여하여 이 단체의 핵심회원이 되었다. 그 다음 해부터 전면적으로 《小說月報(소설월보)》를 개혁하기 시작하였고 또 주편을 맡기도 하였다. 이때부터 그는 적극적으로 현실주의 문학이론을 제창하였고 문학비평가로 널리 이름을 날렸다. 1926년에는 북벌전쟁에 투신하였으며 1927년부터 소설 창작에 뛰어들어 문단을 깜짝 놀라게 하였다. 1930년 중국좌익작가연맹에 가입하여 노신(魯迅)의 뒤를 이을 또 한 명의 뛰어난 전사가 되었다. 그는 항일전쟁과 해방전쟁 시기에 문예계 영도자 중의 한 사람으로 활동하였으며 해방 후에도 문화계의 중요한 지도자 역할을 담당하였다.

모순(茅盾)은 번역을 일관되게 매우 중시하였다. 1916년부터 번역활동을 시작한 이후로 그는 《小說月報(소설월보)》 등의 간행물의 주편을 맡았을 때 각종 우수한 번역작품을 발표하는 일에 특별히 주의를 기울였으며, 스스로 앞장서서 적지 않은 작품을 번역하였다. 예를 들면 그는 20년대 초에 이미 100여 편의 단편소설을 번역하였다. 그 밖에도 그는 일련의 번역이론문장과 적지 않은 번역작품의 서발(序跋) 및 번역비평문을 발표하였는데 주로 20년대 초반과 30년대 중기 및 해방 후에 집중되어 있다. 이러한 문장으로 미루어 볼 때 그의 번역이론은 상당히 전면적이며 깊이가 있음을 알 수 있다. 20년대에 그의 역학이론에 대한 공헌은 아래와 같은 세 방면에 집중되어 있다.

먼저 번역작업의 목적과 역할에 대한 논의이다. 모순(茅盾)은 인생을 위한 현실주의문학을 유력하게 강조한 초기 제창자 중의 한 사람이다. 《小說月報(소설월보)》의 주편을 막 시작했을 당시에 그는 문학이란 인생을 표현하기 위한 것이며, 문학이란 정신의 양식으로 사람의 정신을 향상시켜 주기 때문에 문학사업은 대단히 중요한 사업이라고 반복해서 강조하였다. 따라서 그의 번역관은 그의 문학관과 완전히 일치한다. 그는 사람의 정신을 향상시키기 위해 "옛날부터 지금까지 모든 문학가들은 그 누구도 독립적으로 이 큰 작업을 완성한 사람은 없으며 반드시 지금까지의 작업을 합쳐서 조금 더 완성에 가까이 다가갈 수 있었다. 이후로도 셀 수 없이 많은 문학가들의 노력을 더한 결과, 더욱 더 완성에 가까이 다가갈 수 있게 될 것이다. 이런 관점에서 볼 때 나는 번역 문학 작품도 창작과 똑같이 중요하며, 특히 우리나라(중국)와 같이 아직도 '인간의 문학'이 성숙하지 못한 나라에서는 번역이 더욱 더 중요하다고 생각한다. 그렇지 않다면 장차 무엇으로 영혼의 빈곤을 치료할 것이며, 인생의 결함을 보충할 수 있겠는가?"(《一年來的感想與明年的計劃(1년 내의 감상과 명년의 계획)》) 이것은 문학과 인생이라는 관점에서 번역의 중요성을 천명한 것이다. 그밖에 그는 또 창작의 기술적인 측면에서 "오늘날 번역의 중요성은 창작의 중요성보다 조금도 덜하지 않다. 서양인들이 문학연구를 통하여 습득한 성과를 가능한 한 아니, 반드시 채용해야 한다고 믿는다. 다른 사람의 방법… 기교… 을 채용하는 것은 하릴없이 남의 것을 모방하는 것과는 다르다. 우리는 다른 사람의 방법을 채용해서 그 위에 자신의 상상과 정서를 더함으로써 … 결과적으로 자신의 훌륭한 창작을 얻을 수 있게 된다. 이러한 관점에서 보면 번역이란 결국 '수단'과 같은 것이어서 이 수단을 통해 우리의 목적인 자신들의 신문학에 도달할 수 있게 될 것이다."고 생각했다(동상).

그는 번역에 대한 목적이 대단히 분명하였기 때문에 번역할 작품을 어떻게 선택할 것인가 하는 문제에 대해서도 깊이 있는 논술을 할 수 있었다. 일찍이 《小說月報(소설월보)》가 전면적인 개혁을 시작하기 바로 전 해인 1920년 1월에 그는 이 잡지의 《小說新潮(소설신조)》란에 당시의 신문학번역은 일정 정도 성과를 거두었으나, "그 성과가 미약할 뿐만 아니라 잡다한 느낌이 든다."고 지적하였다. "연구할 만한 문제가 되는 문학을 많이 번역하는 것은 확실히 현 사회를 위한 대증요법이 될 뿐만 아니라 신사상의 선전을 위한 급선봉이 되기는 하겠지만 지나치게 단면적이다. 새롭게 번역한 것들만 따로 모으게 되면 문학의 진화의 흔적을 홀시하는 결과를 가져올 가능성이 있다."고 생각하였다. 따라서 전면적으로 고려할 필요가 있다. 그는 "현재 모든 사람들이 다 납득할 수 있도록 하기 위해, 또 장차 자신들의 창조를 위해, 그리고 체계적인 연구를 위해 모두들 사실파와 자연파의 문학작품을 먼저 소개하여야 한다."고 생각하였다. 그는 또 20명의 외국작가의 43편의 작품을 나열하였다. 그 대부분이 현실주의 작품이면서 '문제성을 띠고 있는' 작품으로, 번역자들에게 번역을 고려해 볼 것을 제공하였다. 이것은 중국 최초의 역서를 선택할 서적목록이었다(그 후 모순은 정진택과 상의한 후 더욱 더 전면적인 서적 목록을 만들었다.). 그 밖에도 그는 서양의 문학사조와 관련된 서적도 번역하여야 한다고 생각했다. 그는 "이러한 모든 단계를 다 거치고 나서야 비로소 중국 사람들도 자신들의 창작을 위한 기초가 마련된다."(《小說新潮欄宣言(소설신조란선언)》)고 하였다.

1920년 2월 4일, 그는《時事新報, 學燈(시사신보, 학등)》에《對于系統的經濟的介紹西洋文學底意見(체계적이고 경제적으로 서양 문학을 소개할 수 있는 방법에 대한 의견)》이라는 글을 발표하여 다시 한 번 더 자신의 의견을 명확하게 밝혔다.

> 서양 신문학의 걸작을 중국어로 번역한 것은 몇 퍼센트도 되지 않으므로, 우리는 번역을 할 때 지금 가장 시급한 것과 절실한 것을 선택하는 것이 시간상·인력상 가장 경제적인 방법이다. 또 중국에는 아직도 중국어로 된 상세한 서양문학사조사라는 것이 없으니, 切要(절실한) 이라는 두 자 외에도 系統(체계적)이라는 글자에 더욱 더 주의를 기울여야 한다. …
>
> 다시 말하면 우리나라 사람들(보통의 중국 사람들을 지칭)은 서양문학의 파별이나 원류에 대해서 잘 알고 있는 사람이 매우 적고, 각 문학자의 생평이나 작품의 특색에 대해서도 잘 아는 사람 또한 매우 적으므로 나는 어떠한 한 작품을 소개할 때 소인(小引, 짧은 머리말)을 첨부하여 이 문학가의 생평과 저서를 소개했으면 좋겠다고 생각한다. 만약 이 작품이 특별한 의의가 있고 작가가 이 작품을 쓸 때 무슨 특별한 감회가 있었다면 소인(小引) 외에 다시 작은 서(序)라도 하나 더 첨가하였으면 좋겠다. …

모순은 '절요(切要, 절실한)'라는 두 자 외에도 '계통(系統, 체계적)'이라는 두 자를 제기하였다. 이는 확실히 호적(胡適), 부사년(傅斯年) 등의 논술에 대한 중요한 보충이며 발전이다. 뿐만 아니라 그는 이 관점을 논증할 때에 부(傅)씨가 주편(主編)을 맡고 있던《新潮(신조)》를 비평의 대상으로 삼았다. 그는 그 뒤에 쓴《新文學研究者的責任與努力: (신문학 연구자의 책임과 노력)》이라는 글에서도 '소개를 할 때 작품을 선택하는 것이 가장 먼저 주의해야 할 점'이라고 또 다시 강조하였다.

곽말약(郭沫若)은 1922년 7월 17일,《時事新報, 學燈(시사신보, 학등)》에《論新文學研究與介紹(신문학의 연구와 소개를 논함)》라는 글을 발표한 후, 모순(茅盾)은 곽(郭)씨가 번역의 주관적 방면은 비교적 상세하게 잘 논술을 하였지만 객관적인 동기라는 일면을 소홀히 하였다고 생각하였다. 그는 곧이어《介紹外國文學作品的目的(외국문학을 소개하는 목적)》이라는 글을 발표하여 다음과 같은 질문을 제기하였다. "번역의 동기에는 객관적인 면은 존재하지 않는 것일까? 바꾸어 말하면 우리가 하나의 작품을 번역할 때 강렬한 개인적인 애호심 외에 '일반인들의 수요에 부응하기 위해서', '사회적 병폐를 치유하기 위해서' 등과 같은 관념상의 동기는 존재하는 것일까? 존재하지 않는 것일까?" 그는 어떤 사람들은 순전히 개인적인 애호로 인하여 번역을 하는데 그것은 개인의 자유에 속하는 문제이다. 후자가 더욱 더 합리적인데 "외국의 문학작품을 번역하는 것은 이론상 객관적인 동기가 있을 수 있다는 것이다." 그는 그것을 강조하여 다음과 같이 지적하기도 하였다.

> 나는 문학작품은 사람들에게 감상을 하도록 하는 이외에도 최소한 영원한 인간의 본성과 이상세계에 대한 동경을 함유하고 있어야 한다고 생각한다. 나는 한 시대의 문학이란 한 시대의 결함과 부패에 대한 항의와 이에 대해 시정을 요구하는 것이라고 생각한다. 또한 창작자가 완전히 사회와 격리되어 있는 것이 아니라면, 만약 사회에 대하여 동정을 하고 있다면, 그의 작품은 자연히 사회의 부패에 대하여 항의를 할 수밖에 없다고 생각한다. 나는 번역자가 만약 자신이 처한 사회의 부패와 사람들이 죽은 척 침묵하는 것에 대해서 몹시 싫어하여 외국의 작품을 빌려서 이에 항의하고 죽은 듯이 침묵하는 사람들을 자극하고자 한다면, 이는 너무나 당연하고 유익한 일이라고 생각한다. 나는 번역자가 만약 이러한 자신의 견해에 근거하여 자기의 의견을 주장하고 자기와 다른 주장에 대해서 반대하는 것은 정당하면서도 '자유(自由)'에 부합하는 일이라고 생각한다.

이것은 당시 창조사(創造社)의 곽말약(郭沫若) 등이 드러낸 유미주의(唯美主義) 번역관과 정진탁(鄭振鐸) 등이 제창한 '피와 눈물의 문학'을 고통을 감내하면서 조소하는 첨예한 비평으로, 진보적 번역작업자와 사회개혁의 참여에 대한 권리를 지키기 위한 것이었다. 모순(茅盾)의 이와 같은 논술은 정진탁(鄭振鐸) 등의 글과 어우러져 신문학번역의 방향을 단정하게 하는 데 중요한 역할을 하였다.

두 번째로 모순(茅盾)은 번역종사자들이 갖추어야 할 조건과 수양에 대해 중요한 논술을 하였다. 그는 1921년 2월 10일 《小說月報(소설월보)》 제12권 2기에 《新文學研究者的責任與努力(신문학 연구자의 책임과 노력)》이라는 글을 발표하여 다음과 같이 지적하였다.

> … 문학 작품을 한 편 번역하려고 하면 반드시 먼저 이 작품의 의의를 이해해야 하고, 이 작품의 특색을 이해하고 난 후에야 비로소 당신의 번역작품이 원래 작품의 진정한 정신을 훼손하지 않을 수 있다. 따라서 번역가는 문학을 비평하는 지식이 아예 없어서는 안 되며, 문학을 이해하지 못해서도 안 된다. 다만 서양의 문자만을 해독할 수 있어서는 번역에 어울리지 않는다. … 어떤 문학가의 작품을 번역하고자 할 때에는 최소한 이 작가가 속한 그 나라의 문학사를 한 번쯤은 읽어 보고, 또 이 문학가의 전기와 이 문

> 학자에 대한 비평문학을 읽어 보는 것은 시간을 낭비하는 일이 아니며, 가짜문학을 소개하지 않게 만들어 줄 것이다. 이렇게 함으로써 전문적으로 한 나라의 문학이나 한 작가의 문학을 연구한 사람으로 하여금 전문적으로 번역하게 하여 전문적이면서도 자연스럽게 정교한 번역이 되도록 하는 것이 가장 좋다. 소설 한 권을 사 보고 번역을 하고 나서는 이 작가의 문학상의 지위 등에 대해서는 연구를 하지 않는 것이 종래 대부분 중국의 소설을 번역하던 사람들이 취했던 방식이다. 아직까지도 많은 사람들이 이렇게 하고 있으니, 앞으로는 이러한 풍조를 개조하기를 바랄 뿐이다.

같은 해 4월 10일에 같은 잡지 4기에 발표한 《譯文學書方法的討論(문학서적을 번역하는 방법에 대해서 토론함)》이라는 글에서 그는 번역자가 갖추어야 할 세 가지 조건에 대해서 더욱 더 명확하게 다음과 같이 말하였다.

> 현재 번역계에서는 이전의 습관화된 타성을 떨쳐 버리고, 한편으로는 모두 실험정신과 진리를 추구하는 정신으로 분투를 해야 하고, 다른 한편으로는 아래의 것들을 이해하지 않으면 안 된다.
>
> 一. 문학서적을 번역하려는 사람은 반드시 스스로 문학연구자가 되어야 한다.
>
> 二. 문학서적을 번역하려는 사람은 반드시 스스로 신사상을 이해하고 있어야 한다.
>
> 三. 문학서적을 번역하려는 사람은 반드시 스스로 창작적인 소질을 약간은 갖추고 있어야 한다.

당시 제1(第一), 제2조(第二條)에 대해서는 신문학에 종사하는 사람들 대부분이 긍정하였다. 그러나 제3조(第三條)에 대해서는 반드시 의견이 일치하는 것은 아니었다. 번역이란 그림을 베껴 그리는 것처럼 창작자가 될 수 없는 사람이 할 수 없이 격을 낮추어 번역가가 되는 것으로 적지 않은 사람들이 생각하였다. 모순(茅盾)은 이와 같은 의견에 동의하지 않고 창작경험이 전혀 없는 번역자는 문학작품을 결코 잘 번역해 낼 수 없다고 주장하였다. 20년대 초에 모순(茅盾)처럼 번역자 자신이 스스로 갖추어야 할 조건에 대해서 이야기한 사람은 많지 않았다. 따라서 그의 이러한 논술은 교육적인 면에서 시사하는 바가 배우 크다고 할 것이다.

세 번째, 번역 자체의 예술적 요구로 인해 모순(茅盾)은 20세기 초에 이미 이와 같이 독창적이고 뛰어난 견해를 논술하였다. 그는 번역의 목적과 역할을 강조한 후, 곧바로 번역 작품의 '예술 요소(藝術要素)'에 대해 다음과 같이 언급하였다.

작품을 소개할 때는 그 작품이 내포하고 있는 사상문제만을 고려할 것이 아니라 예술적 요소도 반드시 고려하지 않으면 안 된다. 그것은 당연한 것이다. 문학작품에서 가장 중요한 예술적 색채는 그 작품의 신운(神韻)이다. 회색의 문학작품을 번역해서 홍색의 문학작품으로 만들어서는 안 된다. 신비하면서도 퇴폐적인 느낌이 드는 작품을 번역하여 광명하고 사랑스럽고 건전한 작품으로 만들어서도 안 되며, 타고르의 노래 중에 음(音)을 위주로 한 작품을 번역하여《迷途的鳥(미도적조: 길잃은 새)》에 나오는 몇몇 작품처럼 색(色)을 위주로 한 작품으로 만들어서도 안 된다. 소덕만(蘇德曼)의《憂愁夫人(우수부인: 시름에 잠긴 부인)》을 번역할 때 이 작품의 음침하고 어두운 분위기를 없애 버리면 안 된다. 비앙손(比昂遜)의《愛與生活(애여생활: 사랑과 생활)》을 번역할 때는 그 밝고 상큼한 느낌을 잃어 버려서는 안 되며, 간결명료한 문체의 느낌을 잃어버려서도 안 된다. 매특림극(梅特林克)의《一個家庭(일개가정)》과《侵入者(침입자)》를 번역할 때는 이 작품의 고요하고 적막한 분위기를 잃어 버려서는 안 된다. 이러한 것들은 모두 가능한 범위 내에서는 잃어버리지 않도록 노력해야 한다. 만약 이러한 예술적 특색을 잃어버리지만 않는다면 중역을 한다고 해도 여전히 가치 있는 작업이라 할 수 있을 것이다. 만약 이러한 것들을 잃어버린다면 원문을 직접 번역한 것이라 하더라도 가치가 있다고 할 수는 없을 것이다. 불후한 번역본은 반드시 이러한 조건들을 갖추어야 하며, 이러한 번역본만이 문학적 가치가 있다. 이러한 것들은 물론 쉽게 행할 수 있는 것들은 아니나 … 우리는 부단히 노력하여 반드시 이루어내어야 할 것이다.

모순(茅盾)의 이 말은 1921년 2월 10일《小說月報(소설월보)》제12권 제2기에 발표된《(新文學硏究者的責任與努力(신문학연구자의 책임과 노력)》이라는 글에서 논의된 것이다. 이것은 지금까지 우리가 알고 있는 한, 중국 번역이론사상 '신운, 구조(神韻, 句調)'를 잃어버리면 안 된다고 최초로 주장한 가장 명확한 학설이다. 다시 말해 모순(茅盾)의 이 글은 '신운(神韻)'이라는 중요한 관점을 강조한 학설임을 분명히 지적해 두고 싶다. 이보다 앞서 청초(清初) 위상건(魏象乾)이《繙淸說(번청설)》에서 '神龍見首不見尾, 신성한 용은 머리만 보일 뿐 꼬리는 보이지 않는다.'라고 한 것처럼 우리들은 번역은 마땅히 '그 정신을 전해야 한다.'는 등의 신운(神韻)설을 우연히 만나 볼 수 있을 뿐이다. 그밖에도 1920년 3월 곽말약(郭沫若)이 쓴 '부백(附白)'이라는 글 가운데 '풍운(風韻)'이라는 말을 사용한 것이 있기는 하지만 이는 지나치게 간략하여 어떤 주장인지 명확하지 않다. 이러한 사실은 고대와 현대의 번역이론이나 번역실천의 성과가 아직도 '신운(神韻)'설이라는 이 이론의 경지에 도달하지 못했다는 것을 의미한다. 이는 신문학운동이 전개되고 나서야 비로소 '신운

(神韻)'이라는 중국 전통미학의 중요한 관념이 정식으로 번역이론 속에 들어오게 되었다는 말이다. 곽말약(郭沫若)으로부터 진서영(陳西瑩), 부뢰(傅雷) 등도 모두 이 이론에 대해 중요한 글을 남김으로써 문학작품의 번역을 미학의 범주와 예술영역으로까지 끌어 올리게 되었다. 우리들은 중국 번역이론사를 논함에 있어서 모순(茅盾)이 이 방면의 최초의 연구자였다는 사실을 지적하지 않을 수 없다. 정진탁(鄭振鐸)이 《小說月報(소설월보)》에 번역문제에 대해서 토론을 하자고 제의한 후 모순(茅盾)은 1921년 4월 10일, 이 잡지의 제12권 제4기에 《譯文學書方法的討論(문학서적을 번역하는 방법을 토론함.)》이라는 글을 발표하여 번역을 함에 있어 신운(神韻)에 관한 이론에 대해 다시 한 번 더 상세하게 논의하였다. 모순(茅盾)은 노신(魯迅) 등이 제기한 직역설을 일관되게 찬성했으나 그러면서도 그는 "문학서적을 번역함에 있어 마땅히 직역을 해야 한다는 점은 더 이상 설명할 필요가 없다. 그러나 직역을 할 때 늘 발생하는 가장 곤란한 문제는 원작의 '형모(形貌: 형태와 모양)'와 '신운(神韻)'의 문제이다. 이는 둘 다 동시에 유지(維持)할 수는 없는 문제이다."라고 하였다. 뿐만 아니라 그는 또 하나의 매우 현실적인 문제를 제기하였다. "'신운(神韻)'과 '형모(形貌: 형태와 모양)'를 둘 다 온전하게 충족시킬 수 없을 경우에는 결국 '신운(神韻)'을 중요하게 생각해야 하겠는가?, 아니면 '형모(形貌)'를 중요하게 생각해야 하겠는가?", 이에 대한 그의 대답은 아주 분명하였다.

> 나의 사적인 견해로는 '신운(神韻)'을 손상시켜 가며 '형모(形貌)'를 보유하는 것은 '형모(形貌)'를 조금 손상시키더라도 '신운(神韻)'을 보존시키는 것만 못하다고 생각한다. 문학의 역할은 사람을 감동시키는 데(사람으로 하여금 동정하게 하고 위안을 얻게 하는 것) 있는데 사람을 감동시키는 힘은 '신운(神韻)'이 더 크고 '형모(形貌)'가 더 작다고 생각한다. 번역작품이 만약 원문의 '신운(神韻)'을 간직하지 못한다면 사람을 감동시키는 큰 힘을 잃어버리는 것을 면하기 어려울 것이다. 실제 현장에서 관찰하더라도 '형모(形貌)'는 쉽게 모방할 수 있지만 '신운(神韻)'은 보존하기가 쉽지 않다. 가령, 번역할 때 '신운(神韻)'을 잃지 않기 위해 대단히 조심하더라도 매번 뜻대로 이루기는 쉽지 않다. 물론 '형모(形貌)'가 서로 비슷하도록 매우 주의를 기울여야 하겠지만, 당연히 '신운(神韻)'을 잃지 않도록 더욱 더 주의를 기울여야 한다.

모순(茅盾)은 또 동시에 "이론적으로 말하면 '형모(形貌)'와 '신운(神韻)'은 상반되면서도 상호 보완적인 면도 있다. '형모(形貌)'를 구성하는 요소는 '단자(單字)'와 '구조(句調)'가 두 개의 큰 줄기인데, 이 두 가지는 동시에 작품의 '신운(神韻)'을 조성한다."고 생각하였다. 그는 '단자(單字)'와 '구조(句調)'가 한 문장의 요소가 되는 것은 마치 선(線), 점(点)과 색채(色彩)가 그림의 요소가 되는 것과 같은 이치이다. 그림에서 서로 다른 색채와 선(線), 점(点)의 위치가 서로 어우러져 여러 가지의 신운(神韻)을 드러내는 것처럼 '단자(單字)'와 '구조(句調)'의 변화가 한 문장의 신운(神韻)을 바꾸어 놓게 될 것이다. 따라서 그는 번역자가 원작의 신운을 잃지 않게 하기 위해서는 '단자(單字)'와 '구조(句調)'에서 그 방법을 찾아야 할 것이라고 생각하였다. 만약 '단자(單字)'가 완전히 대등하고, '구조(句調)'가 원작과 비슷하게 될 수만 있다면 '신운(神韻)'은 저절로 그 속에 있게 될 것이다.

한 문장에서 '형모(形貌)'의 요소는 당연히 '단자(單字)'와 '구조(句調)'라는 이 두 가지 요소에만 국한되는 것은 아니다. 그러나 번역이라는 측면에서 보면 모순(茅盾)이 먼저 이 두 가지 요소를 장악해야 한다고 한 것은 매우 합당한 것이다. 그는 매 글자의 번역이 정확하고 매 문장의 정신이 서로 비슷하다는 이 두 가지 조건은 "문학작품을 번역할 때 가장 기본이 되는 요소로, 이보다 더 중요한 것은 없다."고 생각하였다. 매 글자를 정확하게 번역하는 문제에 대해서 그는 아래와 같이 실행 가능한 7가지 방법을 제시하였다.

> 一. 매 글자는 사전 상에 번역된 단어를 그대로 옮겨 놓아서는 안 되며, 그 글자의 문장에 있어서의 신분과 경중을 따져서 따로 하나의 단어로 번역해야 한다. 二. 원작이 쓰였을 당시의 글자의 의미를 쫓아서 글자의 뜻을 결정해야 한다. 三. 원작자의 단어사용 습관을 고려하여 각 단어의 뜻을 결정해야 한다. 四. 능히 번역할 수 있는 범위 안에서만 원작에 나타나는 형용사나 발음 등 부정확한 부분을 번역해야 한다. 五. 능히 번역할 수 있는 범위 안에서만 투박한 사람의 투박한 언어를 번역해야 한다. 六. 능히 번역할 수 있는 범위 안에서만 시간과 공간의 차이로 인하여 뜻이 달라지고 음이 달라진 글자들을 번역해야 한다. 七. 원작의 모양을 좇아서 판에 박은 듯한 문자나 어디에서나 볼 수 있는 그러한 글자들은 피하고 신선한 새로운 글자들을 사용하여야 한다.

한편, 그는 문장의 격조를 서로 모방하는 문제에 대해 "가능한 범위 안에서 그 격조가 비슷하기를 추구할 뿐이지 반드시 모두 같기를 추구할 수는 없으며, 다만 문장의 격조의 정신은 조금도 방치할 수 없다."고 생각하였다. 예를 들면 원작의 문장의 격조가 '완곡하면서도 곡절한 것'인데 번역본의 문장의 격조를 '호방하고 곧은 것'으로 바꾸어 놓을 수는 없다. 이것은 다소간의 '창작의 천재성'을 필요로 하는 것이다. 그러나 '문장을 직역하는 방법'은 다소간 '우둔한' 번역 방법이다.

모순(茅盾)은 원칙적으로는 '직역'에 찬성하였으나 동시에 원작의 '신운(神韻)'을 유지할 것을 강조하였다. 그는 이 두 가지는 서로 일치하는 것이라고 생각하였다. 이론적으로 더욱 더 철저하게 이 점을 밝히기 위하여 그는 1922년 8월 10일자 《小說月報(소설월보)》 제13권 제8기에 《直譯与死譯(직역과 사역)》이라는 글을 발표하였다. 그는 이 글에서 일부 사람들의 직역에 대한 비난을 신랄하게 배척함과 동시에 사람들이 이해하지 못하는 번역은 결코 '직역(直譯)'이 아니며 그것은 '사역(死譯)'이라고 지적하였다. 이것은 최초로 '직역(直譯)'과 '사역(死譯)'을 구별한 글이다. 그는 한 걸음 더 나아가, '직역(直譯)'에도 깊은 것과 얕은 것의 두 가지 의의가 있다고 아래와 같이 주장하였다.

> 직역(直譯)의 의의를 만약 얕은 의미에서 이야기하면, 그것은 "원문의 자구(字句)를 제멋대로 바꾸지 않는 것을 의미한다."고 할 수 있으며, 깊은 의미에서 이야기하면, "원문의 분위기와 풍격(風格)을 유지하는 것을 말한다."고 할 수 있다. 소위 말하는 "원문의 자구(字句)를 제멋대로 바꾸지 않는 것을 의미한다."고 하는 말은 소극적으로 "제멋대로 바꾸지 아니한다."는 것 외에도 반드시 전문의 문리(文理)를 고려해야 한다는 적극적인 조건을 함의하고 있다.

바꾸어 말해 직역(直譯)을 얕은 단계에서 이야기하면 첫째 '제멋대로 바꾸지 않는다.' 둘째, '읽을 때 뜻이 잘 통한다.'는 것을 말하는 것이고, 깊은 단계에서 이야기하면 반드시 원문의 신운(神韻)을 보존해야 한다는 것을 의미한다. 모순(茅盾)의 이와 같은 번역사상은 대단히 깊이가 있는 것으로 노신(魯迅), 주작인(周作人) 등의 번역사상과 완전히 일치한다. 노신(魯迅)은 20년대에 여러 차례 직역법(直譯法)을 취해야 하며, 또 원작의 '구문(口吻, 어투)'을 보존하기 위해 노력해야 한다고 강조하였다. 주작인(周作人) 또한 '직역(直譯)'과 '사역(死譯)'의 차이점에 대하여 논술하였다. 모순(茅盾)의 이 글은 비교적 이른 시기에 발표된 것으로 참으로 가치 있는 문장이라 할 수 있다.

앞에서 이야기한 세 방면 외에도 모순(茅盾)은 20년대에 시(詩)의 번역 문제에 대해서도 대단히 뛰어난 견해를 발표하였다. 그는 1922년 10월 10일자의《文學旬刊(문학순간)》제52기에《譯詩的一些意見(시의 번역에 대한 몇 가지 견해)》이라는 글에서 시(詩)의 번역에 관한 세 가지 문제에 대해 글을 남겼다. 첫째, 시(詩)를 번역하는 것이 가능한가? 그는 간단하게 '가능하다' 또는 '불가능하다'고 대답하는 것에 동의하지 않고, 번역을 할 수 있는 것도 있고 번역을 절대 할 수 없는 것도 있지만, 번역을 할 수 있다는 것도 "번역을 한 것이 전혀 없는 것보다는 약간 나을 뿐이다."고 생각하였다. 그 다음으로는 왜 다른 나라의 시(詩)를 번역하려고 하는가에 대한 문제이다. 그는 "시(詩)를 번역하는 것이 본국의 문단에 중대한 의의가 있다. 장차 신흥문예가 발돋움하려는 민족에게는 더욱 더 큰 의의가 있다."고 지적하였다. 여기에서 시작하여 번역의 가장 중요한 문제 …시(詩) 번역의 방법과 원칙… 에 대해서도 언급하였다. 그는 정진탁(鄭振鐸)의, '시(詩)를 번역할 때는 의역을 해야 한다.'는 의견에 완전히 찬성했으며, 동시에 이것은 "사역(死譯)에 대한 상대적인 의미의 의역(意譯)을 말하는 것이다. 이는 마음대로 원문을 삭제하거나 바꾸는 것을 의미하는 것은 아니며 뜻으로 번역한다는 것을 의미하는 것은 결코 아니다. 바꾸어 말하면 원작의 신운(神韻)을 보존하는 번역법을 말하는 것이다." 그는 원문이 가지고 있는 모든 뛰어난 점들을 다 번역해 내는 것이란 불가능하기 때문에 그 가운데 가장 중요한 부분들을 선택하여 보류해야 하는데, 그것이 바로 원문의 신운(神韻)이다. 모순(茅盾)의 이러한 견해는 정진탁(鄭振鐸), 곽말약(郭末若), 성방오(成方吾), 문일다(聞一多) 등의 견해와 완전히 상통하고 있는 것이다.

30년대 중기에 모순(茅盾)은 좌익문단의 중심인물이 되었으며, 번역문제에 대한 의견을 자주 발표하였다. 예를 들면 1934년을 '번역년(飜譯年)'으로 칭하고, 그해 3월 1일에 발간된《文學(문학)》月刊(鄭振鐸, 茅盾 등이 주편) 제2권 제3기 '문학전호'에 다른 필명을 사용하여 여러 편의 번역이론을 발표하였다. 그는《"媒婆"与"處女"(매파와 처녀)》라는 글 가운데 곽말약(郭沫若)이 1920년대 초에 사용하던 비유를 다시 꺼내어 다음과 같이 말하였다.

이러한 비유가 알맞은지 아닌지는 잠시 보류하고 거론하지 않겠다. 그러나 번역의 어려움은 창작에 비해 조금도 덜하지 않으며, 어쩌면 더할지도 모르겠다. 한 작품을 번역하려면 먼저 작자의 사상을 분명히 알아야 하고 그것만으로도 부족하니, 또 원작의 예술상의 미묘함을 파악해야 한다. 이마저도 부족하니 반드시 원작 속으로 들어가 작중 인물과 함께 울고 함께 웃는 그러한 과정을 거쳐야 한다. 이렇게 철저하게 원작을 분석한 후 그 다음으로 역자는 원작의 풍격을 표현해 낼 수 있을 만한 글재주를 가지고 있어야 한다.

그는 이렇게 간결한 필치로 번역 작업의 어려움을 전면적으로 개괄했다. 그 가운데 번역과정 중에 역자의 주관적인 감정의 투입 등에 관한 논술은 당시 곽말약(郭沫若) 등의 관점을 충분히 흡수한 결과이다. 모순(茅盾)의 이 글에서 가장 빛나는 곳은 노신(魯迅)과 마찬가지로 온 힘을 다해 번역비평을 제창한 부분이다. 그는 좋지 않은 번역본들을 '거짓말을 하는 매파'(媒婆)라 하고 더 나아가 다음과 같이 호소하였다.

번역계에도 '청리운동(淸理運動, 정풍운동)'이 필요하다. 훌륭한 '매파'는 추천을 하고, '거짓말을 하는 매파'는 비판을 해야 한다. 왜냐하면 우리 주변에는 확실히 조잡한 번역본도 있고, 또 훌륭한 번역본도 있다. 이러한 사실을 청년들이 분명하게 알 수 있도록 해야 한다.

그는 또 동기의 잡지에 《직역(直譯), 순역(順譯), 왜역(歪譯)》이라는 글을 발표하였다. 그는 이 글에서 '직역(直譯)'에 대한 정확한 이해를 다시 한 번 더 주장하면서 당시에 어떤 사람(조경심(趙景深)을 가리키는 것 같음)이 '원문에 충실하여 알아볼 수도 없는 번역보다는 차라리 원문에는 좀 덜 충실하더라도 이해가 될 수 있는', '순역(順譯)'이라는 방법을 택하겠다고 한 주장을 비판하였다. 그는 이러한 주장을 따른 결과, 원문 원래의 면모를 왜곡시키는 결과를 초래하고 말 것이라고 지적하였다. 왜냐하면 '순역(順譯)'론자들이 이야기하는 '보면 이해할 수 있는 문장'이라는 것이 보기만 하면 이해가 되어 생각할 필요가 없는 문장이라는 뜻으로 쓰인 것이라고 이해할 수 있는 반면에, 문학 작품이라는 것은 대부분 보면서 생각해야만 비로소 그 순수하면서도 깊은 맛을 느낄 수 있는 것이기 때문이다. 또 '순역(順譯)'이라는 것의 다른 의미가 '유창하고 아름답게 번역한 것'을 의미한다고 한다면 어떤 작품은 그 자체가 대단히 거칠고 질박한 것일 때, 이렇게 번역을 하고 나면 원작 자체는 재앙을 만난 것이나 다름없고, 결과적으로는 '왜역(歪譯)'이 되고 말 것이다. 모순(茅盾)은 이러한 '순역(順譯)'설이라는 것은 저급 취미를 가졌거나 감상력이 떨어지는 독자들에게 영합하기 위한 것이라고 생각하였다. 이것은 당시의 노신(魯迅)과 구추백(瞿秋白) 등의 번역에 대한 비평을 지지한 것이다.

이렇듯 모순(茅盾)은 30년대에 수많은 번역 문제에 있어서 노신(魯迅)의 견해와 완전히 일치하였으며, 글을 발표하여 노신(魯迅)과 서로 호응하였다. 앞에서 거론한 번역을 비평하는 것과 '순역(順譯)'을 비평하는 글 이외에도 '轉譯(전역)'을 거론한 글도 있다. 노신(魯迅)도 일찍이 목목천(穆木天)의 이 문제에 대한 부정확한 의견을 비판한 적이 있었는데, 모순(茅盾) 또한 1934년 8월 1일 《문학(文學)》 제3권 제2기에 《飜譯的直接與間接(번역의 직접과 간접)》이라는 글을 발표하여 목(穆)씨가 말한 '轉譯(전역)이 직접역을 쫓아내고 있다.'는 설을 반박하였다. 모순(茅盾)은 당시 독자들이 번역 작품에 냉담한 반응을 보인 데는 많은 원인이 있다고 지적하였다. 번역을 경시하여 '매파(媒婆)'에 비유한 것도 하나의 '원인(遠因)'이 되기도 하였다. 또 어떤 번역 작품은 너무나 조잡한데 그것도 한 원인이 되었다. 그래서 어떤 사람은 '轉譯(전역)'을 제멋대로 큰 소리로 공격하기도 하였다. 그러나 약간의 '직접역(直接譯, 원본을 직접 번역)'들이 큰 실수를 범하여 사람을 멍하게 만들고 말았으니, 이것도 한 원인이 되었다. 그는 이에 대해 다음과 같이 지적하였다.

> 소위 말하는 '직접역(直接譯)'이니 '轉譯(전역)'이니 하는 것에 오늘날과 같이 손이 모자라는 바쁜 시기에는 구속될 필요가 없다. 중요한 것은 오히려 번역자의 외국어능력에 달려 있다. 만약 어떤 사람이 일본어도 하면서 영어도 할 줄 아는데, 일본어를 훨씬 더 잘한다고 하면 그 무슨 신극래(辛克萊: 미국작가)의 작품을 번역한다고 할 때 일본어 번역본을 저본으로 삼아 번역하는 것이 비교적 타당하다. … 만약 독일어 수준이 대단히 높은 사람이 독일어로부터 스페인어로 전역하는 것을 안 된다고 할 이유가 없으며, 프랑스어 수준이 아직도 믿음이 가지 않는 사람으로 하여금 프랑스어 역본으로부터 이탈리아어로 전역하라는 것은 일종의 모험이다.

목(穆)씨는 '전역(轉譯)'을 약소민족의 문학 작품을 번역하는 일에만 제한해야 한다고 생각하였다(왜냐하면 아직도 그들의 문자를 이해하는 사람이 적기 때문이다.). 또 '전역(轉譯)'을 할 때 원역본 선택을 제한하여야 한다고 생각하였다. 예를 들면 폴란드 작품은 반드시 독일어 번역본에서 전역해야 하며, 그렇게 함으로써 독일어를 모르는 사람은 폴란드 작품을 번역하지 못하게 하는 것이 좋기 때문이라고 생각하였다. 모순(茅盾)은 "목(穆) 선생의 의견이 참으로 아름답기는 하지만, 애석하게도 오늘날의 형편에서 보기에는 너무 이상적인 것이라는 생각이 든다!"고 지적하였다. 그는 노신(魯迅)과 완전히 의견이 일치하였으며, 실사구시를 주장하며 고담준론(高談峻論)에 반대하였다.

> 오늘날 번역 사업을 발전시키기 위해서는 주관적인 역량에 근거하여 충실한 실험을 계속하여야 한다. 고담준론(高談峻論)은 듣기에는 좋지만 이론만 있고 번역본이라는 실적이 없는 결과를 초래할 수도 있다. 만약 '전역(轉譯)'이 넘쳐나서 한 나라의 '체면'이 손상된다고 느낀다면, 배가 고파 죽게 된 사람이 체면 때문에 굶어죽을 망정 거친 음식은 먹지 않겠다는 것과 무엇이 다르겠는가?

노신(魯迅)은 일찍이 어떤 작품은 '중역(復譯, 이미 번역본이 있는 것을 중복해서 번역하는 것)'이 필요하다고 주장한 적이 있다. 그는 1937년 1월 16일, 《譯文(역문)》 신2권 제5기에 《〈簡愛〉的兩個譯本(간애(簡愛)의 두 가지 번역본)》이라는 글을 발표하여 어떤 사람은 책을 번역할 때 "먼저, 자신이 번역하고 있다는 것을 널리 알려 다른 사람이 끼어들지 못하게 해야 한다. 그렇지 않으면 '낭비(浪費)'했다는 비난을 듣게 된다."고 하였으나 이것은 '불합리한' 이론일 뿐이라고 지적하였다.

> 우리들이 만약 진정으로 독자들의 경제적 사정을 고려한다면, 열악한 번역을 비판하는 것은 필요한 수단일 뿐만 아니라 복역(復譯)을 주장하는 것 또한 필요한 방법이다. 만약 열악한 번역본이 출판되었다면 한편으로는 이에 비평을 가하고 다른 한편으로는 다른 번역본이 곧 나온다는 소식을 독자들에게 알려 줌으로써 독자들이 진실로 시간과 정신과 돈을 '낭비'하는 것을 면할 수 있게 해 주기 때문이다.
>
> 다른 한편으로 번역 사업의 진보를 위해서 이야기하면, 의식적이든 무의식적이든 한 책에 두 가지 번역본이 있는 것은 유리하다. 만약 두 번역본이 모두 훌륭하다고 한다면 우리들은 그들의 번역 방법을 연구하여 번역자들에게 약간의 의견을 제공할 수도 있게

될 것이다.

이 문제 있어서 모순(茅盾)은 노신(魯迅)이 서거한 이후 이에 대해서 가장 잘 논술한 사람이었다.

이렇듯 모순(茅盾)은 20년대 문학연구회(文學研究會)의 주요한 지도자 중의 한 사람이었으며, 30년대에는 좌익작가연맹(左翼作家聯盟)의 중심인물이었을 뿐만 아니라 그가 발표한 번역이론은 광범위한 영향을 미쳤다. 그는 50년대에도 중국 번역사업에 있어서 중요한 이론적 지도를 하였는데 이에 대해서는 다음 장에서 언급할 것이다.

五. 서양의 번역이론사를 참고한 장백리(蔣百里)

문학연구회(文學研究會)의 멤버 가운데 매우 특이한 한 사람이 있었다. 다른 발기인과 비교해 문학사업에 특별한 업적을 남긴 것이 없을 뿐만 아니라 번역이론사상 그가 이룬 업적을 다른 사람이 언급하지도 않는 사람이 있는데, 그가 바로 장백리(蔣百里)이다.

장백리(蔣百里, 1882-1938)는 본명이 방진(方震)이며 자(字)가 백리(百里)이나, 자(字)로 이름을 대신하였다. 절강성, 해녕(浙江省, 海寧) 사람으로 1898년 수재(秀才)에 합격하였다. 그는 중일전쟁(中日戰爭)에서 패배하고 또 유신변법(維新變法) 마저도 실패하자 매우 큰 충격을 받았다. 1900년 항주(杭州)의 구시서원(求是書院)에서 공부할 때 혁명을 동정하였다는 이유로 위험분자로 간주되어 퇴학당했다. 그 후 얼마 지나지 않아 일본에 유학하였는데, 그때 동경에서 일본유학생동향회를 조직하여 유명한 잡지 《浙江潮(절강조)》를 발행하여 민족, 민주혁명을 선전하였다. 이때부터 그는 번역을 중시하기 시작하여 《譯書匯編(역서회편)》에 번역원고를 투고하였다. 그는 일본에서 군사학을 배우고 1906년에 귀국하여 다시 독일에 가서 군사학을 실습하였다. 따라서 그는 일본어와 독일어에 모두 능했으며, 그밖에도 영어와 불어도 조금 할 수 있었다. 독일에 체류하는 동안 그는 군사학을 배우는 외에도 괴테와 셰익스피어의 문학명저를 읽었으며, 또 다시 이탈리아로 가서 조각과 회화를 관람함으로써 유럽의 문예부흥시대에 대해 지대한 관심을 가지게 되었다. 1910년 귀국하였을 때 그는 양계초(梁啓超)와 정분이 두터웠기 때문에 양계초(梁啓超)의 위탁을 받아 송파(松坡)도서관의 책임자를 맡았으며, 동시에 《職分論(직분론)》이라는 책을 독일어로부터 번역하였다. 1918년 말에 양계초(梁啓超)와 함께 유럽을 시찰하고 10개월 후에 돌아와서 양(梁)씨는 그에게 《歐洲文藝復興史(유럽문예부흥사)》라는 책을 쓰도록 요청하였으며, '공학사(共學社)'와 '강학사(講學社)'의 책임자를 맡아달라고 요청하였다. 이로 인하여 그는 문화계의 저명인사가 되었다. 1920년 말, 그는 정진탁(鄭振鐸)의 요청을 받아들여 문학연구회(文學硏究會)의 발기인이 되었다. 이때 그는 《改造(개조)》 잡지의 발간에 참여하여 주편을 맡으면서 《飜譯事業之研究(번역사업의 연구)》라는 칼럼을 개설하였다. 이때 이후 그는 주로 군사부문에서 활동하였다. 1935년 가을에 출국한 그는 1년 동안 군사방면의 시찰을 계속하였다. 항일전쟁이 발발하자 국방과 외교 방면의 활동에 투신하였으나 과로로 인하여 병사하였다.

징(蔣)씨의 삶은 한 마디로 애국적인 군사전문가의 일생이었다. 그는 번역에 관한 글은 별로 발표하지 않았지만, 1921년 7월 15일 《改造(개조)》 제3권 제11기에 그가 발표한 《歐洲文藝復興時代飜譯事業之先例(유럽 문예부흥시대 번역사업의 선례)》라는 글은 평범한 문장이 아니며 충분히 가치를 지니고 있었다.

그는 그 글의 《緖言(서언)》에서 "번역 사업이 문화운동 중에서 중요한 위치를 차지하고 있다는 사실은 의심의 여지가 없다. 최근에 와서 이 사업과 연구태도에 대해 의견을 발표하는 사람(예를 들면 금년 들어 《小說月報(소설월보)》에 발표된 제 문장)이 점점 늘어나는 추세를 보이고 있는데, 이는 그 중요성을 인식하기 시작했다는 표시이다. 최근 일 년 동안(문화운동이 잠시 소강상태를 보이고 있는 동안)에 나타난 유일한 희망적인 소식이다." 이 글을 발표한 것은 그가 정진탁(鄭振鐸), 모순(茅盾) 등 문학연구회의 회원들이 번역사업을 중시하고 번역연구를 제창한 데 대한 유력한 지지를 표명한 것이다. 그는 일반적인 차원에서 번역의 구체적인 문제를 토론한 것이 아니라 군사 전략가의 입장에서 번역 사업을 토론한 것이다. 그는 다음과 같이 말하였다.

> 나는 오늘 나 자신의 개인경험이나 의견을 제시함에 있어, 당대의 대가들과 직역(直譯)은 마땅히 이렇게 해야 하며 의역(意譯)은 마땅히 저렇게 해야 한다고 토론하고자 하는 것이 아니다. 나는 오로지 우리보다 앞서 간 사람들이 이미 이룩한 사실과 이미 경험한 사실들을 들어서 이를 하나하나 반성해 보고, 이를 종합하여 중대한 교훈을 얻음으로써 참고하고 자극받으며 모범으로 삼고자 한다. 나는 다음과 같이 생각한다. (一) 오늘날은 해방의 시대이다. 각자 자신의 양심과 능력에 따라 하고자 하는 대로 하면 그만이다. (二) 명백한 사례가 있어 이를 증명할 수 있고, 많은 사람들이 경험했기 때문에 공동의 경험이라 할 수 있는 것은 철학적 사고 태도나 개인 단독경험을 가지고 불필요한 논쟁을 벌일 필요가 없다.

그의 발언을 요약하면 다음과 같다. 첫째, 구체적인 번역 방법이나 주장은 자신이 옳다고 생각하는 대로 하여 온갖 방법이 난무해도 좋다. 둘째, 각종 주장은 모두 실천으로써 이를 증명해야만 하며 근거 없는 주장을 해서는 안 된다. 그가 집중적으로 거론하고 싶었던 것은 다음과 같다. 서양의 번역사를 보면 매 시대마다 인물과 특색이 있는데, 왜 문예부흥기 한 시대만을 특별히 거론하려고 하는가? 그 이유는 이 시기가 서방에서 번역사업이 가장 번성했을 뿐만 아니라 "두 가지 점에 있어, 중국의 현대와 서로 상통하는 점이 있으므로 중국인들로 하여금 특별히 흥미를 느끼게 하고 중요한 교훈을 얻도록 하기 때문이다."

그가 주장하고자 하는 첫 번째는 "당시의 번역 사업은 특별한 목적을 가진 운동적 색채를 띠고 있었다는 점이다." 그에 의하면 "번역이란 일종의 수단에 불과한 것이다. 만약 번역자가 단지 전달하는 것에 불과한 존재라면 문자가 정확하고 정교하기만 하면 이미 최고의 수준에 달했다고 할 수 있다. 사회의 반향이 없다면 이 사업 자체는 결코 발전할 수가 없다. 번역이 특수한 목적을 지닌 운동으로 발전할 때에만 목적이 분명한 수단이 될 수 있으며, 무미건조한 사실에 그 어떤 활기를 불어넣을 수 있고, 말라비틀어진 문자에 그 어떤 정신을 불어넣을 수 있다. 예로부터 번역 사업의 성공에는 그 동기가 강렬하지 않은 적이 없었으며 그래야만 비로소 도움이 되는 것이다."라고 하였다. 문예부흥시대에 이러한 특수한 이념과 목적을 가진 번역운동이 있었다는 사실에 근거하여 그는 당시 중국 번역사업을 되돌아보고 나서 다음과 같은 결론을 이끌어 냈다. “이전의 번역은 무슨 이념을 핵심내용으로 하는 그런 것이 없었다. 그러나 지금은 점점 어떤 이념을 목표로 한 운동의 시대로 접어들고 있으며, 번역사업의 발달을 예언할 수 있음은 물론, 장차 어떠한 번역이 반드시 성공할 것이고 어떠한 번역은 반드시 실패할 것인지도 분명하게 말할 수 있다.” 장(蔣)씨는 서양의 번역사를 참조하여 신문화운동 이후의 번역사업의 본질적 변화를 예견하였으며, 그 장래의 발전마저도 예견해 내었으니 정말 놀라운 일이라 하지 않을 수 없다.

그가 주장하고자 했던 두 번째는 다음과 같다. “당시의 번역사업과 국어운동이 표리(表裏, 겉과 속의 관계)의 관계에 있다.” 그 가운데 두 가지가 가장 의의가 있는데, 하나는 “번역 사업이 바로 국어운동이라는 점이다.” 그렇기 때문에 “그 태도가 표면적으로는 모방인 것처럼 보이지만 그 내재적인 정신은 창조이다. 따라서 당시의 번역은 어떤 특정한 이념을 전달하려고 했을 뿐만 아니라 기술적인 면에서 일종의 이채로움을 띠고 있었다.” 또 다른 한 가지는 “국어운동이 번역사업을 빌려야 성공할 수 있다는 것이다.” 문예부흥시대의 번역사업과 국어운동은 상부상조의 관계에 있었다는 점에 근거하여 당시 중국의 번역사업을 되돌아보고, 그는 또 다음과 같은 결론을 도출하였다. “오늘날의 국어운동은 번역사업과 긴밀하게 연결되어 있는데 그것은 결코 우연한 일이 아니다. 창조의 정신은 전술(傳述)의 형식을 빌려서 저술에 도움을 줄 것이니, 그 위대하고 영광스런 미래는 진실로 우리들로 하여금 분연히 일어서게 하는 바가 있을 것이다.” 장(蔣)씨는 서방의 번역사를 참조하여 중국의 번역 사업과 모든 언어문자 개혁 운동이 필연적으로 연계되어 있음을 주장하고, 번역, 소개사업이 창조를 촉진하는 관계에 놓여 있다는 사실을 지적하였다. 또한 정진탁(鄭振鐸)과 모순(茅盾) 등이 주장한, 번역과 창작은 동등하게 중요하거나 어쩌면 번역이 더 중요하다고 생각하는 관점을 강력하게 지지하였으니 당시로서는 참으로 대단한 주장이었다.

장(蔣)씨는 ‘독일과 프랑스의 문학을 정통으로 삼고 그 가장 두드러진 사업 두 가지를 예로 들고’, ‘옛날 일을 들어서 오늘날의 일을 증명하는 방식으로’ 그의 관점을 구체적으로 논술해 나갔다. 따라서 그의 글의 두 번째 부분은 ‘마틴 루터의 성경 번역 사업’이었다. 그는 ‘번역 사업으로 국어를 창조하는 책임을 완수하려고 한 사람은 세계 문학사상 마틴 루터 한 사람뿐이었다.'고 하였다. 그는 심지어 '마틴 루터가 성경을 번역한 것은 그의 사업이 아니라 그의 생명이었다. 그것은 사업의 일부가 아니라 그의 생명의 전부였다.'고 생각하였다. 장(蔣)씨의 이 글의 세 번째 부분은 '프랑스의 안악(安岳, Amyot)의 백여대극(柏呂大克, Plutaque) 번역사업'에 대한 것이었는데 글이 길어서 여기에서는 따로 인용하지 않는다.

위에서 이야기한 서방의 문예부흥시기의 번역사업의 선례에 대한 연구에 근거하여 중국의 번역사업과 일일이 대조한 결과, 글의 네 번째 부분에서 다음과 같은 결론을 얻었다.

一. 우리들의 오늘날의 번역사업은 어떤 이념의 선전운동이다.

二. 우리들의 오늘날의 번역은 국어를 창조한다는 책임을 지고 있다.

三. 번역 사업의 성공자는 역사상 영구하고 심대한 영광을 얻게 된다. 그 성공의 조건은 (甲) 역자(譯者), 저자(著者), 독자(讀者)가 정신적으로 밀접한 연관관계를 가지고 있어야 한다. (乙) 역자는 번역을 일종의 '생명'이나 '이념'과 같은 사업으로 보아야 한다.

四. 아무리 훌륭한 번역이라 하더라도 한두 가지 불만 섞인 비평이 없을 수는 없다. 따라서 번역자 자신의 가치는 결코 이러한 비평에 의해서 높아지거나 낮아지지는 않는다.

마지막으로 장(蔣)씨는 전략가의 관점에서 모든 번역사업과 역학이론에 대해 거시적으로 결론을 내리고 다음과 같이 예언하였다.

> 역사상 번역사업의 발전도 일정한 여정이 있는 것 같다. 대략 막 시작하려는 찰나에는 앞뒤가 잘 맞지 않는 단편문자에 지나지 않지만, 이는 아마도 작은 사회에서 필요에 따라 시작된 것이기 때문이었다. 단편의 직역으로부터 장편의 의역으로 나아가게 되는데, 이는 하나의 크나큰 진보이다. 대체로 처음에는 소수에 국한되어 있다가 이어서 확충을 시도하게 되고 군중들에게까지 외연을 넓히게 된다. 이 시기에 번역은 반드시 그 문장은 통순(通順)하나 그 뜻이 원문과 괴리된 것이 나오게 마련이다. 여기에 대한 반동(反動)이 일어나 다시 중역(重譯)을 존중하게 되는데 이 또한 진일보한 것이다. 대체로 옛날에는 겨우 그 뜻이나 통하는 것을 추구하였다. 그러나 지금에 이르러서는 그 진실한 의도를 추구하게 되고, 바깥의 세계만 추구하던 것에서 내재적인 세계까지 추구하게 된다. 여기에서 한 걸음 더 나아가게 되면 직역(直譯)이니 의역(意譯)이니 하는 명사가 사라

> 지게 되고, 번역사업은 크게 완성된다. 대체로 이 시기가 되면 번역자만 진보하는 것이 아니라 군중들도 모두 진보하게 되어 자신도 모르는 사이에 서로 간에 어떤 간극이 사라지게 된다.

장(蔣)씨는 열정적으로 다음과 같이 말하였다. "우리들은 여기에서 마땅히 '밥을 씹어서 남의 입에 넣어준다.'와 '포도주에 물을 탄다.'라는 두 가지 경계를 높이 걸어 두고 번역의 영광된 미래를 위하여 매진할 뿐이다. 마지막으로 한 가지 더 당부를 하자면 번역자는 마땅히 자신의 인격을 존중하고 자신의 사업을 존중하면 그만인 것이다."

20년대 초에 장(蔣)씨와 같이 유럽의 문예부흥시대 번역사업의 선례를 중국 번역사업의 실제와 연결시켜 뛰어난 논문을 쓴 사례는 실제로 극히 드문 경우이다. 당시에 이 방면에 있어 장(蔣)씨와 비견할 만한 사람으로는 겨우 두 사람 정도를 들 수 있다. 한 사람은 양계초(梁啓超)로, 그는 전면적으로 중국의 고대 불경번역사업을 정리하고 평가하여《中國古代之飜譯事業(중국 고대의 번역사업)》이라는 글을 썼다(그러나 애석하게도 당대의 중국의 번역 사업에 대한 논술은 많지 않다.). 다른 한 사람은 정진탁(鄭振鐸)이다. 그는 러시아문학 번역사를 참조로 해서 번역사업의 의의를 체계적으로 논술하고《俄國文學史中的翻譯家(러시아문학사 중의 번역가)》라는 글을 발표하였다(양(梁)씨와 정(鄭)씨의 이 글에 대해서는 이 책의 앞부분에서 이미 서술하였음.). 매우 의미 있는 일은 이 세 편의 매우 뛰어난 번역이론이 양(梁)씨가 주관하고 장(蔣)씨가 편집을 맡았던《改造(개조)》 잡지에 동시에 발표되었다는 사실이다. 이러한 사실은 사실 신문학운동 초기에 중국 번역계의 하나의 큰 사건이라고 할 수 있다.

六. 명사의 번역과 시의 번역에 대해서 논한 주자청(朱自淸)

문학연구회(文學研究會)의 회원 가운데 번역이론에 대해서 비교적 큰 공헌을 한 사람으로 주자청(朱自淸)을 들 수 있다. 주자청(朱自淸, 1898-1948)은 본명은 자화(自華)이고 자(字)는 패현(佩弦)이며, 호(號)가 실추(實秋)였다. 원적은 절강, 소흥(浙江, 紹興)이었으나 강소, 동해(江蘇, 東海)에서 태어나 양주(揚州)에서 자랐다. 1916년 북경대학예과에 합격했고, 다음 해에 철학과에 입학했다. 이때 신문화운동에 참가하기 시작하여 신조사(新潮社)에 가입하여 창작과 번역작품을 발표하기 시작하였다. 1920년 졸업 후 항주로 갔으며, 이때부터 오랜 기간 동안 각지로 다니면서 교육사업에 종사하기 시작하였다. 1921년 상해로 와서 중국공학의 교수로 재직하였는데, 당시 정진탁(鄭振鐸), 엽성도(葉聖陶)와 교류를 하면서 문학 연구회에 가입하여 이 모임의 중요한 작가 중의 한 명이 되었다. 1925년부터 장기간 청화대학에 교수로 재직하였는데, 이때부터 고전문학연구에 종사하게 되었다. 그는 1931년 8월부터 1년간 유럽에 유학하였다. 항일전쟁 기간 동안 청화대학이 남쪽으로 피난을 가자 그도 따라 남쪽으로 옮겨가게 되어 모진 고초를 겪었다. 이때부터 그는 문일다(聞一多)와 절친한 친구가 되었다. 항전에서 승리한 후 그는 애국학생운동을 지지하였다. 1926년 10월, 북경으로 돌아와서도 계속해서 민주운동에 투신하였으며, 미국이 일본의 부흥운동에 참여하는 정책을 완강하게 반대하였다. 그는 당시 미국이 원조하는 밀가루의 수령을 거절하다가 가난과 병마 속에서 처참하게 일생을 마쳤다.

주(朱)씨는 중국 현대의 저명한 작가이자 학자이면서 교육자이다. 그는 번역과 관계되는 글을 많이 쓰지는 않았지만 그가 쓴 문장은 매우 뛰어나다. 중요한 것으로는 젊은 시절에 쓴 《譯名(명사의 번역문제)》이라는 글과 만년에 쓴 《譯詩(역시)》라는 문장이 있다.

앞에 발표한 《譯名(역명)》이라는 문장은 1만6천 자나 되는 장편으로, 모두 8절로 나누어져 있으며 1919년 11월 5일 《新中國(신중국)》 잡지 제1권 제7기에 발표되었다. 이 글은 그의 문집에 포함되어 있지 않은 것으로 보아 이미 문학연구자들의 기억 속에서 잊혀진 문장으로 보인다. 심지어는 그의 친구인 계진회(季鎭淮)교수가 《朱自清年譜(주자청년보)》를 발간하였을 때도 이 글은 포함되지 않았다. 이 번역이론은 당시의 최근 10년 간의 명사의 번역(譯名)문제를 둘러싼 토론을 집대성한 것이라고 해도 좋다.

주(朱)씨는 "번역이란 외국 문화를 본국에 소개해 들여오는 가장 효과적인 도구이다."라고 생각하였다. 따라서 번역과 관계되는 문제를 연구하는 것을 당연히 매우 중요한 것으로 여겼다. 그는 번역문제는 양 층으로 나누어 생각해 볼 수 있는데, 한 층은 어떻게 번역의 대상이 되는 원저를 선택하느냐, 다시 말해서 '역재문제(譯材問題: 번역재료을 선택하는 문제)'이고, 다른 한 층은 어떻게 하면 원문의 정신을 잃지 않게 할 수 있느냐 하는, 다시 말해 '역법문제(譯法問題: 번역법 문제)'라 하였다. 또한 역법문제는 두 개의 문제를 내포하고 있는데, 하나는 '역필문제(譯筆問題)'이고 하나는 '역명문제(譯名問題)'라고 인식하였다. 그는 역법문제가 포함하고 있는 두 개의 문제를 비교해 볼 때 역명문제(譯名問題)는 '특별히 중요하다'고 생각하였다. "왜냐하면 명(名)이라는 것은 실(實)을 표시하는 도구이다. 만약 명(名)이 정확하지 못하면 그 명(名)이 나타내는 실(實)도 정확하지 못하게 되니 번역해 낸 작품도 그 영향을 받아 모호하게 되어 원본과 부합할 수 없다. 그렇게 되면 어떻게 원본과 같은 효력을 가진 가치가 있다고 할 수 있겠는가?" 그는 역명문제(譯名問題)에 대한 관점을 논술하기 전에 당(唐)의 현장(玄奘) 스님의 '오종불번(五種不飜)'설에서부터 10년 전에 '처음으로 이에 대해 문제를 제기한' 장사쇠(章士釗), 호이로(胡以魯)에 이르기까지의 역명문제(譯名問題)에 관한 토론의 역사를 회고했다(다소 유감스러운 것은 아마도 그는 장(章)씨가 최초로 《국풍보(國風報)》에 발표한 《論譯名問題(역명문제를 논함)》라는 논문을 읽어 보지 않은 것 같다.). 그는 장(章)씨와 호(胡)씨 등이 벌인 그 토론을 '대단히 중요하다'고 지적하고, 다만 자신은 그들과 '약간 다른 의견을 가지고 있다'고 하였다.

주(朱)씨는 지금까지의 역명의 방법을 아래와 같은 다섯 가지로 개괄하였다.

一. 음(音)과 뜻(義)을 나누어 번역하였다. 다시 말해 반은 음(音)을 번역하고, 반은 의(意, 뜻)를 번역했는데, '제석(帝釋)' '참회(懺悔)' 등이 그 예이다. 불경번역이론

가운데 '화범쌍거(華梵雙擧: 중국어와 범어를 섞어 씀.)'가 바로 그것이다.

二. 음의겸역(音義兼譯, 음과 뜻을 모두 살리려고 절충적으로 번역한 것)으로 '도등(圖騰)', '요익(幺匿)' 등이 그것이다.

三. 조역(造譯)이다. 이는 새로운 글자를 만들어 내거나 새로운 뜻을 만들어 내는 것으로 수많은 화학원소의 명칭 등이 바로 그것이다.

四. 음역(音譯)이다. 예를 들면 '라집(羅輯)' 등이 바로 그것이다.

五. 의역(意譯)이다. 예를 들면 '단사(端詞)' 등이 바로 그것이다.

그는 이 다섯 가지 방법을 하나씩 차례대로 분석하였다. '음의분역(音義分譯)'은 여태껏 별로 사용하지 않은 방법으로 일종의 시도에 불과하여 정법으로는 여기지 않았다. 그 단점은 음(音)도 제대로 살려내지 못하고 그 뜻도 제대로 살려낼 수가 없다는 점이어서 버려두고 사용하지 않았다(주(朱)씨의 이 말은 참고할 만한 가치는 있으나 아직 토론의 여지는 남아 있다는 것 같다. 사실 이 방법은 아직도 사용되고 있을 뿐만 아니라 상용(常用)되고 있기 때문이다.). '음의겸역(音義兼譯)'은 지극히 어려워 '둘 다 살리려고 하다 보면 둘 다 죽고 마니', 힘들어서 하지 않는 편만 못하다. '조역(造譯)'은 화학 서적을 번역할 때를 제외하고는 거의 사용하지 않을 뿐만 아니라 이들 새로 만든 글자들은 음과 뜻이 특이하여 사람들로 하여금 망연자실하게 만든다. 따라서 이 세 가지 방법은 사용 빈도가 비교적 낮기 때문에 최근 10년간 토론한 문제는 주로 '음역(音譯)'과 '의역(意譯)을 둘러싼 것이었다.

주(朱)씨는 호이로(胡以魯)가 '음역(音譯)'을 인정하지 않은 것에 대해 비평하고, 호(胡)씨가 '차용(借用, 빌려 쓴다.)'의 의미를 너무 광의(廣義)로 해석한 반면, '역(譯)'이라는 의미는 너무 협의(俠義)로 해석했다고 생각하였다. 그는 역대로 음역(音譯)을 주장했던 이유를 아래와 같이 개괄하였다. 현장(玄奘)의 '오불번(五不飜)'은 '비밀(秘密)' '다함의(多含意)' '차무(此無)' '순고(順古)' '생선(生善)' 등이다(이 책 제2장 제5절을 참고하기 바람.). 장사쇠(章士釗) 등이 이를 주장한 이유는 현장(玄奘)이 주장한 제2, 제3과 제5조를 약간 변형한 이외에 새로운 세 가지 이유, 즉 음역(音譯)의 장점인 '불람(不濫)', '지구(持久)', '면쟁(免爭) 등을 제기하였기 때문이다(이 책 제3장 제16절을 참고하기 바람.). 여기에 대해서 주(朱)씨는 하나하나 분석하였다.

'오불번(五不飜)'의 첫 번째인 '비밀(秘密)'에 대해서 그는 종교 경전에만 적용될 수 있는 것으로 원래 보급할 필요는 없으며, 또 그 의미가 신비하여 의역할 방법도 없다고 생각하였다. 네 번째인 '순고(順古)' 역시 큰 의미가 없는 것으로 단지 감정의 작용일 뿐이라고 생각하였다. '다의(多義)'에 대해서도 구체적인 상황에 맞추어 실제의 의미에 근거하여 번역해야 한다고 생각하였다. '차무(此無)'에 대해서는 번역 자체가 '차무(此無; 이곳에는 없는 것)'에서 '차유(此有; 이곳에도 있는 것)'로 만드는 작업이므로 의역을 할 수 있다고 생각하였다. '생선(生善)'은 본래 종교적 색채를 띠고 있는 것이어서 토론할 필요를 느끼지 못하지만, 가령 최근 사람들이 그것을 '존중(尊重)'이라고 해석한다 하더라도 의역을 함에 조금도 방해가 되지 않는다. 장(章)씨가 주장한 '면쟁(免爭; 논쟁을 면할 수 있다.)'에 대해서 그는 볼 만한 것이 없다고 생각하였다. 왜냐하면 첫째는 방언이 서로 달라서 글자로 표시함에 특별한 기준이 없기 때문이며, 둘째로 의역을 주장하는 사람들끼리도 여전히 다투고 있기 때문이었다. '불람(不濫)'과 '지구(持久)'는 확실히 논리적으로 문제가 없는 주장이라고 생각하여 그도 동의하였다. 그러나 장점이 단점을 압도할 만한 것은 못 된다고 생각하였다. 주(朱)씨는 의역의 큰 폐단은 사람들로 하여금 이해하지 못하도록 만들어 사람들이 망문생의(望文生意, 확실히 알지 못하면서 글자만 보고 대충 뜻을 짐작한다.)하게 만든다. 그러나 그는 절대로 음역을 해서는 안 된다고 주장한 것은 아니며, '중요성이 음(音)에 있는 것'(인명이나 지명 같은 것의 대부분)이나 '의미가 애매한'(예를 들면 '이태(以太)' 등과 같은 것) 이름 등에는 쓸 수 있다고 생각하였다.

주(朱)씨는 '의역이 가장 많이 사용'되며 '역명(譯名)의 정법(正法)'이며 '새로 단어를 만드는 유일한 방법'이라고 생각하였다. 그는 의역자(주로 장사쇠(章士釗)를 비난)를 비난하는 이유를 분석하여 다음과 같이 지적하였다. 소위 말하는 '의역(意譯)'이라는 것이 '혼우작계(混于作界, 개념 정의에 혼란이 생김.)'하여 '경계를 짓기는' 커녕 여전히 이름을 하나 새로 짓는 것에 불과하다. 의역이 원문 전체의 함의를 모두 반영할 수는 없는 일이니 이는 어찌할 수 없는 면이 있다. 다만 정확성을 기하기 위하여 최선의 노력을 다할 뿐이며 원명이 포함하고 있는 대부분의 뜻을 나타낼 수 있으면 훌륭한 의역이라 할 수 있다. 그 전체의 정의에 대해서는 독자들이 계속 연구할 수밖에 없다. 의역이 개념정의가 아닌 한, 당연히 개념정의처럼 그렇게 확정적일 필요는 없으며, 그때그때 상황에 맞게끔 끌어다 쓰면 되는 것이다. 의역을 이야기하면 쉽게 논쟁이 일어날 수밖에 없지만 논쟁 그 자체는 크게 문제될 것이 없다. 그는 한 걸음 더 나아가 의역은 다른 번역법에 비해 확실히 뛰어나기는 하지만, 가능한 번역명칭이 비교적 많기 때문에 반드시 신중하게 선택해야 한다. 이때 원문의 의미를 잘 전달하면서도 넘치지도 않고 어려워 이해하기도 힘들지 않은 단어를 선택해야 한다. 그의 이러한 분석은 비교적 실사구시적일 뿐만 아니라 한편으로 치우치고 모호한 부분이 있는 장(章)씨의 주장을 바로잡아 주는 역할을 하고 있다.

주(朱)씨는 또 일본의 번역명을 차용하거나 서양어를 빌려 쓰는 문제에 대해서도 거론하였다. 그는 이 방면에 대해서도 신중하게 비교하고 독립적인 사고를 하도록 강조했다. 소위 말하는 '서양어를 차용'하는 문제는 곧 음역(音譯)을 하는 것을 말한다. 그는 필요할 때는 원어를 부기하는 방법을 활용하도록 제의하고 있는데, 그렇게 함으로써 한편으로는 역명(譯名)이 난립하는 폐단을 바로 잡을 수 있고, 다른 한편으로는 중국어에 점차 외국어를 수용할 수 있는 도량을 넓힐 수 있다고 생각하였다. 마지막으로 주(朱)씨는 역명의 통일 문제에 대해서도 견해를 밝혔다. 이는 역명의 정확성을 기하는 것이 가장 중요하고 동시에 인위적인 조절이 필요한데, 이러한 인위적인 조절역량은 정부의 심의확정, 학회의 심의확정, 학자들의 고취, 상용어가 되도록 약정하는 등의 네 종류로 요약할 수 있다. 그는 이 네 가지를 동시에 병행해도 조금도 이상할 것이 없다고 생각하였다.

주(朱)씨의 이 글은 확실히 오랜 시간 사색을 거쳐서 쓰여진 역작인 것 같다. 그는 비교적 전인들이 주장한 명사의 번역에 관한 갖가지 방법과 견해들을 전면적으로 개괄하고 관계된 논쟁들을 정리하고 분석한 후에 자신의 관점을 하나하나 제기하였다. 그는 음역과 의역의 각종 이점과 폐단을 집중적으로 분석하고 나서 의역을 분명하게 주장하고, 음역과 차용(외래어를 차용함)을 조목조목 거론하며 배척하였다. 결론적으로 이야기하면 그의 주장은 비교적 변증법적이고 공정하다고 할 수 있겠다. 따라서 이 글은 실제로 지금까지의 명사의 번역 문제를 총결산한 것은 물론, 기본적으로 이 방면의 이론문제를 해결한 것이라 할 수 있다. 이때 이후로 신문 잡지에 이 문제에 대해 토론한 글이 실린 것을 볼 수는 있었지만, 기본적으로 朱씨의 문장을 능가하는 것이 없었으므로 번역이론계에서 별로 주목을 받지 못하였다.

30년이 지난 후 朱씨는 또 《譯詩(詩의 飜譯)》라는 글을 발표하였다. 이 글은 1947년 작가서옥(作家書屋)에서 출판한 《新詩雜話(신시잡화)》라는 책에 수록되어 있다. 중국 현, 당대에 시를 번역하는 문제에 대해 담론한 문장은 많은 편이다. 그 문장들의 거의 대부분이 시를 번역할 수 있느냐 없느냐, 번역을 한다면 어떻게 번역해야 하느냐 등의 문제를 토론한 것이다. 주(朱)씨의 글도 이 문제들에 대해서 언급하고 있기는 하지만 다른 문장들과는 다르다. 첫머리에서 그는 다음과 같이 말하였다. '시(詩)'를 번역할 수 있느냐 없느냐? 하는 질문을 둘러싸고 얼마나 많은 논쟁이 있어 왔던가? 그러나 이 문제는 영원히 정답이 없다. 그는 먼저 이 문제에 대한 답을 직접적으로 하지 않고 다음과 같이 지적하였다. 한편으로는 시(詩)를 번역한 사실이 여태껏 같은 언어계통이나 다른 언어계통에서 줄곧 있어 왔다는 것은 사람들이 그것을 필요로 한다는 것을 분명하게 말해 주는 것이다. 또 다른 한편으로는 일체의 번역은 모두 원작에 비해 손실된 부분이 생기는 것을 면할 수 없는데, 시(詩)를 번역하면 그 손실이 아마도 더 클 것이므로 이 손실된 부분을 제외하고도 그 남은 부분이 존재해야 할 이유가 있을까? 그는 시(詩)를 번역하는 것이 가능하냐 가능하지 않냐, 또는 시를 번역할 가치가 있느냐 없느냐 하는 문제에서 관건은 "그 남은 부분이 번역한 언어를 더욱 풍부하게 만들어 줄 수 있느냐 없느냐에 달려 있다."고 생각하였다. 그는 당시 중국의 현실에 근거하여 분명하게 긍정적인 대답을 내놓았고 그의 대답은 매우 설득력이 있었다.

그는 한 걸음 더 나아가 역시(譯詩: 시의 번역)의 '창조적 기능'에 대해서도 다음과 같이 논하였다. '역시(譯詩)는 원작에 대해서는 번역이다. 그러나 번역된 언어에 있어서는 역시(譯詩)가 의경(意境)을 증가시키고 풍부하게 해 주기 때문에 일종의 창작이라고도 할 수 있다. 의경(意境)뿐만 아니라 그밖에도 역시(譯詩)는 우리에게 새로운 어감(語感)과 새로운 시체(詩體), 새로운 문장법, 새로운 은유법 등을 가져다 줄 수 있다. 구체적으로 어떤 특정한 역시(譯詩) 자체만을 보면 확실히 하나의 창작이라고 할 수 있다." 주(朱)씨 자신이 시인이었을 뿐만 아니라 또 스스로 시(詩)를 번역하였기 때문에 그의 이러한 논의는 매우 긍정적이었고 또 설득력도 있었다.

이 글의 또 다른 중요한 공헌은 간단명료하면서도 전면적으로 중국의 시(詩) 번역의 역사를 종합적으로 논술했다는 점이다. 그는 춘추시대(春秋時代) 초가체(楚歌体)의 시(詩)인 《楚人歌(초인의 노래)》와 후한(後漢)의 사어체시(四言体詩)인 《白狼王詩(백랑왕시)》(이것이 바로 《慕化詩(모화시)》이다.)에서부터 시작하여 불경번역 중의 《佛所行贊(불소행찬)》 등 무운시(無韻詩)를 거쳐서 근대의 《聖經(성경)》 번역 중의 《舊約, 雅歌(아가)》와 양계초(梁啓超)가 '시계혁명(詩界革命)'을 부르짖었을 때 역시(譯詩)의 계시를 받은 것 등에 이르기까지 차례대로 이야기하였다. 그는 처음으로 시(詩)를 중점적으로 번역하기 시작한 사람으로는 소만수(蘇曼殊)를 꼽아야 한다고 생각하였다. 그러나 신문학운동 기간 중에 더 큰 역할을 한 것으로는 "마땅히 문일다(聞一多)가 번역한 白朗寧夫人(백랑녕부인)의 《商籟二十三首(상뢰이십삼수)》를 들어야 한다."고 하였다. 다만 그는 "詩번역을 위해 가장 열심히 노력한 사람은 양종대(梁宗岱) 선생을 꼽아야 한다."고 생각하였다. 그밖에도 조라유(趙羅蕤)가 애략특(愛略特)의 《荒原(황원)》을 번역하였고 또 당시의 어떤 한 인사가 마야가부사기(馬耶可夫斯基)의 시를 번역하였는데, 모두 당시에 큰 영향을 미쳤다. 서정시 이외에도 그는 또 손대우(孫大雨) 등이 번역한 셰익스피어의 극시(劇詩)와 부동화(傅東華)와 서지(徐遲) 등이 번역한 장편 사시(史詩: 역사시) 등에 대해서도 언급하였다. 결론적으로 이야기하면 이 문장은 중국의 시번역(詩飜譯) 역사상 최초로 이루어진 종합적인 논술이라고 할 수 있다. 비록 아직도 중요한 몇몇 방면과 주요 번역자들에 대해서 언급한 수준에 머물고 있지만 오늘날 나온 번역문학사와 비교해 보아도 손색이 없을 만큼 전면(全面)적이다. 그보다 더 뛰어난 점은 주(朱)씨가 각종 역시(譯詩)의 방법과 구체적인 번역시(翻譯詩)에 대해 상당히 뛰어난 품평을 했다는 점이다. 그밖에도 그는 여러 유명시인들을 선별, 편집하여 '역시선(譯詩選)'을 출판하려는 구상을 가지고 있었는데, 그것은 우리들이 오늘날 해도 충분히 가치 있는 작업이 될 수 있을 것이다. 필자가 알기로는 지금 대만의 시인 겸 번역가인 막투정(莫渝正)이 역시 명가(名家)의 전집을 편찬하고 있다고 듣고 있는데, 이는 주(朱)씨가 당시에 못다 이룬 소망을 완성하는 것이 될 것이다. 동시에 우리들은 이 책에서 주자청(朱自淸)이라는 이 명가(名家)를 빠뜨리지 말고 꼭 수록하기를 바랄 뿐이다.

七. 곽말약(郭沫若)의 번역이론

중국 현대 문학사에서 '창조사(創造社)'는 영향력이 매우 컸던 또 하나의 신문학 단체였다. 이 단체의 주요 대표자들은 모두 번역이론에 공헌하였다. 먼저 언급하고자 하는 사람은 이 단체의 지도자인 곽말약(郭沫若)이다.

곽말약(郭沫若, 1892-1978)은 사천성, 낙산(四川省, 樂山) 사람으로 원명은 곽개정(郭開貞)이었으며 필명(筆名)이 말약(沫若)이었다. 1914년 일본으로 유학을 가서 노신(魯迅)과 마찬가지로 의학을 전공했으나 문학에 큰 흥미를 느꼈다. 1917년 전후에 타고르, 하이네 등의 시를 영문으로부터 번역하였는데, 이것이 그가 번역한 최초의 시이다. 1921년에 욱달부(郁達夫), 성방오(成仿吾) 등과 함께 창조사(創造社)를 발기, 설립하였는데, 그들은 이 단체의 가장 중요한 작가이자 번역가들이었다. 그는 1923년에 귀국하여 문학사업에 종사하였다. 1926년에는 북벌(北伐)에 참여하였으며, 그 다음 해에 남창기의(南昌起義)에 참가하였을 뿐만 아니라 공산당에도 가입하였다. 대혁명이 실패한 후에는 일본으로 망명하여 중국고대사와 고문자학의 연구에 종사하였다. 항일전쟁이 발발한 후 의연히 귀국하여 항일투쟁에 투신함으로써 전국 진보문화계의 기수가 되었다. 건국 후에는 국가의 주요 지도자의 역할을 담당하였다.

곽(郭)씨의 일생은 평범하지는 않으나, 그의 일생에 대해서는 모두 비교적 소상하게 알고 있으므로 앞에서 간략하게 소개하였다. 그는 문화, 예술 분야의 여러 영역에서 대단히 중요한 역할을 하였으며 번역부분에서도 그러하였다. 그는 일어, 독일어, 영어에 정통하였으며 일생 동안 많은 번역을 하였다. 그는 번역이론분야에서도 독창적인 견해를 발표하였다. 그러나 그의 문예사상과 마찬가지로 그의 번역사상도 전후의 발전과 전변의 과정을 겪었다. 그가 역론(譯論)을 가장 많이 발표하고 많은 사람의 주목을 받은 것은 20년대 초기였으며, 그의 일부의 관점은 그 후 스스로 발양(發揚)시키기도 하고 포기(拋棄)하기도 하였다.

20년대 전기에 곽(郭)씨는 중국의 신문학계에서 적극적 낭만주의의 대표적 작가였다. 그의 번역이론도 이와 같은 경향을 띠었다. 그는 창조사(創造社)를 대표하는 인물이었으며 그의 번역이론은 욱달부(郁達夫), 성방오(成仿吾) 등에게 영향을 미쳤다. 동시에 부정하려야 부정할 수 없을 만큼 당시 그의 문예사상은 종파주의와 유심주의의 색채를 띠고 있었는데, 이러한 사상은 그의 번역사상에도 영향을 미쳤다. 일찍이 그를 정점으로 하는 창조사(創造社)와 정진탁(鄭振鐸), 모순(茅盾)을 정점으로 하는 문학연구회(文學研究會)가 문예이론과 번역이론에 대한 논쟁을 벌였다. 이 논쟁 중에서 그의 일련의 논술들은 그의 독창적인 견해를 반영하기도 하였고, 편협성과 착오를 보여 주기도 하였다. 오늘날에는 마땅히 실사구시적인 관점에서 그에 대해 적절한 평가를 내려야 할 것이다. 존경하는 인물이기 때문에 비평을 기피해서도 안 되며, 어떤 평론가들처럼 논쟁이 다 끝난 후에 곽(郭)씨가 크게 수정한 문장에 근거하여 곽(郭)씨의 당시 문예사상과 번역에 대한 견해를 논술하는 것에는 더더욱 동의하지 않는다(지적해야 할 것은 이러한 비과학적인 방법이 이전의 곽말약(郭沫若)에 대한 연구 문장 중에 상당히 많이 존재하고 있었다는 사실이다.).

곽(郭)씨의 20년대 전기의 번역이론문장은 대체로 두 부류로 나누어 볼 수 있다. 그 한 부류는 비평하고 공격하는 유형이고, 다른 한 부류는 이론건설형의 유형이다. 앞의 부류에는 기본적으로는 번역계 전체의 병폐를 지적하는 것도 있고, 전적으로 문학연구회를 공격하는 것도 있다. 예를 들어 그는 1923년 4월 12일에 쓴 《討論註釋運動及其他(주석(註釋)운동 및 기타에 대해서 토론함.)》이란 글(1923년 5월 《創造季刊(창조계간)》 제2권 제1기에 실림.)에서 "우리들 번역가는 오늘은 위견(威堅, 작가?)의 서적을 번역하고 내일은 루소의 서적을 번역하며, 오늘은 타고르의 작품을 번역하고 내일은 또 도스토예프스키의 작품을 번역하는" 그러한 현상을 지적하고, "번역을 호구지책으로 삼고 번역으로써 명성을 얻고 번역으로써 이익을 도모하려고 하는 사람들이 도처에 넘쳐난다."고 생각하였다. 그는 당시 번역계에 존재하던 문제들을 폭로하였는데, 비록 말투가 좀 지나치게 날카롭기는 하지만 큰 의의가 있다. 그의 다른 비평들도 분석할 만한 가치가 있다. 예를 들면 1922년 3월 15일에 창간된 《創造季刊(창조계간)》 제1권 제1기에 그는 《海外歸鴻(해외귀홍)》이라는 글을 발표하였는데, 그 가운데 두 번째 편지(1921년 11월 6일 욱달부(郁達夫)에게 씀.)에서 다음과 같이 말하였다.

> 우리 국내(중국)의 창작계는 아직도 대단히 유치(幼稚)하다. … 외국문의 번역 작품마저도 진실로 책임을 지는 … 작자에 대해서도 책임을 지지 않고, 독자에 대해서도 책임을 지지 않고, 자신을 속이지 않는 … 작품을 만나기가 어렵다. 구문인들이 신문학에 대해 신임하지 않으려고 하는 것은 조금도 이상할 것이 없다. 이러한 작품들이 세계 최고 문호의 최고 작품이라 할지라도 독자들은 자신들의 신분에 따라 각종 착오를 일으킬 수 있다. 보수파들은 그렇다고 생각하여 작품을 보면 볼수록 그 보수적인 악습만을 키울 뿐이다. 또한 조급하게 무언가를 해 보려고 하는 사람들(진보주의자) 역시 그러하다고 생각하여 급히 무엇인가를 날조해 내려고 한다. 나는 이와 같이 하는 것은 하나의 죄악이라고 생각한다. 작가에게는 엄청난 오욕을 뒤집어씌우는 것이며, 독자들에게는 많은 오해를 불러일으키게 되고 만다. 이렇게 문예를 소개하여 두려움도 없이 깃발을 흔들고 함성을 질러 신문학이 발흥하기를 부르짖으니, 이는 신문학의 정신을 천리 밖으로 놀라 달아나게 할 뿐이다.

이 편지의 공격의 창끝은 앞뒤 문장의 맥락으로 미루어 볼 때 분명하게 당시에 열정적으로 신문학의 발흥을 부르짖었던 문학연구회를 향하고 있다. 그는 또 다음과 같이 말하였다. "우리 비평가들도 … 어쩌면 없을지도 모르지만 … 매우 무료하며 생각이 같은 사람끼리 모이고 생각이 다른 사람들은 배척을 하는 열등정신이 비루한 정치가 무리들과 다를 바가 없다. 자신들과 같은 패거리의 번역물이나 출판물에 대해서는 적극적으로 떠 받들어 비평을 마치 무슨 광고물처럼 생각하고 자신들의 패거리에 속하지 않는 사람들의 작품이나 그들의 비뚤어진 선입견과 일치하지 않은 작품들에 대해서는 천편일률적으로 냉대하고 쳐다보지도 않는다. 그들은 천편일률적인 주의(主義)로 살아 움직이는 사람들의 마음을 규범화하기를 좋아한다." 여기에서 말한 '사판적 주의(死板的主義, 천편일률적인 주의)'란 모순(茅盾), 정진탁(鄭振鐸) 등이 제창한 '인생을 위한' 문학사상과 번역사상을 가리키는 것이다. 곽(郭)씨의 이러한 주장은 분명히 잘못된 것이다. 또 그가 지적한 각종 '생각이 같은 사람끼리 모이고 생각이 다른 사람들은 배척을 하는 열등정신'을 우리들은 정(鄭)씨나 심(沈)씨(모순(茅盾)) 등의 문장에서 찾을 수가 없다. 따라서 곽(郭)씨가 이 편지에서 '정정당당하게 폭탄을 던지는 건아(健兒)'가 되자고 한 주장은 만약 이 '폭탄'을 구문학진영이나 번역계의 바르지 못한 풍조를 향하여 던지면 정확한 것이 되겠지만, 던지는 방향이 다르면 친구를 죽이는 결과를 가져올지도 모른다.

결론적으로 말하면 곽(郭)씨의 이러한 '폭탄을 던지는' 식의 번역이론은 번역계의 일단의 폐단을 폭로한 것이며, 어떤 특정한 번역 작품의 착오를 지적하는 것이었다. 그러나 어떤 때는 자신의 결점을 드러내는 것이 되기도 하였다. 그것은 갑자기 의기(義氣)를 앞세워 상대방을 지나치게 엄격한 잣대로 책임을 물어 그 용어가 지나치게 과장되고, 심지어는 각박하게 남을 비방하는 데로 흐르기도 하였다. 그러나 이렇게 해서는 안 된다. 곽(郭)씨는 1923년 6월 8일에 쓴《論飜譯的標準(번역의 표준을 논함.)》(7월 4일《創造週報》제10기에 실림.)이라는 글에서 다음과 같이 말하였다. "잘못된 번역을 지적하는 공로는 오백 부의 책을 잘못 번역하는 공로보다도 더욱 크다. 비록 그의 공헌이 작은 것이라 하더라도 그 공헌은 정확한 것이기 때문이다." 우리들은 마땅히 번역비평의 공헌을 인정해야 한다고 생각한다. 다만 문장을 쓸 때 종파주의적 정서가 끼어들거나 비평방식에 주의를 기울이지 않게 되면 반드시 좋은 효과를 거둘 수 없다고 생각한다. 노신(魯迅)은 창조사(創造社)의 작가들이 전문적으로 문학연구회 작가들의 번역작품의 잘못을 찾아내어 비평하는 것을 지적하여, "한 곳에 오역이 발견되기만 하면 특별히 긴 문장을 써서 비판을 하기에 이르렀다."고 지적하였다(《上海文藝之一瞥(상해문예를 살펴봄)》 참조). 곽(郭)씨가 1922년 6월 24일에 쓴《批判〈意門湖〉譯本及其他(〈意門湖〉譯本과 다른 것들을 비판함.)》(1922년 8월 25일《創造季刊(창조계간)》제1권 제2기에 실림.)라는 글은 이와 같은 류의 '長長的專論(긴 전문적 문장)'이다. 그 가운데 볼 수 있는 뛰어난 견해들도 '폭탄'의 연기에 오히려 쉽게 가려지고 말았다.

위에 언급한 이러한 것들을 제외하고도 곽(郭)씨의 당시 문예사상과 번역사상에는 논의할 만한 것이 상당히 있다. 예를 들면 이 책의 앞부분에서 언급한 바와 같이 정진탁(鄭振鐸)과 모순(茅盾)을 논할 때 이미 곽(郭)씨가 번역을 매파(媒婆)에 비유한 것에 관하여 이야기하였다. 그것은 1920년 12월 20일,《時事新報, 學燈(시사신보, 학등)》의 편집인이던 이석잠(李石岑)에게 보낸 편지에 쓴 이야기로, 그 후 1921년 1월 15일 이 잡지에 실렸다. 그는 이 '폭탄을 던지는' 듯한 편지에서 다음과 같이 말하였다.

> 근래에 우리나라 문예계에 대하여 오랫동안 다 하지 못한 말이 있었는데 이 자리에서 말하고자 한다. 내가 생각하기에는 국내 인사들이 매파(媒婆)에게만 관심을 둘 뿐 처녀

(處女)에게는 관심을 두지 않는 것 같다. 즉 번역에만 관심을 둘 뿐 번역이 가져올 효과에는 관심이 없다. 일반적으로 문예계에 출입하는 문인들은 대체로 이웃의 문하생들이 입으로 말하는 풍광을 과시하려고만 할 뿐 자신들의 정원에 꽃을 가꾸고 피워 다른 사람들에게 감상을 할 수 있도록 하려고 하지 않는다. … 내가 비록 해외에 머물고는 있으나 번역 사업이 과도기적 상황에 직면한 우리나라(중국)에서는 상당히 시급함을 느낄 수 있다. 다만 부속적인 것에 불과한 사업을 창조와 연구보다 위에 놓고 그 기세를 떨치게 해서는 안 될 것이다. 번역의 가치란 문예방면에 국한해서 이야기하면 독자들에게 다음과 같이 보고하는 것에 불과할 뿐이다. "세계의 화원에 이미 이와 같은 꽃이 있거나 이미 이러한 꽃이 피었습니다. 한 번 감상해 보십시오!" 다른 방면에서 보면 독자들을 유인하여 다음과 같이 이야기하는 것이 될 것이다. "세계의 화원 중에 핀 꽃은 이와 같으니 우리도 이와 같이 한 번 꽃을 피워 봅시다!" 따라서 번역사업의 목적은 사람들로 하여금 충동을 느낄 수 있게 만족시키거나 사람들이 창조적 충동을 느낄 수 있도록 하는 데에 있는 것일 뿐 그 자체로는 무슨 특별한 적극적 가치가 있는 것이 아니다. 그러나 우리나라(중국)에서는 번역사업을 지나치게 중시함으로써 청년들의 수많은 투기심리를 유발하고 있으니 번역을 통해 출세를 하려 하지 아니하면, 곧 이익을 도모하려 하니 번역 자체의 소극적 가치에 대해서는 조금도 생각하지 않는 것 같다. 이렇게 번역되어 나오는 작품들이 독자들의 신임을 얻을 수 있다고 생각하는가? 그 어떤 좋은 결과를 얻을 수 있다고 생각하는가? 번역 외에 자유창작이나 실제적 연구에 대해서는 언급조차 하지 않는 것은 몇 명의 앵무새와 같은 名士를 만들어 내는 것에 불과할 뿐이다. 전 인류를 위해 공헌할 수 없다는 것은 말할 필요도 없고, 우리나라(중국)를 위해서도 아무런 공헌도 할 수 없을까 두려울 뿐이다. 결론적으로 말하면, "처녀를 존중하는 것은 너무나 당연한 일이니 매파를 약간 자제케 하여야 할 것이다."

곽(郭)씨가 '매파(媒婆)'를 인용한 비유는 일반적으로 보면 적절한 비유라고 할 수 있겠지만, '여성 해방과 결혼의 자유'를 크게 부르짖던 당시의 상황에서 보면 경멸하는 감정적 색채가 상당히 강렬하다. 번역이 창조와 연구를 뛰어넘어 "그 기세가 등등하다." 등의 표현도 어휘사용이 좀 과장된 듯하다. 곽(郭)씨는 그 후 1936년에 쓴 《我的讀詩的經過(나의 시감상의 과정)》라는 글에서 그가 당시에 이런 이야기를 한 것은 이석잠(李石岑)이 '그가 상당히 고심을 해서 쓴 창작을 말도 잘 통하지 않는 번역 작품의 뒤에 실은 것' 때문이었다고 토로한 바 있다. 이 이야기에는 상당히 미묘한 심리적 요소가 들어 있다는 것을 알 수 있다. 그러나 어떻게 변명을 하든 번역을 '부속적 사업'으로 본 것이나 '소극적 가치(消極的價値)'만 있다고 생각한 것들은 이러한 발상이나 인식 자체가 모두 정확한 것이 아니다. 따라서 그의 이론이 정진탁(鄭振鐸), 모순(茅盾), 노신(魯迅) 등의 비판을 받은 것은 너무나 당연하다.

곽(郭)씨는 당시에 번역의 동기와 태도에 대한 견해 또한 발표하였다. 그는 1922년 7월 21일에 쓴《論文學研究與介紹(문학의 연구와 소개에 대하여 논함.)》(7월 27일《時事新報, 學燈(시사신보, 학등)》에 실림)이라는 글에서 정진탁(鄭振鐸)과 모순(茅盾) 등이 주장한, 번역 소개를 할 때에는 "마땅히 시대적 상황을 고려하여 완급을 조절하여야 한다."는 주장에 찬성하지 않고 이러한 생각은 "인간의 자유 의지를 억압하는" "전제군주적인 태도이다."라고 생각하였다. 8월 2일에 쓴《論國內評壇及我對于創作上的態度(국내의 비평 논단과 나의 창작에 대한 태도)》(8월 4일《時事新報, 學燈(시사신보, 학등)》에 실림)라는 글에서 문예의 '공리주의'에 강렬하게 반대하여 이것은 '문예의 타락'이라고 생각하였다. 이와 같은 문예사상에 기초하여 곽(郭)씨는 문학연구회의 대표적인 인물인 모순(茅盾)과 정진탁(鄭振鐸) 등의 번역사업의 의의와 목적 등에 관한 논술에 찬성하지 않았다. 덧붙여야 할 말은 곽(郭)씨는 훗날 위의 견해를 바로 잡았다는 것이다.

곽(郭)씨는 20년대에 또 다른 종류의 번역이론을 발표하여 이론건설에 힘을 기울였다. 그 가운데 몇몇의 건설적 이론들은 공격적 비평 뒤에 붙어 있다. 그래서 이 이론들이 더욱 더 주목을 받는다. 예를 들어 앞에서 언급한《討論註譯運動及其他(註譯運動과 그 밖의 문제를 토론함.)》이라는 글에서 번역계의 각종 폐단을 비평한 후에 곧이어 정면으로 '이를 구제할 처방'을 제시하였다.

(A) 번역자의 측면에서
(1) 마땅히 서적번역자의 책임감을 환기시켜야 한다.
(2) 정말로 학문을 한 사람이 나와서 완정한 번역을 하기를 희망한다.
(B) 독자적 측면에서
(1) 마땅히 교육적 측면에서부터 출발하여 지식이 축적되지 않은 청년들은 먼저 기초지식의 축적에 힘을 기울여야 한다.
(2) 어학연구에 집중하여 외국서적을 바로 읽어 내려갈 수 있는 인재를 많이 양성해야 한다.
(3) 국내의 각 큰 서점에서는 해외명저를 많이 구입하기를 희망한다.

그는 특별히 '번역자의 책임감을 환기시킨다.'는 이 항목을 한층 더 강조하였는데, 이렇게 하는 것이 '오늘날 시급히 해야 할 급선무일 뿐만 아니라 쉽게 효과를 거둘 수 있는 일'이라고 생각하였기 때문이다. 그의 이 주장은 당시에 번역계를 정돈하는 데 상당히 지도적 의의가 있었다.

곽(郭)씨는 또 일찍이 '풍운역(風韻譯)'이라는 상당히 창조적인 학설을 제기했다. 1920년 봄, 전한(田漢)이《歌德詩中所表現的思想(괴테의 詩 중에 나타난 사상)》이라는 글을 번역하면서 문장 가운데 인용된 괴테의 시를 대신 번역해 줄 것을 요청하였다. 곽(郭)씨는 3월 4일 이 문장을 위해서 쓴《附白(부백)》(3월 15일《少年中國(소년중국)》제1권 제9기에 실림)에서 처음으로 이 설을 제기하였는데, 애석하게도 글이 너무 간략하다.

> 시의 생명은 그 어떤 무어라 표현하기 어려운 풍운(風韻)에 모두 달려 있다. 따라서 시를 번역하는 수완이란 것은 직역이나 의역의 밖에 있는 일종의 '풍운역(風韻譯)'이라는 것에 달려 있다고 나는 생각한다.

1922년 6월 24일, 곽(郭)씨는《批判〈意門湖〉譯本及其他(〈意門湖〉譯本과 그 밖의 것들을 비판함.)》라는 '폭탄을 던지는' 듯한 글 속에서 다시 한 번 더 상세하게 언급하였다.

> 우리들은 번역의 수완이 다른 사람을 위해서 사전이나 뒤적거리는 것이 결코 아니며, 전신국의 직원이 다른 사람을 위해서 전문을 번역하는 것과 결코 같지 않다고 믿고 있다. 시의 생명은 그 내용에 내포하고 있는 음악적 정신에 달려 있다. 속가(俗歌)나 민요(民謠)는 성률(聲律)을 더욱 중시한다. 산문시나 자유시를 번역하는 것은 별개로 치고, 가요(歌謠)나 격률(格律)이 엄격한 작품을 번역할 때에는 아무렇게나 한 번 직역을 하고 말면, 이것은 예술가의 번역작품이 아니고 언어학자의 번역에 불과할 뿐이다. 나는 처음부터 끝까지 시를 번역함에는 직역과 의역 외에 또 하나의 '풍운역(風韻譯)'이라는 것이 있다고 믿고 있다. 문자와 뜻과 풍운(風韻), 이 삼자가 고루 갖추어졌을 때 이것은 상승(上乘, 상등의 번역)이라고 할 수 있다. 가령 글자의 의미를 다소 상실하더라도 풍운(風韻)을 능히 전할 수만 있다면 가작(佳作)이라고 할 수 있다. 순수한 직역이나 사역(死譯, 의미마저도 통하지 않는 번역)은 예술의 범주에 넣지 말아야 할 것이다.

그해 9월 30일, 곽(郭)씨는《波斯詩人莪默伽亞謨(페르시아시인 아묵가아모)》(11월 25

일《創造季刊(창조계간)》 제1권 제3기에 실림.)라는 글에서 영역된 아묵(莪默)의 시와 일역된 아묵(莪默)의 시를 대조하여 읽고 나서, 이 두 시의 내용은 거의 완전히 다르지만 "그 시 가운데 흐르는 정신은 거의 헛바퀴를 도는 것이 없다(잘 드러나 있다.)."고 느꼈다. 그는 번역이 이 정도에 이르면, "정말로 창작과 별반 차이가 없다."고 생각하였다. 그의 이러한 번역에 대한 긍정은 '풍운역(風韻譯)'에 대한 견해에서 나왔다. 그는 시가(詩歌)번역에 대해서 이러한 견해를 유지했을 뿐만 아니라 모든 문학의 번역에 대해서 반드시 원작의 '풍운(風韻)'을 잃지 말 것을 강조하였다. 1923년 4월에 발표된《討論註釋運動及其他(註譯運動과 그 밖의 문제를 토론함.)》라는 글에서 그는 아래와 같이 말하였다.

이상적인 번역은 원문의 자구와 원문의 의미에서 겉돌아서는 안 되며 원문의 기운(氣韻)에 있어서도 특히 겉돌아선 안 된다고 우리들은 믿고 있다. 원문의 자구(字句)는 반드시 있어야 할 것은 있어야 하나 반드시 한 자 한 자 또는 한 구절 한 구절씩 융통성 없이 번역할 필요는 없다. 때로는 앞서거니 뒤서거니 하면서 종합적으로 또는 분석적으로 의미를 손상시키지 않는 범위 안에서 기운(氣韻)을 살리기 위하여 자유롭게 옮겨갈 수 있는 것이다.

곽(郭)씨가 강조한바 '풍운(風韻)'과 '기운(氣韻)'이라는 것은 모순(茅盾)이 당시에 강조한 '신운(神韻)'이라는 것과 같은 의미이다. 이 점에 있어서 그들의 의견은 일치하였으며 모두가 번역미학에 공헌하였다.

곽(郭)씨의 또 하나의 주요 공헌은 달리 표현하면 하나의 중요한 특색으로 들 수 있는 것으로, 그가 번역자의 주관감정의 투입을 대단히 강조하였다는 점이다. 그는 1922년 12월 4일 쓴《雪萊的詩(셸리의 시)》(1923년 2월 1일《創造季刊(창조계간)》 제1권 제4기에 실림.)라는 글에서 다음과 같이 말하였다.

셸리의 시를 번역하면 내가 스스로 셸리가 되어야 하고, 또 셸리가 내가 되어야 한다. 시를 번역한다는 것은 앵무새가 말을 배우는 것이 아니며, 원숭이를 목욕시켜 관을 세우는 것도 아니다.

남녀가 결혼을 할 때 먼저 연애를 하고 서로 공명(共鳴)을 불러일으키고, 심성(心聲)의 교감이 있어야 한다. 나는 셸리를 사랑하고 셸리의 마음의 소리를 들을 수 있으며, 그와 공명(共鳴)할 수 있고, 나는 그와 결혼했다. 나는 그와 합하여 하나가 되었으며, 그의 시는 나 자신의 시와 같이 느껴진다. 나는 그의 시를 번역할 때 내 스스로 나의 시를 창작하는 것과 똑같은 감정을 느낀다.

1923년 11월 9일에 쓴 《雅言與自力(아름다운 언어와 스스로의 역량)》(12월 2일자 《創造週報(창조주보)》에 실림)이란 글에서 그는 다음과 같이 말하였다.

내가 니체를 번역한다는 것은 내가 그에 대해서 일종의 해석을 한다는 것이다. … 나는 한 면의 거울과 같으며, 나의 번역문은 니체의 허상에 불과하다. 그러나 나의 반사(反射)가 경솔하여 난반사를 할 경우에 독자들은 나의 거울 속에서 비뚤어진 니체상을 보고 그것이 니체라고 여기게 될 것이다. 독자들은 이를 통해 그를 숭배하기도 하고 그에게 반항하기도 할 것이니, 나는 작가나 독자 모두에게 대단히 미안하게 되고 말 것이다. … 내가 책을 번역하는 목적은 독자들이 나로 인하여 자극을 받아서 스스로 원서를 펴 놓고 읽도록 하기 위해서이다. 이는 마치 서호(西湖)에 관한 사진을 보면 서호(西湖)에 가고 싶은 욕망이 생기는 것과 같은 이치이다. 나는 독자들이 나를 과신하지 않기를 바라며, 특히 목을 길게 빼고 나의 해석을 기다리지 않기를 바란다.

번역 과정에서 번역자 자신의 감정이 자연스럽게 녹아들어가는 것은 어쩔 수 없는 현상이며 또 어떤 때는 필요한 부분이기도 하다. 곽(郭)씨가 낭만시인으로서 중국 신문학사상 최초로 이 점을 지적하고 강조한 것은 스스로 일가를 이룬 학설이며, 번역학을 풍부하게 하고 그 발전을 위해 공헌한 것이라 할 수 있다. 그러나 주관적 감정을 투입하는 것도 정도의 문제가 있다. 번역자와 작가가 완전히 하나가 된다는 것은 불가능한 일이다. 번역자는 확실히 하나의 거울과 같이 있는 그대로 원작의 면모를 반영해야 하며 절대 '난반사(亂反射)'해서는 안 된다. 곽(郭)씨는 20년대에 또 중복번역문제에 대해서도 의견을 발표하였다. 그는 "번역을 중복해서 출판하는 것을 싫어해서는 안 된다. 번역자는 각자 스스로의 장점을 가지고 있으니 독자는 스스로 자유롭게 선택할 수 있어야 한다."(《屠爾格涅甫之散文詩(투르게네프의 산문시)》, 1921년 2월 16일 《時事新報. 學燈(시사신보, 학등)》에 실림). 1922년 6월에 쓴 《批判〈意門湖〉譯本及其他(〈意門湖〉譯本과 기타 다른 것들을 비판함.)》에서 그는 또 이러한 관점을 발표하고, 다음과 같이 말하였다. "괴테의 《浮士德悲劇(프로메테우스의 비극)》은 영어로 번역된 것이 이십여 종이나 된다. 번역자는 각자 자신의 견해가 다르고 각자의 재능도 달라서 번역작품이 완전히 일치하는 것은 불가능하였다. 우리나라(중국)의 모두가 독점하고 싶은 경향이 강하여 한 작품을 번역하기로 마음을 먹으면 착수하기도 전에 먼저 광고부터 내보내어 다른 사람이 중복해서 번역하지 못하도록 금지한다. 이러한 무리한 요구와 희극적인 현상은 우리나라에만 있는 독특한 현상은 아닌 것 같다." 곽(郭)씨의 이러한 견해에 대해 노신(魯迅)과 모순(茅盾) 등도 같은 의견을 가지고 있었던 것 같다.

20년대 후반기의 곽(郭)씨의 문학사상은 중대한 전환을 가져왔으며 이와 동시에 그의 번역사상에도 발전을 가져왔다. 그는 자신이 원래 가지고 있던 번역의 목적과 의의에 대한 편협한 인식을 바로잡았다. 예를 들면 1947년 8월 28일에 쓴 《〈浮士德〉簡論(浮士德)을 간략하게 논함.)》이라는 글에서 그는 다음과 같이 말하였다.

> 나는 번역작업이 결코 가벼운 일이 아니며, 번역의 문체 또한 한 나라의 국어와 문학의 형성에 매우 중요한 요소라는 것을 안다. 불경의 번역이 수당이래로 중국의 언어와 문학에 끼친 영향을 한 번 생각해 보자. 또 《新舊約全書(신구약전서)》와 근대 서양문학 작품의 번역이 현대 중국의 언어와 문학에 끼친 영향을 한 번 생각해 본다면 이 책임은 결코 가벼운 것이 아니다.

여기에서는 비록 언어와 문학에 대한 영향이라는 관점에서 이야기하고 있지만, 20년대 전기의 관점과는 완전히 다르다는 것을 볼 수 있다. 50년대 초에 그는 전국문학번역공작회의에서 연설을 하였는데, 모순(茅盾)과 회의에서 한 중심보고의 의견이 완전히 일치하였다. 여기에 그 일단을 인용하여 대략적 의견을 살펴보기로 한다.

> 번역작업이란 대단히 힘든 작업으로, 나는 번역을 존중할 뿐만 아니라 번역작업의 기쁨과 어려움을 잘 알고 있다. 무릇 번역에 종사하는 사람들은 모두 이 점을 잘 이해하고 있다고 믿는다. 번역은 일종의 창조적인 작업으로 훌륭한 번역은 창조와 대등하며 심지어는 창작을 능가한다. 번역은 절대로 평범한 작업이 아니다. 어떤 때는 번역이 창작보다 더 어려울 때도 있다. 창작이 생활체험을 필요로 한다면 번역은 다른 사람이 체험한 생활을 경험하도록 요구한다. 번역종사자는 본국의 언어에 정통해야 할 뿐만 아니라 아주 뛰어난 외국어의 기초를 가지고 있어야 하니 번역이 창작보다 결코 쉬울 수가 없는 것이다.

八. '학(學), 사(思), 득(得)'을 논한 욱달부(郁達夫)

창조사(創造社)를 대표하는 작가 가운데 번역이론방면에 공헌이 큰 사람으로는 또 욱달부(郁達夫)가 있다. 욱달부(郁達夫, 1896-1945), 절강, 부양(浙江, 富陽) 사람으로 원명은 욱문(郁文)이다. 어린 시절에는 미국사람이 항주에 세운 학교에서 공부했다. 1913년에는 일본에 유학을 갔는데, 곽말약(郭沫若), 성방오(成仿吾) 등과 좋은 친구가 되었다. 1921년에는 창조사(創造社)의 발기인으로 중견인물이 되었다. 이때 그는 많은 량의 외국문학서적을 읽었다. 훗날 그는 이때를 회고하여 다음과 같이 말하였다. "고등학교에 4년간 재학했는데 이 기간 동안 러시아, 독일, 영국, 일본, 프랑스 등의 소설 1천여 권을 읽었다."(《五六年來創作生活的回顧(5, 6년 내의 창작생활에 대한 회고)》). 1922년 귀국 후 북경대학(北京大學), 무창사범대학(武昌師範大學), 중산대학(中山大學), 안휘대학(安徽大學) 등에서 차례로 교편을 잡았다. 30년대에는 노신(魯迅)과 깊은 우정을 쌓았으며 일찍이 그와 함께 유명한 번역 전문 잡지인 월간《奔流(분류)》를 공동으로 주편하였다. 항일전쟁 발발 전후에 적극적으로 항일구망문화운동(抗日救亡文化運動)에 참여하였다. 1939년 이후 줄곧 남양(南洋: 현 싱가포르) 일대에 머무르면서 문화사업을 벌였으며, 해외동포들을 동원하여 항일전쟁을 지원하였다. 항일전쟁 후반기에 이름을 바꾸고 숨어 지내며 승리를 기다렸으나 불행하게도 일본군에 발각되고 말았다. 일본군이 투항을 선포하고 난 이후, 일본군에 의하여 비밀리에 살해되고 말았다. 전국이 해방되자 정부에서는 그를 열사로 추존하였다.

욱(郁)씨는 재주가 넘치는 학자이자 문호이며 일어, 영어, 독일어, 프랑스어, 인도네시아어 등에도 정통했다. 그는 아주 어린 나이에 문학창작을 시작하였을 뿐만 아니라 어린 나이에 외국문학을 번역하고 소개하는 작업을 시작하였다. 그는 가장 먼저 발표한 문론(文論)인 《〈茵夢湖〉的序引(〈인몽호〉의 序引)》(1921년 10월 1일 《文學旬刊(문학순간)》 제15기에 실림)이라는 글에서 외국 작품을 소개하였으며, 번역이론에 대해서도 자신의 견해를 발표하였다. 여기에는 곽말약(郭沫若)과 성방오(成仿吾)

등과 같은 견해도 보이지만 자신의 독창적인 개성도 엿보인다.

창조사(創造社)는 중국 문단에 등장하자마자 소외감과 반항정신을 띠고 신문학 진영 내부에서 좌충우돌하면서 전방위적으로 뛰쳐나갔다. 이러한 행동의 시비와 공과에 대해서는 여기서는 잠시 접어두겠으나, 이것은 확실히 초기의 창조사(創造社)가 가진 큰 특징이라고 할 수 있다. 욱(郁)씨가 1921년 5월 4일에 쓴 창조사(創造社)의 맨 첫 번째 번역 비평문인 《夕陽樓日記(석양루일기)》(후에 1922년 8월 25일 《創造季刊(창조계간)》 제1권 제2기에 실림)는 바로 이와 같은 '폭탄을 던지는 식'의 글이었다. 이 문장은 당시의 번역가인 여가국(余家菊)이 번역한 《人生意義與價值(인생의 의의와 가치)》를 비평한 것으로, 그 요점은 '각국 문예사조사의 난역(亂譯)'과 '오역(誤譯)'을 반대한다는 것이었다. 그러나 글 가운데 '비열한', '더러운 부류' 등과 같은 불필요한 인신공격적인 어휘를 많이 사용하고 있으며, 또 다음과 같이 말하기도 하였다.

> 우리 중국의 신문, 잡지계 인물들은 모두 수세식 변기에 사는 구더기와 같아서 신체가 비록 대단히 비만하기는 하여도 머리에는 지식이라고는 없다. 어떤 사람들은 외국 서점에 있는 도서목록을 몇 장 가져다 자랑스럽게 쓰고, 이미 지나간 가치도 없는 이야기를 한 바탕 번역해서는 박식한 척한다. 또 어떤 사람들은 외국의 새로운 인물과 몇 번 교류하고 나서 그들의 연설문 몇 편을 대충 번역하여 마치 신사상가가 되기라도 한 듯한 행세를 한다. 우리가 경멸하는 것은 일본에서 서양의 서적이 한 권 번역되어 나오기만 하면 반달이 안 되어 중국에서도 그 책이 번역되어 나오니, 번역자가 그 책의 원서를 보기나 했는지 번역자가 도대체 서양어의 자모를 읽을 수나 있는지 의문이 든다.

곽(郭)씨의 이러한 주장에 대해서는 마땅히 두 가지 방면으로 분석해야 한다. 첫째, 그도 역시 '난역(亂譯)'과 '오역(誤譯)'에 대해 반대하였는데, 번역의 풍기(風氣)와 학풍을 단정하게 한다는 측면에서 보면 그의 주장을 받아들일 필요가 있다. 둘째, 신문화운동 초기에 이제 막 걸음마를 시작한 진보적 적극적 번역사업에 대해서 제멋대로 풍자한 것은 별로 타당하지 않다. 또한 당시 중국에서는 욱(郁)씨가 이야기한 것처럼 그렇게 신속하게 번역하는 것이 가능하지도 않았다. 욱(郁)씨의 비평 태도에 문제가 있고, 게다가 또 욱(郁)씨가 번역한 부분에 착오가 발생함으로써 호적(胡適)이 9월 7일 《努力週報(노력주보)》 제12기에 《編輯餘談, 罵人(편집여담, 사람을 욕하다)》이라는 글을 발표하여 반박하기에 이르렀다. 이로 인하여 창조사(創造

社)와 호적(胡適) 등의 사이에서 한바탕 설전이 벌어졌다.

1924년 6월 29일, 욱(郁)씨는《晨報副刊(신보부간)》에 장편논문《讀了瑭生譯詩而論及于飜譯(瑭生의 譯詩를 읽고 나서 번역에 관해서 논함)》를 발표하였다. 이 글은 비록 문학연구회의 발기인 중의 한 사람인 왕통조(王統照)의 번역시를 겨냥한 것이기는 하지만, 태도가 비교적 훌륭하고 또 대단히 뛰어난 이론적 견해를 제기하여 20년대 초기에는 찾아보기 힘든 뛰어난 번역이론이라 할 수 있다. 그는 이 문장의 첫머리에서 곧바로 다음과 같이 지적하였다.

> 번역은 창작보다 어렵다, 특히 감정이 살아 숨 쉬는 서정시를 번역하는 것은 과학서적이나 다른 문학작품을 번역하는 것보다 더욱 어렵다. 信, 達, 雅라는 이 삼자(三字)는 이미 번역계의 금과옥조(金科玉條)가 되어 모르는 사람이 없으니 내가 여기에서 더 이상 설명할 필요를 느끼지 않는다. 다만 이 삼자(三字)는 번역의 외적 조건일 뿐이니 번역을 시작하기 전에 먼저 번역자는 최소한 원문에 대하여 깊이 있는 연구를 하고, 치밀한 사색을 하여 완전히 이해하여야 한다. 따라서 나는 위에서 언급한 信, 達, 雅 삼자(三字) 외에 '학(學)', '사(思)', '득(得)' 삼자(三字)를 제기하여 번역자의 내적조건으로 삼고자 한다.

엄복(嚴复)의 신(信), 달(達), 아(雅) 삼자(三字)에 대하여 욱(郁)씨는 이미 여러 차례 논술하였다. 그 후 그는 1931년 9월에 쓴《幾個偉大的作家的譯者序引(몇 명의 위대한 작가〉의 역자서인)》이라는 글에서 다음과 같이 말하였다. "나는 신(信), 달(達), 아(雅) 이 세 가지 기준을 충족시킬 수 있는 작품이 상등의 번역이라고 생각한다. 그 다음으로 창작 작품을 번역하는 이외의 이론비평이나 기타의 번역은 능히 신(信)하고, 능히 달(達)할 수만 있어도 상당히 의의가 있다고 생각하며, 만약 그렇지 못하면 번역의 본래의 취지를 잃어버린 것이라 하겠다. 아(雅)라는 이 표준은 오늘날의 문장이 옛날의 문장과 같을 수 없고 백화문이라는 것이 결코 병려문(駢驪文)과 같을 수는 없으니 좀 미치지 못하더라도 크게 신경 쓸 일은 못 된다." 그는 1939년 8월 15일 싱가포르의《星洲日報半月刊(성주일보반월간)》 제28기에 발표한《語及飜譯(언어와 번역)》에서 또 다음과 같이 말하였다. "중국의 번역표준은 번역의 금과옥조(金科玉條)이기도 한데, 그것은 당연히 엄기도(嚴幾度) 선생이 말한 신(信), 달(達), 아(雅)의 세 가지 조건이다. 그는 수당(隋唐)이래 불경번역으로부터 얻은 귀납적 경험으로 이 이론을 세웠다. 그는 그 자신이 목륵(穆勒, 뮐러), 혁서려(赫胥黎, 헉슬리),

아단사밀씨(亞丹斯密氏, 아담 스미스) 등의 명저를 번역할 때에도 열심히 이를 실천에 옮겼다. 이 표준어(標準語)는 당연히 현대까지도 통용될 수 있다." 그는 이어서 또 다음과 같이 말하였다. "다만 마지막 자인 雅자는 시대가 서로 다르니 토론의 여지가 있다." 그는 '신(信), 달(達), 아(雅)' 이 세 가지 표준은 현대까지도 '통용'될 수 있기는 하지만, 이를 반드시 '고수(固守)'할 필요는 없다고 일관되게 주장했음을 알 수 있다. 그러나 그는 결코 이 삼자(三字) 이론을 맹종한 것은 아니다. 더 나아가 그는 이 삼자(三字) 이론은 번역이 완성된 후의 '외적 조건(外的條件)'이라고 생각하였으며, 그는 또 다른 삼자(三字)를 제기하여 번역을 시작하기 전에 번역자가 스스로 갖추어야 할 '내적 조건(內的條件)'이라고 생각하였다.

첫째는 '학(學)'이다. 그는 이것은 너무나 당연하다고 생각했다. "우리는 배우지 않으면 알 수가 없고, 알지 못하면 번역할 수가 없다. 다만 앎에도 깊고 얕음이 있고, 지식에도 넓고 좁음이 있다. 문법책 한두 권을 겨우 읽고 나서 스스로 무엇을 좀 안다고 생각하고 외국의 높고 깊은 학설이나 미묘한 시문을 번역하려고 생각한다면 그것은 매우 위험한 생각이며 결과적으로는 자신과 남을 모두 헤쳐 웃음거리가 되고 말 것이다. 우리가 이야기하는 '學'이라는 것은 저서에 대한 깊은 연구를 말하는 것이니, 외국어 수준만을 두고 말하는 것은 아니다." 그는 타고르나 바이런의 작품의 번역을 예로 들어, 반드시 원작자가 속한 국가의 전통적 사상, 풍속, 습관 및 원작자를 둘러싸고 있는 환경 등을 연구하여야 하며, 더 나아가 최소한 원작자의 주요 작품 및 원작자의 전기 자료 등을 읽어 보고 난 후에야 비로소 번역, 소개할 만한 자격을 갖추게 된다고 하였다. 이 글을 읽다 보면 그가 정진탁(鄭振鐸)의 의견을 상당 부분 따왔다는 느낌을 지울 수가 없다. 그러나 그의 이론적 배경은 대단히 깊이가 있다.

둘째는 '사(思)'이다. 그는 "번역이라는 이 물건은 비록 달마를 모방할 필요는 없지만 9년 동안 면벽, 수도한 것과 같은 결심으로, 사물의 이치를 궁구할 필요는 있다. 나는 우리들이 다른 나라 사람의 사상이나 아름다운 작품을 우리 동포들에게 전하기로 마음을 먹었다면 우리들이 해야 할 일이 사전이나 뒤적거리는 것으로 할 일을 다 했다고 생각하지는 않을 것이다. 원작자는 몇 년의 세월 동안 피땀을 흘려가며 자신의 사상에 하나의 형식을 부여하였을 것이다. 우리들 그의 사상을 전하려고 하는 사람들은 최소한 철두철미하게 입장을 바꾸어 그의 입장에 서서 깊이 사색한 연후에야 비로소 작자에게 떳떳해질 것이다. 만약 쉽게 문장을 이해할 수 있다고 생각하여 곧바로 붓을 들어 번역하기 시작한다면 아무런 식견이 없는 동포들은 당신에게 사기를 당할지 모르지만, 원작가의 영혼은 당신으로부터 모욕을 당했다고 생각하게 될 것이다."고 하였다. 그는 이 사(思)'의 정신은 창작자나 번역자를 막론하고 없어서는 안 되는 요소라고 생각하였다.

셋째는 '득(得)'이다. 그는 "이것이 가장 중요한 조건이다. 우리들은 번역을 시작하기 전에 최소한 먼저 원작가의 정신이라도 이해해야 하는데, 원작가의 정신을 이해한다는 것은 단순히 외국 문자를 이해한다고 해서 얻어지는 것은 아니다." 그는 영국인이라고 해서 모두 바이런을 이해하는 것은 아니며 러시아 사람이라고 해서 반드시 톨스토이를 이해하는 것은 아닌데, 다른 나라의 번역자가 공간적, 시간적으로 멀리 떨어져 있는 원작가의 정신을 이해한다는 것은 말처럼 그렇게 쉬운 일이 아니다. 그러나 이상적인 번역은 이러한 목적에 도달하지 않으면 안 된다고 생각하였다. 욱(郁)씨는 이렇게 이야기하면 '큰소리치는' 것이 될지도 모르겠지만, "어찌 되었던 간에 나는 아무리 낮춰 잡는다 하더라도 번역자는 최소한 원문의 진정한 의도를 파악하고 있어야만 한다. '원문을 이해하지도 못하면서 번역한다는 것은', 우리가 생각하는 이상적인 번역에서는 결코 있을 수 없는 이야기이다."

욱(郁)씨가 이야기하는 '학(學)'과 '사(思)'는 '득(得)'의 전제 조건이며 '득(得)'은 '학(學)'과 '사(思)'의 결과이며 목적이라는 것을 알 수 있다. 엄복(嚴复)이 말한 '신(信), 달(達), 아(雅)'가 번역되어 나온 제품에 대한 요구라고 한다면, 욱(郁)씨가 제기한 '학(學), 사(思), 득(得)'은 번역생산자에 대한 요구이다. 수(隋)나라 때 고승인 언종(彦琮)이 역경자의 '팔비(八備)'설을 제기한 이래로 번역자 본인의 '내적 조건(內的條件)'을 제기한 학설은 많이 보이지는 않는다. 욱(郁)씨가 건설적으로 제기한 신삼자(新三字) 이론은 확실히 엄복(嚴复)의 삼자(三字) 이론에 대한 보충이라고 할 수 있다.

욱(郁)씨는 이밖에 또 자기 자신의 번역재료에 대한 선택기준에 대해서도 언급하였다. 1934년 12월, 그는 자신의 《達夫所譯短篇集(달부소역단편집: 達夫가 번역한 단편집)》을 위해서 쓴 서(序)에서 다음과 같이 말하였다.

나는 서적을 번역함에 있어 대략 3가지 표준을 가지고 있다. 첫째, 내가 읽기를 좋아하지 않는 책은 번역하지 아니한다. 둘째, 가능한 한 직접번역을 하고 중역을 하지 않는다. 부득이한 경우에는 마땅히 독역본을 저본으로 삼는다. 독일 사람들의 번역본은 실제로 영국, 프랑스, 일본의 번역본에 비하여 아주 뛰어나다. 셋째, 번역본은 가능한 범위 내에서 마땅히 나 자신이 쓴 문장과 비슷하도록 하겠다. 원작자의 의도는 당연히 고려하여야 하지만 번역문의 문장은 내 자신이 쓴 문장과 같아야 한다.

그는 자신이 이 세 가지 표준을 고수하였기 때문에 번역작품이 많지 않다고 말하였다. 또 그는 번역할 때는 창작할 때보다 더 많은 노력을 기울인다고 하였다. 그의 이러한 의견은 곽말약(郭沫若), 성방오(成仿吾) 등 창조사(創造社) 동인들과 서로 비슷한 공통점이 있다. 그가 여기에서 이야기한 바의 제1조와 제3조는 실제로 주관감정이 녹아들어가도록 해야 한다는 점을 강조한 것이다. 예를 들어 그가 번역한《幸福之擺(행복열림)》가 발표되었을 때 독자들은 그의 창작인 줄 알았다고 한다. 1939년 8월에 쓴《語及飜譯(언어와 번역)》이라는 글에서 그는 여전히 다음과 같이 강조하였다. "원문의 맛은 원작자의 것이나 번역문의 맛은 번역자의 것이다." 동시에 이것이 바로 현대번역에서 '아(雅)'의 표현이라고 생각하였다. 그가 강조한 "가능한 한 직접번역을 하고 중역(重譯)을 하지 않는다."는 제2조 역시 그의 일관된 주장이었다. 일찍이 1921년에 쓴《夕陽樓日記(석양루일기)》에서 그는 다음과 같이 말하였다. "무릇 우리가 번역할 때는 저자의 원저를 대상으로 하는 것이 좋다. 중역(重譯)을 이야기하면 만부득이한 경우에만 이 하책을 쓸 수 있다." 이상적인 것을 이야기하면 그의 이야기가 틀리지 않았다. 또 다른 면에서 보면 그가 비교적 여러 개의 외국어를 할 수 있기 때문에 일종의 자신감을 표현한 것이라 볼 수도 있다. 그러나 이 조건을 당시 중국번역계의 현실에 비추어 보면 정말로 '큰소리만 친 것'이라고 할 수 있다. 따라서 정진탁(鄭振鐸)이나 노신(魯迅) 등 '중역(重譯)'을 중시한 관점이 욱(郁)씨의 관점에 비해 더욱 더 전면적이고 현실적이라는 것을 알 수 있다. 그밖에도 욱(郁)씨의 "나는 읽기를 좋아하지 않는 책은 번역하지 아니한다."는 제1조에는 작품의 사상적 측면에서의 선택을 포함하고 있는데, 이는 진보적 의의가 없는 작품은 번역하지 않는다는 것을 말한다. 예를 들어 1928년 그는 노신(魯迅)이 양실추(梁實秋)를 비판한 것에 동조하여 양실추(梁實秋)가 "신극래이(辛

克萊爾: 작가명)의 책은 별로 가치가 없다."고 한 말을 겨냥하여, 분연히 일어나 신극래(辛克萊)의 진보적 문예 논저인 《拜金藝術(배금예술)》이라는 책을 번역하기 시작하였다. 그러나 책 속의 일부 내용은 생략하고 번역하지 않았는데, 그는 다음과 같이 말하였다. "결코 번역을 하기가 어려워서가 아니고 번역을 해 낸다고 하더라도 별로 큰 의의가 없기 때문이다."(《拜金藝術》譯者的話(《배금예술》역자의 말)).

욱(郁)씨는 또 자신이 실제로 체험한 경험으로부터 창작과 번역은 서로 조절관계에 놓여 있음을 언급하였다. 그는 "창작을 해 내지 못하고 있을 때의 번역은 입맛을 바꿀 수 있는 절묘한 비결이다. 다만 번역에 길들여져 다시는 창작으로 돌아가려고 생각하지 않을 수도 있는데 바로 이 점에 약간의 위험이 있다. 그러나 그것을 제외하면 창작에 권태로움을 느낄 때 자신을 즐겁게 하기 위하여 시험 삼아 번역 작업을 하는 것은 매우 뜻있는 것이라고 할 수 있다. 왜냐하면 번역하는 동안에 첫째, 기교를 연마할 수 있고, 둘째, 머리를 식힐 수 있으며, 셋째, 창작의 모든 기능을 다 유지할 수 있게 하여, 썩은 물이 고여 멈춰 있게 하는 것과는 완전히 다르기 때문이다."(《再來談一次創作經驗(다시 창작경험에 대해 이야기함.)》)고 하였다. 그의 이 주장은 모든 번역능력을 갖춘 작가들에게 많은 시사점을 던져 주는 논술이라 하겠다.

九. 詩의 번역을 논한 성방오(成仿吾)

창조사(創造社)의 또 다른 한 장수인 성방오(成仿吾) 역시 번역이론을 발표하였다. 성방오(成仿吾, 1897-1984)는 원명은 성호(成灝)였으며, 호남, 신화(湖南, 新化) 사람으로, 1910년 일본으로 건너가 유학하였다. 원래 공학을 전공하였으나 문학을 사랑하여 1921년 창조사(創造社)의 발기인으로 참여하였다. 귀국한 후 1924년 광주(廣州)로 가서 대혁명에 참여하였으며, 광주대학교교수(廣州大學校教授) 겸 황포군관학교교관(黃埔軍官學校教官)을 역임하였다. 그는 대혁명의 실패를 전후하여 혁명문학을 제창하였다. 그 후 중국을 떠나 1928년 파리에서 중국공산당에 참가하였고,

중공 베를린, 파리지부의 기관지인《赤光(적광)》의 주편을 맡았다. 1931년 귀국한 후, 소비에트지역에 도착하여 활동하였으며 2만5천 리 대장정에 참여하였다. 이후로는 주로 당의 교육사업에 종사하였으며, 섬북공학교장(陝北公學校長), 화북연합교장(華北聯合校長) 등을 역임하였다. 해방 후(1949년 중공건립)에는 중국인민대학(中國人民大學), 동북사대(東北師大), 산동대학(山東大學) 등에서 지도자를 역임하였다.

그는 독어, 영어, 일본어, 프랑스어, 러시아어 등 5개 국어에 능통하였다. 초기에는 문학 번역과 번역비평 등에 종사하였고, 말년에는 마르크스, 레닌 등의 저작물의 교정작업에 종사하였다. 1982년에 중국번역종사자 협회가 성립되었을 때 명예회장으로 추대되었다. 왕진(王震)은 특별히 중국번역자협회 창립총회의 연설에서 "성방오(成仿吾) 등 원로 번역가들이 마르크스주의문헌을 중국에 소개한 업적을 소개하여 중국 혁명사업에 중요한 공헌을 하였다."고 주장하였다. 애석하게도 우리들은 성방오(成仿吾)가 마르크스, 레닌주의 서적을 번역할 당시에 번역이론을 쓴 적이 있는지는 알지 못한다. 현재 우리가 찾아볼 수 있는 번역이론은 그가 사회주의자가 되기 이전인, 주로 창조사(創造社) 초기에 쓴 번역논문들이다. 곽말약(郭沫若)과 마찬가지로 그의 이러한 논문은 대체로 아래와 같은 두 가지 분야로 나눌 수 있다. 한 가지는 주로 비판적이고 논쟁적인 것이고, 다른 한 가지는 이론성, 건설성에 치중한 글이다.

성(成)씨의 번역이론은 주로 번역비평에서부터 시작하였다. 20년대 초에 그는 차례로 3편의 긴 번역비평논문을 발표하였는데, 특별히 호적(胡適)과 문학연구회(文學研究會)를 대표하는 주요 인물인 모순(茅盾)과 정진탁(鄭振鐸)을 겨냥한 것이었다. 1922년 10월 13일, 그는 만여 자나 되는《學者的態度(학자적 태도)》(11월 25일《創造社季刊(창조사계간)》 제1권 제3기에 실림.)라는 글을 발표하여 호적(胡適)이 욱달부(郁達夫)를 비평하여 쓴《罵人(사람을 꾸짖다.)》이란 글에 대한 재비평(再批評)을 하였다. 성(成)씨는 호(胡)씨의 태도가 '학자적 태도(學者的態度)'가 아니며, 욱(郁)씨의 논지를 말살하였을 뿐만 아니라 욱(郁)씨의 언론을 막아 버렸다고 생각하였다. 성(成)씨는 또 호(胡)씨의 오역을 한 자 한 자 찾아내었다. 그러나 이 논쟁의 시비에 관한 문제는 우리의 연구 범위에 들지 않는다. 우리가 주의를 기울여야 할 점은 문장의 첫머리에서 주장한 번역문제와 모든 문제를 처리하는 정확한 태도에 관한 주장으로, 그는 네 가지 '알고 싶은 점'을 아래와 같이 말하였다.

> 첫째, 우리들의 토론의 목적이 진보를 도모하고자 하는 데에 있는 것인가를 알고자 한다.
> 둘째, 우리들의 토론의 목적이 인류전체의 이익을 위한 것인가를 알고자 한다. 왜냐하면 진보란 인류전체에게 이익이 되는 것이기 때문이다.
> 셋째, 우리들의 토론이 친구들을 절차탁마하기 위한 것인가를 알고자 한다. 왜냐하면 우리들과 함께 동일한 연구를 진행하는 사람들은 모두 좋은 친구들이기 때문이다.
> 넷째, 우리들의 토론이 가장 중요한 문제 자체를 해결하기 위한 것인지, 아니면 사소한 지엽말단적인 문제를 가지고 붙들고 늘어지는 것은 아닌지를 알고자 한다.

또 세 가지 '불요망기(不要忘記, 잊지 말아야 할 것)'를 이야기하였다.

> 첫째, 우리는 연구자의 태도를 잊지 말아야 한다.
> 둘째, 우리들은 감정이라는 이 망할 놈의 개가 비탈길을 달려 내려가려고 생각한다는 사실을 잊지 말아야 한다.
> 셋째, 우리들은 문제의 본질을 잊지 말아야 한다.

그는 또 세 가지 '불가유(不可有, 있어서는 안 될 일)'를 이야기하였다.

> 첫째, 같은 것끼리 무리를 지어 다른 것을 공격하는 열등정신(劣等精神)은 있어서는 안 된다.
> 둘째, 남을 인신공격하는 논조는 있어서는 안 된다.
> 셋째, 남의 말의 꼬투리를 잡고 물고 늘어지는 병폐는 있어서는 안 된다.

작가 스스로 이러한 것들을 실천에 옮겼느냐는 것과는 관계없이 그가 이야기한 이러한 원칙들은 번역비평을 전개하기 위해서는 반드시 필요한 것들이다. 글에서 그는 또 다음과 같이 주장하였다. "무릇 서적을 번역할 때에는 첫째, 원문에 충실해야 하고, 둘째, 원문의 선후경중(先後輕重, 먼저 할 것과 나중에 할 것, 중요한 것과 덜 중요한 것) 등을 신중하게 지켜야 하며, 셋째, 분명하고 정확하게 번역하도록 노력하여야 한다." 그의 이러한 견해는 대단히 중요한데 제1조는 '신(信)'에 해당하며, 제3조는 '달(達)'에 해당하며, 제2조는 번역할 때 원문의 의의나 문장을 변별함에 있어서 선후경중(先後輕重, 먼저 할 것과 나중할 것, 중요한 것과 덜 중요한 것) 등을 신중하게 지켜서 문장의 선후를 뒤바꾸어서는 안 되며, 중요한 것과 중요하지 않은 것을 분명하게 함으로써 다른 사람이 나타낼 수 없었던 효과를 거두도록 해야 한다는 뜻을 가지고 있다.

1922년 12월, 모순(茅盾)이 '패위(佩韋)'라는 필명으로《今年記念的幾個文學家(올해 기념해야할 몇 명의 문학가)》라는 글을 발표하였는데, 그 가운데 설래(雪萊, 셸리)를 소개하는 단락에서 '무신론(無神論)'이라는 철학용어를 '아전주의(雅典主義)'로 잘못 번역하였다. 성(成)씨는 다음 해 3월 26일《아전주의(雅典主義)》(1923년 5월 1일《創造社季刊(창조사계간)》 제2권 제1기에 실림.)를 발표하여 이를 풍자하였다. 또 글 가운데 정진탁(鄭振鐸) 등 문학 연구회에 속한 작가들의 번역상의 오류를 지적하였다. 이 문장에서 사용한 어휘는 대단히 날카롭지만 위에 든《學者的態度(학자적 태도)》에 비하여 이론적 색채가 결핍되어 있다. 같은 해 11월 27일, 성(成)씨는 또《鄭譯〈新月集〉正誤(정역〈신월간〉정오)》(1923년 12월 2일《創造週報(창조주보)》 제30기에 실림)라는 긴 글을 발표하여 정진탁(鄭振鐸)이 번역한 타고르의《新月集(신월집)》 중의 '십대착오(十大錯誤, 10가지 중요한 착오)'를 지적하였다. 이 글은 이론적 색채는 결핍되어 있으면서 어투는 앞글에 비하여 더욱 신랄하여 작가가 세상을 떠난 후에 사람들이《成仿吾文集(성방오문집)》을 편찬할 때 이 문장을 수록하는 것을 민망해 하였다.

노신(魯迅)은 그 후 1931년《上海文藝之一瞥(상해문예를 돌아봄)》이라는 글을 발표하여 다음과 같이 말하였다. "창조사(創造社)는 이미 천재적 예술을 표방하여 인생을 위한 예술을 주장하는 문학연구회를 쓸데없는 짓거리를 하고 있는 것쯤으로 여겼다. 또 약간의 '속기(俗氣)'를 띠고 있으면서도 약간은 무능한 것으로 생각하여, 만약 하나의 오역이라도 발견하였을 때에는 한 편의 긴 문장을 발표하여 이를 논박하였다." 이는 주로 곽말약(郭沫若)을 겨냥한 것이었지만 성방오(成仿吾)를 겨냥한 것이기도 하였다. 이를 통해 보면 노신(魯迅)도 성방오(成仿吾)의 비평태도에 불만을 가지고 있었음을 알 수 있다. 성(成)씨는 사실 자신이 주장한 '학자적 태도(學者的態度)'를 스스로 위배하였다. 모순(茅盾)은 만년에 쓴 회고록《我走過的道路(내가 걸어온 길)》에서 이 일을 이야기하면서 이 일은 당시의 창조사(創造社)와 문학연구회(文學研究會) 간의 '논쟁 가운데 가장 의미가 없는 한 부분'이라고 하였다. 동시에 그는 "이 논쟁은 객관적으로 일정 부분 역할을 하기도 하였는데, 모두들 열심히 외국어를 배우도록 자극하여 번역작품의 질을 끌어올렸다."는 점이 그 예가 된다고 지적하였다. 이것은 아주 공정한 평가이다.

성방오(成仿吾)가 20년대에 번역 분야에 끼친 공로는 주로 詩의 번역이론방면에 있다. 1923년 5월 13일에 창간된 《創造週報(창조주보)》 제1기에 그는 명문 《詩之防禦戰(시의 방어전)》이라는 글을 발표하여 일본화가(日本和歌)와 배구(俳句)의 중국어 번역문제에 대하여 이야기하였다. 그는 주작인(周作人)의 번역작품을 비평하여 시(詩)를 번역할 때에는 원작의 "생명(生命)", "전체적 정서(全體的情緒)"와 "미점(美點, 아름다움)"을 보존해야 할 뿐만 아니라 "음악 효과(音樂效果)" 등도 보존하기 위하여 노력하여야 한다고 하였다. 이 글은 중국에서 최초로 화가(和歌)와 배구(俳句) 등의 번역문제에 대해서 언급하였을 뿐만 아니라 전체 詩의 번역문제에 대해서도 언급한 글이다. 같은 해 9월 9일 《創造週報(창조주보)》 제18기에 《論譯詩(詩의 번역을 논함.)》를 게재하여 이 분야에 대한 자신의 전문적인 견해를 상세하게 발표하였다. 이 글은 20년대 번역이론사에서 곽말약(郭沫若)과 문일다(聞一多)의 詩의 번역과 관련된 글의 뒤를 이은 창의성이 풍부한 명문이다. 그는 문일다(聞一多)와 마찬가지로 '번역시도 당연히 詩'라고 주장하고 다음과 같이 지적하였다.

> 시를 번역한다는 것 역시 하나의 문자를 또 다른 하나의 문자로 바꾸는 작업임은 분명하다. 그러나 번역하는 것이 詩기 때문에 … 하나의 완정한 시이기 때문에 이 작업을 함에 있어 중요한 것은 번역되어 나온 결과물 역시 詩어야 한다는 점이다. 이것은 필요조건이기도 하고 충분조건(Sufficient Condition)이 되기도 한다. 어떤 사람들은 시를 한 자 한 자 차례로 번역하고, 행(行, 줄)에 따라 안배하여 번역된 詩라고 말한다. 이렇게 번역한 詩는 아무리 정확하게 번역했다 하더라도 그것은 글자나 문장을 번역한 것일 뿐 결코 번역시라고 할 수 없다.

그 다음으로 그는 '번역한 詩는 반드시 원작에 충실해야 한다.'고 주장하였다. 그는 시가(詩歌)를 크게 '내용(內容)', '정서(情緒)', '시형(詩形)' 등 세 부분으로 나누고 다음과 같이 생각하였다.

> 이상적인 시의 번역은 첫째, 번역된 詩는 마땅히 그 자체로도 詩이어야 하며, 둘째,

번역된 詩는 당연히 원시(原詩)의 정서를 전달하여야 하며, 셋째, 번역된 시는 당연히 원시(原詩)의 내용을 전달하여야 하며, 넷째, 번역된 시는 당연히 원시(原詩)의 형식을 취해야 한다.

이러한 '이상적인 詩의 번역'은 가능한 것일까? 그는 제1조인 '是詩. 시(詩)이어야 한다.'의 조건은 번역자의 '천분(天分, 타고난 재주)'에 달려 있으며, 제2조인 '정서(情緒)'는 번역자의 '감수성(感受力)'에 달려 있으며, 제3조 '내용(內容)'은 번역자의 '오성(悟性)'과 '표현력(表現力)'에 달려 있으며, 제4조 '시형(詩形)'은 번역자의 '수완(手腕)'에 달려 있다고 생각하였다. 사실 그가 이야기한 것은 '감수성(感受力)'과 '표현력(表現力)' 두 가지에 불과하다. 그는 인류의 감정생활은 대체로 같으며, 정감(情感)을 나타내는 문자와 언어도 크게 차이가 나지 않기 때문에 이상적인 시(詩)의 번역이 가능한가의 여부는 번역자의 능력에 달려 있다고 생각하였다. 다만 어떠한 문자언어만이 가지는 독특한 표현법은 원래의 형식을 그대로 다른 문자언어로 표현해 내는 것이 불가능하다. 성(成)씨는 시(詩)를 번역하는 것이 가능한지의 여부에 대해서 명확하게 논술을 하고 나서, 그가 주장한 이상적인 시(詩)의 번역을 위한 몇 가지 조건들 가운데에도 더 중요하고 덜 중요한 것의 차이가 존재한다고 말하였다. 어떤 때는 번역시(飜譯詩) 또한 시(詩)라는 조건을 충족시키거나 원시(原詩)의 정서를 전달하기 위해 시(詩)의 내용을 약간 바꾸거나 시(詩)의 형식을 약간 바꾸는 것은 이해가 되어야 한다고 생각하였다. "왜냐하면 시(詩)라는 것은 원래 내용 그 이상의 무엇이기 때문에 우리는 당연히 그 근본을 버리고 지엽말단적인 것을 추구해서는 안 되기 때문이다." 그도 곽말약(郭沫若)이나 모순(茅盾) 등과 같이 번역시의 '정신본질(精神本質)'을 가장 중요하게 여기고 있다는 것을 알 수 있다. 그는 또 창조적으로 시를 번역하는 두 가지 방법을 제시하고 있다.

一. 표현적 번역법(Expressive method)

二. 구성적 번역법(Compositive method)

앞의 방법인 '표현적 번역법(表現的飜譯法)'은 "번역자가 영민한 감수성과 오성(悟性)을 이용하여 원시(原詩)의 생명을 꽉 붙잡아서 다시 그것을 다른 문자로 표현해 내는 것"을 뜻한다. 그는 이러한 방법은 시인(詩人)이 영감을 얻어 흥에 겨워 참신한 시를 토해내는 것과 별로 다를 바가 없다고 생각하였다. 이 방법은 번역자의 능력에 대한 요구가 매우 높아서 만약 번역자와 원시(原詩)의 작가와 똑같은 수준의 시인이 아니면 좋은 결과를 가져오는 것이 불가능하다. 번역할 때 "번역자는 시인의 대상 속에 몰입하여 시인을 자신이 되게 하고, 또 스스로는 시인이 되어 자신의 머릿속에 끓어오르는 정감을 온 힘과 순수함을 사용해서 토해내어야 한다." 따라서 그는 다음과 같이 지적하였다. "이러한 번역방법은 사실상 창작정신을 갖추고 있기 때문에 번역자는 매번 표현에만 노력할 뿐 원작의 내용이나 형식에 일일이 구애될 필요는 없다." 성(成)씨의 이러한 논술은 분명히 곽말약(郭沫若)과 같은 논조를 띠고 있는데 어쩌면 곽(郭)씨의 영향을 받았을지도 모른다. 그는 글 가운데 곽(郭)씨가 《雪萊的詩(셀리의 시)》라는 글에서 논한 것을 인용하여 그것을 '言簡而意深(말은 간략하지만 그 뜻은 심오하다)'이라고 인식하고, 다른 사람이 이러한 번역관에 반대하는 것을 무지의 소치라고 비웃었다.

두 번째 방법인 '구성적 번역법(構成的飜譯法)'은 "원시(原詩)의 내용적 구조(內容的構造)와 음운(音韻)의 관계를 잘 보존함으로써 원시(原詩)의 정서(情緖)를 재현해 낸다."는 것을 의미한다. 그는 이것이 일반인들이 평소에 잘 사용하는 방법이기는 하지만 사람들이 원시를 한 자 한 자 번역해 내어 원래의 모습대로 배열하면 성공적인 번역이라고 생각할 뿐, 음운 관계나 정서적 구성에 대해서는 별로 신경을 쓰지 않음을 지적한다. 이 방법의 요점은 다음과 같다. "원시(原詩)의 내용적 관계와 음운적 관계를 그대로 모방함으로써 원시(原詩)의 정서대로 구성하기를 바란다. 번역자는 원시(原詩)의 내용관계(內容關係)와 음운관계(音韻關係)를 한 자 한 자 그대로 옮겨와서 다시 다른 나라의 언어 가운데에서 같은 내용의 글자를 찾아내어 원시(原詩)가 가지고 있는 음운상의 관계를 보존시키고 싶어 한다."

성(成)씨는 이 두 가지 방법을 서로 비교 연구하여 다음과 같이 지적하였다.

> 표현적 번역법(表現的飜譯法)은 하나로부터 하나를 섞은 정서를 방출해 내는 것이기 때문에 그 작용은 분석적이고 원심적이다. 구성적 번역법(構成的飜譯法)은 이와는 정반대로 산란(散亂)한 재료들을 결합시켜 하나와 하나를 합치는 정서로, 그 작용은 종합적이고 구심적이다.

표현적 번역법(表現的飜譯法)은 번역자가 방출해 내는 것이기 때문에 원작의 내용과 서로 다른 곳이 나타나는 것을 면하기 어렵다. 예를 들면 원작의 자구와 문장의 선후와 상세하고 간략함이 서로 뒤바뀌고 고쳐질 수가 있다. 이것은 다른 방법에 비해 약점이라고 할 수 있다. 그러나 구성적 번역법(構成的飜譯法)은 내용적인 면에서는 原詩와 대단히 가깝지만 정서(情緖)는 매번 다 이와 같은 자승자박(自繩自縛)적 방법으로 표현해 낼 수는 없다.

그는 각 방법마다 모두 장단점이 있으니 함부로 어느 것이 낫다고 평가할 수는 없다고 생각하였다. 결론적으로 말하면 번역시도 무엇보다도 먼저 시(詩)이기 때문에 가령 그것이 원시(原詩)와 약간 차이가 난다고 하더라도 '詩'이기만 하면 여전히 감상할 만한 가치가 있다고 생각하였다. 또한 그는 매우 진지하게 다음과 같이 주장하였다. "한 언어의 가장 풍부한 표현은 시가(詩歌) 가운데 드러난다. 중국의 언어는 대단히 풍부하지만 구조가 딱딱하기 때문에 표현이 풍부하지 못하다. 우리 중국의 신문학운동의 목표 중 하나는 표현을 풍부하게 하는 것이다. 중국인들이 외국의 수많은 좋은 시들을 번역하여 표현을 풍부하게 하고, 또 우리들로 하여금 어떻게 하면 표현방법을 넓혀나갈 수 있는지를 알 수 있게 해야 한다." 그의 중국어에 대한 평가나 詩 번역의 의의에 대한 논술은 모두 매우 정확하였는데, 20여 년 후에 주자청(朱自淸)이 쓴《역시(譯詩)》라는 글에도 이와 거의 비슷한 내용이 나타나 있다.

十. 詩의 번역(飜譯)을 논한 문일다(聞一多)

20년대에 시(詩)의 번역문제에 대해 중요한 견해를 발표한 사람 가운데에는 또 한 사람의 유명한 시인 문일다(聞一多)가 있었다. 문(聞)씨는 훗날 신월사(新月社)의 주요 작가가 되었지만, 초기에는 문학 사상적으로 창조사(創造社) 쪽으로 기울어져 있었으며 번역에 대한 견해도 창조사(創造社)의 동인들과 비슷하였다.

문일다(聞一多, 1899-1946)는 원명은 문가화(聞家驊)였고, 호북, 희수(湖北, 浠水) 사람이었다. 1912년 북경의 청화대학(清華大學)에 합격하였으며, 5·4운동(五四運動) 기간에는 학생회비서(學生會秘書, 학생회장)를 역임했다. 이때부터 그는 시를 쓰는 것을 좋아하였다. 1922년 미국에 유학하여 시카고예술대학과 가천라랍(珂泉羅拉?)대학에서 미술을 공부하였고, 동시에 문학과 희극을 연구하였다. 그는 서방의 고전명작과 낭만주의작품의 영향을 받아 낭만주의경향을 띤 유미주의시인(唯美主義詩人)이 되었다. 동시에 그는 미국에서 제국주의의 민족압박과 민족차별을 눈으로 보았기 때문에 그의 시에는 애국주의적인 격정이 넘쳤다. 그의 이러한 경향은 창조사(創造社)의 곽말약(郭沫若), 욱달부(郁達夫), 성방오(成仿吾) 등과 서로 비슷한 데가 있어 그의 초기의 문학관은 창조사(創造社)의 동인들과 가깝다고 할 수 있다. 1925년 그는 서방에서 차별과 압박을 견디지 못하고 분개하여 귀국하였다. 그는 북경(北京), 남경(南京), 무한(武漢), 청도(青島) 등에서 차례로 교편을 잡았으며, 문학단체인 신월사(新月社)에 가입하였다. 항일전쟁이 발발하자 북경대학(北京大學), 남경대학(清華大學), 남개대학(南開大學)이 연합하여 개교한 장사임시대학(長沙臨時大學)에서 일하면서 학생들을 조직하여 항전하다가 雲南까지 쫓겨 갔다. 이때 이후로 그는 고전문학을 집중적으로 연구하였다. 항전 후기부터 유물주의이론을 조심스럽게 연구하여 혁명의 대오에 참여하기 시작하였다. 일본이 항복한 후에 적극적으로 민주운동에 참여하여 활동하였으나 반동파에 의하여 암살당하고 말았다.

문(聞)씨는 주로 시를 쓰고, 시를 번역하는 방면에 뛰어났을 뿐만 아니라 그의 번역이론과 관련된 논술은 주로 시의 번역이론방면에 관한 것이었다. 20년대에 그는 번역시를 평론한 두 편의 뛰어난 문장을 남겼는데, 그 하나는 1923년 2월 3일 쓴 《莪默伽亞謨之絕句(아묵가아모(Omar Khayyam)의 절구)》(5월 1일 《創造季刊(창조계간)》 제2권 제1기에 실림.)라는 글이다. 여기에서 그가 평론한 것은 당시 곽말약이 비지길락(斐芝吉樂)의 영역본 《魯拜集(노배집)》으로부터 중역한 것으로, 그 속에는 11세기 페르시아의 시인 아묵, 가아모(莪默伽亞謨: (Omar Khayyam)의 사행시(四行詩) 101수가 들어 있었다. 두 번째 글은 1926년 6월 3일 《北京晨報(북경신보)》에 발표된 《英譯李太白詩(영역이태백시)》라는 글로, 여기에서 평론한 것은 1922년 뉴욕에서 출판된 일본인 소전훈량(小畑薰良)이 영어로 번역한 중국 당대(唐代)의 대시인 이태백(李太白)의 시선(詩選)이었다.

《莪默, 伽亞謨的絶句(아묵, 가아모의 絶句)》라는 이 글은 一. 곽(郭)역의 오역(誤譯)을 바로잡다. 二. 곽(郭)역에 대한 총평, 三. 아묵(莪默(Omar Khayyam))의 작품을 어떻게 읽어야 하나? 등 세 절(節)로 나누어져 있다. 그의 역시이론(譯詩理論)은 주로 앞의 두 절에 제시되어 있다. 제1절에서 그는 아묵(莪默)의 명시는 번역하기가 대단히 어려운데 거기에는 다음과 같은 두 가지가 이유가 있다고 하였다. 시(詩)에 나오는 문자 중에는 그 자체가 대단히 어렵고 이해하기가 쉽지 않은 것이 있다. 이를 제외하고도 두 번째로 더욱 어려운 점은 중문을 사용해서 영어로 번역된 페르시아 문자의 정신을 중역(重譯)해 내는 것이다. 따라서 여기에서는 다음과 같은 세 가지에 대해서 책임을 져야 한다. 첫째, 원작자에 대해서 책임을 져야 한다. 둘째, 영역자(英譯者)에 대해서 책임을 져야 한다. 셋째, 자기 자신에 대해서 책임을 져야 한다. 그는 이와 같이 책임을 통감하는 자세로 곽역(郭譯)의 적절하지 못한 번역에 대해 일일이 지적하였다. 다만, 그는 '잘못을 바로잡을 때' '자세한 고찰'을 거쳐서 주로 '확실히 원문의 뜻을 소홀히 다룬 곳'을 지적할 뿐 '의도적으로 원문의 뜻을 부각시켜 원만하게 번역하려고 한 것'은 건드리지 않았다. 이것은 그의 탁월한 식견이었다. 이러한 사실로부터 그가 역시(譯詩)의 특수성을 충분히 잘 인식하고 있었을 뿐만 아니라 주로 의역적(意譯的) 방법'을 사용했다는 것을 알 수 있다. 심지어 곽(郭)씨의 역어(譯語) 가운데 어떤 부분에 있어서는 비록 그것이 오역(誤譯)이라고 하더라도 사람들이 '오역(誤譯)한 부분이 원문보다도 훨씬 더 아름답고 훨씬 더 깊은 맛이 있으면' 문(聞)씨는 '완전히 반대하지는 않았다.' 왜냐하면 그는 역시(譯詩)가 '원작의 취지'를 위배하지만 않는다면 역자(譯者)로 하여금 '좀 더 많은 자유를 누릴 수 있도록 해주는 것'도 괜찮다고 생각했기 때문이다. 이와 같은 그의 역시(譯詩)에 대한 견해는 곽말약(郭沫若)이나 성방오(成仿吾)와 확실히 서로 맞아떨어지는 데가 있다.

또한 그는 이 글의 제2절에서 번역의 절차 문제에 대하여 이야기하였다.

> 번역의 순서에는 확실히 구분되는 두 단계가 있다. 첫 번째는 원문의 의의를 이해하는 단계이며, 두 번째는 이 의의를 또 다른 문자(번역하고자 하는 언어)로 형성해 가는 단계이다. 시를 번역할 때에는 번역된 것도 또 하나의 '詩'이기 때문에 평범한 문장으로 처음부터 끝까지 낱낱이 원래의 의미를 분명하게 표현하기만 된다고 생각해서는 안 된다.

번역이라는 것은 이해와 표현이라는 두 단계를 거쳐야 한다. 특히 시(詩)를 번역할 때에는 이 두 번째 단계에서 요구되는 부분이 있다. 그것은 다른 문체가 아닌 시(詩)이기 때문에 반드시 시어(詩語)로써 시(詩)를 번역해야 한다는 것이다. 문(聞)씨가 이 글을 창조사(創造社)잡지에 발표하고 나서 얼마 지나지 않아 창조사(創造社)의 성방오가 이 글과 완전히 일치하는 견해를 발표하였는데(이 책의 앞 절 참조) 이것은 주목할 만한 일이다. 일찍이 18세기 말에 그 유명한 애이란(愛爾蘭)이 태특륵(泰特勒. A. F. Tytler)의 글을 번역하면서 그는 "시인(詩人)이 시(詩)를 번역해야 한다."는 주장을 하였다. 이는 번역자 자신이 시인의 기질을 가지고 있을 때에만 비로소 원시(原詩)의 특별한 경지를 느낄 수 있어 시를 잘 번역할 수 있다고 생각했기 때문이다. 이는 충분히 근거가 있는 이야기이다. 문(聞)씨가 '이시역시(以詩譯詩, 시로써 시를 번역해야 한다.)'라고 한 주장은 태(泰)씨의 논리와 서로 견줄 만하다고 생각된다.

곽말약(郭沫若)이 시를 번역한 것은 곧 '시인이 시를 번역한 것'이다. 문(聞)씨가 지적한, 곽말약(郭沫若)의 번역이 두 번째 단계의 성적이 첫 번째 단계보다 훨씬 뛰어난 것은 곽(郭)씨의 두 번째 단계가 이미 '방언가(方言家)의 작업에서 시인(詩人)의 작업으로 넘어가 있었기' 때문이다. 왜냐하면 '곽말약(郭沫若) 자신이 시인이었기 때문이었다. 첫 번째 단계는 하나의 기계적 작업이며, 두 번째 단계가 진정한 예술의 단계라고 할 수 있다.' 이어 문(聞)씨는 역시(譯詩)의 수준의 높고 낮음을 판가름할 때는 주로 '두 번째 단계의 성적을 표준으로 삼는다.'고 강조하였다. 역시(譯詩)의 표준에 있어서 그가 가장 강조한 것은 반드시 '원시(原詩)의 정신을 파악하는 것'이다. 그는 '충실(忠實)'하기만을 강조하여 '분졸(笨拙, 거칠고 서투름)'한 작품이 나오게 되면 그것은 '곧 번역만 있고 시는 없는' 결과를 초래하는 것이나 같다고 하였다.

문(聞)씨의 《英譯李太白詩(영역이태백시)》라는 글은 이러한 견해들로 일관되어 있다. 그는 이백(李白)의 시(詩)의 장점은 바로 가장 번역하기 어려운 부분으로, 그의 그 소박하면서도 자유분방한 '기세(氣勢)'에 있다고 하였다. '그 기세(氣勢)를 빼버리면 이태백(李太白)을 빼버린 것이나 다름없다.' 문(聞)씨가 이야기한바, 시(詩)의 '정신(精神)' 또는 '기세(氣勢)'라는 것은 모순(茅盾)이 이야기한 '신운(神韻)'이라든가 괄말약(郭沫若)이 이야기한 '풍운(風韻)'이라는 것과 같은 것이다. 이 방면에 있어서는 그들의 견해가 일맥상통하고 있음을 알 수 있다.

시가예술(詩歌藝術)에 대해서 문(聞)씨는 1926년 에 쓴《詩的格律(시의 격률)》이라는 글에서 그 유명한 '음악적 미(音樂的美)', '회화적 미(繪畵的美)', '건축적 미(建築的美)'라는 논의를 펼쳤다. 그의 견해는 자신의 역시 이론(譯詩理論)에도 잘 나타나 있다.《英譯李太白詩(영역이태백시)》라는 글에서 그는 좋은 시(詩)는 '번역되는 것을 견뎌내지 못한다(번역하면 본래의 모습을 잃어버린다.).' 마치 한 송이 생화가 '그것을 꺾으면 그것이 훼손되는 것처럼 '아름다움'이란 부딪히면 안 된다, 손이 닫기만 하면 그 아름다움이 훼손되고 만다.' 심지어 중국어 가운데 구어체문장으로 이백의 뛰어난 작품을 번역한다 하더라도 그 번역 작품은 형편없는 것으로 되고 만다. 왜냐하면 원시(原詩) 본래의 아름다운 부분들이 역시(譯詩) 중에 보존되는 것이 불가능하기 때문이다. 그러나 '기왕에 시를 번역하기로 마음을 먹었으면 이 불가능한 것 가운데에서 가능성을 찾아내어야 한다.' 따라서 그는 시를 번역할 때에는 마땅히 원시(原詩)와 가까운 형식을 사용하는 것을 고려해야 한다고 생각하였다. 예를 들면 자유체인 영시(英詩)는 중국의 악부가행(樂府歌行)과 그 형식이 비슷하므로, 번역자는 '문자가 그 내용을 전달하는 것 외에도' 마땅히 '한 걸음 더 나아가 음절의 유사함을 추구하고' '자구(字句)의 구조와 음절의 조화' 및 '자구(字句)의 색채(色彩)'에까지도 주의를 기울여야 한다. 그는 또 규율이 대단히 엄격한 중국의 고시(古詩)를 영어로 번역할 때는 마땅히 '원시(原詩)의 자수를 증감하지 않아도 될 때는 증감하지 아니하고, 원시(原詩)의 자구(字句)의 순서를 바꾸지 않아도 가능할 때에는 바꾸지 않아야 한다.'고 주장하고, 번역자는 '지나치게 자신의 자유를 남용하여' '원작의 의미를 훼손하는 데까지' 이르러서는 안 된다고 주장하였다. 이러한 논의는 시의 번역 (특히 외국시를 중국어로 번역하는 것 외에도) 작업이 문일다(聞一多)의 말처럼 아직도 '상시기(嘗試期: 실험기)'에 처해 있던 시기에 얻기 어려운 귀중한 이론이라 할 수 있다.

十一. 추도분(鄒韜奮)의 번역이론

추도분(鄒韜奮 1895-1944)은 원래의 이름이 은윤(恩潤)이고, 원적(原籍)은 강서, 여강(江西, 餘江)이나, 복건, 수안 (福建, 水安)에서 태어났다. 1921년 미국인들이 운영하던 성, 요한(聖, 約翰)대학을 졸업하여, 영어에 탄탄한 기초를 쌓았다. 그 다음해에 상해(上海)에 있는 중화직업교육사(中華職業教育社)에 들어가 일했다. 1926년《生活(생활)》주간을 편집하였는데, 매우 특색이 있었다. "九, 一八"事變(9, 18사변)이 터진 후에는 항일구망운동(抗日救亡運動)에 적극적으로 참여하여, 국민들의 혀와 입이 되어, 그 영향력이 대단히 컸다. 1932년에는 호유지(胡愈之) 등과 함께 생활서국(生活書局)을 세웠다. 1933년에는 중국민권보장동맹(中國民權保障同盟)에 참여하였고, 같은 해 7월 쫓기다 국외로 망명하였다. 1935년 귀국하여, 상해(上海)와 전국 각계의 구국연합회(救國聯合會)에 가입하여 지도적 역할을 하였다. 1936년 11월에는 국민당 당국에 체포되어 그 유명한 "칠군자(七君子)" 중의 한 명이 되었다. 항전(抗戰)이 폭발하자 석방되어, 상해(상해), 무한(武漢), 중경(重慶) 등지에서《大衆生活(대중생활)》,《生活日報》,《抗戰》,《全民抗戰》등의 신문, 잡지를 발간하였다. 1941년 환남사변(皖南事變)후에다시 한 번 더 홍콩으로 갔다. 1942년 말 소북해방구(蘇北解放區)로 갔다. 1944년 불행하게도 병으로 사망하였다. 살아생전에 중국공산당에 가입하기를 원했으나, 서거한 후 중국공산당, 중앙은 그를 중국공산당당원으로 추인하였다.

도분(韜奮)은 "문화계의 노동영웅이었다."(蕭三의 말), 그는 걸출한 정치이론가, 출판가, 일류기자 및 편집인이었을 뿐만 아니라, 우수한 번역가이기도 하였으며, 번역이론에 대해서도 깊은 독보적인 논술이 있었다. 그의 번역이론은 여태껏 연구자들의 주의를 끌지 못했던 것 같다. 도분(韜奮)이 스스로 논술한 바에 따르면, 그의 글을 쓰는 일은 번역에서부터 시작되었다. 일찍이 그가 중학교를 다닐 때에 이미 영문잡지에 실린 약간의 문장들을 선택하여 (이를 번역하여)《申報, 自由談》에 투고하였다.[16] 그는 일찍이 대학을 다닐 때 벌써 단편적인 역론(譯論: 번역이론)을 발표하였다.

한 가지는 직역과 의역에 관한 문제로, 도분(韜奮)이 일찍이 1920년 1월 26일에 《時事新報(시사신보)》 통신란에 장동손(張東蓀)에게 보내는 편지라는 글에서 논술했다. 도분(韜奮)은 장동손(張東蓀)의 "직역은 뜻을 충분히 전달할 수 없다,"는 견해에 찬성하지 아니하였는데, 그는 "직역과 의역은 각각 다 장점과 단점을 가지고 있는데, 이는 충분한 토론이 필요한 문제이다."고 하였다. 그는 또 장(張)씨가 예로 든 "직역"의 문장이, 문장 자체에 많은 "틀린 글자"와 "빠진 글자"가 있었을 뿐만 아니라, "문장부호도 틀린 것"이 있어서 뜻이 잘 통하지 않는 것을 면하기가 어려워, "직역"에 그 잘못의 원인을 돌릴 수는 없는 문제였다. 도분(韜奮)의 이러한 지적은 의심의 여지없이 정확한 것이었다.

두 번째는 중역(重譯: 또는 復譯)의 문제였다. 도분(韜奮)은 같은 해 6월 4일《時事新報(시사신보)》 통신란에 이석잠(李石岑)에 보내는 편지에서 자신의 견해를 다음과 같이 발표하였다.: "현재 번역에 종사하는 일이 매우 활발하게 일어나고 있는데, 이는 대단히 바람직한 현상이다. 그러나 나는 최근 이미 다른 사람이 번역한 책을 다시 번역하는 것을 발견하곤 하였다. 나는 이런 현상은 힘을 씀에 있어 경제적인 면을 고려하지 않았다는 인상을 지울 수가 없다. 지식이 기근이 들어 목말라 하는 이때, 가치 있는 서적들을 번역하여 국민들에게 제공하는 것은 많으면 많을수록 좋은 것이다. 마땅히 각자가 분담을 하여 함께 힘을 모아서, 서로 중복되지 않게 하여야 할 것이다. 중복이 되게 되면, 먼저 번역을 한 사람이나, 뒤이어 번역한 사람이나 모두가 힘을 경제적으로 쓰지 못한 결과를 면치 못하게 될 것이다. 현재 국내의 사정은 가치 있는 서적의 번역에 대한 그 수요가 절박할 뿐만 아니라, 구미에는 이러한 가치 있는 서적들이 매우 많으니, 번역의 능력을 갖춘 사람들이 어찌하여 아직도 번역되어지지 않은 책들을 선택하여 번역하지 않는가? 나는 동지들께서 뜻을 세워 어떤 책을 번역하려고 할 때, 마땅히 조심해서 잡지나 기타 출

16) 도분(韜奮)의 딸인 추가려(鄒嘉驪)는 다음과 같이 말했다. : "도분(韜奮)이 '속승(俗僧)'이라는 필명으로《申報, 自由談(신보, 자유담)》에 맨 처음으로 투고를 한 것은 1919년 대학에 재학중인 때라는 사실을 알게 되었다."

판물에 이미 이 책을 번역했는지 여부를 살펴 본 이후에 번역을 한다면, 이러한 병폐를 면할 수 있게 될 것이라고 생각한다." 도분(韜奮)이 여기에서 제기한 문제들은 가치 있는 번역서적들은 많으면 많을수록 좋으며, 이를 위해서 인력과 물력을 절약하기 위해서, 큰 전체적인 틀에서 전면적으로 계획을 세워서 번역을 하게 되면, 서적을 선택함에 중복을 피할 수 있고 인력의 낭비도 면할 수가 있다는 것이었다. 이는 의심할 여지없이 정확한 의견이다. 다만 사물은 때때로 모두가 다양면성을 가질 수 있다. 때로는 복역(復譯: 중복된 번역)은 허락되어져야 할 뿐만 아니라, 필요하기도 한 것이다. 노신(魯迅)은 1930년대에 《非有復譯不可(복역이 없어서는 안 된다.)》는 전문적인 글을 발표하였는데, 만약 도분(韜奮)이 위에 발표한 글과 함께 대조해서 읽는다면 이 문제에 대해서 더욱 더 전면적으로 이해할 수 있을 것 같다.

세 번째는 인명(人名)과 지명(地名)의 번역문제였다. 도분(韜奮)은 같은 해 8월 31일 《時事新報(시사신보)》에 발표한 《我對于張俞舒三君〈致共學社諸君書〉底意見(나의 張俞舒 삼군에게 보내는 〈공학사 재군에게 보내는 편지〉의 의견)》이란 글에서 다음과 같이 지적했다.: "나는 지명이나 인명은 부득이 음역을 해야 한다고 생각한다. 왜냐하면 번역서 자체가 서양언어를 모르는 사람들에게 보여주기 위한 것이기 때문에 만약 이를 음역하지 않는다면, 그들이 서양어로 된 이름을 보면 큰 어려움을 느끼게 될 것이다. 서양어 원문을 아는 사람이 보면, 서양어원문이름을 바로 쓰면 바로 와 닫을 것이고, 오히려 번역문의 번거로움에 짜증이 날 수도 있다. 그러나 서양언어를 조금도 이해하지 못하는 사람은 보기만 해도 머리가 아플 것이다. 어쩌면 어떤 사람들은 현재 얼마간이라도 서양언어를 이해하는 사람들이 많기 때문에 크게 문제될 것이 없다고 생각하는 사람도 있을 것이다. 그러나 우리는 모든 독자들이 모두가 다 다소간 서양언어를 이해하고 있다는 것을 보증할 수 없기 때문에, 그들의 입장에서 역지사지해보고자 하는 것이다." 도분(韜奮)의 이러한 논술은 모두가 다 합리적이고 합정적이서, 최대의 독자들을 배려하겠다는 그의 일관된 정신을 엿볼 수 있다. 또 이 문장에서, 그는 영문을 번역함에 있어서 반드시 "영문을 그대로 좇아서" "的"자와 "底"자를 어지럽게 씀으로써 "사람들이 볼 때 혼란스럽게 만들" 필요가 없다고 하는 등의 번역을 할 때 구체적으로 나타나는 기술상의 문제들도 이야기했다. 이상에서 이야기한 단편적인 이야기들은 모두가 다 1920년에 쓰여졌다. 도분(韜奮)이 아주 이른 시기부터 번역학에 상당한 연구가 있었다는 것을 알 수 있다.

그 후, 1920년대 초, 그는 일찍이 중화직업교육사(中華職業教育社)에서 정식으로 번역사업에 종사하였으며, 그가 편역한 "직업교육총간(職業教育叢刊)"을 출판하기도 하였다. 그가 일생동안 번역출판한 책은 합쳐서 십여 종이 된다. 그 가운데 가장 유명한 책은 당연히 1933년 7월 생활서점에서 출판한《革命文豪高爾基(혁명문호고리끼)》였다. 이 책이 출판되기도 전에, 노신(魯迅)은《生活(생활)》주간잡지에 실린 이 책에 대한 광고를 보고서, 주동적으로 도분(韜奮)에게 편지를 쓰서, "이것은 사실 중국 청년에게 보내는 훌륭한 선물"이라고 칭찬을 하였다. 이때부터 그가 병으로 세상을 떠나기 몇 해 전까지 그가 이름을 "목단(木旦)"으로 바꾸어 번역한《社會科學與實際社會(사회과학과 실제사회)》를 계속해서 출판하였다. 그밖에도 그가 여러 해 동안 주도한 출판사업을 하는 동안, 일관되게 번역저작을 출판하는 것을 중시하였다. 도분(韜奮)의 일생과 번역사업은 떼려야 뗄 수 없는 밀접한 관계를 맺고 있었다. 다만, 그가 일생동안 그렇게 많은 문장을 썼으면서도, 전문적인 번역논문을 한 편도 남기지 않았다는 사실은 대단히 애석한 일이다. 왜냐하면 그의 풍부한 번역실천활동으로 미루어 틀림없이 그의 독자적인 역학견해가 있었을 가능성이 크기 때문이다.

다소나마 위안이 되는 것은 1929년《中央大學半月刊(중앙대학반월간)》제1권 2기에 발표한 애위(艾偉)의《譯學問題商榷(역학문제상각)》이라는 글에서 어렵싸리 우리들을 위하여 도분(韜奮)의 약간의 정교한 번역론을 보존하였다는 점이다. 애(艾)씨는 "번역문제는 단선적인 문제가 아니다. 예를 들면 직역과 의역의 구별, 이 두 번역법의 난이도의 비교, 번역자의 수준, 번역법과 재료, 직역, 의역과 어체(語體)의 문언과의 관계, 명사의 번역방법 등 구성의 문제에 있어 어떤 누구도 한 사람이 해결할 수 있는 그러한 문제가 아니다. 자신의 직책상 작자는 2년 전에 이미 문제지를 다 만들어 놓고, 도표를 만들어서 전문가들의 의견을 구해서(설문지를 회수해서), 다수의 의견을 취합함으로써, 당시의 경향을 살펴보고자 하였다." 그는 또 다음과 같이 말했다.: "소위 (여기서) 말하는 전문가라는 것은, 오랜 동안 번역을 가르친 사람이거나, 서적을 번역한 경험이 풍부한 사람이거나, 이 두 가지 경험 모두가 풍부한 사람을 가리키는 것이다.” 도분(韜奮)은 애(艾)씨가 마음속으로 생각하던 그런 “전문가”였던 것이다. 그러나 애(艾)씨는 약 100통에 달하는 도표를 만들어 발송을 하고, 1년 여가 걸려 겨우 14통의 답장을 받았다. 도분(韜奮)은 일관되게 열정적으로 사람을 대하고 자신의 행동에 책임지는 자세를 견지하였기 때문에, 바쁜 중에도 대단히 진지한 태도로 각 문항에 대답을 함으로써, 애(艾)씨의 정리를 거쳐, 아래와 같은 역학문제에 대해서 언급하게 되었다.

一. 직역과 의역의 경계설. 도분(韜奮)은 다음과 같이 생각했다.: “내가 생각하기로는 우리라(중국)에서 지금 일반인들이 말하는 직역이라는 것은 한 구절씩 좇아서 융통성 없이 번역하는 것을 이야기할 뿐만 아니라 한 문장 한 문장 또는 한 구 한 구 차례로 좇아서 판에 박은 듯이 번역함으로써, 결과적으로 사람들이 이해하지 못하도록 만들거나, 독자들로 하여금 몹시 힘들게 만드는 번역을 가리킨다. 예를 들면, ‘The most notable distinction between living and inanimate beings is that the former maintain themselves by renewal.’을 직역하면 아래와 같다.: ‘가장 현저한 구별, 생물과 비생물의 사이에, 앞에서 자기 자신을 유지하는 것, 이를 사용해서 새롭게 시작하는 것이다.’ 만약 이 문장을 영어의 원문을 사용해서 직접 대조하지 않는다면, 사람들로 하여금 아마도 완전히 이해하지 못하게 만들거나, 최소한 사람들을 의아하게 만들 것이다. 정당한 의역이라는 것은 원문의 자구를 헤아려서 적당하게 그 순서를 바꾸어 중문에서의 뜻을 독자들이 분명하게 알 수 있도록 해주어야 하는 것이다. 시범적으로 앞에서든 영문을 의역을 하면 아래와 같다.: ‘생물과 비생물의 가장 현저한 차이점은 생물은 능히 자신의 경신을 통해서 자신을 유지한다는 것이다.’정당하지 못한 의역이라는 것은 원래의 뜻 이외에 수많은 자신의 견해나 해석을 보탬으로서, 때때로 원래의 범위를 벗어나는 것이다.” 그가 특별히 여기에서 사람들의 주의를 환기시키고자 하는 것은 그는 “현재의 일반인” 들이 소위 말하는 “직역”, 다시 말하면 앞에서든 예문과 같은 판에 박은 듯 융통성 없는 번역에 찬성하지 않는다는 사실이었으며, 그는 《經歷(경력)》이라는 책에서 다음과 같이 말했다.: “어떤 글, 특히 직역이라는 글은, 문장이 유창하지 못해서, 수십 자가 하나의 긴 문장을 이루는데, …, 사람들로 하여금 보아도 이해가 되지 않고, 알 듯 말 듯 하게 하여 사람들로 하여금 골치 아프게 한다!" 이러한 "직역(直譯)"은 노신(魯迅), 모순(茅盾) 등이 이야기하는 "직역(直譯)"과는 관계가 없는 것이다. 노신(魯迅) 등이 주장하는 "직역(直譯)"은 "정당한 직역"을 말하는 것이다. 그들도 도분(韜奮)과 마찬가지로 "정당한 의역"에는 찬성하고, "부정당한 의역"과 "부정당한 직역"을 반대하였다.

二. 직역(直譯), 의역(意譯)에 대한 주장. 도분(韜奮)은 다음과 같이 말했다.: "내 생각으로는 번역에 있어 가장 중요한 조건은 반드시 독자들로 하여금 보고 이해할 수 있게끔 하는 것이다. 만약 능히 직역으로 사람들을 이해하게 할 수 있다면, 직역을 해도 무방하고, 그렇지 못하다면 약간의 의역을 더하는 것도 방법이다. 가령 같은 책 안에서라도 직역을 해서 이해가 되는 문장은 직역을 하고, 직역을 해서 이해가 되지 않은 문장은, 반드시 약간의 변통을 해서 의역을 하면 된다." 그는 또 다음과 같이 말했다.: "내 생각으로는 책을 번역함에 있어 가장 중요한 요소는 보는 사람으로 하여금 쉽게 이해하도록 할 뿐만 아니라, (읽을 때) 즐겁고 편안하게 해 주어야 한다. 만약 사람들로 하여금 머리가 아프고 도대체 무슨 뜻인지 알지 못하게 한다면, 읽으라고 권할 수 없게 할뿐만 아니라, 사람들로 하여금 책에서 멀어지게 할 뿐이다." "번역자가 원문을 보는데 너무나 익숙해져서, 번역문 가운데 독자들이 이해가 잘 되지 않는 부분이 있다는 것을 느끼지 못하게 될 수도 있으니, 따라서 어떻게 번역을 했든지 간에, 한 두 사람에게 교정을 받는 것이 가장 좋은 방법이다(이 점은 전문서적을 번역하는 데 가장 중요하고, 문학서적이 그 다음이다.)." 여기에서, 도분(韜奮)의 직역과 의역에 대한 견해가 더욱 더 분명하게 드러나 있다. 그는 번역이란 반드시 사람들로 하여금 이해할 수 있도록 해야 한다고 강조하였는데, 이것은 그의 독자들을 위해서 책임을 져야 한다는 정신이 번역문제에 실현된 것이다. 그가 주장한 것은 사실 바로 엄복(嚴复)이 이야기한 "달(達: 전달)하지 못하면 번역을 했다 하더라도 번역을 하지 아니한 것과 같다.", "달(達: 전달)하는 것이 곧 신(信: 정확한 번역)하게 하는 것이다."와 같은 의미이다.: 그 후의 양실추(梁實秋) 등이 주장한 번역이란 읽을 때 상쾌함을 추구해야 하며, 가령 그것이 곡역(曲譯: 원래의 의미를 왜곡한 번역)이라할지라도 별문제가 될 것이 없다는 것과는 완전히 다른 의미이다.

三. 직역(直譯)과 의역(意譯)의 어려움을 비교. 도분(韜奮)은 다음과 같이 생각했다.: "의역은 어렵다, 왜냐하면 의역은 번역자가 먼저 스스로 이해하는 것을 요구하기 때문이다. 직역은 쉽다, 왜냐하면 누구라도 한 권의 사전에 기대어 판에 박은 듯이 번역해 나가면 되기 때문이다."도분(韜奮)이 여기에서 이야기한 직역(直譯)은 그렇게 정확한 직역(直譯)을 가리키는 것은 아니다. 글 가운데에서 애(艾)씨가 다음과 같이 이야기한 것과 같다.: "직역(直譯)과 의역(의역)은 모두가 다 두 종류로 나눌 수 있을 것 같은데, 소위 말하는 '어떤 일이든 잘 하는 것은 어렵다.', '일체의 적절한 번역은 모두가 다 똑같이 어렵다.', 진실로 지극한 이치를 담은 말이다. 추(鄒)선생이 직역이 쉽다고 이야기한 것은 그가 가리키고 있는 것은 열등한(잘못된) 번역으로, 왜냐하면 사전에 의지해서 판에 박은 듯이 번역해 내는 것은 절대로 좋은 번역이 될 수가 없기 때문이다."

四. 역자의 정도(程度: 수준). 도분(韜奮)은 다음과 같이 생각했다.: "정당한 의역(意譯)은 직역(直譯)에 비하여 그 정도가 높다." 이 문제 또한 앞에서 이야기한 몇 개의 문제와 관계가 있다. 변증법적 관점에서 번역의 문제를 보면, 직역과 의역은 대립과 통일의 한 쌍의 모순으로, 일정한 조건하에서 모순된 쌍방이 곧 서로 전환한다. 도분(韜奮)이 이야기한 "정당한 번역"이란 비교적 정도(程度: 수준)가 높은 번역 예술을 말한다. 높은 정도에서는 직역과 의역은 서로 전환한다. "정당한 의역"이 곧 "정당한 직역"이 되니, 이것은 번역가 겸 철학자들이 이야기한 적이 있는 이야기이다.

五. 번역과 재료의 관계. 도분(韜奮)은 다음과 같이 생각했다.: "문학은 좀 쉽게 직역을 할 수 있다." 애(艾)씨가 도분(韜奮)의 이 한 마디만을 인용했기 때문에, 지나치게 간단하여, 우리들은 도분(韜奮)의 생각을 정확하게 이해하기 힘들다. 그러나 애(艾)씨는 이어서 그가 생각하기로는 도분(韜奮)과 같은 생각을 가지고 있다고 생각했던 정효창(鄭曉滄)의 다음과 같은 이야기를 인용하고 있다.: "번역법과 재료는 많은 관계가 있는데, 예를 들면 자연과학이나 사회과학은 단지 신(信)과 달(達)만 추구하면 된다. 문학에 있어서는 많은 곳의 원래의 느낌을 그대로 보존해야 하기 때문에 직역을 해야 하고 여전히 중국 사람들이 보고 이해를 할 수 있어야 한다. 가장 좋은 것은 본래의 모습을 잃지 않아야 할 뿐만 아니라 중국 사람들이 보았을 때 문자가 잘 통하고 순해야 하기 때문에 쉽지 않은 것이다. 만약 이해가 되지 않는다면, 본래의 모습을 다소간 희생한다 하더라도 이해가 되도록 해야 한다. 보아하니 도분(韜奮)의 생각도 이와 같을 것이니, 그러니 이런 생각은 노신의 관점과 아주 가깝다고 알 수 있다.

六. 직역(直譯), 의역(意譯)과 어체문언(語體文言)의 관계. 도분(韜奮)은 다음과 같이 생각했다.: "직역(直譯)은 백화(白話)로 번역하는 것이 비교적 쉬워 보이고, 의역은 문언(文言)이나 백화(白話)가 다 별 차이가 없어 보인다."

七. 명사(名詞)의 번역문제. 도분(韜奮)은 다음과 같이 생각했다.: "명사(名詞)를 번역할 때에는 간단하여 사람들로 하여금 쉽게 기억하도록 하는 것이 옳다. 뜻이 있어 번역을 할 수 있는 것은 의역(意譯)을 해야 한다. 예를 들어, 내포하고 있는 의미가 너무 광범위하여 중국어로는 의역으로 개괄 할 수 없을 때에는 음역을 사용할 수 있으나, 반드시 간략하고 짧게 해야 한다." 명사의 번역에 있어 의역(의역)과 음역(音譯)의 문제에 관해서는 이 책의 앞부분에서 이미 수많은 번역이론가들의 견해를 평가, 소개했었다. 도분(韜奮)의 의견은 역대 대다수 논자들의 의견과 일치하나, 이처럼 정교하고 세련된 문자로 이렇게 분명하게 표현하는 것은 실제로 쉬운 일은 아니다. 뿐만 아니라, 그가 명사를 번역할 때는 반드시 "간략하고 짧게 해야 한다."고 강조한 것은 안목이 있는 견해라 하겠다. 역사는 약간의 명사를 번역을 함에 있어 취사선택에 대해서, 이 의견의 정확성에 대해서 이미 증명을 하였다.

마땅히 지적을 해두어야 할 것은 위에서 논술한 도분(韜奮)의 번역이론은 아마도 1927년에 쓰여 졌으며, 당시에 그는 아직도 매우 젊었으며, 그 이후에 그의 번역사상도 더 발전이 있었을 것이라는 점이다.: 뿐만 아니라 이러한 논술은 애(艾)씨가 그린 도표의 제약이 있었기 때문에 자유롭게 자신의 생각을 발휘할 수 없었을 것이다. 그렇다 하더라도, 우리들은 이미 (이 글에서) 도분(韜奮)의 역학방면의 조예(造詣)를 충분히 찾아볼 수 있다.

十二. 노신(魯迅)의 번역학이론에 대한 큰 공헌(貢獻)

1927년 이후 노신(魯迅)은 사상적으로 철저한 역사유물주의자가 되었으며, 모두가 공인하는 좌익 문단의 맹주가 되었다. 그의 일생의 마지막 10년 동안 그는 번역문제에 대하여 일련의 뛰어난 글을 남겨 당시 번역계에 지대한 영향을 끼쳤다. 그와 동시에 그는 중국 역학이론사에도 큰 기념비를 세워 놓았다. 그의 일련의 논술은 내용이 대단히 풍부한데 그 가운데 가장 중요하고 뛰어난 것들은 아래에 서술한 몇 가지 방면이다.

첫째, 번역의 목적과 취지에 대하여

노신(魯迅)은 후기에 이 방면에 대해서 더욱 명확하고 전면적으로 이야기하였다. 그가 당시에 번역하던 서적이나 문장은 크게 두 부류로 나눌 수 있다. 첫 번째 부류는 과학적 문예 이론과 혁명적 문예작품이었고, 두 번째 부류는 이러한 것을 제외한 일반적인 문장과 작품이었다. 첫 번째 부류의 이론서적번역에 대해서 그는 일찍부터 사람들에게 혁명봉기에 참여한 노예들을 위해서 군대의 횃불을 옮기는 것에 비유할 수 있는데, 그것은 직접적으로 혁명을 위하여 복무하는 것이라고 말하였다. 그는 글 속에서 자주 그리스 신화 중의 영웅 프로메테우스가 불을 훔쳐 인류에게 주었다는 고사를 인용하여 번역의 의의에 비유했다. 그는 1930년 3월에 발표한 《'硬譯'與'文學的階級性'(무리한 번역과 문학의 계급성)》(《萌芽月刊(맹아월간)》 제1권 제3기에 실림)이라는 글의 끝부분에서 "무엇 때문에 번역을 하는가?" 하는 문제에 대하여 다음과 같이 말하였다.

> 나의 대답은 다음과 같다. 나 자신과 몇몇 무산계급문학비평가라고 자칭하는 사람들과 일부분의 '상쾌(爽快)'함을 추구하지 않고 어려움을 두려워하지 않으며, 다소간 이러한 이론을 분명하게 이해하고자 하는 독자들을 위해서이다.

다시 말하면 첫 번째는 자신을 제고하고 자신을 해부하기 위해서이며, 두 번째는 같은 진영에 소속된 문학종사자들을 위해서인데 그 가운데에는 혁명이론에 대해서 아는 것이 많지 않으면서도 '무산계급문학비평가로 자칭하는 사람들'을 포함한다. 그는 또 다음과 같이 말하였다.

> 나는 참고할 만한 이론이 너무 적어서 사람들이 좀 흐리멍덩해 보인다고 생각한다. 적들에 대해 해부하고 분석, 연구하는 것은 피할 수 없는 현실이다. 다만 해부학이나 조리법이 있어서 그 방법대로 해야만 맛을 만들어 내는 데에 비교적 분명하고 또 맛도 있을 것이다. 사람들은 자주 신화에 나오는 프로메테우스를 혁명자에 비유하는데, 불을 훔쳐서 인류에게 줌으로써 비록 천제(天帝)로부터 학대를 받았지만 조금도 후회하지 않았으니, 그 크고 강인한 정신은 서로 같다고 생각하기 때문이다. 그러나 나는 다른 나라로부터 불을 훔쳐오는 것은 자신의 고기를 삶기 위해서이니, 만약 그 맛이 비교적 좋기만 하면 그 고기를 먹는 사람들에게도 좋은 점이 많을 것이므로 나도 헛수고를 한 것은 아니라고 생각한다. … 그러나 나도 사회적으로 약간의 쓰임이 있기를 원하니 이용자들이 본 것을 살펴본 그 결과가 여전히 불과 빛이기를 바란다.

여기에서 사용한 '불을 훔치는 것'과 '고기를 삶는 것'과 같은 두 가지 비유는 매우 뛰어난 것이다. '불을 훔치는 것'은 사람들에게 '불과 빛'을 보게 해주기 위함과 동시에 '자신의 고기를 삶기 위한 것'이라는 이 말은 프로메테우스보다도 더 크고 강인하다. 그는 1932년 4월 24일에 쓴 《三閑集序(삼한집서)》에서 다음과 같이 말하였다. "나는 한 가지 사실만은 창조사(創造社)에 감사해야 한다. 그것은 그들이 나를 몇 종류의 과학적 문예이론을 보도록 떠밀어 넣었는데 이로 인해 이전의 문학이론가들이 무더기로 이야기했지만 그때까지도 명쾌하게 해결되지 않았던 의문들이 해결되었다. 뿐만 아니라 이로 인하여 포력한낙부(蒲力汗諾夫-通譯普列漢諾夫: 러시아문예이론가)의 《藝術論(예술론)》을 번역하게 되어 나와 또 나로 인하여 다른 사람에게까지 영향을 끼친 진화론만을 맹신하는 그러한 편협성을 바로잡게 되었다." 노신(魯迅)이 《毁滅(훼멸)》 등 소련의 혁명작품들을 번역한 것은 '강철과 같은 인물과 피비린내 나는 전투'를 소개함으로써 중국 인민들의 투쟁심을 고취하고, 동시에 중국의 혁명적인 작가들이 창작할 때 참고하도록 하기 위해서였다. 이 점 또한 대단히 명확하다.

그 밖의 서적과 문장의 번역에 관해서도 노신(魯迅)이 스스로 그 목적을 논술한 글이 있었다. 1928년 3월 31일, 노신(魯迅)은 일본의 학견우보(鶴見祐輔)의 잡문집《사상(思想), 산수(山水), 인물(人物)》을 번역하고 이를 위해 쓴《題記(제기)》에서 다음과 같이 말하였다.

> 내가 번역해서 소개하는 것은 원래 일부분의 독자들에게 옛날에나 지금에나 이와 같은 일과 이와 같은 사람과 사상과 언론이 있었다는 것을 알려 드리고 싶었을 뿐이다. 결코 모든 사람들이 이들을 다 배워서 삶의 지표로 삼으라는 것은 아니다. 세상에는 아직도 사람의 뜻대로 다 이루어진 문장이란 없으니 내 생각에 약간이라도 쓸 데가 있고 도움이 될 수만 있다면 … 나는 곧 이를 번역할 것이다.

노신(魯迅)이 이 두 번째 부류의 책들을 모든 사람들에게 '言動的南針(말과 행동의 나침판)'으로 제공하기 위해서 한 것이 아니라고 한 것을 보면 그가 번역한 첫 번째 부류의 서적은 모든 사람들에게 '言動的南針(말과 행동의 나침판)'으로 제공하기 위해서 한 것이라는 사실을 알 수 있다. 두 번째 부류의 서적은 모두에게 참고하도록 제공하기 위해서라고 말하고 있지만 그 착안점은 여전히 '유용(有用)'하고 '유익(有益)'하다는 것이다. 동시에 그는 또 다음과 같이 주장하였다. "완전한 서적을 요구한다면 그것은 아마도 세상에는 한 권도 없을 것이며, 완전한 사람을 요구한다면 세상에 더불어 살 수 있는 사람은 많지 않을 것이다." 여기에서 그의 선택의 표준이 지나치게 엄격하지 않음을 알 수 있다.

노신(魯迅)은 각종 서적을 번역하여 중국의 독자들이 참고할 수 있도록 제공하는 것에 찬성하였다. 그는 모두들 무산계급문학작품을 번역하기를 희망하였으며, 또 "그밖에도 비록 그것이 종종 무산자문학이라고 불리지만 아직도 소자산계급의 편견(파비색(巴比塞)과 같은 작품)과 기독교사회주의의 편견(신극래(辛克萊)와 같은 작품)이 들어 있는 것을 피할 수 없는 그러한 류의 대표작들도 번역하기를 희망하였다. 여기에다 분석과 엄정한 비평을 가하여 장점은 무엇이며 단점은 무엇인지를 지적하여 참고할 수 있도록 하면 독자들의 견해가 날로 분명해질 뿐만 아니라 새로운 창작자들에게도 새로운 모범을 제시할 수 있게 될 것이다."(《關于飜譯的通信(번역에 관한 통신)》). 그는 심지어는 다음과 같이 말하기도 하였다. "나는 청년들이 '제국주의(帝國主義)'의 작품마저도 보아도 좋다고 주장하는데, 이것이 바로 옛날 사람들이 이야기하던 '지피지기(知彼知己)'가 아니겠는가?"(《關于飜譯(번역에 관하여)(上)》) 각종 문학이론을 번역하는 것에 관하여 그는 "사람들로 하여금 각종 논의(論議)들을 보게 하여 중국의 새로운 비평가들의 비평이나 주장과 서로 비교해 볼 수 있게 해야 한다. 그것은 왕희지(王羲之)의 진본을 인쇄 출판하여 사람들로 하여금 자칭 왕파의 초서가라고 하는 사람들의 글씨와 서로 대조해서 보도록 함으로써 어리둥절함을 면하게 해주는 것과 같은 효과이다."(《〈분류(奔流)〉편교 후기(編校後記). 구(九)》).

둘째, '직역(直譯)'과 '경역(硬譯)'

앞 장에서 이미 노신(魯迅)과 주작인(周作人) 형제가 청말 민초(淸末民初)에 직역(直譯)의 관점(觀點)을 비교적 분명하게 주장하고 또 그 시범을 보임으로써 근대 번역문단에 깃발을 높이 세운 것에 대하여 서술하였다. 노신(魯迅)은 만년에 이르러서도 이 관점을 견지하였을 뿐만 아니라 더욱 확실한 견해로 논쟁을 펼쳤다.

본래 노신(魯迅)이 제창한 '직역(直譯)'은 바로 '왜역(歪譯)'을 겨냥해서 이야기한 것이다. 강춘방(姜椿芳) 등이 지적한 것처럼 노신(魯迅)의 '직역(直譯)'은 실제로 '정역(正譯)'을 말하는 것인데, 그것의 대립 면은 '왜역(歪譯)'이니 단지 '의역(意譯)'에 대한 상대어로 이야기한 것은 아니다. 바꾸어 말하면 표면적으로 이야기할 때 '직역(直譯)'이란 '의역(意譯)'에 상대되는 일종의 번역 방법이다. 내면적으로 깊이 있게 살펴보면 '직역(直譯)'은 정확한 '의역(意譯)'을 포함하는 '정역(正譯)'(올바른 번역)을 말하는 것이다. 따라서 노신(魯迅)은 '직역(直譯)'과 '의역(意譯)'이라는 이 모순(矛盾)에 대해 대단히 변증법적인 견해를 가지고 있었다고 할 수 있다. 그는 무작정 강조하는 '직역(直譯)'이 가져올 수 있는 편차와 자신이 번역한 문장의 부족한 부분에 대하여 분명하게 인식하고 있었다. 예를 들면 그는 1927년 5월 30일 그가 번역한 《小約翰(Jhon)》이라는 책을 위해 쓴 《引言(인언)》에서 다음과 같이 말하였다. "애써 직역을 하려고 해보지만 문장은 오히려 순탄하지 못하고, 서양어는 아주 명료한데 내가 역량이 모자라 이를 표현해 내지 못한다." 그는 스스로 어떤 문장은 자신이 '졸렬(拙劣)'하게 번역하여 '길게 늘어져 이해하기가 힘들다'는 사실을 인정했지만 그는

"그러나 나에게는 다른 번역 방법이 없다, 왜냐하면 원래의 문장을 분리해 놓고 보면 정신과 역량은 매우 다른 것이기 때문이다." 또 그는 다음과 같이 말하기도 하였다. "문장을 직역에 가깝도록 열심히 노력하는 것과는 반대로 인물명은 의역을 하는데 그것은 상징이기 때문이다." 그는 1922년 4월 22일 《藝術論(예술론)》(루소)의 번역본을 위해 쓴 《小序(소서)》에서 더욱 더 명백하게 이야기하였다. 그는 원서에서 섭렵하고 있는 "학문의 범위는 참으로 넓고 커서" 번역하기가 어려우므로 여러 권의 일역본(日譯本)을 찾아보았으나 "마찬가지로 명쾌하게 연결되지 않았다. 오랫동안 고심하였으나 끝내 난삽하여 읽기 거북한 책이 되고 말았다."고 지적하였다. 따라서 "만약 집중해서 연구하고자 하는 사람이 있다면 원래의 문장을 모두 풀어헤쳐 술어(述語)를 좀 쉬운 것으로 바꾸어서 해석에 가깝도록 의역을 하는 것이 좋을 것 같다."고 생각하였다. 같은 해 9월 15일, 노신(魯迅)은 《〈小彼得(Peter)〉 역본서(譯本序)》에서 막 외국어를 배우기 시작한 사람이 바로 번역을 시작하는 것은 옳지 않은 것 같다고 하였다. 왜냐하면 매번 원문을 해석하기에 바빠 의역을 할 수가 없어 독자들이 읽기에 힘이 들기 때문임을 그 이유로 제시하였다. 《小彼得(소피득)》은 허광평(許廣平)이 번역한 초급일본어 교재였는데 노신(魯迅)이 교정을 볼 때 많은 부분을 뜯어고쳐 비교적 유창하게 되었다.

매우 유감스러운 것은 그 때부터 현재에 이르기까지 노신(魯迅)의 번역주장에 반대하거나 비웃는 모든 사람들이 노신(魯迅)의 이와 같은 문장들을 읽어보지도 않은 것 같다는 점이다. 사실 노신(魯迅)의 뜻은 아주 분명하다. 그는 '직역(直譯)'을 주장하였지만 결코 읽기 어렵고 부자연스러운 직역까지 찬성하지는 않았다. '전문적인 연구'를 거친 '의역(意譯)'은 그렇게 하고 싶었지만 마음대로 되지 않았을 뿐이다. 그가 번역한 문장 가운데에도 어색한 것들이 있는데 그것은 그가 원문의 '정신(精神)과 역량(力量)'을 보존하기 위해서 그렇게 했거나 그가 그때까지도 더 좋은 방법을 찾아내지 못했기 때문에 그렇게 할 수 밖에 없었던 것이다. 만약 '전문적으로 연구한 사람'이 원래 문장을 완전히 해체하여 뜯어고쳐 번역하여 뜻이 잘 통하도록 하였다면 그 역시 환영하였을 것이다. 이러한 실사구시적 방법에 무슨 편견이 있어 그렇게 지적을 받아야 하는지 한 번 물어보고 싶다.

1929년 1월 20일 노신(魯迅)은 《〈托爾斯泰之死與少年歐羅巴(譯後附記)〉(톨스토이

의 죽음과 소년 유럽) 역후부기》라는 글에서 다음과 같은 이야기를 하고 있다.

> 번역본(아마도 원본이 아닌가?)으로부터 살펴보면 여나카이사기(盧那仵爾斯基)의 논술은 분명하고 통쾌하다. 그러나 번역자의 능력이 부족하고 중국어 본래의 결점으로 인하여 번역을 다 하고 나서 보니 어렵고 또 이해하기 힘든 부분도 정말 많았다. 구질구질한 말을 다 빼 버리려 하니 원래의 면밀하고 강한 뉘앙스가 모두 사라져 버렸다. 나에게는 이렇게 '경역(硬譯, 억지로 하는 번역)'하는 외에는 '속수(束手, 손을 붙들어 매 두는 것)'하는 방법뿐이니 소위 말하는 '해결책이 없다', 오로지 바라는 것은 독자들이 머리를 싸매고 읽어 내려가는 방법뿐이다.

이 단락의 내용도 위에서 인용한 이야기와 별로 다를 것이 없다. 번역한 대상이 이론 서적이어서 문학 작품이나 동화와는 차이가 나므로 직역을 더욱 더 강조했을 따름이다. 뜻밖에도 이 문장이 발표되고 나서 한바탕 논쟁이 일어났다. 양실추(梁實秋)는 9월 10일《新月》잡지 제6, 7권 합간(合刊)에(실제로는 그 다음해 1월에 출판.)《論魯迅先生的硬譯(노신선생의 경역을 논함)》이라는 글을 발표하여 노신(魯迅)의 위에 인용한 이 글을 인용하고 특별히 '경역(硬譯)'에 밑줄을 그어 '경역(硬譯)'이란 곧 '사역(死譯)'이라고 생각하고 다음과 같이 말하였다.

> 곡역(曲譯)이란 허용되지 않는다. 왜냐하면 원문에 충실하지 못하여 가장 뛰어난 부분을 찌꺼기로 만들어 버리기 때문이다. 그러나 한 권의 역서(譯書)가 처음부터 끝까지 모두 완전하게 곡역(曲譯)될 수는 없으며, 한 쪽당 몇 개의 곡역(曲譯)이 발견되면 또 다른 곳에도 곡역(曲譯)이 있는지 살피게 마련이다. 또 부분적인 곡역(曲譯)이 실수로 인한 것이라 하더라도 결국에는 또 다른 실수를 유발하게 될 것이다. 이 실수가 엄청난 해를 입힐 것이나 당신이 읽을 때는 상쾌함을 느끼게 할지도 모른다. 그러나 사역은 다르다. 사역(死譯)이란 처음부터 끝까지 일관되게 사역(死譯)이다. 읽어도 안 읽은 것이나 다름없어서 시간만 낭비할 뿐이다. 곡역(曲譯)의 잘못을 범하는 동시에 사역(死譯)의 잘못을 범할 수는 없으나 사역자(死譯者)는 때로는 곡역(曲譯)의 잘못을 동시에 범할 수도 있다.

노신(魯迅)은 뒤이어 명문인《'硬譯'與'文學的階級性'(무리한 번역과 문학의 계급성)》(1930년 3월《萌芽月刊(맹아월간)》제1권 제3기에 실림.)이라는 글을 발표하여 이를 논박하였다. 노신(魯迅)은 먼저 양(梁)씨의 번역을 논한 이 글이 신월사(新月社)의 정치적 경향과 관계가 있으며, 바로 동일 작가가 동일 잡지에 발표한《文學是有階級性

嗎?(문학이란 계급성이 있는 것일까?)》의 '여파(餘波)'라고 지적하였다. 따라서 노신(魯迅)의 이 글은 '경역(硬譯)'을 논한 것 외에도 더욱 중요한 것은 '문학의 계급성'을 논했다는 것이다. 이것은 노신(魯迅)이 번역이라는 학술적인 문제를 정치이론 분야로 확대한 것이 결코 아니라 양(梁)씨가 정치를 '학술(學術)' 영역으로까지 끌고 들어갔기 때문이다. 노신(魯迅)의 적개심은 양(梁)씨의 발광과 무지에서 나왔으며 노신(魯迅)은 양(梁)씨의 조롱과 천박함에 날카롭게 대응하였다. 노신(魯迅)의 이 문장은 세계 마르크스주의 문예이론의 중요한 무기가 되었으며 그 의의는 보통의 번역이론을 능가하는 것이 되었다. 그러나 이것은 여전히 학술적 측면에서 그의 '경역(硬譯)'에 대한 견해를 논술한 것으로써 대략 아래와 같은 여러 측면의 의의를 가진다.

一. '경역(硬譯)'이란 '사역(死譯)'과 다르며 결코 고의로 '곡역(曲譯)'을 한 것이 아니다.

二. '경역(硬譯)'(주로 과학적 문예론 및 기타 혁명 이론 저작의 번역을 가리킴.)은 스스로 독자 대상이 있어야 하며 그들 사이에서만 존재할 수 있다.

三. "나의 번역 작품은 본래 독자에게 '상쾌(爽快)'함을 주기 위한 것이 아니어서 때로는 독자들을 불편하게 만들기도 한다." 왜냐하면 사상이 서로 대립되는 사람에게 '숨이 막히고 증오가 타오르며 분노가 치솟는 것'을 느끼게 만드는 것도 당연하기 때문이다. 이론에 대해서 많이 알지 못하는 비평가들은 본래 마땅히 '상쾌(爽快)함을 탐하지 말고, 열심히 이러한 이론을 연구할 의무'가 있다.

四. '경역(硬譯)'은 '원문의 정밀하고 힘찬 분위기를 잃지 않기 위해서' 할 뿐만 아니라 '서서히 새로운 문장법을 더해 감으로써' 얼마간의 시간이 지나면 차츰 '동화(同化)'되어 '자기의 것'으로 만들기 위해서이다(이 점에 대해서는 노신(魯迅)이 훗날 구추백(瞿秋白)과의 토론에서 더욱 상세한 논술을 하고 있으니 다음 장의 글을 참조하기 바람.).

五. "당연하지만 세상에는 비교적 훌륭한 번역자가 나오게 되어 있다. 능히 곡역(曲譯)하지 않으면서도 '경(硬, 역)'이나 '사(死, 역)'도 하지 않는 훌륭한 문장을 쓸 수 있는 번역자가 나오면 나의 번역문은 자연히 도태되고 말 것이다. 따라서 나는 '없는 것'에서 '비교적 훌륭한 것'이 나올 때까지 그 공백을 메워 주려고 하는 것이다.

이 글로 미루어 노신(魯迅)이 처음부터 의도적으로 '경역(硬譯)'이란 구호를 제창한 것은 아니며 어떤 동지들이 말한 것처럼 '연역(軟譯)'이란 말을 겨냥해서 만들어 낸 것도 아님을 알 수 있다. 그는 이론서적을 번역할 때 더 좋은 번역방법을 아직 발견하지 못했기 때문에 어쩔 수 없이 '경역(硬譯)'할 수밖에 없었다고 실사구시(實事求是)적으로 설명하였다. 이 말이 결국에는 다른 사람들로부터 꼬투리가 잡혀 공격과 왜곡을 당할 것이라고는 생각도 못했을 것이다. 상대방은 오역을 지적하거나 분석과 추리(구추백(瞿秋白)이 그랬던 것처럼)를 도와주기 위해서 그런 것이 아니라 정치적 의도를 가지고 있었던 것이다. 일이 이렇게 되자 노신(魯迅)도 '경역(硬譯)'이라는, 결코 듣기 좋은 어휘가 아닌 이 두 글자를 거두어들일 수가 없었다. 따라서 그는 상대방의 착오와 왜곡을 논박하고 한 걸음 더 나아가 자신의 견해를 천명하였다. 이것이 바로 노신(魯迅)의 풍격이니, 이 얼마나 담백하고 진솔하며 광명정대한가?

당시에 또 어떤 사람들은 '순역(順譯)'이라는 관점을 제기하였는데 그 대표적인 인물이 조경심(趙景深)이었다. 조(趙)씨는 1931년 3월《讀書月刊(독서월간)》 제1권 제6기에《論飜論(번역이론을 논함)》이라는 글을 발표하여 다음과 같이 언급하였다.

> 나는 서적을 번역할 때 응당 독자들을 먼저 고려해야 한다고 생각한다. 바꾸어 말하면 우리들은 마땅히 독자 대상들을 먼저 생각해야 한다는 것이다. 번역을 바르게 했는지 아닌지는 다음의 문제이고 가장 중요한 것은 번역을 읽기 쉽게 했는지의 여부이다. 만약 조금도 틀림이 없이 잘하고 문장은 문법에 잘 맞으며 대단히 훌륭한 어휘를 사용하여 문장을 잘 다듬어 길게 이어 내려갔다 하더라도 읽기가 몹시 불편하다면 그것은 오역보다도 더 나쁜 것이다. … 따라서 엄복(嚴复)이 이야기한 '신(信)', '달(達)', '아(雅)'의 세 가지 조건은 내가 보기에는 '달(達)', '신(信)', '아(雅)'의 차례로 그 순서를 바꾸어야 한다.

그밖에도 양진호(楊晉豪) 같은 사람도 당시에 "가장 중요한 것은 '달(達)'해야 한다."는 것이라고 주장하였다(《從飜譯論戰說開去(번역론전에서부터 이야기를 풀어나가자!)》를 보시오!). 양(楊)씨와 같은 이런 잘못된 관점을 겨냥하여 노신(魯迅)은 연이어 세 편의 글을 썼다.《幾條"順"的飜譯(몇 가지 順譯)》(1931년 12월 20일《北斗(북두)》 제1권 제4기에 실림).《風馬牛(풍마우)》(위와 같은 잡지에 실림).《再來一條順的飜譯(통순한 번역에 대해서 재론함)》(1932년 1월 20일《북두(北斗)》 제2권 제1기에 실림.)가 그것이다. 마지막 글에서 주로 유언비어를 퍼뜨리거나 이를 퍼뜨리는 것을 도와주는 반동파들을 폭로

한 것을 제외하면 앞의 두 편은 조경심(趙景深)을 직접 거명하여 비평한 것이다. 노신(魯迅)은 조(趙)씨의 관점을 귀납하여 '정확하나 통순(通順)하지 못한 것보다는 차라리 통순(通順)하나 정확하지 못한 것을 택하겠다.'고 요약하였다(훗날 구추백(瞿秋白)은 틀리더라도 문장이 통순(通順, 읽기 쉬운)한 것을 택할망정 읽기에 불편하나 그 뜻은 정확한 것을 택하지 않겠다고 귀납했다. 이 둘을 서로 비교해 보면 노신(魯迅)의 귀납이 좀 더 정확하다.). 노신(魯迅)은 제1편에서 몇 가지 자연과학번역문의 '순(順)'하나 오역인 것들을 예로 들어 사람들이 스스로 이러한 '순역(順譯)'의 모순점을 볼 수 있도록 하였다. 그는 문장의 맨 끝에서 다음과 같이 말하였다.

> 몇 가지 예에서 본 것처럼, 정확하지만 문장이 순조롭지 못한 것은 잘 이해되지 않는 것이지만 한참 생각해 보면 이해가 될 수도 있다. 그러나 문장은 순조로우나 뜻이 정확하지 않은 문장은 사람을 미혹하게 만들어 어떻게 상상을 해도 이해할 수가 없으며, 만약 이해가 된 것 같이 느껴지면 이미 잘못된 길로 접어든 것이다.

魯씨의 두 번째 문장은 조(趙)씨 자신의 '순역(順譯)'을 예로 들었다. 그 가운데 조(趙)씨가 'Milky way(銀河水)'를 '우내로(牛奶路, 우유길)'라고 오역을 한, 중국 현대번역사에서 대단히 유명한 이 고사를 끄집어내어 '직역(直譯)', '경역(硬譯)'과 '오역(誤譯)'의 차이를 설명하였다. 노신(魯迅)이 마지막 문장에서 비평한 것은 반동파신문의 '순역(順譯)'으로, 이 문장은 비록 조(趙)씨를 직접 겨냥한 것은 아니지만 조(趙)씨와 독자들에게 끼친 영향은 더 컸을 것이다. 왜냐하면 실제로 소위 말하는 '순역(順譯)'이라는 것이 정치적으로 착오를 범할 수도 있다고 지적했기 때문이다.[17]

결론적으로 말하면 노신(魯迅)의 '순역(順譯)'에 대한 비판은 자신의 '직역(直譯)' 이론이 정확하다는 것을 다시 한 번 더 천명한 것과 같다. 노신(魯迅)은 1933년 8월

---

17) 여기서 마땅히 지적해야 될 것은 조경심(趙景深)이 훗날 노신(魯迅)의 이러한 주장을 아주 경건한 태도로 받아들였다는 사실이다. 만년에 이르러 어떤 사람이 그의 이 역론을 '번안(飜案, 바로 잡다.)'하려고 하였을 때 그는 여전히 노신(魯迅)의 이 비평이 비록 날카롭기는 하였으나 정확한 것이라고 시인을 하였다. 최근에 어떤 사람들은 노신(魯迅)을 비난하고 평가절하함으로써 스스로 명성을 얻으려고 하여 시도 때도 없이 조(趙)씨를 위해 불만을 토로하지만, 실제로 이러한 사람들은 불쌍하게 보일 뿐이다. 왜냐하면 그들은 노신(魯迅)의 문장을 꼼꼼하게 읽어보지 않았을 뿐 아니라 趙선생의 문장도 제대로 읽어본 적이 없기 때문이다.

14일에 쓴《爲飜譯辯護, (번역을 위해 변호함.)》(8월 20일《申報, 自由談(신보, 자유담)》에 실림.)에서 다음과 같이 다시 한 번 더 주장하였다.

> 현재 번역에 대한 가장 보편적인 불만은 수십 줄을 읽어도 그것이 무엇을 말하는지 이해가 되지 않는다는 것이다. 그러나 이것도 반드시 구별해서 보아야 한다. 예를 들어 칸트의《순수이성비판(純粹理性批判)》과 같은 책들은 가령 독일인들이 그 원문을 본다 하더라도 만약 그가 전문가가 아니라면 그 또한 한참 동안은 이해하지 못할 것이다. 당연하지만 '책의 첫 줄을 보자마자 곧바로 번역하기 시작하는 사람'은 정말로 책임을 지지 않는 번역자이다. 그러나 이와 똑같은 사람으로는 어떤 번역서를 막론하고 첫 줄을 보자마자 곧바로 이해가 되는 독자이다. 그 역시 그의 행위에 책임을 지지 않는다는 비난을 면하기 어렵다.

노신(魯迅)은 처음부터 끝까지 분석적이고 차별적인 태도를 취하고 있음을 볼 수 있다. 그가 구별하고자 하는 것은 역저의 내용(일반서적이냐 아니면 이론 서적이냐?)과 독자의 신분(일반 독자이냐 아니면 전문가이냐 하는 문제)이었다. 그가 강조한 '경역(硬譯)'이라는 것은 주로 이론서적과 연구자들을 겨냥한 것이었다.[18]

셋째, 번역 언어와 문법 문제

노신(魯迅)은 1930년대 초 양실추(梁實秋)와 논쟁을 벌이던 가운데 이 문제에 대하여 언급하였다. 그는《'硬譯'與'文學的階級性'(무리한 번역과 문학의 계급성)》이라는 글에서 일본 사람들은 구미의 서적을 번역할 때 '서서히 신문법(新文法)을 첨가하여' 고문(古文)보다는 번역을 편하게 하여 원문의 어감을 잃지 않도록 하였는데 처

18) 1931년 7월 20일《문예신문(文藝新聞)》주간(週刊)에 발표한《번역논전지일영이쇄(飜譯論戰之一零二碎, 번역논쟁 중의 사소한 문제)》라는 글에서 다음과 같이 언급했다. "조경심(趙景深)이 번역론을 발표하였다는 소식을 듣고 어떤 사람이 노신(魯迅)의 의견을 듣고자 하였다. 노신(魯迅)은 즉석에서 두 마디로 대답하였다. 세상에서 동화의 문장과 칸트나 헤겔의 철학적인 문장을 함께 놓고 비교 토론을 벌린 자는 아직 없었다. 양실추(梁實秋)는 자신이 번역한《피득반(皮得潘)》의 잣대로, 조경심(趙景深)은 자신이 번역한《안델센동화집》의 잣대로, 포력한낙부(蒲力汗諾夫)의 예술 이론이나 마르크스의 경제학과 레닌의 변증법 등의 번역문을 논의하려고 하니, 자연 어리석은 말들을 쏟아내기 마련이다." 여기에서 이야기한 노신(魯迅)의 말을 나는 믿을 만하다고 확신한다. 이론 저작과 문예 작품의 번역 잣대가 확실히 완전히 같을 수는 없기 때문이다.

음에는 별로 습관이 되지 않았지만 점점 동화되어 마침내는 자기 것처럼 변화시켰음을 지적하였다. 그는 또 동시에 중국문법 자체도 예전부터 서서히 변천해 온 것으로 특히 '당(唐)나라 때 불경을 번역하고' '원(元)나라 때 상유(上諭)를 번역할' 당시에는 몹시 어색한 것이었지만 이를 습관적으로 사용하고 나서부터는 이해하게 되었다고 지적하였다. 그는 중국어문법 자체는 상당한 결점을 가지고 있는데 번역을 통해 '새로 만든 부분'이 보충되는 것은 대단히 자연스러운 것이라고 생각하였다. 양(梁)씨를 예로 들면, 그는 노신(魯迅)의 번역서들은 보면 이해가 된다고 하였다. 이에 대해 노신(魯迅)은 양(梁)씨가 신문학가이기 때문에 번역 중의 신문법에 대해 비교적 많이 보아 와서 이미 습관이 되었기 때문이라고 생각하였다. 그러나 저 시골에 사는 서생원들이 보기에는 여전히 '천서(天書, 인도어로 된 책 또는 불경을 가리킴.*)'보다도 이해하기가 더 어려울지도 모른다.

1931년 12월 28일, 노신(魯迅)은 구추백(瞿秋白)과 번역 문제에 대해 토론하다가 이 문제에 대해서 더욱 상세한 논술을 하게 되었다. 그는 지식분자들에게 보이기 위한 역저(譯著)는 마땅히 '차라리 정확한 것을 추구할망정 문장이 순조로운 것을 택하지 않는' 번역법을 주장해야 한다고 생각하였다. 당연히 여기에서 이야기하는 '불순(不順, 문장이 순조롭지 않다.)'이란 '궤하(跪下, 꿇어앉다.)'를 '궤재슬지상(跪在膝之上; 무릎 위에 꿇어앉다.)'이라고 번역한다거나 '천하(天河; 은하수)'를 '우내로(牛奶路; 우유길)'로 번역하는 것 등을 가리키는 것은 아니며, '밥을 먹고 물을 마시는 것처럼 몇 번 만에 금방 삼킬 수 있는 그러한 것들을 이야기하는 것이 아니라 반드시 이로 힘껏 씹고 또 씹어야 하는 것들을 가리키는 것이다.' 왜 그렇게 해야만 하는 것일까? 노신(魯迅)의 대답은 다음과 같다.

> 이 또한 번역본이다. 이러한 번역본은 새로운 재료를 수입하고 있을 뿐만 아니라 새로운 표현법을 수입하고 있는 중이다. 중국의 문장과 말은 그 문법이 너무나 정밀하지 않아서 글을 짓는 비결이라는 것이 누구나 다 아는 낯익은 글자를 피하고 허자를 삭제하는 것이며, 이야기를 할 때도 때때로 남이 알아듣지 못하는 말을 해야 하니 이러한 말은 쓰기에 적합하지 않다. … 이러한 병을 고치기 위해서는 계속해서 수많은 고통을 겪으면서 다른 문법을 이식하고 오래된 것이나 外省(다른 省)의 것이나 다른 부서의 것, 또는 외국의 것들을 들여와 서서히 자기의 것으로 만들어야 한다고 생각한다.

그는 또 보통의 독자들을 위한 것이라 하더라도 "마땅히 자주 새로운 글자와 새로운 문법을 그 속에 포함시켜야 하는데 물론 당연히 너무 많이 포함시켜서는 안 되며 어쩌다 이런 것들에 부딪치게 되면 한 번 생각해 보거나 한 번 물어보기만 하여도 알 수 있는 정도로 하여야 한다. 반드시 이렇게 함으로써 군중들의 언어를 풍부하게 만들어야 한다."고 하였다. 그는 또 아래와 같이 지적하였다.

> 한편으로는 열심히 수입하고 다른 한편으로는 열심히 소화하고 흡수하여 사용할 만한 것은 전해 내려가게 하고 찌꺼기들은 과거에 남아 있도록 해야 한다. … 그러나 이러한 사정도 당연히 영원한 것은 아니며, 그 가운데 일부는 '불순(不順, 문장이 순조롭지 못한 것)'에서 '순(順, 순조로운 것)'으로 바뀌며, 또 일부는 끝까지 '불순(不順)'하여 도태되거나 배척되고 만다. 여기에서 가장 중요한 것은 우리들의 비평이다.

이로부터 우리들은 노신(魯迅)의 번역 중에 '불순(不順)'한 것을 용납하자고 하는 주장이 결코 소극적인 방법이 아니라 일종의 적극적인 방법이며, 그가 '새로운 표현법을 수입함'과과 동시에 중국어문법과 문장법을 개선하겠다는 목표를 가지고 있었음을 알 수 있다. 따라서 그는 구추백(瞿秋白)이 이것은 일종의 '방수(防守: 방어)'라고 한 주장에 반대하고 '사실은 일종의 공격'이라고 하였던 것이다. 주목할 만한 것은 구추백(瞿秋白)이 번역문에는 문언(文言)이나 문장에서만 사용하는 용어들을 배척하고 '절대적 백화(絶對的白話; 완전한 백화문)'를 사용할 것을 주장한 것에 대하여 결코 찬성하지 않았다는 사실이다. 앞에서 인용한 바 있는 노신(魯迅)은 번역은 마땅히 '완전히 다른 문법을 이식하여야 한다.'고 논술할 때 옛날의 문장법을 그 속에 끼워 넣을 수도 있고, 또 일반 독자들이 번역작품을 읽을 경우를 논하면서 다음과 같이 주장하였다. "전체적으로 보면 아직까지는 口語 …각지에서 사용되는 각종 토화(土話)…와는 합일될 수 없으니 일종의 특별한 백화(白話)라고 할 수밖에 없다." 동시에 그는 또 한 지역의 방언에만 국한되는 것도 찬성하지 않았다. 왜냐하면 다른 지역의 독자들은 알아볼 수 없기 때문이다. 따라서 이러한 일종의 '특별한 백화'는 필연적으로 '문언적(文言的) 성분이 많아질 수밖에 없다.' 그는 또 다음과 같이 지적하였다.

> 방법이 없으니 현재로서는 설서(說書. 이야기를 청중 앞에서 공연하는 일종의 민간예술)에서 취해 오되 그 유활(油滑; 우스꽝스럽고 해학적인 부분)한 것을 삭제해 버리고, 한담(閑談; 한가한 이야기)에서 취해 오되 그 산만한 부분을 삭제해 버리며, 민중들의 구어(口語)를 두루 취해 오되 모두 쉽게 이해할 수 있는 부분들만 남겨 두게 되면 이것도 아니고 저것도 아닌 볼썽사나운 백화가 되고 만다. 이 백화라는 것은 반드시 살아 있는 것이어야 하며 살아 있는 까닭은 어떤 것들은 살아 있는 사람들의 입에서 그것을 취해 왔으며, 어떤 것들은 여기에서 살아 있는 민중들 속으로 들어가게 해야 하기 때문이다.

노신(魯迅)의 이러한 논술은 구추백(瞿秋白)의 치우친 견해에 대한 수정으로 그 의의가 매우 크다. 도저히 이해할 수 없는 것은 현재 어떤 논자들은 노신(魯迅)의 이러한 논술을 폄하하여 '언어에 대한 한민족허무주의자(漢民族虛無主義者)'의 치우친 견해라고 하면서 '절대적 백화본위(絶對的白話本位)'의 원칙에 찬성하고 있다. 그러나 구추백(瞿秋白)에서부터 이러한 논자들에 이르기까지 소위 말하는 '절대적 백화(絶對的白話)'를 누가 사용한 적이 있었는지 한 번 물어보고 싶다.

노신(魯迅)은 그 외에도 '구화(歐化, 서구화)'의 문제에 대해서도 논술하였다. 그는 1934년 7월 18일에 쓴 《玩笑只當它玩笑(우스개는 그냥 우스개로 여겨라.)》(7월 25일 《申報, 自由談(신보, 자유담)》에 실림)라는 글에서 유반농(劉半農)이 '구화(歐化, 서구화)'를 반대한 언론을 겨냥하여 다시 한 번 다음과 같이 주장하였다. "서구식 문법이 중국 백화에 침입하게 된 큰 원인은 호기심 때문이 아니라 필요에 의해서이다. … 고유한 백화가 쓰기에 충분하지 않기 때문에 외국의 문장법을 채용할 수밖에 없었던 것이다. 비교적 이해하기 어려운 것은 차를 마시고 밥을 먹는 것처럼 한 입에 꿀꺽 삼키면 진품(眞品)이 되는 것이 아니므로 이것의 부족한 부분을 채워줄 수 있는 것은 정밀함이다." 같은 해 8월 5일에는 어떤 사람이 그의 이 문장에 대해서 대답하기 어려운 문제를 제기한 것에 반박하기 위해 그는 또 다시 다음과 같이 설명하였다. "나는 중국어문법에 약간의 서구적인 요소를 가미할 필요가 있다고 생각한다. 이 주장은 실사구시적(實事求是的) 태도에서 나온 것이다." 동시에 그는 '구화(歐化, 서구화)'라는 이 두 글자 자체도 서구화된 어휘라고 지적하였다. 번역할 때는 반드시 쉽게 이해할 수 있도록 하기 위해 노력해야 하고 반드시 원래의 모습을 보존하도록 해야 하며 언어적인 면에서 완전히 '귀화(중국화)할' 필요가 없다는 주장에 관하여 노신(魯迅)은 1935년 6월 10일에 쓴《"題未定"草, 二(제목미정의 초안, 2)》(7월 1일 《文學(문학)》 월간 제5권 제1기)라는 글에서 또 다시 아래와 같은 뛰어난 서술을 하였다.

> 또《死魂靈(사혼령)》의 번역과 관계되는 일이다. … 번역을 시작하기 전에 반드시 온 힘을 다 기울여서 귀화(가장 중국적으로 번역)를 시킬 것인지 아니면 양기(洋氣, 원작의 모습)를 보존할 것인지를 먼저 결정해야 한다. 일본어의 번역자 상전진(上田進) 군은 앞의 방법을 쓸 것을 주장하였다. … 따라서 그의 번역문은 한 구절을 수 구절로 번역하기도 하여 해석에 아주 가깝게 보인다. 그러나 나의 의견은 그와 같지 않다. 창작이나 개작에서 사건을 중국사건으로 바꾸거나 사람마저도 중국 사람으로 바꾸는 것과 달리, 다만 쉽게 이해할 수 있도록 하는 일에 힘을 쓸 뿐이다. 만약 그것이 번역이라는 것을 인정한다면 무엇보다도 먼저 그 목적이 외국 작품을 두루 섭렵한다는 것이니, 그 정서를 이입하는 것은 물론이고 지식을 습득하는 데 도움을 주고 최소한 그것이 어디에서 언제 일어났는지를 알기만 해도 외국여행을 하는 것과 매우 비슷할 것이다. 번역작품에는 반드시 양기(洋氣, 서양적 분위기)가 들어 있어야 한다. 사실 완전히 귀화한(현지화) 번역문은 존재하지 않는다. 만약 있다고 하더라도 외모는 비슷하지만 정신은 이미 떠나 버렸기 때문에 엄격하게 따지면 그 번역문은 이미 번역이라고 할 수 없다. 무릇 번역이란 두 가지 측면을 모두 고려해야 한다. 첫째 당연히 쉽게 이해할 수 있도록 하기 위하여 노력해야 한다는 것이고, 두 번째는 원작의 면모를 보존하기 위해서 노력해야 한다는 것이다. 그러나 이는 항상 쉽게 이해할 수 있도록 노력한다는 측면과 서로 충돌하여 생소한 느낌을 준다. 다만 그것이 본래 서양사람이기 때문에 당연히 생소하게 느껴지겠지만 눈에 거슬리지 않도록 하기 위해 그 의상 정도만 바꾸어야지 그의 코를 깎아 내린다든지 그의 눈을 파 버린다든지 해서는 안 된다. 나는 코를 깎아 내린다든지 눈을 후벼 파 버리는 것을 주장하지 않기 때문에 어떤 부분에서는 여전히 읽어 내려가기에 편하도록 하기를 바란다. 다만 문장은 과학이론처럼 정밀하기를 바라지는 않고 약간은 자유롭기를….

노신(魯迅)이 주장한 번역의 '구화(歐化, 서구화)'와 '양기(洋氣, 원작의 모습)'에 관한 내용은 두 방면을 고려한 것 같다. 첫째 '익지(益智, 지식을 증가시킴)'를 위하여 외국을 여행하는 것과 마찬가지로 반드시 '이국적인 분위기'가 있어야 한다. 둘째, '새로운 표현법을 수입하여' 중국어문법을 발전시키려고 한다. 이 중 두 번째 측면은 전체 중국어를 바꾸기 위한 그의 원대한 포부이다. 바꾸어 말하면 노신(魯迅)은 중국어의 개혁이라는 측면에서 '직역(直譯)'과 '경역(硬譯)'에 관한 주장을 논하였던 것이다. 따라서 우리들은 그의 이러한 큰 사상과 연계하여 생각할 때에야 비로소 그의 번역이론과 관계된 정확성을 명확하게 이해할 수 있을 것이다.

넷째, 중역(重譯)과 복역(復譯)의 문제

중역(重譯)과 복역(復譯)에 대한 문제는 노신(魯迅)이 최초로 제기한 문제는 아니다. 그는 이전에 중역에 대한 문제를 제기하였는데 늦어도 20년대 초에 정진탁이 이미 이 문제에 대해서 논술한 적이 있다. 그러나 30년대에 들어서도 이 두 문제에 대한 정확하지 못한 견해가 여전히 제기되고는 하였다. 노신(魯迅)은 이러한 현상에 대해서 적지 않은 분석을 하였을 뿐만 아니라 자신이 연구한 글을 발표하기도 하였다. 노신(魯迅)의 신분이나 지위의 중요성, 그리고 그의 사상과 분석의 깊이 등으로 미루어 볼 때 그의 이론은 당대나 후대의 번역계에 큰 영향을 미쳤다.

중역(重譯, 轉譯 : 중국에서는 두 용어를 함께 쓰는 것 같음.)의 문제에 관하여 노신(魯迅)은 이상적인 번역이란 원문에 정통한 번역자가 원저로부터 직접 번역하는 것이라는 일관된 견해를 보였다. 그러나 각종 객관적 조건의 제약 때문에 중역(重譯)도 필요한데 그가 가장 반대한 것은 분석도 하지 않고 맹목적으로 중역을 반대하는 견해였다. 1929년 4월 22일, 노신(魯迅)은《藝術論(예술론)》(루소작)을 번역할 때 쓴《小序(소서)》에서 만약 번역자가 '원문으로부터 번역하면 그것은 대단히 훌륭하다.'고 하였다. 같은 해 6월 25일 독자 장봉한(張逢漢)에게 보낸 편지(7월 20일《奔流(분류)》월간(月刊) 제2권 제3기에 실림)에서 그는 또 다음과 같이 말하였다.

> 우리들은 명가들이 잘 이야기하지 않는 동유럽이나 북유럽의 문학을 소개하고자 하나 원문을 아는 사람이 적어서 어쩔 수 없이 잠시 중역(重譯)본을 쓸 수밖에 없다. 특히 발칸반도의 작은 나라들의 작품은 더욱 그렇다. 원래의 의도는 비록 그것이 중역이기는 하지만 없는 것보다는 나을 것이니, 독자들로 하여금 소위 말하는 문학가에는 상을 수상한 타고르나 아름다운 만수비이(曼殊斐爾) 등만이 있는 것이 아니라는 사실을 알 수 있게 해 주는 것이다. 그러나 만약 원문으로부터 직접 번역한 원고를 보내 주거나 가르침을 주신다면 우리들은 대단히 고마운 마음으로 이를 받아들일 것이다.

1930년 봄, 노신(魯迅)은《'硬譯'與'文學的階級性'(무리한 번역과 문학의 계급성)》이라는 글에서 양실추(梁實秋)와 장광자(蔣光慈) 등이 중역을 천시하고, 중역을 헐뜯은 언론에 대해 비판하고, 당시의 적지 않은 외국작품이 "잠깐만에 사람들의 웃음거리가 되고 마는 것은 그것이 일본어번역본으로부터 중역이 되었거나 원본을 번역하기는 하였으나 일본어본과 대조하여 곧바로 직역하였기 때문이었다."고 지적하였다. 그는 또 다음과 같이 말하였다. "나는 이렇게 하기를 원하고 또 이렇게 하는 사람이 있기를 더욱 더 원한다. 이렇게 함으로써철저하게 고담준론의 공백을 메워 주기를 원한다. 왜냐하면 우리들은 장(蔣)선생과 같이 '비웃기만 하거나' 양(梁)선생과 같이 마냥 '기다려라! 기다려라! 기다리고 있어 보란 말이야!' 하면서 기다리고만 있을 수도 없기 때문이다." 1935년 8월 8일에 쓴 《〈俄羅斯的童話(러시아동화)〉소인(小引)》에서 그는 다음과 같이 말하였다. "나는 이번에 내가 한 중역에 대해서 아주 만족할 수는 없지만 다른 번역본이 없기 때문에 잠시 그 공백 기간 동안에 이 책이라도 읽히기를 바랄 뿐이다. 만약 누군가가 원문을 직역하게 되면 이 책보다 훨씬 더 나을 것이니 그때가 오면 나는 흔쾌히 사라질 것이다." "이 말은 겸손함을 표하기 위한 것이 아니라 진심으로 그렇게 되기를 희망하는 것이다." 노신(魯迅)은 '철저한 고담준론(高談峻論)'을 반대하였으며, 그는 더 많은 직역본이 나오기를 희망하였다. 동시에 많은 사람들이 중역본으로 이 잠깐의 공백을 메워 주기를 희망하였다. 노신(魯迅)의 이러한 태도는 실사구시(實事求是)적인 것이었다. 1934년 6, 7월간 노신(魯迅)은 목목천(穆木天)의 이와 관련한 논의를 겨냥하여 《論重譯(논중역)》, 《再論重譯(재론중역)》이라는 두 편의 연구 논문을 발표하였다.

목(穆)씨는 이 해 6월 19일 《申報, 自由談(신보, 자유담)》에 《各盡所能(각자 자신이 잘할 수 있는 일에 힘쓰자.)》이라는 글에서 다음과 같이 언급하였다. "어떤 사람은 영어가 매우 뛰어나면서도 영미문학을 번역하지 않고, 기회주의적으로 간접적으로 프랑스문학을 번역하면 이는 좋지 않은 것이다. 왜냐하면 간접번역은 일종의 교활한 방법이기 때문이다. 만약 부득이하여 그렇게 했다면 그것은 그렇게 할 수도 있는 것이다." 노신(魯迅)은 이러한 견해는 목(穆)씨가 제창한, 광범위하게 외국문학을 소개하자고 한 주장과 서로 모순되어 쉽게 오해를 불러일으킬 수 있다고 생각하여 6월 24일 《論重譯(논중역)》(6월 27일, 《申報, 自由談》에 실림.)을 썼다. 노신(魯迅)은 중역은 확실히 직접 번역하는 것보다 쉽다고 생각하였다. 그 이유는 첫째, 원문 가운데 뛰어나서 번역하기 어려운 부분을 이미 원역자가 약간은 해결해 두었기 때문이다. 둘째, 충실한 역자는 원문 가운데 난해한 부분에 자주 주석을 달기 때문이다. 이러한 이유 때문에 직접 번역이 틀린 부분에서도 중역은 틀리지 않은 경우가 발생한다. 또한 그는 다음과 같이 지적하였다.

한 나라의 글을 이해하기 위해서는 한 나라의 문자를 먼저 이해해야 한다. 이 주장은 결코 틀린 주장이 아니지만 만약 그러하다면 중국이 희랍에서부터 현대의 문학 명작까지 모두 번역본을 가지는 것이 어렵다. 중국인이 이해하는 외국의 글은 아마도 영문이 가장 많고 일문이 그 다음일 것이다. 그러므로 만약 중역을 하지 않는다면 우리들은 장차 수많은 영미와 일본의 문학작품만을 볼 수 있을 것이며, 이복생(伊卜生: 입생)도 없고 이본열지(伊本涅支)도 없으며 매우 널리 읽히고 있는 안데르센의 동화와 세르반테스의 《吉訶德先生, (돈키호테)》마저도 볼 수 없게 될 것이다. 이러한 현실은 얼마나 답답하겠는가? 중국에도 덴마크, 노르웨이, 스페인의 문자에 정통한 사람이 없으라는 법도 없지만 아직까지는 번역하지 않았으며, 현재 우리가 가지고 있는 것은 모두 영어에서 중역한 것이다. 심지어는 소련의 문학마저도 영어와 프랑스어에서 중역한 것이다.

따라서 내 생각으로는 번역에 대해 현재로서는 잠정적으로 엄격한 제한을 둘 필요가 없다고 생각한다. 가장 중요한 것은 번역이 잘 됐는가 잘못 되었는가 하는 문제이지 직접 번역을 하였는가 간접 번역을 하였는가 하는 문제가 아니다. 기회주의적이냐 아니냐 하는 것도 따질 문제가 아니다. 원역문의 추세를 잘 이해하는 중역본(重譯本)은 때로는 원문을 잘 이해하지 못하는 충실한 번역자의 직접번역본보다도 나을 때가 있다. … 다만 하나의 부대조건을 달면 원번역문의 흐름을 잘 이해하지 못하는 번역자가 속성으로 번역하는 것은 실제로 용서하기 어렵다.

노신(魯迅)은 중역(重譯, 간접역)과 직접역의 각종 차이와 우열을 사람들이 승복할 수 있을 만큼 분석한 후에 다시 중역의 필요성을 논술하였을 뿐만 아니라 '가장 중요한 것'은 번역의 질이라고 지적하였다. 그는 또 "장차 각종 명작의 직역본이 나와 중역본이 도태될 때가 왔을 때에도 반드시 번역본이 옛날의 번역본에 비해서 질적으로 뛰어나야지 '직접 번역했다는 것이' 방패막이가 되어서는 안 될 것이다."고 하였다.

7월 3일, 노신(魯迅)은 목(穆)씨의 《論重譯及其他(중역과 그 밖의 문제에 대해 논함.)》를 겨냥하여 《재론중역(再論重譯)》(7월 7일 《申報, 自由談)》에 실림.)을 발표함으로써 번역은 무엇보다 먼저 그 자체의 질적인 부분이 중요하며 직접역인지 간접역인지 하는 문제와 번역자의 동기가 시대의 추세에 부합하느냐 등의 문제와는 별 관계가 없음을 지적하였다. 목(穆)씨는 직접역을 '일로영일(一勞永逸; 한 번의 번역으로 영원히 해결되는 것.)'로 여겼으며 그렇지 않으면 아예 손을 대지 않는 것이 낫다고 생각하였다. 노신(魯迅)은 또 다음과 같이 지적하였다. "이와 같은 말은 가시나무를 심을 것 같으면 차라리 아예 심지 않고 공터로 남겨 두어 다른 훌륭한 정원사가 나타나 영원히 감상할 수 있는 아름다운 꽃을 심도록 하는 편이 더 낫다고 말하는 것과 같다." 그러나 "일로영일(一勞永逸; 한 번의 번역으로 영원히 해결하는 것)"은 있을 수는 있겠지만 그 가능성은 극히 희박하다. … 또 공터 또한 영원히 남겨 둘 수가 없다. 이미 공터가 있으면 곧장 가시나무나 귀리 등의 풀들이 자라날 수밖에 없다. 가장 중요한 것은 누군가가 이 일을 맡아서 배양할 것은 배양하고 없애버려야 할 것은 없애버리고 하여 번역계에 잡초가 무성한 것만은 면하게 해야 한다. 이것이 바로 비평이다. 노신(魯迅)은 중역에서 출발하여 번역비평에 이르기까지 논술하기에 이르렀는데 여기에 관해서는 이 글 아랫부분에서 다시 상세히 논술하도록 하겠다.

복역(復譯)의 문제에 대해서도 노신(魯迅)은 엄격한 분석을 해 보지도 않고서 반대하는 것에 대해서는 찬성하지 않았다. 예를 들면 1932년 7월 1일의《文學月報(문학월보)》에 주양(周揚)이 번역한 소련소설《焦炭, 人們和火磚(석탄, 인간 그리고 내화벽돌)》이라는 작품이 실리자 노신(魯迅)은 1933년 3월에 출판된《一天的工作(하루의 일과)》이라는 책에서 자신의 또 다른 번역본인《枯煤, 人們和耐火磚(폐탄, 인간 그리고 내화벽돌)》을 발표하였다. 주양(周揚)은 영문번역본으로부터 중역을 한 것으로 분량이 비교적 많았으며, 노신(魯迅)은 일문번역본으로부터 중역을 하였는데 분량이 비교적 적었다. 노신(魯迅)은《〈一天的工作(하루의 일과)〉後記》에서 다음과 같이 말하였다. "뜻이 있는 독자와 작가가 이 두 가지를 비교, 연구해 보면 틀림없이 깨닫는 바가 있을 것이다. 나는 중국에 두 가지 번역본이 동시에 존재한다고 해서 시간과 정력을 낭비하는 것이라고는 생각하지 않는다." 노신(魯迅)은 1933년 8월 14일 쓴《爲飜譯辯護(번역을 위해서 변호함)》(8월 20일《申報, 自由談》에 실림.)라는 글에서 당시 서점과 독자는 "동일 원본에 대한 두 가지 번역을 용납할 만한 아량과 재력을 가지고 있지 못했다."고 지적하고, 적지 않은 책들에 대해 "실제로 다른 번역본이 존재할 필요가 있다."고 하였다. 그는 1935년 3월 16일, 이 문제에 대해서 연구 논문《非有復譯不可(복역이 없으면 안 된다.)》(4월 1일《문학(文學)》 제4권 제4기에 실림)를 써서 復譯의 의의를 논하였을 뿐만 아니라 '非有不可(없으면 안 되는)'의 필요성을 다음과 같이 주장하였다. 첫째 '난역(亂譯, 제멋대로 하는 번역)을 퇴출시킬 수 있는' 유일한 좋은 방법이며, 둘째, 신문학의 수준을 끌어올려야 하는 필요에 의해서이다. 그는 또한 아래와 같이 말하였다.

> 몇 년 전, 번역이 일반 독자들의 신용을 상실하게 된 것은 학자나 번역 대가들의 왜곡된 이야기가 그 원인 중 하나였다. 그러나 번역 자체도 하나의 원인을 제공하였는데, 어디를 가든 제멋대로 번역한 번역본들이 범람하였다. 다만 이러한 난역(亂譯, 제 멋대로 번역한 것)을 퇴출시키기 위해서 모함을 하고 놀리고 잔소리를 해도 모두 별 소용이 없다. 유일한 방법은 한 차례 복역(復譯, 중복해서 번역하는 것)하는 것이고, 그래도 안 되면 다시 한 번 더 복역(復譯)하는 것이다. 예를 들어 달리기 경주를 할 때 최소한 두 사람 이상이 있어야 한다. 만약 두 번째 사람의 입장을 허락하지 아니하면 앞에 있던 사람은 그가 절뚝거리면서 뛴다고 하더라도 영원히 일등을 할 것이다. 따라서 복역(復譯)을 비웃는 사람들은 비록 표면적으로 보면 번역계에 관심을 가지고 있는 듯이 보이지만 사실은 번역계에 해독을 끼치고 있으니 모함하고 놀리는 것보다도 그 해가 더 크다. 왜냐하면 그들이 더욱 음흉하기 때문이다.
>
> 복역(復譯)은 난역(亂譯)을 퇴출하는 좋은 방법이기 때문에 가령 좋은 번역본이 있다 하더라도 복역(復譯)은 여전히 필요하다. 이미 문언으로 된 번역본이 있다 하더라도 현재는 그것을 백화로 된 번역본으로 바꿀 필요가 있다는 것은 말할 필요가 없다. 가령 먼저 나온 백화 번역본이 상당히 훌륭하다고 하더라도 만약 뒤이어 나타난 번역자가 더 잘 번역할 자신이 있으면 다시 한 번 더 번역해도 무방하며 겸손해 할 필요도 없고 쓸 데 없는 비방에 신경 쓸 필요도 없다. 구역의 장점을 취하고 거기에다 자신의 깨달음을 더하게 되면 완전에 가까운 번역본을 만들어 내는 데 성공할 수 있다. 다만 언어라는 것이 시대에 따라 변화하는 것이기 때문에 장차 앞으로도 새로운 복역본(復譯本)이 나올 가능성이 있다. 또한 그것이 일곱. 여덟 차례가 되더라도 조금도 이상할 것이 없으며, 중국에는 아직까지 일곱. 여덟 차례 번역된 작품도 없다. 만약 이미 있었다면 중국의 신문학이 오늘날처럼 이렇게 침체에 빠져 있지는 않을 것이다.

노신(魯迅)의 이 유명한 문장이 발표되고 난 후부터 복역을 반대하는 것과 관계되는 소소한 언급들은 씻은 듯이 사라져 버리고 명저와 관련된 복역(復譯)들이 순탄하게 진행되었다.

다섯째, 번역 비평 문제에 관하여

노신(魯迅)은 최초로 번역 비평을 제창한 사람은 아니지만 번역 비평이 확립되기를 가장 강조한 사람이었다. 그리하여 그는 30년대에 이 방면에서 가장 뛰어난 글을 썼다. 예를 들면 노신(魯迅)은 1933년 8월 14일에 쓴 《爲飜譯辯護(번역을 위해 변호함)》라는 글에서 다음과 같이 말하였다.

> 번역이 크게 일어나지 않는 것은 그 대부분의 책임은 물론 번역가들에게 있지만, 독서계와 출판계, 특히 비평가들도 일단의 책임을 져야 한다. 이 퇴행해가는 운명을 구하기 위해서는 반드시 정확한 비평이 있어서 나쁜 것을 지적하고 좋은 것을 장려해야 하며, 만약 좋은 것이 없다면 비교적 좋은 것이라도 장려해야 한다.

그는 동시에 당시에는 번역 비평을 하는 것이 대단히 어려운 일이었으며, 어떤 때는 정치적으로 모험을 해야 했고, '만약 다른 경력의 소유자를 건드리게 되면 그는 곧바로 당신을 사상이 붉은 사람으로 낙인을 찍어 당신의 생명을 요구할 수도 있었다.'고 지적하였다.

노신(魯迅)의 이 《爲飜譯辯護(번역을 위해 변호함)》라는 글로 인하여 목목천(穆木天)은 《從〈爲飜譯辯護〉談到樓譯〈二十世紀歐洲文學〉(〈爲飜譯辯護〉에서부터 〈二十世紀歐洲文學〉에 이르기까지의 복역에 관해서 이야기한다.)》(9월 9일 《申報, 自由談(신보, 자유담)》에 실림.)이라는 글을 발표하였다. 또 이로 인하여 9월 11일에 연이어 《關于飜譯(번역에 관하여)》이라는 글을 두 편 발표하였는데, 그 주요한 내용은 번역비평을 제창한 것이었다. 《關于飜譯(上: 번역에 관하여 上)》에서 그는 청년들이 제국주의의 작품도 볼 수 있는 것이라고 하였다. "청년이 호랑이나 이리를 보기 위하여 손에 아무 것도 들지 않고 깊은 산 속으로 뛰어 들어가는 것은 확실히 바보와 같은 짓이지만, 호랑이와 이리 떼가 무서워서 철책이 둘러쳐진 동물원마저도 가지 못하는 것은 우스꽝스런 짓이라고 하지 않을 수 없다. 유해한 문학을 둘러싼 철책이란 무엇일까? 비평가가 바로 그들이다." 그가 여기에서 이야기한 '비평(批評)'이란 주로 내용상의 비평을 말한다. 그러나 《關于飜譯下(번역에 관하여 下)》에서는 번역작업 자체에 대한 비평의 중요성을 중점적으로 논하였다. 위에서 인용한 《爲飜譯辯護(번역을 위해 변호함)》라는 글에서 노신(魯迅)은 번역비평은 아래와 같은 세 가지 요소를 포함한다고 말하였다. 첫째, 나쁜 점을 지적하며 둘째, 좋은 점을 장려한다. 셋째, 좋은 점이 없다면 비교적 좋은 것을 지적하는 것도 가능하다. 또한 그는 《關于飜譯(번역에 관하여 下)》에서 이러한 내용을 보충하여 "만약 비교적 좋은 것마저도 없다면 나쁜 번역본을 지적한 후 그 가운데 어느 부분이 독자들에게 이익이 될 수 있는지를 분명하게 밝혀라."고 하였다. 그는 매우 형상적으로 '상한 사과를 먹는 법'이라는 비평방법을 제기하였다.

> 우리들의 이전의 비평법이란 이 사과는 흠집이 있으니, 못 먹겠으면 한꺼번에 갖다 버리라고 말하는 것과 같았다. 그러나 살 사람의 돈이 부족할 때면 이 얼마나 억울한 일이 되겠는가? 하물며 앞으로는 더 가난해질 것으로 보일 때는 더 그렇다. 따라서 앞으로는 비평할 때 몇 마디를 덧붙였으면 좋겠다고 생각한다. 만약 완전히 썩은 것이 아니라면 "이 사과는 비록 몇 군데 흠집이 있기는 하지만 다른 부분은 썩지 않은 부분이 있어 먹을 만하다."고 말하는 것이다. 이렇게 한다면 번역품의 좋고 나쁨은 명백해질 것이고 독자들이 입을 손실도 줄어들 것이다.

또한 그는 "고심을 한 비평가가 나와서 사과의 썩은 부분을 도려내는 작업을 해 주기를 바랐다. 이 작업은 '넝마주의자가 쓰레기를 수집하는 작업처럼' 몹시 힘들기는 하지만 반드시 필요하며 모두에게 유익한 작업이다."고 말하였다.

노신(魯迅)은 1934년 7월 3일에 쓴 《再論重譯(재론중역)》이라는 글에서 중역부터 번역비평에 이르기까지를 언급하였다. 그는 이 글을 통해 '배양할 것인지 아니면 삭제할 것인지 결론을 내림으로써 번역계의 혼란스러움을 면하게 할' 책임을 진 것은 결국 번역비평이라고 생각하였다. 그는 한 걸음 더 나아가 다음과 같이 지적하였다. "번역비평은 그 작업에 있어 창작물을 비평하는 것보다 더 어렵다. 원문을 봄에 있어 번역자보다 더 높은 수준이 요구되며 작품에 대해서도 번역자 이상의 이해가 있어야만 한다." 뿐만 아니라 각종 번역본을 참조한 번역본이나 중역본을 만나게 되면 '비평하는 것이 더욱 어렵게 된다.' 왜냐하면 비평가는 '최소한 원번역본을 다 보아야 하기 때문이다.' 따라서 그는 '번역의 길이 좀 더 넓어져야 한다.'고 지적하면서 직접 번역한 것이든 중역한 것이든 모두 가능하며 동시에 '비평의 작업이 중요시되어야 한다.'고 주장하였다. 이렇게 할 때에야 비로소 번역사업이 크게 일어나게 될 것이다.

노신(魯迅)의 번역비평을 강화해야 한다는 논술은 오늘날까지도 그 의의가 크다. 그는 스스로 적지 않은 잡문을 발표하였는데, 그 자체가 바로 번역비평으로 번역종사자들에게 모범을 보여 주었다.

위에서 논술한 다섯 가지 주요 방면 이외에도 노신(魯迅)은 구추백(瞿秋白)과 번역 문제를 토론하면서 두 가지 방면에서 주목할 만한 이론적 공헌을 남겼다. 첫 번째는 번역 종사자들이 누구를 독자 대상으로 하느냐 하는 문제로 독자에 대한 분류이다. 노신(魯迅)은 "서적을 번역할 때 … 무엇보다도 먼저 많은 대중들 가운데 어떤 독자들을 위해 번역할 것인가를 결정해야 한다. 이 대중들을 초보적으로 분류를 하면 첫째, 높은 수준의 교육을 받은 독자, 둘째, 대략적으로 글을 읽을 수 있는 독자, 셋째, 글자를 좀 알기는 하지만 아는 글자가 많지 않은 독자 등으로 나눌 수 있다."고 하였다. 노신(魯迅)은 또한 "그 가운데 셋째 범주는 독자의 범위에서 제외해야 한다. 그들을 계발(啓發)하는 것은 그림이나 강연, 연극, 영화 등의 임무이므로 여기에서는 논술하지 않아도 된다."고 지적하였다. 그러나 첫째와 둘째의 독자들에게는 번역의 내용이나 방법, 문자, 문법 등이 모두 서로 달라야 한다. 노신(魯迅)이 제기한 이 문제는 일반 번역자들이 모두 간과한 문제로 심사숙고할 필요가 있다.

다음으로 노신(魯迅)은 엄복(嚴复)의 번역과 고대 불경번역과의 관계를 지적하였다. 노신(魯迅)은 엄복(嚴复)이 책을 번역하기 위해서 '일찍이 한(漢), 진(晉), 육조(六朝) 시대의 불경번역방법을 조사하였는데' '그가 힘을 쏟은 노력은' 그의 책들 속에서 '찾아볼 수 있다.'고 하였다. 노신(魯迅)은 엄복(嚴复)의 번역이 '실제로 한당(漢唐) 번역역사의 축소판'이라고 생각하였다. "중국의 불경번역에서 한말(漢末)은 질박하고 정직한데 그는 이를 본받지 않았다. 육조(六朝)시대에는 '달(達)'하면서도 '아(雅)'한 것을 추구하였는데, 그의 《天演論(천연론: 진화론)》은 이를 모범으로 삼았다. 당(唐)나라 때는 '신(信)'을 위주로 하였다. 얼핏 한 번 보아서는 잘 이해가 되지 않지만 그의 후기의 번역과 흡사하다." 노신(魯迅)의 이러한 지적은 다른 사람들이 하지 않았던 것을 한 것일 뿐만 아니라 그가 능히 이와 같은 세련된 언어로 한말(漢末)에서 당(唐)나라 때까지의 불경번역의 역사를 개괄한 것은 그 스스로 진지하게 '한(漢), 진(晉, 육조(六朝)의 불경번역방법을 조사했다는 사실'을 설명해 주고 있다.

노신(魯迅)의 30년대의 역론(譯論)은 번역문제의 각 방면의 중요한 문제를 모두 언급하고 있을 뿐만 아니라 매우 깊이가 있다. 이것은 중국 현대번역사의 가장 소중한 재산이며 오늘날 번역사업에 있어서도 매우 중요한 의의가 있으므로 진지하게 연구하고 이를 확대 발전시킬 만한 가치가 있다.

十三. 구추백(瞿秋白)의 번역이론에 대한 공헌

30년대 좌익문인들 가운데 영향력이 가장 큰 사람은 노신(魯迅)을 제외하고는 당연히 구추백(瞿秋白)을 꼽을 수 있다(당연하지만 그는 좌익문인으로서만 활동을 한 것은 아니다.). 구추백(瞿秋白, 1899-1935)은 강소, 상주(江蘇, 常州) 사람이다. 어릴 때 집안이 몹시 가난하여 그가 일곱 살 나던 해에 어머니가 생활고에 못 이겨 자살하고 말았다. 1917년 구추백(瞿秋白)은 북경의 俄文專修館(러시아어전수관)에서 공부하였으며 경제지(耿濟之)와 친구가 되었다. 5·4운동(五四運動) 전야에 정진탁(鄭振鐸)과 알게 되어 좋은 친구가 되었고, 함께《新社會(신사회)》와《人道(인도)》 등의 잡지를 창간하였으며, 마르크스주의와 접촉하기 시작하였다. 이때 그는 적지 않은 정론문(政論文)을 쓰거나 번역하는 외에도 톨스토이, 고리키, 체호프 등의 작품을 번역하여 중국에서 최초로 러시아 문학작품을 직접적으로 번역한 사람 중의 한 사람이 되었다. 1920년 가을에 그는 진리를 추구하고 실제 사정을 이해하기 위하여 신문사기자의 신분으로 러시아로 가서 10월혁명 이후 최초로 현지조사를 한 중국 지식분자 중의 한 사람이 되었다. 1921년 9월에 모스크바에서 공산당에 가입하였으며, 이때부터 직업혁명가가 되었다. 그는 1923년 봄에 귀국하여 당의 사업에 종사하였다. 1936년 국민당에 체포되어 살해될 때까지 당의 사업을 계속하였다.

구추백(瞿秋白)이 5·4 운동(五四運動)에 참여하였을 때 그는 이미 문학운동에 종사하고 있었다. 1920년 3월 16일, 그는《俄羅斯名家短篇集(러시아명가단편집)》을 위해 쓴 서문에서 러시아문학을 번역, 소개하는 의의에 대해서 논했다. 그는 러시아에서 귀국하기 전에 이미 정진탁(鄭振鐸)을 핵심으로 하는 문학연구회(文學研究會)에 가입하였다. 귀국 후에는 한 차례 이 기관의 기관지인《文學週刊(문학주간)》의 편집위원을 맡기도 하였다. 1931년 초, 그는 당내 노선투쟁에서 착오노선의 배척을 받아 상해로 간 후 혁명문학전선으로 방향을 바꾸었다. 당시 노신(魯迅)과는 절친한 친구가 되었고 1934년 소비에트구로 돌아갈 때까지 교류가 이어졌다. 이 짧은 3년이라는 기간 동안, 그는 적지 않은 마르크스, 레닌주의의 이론서적과 소련문학작품을 번역하였을 뿐만 아니라 번역이론 문제에 대해서도 견해를 발표하였다. 이러한 견해들은 줄곧 많은 사람들로부터 매우 주목 받았다.

1931년 10월 20일, 그는《北斗(북두)》月刊 제1권 제2기에 '소봉(笑逢)'이란 필명으로《亂彈(란탄)》이라는 글을 발표하였을 때, 9월 3일에 쓴《苦力的飜譯(인력거꾼의 통역)》이라는 글에서 제시한 '순역(順譯)'설을 비평하였다. 그는 먼저 아래와 같은《小說月報(소설월보)》에 수록된, 폴란드 소설의 일부를 인용하였다. 한 인력거에 탄 외국인이 중국인 인력거꾼에게 조금 빨리 끌라고 말했다. 그는 '서새(西崽: 종업원 겸 통역)'에게 "나는 두 사람에게 한 사람당 두 냥의 은자를 주었어요." 하고 말했다. '서새(西崽)'는 오히려 외국인을 화나게 만들면서, 빨리 가지 않으면 관가에 고발하겠다고 말했다. 추백(秋白)은 이를 두고 매우 날카롭게 다음과 같이 언급하였다. "이 인력거꾼은 확실히 좋은 통역사를 초빙했다. 이 통역사 이름이 서새(西崽)이지만 그는 대단히 순탄하게 번역하였다. 비록 이 번역이 아주 잘못된 번역이라 하더라도 그는 아주 자연스럽게 번역했다." 그러나 번역에서 "이 인력거꾼에겐 그(西崽)가 필요가 없다!" 추백(秋白)은 번역은 상당히 잘했지만 문장이 순탄하지 않은 번역, 즉 '중국 사람들이 입으로 말하지 않는 말, 중국 사람들이 귀로 들어서 이해하지 못하는 말'로 번역하는 것을 찬성하지 않았다. 마지막으로 그는 다음과 같이 말하였다.

> 번역할 때 문장이 순탄하면서도 틀리지 않게 하는 것이 불가능할까? 살아 있는 사람들의 이야기를 할 줄 모르면 당연히 안 될 것이다. 문장이 순탄하면 반드시 좀 틀려야 하는 것일까? 이 문제에 대해서는 높은 지위에 있는 중국인들이 알 것이니 대신 대답을 드리지 못함을 용서하시기 바란다.

그는 이와 같은 두 가지 경향의 착오에 대해 모두 비평하였다. 추백(秋白)이 이 글을 쓸 때 이미 노신(魯迅)과 서로 관련을 맺고는 있었지만 서로 만난 적은 없었다. 여기서 반드시 지적하여야 할 점은 그가 여기에서 한 '순역(順譯)'에 대한 비평이 당시로서는 최초의 순역(順譯)에 대한 비평이었다는 사실이다. 노신(魯迅)도 2개월 후에야 비로소 같은 잡지에 조경심(趙景深)을 대표로 하는 '순역(順譯)'설(說)에 대해서 비평하였다. 추백(秋白)의 번역 문제와 관련된 논술은 1931년 12월 5일과

1932년 6월 20일 J. K라는 필명으로 차례로 노신(魯迅)에게 보낸 두 통의 편지인데, 훗날 모두 작가의 논문과 잡문을 모은《亂彈(란탄)》에 수록되었다. 그는 이 편지를 쓸 때까지 여전히 노신(魯迅)과 서로 만나지는 못했다. 이 편지는 곧바로 노신(魯迅)에 의해서《論飜譯(논번역)》라는 제목으로 1931년 12월 11일과 25일의《十字街頭(십자가두)》라는 잡지의 제1, 2기에 연재·발표되었다. 이것은 그가 노신(魯迅)이 번역한《毁滅(훼멸)》이 출판된 것을 축하하여 번역이론과 관계되는 견해를 이야기한 것이다. 이 편지 속에서 그는 아래에 서술한 중요한 견해를 발표하였다.

그는 먼저 외국의 혁명문학작품을 번역하는 것은 대단히 중요한 작업이기 때문에 번역자는 반드시 '대단히 충실한 태도로' '정확성'을 추구해야 할 뿐만 아니라 심지어는 '글자 한 자 한 자까지도 꼼꼼하게 따져봐야 한다.'고 강조하였다. 그는 또 다음과 같이 말하였다.

> 세계무산계급의 명저를 번역하여 체계적으로 중국의 독자들에게 소개하여야 한다(특히 소련의 명저들은 그 책들이 위대한 10월 국내 전쟁을 5년 동안 계획한 '영웅(英雄)'들을 구체적 형상과 예술적 재조명을 통해서 독자들에게 바친 것들이기 때문이다.). … 이것은 중국 프로문학자들의 중요한 임무 중의 하나이다. …《毁滅(훼멸)》,《鐵流(철류)》등의 작품들의 출판은 당연히 모든 중국 혁명 문학가들의 책임으로 생각하여야 할 것이다.

그는 노신(魯迅)의 역문(譯文)을 긍정하여 "대단히 충실하며 '결코 독자들을 속이지 않은' 것이라 하였다. 이 말은 결코 선전하기 위해 한 말이 아니었다. 이 글에서 그는 대단히 성실하게 광명을 위하여 투쟁하는 사람은 열심히 노력한 것에 대해서 책임을 지지 않을 수 없다."고 평가하였다. 그는 또 다음과 같이 말하였다. "당신의 노력은 …나와 우리 모두는 그것이 단체의 것이 되기를 희망한다. … 마땅히 계속되어야 하고 마땅히 확대되어야 하며 마땅히 깊이를 더해 가야 한다." 그는 노신(魯迅)이 번역한《毁滅(훼멸)》을 위해 약간의 부적절한 부분을 자세하게 지적한 후, "번역은 정확함이 요구되므로 한 자 한 자 꼼꼼하게 따져봐야 한다."고 하였다.

두 번째로, 그는 번역은 마땅히 '新的中國現代言語(새로운 중국 현대언어)'를 창조하는 데 도움이 되어야 한다는 그 유명한 논점을 제기하였다.

번역(飜譯)은 … 원본의 내용을 중국 독자들에게 소개하는 것 외에도 … 또 하나의 중요한 역할이 있다. 그것은 다름 아닌 우리들이 새로운 중국의 현대 언어를 창조해 내는데 도움이 되어야 한다는 것이다. 중국의 언어(문자)는 너무나 궁핍하여 심지어는 일상생활용품들마저도 이름이 없다. 중국의 언어는 단도직입적으로 말하면 아직도 손짓 발짓을 하는 언어의 수준을 완전히 벗어나지 못하여 … 보통의 일상생활의 대화도 '손짓 발짓으로 언어를 대신하는' 수준을 거의 벗어나지 못하였다. 따라서 일체의 세밀한 분별을 표현하거나 복잡한 관계를 설명하는 형용사나 동사, 전치사 등은 거의 없다. 종법(宗法)적이고 봉건적인 중세시대의 여파가 아직도 남아 있어서 지금까지 중국인의 살아 있는 언어를 꽁꽁 붙들어 매어 속박하고 있는데(공장(工場)의 노동자나 농민(農民) 군중들만 그런 것이 아니다! 이러한 상황에서 새로운 언어를 창조해 낸다는 것은 대단히 중대한 일이다. … 번역은 확실히 수많은 새로운 글자와 새로운 문법과 풍부한 어휘와 세밀하고 정확한 표현법을 우리들이 창조해 내는 데 많은 도움을 줄 수 있다. 따라서 우리들은 이미 중국 현대의 새로운 언어를 창조하기 위한 투쟁을 시작하였으니, 번역에 대하여 절대적으로 정확하고 절대적인 중국 백화문을 요구하지 않을 수 없다. 이것은 새롭고 문화적인 언어를 중국 대중에게 소개하기 위한 것이다.

엄격한 과학적 의미에서 이야기하면 '언어(言語)'와 '어언(語言)'은 서로 다른 것이다. 어언(語言, Langue)은 어음(語音, 소리)과 사회(詞匯, 단어)와 어법(語法, 문법) 등의 요소로 구성된 방대한 체계를 말한다. 언어(Parole)는 일반적으로 사람들의 어언(語言)의 실천을 가리킨다. 즉 개인이 어언(語言)을 운용하여 구체적으로 표현하는 형식을 가리키는 것이다. 어언(語言)이란 무수한 사람들이 장기적인 사회실천을 통하여 만들어 낸 역사적 산물인데 개별적 번역활동으로 '창조해' 낼 수 있는 것이 아니다. 구추백(瞿秋白)이 말한 것은 '언어(言語)'를 창조하는 것으로 이러한 견해는 기본적으로 수용이 가능한 것이다. 그러나 여전히 충분히 엄밀하다거나 과학적이라고 할 수는 없는 부분이 있다. 그 스스로도 어떤 때는 '언어(言語)'를 '어언(語言)'과 혼동을 할 때가 있었기 때문이다. 그는 중국 언어(中國語言을 가리킴)를 아직도 소위 말하는 '자세어(姿勢語; 손짓 발짓으로 표현하는 언어)'의 수준을 완전히 벗어나지 못하였다고 말하고 심지어는 '저급 언어(低級言語)'라고 불렀는데 이것은 분명 타당하지 않다. 유구한 역사를 지닌 중국어를 낮게 평가하는 것을 우리는 받아들이기 어렵다. 그가 제기한 '절대적 백화(絶對的白話)'라는 것도 고려의 여지가 있는 것으로, 노신(魯迅)은 그의 편파성을 지적하였다(이 책의 앞장을 참조하기 바람.). 그러나 그의 논술을 전체적인 틀에서 이해하면 그가 강조한 것은 실제적으로 번역을 통해서 '새로운 글자, 새로운 문법'을 창조하는 것을 도움으로써 현대한어(現代漢語)의 표현 능력을 풍부하게 하여 새로운 문화를 중국 대중에게 소개하고자 하는 것이다. 이 점은 의심의 여지없이 정확한 것으로 노신(魯迅)의 지지를 받았다. 당대 홍콩의 번역이론가인 유정지(劉靖之)는 구추백(瞿秋白)이 한어(漢語)를 낮게 평가한 것에 대해 깊이 있게 분석하였는데 참고할 만한 가치가 있어서 아래에 소개한다.

> 사실 구추백(瞿秋白)의 문자기교는 상당히 훌륭하며 수양도 충분한데, 이와 같이 편파성이 있는 주장을 한 것은 아마도 변화에 대한 욕구가 커서 중문을 一筆抹殺(낮게 평가)하였을 것이다.
>
> 어떤 어언(語言)도 창조하기는 어렵다. 과학기교의 영역에서는 우리들이 창조도 할 수 있고 발명도 할 수 있지만 문예의 영역에서는 창작과 이식(移殖)만 가능할 뿐이다. 어언(語言)방면에 있어서 우리들은 오로지 연변(演變, 스며들어 서서히 변화하는 것)에 기대어 영양을 흡수하고 변화하여 풍부하게 하는 방법을 통하여 우리들의 표달 방식(表達方式)과 표달능력(表達能力)을 바꾸어 가는 방법밖에 없다. 따라서 외국어로 된 작품을 번역하는 것은 수많은 방법들 가운데 하나에 불과할 뿐이다(《重神似, 不重形似》).

세 번째로, 추백(秋白)은 엄복(嚴复), 조경심(趙景深)과 노신(魯迅) 등의 번역작품과 주장에 대해서 평하였다. 그는 엄복(嚴复)이 '아(雅)'자 한 자로서 '신(信)'과 '달(達)' 포기해 버렸다고 혹평하고 "고문(古文) 중의 문언(文言)으로 어떻게 충분히 '신(信)'하게 번역할 수 있으며 현재나 장래의 독자대중들이 어떻게 능히 '달(達)'할 수 있게 할 수 있겠는가?" 하고 말하였다. 이 엄복(嚴复)의 부족한 부분에 대한 비평은 대단히 날카로워서 훗날 노신(魯迅)은 추백(秋白)에게 보내는 답신에서 엄복(嚴复)에 대해서 좀 더 공정하게 평가하였다. 추백(秋白)은 조경심(趙景深)의 '차라리 틀릴지언정 순탄한 문장을 위해 노력한다.'는 주장에 대해서 더욱 신랄하게 비평을 하여 다음과 같이 말하였다. "이것은 당연히 중국의 저급한 언어에 영합하여 원문의 정신을 말살하는 방법이다. 이것은 새로운 언어를 창조하는 것이 아니며 중국의 야만인 정도의 언어수준을 보존하기 위해서 노력하는 것이자 중국어의 발전을 가로막기 위하여 노력하는 것이다." 그는 조(趙)씨의 주장이 '우민정책이며 지식을 농단하는 학벌주의'라고 생각하였다. 심지어 조(趙)씨는 '몰래 프로문학을 반대하는 것이 확실하다.'고 생각하였다(이 얼마나 가련한 '특수 주구(走狗)인가!'). 조(趙)씨의 당시 '순역(順譯)'에 관한 견해는 확실히 부정확한 것이어서 그것에 대해 비평하고 바로잡을 필요는 있었다. 그러나 구추백(瞿秋白)의 비평은 지나치게 감정적인 측면이 있었다. 조(趙)씨는 결코 프로문학에 대해 반대한 적이 없었으니 그를 반대자로 몰아갈 필요는 없었다(그 후의 역사는 조(趙)씨가 결코 '주구(走狗)'가 아니었으며 '적인(敵人)'도 아니었음이 증명되었다.). 또 소위 말하는 '중국의 야만인적 언어'라는 표현도 확실히 합리성이 결여된 것이었다.

추백(秋白)은 또 노신(魯迅)이 번역한 《毁滅(훼멸)》은 '정확'하게 번역하기는 하였지만 아직도 '절대적 백화(絶對的白話)'의 수준에는 이르지 못하였다고 비평하였다. 이 비평은 그 나름대로의 정확성을 가지고 있었다. 그렇지 않았다면 신중국이 성립(1949년)한 이후에 다시 번역할 필요가 없었을 것이다. 그러나 앞에서 이야기한 것처럼 '절대적 백화(絶對的白話)'라는 표현법은 결코 타당한 것이 아니다. 그가 제기한 '사람들 모두가 '창힐(倉頡)'이 되고' '날마다 새로운 글자를 창조하고 새로운 문법을 창조하자.'는 등의 말도 다소간 편파적인 표현 이라는 느낌이 없지 않다. 그는 '진정한 백화(眞正的白話)'를 만들어내기만 하면 '순(順, 순탄한)'의 표준에 도달할 것이라고 생각하였다. 그의 이러한 점은 확실히 합리적인 면이 있다. 그는 자신의 견해를 종합하여 다음과 같이 말하였다.

> 번역이란 당연히 원문 본래의 의미를 정확하게 중국의 독자들에게 소개함으로써 중국의 독자들이 받아들인 개념이 영국, 러시아, 일본, 독일, 프랑스 …의 독자들이 원문으로부터 받아들인 개념과 같도록 하는 것이다. 이러한 직역은 당연히 중국인들이 입으로 이야기하는 백화로 써야 한다. 원작의 정신을 보존하기 위해서는 '다소간 순탄하지 못한 곳을' 용인하는 방법을 사용해서는 안 된다. 이와는 반대로 '다소간의 순탄하지 못한 곳을' 용인하면 오히려 다소간 원작의 정신을 상실하고 만다.

이 견해는 노신(魯迅)의 견해와는 차이가 있다. 즉 추백(秋白)은 문언(文言)과 서면어(書面語)를 절대적으로 배척하였다(사실 이러한 것은 실제로 번역하는 데 있어서는 불가능한 것이다.). 그러나 그는 '중국인들이 입으로 말하는 것'을 표준으로 삼음으로써 당시의 폐단을 겨냥해서 잘못을 바로잡는다는 의의를 지니고 있다. 노신(魯迅)의 이 문제에 대한 견해는 더욱 전면적이고 더욱 현실적이다(이 책 앞의 절을 참조하기 바람.).

노신(魯迅)이 그의 이 편지를 받고서 유명한 《關于飜譯(번역에 관하여)》이라는 글을 쓴 후 다시 반년이 지난 후 추백(秋白)은 두 번째의 공개서한(公開書翰)을 써서 《再論飜譯-答魯迅(번역에 대해서 다시 논함 … 노신에게 답함)》이라는 제목을 달았다. 이 글은 1932년 7월 10일 《文學月報(문학월보)》 제1권 제2기에 발표되었다. 그는 여전히 조경심(趙景深)의 "차라리 조금 틀리는 한이 있더라도 순탄하지 않은 것을 원치 않는다."는 원칙에 결단코 반대한다는 견해를 명백하게 표명하였다. 노신(魯迅)의 "정확하게 번역하는 것을 택할망정 차라리 문장이 순탄하지 않겠다."는 견해에도 찬성하지 않고 "절대적으로 백화(白話)를 쓰는 것을 근본으로 하여 모든 것을 정확하게 번역한다."는 자신의 입장을 견지했다. 그의 견해에서 관건은 백화를 쓰기만 하면 '순(順)'과 '신(信)'의 문제는 존재하지 않게 된다는 것이다. 이러한 표현은 지나치게 단순화한 표현이다. 그러나 그가 '순(順)'과 '신(信)'을 대립적으로 보지 말아야 한다고 한 주장은 상당히 일리 있는 말이다. 그는 또 "중국의 문언과 백화의 차이는 사실 라틴어와 프랑스어의 차이와 같은 것이다."라고 생각하였는데 이 또한 상당히 과장된 것이다. 그는 계속해서 소위 말하는 '절대적 백화(絶對的白話)'라는 것을 주장하고 '나귀도 아니고 말도 아닌 노새와 같은 언어, 반은 문언이고 백화는 아닌 신문언(新文言)'에 반대하였다. 여기에는 합리적인 면이 있는가 하면 현실을 벗어난 부분도 있다. 그러나 그는 시종일관 '중국 현대문의 발전을 돕는다.'는 입장을 견지하였는데 이는 의심할 여지없이 정확한 것이었다. 이 편지의 끝 부분에는 그가 6월 28일에 쓴 부기(附記)를 달아서 조경심(趙景深)과 엄복(嚴复)의 오역 및 당시의 사회과학서적의 번역 중에 사용한 '반문불백(半文不白, 반은 문언이면서 백화는 아닌)' '당시의 문언(文言)'을 열거하였다. 그의 다소간의 편파성이 있는 주장은 이러한 번역문을 겨냥해서 나온 것임을 알 수 있다.

결론적으로 말하면 구추백(瞿秋白)의 이러한 번역이론은 사상적인 광채가 빛나는 부분도 있고 한 쪽으로 치우친 것도 있지만 전체적으로 보면 기본적으로는 정확한 것이라고 할 수 있다. 우리들은 그의 번역이론을 분석할 때 어떤 경우에도 다음 두 가지를 잊어서는 안 된다. 첫째, 구추백(瞿秋白)은 대학시절 단기간 문학번역에 종사한 것을 제외하면 그 이후에는 장기적으로 정치투쟁에 투신하였으며,

다만 30년대 초기에 2, 3년간 다시 문학번역에 종사하였다는 것이다. 둘째, 구추백(瞿秋白)이 위에서 언급한 두 통의 편지를 쓴 시기는 이제 막 갓 서른을 넘긴 청년이었다는 점이다. 이로써 볼 때 그는 시간적, 정력적으로 모두 조용하게 전문적으로 번역실천과 번역연구에 종사하는 것이 불가능하였다. 따라서 그가 위에서 언급한, 정확하고 깊이 있는 번역이론을 발표한 것만으로도 대단한 평가를 받아야 할 만한 일이라고 할 수 있으니 가령 약간의 편파성이 있다 하더라도 이해해야 할 것이다. 우리들은 그의 번역이론에 대해서 제멋대로 폄하하는 것에도 반대하며, 또 그의 번역이론에 대해 무원칙하게 떠받들거나 높이 평가하는 것 역시 반대한다.

十四. 신운(神韻)과 달(達)을 논한 증허백(曾虛白)

2, 30년대의 문학잡지 가운데 《眞善美(진선미)》는 외국문학을 소개하고 번역이론을 연구하는 것을 비교적 중요시한 잡지였다. 이 잡지의 주편인 증맹박(曾孟朴), 증허백(曾虛白) 부자 두 사람 모두 이 잡지에 번역이론을 발표한 적이 있다. 증맹박(曾孟朴)의 《讀張鳳用各體詩譯外國詩的實驗(張鳳이 各體詩를 사용하여 外國詩를 번역하는 實驗을 읽고서)》(1929년 《진선미(眞善美)》 제1권 제10, 11기에 실림)라는 글에는 역시 문제에 대하여 매우 훌륭한 의견을 발표하였다. 특히 증허백(曾虛白)의 두 편의 번역이론은 비교적 깊은 식견을 보여주고 있다.

증허백(曾虛白)은 1894년생으로 강소, 상숙(江蘇, 常熟) 사람이다. 원명은 증도(曾燾)이며 자가 희백(熙伯)이고, 허백(虛白), 사구(師鳩) 등의 필명을 썼다. 일찍이 상해(上海) 성약한대학(聖約翰大學)을 졸업하고 20년대에 장사(長沙)의 상아의학원(湘雅醫學院), 아예대학교수(雅禮大學教授)와 금릉여자대학교 중문계 주임(金陵女子大學校中文系主任) 등을 역임하였다. 1927년 그의 부친은 진선미서점(眞善美書店)을 창업하였으며, 동시에 《眞善美(진선미)》 半月刊(그 후 월간(月刊), 계간(季刊)으로 개편하였음.)을 주편하였다. 30년대에 상해(上海) 《大晩報(대만보)》의 총 경리 겸 총 주필을 역임하였다. 1949년에는 대만으로 가서 '중앙통신사(中央通信社)' 사장 등을 역임하였다.

1928년 1월 16일에 증(曾)씨는《眞善美(진선미)》半月刊 제1권 제6기에《飜譯的困難(번역의 곤란)》이라는 글을 발표하였다. 그는 이 글에서 촬영으로 창작(創作)과 번역작(飜譯作)을 비교하여 새로운 체제를 만들어 내었는데, 훗날 진서형(陳西瀅)이 조각과 회화로써 번역을 비교하는 것의 문호를 열어 놓은 셈이다. 증(曾)씨는 다음과 같이 지적하였다.

> 우리들이 촬영술을 가지고 문학에 비유하게 되면, 창작은 직접 그 풍경을 선택하나 번역은 그 판을 뒤집은 것이다(이미 선택된 풍경을 거꾸로 보는 것). 창작가의 렌즈는 자기 스스로 만들고 싶어 하는 공중누각을 직접 겨냥하여 빛을 조절하고 거리를 조절한다. 예술성이 뛰어난 문학가는 뛰어난 사진작가가 현상해 낸 사진마다 모두 촬영의 정신을 잘 표현해 내는 것과 마찬가지로 표현을 잘 해 내는데, 문학에서는 이를 개성의 표현이라고 한다. 번역가의 렌즈의 목표는 자신을 향하지 않는다. 그가 촬영하는 풍경은 이미 다른 사람이 촬영해 놓은 사진으로 본래의 모양을 복제해 내는 것이다. 다른 사람의 개성을 충분히 모방해 내어야 하는 사명을 지고 있으며, 자신의 개성이 끼어들어 풍경을 엉망으로 만들어 버리는 것을 방지해야 한다. 따라서 창작이 필요로 하는 것은 독립성이며 번역이 필요로 하는 것은 모방성이다.

증(曾)씨는 촬영을 빌려 와서 번역의 성질을 아주 잘 설명하였다. 뿐만 아니라 창작과 번역의 차이점도 잘 드러내 보여주었으니 이는 정말 탁월한 수완이라 하겠다. 그는 한 걸음 더 나아가 다음과 같이 설명하였다.

> 그러나 문학에 있어 복제를 하기로 결심하는 것은 촬영처럼 그렇게 간단하지가 않다. 문학가가 복제하고자 하는 것은 창작자가 사진을 창조할 때 뇌막 속에 비친 그 영상으로 만질 수도 있고 볼 수도 있는, 죽어 있는 사진이 결코 아니다. 왜냐하면 전자는 진짜이고 후자는 사진이며 가짜이기 때문이다.

바로 이 점에서 출발하여 그는 '번역의 곤란'이라는 문제를 제기하였다. 그는 작품이란 영상의 대표이지만 각자의 내, 외부 환경의 차이로 인하여 완전히 상반되는 감응을 나타낼 수 있다고 생각하였다. "문학 방면에서 이야기하면 저명한 작가가 표현하고자 하는 영상이 목표이다. 번역가의 사명은 이 목적이라고 생각하는 영상을 충실히 모방하는 것이다. 만약 원문에서 상용한 방법이 다른 문자로 바뀌게 되면, 작자와 관자(觀者)가 환경의 차이로 인하여 서로 다른 감응을 보일 수도 있다. 따라서 번역가는 과학자가 색맹인 사람의 색감을 바로잡아 주는 것과 마찬가지로 방법을 바꾸어 자신의 임무를 완성해야 하는 것이다." 번역가가 만약 이와 같은 목적을 인정하고 이와 같은 정의를 준수하면 '곳곳에서 아주 곤란한 문제들이 수도 없이 발생할 것인데' 그것은 대체로 다음의 두 가지로 요약할 수 있다.

> 첫 번째 종류는 각 종족들 사이에 전해 내려오는 풍속, 습관 및 사상의 차이로 인하여 똑같은 어휘가 절대적으로 다른 감응을 나타낼 수도 있다는 것이다. 두 번째 종류는 각종 문학상의 구조의 차이로 인하여 반드시 창작 속에 들어 있는 원래의 영상을 충분히 표현해 낼 수가 없다는 것이다.

그는 첫 번째 종류의 곤란은 근본적으로는 종족상의 차이로 인해 나타나는 것으로, 시간이 지나면서 서서히 조화가 될 문제이지 급히 해결할 수 있는 문제가 아니라고 생각하였다. 그는 두 가지의 아주 쉬우면서도 다들 잘 알고 있는 예를 다음과 같이 들었다. 입센의《玩偶之家, (인형의 집)》에서 노라는 남편을 구하기 위하여, 이 일로 인하여 장차 죽어가는 아버지를 놀라게 하지 않게 하기 위하여, 아버지의 이름을 몰래 서명하고 얼마간의 돈을 빌린다. 이 일은 중국인들이 보기에는 크게 잘못된 일이라고 할 수도 없는데 작품 속에서 남편은 노라를 크게 꾸짖고 노라는 비밀을 엄밀히 지키려고 한다. 이러한 행위들은 매우 이해하기 어렵다. 위고의《巴黎聖母院, (파리의 수녀원)》 제1장에서 새로 부임한 공사를 환영하는 흥겨운 분위기는 지방색이 농후한 매우 멋진 장면이다. 그러나 대다수 중국인 독자들이 보기에는 무미건조한 장면에 불과하다. 증(曾)씨는 이런 서로 다른 감응을 번역가가 바로잡는 것은 매우 어려우며, 일 년이나 반 년 안에 이를 바꿀 수 있는 일이 아니라고 생각하였다.

두 번째 종류의 곤란은 완전히 예술상의 문제이다. 증(曾)씨는 "현상한 사진이 감광(感光, 빛에 대해서 반응하는)의 가능성을 가지고 있기만 하다면 반드시 원판을 복제해 낼 수 없는 것도 아니다. 복제를 잘했느냐 잘하지 못했느냐 하는 문제는 복제하는 예술가의 솜씨에 달려 있다. 따라서 이런 종류의 곤란은 인공적으로 보완할 수 있는 것으로 다른 모든 예술과 마찬가지로 적절한 훈련을 쌓기만 하면 자연히 순수한 작품을 생산할 수 있다."고 생각하였다. 그는 또 다음과 같이 지적하였다.

> 책을 번역하는 사람들은 마땅히 우리들이 책을 번역하는 주된 원인이 외국어를 모르는 독자들을 위한 것이지 외국어를 잘하는 선생님들이 보게 하고자 하는 것이 아님을 알아야 한다. 우리들의 임무는 그 판을 복제하여 그 사진을 볼 수 없는 사람들에게 볼 수 있게 하는 것이므로 일반인들의 심리로써 우리의 방침을 정해야 한다. 이것은 단순히 한 손에는 붓을 들고 한 손에는 사전을 들고 아무런 생각 없이 단순히 모방만 하는 것으로 만족할 수는 없는 작업이다. 우리들은 당연히 원문을 구성하는 영상들을 다른 것으로 바꿀 수 없는 것을 목표로 삼아서 정확한 안광으로 그 구조를 분석하고 다시 이 번역본을 읽을 독자들의 심리를 참조하고 이를 다시 조합하여 우리들의 문자로 만들어야 한다. 바꾸어 말하면 반드시 방법을 바꾸어야만 똑같은 목적을 달성할 수 있다는 것이다.

曾씨는 당연히 중국 독자의 심리를 참조하여 원문의 자구(字句)를 '새로 조합하여' 순탄한 중국어로 만들어야 한다고 주장하였다. 이 점에 대해서는 훗날 임어당(林語堂)이 쓴 《論飜論(번역이론을 논함)》이라는 글에도 잘 나타나 있다. 그러나 당시에 진서형(陳西瀅)이 쓴 《論飜譯(논번역)》에서는 일률적으로 독자들의 심리만을 번역의 근거로 삼게 해서는 안 되며 만약 그렇게 하지 않으면 원문이 가지는 수많은 정화(精華, 아주 뛰어난 점)를 희생하게 될 것이라고 하였다. 그의 이러한 주장은 다른 측면에서부터 극단으로 흐르는 것을 방지해 주었다. 사실 증(曾)씨는 여기에서 먼저 마땅히 '원문을 구성하는 영상'을 '바꿀 수 없는 목표'로 삼아야 한다고 말하고, 다시 '정확한 안광'으로 그 구조를 '분석(分析)'하고 마지막에 독자의 심리를 '참조(參照)해야 한다.'고 하였다. 이것은 이론적으로 상당히 질서가 있다.

증(曾)씨는 번역가는 '분석(分析)' 훈련을 해야 한다고 주장하였다. 문장을 조직하는 구조는 … 글자가 모여서 문장을 만들고 문장이 모여서 단락을 이루며 단락이 모여서 하나의 장(章, 문장)을 이루는데 이는 중국이나 외국이나 마찬가지다. 서로 다른 것은 그것을 조직(구성)하는 방법이 다를 뿐이다. 따라서 그가 제기한 '분석(分析)'이라는 것은 '과학적 방법으로 차이점에 대해서 연구하는 것으로', 이를 통해서 '개조(改造)해야 할' 규칙을 찾아낼 수 있을 것이다. 그는 이 '개조(改造)'해야 할 구체적 방법을 다음과 같은 두 가지로 나누었다. '하나는 원자(原子, 최소의 구성 단위 즉, 매 글자)를 단련하는 것이고, 다른 하나는 전체를 조직하는 것이다(문장을 구성하는 것)'. 소위 '원자(原子)를 단련하는 것'이란 '하나하나의 글자를 저울에 달아 보고 저울 눈금이 조금도 기울어지지 않을 때 비로소 상용할 수 있는데' 이때 아무런 사심 없이 선택을 해야 하며 조금도 성급하게 굴어서는 안 된다. 소위 말하는 '전체를 조직한다는 것'은 한 걸음 더 나아가 분석한 연후에 전체 글을 구성하는 실력을 말한다. 曾씨는 글 속에서 예를 들어 시범을 보였다. 종합적으로 말하면 번역 작업이란 반복적인 '훈련(訓練)'을 필요로 하는데 '분석적 안광과 문장을 조직하는 수단'을 말한다. 이 훈련이 성숙한 단계에 이르면 물이 흐르면 수로가 되는 것처럼 마음으로 얻은 것을 손으로 표현하면 되는 것이다.

진서형(陳西瀅)이 1929년 8월 《論飜譯(논번역)》라는 글을 발표하고 난 이후에 증(曾)씨는 동년 11월 6일에 출판된 《眞善美(진선미)》 月刊 제5권 제1기에 《飜譯中的神韻與達(번역중의 神韻과 달(達, 통순함.)》을 발표하였다. 그는 이 글에 《西瀅先生〈論飜譯〉的補充(서형선생의 〈論飜譯〉에 대한 보충)》이라는 부제를 달았다. 그는 먼저 진(陳)씨의 이 문장이 대단히 가치 있는 글이라고 긍정한 후 약간의 찬성할 수 없는 부분이 있어 이를 보충하고자 한다고 하였다. 그는 진(陳)씨가 제기한 '신사(神似)'라는 것은 '도달할 수 없는 목표를 눈앞에 표시하라고 우리들에게 권하는 것'으로, 이것은 '대단히 불투명한 목표'라고 언급하였다. 또 소위 말하는 '신운(神韻)'이라는 것도 '마음속에는 있을 것 같지만 말로는 전할 수 없는 신비하고 예측 불가능한 것과 흡사하다.'고 하였다. 曾씨는 이 점에 있어서는 진(陳)씨가 더 깊은 관찰을 하지 않았다고 생각하였다. "사실 '신운(神韻)'이라는 것은 작품이 독자들에게 가져다주는 일종의 감응(感應)에 불과한 것으로, 그리 대단한 것도 아니다. 바꾸어 말하면 독자의 심령 속에서 일어난 공명작용이 일으킨 일종의 감응이다." 그러나 이러한 감응은 독자의 환경이나 정서의 차이로 인해 그 깊이와 색채가 모두 달라서 보는 사람에 따라 차이가 날 뿐 그 어떤 표준도 존재하지 않는 신비한 것이다.

증(曾)씨는 안낙덕(安諾德, M. Arnold)의 글 《論飜譯荷馬(논번역하마)》 가운데 여러 사람이 했던 하마(荷馬, 호머)에 대한 번역과 명가의 번역 작품을 평론한 것을 예로 들어 소위 말하는 '신운(神韻)'이라는 것은 각 독자들의 주관적 감응과 밀접한 관계가 있다는 것을 설명하였다. 따라서 그는 번역자 스스로가 절대적으로 원서의 '신운(神韻)'을 파악했다고 과장하면 반드시 다른 사람이 나타나 반대할 것인데, 그것은 다른 사람도 확실히 다른 방면의 일종의 '신운(神韻)'을 느낄 수 있기 때문이라고 생각하였다. 어떤 사람이 번역자로 하여금 원문과 동화하여 하나가 되도록 해야 한다고 하면 증(曾)씨는 그럴 가능성은 절대로 없다고 생각하였다. "왜냐하면 아무리 바꾼다 하더라도 그는 자신의 마음 속 깊은 곳으로부터 울려 나오는 선율이 연주해 내는 소리를 결코 바꿀 수는 없으며 영원히 주관적 색채에서 벗어날 수 없기 때문이다."

따라서 증(曾)씨는 번역의 표준은 한 가지 밖에 없는데 "그것은 원서(原書)가 나에게 준 감응을 충실하게 표현해 내는 것이다." "절대로 이것이 원서라고 과장하여 말해서는 안 되며 이것은 내가 본 바의 원서라고만 말해야 한다. 비평가들은 번역본(최소한 '의사(意似: : 뜻이 비슷하다.)'의 조건을 갖춘 훌륭한 번역본을 말함.)에 대해 이야기할 때도 아놀드와 같이 단정적으로 '그는 원서(原書)를 표현할 수 없다.'고 단호하게 말해서는 안 되며 '원서가 내게 준 감응은 어떻게 달랐다.'고 표현할 수 있을 뿐이다." 결론적으로 증(曾)씨는 다음과 같이 생각하였다.

> 내가 말하고자 하는 것은 번역본을 비평할 때 만약 '의사(意似: 뜻이 비슷하다.)'를 표준으로 삼는다면 절대적 표준이 있을 수 있으나 만약 '신사(神似: 정신이 비슷하다.)'를 표준으로 삼는다면 그 표준이 있다고 하더라도 기껏해야 상대적인 표준만 있을 뿐이라는 사실이다. 그것은 그가 원서가 그에게 준 감응을 충실하게 조금도 바꾸지 않고 표현을 할 수 있느냐 없느냐 하는 문제이다. 만약 그가 인식한 '신운(神韻)'을 능히 표현해 낼 수 있다면 그는 번역자가 할 수 있는 모든 것을 다했다고 할 수 있다.

증(曾)씨는 진(陳)씨가 '신(信), 달(達), 아(雅)'와 관련하여 한 논술에 대해 비평하였다. 진(陳)씨는 '달(達)'이 결코 필요한 조건이 아니라고 생각하였으나 증(曾)씨는 다음과 같이 생각하였다. "한 사람의 번역가로서 이러한 감응을 표현하는 예술을 완성하기 위해서는 '진(信)'의 조건만을 충족시켜서는 안 되고 '달(達)'을 실현할 수완이 필요하다. '신(信)'은 작자에 대한 요구이며 '달(達)'은 번역자 자신에 대한 요구이다. 바꾸어 말하면 '달(達)'이라는 것은 우리들의 영혼 속에 들어 있는 음판상의 소리를 전달해 내는 것이다. '신(信)'의 능력은 '의사(意似)'의 경계에 도달하는 것을 말한다면 '달(達)'의 능력은 우리가 인식하고 있는 '신운(神韻)' 즉 원서가 우리에게 준 감응을 표현해 내는 것이다." 이와 같이 그의 견해에는 '신(信)'과 '달(達)'의 관계에 대한 이해와 새로운 의미가 풍부하게 들어 있다. 특히 '달(達)'을 '전달(傳達)'의 의미로 해석한 것은 겨우 수사적 각도에서 해석하여 '통달(通達)'의 의미로 해석한 것에 비하면 훨씬 더 깊이가 있어 '신(信), 달(達), 아(雅)' 이론이 번역에서 더 큰 작용을 할 수 있도록 해 준다. 그는 《論飜譯(논번역)》라는 글에서 또 상징파(象徵派)나 표현파(表現派)의 작품 등과 같은 일부 외국 작품들은 본래부터 '달(達)하지 못하다.'고 지적하였다. 증(曾)씨는 보아서 알 수 없다고 해서 곧 '달(達)하지 못하다.'고 말해서는 안 된다고 생각하였다. 무릇 쉽게 '달(達)'할 수 없는 작품을 만나게 되면 번역자는 '달(達)'하기 위한 노력을 더욱 게을리 해서는 안 된다. 증(曾)씨는 고어(古語)를 인용하여 다음과 같이 말하였다. "장인이 작품을 잘 만들기 위해서는 반드시 도구를 잘 다듬어야 한다." 또 "번역 중에 가장 '이(利, 훌륭한)'한 '기(器, 도구)'는 가장 잘 '달(達, 잘 전달하는)'한 '기(器, 도구)'라고 하였다. 이것은 어린 아이가 글자를 배울 때처럼 한 획 한 획 써 내려가는 것과 같이 직역을 하는 번역가가 감당할 수 있는 일이 아니다."

끝으로 증(曾)씨는 다음과 같이 강조하였다. "우리가 훌륭한 번역 작품을 가질 수 있도록 하기 위해서는 당연히 '신운(神韻)'을 표현하는 일에 치중하여 작자의 영혼의 손가락으로 우리들 영혼 속에 들어 있는 음판을 두드려서 내는 소리를 가장 정교한 방식으로 표현해 내도록 하는 것이다. 그러나 이러한 방식의 응용은 반드시 내가 《飜譯的困難(번역의 困難)》이라는 글에서 주장한 바와 같은 과학적 훈련을 거쳤을 때에만 비로소 자유자재로 아무런 방해도 받지 않고 해 낼 수 있을 것이다." 그는 번역의 표준도 당연히 아래와 같은 두 가지가 있다고 생각하였다. "하나는 자기 자신에게 있고 다른 하나는 독자에게 있다. 내 자신을 위한 방면에 대해서 나는 다음과 같은 질문을 던지고 싶다. '이와 같은 표현이 내가 원문으로부터 받은 감응인가?' 독자를 위한다는 방면에 대해서도 다음과 같은 질문을 던지고 싶다. '이러한 표현이 독자들로 하여금 내가 받은 감응을 그대로 느낄 수 있도록 할 수 있겠는가?' 이 두 가지 질문에 대하여 만족스러운 대답을 할 수 있을 때 나는 '신운(神韻)'을 얻었으며 '達'을 얻었다. 뿐만 아니라 원문(原文)에 대하여 책임을 질 수 있고 나 자신에게도 책임을 질 수 있으며, 나 자신의 번역의 임무를 완수했다고 할 수 있다." 이 두 가지 서로 중복되는 표준이 곧 '信'과 '達'임을 알 수 있다. 진(陳)씨의 하(賀)씨라는 글은 증(曾)씨의 번역이론과 관련된 주장에 대한 보충(이 책의 다음 절을 참조하기 바람.)과 토론이며, 증(曾)씨의 이 글 또한 진(陳)씨의 주장에 대한 보충이라고 할 수 있다.

결론적으로 말하면 증허백(曾虛白)이 20년대에 발표한 이 두 편의 번역이론은 번역이론과 문예미학 및 문예심리학을 초보적으로 결합한 상당히 식견이 높은 논문으로, 우리들이 중요시할 만한 가치가 있는 것이다.

十五. 형사(形似), 의사(意似), 신사(神似)를 논한 진서형(陳西瀅)

2, 30년대 신월사(新月社)의 《新月(신월)》 잡지에 호적(胡適), 양실추(梁實秋), 서지마(徐志摩), 엽공초(葉公超), 유영사(劉英士) 등의 번역과 유관한 글들이 발표된 것으로 보아 신월사(新月社)에서는 번역을 중시하였음을 알 수 있다. 그 가운데 글의 분량이 많고 영향력이 컸던 것은 당연히 양실추(梁實秋)였다. 그러나 그는 이론적으로는 별다른 큰 성과를 거두지는 못했으며, 또 비교적 농후한 정치적 편향성을 가지고 있어서 적지 않은 논점들이 근거가 부족하거나 쉽게 오해를 불러 일으켰다. 그의 당시의 중요한 견해들은 이미 위에서 노신(魯迅)의 번역이론을 논술할 때 노신(魯迅)의 반대 견해로 인용, 서술하였고, 그 외에는 특별히 서술할 만한 것이 별로 없다. 또 출판된 호(胡)씨와 서(徐)씨 등의 기타 글들도 모두 단편적인 것들이어서 특별히 볼만한 것들이 없다. 그러나 《新月(신월)》 잡지에 이론적인 견해를 제대로 밝힌 번역논문은 진서형(陳西瀅)의 글이다.

진서형(陳西瀅, 1896-1970)은 강소, 무석(江蘇, 無錫) 사람이다. 원명은 진원(陳源)이고 자는 통백(通伯)이고 서형(西瀅)은 그의 필명이다. 15세에 영국에 유학하여 1922년

박사학위를 취득하였다. 귀국 후에는 북경대학(北京大學)과 무한대학(武漢大學)에서 교편을 잡았다. 일찍이 《現代評論(현대평론)》을 창간하여 《西瀅閑話(서형한화)》 등을 발표하였으며, 1943년에는 런던으로 가서 중영문화협회에서 일하였다. 1946년 연합국교과서편찬조직이 파리에 세워졌을 때 그는 국민당 정부의 수석대표로 참여하였다. 1966년 은퇴한 후 죽을 때까지 런던에서 생활하였다.

진(陳)씨가 1929년 6월 10일(실제로는 8월에 출판되었다.) 《新月(신월)》 제2권 제4기에 발표한 《論飜譯(논번역)》이라는 글은 상당히 독창적인 견해를 가진 번역이론이다. 먼저 그는 번역을 내용적으로 분류하였다. 그는 증허백(曾虛白)이 詩와 서(書, 산문)로 분류한 것의 부적절함을 지적하고 크게 문학과 비문학 두 부류로 나누어야 한다고 하였다. 그는 또 이 두 부류의 번역이 요구하는 것에 대한 견해를 아래와 같이 밝혔다. "비문학의 번역에 있어서는 능히 '신(信, 정확)'하고 능히 '달(達, 전달)'하면 번역가가 해야 할 임무를 다했다고 할 수 있으며" "'달(達)'은 근본적으로 필요한 것이 아니지만 문학작품의 번역에 있어서 '아(雅)'는 불필요할 뿐만 아니라 번역자의 금기 사항이기도 하다." 심지어는 "'달(達)'마저도 반드시 필요한 조건은 아니다. 만약 '달(達)'의 의미가 '명백효창(明白曉暢; 분명하여 알기 쉽다.)'의 뜻으로 쓰였다고 한다면" 원문이 조잡할지라도 번역자는 그것을 '아(雅; 고상하다.)'하게 만들어서는 안 된다. 또한 원문이 알기 어려운 것일 때 번역자는 그것을 '달(達; 쉽게 전달할 수 있게)'하게 만들어서도 안 된다. 곧 그는 '아(雅)'를 문아(文雅)로 이해하였으며, '달(達)'을 통창(通暢)으로 이해하였음을 알 수 있다. 이는 그가 주로 수사학적 측면에서 해석했다고 말할 수 있는 것이다. 바로 이와 같은 협의의 이해의 기초 위에서 그는 다음과 같이 주장하였다.

> 번역자는 번역을 하기에 앞서 雅든 達이든 고고(高古)이든 통속(通俗)이든 우미(優美)이든 질박(質朴)이든 그 무엇이든 어떤 표준도 정해서는 안 되며, 반드시 원문의 표준으로 그 기준을 삼아야 한다. … 따라서 문학작품을 번역할 때는 단 하나의 조건만 있는데 그것은 다름 아닌 '신(信; 정확)'해야 한다는 것이다.

어떻게 하면 '信'하다고 할 수 있느냐 하는 문제를 설명하기 위해 그는 증허백(曾虛白)이 촬영예술을 사용한 것보다 더 적절하게 미술창작을 비유하여 다음과 같이 설명하였다. 어떤 때는 한 조각가가 조각한 작품이나 한 화가가 그린 모양이 일반 사람들이 보기에는 매우 닮았다. 그러나 조각 속의 인물이나 그림 속의 인물과 잘 아는 사람이 볼 때는 비록 그 틀린 점이 어디에 있다고 정확하게 지적할 수는 없지만 그가 누구는 아니라고 단정할 수는 있다. "이것은 조각가나 화가가 귀, 눈 등 외형적인 부분을 하나하나 정확하게 그려 내었지만 그 사람도 그 자체로 대단히 개성이 풍부한 사람이라는 사실을 망각했기 때문이다." 어떤 때는 조각가나 화가의 작품이 작품 속 인물의 친구들마저도 매우 닮았다고 생각하지만 예술의 감상가나 남의 관상을 잘 보는 사람들의 눈에는 아주 훌륭한 작품으로 보이지 않는 경우가 있다. "왜냐하면 조각가나 화가가 쉽게 볼 수 없는 이 사람의 내면의 인격을 온전하게 표현해 내지 못했기 때문이다." 예나 지금이나 극소수의 대화가나 대조각가만이 주인공의 내부 심리상태를 꿰뚫어 보고, 다른 사람이 미처 알아볼 수 없는 특성까지도 꿰뚫어 볼 수 있는 그러한 능력을 가지고 있다. 진(陳)씨는 "맨 먼저 이야기한, 모양을 그려내는 것은 형사(形似; 모양만 비슷한 것)이며, 두 번째의 형사(形似)를 뛰어넘은 것은 무어라고 이름을 붙이면 좋을지 몰라서 잠시 의사(意似)라고 부르기로 한다. 이때 맨 마지막 단계를 신사(神似)라 하기로 한다."고 하였다. 진(陳)씨는 이 표준을 가지고 문학 작품의 번역에는 원문에 대해 형사(形似), 의사(意似), 신사(神似) 등의 차등이 있다고 설명하였다.

그는 또 한 걸음 더 나아가 고화(古畵)를 모사하는 것으로 비교하였다. 사람들은 내용이 원본과 다르지 않더라도 모사본을 볼 때마다 용필(用筆; 붓놀림)이 달라서 그것을 중요하게 여기지 않는다. 어떤 때는 모사본이 용필마저도 거의 비슷하지만 모사본에는 원본이 가지고 있는 신운(神韻)이 없다고 감상자는 느낀다. 그는 동시에 고대화론(古代畵論; 고대미술이론)을 인용하여 '전신지난(傳神之難; 정신을 전달하는 것의 어려움)'을 설명하여 다음과 같이 이야기하였다.

> 번역이란 그림을 모사(模寫)하는 것과 같으므로 가장 중요한 것은 모방이다. 그림의 원본이나 모사본이 사용하는 것은 똑같은 붓과 안료이지만 책의 원문과 번역본이 사용하는 것은 완전히 서로 다른 문자와 언어이다. 사용하는 도구가 다르기 때문에 그 방법도 크게 다르다. 다른 한편으로는 원화(原畵)를 능히 감상할 수 있는 능력이 있는 사람은 모사본을 감상할 수 있는 능력도 당연히 있으나, 대다수의 원서(原書)를 읽을 수 있

는 능력이 있는 사람이 번역본을 읽을 수가 없고, 대다수의 번역본을 읽을 수 있는 사람이 원서를 이해할 수 없다. 이것이 바로 번역자가 信에 도달해야만 하는 첫 번째 난관(難關; 어려운 관문)이다.

진(陳)씨는 미술 창작과 모사(模寫)로부터 번역에는 다음과 같은 세 가지 경계가 있음을 깨달았다. 그는 형사(形似), 의사(意似), 신사(神似)에 대해서 충분히 비유도 하고 설명도 하였다. 그는 '형사(形似)'적 번역의 결점은 '원문의 풍격을 등한시하며 그 내용마저도 진실하게 전달하지 않는 것'임을 지적하였다. 어떤 직역자들은 지나치게 형식에 매달림으로써 결과적으로는 풍속, 습관, 사상의 차이로 인하여 정반대의 효과를 불러 오기도 한다. 생동감이 넘치는 것을 우둔하게 비치게 하고, 활발한 것을 융통성이 없는 것으로 비치게 하고, 재기발랄하고 우스꽝스런 것을 의식이 없는 것으로 비치게 하며, 위대한 것을 아무런 의의도 없는 것으로 비치게 만들기도 한다. '의사(意似)'적 번역은 '형사(形似)'적 직역을 초월할 것을 요구받고 있는데, '생동감이 넘치는 것'은 생동감이 넘치게 하고 '활발한 것'은 활발하게 하고 '재기발랄하여 우스꽝스런 것'은 재기발랄하여 우스꽝스럽게 하며 '위대한 것'은 위대하게 하도록 요구받고 있다. 따라서 번역자가 주의를 해야 할 것은 원문에서 무엇을 말하려고 하는가에만 주의를 해서는 안 되고, 원작자가 이것을 어떻게 표현해 내고 있는가에도 주의를 기울여야 한다는 것이다. 그는 반드시 원작자의 특수한 개성이 무엇인지 원문의 특수한 풍격은 어디에 있는지에 대해서도 질문을 던져 보아야 한다. 번역자가 이러한 인식을 가지고 있을 때 곧바로 서로 받아들일 수 없는 자신의 개성을 배제시켜 버리고, 투명한 유리와 같이 원작의 모든 것을 투영해 낼 수 있다. 그러나 사람이 유리처럼 아무런 개성도 없을 수 없기 때문에 번역문은 결과적으로 다소간의 굴절과 약간의 왜곡이 일어나는 것을 면할 수 없다. 따라서 진(陳)씨는 "이러한 관점에서 보면 가장 훌륭한 모사가(模寫家)가 가장 훌륭한 번역가이다. 그는 예리한 안광을 가지고 있어서 원문의 각종 특징을 볼 수 있으며 자기 자신의 개성을 최소화함으로써 각종의 서로 다른 상반되는 풍격까지도 모방해 낼 수 있다."고 생각하였다.

그러나 모사가(模寫家)가 아무리 훌륭한 기교를 가지고 있다고 하더라도 원작자의 신운(神韻)을 다 표현해 낼 수는 없다. 왜냐하면 신운(神韻)이란 개성의 결정체이며 원작자의 정감이 없다면 그의 신운(身運)을 포착할 수 없기 때문이다. 위대한 작품일수록 더욱 더 그의 신운(神韻)에서 떠날 수가 없다. 진(陳)씨는 이에 대해 다음과 같이 지적하였다. "2, 3류 시인의 시는 그의 음절과 격조를 모방하기만 하여도 아주 뛰어난 시문이 될 수도 있을 것이다. 왜냐하면 그의 시(詩)에는 본래부터 특별히 신운(神韻)이라 할 만한 것이 없을 뿐만 아니라 그것을 번역할 만한 번역자도 어렵지 않게 만날 수 있기 때문이다. 위대한 시편(詩篇)은 모방으로 능히 전달할 수 있는 그러한 것이 아니며, 같은 수준의 원의(原意, 원래의 의미)를 가지고 번역하는 위대한 시인은 천만 년 동안 한 번 만나기도 힘들기 때문이다." 따라서 진(陳)씨는 '신사(神似)'는 '도달할 수 없는 표준'이라는 것을 스스로 인정하였다. 그는 또 '최상의 것을 모방하려고 하였으나 결과적으로는 그 중등의 것을 얻는 데 그칠 뿐'이라고 말하였다. 그의 논술은 상당히 논리적이기는 하지만 이론을 전개할 때 그 기준을 너무 높이 잡아서 쉽게 현실적인 지도의의를 상실할 수도 있으며, 또 쉽게 신비주의로 흐를 수도 있다는 것을 알 수 있다. 진(陳)씨의 이러한 이론에 대해서 증허백(曾虛白)은 즉각 비평하였다(이 책 앞 절을 참조하기 바람.).

진(陳)씨는 또 이 글에서 번역의 비판대상과 번역작업의 목표 등의 문제에 대해서도 논의하였다. 그는 독자가 번역작품을 읽고 느낀 감동이 원작을 읽고 느끼는 감동과 같기를 요구하였다. 그렇게 되면 이 독자는 원문을 이해하지 못하는 독자가 아니라도 원문만을 이해하는 독자도 아닐 것이라 하였다. 만약 그렇지 않다면 그 감동이 같은지의 여부를 비교할 방법이 없으므로 번역을 하는 까닭은 원문을 이해하지 못하는 독자를 위한 것이지만 번역작품을 비평하며 감상하는 자는 당연히 원문을 이해하는 독자이며, 더 나아가 일반적인 독자가 아닌 학자이어야 함을 주장하였다. 따라서 그는 번역종사자는 자신의 작품을 품평하는 후자를 당연히 비평가로 삼아야 하고 '그들을 표준으로 삼아야 한다.'고 하였다. 단지 원문을 이해하지 못하는 독자들의 심리만 늘 생각해서 이들 독자의 심리를 맞추기 위하여 원문의 정화(精華, 가장 뛰어난 점)를 희생시켜서는 안 될 것이다. 그의 이러한 견해는 증허백(曾虛白)의 번역이론에 대한 보충이며 사람들에게 많은 시사점을 던져준다.

진(陳)씨는 또 당시 유행하던 '직역(直譯)'과 '의역(意譯)'에 대한 주장들에 대하여 자신의 견해를 밝히기도 하였다. 그는 "번역은 번역이지 무슨 다른 이름(직역이니 음역이니 하는)이 있을 수 없다."고 생각하였다. 그는 당시에 유행하던 '의역(意譯)'은 쉽게 '곡역(曲譯)'으로 흐를 수 있고 '직역(直譯)'은 쉽게 '사역(死譯)'으로 흐를 수 있다고 생각하였다. 진(陳)씨는 "死譯의 병폐가 곡역(曲譯)보다 적지는 않지만 그 누적된 폐단은 비교적 적다. 그 까닭은 사역(死譯)은 기껏해야 다른 사람이 보고 이해하지 못하는 정도에 지나지 않지만 곡역(穀譯)은 이해가 되면 될수록 일을 더 그르치게 된다." 그의 이러한 논술은 당시 《新月(신월)》의 양실추(梁實秋)의 견해나 조경심(趙景深)의 견해와는 어긋났으며 오히려 노신(魯迅)의 견해와 가까웠다. 그는 또 직역의 최고의 성취라 해야 겨우 소위 말하는 '형사(形似)'적 번역에 불과하겠지만 직역은 내용에 치중하기 때문에 문필과 풍격을 소홀히 하기 쉽다. 이렇게 이야기하면 협의의 관점에서 '직역(直譯)'을 이해한 것에 지나지 않는다. 사실 노신(魯迅)과 모순(茅盾) 등은 직역을 제창함과 동시에 결코 문필과 풍격을 소홀히하지 않은 것은 물론, 정반대로 오히려 그것들을 대단히 중요시하였다.

결론적으로 말하면 진(陳)씨의 이 글의 중요한 공헌은 미술창작의 이론과 실천을 빌려와 번역 중의 형사(形似), 의사(意似), 신사(神似)의 설을 발표한 것으로, 중국 번역이론사에서 독창적인 의의를 가지고 있다고 할 수 있다. 비록 모순(茅盾) 등이 일찍이 번역 가운데 '신운(神韻)' 등의 명제(命題)를 제기하고 회화(繪畵)와 번역을 서로 비교하기는 하였지만, 진(陳)씨의 서술처럼 생동감 있고 투철하지는 못하였다. 진(陳)씨의 이 번역이론은 번역이론과 문예미학을 긴밀하게 결합시켰을 뿐만 아니라 부뢰(傅雷) 등의 번역이론에 많은 영향을 주었기 때문에 주목할 만한 가치가 있다. 또한 이 글이 발표될 당시에 사람들은 이 글을 두고 '현대 중국번역계에 내린 한 첩의 대증처방(對症處方)'이라고까지 불렀다(증허백(曾虛白)어).

十六. 임어당(林語堂)의《論飜譯(논번역)》

30년대에 좌익이 아닌 문학가들 중에서 번역이론에 가장 큰 공헌을 한 사람으로는 아마도 임어당(林語堂)을 꼽아야 할 것이다. 임어당(林語堂, 1895-1976)의 원명은 화락(和樂)이고 필명은 어당(語堂)이다. 그는 복건성(福建省), 용계(龍溪) 사람이다. 그의 아버지는 작은 시골 마을의 목사였으며 그는 교회에서 운영하는 초등학교에서 공부하였다. 그는 어려서부터 서양문화의 영향을 많이 받았다. 그는 1912년 상해(上海)의 聖約翰大學(성요한대학교; 현재의 華東師範大學의 전신)에 들어가 영문학을 전공하였으며, 1919년 미국 하버드대학에 유학하였다. 그 후 독일의 라이프치히대학에서 언어학을 전공하였으므로 영어와 서방언어학에 대한 조예가 상당히 깊었다. 1923년 이후 그는 교육과 문필 사업에 종사하였으며, 일찍이 '어사사(語絲社)'에 참여하였다. 30년대에《論語(논어)》,《人間世(인간세)》,《宇宙風(우주풍)》 등의 잡지를 창간하여 주편을 맡았으며 '논어파(論語派)'의 주요 대표자가 되었다. 항일전쟁이 발발한 후에는 장기간 미국에 머무르면서 영문창작과 번역사업에 종사하였다. 1966년에는 대만(臺灣)으로 돌아가 거주하였으며 홍콩에서 교편을 잡기도 하였다. 따라서 그는 당시 해외와 대만, 홍콩에 널리 알려진 문화적 명사였다.

그가 남긴 글 중에서 번역에 대하여 언급한 글이 적지 않은데, 예를 들면 1924년 4월 4일《晨報(신보)》에 발표한《對于譯名劃一的一個緊要提議(번역명칭 통일을 위한 긴급 제의)》라는 글을 들 수 있다. 그러나 가장 체계적이면서도 유명한 번역이론으로는 장편《論飜譯(논번역)》(대략 1932년 초에 쓰였다.)을 꼽을 수 있다. 이 글은 오서천(吳曙天)이 편선한《飜譯論(번역론)》(1933년 1월 광화서국출판(光華書局出版))이라는 책을 위하여 쓴 서론(후에 林씨의《語言學論叢(어언학논총)》이라는 책에 수록되었다.)이다. 오(吳)씨는 중국에서 비교적 이른 시기에 출판된 번역이론논문 선집의 서문에서 "임(林)선생은 당대의 언어학 전문가인데 그의《論飜譯(논번역)》라는 글은 심혈을 기울여 쓴 걸작으로 상세하게 연구할 가치가 충분하다."고 하였다. 그는 또 "장의평(章衣萍) 선생은 원래 나에게 서(序)를 써 주기로 약속하였으나 임(林) 선생의 글을 읽어 보고 나서는 그의 서(序)는 쓸 필요가 없다고 하였다. 왜냐하면 임(林)선생이 번역할 때의 주의사항에 대하여 모두 거론했기 때문이다."라고 말하기도 하였다. 오(吳)씨와 장(章)씨의 이 말은 반드시 과장된 것이라고만 할 수는 없다.

임(林)씨는 번역을 일종의 예술로 여겼다. 그는 번역예술이 의존하는 것은 아래와 같은 세 가지임을 언급하였다.

> 첫 번째, 번역자는 원문의 문자와 내용에 대하여 정확하게 이해해야 한다. 두 번째로 번역자는 국문(國文; 번역된 언어)에 대하여 상당한 수준에 도달해 있어 청순하고 알기 쉬운 중국어로 써 내려갈 수 있어야 한다. 세 번째는 번역 작업상의 훈련으로, 번역자는 번역표준과 수술(기술)문제에 대하여 올바른 견해를 가지고 있어야 한다.

여기에서 사용한 '수술(手術)'이라는 단어는 '기술(技術)'이나 '방법(方法)'에 상당하는 단어이다. 당대 홍콩의 학자인 임이량(林以良)은 "이와 같은 견해는 얼핏 보기에는 너무나 평범해서 특별한 것이 없는 듯하지만 사실은 '급소를 깊이 찔렀을 뿐만 아니라' 매우 현실에 적합하며 … 공허한 이론에 비하여 실용적이고 구체적이다." (《飜譯的理論與實踐(번역의 이론과 실천)》)라고 생각하였다.

확실히 林씨의 이 논문은 번역의 실제에서 출발하였으므로 조금도 공허하지 않고 논리 전개 또한 질박하다. 그는 번역에서 위의 세 가지를 제외하면 '번역자를 규범화할 어떤 기율도 없다.'고 생각하였다. 따라서 그의 논문은 "'역학(譯學)'을 위해 어떤 규범이나 표준을 제시하거나 억지로 가져다 맞추게 하여 사람들에게 강요하는 것을 요구하지 않는다." 다만 그의 번역문제를 논한 이전의 대부분의 글은 번역방법을 장황하게 논하거나 명사의 번역 문제만을 논한 것들이어서 "모두들 경험에서 나온 이야기일 뿐 사실에 입각해서 학리적으로 분석한 적이 없다."고 생각하였다. 그러나 그는 "번역을 토론할 때에는 반드시 그 문자 및 심리 문제를 연구해야 한다."고 주장하였다. 바꾸어 말하면 "번역의 문제는 어언문자(語言文字) 및 심리(心理)의 문제라고 말할 수 있다." 그는 또 "만약 우리들이 이 문제에 대하여 비교적 객관적으로 해결하려고 한다면 당연히 어언, 심리문자의 분석을 이론적 근거로 삼아야 한다. 반드시 어언문자와 문장작법의 심리적 사실을 먼저 밝힌 후 번역자의 표준은 마땅히 어떠해야 하며 태도는 마땅히 어떠해야 한다는 결론을 내릴 수 있다."고 생각하였다. 여기서 지적할 것은 임(林)씨가 중국 번역이론사에서 최초로 현대어언학과 심리학을 번역이론의 '학리 분석(學理分析)'의 기초로 삼았다는 사실이다.

그는 바로 이 두 가지 기초 위에서 전인들의 번역이론의 정화(精華)를 계승하였다. 또한 그는 번역의 세 가지 표준을 다음과 같이 제시하였다. "첫째는 충실표준이고, 둘째는 통순(通順)표준이며, 셋째는 미(美)적 표준이다." 그는 이 세 가지 표준이 엄(嚴)씨의 '번역 삼난(飜譯三難)'과 비교할 수 있다고 하였다. 충실(忠實)은 곧 '信'이며, 통순(通順)은 곧 '達'이다. 또한 그는 번역과 예술문(詩文, 戱曲)의 관계에 있어 '아(雅)'가 모든 것을 포함할 수는 없음을 지적하였다. 그러나 부르기 편하게 하기 위해서는 지극히 전아(典雅)한 '신(信), 달(達), 아(雅)' 세 자가 이 세 가지 방면을 포함하고 있다고 해도 무방할 것이라고 하였다. 그는 또 다른 각도에서 이 세 가지를 번역자의 책임이라고 말하였다. "첫 번째의 것은 번역자의 원저자에 대한 책임이며, 두 번째의 것은 번역자의 중국 독자에 대한 책임이며, 세 번째의 것은 번역자의 예술에 대한 책임이다. 이 세 가지 책임감이 갖추어졌을 때에야 비로소 우리는 진정한 번역자로서 자격이 있다고 말할 수 있다." 이러한 그의 언급은 앞사람들이 하지 않았던 독창적인 것이다.

그는 '충실(忠實)'의 정도도 4가지 등급으로 나눌 수 있음을 지적하였는데, '직역(直譯)', '사역(死譯)', '의역(意譯)', '호역(胡譯)'이 그것이다. '사역(死譯)'은 '직역(直譯)'이 극단으로 치달은 결과이며 '호역(胡譯)'은 '의역(意譯)'이 극단으로 치달은 결과이다. '직역(直譯)'과 '의역(意譯)'이라는 두 가지 명칭에 대해서도 그는 이것이 비록 쓰기에는 편리하지만 '여전히 수긍할 만한 명칭이 아니다. 번역방법을 나타낼 수 없을 뿐만 아니라 쉽게 오해를 불러일으킬 수 있다'고 하였다. 이는 '사역(死譯)'과 '호역(胡譯)'의 비호소(庇護所)가 될 수 있으며 사람들로 하여금 번역에는 동시에 행할 수 있는 두 가지의 표준이 있다고 생각하게 할 수도 있다. 사실 '직역(直譯)'과 '의역(意譯)'은 본래 번역방법을 표시하는 것이 아니었다. 또한 이것은 그들의 결점도 아니다. 이 두 단어는 역대로 객관적으로 존재하는 번역방법의 서로 다른 경향을 나타내는 것에 불과할 뿐 두 가지를 나란히 배열하는 번역표준을 말하는 것은 아니었다. 이 두 가지는 본래 서로 대립하고 서로 침투하고 서로를 변화시키는 그러한 관계였다. 진정으로 성공적인 번역에는 이 두 가지가 서로 융합되어 하나가 되어 있다. 따라서 임(林)씨는 '자역(字譯)'과 '구역(句譯)' 등의 명칭을 쓰기도 하고 번역정서(飜譯程序) 등으로 표시하기도 하였다. 그러나 '직역(直譯)'과 '의역(意譯)'이라는 두 가지 명사를 대신할 수는 없었다. 그는 '번역의 가장 타당한 표준은 하나밖에 없으며 가장 적절한 기술도 하나밖에 있을 수 없다.'고 말했는데, 이 말은 틀린 것이 아니다.

임(林)씨는 번역할 때는 반드시 구(句, 문장)를 위주로 하는 '구역(句譯)'을 해야지 자(字, 한 글자 한 글자)를 위주로 하는 '자역(字譯)'을 해서는 안 된다고 주장하였다.

> 구역가(句譯家, 문장을 위주로 번역을 하는 사람)는 자의(字義)에 대해서 마땅히 살아 있는 것으로 보아야 하며, 구(句, 문장)라는 것은 구조적으로 조합하여 만든 것임을 인정해야 한다. 그 문장 가운데는 집중적인 문장의 뜻이 들어 있는데 이를 전 문장의 명맥으로 삼아야 한다. 한 문장 속에서 자의(字義, 글자의 뜻)는 서로 연관되고 서로 결합되어서 하나의 새로운 총의의(總意義, Gesamtvorstellung)를 형성하는데, 이 총의의(總意義)라는 것은 반드시 자의(字義)를 살아 있는 것으로 보고 자(字)의 연관에서 얻어낸 것이다. 구역자(句譯者)는 번역문 방면에 대해서 일종의 태도를 취하여 먼저 원문 전체의 의의를 명백하고 정확하게 파악한 후 이 총의의(總意義)에 의거하고 본국어언의 문법과 언어습관에 근거하여 새롭게 표현해 내어야 한다. 만약 글자 한 자 한 자가 상대적으로 고립되어 있거나 이 총의의(總意義)가 본국어로는 같은 단어로 표현해 낼 수가 없을 때에는 이 낱자들은 희생을 해도 무방하며 그에 상당하고 가장 근접된 표현방법을 달리 찾아보아야 한다. 만약 하나의 고사성어가 본국어 가운데 가장 정확하게 원문의 의의(意義)를 번역할 수 있으나, 다만 원문이 사용한 것과는 서로 같지 아니하면 이를 무시하여도 좋다. 원문의 매 글자의 의의를 추구하기보다는 차라리 원문의 어의(語義; 문장의 뜻)를 추구할 것이니 이것이 자역(字譯)과 구역(句譯)의 차이이다.

임(林)씨가 주장한 '구역(句譯)'의 원칙은 번역계에서 보편적으로 받아들여지고 있으며 이는 실제적으로 그가 이전 사람들의 정확한 번역방법에 대해 종합, 정리한 것이라 할 수 있다.

번역의 '충실 표준(忠實標準)'에 대해서 그는 아래와 같은 4가지를 제시하였다.

첫째, 한 자 한 자 글자를 좇아서 번역해서는 안 된다. "번역자는 원문에 대해서 한 자 한 자 이해하되 이를 한 자 한 자 번역해 낼 책임은 없다. 번역자가 마땅히 충실해야 할 것은 원문의 한 자 한 자가 아니라 각 글자가 조합해서 만들어 내는 어의(語義, 말의 뜻)이다." "글자의 뜻을 이해하는 것은 문장의 뜻을 이해하는 근본이나, 소위 자의(字義, 글자의 뜻)라는 것을 죽어 있는 것이나 고정된 것, 또는 나누어져 독립되어 있는 것으로 보아서는 안 된다. 이는 반드시 살아 있는 것, 연관된 것, 억지로 분리시킬 수 없는 것으로 이해해야 한다."

둘째, 원문의 정신을 전해야만 한다. "번역자는 반드시 뜻을 전달하기 위해 노력하는 것은 물론, 반드시 원문의 정신을 전하는 것을 목적으로 삼아야 한다." 이것은 노신(魯迅), 모순(茅盾), 곽말약(郭沫若) 등의 견해와 완전히 일치하였다. 주목할 것은 임(林)씨는 '자신(字神)'에 대하여 어언학과 심리학 이론에 기초하여 다음과 같이 상당히 과학적인 정의를 내리고 있다는 점이다.

> '자신(字神)'이란 무엇일까? 한 글자의 논리적인 의의(意義) 외에 그것이 띠고 있는 정감상의 색채, 즉 한 글자의 암시력을 말한다. 무릇 글자란 반드시 그 신(神)(즉 '전신달의(傳神達意)')이 있으니, '신(神)'의 뜻은 어언학에서 소위 말하는 Gefuhlston(Sapir에 의하면 영문에서는 이를 "Feeling-tone"이라고 한다)이라는 것이다. 어언의 용도는 의상(意象; 생각, 뜻)을 표사하는 외에도 정감을 서로 소통하는 것도 포함된다. 따라서 한 가지의 뜻을 명확하게 전달하는 것 외에도 독자들로 하여금 마음속에서 감동이 일어나게끔 해야 한다.

셋째, 절대적인 것이 아니다. "번역자가 도달하고 추구하고자 하는 충실이란 비교적 충실한 것을 말하는 것이지 절대적 충실을 말하는 것이 아니다." 절대적 충실이란 불가능한 것이다. 왜냐하면 '문자에는 성음지미(聲音之美), 의의지미(意義之美), 전신지미(傳神之美), 문기문체형식지미(文氣文體形式之美) 등이 있는데' 이를 동시에 번역해 낸다는 것은 절대 불가능하므로 '번역자가 추구할 수 있는 것은 비절대적 성공뿐'이다.

넷째, 반드시 통순(通順)하여야 한다. 임(林)씨가 제창한 번역의 두 번째 표준인 '통순(通順)'은 첫 번째 표준인 '충실(忠實)'의 '제사의(第四義)'라고 할 수 있다. 이와 같은 분류는 결코 그가 논리적 사고에 소홀했다거나 논리적 사고가 결핍되어 있었다는 것을 표명하는 것이 아니다. 이는 그와는 달리 그가 변증법적 사유를 하고 있었으며, 그가 '신(信)'과 '달(達)'의 관계에 대해 정확하게 인식하고 있었다는 것을 표명해 주고 있다.

번역의 '통순 표준(通順標準)'에 관하여 그는 또 이학적(理學的) 관점에서 다음과 같이 말하였다.

> 일반적으로 작문의 심리는 반드시 문장을 본위로 하는데, 만약 번역문이 통순(通順)하기를 추구한다면 반드시 구역(句譯; 문장의 번역)을 본위로 삼아야 한다. 일반적으로 작문의 심리단계는 반드시 분석적이며 조합적이지 않아서 먼저 총의의(總意義; 전체적 의미)가 있은 후에 분열하여 한 문장의 각 부분이 되는 것이지. 먼저 단편적인 단어가 있고 나서 이 단어들로부터 한 문장의 총의의를 조합하는 것은 아니다. 만약 번역문이 통순(通順)의 목적을 달성하고자 한다면 반드시 구의(句義)를 우선으로 하고 자의(字義)를 뒤로 해야 한다. 이것이 소위 말하는 문장의 분석설(分析說; 溫德(Wundt) 씨가 처음 주장했다.)인데 이것은 아주 쉽게 작자의 경험으로부터 증명할 수 있다.

따라서 그는 '통순(通順)'의 표준(標準)에 도달하기 위해서 반드시 아래와 같은 두 가지를 해야 한다고 하였다.

첫째, 반드시 문장을 본위로 삼아야 한다. 번역자는 반드시 원문의 전 문장의 의의를 상세하고 정확하게 파악하여 이를 마음속에 흡수한 후 전체 문장의 의의를 중국어문법에 맞게 번역해 내어야 한다.

둘째, 반드시 완전히 중문심리에 근거해야 한다. 번역자가 마음속으로 먼저 이 원문의 사상을 의의가 있는 중국어로 번역하겠다고 생각하지 아니하여, 즉 한 글자 한 글자를 직역하면 중국어 같은가 하면 아닌 것 같기도 하고, 통하는 것 같으면서도 잘 통하지 아니하여 결코 통순(通順)이라는 목적에 도달할 수 없다.

번역의 '미적 표준(美的標準)'에 관하여 임(林)씨는 다음과 같이 생각하였다. "번역이라는 것은 실용성 외에도 미(美)적 방면에 대해서도 반드시 고려해야 한다. 이상적인 번역가는 그의 작업을 예술로 여겨야 한다. 예술을 사랑하는 마음으로 번역을 사랑하고 예술을 대하는 경건하면서도 거리낌 없는 마음으로 번역을 대함으로써 번역을 예술의 일종이 되도록 만들어야 한다." 특히 문학작품을 번역할 때는 문장의 미적 문제에 더욱 주의를 하지 않을 수 없다.

그는 진정한 예술작품은 번역을 할 수 없다는 의견에 동의하였다. "왜냐하면 작가의 사상과 작가의 문자가 가장 훌륭한 작품 속에서 완전히 자연스러운 융합이 있었을 때에야(비로소 진정한 예술작품이 나온다.) 가능한데, 만약 고유문자를 떠나게 되면 그 정신과 형체를 잃어버릴 뿐만 아니라 약간의 문자의 정화(精華, 가장 뛰어난 점)도 위태위태하여 스스로 존재할 수가 없기 때문이다." 그는 예술작품을 번역할 때에는 '마땅히 원문의 풍격과 내용을 함께 중요하게 생각하여야 하는데' 그것은 그 풍격(風格)도 본래 감상할 만한 가치가 있기 때문이라 하였다. "무릇 예술문을 번역하는 사람들은 반드시 먼저 그 작가의 풍도(風度)나 신운(神韻)을 먼저 연구하여 둠으로써 번역할 때 이를 십분 발휘하여 예술문의 번역자의 의무를 다하여야 한다." 그는 또 작품의 '체재(體裁)'를 '외적(外的)'인 것과 '내적(內的)'인 것으로 나누었다. 이때 '외적 체재(外的體裁)'라는 것은 곧 문장의 길고 짧음과 번거롭고 간략한 것 및 시(詩)의 체격(體格) 등을 가리키며, '내적 체재(內的體裁)'란 이상(理想), 사실(寫實), 환상(幻想), 유묵(幽默) 등과 같은 작가의 풍격이나 문체 등을 가리킨다. 그의 이 분류가 과학적인가 아닌가 하는 문제는 논외로 한다 하더라도, 번역할 때 반드시 이러한 방면에 주의해야 한다는 그의 주장은 아주 정확한 것이다. 마지막으로 그는 '번역이 곧 창작'이라고 하는 견해에 동의하여 문학작품을 번역하는 사람들은 "번역하는 작업 자체를 일종의 예술로 여겨야 한다."고 생각하였다.

상대적으로 말하면 林씨의 '미적 표준(美的標準)'에 관한 논술은 비교적 평범하여 특별히 독창적인 것이 없다. 그러나 전체적으로 볼 때 그는 앞선 사람들의 번역이론에 근거하여 세 가지 표준을 제시하였을 뿐만 아니라 어언학과 심리학의 각도에서 약간의 새로운 시도를 하고 있는데 이는 가치 있는 것이라 할 수 있다.

十七. 주생호(朱生豪), 주문진(朱文振)의 번역이론

30년대 후기에는 애사기(艾思奇)의 번역이론이 매우 뛰어났으나 이를 뒤로 미룬 것은 40년대의 몇몇 철학자들의 번역이론과 함께 서술하기 위해서이다. 여기에서는 40년대 전기의 유명한 셰익스피어희극의 번역가인 주생호(朱生豪)와 그의 동생인 주문진(朱文振)이 발표한 번역이론에 대해서 먼저 살펴보기로 한다.

주생호(朱生豪, 1912-1944)는 원명이 문삼(文森)으로 절강, 가흥(浙江, 嘉興) 사람이다. 그는 빈한한 가정에서 태어나 12살에 고아가 되었다. 당시 그는 가흥(嘉興)에 있는 사립 수주(秀州)중학에 편입하였다. 이 학교는 미국의 교회에서 세운 학교로, 그가 영어교육을 받을 수 있는 계기가 되었다. 17세에 그는 우수한 성적으로 항주(杭州)의 지강대학(之江大學)에 장학생으로 입학하여 중국문학을 주전공으로 하고 영문학을 부전공으로 하였다. 그는 사학(詞學)의 대가인 하승도(夏承燾)로부터 사사를 받아 중국의 전통문학에 대하여 탄탄한 기초를 쌓았다. 동시에 이 학교가 미국교회에서 세운 학교였기 때문에 영어실력을 향상시킬 수 있었다. 이 학교의 교장이었던 이배은(李培恩)은 번역에 대한 연구를 하여 일찍이 之江學報(지강학보)》에《論飜譯(논번역)》 등의 논문을 발표하였다. 주생호(朱生豪)는 학교에 있을 당시에 이미 몇몇 번역 작품을 발표하였다. 1933년 졸업 후에는 학교에 남아《之江校刊(지강교간)》 영문부주임편집을 담임했다. 얼마 지나지 않아 상해의 세계서국(世界書局)에서 영문편집으로 일했다. 이때 이후로 그는 셰익스피어의 희극전집을 번역하기 시작하였다. 그는 전쟁과 질병과 피난으로 완성된 원고를 소실하는 등 온갖 고난을 겪으면서도 전력을 기울여 10년 동안 셰익스피어 희곡을 31종반을 번역하였으며, 다시 5종반 만 번역하면 완역할 수 있는 상황에서 불행히도 한창 때에 병사하고 말았다. 비록 완역하지는 못했지만 그는 조국이 가장 어려운 시기에 처해 있었을 때 절개를 굽히지 아니하고 분발하여 중국 백년의 번역사에서 가장 어렵고도 큰 작업이라고 할 수 있는 기본적인 작업을 완성하였다. 이는 누구나 할 수 있는 일이 아니었기에 그 무엇보다 소중한 업적이라 할 수 있다. 그의 셰익스피어극의 번역작품은 여러 작품일 뿐만 아니라 질적으로 수준이 대단히 높아서 국(중국)내외의 셰익스피어학계에서도 높은 평가를 받고 있다.

주생호(朱生豪)는 어릴 때부터 어려운 가정환경과 불우한 생활 처지로 인하여 극히 내성적인 성격을 가지게 되었다. 평소에는 "처녀처럼 과묵하고 함부로 한 마디도 말하려고 하지 않았다."(夏承燾《天風閣學詞日記(천풍각학사일기)》) 저술방면에 있어서 그는 일생 동안 번역에만 몰두하였으며 어쩌다 한두 편의 시(詩)와 사(詞)를 지어 소일거리로 삼았을 뿐 번역이론과 관계되는 문장은 극히 적었다. 그의 부인에게 보낸 출판되지 않은 서신 가운데 어쩌다 번역에 대해 언급한 단편적인 견해를 제외하면 오늘날 우리가 찾아볼 수 있는 것은 1944년에 쓴 《〈莎士比亞戲劇全集〉譯者自序(세익스피어희곡전집 번역자 자서)》 한 편뿐이다. 여기에서 그는 자신의 번역에 대한 견해를 명확하게 설명하고 있다.

> 중국의 독자들이 셰익스피어라는 유명한 이름을 들은 것은 이미 오래 전의 일이다. 그동안 문단의 저명한 인사들이 일찍부터 여러 책을 번역해 내기는 하였으나, 출판사에서 출판한 각종 번역서들을 보면 거칠고 소홀한 것은 비교적 적으나 자유롭지 못하고 생소한 것이 많다. 자구(字句)에 구속되어 원작의 정신이 드러나지 않을 뿐만 아니라 심지어는 표현이 서툴러 마치 딴 세상의 책처럼 끝까지 읽어내려 갈 수가 없다. 이것은 모두 번역자의 잘못일 뿐 셰익스피어는 아무런 잘못이 없다.
>
> 나는 셰익스피어의 희극을 좋아하여 일찍이 처음부터 끝까지 열 번도 더 보았으며, 원작의 정신에 대해서도 스스로 마음으로 느낀 바가 상당히 있다고 생각한다. … 무릇 셰익스피어 작품의 번역의 어려움과 방대함은 10년 동안 공을 들인다 하더라도 그것이 긴 세월이라고 할 수 없으므로 필생의 정력을 여기에 쏟아 부으려고 한다.
>
> 내가 이 책을 번역하는 목적은 첫째, 가능한 한도 내에서 원작의 신운(神韻)을 보존하기 위해서이다. 부득이 차선책을 택하더라도 반드시 명백하고 알기 쉬운 자구(字句)로 원문의 의지와 취향을 충실하게 전달하고자 한다. 그러나 한 자 한 자 또는 한 구절 한 구절씩 대조하는 식으로 경역(硬譯)하는 것에는 찬성할 수 없다. 만약 글 가운데 중국어의 어법과 맞지 않는 곳이 있어 자주 재삼재사 곱씹어 보고 나서 미련 없이 원문의 전체적인 구조를 완전히 바꾸는 한이 있더라도, 원작자의 취지가 확연히 드러나게 하여 애매모호한 자구(字句)에 의해 가려지는 일이 없도록 해야 한다. 매번 한 단락의 번역을 마칠 때마다 반드시 먼저 내가 독자가 되어 번역문 가운데 애매모호한 곳은 없는지 살펴본다. 또 스스로 무대 위에 오른 배우가 되어 어투가 입에 잘 맞는지 음절이 잘 어우러지는지를 심사해 보고, 만약 한 자 한 구라도 마음에 들지 않는 부분이 있으면 며칠씩 골똘히 생각하였다.

이 글을 보면 주생호(朱生豪)는 원문의 '신미(神味)'와 '신운(神韻)'을 매우 중시했다는 것을 알 수 있다. 그의 번역에 대한 태도는 아주 진지해서 그는 원작을 십여 차례나 연구하고 낭송한 후 원작의 정신을 완전히 이해하고 나서야 비로소 붓을 들어 번역하기 시작하였다. 그가 이러한 것을 강조한 것은 매우 정확한 것이다. 왜냐하면 그가 번역한 것들은 인류의 문학예술에서 가장 모범이 되는 책들이었기 때문이다. 그는 번역의 표준을 두 가지로 삼았는데 하나는 이루기 위해서 열심히 노력하라는 것이고, 다른 하나는 반드시 완성해야 한다는 것이었다. 그러나 그는 '한 자 한 자 또는 한 구절 한 구절씩 대조하는 식으로 경역(硬譯)하는 것'에는 찬성하지 않았다. 이것은 노신(魯迅)이 이야기한 '경역(硬譯)'과 서로 대립되는 면이 조금도 없다고 생각한다. 왜냐하면 첫째, 노신(魯迅)이 말한 '경역(硬譯)'은 주로 이론저작을 겨냥해서 한 이야기이지 셰익스피어의 희극과 같은 고도로 완미한 예술작품을 겨냥해서 한 이야기가 아니기 때문이다. 둘째, 노신(魯迅)은 본래부터 '곡(曲)'하지도 않고 '경(硬)'하지도 않으면서 '열심히 연구하여' 원문에 구애받지 아니하고 '원래의 문장법을 분해하는' 훌륭한 번역가를 환영하였다. 따라서 주생호(朱生豪)의 이러한 주장은 실제로는 노신(魯迅)의 견해와 서로 상통하는 것이라 할 수 있다. 그의 이러한 번역이론은 비록 그 양은 많지 않지만 그의 풍부한 경험이 응집된 것으로 중요시할 가치가 있으며, 그가 더 많은 번역이론을 남기지 못한 것은 참으로 안타까운 일이 아닐 수 없다.

주문진(朱文振)은 주생호(朱生豪)보다 나이가 두 살 아래인 동생이다. 그 또한 어릴 적에 수주중학(秀州中學)에서 공부하였으며, 중학교를 졸업한 후 집이 가난하여 잠시 전화교환수를 하기도 하였다. 1933년 남경(南京)의 중앙대학(中央大學) 외국어문학과에 입학하였다. 졸업 후 귀주(貴州) 등지의 중학과 대학에서 영어교사를 담당하였다. 1952년 하얼빈외국어전문학교로 전근을 가서 다시 러시아어를 공부하였다. 졸업 후 지금까지 사천대학(四川大學)에서 저명한 교수이자 번역이론연구가로 재직하고 있다.

주문진(朱文振)은 일찍부터 주생호(朱生豪)가 셰익스피어의 희극을 번역하는 중요한 의미를 알고 있었으므로, 1935년 그의 형에게 쓴 편지에서 그를 '민족영웅(民族英雄)'으로 칭찬하고 격려하였다. 주문진(朱文振)이 번역이론문장을 발표한 것은 그의 형보다 빨랐다. 1942년 《學生之友(학생의 벗)》 제4권 제4기에 발표한 《略論飜譯(번역을 간략하게 논함)》이라는 글 한 편이 남아 있는데, 이는 상당히 수준이 있는 번역이론이다. 이 글에서 그는 '번역의 기능'과 '선결 조건'을 주장하고 '일통외국문(一通外國文: 첫째, 외국어에 능통해야 한다.), 이통본국문(二通本國文: 둘째 본국문에 능통해야 한다.), 삼통중외문자적문법습관지비교(三通中外文字的文法習慣之比較: 중국어와 외국어의 문법습관의 비교에 능통해야 한다.), 사통상식(四通常識: 상식에 능통해야 한다.)' 등과 같은 4개의 '통(通)'을 이룰 것을 요구하였다. 문장에서 이야기한 바와 같이 얼핏 보면 지극히 평범하여 조금도 신기할 것이 없다. 그러나 작가는 생동감이 넘치는 실례를 적지 않게 거론하면서 그 이치를 상당히 확고하게 설명하고 있다. 예를 들면 중국문학과 외국문학의 문법습관을 비교함에 있어서 그는 번역 중에 문장부호와 같은 것도 원문 그대로 옮겨서는 안 되며 '환경에 맞도록 적응해야 한다.'고 지적하였다. 이러한 것은 일반 사람들은 소홀하기 쉬운 문제이다. 글 속에서 그는 번역이 예술이기도 하면서 학문이기도 한 이치를 설명하였고, 직역(直譯), 의역(意譯), 음역(音譯), 역명(譯名: 명사의 번역) 등의 문제에 대해서도 자신의 견해를 논술하였다. 40년대 전기에 주문진(朱文振)은 중경(重慶)에서 발행되는 《現代讀物(현대독물)》이라는 잡지에 《飜譯與文體(번역과 문체)》, 《詩歌飜譯中的格律(시가번역에서의 격률)》 등의 글을 발표하였다. 최근 사천대학(四川大學)에서 그의 전문 연구서적인 《飜譯與語言環境(번역과 언어환경)》을 출판하였다.

중국번역학사(中國飜譯學史)에서 형제들이 모두 공헌을 한 사람들은 노신(魯迅), 주작인(周作人) 형제와 모순(茅盾), 심택민(沈澤民) 형제 등을 제외하면 매우 드물다. 이 점에서 보면 주생호(朱生豪), 주문진(朱文振) 형제도 한 번쯤 거론할 가치가 충분하다.

十八. 애사기(艾思奇)의 《飜譯談(번역담)》

30년대 후반과 40년대의 중국 번역학계에는 새로운 상황이 출현하였다. 그것은 한 무리의 저명한 철학자들이 번역이론연구자들의 대오에 들어갔다는 사실이다. 특히 진보철학자 및 사회과학자들의 가입(앞에서 이야기한 구추백(瞿秋白), 노신(魯迅) 등도 사실 이에 속한다.)으로 인하여 번역학이론의 깊이를 크게 더했다. 이 절에서 우리가 먼저 이야기할 사람은 애사기(艾思奇)이다.

애사기(艾思奇, 1910-1966)는 운남, 등충(雲南, 騰冲) 사람으로 원명은 이생훤(李生萱)이다. 그의 아버지는 신해혁명(辛亥革命) 때 운남기의(雲南起義)의 지도자였기 때문에 그는 어려서부터 민주사상의 영향을 받았으며 엄격한 문화교육을 받고 자라

났다. 1927년 그는 홍콩으로 가서 망명 중이던 아버지를 만난 후, 교회학교에 들어가 훌륭한 영어교육을 받았다. 이때 그의 아버지는 그에게 선진철학(先秦哲學)의 서적들을 강의해 주었으므로, 선진철학(先秦哲學)에 대한 취미를 키울 수 있었다. 그 후 그는 적극적으로 혁명운동에 참여하였으며, 죽을 고비를 넘기기도 하였다. 1927년에는 일본에 유학하여 일어와 독어를 배워 철학과 마르크스주의를 공부하였다. 1928년 귀국하였으나, 1930년 초에 다시 일본으로 갔다가 1930년 초에 다시 곤명(昆明)으로 돌아왔다. 30년대에 그는 '중국사회과학가연맹(中國社會科學家聯盟)'에 가입하여 마르크스주의 철학자가 되었으며, 1935년에는 중국공산당에 가입하였다. 1936년 그는 독서생활출판사(讀書生活出版社)를 설립하고 총 편집인을 맡았다. 또 곽대력(郭大力) 등이 《資本論(자본론)》을 번역하는 것을 도와주었다. 항일전쟁(抗日戰爭)이 발발한 이후에는 연안(延安)으로 가서 주로 철학이론사업에 종사하면서 마르크스, 레닌주의 서적과 문예 작품을 번역하였다. 해방 후에도 그는 철학이론사업에 계속 종사하면서 러시아어를 배웠다.

1937년 1월에 창간된 《語文(어문)》 잡지 제1기에 그가 발표한 《飜譯談(번역담)》은 철학적 이론이 풍부한 매우 뛰어난 번역이론이었다. 그는 자신과 다른 사람이 《新哲學大綱(신철학대강)》을 공동 번역한 경험에서부터 이야기를 시작하여 소위 말하는 공동번역의 어려움을 소개하였는데 이는 모두 자신이 직접 경험한 것들로부터 얻은 교훈이었다. 그러나 글 가운데 가장 주목할 만한 것은 두 개의 큰 문제를 둘러싸고 전개한 논술이다.

하나는 '직역(直譯)'과 '의역(意譯)'에 관한 변증관계(辨證關係)적 논술이다. 그는 "만약 소위 말하는 직역(直譯)이라는 것을 한 글자 한 구절씩 사전을 뒤져 가며 옮겨 놓는 것이라고 곡해한 것이 아니라면 나는 직역에 찬성한다. 번역의 목적이 독자들에게 소개하는 것이기는 하지만 동시에 원저자에 대한 책임도 져야 한다. 원저자의 뜻을 정확하게 전달하기 위해서는 원래의 문법을 그대로 보존하는 것이 가장 이상적이다. 이것은 노신(魯迅) 선생이 주장한 그러한 직역을 제외하고는 완전하게 실천하는 것은 불가능하다. 만약 한편으로 독자들만을 고려하여 마음대로 원문을 바꾸어서 번역하는 것을 의역(意譯)이라고 하면 그것은 달리 통속적인 읽을거리를 쓰는 것만 못하다. 나는 저작(著作)은 당연히 통속적이어야 하지만 번역은 먼저 원저자의 원래 의도를 전달하는 것을 위주로 하여야 한다고 생각한다." 고 하였다. 애(艾)씨는 《新哲學大綱(신철학대강)》을 번역할 때 자신도 곧 이와 같이 직역을 하였다. 동시에 그는 직역이라는 것은 결코 외국 문법을 판에 박은 듯이 중국 문자 속으로 옮겨 놓는 것은 아니며 이렇게 하면 원래의 취지를 잃어버리게 되니 "지나치게 직역을 하면 반대로 직역답지 않게 된다."고 하였다. 애(艾)씨는 진정한 직역은 '가장 적절한 중국어로 원래의 의미를 전달하는 것'이라고 생각하였다.

또한 애(艾)씨는 중국어언의 '정밀도(精密度)' 문제에 대한 견해도 발표하였다. 그는 중국어언이 충분히 정밀하지 못해서 자주 외국문자의 복잡한 내용을 전달할 수 없다고 하는데 이것은 사실이라고 생각하였다. "그러나 이러한 견해도 반드시 한계가 있다. 이러한 견해는 정(靜)적인 상태에서 중국어언을 보았을 때 다만 과거에 이미 형성되어 있는 어언만을 중국어언의 전체로 보았을 때 발생할 수 있는 것이다. 만약 우리들이 미래를 바라보면서 발전적인 방향에서 중국어언을 보면 우리는 중국어언이 복잡한 내용을 영원히 표현할 수 없다고 말할 수는 없다. 중국어는 더 정밀해질 여지가 전혀 없다고 말할 수 없으므로 이 어언은 영원히 발전과 창조가 있을 수 없다고 말할 수는 없는 것이다." 따라서 그는 "우리는 시시각각으로 새로운 중국어를 창조해야 하며, 중국어의 표현능력을 열심히 제고해야 한다. 그리하여 우리는 수많은 소중한 새로운 발견을 찾아내어야만 한다."고 강조하였다. 애(艾)씨의 이러한 논의는 구추백(瞿秋白) 등의 글에 비하여 더욱 절실하다. 꼼꼼하게 분석하지 않은 채로 중국어언이 정밀하지 못하다고 말할 수는 없다. 왜냐하면 첫째 중국어언은 충분히 발전할 여지가 있고, 둘째 중국어언의 표현능력은 아직까지 누구에 의해서도 발견된 적이 없기 때문이다.

애(艾)씨는 또, "만약 소위 말하는 의역이라는 것이 번역자가 자기의 의사대로 마음대로 원작에 대하여 해석을 가하는 것이 아니라 번역자가 원래의 의미에 대해서 정확한 의미를 부여하는 것이라면 직역을 하는 경우에도 이러한 '의(意)'적 성분은 필요한 것이다."고 지적하였다. 직역의 목적은 원저를 존중하는 것 이상을 벗어나지 않으므로 번역자는 자기 자신의 고정관념을 개입시켜서는 안 된다. 이러한 고정관념을 방지하기 위해서 '의견(意見)'마저도 일률적으로 포기하고, 어떤 경우에도 개입시키지 않아야 한다. 왜냐하면 "가장 적당한 자구(字句)로 원래의 의미를 표현하기 위해서이다. 동시에 원래의 의미를 가장 정확하게 이해하고 통달하기 위해서이다." 따라서 애(艾)씨의 결론은 아래와 같다.

> 이러한 의미에서 보면 의역과 직역은 절대적으로 단절된 완전히 다른 것으로 보아서는 안 된다. 어느 한 쪽을 완전히 말살해 버리면 온갖 병폐가 속출할 것이다. 그렇다고 해서 절충주의적 태도를 취하라는 것은 아니다. 왜냐하면 '의(意)'의 역할이란 원작을 이해하는 것을 돕고, 원래의 의미를 정확하게 전달하는 것을 도우며, 동시에 직역의 성공을 돕고자 하는 것이기 때문에 번역의 근본 원칙에서 볼 때 우리가 원하는 것은 정확한 직역이다.

이 글에서 두 번째의 큰 문제는 '신(信), 달(達), 아(雅)'의 변증법(辨證法)적 관계에 대한 것이다. 어떤 사람들은 직역이 비록 '信'이라는 목표에는 도달할 수 있지만 '달(達)'과 '아(雅)'라는 목표에 도달하기 위해서는 좀 곤란한 점이 있다고 생각한다. 애(艾)씨는 또 다음과 같이 말하였다. "그렇다, 직역의 목적은 곧 '신(信)'에 도달하기 위한 것이다. 만약 '신(信)'의 목적에도 도달하지 못한다면 그것은 아예 번역이라고 말할 수도 없는 것이다. 그러나 진정으로 훌륭한 직역은 '신(信)'의 목적에 도달하기만 하면 모든 것이 완성되는 것이다. 충실한 번역본은 반드시 100퍼센트 원래의 의미를 전달하는 것은 물론이고, 가능한 한 원작가의 '달(達: 의미를 전달하는 방식)'의 방식마저도 보존하는 것이다." 어떤 사람들은 자주 오해를 하여 '달(達)'하기 위해서 마음대로 원래의 문장을 늘리거나 줄여도 되며, 원저를 고려하지 않아도 되는 것으로 생각한다. 그래서 의역을 할 때에만 비로소 '달(達)'할 수 있으니 반드시 '신(信)'을 고려해야 하는 것은 아니라고 주장한다. 또 직역은 거꾸로 '신(信)'할 수만 있으면 되지 반드시 '달(達)'해야 하는 것은 아니라고 주장한다. 애(艾)씨는 "이와 같이 확연하게 구분하는 방법은 사실은 형이상학적 착오이다."고 말하였다. '아(雅)'에 대해서 그는 문자가 전아(典雅)한 것을 가리킨다면 그것은 바깥으로부터 억지로 색채를 덧칠한 것이다. 그것은 원저 본래의 문자미(文字美)를 전달하는 것이 아니라 정력을 낭비하는 것이며 원저를 존중하지 않는 것이다. 만약 '아(雅)'가 원저의 문자미(文字美)를 가리킨다면 원저에 충실해서 충분히 '신(信)'의 목표에 도달하였을 뿐만 아니라 '아(雅)'도 다소간 전달되었을 것이다. 그는 "아

(雅)' 역시 '신(信)'과 절대적으로 분리될 수 있는 것은 결코 아니다."고 생각하였다. 그의 결론은 다음과 같다.

> 번역의 원칙은 '신(信)'을 근본으로 삼는 기초를 벗어날 수 없다. 또한 '아(雅)', '달(達)'과 '신(信)'과의 관계는 속성(屬性)의 본질에 대한 관계와 마찬가지로 떼려 해도 뗄 수 없는 제이의(第二義)적 존재이다.

애(艾)씨는 "이것은 내가 《新哲學大綱(신철학대강)》을 번역하고 난 후의 감상으로, 결코 대단한 경험이라고는 할 수 없지만 방법론적인 의의는 있다."고 하였다. 여기에서 말한 '방법론(方法論)'이란 곧 철학상의 변증법(辨證法)을 가리킨다. 애(艾)씨의 번역이론에는 도처에서 변증법적인 광채가 난다. 따라서 이 글은 비교적 짧기는 하지만 중요시할 만한 가치가 있는 것이라 하겠다.

十九. 하린(賀麟)의 《論飜譯(논번역)》

철학자 하린(賀麟)도 뛰어난 번역이론을 발표하였다. 하린(賀麟)은 1902년에 태어났으며 사천, 금당(四川, 金堂) 사람이다. 1919년 청화대학(淸華大學)에 입학하였으며 재학 시절 유명한 번역가 오복(吳宓)의 번역과라는 수업을 듣고 번역에 대한 훈련과 연구를 하였다. 20년대 전기에 賀씨는 중국 최초의 《飜譯西籍小史(서양서적번역사)》를 쓸 계획을 세웠으며, 이때부터 서양의 고전철학에 흥미를 느끼기 시작하였다. 1926년부터 1931년 사이에 그는 미국, 독일 등지를 유학하여 서방철학을 공부하였으며 관련 서적을 번역하기도 하였다. 귀국한 후에는 줄곧 대학이나 과학원에서 서방철학의 교학과 연구, 번역사업에 종사하였다. 50년대 이후에는 변증유물주의로 전향하였으며, 1982년에는 80세의 고령으로 중국공산당에 가입하였다.

일찍이 1925년 11월에 하(賀)씨는 《東方雜誌(동방잡지)》 제22권 제21기에 《嚴复的飜譯(엄복의 번역)》이라는 글을 발표하여 엄복이 번역할 때 그 서적을 엄정하게 선택하여 번역한 사실을 높이 평가하였다. 동시에 엄복이 주장한 '신(信), 달(達), 아(雅)' 이론이 번역이론에 끼친 중요한 공헌 등을 긍정하였다. 이 글은 엄복이 세상을 떠난 후 가장 이른 시기에 나온 그의 번역 성과와 이론 공헌에 대해 전면적으로 평한 논문이다. 뿐만 아니라 이 글은 하(賀)씨가 일찍부터 계획하고 있던《飜譯西籍小史(서양서적번역사)》의 1장(章)이기도 하였다. 이 책은 그 후 원고를 부분적으로 분실하는 등의 이유로 인하여 완성되지는 못하였지만, 작가는 중국에서 최초로 번역사를 쓰려고 계획했던 학자임에는 틀림없다.《嚴复的飜譯(엄복의 번역)》을 발표할 때 그가 쓴 부기(附記)에 이 책의 제강(提綱: 줄거리)을 거론하였는데, 그는 명청(明, 淸)이래 중국번역사의 분기문제에 대한 견해를 아래와 같이 적고 있다.

> 이 책은 5장으로 나눈다. 제1장 서론에서 번역사를 연구하는 취지와 중국에서 외국서적을 번역한 기원을 논술하는 것을 제외하면 그 밖의 4장은 서양서적을 번역한 시기를 4시기로 나누어 서술할 것이다. 一. 서양 서적을 번역하기 시작한 발인(發軔) 시기, 명말 청초(明末淸初)의 번역, 二. 서양서적 번역의 부흥시기, 강남제조국(江南製造局)과 동문관(同文館)의 번역, 三. 임서(林紓), 엄복(嚴复) 시기의 번역, 四. 신문화운동(新文化運動) 이래의 번역

그는 저명한 철학자로 이름이 난 후에 번역문제에 대하여 더욱 체계적이고 깊이 있는 견해를 발표하였다. 그의 대표적인 번역이론은 1940년《今日評論(금일평론)》제4권 제9기에 발표한《論飜譯(번역을 논함)》이다. 그는 먼저 당시 중국의 20년 내의 번역계가 "번역이 넘치면서도 정적을 유지하는 극에 달했다."는 사실을 인정하고 그 원인으로 "一. 위에 있는 사람이 창조만 긍정할 뿐 번역은 쳐다보지도 않으니 침묵할 수밖에 없다. 二. 아래에 있는 사람들이 학문과 언어를 배양하는 것이 부족함에도 불구하고 제멋대로 번역하면서 번역을 쉬운 일로 생각하니 번역이 흘러넘쳤다. 三. 훌륭한 번역은 격려하고 잘못한 번역은 질정하는 넘침과 부족함을 조절할 수 있는 엄정하면서도 번역을 아끼는 번역 비평이 결핍되어 있었기 때문이다."라는 세 가지 요인을 지적하였다. 그는 대체로 번역 사업에 대해 너무 낮게 평가하는 것 같았으나, 그가 지적한 세 가지 병폐와 착오적 인식은 실제로 존재하였다. 따라서 그는 가장 근본적인 문제에서 출발하여 번역 문제를 논하면,

“무엇보다도 먼저 번역을 포함하는 철학적 의의부터 토론해야 한다.”고 생각하였다. ‘철학적 의의’로까지 끌어올려서 이와 같이 명확하게 번역을 논술한 것은 중국 번역이론사상 최초의 일이었다.

하(賀)씨는 《論飜譯(번역을 논함)》이란 글에서 주로 철학적인 측면의 두 가지 큰 문제에 대해 거론하였다. 첫 번째는 “번역의 이치를 궁구해서 이론상 번역이 가능한지 아닌지를 고찰해 보자는 것이었다.” 선문답을 하는 것 같고 또 다소간 신비주의적 색채를 띤 이 철학자는 번역이 이론적으로는 불가능하다는 생각을 많이 하였던 것 같다. 예를 들면 백격삼(柏格森)[19]은 《形而上學導言(형이상학도언)》에서 그들은 자기 스스로도 자기 자신의 정신 경계를 어언, 문자로 나타낼 수가 없는데, 다른 사람이 그들의 어언과 문자로 나의 사상을 전달하거나 번역하는 것은 더욱 불가능하다고 지적하였다. 소위 “사리를 설명해야 하는 상황에 빠지면 그것은 이미 하승(下乘)이라고 하였는데, 사리를 설명하는 것을 다시 설명하는 것, 어문을 번역하는 것은 하승(下乘) 중의 하승(下乘)이다.” 하(賀)씨는 웅변을 하듯 이것은 분명이 ‘언의지변(言意之辨; 뜻을 말로 표현할 수 있느냐를 두고 벌인 논쟁)’의 부정확한 사상이라고 지적하였다. 왜냐하면 의(意)는 형이상(形而上)에 속하고 언(言)은 형이하(形而下)에 속하기 때문이다. 의(意)는 하나이나 언(言)은 많으며 의(意)는 체(體)이고 언(言)은 용(用)이기 때문이다. 이러한 것은 의(意)와 언(言) 사이의 필연적인 논리 관계이다. 어떤 의미에서 보면 언(言)은 의(意)를 다 나타낼 수 없고 의(意)는 말로 다 표현될 수 있는 것이 아닌데, 이 또한 사실이다. 그러나 언(言)이 비록 의(意)를 다 나타낼 수는 없지만 그래도 언(言)은 의(意)를 표현할 수 있다는 사실을 반드시 알아야 한다. 문(文)은 비록 도(道)를 다 나타낼 수는 없지만 도(道)를 실을 수는 있다. 왜냐하면 언(言)은 마음의 소리이며, 또 언(言)은 의(意)의 형체이기 때문이다. 뜻이 고갈되면 언어 또한 뜻을 따라 고갈되며 의사가 활발하면 언어 또한 활발해진다. 의사(意思)가 심오해지면 언어 또한 함축적으로 변한다. 마음속에 진실로 의사(意思)가 있으면 어언문자(語言文字)로 전달하지 못하는 것은 없으며, 어언문자(語言文

19) Henri Bergson, 1859년~1941년, 프랑스철학자로 문장이 대단히 아름답고, 사상이 대단한 흡인력을 가져 노벨문학상을 받았다.

字)나 기타 방식으로 절대로 표현할 수 없는 경우는 의사(意思)가 없는 경우뿐이다. 따라서 그는 '번역이 포함하고 있는 철학적 원리'라는 것을 제시하였다.

> 의(意)와 언(言), 도(道)와 문(文)의 관계는 체(體)와 용(用), 일(一)과 다(多)의 관계이다. 언(言)은 의(意)를 소통하고 문(文)은 도(道)를 싣는 것이다. 의(意)와 언(言), 도(道)와 문(文)은 일종의 체(體)와 용(用)이 합일된 것으로 불가분의 관계이다. 따라서 의(意)가 진실하고 허황됨이나, 도(道)가 깊고 얕음은 모두 의(意)와 도(道)를 나타내는 어언문자에 의해 증명되는 것이다. 다른 사람의 마음속의 도(道)를 알고, 다른 사람의 마음을 알고서도 이에 상응하는 어언문자(語言文字)를 찾지 못하여 나타내지 못하는 사람은 없다. 오늘날 번역의 직무는 도(道)를 밝히고 의(意)를 알아 상응하는 어언문자(語言文字)로 이 의(意)를 전달하고 이 도(道)를 표시하는 것이다. 따라서 번역은 가능하다. 도(道)는 전해질 수 있고 의(意)는 소통될 수 있다. 의(意)와 언(言), 도(道)와 문(文)은 곧 일(一)과 다(多)의 관계이다. 즉 이를 통해 동일 진리와 동일 의사를 추리해서 알 수 있으며, 수많은 다른 어언문자(語言文字)나 기타 방식으로 나타낼 수 있다.

본래 번역이 가능한지의 여부에 대한 문제는 맨 처음 호회침(胡懷琛)이 토론을 하였고, 20년대 초에 정진탁(鄭振鐸)이 정확한 대답을 하였다. 그러나 하(賀)씨의 논의는 의(意)와 언(言), 도(道)와 문(文), 일(一)과 다(多)의 관계 위에서 깊이 들어가 이 문제를 명백하게 논술하여 더욱 명확하고 확실해졌다. 그는 이 한 차례의 가능 여부에 대한 토론을 통해 두 층의 의미를 도출해 내었다.

일층(一層)은 번역이란 여러 종류의 어언문자(語言文字)로, 동일한 사상을 전달하는 것이므로 번역에 종사하는 사람은 마땅히 원서의 의리(義理)를 이해하고 파악하는 데 주중(注重)하여야 한다. 바꾸어 말하면 반드시 의역(意譯)과 의역(義譯)에 주중(注重)하여야 한다는 뜻이다. 원서의 의리(義理; 내용과 이치)를 알지 못하면 저자의 의도를 알지 못하게 되어 그저 좀스럽게 어언문자(語言文字)를 좇아서 한 자 한 자 기계적으로 번역하는 데 지나지 않으니 그것은 근본적으로 번역이라고 할 수도 없는 것이다. 원문의 취지와 의리(義理; 내용과 이치)를 정확하게 이해하고 난 후에 번역하기 시작하면 여유가 있고 막힘이 없이 언(言)과 의(意), 문(文)과 리(理)가 하나로 통일되어 가지런한 번역문을 얻게 될 것이다. 뿐만 아니라 원서가 포함하고 있는 의(意)와 리(理)가 참신하고 독창적인 것이라면 하나의 그것과 상응하는 참신하고 독창적인 번역문을 얻을 수 있을 것이다. 따라서 이로부터 신언어(新言語), 신술어(新術語), 신문체(新文體)를 창조하는 효과를 얻을 수 있을 것이다. 하(賀)씨가 여기에서 이야기하는바, '의역(意譯)'이라는 것은 노신(魯迅)이 이야기한 '직역(直譯)'과 서로 대립되는 것이 아니라 의미가 상통하는 일종의 '정역(正譯)'을 의미하는 것임을 알 수 있다. 그가 이끌어 낸 또 다른 한 층의 의미는 원서가 정확한 의미와 보편적 이치를 명확하게 표현할 수 없는 것들은 그 국가나 민족의 특수한 언어유희일 뿐이니, 그것은 번역할 수도 없고 번역할 필요도 없으며 번역할 가치조차도 없는 것이다. 그는 시의 번역 가능성 여부에 대해서도 간단히 언급하였다. 그는 한편으로는 시의 번역이 가능하다는 점을 인정하면서도 다른 한편으로는 그 번역의 가능성이 상당히 제한적이라는 것도 인정하였다. "그러나 어떠한 경우에도 시는 절대로 번역이 불가능하다는 잘못된 가설을 거부한다. 왜냐하면 그것은 신비주의로부터 나온 것이며 게으른 사람이 자신의 기량을 감추려는 것에서 나온 것이다. 그것은 문화의 전파와 시인들이 쏟아내는 위대한 사람의 정서와 진리를 공유하고 함께 감상하려는 것을 가로막는 것이다." 그의 이러한 관점은 기본적으로는 20년대 초의 정진탁(鄭振鐸)의 견해와 상통하는 면이 있다.

하(賀)씨가 이 글을 통해 철학적 측면에서 명백하게 논술한 두 번째 큰 문제는 번역 자체의 의의와 가치에 관한 문제이다. 이 문제 또한 두 방면으로 나누어 생각할 수 있다. 첫째는 번역문과 원문의 가치관계이다. 적지 않은 사람들이 번역문이란 개조품이고 모조품이고 베낀 것이어서 절대로 원문이 가진 진(眞)하고 선(善)하며 미(美)한 가치와 같을 수 없다고 생각한다. 그러나 하(賀)씨는 수많은 번역문이 원문과 똑같이 아름답거나 심지어는 더 아름다운 예를 들어서 다음과 같이 지적하였다.

> 번역문과 원문의 관계는 어떤 의미에서는 확실히 플라톤이 이야기한 것과 같은 모조품과 원형의 관계와 비슷한 데가 있다. 그러나 다른 의미에서 보면 번역문과 원문은 모두 동일한 객관적 진리의 모조품이거나 표현이라고 할 수 있다. 문자만을 두고 이야기하면 번역문은 확실히 원저의 글자를 바꾸어 베낀 것이다. 그러나 의리(義理; 내용과 이치)를 두고 이야기하면 번역문과 원문은 모두 동일한 진리에 대한 서로 다른 언어의 표현이다. 따라서 번역본이 동일한 진리를 표현하는 능력에 있어 진실로 많은 부분 원문에

> 미치지 못하는 곳이 있을 것이다. 그러나 번역본이 동일한 진리를 표현함에 있어서 어떤 때는 원문과 같거나 심지어는 원문보다도 뛰어나는 것이 불가능한 것은 아니다.

또 다른 측면에서 보면 이는 번역과 창조의 관계를 논한 것이다. 일부 사람들은 번역이란 다른 사람의 사상을 번역하는 것에 불과하며 다른 사람의 학술을 위하여 마이크와 같은 기계적 역할을 하는 것에 불과하므로 창조적 능력을 가진 천재는 이를 원하지 않거나 할 가치가 없다고 생각한다. 하(賀)씨는 이러한 견해는 번역사업을 경시하는 것으로, 학술의 진보와 발전을 가로막는 천박한 견해일 뿐이라고 생각하였다. 첫째, 번역이 능히 정확한 마이크가 되기만 하면 아무나 할 수 없는 참으로 소중한 것이 될 것이다. 왜냐하면 문화, 학술상의 마이크나 방송기기는 실제로 절실하고 보편적인 수요가 있어서 하루라도 없어서는 안 되며 어떤 곳에서는 없어서는 안 되는 것이기 때문이다. 둘째로 번역의 의의와 가치는 '화화서학(華化西學; 서학을 중국화함)'에 있어서, 서양학문을 중국화하고 문화상의 새 피를 수혈하여 서학(西學)을 국학(國學)의 일부분으로 만드는 데 있다. 따라서 이것은 바로 자아(自我)를 확충하고 개성을 발전시키려는 노력으로, 결코 개성을 매몰시키는 노예적 역할이 아니다. "외국서적을 번역하는 것은 어떤 의미에서는 바로 사상의 자유를 쟁취하는 것이며 정신적 자산을 증가시키는 일이다. 또한 외부로부터 가해지는 질곡을 벗어던져버리는 것이며 외래 학술을 내재화하려는 노력이다." 셋째, 어떤 때는 다른 사람의 사상을 번역하는 것이 자기의 사상을 발휘하거나 계발하는 것이 된다. 번역은 창조의 시작이며 창조는 번역의 완성이다. 번역 속에 창조가 있고 창조 속에 번역이 있다. "일방적으로 독자적 창조만을 제창하여 외래사상의 소개와 역술을 멸시하는 것은 천박하고 공허하며 과대망상의 길로 접어드는 것을 면하기 어렵다고 생각한다." 따라서 하(賀)씨는 결론적으로 다음과 같이 말하였다.

> 사치스럽게 창조를 말하여 공허하고 천박하며 과대망상적이고 교만한 병폐와 습관을 낳기보다는 차라리 학술계에 공자와 같이 '술이부작(述而不作)'하고, 주자(朱子)처럼 '주이부작(注而不作)'하며, 현장(玄奘)처럼 '역이부작(譯而不作)'하는 돈독하고 질박하며 호학(好學)하는 풍토를 양성하여, 뜻하지 않은 위대한 창조의 시대가 도래하는 것을 기다

리고 싶다.

전문을 종합적으로 살펴보면 이는 철리(哲理)가 넘쳐흘러, 번역이론 자체가 한 편의 철학 논문이라 할 수 있다. 이것은 온 세상에 전쟁의 참화가 넘쳐 나던 당시에 참으로 얻기 어려운 소중한 글이라 하겠다.

二十. 철학 저작의 번역에 대해서 논한 진강(陳康)

40년대의 저명한 철학자 진강(陳康)도 번역이론에 대한 견해를 발표하였다. 진강(陳康)은 1902년생으로, 강소, 강도(江蘇, 江都) 사람이며 원명은 진충환(陳忠寰)이다. 1929년 중앙대학교(中央大學校)를 졸업한 후 영국과 독일 등지에 유학하였다. 그는 철학을 전공하는 동시에 그리스어와 라틴어를 공부하였다. 1940년 독일 베를린대학에서 철학박사학위를 취득하였으며 귀국 후 북경대학(北京大學) 등에서 교편을 잡았다. 1948년 이후에는 대만대학(臺灣大學) 철학과 교수를 역임하였고, 1958년 미국으로 건너가 퇴직할 때까지 각 대학에서 교편을 잡았다.

진강(陳康)은 고대 희랍의 철학자인 플라톤의 대화《巴門尼德斯編(파문니덕사편)》한 권을 번역(譯註)하였을 뿐이다. 이 책은 1944년 중경(重慶)의 상무인서관(商務印書館)에서 출판되었으며, 1963년 대만의 선지출판사(先知出版社)에서 재판되었고, 대륙에서는 1982년 상무인서관(商務印書館)에서 재판하였다. 이 책은 대단히 번역하기도 어렵고 역주를 달기도 어려운 책이었다. 하린(賀麟)은《當代中國哲學(당대중국철학)》에서 그를 '희랍 원저의 보물창고로 뚫고 들어가서 플라톤에서 아리스토텔레스의 철학에까지 직접 관통한 첫 번째 사람'이라고 칭찬하였다. 현재 우리가 주목하는 부분은 그가 1942년 8월에 이 책을 위해 쓴 장편 역서(譯序)의 제3부분이다. 여기에서 그는 이론적 측면에서 엄복의 '신(信), 달(達), 아(雅)' 3원칙과 철학저서를 번역하는 관계에 대해서 명백하게 논술하였다.

진(陳)씨는 '신(信), 달(達), 아(雅)' 3개의 조건 가운데 '신(信)'을 영원히 변할 수 없는 가장 중요한 조건이라고 생각하였다. '신(信)'하지 않는 번역은 번역이 아니며 '신(信)'을 번역의 이상으로 생각하지 않는 사람은 번역을 할 필요도 없다. 그러나 '달(達)'은 상대적인 것이다. "소위 말하는 '달(達)'이라는 것은 객관적으로 보면 사람들이 번역문으로부터 순리적으로 원문의 의의를 알 수 있도록 해주는 것이다." 진(陳)씨의 '달(達)'에 대한 이와 같은 이해와 해석은 정확한 것이다. 그는 '달(達)'에 도달하기 위해서는 번역한 문장의 유창함과 서투름과도 깊은 관계가 있다고 하였다. 그밖에도 더욱 중요한 요소가 있으니 '원문의 내용과 번역문에 대해 독자들이 이를 이해하려는 마음의 준비가 되어 있는지의 여부'가 그것이라고 생각하였다. 그는 예를 들어서 다음과 같이 말하였다. "헤겔의 《邏輯學(라집학: 논리학)》의 번역은 그 문장력이 아무리 뛰어나다고 해도 철학에 대한 엄격한 이해가 부족한 사람에게는 반드시 '부달(不達)'한 문장으로 비칠 것이다." 이와는 상반되게 뉴욕의 거리에서 모일 모시에 두 대의 차량이 충돌했다는 이와 같은 신문기사의 번역은 그 문장력이 아무리 졸렬하다 하더라도 일반인들에게 반드시 달(達; 전달하다)'하게 될 것이다. 따라서 그는 "번역문의 '達'과 '부달(不達)'의 문제는 보편적으로 일체의 가능한 모든 독자층을 표준으로 삼을 수는 없으며, 번역자가 이상적인 독자층으로 생각하는 일부분의 사람들에게 상대적으로 적용되어야 한다. 이러한 사람들만이 번역문이 이 '달(達)'의 조건을 만족시켰는지 여부를 평판할 수 있다."고 지적하였다. 한편 진(陳)씨는 '아(雅)'에 대해서는 철학 저서 중의 번역에 있어서는 '지분(脂粉, 화장품)'과 같은 것이라고 생각하였다. 만약 이러한 서적을 번역함에 있어서 원래의 사상체계를 충실하게 좇아서 본토에 없는 학설을 소개한다면 '아(雅)'한 것과 '불아(不雅)'한 것은 단지 표면상의 문제에 불과할 뿐이다. 사실대로 말하면 내용이 충실하지 못할 경우 표면적인 수식의 도움을 받으려고 하는 것이다. 진강(陳康)이 여기에서 지적한 번역문의 '이상적인 독자'만이 번역문의 평판자가 될 수 있다는 사상은 대단히 깊이가 있다고 할 수 있다. 이것은 10여 년 전에 진서형(陳西瀅)이 번역의 평판자와 표준에 대해서 논술한 관점과 서로 상통하는 데가 있다. 진강(陳康)은 한 걸음 더 나아가 다음과 같이 말하였다.

번역이란 의심할 여지없이, 원문을 이해하지 못하는 사람들을 위한 것이지만, 단지

> 원문을 이해하지 못하는 사람들만을 위한 것은 아니다. 이와는 반대로 학술적으로 가치가 있는 번역은 원문을 이해하는 사람에게도 없어서는 안 되는 것이다. 무릇 서양철학연구 가운데 교감(校勘)에 대해서 조금이라도 이해하는 사람은 하등의 망설임 없이 이 의견에 동의할 것이다. 플라톤이나 복라정(僕羅丁)의 저서를 교감할 때 Ficino의 번역을 참고하지 않은 사람이 있을지 의문이다. 중국에서 가장 오래된 번역은 불경번역이다. 그들 번역대사가 세상을 떠난 후 다른 사람들은 목탁을 치면서 염불만 할 뿐, 다시 원문으로 돌아가서 불경 중의 의의를 연구하려는 사람은 없었다. 따라서 일반인들은 이상적인 번역 가운데 교감방면의 가치에 대해서는 조금도 상상할 수가 없다.

진(陳)씨가 여기에서 이야기하는 '교감(校勘)'은 현재 일반인들이 이해하는 문자의 같음과 다름을 교정하는 것을 뛰어넘어 주로 일종의 비교연구를 가리키는 것이다. 고대에는 외국의 철학저서 가운데 난해하거나 서로 의견이 일치하지 않은 부분이 적지 않게 있어서 연구자들을 괴롭혔는데, 이러한 때에 번역자들이 매우 중요한 역할을 하였다. 그는 다음과 같이 생각하였다.

> 어떠한 번역이 가치가 있느냐 하는 문제에 부딪히게 되면 독자들은 그 문장을 통해서 번역자가 어떤 견해를 가지고 있는지를 본다. 만약 한 종류의 번역이 가치가 있느냐 없느냐의 문제에 부딪히게 되면 번역자는 문제에서 숨기 위해 자신이 할 수 있는 모든 수단을 다 동원한다. 결과적으로 사람들은 그가 이 문제에 대하여 어떠한 해답을 가지고 있는지를 알 수가 없으며 심지어는 번역자는 문제가 있다는 사실조차도 알지 못한다.

비록 번역자가 학술적 논쟁의 여지가 있는 문제에 대하여 대답할 의무는 없지만 이상적인 번역문은 독자들에게 계시를 주어야 하는 것이니, 이것이 바로 번역이 학술적 가치를 인정받는 이유이다. 진(陳)씨는 만약 장차 어느 날 구미의 전문학자들이 중국어 번역본을 이해하지 못하는 것을 한탄하고 심지어는 이로 인하여 중국어를 배울 시기가 되면, 중국인들이 학술 방면의 능력에 있어서도 전 세계를 빛나게 하기 시작할 것이다. 그가 지적한 학술 가치가 있는 이상적인 번역은 이와 같은 일종의 가치를 가지고 있어야 한다고 그는 생각하였다. 그의 이러한 사상은 남들이 미처 생각하지 못한, 아주 중요시할 만한 가치가 있는 것이다.

진(陳)씨는 자신이 이 책을 번역할 때의 원칙에 대해서 다음과 같이 설명하고 있다.

> '신(信)'은 이 책을 번역함에 있어 움직일 수 없는 기본 조건이다. '달(達)'은 체계적인 철학 방면에 적지 않은 훈련을 받았거나 희랍철학방면에 상당한 이해를 가지고 있는 사람이냐에 따라서 상대적이다. '아(雅)'는 '신(信)'을 헤치지 않는 범위 내에서 그것이 갖추어지도록 노력한다. 그밖에 가장 주의를 요하는 것은 번역문 가운데 원문의 문장이 가지고 있는 구조에 대해서 우리들의 견해를 명백하게 나타내는 것이다. 이러한 번역은 이미 보편화된 명사로 표현하면 직역이다. 직역이라는 것은 자주 '불아(不雅)'할 뿐만 아니라 '불사(不辭; 수사학적으로 맞지 않음)'할 위험성을 내포하고 있다. 무릇 문사(文辭)와 의리(義理)를 둘 다 충족시킬 수 없을 때에는 우리들 스스로 결정한 원칙은 다음과 같다. 차라리 뜻으로 인하여 문장의 수식을 해칠지언정 문장의 수식으로 뜻을 해치지는 않겠다.

진(陳)씨의 이러한 주장은 10여 년 전에 노신(魯迅)이 했던 주장과 완전히 일치한다는 것은 너무나 명백하다. 노신(魯迅)은 일찍이 '영신이불순(寧信而不順; 차라리 정확한 번역을 택할지언정 순탄함을 좇지 않겠다.)'을 주장하였는데 많은 사람들이 이를 이해하지 못했거나(심지어는 瞿秋白마저도) 찬성하지 않았다. 그러나 진(陳)씨는 서로 같은 '영이의해사, 무이사해의(寧以義害辭 毋以辭害義; 차라리 뜻으로 인하여 문장의 수식을 해칠지언정, 문장의 수식으로서 뜻을 해치지는 않겠다.)'라는 원칙을 제창하였다. 진(陳)씨는 장년(長年)에 국외에서 유학하였기에 노신(魯迅)과 구추백(瞿秋白)이 토론했던 통신을 보지 못했을 것이므로 그는 이것이 그 '스스로 결정한' 원칙이라고 이야기하였다. 그러나 마치 약속이나 한 것처럼 노신(魯迅)의 의견과 서로 일치하는 것은 우리가 주목할 만한 부분이다.

또한 진(陳)씨가 지적한 '언지무문, 행지불원(言之無文, 行之不遠; 말함에 문장이 훌륭하지 아니하면, 그 말이 오래토록 전해지지 아니한다.)'이라는 말은 이미 역사적으로 증명된 명언이기는 하지만 이 말에 대해서 한 두 마디만 더 보충하고자 한다. '문승기질, 행원유치(文勝其質, 行遠愈恥; 문장의 수식이 그 본질을 능가하면, 멀리 갈수록 더욱 수치스러워진다.)'와 같은 구를 보충한 것은 진(陳)씨의 독창적인 표현인데, 이는 확실히 그 이치를 더욱 더 전면적으로 표현한 것이다. 그는 또 "그러나 다른 한편으로 우리는 절대적으로 억지로 풍속에 맞추는 그러한 방법은 피해야 한다. 언사(言辭)를 변통해도 그 뜻에 아무 방해가 되지 않을 때에는 '불아(不雅)' '불사(不辭)'한 직역은 포기해야 한다."고 하였다. 이 또한 노신(魯迅)의 주장과 일치한다. 피하기 어려운 의혹과 대답하기 어려운 질문을 변별하고 반박하기 위해 그는 아래와 같이 이야기하였다.

> 극도로 '信'의 조건을 만족시키기를 요구하는 번역은 자주 '불아(不雅)', '불사(不辭)'할 뿐만 아니라 어떤 때는 습관화되지 않은 어구(語句)를 사용할 때도 있다. 번역의 본질이 이러한 타성을 조성한다. 철학 서적을 번역하는 목적은 본토에 없는 사상을 전달하는 것이다. … 따라서 만약 극도로 '信'을 충족시키도록 요구하는 조건하에서 번역에 종사하는 사람들이 습관적인 사구(詞句)를 사용해서 본토에는 아직까지 없는 사상을 전달하기를 바라는 것은 근본적으로 불가능한 일이다. 이러한 상황 하에서 만약 문사(文辭)를 희생시키지 않으려면 반드시 의리(義理)를 희생하여야 하고 의리(義理)를 희생시키지 않으려면 반드시 문사(文辭)를 희생시켜야만 한다.

그의 이 주장은 절대로 주관적 편견이 아니고 역사적으로 증거가 있는 이야기이다. 진(陳)씨는 예를 들어 만약 불경번역을 동시대의 다른 문장과 서로 비교해 보면 우리들은 이들 둘 사이에는 사용한 단어들이 많은 부분에 있어 완전히 다르다는 것을 알 수 있다. 만약 후자가 당시에 사용한 표준문장이라고 한다면 전자(불경번역문)는 당시에 부정할 수 없을 정도로 '불통(不通; 통하지 않음)'하였을 것이다. 진(陳)씨는 이러한 '불통(不通)'은 새로운 사상과 학문을 소개하기 위한 필요에 의한 것이라고 생각하였다. 그는 그가 준수하는 녕이의해사, 무이사해의(寧以義害辭, 毋以辭害義; 차라리 뜻으로 인하여 문장의 수식을 해칠지언정, 문장의 수식으로서 뜻을 해치지는 않겠다.)'라는 원칙이 "반드시 번역이 무엇인지 자세히 고찰해 보지 않았으면서도 자신의 주장이 강한 사람들의 질책을 면할 수 없을 것이다."라고 생각하였다. 그러나 그는 이러한 질책이 두려운 것은 아니었다. 그가 가장 두려워하였던 것은 번역 자체에 충실하지 못할까 하는 것이었다. '문아(文雅)'하게 수식하기 위하여, 즉 원래의 의미에 부합하지 않는 대체품으로 바꾸어 머릿속에 지식을 추구하는 정서가 충만하면서도 번역을 통해서만 지식을 습득할 수 있는 일반인들에게 원문 속의 진상을 전수해 주지 못하는 것이었다. 그것은 우리들이 감히 할 수도 없고, 그렇게 하는 것을 보고 참을 수도 없는 일이다.

진(陳)씨의 이러한 논술은 진리를 추구하려는 결심과 자신감으로 충만해 있다. 그는 철학자의 주도면밀한 두뇌로 깊이 생각하여 철학저서를 소개하고, 또한 신사상을 소개하는 실제 수요와 목적에서 출발하여 원칙을 결정하고 명백하게 진술하였던 것이다. 이 점은 이 번역이론의 뛰어난 공헌이다. 동시에 무의식중에 노신(魯迅)이 10여 년 전에 한 '직역(直譯)'과 '경역(硬譯)'에 관한 이론(노신(魯迅) 또한 주로 사회과학서적의 번역에 관하여 논술하였다.)의 정확성을 유력하게 증명하였다.

二十一. 주광잠(朱光潛)의 《談飜譯(담번역)》

40년대에 번역학의 연구대오에 가입한 또 한 사람의 철학자로 주광잠(1897-1986)이 있었다. 주(朱)씨는 안휘, 동성(安徽, 桐城) 사람이다. 1918년 홍콩대학에 합격하여 영국어언과 문학을 전공하였다. 5년 후에 졸업한 후 상해로 건너가 교편을 잡았으며 신문학운동과 접촉하게 되었다. 1925년에는 영국에 유학하였으며, 그 후 다시 프랑스에 유학하여 문학, 철학, 예술사, 심리학 등을 전공하였으며, 8년 동안 든든한 기초를 닦았다. 귀국 후에는 줄곧 교육사업과 미학, 철학 등의 이론연구에 종사하였으며, 죽을 때까지 조금도 이를 게을리 하지 않았다. 그는 중국 현, 당대의 가장 뛰어난 문학이론가이자 미학, 철학 등 방면의 가장 뛰어난 학자 중의 한 사람이다.

1944년 12월 25일 중경(重慶)에서 출판된 《華聲(화성)》 제1권 제4기에 발표된 《談飜譯(번역에 대해 말함.)》(후에 1946년 5월 계명서점(啓明書店)에서 출판한 《談文學(문학에 대해 말함.)》에 수록되었다.)은 그의 번역에 대한 관점을 대표하는 글이다. 이는 항전 시기(抗戰時期) 대후방의 중요한 번역이론 중의 한 편이다.

주(朱)씨는 글에서 엄복이 이야기한 번역삼난(飜譯三難) 가운데 "끝까지 그 근원을 파고 들어가 보면 '신(信)' 자가 가장 실천하기 어렵다."고 지적하였다. 소위 말하는 '신(信)'이라는 것은 원문에 충실한 것을 말하는 것으로 그 목적처럼 원문의 의미를 중국어로 표현해 내는 것이다. 그러나 "문학 작품이란 완정한 유기체이기 때문에 정감사상과 어언풍격이 하나로 어우러져야 하며 그 소리와 의미도 틈새 없이 잘 어울려야 한다. 따라서 원문에 충실하다는 것은 표면적인 글자의 자의(字意)에만 충실한 것이 아니라 감정, 사상, 풍격, 성음의 리듬 등까지도 동시에 충실한 것을 말한다." 따라서 이것은 대단히 어려운 것이다. 그는 "절대적 '信'이라는 것은 하나의 이상에 불과하며 사실상 실천하기는 어렵다는 사실을 역설한다. 그러나 우리는 반드시 이 이상에 부합하기 위해 최대한 노력해야 하며, 가능한 한 범위 내에서 마땅히 소홀히 하거나 적당히 넘겨서는 안 된다."고 하였다.

번역을 함에 있어 '신(信)'이 가장 실천하기 어렵다는 것을 설명하기 위해서 그는 수많은 원인을 거론하며 '信'에 도달하기 위한 방법을 상세하게 이야기했다. 먼저, 제일 첫 번째 문제는 '글자의 뜻을 철저히 이해하는 것의 어려움'이다. 소위 말하는 '자의(字意, 글자의 뜻)'는 실제로 '각기 다른 방식의 의의(意義)'가 있는데, 그는 아래와 같은 여섯 가지 방식을 들었다.

一. 직접 가리키는 말이거나 사전상의 의의(意義)인데, 이것은 가장 기본적이며 가장 보편적인 의의(意義)이다. 따라서 가장 투박하며 개성이 없는 것(意義)이다.

二. 문학 작품 속에서는 모든 글자가 개성을 가지며, 그 특유의 '특수생명(特殊生命)'을 가지고 있어 아래 위의 문장이 달라지면 의의(意義) 또한 달라진다. 만약 문학적 수양이 없거나 투박한 사람은 이러한 것들에 대해서 명확하게 이해하기가 어렵다.

三. 각 글자는 모두 나름대로 오랜 역사를 가지고 있고, 본국의 수많은 사물이나 상황 등과 연관관계를 맺어 왔기 때문에 '특수한 정감과 분위기'가 있다. 따라서 사람들로 하여금 각양각색의 특유의 심리반응과 연상적 의의(意義)를 가지게끔 한다. 이러한 것들은 매우 번역하기 어렵다.

四. 글자에는 소리가 있어서 문자가 그 정신을 전달할 때에는 많은 부분을 소리와 리듬에 의존한다. 이것은 정감과 풍취에 대한 직접적 표현으로 소리와 리듬을 포착하는 것은 대단히 어려운 일이다.

五. 글자는 역사가 있어서 나고 자라고 변화하며 의의(意義) 또한 발전, 변화한다. 만약 오늘날의 의미만으로 번역하게 되면 때때로 오류에 빠지게 된다.

六. 글자는 생명이 있어서 언제나 인신(引伸, 파생된 의미)된 의미가 생기고, 은유와 문자유희와 전고와 습관어 등에서 의의가 생긴다. 이들을 이해하는 것은 쉽지 않으며 이를 번역하는 것은 더욱 어렵다. 따라서 그는 다음과 같이 지적하였다.

> 번역 사업에 종사하는 사람들은 자의(字意)에는 위에 든 몇 가지의 분별이 있다는 것을 반드시 명심해야 한다. 한 작품을 만나게 되면 그 작품에 사용된 문자가 특수한 시대적·지역적 또는 계급적 습관이나 특수한 연상이나 정감, 분위기 및 위아래 문장과 연결해서 표현된 어떤 특수한 뉘앙스가 있는지를 반드시 세심하게 따져 보고, 그들이 가지고 있는 가능한 의의(意義)를 곱씹어 보고 나서야 비로소 그 작품을 충분히 이해했다고 할 수 있다. 따라서 작품을 이해하는 것은 쉬운 일이 아니니 그것은 오랜 기간의 문자훈련과 문학수양을 필요로 한다.

문자 방면의 곤란 외에도 그는 또 중국과 서양의 문법부분의 차이로 인하여 발생하는 번역상의 어려움에 대해서도 상세하게 논술했다. 그는 주로 복문(複文), 수동문(受動文)과 간결함과 번거로움 등의 문제에 대해 이야기했다. 구체적인 논술에 대해서는 여기에서 모두 설명하지는 않겠다. 다만 그는, "번역상의 착오는 두 가지를 벗어날 수가 없는데 위에서 이야기한 자의(字意)를 잘못 이해한 것이 아니면, 문장의 문법구조를 잘못 이해한 것에서 비롯된다. 이 두 가지 착오 가운데 첫 번째 착오는 비교적 면하기가 어렵다. 왜냐하면 문자의 의의(意義)를 철저하게 이해하는 것은 오래고도 폭넓은 수양을 필요로 하는데 많은 책을 읽고 많은 글을 지어보고 많은 사고를 하고 난 이후에야 비로소 이러한 경지에 도달할 수 있기 때문이다. 문장의 문법구조는 준수하는 일정한 규율이 있기 때문에 믿을 만한 문법책을 한 권 구해서 철저하게 이해하고 이를 숙지하기만 하면 문제에 부딪힐 때마다 해결해 나갈 수 있을 것이다. 따라서 번역할 때 문법상의 실수는 용서할 수 없는 것이나, 가장 빈번히 나타나는 실수는 문법을 소홀히 함으로써 나타나는 실수이다."라고 지적하였다. 주(朱)씨는 대단한 철학자임에도 불구하고 그의 번역이론 문장(기타 이론문장도 포함)은 조금도 이론적인 틀을 깔지 않아 통속적이어서 쉽게 이해할 수 있고 쉽게 다가갈 수 있다.

이 번역이론에서 그는 또 직역과 의역에 대한 견해를 다음과 같이 설명하였다.

> 내 생각으로는 직역과 의역을 나누는 것이 근본적으로 불필요하다. 충실한 번역은 반드시 원문의 뜻을 최대한 나타낼 수 있어야 한다. 사상, 감정과 언어라는 것은 일치하는 것이며 서로를 좇아서 변화하는 것이지만, 하나의 뜻은 오직 하나의 정확한 표현법만 있을 뿐이다. 다시 말하면 의미가 완전히 같을 수는 없다는 것이다. 따라서 원문의 의사(意思)를 최대한 전달하려고 한다면 반드시 원문의 문장 구조를 최대한 보존해야

> 한다. 따라서 직역은 의역이 되지 않을 수 없고, 의역 또한 직역이 되지 않을 수 없는 것이다. 다만 동시에 우리는 중국과 서방의 문자습관이 다르다는 점을 간과해서는 안 된다. 원문의 의미와 풍격을 최대한 보존하면서도 번역문이 읽기에 편리한 중국어가 되도록 해야 한다. 중국의 언어 습관으로 서양어의 문장 습관을 대체함으로써 원문 본래의 의미를 최대한 나타내는 것은 결코 '직(直, 역)'을 해치는 것이 아니다. 결론적으로 이야기하면 이상적 번역이란 문종자순(文從字順; 문장은 글자의 의미가 통순한 것을 따른다.)한 직역을 말한다.

주(朱)씨는 일반 사람들이 오해하고 있는 기계적으로 모방한 '직역(直譯)'이나 제멋대로 한 '의역(意譯)'에 대해서 모두 비판하고, 거기에 대해서는 따로 설명할 필요가 없다고 하였다. 주(朱)씨의 이러한 견해는 또 한 사람의 철학자인 애사기(艾思奇)의 견해와 마치 서로 약속이나 한 것처럼 똑같다고 할 수 있다.

그 후 번역의 표준과 방법에 관하여 주(朱)씨는 여러 차례 자신의 견해를 명백하게 논술하였다. 예를 들면 1947년 2월에 쓴 극라제(克羅齊; 이탈리아의 저명한 문예비평가)의 《美學原理(미학원리)》의 역저 서문(序文)에서 그는 다음과 같이 말하였다. "나는 나의 문장을 쓸 때는 일반적으로 유창하고 친절한 것을 위주로 하지만 이 책을 번역할 때는 어쩔 수 없이 스스로의 작풍을 바꾸어 원작자에게 충실한 것을 위주로 하였다. 나는 원고를 두 번 썼는데 처음에는 전 과정을 원문을 좇아서 직역을 하였고, 두 번째는 그것을 베꼈다. 원문을 제쳐두고 중국어 습관에 맞도록 문자에 약간의 수정을 가하여 순탄하도록 하였다. 나의 목표는 첫째는 작자의 의사를 위배하지 않는 것이었고, 둘째는 독자가 자신의 지혜를 동원해서 이해하려고 할 때 이해할 수 있도록 하기 위해서였다." 그 후 그는 1950년 10월에 쓴 합랍보(哈拉普)의 《藝術的社會根源(예술의 사회근원)》의 역서 후기(後記)와 1962년에 쓴 플라톤의 《文藝對話集(문예대화집)》 역서 후기(後記) 및 1977년에 쓴 《歌德談話錄(괴테담화록)》 역서 후기(後記) 등에서 번역에 종사할 때의 '두 가지 목표'에 대해서 반복적으로 논술하였다.

二十二. 역의(譯意)와 역미(譯味)에 대해서 논한 김악림(金岳霖)

중국 현대에 한 학자가 그의 철학저서 속에서 번역문제를 논했는데, 그 책은 저명한 철학자요 논리학자인 김악림(金岳霖)이 쓴《知識論(지식론)》이었다. 김악림(金岳霖, 1895-1984)은 호남, 장사(湖南, 長沙) 사람이다. 그는 1914년 청화대학당(清華大學堂)을 졸업한 후 미국으로 유학을 떠났다. 1920년 미국 콜롬비아대학에서 박사학위를 취득했다. 1925년 귀국 후에는 오랫동안 청화대학(清華大學)에서 교편을 잡았으며 문과대학학장과 철학과주임교수 등을 역임했다. 1952년부터 1955년까지는 북경대학(北京大學) 철학과주임교수를 역임하였다. 1956년부터 중국과학원철학연구소(中國科學院哲學研究所, 현 中國社會科學院에 속함)로 옮겨서 일했으며 같은 해 중국공산당에 가입하였다. 1958년 영국을 방문하여 옥스퍼드대학에서 학술발표를 할 때 자신은 완전히 마르크스주의로 전향하였음을 천명하였다.

金씨는 중국 현, 당대의 철학사에서 드물게 보이는 지식론(知識論, 認識論) 문제에 대하여 체계적이고 깊이 있는 연구를 한 철학자였다. 그의《知識論(지식론)》은 그가 가장 심혈을 기울인, 집필 기간이 긴 역저(力著)이다. 일찍이 항전(抗戰) 기간 중에 이미 완성했으나 불행히도 전란 중에 원고를 분실하였다. 그는 결연한 의지로 다시 써서 1948년에 완성하였으나 정식으로 상무인서관(商務印書館)에서 출판한 것은 1983년이다.

이 책의 제15장은《語言(어언)》이고 이 장의 제4편이《飜譯(번역)》이다. 이 책은 철학 저서로, 비록 어언(語言)이나 번역(飜譯) 문제에 대하여 논술하기는 하였으나 그의 진정한 논지(論旨)는 이들 문제 자체에 있는 것이 아니다. 그는 어언(語言)이나 번역(飜譯)을 의사(意思)나 명제(命題)를 표시하는 도구로 보고 있는 듯하다. 이러한 특수한 철학적 측면에서 출발하여 작자는 번역 문제에 대한 약간의 독창적인 견해를 제기하였다.

먼저 김(金)씨는 번역을 두 종류로 나누고 그들의 관계를 서술하였다. 한 종류는 '역의(譯意)'이고 한 종류는 '역미(譯味)'이다. 소위 '역의(譯意)'라는 것은 '자구(字句)의 의념(意念; 마음속의 생각) 상의 의의(意義)를 다른 종류의 어언문자(語言文字)로 표시한 것을 말하며, 소위 '역미(譯味)'라는 것은 '문장이 가지고 있는 각종 정감상의 의미(意味)를 다른 종류의 어언문자(語言文字)로 표시한 것'을 말한다. 이것은 김(金)씨의 번역에 대한 모순된 또 다른 형식의 표술(表述)로, 현재 통용되고 있는 '직역(直譯)'과 '의역(意譯)', '형사(形似)'와 '신사(神似)' 등의 표술과 비록 완전히 일치한다고는 말할 수는 없지만 서로 통하는 면이 있다. 김(金)씨는 어떤 문장은 어쩌면 확실히 역의(譯意)를 해야 할 것 같고 어떤 문장은 확실히 역미(譯味)하는 것이 옳을 것 같은데, 이는 번역할 내용과 역자가 어디에 중점을 두고 있는가에 달려 있다고 하였다.

金씨는 또 다음과 같이 지적하였다. "역의(譯意)의 근거는 의념(意念)과 개념(概念)이다. 이 두 가지는 모두 사의(思議; 생각하여 헤아리다.)의 내용으로, 생각하는 바는 보편적이다. 보편적인 의념(意念; 마음속의 생각)이라는 것은 특수한 시간과 공간에 따라 나누어지지 않으며 당연히 서로 다른 어언, 문자나 서로 다른 어언, 문자를 인용하는 사람에 따라 달라지지 않는다." 달리 말하면 인류의 사유는 동일하며 서로 다른 언어가 사유의 내용에는 영향을 미치지는 않으므로 역의(譯意)는 비교적 쉬운 일이다. 그러나 김(金)씨는 또 다음과 같이 주장하였다.: "어쩌면 의념(意念)이란 서로 다른 어언, 문자를 사람이 공유하는 것이 아닐지도 모르겠다. 이와 같은 상황 하에서는 우리는 근본적으로 번역할 수 없을지도 모르며 어쩌면 우회적으로 번역하지 않으면 안 될지도 모른다."

역미(譯味)에 이르면 훨씬 더 복잡하다. 김(金)씨는 "미(味, 意味)라는 것은 각양각색의 취미와 정감을 포함하는데 이러한 것들은 한 어언, 문자의 구조에 습관이 되고 동시에 이 어언, 문자의 역사 환경과 풍속 습관의 인용에 익숙하지 않은 사람은 근본적으로 번역할 수가 없다. 하나의 어언, 문자가 나타내는 의의(意義)를 얻는다는 것은 비교적 쉬운 일이기는 하지만 하나의 어언, 문자가 나타내는 맛(味)을 얻는다는 것은 비교적 어려운 일이다."고 생각하였다. 따라서 "역미(譯味)를 하고자 할 때는 쌍방의 가장 풍부한 생활에 익숙하지 않으면 안 된다. 쌍방의 가장 풍부한 생활에 습관이 된 사람도 역미(譯味)할 수 없을지도 모르나, 능히 역미(譯味)를 할 수 있는 사람은 틀림없이 쌍방의 가장 풍부한 생활에 습관이 된 사람이어야 한다.”

김(金)씨는 역미(譯味)란 새로이 창작해야 하는 것인지도 모른다고 생각하였다. 역의(譯意) 또한 예술을 필요로 하는지도 모르겠지만 역미(譯味)란 예술이 없으면 안 되는 것이다. 역의(譯意)는 달(達)을 추구하고 신(信)을 추구하기만을 요구하지만 이것을 만족시키기란 쉬운 일이 아니며, 어떤 때는 매우 어려운데 그것은 기술상의 어려움일 뿐이다. 역미(譯味)란 이와는 달리 어쩌면 다시 창작을 해야 할 지도 모른다. 한편으로 생각하면, 역미(譯味) 역시 번역이며 그 역시 달(達)과 신(信)의 문제가 있다. 그러나 달(達)하고자 하는 것과 신(信)하고자 하는 것은 의의(意義)뿐만 아니라 의미(意味)까지 포함하는 것이다. 능히 의(意)와 미(味) 모두를 만족시킬 수 있으면 아주 좋겠지만, 어떤 때는 둘 다 만족시키지 못할 때에는 어쩌면 미(味)만을 취하고 의(意)를 버려야 할지도 모른다. 또 다른 방면에 있어서 역미(譯味)란 단순한 번역에 그치는 것이 아니라고 할 수 있다. 왜냐하면 미(味) 방면에 있어서 달(達)과 신(信)을 추구하려면 원래의 표시방식에 구애를 받지 아니하고 새로운 표시방식을 창조해 내어야 하기 때문이다.

金씨가 토론한 또 하나의 큰 문제는 번역 중에 나타나는 의의(意義)와 정감(情感)의 모순이었다. 그는 어떤 문장을 번역할 때 우리들이 '2+2=4' 등과 같이 정감을 팽개쳐 버리는 데 익숙해져 있음을 지적하였다. 그러나 예를 들면 '天命之謂性[20](하늘이 우리에게 부여한 것이 성(性)), '率性之謂道(이 본성을 좇아가는 것을 도(道)라 한다.)' 등과 같은 또 다른 어떤 문장에 있어서는 대단한 어려움을 겪을 수밖에 없는데 그 '성(性)', '명(命)', '도(道)' 등과 같은 글자는 영문에는 이에 상당하는 글자가 없는 것 같기 때문이다. 어떤 때는 번역을 하다가 의(意)와 미(味)를 둘 다 충족시킬 수 없을 때에는 어쩔 수 없이 취사선택을 할 수밖에 없다. 문학 작품은 미(味)를 중시할 수밖에 없고 과학저서는 의(意)를 중시할 수밖에 없다. 지식론의 입장에서 보면 당연히 의(意)를 중시할 수밖에 없다. 이에 대해 김(金)씨는 “소위 지식이란 것은 내용방면에서 말하면 우리들이 생각해 낼 수 있는 한 편의 구조적이고 체계

20) '天命之謂性) (하늘이 우리에게 부연한 것이 성(性)), '率性之謂道(이 본성을 좇아가는 것을 도(道)라 한다.)' 中庸의 첫머리에 나오는 문장임.

적인 진명제(眞命題)이다. 지식론의 입장에서 우리들은 이미 명제(命題)를 중시하고 있을 뿐만 아니라 어언, 문자 방면에서도 당연히 문장을 진술하는 것을 중시한다. 그렇기 때문에 우리가 중시하는 것은 의념(意念)상의 의의(意義)이다. 따라서 번역을 함에 있어서도 우리는 역의(譯意)를 중시하지 역미(譯味)를 중시하지 않는다."고 말하였다. 우리는 그의 이러한 논술로부터 노신(魯迅) 등이 제창한 '직역(直譯)'의 지식론(認識論)상의 철학적 근거를 찾을 수 있다.

김(金)씨가 이 글에서 토론한 또 하나의 문제는 문학번역과 철학번역의 같은 점과 다른 점이다. 김(金)씨는 문학은 대단히 번역하기 어려운 것이며, 미(味)란 대단히 전달하기 어려운 것으로 어떤 때는 전달이 불가능한 것일 수도 있다고 하였다. 시(詩)란 거의 번역이 불가능한 것이다. 시(詩)가 중시하는 것은 미(味)가 전부는 아닐지라도 대부분 미(味)가 차지한다. 가령 어떤 때는 사람들이 의(意)를 중시하여 의(意)로 인하여 미(味)를 얻는다고 생각하는 것 같기도 하다. 시(詩)가 전달하고자 하는 것은 바로 왕국유(王國維)가 말한 '의경(意境)'이라는 것으로, 이 '의경(意境)'이라는 것은 대부분 '특수(特殊)'한 것이어서 전달하기가 쉽지 않다. 따라서 시(詩)의 번역은 결국 새롭게 창작하는 문제와 연결되고 마는 것이다.

한편, 철학저서의 번역에 있어서는 쉽게 번역할 수 있는 것도 있고 쉽게 번역할 수 없는 것도 있다. 김(金)씨는 두 부분으로 나눌 수 있다고 생각했는데, 한 부분은 거의 완전히 이성적인 부분이고 다른 한 부분은 완전히 이성적이라고는 할 수 없는 것이다. 전자는 분석에 의존하고 비평에 의존하며, 후자는 종합에 의존하고 창작에 의존한다. 전자는 과학에 가깝고 후자는 종교에 가깝다. 번역의 측면에서 보면 전자는 번역하기가 쉽고 후자는 번역하기가 어렵다. 지식론은 비교적 번역하기가 쉽고, 현학(玄學)이나 형이상학(形而上學)은 비교적 번역하기가 어렵다. 중국 철학은 순이성적 성분이 적어서 번역하기가 어렵다. 이러한 어려움은 의의(意義)가 분명하지 않아서 생기는 어려움은 아니다. 어떤 때는 원문 자구(字句)의 의의(意義)가 여러 가지이고 의미(意味)도 풍부해서 번역을 하면 이러한 여러 가지 뜻과 풍부한 의미를 잃어버린다. 어떤 때는 의의(意義)는 번역해 내었으나 의미(意味)를 번역해 내지는 못한다. 어떤 때는 원래의 자구(字句)가 나타내고자 하는 것이 순사(純思: 순수한 생각)를 이야기하는지 순리(純理: 순수한 이치)를 이야기하는지만 알아도 이미 번역은 성공했다고 할 수 있다. 그러나 의미에 대해서 말하거나 정감에 대해서 이야기하면 번역문 중에는 그것이 조금도 없다. 金씨는 "철학자구(哲學字句)의 정감상의 기탁은 때로는 원동력이 되기도 하는데 이러한 정감상의 기탁은 번역해 낼 수가 없으니 이 원동력마저도 얻을 수가 없다."고 하였다. 그는 철학번역에 있어서 또 하나의 곤란한 문제에 대하여 다음과 같이 지적하였다. 과학은 일상용어를 자주 인용하지 않는다. 가령 인용한다 하더라도 각종 방식을 사용해서 그 의의(意義)의 차이점을 표시할 뿐이다. 그러나 철학이 일상생활 용어를 자주 인용해서 모종의 사상을 표시하는 것처럼 보이지만, 일상생활 중의 모든 의의(意義)를 다 부여하는 것은 아니다. 그 결과 사람들은 아주 쉽게 일상생활 중의 정감(情感)과 의의(意義)를 그 속에 쏟아 붓는다. 이러한 상황에서는 번역이 어려울 뿐만 아니라 본국인들이 이해하는 데에도 어려움이 있다. 예를 들어 중국의 '성명천도(性, 命, 天, 道)'에는 한편으로는 철학상의 의의(意義)가 있고 한편으로는 일상생활 중의 의의(意義)도 있다. 이것은 번역에 있어 더욱 많은 어려움을 더할 뿐이다.

김(金)씨가 토론한 이러한 문제는 어떤 것은 그의 독창적인 견해도 있고, 어떤 것은 다른 사람들이 비교적 적게 언급한 것들이어서 주목할 만하다. 중국 현대의 다른 철학의 대가들과 마찬가지로 그 역시 '대양약토(大洋若土; 큰 바다는 마치 땅과 같다.)'하다. 비록 그는 순수이성과 사변에 대단히 뛰어났지만 문장은 대단히 평이(平易)하니 이는 그가 깊은 경지에 달하여 쉽게 설명해 내는 것이라고 하겠다. 이것은 오늘날 '가짜 양놈 행세를 하는' 몇몇 평론가들이 깊이 반성을 해볼 만한 점이다.

二十三. 현대번역이론을 마치면서

민국시기(民國時期) 기껏해야 30년에 불과하다. 그러나 이 기간 동안 문단과 번역 논단에는 뛰어난 인재들이 많이 출현하였으며 번역이론에 있어서도 크게 진보하였다. 이 시기의 문학 대가들은 많은 경우 번역의 대가였으며 이들은 번역이론의 발전에 공헌하였다.

근대와 비교해 볼 때 현대번역이론은 몇 가지 특별한 특징이 있다. 예를 들면 근대번역이론가들은 사상이나 정견에 따라서 분류를 하는 데 비하여 현대에는 사람이 훨씬 더 많아서 사단(社團; 동아리, 서클, 동인)이나 유파로 이들을 분류할 수 있다. 근대의 역학논쟁은 범위도 비교적 좁고 그 횟수도 적었으나 현대는 범위도 더 넓고 횟수도 많았다.

중국 현대 신문학운동의 발전은 많은 문학단체와 유파를 형성하였다. 번역에 대한 경향과 추세는 기본적으로 문학단체와 유파의 성향과 서로 일치하였다. 이것은 번역이론과 문학이론 사이에 본래 모종의 내재적 관계가 존재함과 동시에 현대 번역이론가들이 대부분 각종 문학단체와 유파의 구성원의 신분으로 번역학 영역에서 활동했기 때문이었다. 이러한 경향은 이 시기의 번역이론의 공성(共性, 공통성)과 개성(個性)을 더욱 분명히 드러나게 해 주고 있다. 예를 들면 중국 신문학 운동은 최초로《新青年(신청년)》잡지에서 출발하였으며, 최초로 형성된 문학 단체가 바로 신청년사(新青年社)와 신조사(新潮社)였다. 현대 번역이론도 이들 단체의 대표적 인물들로부터 시작되었다. 호적(胡適), 周씨형제(周氏兄弟), 유반농(劉半農), 부사년(傅斯年) 등이 저술한 관련 문장은 확실히 현대 번역이론의 새로운 풍기(風氣)를 열어 나갔다.

20년대의 문단과 번역논단에서 가장 큰 공헌을 한 단체는 문학연구회였다. 이 단체의 책임자였던 정진탁(鄭振鐸)과 모순(茅盾), 그리고 그 회원이었던 장백리(蔣百里), 주자청(朱自淸) 등은 모두 역학이론의 발전에 중요한 공헌을 하였다. 문학연구회(文學硏究會)와 서로 대립적인 입장에 있었던 창조사(創造社)의 대표적 인물이었던 곽말약(郭沫若), 욱달부(郁達夫), 성방오(成昉吾) 등은 번역이론에 대한 견해가 서로 비슷하였을 뿐만 아니라 번역학이론의 발전에도 공헌을 하였다. 30년대에 중국좌익작가연맹이 결성되고 나서 좌익작가의 기수인 노신(魯迅), 구추백(瞿秋白), 모순(茅盾) 등은 무산계급혁명문학의 번역을 위하여 기초를 다졌다. 그밖에도 신월파(新月派)의 문일다(聞一多)와 진서형(陳西瀅), 논어파(論語派)의 임어당(林語堂) 등도 번역이론의 발전에 공헌한 바 있다. 이러한 문학가들 외에도 3, 40년대에 애사기(艾思奇), 하린(賀麟) 등의 몇몇 철학자들도 번역이론가들의 대오에 참여하였다. 이들 또한 번역이론 유파로 볼 수 있는데 이들은 현대문학의 유파에는 없는 유파이기도 하다.

민국시기(民國時期)번역이론사에서 비평과 토론과 논쟁은 대단히 뜨거웠는데, 이들이 번역이론의 발전을 촉진시켰다. 예를 들면 신문학운동가들은 논쟁의 시작부터 임서(林紓)와 심지어는 엄복(嚴复)까지도 비판의 과녁으로 삼았다. 호적(胡適), 유반농(劉半農), 라가륜(羅家倫), 부사년(傅斯年) 등은 모두 이 방면에 대한 비평이 있었다. 이들의 비평은 비록 엄(嚴)과 임(林)이 번역사업에 끼친 공헌에 대해서 충분히 긍정하지는 못하였지만 신문학운동 중의 번역사업의 방향에 대해서는 확실히 중요한 역할을 하였다.

이때 앞에서는 부사년(傅斯年)이 뒤에는 장백리(蔣百里)가 명확하게 역서(譯書)의 '주의(主義)'를 제창하고, 번역의 목적과 지도사상 등을 극단적으로 강조하였다. 이 점에 있어서는 문학연구회(文學研究會)가 창조사(創造社)와 논쟁을 벌이는 과정에서 더욱 깊이 있게 천명하였다. 20년대의 가장 큰 번역논쟁은 바로 이들 두 단체 사이에서 벌어진 논쟁이었다. 문학 연구회의 정진탁(鄭振鐸), 심안빙(沈雁氷) 등은 어려서부터 인생살이의 고달픔 등에 대해 깊이 이해하고 있었기 때문에 비교적 이른 시기에 사회주의사조의 영향을 받아들였고, 《新青年(신청년)》이 제창한 현실주의를 자연스럽게 계승하여 문학의 사회적 역할을 중시하였다. 이와 관련하여 그들은 번역의 목적을 대단히 강조하였을 뿐만 아니라 번역과 창작은 똑같이 중요한데 어쩌면 번역이 더 중요할지도 모른다고 생각했다. 그들은 침략을 당하고 손해를 당한 약소민족의 문학을 중시하였으며, 이것이 그들이 중역(重譯, 轉譯)을 중시하게 된 하나의 중요한 원인이 되었다. 문학연구회에는 정진탁(鄭振鐸), 모순(茅盾), 주작인(周作人) 이외에도 경제지(耿濟之), 호유지(胡愈之), 빙심(氷心), 부동화(傅東華), 양종대(梁宗岱) 등의 회원들도 번역방면에 풍부한 공헌을 하였다. 창조사(創造社)의 대표 작가들도 모두 일찍부터 외국에 유학하여 국외 낭만주의와 유미주의의 영향을 비교적 많이 받았다. 그들은 모두 영재들이었으며 여러 개의 외국어를 이해하였으므로 중역을 별로 탐탁하게 여기지 않았다. 사회의 압박을 받고 강렬한 반항정신을 가지고 있는 데다 사회적으로 두각을 나타내는 것이 급박하여 곧장 맹렬하게 일체의 '권위(權威)'를 공격하였다. 그들은 창작이 번역보다 훨씬 중요하다고 생각하였으며, 또 번역의 공리성을 강조하는 것에 찬성하지 않았다. 그러나 그들의 실제 번역활동은 그들의 언론과 완전히 일치하는 것은 아니었다. 그들은 번역은 마땅히 주관감정을 충분히 투입해야 한다고 특별히 강조했다. 위에 서술한 바와 같은 경향과 풍격의 차이로 인하여 이 두 단체의 대표 인물들 사이에는 한바탕의 피할 수 없는 논쟁이 벌어졌다. 그 가운데에는 비록 소극적인 요소도 끼어들기는 했지만 전체적으로 보면 번역이론의 건설에는 유리한 것이었다. 또한 이들은 번역종사자들이 정확하고 특색이 있는 번역에 대한 견해들을 이해하고 파악하도록 여러 방면에서 도와주었다.

문학연구회(文學研究會)와 창조사(創造社) 간의 논쟁은 주로 번역의 '외부 연구(外部研究)'를 둘러싸고 벌어졌다. 그러나 앞에서 이미 지적한 것처럼 문학연구회(文學研究會)는 본래 번역의 '내부 연구(內部研究)'도 매우 중시하였기 때문에 창조사(創造社)와 논쟁을 시작하기 전부터 정진탁(鄭振鐸)과 모순(茅盾) 등은 자신들이 주편하는 잡지에 문학서를 번역하는 방법에 대하여 토론을 전개하였고 문학의 명사를 번역하는 방법에 대한 토론도 전개하였다. 창조사(創造社)도 문학의 '내부 연구(內部研究)' 방면에 있어서는 시(詩)를 번역하는 문제에 비교적 큰 공헌을 하였다. 그러나 주로 다른 사람과 싸워 이기는 것에 힘을 쓴 것 같았는데, 문학연구회(文學研究會)와 논쟁을 한 것을 제외하고도 호적(胡適), 장동손(張東蓀), 오치휘(吳稚暉), 양준청(梁俊青), 과락천(戈樂天), 전울화(錢蔚華) 등과도 논쟁을 벌였다. 그 외에도 20년대에는 약간의 번역토론이 있었다. 예를 들면 1920년 4월《時事新報(시사신보)》의《學燈(학등)》에 장동손(張東蓀), 서조심(徐祖心), 문천(聞天), 서인용(徐仁鎔), 왕련(王楝), 만량준(萬良浚), 주석창(朱錫昌), 예일부(芮逸夫), 모용(毛用) 등이 명사(名詞)의 번역을 둘러싸고 토론문을 발표한 것이 있다. 1924년에도 이 잡지에 장자공(張資珙), 육연(陸淵) 등이 이 문제에 대하여 토론문장을 발표하였다. 이 문제에 대해서는 이만 줄이기로 한다.

거론할 만한 가치가 있는 것은 20년대 후반에 애위(艾偉)가 번역이론문제에 대해 한 차례 조사 작업을 하였다는 사실이다. 애(艾)씨는 남경(南京)에서 교편을 잡았던 사람으로, 1927년 하나의 표를 만들어서 직역과 의역의 구별과 이 두 번역의 난이에 대한 비교, 번역자의 정도, 번역법과 자료의 관계, 직역과 의역 및 어체문언(語體文言)의 관계, 명사(名詞)의 번역방법 등의 문제에 대하여 전국의 백여 명에 달하는 번역가에게 의견을 구하여 결국 10여 명의 전문가들로부터 회신을 받았다. 그 가운데 유명 인사로는 추도분(鄒韜奮), 두좌주(杜佐周), 손귀정(孫貴定), 오치각(吳致覺), 육지위(陸志韋), 여상원(余上沅), 정효창(鄭曉滄) 등이 포함되어 있었다. 그와 함께 애(艾)씨는 학생들에게 대표적인 작품으로 직역과 의역을 실험하여 두 가지 번역법의 독자들이 읽을 때의 이해 효과에 대해 검사(檢査)를 하였다. 끝으로 그는 이 설문조사와 실험 결과를 가지고 《譯學問題商権(역학문제상각)》이라는 글을 써서 1929년 《中央大學半月刊(중앙대학반월간)》 제1권 제2기에 발표하였다. 비록 애(艾)씨가 수집한 자료에는 전문가들의 의견이 많지 않을 뿐더러 그가 설정한 문제들이 충분히 전면적이지 못하기는 하나, 이러한 조사방법은 대단히 창조적이었다. 또한 그가 정리해 낸 보고서는 하나의 열띤 토론으로 볼 수 있으니 비교적 높은 학술적 가치를 지닌다고 할 수 있다.

20년대 후기에서 30년대에 이르는 기간 동안 번역논쟁은 더욱 뜨거워졌다. 비교적 유명한 것으로는 노신(魯迅)과 구추백(瞿秋白)의 토론, 노신(魯迅)과 목목천(穆木天)의 토론 등이 있는데, 이들은 좌파내부의 토론이라고 할 수 있다. 또 노신(魯迅)과 양실추(梁實秋) 사이의 토론도 있었는데, 이것은 정치사상투쟁의 색채를 띠고 있었다. 그 밖에도 진서형(陳西瀅)과 증허백(曾虛白) 간의 토론 등도 있었다. 이러한 토론은 본 장의 관련부분에서 이미 서술하였으므로 여기서는 생략하기로 한다. 이들을 제외하고도 장우송(張友松), 서지마(徐志摩)와 호적(胡適) 간의 논쟁, 조경심(趙景深)과 마돈(摩頓, 化名) 간의 논쟁, 파금(巴金)과 왕력(王力) 간의 논쟁 등이 있지만 그 영향력이 크지 않았고 또 지면 관계로 인하여 여기서는 하나하나 소개하지 않기로 한다. 또 주의할 만한 것은 30년대에 출판된 오서천(吳曙天)이 편선(編選)한 《飜譯論(번역론)》에는 일련의 번역이론문장이 수록되어 있다. 또 양진화(楊鎭華)가 편찬한 《飜譯硏究(번역연구)》도 나왔다. 이는 비록 그 수준이 비교적 평범한 편이나 최초의 번역이론저서라는 측면에서 가치가 높다. 40년대에는 전화(戰火)가 빈발하여 번역에 관한 전문적인 토론이나 논쟁은 크게 감소하였으나, 1940년 이미 황가덕(黃嘉德)이 편선한 《飜譯論集(번역론집)》이 출판되었다.

第四章

신중국(新中國) 성립 이후의 역학이론

一. 역학이론건설(譯學理論建設)을 논한 동추사(董秋斯)

신중국이 성립된 이후 모든 부문이 다 흥성할 것을 기대했는데 번역사업도 당연히 그 중의 하나였다. 번역이론수립과 관련된 사업은 곧장 의사일정에 들어갔다. 초기에 이 방면에 의견을 발표한 것이 가장 많았는데, 그 중에서 비교적 수준이 높은 사람으로는 당연히 동추사(董秋斯)를 손꼽아야 할 것이다.

동추사(董秋斯, 1899-1969)의 원명은 동소명(董紹明)이었으며, 필명으로 추사(秋斯) 구사(求思) 등을 썼다. 그는 하북, 정해(河北, 靜海, 現天津) 사람이다. 1926년 연경대학교(燕京大學校)를 졸업한 후 북벌전쟁(北伐戰爭)에 참가하였다. 1929년 상해에서 공산당의 외곽 잡지인《世界月報(세계월보)》를 주편하였으며 노신(魯迅)과 알게 되었다. 1930년 중국좌익작가연맹과 중국사회과학가연맹에 가입하였으며《國際(국제)》월간을 주편하였다. 이 두 잡지는 모두 번역과 관계가 있었다. 30년대 초에 그는 채영상(蔡泳裳)과 함께 번역한 소련소설《士敏土(사민토)》를 출판하였는데 노신(魯迅)은 이 책을 '신러시아 문학의 영원한 기념비'라고 극찬하였다. 항전 기간 동안 그는 투병 중에도 톨스토이의 대작《戰爭與平和(전쟁과 평화)》를 번역하기 시작하여 수년 동안의 노력 끝에 마침내 완성하였다. 그는 1945년, 정진탁(鄭振鐸)이 편집하던 저명한 진보 잡지《民主(민주)》의 발행을 도왔으며 1946년에는 중국공산당에 가입하였다. 그는 1946년에 일찍이《論飜譯原則(번역원칙을 논함.)》(《新文化(신문화)》제2권 제11-12기 합간에 실림),《關于間接飜譯(간접번역에 관하여)》(《讀書與出版(독서와 출판)》제1년 제8기에 실림)을 발표하였고, 또 1948년에는《飜譯的價値(번역의 가치)》(《讀書與出版(독서와 출판) 제3년 제9기에 실림)를 발표하였다.

1949년 초, 상해가 해방되기 전에 동(董)씨는 진우손(陳虞孫) 등 번역종사자들을 소집하여 역사의 대전환 시기에 어떤 역할을 할 것인지에 대하여 상의하였다. 상해가 해방되고 나서 얼마 지나지 않아 상해번역공작자협회를 발족하고 동(董)씨는 주석(主席)에 취임하여 1949년 9월 1일《飜譯(번역)》月刊을 창간하고 주편하였다. 1950년 북경으로 전근이 되어 북경출판총서(北京出版總署) 번역국(飜譯局)에서 일했으며 같은 해 7월 1일부터 당시 중국 유일의 번역문제 전문 연구의 내부 간행물인 월간 《飜譯通報(번역통보; 1952년부터 공개발행)》의 창간과 주편에 참여하였다. 그밖에도 그는 장기간 동안 《譯文(역문)》(1959년 《世界文學(세계문학)》으로 개명)의 편집위원을 역임하였다.

동(董)씨가 1950년대에 번역학계에 끼친 큰 공헌은 그가 처음으로 번역이론 수립을 명확하게 강조하였을 뿐만 아니라 번역비평을 힘써 제창하였다는 사실이다. 1949년 10월 1일 《飜譯(번역)》 월간 제1권 제2기에 발표한 《魯迅與飜譯(魯迅과 번역)》이라는 글에서 그는 다음과 같이 주장하였다.

> 전체적으로 보면 노신(魯迅) 선생이 아직까지는 하나의 완정한 번역이론 체계를 수립하지는 못하였지만 이미 축적한 그의 경험과 견해는 번역을 배우고자 하는 사람들에게 하나의 정확한 지침이 될 뿐만 아니라 장차 번역이론을 건립함에 있어 하나의 든든한 주춧돌이 될 수 있을 것이다.

그는 1950년 7월 1일 창간된 《飜譯通報(번역통보)에 《飜譯工作者的缺點(번역종사자의 결점)》이라는 글을 발표하여 과거의 진보적 번역종사자 가운데에도 아래와 같은 네 가지 결점이 있음을 지적하였다. 選擇不精(번역 대상을 선택함에 엄밀하지 못했다.), 辨別不明(시비를 가림이 명확하지 않았다.), 態度不嚴肅(번역태도가 엄숙하지 않았다.), 工作不認眞(번역을 함에 진지하지 못했다.)이 그것이다. 이러한 결점은 반드시 번역이론의 건의와 번역비평을 전개한 후에야 비로소 극복될 것이다. 그는 같은 해 8월 1일, 같은 잡지 제2기에 《怎樣建立飜譯界的批評與自我批評?(번역계의 비평과 자아비평을 어떻게 건설할 것인가?)》라는 글을 발표하여 이전의 '트집을 잡는 것으로' 비평을 대신하거나 비평을 마치 '무술을 경쟁하는 것'과 같이 했던 잘못을 지적하고 앞으로는 아래와 같이 할 것을 건의하였다. 그것은 一. 대상을 분명히 할 것, 二. 중점을 파악할 것, 三. 원칙을 장악할 것, 四. 성공적 경험을 추천할 것, 五. 작풍(作風) 문제를 중시할 것, 六, 정확한 이론을 수립할 것, 七. 말할 때 태도를 바르게 가질 것 등이다. 그는 또 "이론은 경험을 귀납적으로 총 결산한 것이다. 우리들은 이미 천 몇 백 년의 번역경험이 있고 초보적이지만 이론적인 기초도 있다. 멀리는 초당(初唐)의 역경의 조례와 가까이는 노신(魯迅)과 구추백(瞿秋白) 같은 선배들의 번역과 관련된 글들을 수집하고 정리하여 발전시키게 되면 비교적 어렵지 않게 완비된 체계를 세울 수 있을 것이다. 이것은 우리 번역종사자들의 거부할 수 없는 책임이다."라고 하였다. 다시 말하면 그는 노신(魯迅) 등과 같은 사람들이 이미 번역이론을 위하여 튼튼한 기초를 쌓아 놓았지만, 번역이론 체계는 아직도 후인들이 귀납하고 건설하기를 기다리고 있음을 말하고 있다.

그는 이러한 관점에 대해 같은 해 10월 15일, 같은 잡지 제1권 제4기에 《飜譯批評的標準和重點(번역비평의 표준과 중점)》이라는 글을 발표하여 다시 상세하게 거론하였다. 그는 번역비평의 근본적인 어려움에는 두 가지가 있다고 하였다. 첫 번째는 "완비된 번역이론체계가 없다."는 것이고, 두 번째는 "공인된 객관적인 표준이 없다."는 것이다. 그는 외국 번역이론의 전문서적에 대하여 논한 후에 또 다음과 같이 지적하였다.

> 우리 중국을 되돌아보면 비록 천 몇 백 년의 번역경험이 있고, 번역에 종사하는 사람들이 천 명, 만 명에 이르지만 번역이론을 연구하는 사람들은 별로 없다고 말할 수 있다. 우리들에게 있는 것은 번역에 임할 때 참고할 만한 번역조례와 흩어져 있는 단편적인 경험담뿐이다. 비록 이러한 것들도 대단히 소중하고 아주 중요한 효과가 있지만 하나의 체계를 형성하지 못하고 있음을 숨길 수 없다. 하나의 체계를 형성하는 것은 광범위한 조사와 연구의 귀납적 결과이다. 이 사업에 종사하는 사람들은 중국어와 외국어의 특성을 이해해야 함은 물론, 번역작업 전체의 역사적인 발전 과정을 이해해야 한다. 현재까지는 이러한 작업에 종사하는 사람을 보지 못했을 뿐만 아니라 있다고 하더라도 눈에 띄는 결과를 찾아볼 수 없다.

그는 중국 역대의 번역과 관련된 논술은 대단히 소중한 것이기는 하나 반드시 광범위한 조사와 연구를 거친 후 이를 정리하여 종합함으로써 이 기초 위에서 하나의 완정한 이론 체계를 건설해야 한다고 생각하고 있었다. 그는 이러한 체계가 있느냐 없느냐는 번역사업에 있어서는 대단히 중요한 문제라고 생각하였다. 예를 들면 '직역(直譯)'과 '의역(意譯)'이라는 두 가지 방법은 만약 일정한 체계가 있어서 그를 제약해 주지 않으면 아무런 의의도 없는 것으로 변하고 만다. 소위 완벽한 이론체계라는 것은 필연적으로 몇 가지 공허한 원칙의 제약을 받지 아니하고, 당연히 "중국어와 외국어의 특성에 근거하여 예로부터 지금까지의 실례를 들어서

문제의 소재와 문제를 해결하는 방침 등을 지적해야 한다."는 것이다. 그는 이러한 체계를 건설하는 작업의 어려움을 지적하고, 인민정권하에서만 이러한 작업을 추진할 수 있다고 생각하였다.

완비된 번역이론체계가 있으면 곧바로 공인된 표준도 생겨나게 되며, 번역비평도 비로소 믿을 만한 근거가 마련되게 된다. 그러나 동(董)씨는 이러한 이론체계가 건립되기 전에는 결코 번역비평이 불가능하다거나 필요가 없다고 생각하지는 않았다. 그와는 반대로 지금 당장도 번역비평이 매우 필요하다고 생각하였다. 그는 도량형이 있기 전에도 무역활동이 있었던 것처럼 지금도 번역비평이 진행되어야 하나 다만 하나의 '임시적 표준(臨時的標準)'이라도 있어야 한다고 생각하였다. 이때 이 표준은 주관적으로 결정되어서는 안 되며 마땅히 객관적, 귀납적으로 얻어진 표준이어야 한다고 하였다. 그는 번역비평은 반드시 중점을 포착해야 한다고 생각하였다. "우리들의 목전에 있는 번역비평은 최소한 아래의 세 가지 중점이 있어야 한다. 1. 번역자와 번역서출판자의 작풍(作風) 2. 영향이 비교적 큰 경전문헌과 많은 사람들에게 학습서로 제공되는 이론서 3. 비교적 번역하기 어려운 문장이 바로 그것이다. 이 세 가지 비평에 종사할 때에는 마땅히 바로잡음과 표창이 있어야 한다. 거칠면서도 책임을 지지 않는 작풍(作風)은 바로잡고, 진지하고 신중한 태도로 우수한 성적을 거둔 데 대해서는 표창을 한다. 우리들의 과거의 비평은 표창보다는 질정(叱正)이 많았으니 이는 실제로 하나의 편향적인 태도라 할 수 있으므로 마땅히 이를 바로 잡아야 할 것이다."

만약 모든 번역비평에 확실한 중심이 있어서 적당한 해결방법을 제시하거나 토론을 거쳐 적당한 해결방법을 얻어 내게 되면 번역작업은 발전할 수 있게 될 것이다. 이렇게 한다면 번역비평이 '생트집을 잡는 교감과 다름은 물론, 취미삼아 남에게 타격을 입히는 것과도 다를 것이다. 뿐만 아니라 반드시 진지하게 작업한 사람들을 격려하고 제멋대로 번역을 남발한 사람들에게 경고를 하고 처음 시작하는 사람들에게 정확한 방향을 제시해 주고 지난날의 모든 병폐를 면할 수 있도록 해주는 것'이 될 것이다. 동(董)씨가 주장한 과거 번역비평의 잘못된 경향을 바로잡고자 하는 의견은 대단히 중요한 것으로, 이러한 의견 자체가 바로 번역이론에 대한 공헌이다. 동(董)씨는 한 걸음 더 나아가 다음과 같이 주장하였다. "이와 같은 번역비평이 비록 번역이론체계를 수립하는 작업 자체를 대체할 수는 없지만 그 작업에 대단히 중요한 보조역할을 할 수는 있을 것이다. 왜냐하면 번역비평이 번역이론의 내용을 풍부하게 하고, 각 정의(定意)가 매우 명확하면서도 대단히 구체적인 설명을 해 낼 수 있도록 도움을 받기 때문인데 이것은 모든 이론수립에 있어 매우 중요한 부분이다."

1951년 4월 15일, 동(董)씨는 《飜譯通報(번역통보)》 제2권 제4기에 《論飜譯理論的建設(번역이론의 건설을 논함.)》이라는 제목으로 장편의 논문을 발표하여 자신의 사상을 더욱 체계적이고 깊이 있게 천명하였다. 그는 번역이론 건설을 찬성하지 않는 두 가지 의견으로부터 이야기를 시작하였다. 한 가지 의견은 번역이란 일종의 예술이어서 단지 "神而明之, 存乎其人"(정신을 통해서만 밝힐 수 있는 것으로, 그 사람 속에 존재할 뿐이다.)'이며, 어떤 이론으로부터도 제약을 받아서는 안 된다는 것이다. 이론이란 소설 작법이나 희곡 작법 등과 같은 것으로 사실상 아무 소용도 없다. 다른 한 가지 의견은 번역이란 일종의 기술이어서 칠을 하는 장인이 배우고 나면 곧 안료를 사용해서 작업을 하는 것처럼 번역자들도 외국어를 이해할 수만 있다면 곧 번역을 할 수 있다는 것이다. 그는 칠을 하는 장인이 아무런 이론을 추구하지 않는 것처럼 번역을 하는 데에는 이론이 필요 없음을 강조하였다. 동(董)씨는 아주 진지한 태도로 이에 대해 다음과 같이 말하였다. 이 두 가지 번역에도 이론이 필요하다는 것에 반대하는 견해는 '그 자체로서 하나의 이론'이라고 할 수 있다. 예로부터 많은 사람들이 이 이론을 신봉하고 있었으나, 다만 '날마다 사용하고 있기 때문에 느끼지 못할 뿐'이었다. 문제는 그것이 부정확한 이론이라는 데 있다. '이러한 이론은 중국 번역사업의 진보를 분명히 방해'하였다.

그는 '번역은 일종의 과학'이라는 의견에 동의하였다. 왜냐하면 그것은 준수할 만한 객관적 규율이 있을 뿐만 아니라 소위 천재와 영감에만 완전히 의존하는 것이 결코 아니기 때문이다. 그는 다시 한 번 다음과 같이 주장하였다.

> 우리는 먼저 각종 언어의 구조와 특징과 발전 법칙, 각 학과의 내용과 표현 방법, 각 시대와 국가의 번역경험을 고찰해야 한다. 그러한 연후에 이 세 가지 연구 조사에서 획득한 것을 결합하여 하나의 완정한 이론 체계를 구성해야 한다. 만약 번역계에 이러한 것이 있다면 마치 하나의 도량형이 있는 것과 같아서 처음 입문하는 자들이 다시는 수

> 많은 시간과 정력을 낭비해 가면서 출입구를 찾아 헤매지 않아도 될 것이며, 앞 사람들이 실패한 전철을 밟지 않아도 될 것이다. 번역비평에 종사하는 사람들도 하나의 믿을 만한 표준이 있게 될 것이다. 이러한 조건 하에서는 의심의 여지없이 번역작업의 질이 크게 제고(提高)될 것이다.

그는 또 다시 번역이론 수립의 필요성과 시급함 등에 대해 상세하게 논술하고, 이 작업에 필요한 조건이 이미 구비되었음을 논증하였다. 다만 당시에는 아직까지도 이러한 조건들을 잘 이용할 줄 몰랐다. 또한 번역계의 많은 사람들이 과거와 같이 산만하게 각자 일을 하고 있었기 때문에 모두가 준수하는 일종의 원칙과 전면적인 계획에 따라 모두 일치된 관점으로 작업할 수는 없었다. 이것은 당시의 번역계에 있어 가장 두드러진 사안으로, 시급하게 해결해야 할 문제였다. 그는 제1회 전국번역공작자회의(全國飜譯工作者會議)(그 후 11월 5일부터 12일까지 개최됨.)가 연내에 개최될 것임을 밝히고, 번역작업의 통합준비계획 문제도 빠른 시간 내에 해결될 것이라고 표명하였다. 동(董)씨의 뛰어난 점은 그가 때에 맞게 '전국번역계획의 편제에 따라 우리들은 반드시 동시에 번역이론의 건설에 종사하게 될 것'이라고 강조한 것이다. 그는 또 이 작업이 두 단계로 나누어 진행될 것이라고 이야기하였다.

> 첫 단계는 번역작업 중의 비교적 중요한 문제이다. 여기서는 직역과 의의 문제, 심사하고 교감하는 제도에 관한 문제, 역문의 표준과 관계된 문제 등을 단기간에 하나의 방안을 만들어서 전국번역회의에 부쳐 토론을 거쳐 통과시켜 번역종사자들로 하여금 '임시적 강령(臨時的綱領)'으로 삼게 함으로써 번역계획 중에 규정된 작업들을 이에 근거하여 진행하도록 한다. 왜냐하면 이 방안은 단기간에 만들어진 것이기 때문에 고금중외의 모든 경험들을 전부 종합하여 검토하기에는 시간이 모자라 개괄성이 부족하고, 또 약간의 문제들은 철저하게 해결하지 못하였기 때문에 임시방안(臨時方案)에 불과할 뿐이다. 이러하기 때문에 우리는 여기에 머물러 있어서는 안 되며 이 방면에서는 계속 열심히 노력해야 할 것이다.
>
> 두 번째 단계는 번역계획이 집행됨과 동시에 어쩌면 번역계획의 일부분으로써 중앙인민정부의 번역작업의 영도 기관에서 전문가들을 조직하여 아래 각 항의 작업에 종사하도록 해야 할 것이다.
>
> 一. 《中國飜譯史(중국번역사)》를 편찬한다. 여기에서는 정확한 역사적 관점으로 동한(東漢) 이래 천 수백 년에 걸친 번역경험을 종합하여 그것의 발전 과정 속에서 정확한 방향과 법칙을 파악한다.

二. 동서 각국의 번역이론이나 번역 제도와 관계되는 전문서적과 논문들을 수집하고 이를 번역하여 우리들이 이론과 제도를 수립하는 데 참고 자료로 활용한다.

三. 스탈린의 어언학관(語言學觀)에 근거하여 과학적 어언학(語言學)의 방법으로 중국과 외국 어문의 특징과 발전 방향을 비교한다. 그리하여 현재의 번역문이 마땅히 준수해야 할 범위와 '서구화(西歐化)'의 한도를 제시해야 한다.

四. 번역비평 작업을 강화하기 위하여 시간과 정력을 투자함은 물론, 광범위하게 그 전형(典型, 모범)을 찾아서 뛰어난 것은 추천하고 조잡한 것은 비평을 가한다. 그렇게 함으로써 번역자들의 적극성을 제고하고 번역이론 건설에 풍부한 실례(實例)를 제공한다.

五. 번역과 교감을 책임진 사람들에게 호소하여 경험을 종합하는 것을 자신의 작업의 일부분으로 생각하게 하고 자신의 깨달음을 그때그때 제공하게 한다. 그리하여 동업자들과 경험을 공유하고, 업무의 수준을 제고하게 되면 번역이론의 건설에도 도움이 될 것이다.

六. 번역작업기관의 간행물을 발간하여 각지에 산재해 있는 번역종사자(최소한 현재 하나의 기관에 집중돼 있을 가능성은 매우 적음.)들이 언제든지 서로의 소식을 전하고 의견과 성과를 교환하며 연구 성과를 발표하도록 한다.

우리는 동(董)씨가 제기한 첫 번째 단계인 원고를 심사하고 출판하는 제도 등은 그 후 제1회 전국번역공작회의(全國飜譯工作會議)에서 모두 해결되었음을 알 수 있다. 그러나 직역(直譯)과 의역(意譯) 등의 학술 문제는 '방안(方案)'의 형식으로 해결하는 것이 적합하지도 않으며 통과되지도 않았음을 알 수 있다. 동(董)씨가 제기한 이러한 문제의 가장 뛰어난 부분은 두 번째 부분인데, 그는 여기에서 번역이론 건설의 구체적인 작업을 제시하였다. 50년대 이래 중국 번역이론건설은 기본적으로 이러한 작업을 주로 진행하였다. 그러나 아직도 훌륭하게 작업을 하였다고는 말할 수 없다. 예를 들면 동(董)씨가 제시한 '兩部大著(두 권의 大著)' 즉, 《中國飜譯史(중국번역사)》와 《中國飜譯學(중국번역학)》은 아직까지도 완전히 완성되지 않았다고 말할 수 있다. 가령 최근에 이 방면에서 몇 권의 전문서적이 출판되기는 하였지만 사람들이 만족할 만한 수준은 아니다. 비록 이렇다 하더라도 동(董)씨는 큰 집을 지을 때 주춧돌을 놓는 것과 같이 50년대 초에 번역이론 건설의 주요 문제를 제기하였는데, 이는 中國譯學史에 새로운 단계를 알리는 신호탄이었다. 동시에 동(董)씨가 이 글의 맨 마지막에서 말한 "우리들의 번역사업은 지금까지의 수공업적 방식에서 벗어나 현대화의 방식으로 진입해야 한다."고 한 것은 새 시대의 도래를 예고하고 있는 것이라 할 수 있다.

二. 번역비평(飜譯批評)과 직역(直譯)을 논한 초국은(焦菊隱)

50년대 초에 동추사(董秋斯)가 번역계의 비평과 자아비평의 건설을 호소한 이후 가장 먼저 일어나 이에 호응한 사람은 초국은(焦菊隱, 1905-1975)이었다. 초(焦)씨는 천진(天津) 사람으로 원명은 초승지(焦承志)였다. 그는 어렸을 때 집이 몹시 가난하였다. 초등학교에 다닐 때 마침 신문화운동이 시작되었는데 당시 그는 학교 동아리인 '신극사(新劇社)'에 가입하였다. 이때부터 그는 국영(菊影)이란 예명을 쓰기 시작하였으며 나중에 국은(菊隱)으로 개명하였다. 20년대 초에 문학 활동을 시작한 그는 일찍이 조경심(趙景深) 등과 신문학 단체인 '홍문사(虹紋社)'와 '녹파사(綠波社)' 등을 조직하였다. 1928년 연경대학(燕京大學)을 졸업하고, 1930년에 북평희극학교(北平中華喜劇學校)를 설립하여 교장에 취임하였으며 1935년에는 프랑스에서 유학하였다. 1938년에 귀국하여 항일구망문화공작(抗日救亡文化工作)에 참여하였다. 항전에서 승리한 후 북평사범대학영문과(北平師範大學英文科)의 주임을 맡았으며, 북평예술관(北平藝術館)을 창립하였다. 1948년 가을 해방구(解放區)로 가서 혁명에 참여하였다. 그 이듬해 해방 이후에는 북경사범대학문학원장(北京師範大學文學院長) 겸 외국어학과학과장(外國語學科, 學科長)을 겸임하였으며, 그 후 북평인민예술학원 부원장 겸 총연출(北京人民藝術劇院 副院長, 總演出)로 전근되었다. 초(焦)씨는 뛰어난 희극인일 뿐만 아니라 영문학과 불문학에 정통한 번역가였다. 그가 번역한 작품 수는 창작한 작품보다도 많으며 그가 번역한 고리키, 체호프, 톨스토이, 졸라 등의 작품은 영향력이 비교적 컸다.

1950년 12월 15일 《飜譯通報(번역통보)》 제1권 제6기에 초(焦)씨는 《論飜譯批評(번역비평을 논함)》이라는 글을 발표하였다. 그는 《飜譯通報(번역통보)》에서 번역계의 비평과 자아비평을 추진한 이래, 번역계와 출판계에 신도덕을 건설하는 데 일정한 효과를 거두었다고 생각하였다. 그는 이 운동을 보편적으로 전개하고 수준을 한 단계 끌어 올리고 편향적으로 흐르지 않게 하기 위해 "번역계에서 지금 당장 번역방법과 비평방법의 이론체계건립을 모색할 필요가 있다."고 강조하였다. 또한 그는 "번역비평을 위해서 하나의 원칙적인 방향을 제시해야 하는데 절대로 주관적으로 사실을 지나치게 높이 평가하거나 지나치게 낮게 평가한 표준이 아닌, 오늘날 중국의 일반적인 수준에 근거하여 엄숙한 태도를 지닌 번역종사자들의 집체적인 경험에서 현 단계의 실제상황에 알맞은 표준을 귀납적으로 도출해야 한다. 그리하여 번역사업의 영향력을 확대하기 위하여 번역의 보급에서 출발하여 번역계의 현 단계의 수준을 끌어올릴 수 있는 것을 원칙으로 삼아야 한다."고 하였다. 그는 지금 번역종사자들로 하여금 개인적인 경험과 작업 중에 존재하는 문제 및 번역방법과 비평표준에 대한 의견 등을 제공하도록 해야 한다고 건의하였다. 그의 이러한 견해는 아주 단편적인 것이라 하더라도 모두 비평표준과 이론체계건립에 도움이 될 수 있다.

그는 스스로 이러한 생각에 근거하여 당시 번역계의 새로운 상황에 대한 자신의 견해를 이야기하였다. 그는 당시에 시작된 번역비평은 대단히 바람직한 현상으로 반드시 계속되어야 한다고 생각하였다. 그는 동시에 또 다른 하나의 상황이 생겨났음을 지적하였다. 비교적 훌륭한 번역본이나 번역자는 비평을 받는 데 비하여 비교적 좋지 않은 번역본이나 번역자에 대해서는 아무도 비평하지 않으려 한다고 하였다. 이러한 현상은 비교적 훌륭한 번역자의 정서에 영향을 미칠 수 있다. 그뿐 아니라 독자들로 하여금 비평을 받지 않는 좋지 않은 번역본들은 비평을 받은 훌륭한 번역본보다도 더 믿을 만한 것이라는 오해를 하도록 만들 수 있다는 것이다. 이러한 효과는 좋지 않은 효과이다. 그는 비평에 아무런 표준이 없으면 각자가 자신의 주관적 척도로 번역문을 평가하게 된다고 하였다. 그리하여 그것은 위에서 언급한 불량한 경향을 내포하고 있는 비평현상을 만들어 내는 주요한 원인이 되고 말 것임을 지적하였다. 이러한 문제를 해결하기 위하여 그는 비교적 훌륭한 번역문을 그때그때 표창함은 물론, 번역비평의 구체적인 공동강령을 만들 것을 주장하였다. 이를 위해 그는 아래와 같은 몇 가지 의견을 제시하였다.

첫 번째는 번역비평을 하기 전에 반드시 여러 객관적 조건을 따져 보아야 한다는 것이다. 예를 들면 번역자는 대부분이 다른 일을 겸하고 있는 아마추어들이어서 평소의 본업도 대단히 긴장되기 때문에 어떤 때는 잘못 번역한 것에 책임을 지지 않으려 하는 데서 기인한 것이 아니라 능력의 부족에서 기인한 것일 수도 있다. 또 어떤 때는 인쇄공의 잘못으로 인하여 오역이 발생하여 번역자가 이미 많이 당혹스러워하고 있는데 그 위에 책임까지 추궁을 당하게 되면 좀 지나치게 가혹한 것이 되고 만다. 그밖에도 중국 문자 자체의 한계와 외국 문자 자체가 번역하기 어려운 것일 때를 고려해야 한다. 따라서 비평의 무게중심은 번역자의 무능을 질책하는 것이 아니라 어떻게 하면 언어를 풍부하게 할 수 있는지가 되어야 한다. 좋은 작용을 하고 있는 번역본은 비록 그것에 약간의 토론할 만한 문제의 소지가 있다고 하더라도 비평보다는 표창에 무게중심을 두어야 한다. 만약 비교적 훌륭한 작품을 비평할 때도 독자들이 이 작품을 가장 형편없는 작품으로 생각할 수도 있어 무의식중에 비교적 좋지 않은 번역본을 도와주는 역할을 하는 것과 다름없게 되고 만다.

두 번째는 번역문의 종류를 반드시 구별해야 한다는 것이다. 문예 번역문과 자연과학, 사회과학 번역문의 비평기준은 당연히 완전히 일치할 수는 없다. 따라서 번역비평은 하나의 준칙으로 모든 서로 다른 학문분야의 번역문을 비평할 수는 없으며, 하나의 학문분야에 적합한 척도로 다른 학문분야의 번역문을 비평해서는 안 된다.

세 번째는 어떤 것은 공개적으로 비평을 하고 어떤 것은 그렇게 할 필요가 없는지 구별해야 한다는 것이다. 원작의 사상과 풍격을 왜곡하고 마음대로 삭제하거나 누락하고 또 마음대로 자신의 의견을 첨가한 번역본과 사람들이 읽어도 무슨 뜻인지 이해가 되지 않는 그러한 부류의 번역본은 마땅히 공개적으로 비평해야 한다. 개별 글자에 대한 검토나 오자나 탈자 등은 비평자가 직접 번역자에게 이야기할 수 있으므로 공개적으로 비평하지 않는다.

네 번째는 나이든 번역자와 젊은 번역자에 대한 비평은 구별이 있어야 한다는 것이다. 공헌이 있는 나이든 번역자에 대해서는 그의 좋은 점을 들어 표창하고, 문제가 다소간 잇는 나이가 든 번역자에게는 단결을 헤치지 않는 방법으로 비평을 해야 한다. 젊은 번역자들에게는 격려와 함께 지도해야 하며 그 가운데 걸출한 사람을 선발하여 표창해야 한다.

결론적으로 말하면 초(焦)씨는 번역비평에 대해서 특별히 신중한 태도를 견지하고 있었다. 그는 "현 단계에서 번역비평은 반드시 먼저 번역문과 번역자가 기존의 또 앞으로 있을지도 모를 군중에 대한 영향력을 고려해야 하며, 동시에 또 반드시 비평자 자신이 형성할 수 있는 영향력도 고려해야 한다."고 강조하였다. 그는 '현 단계의' 특정한 시간은 번역사업이 아직도 발달하지 않은 시기이니 번역비평의 태도에 마땅히 주의를 해야 한다고 하였다. 이러한 의견들은 후세의 사람들도 주의할 만한 가치가 있는 것이다. '신중함'도 당연히 도가 지나쳐서는 안 되며, 그렇지 않으면 비평을 포기하는 것과 다름없을 것이다. 당시 또 한 명의 노번역가였던 조소후(趙少侯, 1899-1978)는 1951년 2월 15일 《飜譯通報(번역통보)》 제2권 제2기에 《我對飜譯批評的意見(나의 번역비평에 대한 의견)》이라는 글을 발표하여, 초(焦)씨가 이야기한 두 번째 의견에 동의하고 있다. 그러나 그것을 제외하고는 다른 몇 가지에 대해서는 완전히 다른 의견을 제기하였다. 趙씨는 번역비평이란 "당연히 경전(經典, 古典)적인 문헌이나 학습 시 참고할 만한 이론서적부터 시작해야 한다."고 생각하였다. 왜냐하면 이러한 서적들은 영향력이 광범위하기 때문에 온 정성을 다 기울여서 비평해야 한다. 이들 비평을 번역자에 대한 타격으로 간주해서는 안 된다. 비평의 태도에 있어서 조(趙)씨는 당연히 인민에 대해서 책임을 지는 태도를 견지해야 하며, 번역종사자들의 근무조건이나 연령, 재력의 많고 적음은 고려의 대상이 되어서는 안 된다고 생각하였다. 조(趙)씨의 의견은 초(焦)씨의 의견에 대한 보충으로서의 성격을 띠고 있다.

조(趙)씨의 더욱 뛰어난 번역이론은 1951년 2월 15일과 3월 15일의 《飜譯通報(번역통보)》 제2권 제2기와 제3기에 연재된 《論直譯(직역을 논함.)》이라는 글이다. 그는 처음 번역을 시작하는 사람들에게 편지를 써서 지도하는 형식으로 그의 번역방법에 대한 견해를 서술하였다.

먼저 그는 글자와 단어의 '상대적 가치(相對的價值)'에 대해서 논했다. 그는 세상의 모든 어언(語言)에서 글자와 단어는 모두 그 자체의 '절대적 가치(絶對的價值)를 가지지만', '그의 절대적 가치(絶對的價值)가 절대적 의의(絶對的意義)를 가지는 것은 아니며', 다만 정지(靜止)되고 고립적인, 즉 발전적이지 못한 추상적 부호에 지나지 않는다고 하였다. 이러한 부호들은 다른 부호들과 서로 연관될 때 비로소 다른 부호에 의하여 상승, 상인, 증감하여 의의(意義)를 가지게 된다. 이러한 글자와 단어의 연립 하에 확정된 의의(意義)는 바로 그것의 '상대가치(相對價值)'이다. 그와 다른 부호가 서로 연합해서 자신을 소멸시킴으로써 또 다른 부호의 의의로 발전해 낼 수도 있으며, 다른 부호를 소멸시켜서 자기 자신의 의의를 강조할 수도 있다. 더 나아가 자신은 물론이고 다른 부호까지 소멸시켜 전혀 다른 새로운 하나의 의의(意義)를 만들어 낼 수도 있다. 이것은 대단히 새롭고 깊이 있는 새로운 논술이라 하겠다. 초(焦)씨가 지적한 것처럼 "유물변증법적(唯物辨證法的)으로 어언(語言), 문자(文字)를 이해하지 못하면 작업상의 기본적인 갖가지 어려움마저도 해결할 수가 없다." 번역하는 중에 마치 낙인을 찍은 듯한 중문으로 판에 박은 듯 융통성 없이 서로 다른 글자와 함께 사용된 어떤 외국문자를 번역해서는 안 되며, 반드시 그의 상대적 가치에 맞게 그에 상당하는 가치를 가진 중문으로 번역해야 한다. 뿐만 아니라 외국어의 원문 속에서 각 문장의 함의(含意)는 자군(字群, 글자군)들의 연립관계로 인하여 글자군들 중의 각 글자와 각 단어들의 가치를 결정하게 되는데, 그렇다면 원문의 함의(含意)를 정확하게 전달하기 위해서는 글자와 글자군의 연립관계까지도 바꿀 수 있다. 바꾸어 말하면 번역은 중문에 사용된 글자와 글자군의 연립관계가 원문의 의의(意義)를 능히 전달할 수 있는지 여부를 주로 보아야 하는 것이지 원문의 글자군의 연립관계를 반드시 준수해야 하는 것은 아니다.

이어서 초(焦)씨는 '의함적 연립(意含的聯立)'을 제기하였다. 그는 글자와 단어의 가치가 상대적인 것은 그것들이 글자군을 위해서 복무하기 때문이라고 생각하였다. 이와 마찬가지로 글자군의 연립관계는 전체의 사상과 정감을 위해서 존재하므로 단지 개별 문장의 형상연계(形象聯系)와 형상라집(形象邏輯: 형상논리)만으로 이해하고 번역하면 많은 부분이 부족하다. 각 문장의 정확한 전달은 사람들에게 일종의 인상과 감각을 전달하며, 일종의 분산적이고 지엽말단적이고 국부적인 감성지식을 전할 뿐이다. 만약 원문의 사상과 정감을 총체적인 중심으로 삼아 전체적으로 사색하고, 한 걸음 더 깊이 들어가 개념을 이해하고, 더 나아가 자기 자신의 사상에 이를 융화시킨 후에 각 문장의 글자군들의 연립관계와 개별 글자들의 상대가치를 처리하지 않으면 원문을 지리멸렬하게 번역하게 될 것이다. 다시 말하면 문장의 번역법은 반드시 의념(意念)의 연계(聯系) 관계에 근거하여 약간의 교정을 해야 한다는 것이다. 설사 고립적으로 아주 훌륭하게 번역하였다 하더라도 이를 연결시키고 바꾸고 나누고 합치며 더하고 빼는 등의 손질을 할 필요가 있다.

초(焦)씨는 또 '사상(思想)의 과정(過程)'에 대한 문제도 제기하였다. 그는 의역(意譯)이란 원작의 사상과 정감을 번역자가 자신의 것으로 바꾼 후에 번역자의 '설법(說法; 이야기하는 방법)', 번역자 자신의 태도, 표현 방법, 문자 형상의 조직법, 자신의 필체 등을 사용하여 그 사상과 정감을 새롭게 다시 써 내려가는 것이라 하였다. 다시 말하면 이는 의념의 연립관계와 전체적인 전달을 할 수만 있다면 형상의 연립관계와 의념(意念)의 중심(重心)은 내버려 두어도 좋다는 말이다. 결국 번역자의 필체와 태도, 표현 방법 등이 원작의 정신과 합치되지 않기 때문에 형상에 의하지 않고서는 그 내용을 왜곡하는 것은 매우 어렵다. 따라서 초(焦)씨는 의역(意譯)에 찬성하지 않았다. 이와는 반대로 직역은 의념(意念)의 연립관계(聯立關係)의 표현을 원문 작자의 사상과정(思想過程, Way of thinking)과 이 사상과정을 있게 한 민족(民族), 지역(地域), 의식형태(意識形態), 입장(立場), 태도(態度), 정신(精神), 중점(重點)과 풍격(風格) 등에 복종하게 한다. 작자의 사상의 출발점, 중점(重點) 및 정감의 헤아림이 원래 어떤 방법을 통해서 표현되었는지는 반드시 번역문 속에 가능한 한 보존되어야 한다. 결론적으로 말하면 직역이란 원문의 사상과 감정의 전체 및 그 활동과 발전과정을 중심으로 한다. 이것은 내용을 직접 전달해 주는 것으로 이 중심 하에 있는 각 문장 또는 개별 글자와 각 단어에 일치하게 되면 오히려 자유롭게 의역할 수 있게 된다. 그러나 중심이 반드시 직역을 하도록 요구하면 반드시 직역을 해야 한다.

초(焦)씨는 이 글에서 직역을 논술할 뿐만 아니라 의역도 논술하고 있는데, 그는 직역이 의역보다 더 높은 차원이라고 생각하고 있음을 알 수 있다. 비록 그는 어떤 때는 우회적인 표현법이나 생소한 용어(예를 들면 '연립(聯立)'이라는 말은 연계(聯係), 조합, 성립 등의 의미로 쓰임)를 쓰기는 하였지만 그의 사상은 대단히 분명하고 논리적이었다. 그는 '번역은 재차로 창작하는 예술', 즉 재창조의 예술이라고 생각하였다. 사람들은 그의 논술을 통해 이 말에 대해 좀 더 깊이 이해하였을 것이다. 문장의 맨 마지막에서 그는 다시 한 번 간단한 결론을 내렸다. 여기에서 그 내용을 다시 한 번 인용하면 아래와 같다.

당신은 고립된 문장을 번역할 때 원문 문장들 사이의 글자와 글자군들 사이의 상대적 가치를 분명하게 변별하여 가치가 상등한 중문(자면이 상등한 것이 아님)으로 번역해야 한다. 전체 문장을 다 연결시켰을 때 당신은 원문의 주제와 사상과 정신을 깊이 파악하고, 당신이 이미 파악하고 있는 의념(意念)의 연립 관계에 있는 '정체(整體, 통째로)의' 정신에 근거하여 각 문장의 번역법과 문장군의 번역법을 수정하고, 각 문장과 문장군이 모두 이 사상과 정감의 '정체(整體)'를 위하여 복무하도록 해야 한다. 이 정도에 도달하면 곧 의역(意譯)이라고 할 수 있다. 한 걸음 더 나아가 원작자의 사상과정을 장악하고 그의 의식형태(意識形態), 입장(立場), 태도(態度), 정신(精神), 민족(民族)과 지방의 특징과 색채(色彩), 정감(情感)의 파동(波動) 및 원작자 개인의 표현방법과 그가 어디에 중점을 두는지를 깨닫고 나서 의념(意念)의 연립관계(聯立關係), 즉 각 문장이나 글자를 모두 이 사상과정을 위해 복무하게 하면 그것이 바로 직역이다.

三. 모순(茅盾)의 강령성 보고(綱領性報告)

1951년 말 중앙인민정부, 출판총서(中央人民政府, 出版總署)에서 소집한 전국 제1회 번역공작회의(全國第一回飜譯工作會議)에서는 주로 번역작업의 관리와 계획 및 질의 제고 등에 관한 문제를 해결하려 하였다. 심지원(沈志遠)이 작성한 이 회의의 주 보고서 제목은 《爲飜譯工作的計劃化和提高質量而奮鬪(번역사업의 계획화와 질을 제고하기 위해서 분투하자.)》였다. 회의에서 통과시킨 두 개의 문건은 《關于公私合營出版飜譯書籍的規程草案(공공기관과 사기관이 공동으로 출판 번역사업을 운영하는 규정 초안)》과 《機關團體編譯機構的飜譯工作的規定草案(기관단체편역기구의 번역사업에 관한 규정초안)》이었는데, 이 회의에서는 번역이론수립의 문제와 문학번역의 구체적 문제에 관해서 충분히 논의하지 못하였거나 어쩌면 거의 토론하지 못하였다고 할 수 있다. 따라서 1954년 8월 18일부터 25일까지 중국작가협회에서 제1회 전국문학번역공작회의(全國文學飜譯工作會議)를 다시 소집하였다. 이 회의에서는 저명한 번역가인 곽말약(郭沫若)과 정진탁(鄭振鐸) 등이 연설을 하였고, 이 회의의 총 보고서는 모순(茅盾)이 작성한 《爲飜譯工作的計劃化和提高質量而奮鬪(번역사업의 계획화와 질을 제고하기 위해서 분투하자.)》였다.

모순(茅盾)의 이 보고서는 신중국 성립 후의 번역작업(주로문학번역)의 강령성(綱領性) 문건이 되었다. 이 보고서는 모순(茅盾) 개인의 번역이론의 수준을 나타낸 것일 뿐만 아니라 '5·4 (五四)' 이래의 신문학운동 중에 전개한 번역사업의 경험과 교훈을 총 결산한 것이다. 또한 이 보고서는 동시대의 수많은 번역가들의 이론견해(수년 전에 동추사(董秋斯)가 번역이론 건설을 위하여 제의한 것도 포함시킴.)를 포함하고 있기 때문에 이는 실제로 신중국 초기 번역학계를 대표하는 수준 높은 글이라 할 수 있다.

모순(茅盾)의 보고서는 아래와 같은 몇 가지 내용을 담고 있다.

첫째, 모순(茅盾)은 역사적으로 새로운 측면에서 세계 각국의 문학을 소개하는 것은 비록 어려운 일이기는 하지만 매우 영광스러운 임무가 될 것이라고 강조하였다.

모순(茅盾)은 문학번역사업은 중국 현대문학예술의 발전에 매우 중요한 의의가 있다고 지적하였다. 중국 인민들은 위대한 조국의 유구한 역사와 풍부한 내용을 가진 보배로운 문학예술유산을 열렬히 사랑할 뿐만 아니라 그와 마찬가지로 세계 각국 인민들의 문학예술상의 우수한 창조를 소중하게 생각하며, 그들을 자신의 일상생활의 정신적 자양분과 자기 민족문학예술발전에 필요불가결한 본보기로 생각한다. 그리하여 그는 고도로 간결하고 세련된 언어로 2천년 이래 중국번역의 역사를 약술하고, 중국번역사업이 대단히 영광스러운 역사를 가졌음을 강조하였다. 뿐만 아니라 선조들이 수립한 번역방법과 그들이 이룩한 성과는 우리들이 자랑스럽게 생각하고 이를 모범으로 삼을 만한 가치가 있다고 긍정적으로 평가하였다. 그는 또한 엄격한 사상과 예술의 관점에서 번역사업을 평가하여 근대외국문학작품들을 엄숙하고 진지하게 소개하기 시작한 것은 신문학운동의 선구자와 그 선봉이었던 노신(魯迅)에서부터였다고 주장하였다. '5·4(五四)' 이후 외국문학의 번역, 소개는 중국신문학의 발전에 매우 고무적이고도 시범적인 역할을 하였다. 중국혁명이 승리를 거둔 후 문화교류적 측면이나 인민 군중의 사상교육적 측면, 또 세계의 우수문학으로부터 그 장점을 배운다는 측면에서 볼 때 번역작업의 중요성은 더욱 증대되었다. 그는 다음과 같이 주장하였다.

> 우리나라 인민들은 자신을 잊은 노동으로 사회주의 공업화와 각 분야에 걸친 경제의 사회주의적 개조를 진행함과 동시에 사회주의 문화건설 또한 진행하고 있다. 새로운 사회주의문화는 역사와 세계의 연계를 벗어나 고립적으로 창조될 수가 없다. 그것의 성장과 발전은 한편으로는 반드시 자신의 민족문화의 가장 소중한 전통을 계승하여만 하고, 다른 한편으로는 세계고전문학과 현대진보문학의 정화(精華, 가장 뛰어난 점)를 흡수하여야만 한다.
>
> 고대로부터 현대까지 동서양을 막론하고 호머의 역사시로부터 소련의 최신의 문학적 성과까지, 그리고 인도의 《마가파라다(摩訶婆羅多)》,《라마연나(羅摩衍那)》로부터 오늘날 프랑스의 아랍공(阿拉貢)과 미국의 법사특(法斯特)에 이르기까지, 세계문학의 최고의 성취를 남긴 우수한 작품은 무수히 많고 그 내용도 무한이 풍부하다. 그런데 이 모든 것들은 중국 인민들이 반드시 필요로 하는 것들이며, 중국 인민들의 문화생활에 없어서는 안 될 정신적 양식이므로 반드시 우리들이 현재 창조하고 있는 사회주의 문학예술을 배양하는 자양분이 되어야 한다.

그는 이와 같이 격정이 충만한 어휘로 '이 고난에 찬, 동시에 대단히 영광스러운 임무'를 제창하였다. 이 문장으로부터 우리는 20년 전 정진탁(鄭振鐸)이 노신(魯迅)과 모순(茅盾) 등의 지지 하에 《世界文庫(세계문고)》를 창간할 때 발표했던 호연지기가 넘치던 《發刊緣起(발간사)》를 어렵지 않게 연상할 수 있다. 그러나 당시 그 원대한 계획은 완전히 실현하지는 못했으나 이렇게 고난에 찬 또 영광스러운 사업은 오로지 새로운 시대에야 비로소 비교적 순탄하게 진행할 수 있었다.

둘째, 모순(茅盾)은 전국문화사업 지도자의 신분과 지위에서 문학번역사업은 반드시 조직적, 계획적으로 진행되어야 한다고 주장하였다. 모순(茅盾)은 이에 대해 다음과 같이 말하였다.

최근 수십 년 동안의 번역작업은 매우 큰 성과를 거두었으며, 인민들의 사업에 커다란 공헌을 하였다. 그러나 작업 중에 적지 않은 문제점과 결점을 노출시키기도 하였는데 무엇보다도 그것은 먼저 번역작업이 조직적이지 못하고 계획적이지도 못하다는 것이었다. 과거의 번역작업은 분산적이고 무계획적인 상태에서 진행되었다. 가령 엄숙하고 능력이 있는 번역자가 있다 하더라도 작업조건이 성숙하지 못하고 필요한 지원을 얻을 수 없어서 수많은 번역자들이 어쩔 수 없이 출판사들의 요구를 수용하느라 자신들의 취향이나 능력과 독자들의 이익을 고려할 겨를이 없었다. 어떤 훌륭한 계획들은 시작은 하였으나 이러한 이유들로 인해 좋은 결과를 가져오지는 못하였다. 이러한 현상은 구시대에는 피할 수 없는 현상이었다. 그러나 이러한 분산적이고 무조직적, 무계획적이며 자유분방한 상태는 신중국이 건립되고 나서도 몇 년 동안은 여전히 존재하였다. 각자 자신의 길을 가다 보니 번역자와 번역자 사이나 출판사와 출판사 사이에 서로 협력하는 분위기가 형성되지 않아 의식적이든 무의식적이든 항상 중복과 낭비 현상이 있었다. 심지어 유해한 문학번역출판물이나 대단히 조잡하나 시장을 선점하기 위하여 앞을 다투어 번역해 낸 번역본들도 있었다. 그는 이러한 무조직적이고 무계획적인 상태는 신중국의 계획적인 문화건설과는 서로 맞지 않는 것이라고 생각하였다. 따라서 그는 다음과 같이 주장하였다.

> 우리나라는 이미 사회주의 건설과 사회주의 개조의 시기로 진입하여 일체의 경제와 문화 사업은 점차 조직화, 계획화의 궤도에 들어섰다. 따라서 문학번역에 있어서도 이러한 혼란상태가 계속해서 존재하는 것은 절대 내버려 둘 수 없다. 문학번역은 반드시 당과 정부의 영도 하에 주관기관과 유관방면에서 통일적으로 계획을 수립하고 역량을 조직하여 적절한 방법으로 단계적으로 진행해야 한다. 특히 오늘날까지도 중국의 번역역량은 대단히 박약하여 우리들의 임무는 힘들고도 막중하다. 그러므로 반드시 모든 번역종사자들로 하여금 마지막 남은 힘을 모두 발휘하여 그 효과를 거두도록 해야 한다. 이 일은 오로지 계획적이고 조직적으로 작업을 진행할 때에만 가능한 일이다.

당시 번역계의 실제상황에 근거하여 모순(茅盾)은 먼저 반드시 전국문학번역의 공작자가 공동으로 통일된 번역계획을 수립한 후, 각 출판사와 잡지사가 현재 보유한 역량과 앞으로 발굴할 수 있는 역량에 근거하여 수요의 환급과 인력상황, 번역자의 전공, 소양 및 지원(志願)에 따라 단계적으로 번역함은 물론, 교정과 편집, 출판 작업을 조직하여야 한다고 주장하였다. 번역할 책을 선정하여 계획을 세우는 것 외에도 전국 번역종사자들에 대한 조사, 통계를 실시하여 정확하게 파악하고, 번역사업에 뜻을 두고는 있으나 아직 능력이 미치지 못하는 사람들에 대해서는 경험이 있는 전문가들이 그들을 도와주고 능력을 길러 그들의 수준이 날로 제고되도록 해야 한다고 주장하였다.

결론적으로 말하면 모순(茅盾)은 전국의 번역역량을 좀 더 상세하게 이해하고 조직하여 수많은 사람들의 계획을 합쳐서 하나의 통일된 계획으로 만들고, 분산된 역량을 조직하여 질서정연한 광대한 대오를 형성하여 무조직적이고 무계획적인 번역의 단점을 극복하여야 한다고 생각하였다. 여기에서 거론할 만한 것은 모순(茅盾)이 이러한 언급을 한 뒤 30년이 지난 후에 중국 번역계에 또 한 차례 엄중한 혼란상태가 나타났다는 사실이다. 이 혼란은 상급 부문에서 조치를 취한 후에야 비로소 수습이 되었다. 이러한 사건으로 보아 모순(茅盾)이 '문학번역작업은 반드시 조직적, 계획적으로 진행되어야 한다.'고 한 논술은 다시 한 번 증명된 셈이니, 이는 우리가 진지하게 생각할 만한 가치가 있다고 할 것이다.

셋째, 모순(茅盾)은 신문학운동 이래의 번역경험을 총 결산하여 반드시 문학번역작업을 예술창조의 수준으로 제고해야 한다고 주장하였다.

모순(茅盾)은 명백하고 유창한 번역어로 원작의 내용을 충실하게 전달하는 것이 번역에 대한 최소한의 요구라고 생각하였다. 그러나 문학번역은 이것만으로는 매우 부족하며 마땅히 "다른 종류의 언어로, 원작의 예술의경(藝術意境)을 전달하여 독자들이 번역본을 읽을 때도 원작을 읽을 때와 똑같은 계발과 감동과 미적 감수성을 느낄 수 있도록 해야 한다." 따라서 그는 다음과 같이 지적하였다.

> 번역은 단순한 기술적인 언어외형만을 바꾸어 놓는 것이 아니라 번역자가 원작의 언어외형을 통하여 원작자의 예술창조의 과정을 깊숙이 체험하고 원작의 정신을 파악하여 자신의 사상과 감정과 생활 체험 속에서 가장 적절한 인증을 찾아내어야 한다. 이와 동시에 원작의 풍격에 가장 잘 어울리는 문학적 언어를 찾아내어 원작의 내용과 형식을 빠뜨림이 없이 정확하게 재현해내어야 한다. 이러한 번역과정은 번역자와 원작자를 하나로 만들어서 마치 원작자가 다른 나라의 문자로 자기의 작품을 써내려가는 듯하다. 이러한 번역은 번역자가 작업상의 창조성을 발휘하여 마치 배우가 반드시 자신의 생활과 예술상의 수양을 사용해서 극중의 인물을 창조해 내면 창조된 인물이 반드시 극본 작가의 원래의 의도와 완전히 일치해야 하는 것처럼 원작의 의도에 완전히 충실하도록 요구된다. 이것은 대단히 어려운 일이다. 그러나 문학번역의 주요한 임무는 원작의 정신과 면모를 충실하게 복제해 내는 데 있기 때문에 이러한 예술을 창조하는 듯한 번역은 반드시 필요한 것이다.

이러한 예술적 창조성이 있는 번역을 위하여 그는 본국어와 피번역어에 정통하는 이와 같은 기본적인 조건과 일반적인 문학수양을 갖추는 것에 외에도 넓고 풍부한 생활경험과 번역되는 작품의 작가와 작품에 대한 전면적 연구와 깊은 이해를 갖추어야 한다고 주장하였다. 문학 작품이란 생활을 묘사한 것이기 때문에 번역자도 작가와 마찬가지로 생활체험이 필요하다. 이것은 번역자도 외국의 사회환경과 생활방식에 대하여 직접적인 체험이 있어야만 번역이 가능하다는 사실을 말하는 것은 물론 아니다. 그러나 반드시 아래와 같은 점은 알아야 한다. “번역자 자신의 생활경력이나 생활체험이 풍부하면 할수록 다른 나라나 다른 시대의 생활에 대해 더 쉽게 깨닫고 이해할 수 있다. 각양각색의 생활을 더 많이 체험한다는 것은 문학자에게는 대단히 중요한 일이다.” 원작에 대해서도 엄격한 과학적 연구를 하는 것도 한 작품을 번역함에 있어 필수적으로 해야 할 일이다. 번역자가 무엇보다도 먼저 반드시 정확한 세계관을 갖추고 나서야 비로소 작품이 반영하고 있는 시대, 사회와 생활환경 및 작자의 사상과 풍격을 전면적이고 정확하게 분석하고 연구할 수 있다. 이러한 전면적인 연구와 깊은 이해를 하고 난 연후에야 비로소 예술창조적인 번역을 할 수 있게 된다.

모순(茅盾)은 번역논쟁에 있어 여러 차례 이론적으로 초점이 되었던 문제들에 대해서 분석을 하였다. 예를 들면 그는 기계적으로 경역(硬譯, 융통성이 없는(무리한) 번역)하는 것에 반대하고, 특히 문학번역 중에는 이를 용납할 수 없다고 생각하였다. “훌륭한 번역자는 한편으로는 외국어문장을 읽어 내려가면서, 다른 한편으로는 본국의 언어로 사색과 상상을 하여야 한다. 이렇게 할 때만이 자신의 번역문이 원문의 어법과 어휘의 특수성이라는 구속에서 벗어날 수 있으며, 번역문이 순수한 조국의 언어가 될 뿐만 아니라 원작의 내용과 풍격을 충실히 전달할 수 있다.” 고 생각하였다. 그가 여기에서 말한 ‘본국의 언어로 사색과 상상을 하여야 한다.’ 고 한 것은 30년대에 증허백(曾虛白)이나 임어당(林語堂)이 말한 ‘중문독자의 심리로 번역하여야 한다.’는 지적보다 훨씬 더 정확한 표현이다. 모순(茅盾)은 기계적인 경역(硬譯)을 반대하는 동시에 또 원문의 문법구조나 어휘용법을 완전히 파괴하는 절대적 자유식의 번역방법에 대해서도 반대하였다. 그는 “원문의 형식상의 특수성을 적절히 고려하면서도 가능한 한 번역문이 순수한 중국어가 되도록 하는 것 … 이 두 가지를 결합하는 것이 완전히 가능할 뿐만 아니라 필요하다.”고 생각하였다. 그는 또 “어떤 사람들은 중국의 어휘가 부족하여 번역하다 응용하기가 매우 어렵다고 생각한다. 그러나 반드시 그런 것만은 아니다. 어언(語言)이라는 것은 생활 중에 만들어진 것으로, 생활이 변화하고 발전함에 따라 새로운 어휘도 끊임없이 나타난다. 번역자도 작가와 마찬가지로 당연히 생활 속으로 들어가서 적절한 어휘를 발굴해 내어야 하고 때로는 새로운 어휘를 만들어내기도 해야 한다. 이 또한 번역예술의 창조적인 일면이다. 당연하지만 이것은 외국작품 속으로 들어가 새로운 어휘와 새로운 표현방법을 흡수해야만 한다고 말하는 것은 아니다. 그러나 외국작품 속으로 들어가 새로운 어휘와 새로운 표현방법을 흡수해야만 한다는 것은 반드시 본국 어언의 기본 어휘와 기본문법의 기초 위에서 흡수하고 이를 융화시켜야 한다는 것이다. 날로 먹으려고 해서도 안 되며, 억지로 날조를 해서 엉뚱하게 옮기는 것 모두 다 유해(有害)한 것이다."라고 지적하였다. 모순(茅盾)의 이와 같은 뛰어난 논술은 30년대 노신(魯迅)과 구추백(瞿秋白)의 유관한 논술에 대한 보완과 발전일 뿐만 아니라 당시의 관련된 논술 가운데 볼 수 있는 편파적인 면을 조절한 것이다. 모순(茅盾)이 마지막으로 제창한 문학번역을 예술창조의 수준으로 제고해야 한다는 호소는 당시 사람들이 노력하여 추구해야 할 목표이지만 그는 당시 모든 번역본을 이 척도로 평가해서는 안 된다고 말하였다. 이는 장기간의 노력을 거쳐서 점차적으로 도달해야 하는 것이지만 당시에 이러한 목표를 제시하는 것은 아주 필요하였다.

넷째, 모순(茅盾)은 다시 문학번역작업 중의 비평과 자아비평 및 단체의 상호부조정신을 강화하여 새로운 역량을 배양할 뿐만 아니라 이러한 것들을 위에서 언급한 목표를 달성하기 위한 구체적 단계로 삼자고 강조하였다.

모순(茅盾)은 중국 번역계의 비평과 자아비평의 분위기가 무르익지 않았음을 지적하였다. 또 과거의 모든 비평은 대다수가 자구(字句)의 오역을 지적하는 것에 치중하여 번역본에 대하여 본질적이고 전면적인 비평은 거의 하지 않았다고 언급하였다. 자구(字句)의 오역을 지적하는 것도 필요하지만 그것만으로는 아직도 부족하다고 하면서 또 다음과 같이 말하였다.

> 우리들은 금후의 비평이 번역의 본질적인 문제, 번역자의 원작에 대한 이해, 번역본이 원작의 정신이나 풍격을 정확하게 전달하였느냐는 문제, 번역본의 어언운용의 문제, 번역자의 번역태도와 수양의 수준 등과 같은 문제 등에서 출발하여 좀 더 조심스럽게 전

면적이고 깊이 있는 비평을 해야 할 것이다. 이렇게 할 때에만 비로소 엄숙하고 진지하게 연구하는 작풍이 점차 수립되어 번역의 질을 제고하겠다는 목표에 차츰 도달하게 될 것이다.

모순(茅盾)의 이 논술은 분명 동추사(董秋斯)의 의견을 수용한 것이기는 하나 동(董)씨보다 훨씬 더 깊이가 있다.

모순(茅盾)은 번역이 개인적인 노동인데 특히 문학의 번역은 더욱 그러하다고 생각하였다. 만약 한 작품을 여러 사람이 나누어 번역하였을 때 번역문의 풍격이 일치하기를 기대하기란 매우 어렵다. 따라서 그는 집체번역이란 결코 적당한 번역 방법이 아니라고 생각하였다. 그러나 여러 명의 번역자가 먼저 공동으로 원작을 연구하고 토론한 후 비교적 일치하는 전면적인 인식을 얻었을 때 한 사람의 대표 집필자가 번역을 하면서 다른 번역자의 도움을 받는 형식의 집체번역은 가능하기도 하고 또 유익한 것이라고 생각하였다. 한 권의 책을 나누어 번역하는 방법은 만약 합역하는 사람들의 능력이 서로 비슷하고, 작품의 사상과 풍격에 공통된 인식을 가지고 있을 뿐만 아니라 번역하는 동안 서로 돌아가며 교정을 해 주고 나서 맨 마지막에 한 사람이 총 책임을 지고 교정을 보아야 한다. 이렇게 하면 풍격이 통일되고 비교적 질이 높은 번역을 완성할 수 있다. 모순(茅盾)은 교정 작업이란 단체 구성원 간의 상호부조정신의 또 다른 표현이며, 번역사업 중의 대단히 중요한 한 단계라 하였다. 마지막 단계는 출판사의 편집 작업인데, 그는 이러한 작업에 대해 모두 중요한 언급을 하였다. 맨 마지막으로 그는 번역의 새로운 역량을 배양하는 문제의 중요성에 대해 다시 한 번 더 강조하였지만, 지면 관계상 여기서는 이만 줄이도록 한다.

결론적으로 말하면 모순(茅盾)의 이 보고서는 대단히 전면적이고 뛰어난 지도력을 갖추고 있어 그 영향력이 대단히 컸다. 중국번역공작자협회가 1980년대에 창립된 후, 1983년 협회 기관지《飜譯通訊(번역통신)》의 제1기에 또 다시 모순(茅盾)의 이 보고서의 세 번째 단락인 "반드시 문학번역작업을 예술창조의 수준으로 제고해야 한다."는 부분을 수록하여 신시기 번역작업의 지표로 삼았다는 사실로 미루어 보아 모순(茅盾)의 이 강령적(綱領的) 보고서는 중대하고도 심원한 의의를 가지고 있음을 알 수 있다.

四. 원로 혁명가들의 번역이론

장기간의 혁명투쟁 속에서 중국 공산당은 일관되게 번역작업과 번역이론의 연구를 매우 중시하였으며 당의 많은 영도자들이 의견을 발표하기도 하였다(앞에서 논술한 구추백(瞿秋白)의 번역이론이 그 한 예이다.). 이때 의견을 발표한 사람들은 건국 후 집권당의 지도적 인물이기도 하였으며 그 내용 또한 중요하다는 점에서 당시 그들이 발표한 의견은 번역계에 대단히 큰 영향을 미쳤다. 따라서 당대중국번역이론을 소개할 때 이 점에 대해 간략하게 논술하고자 한다.

신중국의 주요 창건자인 모택동(1983-1976)은 일생동안 외국어학습과 번역작업을 중시하였다. 그는 나이가 들어서도 외국어학습을 계속하였는데, 특히 그는 이론서적의 번역을 중시하였다. 1980년 2월에 창간된 중국번역연구의 중심 잡지인 《飜譯通訊(번역통신)》의 맨 첫 문장은 바로 장중실(張仲實)이 쓴 《毛澤東同志論理論著作飜譯(모택동(毛澤東)동지께서 이론저작번역을 논하셨다.)》이라는 글이었다. 이 글은 작자가 이전부터 직접 들었던 모택동(毛澤東)의 유관지시를 기록한 것들을 정리하여 출간한 것이다. 이 글의 중요한 내용으로는 아래의 몇 가지가 있다.

一. 그는 이론저서번역의 중요성을 극도로 강조하였다. 일찍이 1945년, 당의 제7차 대표대회에서 모택동(毛澤東)은 두 차례나 이 문제에 대해 거론하고, 번역작업 자체가 당의 이론 작업임을 지적하고 '번역이 없으면 공산당도 없다.'고까지 말하였다. 왜냐하면 번역이 없다면 중국인들이 무엇이 마르크스주의인지 알 수 없기 때문이었다.

二. 그는 번역된 이론서에 서언을 달고 그 위에 다시 주석(註釋)을 달기를 강조하였다. 모택동(毛澤東)은 당의 회의에서 여러 차례 이 점을 지적했는데, 그는 이 자체가 이론과 실천을 결합시킨 것이라고 생각하였기 때문이다.

三. 그는 노신(魯迅)의 의견에 찬성하여 이론 저서에 대해서는 '경역(硬譯; 무리한,

융통성이 없는 번역)'이 가능하다고 생각하였다. 1956년 8월 24일, 모택동(毛澤東)은 음악공작자들과 대담하면서 번역문제에 대해 언급하였는데 1979년 9월 9일, 《人民日報(인민일보)》에서 《同音樂工作者的談話(음악공작자들과의 담화)》라는 제목으로 정식으로 자신의 견해를 발표하였다. 이 글에서 그는 다음과 같이 말하였다.

> 노신(魯迅)의 주장은 민족화이다. 그러나 그는 또 경역(硬譯)을 주장하였다. 나는 오히려 이론서를 경역(硬譯)하는 것에 찬성하는데 그것의 장점은 정확하다는 것이다.

노신(魯迅)이 '경역(硬譯)'을 주장한 것은 본래 이론서를 겨냥한 것이었다(이 책에서는 앞에서 이미 상세하게 분석과 논술을 하였으니 참고 바람.). 모택동(毛澤東)의 노신(魯迅)주장에 대한 이해는 매우 전면적이고 깊이가 있었다. 장중실(張仲實)은 글에서 다음과 같이 말하였다.: "해방 후 50년대에 이론저서의 번역방법에 대해 한바탕 논쟁이 벌어졌다. 당시에 모택동(毛澤東) 동지의 이 지시는 이론저서의 번역공작자들에게 방향을 제시한 것이다. 왜냐하면 당시에 이론저서의 번역 중에 부딪히는 곤란한 문장이나 어휘들을 어떻게 처리하느냐 하는 문제는 번역자들에게 항상 골칫거리였다. '경역(硬譯)'은 문자가 난삽하여 독자들이 보기에는 글이 순조롭게 보이지 않을 수도 있다. 그러나 이론서적을 번역할 때에는 반드시 그 뜻이 분명하여야 한다는 원칙을 지켜야 하니, 원래의 모습을 잃지 않기 위해서는 차라리 '信而不順'(뜻은 정확하나 문장이 통순하지 않음.)하는 것이 '順而不信'(문장은 통순하나 그 뜻이 정확하지 않음)하는 것보다 만 배나 더 낫다. 이 지시는 내가 이해하기로는 막무가내로 '경역(硬譯)'을 하라는 것이 아니라 '신(信)'과 '순(順)' 두 가지를 모두 충족시킬 수 없는 상황에서 어쩔 수 없이 '경역(硬譯)'을 대두시켜 차라리 '信而不順'(뜻은 정확하나 문장이 통순하지 않음.)하라고 한 것이다."

그밖에도 모택동은 《同音樂工作者的談話(음악공작자들과의 대화)》에서 우리들이 똑바로 알아 두어야 할 만한 두 가지 요소를 지적하였는데 그 한 가지는 다음과 같다.

> 우리가 외국의 것을 알려고 하면 외국의 서적을 읽어야 한다. 그러나 그것은 중국인이 완전히 외국의 방법대로 일을 해야 함을 말하는 것이 결코 아니며, 중국인들이 글을

쓸 때도 반드시 번역본과 똑같이 써야 한다는 것을 의미하는 것이 결코 아니다.

여기에서 중국인들이 글을 쓸 때 반드시 번역본과 같이 쓸 필요가 없다고 하는 이야기는 바꾸어 말하면 번역본이 반드시 중국인들이 쓴 글과 똑같을 필요가 없다는 이야기이다. 이는 달리 말하면 약간 '모양이 다른' 번역 문체도 허용되어야 한다는 뜻이다. 논리적인 측면에서 보면 이러한 결론을 얻을 수 있는데 이러한 견해는 노신(魯迅)의 견해와 서로 통하는 데가 있다. 만약 나의 논리적인 추리가 모택동(毛澤東)의 원래의 의미와 부합하는지 의심하는 독자가 있다고 한다면, 모택동(毛澤東)이 이 대화의 다른 부분에서 이야기한 아래의 부분을 살펴보기 바란다.

> 나귀도 아니고 말도 아닌 것도 괜찮다. 노새가 바로 나귀도 아니고 말도 아닌 것이다. 그것은 나귀와 말이 결합하여 형상을 바꾼 것이다. 완전히 바뀌지 않는 것은 있을 수 없다. 중국의 모습은 정치, 경제, 문화 그 어떤 것이든 옛 모습 그대로일 수는 없으며 모두가 마땅히 바뀌어야만 하지만, 중국의 특징은 보존해야 한다. 마땅히 중국의 기본 위에서 외국의 것을 흡수해야만 한다. 마땅히 교배를 하여 유기적으로 결합해야 할 것이다.

모택동(毛澤東)은 음악문제에서 출발하여 단숨에 전체 중국의 정치, 경제, 문화의 모습을 일괄하였으니, 유물변증(唯物辨證)의 정신이 충만하여 위대한 마르크스주의자의 예지를 유감없이 발휘하였다. 이 이야기는 똑같이 번역어언(飜譯語言)의 문체(文體)와 같은 작은 문제에도 그대로 적용될 수 있다. 우리는 30년대에 젊은 구추백(瞿秋白)이 노신(魯迅)의 '사불상적백화(四不象的白話(네 가지 백화답지 않은 백화)'와 관련된 주장에 찬성하지 않고, '나귀도 아니고 말도 아닌 노새와 같은 말, 문언이 섞인 백화답지 않은 신문언(新文言)'에 반대한 사실을 떠올리지 않을 수 없는데, 그 가운데에는 어쩔 수 없이 과격한 색채를 띠고 있는 것이 있다. 즉 모택동(毛澤東)의 논술은 노신(魯迅)의 논술과 깊이 일치하고 있다.

중국 공산당의 또 다른 주요한 영도자인 주은래(周恩來, 1898-1976)도 번역작업에 대해서 많은 중요한 지시를 내렸다. 예를 들면 1956년 1월 14일 주은래(周恩來)는 유명한 《關于知識分子問題的報告(지식분자문제에 관한 보고)》라는 글에서 다음과 같이 지적하였다.: "과학을 향해 진군하기 위한 계획을 실현하기 위해서 우리는 반드시 과학을 발전시키기 위한 연구의 일체의 조건을 준비하여야 한다. … 이를 위해 외국어 교육을 확대해야 할 뿐만 아니라 외국의 중요서적의 번역작업을 확대해야 한다." 중국 번역공작자들이 영원히 잊을 수 없는 것은 1970년 11월, 문화대혁명(文化大革命)이라는 비상 시기임에도 불구하고 주은래(周恩來)가 인민의 이익이라는 관점에서 출발하여 간신과 국적들의 모함을 무릅쓰고 외국어교육과 번역인재를 양성하는 문제에 대하여 일련의 긴급 지시를 내린 것이다. 당시의 특수한 상황 하에서 그는 책임을 지는 태도로 외국어교사의 단기양성반을 잘 조직하도록 강조하고, 외국어를 배울 때는 날마다 연속적으로 연습하는 것과 집중적으로 연습하는 것의 중요함을 강조하였다. 또 다음과 같은 말도 덧붙였다.

> 번역작업은 그렇게 쉽게 할 수 있는 것이 아니다. 현장경험이 있어야 할 뿐만 아니라 재료를 장악하고 배경을 이해해야 하니 진정으로 올바르게 번역을 하는 것은 쉽지 않다.
>
> … 외국어의 언어, 어휘와 문법을 장악하는 것은 물론이고, 청(聽, 듣기 좋고), 설(說, 말하기 좋고), 독(讀, 읽기에 좋고), (寫, 쓰기에 좋고), 역(譯, 번역하기에 좋게)이라는 이 다섯 자(字)를 훌륭하게 이루어야 한다. 그밖에 또 역사와 지리를 이해해야 한다. 중국의 지리와 역사를 이해하는 것은 물론, 세계의 지리와 역사도 이해해야 한다. 자연과학에 대해서도 얼마간은 이해해야 한다. 마르크스와 엥겔스도 많은 자연과학지식을 이해하였으며, 모주석(毛主席)께서도 많은 것을 아셨다. 이러한 것들을 알지 못하면 번역을 제대로 해 낼 수 없다. 번역을 한다는 것은 그렇게 간단하지 않다. 몇 마디 외국어를 안다고 해서 할 수 있는 그러한 일이 아니다. 정치적 수준이 있어야 하는 것은 물론, 문화적 수준도 있어야만 한다. 기본적인 수양과 풍부한 지식이 없이는 번역을 할 수 없다, 기본적인 수양이란 다음과 같은 세 방면을 포함하는데 그것은 곧 정치사상., 어언 자체와 문화지식을 말한다.

주은래(周恩來)의 이러한 논술은 당시 중국의 번역작업과 번역인재양성을 보장하고 명확한 방향을 제시하였을 뿐만 아니라 현재까지도 여전히 지도적 의의가 있다.

또한 진의(陳毅, 1901-1972)도 외국어와 번역작업에 대한 치밀한 견해를 제시하였다. 1962년에 그는 《外語教學與研究(외어의 교학과 연구)》 제1기에 외국어를 전공하는 대학생들에게 뜻 깊은 담화를 발표하였는데 그 내용은 당시 번역학계에 큰 영향을 끼쳤다. 그는 다음과 같이 말하였다.

> 외국어 번역작업을 너무 간단하게 보아서는 안 되며 또한 그것을 기술적 작업으로 보아서도 안 된다. 외국어란 본래 정치작업의 도구이다. 외국어를 장악하게 되면 외국인들의 장점을 중국에 소개하여 중국의 경제와 문화를 제고할 수 있다. 또한 외국어를 장악하게 되면 중국의 혁명 투쟁 경험을 소개함으로써 우리들의 혁명에 대한 영향력을 확대할 수 있으며, 제국주의에 대한 타격을 강화할 수 있다. 외국어 번역작업은 정치성을 띠면서도 동시에 이론성을 띠는 것으로 그 작업에 종사하는 사람들은 매우 높은 문화적 수준을 갖추어야 한다. 문화적 수준이 높지 않으면 외국어를 잘 배울 수 없으며 매우 뛰어난 번역가가 될 수 없다.

이 글에서는 외국어번역작업(주로 번역 공작을 가리킴)을 정치 이론 작업의 수준으로까지 끌어올려 간단한 일이 아니라고 하였으니, 이는 대단히 의미심장한 이야기라고 할 수 있다. 진의(陳毅)는 또 번역의 규율과 요구에 대해서 투철한 논술을 하여 문법상의 곤란을 극복하고 고사성어와 습관적인 언어사용법을 숙지하여 정통외국어를 배우는 것은 물론이고 중국어 수준도 제고해야 한다고 지적하였다.

중공의 고위 지도자 가운데 실제로 번역작업에 가장 많이 종사한 사람은 유백승(劉伯承, 1892-1986)이었다. 그는 중국 인민 해방군의 창시자 중의 한 사람일 뿐만 아니라 중국의 현대 군사 번역사업의 개척자이자 그 기초를 다진 사람이다. 그는 수백만 자에 달하는 외국의 군사 논저를 번역하고 교역(校譯)하고 편역하였으니 중국의 번역사에서 소홀히 할 수 없는 실제적인 존재이다. 그는 당연히 번역에 종사하는 사람 중의 한 사람이기는 하지만 다른 사람들과는 확연히 구별된다. 그의 역저(譯著)들은 대부분 조용한 서재에서 쓴 것이 아니라 총알이 쏟아지는 전쟁터에서 쓰여진 것이다. 또한 그의 역저들은 일반적인 독자에게 보내져 감상하고 여가를 선용하기 위해 쓰여진 것이 아니라 '전쟁터의 독자'들에게 제공된 일종의 특수 무기였다. 중국 혁명사에서 좌권(左權), 오수권(伍修權), 부종(傅鐘) 등과 같은 사람들도 이와 같은 군사번역가(나는 중국 번역사를 연구하는 사람들은 그들을 잊어서는 안 된다고 생각한다.)들이었는데 유백승(劉伯承)은 이들 가운데 가장 뛰어난 대표적인 인물이었다.

유백승(劉伯承)은 장기간에 걸친 그의 번역 생애 가운데 외국어와 번역문제에 대하여 중요한 견해들을 발표하였다. 일찍이 남창봉기(南昌蜂起)에 참여하여 실패한 이후에 당의 지시를 받고 소련에 파견되어 러시아어를 배울 때 그는 한 편지에 다음과 같이 적었다. "… 나는 30이 넘어서야 비로소 외국어를 배우기로 마음을 먹었는데 시작하기 전에 친구들이 모두 걱정하였다. 소련(蘇聯)의 건국 초기를 눈으로 직접 보면서 배고픔을 걱정하였으나 오늘날은 우유와 빵은 충분히 먹을 수 있게끔 되었다. 매번 중국인민들과 중국 요리들이 생각날 때마다 '두화(豆花, 순두부 같이 생긴 중국요리)'는 아직도 얻을 수 없을 것이라 생각하면 더욱 사상을 깊이 연구하여 군사에 정통하여 나라의 은혜에 보답하겠다는 마음을 다잡는다. 그러나 외국어라는 관문을 통과하지 못하면 어떻게 이 뜻을 이룰 수 있겠는가? 그래서 문법을 마치 동전 꾸러미처럼 보고 새로운 단어를 마치 동전처럼 여겨 밤낮으로 이를 분주하게 쌓아올렸다. 어려운 문제에 봉착하면 이를 마치 적진처럼 생각하고 밤낮으로 공략하여 해결하였다. 그러자 몇 달이 지나지 않아서 러시아 서적을 볼 수 있게 되었다."(《劉伯承回憶錄》) 그는 이렇게 번역을 통하여 조국에 보답하겠다는 마음을 품고 있었다. 그는 이 글에서 단어를 흩어져 있는 동전에 비유하고 문법을 동전 꾸러미에 비유하고 있는데, 이러한 아이디어는 대단히 형상적이고 시사점이 큰 것이라 하겠다.

건국 후에 그는 중국의 군사 번역자들을 양성하기 위하여 심혈을 기울였다. 1951년 12월 21일, 군사학원(軍事學院)에서 쓴《思想意識改造與軍事科學的深造(사상의식의 개조와 군사과학의 발전을 위해서)》라는 보고서에서 그는 군사 번역의 중요성에 대해서 이야기하였다. 그는 당시 소련 군사 고문단의 학술을 수원지에 비교한다면 번역 공작은 수도꼭지에 해당한다고 비유하고 번역을 통해 고문단의 학술을 끊임없이 교원들과 학생들에게 전달해야 하며, 동시에 교원과 학생들의 사상을 종합하여 고문들에게 반영시키도록 해야 한다고 말하였다. 따라서 번역작업은 대단히 중요한 '관건(關鍵)'이 된다. 오로지 번역을 통해서만이 군사 과학을 소개하는 전체 임무를 달성할 수 있다. 그는 또 "번역을 하는 동지들은 군사 학습을 강화하고 러시아어 학습을 강화하고 중국어 학습을 강화하여 번역 능력을 제고해야 한다. 이것은 바로 번역자들이 갖추어야 할 세 가지 기본적 능력으로 어느 것

하나라도 부족하면 안 된다."고 지적하였다. 1952년 7월에 그는 부대 작가인 호기(胡奇)와 이야기하는 가운데 또 다음과 같이 지적하였다. "극소수의 번역들이 문제를 보이고 있는데 글자를 제멋대로 번역한 것이 있는가 하면 내용을 잘못 이해한 것도 있고 심지어는 주어가 뒤바뀐 것도 있다. 어떻게 이름을 붙여야 할지 몰라서 이를 '氈帽飜譯(중절모번역)'이라고 부르기로 한다. 산서성(山西省)의 농민들은 전모(氈帽)라는 모자를 쓴다. 이 모자는 안과 밖이 같아서 바로 써도 되고 뒤집어써도 되고 특별한 것은 찢어도 떨어지지 않는다. 그런데 우리들의 학술작업이 이 모자와 같아서는 안 되겠다는 것이다. 마땅히 두 나라의 문자에 정통할 뿐만 아니라 특히 군사과학에 정통할 때에만 비로소 군사번역을 잘 할 수 있다."

그는 군사술어를 심사하여 명칭을 확정하는 것을 군사번역의 '기초공정(基礎工程)'으로 여겼는데 다음과 같은 세 가지 사항을 번역명칭을 확정하는 원칙으로 규정하였다. "一. 군사 과학의 실질에 근거하여 정확하게 명명(命名)한다. 二. 문자로 나타낼 때는 명확하고 통속적이어서 서로 혼동되는 일이 없도록 해야 한다. 三. 중국에 원래부터 있던 군사용어, 특히 해방군들이 사용한 적이 있는 군사용어는 가능한 한 그대로 사용하되 통일되지 않은 것일 때는 반드시 이를 통일해야 한다." 그는 자신의 직접지도와 조직 하에 군사학원에서 《軍語畵一(군어화일)》이라는 책을 한 권 펴냈는데 그것은 그 후 대부분 인민 해방군의 정식군어(軍語)로 확정되었다.

1954년 9월 28일, 유백승(劉伯承)은 군대 번역종사자들을 위하여 다음과 같은 글을 남겼다.

> 군사과학의 번역은 경험적으로나 이론적으로나 반드시 군사방면의 기본지식을 갖추어야 그 본질을 연구할 수 있다. 러시아어의 수양방면에 있어서도 반드시 군사과학의 본질을 꿰뚫어 볼 수 있는 능력을 갖추어야 하며 중국어의 수양 방면에 있어서도 군사과학의 본질을 표현해 낼 수 있는 능력을 갖추고 있어야 한다.

이것은 그가 수십 년 동안 군사번역에 종사하고 난 후에 내린 총 결론이라고 할 수 있는데 그 철학적 함의는 기타 방면의 번역작업에도 적용될 수 있는 것이다.

五. 부뢰(傅雷)의 번역관(飜譯觀)

부뢰(傅雷, 1908-1966)는 자(字)가 서안(恕安)으로 상해(上海), 남회(南匯) 사람이다. 그는 13세에 천주교에서 운영하는 서회공학(西匯公學)에 들어가 불어를 전공하기 시작하였다. 1926년 상해지지대학(上海持志大學)에 입학하였으나 그 다음 해 자비로 프랑스에 가서 파리대학, 문과(文科)와 루브르미술사대학에서 공부하였다. 그는 1931년에 귀국하였으며 40년대 후기에 적극적으로 민주운동에 참여하였으나, 60년대 '문혁(文革)' 초기에 모욕을 참을 수 없어 자살하였다. 20년대 말부터 그는 프랑스 문학을 번역, 소개하는 일에 온 힘을 쏟았다. 수십 년 동안의 노력과 훌륭한 예술적 수양으로 인하여 그의 역저들은 최고 수준의 경지에 도달하게 되었고, 마침내 그는 중국 당대 번역계에서 대단히 높은 명성을 누리게 되었다.

부뢰(傅雷)는 5, 60년대에 번역문제에 대하여 중요한 견해를 발표하였는데 지금 보존되어 내려오는 것으로는 다음과 같은 것들이 있다. 1951년《高老頭(높은 양반)》중역본을 위해서 쓴 서문, 1957년《文藝報(문예보)》의 요청으로 쓴《飜譯經驗點滴(자그마한 번역경험)》및 번역 연구자인 임이량(林以亮), 라신장(羅新璋) 등을 위해서 차례로 쓴 번역을 이야기한 서신 등이 있다. 이러한 것들은 모두 당대 번역이론들 가운데 이미 명편이 되었다.

부뢰(傅雷)는 일관되게 견지했던 자신의 번역관을 이들 문장과 서신 등을 통해 반복적으로 논술했다. 먼저 그는 번역작업이 하나의 신성한 사업이라는 점을 강조하고, 번역공작자는 반드시 진지하게 상대방(원작과 원작자 등)을 이해함과 동시에 자기 자신도 이해해야 하며, 반드시 자신의 학식수양을 강화해야 한다고 하였다. 그는 1957년 5월 12일에 쓴《飜譯經驗點滴, (자그마한 번역경험)》(5월 30일《文藝報(문예보)》반월간 제10기)에서 다음과 같이 말하였다.

> 나는 문예를 몹시 사랑하기 때문에 문예 공작을 숭고하고 신성한 사업으로 생각한다. 나는 예술품을 손상하는 행위를 진리를 왜곡하는 행위와 마찬가지로 대단히 심각

> 한 일로 여길 뿐만 아니라 예술품을 소개하는 일도 하나의 예술품만큼이나 중요한 일이어서 어떤 다른 예술품으로도 그를 대체할 수는 없는 것이라 생각한다. 따라서 예술품을 손상하는 행위는 도저히 용납할 수 없다고 생각하므로 자연히 태도가 정중해질 수밖에 없었다. … 번역자 자신이 깊이 있게 원작을 이해하고 체험하고 느끼지 못할 때는 절대로 독자들을 이해하고 체험하고 느끼게 만들 수 없다. 또 모든 사람의 이해와 체험과 느낌은 성격의 제한을 받는다. 원작을 선택하는 일은 친구를 선택하는 일과 서로 비교할 수 있다. 어떤 사람은 처음부터 끝까지 나와 하는 일마다 마음이 맞는 것이 없으면 억지로 친구가 되려고 할 필요가 없다. 어떤 사람은 처음 보자마자 오랜 친구 같은 느낌이 들고 좀 더 빨리 만나지 못한 것이 한스러울 정도이다. 그러나 보자마자 마음에 쏙 드는 친구라 하더라도 하루아침에 완전히 정확하게 이해할 수는 없다. 자신의 마음에 드는 책을 선택하여 번역하기로 마음을 정했다면 네 번 다섯 번 계속해서 읽고 나서야 비로소 줄거리와 이야기를 익숙하게 기억할 수 있고, 철저하게 분석하고 나서야 비로소 인물이 눈앞에 선하게 드러나며 글자 사이마다 숨어 있는 깊은 의미들도 서서히 파악해 낼 수 있다.

이러한 단계에 도달하는 것도 쉽지 않은 일이지만, 부뢰(傅雷)는 이것만으로도 부족하다고 생각하였다. 왜냐하면 한 작품을 번역할 때에는 이해하고 체험하는 것만으로는 부족하고, 번역자가 이해하고 체험한 것을 충실하고 감동적으로 표현해 내는 것이 요구되기 때문이다. 성격이 완전히 상반되는 두 사람이 친구가 되는 예도 적지 않을 뿐만 아니라 자신의 기질과는 완전히 다른 작품을 좋아하는 경우도 가능하다. 그러나 이러한 작품을 표현해 내는 것은 대단히 어려운 일이라고 할 수 있다. 왜냐하면 환골탈태해서 자기 자신과는 성격 차이가 매우 크거나 심지어는 완전히 상반되는 새로운 사람이 되는 것과 같기 때문이다. 만약 원작가의 기질이 자신의 기질과 차이가 많이 난다는 것을 명확히 인식하게 되면 차라리 낫다. 이때는 번역하지 않으면 되는 것이다. 그러나 대부분의 경우에는 차이가 분명하지 않아 자신의 풍격이 원작가의 풍격에 적응할 수 있을지의 여부를 순간적으로 분명하게 판단을 내릴 수 없다. 따라서 부뢰(傅雷)는 "상대방을 이해하는 것은 확실히 어렵지만 자신을 이해하는 것도 쉬운 일은 아니다."고 생각하였다. 그는 이 글에서 또 다음과 같이 지적하였다.

> 나는 깊이 느꼈다. (一) 문학의 장르라는 측면에서 이야기하면 책을 번역할 때에는 자

> 신의 장점과 단점을 분명하게 파악하여 논리적인 면에 장점을 가지지 않은 사람은 억지로 이론서를 번역할 필요가 없다고 생각한다. 시를 지을 줄 모르는 사람이 시를 번역하여 조금도 시적인 맛이 없고 또 散文(散文) 같지도 않아 요술거울로 작품을 소개하는 데 머물러 문예 작품을 모욕하는 죄인이 되어서는 안 된다. (二) 문학의 유파적 측면에서 이야기하면 우리들은 자신이 어느 유파에 적합한지를 분명하게 파악해야 한다. 낭만파인지 고전파인지, 사실파인지 현대파인지, 특정 유파 가운데 어느 작가와 가장 잘 맞는지 등이 우리들의 한계와 적응력을 실천하는 가운데 조금씩 드러나게 되어 있다. 이는 억지로 강요해서는 안 된다. 가령 수만 자(字)를 시험 삼아 번역했다 하더라도 '폐기 처분'을 할 수밖에 없다면 조금도 아깝게 생각할 일이 아니다. '적응(適應)' 여부를 판단하는 첫 번째 척도는 원작을 진실로 사랑하는가의 여부이다. 왜냐하면 감정과 이해는 서로 인과관계에 놓여 있기 때문이다. 두 번째 척도는 우리들의 예술적 안목으로 상당한 식견이 없다면 스스로 적응하고 있다고 생각하겠지만 실제로는 희망 사항에 지나지 않을 수도 있다.

당대의 번역가들 가운데 아마도 부뢰(傅雷)처럼 번역자 자신의 조건과 기질의 원작에 대한 '적응력(適應力)'을 강조한 사람도 없을 것이다. 그의 이러한 엄격한 요구는 바로 그 자신의 번역에 대한 극단적인 책임을 요구하는 직업의식에서 나온 것이다.

그는 번역자의 직업수양을 대단히 중요시하였을 뿐만 아니라 번역자의 인생경험과 전면적인 학식수양이 문학번역에 미치는 극단적인 중요성을 반복해서 강조하였다. 이 글에서 그는 다음과 같이 말하였다. "문학이란 전체 사회와 전체 사람을 대상으로 하는 것이기 때문에 자연스럽게 정치(政治), 경제(經濟), 철학(哲學), 과학(科學), 역사(歷史), 회화(繪畵), 조소(彫塑), 건축(建築), 음악(音樂) 및 천문지리(天文地理), 의학(醫學) 등과도 관련을 가지게 되며 그것들을 포함하지 않는 것이 없다." 그는 자신을 예로 들어 자신은 "취미도 비교적 복잡하고 공부도 비교적 다방면으로 하였으나" 여전히 번역하는 가운데 자주 여러 가지 곤란에 부딪히게 된다고 하였다. 이럴 때 그는 비록 외국에 편지를 보내어 전문가들에게 도움을 청하기도 하지만 아직도 번역을 잘 한다는 것이 매우 어렵다고 하였다. 따라서 그는 이 글에서 의미심장하게 아래와 같이 이야기하였다.

> 문학의 대상은 당연히 인간을 위주로 한 것이므로 인생경험이 풍부하지 않은 사람은

> 작품의 절묘한 곳을 체험할 수 없다. 인정세태는 구체적인 지식이 없으면 배울 수가 없다. 따라서 우리는 전공 수양뿐만 아니라 그 밖의 것도 광범위하게 섭렵해야 하며, 또 반드시 관찰하고 느끼고 상상하는 능력을 길러야 한다. 평소에 생활 속으로 깊이 들어가 인간을 이해하고 인간에 관심을 가지며 일체의 것에 관심을 가질 때 비로소 조금씩 작가의 뒤를 좇아서 그가 이야기하고자 하는 것을 독자들에게 전해줄 수 있다. 왜냐하면 문학가는 사회를 해부하는 의사이고, 인간을 연민할 줄 아는 종교가이며, 열정이 넘치는 혁명가이기 때문이다. 따라서 그의 대변인이 되고자 하는 사람은 마땅히 종교가들처럼 경건해야 하고, 과학자들처럼 세밀해야 하며, 혁명가들처럼 의지가 굳세어야 한다.

그는 여기에서 번역가의 학식에서 출발하여 번역가의 인품에 이르기까지 과학자, 종교가, 혁명가의 특질을 인용하여 번역가들에게도 이러한 것들이 요구된다고 말하였다. 이 말은 대단히 훌륭한 경구(警句)라 하겠다. 그는 자신은 이러한 요구에 훨씬 미치지 못한다고 생각하여 "그러나 내가 능력이 부족하다고 하여 자신에 대한 요구를 낮출 수는 없다. 예술의 최고봉은 객관적으로 존재하기 때문에 자신의 재능이 부족함을 이해하여 자신의 기준에 맞출 수는 없는 것이기 때문이다."고 하였다. 그의 주장은 모순(茅盾)이 "문학번역작업을 예술 창작의 수준으로 제고해야 한다."고 제창한 이후에 문학번역자가 이 목표에 도달하고 자신의 수준을 끌어올리기 위해서는 어떻게 노력해야 하는지에 대한 보충논술이라고 할 수 있다. 모순(茅盾)도 보고서에서 이 점에 대해서 논술하기는 하였지만 부뢰(傅雷)의 지적처럼 깊이 있고 상세하지는 않았다.

부뢰(傅雷)는 위에 언급한 관점을 다시 반복하여 논술했다. 1963년 1월 6일 라신장(羅新璋)에게 쓴 편지에서 그는 "먼저 원작을 숙독하고 가능한 한 상세하게 이해하고 난 후에 번역을 시작해야 한다. 어떤 작품이든 4, 5번 정독하기 전에는 결코 붓을 들지 않는 것이 번역자의 기본 원칙이다. 첫째, 원작(사상, 감정, 분위기, 느낌 등)을 자기 것으로 만들고 난 후에 번역을 이야기하여야 한다. 평소에 외국어를 깊이 연구하는 외에도 중국어도 소홀히 해서는 안 된다. 구소설도 많이 읽어야 하며 어휘를 충실히 하고 중국의 고유한 문장법과 문장을 운용하는 습관도 잘 알아야 한다. … 결론적으로 말하면 번역하는 일은 통역하는 것과 비슷하지만 예술수양을 근본으로 한다. 번역할 때 민감한 영혼이나 열렬한 동정심이 없다면, 적당한 감상능력이나 상당한 사회경험이 없다면, 그리고 충분한 상식(소위 잡학이라는 것)이 없다면 원작을 철저하게 이해하기는 어려우며, 만약 이해한다 하더라도 반드시 깊이 있게 깨달을 수는 없을 것이다."라고 하였다. 이것은 번역에 대한 그의 간절한 당부이자 진정한 가르침이다. 이 다섯 가지 '무자(無字: 없다면)'를 '유자(有字: 있다면)로 바꿔놓을 때라야 번역의 수준을 예술창조의 수준으로 제고시키려는 목표에 도달할 수 있을 것이다.

부뢰(傅雷)의 번역관 중에는 또 하나의 뛰어난 내용이 있다. 그는 자신이 쌓은 중국과 외국의 깊은 문화 수양에 근거하여 여러 차례 중국과 서방의 사유방식과 미학적 정취의 같은 점과 다른 점을 지적하였다. 그리하여 번역은 결코 글자의 뜻만을 고지식하게 옮겨서는 안 되고 반드시 원작의 정신과 미적 특징을 보존해야 한다고 강조하였다. 일찍이 50년대 초에 임이량(林以亮)에게 보낸 편지에서 그는 다음과 같이 지적하였다.

> 민족적 mentality(精神面貌)는 서로 매우 큰 차이가 난다. 외국의 문장은 모두 분석적이고 산문(散文)적인데, 중국의 문장은 종합적이고 시적(詩的)이다. 이 서로 다른 미학 원리로 인해 쌍방의 어휘들이 조화를 잘 이루지 못하게 된다. 본래 모든 번역문들은 언제나 '넘침과 모자람'이라는 양 극단 사이를 왔다 갔다 하지만, 중국 문장은 그 정도가 더욱 심하다.

여기에서 그는 중문 번역자들이 반드시 변증적(辨證的) 번역예술을 더욱 더 훌륭하게 장악하도록 요구하고 있다. 《翻譯經驗點滴(자그마한 번역경험)》이라는 글에서 그는 또 다음과 같이 지적하였다.

> 중국인들의 사고방식은 서양인들의 사고방식과 거리가 매우 멀다. 그들은 추상적이고 분석에 뛰어나다. 우리들은 구체적인 것을 좋아하고 종합적인 것에 뛰어나다. 정신적으로 철저히 융화되지 않는데 글자를 좇아서 생뚱맞게 억지로 그 뜻을 옮겨 놓는다면, 원문이 가진 미적 감각을 완전히 상실할 뿐만 아니라 그 뜻마저도 어려워 이해하기 어렵게 하여 독자들을 어리둥절하게 만들고 말 것이다.

60년대에 이르러서도 그는 라신장(羅新璋)에게 보낸 편지에서 여전히 이렇게 말하였다.

> 원작의 정신을 전한다는 것이 말로는 얼마나 쉬운 일인가. 나는 나이가 들고 경험이 증가할수록 그리고 원작에 대한 이해가 깊어지면 깊어질수록 원작의 정신을 전한다는 것이 어렵다는 것을 더욱 절감한다. 깨닫는다는 것과 그 깨달음을 중국어로 표현한다는 것은 완전히 다른 일이다. 하물며 동방인과 서방인의 사유방식은 기본적으로 서로 차이가 난다. 우리는 종합을 중시하고 귀납(歸納)을 중시하며 암시(暗示)를 중시하고 함축(含蓄)을 중시하는 데 반하여, 서방 사람들은 분석을 중시하여 아주 세밀하고 곡절(曲折)하며 무엇을 찾아내되 빠진 것이 있나 신경을 쓰며 묘사를 함에 완벽을 기하려 한다. 이 두 가지 mentality(精神面貌)가 서로 조화를 이루어 교류하기란 매우 어렵다. 같은 metaphor(隱喩)라 하더라도 번역하기만 하면 그 뜻을 이해하기가 어려운데 그 정취는 말할 필요도 없다. 이는 서구의 각 언어가 같은 어원에서 나왔기 때문에 비유나 전고가 대부분 일치하는 것과는 서로 다르다.

부뢰(傅雷)는 중국과 서방의 사유방식과 심미적 정서가 서로 다르다는 점에서 출발하여 번역할 때 '원작의 정신을 전한다.'는 것이 매우 어렵다는 사실을 설명하려고 하였다. 그는 중국 현대의 노신(魯迅), 모순(茅盾), 곽말약(郭沫若), 문일다(聞一多) 등으로부터 임어당(林語堂), 주생호(朱生豪) 등에 이르기까지의, 예술작품을 번역할 때는 반드시 '원작의 정신을 전해야 한다.'는 관점을 계승하여 자신의 예술에 대한 깊은 수양과 결합해서 '重神似不重形似(정신을 전하는 것이 중요하지 형태를 전하는 것이 중요하지 않다)'라는 번역관을 반복해서 강조하였다. 그는 1951년 9월에 쓴 《〈高老頭〉重譯本序(〈높은 양반〉중역본서)》에서 다음과 같이 말하였다.

> 효과를 이야기하면 번역이란 그림을 베껴 그리는 것과 같은데, 추구하는 것은 형사(形似, 형태를 모방하는 것)에 있지 않고 신사(神似, 원작의 정신을 모방하는 것)에 있다. 실제 공작적인 측면에서 보면 번역하는 것이 그림을 베껴 그리는 것보다 더 어렵다. 모방화와 원작은 서로 소재(색깔, 구도, 화선지나 천 등)도 같고 그리는 방법(色彩學, 解剖學, 透視學)도 같다. 번역본과 원본은 문자도 다르고 그 운용 방법 또한 크게 다르다. 각종 문자는 각자 나름대로의 특색이 있어 각기 모방할 수 없는 장점도 있고, 각기 만회하기 힘든 결점도 있으며, 동시에 서로 침범할 수 없는 계율 같은 것이 있다. 영어와 불어, 영어와 독어 등 서로 비슷한 언어들 사이에서도 서로 번역하기 어려운 부분이 있다. 중국 문자와 서양 문자 사이의 간격은 이보다 훨씬 더 커서 정신을 전하고 뜻을 나타냄에 대한 요구가 서양어들 사이의 요구와 똑같다면 이것은 죽을힘을 다해 사전을 붙들고 원문의 문법을 좇아서 차곡차곡 번역한다고 해서 될 수 있는 일이 아니다.

60년대에 이르러 부뢰(傅雷)는 라신장(羅新璋)에게 보내는 편지에서 아래와 같이 자신의 의사를 명확하게 표명하였다. "나의 번역에 대한 견해는 매우 간단하다. 重神似不重形似(정신을 전하는 것이 중요하지 형태를 전하는 것이 중요하지 않다)" 이 책의 앞에서 논술한 바와 같이 중국 현대의 수많은 번역가들이 정신을 전하는 것이 형태를 전하는 것보다 중요하다는 관점에서 의견을 제시하였다. 예를 들면 모순(茅盾)은 일찍이 1921년에 이미 '신운(神韻)'이 '형모(形貌)'보다 중요하다고 말하였다. 번역을 모방화(베껴 그리는 것, 모작)에 비유하여 논리를 전개한 것은 부뢰(傅雷)가 처음 시도한 것은 아니다. 최소한 1929년 진서형(陳西瑩)이 이와 같은 비유를 했으며 심지어 부뢰(傅雷)가 사용한 몇몇 용어들마저도 陳씨가 사용했던 용어와 서로 비슷하다. 따라서 우리는 일부 논자들이 '신사(神似)'설이 부뢰(傅雷)가 독창적으로 사용한 '신의(新義, 새로운 개념)'이며 그가 엄복(嚴复) 이래 50년간의 번역이론을 총 결산했다고 하는 등의 의견에는 동의할 수 없다. 이러한 견해는 실사구시(實事求是)적이지 못하고 누군가를 편애하고 치켜세우려는 경향을 띠고 있기 때문이다. 다만 부뢰(傅雷)가 젊은 시절 파리에서 예술이론을 전공했고 회화방면에도 상당한 조예가 있었으므로 그가 이와 같은 이야기를 하였을 때는 아마도 그의 깨달음이 더 깊었을 수도 있었을 것이다. 그밖에도 그의 역저가 문단에서 상당한 명성을 얻고 있었기 때문에 그가 이런 말을 한 영향력이 좀 더 컸을 수도 있었을 텐데 이것은 모두 사실이다.

주의할 만한 것은 부뢰(傅雷)가 《高老頭(높은 양반)》의 중역본 서에서 다음과 같이 말했다는 사실이다. "각국의 번역문학은 비록 우열이 있기는 하지만 프랑스어식의 영문번역본은 없으며 영어식의 불문번역본도 없다. 만약 본국 문자의 구조나 특성을 파괴하여 다른 나라 문자의 특성을 능히 전달하고 원작의 정신을 전달할 수 있다면 번역은 너무나 쉬운 일이 될 것이다. 불행하게도 그러한 이론은 각주구검(刻舟求劍)이 될 뿐이며 결과적으로는 삭족적이(削足適履; 발을 깎아 신발에 맞추는 격)가 되어 두 언어 모두 실패하여 상처를 입게 될 것이다." 이 단락의 논술이 바로 노신(魯迅)이 이야기한 '양기(洋氣; 서양의 느낌)를 보존하자'고 한 것에 대항하기 위한 것이라고 할 수 있지 않을까? 일부 논자들이 이해하고 있는 것처럼 부뢰(傅雷)의 견해는 노신(魯迅)의 견해와 같지 않다고 말할 수 있는 것일까? 나는 그렇게 말할 수 없다고 생각한다. 왜냐하면 노신(魯迅)은 본국 문자의 구조와 특징을 '파괴' 하라고 이야기한 적이 없었으며 '적당하게 약간 다른 문법을 섞어라'고 주장하였을 뿐이다. 노신(魯迅)은 번역문이 '완전히 귀화하게 만들어야 한다.'고는 주장하지 않았으며 그렇게 하는 것은 불가능하다고 생각하였다. 부뢰(傅雷)가 위에 인용한 글 바로 다음에서 그는 다음과 같이 이야기하였다. "양국의 문자와 언어가 다르고, 문법 구조가 다르고, 문법과 습관이 다르고, 수사 격률(修辭格律)이 다르고, 속어가 다른 것은 민족사상 방식이 다르고, 감각의 깊이가 다르고, 관점의 각도가 다르고, 풍속 전통 신앙이 다르고, 사회 배경이 다르며 표현 방법이 다르다는 것을 반영하고 있다." 노신(魯迅)은 번역이란 반드시 두 가지를 동시에 고려해야 한다고 생각하였다. 그 한 가지는 쉽게 이해할 수 있도록 노력하는 것이고, 다른 한 가지는 원작의 풍모를 보존하도록 노력해야 한다는 것이다. 부뢰(傅雷) 또한 '모든 면을 고려하여 계획을 세울 것'을 강조하여 '지나치게 되면 너무 지나치지 않게 하고, 모자라면 지나치게 모자라지 않도록 하라'고 하였다. 본질적인 면에서 보면 부뢰(傅雷)의 견해와 노신(魯迅)의 견해는 서로 통하는 것이라 할 수 있다. 다만 그들은 같은 문제에 대해 다른 방면을 논술하는 데 편중되어 있었다. 노신(魯迅)은 '보존양기(保存洋氣, 서양의 기운을 보존하는 것)'를 강조했고, 부뢰(傅雷)는 '이성적인 번역은 원작자가 중국어로 작품을 써 내려가는 것과 같도록 해야 한다.'는 것을 강조했다. 부뢰(傅雷)의 견해와 노신(魯迅)의 견해가 서로 통하는 것임을 증명하기 위해서는 그가 임이량(林以亮)에게 보낸 편지의 일단을 살펴보면 분명해진다.

> 나는 원문의 문장법을 신경 쓰지 않아도 된다고는 결코 말하지 않았다. 가능하면 최대한 원문의 문장법을 보존하도록 해야 하는데, 어떠한 경우에도 문장법이 신선하고 중국어 문법에 어긋나지 않도록 해야 한다. 그러나 이것은 쉽게 할 수 있는 일이 아니다. 번역자의 taste(鑑賞力)가 대단히 높을 때에만 비로소 이러한 판단력이 나타날 수 있다. … 나의 이 주장은 원작의 신운(神韻)을 전달하기 위한 것만이 아니고, 중국 언어를 창조하고 문장의 변화 등을 기하기 위하여 이런 방면에서 새로운 시험을 해 보자는 것이다. 이것은 항상 번역인들이 해야 하는 작업이라고 나는 생각하였다.

부뢰(傅雷)가 여기에서 언급한 '중국 언어의 창조'는 비록 그 논술이 논리적이지는 못하지만 노신(魯迅)과 구추백(瞿秋白) 등이 20년 전에 논술한 것과 일맥상통한다. 부뢰(傅雷)의 번역이론의 또 하나의 특징은 번역의 언어문제에 대하여 일련의 빼어난 논술을 했다는 것이다. 그는 번역할 때 문언문으로 할 것인가 아니면 백화문으로 할 것인가 하는 문제에 대하여 노신(魯迅)과 아주 비슷한 견해를 가지고 있었다. 그는 임이량(林以亮)에게 보낸 편지에서 다음과 같이 지적하였다.

> 백화문은 그 풍부함이나 변화의 다양함에서 외국어와 매우 큰 차이가 난다. 문언은 이 점에 있어서는 백화에 비해 편리하다. 주작인(周作人)이 말하기를, "만약 병려문과 散文이 함께 섞인 문언으로 번역하면 비교적 좋은 결과를 보장할 수 있다. 번역문이 보기에 아름다울 뿐만 아니라 원문의 뜻도 비교적 크게 차이가 나지 않을 수 있다."고 하였다. 이 말은 비교적 일리가 있다. 문언문은 비교적 규율이 있고 나름대로의 체제가 있어서 누구도 함부로 할 수가 없으며 어휘도 비교적 풍부하다. 백화문은 이제 막 민간에서 싹트기 시작한 것으로, 첫째는 규칙이 없고 둘째는 체제가 갖추어져 있지 않아서 나름대로 새로운 모색을 하고 있는 단계이므로 결과적으로는 혼란스럽게 되고 만다. 동시에 우리들은 어떤 하나의 방언으로도 백화문의 뼈대로 삼을 수 없다. 현재 우리가 쓰고 있는 것은 북쪽의 것도 아니고 남쪽의 것도 아니며, 북쪽의 것인 것 같기도 하고 남쪽의 것인 것 같기도 한 잡종 언어이다. 남북 언어 중의 특색이 있는 부분을 다 빼 버리면 그 남은 부분은 윤곽뿐일 것이니 기껏해야 그 뜻만 전할 수 있을 뿐 그 정감은 전할 수가 없다. 따라서 생동감이 넘치고 영감이 넘치며 준일하다는 등의 평가와는 거리가 멀다.

부뢰(傅雷)는 백화문을 "규칙이 없고 체제가 갖추어져 있지 않았다."고 생각하였을 뿐만 아니라 보통화는 예술적 가치도 없다고 생각하였다. 이것은 '설과두(說過頭, 도가 넘은 지나친)'이다. 그러나 그의 이 이야기는 '설과두(說過頭; 도가 넘은 지나친)' 한 구추백(瞿秋白)의 '절대적 백화(絶對的白話)'의 주장의 치우침을 바로 잡는 역할을 하였다. 부뢰(傅雷)는 실제적으로 노신(魯迅)이 제창한 '四不象的白話(네 가지 백화답지 않은 백화)'라는 견해에 찬성하였다. 그는 《翻譯經驗點滴(자그마한 번역경험)》이라는 글에서 또 다음과 같이 지적하였다.

> 원문의 풍격은 어떤 경우이든 언제나 통일되고 완정하다. 번역문도 당연히 지리멸렬해서는 안 된다. 그러나 우리들의 언어는 아직도 성장, 발전하는 단계에 놓여 있기 때문에 정형(定型)도 없고 준칙(準則)도 없다. 또 다른 한편으로는 규범화(規範化)는 문예의 대적(大敵)이다. 우리들은 때때로 문언을 쓸 필요를 느끼지만 문언이 번역문 속에서 물과 우유처럼 잘 섞일 수 있느냐 하는 것이 문제이다. … 방언도 때로는 쓸 필요가 있다. 그

> 러나 지나치게 농후한 중국의 지방 색채는 원작의 지방 색채를 방해할 수도 있다. 순수한 백화를 쓴다면 너무 담백하여 맛이 없고 재미마저 없어서 예술의 도구로 쓸 수 없다. 중국의 고전 작품을 많이 읽고 각지의 방언을 잘 알게 되면 짧은 시간 안에 반드시 효과를 본다고 할 수는 없지만 번역문의 어휘나 문장법에 상당한 도움이 될 것이다. 조화롭고 완정한 풍격을 형성하기 위해서는 장기간 예술적 교육을 받아야 한다.

부뢰(傅雷)는 이 글에서 번역 어언 예술의 복잡함과 어려움이라는 측면에서 논리를 전개해 나갔지만 우리는 그가 번역의 어언 문제에 대하여 확실히 여러 해 동안 탐색하고 실천해 왔음을 볼 수 있다. 그는 생활용어, 문언, 방언, 구소설 등에서 영양분을 섭취해야 된다고 생각하였으며, 더 나아가 "문자 문제는 기본적으로는 예술적 안목의 문제이며, 번역문의 수준을 제고하기 위해서는 반드시 먼저 객관적 표준이 있어서 문장의 좋고 나쁨을 분별해 낼 수 있어야 한다."고 생각하였다. 번역의 어언 문제에 관해서는 부뢰(傅雷)가 가장 논술을 잘한 사람이라고 말할 수 있다. 그러므로 그의 의견은 사람들이 진지하게 생각할 만한 가치가 있는 것이라 하겠다.

六. 역론(譯論)에 대한 주작인(周作人)의 새로운 공헌(貢獻)

신중국이 건립된 후 주작인(周作人) 또한 새로운 삶을 시작했다. 정부는 정진탁(鄭振鐸) 등의 건의를 관대하게 받아들여 周씨가 자신의 장기를 살려서 집에서 그가 좋아하던 고희랍 문자와 일본문학 등의 번역작업을 조용하게 할 수 있도록 허락했다. 그리하여 50년대 초에 周씨는 《飜譯通報(번역통보)》에 열 편 가량의 번역이론 문장을 발표하였으며, 《亦報(역보)》《大報(대보)》 등에도 가끔씩 번역이론문장을 발표하였다. 비록 이러한 문장들이 모두 '하주(遐壽)' 등과 같은 필명으로 발표되어 일반 독자들은 그것이 그 유명한 주(周)씨의 문장이라는 사실을 모를 수도 있었겠지만 이들 문장의 목록에는 대부분이 黑體字(고딕체)로 인쇄되어 있는 것으로 미루어 볼 때 편집자들이 이 문장을 대단히 중시하였음을 알 수 있다. 이 글들은 그가 번역사업에 거의 반세기 동안 종사한 저명한 학자와 작가의 신분으로 쓴 문장이니, 평범한 문장은 아니기에 우리들이 중시할 만한 가치가 있다. 하물며 그의 이 몇 편의 문장은 각기 분산적으로 쓰여지기는 하였지만 모두 한데 모아놓고 보면 비교적 체계적으로 번역학상의 몇 가지 중요한 문제에 대하여 논술을 하고 있는 것임을 알 수 있다. 周씨는 30, 40년대에는 번역학전문 논문을 거의 쓰지 않았다. 우리들이 제3장 한 장을 뛰어넘어 여기에서 다시 그를 거론하는 것은 역사적 사실을 존중하기 위해서이다.

주(周)씨가 당시에 제일 먼저 제기한 것은 명사를 번역할 때의 음역의 원칙에 관한 것이었다. 舊中國 시대에는 번역작업이 각자 분산적으로 진행되었기 때문에 이 문제를 해결하기가 쉽지 않았고 또 주목받지도 못했다. 해방 이후에야 비료소 번역작업은 조직적이고 체계적인 길로 접어들게 되었으며 이 문제도 크게 부각되게 되었다. 그러나 주(周)씨는 이보다 먼저 1950년 1월 11일 《亦報(역보)》에 《名從主人(이름은 그 나라의 이름을 따른다.)》이라는 글을 발표하였다. 또한 그 후 1951년 2월 15일 《飜譯通報(번역통보)》 제2권 제2기에 《名從主人的音譯(이름은 그 나라의 이름을 따르는 음역(音譯))》이라는 글을 발표하여 '名從主人(이름은 그 나라의 이름을 따른다.)'의 원칙(이 원칙은 孔子가 최초로 주장한 것으로 알고 있는데, 이 책의 제1장을 참고 바람)을 제기하였는데, 이는 곧 '인명(人名)이나 지명(地名) 등은 가능한 한 그 나라에서 읽는 법을 그대로 따라서 하는데 충실하게 한문으로 대역(對譯, 한 자 한 자 소리나는 대로 음역함)을 한다.'는 것이다. 그는 또 마땅히 '이것은 원칙적인 표준일 뿐 당연히 예외적인 것이 있을 수 있다.'고 말하였다. 만약 어떤 지명이 원래부터 의미가 부여된 이름이고 각 나라에서 모두 의역(意譯, 그 뜻을 따라서 번역)을 한다면 당연히 그와 같은 방법으로 번역할 수 있다. 또 만약 오랫동안 통용되던 음역은 비록 그것이 다소 원문과 부합하지 않는다 하더라도 그대로 답습해서 사용할 수밖에 없다는 등의 예외를 인정하였다. 인명과 지명 외에도 어떤 전문 명사가 그 포함하는 뜻이 많아 의역으로 이들을 다 포함할 수 없을 때에는 이전에 불경을 번역할 때 이미 확립된 예에서 보는 것처럼 음역을 할 수 있다. 周씨는 이들 명사들의 음역도 마땅히 '名從主人(이름은 그 나라의 이름을 따른다.)'의 원칙을 따라야 한다고 하였다.

周씨가 제창한 '音譯名從主人(음역을 할 때 이름은 그 나라의 이름을 따른다.)' 원칙은 아주 간단해 보이지만 실제로 번역을 하다 보면 많은 어려움이 뒤따르는데, 그는 이 문제에 대하여 상세하게 논술하였다. "여기에서 가장 먼저 우리는 이 이름이 어느 나라의 이름인지를 분명하게 알아야 한다. 그 다음으로는 그 나라의 글자로 원명이 무엇이며 어떻게 읽는지를 알아야 한다." 그는 첫 번째 문제는 별로 어려울 것이 없지만 두 번째 문제는 어려울 수가 있으니, 어떤 외국의 문자들은 보아도 읽기가 쉽지 않기 때문이라고 생각했다. 그리하여 그는 특별히 다음과 같이 주장하였다. "영문에 능통한 사람이 많기 때문에 번역할 때 조금만 소홀히 하면 쉽게 영어식으로 읽을 수가 있는데 이것은 인지상정(人之常情)이다. 그러나 '名從主人(이름은 그 나라의 이름을 따른다.)'의 측면에서 보면 이는 옳지 않은 일이므로 나는 사람들에게 경각심을 일깨워 주는 것이 필요하다고 생각한다." 이 문제에 대하여 그는 그 후 1952년 6월 15일, 《飜譯通報(번역통보)》 제6기에 발표한 《英語本位的譯音(영어 본위적 역음)》이라는 글에서 더욱 깊이 있는 논술을 하였다. 그는 중국이 과거에 외국(주로영미) 자본주의의 침략을 받았기 때문에 영어가 거의 유일한 외국어가 되고 말았는데, 가령 이전에 다른 외국어를 배운 적이 있는 사람이라 하더라도 무의식중에 영어를 위주로 하기 마련이며, 음을 번역하는 중에 빈번히 무비판적으로 영어식으로 하고 만다고 하였다. 다른 나라 언어의 우열에 대해서는 관여하려고도 하지 않으니 이것은 '名從主人(이름은 그 나라의 이름을 따른다.)'의 원칙에 어긋날 뿐만 아니라 "일체를 로마자 병음으로써 영어독법의 표준으로 삼으니 영문을 유일한 정통 외국어로 여기는 잘못된 견해가 생겨 이를 바로잡지 않으면 안 된다."고 지적하였다. 그는 관용적으로 사용되어 오던 구역(舊譯)은 당연히 계속 사용해야 하겠지만 기타의 다른 음역명(音譯名)에 대해서는 모두 새로 심사하여 역음을 정해야 한다고 생각하였다. 그는 또한 "주요 요지는 모두 경계하여 영어 본위의 독음으로써 영국 이외의 인명이나 지명을 음역해서는 안 된다. 이러한 번역법이 영미를 숭상하는 사상에서 나온 것이 아니라 하더라도 어쨌든 과학적인 방법이라고는 할 수 없는 것이다."고 하였다.

《名從主人的音譯(이름은 그 나라의 이름을 따른다는 음역)》이라는 글에서 그는 이미 음역을 하기로 결정하였으면 다시 그 속에서 억지로 의미를 취하려고 하는 것은 불필요한 것이라고 생각하였다. 또한 애써 문자를 아름답게 보이도록 구성하려는 노력에도 찬성하지 않았지만 보기에 좋지 않은 글자를 사용하는 것에도 찬성하지 않았다. 그가 제시한 표준은 다음과 같은 것이었다. "정면과 반면으로 편차가 큰 것들을 배제한 연후에 그 나머지를 정당한 방법으로 간단하면서도 보통인 글자로써 한 자 한 자 대역(對譯)을 하되, 가능하면 실물명사나 편방이 복잡한 문자와 연결하였을 때 특정한 의미를 가지는 글자들을 쓰지 않으면 된다." 그는 당연히 고대의 불경번역의 경험을 배워야 한다고 생각하였다. 그들이 번역한 불경 술어들이 '소리는 비록 알아듣기 어려워도 문자는 도리어 아주 평범하고 분명'하기 때문이었다. 그가 위에 언급한 표준에 따르면 어떤 구역들은 매우 타당하지 않은 면도 있다. 그러나 그는 '구역 가운데 고치기 어려운 부분들을 보면 신역을 하는 사람들은 이러한 것을 면하기 위해서 주의해야 한다.'고 지적하였다.

당시 어떤 사람들은 노신(魯迅)이 이야기한 적이 있는 '就用原文(원문을 그대로 쓴다.)'의 원칙에 근거하여 음역을 할 필요 없이 원문을 한자(漢字) 사이에 그대로 끼워 넣도록 하자고 주장하였다. 이 문제에 대해 주(周)씨는 이와는 다른 의견을 담은《譯名問題質疑(역명문제에 대해서 질의함)》라는 글을 써서 1951년 3월 15일《翻譯通報(번역통보)》 제2권 제3기에 발표하였다. 그는 노신(魯迅)이 이야기한 '就用原文(원문을 그대로 쓴다.)'이라는 것은 본래 화학원소 등과 같은 명사들에 대해서만 이야기한 것으로 문제될 것이 없다. 그러나 그 가운데 '금(金)', '은(銀)', '철(鐵)' 등과 같은 명사는 어쩔 수 없이 의역할 수밖에 없었음을 지적하였다. 학술명사 등을 전부 원문 그대로 쓴다는 것은 결코 적합한 방법이 아니다. 어떤 것들은 이미 의역해서 사용하고 있으며, 어떤 것들은 원문을 표기하는 여러 가지 표기법이 이미 있을 뿐만 아니라 각 나라의 언어가 서로 달라서 불편함이 매우 많다. 따라서 그는 '중국은 외국의 고유명사에 대하여 한자(漢字)역음만을 사용하기로 한다.'는 것을 원칙으로 하고, 만약 필요한 때에는 고유명사의 역음을 충실하게 하기 위하여 역음 다음에 괄호를 열고 원문을 적는 것은 무방하다고 생각하였다. 결론적으로 말하면 '名從主人(이름은 그 나라의 이름을 따른다.)'의 원칙은 비록 2천여 년 전에 공자(孔子)가 한 말이고 또 周씨가 이야기하기 전에도 어떤 사람들(예를 들면 예해서(倪海曙) 등)이 이러한 견해를 발표하기도 하였다. 그러나 번역연구 전문잡지에 이렇게 명확하게 이론적으로 주장을 밝힌 것은 주(周)씨가 처음이었다.

주(周)씨가 이 시기에 이룬 또 하나의 공헌은 번역에 대해 장기간 논쟁을 벌여온 문제에 대하여 자신의 새로운 견해를 밝힌 것이다(당연하게도 그의 이러한 견해는 장기간에 걸친 일관된 주장이었다.). 그는 1951년 6월 15일《飜譯通報(번역통보)》제2권 제6기에《飜譯四題(번역의 네 가지 문제)》라는 글을 발표하여 다음과 같은 네 가지 문제에 대하여 이야기하였다.

첫 번째 문제는 직접번역과 간접번역에 관한 것이다. 원칙적으로 말하면 직접번역이야말로 의심할 여지없는 이상적인 번역이다. 그러나 사실상 약간의 문제가 따르는 것을 피할 수는 없다. 번역할 때 다른 나라의 번역본을 참고하여 간접적으로 약간의 도움을 받는 것은 매우 유익하다. 다른 나라 번역본의 장점은 단어를 이룸에 있어 똑같은 문구가 없이 다른 나라의 문자를 사용하여 그 뜻을 이야기하고 있어 원문이 가지고 있는 맛과 힘을 감소시키기는 하지만, 독자들을 이해시키는 데에는 많은 도움이 된다. 그 다음으로 원문의 글자가 갑(甲)과 을(乙)이라는 두 가지 의미를 가지고 있는 데 반하여, 번역문의 글자는 을(乙)과 병(丙)이라는 뜻을 가지고 있다면 이 두 문장은 한 번 대조해 보기만 하면 원문의 글자가 을(乙)의 뜻을 가지고 있다는 것이 명백해지며 다시는 오해의 소지가 없다. 한편, 간접번역의 병폐는 첫째 번역본이 정확하지 않을 수도 있다는 것이며, 둘째 번역문 속의 어떤 자가 을(乙)의 의미로 쓰였음에도 불구하고 그것의 병(丙)의 의미를 잘못 취할 수도 있다는 것이다. 周씨는 이러한 경우에는 다시 원문을 참고하여 바로 잡을 수밖에 없다고 생각하였다. "나의 의견은 전문적으로 이를 연구한 사람을 제외하고는 직접과 간접을 혼합한 번역이 비교적 좋은 방법이라고 생각한다. 만약 둘 중 어느 것이 더 좋으냐고 묻는다면 어느 것이 낫다고 단호하게 말하기는 어렵지만 직접번역을 하는 것이 확실히 이상적이라고 생각한다. 그러나 이를 잘못 번역하게 되면 간접번역만도 못하게 되고 만다." 周씨의 이러한 견해는 초기의 노신(魯迅)과 모순(茅盾) 등이 가졌던 견해와 일치한다.

두 번째 문제는 직역과 의역에 관한 것이다. 周씨는 다음과 같이 생각하였다. 만약 우리들이 번역이라는 것을 원문의 뜻을 많지도 않고 적지도 않게 똑같이 그대로 옮겨 놓는 것이라고 말한다면 직역(直譯)이라는 것도 본래 의역이 되고 만다. 만약 직역을 글자대로 베껴서 옮겨 놓는 것으로 해석하고, 의역을 제멋대로 바꾸어 옮겨 놓는 것으로 해석하면 둘 다 똑같이 맞지 않는 것이다. 그는 번역이 필요로 하는 조건은 신(信)과 달(達)인데 만약 병폐가 발생하면 이 둘 사이에 편차가 발생하여 극단으로 치달았기 때문이라고 생각하였다. 그는 "사실 산(信)과 달(達)은 방패(우리말로 번역할 때는 동전의 양면이라고 하는 것이 좋을 것 같음)의 양면과 같이 불가분의 관계에 있다. 또한 아(雅)는 본래 달(達)의 한 성분으로 번역문의 한 독립된 요소가 될 수 없다."고 지적하였다. 그는 또 '달(達)이란 신(信)을 뒤따르는 것'으로 원본의 뜻이 어디에 있는지를 파악하고 나서 효과적인 방법으로 그것을 전달하는 것이라고 생각하였다. 만약 원문을 벗어나서 제멋대로 떠들어댄다면 그것을 어찌 達이라고 말할 수 있겠는가? 오늘날 번역문 가운데 나타나는 불신(不信, 오류)은 대부분 원문을 이해하지 못한 데서 온 것이며, 부달(不達, 전달이 안 됨)한 것은 문구(文句)가 낯설거나 지나치게 서구화했기 때문이다. 따라서 周씨는 이것은 서로 별개의 문제일 뿐 직역과 의역의 주장이 서로 다르기 때문에 일어난 것은 아니라고 생각하였다. 그는 문법의 서구화에 대하여 사실상 중국어 속에 그 문제는 이미 일찍부터 있어 왔던 요소인데, 문제는 이를 어느 정도까지 정확하게 파악하여 이익이 되고 병폐가 나타나지 않도록 하는 데 있다고 생각하였다. 주(周)씨의 이러한 변역에 대한 견해는 기본적으로는 노신(魯迅)의 견해와 일치한다.

세 번째는 고문(古文)과 백화(白話)에 관한 문제이다. 주(周)씨는 우회적으로 말하였다. 책으로 출판하기 위해서 번역을 한다면 신(信)과 달(達)이 가장 중요하니 당연히 반드시 백화로 번역해야 한다. 그러나 그것은 다만 조금 고상하지 않아 보이는 것 같다. 비록 백화문도 나름대로의 고상함을 갖추고 있지만 일반적으로 사람들은 백화문을 고상하다고 여기기보다는 속(俗)되다고 여기는 경향이 있다. 만약 자기 자신만을 위하여 번역한다면 고상한 것이 특별히 중요할 수 있으니 문언으로 번역하여 쉽게 이 목적에 도달할 수 있다. 주(周)씨는 또한 "위에서 내가 한 이야기는 제멋대로 함부로 말한 것이 아니라 나의 오랜 경험에서 우러나온 것이다. 간단한 방법은 먼저 원문을 처음부터 끝까지 한 번 읽고 나서 그 속의 뜻을 분명하게 기억해야 한다. 원본을 제쳐두고 그 속에 들어 있는 뜻을 잘 분석하여 그에 잘 어울리는 한문을 하나하나 찾아내어 번역하는데, 때로는 원문의 한 자가 여섯, 일곱 자가 되도록 번역하기도 하고, 원문 절반의 문장이 한두 자로 번역되기도 한다. 이것을 아래 위와 앞뒤가 잘 연결되도록 배치하여 적절한 한문(漢文)으로 잘 어우러지게 하면 큰 문제는 없을 것이다. 그러나 유일한 전제 조건은 한 문장은 한 문장으로 번역되어야 하며, 그 뜻이 완전하여야 한다는 것이다. 이러한 번역문은 순수한 (당송팔대가의 문장과 같은) 고문만으로는 불가능하니 병문(騈文; 四六騈儷文)과 고문을 적절하게 섞어서 사용하는 문체가 알맞으며, 유동적이고 비교적 자유로워서 격조(格調)의 구속을 받지 않는다. 뿐만 아니라 이러한 문체는 나름대로 특색도 있어서 아(雅; 고상)하면서도 쉽게 달(達; 내용을 전달)할 수 있으므로 좋은 반응을 얻을 수 있다."고 말하였다. 주(周)씨는 자신이 직접 경험한 깨달음을 바탕으로 하여 문언(文言)의 문체가 번역할 때 쓸모가 있으며 일정한 예술적인 생명력이 있다는 것을 우회적으로 설명하였다. 그의 이러한 의견은 주목을 받아 마땅하다. 사실 부뢰(傅雷)의 어떤 견해들은 이와 상통하는 점이 있다. 그가 제기한 구체적인 번역방법은 문장이나 단락을 기본 단위로 하는 방법과 비슷한데 이는 참고할 만한 가치가 있다.

네 번째는 운문(韻文)과 산문(散文)에 관한 문제이다. 주(周)씨는 하나의 모순(矛盾)되는 듯한 견해를 가지고 있었다. 그는 능력 있는 번역자가 외국의 시를 중국의 전통시로 번역하는 것에 결코 반대하지는 않았지만, 자신이 번역할 때 시(詩)를 만나게 되면 산문(散文)으로 번역하였다. 그는 현재까지는 아직도 운율이 있는 백화체라는 것이 없으므로 운문(韻文)으로 번역할 방법이 없다고 생각하였다. 만약 전통시의 형식으로 번역하게 되면 쉽게 번역할 수는 있으나 독자들이 편리하게 볼 수 있는지, 원문의 체제와 서로 부합하는지 등의 많은 문제가 남아 있기 때문이라고 하였다. 주(周)씨는 또 고대 불경을 번역할 때는 운문(韻文)을 만나면 '운율이 없는, 그러나 산문(散文)은 아닌' 게(偈)라는 형식으로 번역했다는 사실을 언급하였다. 이것은 대단히 독창적인 방법이다. 중국의 번역대사들은 분명하게 전통시의 형식을 채택하여 번역할 수 있었음에도 불구하고, 위와 같은 각종 제약이 있었기 때문에 지나치게 고상하지도 않으면서도 긴, 조상의 덕을 기리는 시(詩)로 서술하였다. 그러나 그들은 산문(散文)으로 바꾸는 것도 원하지 않았기 때문에 이와 같은 대단히 독창적인 문체(즉 偈頌)로 번역하였던 것이다. 또 《四十二章經(사십이장경)》을 예로 들면, 그들은 《論語(논어)》나 《老子(노자)》와 같은 문체로 번역을 하고 나서 보니 비록 고상하기는 하나 새로운 이치를 담기에는 부적합하다는 생각이 들었다. 그래서 산문(散文)과 병문(駢文)을 결합하여 진당대(晉唐代)의 불경문체(佛經文體)를 만들어 내었다. 주(周)씨는 "이러한 사실은 우리들에게 하나의 교훈을 준다. 구문체(舊文體)라 하더라도 세월이 지나면 응용할 수 있는데 신시대에 맞게끔 스스로 그 방법을 찾아 나서야 할 것이다."라고 지적하였는데 이 말은 우리들에게 많은 시사점을 던져 주고 있다.

이 외에도 그는 중역(重譯)에 관한 문제에 대해서도 논술하였다. 그는 1950년 4월 2일《亦報》에《重譯書(중역으로 번역한 서적)》라는 문장을 발표하여 "중역서(重譯書: 중역으로 번역한 서적)의 많고 적음은 문화발달의 정도와 정비례한다."고 지적하였다. 당시에 중국에는 중역을 한 서적이 매우 적었는데 이는 주로 상업적인 목적으로 출판되었으며 문화 사업으로 생각하지 않았기 때문이었다. 1951년 7월 15일에 그는《飜譯通報(번역통보)》제3권 제1기에《重譯書與重出版(중역과 중출판)》이라는 글을 발표하여 중역한 서적과 재판으로 출판하는 서적을 분명하게 구별하기를 촉구하는 다음과 같은 글을 남겼다. "중역(重譯)이라는 것은 구역본이 이미 있다는 사실을 분명히 알고 있으면서도 다시 번역하기로 결심한 것을 말한다. 한편 중출서(重出書)라는 것은 서로 연락이 닿지 않아 중복으로 서적을 출판하는 것을 말한다." 그는 또한 "의도적으로 중역을 하는 것은 장려할 만한 것이라 생각한다. 한편으로 정확한 비평작업을 겸하게 되면 독자들로 하여금 비교적 우수한 번역본을 선택해서 구매할 수 있도록 해 주며, 출판사들에게도 경종을 울려 함부로 출판하지 못하도록 만들어 준다. 번역서적을 재판으로 출판하는 문제에 대해서는 이익을 도모하기 위하여 해적판으로 출판하는 나쁜 현상을 제외하면 단점이 별로 없는 것 같다. 예를 들면 독자들이 억울하게 돈을 낭비하지 않도록 도와줄 뿐만 아니라 더욱 비평을 강화하여 장단점을 구별할 수 있도록 할 수 있을 것이다. 이 밖에 또 번역공작자들의 통신 기구를 잘 운영하여 소식을 서로 교환하게 되면 중복 번역도 감소하게 될 것이다. 번역자들이나 출판사들이 이윤에 집착하지 않고 문화에 대한 책임의식이 있기만 하면 출판물들이 상당한 수준을 유지할 수 있을 것이고, 중복 출판된 서적들도 나름대로의 쓸모가 있게 될 것이다."고 생각하였다. 周씨의 이와 같은 관점은 30년대의 노신(魯迅)의 관점과 일치하는데 당시에 이러한 문제를 다시 한 번 더 거론한 것도 현실적 의의가 있는 일이라 하겠다.

그밖에도 周씨는 중국번역사를 편찬하는 일과 외국어사전을 편찬하는 일, 번역계획 등을 수립하는 일에도 관심을 표명하였다. 1951년 3월 15일, 그는《飜譯通報(번역통보)》제2권 제3기에《遐壽同志來信(遐壽同志가 보내온 편지)》이라는 글을 써서 다음과 말하였다.

> 중국번역사를 펴내는 문제에 있어서, 나의 생각으로는 자료를 수집하는 일이 가장 중요하다고 생각한다. 제1단락은 육조(六朝)에서 당(唐)나라에 이르는 불경 번역 시기로, 그 집체적인 번역방법은 아마도 우리들에게 많은 배울 점을 제공할 것이다. 그러나 양계초(梁啓超)와 양인산(楊仁山)이 이에 대해서 조금 언급하였을 뿐이니 이를 집중적으로 조사해야 할 것이다. 제2단락은 청말(淸末) '성경(聖經)'의 번역에서《신보(申報)》관(館)과 광학회(廣學會)의 번역사업이 될 것이다. 다른 한 유파로는 제조국(製造局)과《시무보(時務報)》시대로부터 그 중간에 엄기도(嚴幾道)와 임금남(林琴南)의 과도기를 거쳐 신문학에 이르기까지의 시기를 제3단락으로 한다. 각기의 서적과 잡지를 수집하는 일은 이미 쉽지 않을 것이며 … 이제는 아마도 국립도서관에서 도움을 받거나 돈을 주고 구입을 하는 수밖에 없는데 한꺼번에 수집하는 일에 성공할 수는 없을 것이다. 두 번째 단계는 편집이다. 아마도 이에는 많은 어려움이 따를 것이나 이는 반드시 자료를 수집하고 나서 거론할 문제이다. 따라서 현 단계에서는 개인적으로 특별히 도움이 될 만한 말씀을 드릴 것은 없다.

주(周)씨의 이 편지는 비록 간단하기는 하나 비교적 이른 시기에 중국 번역사의 편집방법에 대한 자신의 견해를 제시한 것이다. 역사상 중요한 번역활동에 대한 서술에서 빠진 곳이 없는 것은 아니나 비교적 이른 시기에 중국번역사의 시대구분 문제에 대한 의견을 제공한 글이다.

1951년 4월 15일, 周씨는《飜譯通報(번역통보)》제2권 제4기에 발표한《飜譯與辭典(번역과 사전)》이라는 글에서 외국어사전의 중요성에 대해 논술하였다. 그는 노신(魯迅)이 외국의 동식물 이름을 사전에서 찾기가 어렵다고 말한 것에서부터 이야기하기 시작하여 노신(魯迅)이 이야기한 '각지에 흩어져 있는 속명(俗名) 등을 주로 방문해서 수집하는 일'이 사전을 편찬하는 일에 있어 매우 중요한 일이라고 말한 것에 이르기까지를 언급하였다. 마지막으로 그는 다음과 같이 지적하였다.

> 번역 공작자의 입장에서 보면 훌륭한 사전이 출판되어 번역상의 어려움이 줄어들기를 바라는데, 우리의 이러한 희망은 지금 조금씩 해결되어 가고 있다. 왜냐하면 사전을 편찬하는 것은 중국에 있어서는 마땅히 국가적 사업이 되어야 한다. 또한 인민정부 하에서만 인재와 재정이라는 두 가지 자원을 집중적으로 투자하여 근본적으로 민족과 문화를 위한 이 대사업을 완성하여 백년의 기초를 쌓을 수 있기 때문이다.

그는 또 사전의 편찬이란 비단 외국어에만 국한되는 것이 아니고, 마치 집을 지을 때 온갖 기술자가 다 필요한 것처럼 여러 방면의 인재들이 필요하다고 지적하였다. 우리들이 동시에 국어대사전 및 각 분야의 전문사전들을 편찬하여 서로 호응할 때에만 비로소 이상적인 외국어사전도 어렵지 않게 완성될 수 있다는 관점을 제시하였다. 그의 이러한 논술은 지금은 이미 완성되었거나 현재 진행 중에 있지만 50년대 초에 이와 같은 주장을 하였다는 사실은 그가 대단히 높은 안목을 가지고 있었다는 것을 말해 준다.

1951년 5월 15일, 周씨는《飜譯通報(번역통보)》제2권 제5기에《飜譯計劃的一項目(번역계획의 한 가지 항목)》이라는 글을 발표하였다. 글 속에서 그는 과거 중국에 두 차례의 위대한 번역 시기가 있었는데 그 성과도 적지 않았던 것으로 모두가 국가적 사회적 사업이었다고 하였다(그가 이야기하는 것은 육조(六朝)에서 당대(唐代)에 이르는 불경번역사업과 청말(淸末)의 신구약전서의 번역사업을 가리킨다.). 그러나 지금 제3의 위대한 시기가 도래하고 있다. 그는 이전의 일을 되돌아보면서 현재가 훨씬 더 낫고 또 훨씬 나아야 한다고 생각하였다. "왜냐하면 이번에는 기초가 더 튼튼하고 더욱 광범위하기 때문이다. 이것은 국가의 사업이어서 전국의 인력을 동원할 수 있고, 계획을 세워 각자 적재적소에 배치하니 이전의 번역사업이 동원하는 인력이 승려들에 국한되었고, 작업도 불교서적에 국한되었던 것과는 다르다. 마침내 대규모로 세계 문화유산을 접수하여 세계 문화지식을 흡수하는 것은 사실 중국으로 보아서는 대단히 중요한 일이어서 과거의 사정과 비교할 수 없는 그러한 것이었다." 이와 같이 서술한 후, 그는 세계문학의 구체적인 번역계획에 대한 자신의 견해를 제시하여 고이집트, 히브라이, 아랍, 인도, 희랍, 로마 등에 대하여 언급하였다. 문장이 길어서 여기에서 상세하게 언급하지는 않는다. 다만 여기에서 지적해야 할 점은 그의 이 견해는 전국번역공작회의와 전국문학번역공작회의 직전에 발표된 것이므로 틀림없이 국가적 문화작업 지도층이 계획을 수립하는 데 중요한 참고문헌으로서의 가치가 있었을 것이라는 사실이다.

마지막으로 周씨는 번역사업의 조직, 작업에 대해서도 자신의 의견을 제시하였다. 예를 들면 그는 1950년 3월 25일 《亦報(역보)》에 《談飜譯(번역을 논함)》이라는 글을 발표하여 소련의 집체번역법과 중국 고대의 집체불경법역에 대하여 이야기하면서 그것들을 참고할 만한 가치가 있다고 하였다. 또한 1952년 7월 15일 《飜譯通報(번역통보)》 제7기에 《飜譯工作專業化(번역공작의 직업화)》라는 글을 발표하여 번역사업을 정상적으로 발달시키기 위해서는 반드시 번역공작이 전문화되도록 하여 번역자의 '직업과 번역하는 일이 일치되도록 해야 한다.'고 생각하였다. 그는 국립번역기관을 설립하여 조직적이고 계획적으로 각국의 중요한 저작을 번역해야 한다고 건의하였다. 이 편역기관(編譯機關)은 첫째로 완전히 중국과 문화만을 위해서 복무할 뿐 영업이윤에서 벗어나야 하며, 둘째로 두루 인재를 영입하여 각자 자신의 능력을 최대한 발휘하도록 하여야 한다.

이상의 논술을 종합하면 신중국이 수립된 후에 주(周)씨는 한 사람의 공민의 입장에서 번역계의 원로의 신분으로, 번역작업과 번역이론에 대한 일련의 문장을 발표하여 진실한 경험과 탁월한 견해를 발표하였는데, 이것들은 매우 중요한 가치가 있다. 그러나 최근 국내외에서 편집한 몇몇의 번역 논문집이나 연구 서적에서 이에 대한 내용을 조금도 언급하고 있지 않다는 사실은 참으로 유감스러운 일이라 하겠다.

七. 5, 60년대의 그 밖의 역론가

50년대와 60년대 전기에 중국의 번역이론계에는 비교적 활기를 띠는 듯한 징조가 나타났다. 위에서 이미 언급한 몇 명의 저명한 번역이론가들의 업적(당과 국가의 몇몇 영도자들의 논술) 이외에도 많은 번역공작자들이 주목할 만한 번역이론문장을 발표하였다. 이 책에서는 따로 일일이 장절을 세워서 서술하지 아니하고 종합적으로 조망해 보고자 한다.

이 시기에는 위에서 이야기한 모순(茅盾)이나 주작인(周作人) 이외에도 문단에서 오랜 세월동안 명성을 누려온 적지 않은 번역가나 노작가들이 매우 열정적으로 번역에 관한 글을 집필하였다. 그들이 반드시 무슨 새로운 견해를 발표한 것은 아니지만 그들이 이야기한 것은 모두 자신들이 직접 경험한 것들로부터 얻은 깨달음이나 실제로 경험한 경험담으로, 젊은 세대의 번역 공작자들에게 교훈이 될 만한 것들이다.

예를 들면 곽말약(郭沫若)은 모순(茅盾)이 강령성 보고서인 《爲發展文學飜譯事業和提高飜譯質量而奮鬪(문학번역사업의 발전과 번역의 질을 향상시키기 위하여 분투하자.)》라는 문장을 발표함과 동시에, 그 역시 《談文學飜譯工作(문학번역공작을 논함)》(1954년 8월 29일 《人民日報(인민일보)》에 실림)이라는 글을 써서, 문학번역공작의 중요성과 어려움(우리들은 이 책의 앞장에서 곽말약(郭沫若)의 번역이론을 한 절로 나누어 논술하였고, 그 끝부분에서 한 단락을 인용하였다.)을 매우 깊이 있게 논술하고, 번역자가 반드시 갖추어야 할 고도의 책임감과 언어에 대한 문학수양 등에 대해 서술하였다. 그 가운데에는 상당히 많은 경구(警句)들도 있는데, 예를 들면 다음과 같은 것이 있다. "한 병의 보드카를 한 병의 맹물로 바꾸어 놓을 수는 없다. 결과적으로 한 병의 분주(汾酒)나 모태주(茅台酒)로 바꾸어 놓으면 책임을 다했다고 볼 수 있다. 가령 끓인 맹물로 바꾸어 놓거나 그 속에 또 온갖 진흙탕물이 뒤섞여 들어가면 옳은 번역이라고 할 수 없다." 곽(郭)씨는 이와 같이 생동감 있는 비유로 문학번역에 대한 요구를 설명하였다. 1955년 3월 14일, 그는 북경(北京)러시아어대학 《俄文教學(러시아어교학)》 편집부에 보낸 답신에서 번역표준의 문제에 대한 자신의 견해를 이야기하였다. 그는 "원칙적으로 말하면 엄복(嚴复)의 '신달아(信達雅)'설은 반드시 갖추어야 할 조건이라 할 수 있지만 번역한 대상이 어떤 성질의 내용인지에 따라 달라진다."고 생각하였다.

한편 파금(巴金, 1904년생)은 창작과 번역이라는 두 방면에 큰 업적을 남겼다. 그는 1951년 5월 15일 《飜譯通報(번역통보)》 제2권 제5기에 발표한 《一點感想(약간의 감상)》이라는 글에서 번역자의 책임감을 강조하고, 또 '한 편의 문학작품을 번역한 것 역시 한 편의 문학 작품임'을 강조하였다. 그는 또한 "나는 번역방법은 한 가지

밖에 없으며 결코 '직역(直譯)'과 '의역(意譯)'의 구별이 있을 수 없다고 생각한다. 훌륭한 번역은 틀림없이 모두 '직역(直譯)'임과 동시에 모두 '의역(意譯)'이다."라고 말하였다.

저명한 작가인 노사(老舍, 1899-1966)는 1957년 8월에 소집된 전국문학번역공작회의에서 연설을 하고, 또 1957년 5월 26일 《文藝報(문예보)》 제8기에 《談飜譯(번역을 논함)》이라는 글을 발표하여 자신의 독창적인 견해를 제기하였다. 예를 들면 그는 훌륭한 번역에 대해서도 우수한 창작과 마찬가지로 상을 주기로 하자고 제안하였는데, 이것은 아마도 그가 처음으로 제안한 사안일 것이다. 그는 과학이나 철학의 명사를 번역하는 문제에 대하여 "보급(普及)을 생각하여 과학이니 철학이니 하여 특별하게 취급하지 말았으면 좋겠다."고 생각하였다. 또한 '생소하고 이해하기 어려운 것'에 반대하고 '정확하면서도 평범하게 번역할 것'을 제창하였다. 그는 과학 서적이나 철학 서적에 대해서는 집체번역을 해야 한다고 생각하였다. 문학작품은 마땅히 한 사람이 처음부터 끝까지 번역해야 하지만 여러 사람이 공동으로 번역하였을 경우에도 마지막으로 한 사람이 책임을 지고 집필하여 풍격을 통일하도록 해야 한다. 그는 특별히 '한 자 한 자 글자나 구문을 좇아서 억지로 번역하여 중국어 문장 같으면서도 영문 같고, 언어 같으면서도 주문 같기도 한 문장'에 반대하였다.

엽성도(葉聖陶, 1894-1988)는 일생 동안 번역작업에 참여한 일이 별로 많지는 않았으나 가장 빠른 시기의 신문학 작가이자 저명한 어문교육가이기도 하다. 1951년 11월, 제11회 전국번역공작자회의의 폐회사는 그가 쓴 것이었다. 그는 1958년 4월 14일 《人民日報(인민일보)》에 《談談飜譯(번역에 대해서 이야기함)》이라는 글을 발표하여 겸손하게 자신을 '문외한'이라고 말하고, '그러나 문외한의 생각에도 때때로 전문가들이 참고할 만한 것이 있으니 자신은 문외한이라는 표현도 회피하지 않겠다.'고 하였다. 그는 주로 '역풍(譯風)'과 '문풍(文風)'의 관계에 대해서 언급하였다. '문법이나 수사 등의 방면에 있어서 상당 부분 외국어의 언어습관을 따르면서 문자만 중국어를 사용한', 다시 말해서 그는 '중국문자로 쓴 외국어' 번역문에 찬성하지 않았다. 그는 '각종 외국어의 언어습관은 상당히 안정되어 있기 때문에 우리들이 외국어의 영향을 받아들임에 있어 중국인의 언어습관에 부합하는 것만 받아들인다는 조건이 충족되어야 한다.'고 강조하였다.

풍자개(豊子愷, 1898-1975)는 화가이자 작가이기도 하고 번역가이기도 했다. 그는 1959년 1월 25일 상해외국어대학에서 창간한 《外國語教學與飜譯(외국어교학과 번역)》 제1기에 《漫談飜譯(번역에 대한 만담)》이라는 글을 발표하여 다음과 같이 강조하였다. "번역자는 반드시 원작을 잘 이해한 후에 본국의 언어로 본국인들에게 전달해야 한다. 비유적으로 말하면 원문을 잘 씹은 후에 삼키고 나서 소화를 시킨 후, 다시 이를 뱉어 내어야 한다." 이 말은 구마라십 스님의 말씀을 활용한 것이라 하겠다.

주건인(周建人, 1888-1984)은 노신(魯迅)과 주작인(周作人)의 동생으로 그 역시 번역 사업에 많은 공헌을 하였다. 그는 1951년 4월 1일에 《人民日報(인민일보)》에 《漫談譯名(역명에 대해 이야기함)》을 발표하였고 1959년 9월에 《文匯報(문회보)》에 《關于直譯(직역에 관하여)》을 발표하였다. 1963년 4월 23일에는 《文匯報(문회보)》에 《飜譯經典著作應該力求附合原意(名作을 번역할 때는 반드시 원래의 의미를 살리기 위해 최선의 노력을 다하여야 한다.)》를 발표하는 등 여러 편의 번역이론을 발표하였다. 그는 주로 '譯名(명사의 번역)'과 '직역(直譯)' 등의 문제에 대하여 자신의 견해를 발표하였는데, 기본적으로는 노신(魯迅)과 주작인(周作人) 등의 의견과 같았다. 예를 들면 그는 《關于'直譯'(직역에 관하여)》이라는 문장에서 신문학 초기에 '직역(直譯)'을 주장한 배경과 그 반대편의 주장에 대하여 이야기하면서 "직역(直譯)이라는 것은 '사전적 번역'을 뜻하는 것도 아니고 사역(死譯)이나 경역(硬譯)을 말하는 것도 아니다. 직역(直譯)이 요구하는 것은 진정한 의역(意譯)으로, 원문의 뉘앙스나 문장의 느낌을 잃지 않을 것을 요구하는데, 그것은 정확하게 번역하는 방법을 말하는 것이다. 바꾸어 말하면 당시에 말했던 직역(直譯)이란 진정한 의역(意譯)을 가리키는 것이다."라고 설명하였다.

저명한 언어학자인 여숙상(呂叔湘, 1904년생)은 1951년 1월 15일 《飜譯通報(번역통보)》 제2권 제1기에 《飜譯工作與 '雜學'(번역공작과 '잡학')》이라는 글을 발표하였다. 이 글에서 그는 번역 중 일반 사전에서 찾을 수 없는 글자에 대해서 다음과 같이 집중적으로 이야기하였다. "위로는 천문(天文)에서부터 아래로는 지리(地理)에 이르기까지 인정과 풍속, 속어와 방언, 역사상의 사건, 소설 속의 인물, 세상의 온갖 잡다한 일 등 무어라 이름 붙일 수 없는 것들을 이름하여 '잡학(雜學)'이라고 한다." 그는 많은 예를 들어가면서 "번역 공작자들이 어느 정도까지 잡학에 능해야 하는지를" 설명하였다. 따라서 그는 번역공작자들은 반드시 "많은 서적을 찾아보고 많은 사람에게 물어보아야 하며" 평소에 반드시 "온 힘을 기울여 자신의 소양을 끌어올려야 하며, 시간이 나는 대로 여러 가지를 두루 박람하는 공부를 하여 (이것들이) 날로 쌓이게 되면 자연스럽게 활용이 된다."고 강조하였다. 이 문장은 길지도 않을 뿐더러 스스로 '어른들이 늘 하던 이야기'라고 겸손하게 말하였지만, 사실은 깊이 있는 내용을 쉽게 이야기한 것으로 매우 설득력이 있어 그 영향이 제법 컸다. 주작인(周作人)은 당시에 이 글을 읽고 대단히 훌륭하다고 칭찬하였다.

저명한 번역가 이건오(李健吾, 1906-1982)는 1951년 5월 15일 《飜譯通報(번역통보)》 제2권 제5호에 《飜譯筆談(번역에 대한 필담)》이라는 글을 발표하였는데, 이 역시 주목할 만한 좋은 글이다. 이 글은 사상적인 면이나 심지어는 문필까지도 모두 부뢰(傅雷)의 번역이론에 가깝다. 이(李)씨는 번역은 창작과 동일한 정도로 어려우며, 어떤 의미에서는 번역 또한 예술이라고 할 수 있다고 생각하였다. 그는 "가장 훌륭한 번역은 언제나 번역자 자신의 전 인생을 통하여 이루어 낸 과실이다. 열매를 맺을 때 무엇보다도 먼저 사랑과 결합해야 한다." 양심적인 번역자는 독자들의 객관적인 필요성을 내재적 역량으로 변화시켜 "더욱 높은 책임의식으로 무장시켜 임무를 완성하도록 스스로를 재촉한다."고 생각하였다. 그는 처음에는 번역의 기교를 장악하는 수준에 머무르겠지만 "맨 마지막에는 인생 경험을 통하며 사상의 밀계(密契: 남모르는 계약)로 귀결되어야 한다."고 강조하였다. 원작이 표현이라고 한다면 번역은 이를 재현하는 것이다. 그는 번역본의 훌륭함은 '전신(傳神; 정신을 전달)'에 있는데, '별다른 신(神)이 따로 있는 것이 아니라 신(神)이란 각 글자 각 문장의 교묘한 운용과 독특한 조직방식 속에 들어 있다고 하였다. 이는 문학 작품은 표현에 있어 주제가 봄눈이 가지와 잎새에 스며드는 것과 같이 스며드는 이치이다.'라고 하였다. 그는 또 그와 친구가 함께 번역할 때 경험했던 장점과 단점을 실례로 들어 자신의 번역에 대한 깊이 있는 견해를 아주 쉽게 설명하였다.

30년대에 번역을 시작한 후 혁명에 투신하였던 김인(金人, 1901-1971)은 1951년 1월 15일 《飜譯通報(번역통보)》 제2권 제1기에 《論飜譯工作的思想性(번역공작의 사상성을 논함)》이라는 글을 발표하였다. 그는 "번역작업은 정치적 임무이다. 뿐만 아니라 지금까지의 모든 번역작업은 정치임무였다. 다만 어떤 때는 의식적으로 정치를 위해 복무를 하지만 어떤 때는 무의적으로 정치를 위해 복무한다."고 생각하였다. 현재의 관점에서 보면 이는 번역을 지나치게 단순화시킨 느낌이 드는 것도 사실이지만, 번역작업과 정치가 매우 밀접한 관계가 있다는 사실은 아무도 부정하지 못할 것이다. 김인(金人)은 번역을 잘하기 위해서는 반드시 "번역작업의 사상성을 제고하여야 하는데 이를 위해 사상성과 정치임무를 밀접하게 결합시켜야 한다."고 생각하였다. 그는 역서의 선택 문제, 역자의 수양 문제, 작자의 원래의 의도를 파악하는 문제, 정확하게 중국어로 표현하는 문제 등에 대해 각각 따로 논술하였다. 그러나 그는 이러한 문제는 모두 기술적인 문제에 불과할 뿐이고, 실제로 문제가 되는 것은 사상성의 문제임을 강조하여 지적하였다.

주후량(周煦良, 1905-1984)도 30년대에 번역에 종사한 사람으로, 50년대 말에 여러 편의 번역이론 문장을 발표하였다. 예를 들면 그는 1959년 1월 25일에 창간된 《外語教學與飜譯(외국어교학과 번역)》 월간(月刊) 창간호에 《飜譯工作者必須政治掛帥(번역공작자는 반드시 정치를 맨 먼저 고려해야 한다.)》를 발표하였으며, 제2기에 《略談在飜譯文字中運用文言的問題(번역문 가운데 문언을 사용하는 문제에 대해서 간략하게 논함.)》를 발표하였다. 또한 제4기에 《飜譯中人稱代詞的省略, 還原和更換(번역 중 인칭대명사의 생략과 환원 및 바꾸는 문제에 대해서)》을 발표하였고, 제10기에 《飜譯與理解(번역과 이해)》를 발표하였다. 1959년 4월 2일 《文匯報(문회보)》에는 《譯文要叫人看得懂(번역문은 반드시 다른 사람이 이해할 수 있도록 하여야 한다.)》 등의 문장을 발표하였다. 그는 이들 역론(譯論)에서 자신의 경험을 논술하여 대단히 친절하고 쉽게 이해할 수 있도록 하였다. 예를 들면 《飜譯與理解(번역과 이해)》라는 글에서 '이해(理解)'의 중요성을 특별히 강조하였다. 그는 특히 '자신의 이해 능력을 지나치게 높이 평가하는 경향'에 특별히 주의를 기울여야 한다고 지적하였는데 이는 매우 적절한 지적이다.

유명한 원로 번역가 조정화(曹靖華, 1897-1987)는 노신(魯迅)과 구추백(瞿秋白)의 절친한 친구였다. 그는 20년대 초부터 러시아 문학의 번역과 혁명 작업에 종사하였다. 그는 번역 방면에 아주 풍부한 경험을 가지고 있었다. 그는 60년대 초에 일찍이 북경대학의 교수와 학생들을 위하여 번역문제에 관한 보고를 한 후《有關飜譯問題的幾個問題(문학번역과 관련된 몇 가지 문제)》라는 제목으로 1962년 8월 25일《文匯報(문회보)》에 글을 발표하였다. 그는 구체적인 문제에서 출발하였으며 조금도 허황된 논리를 전개하지 않았다. 그는 번역공작에는 '규문(竅問, 비결)'이 없을 뿐만 아니라 어떤 표준을 세우기도 어렵다고 생각하였다. 그는 번역작업에 대한 준비는 마땅히 다음과 같은 세 가지 방면에서 시작해야 한다고 하였다. 광범위한 지식, 원작에 대한 이해, 중국어의 표현 능력이 그것이다. 그는 초학자(初學者)는 '대독(對讀, 대조하여 읽는 법)'의 방법을 채용할 것을 건의하고 있다. 우선은 우수한 번역본을 읽기 전에 먼저 시험 삼아 번역해 보고 나서 다시 번역본을 보게 되면, 즉 '이렇게 연습을 계속하여 내공을 쌓게 되면', '이렇게 하여 얻은 수확은 어떤《飜譯教程(번역교육과정)》을 통하여 얻는 것보다도 더 크다.'고 생각하였다. 그 외에도 사전의 정확한 사용법, 상관된 용어의 번역법, 각종 전문 용어의 처리, 인명과 지명 및 외래어의 처리 등에 대하여 매우 상세하게 서술하였다.

원로 번역가들 가운데 특별히 거론하고 싶은 사람으로 가백년(柯栢年, 1904-1985)이 있다. 그 역시 20년대 초에 번역작업을 시작하였는데 주로 사회과학논저들을 번역하였으며, 또 그는 중국 공산당에 가입하였다. 대혁명운동과 30년대의 좌익문화운동에 참가한 그는 일찍이 중국 좌익문화계총동맹의 구성원이 되었다. 그 후 연안으로 가서 계속 당의 번역사업에 종사하였는데 수많은 마르크스레닌주의 저작을 직접번역하거나 번역사업을 주도하였다. 1951년 말에 거행된 제1회 전국번역공작회의에서 그는《馬列主義經典著作飜譯問題(마르크스레닌주의 명작의 번역문제)》라는 기조연설을 하였는데 그 내용은 1951년 12월 15일《飜譯通報(번역통보)》 제3권 제5기에 실렸다.

그동안 마르크스주의의 경전적 저작(名作)에 대한 번역문제는 해방 전에는 조건이 성숙되지 않아서 비교적 깊이 있는 연구를 진행할 수가 없었다. 따라서 이 분야의 번역이론은 거의 찾아볼 수가 없으며, 해방 이후에도 가(柯)씨의 이 글이 최초의 전문번역이론이다. 따라서 이 논문은 충분히 중시할 만한 가치가 있다. 그는 이 글에서 주로 세 가지 문제에 대해 거론하였다. 첫째 그는 마르크스레닌주의의 경전적 저작을 번역할 사람이 반드시 갖추어야 할 조건에 대해서 이야기하였다.

그는 마르크스 레닌주의 저작들을 번역함에 있어 문자나 전고(典故; 상용어) 등의 문제는 비교적 쉽게 극복할 수 있으나 진정한 어려움은 내용 방면에 있다고 하였다. 이 어려움을 극복하기 위해서는 반드시 마르크스나 엥겔스 등이 살았던 당시의 혁명 역사와 시대 배경을 잘 알아야 할 뿐만 아니라 번역자 자신이 일정 정도 혁명 투쟁의 경험이 있어야 한다고 하였다. 이에 그는 "마르크스 레닌주의의 경전적 저작들을 번역하기 위해서는 반드시 실제 혁명 투쟁의 경험을 강화해야 하고 감성적인 지식을 많이 흡수하며 실제 투쟁(토지개혁운동 등에 참가)에 많이 참가하여 다방면에 걸쳐 자신의 실제 투쟁 경험을 충실하게 해야 한다."고 강조하였다. 둘째로 그는 군중 노선 문제에 대하여 이야기하였다. 그는 번역의 질을 제고하기 위해서는 현재 중국의 실제 번역 정도와 번역 인재에 근거하여 제고해야 하며 현실을 벗어나서 제고할 수는 없다고 생각하였다. 그는 연안(延安) 시절의 마르크스레닌주의 저작의 번역경험에 근거하여 집체번역방법으로 번역하고 토론하며 교정하는 것의 장점에 대하여 강조하였다. 그는 또 번역 중의 주석과 서문 등의 중요성에 대해서도 언급하였다. 셋째로 그는 번역방법 문제에 대하여 이야기하였다. 번역의 표준인 信과 達은 변증과 통일의 관계에 놓여 있으며, 경전적인 저작을 번역할 때는 반드시 원전과 번역문을 반복해서 대조해야 하고 어감의 경중 등의 문제에 대해서도 주의를 기울여야 한다고 강조하였다. 가(柯)씨와 또 다른 여러 동지들의 공동의 노력으로 중국의 마르크스레닌주의의 경전적인 저작의 번역 공작은 매우 큰 성과를 거두었을 뿐만 아니라 풍부한 경험도 쌓았다. 1954년《俄文教學(러시아어교학)》 제3기에 '中共中央馬恩列斯著作編譯局校審室(중공중앙마르크스, 엥겔스, 레닌, 스탈린저작편역국교심실)'의 단체 명의로《集體校譯〈斯大林全集〉第一.二兩卷的一些經驗(《스탈린전집》 제1, 2권 두 권을 집체교역한 약간의 경험)》이라는 글을 발표하였는데, 이 글은 당시 매우 큰 영향을 끼쳤다. 이 문장은 세 부분으로 나누어져 있다. 첫 부분에서는 그들의 집체번역이 어떻게 역할분담을 하여 진행되었는지를 이야기하였으며, 둘째 부분에서는 그들 번역의 표준과 원칙에 대한 견해를 이야기하였다. 셋째 부분에서는 집체적으로 번역과 교정하는 방법의 장점에 대해서 이야기하고 있다. 그 가운데 번역계에서 가장 중요시할 뿐만 아니라 심지어 토론까지 벌였던 부분은 둘째 부분이다. 그들은 그 글에서 다음과 같이 말하였다.

> 우리들은 지도방침에 명시한 '의사정확(意思正確)'과 '역문통순(譯文通順)'의 원칙에 근거하여 번역할 때는 반드시 원문에 충실하여 원저의 사상과 정신과 풍격을 정확하게 전달하고 번역문은 반드시 민족의 형식을 채택함으로써 민족의 언어습관과 표현법에 부합하도록 하여 문장이 순탄하고 독자들이 낯설게 느끼거나 어렵다는 느낌을 받지 않도록 한다는 원칙을 확정했다. '신(信), 달(達), 아(雅)'의 문제에 있어서는 변증, 통일적 방법을 채택하기로 하였다. 또한 한 자 한 자 글자를 좇아서 번역하는 '사역(死譯)'에 반대할 뿐만 아니라 자유롭게 번역하는 '의역(意譯)'에도 반대하였다. '신(信), 달(達), 아(雅)'의 변증, 통일적 방법은 번역과 교정에 있어 반드시 준수해야 할 원칙이다.

글 가운데서는 또 '신(信), 달(達), 아(雅)'에 대하여 해석을 하고 있다. '신(信)'은 충실하고 정확하게 원저의 사상, 풍격과 정신을 전달하는 것이라고 하였으며, '달(達)'은 정확하고 유창한 중국어 문장으로 원저의 사상, 풍격과 정신을 표현하는 것이라고 하였다. '신(信)'이 중요하니 만약 '신(信)'하지 못하다면 '달(達)'은 말할 필요조차도 없으며, '아(雅)'는 '달(達)'이 한 걸음 더 발전한 단계이다. 만약 중국의 독자가 번역문을 읽을 때 외국의 독자가 원문을 읽는 것과 같다면 번역문이 신(信), 달(達), 아(雅)' 삼자가 통일된 표준에 도달했다고 말할 수 있을 것이다.

이 문장은 중국 당대(中國當代)에 제일 먼저 '信, 達, 雅' 세 가지 표준에 대해서 새롭게 재해석한 문장이었기 때문에 특별히 사람들이 이를 주목하였다. 또한 오래지 않아 이 잡지에서 한 바탕 뜨거운 토론이 벌어지기도 하였다. 이 토론은 5-60년대 중국 번역학계에서 벌어진 비교적 규모가 큰 첫 번째 토론이었다. 글을 기고한 사람들은 대부분 청년 번역이론가들이었는데, 이들 그룹을 대표할 수 있는 사람으로는 진전흥(陳殿興), 하광(何匡), 진윤복(陳允福)과 왕주(王澍) 등이 있었다.

먼저《俄文教學(러시아어교학)》1995년 제5기에 실린 전흥(殿興, 1928년생)의《信達雅與飜譯准確性的標準(信達雅와 번역정확성의 표준)》이라는 글은 위에서 이야기한 편역국교심실(編譯局校審室)의 관점에 찬성하지 않는다는 의견을 담고 있다. 그는 먼저 엄복(嚴复)의 신달아(信達雅)에 대한 해석을 부정하여 엄복(嚴复)이 이야기한 신(信)은 한 글자 한 글자를 따라 해석하는 사역(死譯)을 이야기하는 것이지 결코 정확하고 의심의 여지없이 원문의 내용과 형식을 재현해 내는 것을 말한 것이 아니라고 하였다. 엄복(嚴复)이 신달아(信達雅)의 표준을 제출한 것은 번역하는 것을 문장을 쓰는 것과 구별되는 전문적인 특징을 고려하지 않았기 때문에 원문에서 벗어나 문장의 유창함만을 추구하는 아(雅)로 흐르고 말았다고 질책하였다. 그 다음으로 그는 오늘날 엄복(嚴复)주장의 추종자들이 엄복(嚴复) 의 주장을 만고불변의 주장으로 만들려고 기도하고 있지만 '이러한 기도는 반드시 실패하고 말 것'이라고 질책하였다. 그는 편역국교심실(編譯局校審室)의 문장(文章)의 신달아(信達雅)에 대한 해석은 엄복(嚴复)의 해석과 본질적으로 차이가 없으며 아(雅)에 대한 해석은 억지에 불과하다고 하였다. 그는 아(雅)를 번역의 정확성을 나타내는 표준이 될 수 없다고 생각하였다. 그는 소련의 번역이론가인 비도라부(費道羅夫)의 관점에 근거하여 번역의 원문을 아래와 같은 세 가지 부류로 나누었다. 一. 신문보도문건과 전문과학서적, 二. 정론(政論) 문장, 三. 문예작품이 그것이다. 물론 이와 같은 세 가지 부류의 번역표준은 각각 다를 수밖에 없다. 작자가 제출한 아(雅)에 대한 다른 견해는 토론할 만한 가치가 있으며, 그가 제공한 분류의 표준 역시 참고할 만한 가치가 있다고 하겠다. 그러나 왕주(王澍)가 지적했던 것처럼 "그는 중국 번역이론의 유산과 근대인들의 경험의 결과에 허심탄회하고 진지한 연구가 없었을 뿐만 아니라 소련의 번역이론가들의 견해를 그대로 통째로 도입함으로써 각각의 재료에 대한 공통성을 무시하고 말았다."(《飜譯標準觀評議(번역표준관에 대한 評議)》). 이로 인하여 토론하는 가운데 대부분의 사람들이 그의 일부 의견에 대해서는 찬성하지 않고 말았다.

《俄文教學(러기아어교학)》 1995년 제6기에 발표한 하광(何匡)의 《論飜譯標準(번역표준을 논함)》이라는 글은 신달아(信達雅)를 새롭게 해석한 역작이다. 그는 번역에는 객관성(客觀性)과 창조성(創造性)이라는 두 가지 특징이 있다고 생각하였다. 객관성을 부정하게 되면 제멋대로 난역(亂譯)으로 흐를 수 있고, 창조성을 부정하게 되면 한 글자 한 글자 글자를 좇아서 번역하는 사역(死譯)으로 흐르기 쉽다. 번역의 특징과 번역 관점의 측면에서 원문을 보면 원작은 서로 연계되어 있고 서로 의존하고 있는 사상(思想), 언어(言語) 및 풍격(風格)이라는 세 가지 요소를 포함하고 있다. 번역할 때 원작의 사상은 바꿀 수가 없는 것이지만 언어는 반드시 바꾸어야 하며 풍격 또한 반드시 유지해야 한다. 여기에 근거하여 하(何)씨는 아래와 같은 번역의 표준을 제시하였다. 원문의 사상을 전달한다는 측면에서 보면 표준은 반드시 의사가 완전히 정확해야 한다는 것인데 이를 표현하면 곧 신(信)이 된다. 번역문의 언어적 측면에서 보면 표준은 민족의 언어를 쓰는 전 인민이 정한 언어가 되어야 하는데 이를 나타내면 달(達)이 된다. 풍격의 측면에서 보면 표준은 당연히 원문의 풍격을 보존해야 한다는 것인데, 이는 아(雅)이다. 그는 “이 세 가지 표준을 종합해서 한 마디로 나타내면 ‘전 민족에게 규범화한 언어를 사용하여 원작의 사상을 정확하게 표현함과 동시에 그 풍격을 유지하도록 하는 것’이라고 할 수 있다.”고 하였다. 결론적으로 말하면 신달아(信達雅)는 새로운 해석을 거쳐 번역의 표준으로 완비되었는데 그 중 어느 것 하나라도 없어서는 안 된다. 하(何)씨의 이 문장은 번역의 표준을 세우는 문제에 있어 매우 큰 인식적 가치가 있으며 앞 사람들의 논리에 비하여 더 과학적이다. 특히 그는 원문의 풍격을 보존할 것을 강조하였다. 이는 그가 처음으로 주장한 것은 아니지만 ‘아(雅)’ 자를 특별히 강조하여 제시함으로써 ‘아(雅)’에 새로운 함의를 부여하였다.

《俄文教學(러시아어교학)》 1995년 제8기에는 진윤복(陳允福)이 《我對于飜譯標準的看法(나의 번역표준에 대한 견해)》이라는 글을 발표하였다. 그는 모든 번역문에는 원문의 사상, 풍격, 예술성 등의 내용과 번역문의 언어 형식 등 두 가지 요소를 포함한다고 하였다. 그 첫 번째 요소는 충실을 요구하고 두 번째 요소는 유창함을 요구한다. 따라서 번역의 최종적 표준은 충실과 유창함이다. 그는 엄복(嚴复)의 달(達)과 아(雅)에 대한 해석은 잘못된 것이므로 엄복(嚴复)의 해석을 연용(沿用, 따라서)하여 신달아(信達雅)를 번역의 표준으로 정하는 것에 반대한다. 그러나 만약 이 세 가지를 다른 의미로 해석한다면, 예를 들어 달(達)을 통순(通順, 유창)으로 해석하고 신(信)과 원문이 마땅히 가지고 있어야 할 아(雅)를 합쳐서 충실(忠實)로 해석한다면 받아들일 수 있다고 생각하였다. 그는 또 만약에 ‘아(雅)’를 거론하려고 한다면 반드시 소설이나 시가(詩歌) 등의 예술성을 가리킨다거나 일반적 수사수단을 가리킨다는 등과 같은 정의를 먼저 내려야만 한다고 생각하였다. 그리하여 그가 내린 결론은 다음과 같다. “번역표준의 공통성을 충분히 설명하기 위해서는 ‘충실(忠實)’과 ‘통순(通順)’이 비교적 타당하다고 생각한다. 왜냐하면 ‘아(雅)’라는 것은 번역문에 있어서는 결국 내용과 형식의 관계이기 때문에 내용 속으로 들어가 내용과 형식으로 또 다시 나누어야 하는 번거로움이 있으므로 반드시 최종적 번역의 표준을 대단히 복잡하게 만들어야 할 필요는 없다.”

왕주(王澍, 1928년생)는 《俄文教學(러시아어교학)》 1956년 제1기에 《關于飜譯標準的

我見(번역표준에 관한 나의 견해)》이라는 글을 발표하였다. 그 후 1957년에는 이 잡지 제4기에 《飜譯標準觀評議(번역표준관평의)》라는 글을 발표하여 많은 사람들의 주목을 받았다. 이 글은 1954년과 55년 사이에 벌어진 번역표준과 관계된 한 바탕의 논쟁에 작은 결론을 내렸을 뿐만 아니라 중국 역사에서 번역표준을 세우는 데 대한 토론과 논쟁에 대해 회고하고 결론을 내린 글이다. 그는 고대 불경번역이론에서 출발하여 마건충(馬建忠)의 '선역설(善譯說)', 엄복(嚴复)의 '신달아(信達雅)설' 및 정진탁(鄭振鐸), 모순(茅盾), 노신(魯迅), 구추백(瞿秋白), 임어당(林語堂), 진서형(陳西瀅) 등의 주장에 대해 거론하였다. 또한 역대 번역표준에 관한 견해를 차례대로 일목요연하게 정리하고 자기 자신의 평가도 덧붙였다. 이런 자료는 당시로서는 매우 얻기 어려운 것들이었다. 그는 최근에 번역표준에 대한 논쟁이 다시 일어나고 있는 시점에서 시대적 요구와 몇 가지 주요한 견해들의 장단점에 대해서 중점적으로 논술하였는데 그 요점은 다음과 같다. 엄복(嚴复)의 '신달아(信達雅)설'은 확실히 받아들일 만한 합리적인 곳도 있으며 버려야 할 착오적인 부분도 있다. 그는 이 '신달아(信達雅)' 세 글자를 답습해 쓰는 것에 크게 찬성하지는 않았다. 그 이유는 이 세 글자에 대한 토론 자체가 의견이 통일될 수 없을 뿐만 아니라 다시 또 정의를 내리고 주석을 달아야 하는 번거로운 의무를 지게 되어 '실타래를 풀려고 하다가 더욱 꼬이고 마는' 그러한 결과를 가져올 뿐이기 때문이었다. 그밖에도 이 세 글자만을 한정해서 정의내리고 주석을 달게 되면 번역이론의 발전을 속박하게 될 수도 있기 때문이었다. 王씨의 문장이 더욱 가치가 있는 것은 당시에 중국 번역계에 매우 큰 영향을 미치고 있던 소련의 색백렬부(索柏列夫)의 번역 분류 표준과 비도라부(費道羅夫)의 '등가성(等價性)' 등의 이론에 대해 서로 다른 견해를 이야기하고, 그들이 분류만을 강조하고 공통점을 무시하는 결점을 가지고 있고 간단하게 내용과 형식이라는 공식을 모든 것에 적용함으로써 번역의 문제를 언어학의 문제로만 취급하려는 부족한 부분을 지적하였다는 점 때문이다. 실제로 이러한 문제는 중국의 번역학계에도 똑같이 존재하는 문제들이었다.

그밖에도 60년대 초 번역학계에서는 번역의 풍격 문제에 대한 토론이 이어졌다. 이 토론은 주로 상해에서 발간된 《學術月刊(학술월간)》을 중심으로 전개되었는데 대표적인 인물로는 장중영(張中楹), 유륭혜(劉隆惠) 등이 있었다.

장중영(張中楹)은 1961년 7월《學術月刊(학술월간)》제7기에《關于飜譯中的風格問題(번역 중의 풍격문제에 관하여)》라는 글을 발표하였다. 그는 이 글에서 하나의 언어 영역 안에서도 한 작가의 풍격을 모방하는 것은 쉽지 않은 것이라 지적하고 나아가 번역 중에 동일한 풍격을 유지한다는 것은 더욱 쉽지 않은 일이라고 생각하였다. 그는 원작을 이해하고 풍격을 포함하는 연구를 하는 것은 독자들이 반드시 해야 하는 일일 뿐 번역자에게는 '불가능하고 불필요한 일이며, 동시에 이 일은 어떤 누구도 감히 시도할 수 없는 일'이라고 하였다. 그는 풍격의 번역이 쉽지 않다는 것에서 한 순간에 불가능하다는 주장으로 옮겨갔으며, 또 원작의 풍격을 유지하도록 강조하는 것은 '무익할 뿐만 아니라 유해한 일'이며 '만약 주관적인 해석으로 번역하여 풍격이 일치하게 되면 결과적으로는 번역체의 출현을 촉진하는 것이 아니라 형식주의의 함정에 빠지고 말 것'이라고 생각하였다. 그는 심지어 시대는 날로 전진하고 있는데 풍격은 날로 간단해지고 있으니 장차 풍격이 문제가 되지 않는 날이 올지도 모르겠다고 말했다. 또 그는 장차 기계 번역이 성공하는 날이 현실로 다가오게 되면 풍격은 더욱 문제가 되지 않을 것이라고도 생각하였다. 장(張)씨의 글이 한쪽으로 치우쳐 있고 문제를 너무 단순화했다는 결점은 분명하여 쉽게 발견할 수 있는데 이로 인해 번역계에 한 바탕 큰 소동이 일어났다.

유륭혜(劉隆惠)의《談談文藝作品風格的飜譯問題(문예작품풍격의 번역문제에 대하여 이야기함.)》라는 글은 같은 해 11월 같은 잡지에 발표되었는데, 이 글은 장(張)씨의 글의 편협성을 바로잡아 주었다. 유(劉)씨는 이 글에서 문예작품의 풍격이라는 것은 작가의 주요 사상과 예술적 특징의 총화이며 풍격은 언어의 일반 규율에 의거하여 존재하는 것으로 상상할 수 없는 그러한 성질의 것은 결코 아니라고 하였다. 그는 풍격이라는 것은 '번역하기 어려울 뿐'이지 '번역이 불가능한 것'은 결코 아니라고 지적하였다. 가장 중요한 것은 첫째는 풍격을 인식할 수 있는 수준이고, 둘째는 풍격을 표현하는 능력이다. 어떤 특정 영역에 있어 원문의 언어의 물질적 외형을 이용하여 독특한 특징이 만들어 낸 특별한 예술효과는 번역자가 어떻게 해 볼 수 없다는 점은 그도 인정하였다. 그러나 이러한 경우는 예외적인 경우일 뿐이다. 그렇다 하더라도 절대적으로 반드시 풍격을 방치하고 번역하지 않는 것은 아니며, 만약 창의적인 구상을 통하여 형상으로 형상을 번역해 낸다는 원칙을 좇아서 매우 훌륭하게 처리할 때도 있다는 것이다. 유씨의 글은 한걸음 더 나아가 풍격의 번역 효과는 전체적으로 보면 개별 언어나 성분이 가지는 번역의 어려움이나 불가능성이 전체 내용을 정확하게 전달하는 것을 방해하지는 않는다는 점을 지적한 것이다. 그는 또 노작가인 노사(老舍)와 모순(茅盾)의 말을 인용하여 이 문제를 논술하는 지도 방침으로 삼았다. 토론하는 도중에 대부분의 논자들은 모두 비슷한 견해를 나타내었다.

위에서 이야기한 사람들을 제외하고도 당시의 젊고 별로 알려지지 않았던 번역이론가들의 번역이론도 거론할 만한 가치가 있다. 예를 들면 왕이주(王以鑄, 1925년생)는 1951년 12월 15일 《飜譯通報(번역통보)》 제3권 제5기에 《論神韻(신운을 논함)》이라는 글을 발표하여 다음과 같이 주장하였다. "우리들은 번역문이 이미 반쯤 죽은 상태로 종이 위에 누워 있도록 해서는 결코 안 되며 한 글자 한 구절이 모두 종이 위에서 살아 움직이도록 해야 한다. 우리들이 현재 사용하고 있는 구어체 문장을 사용함으로써 원작의 내용을 정확하게 전달할 뿐만 아니라 원작의 정신까지도 전달하며 모든 노력을 다하여 번역문의 독자들이 원작의 독자들이 얻는 이익과 똑같은 이익을 얻게 하여야 한다. 우리들은 번역문이 원문과 똑같은 역할을 할 수 있도록 만들어야 한다." 이 글은 해방 초기, 즉 비교적 빠른 시기에 번역의 '신운(神韻)' 문제를 논한 글이다.

이 시기에는 또 번역이론과 관계된 전문서적들도 출판되었다. 예를 들면 1953년 3월, 중화서국에서는 임한달(林漢達)의 《英文飜譯原則方法實例(영문번역의 원칙과 방법의 實例)》를 출판하였는데 이 책은 해방 후에 출판된 이 방면의 최초의 책이다. 이 책의 첫 부분 《飜譯的原則(번역의 원칙)》은 총론의 성격을 띠고 있다. 작가는 이전의 주장들을 총 정리하고 난 후에 자신이 타당하지 않다고 생각하는 부분들을 비평하여 한 묶음으로 묶어서 한 조로 만들고, 또 자신이 합리적이라고 생각하는 부분들을 또 하나의 조로 만들어 이것으로 자신의 근본 주장으로 삼았다. 그는 자신의 주장을 소극적인 것과 적극적인 것이라는 두 가지로 나누었다. 소극적인 방면의 주장은 아래와 같은 세 가지가 있었다. 첫째, "번역의 표준을 나누지 않는 것이었다." 그는 번역의 표준은 반드시 정확하게 번역한다는 한 가지 뿐인데도 신(信), 달(達), 아(雅), 충실(忠實), 통순(通順), 미(美) 등 세 가지로 나누어 놓았다고 생각하였다. 둘째, "직역(直譯)과 의역(意譯)을 나누지 않는 것이었다." 그는 정확한 번역은 직역과 의역으로 나눌 수 없는 것이라고 생각하였다. 셋째, "중문의 심리에 완전히 근거해서는 안 된다." 뿐만 아니라 적극적 방면의 주장도 아래와 같은 세 가지가 있었다. 첫째, "내용과 형식의 통일을 추구해야 한다." 둘째, "차라리 정확함을 추구할지언정 문장의 유창함을 추구하지 않겠다." 그는 "특수한 조건 하에서는 차라리 정확함을 추구할지언정 문장의 유창함을 추구하지 않겠다고 하는 주장을 받아들일 수 있다."고 생각하였다. 셋째, "백화(白話)를 채용한다."

이 밖에도 북경시대출판사(北京時代出版社)에서는 1958년에 장배기(張培基)의 《英語漢譯硏究(영어한역영연구)》를 출판하였으며, 또 이 출판사에서는 1959년에 육전양(陸殿揚)의 《英漢飜譯理論與技巧(영한번역이론과 기교)》를 출판하였다. 1959년 상무인서관(商務印書館)에서는 임상주(林相周)의 《英漢飜譯中的語法問題(영한번역 중의 문법문제)》 등을 출판하였다. 그 가운데 육전양(陸殿揚) 저서의 분류가 과학적이고 깊이가 있어 이후의 저서와 교재들이 이를 받아들이는 등 그 영향력이 상당히 컸다.

5, 60년대에는 철학을 학습하는 풍조가 뜨겁게 일어나 번역이론계에서도 변증법을 운용하여 문제를 분석하는 것에 주의를 기울이게 되었다. 이 방면에서 비교적 성공적이고 뛰어난 논문으로는 1963년 1월 《外語教育與硏究(외국어의 교육과 연구)》에 발표한 2만여 자에 달하는 장문인 여영영(余永瑛)의 《論飜譯的矛盾統一(번역의 모순통일을 논함)》을 거론할 수 있다. 이 글은 모순과 통일(矛盾統一)의 관점에서 출발하여 번역작업에 대한 전면적인 고찰을 진행함은 물론, 이전의 각종 번역 표준과 견해와 비평의 실질적 의의 및 그들 상호간의 변증관계를 찾으려고 시도하였다. 따라서 이 글은 한 편의 뛰어난 철학 논문이라고 할 수 있다. 글 가운데에서 번역을, 언어를 사용한 작업이라고 하였을 때의 일반 모순(茅盾)과 그것이 가지는 특수 모순(矛盾), 번역의 선결 조건과 주요 모순(茅盾) 및 그들 상호간의 상호 변화, 번역 중에 나타나는 전체와 부분 간의 모순(茅盾), 번역의 가능성과 한계 등에 관하여 논술하였다. 그들 가운데 가장 주목할 만한 부분은 엄복(嚴复)의 '신달아(信達雅)', 태특륵(泰特勒, 테일러)의 '삼원칙(三原則)' 및 노신(魯迅)의 '신순(信順)' 등의 논술에 대한 분석이다.

그는 엄복(嚴复)의 신달아(信達雅)가 당시까지도 여전히 일반인들이 공인하는 번역의 표준이 되었다고 하였다. 노신(魯迅) 역시 엄복(嚴复)의 신(信)을 답습하였으며 신(信) 속에 달(達)의 뜻까지도 포함시켰다. 또한 순(順)을 사용하여 엄복(嚴复)의 고전적 의미가 강렬해지고 현대적 의미가 비교적 희박한 아(雅)를 대체하였다고 생각하였다. 엄복(嚴复)의 견해는 그보다 100년이 빠른 태특륵(泰特勒, 테일러)의 '삼원칙(三原則)'의 영향을 받았다. 엄복(嚴复)은 신달아(信達雅)를 일치시키는 것에 치중하였으며 노신(魯迅)은 신순(信, 順)의 모순(矛盾)에 치중하였다. 태특륵(泰特勒, 테일러)의 '삼원칙(三原則)'은 모순(矛盾)에서 출발하여 경중을 구별하였으나 노신(魯迅)의 '차라리 신(信, 정확)을 추구할지언정 순(順, 유창)을 추구하지는 않겠다.'는 견해에 가깝다. 서(徐)씨는 또 신(信, 객관적·유효적)은 초급적인 달(達)이며 달(達)은 고급적이고 객관적인 신(信)이라고 생각하였다. 훌륭한 번역 작품에서의 아(雅)는 어떠한 경우에도 신달(信達)과 분리할 수 없으며, 마땅히 한 걸음 더 나아간 신(信)과 달(達)일 뿐이라 하였다. 이러한 아(雅)는 고도화한 신(信)과 달(達)의 모습이다. 따라서 태특륵(泰特勒, 테일러)의 '삼원칙(三原則)'과 엄복(嚴复)의 '신달아(信達雅)'는 결과적으로는 서로 정도가 다른 신(信)에 불과한 것일 뿐이다. 또한 노신(魯迅)이 주장한 '차라리 신(信, 정확)을 추구할지언정 순(順, 유창)을 추구하지는 않겠다.'는 것도 우리들은 당연히 신달아(信達雅)를 반대한 것으로 보아서는 안 되며 정확한 번역 원칙으로 보아도 무방하다. 왜냐하면 노신(魯迅)의 신(信)은 달(達)을 포함하며 그의 순(順)은 엄복(嚴复)의 아(雅)와 별로 차이가 나지 않으니 엄복(嚴复)의 원칙을 간략하게 한 것이라고 할 수 있기 때문이다. 이런 관점에서 보면 노신(魯迅)의 '녕신이불순(寧信而不順), 차라리 신(信, 정확)을 추구할지언정 순(順, 유창)을 추구하지는 않겠다.'는 말은 부득이한 경우에 한시적으로 아(雅)를 희생시켜 신(信)과 달(達)을 보전하겠다는 의미로 해석할 수 있다. 서(徐)씨가 이와 같이 노신(魯迅)의 명언을 이해한 것은 그 자신이 신달아(信達雅)를 해석한 것과 일치하며 엄복(嚴复)의 표준을 간략하게 하여 자신의 주장으로 삼은 것이다. 다만 노신(魯迅)의 신(信)이 달(達)을 포함한다는 이야기는 옳으나 노신(魯迅)의 순(順)이 엄복(嚴复)의 아(雅)를 대체했다고 한 이야기는 타당하지 않은 것 같다. 노신(魯迅)이 이야기한 순(順)은 엄복(嚴复)의 달(達)과 가까우며 서(徐)씨가 이야기한 '원작의 풍성한 자태를 보존하는 것'은 바로 엄복(嚴复)의 아(雅)를 대체할 수 있는 것이라고 할 수 있다.

八. 전종서(錢鍾書)의 역학(譯學)에 대한 공헌(貢獻)

중국에서 당대의 가장 자랑스럽게 생각하는 사회과학자 중의 한 사람인 전종서(錢鍾書)는 번역이론에 있어서도 크게 공헌하였다. 전(錢)씨는 자가 묵존(默存)이고 1910년 강소(江蘇)성 무석(無錫)에서 태어났다. 그의 아버지 전기박(錢基博)은 유명한 문학가였으며, 가문의 빛나는 전통으로 인하여 어려서부터 구학(舊學)에 익숙했다. 그는 중학교에 다닐 때부터 영어성적이 특별히 뛰어나 서양문학의 오묘함에 탐닉했다. 1933년 전(錢)씨는 청화대학 외국문학과를 졸업하고 1937년 영국 옥스퍼드대학에서 부박사학위(副博士學位)를 받은 후 파리대학 대학원에서 연구에 종사하였다. 귀국 후 차례로 서남연합대학(西南聯合大學), 상해기남대학(上海暨南大學), 북경도서관(北京圖書館), 중앙도서관(中央圖書館) 등에 근무하였다. 건국 후 처음에는 청화대학교(淸華大學校)에서 교편을 잡다가 나중에 중국과학원(中國科學院) 문학연구소(文學研究所; 현재 社會科學院에 속함)로 옮겨 현재까지 재직 중이다.

전(錢)씨는 당대 중국 최고의 박학다식한 대학자로, 전 세계에 이름을 떨친 지식인이다. 그는 영국, 프랑스, 라틴, 독일, 이탈리아, 서(西?) 등의 문자와 학술에 정통하였으며, 저명한 학술 저서로 《談藝錄(담예록)》, 《管錐編(관추편)》, 《七綴集(칠철집)》 등이 있다. 그의 학문의 방법론적 특징은 고금과 동서를 두루 섭렵하고 널리 자료를 인용하여 이를 적재적소에 활용할 뿐만 아니라 사용하는 언어가 고상하면서도 해학적이다. 그는 중요한 학술 문화 영역에 수많은 공적을 남겼다. 번역학 방면의 논술은 그의 큰 학술 영역 중 일부분에 지나지 않지만 당대 번역학계에 중대한 영향을 끼쳤다.

전(錢)씨의 번역과 관계되는 중요한 논문으로는 아래와 같은 것들이 있다. 1963년 3월에 쓴 《林紓的飜譯(임서의 번역)》(처음에는 1964년 6월 《文學研究集刊(문학연구집간)》 제1책에 실렸다.), 1981년에 다시 쓴 《漢譯第一首英語詩〈人生頌〉及有關二三事(최초의 한역 영어시〈人生頌〉 및 이와 관련된 두, 세 가지 이야기)》(처음에는 1982년 홍콩에서 발행되던 《抖擻(두루)》 제1기에 실렸다.)와 《管錐編(관추편; 1979년 중화서국판(中華書局版))》에 실린

《譯事三難(반번역의 세 가지 어려움)》, 《飜譯術開宗明義(번역술의 요지를 밝힘)》, 《譯音字望文穿鑿(譯音字를 골똘히 생각함)》 등 몇 편의 찰기(札記, 독서필기)가 있다. 이들 문장 속에서 전(錢)씨는 사람들로 하여금 깊은 생각을 할 수 있는 논술을 남겨 놓았다.

그는 이러한 글에서 먼저 번역의 성질과 역할, 번역할 때 쉽게 범할 수 있는 실수 및 자신이 생각하는 번역의 이상적인 경계에 대한 독특한 견해들을 이야기하였다. 그는 이러한 중요한 문제들에 대한 논술을 시작함에 있어 《說文解字(설문해자)》에 나오는 문자(文字)의 훈고(訓詁)에서부터 그 실마리를 풀어나갔다는 점은 사람들로 하여금 절묘함을 느끼게 만들었다. 《林紓的飜譯(임서의 번역)》이라는 글의 첫머리에서 그는 다음과 같이 이야기하였다.

> 한대(漢代)의 문자학자인 허신(許愼)이 번역에 대한 뜻을 풀이한 구절이 있는데 그 의미가 상당히 풍부하다. 설문해자(說文解字) 劵六《口》部 第二十六字에 다음과 같은 구절이 있다. "囮, 譯也. 從口化聲. 率鳥者系生鳥以來之, 名曰囮, 讀若'僞'.(囮는 번역이다. 口는 그 뜻이고 化는 그 소리이다. 새를 몰이하는 사람들은 살아있는 새를 매어서 (다른 새를) 유인한다. 그것을 囮라고 부르고, 僞와 비슷하게 읽는다.)" 從口化聲(口는 그 뜻이고 化는 그 소리이다.). 남당(南唐) 이래로 "소학(小學: 중국에서는 전통적으로 文字學·聲韻·訓詁 學 등을 합쳐서 小學이라고 부른다.)" 연구자들은 인신(引伸)하여 "역(譯)"은 "사이(四夷: 東夷·西戎·南蠻·北狄: 중국의 변방에 살고 있는 소수민족)와 나는 새나 기는 짐승의 언어를 전하는 것"이라고 생각을 하였으며, 곧잘 "미끼로 쓰이는 살아있는 새"가 "다른 살아 있는 새"를 끌어 들이는 "유(誘)"·"위(僞)"·"와(訛)"·"화(化)"나 "囮" 등과 같은 글자로 여겼다. "역(譯)"·"유(誘)"·"매(媒)"·"와(訛)"·"화(化)" 등과 같은 이런 글자들은 서로 일맥상통하고 서로 호응하는 의미를 가짐으로써 시가(詩歌)의 언어를 연구하는 사람들이 소위 말하는 "허함수의(虛涵數意)"(polysemy, manifold meaning)를 형성하여, 번역을 할 때 흔히 일어날 수 있는 작용인 "유(誘)", 피하기 어려운 오류(와(訛)), 추구하는 최고의 경계(화(化)) 등을 하나하나 다 투시하고 있는 듯 하다(포함하고 있는 것처럼 보이게 한다.)

전(錢)씨의 이 글은 그 자체로 의미가 아주 풍부하다. 소위 말하는 '유(誘; 유도하다)'라는 것을 두고 그는, "'모(謀; 중매하다.)'와 '유(誘)'는 당연히 문화 교류에서 번역이 담당할 역할이다. 그것은 다른 사람들이 외국 작품을 인식할 수 있도록 중간에 서 있는 사람이나 연락원이 소개하거나 외국작품을 애호할 수 있도록 유도하는 것이 마치 중매를 서는 것처럼 나라와 나라 간에 '문학 인연'을 맺게 하고, 나라와 나라 간에 반목과 말다툼과 분쟁을 줄일 수 있는 '인연(因緣)'을 맺게 하는 것이다."라고 생각하였다. 이 유머가 넘치는 글에서 우리들은 곽말약(郭沫若)이 초기에 이야기했던 '번역이란 매파(媒婆)'라고 했던 말을 연상할 수 있다. 원래 이 이야기도 나름대로의 논리를 갖추고 있다. 소위 말하는 '와(訛)'라는 것에 대해 전(錢)씨는 "한 나라의 문자와 또 다른 한 나라의 문자에는 반드시 일단의 거리가 있기 마련이어서 번역자가 이해한 문풍은 원작품의 내용이나 형식과 거리가 없을 수가 없을 뿐만 아니라 번역자 자신이 이해한 것과 자신의 표현 능력 사이에도 언제나 거리가 있게 마련이다. … 그렇기 때문에 번역문에는 항상 잃어버린 것과 망가진 곳이 있어서 의의와 느낌에서 원문에 위배되고 잘 어울리지 않는 곳이 있다. 이것이 바로 '와(訛)'라는 것으로, 서양 사람들이 말하는 '번역자는 반역자'라는 의미이다(traduttore traditore)."라고 말하였다.

또 '화(化)'에 대해서는 그는 다음과 같이 매우 중요한 언급을 하였다. "문학 번역의 최고의 경계는 '화(化)'라고 할 수 있다. 작품을 어느 나라의 문자에서 또 다른 나라의 문자로 바꾸어 놓을 때 언어 습관의 차이로 인하여 생소하고 억지스러운 흔적을 남기지 않을 뿐만 아니라 능히 원작의 풍미(風味, 맛과 멋)를 완전히 보존하였을 때 이를 일컬어 '화경(化境)'의 경계에 도달했다고 할 수 있다." 이러한 깊이가 있는 번역은 원작이 '새로운 언어로 완전히 다시 태어나' 그 몸을 완전히 바꾸어도 그 정신과 영혼은 전생의 모습 그대로이다. 바꾸어 말하면 읽을 때 번역본의 원작에 대한 충실도가 번역본같은 느낌이 전혀 들지 않을 정도라는 것이다. 왜냐하면 작품과 원문의 관계에 있어 독자가 읽을 때 번역된 것이라는 느낌을 느낄 수 없기 때문이다. 그는 "철저하면서도 전체적인 '화(化)'는 실현할 수 없는 하나의 이상에 불과하며 어떤 방면에 있어서 어느 정도까지의 '와(訛)'는 불가피한 병폐이다"고 하였다. 동시에 그는 또 다음과 같은 새로운 견해를 이야기했다. "따라서 '매(媒)'와 '유(誘)'라는 새로운 의미가 생겨났다. 번역이라는 것 자체가 다른 사람의 일을 들어 주는 것으로 다른 사람으로 하여금 외국어를 배우거나 원작을 읽는 수고로움을 면하게 해 준다. 그러나 다른 한편으로는 사람들로 하여금 외국어를 배우거나 원작을 읽도록 유도한다. 번역이 사람들의 호기심을 불러 일으켜 원작에 대하여 무한한 동경을 하게 만드니, 마치 그들에게 맛을 보임으로써 식욕을 불러

일으키나 그들을 배불리 먹여 만족시킬 수는 없는 것과 같은 이치이다. 그들은 언제나 번역 작품을 읽으면 마치 안개 너머로 꽃을 감상하는 것처럼 원작을 읽는 것과 같은 그러한 선명한 감동을 받을 수는 없는 것 같다고 생각한다."

번역의 이러한 역할에 대해 중국 번역계 인사들은 거론하지 않았으나 전(錢)씨는 독일의 대문호 괴테가 이러한 견해를 가지고 있었다고 소개하였다. 전(錢)씨는 한 걸음 더 나아가 다음과 같이 지적하였다. "이런 관점에서 이야기하면, 훌륭한 번역 작품의 역할은 자신을 소멸시키는 것이다(자신의 존재를 느끼지 못하도록 하는 것이다.). 번역본의 역할은 우리들을 원작으로 향하게 하는 과도적 역할에 불과하여 우리들이 원작을 읽게 되면 번역본은 그만 던져 버리고 만다. 스스로 훌륭한 번역가라고 자부하고 있는 번역가는 손에서 떠나자마자 죽어 가는 번역본을 만들어 내고 나서 스스로는 그의 번역본만 있으면 원작을 읽을 필요가 없다고 자만한다. 그러나 일반 독자들은 진품인 액면가 그대로의 원작을 읽고 나서는 매정하게도 번역가가 애써 생산한 대용품을 던져 버리고 만다. 거꾸로, 형편없는 번역은 원작을 소멸시키는 작용을 한다. 졸렬하고 어눌한 번역은 은연중에 작자를 대신하여 독자들을 거부한다. 독자들이 번역본을 읽어 내려갈 흥미를 느끼지 못하면 원작마저도 보려고 하지 않는다. 이런 번역은 거간꾼의 역할을 하는 것이 아니라 이간질을 시킬 뿐이다. 따라서 독자들이 한 걸음 더 나아가 원작에 다가가려고 하는 가능성을 완전히 차단시킬 뿐만 아니라 독자들의 흥미를 완전히 사라지게 하고 동시에 원작의 명예를 파괴하고 만다." 이렇게 해서 전(錢)씨는 훌륭한 번역과 열악한 번역본의 역할에 대하여 모두 이야기하였다.

전(錢)씨가 이야기한 '화(化)'는 번역 예술의 극치에 대한 것이지만, 사람들은 번역의 표준이나 원칙으로 이를 받아들이려고 하지 않았다(전(錢)씨의 본래의 의도도 그런 것은 아니었다.). 그는 지금까지 대다수의 번역자들이 준칙으로 신봉하고 있던 '신달아(信達雅)' 세 글자에 대해 깊이 있는 평론을 내 놓았다. 《管錐編(관추편)》 第三冊의 지겸(支謙)의 《法句經序(법구경서)》를 읽고 난 후의 필기 《譯事三難(번역하는 일의 세 가지 어려움)》에서 그는 엄복(嚴复)의 이 세 글자가 모두 일찍이 이 서문(序文)에 나타나 있다고 지적하였다. 그는 다음과 같은 더욱 깊이 있는 지적을 하였다.

> 번역에서의 신(信)은 반드시 달(達)과 아(雅)를 포함해야 한다. 달(達)이라는 것은 신(信)을 다함으로써 이루어지는 것이며, 아(雅)라는 것도 수식을 통하여 달(達)을 이루는 것은 아니다. 그것은 뜻에 의지하여 전달하는 것이니 풍격(風格)을 그대로 드러내는 것을 신(信)이라고 한다. 지겸(支謙)이나 엄복(嚴复)도 이 문제에 대해서는 아직 깊이 있는 연구를 한 것 같지는 않다. 아(雅)가 문장에 수식을 가하거나 어휘를 화려하게 꾸미는 것이 아니라는 것은 아는 사람이 많은 듯하다. 그러나 정확하게 전달하는 것이 반드시 그 뜻을 얻었으면 언어는 잊어야 한다는 사실을 아는 사람은 찾아보기 힘들다. 번역문 가운데 유창하지만 정확하지 못한 것은 있으나 유창하지 않으면서도 정확한 번역문은 없다.

이 단락은 매우 변증적으로 신(信), 달(達), 아(雅)의 관계를 밝히고 있다. 신(信)은 가장 중요한 위치에 있을 뿐만 아니라 달(達)과 아(雅)를 총괄하며 이들을 포함하고 있다. 달(達)은 신(信)의 필요조건이다. 달(達)하지 못하면 신(信)할 수도 없기 때문이다. 또 달(達)은 몇몇 부류의 사람들이 오해하고 있는 것처럼 문장을 꾸미거나 미화한다는 뜻이 아니다. 엄격하게 원문의 뜻과 풍격을 좇아서 번역하면 곧 달(達)과 아(雅)가 이루어지며, 동시에 이것이 바로 신(信)이 되는 것이다. 전(錢)씨는 비록 지겸(支謙)이 이 세 자를 제기하고 엄복(嚴复)이 이 세 자를 번역의 준칙으로 명확하게 삼기는 하였지만, 이들은 이들 서로간의 변증관계에 대하여 깊이 있는 연구를 하지는 않은 것 같다고 생각하였다. 이것은 후대 사람들의 임무이다. 그는 또 만약 아(雅)가 '문장을 수식하거나 어휘를 덧붙이는 것'이 아니라고 한다면 이를 충분히 인식한 사람도 그때까지는 많지 않았다고 생각하였다. 그렇다면 신(信)에 있어서 반드시 '득의망언(得意忘言; 뜻을 정확하게 이해하였으면 그 언어는 잊어야 한다)' 해야 한다는 말을 이해하는 사람은 거의 없을 것이다. 뒷말의 깊은 의미에 대해서 우리들은《管錐編(관추편)》 제4책에서 도안(道安)이《摩訶鉢羅若波羅蜜經鈔序(마가발라약파라밀경초서)》를 읽고 쓴 필기(筆記)《翻譯術開宗明義(번역술의 요지를 밝힘)》를 참고할 필요가 있다.

이 책의 제1장(第一章)에서 도안(道安)은 이 서(序)에서 제기한 불경 번역에서 '오실본삼불역(五失本三不易)'설에 대해 이미 서술하였다. 전(錢)씨는 독서필기(讀書筆記)에서 한 걸음 더 나아가 번역 중의 '득(得, 得意)'과 '실(失, 忘言)'의 문제에 대하여 논하였다. 그는 번역을 하다 보면 "'본(本)'을 '실(失; 잃어버리다.)'하지 아니하면 안 되는 것이 있는데, 이 '본(本)'이 '실(失)'하지 않으면 곧 번역이 되지 않는다."고 지적하였다. 예를 들면 도선(道宣)은 《高僧傳 · 玄奘之餘(고승전, 현장지여)》에서 다음과 같이 말하였다. "전대 이래로 번역된 불경은 처음에는 범어(梵語)의 관례를 좇아서 본문을 거꾸로 썼으나 그 다음에는 중국의 관례대로 차례로 써 내려갔다." 전(錢)씨는 이 글이 바로 그러한 이치를 설명하는 것이라고 생각하였다. "'개도(改倒; 순서를 바꾸게 되면)'하면 범어(梵語)의 '본(本)'을 잃게 되고 '종순(從順; 중국의 언어 습관을 따르다.)'하지 않으면 중국어로 번역하는 '본(本)'을 잃게 된다." 도안(道安)은 이것을 '실(失; 잃어버리다.)'이라고 불렀다. 그러나 자신이 번역할 때도 어쩔 수 없이 그렇게 할 수밖에 없었으니 '아마도 그 쪽에서 잃어야만 이쪽에서 얻을 수 있기 때문'이었을 것이다. 따라서 그는 도안(道安)을 '두루 열람하여 그 이치를 통달한 경지에 오르지 못했다.'고 비평하였다. 번역의 '아(雅)'에 관해서도 문장을 수식하거나 어휘를 덧붙이는 것이 아니라 '원문의 풍격대로 번역해 내는 것'이라는 문제에 대해 그는 이 단락의 필기(筆記)에서 한 걸음 더 나아가 다음과 같이 논하였다.

> 범문(梵文)은 그 자체로 '아(雅)'와 '문(文)'이 있다. 번역자가 범문(梵文)의 '질(質, 내용)'만으로 윤색하여 중국의 '문(文, 형식을 중시하는 문장)'을 만들어 내면 이것 자체가 '실본(失本)'이며, 범문(梵文)의 '문(文)'으로써 그 본래의 모습을 잃어버리고 중국의 '질(質)'을 추구하여도 이 역시 '실본(失本)'이 된다.

다시 말하면 엄복(嚴复)의 삼자(三字) 준칙 중 '아(雅)'는 개조를 거쳐서 그것을 원문의 풍격대로 번역해 내면 되는 것으로 이해하고, 원래 글자의 뜻인 雅로 해석해서는 안 된다는 것이다. 왜냐하면 외국어 원작 자체에도 '아(雅)' · '문(文)'과 '속(俗)' · ' 질(質)'의 차이가 있기 때문이다. 원래 '질(質)'한 문장을 윤색해서 '문(文)'한 문장으로 만들거나 '문(文)'한 문장을 훼손하여 '질(質)'한 문장으로 만드는 것은 모두 번역의 준칙에 부합하지 않는다. 그렇게 한다면 '본래의 형상을 재현할 수가 없기 때문이다.'

전(錢)씨는 《林紓的飜譯(임서의 번역)》이라는 글에서 두 가지 번역법에 대해서 다음과 같이 서술하였다.

문체(文體)와 풍격(風格)에 대하여 이야기하면 희래이마가(希萊爾馬訶)가 구분한 두 가지 번역법이 있는데 이를 비유해서 설명하면 아래와 같다. 한 가지는 가능한 한 '구화(歐化, 서구화)'하는 것이다. 이는 최대한 외국 작가는 그 자리에 그대로 멈춰 서 있게 하고, 우리나라 독자들을 인도하여 그들에게로 다가가게 하는 것이다. 다른 한 가지 방법은 가능한 한 '한화(漢化, 중국화)'하는 것이다. 이는 최대한 우리나라의 독자들은 그 자리에 그대로 있게 하고 외국 작가를 인도하여 우리들에게로 다가오게 하는 것이다. 그러나 '구화(歐化, 서구화)'를 하든 '한화(漢化, 중국화)'를 하든 번역이란 언제나 원작의 언어를 출발점으로 하여 번역되는 나라의 언어를 목적지로 한다. 최초의 출발지에서 최종의 목적지에 이르는 이 과정은 참으로 고달픈 역정(歷程)이다.

여기에 소개된 외국학자의 번역에 대한 두 가지 분류는 노신(魯迅)이 1935년 《"題未定"草, 二(제목을 아직 정하지 못한 초안, 2)》에서 말한 "번역을 시작하기 전에 반드시 다음과 같은 문제를 해결해야 한다. 온 힘을 다해서 그것을 귀화를 시킬 것인가? 아니면 가능한 한 서양의 분위기를 보존할 것인가?"라는 이야기가 생각난다. 노신(魯迅)이 이야기한 이 문제가 바로 전(錢)씨가 이야기한 두 가지 번역법이다. 일본의 《死魂靈(죽은 혼령)》의 번역자인 상전진(上田進) 씨는 최대한 귀화시킬 것을 주장하지만 노신(魯迅)은 그와는 상반되는 주장을 한다. 전(錢)씨는 여기에서 자신의 태도를 분명하게 밝히지 않고 비유를 들어 설명함으로써 사람들로 하여금 많은 생각을 하게 만들었다. 그는 번역의 본질적 의의라는 측면에서 보면 마땅히 "우리나라의 독자들을 이끌고 외국의 작가가 있는 그곳으로 다가가야 한다."고 생각하였다. 따라서 그는 노신(魯迅)의 생각이 훨씬 더 정확하다고 여겼다.

그밖에도 전(錢)씨는 《林紓的飜譯(임서의 번역)》이라는 글에서 '번역이라는 작업의 특징'과 그 어려운 점에 대해서 아래와 같이 서술하였다.

우리들이 어떤 문학 작품을 연구할 때 사실상 한 자, 한 구절을 모두 명확하게 이해할 수도 없고 또 그럴 필요도 없다. 어떤 글자나 단어, 구절, 심지어는 별로 중요하지 않은 장절(章節)들에 대해서는 깊이 이해하지 않고서도 똑같이 구구절절 옳은 논문들을 써 낸다. 왜냐하면 어떤 전문가의 이름을 내 걸게 되면 그 어떤 글자나 구절, 인용문, 고사성어, 장절 등에 대해서 이해가 부족하다고 밝혀 자신의 엄숙하고 성실한 학풍을 표시할 필요도 없기 때문이다. 번역은 이와는 달라서 불교의 기본과목에서 선생님이 강의하는 것을 닮았을 뿐 훌륭한 교수님들의 훌륭한 강의와는 다르다. 원작에 있는 한 글자도 함부로 흘려보내거나 건너뛰어서는 안 되며 곤란한 부분을 건너뛰거나 얼버무려서도 안 된다. 한 작품을 읽다 보면 대단히 순조롭고 쉬울 것 같지만 막상 번역을 해 보면 금방 생각지도 못했던 어려움이 나타나고, 이 어려움은 사전을 찾는다거나 누구에게 물어 보아서 쉽게 해결할 수 있는 그런 문제도 아니다. 해결할 수 없다고 해서 회피해 버리면 그것은 마음대로 원문을 삭제해 버리는 '와(訛, 잘못, 거짓)'를 저지르게 되는 것이다. 용감하게 회피하지 않고 다른 사람을 이해시키려고 하다가는 제멋대로 상상하고 추측하여 '와(訛, 잘못, 거짓)'를 저지르고 말 것이다. 이 불쌍한 번역자는 "반역자"라는 모자(죄)를 뒤집어쓰고도, 연막을 만들지 못하여 자신의 무지나 잘못을 가리지 못할 뿐만 아니라, 또 언제나 얼굴이 두껍지 못하여, 감히 박이혁사(博爾赫斯: Jorge Luis Borges, 1899. 8. 24.-1986. 6. 14., 아르젠티나의 시인·소설가·산문가 겸 번역가)가 "그것은 원작이 번역본에 대하여 충실하지 못하기 때문이다." 하고 반박을 하지도 못한다.

이 품위 있고 깊이 있는 이야기를 읽으면 번역에 대해 조금이라도 알고 있는 사람은 모두 고개를 끄덕일 것이다.

위의 이야기를 제외하고도 전(錢)씨는 또 일찍이 《林紓的飜譯(임서의 번역)》이라는 글에서 번역작품이 예술적인 면에서 원작을 뛰어넘을 수 있는 가능성에 대해서도 논하였다. 그는 합갈덕(哈葛德, H.Rider Haggard, 1856-1925)의 원작을 읽기보다는 차라리 임서(林紓)의 번역본을 읽겠다고 말하였다. 왜냐하면 합갈덕(哈葛德)의 원작은 문장이 무겁고 거칠며 대화도 무미건조하여 고대영어와 근대영어를 뒤섞어 놓은 듯한 데 반하여, 임(林)씨의 번역문은 대단히 유창한 문언문으로 필치가 대단히 정교하다고는 할 수 없지만 합(哈)씨의 문장에 비하여 깔끔하고 경쾌하다. 따라서 그는 "번역자의 '귀숙언어(歸宿言語, 번역어, 즉 중국어)'를 운용하는 능력이 원작가가 '출발언어(出發言語, 원어, 즉 영어)'를 운용하는 능력보다 뛰어나거나 번역본이 원작보다 문장력에서 더 뛰어난 것은 가능하다."고 하였다. 그는 이러한 점을 이론적으로 지적하였을 뿐만 아니라 적지 않은 예들을 나열하였다. 그밖에도 그는《管錐編(관추편)》第四冊에서 유협(劉勰)의《滅惑論(의혹을 없애버리는 것에 대해 논함)》을 거론하면서 독자들이 역음자(譯音字)에 대해서 망문생의(望文生意)적인 해석을 해서는 안 된다는 이치를 여러 가지 예를 들어가며 논술하였다. 이것은 동시에 번역자도 음역을 할 때 사람들이 쉽게 견강부회할 수 있는 그러한 글자를 피해야 한다는 것을 말해 주고 있다. 이 문제에 대해서는 여기에서 더 이상 언급하지 않겠다.

위에서 언급한 전(錢)씨의 뛰어난 번역이론은 모두가 고서(古書), 고역(古譯) 및 근대 번역 작품을 읽고 난 후 독서 필기나 평론의 형식을 빌려 발표한 것이다. 또한 이들은 번역종사자들이 '번역의 성질을 정확하게 인식하고 번역의 임무를 엄숙하게 수행할 수 있도록' 지도하기 위하여 쓴 것이다(《林紓的飜譯(임서의 번역)》). 이는 보기에는 비록 형식을 갖추어서 쓴 대단한 '논문(論文)'이 아니라 체계가 갖추어지지 않은 것처럼 보일지는 모르나 실제로는 대단히 정당하고 적절한 것이다. 한편으로는 공허하고 증거가 없는 현학적인 논리전개를 피하기 위하여 구체적이고 생동감 넘치게 현실적으로 논술하였으며, 다른 한편으로는 스스로 중국 고대, 근대 및 외국 번역이론의 연구와 평가에 참여한 경험이 있기 때문에 적지 않은 번역이론 사료를 고증하고 발굴하였다. 따라서 전(錢)씨의 번역이론은 당대 중국 번역이론 학계에 있어 대단히 독창적인 경지에 이른 것이라 할 수 있다.

九. 해외에 거주하는 번역이론가

당대 중국의 번역이론을 논할 때 우리들은 해외에 거주하는 중국인 번역가들의 특수한 공헌을 잊어서는 안 된다. 외국에 거주하는 번역가들의 특수한 생활 경력과 생활환경은 그들로 하여금 중국과 외국의 언어와 문화에 대한 특수한 체험과 조예를 획득하게 만들어 주었다. 특히 그들은 외국 번역이론계의 새로운 연구방법과 이론을 참고하거나 습득하는 데 용이하였다. 또한 그들 가운데 일부는 세계적으로 유명한 언어학자이기도 하여 발표한 논문이 국제학술계에서 주목을 받기도 하고 또 국내에 전해져서 광범위한 영향을 끼치기도 하였다. 다만 최선을 다하였음에도 불구하고 여러 가지 제약으로 인하여 우리들이 수집할 수 있는 자료가 완전하지 못하여(주로 중국어로 쓴 자료에만 국한됨.) 대표적인 논자 몇 사람만을 소개하는 데 그쳤다. 만약 중요한 역론가와 주요 이론을 빠뜨렸다면 전문가들이 보충해 주기를 기대한다.

이 방면에 있어 조원임(趙元任)을 가장 먼저 거론하고자 하는 데에는 아마 이견이 없을 것이다. 왜냐하면 조(趙)씨는 해외 중국인 가운데 일류의 학자이자 가장 유명한 번역가이기 때문이다. 조원임(趙元任, 1892-1982)은 자가 선중(宣仲)이며 강소, 상주(江蘇, 常州) 사람으로 천진(天津)에서 태어났다. 1910년 청화학교(淸華學校) 경자배상금(庚子賠償金)으로 미국에 파견되는 관비유학생으로 선발되었다. 그는 미국의 여러 명문대학에서 차례로 공부하였는데 처음에는 수학을 전공하였으나 나중에는 철학으로 전공을 바꾸었다. 1918년 하버드대학에서 박사학위를 취득하고, 1921년부터 언어학을 공부하기 시작하였다. 1925년 귀국하여 청화대학교(淸華大學校) 국학연구원(國學硏究員) 등 학술 연구 기관에 종사하였다. 항일전쟁(抗日戰爭)이 발발한 이후에는 다시 미국으로 돌아가 강의와 연구에 전념했다. 1963년에는 홍콩 중문대학(中文大學) 인문조(人文組) 주석고문(主席顧問)에 취임했다. 1981년에 다시 북경을 방문하였을 때 북경대학에서 그에게 명예교수직위를 수여했다.

조(趙)씨는 중국어에 대하여 깊은 연구를 하여 30여 종의 방언을 말할 수 있었는데, 전가천(錢歌川)은 그를 '현대 중국에서 제일가는 언어학자'라고 칭찬하였다(《見飜譯的基本知識(번역의 기본지식을 보라.)》). 그는 외국어에 있어서도 영어, 불어, 독어, 일어 등의 언어에 정통했다. 그밖에도 수학, 물리학과 음악에도 뛰어났다. 그는 번역이론에도 일가견이 있어 원래 번역학 전공서적을 쓰려고 하였으나 끝내 뜻을 이루지 못하고 세상을 떠나고 말았다. 중국번역학계에 가장 널리 알려진 것으로는 그가 1967년 중문으로 발표한《論飜譯中信達, 雅的信的幅度(번역에서 信達雅, 가운데 新이 차지하는 크기)》이다. 이 글은 1975년 대만(臺灣)의 진붕거(陳鵬擧)가 그의 편저《飜譯史 · 飜譯論(번역사, 번역론)》(弘道文化事業有限公司)에 수록하였고, 1981년 홍콩대학(香港大學) 유정지(劉靖之)가 그의 편저《飜譯論集(번역논집; 三聯書店香港分店出版)》에 수록하였으며, 1984년에는 라신장(羅新璋)이 위의 책에 근거하여 그의 편저《飜譯論集(번역논집; 商務印書館出版)》에 수록하였다. 여기에 소개하는 조(趙)씨가 쓴 가장 이른 시기의 영문으로 쓴 학술 보고서는 조(趙)씨가 세상을 떠난 후 얼마 지나지 않은 1982년 6월에《飜譯通訊(번역통신)》에 발표된 왕종염(王宗炎)이 영문에 근거하여 번역·소개한《譯文充實性面面觀(역문의 충실성 면면을 관찰함)》이라는 글이다.

조(趙)씨는 '신(信)'은 번역의 가장 기본적인 조건이지만 '신(信)'을 이루기 위해서는 반드시 이와 관련 있는 여러 가지 문제들을 고려해야 한다고 강조하였다. 예를 들면 언어와 비언어(音質, 語調, 手勢 등)의 관계,《음위 문제(音位問題)》, 어언 단위

(語言單位)의 층차(層次) 문제 등이 그것이다. 따라서 그는 '신적폭도(信的幅度, 信의 크기)'라는 문제를 제기하였다. 즉 그는 어느 정도까지를 진정한 '신(信)'으로 인정할 것이냐 하는 문제에 대하여 상세하게 토론하였다. 예를 들어 그가 제기한 '意義跟功用上的幅度(意義와 機能상의 크기)'라는 문제는 의사(意思, 뜻)에 충실할 것이냐 아니면 기능에 충실할 것이냐에 관한 문제이다. 그는 기능에 가장 적합한 번역이 의사(意思)에도 가장 적합한 번역법이라고 생각하였다. 뜻에 따라 번역하는 것이 어떤 측면에서 보면 기능에 따라 번역한 것이 되는데 이것은 대단히 변증법적인 견해이다. 다시 말해 한 자 한 자를 좇아서 직역하는 것이 옳은지 아니면 문장이 유창하여 막힘이 없도록 하는 것이 옳은지의 문제에 대해 그는 '直譯與意譯的幅度(直譯과 意譯의 정도)'에서 다시 언급하였다. 그는 문장이 유창하지 못하여 기능상 원문과 같이 가지 아니하면 전체적으로 볼 때 여전히 충실하지 못한 것이 되고 만다고 생각하였다. 그는 또 '見次的頻率(출현빈도)' 문제를 제기하였다. 즉 어떤 사물이나 명사가 출현하는 빈도와 '신(信)'의 관계에 대한 문제를 언급하였다. 어떤 명사나 물건이 원문에는 자주 출현하여 그 나라 사람들에게는 아주 잘 알려져 있으나 번역문에는 자주 출현하지 않아 본국사람들에게는 잘 알려지지 않았다면, 방법을 바꾸어 '신(信)'에 도달할 수 있는 가능성을 고려해 보아야 한다. 조(趙)씨는 글에서 또 '차사(借詞)', '외래사(外來詞)', '차역사(借譯詞)', '차지사(岔枝詞, 파생어)' 등의 문제에 대해서도 언급하였다. 그는 각기 서로 다른 언어 중에서 '반드시 갖추어야 할 범주(명사의 단복수, 성별 문제, 동사의 시제 등)' 및 품사(品詞), 수량사(數量詞), 체제(體制), 음조(音調), 음률(音律), 성어(成語) 등과 '신(信)'의 관계 문제 등에 대하여 토론하였다. 이 글은 예문을 이용하여 증명한 것이 대단히 풍부하고 논술 또한 아주 생동감이 있다. 또한 복잡한 문제를 매우 쉽게 설명함으로써 깊은 여운을 남겼다. 마지막 부분에서 조(趙)씨는 다음과 같이 지적하였다.

> 위의 문장을 종합해 보면 '신(信)'의 각종 정도를 이야기할 때 '신(信)'을 마치 모든 것을 잴 수 있는 독립변수처럼 여기는 것 같다. 그러나 사실 이러한 정도라는 것이 정량적인 준칙이 될 수는 없다. 뿐만 아니라 이는 서로 간여하지 않는 독립적인 것도 될 수가 없으며 더욱 어떻게 수학적 함수를 만들어(공식을 만들어) 가장 믿을 만한 신인도를 산출해 낸다는 것은 말이 안 된다. … 눈앞에 있는 번역계의 상태는 정상적 괘도에 오

> 른 학문적 입장에서 보면 아직도 체계적인 단계에 진입하지 못했다. 이를 바꾸어 말하면 거론되고 있는 이야기들은 아직도 미성숙한 관념들로, 그것을 미화해서 이야기하는 presystemic stage(체계화 전 단계)에 머물러 있을 뿐이다, 현재 우리들은 사실 50여 년 전에 번역을 논하기 시작할 때에 매달렸던 그 postgate(입문) 단계에서 벗어나지 못하고 있다. 그는 또 다음과 같이 말하였다. 비록 우리가 실천하고 있지는 못하지만 번역의 기본적인 우선 과제는 신(信, 정확성)으로 우리들은 누가 가장 원문에 가깝게 번역하면 바로 그 사람이 가장 잘 번역한 것이라는 점을 모두 인정하고 있다. 그러나 원근(遠近, 멀고 가깝다는 것)이라는 것이 이미 정도의 문제이므로 이 말 자체가 다시 문제의 처음으로 되돌아온 것이 아니고 무엇이겠는가? … 문제의 시발점, 그 어떤 학문을 막론하고 모두가 그 시발점에서 의미의 다양성에 대해 고민하지 않는 것이 어디 있겠는가?

조(趙)씨의 문장은 아주 솔직하고 예리하게 문제를 제기한 것으로 사상에 대단히 깊이가 있으면서도 아주 통속적인 구어체로 그것을 이야기하고 있다. 거기에다 그는 또 다양한 예를 들어 논증하고 있다. 왕종염(王宗炎) 씨는 이 논문을 번역 소개하면서 어떤 언어학자들은 번역을 논할 때 자주 언어학이 번역을 덮어 버린다고 지적하였다. '비유해서 말하자면 이러한 책을 읽을 때 피가 두꺼운 만두를 먹으면 껍질이 너무 두꺼워 고기가 너무 적다는 느낌을 받지만' 조(趙)씨의 이 문장은 '이론 분석도 있고 풍부한 예증도 있으며 필요한 말만 간단명료하게 서술하여 깊은 이치를 쉽게 풀이하였다. 이러한 책을 읽으면 마치 버터를 바른 케이크를 먹는 것처럼 영양도 풍부하고 색과 향과 맛이 모두 뛰어나서 확실히 그 속에서 즐거움을 얻는다.'고 하였는데 이는 참으로 재미있는 비유이다. 우리는 조(趙)씨보다 더 젊은 해외 유학가인 전가천(錢歌川)의 번역이론 문장을 읽을 때 이와 같은 느낌을 받을 수 있다.

전가천(錢歌川, 1903-1990)은 호남, 상담(湖南, 湘潭) 사람으로 원명(原名)은 모조(慕祖)이고 미감(味橄) 등의 필명이 있다. 그는 어린 나이에 영국과 일본에 유학하여 영어와 일어에 정통하였다. 30년대 초에 귀국하여 일찍이 중화서국(中華書局)에서 여러 해 동안 일하였는데 《新中華(신중화)》라는 잡지를 편집하였으며 《辭海(사해)》 등의 편찬에 참여하였다. 일찍이 30년대에 전(錢)씨는 이미 저명한 散文작가로 활동하였다. 늦어도 20년대 말까지 그는 번역이론을 발표하기 시작하였다(예를 들면 1929년 5월 6일의 《文學週報(문학주보)》에 《關于哈代的飜譯(哈代의 번역에 관하여)》이라는 글을 발표하였다.). 그는 1950년에 대만대학(臺灣大學) 문과대학 학장에 취임하면서 번역을 가르치기 시작하였다. 1964년에는 싱가포르로 가서 의안학원(義安學院, 단과대학), 싱가포르대학, 남양대학(南洋大學) 등에서 교편을 잡았는데 매년 번역을 강의하였다. 퇴직 후 그는 미국에 머물렀다. 전(錢)씨는 일찍이 《飜譯的技巧(번역의 기교)》, 《飜譯的基本知識(번역의 기본지식)》, 《論飜譯(번역을 논함)》 등의 전문서적을 저술하여 모두 대만에서 출판하였다. 1980년에는 북경의 중국대외번역출판공사(中國對外飜譯出版公司)에서 전(錢)씨의 희망에 따라 위에 서술한 뒤의 두 책에서 부분적으로 편장을 뽑아서 《飜譯漫談(번역을 이야기함)》이라는 책을 출판하였다. 싱가포르 문단의 원로인 연사승(連士升)은 전(錢)씨에게 보낸 편지에서 다음과 같이 말하였다. "번역에 대해서 이야기하면 당신은 최고의 고수이다. 본질적으로 당신은 작가인데 散文 작가들 가운데서도 상당한 위치를 차지하고 있다. 당신은 영어와 일본어에 정통해 있어서 분석하고 이해하는 데에 아무런 문제도 없다. 게다가 여러 해 동안 당신은 각 대학에서 번역을 강의해 왔으니 깊은 경지에 도달하여 그 경지가 두세 개의 외국어에 능숙한 일반인들보다 훨씬 더 높다."(《海邊寄簡(해변에서 보낸 편지)》은 1972년 5월 25일 싱가포르 《남양상보(南洋商報)》에 실렸다.) 이 글은 전(錢)씨가 번역이론 방면에서 성적을 취득할 수 있었던 각종 조건을 설명해 주고 있다. 連씨는 또 다음과 같이 지적하였다. "이론을 이야기하는 것은 사실 결코 어려운 일이 아니다. 가장 어려운 일은 비유를 인용하는 것이다. 번역을 처음 시작하는 사람들은 경험이 부족하여 옛 것을 소화하지 못하는 것이 아니라 서양의 것을 소화하지 못하여 구체적인 실례를 들어서 설명할 수가 없다. 훌륭한 글이 훌륭한 글이 될 수 있는 까닭은 실례(實例)를 많이 들어 사람들로 하여금 한 번 보기만 해도 금방 알 수 있도록 해 주기 때문이다. 이러한 심오한 이치를 쉬운 말로 풀어내는 능력이야말로 당신이 확실한 전문가라는 것을 증명해 준다."(출처는 위와 같음.) 이 이야기 역시 전(錢)씨의 번역이론의 특징을 아주 잘 설명해 주고 있는 것이다.

《飜譯的技巧(번역의 기교)》라는 이 책은 작자가 10년 동안 써서 70세 생일이 되던 해에 비로소 탈고(脫稿)하여 1973년에 대만(臺灣)의 개명서점(開明書店)에서 출판한 것이다. 이 책은 65만 자에 달하는 대작으로 실제로는 한 권의 영어와 중국어의 대조본 교과서라고 할 수 있다. 많은 양의 예문과 연습 문제가 있어서 실용 가치가 매우 높으나 엄격하게 이야기하면 이론서라고는 할 수 없다. 다만 작자는 자신이 쓴 서문에서 다음과 같이 말하였다. "과거에 출판된 번역이론과 관계된 책들은 중국과 외국을 막론하고 대부분 이론을 이야기한 것으로, 어쩌다 실례를 든다고 하더라도 겨우 몇 개에 불과했다. 이 책과 같이 이렇게 체계적이고 방법적으로 번역을 연구한 책은 많지 않은 것 같으니 아마도 이 책이 처음이 아닌가 생각한다." 그 밖의 두 권은 이론 서적이기는 하지만 역시 많은 양의 실례(實例)를 들어 구체적인 번역문제를 설명한 것이다.

《飜譯的基本知識(번역의 기본지식)》은 1972년 대만(臺灣)의 개명서점(開明書店)에서 출판되었으며, 《論飜譯(번역을 논함)》 역시 1976년 대만(臺灣)의 개명서점(開明書店)에서 출판되었다. 《論飜譯(번역을 논함)》의 《引子(일종의 서문)》에서 전(錢)씨는 아래와 같은 사상을 나타내었다.

> 평소에 번역에 대해 설명할 때 전적으로 이론만을 이야기하는 것은 불가능하다. 반드시 실례를 들어서 설명하여야 한다. 그러나 아주 고차원적으로 이론을 말하는 사람들이 번역해 놓은 글이 반드시 훌륭하지는 않다. 그 이유는 이론과 실제는 별개의 일이어서 서로 잘 부합하기란 매우 어렵다. 아래에서 내가 비록 약간의 이론을 이야기하기는 하겠지만 그것이 결코 중요한 부분은 아니다. 중요한 것은 이론은 가능한 한 적게 이야기해야 하지만 이야기하지 않을 수는 없는 것이다. 무릇 세상일에는 모두 원리라는 것이 있다. 이것을 표현해 놓으면 소위 말하는 시비(是非)라는 것이다. 우리들이 시비(是非)를 논하게 되면 원칙을 끝까지 따질 수밖에 없다.

전(錢)씨는 저서들에서 확실히 많은 양의 실례(實例)를 들어 그 이치를 논하고 있다. 예를 들어 그는 《論飜譯(번역을 논함)》이라는 책에서 번역의 원칙과 표준, 조건과 절차, 번역과 창작의 관계 등에 대해 언급하였다. 또한 번역의 실제 문제인 직역과 의역, 정역과 오역, 교묘한 번역과 변통(變通) 등에 대해서도 언급하였다. 그 밖에도 더욱 구체적인 문제인 자구(字句)의 내력을 이해하는 것, 사역(死譯)과 변통(變通), 글자는 같으나 뜻은 다른 것, 성어의 번역법 등에 대해서도 언급하였다. 그는 각 문제마다 풍부한 실례(實例)를 들어가며 분석하였다. 비록 전(錢)씨가 새로운 견해를 많이 제시한 것은 아니지만 독자들에게는 여러 가지 시사점을 제공해 주었다. 예를 들면 직역과 의역의 문제에 있어서 전(錢)씨는 문학 작품 속에 보이는

'서풍(西風: 서쪽에서 부는 바람)'이라는 말을 여러 차례 예로 들었다. 중국의 문학 작품 속에 나타나는 '서풍(西風)'은 언제나 처량함, 쇠퇴함, 차가움 등과 연결되어 있다. 그러나 영국의 '서풍(西風)'은 곧 춘풍(春風, 봄바람)으로 따뜻한 느낌이 든다. 두 나라의 독자들이 똑같은 단어를 보고도 연상하는 것은 완전히 상반되는 것이었다. 따라서 문학 작품 가운데에서 이와 같은 경우를 만나게 되면 반드시 의역을 해야 하나, 만약 원래의 문장대로 직역하려고 하면 반드시 주를 달아야 한다. 전(錢)씨는 이러한 종류의 수많은 실례(實例)의 분석을 통하여 아래와 같은 결론을 도출하였다. "정말로 능히 원문을 이해할 수 있고 그것을 번역어로 표현해 낼 수만 있다면 직역과 의역의 구분은 필요 없게 될 것이다."(《飜譯的基本知識(번역의 기본지식)》). "번역자는 원작의 내용을 바꿀 권리가 없다. 다만 번역의 기교를 이용하여 약간의 자유로운 방법으로 철저하게 원문 원래의 뜻을 나타냄으로써 정확한 해석이 가능하게 할 수는 있다. 만약 원문에 대하여 약간의 변동을 가한다면 원작의 사건을 설명하거나 원작의 의의를 서술할 때, 그리고 원작의 감정을 전달할 때나 원작의 신운(神韻, 風格)을 전달할 때 등 필요가 있을 때에만 약간의 변화를 줄 수가 있다. 다시 말하면 원문에 부족한 부분이 있어서 보충할 때나 원문에 뒤바뀐 부분이 있어서 이를 바로 잡을 때, 원문이 산만하고 지나치게 길어 이를 간략하게 하고자 할 때, 원문에 착오가 있어 이를 바로잡고자 할 때, 원문이 애매모호하여 잘 알 수가 없어 이를 분명히 하고자 할 때, 그리고 기타 전체적인 상황을 미루어 원작의 의미를 손상하지 않은 범위 안에서 유동적인 변동을 하고자 하는 경우 등을 말한다."(《論飜譯(번역을 논함)》). 이와 같은 번역의 실제에서 출발하여 얻은 결론은 대단히 설득력이 있었다.

전(錢)씨는 또 번역의 실천에서 얻은 그의 독특한 관점인 '번역을 하다 보면 반드시 착오가 있기 마련'이라는 의견을 제기하여 《飜譯的基本知識(번역의 기본지식)》에서 다음과 같이 말하였다.

> 자연물을 나타내는 명사는 오역을 하는 경우가 매우 적다. 또한 사람들이 만든 물건에 대한 명사에서도 오역을 하는 경우 역시 별로 많지는 않으나, 오역을 가장 많이 하는 경우는 추상명사와 행동사(즉 동사), 수식어(형용사) 등이다. 따라서 어떤 때에는 단순한 언어 지식만으로는 해결할 수가 없고 결국에 가서는 논리의 힘을 빌리지 않으면 안

> 된다. 논리는 번역자가 가지고 있는 최후의 왕패(王牌, king card)로 번역자가 반드시 갖추어야 할 기본 요소이다. 속어에서 이야기하는 '어찌 이럴 수가?' 하는 문제는 번역자가 언제든지 필요로 하는 검증(檢證)이다. 무릇 번역된 한 자 한 구절, 각각의 사물 등은 반드시 논리에 부합해야 하며 정리(情理)에 부합해야 하는데 그렇지 못한 것은 모두가 틀림없는 오역이다. 태양은 서쪽에서 뜰 수가 없으며, 아버지는 아들보다 나이가 적을 수가 없으며, 반은 전체를 대표할 수가 없는 것 등과 같은 일들은 모두 천리(天理)와 인정(人情)을 위배한 것으로 이들은 이치에 맞지 않으며 대부분 잘못 번역한 것이다.

전(錢)씨는 이와 같이 통속적이고 쉬운 말을 사용하여 번역은 반드시 논리라는 방법을 운용해야 한다는 그의 중요한 관점을 천명하였다. 뿐만 아니라 이어서 수많은 실례(實例)를 들어서 이를 증명하였다. 이 관점은 보기에는 매우 쉽고 흔히 있을 것 같아 보이지만 아무도 이야기하지 않은 독창적인 관점이다. 따라서 사승(士升)마저도 위에서 언급한 《海邊寄簡(해변에서 부친 편지)》이라는 글에서 "나는 당신의 의견에 완전히 찬성합니다. 모든 번역문은 반드시 논리를 표준으로 삼아야 합니다."라고 말하였다.

전(錢)씨는 또 《飜譯的基本知識(번역의 기본지식)》에서 다음과 같은 새로운 관점을 제기하였다.

> 번역에 종사하는 사람들은 반드시 두 가지 문자에 통달하여야 한다. 다만 그 통달하는 방법에는 서로 차이가 있다. 번역자는 외국어에 대한 지식에는 반드시 비평적(critical)이어야 하나 자국어에 대한 지식은 반드시 실용적(practical)이어야 한다.

바꾸어 말하면 번역자는 외국 원문에 대해서는 비평적인 관점과 방법으로 그 의미를 확정해야 한다. 그 후에 본국 언어에 대한 지식을 활용하여 원문이 지닌 의의를 정확하게 표현해 내어야 한다. 그는 적지 않은 예를 들어 이를 증명하였다. 그리고 나서 《論飜譯(번역을 논함)》이라는 책에서 또 다시 다음과 같이 말하였다. "많은 사람들이 번역자들은 반드시 두 언어 모두 통달하여야 한다고 하는데 이는 최소한의 조건일 뿐이다. 그렇지 않으면 번역할 수가 없다. 다만 두 언어를 통달하는 방법에는 서로 다른 점이 있다. 외국어에 대한 지식은 반드시 판단능력(critical)을 갖추고 있어야 하고, 본국어에 대한 지식은 반드시 실제경험(practical)을 갖추고 있어야 한다." 이 점도 확실히 그때까지는 어떤 사람도 이야기한 적이 없는 학설이었다.

현재 미국에 거주하고 있는 사과(思果) 역시 저명한 산문(散文) 작가이자 번역이론가이다. 그는 원명이 채탁당(蔡濯堂)이며 1918년에 태어났다. 사과(思果)는 그가 가장 자주 사용하는 필명(筆名)이며, 그밖에 졸당(拙堂) 등의 필명도 사용하였다. 그는 강소성(江蘇省) 진강(鎭江) 사람이다. 그는 독학으로 자수성가하여 중국은행의 직원을 역임하였으며《讀者文摘(Reader's digest)》중문판의 편집과 번역을 담당하였다. 1969년 홍콩성신수원(香港聖神修院)의 중문교수를 역임하였으며, 그 후에는 홍콩중문대학(香港中文大學) 비교문학과 번역센터의 방문연구원을 역임하였다. 1987년 홍콩번역학회(香港, 飜譯學會)는 그를 명예회원으로 추대하였다. 그는 50여 년 동안 번역사업에 종사하였으며《飜譯硏究(번역연구)》《飜譯新究(번역신구)》《譯道新探(역도신탐)》 등의 전문서적을 출판하였다.

사과(思果)의 번역이론 역시 번역 일반의 원칙과 방법에 대해 이론적으로 논술한 것이 아니라 전(錢)씨와 마찬가지로 자신의 오랜 실천 경험을 운용하고 많은 양의 실례(實例)를 열거하여 논술한 것이다. 그의 많은 견해들은 부뢰(傅雷)·전가천(錢歌川) 등과 비슷하다. 예를 들면 그는 번역에서 중요한 것은 '사상(思想)'이라고 생각하였다. 그가 말하는 소위 '사상(思想)'이라는 것은 외국어 원문 원래의 의미를 세심하게 연구하고 자신의 번역문을 세심하게 읽어서 무엇이 잘못되었는지를 찾아내며 중국인들이 이야기하는 것을 세심하게 듣는 것이었다. 그는 유행을 좇는 사람들의 이야기에 흔들려서는 안 된다고 생각하였다. 왜냐하면 그 사람들은 이미 졸렬한 번역이라는 독소에 중독되어 있다고 생각했기 때문이다. 그도 역시 반드시 '중국의 고문(古文)과 시사(詩詞) 및《紅樓夢(홍루몽)》,《兒女英雄傳(아녀영웅전)》 등과 같은 구소설(舊小說)을 세심하게 읽을 것'을 주장하였다. 그는 엄복(嚴复)의 '신(信), 달(達), 아(雅)' 중의 '아(雅)'를 '첩(貼)'으로 바꾸는 것이 좋겠다고 생각하였다. '첩(貼)'은 곧 첩절(貼切, 정절함)을 말하는 것이니 '무엇을 번역하며 어떻게 번역할 것인가'를 말하는 것이다. 그는 서방의 번역 전문서적들은 "거의 모든 서적들에서 번역문이 마치 본국의 문장과 같아야 한다고 한결같이 주장하고 있는데 성경의 번역까지도 이 주장의 범주에 포함되니 우리는 이러한 추세를 몰라서는 안 된다."

고 하였다. 따라서 그는 "어떤 경우를 막론하고 번역문은 원문의 의미를 표현해 내는 것이다. 이는 원문의 풍격대로 표현해 내어야 하며 중문 역시 분명하고 알기 쉬워 마치 스스로 창작한 문장과 같아야 한다. 원문의 자구(字句)를 까닭 없이 내팽개쳐서는 안 되며 순수하면서도 정교하고 아름다운 중문을 써 내어야 한다."고 강조하였다. 이것은 일종의 재창작이며 사과(思果)의 말로 표현하면 '중사(重寫, 새로 쓰는 것)'와 같은 것이다.

사과(思果)는 그 밖에도 자신의 풍부한 경험에 근거하여 수많은 구체적인 번역 방법을 논술하였다. 그는 외국어 중에서 대부분의 문장은 원문의 어순을 좇아서 번역하면 되는데 그 방법은 접속사를 바꾸거나 별로 중요하지 않은 약간의 단어들을 보충하여 넣기만 하면 된다고 생각하였다. 적절하지 않게 번역한 부분에 대해서는 적당하게 조정하면 된다. 이렇게 번역하는 것의 장점은 '빠르고', '분명하며', '귀찮은 일을 줄일 수 있으며', '전체의 의미와 정서를 파악할 수 있다.'는 것이다. '원문의 순서를 좇아서 번역하는 방법은 번역할 때 특별히 조심해야 하는데 접속사를 잘못 사용하면 뜻을 쉽게 왜곡하게 되어 정확한 번역이라고 할 수 없다.

또 어떤 문장을 번역할 때는 어쩔 수 없이 어순을 바꿀 수밖에 없는 경우도 있다. 그 밖에도 그는 번역할 때 끊기, 위치 바꾸기, 글자를 빼 버리거나 더하기, 교묘하게 꾸미기, 잘라내기, 원래의 문장으로 환원하기 등의 기교 문제에 대해서도 모두 생동감이 넘치는 사례를 들어 상세하게 논술하였다.

사과(思果)의 번역이론은 비록 사람들이 들으면 깜작 놀랄 만한 새로운 견해는 아니지만 모두 근거가 있고 매우 까다로운 문제를 쉽게 설명하였으며 분명하여 알기 쉽다는 특징이 있다. 여기에 대북(臺北)의 대지출판사(大地出版社)에서 1972년에 출판하고, 홍콩우련출판사(香港友聯出版社)에서 1977년에 재판한 《飜譯硏究(번역연구)》라는 책 속의 《飜譯要點(번역요점)》이라는 한 절(節)을 인용하고자 한다. 이 글은 사실 번역자들이 옆에 놓아두고 좌우명(座右銘)으로 삼아도 좋을 만한 글이다.

一. 번역할 때 기율을 지키지 않으면 안 된다. 기준이 없으면 함부로 보태거나 함부로 빼버릴 수 있다. 훌륭한 번역은 마치 소금이 물에 녹아 있는 것과 같아서 그 흔적을 찾아볼 수는 없지만 그 소금은 여전히 거기에 그대로 있어서 보탬도 없고 뺌도 없다. 어떤 번역은 '연의파(演義派, 뜻을 부연·설명하는 파)' 식의 번역이어서 많은 이야기를 보충하는

데 모두 원문에는 없는 것들이다. 또 어떤 사람들은 제멋대로 삭제하여 마치 편집을 해 놓은 것 같다(쌍관어나 농담 등 확실히 번역할 수 없는 말은 예외로 한다.).

二. 확실히 번역할 수 없는 글자는 그 뜻을 번역하거나, 정(情, 감정)을 번역하거나, 기세(氣勢)를 번역하거나, 작가의 의도를 번역한다. 번역자에게 최대의 적은 영문의 글자인 것을 기억하기 바라는 것이다.

三. 하나의 영문 글자가 하나의 중국어 뜻으로 번역된다고 생각하여 불변(不變)으로 만변(萬變)에 대응하려고 해서는 안 된다. 만약 당신이 하나의 영문 글자를 당신이 알고 있는 하나의 뜻으로 써 내려갔을 때 위아래의 문장과 함께 놓고 보았을 때 무언가 잘 맞지 않다고 느껴지면 어쩌면 잘못 번역한 것일지도 모르니 얼른 꼼꼼하게 사전을 찾아보아야 한다.

四. 확실히 한두 권의 영한(英漢) 사전에만 의존하여 번역해서는 안 된다. 아무리 훌륭한 영한(英漢) 사전이라 하더라도 완전히 믿을 만한 것은 못된다. 이러한 사전도 모두 타고난 결점을 가지고 있으니 사람이 하는 일이란 완전하지 못하기 때문이다. 결코 소용이 없다는 뜻이 아니라 맹신해서는 안 된다는 뜻이다. 몇 권의 좋은 영문 자전을 갖추어 놓고 귀찮게 생각하지 말고 부지런히 찾아보아야 한다.

五. 번역을 잘했다고 해서 완전한 번역이라고 생각해서는 안 된다. 한 단락이나 한 구절을 완전히 빼 버리거나 숫자를 잘못 보았거나(이런 부분이 다른 사람으로부터 용서를 받을 수 없는 부분이다.), 영문을 잘못 보았거나 중국어 번역 문장이 유창하지 못하거나 할 수도 있으니 최소한 한두 번은 한 글자 한 구절씩 대조하며 살펴보아야 한다(번역문만 살펴보면 지나쳐 버릴 수도 있다.). 당신이 잘못을 하나 더 찾아내면 다른 사람은 하나 덜 발견하게 될 것이다.

六. 잘 모르는 제재(題材, 내용, 영역)에 대해 절대로 경솔하게 번역하려고 해서는 안 된다. 최소한 한두 권의 관계 서적을 읽거나 백과사전 등을 찾아보아야 한다. 전문가를 찾아 가서 도움을 받는 것은 더욱 좋은 일이다. 서양의 학문은 아주 세분되어 있으며, 각 분야마다 모두 깊이가 있어서 분야마다 통속적인 상식을 얻는 것도 어려운데 지식의 전부를 얻는다는 것은 말할 필요도 없다,

七. 확실하게 파악하고 있지 못한 고사성어는 사용하지 않는 것이 좋다. 고사성어를 적절하게 사용하는 것은 금상첨화(錦上添花)이다. 그러나 조금만 잘못 사용하면 그 결과는 참으로 엄청나서 잘못 사용하는 순간 다른 사람의 조롱거리가 되고 말 것이다. 사용할 때에는 신통하리만치 좋은 표현인 것 같지만 자세히 살펴보면 같은 것 같기도 하고 아닌 것 같기도 하며, 때로는 완전히 상반되는 뜻일 수도 있다.

필리핀에 거주하고 있는 시영주(施穎洲)도 유명한 시인이다. 그는 시 번역 전문가로 시가 번역이론에도 깊이 있는 연구를 하였다. 시(施)씨는 1919년 복건성(福建省), 진강현(晉江縣)에서 태어나 세 살 되던 해에 필리핀 마닐라로 이주하였다. 학생

시절에 고향인 민남(閩南)을 여러 차례 방문하였다. 14살에 이미 시 쓰는 것을 배우기 시작하였고, 18세에 파금(巴金)이 주편하던《烽火(봉화)》에 첫 번째 시를 발표하였다. 동시에 시를 번역하기 시작하였으며, 세계시선(世界詩選)을 번역할 계획을 세우기도 하였다. 이때부터 수십 년 동안 시를 번역하는 작업을 중단한 적이 없었다. 그가 번역한《世界名詩選譯(세계명시선역)》은 1965년 대만(臺灣)의 황관출판사(皇冠出版社)에서 출판되었다. 이 책은 그 후 1987년 북경우의출판사(北京友誼出版社)에서도 출판되었다. 그밖에도 그는 중국의 명시(名詩)를 영어로 번역하기도 하였다. 시(施)씨는《菲華中英文報(필리핀화교중영문조)》와《菲華聯合日報(필리핀화교연합일보)》 등 신문의 총 편집을 차례로 맡은, 현지 사람들로부터 존경을 받는 문화계 인사였다. 그는 일생 동안 비화(菲華, 필리핀화교) 문학운동을 제창하였다. 또한 문예단체를 조직하였으며 여러 권의 菲華作家選集(필리핀화교작가선집)을 주편하여 출판하였다. 또한 국제 문학 활동 등에 적극적으로 참여하기도 하였다. 1969년에는 홍콩국제변역연토회에 참가하였다.

시(施)씨의 번역 논문으로는《譯詩, 理論與實際(시번역, 그 이론과 실제)》(1951년),《談譯詩-〈現代名詩選集〉自序(시번역을 이야기함 …〈現代名詩選集〉自序)》(1969년),《再談莎翁聲籟三種中譯(莎翁聲籟 세 가지의 중국어번역에 대해여 다시 논함)》(1973년),《譯詩的藝術 … 中譯〈사옹성뢰(莎翁聲籟: 세익스피어의 시)〉自序(시번역의 예술 …〈사옹성뢰(莎翁聲籟): 세익스피어의 시)의 중역본 자서〉》(1974년),《談譯詩: 個人經驗簡報(시번역을 논함; 개인경험을 간략하게 보고함)》(1988년) 등이 있다. 그러나 애석하게도 우리들은 이들 논문을 읽을 기회를 많이 갖지는 못한 것 같다. 여기에서는 대만(臺灣)의《동방잡지(東方雜誌)》 복간(復刊) 제23권 4기에 실린 막투(莫渝)의《現代譯詩名家, 施穎洲(현대역시명가, 시영주)》라는 글 중의《重要譯詩理論摘引(중요한 시번역이론을 발췌, 인용함)》이라는 부분을 인용하여 그 대략을 잠시 살펴보기로 한다.

一. 젊을 때는 천진하고 야심찬 이상을 가지게 마련이다. 시 한수를 다른 어떤 사람도 다시는 손을 댈 수 없을 정도로 완벽하게 번역하고 싶었다. 물론 이것은 하나의 이상에 불과하였다.

二. 나는 직업번역가라고 할 수 있는데 … 나는 이미 번역에 있어서는 살아 있는 기계가 되다시피 하였지만 詩를 번역할 때에는 아직도 아마추어적인 감정과 태도가 남아 있어서 한 자 한 자 일일이 꼼꼼하게 교정을 본다. 혹시 작자에게 누를 끼치지나 않을까, 독자에게 누를 끼치지나 않을까 하는 걱정을 한다.

三. 詩를 번역할 때는 원시(原詩)의 정신을 전달하는 것이 가장 어렵다. 소위 말하는 '신(神)'이라는 것은 … 시인 품성의 결정체이며 정감의 정수(精髓)이며 영혼이 승화된 것으로, 전달하는 도구를 통해서 성공적으로 표출된 것이다. 따라서 번역자가 시인의 품성과 서로 교감하여 감정을 교류하고 영혼을 서로 조응할 때 원시의 신운(神韻, 風格)을 포착할 수 있으니 번역된 詩가 비로소 신(神, 영혼)을 전달할 수 있게 되는 것이다.

四. 역시(譯詩)는 내용에 있어서는 당연히 원시의 본질과 의상(意象, 表象)의 순정함 및 정감의 실체를 충실하게 보존하여야 한다. 형식에 있어서는 원시의 자법(字法), 구법(句法), 장법(章法), 격(風格), 격률(格率), 음운(音韻), 절주(節奏) 및 신운(神韻) 등을 당연히 잘 따라야 한다.

五. 번역자와 시인은 지극히 짧은 순간의 교감으로 역시(譯詩)라는 예술(藝術) 최고의 표준을 수립하게 된다.

六. 詩를 번역하는 사람은 고금중외(古今中外)의 뛰어난 시가(詩歌)로부터 詩를 짓는 방법을 배우고, 구석구석까지 배워 자유자재로 운용할 수 있는 경지에 다다른 연후에 이를 詩의 번역에 응용하여야 한다(나는 20년을 배운 후에 10년 동안 다시 名詩를 선택하여 번역하였다.).

七. 번역에는 단 하나의 표준만 있다. 그것은 원작에 충실하라는 것이다.

八. 역시(譯詩)를 평가할 때에는 먼저 반드시 역시(譯詩)와 원시(原詩)를 대조하여 읽어 보고, 역시(譯詩)가 원시(原詩) 전체의 뜻을 충실히 번역해 내었는지의 여부를 살펴야 한다. 그 다음으로 이 시가 훌륭한 詩인지 아닌지를 살펴야 하는데 원시(原詩)와 똑같은 훌륭한 詩가 되어야 한다. 이 두 가지 검증을 통과하게 되면 훌륭한 번역시라고 할 수 있다.

九. 詩를 번역하는 사람은 반드시 번역가여야 하며 동시에 시인(詩人)이어야 한다.

十. 우수한 번역 시인은 기본적으로 문학과 관련하여 수양이 되어 있어야 하고 문필이 순수하고 숙련되어야 하며 원문에 정통해야 한다. 또한 높고 깊은 시학(詩學)에 대한 조예(造詣)나 시인적 소질(素質) 등과 같은 필수적인 조건을 갖추고 있어야 한다.

제2조에서는 직업 번역가와 아마추어 번역 애호가의 시 번역(詩飜譯) 태도에 대한 논술, 제4조는 시 번역(詩飜譯)이 추구하는 내용과 형식 방면에 있어서 추구해야 할 것에 대해 논술하였다. 제8조에서는 역시(譯詩)를 평가하는 두 가지 검증 방법에 관한 논술을 하였는데 이들은 모두 독창적인 견해들이다.

十. 홍콩(香港)과 대만(臺灣)의 번역 연구

중국의 홍콩 지역은 역사적·지리적·문화적 특수성으로 인하여 세계 3대 금융 중심지가 되었다. 이 지역에서는 중국인들과 서양인들이 서로 섞여 살아감으로써 번역에 대한 절실한 필요성이 자연스럽게 생겨났다. 특히 최근 20년 동안 홍콩의 번역사업은 비교적 조직적으로 이루어지고 있으며, 번역이론 연구 역시 상당한 성과를 거두었다. 1971년 홍콩의 번역종사자들은 자발적으로 '홍콩번역학회(香港飜譯學會)'를 조직하였는데, 임이량(林以亮, 宋淇)이 초대 회장을 맡았다. 곧이어 활발한 학술 활동을 전개하여 학회지《譯訊(역신)》을 출판하였다. 1980년부터 거의 해마다 한 차례씩 비교적 수준 높은 번역 학술회의를 열었는데, 이들 학술회의는 모두 하나의 주제를 내걸고 홍콩 지역의 번역종사자들이 가장 관심을 가지고 있는 문제들에 대해 집중적으로 토론하였다. 예를 들면 1981년 제2차 학술대회의 주제는《飜譯在香港(홍콩에서의 번역)》이었고, 1983년 제3차 학술대회의 주제는《飜譯與社會(번역과 사회)》였으며, 1985년 제4차 학술대회의 주제는《飜譯與現代中國(번역과 현대중국)》이었다. 1986년 제5차 학술대회의 주제는《多種語言社會的飜譯問題(다종어언사회의 번역문제)》이었으며, 1988년 제7차 학술대회의 주제는《飜譯實踐(번역실천)》, 1989년 제8차 학술대회의 주제는《飜譯及傳譯在香港的發展(飜譯 및 傳譯의 홍콩에서의 발전)》이었다. 학회에서는 이들 학술토론회에서 발표한 논문들을 편집하여《飜譯論叢(번역논총)》이라는 잡지를 출판하였는데 이미 1983, 1986, 1988년에 각각 한 권씩 책으로 출판되었다. 1986년 4월에 유정지 (劉靖之) 등이 홍콩번역학회를 대표하여 북경에서 열리는 제1회 전국 번역종사자 대표 대회에 출석하였다. 여러 해 동안 홍콩에서는 상당한 수준을 갖춘 번역 전문서적들이 출판되었다. 예를 들면 홍콩의 진충도서공사(辰冲圖書公司)에서 1969년에 여광중(余光中) 등의 논문집《飜譯十講(번역십강)》과 임어당 등의 논문집《飜譯縱橫談(번역종횡담)》 및 한적후(韓迪厚)의《近代飜譯史話(근대번역사화)》 등이 출판된 것이 그것이다. 홍콩대광출판사(香港大光出版社)에서는 6, 70년대에 사풍(沙楓)의《中詩英譯絮談(중시번역서화)》, 《譯林絮語(역림서어)》, 《譯林絮語續篇(역림서어속편)》, 《中國文學英譯絮談(중국문학영역서담)》 및 라사(羅斯)의 《飜譯常識淺談(번역상식천담)》 등을 차례로 출판하였다. 그 밖에도 홍콩에서는 대륙과 대만의 역학전문서적을 재출판하였다. 예를 들면 장기춘(張其春)의 《飜譯之藝術(번역의 예술)》, 금극초(淦克超)의 《飜譯之理論與實踐(번역의 이론과 실천)》, 사과(思果)의 《飜譯硏究(번역연구)》 등이 있다.

대만(臺灣) 지역의 번역 활동도 대단히 활발하여 많은 번역서들이 출간되었다. 또한 번역이론과 관련된 서적도 몇 권 출판되었다. 예를 들면 1957년에 대북(臺北) 제일서점(第一書店)에서 증허백(曾虛白) 등의 논문집 《飜譯論粹(번역논수)》가 출판되었으며, 대북(臺北)의 신종출판사(晨鐘出版社)에서 양실추(梁實秋)와 여광중(余光中) 등의 논문집 《飜譯的藝術(번역의 예술)》이 출판되었다. 대북(臺北)의 개명서국(開明書局)에서는 70년대에 전가천(錢歌川)의 《飜譯的技巧(번역의 기교)》, 《번역적 기본지식(飜譯的基本知識(번역의 기본지식)》과 《論飜譯(번역을 논함)》 등이 출판되었으며, 대북(臺北)의 신육서점(新陸書店)에서는 금극초(淦克超)의 《飜譯之理論與實際(번역의 이론과 실제)》를 출판하였다. 그리고 대북(臺北)의 지문출판사(志文出版社)에서는 1974년에 《林以亮論飜譯(임이량이 번역을 논함)》 등을 출판하였다. 그 가운데 대북(臺北)의 인인서국(人人書局)에서 총 판매한 장진옥(張振玉)의 《譯學概論(역학개론)》은 비교적 많은 사람들로부터 주목받았는데, 그 가운데 《中國飜譯史略(중국번역사략)》 《中國之飜譯論(중국의 번역론)》 등의 두 편은 저자가 상당히 심혈을 기울인 글이었다(당연한 이야기지만 오늘날의 입장에서 보면 사료(史料)가 아직도 완전하지 못하다.). 그밖에도 1975년 대북(臺北)의 홍도문화사업유한공사(弘道文化事業有限公司)에서 출판한 진붕상(陳鵬翔)이 주편한 《飜譯史, 飜譯論(번역사, 번역론)》이라는 책도 거론할 만한 가치가 있다. 이 책은 미국학자 이달삼(李達三) 교수가 제의하여 편찬한 논문집으로 논문을 선택하는 데 상당한 안목을 가지고 있어 주편자의 중국 번역사와 중국 번역이론사를 중시하는 태도가 잘 드러나 있다. 이 책에는 장진옥(張振玉), 금극초(淦克超), 주일량(周一良) 등 대만 학자들의 번역사와 번역이론사에 관한 논문들을 제외하고도 1969년 8월 《中央硏究院近代史硏究所集刊(중앙연구원 근대사연구소 집간)》 제1집에 실린 왕수괴(王樹槐)의 《淸末飜譯名詞的統一問題(청말 번역명사의 통일문제)》, 1979년 12월 《報學(보학)》 제6권 제3기에 실린 임우란(林友蘭)의 《近百年來中國飜譯事

業(근백년 내 중국의 번역사업)》(이 글의 저자는 홍콩인임) 등이 수록되었는데 모두 대만(臺灣) 지역에서 발표된 주목할 만한 우수 논문들이다. 그러나 대만(臺灣)에는 지금 번역 인재가 많고 번역 작품도 많이 출판되기는 하였지만 아직까지도 전 省을 아우르는 번역종사자들의 통일된 조직이 없는 실정이다. 현재 대만의 뜻있는 학자들은 모두 머지 않은 장래에 전 省을 아우르는 번역학회나 번역연구센터를 건립하기를 희망하고 있다. 한편 1988년 대북(臺北)의 보인대학(輔仁大學)에서는 처음으로 번역연구소를 설립하였다.

우리들이 대만(臺灣), 홍콩(香港) 지역의 번역논문이나 번역전문서적 및 기타 자료들을 아직도 완전하게 장악하지 못했기 때문에 홍콩과 대만의 번역계에서 활약이 두드러진 몇 명의 번역이론가를 뽑아서 이들 지역의 번역이론의 대표로 아래에 소개할 수밖에 없다. 처음으로 소개하고자 하는 사람은 일찍이 홍콩번역학회(香港飜譯學會)의 회장을 역임한 임이량(林以亮)이다. 임(林)씨는 절강(浙江) 오흥(吳興) 사람으로 원명은 송기(宋淇)이다. 그는 현대의 저명한 희극가인 송춘방(宋春舫)의 아들이다. 1932년 상해의 성약한(聖約翰) 고등학교에 입학하였으며 1935년에 연경대학(燕京大學)에 입학하였으나 그 후 무한대학(武漢大學), 광화대학(光華大學)에서 수학하다가 1939년 다시 연경대학(燕京大學)으로 돌아왔다. 1940년에 이 대학 서양어문학과를 졸업하고 학교에 남아서 교편을 잡았다. 1948년에는 홍콩으로 가서 그 곳에서 거주하였다. 1952년 미국신문처(美國新聞處)에서 근무하였고 그 후 같은 기관의 서간편역부(書刊編譯部)에 합병되었다. 1968년부터 1983년 사이에 홍콩중문대학(香港中文大學)의 교외진수(校外進修, 위탁교육과정)의 고급번역자격증과정의 책임자를 여섯 차례나 역임하였다. 그 기간 동안 그는 이 학교의 '번역연구(飜譯研究)센터'의 주임과 《譯叢(역총)》 잡지와 《譯叢叢書(역총총서)》의 집행 편집 및 홍콩번역학회(香港飜譯學會)의 의무비서(義務秘書), 부회장(副會長), 회장(會長) 등의 직책을 겸임하였다. 1983년 홍콩번역학회(香港飜譯學會)에서는 그에게 영예회사(榮譽會士, 명예회원)를 수여하였다.

임(林)씨의 번역이론 저서로는 《林以亮論飜譯(임이량이 번역을 논함)》《文學與飜譯(문학과 번역)》 등이 있다. 1974년 3월, 대만지문출판사(臺灣志文出版社)에서 출판한 《林以亮論飜譯(임이량 논번역)》이라는 책은 당대 대만·홍콩을 대표하는 대표적인 저서 중의 한 권이다. 책 속의《飜譯之理論與實際(번역지의 이론과 실제)》라는 글은 홍콩과 대륙의 각종 번역 논문 선집에 수록되어 있다. 이 논문에서 그는 30년대에 발표된 임어당(林語堂)의 견해에 찬동을 표시하고 이를 더욱 상세하게 부연 설명하였다. 그는 번역종사자들이 반드시 갖추어야 할 세 가지 조건에 대해서 다음과 같이 말하였다. (一) 원작(原作)을 파악해야 한다. (二) 본국문자에 대한 운용 능력이 있어야 한다. (三) 경험에 더하여 풍부한 상상력을 갖추어야 한다. 여기서 그가 근거로 제시한 것은 임어당(林語堂)이《論飜譯(번역을 논함)》에서 제기한 3원칙(三原則)이다. 다만 그는 여기서 세 번째 항에 대해서는 약간의 수정을 가했다. 그도 조원임(趙元任)이나 전가천(錢歌川) 등과 마찬가지로 국외 번역가들의 논점을 소개하고 생동감 넘치는 실례(實例)를 들어 이를 증명하였다. 통계에 의하면 이 논문에서 그는 30여 가지나 되는 번역 실례를 들었다. 그는 영화 이름, 희곡 이름, 책 이름 등의 묘역(妙譯; 성공적인 교묘한 번역)과 오역(誤譯; 틀린 번역) 등을 언급하고 있는데 논리 전개가 매우 꼼꼼하다. 가령 우리들이 경험이 많고 수양이 되어 있는 번역자라 하더라도 때로는 원문을 오해할 수도 있고, 중국어로 원문의 의미를 전달하는 것에 어려움을 느낄 수도 있다는 사실을 이 글을 통해 알 수 있다. 동시에 우리들은 경험과 풍부한 상상력이 번역에 있어 얼마나 중요한 것인지도 알 수 있게 된다. 그는 또 번역자는 당연히 판단력과 창조력으로 적당한 풍격과 형식을 선택해야 하며, 심지어는 특수한 문체를 창조해서 원작의 정신과 풍격을 전달해야 한다고 생각하였다. 마지막에 그는 하제안(夏濟安)이 번역한 확상(霍桑)의《古屋雜記(고옥잡기)》를 이상적이고 성공적인 번역의 예로 생각하여 다음과 같이 지적하였다.

> 이것은 결코 보통의 번역이라고는 할 수 없으니 원작의 미적 경험을 재창작한 것이라 할 수 있다. 우리들이 만약 원작과 번역문을 여러 차례 반복해서 읽으면 번역자와 원작자가 일종의 심령상의 일치에 도달했음을 느낄 수 있다. 이러한 일치는 시간과 공간의 제약을 뛰어넘어 종족적 문화적 울타리를 뛰어넘은 것이라 할 수 있다, 번역자의 입장에서 보면 일종의 창조적 만족감을 얻었을 것이며 독자의 입장에서 보면 일종의 신기한 미적 경험을 얻었을 것이다.

홍콩의 번역가인 유정지(劉靖之)는 이 일단의 문장에서 임이량(林以亮)은 임어당

(林語堂)과 마찬가지로 번역과정과 번역 문자를 번역자와 원작가의 심령(心靈)상의 일치, 번역자의 창조적 만족, 독자의 심미상의 희열 등에서 서로 다른 영역과 절차로 여기는 것 같다고 생각하였다. 그러나 "임어당(林語堂)의 삼중표준(三重標準)이 서로 고립된 것이라고 한다면 임이량(林以亮)의 세 가지 층위는 서로 관련되어 있는 것이다. 그것은 새롭게 필요한 묵계(默契)와 창조적 만족과 미적 감수성을 다시 창조해 내는 것이다. 번역의 이론적 측면에서 이야기하면 임어당(林語堂)에서 임이량(林以亮)까지는 두 시대를 대표하고 있으며, 번역 실천이 끊임없이 이루어져 진보해 가는 과정을 나타내고 있다."(《重神似不中形似(정신을 전하는 것이 중요하지 형태를 전하는 것이 중요하지 않다)》).

《林以亮論飜譯(임이량이 번역을 논함)》이라는 책 중의《顏色的飜譯(색깔의 번역)》이라는 단락은 대단히 흥미롭다. 작자는 '안색(顏色, 색깔)'에서 출발하여 "언어 문자는 죽은 듯이 멈추어 있는 것이 아니라 살아 움직이는 것이다. 따라서 글자에는 뜻뿐만 아니라, 문화, 전통과 감정적 성분이 들어 있어서 다른 연상과 의의를 만들어 내는데 이러한 것들은 번역할 방법이 없다."는 논리를 전개하였다. 이 글에는 문장의 예증도 대단히 풍부하여 작가의 식견이 충분히 드러나 있다.

임(林)씨보다 대략 두 살 아래인 뢰념창(賴恬昌)은 홍콩 문단과 번역계의 원로이다. 뢰(賴)씨는 1921년에 출생하였으며 광동, 증성(廣東, 增城) 사람이다. 그는 어려서부터 홍콩에서 교육을 받았는데 홍콩대학을 졸업한 후에는 영국 맨체스터대학에서 유학하였다. 그는 오랫동안 홍콩에서 교육과 중국 문화사업에 종사하였다. 또한 홍콩대학 영문학과 강사, 홍콩중문대학(中文大學) 교외진수(校外進修; 위탁교육과정)부 주임 등을 차례로 역임하였다. 번역 인재를 양성하기 위하여 그는 '고급번역 자격증과정'을 개설하기도 하였다. 퇴임 후에는 홍콩 중문대학(中文大學)중국문화연구소(中國文化硏究所) 명예고급연구원으로 초빙되었다. 뢰(賴)씨는 홍콩번역학회(香港飜譯學會)의 사업에 열심히 참여하여 두 번이나 홍콩번역학회(香港飜譯學會)의 주석으로 선출되기도 하였다. 1986년 그는 중국번역공작자협회(中國飜譯工作者協會)의 이사로 선출되었으며 홍콩번역학회(香港飜譯學會)에 의해 명예회사증(名譽會士證, 명예회원증)이 수여되기도 하였다.

1977년 홍콩번역학회(香港飜譯學會)는 뢰(賴)씨가 편집한《飜譯藝術與飜譯專業

(번역예술과 직업번역)》이라는 책을 출판하였는데, 그 속에는 뢰(賴)씨의 시의 번역에 관한 논문도 수록되어 있다. 그는 "어떤 방법으로 시가를 번역하든지 가장 중요한 것은 가장 빠른 시간 내에 독자를 사로잡아 독자들로부터 호응을 얻는 것이다. 그렇지 않으면 모든 공이 수포로 돌아가고 말 것이다."라고 생각하였다. 적지 않은 사람들이 시(詩)는 번역할 수 없는 것이라고 생각할 때 뢰(賴)씨는 "만약 우리가 시(詩)에 대한 기존의 관념에서 헤어 나오기만 한다면 어떤 시(詩)들은 번역하는 것이 가능하며 원시(原詩)의 운미(韻味, 운치와 맛)를 잃어버리지도 않을 것이다."고 하였는데 이 말들은 모두 그의 경험에서 나온 이야기들이었다.

번역을 학문이라고 할 수 있는지에 대해서도 어떤 사람들은 번역 그 자체는 학문이라고 할 수 없지만 번역에 대해 토론한 문장들은 학술이라고 할 수 있다고 생각하였다. 이 문제에 대하여 뢰(賴)씨는 다음과 같이 생각하였다.

> '학술(學術)'이라는 용어는 대단히 정의 내리기가 어렵다. 만약 수준 높은 번역을 하려면 반드시 능력을 배양해야 하고 훈련의 과정을 거쳐야 한다. 심지어 대단히 엄격한 훈련을 거쳐야 할 필요도 있다. 만약 '학술성(學術性)'을 지닌 문장을 번역하려고 한다면 번역자는 상당한 학술적 수양을 갖추어야 한다. 따라서 나는 번역이 어떤 특수한 상황에서는 학술적 범주에 포함되어야 한다고 개인적으로 생각한다.

뢰(賴)씨의 번역이론에 관한 문장은 찾아볼 수 있는 것들이 비록 많지는 않지만 그의 번역이론과 관련된 두 단락의 서문으로부터 그의 이 방면에 대한 조예를 엿볼 수 있다. 한 단락은 유정지(劉靖之)가 주편한 1981년에 출판된 《飜譯論集(번역논집)》의 제사(題詞; 일종의 序文)로 그 내용은 다음과 같다.

> 혹자는 번역하는 일이 창작보다 더 어렵다고 말하는데 참으로 이 말은 믿을 만하다. 창작은 어떤 때는 어렵고 또 어떤 때는 쉽다. 그러나 번역은 어렵지 않은 때가 없다. 무릇 몸소 이 일을 겪은 사람은 이 이치를 깊이 깨닫고 있을 것이니 더 이상 설명할 필요가 없다. 따라서 번역이 창작보다 어렵다고 말하는 것보다는 아마도 번역이 창작보다 힘들다고 하는 편이 더 나을지도 모르겠다. 때로는 달콤하게 느낄 때도 있겠지만 그것은 여러 가지를 따져 보고 장인정신으로 최선을 다하다가 어떤 성취를 이루었을 때 일시적으로 느끼는 기쁨과 위안일 뿐이다. 엄복(嚴复) 이래로 백여 년 동안 많은 번역의 고수들이 배출되었지만 그 경험의 결정(結晶)들은 그들의 글에서 볼 수 있다. 오늘 유정지

(劉靖之) 군이 번역을 논한 것 가운데 독창적인 것을 선별하여 약 30편을 모아 책으로 펴내니 참으로 볼 만하고 번역자들에게는 좋은 참고 자료가 될 만하다. 만약 누가 나에게 번역을 가르칠 수 있느냐고 묻는다면 나는 번역을 가르칠 수 있는지의 여부는 내가 답할 수 있는 문제는 아니지만 배워서 할 수 있는 것이라는 점은 조금도 의심의 여지가 없다고 대답할 것이다. 이 책이 출판된 것은 번역을 독학하려는 사람들에게는 마치 밝은 횃불을 밝혀 주는 것과 같을 것이다.

이 단락의 서문은 번역의 달콤함과 어려움에 대한 이야기일 뿐만 아니라 번역자들이 선배들의 번역이론을 학습해야 하는 것의 중요성을 강조한 것이다. 다른 한 단락의 서문은 1986년 홍콩번역학회(香港飜譯學會)에서 뢰(賴)씨에게 영예회사증(榮譽會士證)을 수여하였을 때 그가 쓴 '대답사(代答詞)'인데 그는 이 글에서 다음과 같이 말하였다.

중국어로 영시를 번역하는 것은 마치 마고자와 장삼을 입고 빨간 넥타이를 매고 전통적 관복의 모자를 쓰고 왈츠를 추는 것과 같다.

서양어로 중국의 운이 들어 있는 시구를 번역하면 연미복을 차려 입고 나비넥타이를 맨 채로 삼단 폭포를 바라보고 있는 것 같다. … 최근에 친구와 번역문제를 이야기하다가 우연히 한 대련(對聯)을 얻었는데 번역한 것을 보내어 가르침을 청하였더니, 크게 한바탕 웃고 말았다.

이 대련(對聯)은 문자로만 보면 무언가 약간 덜 다듬어진 듯한 느낌이 들지만 아주 흥미롭고 그 뜻이 무궁무진하여 우리에게 많은 여운을 남긴다.

홍콩과 대만의 문단에서 대단히 유명한 시인인 여광중(余光中)은 성공을 거둔 번역가이기도 하다. 여(余)씨는 1928년에 태어났으며 복건성, 영춘(永春) 사람으로 고향은 남경(南京)이다. 일찍이 금릉대학(金陵大學)과 하문대학(廈門大學)에서 수학하였으며, 그 후 대만대학 외국어학과에 들어갔다. 1942년 대만대학외국어문학과를 졸업한 후 다시 대학원에 들어가서 영문학을 연구하였다. 석사학위를 취득한 후 대만사범대학에서 강사를 역임하였다. 그 후 여러 차례 미국으로 가서 강의를 하였다. 1974년에는 홍콩 중문대학 연합서원의 초빙을 받아 교수가 되었으며, 그 다음해에는 중문학과 학과장이 되었다.

여(余)씨는 시인이자 번역가였기 때문에 그가 이야기한 번역문제에는 자신이 실제로 겪은 풍부한 경험이 녹아 있었다. 그의 대표적인 번역이론은 《飜譯與創作(번역과 창작)》으로 1969년 홍콩중문대학교, 대외한어부에서 편찬한 《飜譯十講(번역십강)》이라는 책 속에 수록되어 있다. 여기에는 각종 번역이론서들에서 발췌된 글들이 수록되어 있다. 이 글에서 그는 번역과 창작의 관계에 있어 그 본질적인 면에 있어서의 같은 점과 다른 점, 그리고 상호간의 영향관계에 대해서 논술하고 '공식화(公式化)된 번역체(飜譯体)'에 대해서 비판했다. 그는 다음과 같이 생각하였다.

> 엄격하게 말하면 번역자가 내면적 활동 과정 속에서 완전히 창작활동의 영역으로부터 벗어나는 것은 불가능하다. 예를 들어 원문 가운데 의미는 모호하나 암시성이 아주 강한 글자나 단어가 나타날 때 경험이 풍부한 번역자는 심사숙고하는 동안 항상 두 가지나 그 이상의 번역방법을 구상한다. 그 중 한 가지는 음조(音調)를 우선시하는 것이고, 다른 한 가지는 의상(意象, 表象)을 우선으로 하는 것이다. 고집스럽게 제3의 방법을 강구하면 아마도 의미상 원문에 가깝게 하기는 하겠지만, 그러나 애석하게도 음조(音調)가 지나치게 처지고 말 것이다. 이러한 선택의 기로에 서면 번역자는 반드시 위아래 문장의 필요를 따져 봐야 할 뿐만 아니라 그의 민감한 직감에 의존해야 한다. 이러한 상황은 이미 창작자의 입장에 상당히 근접해 있다고 할 수 있다.

그는 또 자신이 시를 창작할 때의 경험에 비추어 시를 쓸 때에는 위 세 가지 가운데 어떠한 방법을 선택해야 하는가 하는 문제에 맞닥뜨리곤 했다. 따라서 그는 다음과 같이 지적하였다.

> 이런 측면에서 보면 번역 또한 일종의 창작이라고 할 수 있는데 최소한 일종의 '제한적인 창작'이라고 할 수 있다. 마찬가지로 창작 또한 일종의 '구속이 없는 번역' 또는 '자아(自我)적 번역'이라고 할 수 있다. 이러한 관점에서 보면 작가가 창작을 하는 것도 자신의 경험을 문자로 번역하는 것이라고 말할 수 있다(독자들이 감상할 때는 이와는 정반대로 문자를 '번역'해서 경험으로 환원한다.). 다만 이러한 '번역(飜譯)'은 번역자가 했던 번역과는 상당히 다르다. 번역자는 번역을 할 때 일종의 경험을 문자로 변환시킨다. 그러나 이러한 경험은 이미 다른 사람이 문자로 바꾼 적이 있어서 문자화된 경험은 이미 선명한 외모와 확정된 함의(含意)를 지니고 있으므로 번역자가 마음대로 바꾸도록 허락하지 않는다. 따라서 번역자의 창조성은 제한이 따른다고 할 수 있다. 왜냐하면 한편으로는 정확한 경험을 '전진(傳眞; 있는 그대로 전함)'해야 하며, 다른 한편으로는 가능한 범위 안에서 그 경험에 의거해서 표현된 원문을 보존해야 하기 때문이다. 이러한 내면적 지혜의 활동은 창작에 비해 더욱 복잡한 것 같아 보인다.

여(余)씨가 여기에서 번역에 대해 광의로 이해한 것은 20년대 초에 정진탁(鄭振鐸)이 문학창작은 '사상을 번역하여 문자화한 것'이라고 이야기한 것과 일치한다. 여(余)씨는 이 논의를 통해서 번역과 창작 관계의 같은 점과 다른 점에 대해서 분명하게 설명하였다.

번역과 창작의 영향 관계에 대하여 그는 '상관관계가 매우 크다.'고 생각하였다. 문체적 관점에서 그는 "만약 어떤 작가가 번역을 겸해서 하게 되면 그의 번역문체는 적지 않게 그의 창작문체의 영향을 받게 된다. 거꾸로 어떤 작가가 번역에 여러 날 동안 몰두하게 되면 그의 문체 또한 그 번역문체의 영향을 받는 것을 피할 수 없다."고 말하였다. 전자의 관점에서 보면 '개성이 강한 배우(연기파)'가 어떤 역할을 하든지 자신만의 색깔에서 벗어날 수 없는' 것과 같은 이치라고 할 수 있다. 여(余)씨가 비록 번역 속에는 '무아(無我)'여야 한다는 설에 '반드시 찬성한 것은 아니'라고 할지라도 '이상적인 번역에는 번역자 자신이 보이지 않는 것이 가장 좋다. 연기에 있어서도 번역자는 '천의 얼굴을 가진 사람'이어야 하며 '개성이 강한 배우'일 필요는 없다."고 생각하였다. 후자의 입장에서 그는 또 다음과 같이 지적하였다. "우리들은 다소는 독선적이기는 하지만 만약 번역이 없었다면 오사(五四) 신문학운동은 발생할 수 없었다. 설사 발생했다 하더라도 그런 방향으로 발전할 수 없었을 것이라고 말할 수 있다. 서양문학의 번역은 대체로 중국문학의 발전에 대해서 과(過)보다는 공(功)이 큰 것 같다. 그러나 중국의 창작에 대한 좋지 않은 영향을 낮게 평가해서는 안 될 것이다." 그는 여기에서 자신의 독특한 견해를 발표하였을 뿐만 아니라 다음과 같은 문제에 대해서도 엄중하게 지적하였다.

> 번역이라는 것은 일종의 '필요악'으로 대체할 방법이 없는 대용품일 뿐이다. 아무리 훌륭한 번역이라 할지라도 원작을 충분히 표현할 수는 없다. 따라서 나쁜 번역은 원작을 곡해하는 것은 물론이고 더 나아가 본국의 문체를 부식(腐蝕)시키고 만다. 삼류 이하의 작가나 이제 창작을 배우려는 청년들은 이러한 낯설고 졸렬하며, 심지어는 잘 통하지도 않는 '번역체'에 항거할 능력마저도 없어 오염된 지가 오래되었다. 뿐만 아니라 자신의 '창작'마저도 이러한 문체에 끌려 들어가 동화되어 버리고 만다. 사실상 이러한 번역체가 중국의 문화계에 범람한지가 이미 오래되었다.

우리들은 번역을 어쩔 수 없이 대용하는 '필요지악(必要之惡, 필요악)'이라고 부르는 것이 부적절하며 이는 사람들로부터 쉽게 오해를 불러일으킬 수 있는 것이라고 생각한다. 따라서 '번역체(飜譯体)'가 본국의 문학에 미치는 영향과 침식에 대해서는 반드시 과학적으로 연구, 분석하여야 한다. 노신(魯迅)과 구추백(瞿秋白) 등은 일찍이 번역을 통하여 새로운 언어 문자의 표현 방법을 수입하는 것의 적극적 의의를 지적한 바 있을 뿐만 아니라 역사도 이러한 수입과 영향이 항거할 수 없는 추세임을 증명하였다. 그러나 우리들은 지나치게 '낯설고 졸렬'하며 심지어는 통하지도 않는 '번역체(飜譯体)'에 반대하며, 조국의 언어와 문자의 순결성을 지키기 위하여 투쟁할 것이다. 여(余)씨가 반대한 것은 다름 아닌 '이미 공식화되어 버린', '천편일률적인' '반사작용과 비슷한(융통성이 없는)' '번역체(飜譯体)'를 겨냥한 것이다. 그는 수많은 실례를 들었는데 확실히 모두 성의 없고 기계적이며 틀에 박힌 듯한 문장들이었다. 그는 이러한 현상이 나타나게 된 중요한 원인은 번역자의 외국어 수준이 낮은 것이 하나의 큰 원인이라고 하였다. 그러나 중국어 운용능력이 원활하지 못하고 어휘가 부족하여 문장이 단조로워 앞뒤가 잘 연결되지 못하는 것도 하나의 중요한 이유가 될 수 있다. 따라서 그는 문장의 말미에서 다음과 같이 강조하였다.

> 나는 반드시 한 번 더 말해야 할 것 같다. 번역이라는 것도 일종의 창작이다. 그것은 일종의 '제한적인 창작'이다. 번역자가 반드시 작가가 될 필요는 없으나 반드시 마음속으로는 창작의 원리에 대해서 잘 알고 있어야 하며 문장력이 뛰어나야 한다. 이미 공식처럼 되어 버린 번역체는 만약 제때 개선하지 않는다면 조만간 저항력이 약한 모든 작가들에게 위기가 닥쳐올 것이다. 손님이 주인의 자리를 빼앗는 것과 같은 세력이 형성되는 날에는 중국 문학의 앞날은 물어볼 필요도 없게 되고 말 것이다.

홍콩번역학회(香港飜譯學會)의 현임 회장인 유정지(劉靖之)도 번역이론에 조예가 깊은 사람이다. 유(劉)씨는 호북, 한구(湖北, 漢口人) 사람으로 1935년 상해(上海)에서 태어났다. 어려서부터 유럽 고전문학에 심취해 영국에 유학하였는데, 음악이론을 전공하였다. 그 후 중국의 고전문학과 철학 및 역사 등을 공부하며 홍콩대학(香港大學)에서 철학박사(哲學博士) 학위를 받았다. 일찍이 영국 방송공사의 편역원(編譯員), 홍콩대학(香港大學)의 각 간행물 주편(主編, 주간), 영국어언학회 홍콩분회회장 등의 직책을 역임했을 뿐만 아니라 번역교학사업에 적극적으로 참여하였다. 劉씨는 홍콩번역학회 회장을 맡은 이후로 많은 학술토론회와 강연을 개최하였으며 적극적으로 번역과 관계된 논문집들을 주편하였다. 예를 들면 그가 주편한 두 권의 홍콩의 번역학 종사자들의 논문집인 《飜譯叢論(번역총론)》은 1986년과 1988년에 상무인서관(商務印書館), 홍콩분관(分館)에서 출판되었다. 그밖에도 그가 부회장을 맡고 있을 당시에 주편한 엄복(嚴复)이래 30명의 저명한 번역이론가들의 논문집인 《飜譯論集(번역논집)》(1981년 삼련서국(三聯書局), 홍콩분점에서 출판)은 번역계의 많은 사람들로부터 환영을 받고 있다.

유(劉)씨의 최근 번역이론 방면에서의 업적은 아래와 같은 세 가지 측면으로 나누어 볼 수 있다. 첫 번째는 홍콩이라는 특수한 지역의 번역사업의 발전에 대하여 장기적이고도 종합적인 의견을 제출했다는 점이다. 그는 《香港語文與飜譯(홍콩어문과 번역)》(《飜譯叢論, 1986년(번역총론)》에 실림)이라는 글에서 "어떠한 경우에도 모국어 교육은 당연히 가장 중요한 위치에 놓여야 하며 제2언어의 학습의 영향을 받아서는 안 된다. 그 외에도 모국어교육과 영어에 대한 집중교육은 서로 충돌하지 아니한다."고 지적하였다. 또한 "홍콩의 번역사업과 번역인 양성은 건전하고도 장기적인 어문교육정책에 그 바탕을 두어야 한다. 착실한 모국어 교육과 보통화(표준 중국어)의 훈련 및 효과적인 영어교육은 바로 내가 위에서 이야기한 '삼어체계(三語體系)'로 이를 버리고는 별도로 다른 좋은 정책이 존재하지 않는다. 홍콩의 번역사업과 수준을 제고하고 촉진하기 위해서는 무엇보다도 먼저 홍콩의 어문교육정책, 특히 모국어교육정책을 제고하고 촉진시켜야 한다. 그렇지 않으면 일은 힘들고 그 성과는 잘 나타나지 않을 것이며, 번역된 작품도 홍콩식의 번역문으로 '문화적 내시(자식이 없음)'에 불과할 뿐이다." 그는 이 글에서 대단히 날카롭게 문제를 제기하였을 뿐만 아니라 대단히 분명하게 방향을 제시하였다. 그 후 유(劉)씨가 발표한 《香港語言: 從雙語到三語(홍콩언어 두 가지 언어에서 세 가지 언어로)》(《飜譯叢論(번역총론)》1988년에 실림)(여기에서 말하는 '쌍어(雙語)'는 중문(中文)과 영문(英文)을 가리키며, '삼어(三語)'는 광동어, 보통화(표준중국어)와 영어를 가리킨다.)이라는 글은 위에서 말한 관점을 보충 설명한 것이다.

두 번째로 유(劉)씨는 '지금부터는 다시는 번역하지 않을 것'이라는 관점에 대해서 설명하였다. 이러한 관점은 홍콩의 한 이론가가 이야기한 것으로 그 이론가는 "진정으로 책임지는 번역자는 반드시 여러 가지 '수단' … 더하거나 빼고, 잘라내 버리거나 예를 바꿔치기 하거나, 심지어는 다시쓰기 등의 방법을 동원해야 한다. 결론적으로 말하면 번역자는 두 사회의 사회적 배경의 차이와 독자 대상의 수준과 그들의 요구, 습관과 편견의 차이 등을 이미 꿰뚫어 보고 있기 때문에, 선택과 조정의 역할을 해야 한다는 것을 잘 알고 있어서, 그의 목표는 한 권의 원문과 100퍼센트 비슷한 작품을 만들어 내는 것이 아니라, 한 권의 사명을 능히 완수할 수 있는 번역서를 만들어 내는 것이다."라고 생각하였다. 이 이론가는 또 "번역에는 수많은 방법이 있는데 어떤 방법이 가장 좋은가 하는 것은 당시의 필요에 따라 결정되어야 한다. 소위 말하는 개사(改寫, 번역 중에 내용을 바꾸는 것)나 편역(編譯), 절역(節譯) (단락 단락을 뽑아 번역을 하는 것), 역사(譯寫, 번역을 하면서 자신의 생각을 첨가하는 것), 개편(改編) … 등도 정당한 번역방법 즁의 하나이다. 이들도 '한 글자 한 구절씩 번역하는 것'과 마찬 가지로 명실상부한 번역이며 여러 가지 특수한 상황 속에서는 이러한 번역방법들이 가장 적절한 방법이며 심지어는 유일하게 실행가능한 방법일 수도 있다."고까지 생각하였다.[1] 유(劉)씨는 이러한 주장은 사실 당대 미국의 번역이론가인 우금(尤金), 나달(奈達) 등의 '위수번역(爲誰飜譯; 누구를 위하여 번역하느냐?)'이라는 이론으로부터 변천해 온 것이라고 주장하였다.[2] 미국 학자들의 이 이론은 그들이 오랜 기간 동안 《聖經(성경)》을 번역한 경험에 기초하여 종합적으로 내린 결론이었다. 이 이론은 《聖經(성경)》의 번역에 있어서는 나름대로의 근거가 있으며 또 특정한 상황 아래서는 일정 정도 효과를 나타낼 수도 있다. "그러나 만약 오늘 이후로는 모든 '구(舊)'식 번역을 팽개쳐 버리고 모든 번역을 다 '신(新)'

1) 주조상(周兆祥)의 《我們從今以後不要再飜譯了…論現代化運動裏飜譯工作的態度與方法》을 참고하기 바람. 《번역총론(飜譯叢論)》(1986년)에 실려 있음.

2) 나달(奈達) 등은 번역의 효과는 반드시 번역문 독자들의 반응이 원문 독자들의 반응과 비슷한지를 보아야 한다고 생각했다. 만약 어떤 단락의 번역문이 정확한지 아닌지를 묻는다면, 그 대답은 마땅히 "번역문의 독자들이 누구이냐?"를 먼저 알아야 하며, 번역문의 정확성 여부는 번역문의 독자들이 번역문의 내용을 정확하게 이해했느냐의 여부에 따라서 결정된다. 이 이론에 따르면, 비록 원문이 하나라 하더라도 독자의 대상이 달라지면 번역문도 달라져야 한다는 것이다.

식 방법으로 개사(改寫; 번역 중에 내용을 바꾸는 것), 편역(編譯), 절역(節譯; 단락 단락을 뽑아 번역을 하는 것), 역사(譯寫; 번역을 하면서 자신의 생각을 첨가하는 것), 개편(改編)해야 한다고 생각한다면 지나치게 극단적인 방법이라는 평을 면하지 못할 것이다." 劉씨는 또 이 이론으로 번역문의 정확성 여부를 결정한다면 논리적으로 많은 결함이 있다고 지적하였다. 모든 저서의 문장들은 모두 저자가 구상할 때 이미 그들이 이야기할 대상이 선정된다. 철학, 미학, 경제학, 신학, 의학, 정치학, 사회학, 법률, 문학 등 각 학문 분야의 전문서적들은 모두 각자의 독자 대상이 있다. 우리는 결국 일반 독자들의 능력에 근거하여 주광잠(朱光潛)이 번역한 헤겔의 저서《美學(미학)》번역의 정확성 여부를 결정할 수 없으며, 독자들의 능력에 맞게끔 이 저서를 편역하거나 개역해서도 안 된다. 또한 마르크스의《資本論(자본론)》의 번역본을 비평할 만한 자격을 과연 몇 사람이나 갖추고 있겠는가. 따라서 나달(奈達) 등이 '위수번역(爲誰飜譯; 누구를 위하여 번역하느냐?)' 이론을 발표했을 때 그들은 마음속으로《聖經(성경)》만을 생각했을 뿐 다른 종류의 번역에 관해서는 생각하지 않았던 것으로 판단된다. '오늘부터는 다시는 번역하지 않겠다.'는 이야기의 기본적인 출발점은 보기에 따라서는 나달(奈達)의 독자지상(讀者至上; 오로지 독자를 위한)' 이론의 기초에서 출발하여 한 걸음 더 극단으로 나갔다고 할 수 있다. 劉씨는 자연과학의 발견이나 발명, 사회과학의 독창적 견해, 철학 이론상의 토의, 예술상의 창작 등은 모두 작자가 필생의 정력과 시간을 기울여 취득한 성과인데 번역자가 마음대로 편역(編譯)하거나 절역 및 개사(改寫; 고쳐 쓰는 것)할 수 있는 어떤 자격도 없다고 생각하였다. 조금만 정신을 팔아도 곧바로 앞뒤가 맞지 않아 작자의 원래의 의도를 잘못 전달할 수 있으며 오역이나 탈루로 이어질 수 있기 때문이다. 그는《資本論(자본론)》《道德經(도덕경)》과 같은 책이나 문학 명저 등을 편역(編譯)하거나 바꾸어 쓰거나 번역하면서 자신의 의견을 첨가하는 것 등과 같은 '신(新)' 방법으로 번역하는 것은 책임을 지지 않는 태도라고 생각하였다. 따라서 그는 다음과 같이 언급하였다.

> 만약 전문서적을 편역(編譯)하거나 바꾸어 쓸 능력이 있는 사람은 차라리 스스로 책을 저술하는 것이 나으며, 다른 사람의 저작을 편역(編譯)하거나 바꾸어 쓸 필요가 없다고 생

> 각해 왔다. 만약 번역종사자가 진지한 태도로 번역사업에 종사하지 않고 남의 저서를 전문적으로 바꾸어 쓰거나 편역한다면 그것은 사실상 대단히 교활한 행위이다. 당연한 이야기이지만 때로는 부분적으로 발췌 번역하거나 번역하면서 자신의 의견을 첨가하는 방식 등으로 지식을 보급하여 최단시간 내에 많은 양의 지식이나 자료를 제공하는 목적을 달성할 수도 있다. … 그러나 이러한 상황은 매우 제한적이며 일시적인 것일 뿐이다. … 전체적으로 볼 때 번역사업에는 반드시 신중하고 엄숙한 태도로 종사하는 것이 옳다.

그는 한 걸음 더 나아가 다음과 같이 지적하였다. "학술이나 창작의 기본 원칙은 신(新), 구(舊)의 구별이 없으며 표현 방식은 서로 다를 수 있다. 번역 또한 이와 같아서 직역(直譯), 의역(意譯) 등은 아직도 그대로 사용되고 있으며, '신사(神似)를 중시하고 형사(形似)를 중시하지 않는 것' 역시 현장에서 사용되고 있다. 그러나 만약 '신사(神似)'와 '형사(形似)' 모두를 이룰 수 있다면 더욱 절묘한 번역이라 할 수 있다. 따라서 번역에는 신(新)과 구(舊)의 구별은 있을 수 없으며 훌륭한 번역과 그렇지 못한 번역의 구별만 있을 뿐이다. 번역문이 훌륭하기만 하면 어떤 방법을 썼던지 그 방법은 중요하지 않다. 사실 우리 앞에 놓인 문제는 방법의 문제가 아니고 언어에 대한 감상과 응용의 문제이다. 홍콩에서 번역에 종사하는 적지 않은 사람들이 언어에 대한 미적 감응력이 결핍되어 있기 때문에 그들이 번역해 낸 문장들이 빛을 발하지 못하는데 이것은 우리 번역인에게는 치명적이다." 이 단락의 이야기는 대단히 소박하면서도 깊이가 있으며 정곡을 찌른 진실한 이야기이다. 또한 실제 경험담이기도 하다. 따라서 독자들에게 영합하여 우쭐거리는 '創新者(창신자; 새 것만을 좇는 사람)에게는 좋은 충고가 될 것이다.

세 번째로 유(劉)씨는 엄복(嚴复) 이래의 번역이론을 종합적으로 정리한 사람이다. 그의 대표적인 번역이론은 《飜譯論集(번역논집)》의 대서(代序)인 《重神似不重形似(정신을 전하는 것이 중요하지 형태를 전하는 것이 중요하지 않다.)》이다. 이 글 또한 대륙에서 대단히 영향력이 큰 번역이론이다. 이 글에서 그는 엄복(嚴复), 임어당(林語堂), 조원임(趙元任), 호적(胡適), 부뢰(傅雷), 임이량(林以良), 전종서(錢鍾書)와 노신(魯迅), 구추백(瞿秋白) 등의 번역관점을 논술하고 "엄복(嚴复) 이래 중국 번역이론은 몇 차례의 성장기를 거쳤는데 '신(信), 달(達), 아(雅)'에서부터 시작하여 '자역(字譯)'과 '구역(口譯)', 직역(直譯), 경역(硬譯), 사역(死譯)과 의역(意譯)을 거쳐서 '신사(神似)'와 '화경(化境)'의 이론에 이르게 되었다. 그 가운데 적지 않은 논쟁과 오해도 있었지만 큰 방향은 정확했다." "과거 80년 동안 중국의 번역이론은 시종일관 하나의 방향으로 나아갔다. 그것은 다름 아닌 '重神似不重形似(정신을 전하는 것이 중요하지 형태를 전하는 것이 중요하지 않다)'였으며 끝으로 '화경(化境)에'까지 왔다."고 하였다. 이러한 논술에는 상당한 깊이와 식견이 들어 있다. 다만 내 생각으로는 유(劉)씨의 이 글은 두 가지 점에서 토론의 여지가 있다. 첫 번째는 엄격한 의미에서 이야기할 때 중국의 번역이론이 엄복(嚴复)에서부터 논의를 시작하는 것이 옳은가 하는 것은 고려할 여지가 있다는 것이다. 가령 엄복(嚴复)에서 논의를 시작한다 하더라도 위에서 거론한 번역이론가를 제외하고도 거론하지 않으면 안 되는 사람들을 빠뜨리고 있다는 점이다. 이것은 유(劉)씨가 중국 번역이론의 거시적인 측면에 있어서 아직도 연구가 충분하지 못하여 관련 논술이 아주 정확한 것은 아니라는 점을 말해 주고 있다. 예를 들면 이 글의 제목인 '重神似不重形似(神似가 중요하지 形似는 중요한 것이 아니다.: 정신을 전하는 것이 중요하지 형태를 전하는 것이 중요하지 않다)라는 관점마저도 유(劉)씨는 부뢰(傅雷)가 50년대에 처음으로 제기한 것으로 이야기하고 있는데, 사실은 일찍이 20년대 초에 모순(茅盾)이 이 관점을 명확하게 제기하였다. 그러나 劉씨는 이 글에서 모순(茅盾)의 이름마저도 거론하지 않고 있다. 두 번째는 유(劉)씨가 노신(魯迅)의 번역이론을 평가한 것에 대하여 나는 감히 동의할 수 없는 부분이 있다. 글 속에서 노신(魯迅)에 대해 평술한 분량이 아주 적을 뿐만 아니라 맨 마지막 부분에서 "엄복(嚴复), 임어당(林語堂), 조원임(趙元任), 호적(胡適), 부뢰(傅雷), 임이량(林以良), 전종서(錢鍾書) 등의 번역 관점은 일맥상통하고 구추백(瞿秋白)의 관점 또한 같지 않은 적이 없었다. 노신(魯迅)의 번역 관점은 확실히 다른 사람들과는 달라서, 구추백(瞿秋白)이 여러 곳에서 노신(魯迅)번역의 '경(硬; 경직된 것, 융통성이 없음)'과 '와(訛; 잘못된 것)'를 지적하였다."고 하였다.

이것은 은연중에 노신(魯迅)을 중국 번역이론의 주류에서 배척하여 제외시키는 것이니 이는 역사적 사실에 부합하지 않는다. 노신(魯迅) 스스로도 자신의 번역이 어떤 부분에 있어서는 지나치게 '와(訛)'하고 '경(硬)'한 결점이 있음을 인정하였지만 번역 수준의 높고 낮음과 번역이론의 정확성 여부는 완전히 별개의 일(잠시 노신(魯迅)의 번역 수준이 당시에 있어서 여전히 높은 수준이었음은 여기서는 거론하지 않기로 한다.)이다. 노신(魯迅)의 번역관점에 대해서는 반드시 종합적으로 평가해야 한다. 반드시 앞의 것을 계승하고 뒤의 것을 계발한 역사적 역할을 인정하여야만 한다(이 책에서는 앞에서 충분히 논술하였기 때문에 여기서는 더 이상 이야기하지 않기로 한다.). 비록 유(劉)씨에게 앞에서 이야기한 것과 같은 부족한 부분이 있기는 하지만 그는 역사적 경험을 총 정리하는 것을 중시하여 여러 가지 적지 않은 훌륭한 의견(예를 들면 구추백(瞿秋白)의 일련의 극단적인 발표를 분석한 것 등)을 제시한 것은 높이 평가할 만하다. 이 글이 80년대 초에 발표된 점도 자료로서 소중한 가치를 지닌다고 할 것이다.

十一. 신시기(新時期)의 번역을 논한 강춘방(姜椿芳)

강춘방(姜椿芳, 1912-1987)은 강소, 무진(江蘇, 武進, 현 常州) 사람이다. 1928년에 그는 아버지를 따라 하얼빈으로 가서 러시아어를 배웠다. 그리하여 그는 30년대 초에 러시아어 번역을 시작하였으며 혁명 활동에도 참여하였다. 1936년, 상해로 가서 러시아 문학의 번역작업에 종사하였다. 1938년에는 중국 공산당 지하당 상해지부 서기에 임명되었다. 1941년 이후 러시아 상인의 명의로 출판된 《時代(시대)》 주간(週刊)의 주편을 맡았으며, 항일전쟁에서 승리한 이후에는 《時代日報(시대일보)》의 주편을 맡았다. 해방 후에는 상해러시아어학교(上海俄文學校, 현 上海外國語大學의 전신)를 세우고 초대 교장 및 당서기를 맡았다. 1952년 북경으로 전근을 가서 중선부(中央宣傳部) 스탈린전집 번역실 주임을 맡았다. 1953년 초, 중공중앙(中共中央)에서 마르크스, 엥겔스, 레닌, 스탈린 저작 편역국이 설립되자 부국장을 맡았다. 이때부터 그는 모든 정력을 마르크스레닌주의 경전적 저작의 편역사업에 쏟아 부었다. 그리하여 《馬克斯恩格斯全集(마르크스엥겔스전집)》, 《列寧全集(레닌전집)》, 《斯大林全集(스탈린전집)》 등 3대 전집번역공정의 조직과 지도를 맡았으며, 부분적으로 번역문의 교정사업에 적극적으로 참여하였다. 60년대부터 그는 《毛澤東選集(모택동선집)》과 중앙의 주요 외국어 문건의 번역사업에 참여하였다. 1975년 이후에 그는 원대한 꿈을 안고 《中國大百科全書(중국대백과전서)》 편찬을 건의하였으며 1978

년 중공중앙(中共中央)의 비준을 얻어 중국대백과전서출판사의 건립과 《中國大百科全書(중국대백과전서)》의 편집을 영도하는 지도자의 중임을 맡아서 병으로 세상을 떠날 때까지 이 일을 계속했다. 80년대 초, 그는 또 중국번역공작자협회건립을 발의하고 발기하여 초대와 2대 회장을 역임하였다.

강(姜)씨는 반세기 동안이나 번역사업에 종사하였으나 스스로 '雜譯家(잡역가)'라고 자칭했다. 그는 풍부한 번역경험을 가지고 있었고 번역사업을 지휘한 경험 또한 있었다. 예를 들면 50년대 초에 북경러시아어전문학교(현 北京外國語學院의 전신)에서 쓴 《略說口譯問題(통역문제에 대하여 간단히 이야기함.)》(《語文教學(어문교학)》 1953년 제8기에 실림)라는 글은 중국에서 비교적 이른 시기에 발표한 통역 연구 논문이다. 그는 스스로 많은 통역경험을 가지고 있었으나 애석하게도 이러한 통역이론과 관계되는 논문을 많이 발표하지는 않았다. 그러나 여기서 우리가 한 번쯤 거론할 가치가 있는 것은 80년대에 들어와서 그가 신시기 번역사업의 발전을 위하여 발표한 일련의 중요한 견해들이다.

1982년 6월 23일, 그는 중국번역종사자협회에서 2년간의 토의와 준비를 거쳐 정식으로 북경에서 창립총회를 열었다. 강(姜)씨는 이 대회의 연설에서 중국 번역사업의 역사를 회고하고 현재 번역자 협회를 설립하는 것에 대한 임무를 역설하였다. 그는 "우리는 형세 발전의 수요와 조국의 필요에 부응하기 위해서 자신의 재간을 펼치고, 자신이 장악하고 있는 외국어와 민족언어라는 도구를 이용하여 사회주의 현대화사업을 위하여 새로운 공헌을 해야 한다."고 말하였다. 그는 1983년부터 중국대외번역출판공사(中國對外飜譯出版公司)에서 주편하고 출판하던 《飜譯通訊(번역통신)》을 중국번역협회에서 주관하도록 바꾸었으며(그 후 잡지명도 《中國飜譯(중국번역)》으로 바꾸었다.) 《飜譯通訊(번역통신)》의 신(新) 1기 첫머리에 《飜譯事業要有新的局面(번역사업에도 새로운 국면을 열어나가는 것이 필요하다.)》는 강(姜)씨의 글을 게재하였다.

이 글에서 그는 무엇보다도 먼저 번역협회와 출판기관을 설립하는 것의 중요성과 필요성을 논술하고, 이어서 번역사업 자체의 특수성과 복잡성을 논술하였다. 예를 들면 번역이라는 것 자체가 공통성이 있기는 하지만 서로 다른 언어가 대단히 많고, 서로 다른 전공영역이 많으며 또 우리말을 외국어로 번역하는 것과 외국어를 우리말로 번역하는 것, 번역하는 것과 통역하는 것, 국내의 소수민족의 언어 간의 번역 등의 구별이 있고, 또 번역종사자들도 각자의 영역으로 다양하게 분산되어 있다. 따라서 그는 "의식적으로 번역의 복잡성을 직시하고 이러한 복잡함을 회피하지 말고, 결코 어렵다고 해서 물러나지 않는 것, 이것이 이번에 번역협회를 건립한 사람들의 정신이다."라고 지적하였다. 이러한 설립 취지 아래 번역사업의 특성을 겨냥하고 상응한 조치를 취하기 위하여, 또 자신들의 특수성과 복잡성을 구체적으로 드러내기 위하여 협회를 창립하였다. 또 이러한 상황에 부응하기 위하여 회지를 출판하였다. 바로 姜씨가 말했던 바와 같이 이것은 "당연히 하나의 진전이자 성공이며 번역사업이 새로운 국면을 열어갈 하나의 시작을 의미하는 것이었다." 그는 "예로부터 번역사업은 정신문명의 중요한 항목 중의 하나이다."라고 집중적으로 논술하고 "우리들은 외국어사업과 번역사업을 함에 있어 역사상 그 유래를 찾아볼 수 없는 오늘날의 요구에 부합하는 새로운 국면을 열어 나가자"고 호소하였다.

신시기의 번역계에 나타난 성과와 문제에 대하여 그는 종합적으로 검토한 후, 특히 새롭게 나타난 문제와 병폐에 대하여 시의적절한 시기에 날카롭게 비평하였다. 1983년 9월 28일에 그는 왕수란(王壽蘭)이 쓴 《當代文學飜譯百談(당대 문학번역에 대한 다양한 이야기)》(1989년 북경대학출판사에서 출판)을 위해 쓴 서문에서 다음과 같이 지적하였다. "전체 번역계가 당면한 과제는 보아 하니 번역자들의 수준을 제고하는 문제인 것 같다. 외국어 능력을 제고하여 외국의 작품을 능히 보고 이해할 수 있고, 붓을 들면 자유롭게 번역할 수 있는 수준으로 끌어 올려야 하며, 외국의 작품을 깊이 있게 이해하고 외국작품 속에 나오는 우아한 언어와 표현방법 등에도 익숙하여야 한다. 뿐만 아니라 이것과 똑같은 비중으로 중요한 것이 본국의 언어문자를 장악하여 능히 자유자재로 운용할 수 있는 수준에 달해야 한다는 것이다. 마지막으로 사상적으로나 예술적으로도 비교적 높은 수준에 달해야만 한다." 그는 번역계가 이룩한 성과를 충분히 긍정하고 나서 다음과 같이 지적하였다.: "어떤 사람들은 반쯤 번역하고 반쯤은 저술을 한다. 어떤 사람들은 번역해 가면서 부연 설명을 덧붙이는데 부연 설명을 하고 나서도 또 이를 늘인다. 어떤 사람들은 자신감이 넘쳐 원문의 의미와 원래의 순서에서 벗어나 '원래의 구성을 바꾸어 버리는' 등의 오류를 범한다." 그는 번역에는 비록 서로 다른 수많은 방법들이 있지만 지나치게 독특한 방법을 강구하는 것은 좋지 않을 수도 있으며, "어떤 방법을 택하든 결국에는 번역이라는 정도로 돌아와야 하며 올바른 번역이라는 목적에 도달해야 한다."고 생각하였다. 그는 노신(魯迅)이 제창한 것이 바로 정역(正譯)인데 우리들은 반드시 "정역(正譯)을 목표로 하여 최선의 노력을 다해야 한다."고 주장하였다.

1984년 9월, 姜씨는 중공중앙(中共中央)의 기관지인 《紅旗(홍기)》에 《飜譯工作新貌(번역사업의 새로운 면모)》라는 글을 발표하여 건국 이래 35년간의 중국 번역사업의 성과와 경험을 다시 한 번 종합 정리하고 다음과 같이 지적하였다. "우리의 번역은 질적인 면에서도 결코 문제가 없다고는 할 수 없지만" 특히 "최근의 어떤 번역본 가운데에는 급한 번역이나 서로 시간을 경쟁하여 번역한, 소위 말하는 베스트셀러들 가운데에는 적지 않은 오역이 발견되는데 어떤 것들은 조잡하기 이를 데 없는 것들도 있다." "또 다른 하나의 보편적 현상은 어떤 번역본이나 신문 잡지의 문장들은 번역문이 유창하여 읽을 만 하게 보이기는 하지만 교정을 거치지 않아 원문과 한 번 대조 해보기만 하면 얼마나 오역이 많은지 깜짝 놀랄 지경이다. 이러한 중국어 문장에서 번역문의 오역을 덮고 미화하는 현상은 해방 전의 번역본 가운데서도 종종 보이기는 했지만 오늘날의 번역종사자들은 반드시 특별한 주의를 기울여야 할 것이다. 이러한 오류는 우리들로 하여금 번역사업을 올바르게 하기 위해서 반드시 인민들에 대해서 책임을 지는 엄숙하고도 진지한 태도가 필요하다는 것을 일깨워 준다. 가장 이상적인 방법은 집체적으로 번역하고 교정하는 방법을 채택하는 것이지만 최소한 한 사람의 번역문은 반드시 다른 사람의 교정을 거치도록 하여 가능한 한 번역문에서 이러한 오역이 나오지 않도록 하여야 할 것이다."

이 문장은 80년대 번역종사자들의 지침서와 같은 글이라고 할 수 있으며, 발표 후에 전체 번역계에 큰 영향을 끼쳤다. 예를 들면 북경대학교의 한 교수는 姜씨에게 편지(그 후 《飜譯通訊(번역통신)》 1985년 제3기에 실렸다.)를 보내어 강(姜)씨의 "영명(英明)한 견해가 번역작업의 개혁과 경신(更新)에 큰 길을 열어 놓았으며" 사람들로 하여금 "분발하도록 만들었다."고 하였다. 편지에서는 또, "오늘날 중국의 번역계에는 비뚤어진 사악한 풍조가 일어 조잡하기 이를 데 없다. 원문과의 대조를 거치지 않은 번역 원고일지라도 그 글이 유창하거나 아름답기만 하면 출판할 수 있고 또 극찬을 받는다." "지금 중국의 문학번역종사자들은 '신사(神似, 원문의 풍격)'라는 구호를 정확하게 이해하지 못하여 마치 현 세기 초 임금남(林琴南)의 시대로 되돌아갈 위험에 처해 있다." 따라서 오랜 세월 동안 외국어 교육과 번역사업에 종사한 이 독자는 다음과 같이 지적하였다. 강(姜)씨의 이 글이 "성과를 긍정하는 기초 위에서 당시 중국 번역계의 폐단과 결점을 공개적으로 들추어 낸 것은 중국 번역계를 위해 큰 다행이다."고 하였다.

원로 번역가 가운데 신시기 중국 번역계에 존재하던 폐단을 가장 이른 시기에 신랄하게 지적한 사람은 라대강(羅大岡, 1909년생)이다. 그는 1983년 1월《飜譯通訊(번역통신)》 제1기에 발표한《漫談文學飜譯(문학번역을 이야기함)》이라는 글에서 "오늘날까지도 우리문학번역계는 여전히 임파(林派, 林琴南식飜譯派)의 번역 풍조의 여파에서 완전하게 벗어났다고는 할 수 없을 것 같다. 오늘날 신임파(新林派)들에게는 상당히 환영을 받는 하나의 구호가 있는데 그것은 '신사(神似)만을 추구할 뿐 형사(形似)는 추구하지 않는다.'는 것이다. 그 근본 취지를 살펴보면 '번역문은 원문의 정신만 전할 뿐 자구(字句)에 얽매일 필요는 없으며 원저와 일치하는지의 여부도 중요하지 않다는 것이다.' 이러한 방법은 아마도 수준이 대단히 높은 번역대사(飜譯大師)에게는 맞는 말인지 모르겠지만 일반 독자들에게는 많은 병폐가 생겨날 수밖에 없을 것이다. 어떤 사람은 심지어 아래와 같이 이해하기도 하였다. 원문이나 원저에 대해 깊이 있게 이해할 필요가 없다. 번역문이 아름답기만 하면 번역본은 예전대로 명역본이 될 것이고 번역자 역시 예전처럼 유명한 사람이 될 것이다. 이러한 풍조가 계속되면 결국에는 80년 전의 임금남(林琴南) 시대로 되돌아가고 말 것이다."고 지적하였다. 책임감이 강한 적지 않은 번역종사자들은 모두 이러한 엄중한 폐단을 알고 있었다. 특히 姜씨가 전국 번역계의 선구자로서 당 중앙의 이론 잡지에 공개적으로 이 점을 지적하였으니 이 글은 더욱 파급효과가 컸을 것이다. 번역학계에서 이를 크게 다행으로 여기는 것은 조금도 이상할 것이 없다 하겠다.

十二. 황용(黃龍)의《飜譯學(번역학)》

중국에서 '번역학(飜譯學)'이라는 이름을 제목으로 삼은 책은 일찍이 1920년대에 이미 출판된 바 있다. 1927년 9월에는 장익진(蔣翼振)이 편찬한《飜譯學通論(번역학통론)》이 자비로 출판되었는데 이 책은 상해의리인쇄공사(上海義利印刷公司)에서 인쇄를 하고 상무인서관 (商務印書館)에서 위탁을 받아 판매하였다. 장(蔣)씨는 절강, 소흥(浙江, 紹興) 사람으로 생졸 연대가 분명하지 않다. 그는 상해성약한대학(上海聖約翰大學: 현 화동사범대학의 전신. 미국선교사들이 세운 학교)을 졸업하고, 당시 안경(安慶)에 있던 성보라중학(聖保羅中學)에서 번역과에서 가르쳤는데 이 책은 그 과목의 교과서였다. 이 책은 비록 서명이《飜譯學通論(번역학통론)》이었으나 사실은 제1장의《導言(일러두기)》과 마지막장인 제12장《飜譯學概論(번역학개론)》을 장(蔣)씨 자신이 쓴 것을 제외하고 그 나머지 10장은 모두 유명한 번역이론가들의 글을 선별하여 수록한 것이다. 다만 그는 각 문장을 선별한 후에 제목을 붙임으로써 번역학을 처음 배우는 사람들이 쉽게 이해할 수 있도록 하였다. 이렇게 유명한 사람들의 문장을 선별하여 번역수업의 교과서로 만든 것은 당시로서는 대단히 창의적인 것이었다. 그러나 장(蔣)씨 자신이 저술한 부분은 이론적 깊이가 깊지 못하여 평이한 문장에 그치고 말았다. 따라서 이 책은 기껏해야 '飜譯文論選讀課本(번역문론선독교과서)'에 불과할 뿐 진정한 식견이 있고 체계적인 번역학 전문서적과는 아직도 거리가 멀었다.[3]

3) 장(蔣)씨의 이 책은 이미 찾아보기가 어렵다. 따라서 번역학의 사료(史料)로 제공하기 위하여 이 책의 목록을 발췌하여 제시하면 다음과와 같다. 第一章, 導言(第一節, 正名, 第二節, 原起), 第二章, 梁任公《佛典之飜譯》: 第三章, 淸吳摯父《餘嚴幾道論譯西書》, 第四章, 淸嚴幾道,《譯天演論例言》淸嚴幾道《群己權界論譯凡例》: 第五章, 梁任公《論譯書》, 第六章, 胡以魯《論譯名》: 第七章, 容挺公《致甲寅記者論譯名》; 第八章. 章行嚴《答容挺公論譯名》: 第九章, 胡適《輸入學理》胡適《飜譯西洋的文學名著》: 第十章 傅斯年《譯書感言》: 第十一章 何炳松, 程瀛章《外國專名漢譯問題之商榷》: 第十二章, 蔣翼振《飜譯學概論》. 장(蔣)씨는 자서(自序)에서 이 책은 "태반이 나의 스승이신 자천(子泉) 선생으로부터 취해 왔다. "고 자룡의 출처를 밝히고 있는

그밖에도 앞에서 이야기한 대만(臺灣)의 장진옥(張振玉)이 1971년에 출판한《譯學概論(역학개론)》이 있는데 이는 초보적이나마 번역통론의 성격을 갖춘 책이라고 할 수 있다. 그러나 이 책은 발행량도 매우 적어서 대륙에까지 전파되지도 않았으며 오늘날의 관점에서 보면 너무나 평범한 수준에 지나지 않는다. 그 후 1988년 3월에 이르러서야 비로소 강소교육출판사(江蘇教育出版社)에서 황용(黃龍)의《飜譯學(번역학)》을 출판하였는데 이는 새로운 수준을 대표할 만한 번역학 전문서적이라고 할 수 있다.

황룡(黃龍)은 1925년생으로 안휘(安徽), 잠산(潛山) 사람이다. 그는 금릉대학(金陵大學) 대학원을 졸업했다. 일찍이 중앙기관번역(中央機關飜譯)과 동북사범대학(東北師範大學), 외국어문학과, 부교수를 역임하였고, 현재는 남경대학(南京大學) 외국어문학과 교수를 맡고 있다. 황(黃)씨는 영어, 일어, 독어, 프랑스어, 러시아어, 라틴어 등 여러 외국어에 정통하여 적지 않은 작품을 번역하였으며《飜譯技巧指導(번역기교지도)》 등을 출판하였다. 그러나《飜譯學(번역학)》은 그의 번역이론과 실천 방면에서 수십 년 동안 종사한 경험의 결정판이라 할 수 있다. 또한 이 책은 지금까지 중국에서 '飜譯學(번역학)'이라는 제목으로 출판되고 있는 유일한 전문서적이다. 이 책은 영문으로 집필되었으나 서(序)에서 매우 전아한 중국어로 저자의 기본적인 생각과 견해들을 개괄적으로 설명하였다.

> "한 글자 한 글자마다 심혈을 기울이지 않은 것이 없어 10년 동안 쏟아 부은 정성이 참으로 예사롭지 않다."(《홍루몽(紅樓夢)》) 홍루몽을 애도하는 것도 확실히 어렵고 이를 번역하는 것도 어려우며 번역을 논하는 것도 어렵다. "오로지 집 앞을 흐르는 저 시냇물만이 내 마음 알까, 하루 종일 빤히 쳐다보고 있네!"(이청조(李淸照)) "이러 저리 찾아 헤맨다." 飜玉(玉을 뒤집어서)을 하여 찾아 뒤척이나 어디에 있는지? "차디차고 해맑은데" 번역자는 어디로 갔을까? 홀연히 고개 들어 하늘 끝을 바라보니 "방초(防草, 향기로운 풀, 귀한 대상)"는 하늘 끝에 옮겨와 있네, 갖고 싶어도 가질 수 없어 밤새 잠 못 들어 한다.

이 책의 서문에서는 생동감이 넘치고 눈에 보일 듯한 마치 詩와 같은 언어로 번역의 어려움과 번역이론의 어려움에 대해 말하고 있다. 이와 동시에 작자의 중국

데, 확실히 대부분을 전기박(錢基博)이 편찬한《국학필독(國學必讀)》에서 취해온 것이다.

고전 문학 방면의 조예를 잘 나타내고 있다.

번역의 어려움에 대해서는 엥겔스, 엄복(嚴复), 노신(魯迅) 등이 모두 같은 견해를 가지고 있었다. 《離騷(이소)》에서는 "'오로지 지름길로 총총걸음으로 간다.' 어떻게 '촉도(蜀道, 험난한 길)'를 지름길로 바꾸며 '천참(天塹; 몹시 험난한 지형)'을 통로로 바꾸어 번역자로 하여금 산 넘고 물 건너 새로운 길을 개척해 나가는 어려움을 겪지 않게 할 수 있을까?"라고 하고 있다.

황씨는 또한 "무엇보다도 먼저 번역역사의 손익을 종합적으로 평가하여 번역가들의 장점과 단점을 품평하고 이를 승화시켜 객관적인 규율을 만듦으로써 믿고 따를 수 있는 이정표를 마련하여야 한다."고 생각하였다. 번역이론 연구에 대해서는 옛날에도 연구한 사람들이 있었으나 각자 서로 다른 기준으로 번역을 평가하였다. 또 오늘날에도 여러 학자들이 각각 자신들의 견해를 내어놓아 의견이 분분하지만 이는 각자 자신의 의견을 개진한 것에 불과하다. 황(黃)씨는 "하나의 독립된 과학이라 할 수 있는 번역학은 완정한 하나의 이론 체계를 가져야 하며 동시에 그에 상응하는 실천 수단도 가져야 한다. 서적을 뒤적이고 문서를 찾아보면 반드시 번역의 역사를 논한 것도 있을 것이며, 번역하는 방법을 논한 것도 있고 번역이론을 논한 것도 있을 것이다. 그러나 그것들은 한쪽으로 치우쳐 온전하지 못하고 간략하여 포괄적이지 못하고 번잡하여 정교하지 못하다. 번역학을 체계적으로 서술한 전문서적이 오늘날까지도 없다는 것은 참으로 한탄할 일이다."라고 생각하였다. 그래서 그는 "나의 학식이 부족함을 알지만 여러 사람의 문장을 모으고 많은 사람들의 의견을 수렴할 뿐만 아니라 부족한 사람들의 의견도 함께 서술하여 훌륭한 사람들의 의견을 보충하도록 하겠다."고 결심하고 《飜譯學(번역학)》이라는 책을 저술하였다.

이 책은 모두 17장으로 나누어져 있다. 앞의 8장은 통론으로 번역의 정의와 속성 및 직능, 번역의 준칙(準則), 모순(矛盾)성과 가역성, 등가성, 정확성, 해운성(諧韻性) 등에 대해 논술하고 있다. 뒤의 8장은 각론으로 시가(詩歌) 번역(중국의 詩와 詞를 외국어로 번역하는 것을 포함), 《聖經(성경)》 번역, 구법(句法) 번역, 동성(同聲) 번역, 과학기술(科學技術) 번역, 컴퓨터 번역 및 번역 교육 등의 문제에 대해 언급하였다. 맨 마지막 장에서는 번역사업의 미래에 대해서 전망하고 있는데 이는 앞에서 거론한 역사 문제와 서로 호응하고 있다. 이로 미루어 보아 이 책은 비교적 포괄적이고 체계적인 번역학 전문서적임을 확실히 알 수 있다.

더욱 소중한 것은 이 책이 매우 체계적인 견해를 제시하고 있으며, 여러 사람들이 이루어 놓은 많은 성과들을 흡수하였다는 사실이다. 작자 자신의 말에 의하면 이 책이 다른 책들과 구별되는 뚜렷한 차이점은 아래와 같은 일곱 가지가 있다.

一. 유물변증관(唯物辨證觀)이다. 책 속에서 번역은 모순(矛盾)통일규율의 지배를 받는다. 서로 교환되는 도구에 대해서 이야기하면 모순(矛盾)되는 쌍방은 두 가지 서로 다른 언어이다. 표달형식에 대해서 이야기하면 모순(矛盾)되는 쌍방은 통역과 번역이다. 사용되는 시스템에 대해서 이야기하면 모순(矛盾)되는 쌍방은 사람의 두뇌와 전자두뇌(컴퓨터)이다. 구체적인 내용에 대해서 이야기하면 모순(矛盾)되는 쌍방은 이론 원칙과 실천 수단이다. 거쳐야 하는 범주에 대해서 이야기하면 모순(矛盾)되는 쌍방은 사회과학과 자연과학이다. 따라서 번역이란 쌍방의 언어(두 가지 언어, 여기에는 부호언어도 포함된다.)를 사용해서 사람의 두뇌와 전자두뇌(컴퓨터)를 통해 자연과학과 사회과학을 이론과 실천에서 출발하여 통역과 번역을 등가(等價)로 교류하는 대립 통일체이다. 이때 대립하는 쌍방은 서로 의존하며 대응하여 존재한다. 고립되거나 결렬되면 모두 번역의 관념에 어긋나게 된다.

二. 지행통일관(知行統一觀)이다. 작자는 공허한 번역이론은 확실히 본받을 만한 것이 되지 못한다고 생각하였다. 맹목적인 번역 실천도 취할 만한 것이 되지 못한다. 번역의 정도는 지(知)로써 행(行)을 통제하며 행(行)으로써 지(知)를 검증하는 지행통일(知行統一)이다. 이를 위해 이 책에서는 이론과 실천의 결합을 강조하였으며 많은 번역의 실례를 인용하여 번역의 원칙과 규율을 설명하였다. 동시에 자신의 고유한 방법(단 성역의 번역은 예외로 한다.)을 추구하며 남의 장점을 탈취하지 않는다. 그러나 그 가운데 보이는 예술적 기교는 배워서 나의 것으로 만든다.

三. 삼위일체관(三位一體觀)이다. 이 책에서는 엄복(嚴复)이 주장한 신달아(信達雅)에 대한 새로운 해석과 새로운 의의를 부여하는 데 주력하였다. 그는 신(信)을 달아(達雅)와 결부시켰으며 반대로 달(達)과 아(雅)도 신(信)과 결부시켜 해석하였다. 이 세 가지는 서로 겉과 속을 이루어 서로 제약을 하면서도 상부상조하며 서로가 서로를 보완하면 더욱 빛나게 되며 한 쪽이 사라지게 되면 다른 쪽도 사라지고 만다. 책에서는 또 엄복(嚴复)이 주장한 일련의 번역 주장에 대하여 평술하고 있다. 엄복(嚴复)이 '한(漢)이전의 자법(字法)이나 구법(句法)을 사용할 것'을 주장한 것에 대하여 오늘날의 입장에서 보면 '니고(泥古; 복고주의)'라고 비판할 수 있겠다. 그러나 엄복(嚴复)의 시대에는 많은 사람들이 그렇게 주장하였기 때문에 嚴씨가 이를 주장하였다고 해서 꼭 비난받아야 할 일은 아니니 오늘날의 입장에서 옛것을 가혹하게 평가하는 것은 아닐까? 하고 생각했다. 엄(嚴)씨는 또 '신(信; 원문의 내용에 충실하기)하기만 하고 달(達; 문장이 유창)하지 못하면 비록 번역을 했다고 하더라도 마치 안 한 것 같다.'고 하였는데 누가 감히 이를 틀린 말이라 할 수 있겠는가? 엄(嚴)씨가 이야기한 대로 '글자 한 자 한 자나 문장의 순서에 얽매이지 아니하면' '경직된 번역'의 폐단을 면할 수 있다. '때로는 순서를 바꾸거나 보충하여 더 보탤 수도 있는데' 이것은 어순을 조정하는 것으로, 그 감정의 장점을 번역함으로써 그 언어의 단점을 보완하는 것이니, 이것은 번역의 '정법(正法)'이라고 할 수 있다. 여기에서 이야기한 '시(時)'는 '시혹(時或; 때로는)'이라는 뜻으로 항상 그렇다는 것이 아니라 번역하는 과정 중에, 때로는 적당히 단어를 확대 해석하거나 어순을 바꾸는 것은 어쩔 수 없을 때가 있는 것이라는 말이다. 그러니 그것이 어찌 문제가 되겠는가? 따라서 엄(嚴)씨가 '사실 정법(正法)은 아니다.'라고 한 것은 스스로 겸손하게 표현한 것에 불과하다고 하겠다.

四. 체모상칭관(體貌相稱觀)이다. 책 가운데에서 옛것은 옛스럽게 번역하고, 현대적인 것은 현대적으로 번역하며, 문언은 문언으로 번역하고, 야성미가 넘치는 것은 야성미가 넘치게 번역하며, 운문(韻文)은 운문(韻文)으로 번역하고, 병문(騈文)은 병문(騈文)으로 번역하고, 시정잡배의 말은 시정잡배의 말로 번역하려고 노력하였다고 언급하고 있다. 만약《詩經(시경)》중의《國風(국풍)》을 미국 카우보이들의 연가(戀歌)로 번역하면 곧 그 '전아(典雅; 고상함)'를 잃어버리고 말 것이다. 또 반대로《好萊塢影壇(할리우드영화계)》을《이소(離騷)》체로 번역하면 '時新(유행)' 감각을 잃어버리고 말 것이다. '통속(通俗)'적이라는 것은 결코 '용속(庸俗; 천박)'한 것을 말하는 것이 아니며 하리파인(下里巴人; 전국시대의 통속적인 노래)을 노래하든 양춘백설(陽春白雪; 전국시대의 고상한 노래)을 노래하든 거기에는 반드시 정신이 살아 있어야 하고 그 분위기가 살아 있어야 한다. 훌륭한 번역은 피리소리가 길게 여운을 남기는 것처럼 오랫동안 그 맛을 음미할 수 있어야 한다. 음운(音韻)이 조화를 잃어버리면 마치 까마귀가 울어대는 것 같고, 가을날 철을 잃은 매미가 울어대는 것처럼 귀에 거슬리는 것 같다. 계곡 가득 썩은 물은 파도가 일어도 빛이 나지 않는다. '성운(聲韻)'이 없는데 어찌 '신운(神韻)'이 있을 수 있겠는가?

五. 우미우미관(寓美于微觀)이다. 황(黄)씨는 번역의 아름다움이란 그 귀함이 미관(微觀)에 있으니 털끝처럼 가는 것에도 정신이 깃들 수 있다고 생각하였다. '인면도화(人面桃花; 복숭아꽃처럼 발그스레한 얼굴)'를 번역할 때에는 '비(肥; 살이 찐)'한 얼굴이어야 하고, '랍매투한(臘梅鬪寒; 랍매가 추위에 떨고 있다.)'를 번역할 때에는 '수(瘦, 가지가 가늘어야 한다)'하게 번역하여야 하며 '추수공장천일색(가을 물빛이 하늘색을 닮아간다.)'을 번역할 때에는 당연히 '담(淡; 담백한)'한 색이어야 한다. '야반종성도객선(夜半鐘聲到客船; 밤은 깊어만 가는데, 멀리서 종소리가 客船까지 들려온다.)'을 번역할 때에는 당연히 '정(靜; 고요)'해야 한다. '황하지수천상래(黄河之水天上來; 황하의 물이 하늘에서 내려온다.)'를 번역할 때에는 당연히 물살이 '급(急; 세차야)' 해야 한다. '촉도지난(蜀道之難), 난우상청천(難于上青天; 蜀道의 험난함은 하늘을 오르는 것보다도 더 어렵다.)'을 번역할 때에는 당연히 '험(險; 험준하다.)'해야 한다. '단원일식한형주(但願一識韓荊州; 다만 韓荊州를 한 번 만나보는 것이 소원이다.)'를 번역할 때는 당연히 '불비불항(不卑不亢; 韓荊州의 인품이 비루하지도 않고 교만하지도 않아야 한다.)' 하여야 한다. … 모두 반드시 문(文; 문장)과 정(情; 정감)이 서로 보완하여 그 운영의 묘를 극진히 하여야 할 것이다. 심금을 울리는 번역을 이루기 위해서는 길게 여운이 남아 미관지미(微觀之美; 사소한 것에서도 느껴지는 아름다움)에 도달해야 한다. 저자는 이 책에서 자신이 번역한 것과 다른 사람이 번역한 것을 서로 비교하면서 이 점에 대해서 설명하였다.

六. 정보화시대관(信息時代觀)이다. 황(黄)씨는 현재는 정보화 시대이기 때문에 '지식이 폭발하고 있다.'고 생각하였다. 미래학(未來學), 과학학(科學學), 정보과학(信息科學), 공간과학(空間科學), 생명과학(生命科學), 환경과학(環境科學) 등과 같은 주변부 과학들이 막 생겨나 지칠 줄 모르고 성장하고 있다. 로봇, 레이저, 원격 탐지, 컴퓨터 등과 같은 첨단 연구가 날마다 새롭게 발전하고 있다. 국력의 강약은 과학기술의 우열에 달려 있는데 만약 번역하지 않는다면 무슨 방법으로 새로운 기술을 도입하겠는가? 또 무역경쟁도 오로지 정보에 달려 있어 일초의 차이로 일 전체를 그르칠 수 있는데, 번역을 하지 않고서 어떻게 작은 성과라도 이룰 수 있겠는가? 특히 국제정치는 잠시도 쉴 새 없이 변하므로 절충을 하고 담판을 짓는 데에도 임기응변에 능한 유능한 통역자를 매우 필요로 한다. 따라서 이 책에서는 동시통역, 컴퓨터 번역, 과학기술 번역 등을 모두 포함시킴으로써 시대적 수요에 부응하고자 하였다. 현대사회에 있어 '종교 정보' 또한 외사번역에 있어서 빠져서는 안될 요소가 되었다. 특히《聖經(성경)》문학은 세계 문고의 보고이며《성경(聖經)》의 번역은 역사가 가장 길고 가장 많은 언어로 번역되었다. 그뿐 아니라 유포된 범위도 가장 넓으며 번역이론의 건립도 매우 크기 때문에 이 책에서는 따로 한 장으로 독립해서 논술하였다.

七. 지능과학관(智能科學觀)이다. 황(黃)씨는 순수 '번역경험론(飜譯經驗論)'은 이제 더 이상 독자들에게 설득력이 없다고 하였다. 또한 번역지능(飜譯智能)의 계발은 전문화된 교육과 훈련에 의존하므로 이 책에서는 번역교육이 중심 내용의 하나로 열거되고 있다. 최근 사람들은 번역을 사회과학의 범주에 포함시키려 하였다. 또 '인공사유(人工思惟)'를 이용하여 작곡하고 그림을 그리고 소설을 쓰며 영화를 찍는 것을 시도함으로써 번역에도 새로운 길을 열어 놓았다. 인공지능론자들은 기계 번역은 물 운동의 특수한 형식으로 분류되며 제일성(第一性)에 속한다고 하였다. 천부지능론자(天賦智能論者)들은 번역은 외국어를 배우는 목적일 뿐만 아니라 외국을 배우는 수단이 되기도 하며 외국어를 배우는 전 과정은 심역(心譯; 마음속으로 번역하는 것), 구역(口譯; 통역), 필역(筆譯; 번역)의 과정이라고 생각한다. 지능론자(智能論者)들의 의견을 종합하면 번역학이라는 것은 다른 과학의 기초 위에 세워진 학문으로 '지식탑(知識塔)'의 상층(上層) 부분이다. 이러한 논설은 번역이론발전의 새로운 추세를 반영하고 있다. 따라서 저자는 이와 관련한 내용을 맨 마지막 장으로 독립해서 논술하고 있다. 결론적으로 이야기하면 이 책의 저술 취지와 논술 내용 및 범위는 바로 오늘날 번역학의 지도원칙과 연구대상 및 범위와 일치한다. 80년대 후반에 이 책이 출판되었다는 것은 매우 시의적절하다. 당연하지만 국외에서도 번역학은 아직도 어린아이가 강보에 쌓여 있는 것과 같은 단계에 놓여 있기 때문에 이 책이 아직도 완전하다거나 논란의 여지가 없다고는 할 수 없다. 예를 들면 이 책에서는 번역사나 번역이론사에 대한 회고가 지나치게 간단하다.

그밖에도 이 책의 주요 독자층은 중국의 번역종사자들이거나 연구자들일 것이며 이들 독자들이 모두 영어를 공부하는 사람들이 결코 아님에도 불구하고 이 책이 영어로 쓰여졌다는 것은 그 자체로 한계가 있다. 다만 저자가 1988년 10월 남경대학출판사를 통해서 《飜譯藝術教程(번역예술교정)》이라는 책을 출판하였는데 포함된 내용과 관점이 기본적으로 영문판 《飜譯學(번역학)》과 별 차이가 없다. 따라서 여기서는 따로 소개하지는 않겠다. 아래에 그 책의 목록을 제시함으로써 참고할 수 있도록 한다.

序言: 一. 飜譯與飜譯學的界說觀(번역과 번역학의 정의), 二. 飜譯的社會職能觀(번역의 사회직능관), 三. 飜譯的藝術觀與科學觀(번역의 예술과 과학관), 四. 飜譯的辨證觀(번역의 변증관), 五. 飜譯的神韻觀(번역의 신운관), 六. 飜譯的美術觀(번역의 미술관), 七. 飜譯的文體觀(번역의 문체관), 八. 飜譯的是非觀(번역의 시비관), 九. 飜譯的微觀性(번역의 미관성), 十. 飜譯的直觀性(번역의 직관성), 十一. 飜譯的雙關性(번역의 쌍관성), 十二. 飜譯的追溯性(번역의 추소성), 十三. 飜譯的外位性(번역의 외위성), 十四. 飜譯學的綜合教育觀(번역의 종합교육관), 十五. 飜譯的語言心理學觀(번역의 어언심리학관), 十六. 飜譯的人工智能觀(번역의 인공지능관), 十七. 飜譯的人才觀(번역의 인재관), 十八. 外來語的飜譯(외래어의 번역), 附錄(부록)

十三. 7, 80년대 역학의 개황(概況)

60년대 후반기에 중국에서는 10년 동안 계속된 '문화대혁명(文化大革命)'이 일어났다. 이 기간 동안 번역이론연구는 거의 중단되었다(이 기간 동안 해외나 홍콩과 대만에 발행된 일련의 역학 저술들이 어떤 의미에서는 공백을 메워 주는 작용을 하였다고 할 수 있다.). '문혁(文革; 문화대혁명의 약칭)'이 지난 후 번역연구의 사업은 또 다시 활기를 띠었다. 그러나 70년대 이후의 역학이론을 논술하는 것은 확실히 쉽지 않다. 왜냐하면 첫째로, 이 시기가 이제 막 지나갔기 때문에 어떤 사람들은 아직도 진행 중이라고도 말하고 있어 아직은 '역사(歷史)'라고 부를 수 없을 듯하기 때문이다. 이 시기에 출현한 번역이론은 아직도 실천이나 시간적인 검증이나 도태를 겪지 않았으며, 아직도 정돈되거나 평가되지 않았기 때문에 충분한 시간적 거리가 없어 역사적으로 관조할 수가 없다. 둘째로, 이 시기의 번역사업과 번역 연구는 지금까지 볼 수 없었던 성황을 이루었고 번역종사자들도 종전에 볼 수 없었을 만큼 증가하여 한 무리의 신선한 번역연구자들이 출현하였다. 따라서 국외의 새로운 번역이론들도 분주하게 소개되었다. 이 시기에 발표된 수많은 번역이론과 번역관점들은 서로 얽히고설켜 질서정연하게 정리하기가 어렵다. 뿐만 아니라 접촉할 수 있는 자료도 한정되어 있어 많은 것을 빠뜨릴 위험성마저도 존재한다. 오로지 중국 번역이론의 발전을 전면적으로 반영하기 위하여 그 어려움을 무릅쓰고 이 문제에 대해서 간략하게 약술하고자 한다. 이미 앞에서 논술했던 전종서(錢鐘書), 강춘방(姜椿芳)이나 최초로《飜譯學(번역학)》이라는 저서를 출판한 것 등을 제외하고, 이 시기의 번역학 개황에 대하여 조감도를 그리는 것처럼 대략적인 서술을 하고자 한다.

개혁과 개방의 수요에 부응하기 위해 이 시기의 번역연구는 가장 빨리 회복하고 발전한 학문 분야 중의 하나가 되었다. 먼저 유관한 학술 간행물부터 살펴보기로 하자. 70년대 후기에 외국어를 교학하는 대학과 관련된 기관에서 창간(또는 복간)한 외국어교학이나 연구와 관련된 전문 잡지가 우후죽순처럼 쏟아져 나왔다. 이러한 잡지들에는 다소간의 번역이론과 관련된 논문들이 수록되었다. 최초의 잡지는 1977년 7월 북경대외무역대학(北京對外貿易大學)에서 출간한《外語敎育與硏究(외국어교육과 연구)》 계간(季刊, 1979년《外國語敎育(외국어교육)》 雙月刊으로 개명하였다.)이었다. 이어서 상해외국어대학(上海外國語大學)에서 1978년 4월에 학보인《外國語(외국어)》 계간(1980년 이후 쌍월간(雙月刊)으로 바꿈)을 창간하였다. 이 대학에서는 그 외에도《外語界(외어계)》 계간을 창간하기도 하였다. 흑룡강대학(黑龍江大學)에서는 1978년 8월 이 학교학보의 외어판(外語版)을 발행하였으며, 1980년에《外語學刊(외어학간)》 계간으로 개명하였다. 북경외국어대학(北京外國語大學)은 1978년 9월, 5-60년대에 상당히 유명했던《外語敎學與硏究(외국어의 교학과 연구)》 계간을 복간했다. 같은 해 광주외국어대학(廣州外國語大學)은《現代外語(현대외어)》 계간을 창간했으며, 항주대학(杭州大學)의 외국어문학과와 절강대학(浙江大學)의 외어교연실(外語敎硏室)이 연합하여《外語(외어)》를 창간하였다. 1978년 상해사범대학(上海師範大

學)에서《上海外語教學(상해외어교학)》계간을 창간하였으며, 서안외국어대학(西安外國語大學)에서도《外語教學(외어교학)》계간을 창간하였다. 1980년 사천외국어대학(四川外國語大學)에서는《外國語文教學(외국어문교학)》반년간(半年刊)을 창간하였으며 산동성고등학교(山東省高等學校, 중국에서는 고등학교는 대학을 의미한다.), 외어교학연구회(外語教學研究會)에서《山東外語教學(산동외어교학)》계간을 창간하였다. 이밖에도 80년대에 복건사범대학(福建師範大學 외국어문학과(外國語文學科)에서《外國語言與文學(외국어언여문학)》을 창간하였으며, 대련외국어대학(大連外國語大學)에서《外語與外語教學(외어여외어교학)》을 창간하였다. 또 해방군외국어대학(解放軍外國語大學)에서《教學研究(교학연구)》계간(季刊)을 창간하였으며, 해방군국제관계대학(解放軍國際關係大學)에서《外語研究(외어연구)》를 창간하는 등의 활동이 있었다. 이러한 전문적인 외국어 계통의 학보와 간행물을 제외하고도《南京大學學報(남경대학학보)》,《安徽大學學報(안휘대학학보)》등 종합성 사회과학학보 등에도 번역과 관련된 논문이 실리기도 했다.

그밖에도 전문 외국어 종류의 연구 지들도 앞 다투어 창간되었다. 1978년 10월 복단대학(復旦大學) 외국어문학과에서《現代英語研究(현대영어연구)》를 창간하였으며, 같은 해 12월 천진사범대학(天津師範大學)에서는《英語學習與研究(영어의 학습과 연구)》를 창간하였으며, 1979년 12월 북경대외무역대학(北京對外貿易大學)에서는《日語學習與研究(일어의 학습과 연구)》를 창간하였고, 1981년 중국세계어협회(中國世界語協會)에서는《世界語(세계어)》를 창간하였다. 1982년 5월 중국아어교육연구회(中國俄語教育研究會)에서는《中國俄國教學(중국아어교학)》을 창간하였다. 과학기술외국어방면에서는 1980년 1월 상해교통대학(上海交通大學)의 과학기술외국어학과(科學技術外國語學科)에서《科技英語學習(과기영어학습)》을 창간하였으며, 1985년 1월 호남대학(湖南大學)에서《科技日語(과기일어)》를 창간하였고, 1986년 상해과기번역공작자협회(上海科技飜譯工作者協會)에서《上海科技飜譯(상해과기번역)》을 창간하는 등의 활동을 하였다. 보급을 위한 작은 간행물로 확대해서 눈길을 돌려 보면 이 기간 동안《英語學習(영어학습)》(北京外國語大學),《英語世界(영어세계)》(商務印書館),《英語輔導(영어보도)》(江西人民出版社),《英語自學(영어자학)》(上海外國語大學),《大學生英語(대학생영어)》(北京航空大學),《日語學習(일어학습)》(商務印書館),《德語學習(독어학습)》(商

務印書館), 《法語學習(불어학습)》(北京外國語大學), 《俄語學習(러시아어학습)》(北京外國語大學) 등이 출판되었다. 이러한 소형 간행물들에도 마찬가지로 번역 연구와 관련된 글이 항상 수록되어 있었다.

이 시기는 확실히 전국적인 번역이론연구 중심의 간행물이 필요한 때였다. 전국적인 번역 학술조직이 결성되기 전에 중국대외번역출판공사가 이 무거운 책임을 지고 나섰다. 1979년 3월 1일이 공사에서는 내부적으로 《飜譯通訊(번역통신)》 쌍월간(雙月刊)(이 잡지의 전신은 《聯合國文件飜譯工作簡報(연합국문건번역공작간보)》로, 이미 30期나 발행되었다.)을 창간하였다. 1980년 2월 15일, 이 잡지는 정식으로 공개 출판되었는데 이는 당시로서는 중국에서 유일한 번역학 전문 잡지였다. 중국번역공작자협회(中國飜譯工作者協會)가 1982년 정식으로 성립된 이후, 그 다음해부터 이 잡지는 협회에서 출판을 주관하였고 협회의 회지가 되었다. 1986년부터 《中國譯學(중국역학)》으로 개명(改名)하였다. 이 잡지에는 매기마다 '본간종지(本刊宗旨, 발기 선언문)'가 등재되어 있다.

> 번역이론을 연구하여 번역경험을 교류하고 번역작품을 평가하여 번역지식을 전파하며 외국어교육을 촉진하고 새로운 번역자와 원로 번역들을 소개하고 국내외의 번역계 사조와 동태를 보도함으로써 번역사업을 번영하게 한다.

이 잡지는 이 발기선언의 정신을 잘 구현하여 당시 중국 번역학을 대표하고 있었다고 할 수 있다. 잡지의 수준도 50년대 초기의 《飜譯通報(번역통보)를 능가함으로써 국내외 학술계의 주목과 호평을 받았다. 위의 논술을 종합해 보면 70년대 말 이래로 중국에서는 이미 상당한 규모의 번역의 연구논문을 발표할 수 있는 지면을 제공하는 간행물 체계가 형성되어 있었음을 알 수 있다. 이러한 여건이 조성된 것은 당시의 역학연구에 대단히 유리한 조건을 제공한 것이다.

그 다음으로 학술전문서적의 출판상황을 살펴보기로 하자. 번역논문선집의 수집과 정리에 관하여 살펴보면 1984년 2월 외어교육여연구출판사(外語教育與研究出版社)의 《飜譯通訊(번역통신)》 출판부에서 중국번역공작자협회(中國飜譯工作者協會)의 위탁을 받아 《飜譯研究論文集(번역연구논문집)》 제1집을 편선(編選)하였는데, 여기에는 1894년부터 1948년까지의 대표적인 번역이론 51편이 수록되어 있다. 곧이어 그해 11월, 같은 출판사에서 같은 논문집 제2집을 출판하였는데 1949년부터 1983년까지의 대표적인 번역이론 63편이 수록되어 있다. 이 두 책을 합하면 80여만 자나 되는 방대한 분량이다. 같은 해 5월에는 상무인서관(商務印書館)에서 라신장(羅新璋)이 편선한 70여만 자에 달하는《飜譯論集(번역논집)》을 출판하였는데, 이 책에는 서기(西紀) 3세기에서 1982년에 이르기까지 대표적인 논문 180여 편이 수록되어 있다. 이 책은 앞의 책과 상당히 많은 부분이 중복된다. 그러나 이 책에 수록하고 있는 고대 불경번역이론과 명청(明, 淸) 시대 예수회 선교사들의 번역이론은 앞의 책에서는 모두 빠져 있는 것들이다. 이 양대 번역논문집은 비록 아직도 부족한 부분이 많고 반드시 수록해야 할 논문들이 누락되어 있기는 하지만(이 책의 앞의 논술에서 적지 않게 이미 지적을 했었다.) 유사 이래 가장 상세하고 방대한 분량의 논문을 수집한 책이다. 이 책은 3, 40년대에 오서천(吳署天), 황가덕(黃嘉德) 등이 편선(編選)한 논문집보다 훨씬 더 훌륭함은 물론이고, 70년대에 대만(臺灣)의 진붕거(陳鵬擧)가 편선(編選)한《飜譯史, 飜譯論(번역사, 번역론)》이나 80년대 초에 홍콩의 유정지(劉靖之)가 편선(編選)한《飜譯論集(번역논집)》에 비해서도 비교할 수 없을 만큼 뛰어날 뿐만 아니라 번역연구자들에게도 많은 편리를 제공하였다. 그밖에도 민족출판사(民族出版社)에서는 1987년 2월에《民族語文飜譯硏究論文集(민족어문번역연구논문집)》을 출판하였다. 이 책은 대략 25만 자 정도로 구성되었는데 당대의 민족어문번역연구자(民族語文飜譯硏究者)들의 논문 24편이 수록되어 있다. 이 논문집은 이 방면에 있어서 최초의 논문선집(論文選集)이기는 하지만 역사상 민족어문번역이론(民族語文飜譯理論)의 원시 자료들을 수집하여 수록하지는 못하였다. 1989년 5월, 북경대학출판사에서는 왕수란(王壽蘭)이 편찬한《當代文學飜譯百家談(당대문학번역백가담)》을 출판하였는데 이 역시 약 70만 자에 달하는 방대한 분량으로, 당대의 저명한 문학번역가 100여 명의 대표적인 번역이론과 자서전자료 등을 수록하였다. 이 또한 대단히 의미 있는 저서인데 특히 얼마 전에 세상을 떠난 원로 번역가들의 번역이론을 현장감 있게 수록한 시의적절한 자료이다. 또 중국대외번역출판공사(中國對外飜譯出版公司)에서《飜譯理論與飜譯技巧論文集(번역이론여번역기교논문집)》,《外國飜譯理論評介文集(외국번역이론평개문집)》,《論英漢飜譯技巧(론영한번역기교)》,《科技飜譯技巧文集(과기번역기교문집)》 등을 출판하였는데 이들 대부분이 당대 번역이론과 관계되는 글들을 선별하여 편찬한 것이었다.

한편 이 시기에는 개인 번역학 전문서적도 출판되었다. 이 책의 앞에서 소개한 황룡(黃龍)의 《번역학(飜譯學)》, 《번역예술교정(飜譯藝術教程)》 등과 대륙에서 중인(重印)된 전가천(錢歌川) 등 해외나 홍콩, 대만(臺灣) 등의 번역가들의 책 이외에도 80년대에 출판되어 비교적 호평을 받는 책들로는 팽계량(彭啓良)의 《飜譯與比較(번역과 비교)》(商務印書館), 정진구(程鎭球)의 《飜譯問題探索(번역문제탐색)》(商務印書館), 옹현량(翁顯良)의 《意態由來畵不成? 文學飜譯叢談((의식형태의 유래는 그려낼 수 없는가?)-문학번역총담)》(中國對外飜譯出版公司), 허연충(許淵忠)의 《飜譯的藝術(번역의 예술)》(中國對外飜譯出版公司), 유중덕의 《飜譯漫談(번역만담)》(陝西人民出版社), 유복경(劉宓慶)의 《文體與飜譯(문체와 번역)》(中國對外飜譯出版公司), 주문진(朱文振)의 《飜譯與語言環境(번역과 어언환경)》(四川大學出版社), 풍지위(馮志偉), 양투(楊鬪)의 《自動飜譯(자동번역)》(知識出版社) 등이 있다(그밖에도 번역의 구체적인 기교 등을 논한 책들이 있기는 하나, 여기서는 생략하기로 한다.). 이러한 책들은 대부분이 10여만 자 분량이나 되는 책들이며 개인 논문을 모아서 출판한 것으로, 대만이나 홍콩에서 출판된 같은 종류의 전문서적에 비하여 전혀 손색이 없다. 다만 대륙 전체 번역계와 출판계의 실력이나 성적과 비교하면 수량적으로나 분량적으로나 균형이 맞지 않는다. 이밖에도 1984년 7월, 중국대외번역출판공사(中國對外飜譯出版公司)에서 마조의(馬祖毅)의 《中國飜譯簡史(중국번역간사)》(五四이전 부분)가 출판되었으며, 1989년 8월에는 같은 출판사에서 진옥강(陳玉剛)이 주편한 《中國文學飜譯史稿(중국문학번역사고)》를 출판하였다. 이 두 권의 책은 전문적인 역사가 없었던 공백을 메워 주기는 하였으나 기대를 충족할 만한 수준은 아니었다. 최근에 와서 외국의 번역이론서를 번역한 책이 몇 권 출판되기는 하였으나 일일이 다 소개하지는 않겠다.

다음으로 이 시기에 열렸던 관련 학술회의에 대해 소개하기로 한다. 1978년 11월 25일, 전국외국문학공작규획회의(全國外國文學工作規劃會議)가 광주(廣州)에서 개최되어문학번역사업의 장기적인 계획에 대한 문제를 토의하였다. 1979년 10월 30일에는 전국 제4회 문학예술공작자대표대회(文學藝術工作者代表大會)가 북경에서 개최되었다. 회의 기간 동안에 당시 성립된 지 얼마 되지 않았던 《飜譯通訊(번역통신)》 편집부의 요청에 따라 대표들 가운데 번역계의 인사들을 따로 모아 좌담회를 열고 번역을 어떻게 발전시킬 것인가 하는 문제에 대하여 토론한 후 이 시기를 전후하여 1980년 9월 북경에서 전국 제1차 기계번역학술회의를 개최하기로 하였음은 물론, 아직까지 정식으로 개최된 적이 없었던 전국 규모의 번역학 학술대회를 열기로 하였다. 1982년 6월 23일, 중국번역공작자협회(中國飜譯工作者協會)가 정식으로 북경에서 회의를 개최하여 성립되었다. 회장 강춘방(姜椿芳)은 협회는 중국공산당 영도 하의 학술 단체로, 앞으로 번역 연구와 번역 관련 학술 교류를 전개하여 중국 번역가들의 수준을 제고(提高)하고 사회주의의 현대화를 위해 이바지할 것을 선포하였다. 이때 이후로 적지 않은 전국 규모의 번역 학술회의가 개최되었다. 예를 들면 1984년 전국번역도유공작회의(全國飜譯導游工作會議, 北京)와 과기번역경험교류회(科技飜譯經驗交流會, 成都)를 개최한 것을 들 수 있다. 1985년에는 전국민족어문번역학술토론회(全國民族語文飜譯學術討論會, 烏魯木齊)와 전국중청년문학번역경험교류회(全國中青年文學飜譯經驗交流會, 烟台) 및 전국제2차과기번역경험교류회(全國 第二次科技飜譯經驗交流會, 秦皇島)를 개최하였다. 1986년에는 전국외사구역공작경험교류회(全國外事口譯工作經驗交流會, 西安)와 전국제3차과기번역경험교류회(全國第三次科技飜譯經驗交流會, 屯溪)를 개최하였다. 1987년에는 전국제1차번역이론연토회(全國第一次飜譯理論硏討會, 青島)와 전국제2차민족어문번역학술토론회(全國第二次民族語文飜譯學術討論會, 通遼) 및 전국연구생번역이론연토회(全國硏究生飜譯理論硏討會, 南京)가 열렸다. 1988년 전국문학번역연토회(全國文學飜譯硏討會, 長沙)와 전국제2차중청년문학번역경험교류회(全國第二次中青年文學飜譯經驗交流會, 桂林)가 개최되었으며, 1989년 전국제사차과기번역경험교류회(全國第四次科技飜譯經驗交流會, 昆明)와 전국제3차민족어문번역학술토론회(全國第三次民族語文飜譯學術討論會, 延吉)가 개최되었다. 지방 규모의 소형 번역 학술회의와 어떤 특정한 언어 단독으로 개최된 번역 학술회의 등은 다 헤아릴 수 없을 만큼 많이 개최되었다. 위에서 언급한 이러한 학술회의와 적지 않은 번역 전문서적 및 자료의 출판 등도 대부분 전국번역협회의 주관과 지원 하에 진행되었다. 유명한 영국 국적의 화교작가인 한소영(韓素英)은 중국번역협회에 보낸 편지에서 "내가 알기로는 서방의 어떤 번역협회도 당신들처럼 그렇게 잘 운영하지는 못하였다."고 말하였는데 이러한 점은 중국번역협회가 자부심을 가질 만한 일이다.

이후 10여 년 동안 이들 잡지와 전문서적 및 학술회의에서 많은 양의 번역이론이 발표되었다. 원로 번역가들 중에도 뛰어난 번역이론(앞에서 이미 서술한 전종서(錢鍾書)와 강춘방(姜椿芳) 등은 제외)을 발표한 사람으로는 주광잠(朱光潛), 종백화(宗白華), 양회(楊晦), 오려보(伍蠡甫), 방중(方重), 범존충(范存忠), 장곡약(張谷若), 황약면(黃藥眠), 장우송(張友松), 이제야(李霽野), 주유지(朱維之), 라념생(羅念生), 주후량(周煦良), 문가사(聞家駟), 구주상(裘柱常), 손석진(孫席珍), 라대강(羅大岡), 양개심(楊豈深), 변지림(卞之琳), 갈전규(葛傳槼), 계선림(季羡林), 주문(朱雯), 임환평(林煥平), 과보권(戈寶權), 풍역대(馮亦代) 등이 있다(이 책에서는 그들의 오랜 기간 동안 번역사업에 종사한 고귀한 경험과 이론을 일일이 소개할 방법이 없어, 존경하는 심정으로 그들 가운데 일부의 이름을 적을 수밖에 없음이 안타까울 뿐이다.). 이 기간 동안 더 많은 번역이론을 발표한 사람들은 당연하게도 중·청년의 번역 연구자들이었다. 그러면 신시기의 번역 연구의 중심과 특색은 어떤 방면에 있을까? 달리 말하면 어떤 문제에 관해 더 집중적으로 깊이 있는 연구가 진행될 것이며, 또 어떤 새로운 문제가 제기될 것인가? 내가 생각하기로는 아래와 같은 몇 가지 방면이 될 것으로 보인다.

첫째, 번역의 원칙(原則), 표준(標準) 방법(方法) 등 기본적인 이론 문제에 대하여 진일보한 토론이 이루어지리라고 생각한다.

예를 들면 '신달아(信達雅)'에 대하여 대부분의 논자들은 간단히 이를 부정하거나 이 삼자 원칙(三字原則)을 포기하는 것에 대하여 찬성하지 않으므로 수정하거나 재해석하는 방식을 채택할 것이다. 이러한 수정과 해석은 결코 일부 사람들이 주장하는 것처럼 특별한 쟁점도 없이 제자리를 맴도는 것이 아니라 번역의 표준과 원칙 등에 대하여 진일보한 깊이 있는 내용이 될 것이다. 유중덕(劉重德)은 1979년에 《호남사원학보(湖南師院學報)》에 《試論飜譯的原則(번역원칙을 시론함)》을 발표하여 '신달절(信達切)'설을 제기하여 '절(切)' 자(字)로 '아(雅)' 자(字)를 대체하고, 번역문이 충실(忠實, 信)하고 통순(通順, 達)한 정도에 도달하게 되면 반드시 한 걸음 더 나아가 풍격(風格)의 절합(切合, 알맞음)을 요구하게 된다고 주장하였다. 그는 이렇게 한 자를 바꾸고 나면 일목요연할 뿐만 아니라 비교적 전체를 포괄하는 것으로 바뀐다고 주장하였다. 그는 1982년 《飜譯通訊(번역통신)》 제4기에 발표한 《談飜譯的忠實性(번역의 충실성을 이야기함)》과 1983년 《飜譯通訊(번역통신)》 제4기에 발표한《飜譯原則芻議(번역원칙에 대한 제의)》 등의 문장에서 다시 한 번 더 이러한 관점에 대해 논술하였다. 허연중(許淵中)은 1981년《飜譯通訊(번역통신)》 제1기에《飜譯的標準(번역의 표준)》이라는 글을 발표하여 '信'과 '達'은 번역의 필수 조건이라고 여겼으며, '雅'를 번역문의 언어적 우수함을 드러나게 하는 것으로 해석하여 번역의 '충분조건'으로 여겼다. 다시 말하면 번역이 번역문의 우수성을 드러내지 않아도 되지만 번역문의 우수성을 드러내게 되면 더욱 훌륭한 번역이 된다. 필수조건에 부합하느냐의 여부는 맞는 번역이냐 틀린 번역이냐 하는 문제이지만 충분조건에 부합하느냐의 여부는 좋은 번역이냐 나쁜 번역이냐를 결정하는 문제인 것이다. 1982년《飜譯通訊(번역통신)》 제4기에《揚長避短, 發揮譯文優勢(장점을 살리고 단점을 예방하여, 번역문의 우수성을 발휘하자)》라는 글을 발표하여 한 걸음 더 나아가 이러한 견해를 논술하였다. 상사풍(常謝楓)은 1981년《外語教學與硏究(외국어의 교학과 연구)》 제4기에《是'信', 還是'信, 達, 雅'?('信'이냐 아니면 '信, 達, 雅'냐?)》라는 글을 발표하여, 엄복(嚴复)이 이 삼자(三字)를 제기한 후 일찍이 2, 30년대에 벌써 '雅' 자에 대한 의미의 전환이 발생하여 '문채(文彩; 문장의 아름다움)'의 동의어로 바뀌고 말았다고 주장하였다. 그는 이 세 자를 병렬할 수는 없으며 병렬하면 '信'이 내포한 의미를 축소한 것과 다를 바가 없다고 생각하였다. 따라서 그는 문학번역의 표준으로는 '信'자 한 자로 충분하며 그 속에 '達'과 '雅'를 다 포함하고 있다고 생각하였다. 1982년, 심소유(沈蘇儒)가《編譯參考(편역참고)》 제3기에《論信, 達, 雅(논신달아)》라는 글을 발표하였다. 여기에서 그는 이 삼자표준(三字標準)은 아직까지도 생명력을 가지고 있으며, 적지 않은 사람들이 제기한 새로운 표준은 사실 이 삼자 표준(三字標準)을 능가하지 못하여 아직까지는 더욱 깊이 있고 포괄적이며, 간단명료하면서도 실천에 있어 더욱 지도 의의(指導意義)가 풍부한 표준이 만들어지기 전까지는 이 삼자(三字)에 새로운 의의를 부여하고 이를 계승하여 사용할 수밖에 없다고 하였다. 그는 '덕(德), 지(智), 체(體)'라는 삼자(三字)는 반세기 전에 이미 있었던 것으로(살펴보니 엄복(嚴复)이 당시 梁啓超에게 보낸 편지에서 '지(智), 덕(德), 력(力)' 삼자(三字) 는 반드시 제창하여야 한다고 하였는데, 이미 100년이 흘렀다.) 아직까지도 이를 제창하고 있으나 아무도 봉건주의 사상을 제창하거나 자본주의 사상을 제창하는 것으로는 생각하지 않고 있다. 그의 이러한 견해는 매우 설득력이 있다. 같은 해《飜譯通訊(번역통신)》

제6기에 주후량(周煦良)이 《飜譯三論(번역삼론)》을 발표하였는데 그 제1론(第一論)의 제목이 '그래도 信, 達, 雅가 낫다.'로 심소유(沈蘇儒)의 의견에 동의하였다. 비록 그 이후에도 이 3자에 대해서는 지속적으로 많은 논란이 있었다. 특히 '아(雅)'에 대해서는 그것이 필요한지의 여부와 어떻게 그것을 이해할 것인지에 대한 의견이 적지 않게 엇갈리곤 했었다(勞龍같은 사람은 1983년 《飜譯通訊(번역통신)》 제10기에 《雅義新釋(아의신석)》이라는 글을 발표하여, '아(雅)'라는 것은 독자들이 가장 잘 받아들일 수 있는 문체(文體)를 운용하는 것으로, 번역문으로 하여금 가장 널리 전파되고 그 영향력을 확대하는 작용을 한다.). 심지어 적잖은 가장 극단적인 논자들은 3자는 근본적으로 필요가 없는 것들로 중국 번역이론의 발전을 저해한다고 생각하였다. 그러나 원로 번역가인 주후량(周煦良)이 말한 '그래도 신(信), 달(達), 아(雅)가 낫다.'는 말은 기본적으로는 정곡을 찌른 말이라 할 수 있다.

그 외에도 번역방법에 대해서도 적지 않은 새로운 글들이 발표되었다. 예를 들면 허연중(許淵中)은 1978년 《外國語教學(외국어교학)》 제4기에 《飜譯中的幾對矛盾(번역중의 기대모순(矛盾))》이란 글을 발표하였다. 그는 이 글에서 직역은 원문의 내용에 충실할 것을 가장 중요하게 생각하며 원문의 형식에 충실한 것을 그 다음으로 중요하게 생각한다. 또한 유창한 번역문의 형식을 세 번째로 중요한 번역방법으로 생각한다. 의역은 원문의 내용에 충실한 것을 가장 중요하게 생각하며, 유창한 번역문의 형식을 두 번째로 중요하게 생각하며, 원문의 형식에는 구애 받지 않는 번역방법이다. 직역이든 의역이든 그 어느 것을 막론하고 원문의 내용을 가장 중요하게 생각한다. 만약 원문의 내용을 중시하지 않고 원문의 형식만을 중요하게 생각한다면 그것은 직역이 아니고 경역(硬譯)이 되고 만다. 만약 원문의 내용에 충실하지 않고 다만 유창한 번역문의 형식만을 추구한다면 그것은 의역이 아니고 남역(濫譯)이 되고 만다고 하였다. 한편문학번역의 풍격 문제에 대하여도 토론이 이어졌다. 예를 들면 옹현량(翁顯良)은 《飜譯通訊(번역통신)》 1982년 제2기에 《意態由來畵不成(의식형태의 유래는 그려낼 수 없다.)》이라는 글을 발표하여 원작의상(原作意象)의 감춤과 드러냄, 완곡함과 곧음, 화려함과 질박함, 장중함과 해학적임은 모두 번역할 수 있다고 하였다. 양연(楊延)도 이 잡지의 제2기에 《談談譯文風格(역문의 풍격에 대하여 이야기함)》이라는 글을 발표하였으며, 풍세칙(馮世則)은 같은 해제5기에《風格的飜譯: 必要, 困難, 可能與必然(풍격의 번역 : 필요, 곤란一가능과 필연.)》이라는 글을 발표하였다. 또한 주후량(周煦良)은 같은 해 같은 잡지 제6기에《飜譯三論(번역삼론)》을 발표하였고, 한생민(韓生民)은 1984년 같은 잡지 제4기에《關于文學飜譯風格問題(문학번역의 풍격문제에 관하여)》라는 글을 발표하였는데, 이들 문장은 번역의 풍격 문제에 대하여 매우 훌륭한 의견들을 발표한 것이다. 특히 1985년 이후에는 이 문제에 대한 연구와 토론이 더욱 풍성해졌다. 예를 들면《飜譯通訊(번역통신)》잡지에만 해도 이 해 고건(高建)이 제1기에《淺談風格的可譯性及其他(풍격의 가역성과 그밖의 문제에 대하여 가볍게 이야기함)》와 제5기에 시화평(時和平)이《從信息角度看風格的飜譯標準(정보의 측변에서 풍격의 번역표준을 살펴봄)》이라는 글을 발표하였으며, 제6기에는 왕전충(王殿忠)의《風格三議(풍격삼의)》, 제8기에 장영진(張英進)의《語言風格與飜譯(어언의 풍격과 번역)》, 제10기에 헌연(軒然)의《從語體角度看風格的飜譯(어체각도에서 풍격의 번역을 살펴봄)》등이 발표되었다. 1986년 이후《中國飜譯(중국번역)》에도 이반(李蟠), 유조위(劉祖慰), 유중덕(劉重德) 등이 번역 풍격에 관한 문제에 대해 논문을 발표하였다.

두 번째로 신시기의 번역 연구가 새로운 각도에서 출발하여 신학문 분야와 서로 결합하고 다른 학문 분야의 새로운 성과를 흡수하였다는 점에 주의하여야 한다.

이 시기에는 중국의 어언학이 개척자적인 발전과 비약적인 진보를 이룩하던 시기였다. 어언학의 적지 않은 새로운 이론이 번역이론 속으로 흡수되어 들어왔다. 비교적 빠른 시기에 이 방면에서 활동한 사람으로는 왕좌량(王佐良)이 있는데, 그는 1971년 처음으로 발간된《飜譯通訊(번역통신)》제1기에《辭意, 文體, 飜譯(사의, 문체, 번역)》이라는 글을 시험 삼아 발표하여 사의학(辭意學)과 문체학(文體學)의 원리를 운용하여 번역문제를 연구하였다. 또한 현대어언학이 제공하는 새로운 견해(新見解)들이 번역문제를 토론하는 데 도움이 된다고 설명하였다. 어언학자인 왕덕춘(王德春)은 그의《語言學教程(어언학교육과정)》과《語言學通論(어언학통론)》등 전문서적에서《飜譯學(번역학)》을 독립된 장(章)으로 개설하여 당대 어언학 분야의 입장에서 번역의 본질, 가역성과 등가성 및 번역의 단위, 표준, 방법 등의 문제에 대해 체계적으로 논술했다. 그는 번역이란 담고 있는 정보를 전환하는 언어로, 한 종류의 언어가 담고 있는 정보를 새로운 언어를 사용해서 표현해 내며 서로 다른 두 가지 언어의 전환을 통해 사회 교류라는 목적을 달성함으로써 응용언어학의 중요한 한 분야로 인정되었다고 하였다. 그는 번역학의 두 가지 기본 원리는 '가역성(可譯性)'과 '등가성(等價性)'이라고 주장하였다. 가역성(可譯性)은 어언과 사유의 변증관계에 근거하는데 언어는 비록 민족적 특성을 가지고 있기는 하지만 인류의 사유규율(思惟規律)은 동일하다는 것이다. 등가성(等價性)은 번역문과 원문이 의의(意義)와 풍격(風格)에 있어 고도로 같은 가치를 가질 것을 요구한다. 당연하지만 광의의 번역학은 응용언어학이 완전히 수용할 수는 없다. 그러나 왕(王)씨가 언어학의 새로운 성과를 운용하여 번역문제를 토론한 것은 그 사변성(思辨性)이나 체계성(體系性) 방면에 있어서 확실히 엄밀하고 신선한 느낌을 준다. 그밖에도 오철평(伍鐵平) 등은 모호언어학(模湖言語學)의 어떤 새로운 성과를 번역 연구에 운용하려는 시도를 하였는데 앞으로 그 성과가 기대된다.

미학 연구의 성과도 번역 연구에 광범위하게 도입되었다. 예를 들면 1984년《外語教學(외국어교학)》 제2기에 장성주(張成柱)가《文學飜譯中的美學問題(문학번역 중의 미학문제)》를 발표하였고, 같은 해《飜譯通訊(번역통신)》 제6기에 또 다시《試談文學飜譯中的美學問題(문학번역 중의 미학문제에 대해 시론함)》를 발표하여 어떠한 미학원리(美學原理)는 문학번역에 무시할 수 없는 지도적 작용을 한다고 주장하였다. 1985년 같은 잡지 제10기에 장후진(張后塵)이《試論文學飜譯中的美學原則(문학번역 중의 미학원칙에 대해 시론함)》 국부적 미(局部的美, 부분적인 아름다움)와 정체적 미(整體的美; 전체적 아름다움)의 통일, 형사(形似; 형식의 유사함)와 신사(神似; 정신의 유사함)의 통일, 문자미(文字美)와 음운미(音韻美)의 통일이라는 방면에서 출발하여 번역미학(飜譯美學)의 연구가 자각적으로 번역을 실천하는 데에 미치는 중요한 의의(意義)에 대해서 논술하였다. 번역미학(飜譯美學)을 건설하는 방면에 있어서 공헌이 비교적 큰 사람은 유복경(劉宓慶)이었다. 그는 1986년《中國飜譯(중국번역)》 제4기에《飜譯美學基本理論構想(번역미학의 기본이론의 구상)》이라는 글을 발표하여 번역미학의 범주와 임무, 번역의 심미주체(審美主體)와 심미객체(審美客體), 번역 중의 심미체험(審美體驗)의 일반 규율 및 번역의 심미표준(審美標準) 등의 문제에 대하여 논술하였다.

80년대에 들어와 또 다시 문화학의 연구에 활기가 되살아났다. 번역연구의 영역에서 문화 연구와 서로 결합하기를 제창한 사람 가운데 비교적 유력한 사람으로는 왕좌량(王佐良)이 있다. 그는 1984년《飜譯通訊(번역통신)》제1기에《飜譯中的文化比較(번역 중의 문화비교)》라는 글을 발표하였으며, 1985년 1월 같은 잡지에《飜譯與文化繁榮(번역과 문화번영)》이라는 글을 발표하였다. 이보다 앞서 1982년 같은 잡지 제5기에 유산(劉山)이《飜譯與文化(번역과 문화)》라는 글을 발표하였다. 그 후 1984년, 같은 잡지 제7기에 채의(蔡毅)가《飜譯與民俗(번역과 민속)》을 발표하였다. 1986년에는《中國飜譯(중국번역)》제5기에 담재희(潭載喜)가《文化對比與飜譯(문화의 대비와 번역)》이라는 글을 발표하였다. 1987년 같은 잡지 제3기에 양영림(楊永林)이《文化比較研究與飜譯(문화의 대비와 번역)》을 발표하였으며, 제6기에는 소굉(邵宏)이《飜譯…對外來文化的闡釋(번역…외래문화에 대한 천석)》을 발표하였다. 1988년 같은 잡지 제1기에 가평(柯平)의《文化差異和語義的非對應(문화차이와 語義의 비대칭)》과 장아비(張阿非)의《符號結構, 文化差異, 語際飜譯(부호구조, 문화차이, 語際번역)》및 오역림(吳譯林)의《試談文化飜譯的文化交融本質(문화번역과 문화교류융합의 본질에 대해 試談함)》등의 글이 실렸다. 이 방면의 연구 역시 번역의 본질에 대한 인식을 넓고 깊게 하는 데 큰 역할을 하였다.

그밖에도 경용명(耿龍明)은 논리학적 측면에서 번역을 연구하였고 장걸(張杰) 등은 심리학적 측면에서 연구하였다. 라진덕(羅進德), 정위파(鄭偉波) 등은 부호학적 측면에서 연구하였고, 양송하(楊松河), 시화평(時和平), 조국유(曺國維) 등은 정보학적 측면에서 연구하였으며, 진충화(陳忠華), 범수걸(范守杰), 장성주(張成柱) 등은 모호학적(模糊學的) 측면에서 연구하여 모두 주목할 만한 논문을 발표하였다. 결론적으로 말하면 이 시기의 번역 연구는 확실히 이전에 볼 수 없었던 다양한 측면과 다양한 방법과 다양한 학문 분야의 연구 양상을 띠었다.

셋째로, 신시기의 번역 연구는 더욱 구체적이고 전문적이며, 이전에는 소홀히 여겼던 번역작업들에 대해서 비교적 깊이 있는 연구를 하였다. 이 방면에서 가장 주목 받는 분야는 과학기술 번역에 대한 이론적 연구였다. 이것은 확실히 중국의 사화건설(四化建設, 중국의 4개 현대화 건설 슬로건)과 밀접한 관련을 맺고 있었다. 위에서 언급한 전문적인 과학기술 번역 잡지와 과학기술 번역 연구 문집 외에도《中國通訊(중국통신)》과《中國飜譯(중국번역)》등의 잡지에만도 10년 동안에 릉위민(凌

渭民), 방초지(方楚之), 염덕승(閻德勝), 포진남(包振南), 유수근(劉樹根), 강국성(姜國成) 등 수십 명의 작자들이 80여 편의 논문을 발표하였다. 뿐만 아니라 과학 보급용 잡지 등에도 약간의 연구 논문이 실렸다.

문학 번역 방면에 있어서는 시가 번역과 관계되는 논문들이 비교적 많았다. 이것은 아마도 시가가 가장 번역하기 어려운 작품이기 때문일 것이다. 이 방면에 비교적 많은 논문을 발표한 사람으로는 방중(方重), 이제야(李霽野), 비백(飛白), 이망(李芒), 원가가(袁可嘉) 등이 있는데, 이들은 모두 빼어난 논문을 썼다. 《飜譯通訊(번역통신)》과 《中國飜譯(중국번역)》 등의 잡지에만도 대략 30편 가량의 시가 번역 관련 논문이 발표되었다.

통역 방면의 연구는 이전에는 상당히 희소한 분야였다. 1983년 《번역통신(飜譯通迅)》 제1기에 이월연(李越然)이 《建議開展口譯工作的硏究(통역 방면의 연구를 확대할 것을 건의함)》이라는 글을 발표하였다. 그 후 그는 또 《中國飜譯(중국번역)》 제2기에 《充分發揮口譯的社會功能(통역의 사회적 역할을 충분히 발휘하자.)》이라는 글을 발표하였다. 그밖에도 제종화(齊宗華), 서석옥(徐錫玉), 왕효현(王效賢), 전건국(田建國) 등이 모두 통역이론의 문제 등에 관한 견해를 발표하였다. 이 밖에도 과학기술의 통역과 관광통역 등의 구체적인 분야에도 약간의 연구 논문이 나왔는데 이것은 상당히 고무적인 일이다.

동시통역에 대한 연구는 하나의 새로운 연구 영역이라 할 수 있다. 국외에서는 1919년 파리 평화회의에서 최초로 동시통역이 시도되었으며, 중국에서는 1952년 아시아, 태평양 지역 평화회의에서 시도된 적이 있었다. 그러나 중국에서 정식으로 이 분야에 대한 연구가 시작된 것은 1970년대 말부터였다. 1981년 《飜譯通訊(번역통신)》 제2기에 장재양(張載梁)의 《同聲傳譯的斷句技巧(동시통역의 문단나누기 기교)》가 발표되었고, 그 후 그 잡지(《中國飜譯(중국번역)》도 포함함.)에 차례로 장신군(張晨君), 당건문(唐建文), 당생(唐笙), 왕약근(王若謹), 방생평(方生平) 등이 논문을 발표하였다. 이 방면의 연구는 임무가 막중한데 그 연구는 이미 서막이 올랐던 것이다.

또 하나의 더욱 어려운 연구과제는 기계번역(컴퓨터 번역, 또는 자동 번역(自動飜譯)이라고 부르기도 함)이다. 기계 번역은 외국에서도 40년대 후기에 비로소 시작되었다. 중국에서는 1957년에 연구가 시작되었으나 '문혁(文革)' 기간 동안 중단되었다가

1976년에 다시 시작하였다. 이것은 언어학, 수학과 전자공학이 결합된 주변주 과학으로 대단히 광범위한 가능성을 가지고 있다. 이 방면에 있어서도《飜譯通訊(번역통신)》과《中國飜譯(중국번역)》등에 유탁(劉倬), 강일평(姜一平), 왕학흥(王學興), 역운(亦云), 동진동(董振動), 요조위(姚兆煒), 근해림(靳海林) 등이 논문을 발표하였다. 이 밖에도 더 많은 논문들이 전문 잡지나 전문적인 회의에서 발표되었다. 아직까지도 기계 번역은 실제로 운용되기까지는 험난한 여정이 남아 있다. 이것은 수리언어학의 참신한 영역일 뿐만 아니라 인공지능 연구의 중요한 한 분야인데 현재까지의 성과로 미루어 볼 때 중국의 기계 번역사업은 반드시 점차적으로 발전하게 될 것이라고 확신한다.

오늘날 번역이론계에서는 번역교학 연구에 대해서도 매우 중요하게 생각하고 있다.《飜譯通訊(번역통신)》과《中國飜譯(중국번역)》등의 잡지에도 전문적인 란을 개설하여 팽부민(彭阜民), 이청원(李青原), 라국림(羅國林), 학계성(郝啓成), 주백동(朱柏桐), 초안박(肖安博) 등이 논문을 발표하였다. 또 뉴스 번역의 이론 문제에 대해서는 비교적 빠른 시기인 60년대 후기에 홍콩의 학자인 여야로(余也魯), 고극의(高克毅), 림우란(林友蘭), 하고(夏皐) 등이 연구 발표를 하였으나 대륙에서는 이 문제를 언급한 사람이 거의 없다. 80년대에 들어와서 대륙에서는 진리앙(陳理昂), 유신린(劉新粦) 등이 연구하였다. 그밖에도 영상번역연구(映像飜譯硏究), 민족어언번역연구(民族語言飜譯硏究), 법률문헌번역연구(法律文獻飜譯硏究) 등 전문적 영역에도 이 몇 년 사이에 연구 논문이 몇 편 발표되었다.

넷째로, 이 시기에는 외국 번역 연구의 성과를 도입하는 데 더욱 주의를 기울였다. 이는 중국 역대의 번역경험을 종합 평가하는 일을 더욱 중요하게 생각하였기 때문이다.

국외의 번역이론 가운데 비교적 많이 소개된 것으로는 미국의 당대 번역이론가인 내달(奈達)과 영국의 당대 번역이론가인 뉴마극(紐馬克), 사탄납(斯坦納) 및 소련(蘇聯), 프랑스, 일본 등의 유명한 번역이론가들의 관점이었다. 이 방면에 있어서 비교적 많은 작업을 한 사람으로는 채의(蔡毅), 담재희(譚載喜), 장전역(莊傳繹), 왕종염(王宗炎) 등이 있다. 어언학파(語言學派), 결구전환학파(結構轉換學派), 사회어언학파(社會語言學派), 어사의의학파(語詞意義學派),《성경(聖經)》석의학파(釋義學派), 의의인식재현학파(意義認識再現學派) 등과 같은 당대 국제사회에서 유행하던 번역이론 유파들은 모두 다소간 소개되고 도입되었다.

한편 당시는 중국의 역대 번역이론 연구에 대해서도 비교적 새로운 시도가 크게 일어나는 듯하였다. 이 방면에 있어 성과가 비교적 큰 사람으로는 마조의(馬祖毅)가 있다. 그는 역사상의 번역가들과 그 이론에 대하여 비교적 체계적으로 연구하여 적지 않은 평론을 발표함과 동시에 최초로 《飜譯理論簡史(번역이론간사)》(五四이전까지)를 출판하기도 하였다. 라신장(羅新璋)은 역대 번역이론과 관계되는 논문을 체계적으로 정리하였을 뿐만 아니라 장편 논문인 《我國自成體系的飜譯理論(우리나라 자생의 체계를 갖춘 번역이론)》을 써서 중국의 번역이론에서 일관된 하나의 맥락을 찾아내려고 시도하였다. 그 외에도 원금상(袁錦翔) 등은 중국 근현대 번역가들의 역학 견해에 대한 연구 문장을 썼다. 그러나 결론적으로 말하면 이 방면의 연구자들은 아직도 많지 않으며 적지 않은 견해와 방법들은 아직도 토론의 여지가 남아 있다. 뿐만 아니라 자료 방면에 있어서도 진일보한 발굴과 정리가 있어야 할 것이다. 종합하면 이 연구 과제는 아직도 해야 할 많은 일들이 남아 있는 실정이다.

다섯째로, 이 시기의 중국 번역학계에서는 정식으로 '번역학(飜譯學)'이라는 하나의 학문 분야를 정식으로 건립하자는 의견이 제시되었다.

'역학(譯學)'이라는 명칭은 장지동(張之洞) 시대에 이미 사용된 것으로 알고 있으며, 20년대에는 '번역학(飜譯學)'이라는 표제를 단 전문서적이 출판되기도 하였다. 그러나 번역학이 하나의 전문 학문 분야로 정립되지 못했을 뿐만 아니라 보편적으로 인정받지도 못하였다. 시험적으로 최신 대형 사전을 한 번 찾아보면 번역학이라는 단어가 등장하지 않는 것만 보아도 그간의 사정을 짐작할 수 있다. 당대의 사회과학계에서 크게 한 번 유행하기만 하면 하나의 '신학과(新學科)'로 이름을 내거는 현실과 비교해 보면 중국 번역계에서 번역학을 수립하려는 태도는 대단히 신중하다고 할 수 있다.

앞에서 이미 언급했던 황룡(黃龍)의 전문서적 《飜譯學(번역학)》과 왕덕춘(王德春)의 언어학 전문서적 가운데 독립된 분야인 '번역학(飜譯學)' 이외에도 중국번역협회의 잡지에도 이 문제에 대해 약간의 논문이 수록되었다. 1984년 《飜譯通訊(번역통신)》 제8기에 동종걸(董宗杰)이 《發展飜譯學, 建立專業隊伍(번역학을 발전시키기 위해서는, 전문적 단체를 건립해야 한다.)》라는 글을 발표하여 번역학의 내용 및 관련 학문 분야들과의 관계에 대하여 토론하였다. 1986년 《中國飜譯(중국번역)》 제3기에 계건원(桂乾元)이 《爲確立具有中國特色的飜譯學而努力(중국특색이 있는 번역학을 확립하기 위하여 노력하자.)》이라는 글을 발표하여 국외 번역학에서부터 시작하여 번역학이 무엇이며 왜 번역학을 확립해야 하며 어떤 형태의 번역학을 확립해야 하는지 등에 관한 문제를 논술했다. 이 방면에 대해서 비교적 많은 의견을 발표한 사람은 담재희(譚載喜)인데, 그는 1987년 《中國飜譯(중국번역)》 제3기에 《필수건립번역학(必須建立飜譯學)(반드시 번역학을 건립하여야 한다.)》이라는 글을 발표하였고, 1988년 《外國語(외국어)》 제3기에 《시론번역학(試論飜譯學)(번역학을 試論함)》을 발표하였다. 그는 '번역(飜譯)'과 '번역학(飜譯學)'이라는 두 가지 개념을 반드시 구별하여 사용해야 한다고 주장하고, 번역은 과학이 아니라 하나의 예술이고 기술이며 번역학은 과학이라고 부를 수 있다고 생각하였다. 그는 또 번역학의 학문의 성격과 내용 구조에 대해서도 연구하였다. 1989년 《中國飜譯(중국번역)》 제4기에 양자검(楊自儉)이 《關于建立飜譯學的思考(번역학을 건립하겠다는 사고에 대하여)》라는 글에서 '번역학이란 당연히 번역의 사유규율(思惟規律)과 방법을 연구하는 과학'이라는 새로운 견해를 발표하고, 동시에 번역학의 구조 및 눈앞의 번역이론계의 전략 임무 등에 대한 견해를 제시하였다. 그밖에도 번역협회 잡지에 국외의 번역학을 소개하는 논문을 발표하기도 하였다.

종합적으로 이야기하면 중국에 번역학이라는 하나의 새로운 학문 분야를 수립한 것은 중국 번역계의 비교적 일치된 하나의 요구라 할 수 있다. 이 학문 분야의 성질이나 내용 구조 등의 문제에 있어서는 아직도 차분하게 검토해 나가야 할 것이다. 그러나 진정으로 중국만의 특색이 있는 번역학을 확립하기 위해서는 앞으로도 몇 세대의 사람들이 끊임없이 분투해야 할 것이다.

마지막으로 신시기의 번역이론의 부족한 부분에 대해서도 마땅히 이야기해야 하겠지만 이 문제에 대해서는 다음 장(제4장을 마치면서)에서 언급하기로 하고 여기에서는 이만 줄이기로 한다.

十四. 중국당대역학이론(中國當代譯學理論)을 마치면서

중국 당대 번역이론사(中國當代飜譯理論史)는 '문혁(文革)'을 기준으로 하여 전후 두 단계로 나누어 볼 수 있다. 제1단계에서 번역사업은 신중국(新中國) 건설 사업의 발전에 따라 비교적 큰 성과를 거두었으며 번역이론 사업도 초기에는 주목을 받았다. 공화국(共和國)이 정식으로 성립하기 이전인 1949년 9월 1일, 해방된 지 얼마 되지 않은 상해(上海)에서 《世界知識(세계지식)》 사(社)에서 《飜譯(번역)》 월간을 발간하였는데 임담추(林淡秋), 강춘방(姜椿芳), 호중지(胡中持), 동추사(董秋斯), 김중화(金仲華), 진원(陳原), 풍빈부(馮賓符), 엽수부(葉水夫), 유사모(劉思慕) 등이 편집을 담당하였다. 이 잡지는 종합지 성격을 띤 번역잡지로 번역연구 이론의 발표에도 주의를 기울였다. 발간사로 쓰였던 손사정(孫思定)의 《飜譯工作的新方向(번역사업의 신방향)》이라는 글은 바로 모택동(毛澤東)의 《論人民民主專政(프롤레타리아독재를 논함)》 중의 관련 이론에 근거하여 신중국 번역사업의 노력 방향에 대해 논술한 것이다. 이보다 앞서 동북해방구(東北解放區)의 중화서국(中華書局)의 편심부(編審部)에서 《飜譯工作通訊(번역공작통신)》을 발간하였는데 그 서두에 번역연구와 관련된 글을 실었다. 그 지역 당정의 지도자였던 고강(高崗)은 이 잡지가 '동북 지역 인민들에게 직접적으로 영향을 미칠 뿐만 아니라 전국적으로 영향을 미치게 될 것'이라 지적하였다 이러한 지방성 잡지를 제외하고도 1950년 7월 1일 중앙인민정부출판총서번역국(中央人民政府出版總署飜譯局, 후에 편역국(編譯局)으로 명칭을 바꿈)에서 《飜譯通報(번역통보)》월간을 창간하였으며 그 다음 해 1월부터 공개적으로 발행하였다. 심지원(沈志遠)은 《發刊詞(발간사)》에서 '신중국의 정치, 경제와 문화, 교육적 요구에 부응하여 우리들의 번역사업은 반드시 산만하고 맹목적인 상태에서 조직적이고 계획적인 상태로 전환하는 철저한 변환을 하여야 한다.'고 하였다. 그는 또 이 잡지의 발간 취지에서 '번역사업에 종사하는 사람들 간의 연계를 강화하여 번역경험을 교류하고, 번역계의 비평과 자아비평을 전개하여 번역의 수준을 제고한다.'고 하였다. 해방 초까지 이 잡지는 전국적 번역이론 전문 잡지로는 유일한 것이었다.

가장 먼저 설립된 번역종사자들의 조직은 상해번역공작자협회(上海飜譯工作者協會)였는데, 1949년 6월 19일에 이 모임의 발기인 대회를 소집하였다. 동추사(董秋斯)가 사회를 보고 진우손(陳虞孫), 황원(黃源), 풍설봉(馮雪峰) 등이 연설하였다. 11월 13일 정식으로 대회를 소집하여 모임을 발족시켰는데, 여전히 동추사(董秋斯)가 사회를 보고 구양문빈(歐陽文彬), 정효순(鄭效洵), 풍정(馮定), 요진(姚溱), 진우손(陳虞孫), 황원(黃源), 풍설봉(馮雪峰), 유사모(劉思慕) 등이 연설을 하였다. 기타 다른 유관한 조직들도 뒤이어 생겼다. 예를 들면 1950년 5월 초, 곽말약(郭沫若)의 발의로 중앙문화공작위원회(中央文化工作委員會)에서 '학술명사통일공작위원회(學術名辭統一工作委員會)'가 발족되었으며, 이 위원회에서 번역명칭통일사업을 전담하였다. 1952년 중공중앙선전부(中共中央宣傳部)에서 스탈린저작번역실(斯大林著作飜譯室)을 설립하였으며, 그 다음 해에는 한걸음 더 나아가 중공중앙마르크스, 엥겔스, 레닌, 스탈린저작편역국(中共中央馬克思, 恩格斯列寧, 斯大林, 著作編譯局)을 설립하였다. 이때부터 마르크스 레닌주의의 주요서적들의 번역작업을 전면적이면서도 체계적으로 전개하기 시작하였다. 번역과 관계되는 회의도 잇따라 개최되었다. 1951년 11월 출판총서(出版總署)에서는 100여 명이 참여하는 가운데 제1회 전국번역공작회의(全國飜譯工作會議)를 개최하였는데, 호유지(胡愈之), 엽성도(葉聖陶), 호교목(胡喬木) 등이 연설을 하였다. 1954년 8월에는 중국작가협회(中國作家協會)에서 제1회 전국문학번역공작회의(全國文學飜譯工作會議)를 개최하고 모순(茅盾), 곽말약(郭沫若) 등이 연설을 하였다.

1950년 3월 26일, 《人民日報(인민일보)》에는 《用嚴肅的態度對待飜譯工作(엄숙한 태도로 번역사업을 담당하자.)》이라는 제목으로 세 편의 번역비평문이 수록되었는데 이들은 번역계의 주목을 받았다. 1951년 6월 6일, 이 신문에서는 모택동이 직접 수정하여 확정한 《正確地使用祖國的語言, 爲語言的純潔和健康而鬪爭(조국의 언어를 정확하게 사용하여, 언어의 순결과 건강을 위하여 투쟁하자.)》이라는 글이 발표되었는데, 이 글은 번역종사자들에게도 이론면에서 중요한 지도적 의의가 있는 것이다. 이 밖에도 적지 않은 중앙의 영도자들이 서로 다른 장소에서 번역문제에 대해 지시와 의견을 발표하곤 하였는데 이들에 대해서는 이미 위에서 서술한 바 있다.

번역이론 연구는 위와 같은 조건 하에서 자연스럽게 번영을 누리기 시작하였다. 이 단계의 번역이론은 최소한 아래와 같은 두 가지 명확한 특징을 가지고 있다. 첫째, 대부분의 논자들이 모두 변증유물주의(辨證唯物主義)와 역사유물주의(歷史唯物主義)의 지도 아래 철학적 방법론을 운용하여 문제를 분석하는 데 주의를 기울였다는 점이다. 스탈린(斯大林)의 언어학이론은 당시에 영향력이 매우 컸으며 소련 번역이론가들의 저서도 상당히 주목받았다. 둘째, 연안(延安) 시기에 시작된 중공중앙(中共中央)이 직접 영도하던 마르크스 레닌주의 저작을 번역한 경험과 이론이 총 결산되고 영향을 발휘하기 시작하였다는 사실이다. 당시 비교적 큰 규모의 '신달아(信達雅)' 문제와 관계되는 토론은 중공중앙마르크스, 엥겔스, 레닌, 스탈린 저작편역국, 교심실(中共中央馬恩列斯著作編譯局, 校審室)과 관계된 문장으로부터 시작되었다. 이러한 토론은 번역이론 수준을 제고하는 데 촉진 작용을 하였다. 한편 이 단계에서의 번역이론 작업에는 많은 부족한 점 또한 있었다. 예를 들면《飜譯通報(번역통보)가 출판된 지 2년 후에 정간이 되고 나서부터는 이를 대체할 만한 전국 규모의 번역이론 전문 잡지가 없어졌다는 사실이다. 전국 번역종사자들의 통일 조직은 처음부터 끝까지 건설되지 못하였다. 또 당시의 특수한 국제 환경과 '일변도(一邊倒; 냉전체제에서 공산진영에 속함)' 정책으로 인하여 외국의 번역이론은 주로 소련과 관계되는 논저만 수입되었고 기타 국가의 번역이론은 거의 소개되지 못하였다.

'문혁(文革)' 기간 동안에는 번역 연구 활동이 거의 중단되어 기술할 만한 내용이 없었다. 다만 홍콩과 대만 등지나 이국에 머물고 있던 번역 연구자들은 여전히 연구를 계속하였으며 일정 정도의 성과를 거두었다. 본 장에서는 이에 대해 이미 논술하여 이 기간 동안의 공백에 대한 보충으로 삼으려고 하였다. 이 기간 동안 국내 연구자들 중에는 곤란한 환경 하에서도 묵묵히 연구를 계속한 사람도 있었다(예를 들면 전종서(錢鍾書) 같은 사람이 있다.). 이와 같은 기초가 있었기 때문에 70년대 후기 제2단계에서 번역 연구 활동이 또 다시 시작된 후 빠른 시간 안에 제1단계를 훨씬 능가하는 성과를 올릴 수 있었던 것이다. 이와 관계되는 활동들은 앞 절에서 이미 상세하게 논술하였기 때문에 여기에서는 다시 설명할 필요가 없을 것 같다. 그밖에도 이 10여 년 간에 이룩한 큰 성과를 충분히 긍정하는 기초 위에서 깨어 있는 정신으로 그 부족한 부분을 지적하여야 하며, 번영하는 측면을 보면서 동시에 혼란한 다른 측면도 민첩하게 보아야 한다.

이들에 대해서는 앞에서 언급한 강춘방(姜椿芳) 등과 같은 사람들이 적지 않게 지적한 바가 있지만 내가 보기에는 아래와 같은 몇 가지를 들 수 있다.

一. 번역 연구는 전체적으로 보면(심지어는 세계 범위 내에서) 커다란 진전이 없었으며 오랜 기간 동안 원래의 인식 수준에서 머물고 있었다. 경험을 여유롭게 이야기한 것은 많았으나 과학적인 이론 전개는 부족하였다. 기본적인 이론 문제가 오늘날까지도 아직도 명쾌하게 논술되지 못하고 있을 뿐만 아니라 오늘날까지도 당대 번역이론을 전면적으로 총 결산한 전문서적이나 교재가 없는 실정이다.

二. 80년대 후반기에 중국학계의 건전하지 못한 학풍이 크게 유행하여 어떤 사람들은 현학적이고 공허하고 이상한 것만 따르고 남이 말하지 않는 말만 골라서 하는 것을 추구하는 것을 유행(시대를 앞서가는 것)이라 여겼는데, 번역계에도 이러한 경향이 있었다(비록 다른 학문 영역보다는 훨씬 양호하였다.). 어떤 번역이론은 참으로 현학적인 '신술어(新述語)'를 사용하였으나 결코 어떠한 문제도 해결한 것은 없었으며 심지어는 어떤 문장들은 무엇을 말하는지도 알아볼 수가 없었다.

三. 번역비평을 전개한 것은 부족하였으며 번역의 사회적 역할에 대한 주의나 연구는 점점 자취를 감추었다. 그리하여 번역 활동은 맹목성을 띠거나 산만하게 전개되어 상당히 많은 심각한 문제를 띤(정치사상상의 문제나 번역을 함부로 하여 수준 낮은 작품을 내놓는) 번역 작품이 출현하기에 이르러 개별 번역종사자들이 긴급한 호소를 하거나 엄숙한 비평을 하는 것을 제외하고는 번역이론계에서 전체적으로 강제력을 가진 어떤 반응을 내놓은 것은 전무하였다.

이상의 몇 가지 의견이 사실에 부합하는지의 여부는 각자가 알아서 판단해 주기 바란다.

여화(餘話: 다 못한 이야기)

이 책의 앞부분의 장절을 다 쓰고 난 후, 아직도 이 책의 중심의제와 관계가 있거나 그 밖의 이야기도 해야 할 것이 있어, 이 "다 못한 이야기"를 쓰기로 하였다.

만약 당신이 지금 능히 찾을 수 있는 역대번역이론(아마도 틀림없이 아직도 많은 빠진 부분이 있을 것이다.)에 대해서 한 번 훑어보기만 해도, 모순된 감정 … 한편으로는 자료가 참으로 풍부하다. 또 다른 한편으로는 상당히 뒤떨어져 있다? …을 느끼게 될 것이다. 솔직히 이야기하면, 내가 이 연구와 저술을 하면서 이러한 모순된 감정이 줄곧 따라다녔다. 번역이론과 예를 들면 문학이론, 미학이론 등과 같은 인문과학의 기타학과의 이론과 서로 비교하여 볼 때, 그 성숙도나 체계성이 크게 미치지 못한다. 들은 바로는 외국도 크게 다르지 않다. 그러나 중국의 당대역학이론과 국외의 그 어떤 당대역학이론과 서로 비교해 보면 상당히 뒤떨어져 있다는 것을 느낄 수 있을 것 같다. 비록 번역이 중국의 아주 오래되고 끊임없이 이어져 내려온 활동일 뿐만 아니라, 내려오면 내려올수록 점점 더 활발하게 전개된 활동이기는 하나, 번역연구는 발전이 느리고, 오랜 기간 동안 각종의 주관적인 조건(부정확하고 한 쪽으로 치우친 사상방법을 포함한다.)의 영향으로, 번역연구를 진정한 종합적이고 독립적인 한 학문의 영역으로 인정하지 않았다. 이것은 우리가 반드시 인정해야할 사실이다.

그러나 나는 이런 사실이 우리의 선인들이 아무런 공헌도 하지 않았다는 것을 의미하는 것은 아니라고 생각한다. 번역이론문제에 있어 역사허무주의자가 될 필요는 없다. 마땅히 우리의 선인들이 우리를 위해서 유산을 남겨주었으며, 그것도 상당히 풍성한 유산을 남겨주었음을 인식해야 한다. 우리들은 반드시 이를 발굴, 정리, 종합, 발전시켜야 한다. 이 책은 이 방면에 있어서 미력하나마 힘을 내어 써 내려가서 발굴과 정리의 작업(다른 연구자들의 작업의 기초 위에서)을 하였을 뿐, 종합과 발전이라는 측면에서는 감히 뭐라 드릴 말씀이 없다. 따라서, 이 방면에 있어서는 아직도 해야 할 많은 일들이 남아 있다고 생각한다. 현재, 독립된 중국번역학을 건립하자는 목소리는 점점 더 높아져가고 있지만, 그러나 목소리만으로는 부족하다.

이 책의 앞쪽에서 이미 거론했던 것과 같이, 중국번역학을 건립하는 것은 원래부터 있었던 이론을 발굴, 정리, 종합, 발전시키는 작업과 떼려야 뗄 수 없는 관계에 놓여 있다. 이 문제를 생각하면 중국의 유명한 한 옛날이야기가 생각난다.: 못가에 가서 아름다운 물고기를 생각하는 것은, 한 발 물러나 그물을 엮는 것만 못하다.

이 책을 쓸 때 본래는 맨 마지막 장에서 중국역학이론의 발전추세에 대한 전망과 예측 및 중국특색이 있는 번역학의 건설에 대한 나의 생각 등을 적으려고 계획하였다. 그러나 여러 번 시도를 하였으나, 끝내 뜻대로 이뤄지지 않아, 노신선생님께서 말씀하신 써내려갈 수 없을 때에는 억지로 쓰려고 하지 말라는 가르침을 따르기로 하였다. 다만 별 도움이 안 될지는 모르지만 두 가지 건의를 하고자 한다.: 첫 번째는 오늘이후의 번역이론연구는 진정으로 과학화되어야 한다는 것이다. 다시 말하면, 일반적이고 구체적인 경험담에만 머물러서는 안 되며, 너무나 평범하면서도 공허한 소위 말하는 거시적 이론에만 만족하지 말고 마땅히 당대과학의 방법을 빌려서 번역문제에 대해서 객관적 정량분석과 정확한 서술을 해야 한다는 것이다. 이것은 당대의 언어학, 심리학, 수공론(數控論: 概率論을 포함: 둘다 수학상의 통계학의 한 분야.), 전자계산 등등의 학과의 최신의 연구 성과를 종합적으로 이용해야 하며, 더 나아가 대량으로 신속하게 국외의 번역학의 연구성과를 도입하여 본보기로 삼아야 하며, 동시에 현대과학의 방법을 운용하여 전통역학이론에 대하여 진일보한 종합과 분석을 진행해야 한다는 것이다. 두 번째는 중국특색이 있는 번역학을 건설해야 한다는 구호를 긍정해야 한다는 것이다. 어떤 논자들은 만약 번역학이 일종의 과학이라고 생각한다면, 과학이라는 것은 국경과 민족을 구분하는 것이 아니기 때문에, 마땅히 "중국특색"이라는 말을 해서는 안 된다고 생각한다. 이 문제에 대해서, 나는 인문과학과 자연과학은 다르기 때문에 완전히 같을 필요는 없다고 생각한다. 모두 다 알고 있는 바와 같이(이 책의 《引言》에서도 말했다.), 언어와 문자는 가장 민족적인 특색을 띠고 있는 것이어서, 각국의 번역이론은 모두가 다 반드시 본국의 역사구조와 문화토양에 뿌리를 내리고 있다. 어떠한 번역이론연구도 모두가 다 반드시(또는 필연적으로) 모종의 특정한 언어와 목적어를 자신의 연구대상과 최종의 목적지로 삼는다. 따라서 중국번역학은 필연적으로 반드시 중국특색을 띠고 있어야 한다. 중국특색을 이야기하려고 한다면, 전통역학을 비판적으로 계승하는 것은 없어서는 안 될 태도이다.

이러한 방법은 생각하기는 쉽지만, 실천하기는 대단히 어렵다. 따라서 이 책을 연구하고 집필하는 과정 속에서, 나는 줄곧 굉장히 괴로운 모순 속에 빠지곤 했는데, 언제나 내가 이러한 책을 쓸 만한 자격이 있는가 하는 문제였다. 특히 내가 이 연구프로젝트를 신청하였을 때, 학교에서는 적극적으로 지지해 주었으며, 두 차례나 국가사회과학기금에 신청을 하였으나, 모두 다 탈락하고 말았다. 이 프로젝트가 가치가 없거나, 난이도가 낮았거나, 어쩌면 계획서를 잘 못 쓴 것은 아니었을까? 나는 그럴 리가 없다고 생각했다. 그렇다면, 그 원인은 당연히 신청자 자신의 경력이 문제가 되었을 것이다. 나는 몹시 부끄러웠으며, 심사위원들(비록 나는 그들이 누구인지도 모르지만)이 모든 것을 다 꿰뚫어 보는 통찰력에 탄복할 수밖에 없었다. 현재까지도, 도서관에 가서 자료를 찾는 것까지도 돈을 받던 때에, 조금의 경비도 신청할 수 없는 상황 속에서 규모가 작지 않은 지금까지 접촉해 보지 않았던 연구과제를 완성하는 것은 대단히 어려운 작업이었다. 나는 한 때 그만두어버릴까 하는 생각도 했었다. 그러나 하나의 희망이 나를 지탱해주어 계속할 수 있게 해주었다. 이러한 희망은 호맹호(胡孟浩) 선생의 서에서 거론하였기 때문에 여기에서는 다시 말하지 않겠다.

사실, 이 속에는 당연히 "한 번 도전해 보겠다."는 생각도 있었다. 비록 내 스스로 내가 이 책을 쓸 수 있을까 하는 자신의 능력에 대한 회의도 있었지만, 그러나 비록 전문적인 번역종사자가 아니라 하더라도, 번역이론에 대하여 이야기를 하지 말라는 법도 없다고 생각했다. 왜냐하면 문학비평가도 반드시 소설을 잘 쓸 수 있는 사람만 할 수 있는 것이 아닌 것과 같은 이치라고 생각했다. 뿐만 아니라, 내가 쓰고자 하는 것이 번역이론사이지 번역이론연구 자체가 아니지 않는가? 나는 이 프로젝트 앞에서 나는 단지 외국어와 번역만 알고 역사지식이 없는 사람은 나보다도 더 발언권이 없다고 생각을 하게 되었다. 길은 사라미 걸어왔기 때문에 생겨난 것이고, 책은 각고의 노동 끝에 써낸 것이리라, 수많은 사람들이 경비가 없이도 여전히 수많은 성과를 내고 있지 않은가? 반면에 전문가들의 심사를 통과하여 엄청난 국가의 경비를 타 쓰고도 결과적으로는 아무런 성과도 못 내거나, 결과물을 내놓았다 하더라도 일정수준에 도달하지 못한 것도 있지 않던가? 비록 이 제목으로 글을 써야 하는 가장 적합한 사람이 아니라는 사실을 잘 알고 있기는 하였지만, 그러나 그 적합한 저자들이 글을 쓰려고 하지 않는 상황에서 어떻게 할 방법이 없어, 앞에도 이야기했던 그 오래된 이야기를 다시 떠올렸다.: 못가에 가서 아름다운 물고기를 생각하는 것은, 한 발 물러나 그물을 엮는 것만 못하다. 지금 하나의 그물을 엮기는 하였으나, 그 그물에 구멍이 너무 크지 않기를 바랄 뿐이다.

글을 써 나가거나 자료를 찾는 과정은 몹시 힘이 들었으나, 여러 선생님들과 선배, 동료들의 열성적인 도움을 얻었을 때는 몹시 기뻤다. 이 지면을 빌어 호맹호(胡孟浩)학장님께서 그간 보여주신 관심과 또 이 책을 위해서 열정적인 서문을 써 주신데 대해 감사를 드리고, 또 경용명(耿龍明), 오극례(吳克禮) 두 부학장님께서 보내주신 격려와 지지에 감사를 드리며, 특히 잊지 못할 일은 당대 유명한 번역이론가인 尤金奈達(Eugene Nida) 선생이 우리학교를 방문하였을 때, 나를 좌담회에 참석할 수 있도록 허락해 주시고 나에게 참으로 귀한 학습기회를 주신 것에 대하여 감사드린다. 내가 근무하고 있는 연구소와 우리학교의 연구기관 및 출판사에서 보내주신 열렬한 지지에 다시 한 번 감사를 드린다.

학교 밖에서는, 상무인서관(商務印書館)에서 출판하는《飜譯論集(번역논집)》의 책임편집인 진응년(陳應年), 외어교학여연구출판사(外語教學與研究出版社)에서 출판하는《飜譯研究論文集(번역연구논문집)》의 책임편집인 진언전(陳彦田), 홍콩 삼련서점(三聯書店)에서 출판하는《飜譯論集(번역논집)》의 주필 유정지(劉靖之) 등 선생들께서 열정적으로 유관한 자료들을 보내주셨다.《中國飜譯簡史(중국번역간사)》의 저자 마조의(馬祖毅),《中國飜譯文學史稿(중국번역문학사고)》의 주편인 진옥강(陳玉剛) 등 선생들께서 저의 편지에 답신을 주셨다. 저명한 학자인 호도정(胡道靜)선생과 황림(黃霖) 등 성생께서 많은 지도를 해주셨다. 북경대학(北京大學) 상금림(商金林), 화동사범대학(華東師範大學) 진자선(陳子善), 복단대학(復旦大學) 추진환(鄒振環) 등 여러 학우들이 나를 도와서 자료를 찾아주었다. 그밖에도 해협의 피안(*대만을 가리킴) 에 계시는 장청길(張淸吉), 진현차(秦賢次), 막투(莫渝), 장극위(張克偉) 등 선생들께서, 특히 왕국량(王國良) 교수께서는 이곳에서는 찾기 어려운 자료들을 보내주셨다. 따라서 만약 이 졸저(拙著)가 조금이라도 쓰일 데가 있다면, 모두가 다 위에서 언급한 여러 선생님들의 도움과 떼려야 뗄 수가 없다. 삼가 이 지면을 빌려서 감사를 드린다.

참고문헌

《法句经》序 支谦, 作于 224年, 收入梁·僧祐编录《出三藏记集》(按, 以下简称"《祐录》")卷7

《首楞严》后记 (佚名), 作于328年, 收人《祐录》卷7

《合维摩诘经》序 支敏度, 作于约340年, 收入《祐录》卷9

《合放光光赞随略解》序 道安, 作于376年, 收人《祐录》卷7

《摩诃钵罗若波罗蜜经钞》序 道安, 作于382年, 收人《祐录》卷8

《比丘大戒》序 道安, 作于382年, 收入《祐录》卷11

《鞞婆沙》序 道安, 作于383年, 收人《祐录》卷10

《道行经》序 道安, 作年不详, 收人《祐录》卷7

《僧伽罗刹集经》后记 (佚名), 作年不详, 收人《祐录》卷9

为僧睿论西方辞体 鸠摩罗什, 作年不详, 见《祐录》卷14《鸠摩罗什传》中, 又收《全晋文》卷163

《大智释论》序 僧睿, 作于约402年, 收人《祐录》卷10

《大品经》序 僧睿, 作于404年, 收人《祐录》卷8

《百论》序 僧肇, 作于404年, 收入《祐录》卷11

《法华宗要》序 慧观, 作于406年, 收人《祐录》卷8

《小品经》序 僧睿, 作于408年, 收人《祐录》卷8

《思益经》序 僧睿, 作年不详, 收入《祐录》卷8

《毗摩罗诘提经义疏》序 僧睿, 作年不详, 收人《祐录》卷8

《三法度》序 慧远, 作年不详, 收人《祐录》卷10

《大智论钞》序 慧远, 作年不详, 收人《祐录》卷10

《大涅槃经》序 道朗, 作于约421年, 收人《全宋文》卷62

胡汉译经音义同异记 僧祐, 作年不详, 收入《祐录》卷1

辩证论 彦琮, 作年不详, 收人《续高僧传》卷2《彦琮传》内

《大唐西域记》序 玄奘, 作于646年, 载《大唐西域记》卷首

《大唐西域记》记赞 辩机, 作于646年, 载《大唐西域记》卷末

大恩寺释玄奘传论 道宣, 作年不详, 收人《续高僧传》卷4

《译经篇》系 赞宁, 作于约988年, 见《宋高僧传》卷1《义净传》后

《译经篇》论 赞宁, 作于约988年, 见《宋高僧传》卷3《满月传》后

《翻译名义集》序 法云, 作于1143年, 载《翻译名义集》卷首

《翻译名义集》序 周敦义, 作于1157年, 载《翻译名义集》卷首

《蕃汉合时掌中珠》序 骨勒茂才, 作于1190年, 载《掌中珠》卷首

跋《二十五言》 徐光启, 作于1604年, 收人《徐光启集》

译《几何原本》引 利玛窦, 作于1607年, 收人徐宗泽编著《明清间耶稣会士译著提要》(按, 以下简称"《耶 译提要》")卷6

刻《几何原本》序 徐光启, 作于1607年, 收人《耶译提要》卷6

《几何原本》杂议 徐光启, 作于1607年, 收人《徐光启集》

《天主实义》重刻序 李之藻, 作于1607年, 收人《耶译提要》卷3

《同文算指》序 李之藻, 作于1613年, 收入《耶译提要》卷6

请译西洋历法等书疏 李之藻, 作于1613年, 收人《耶译提要》卷6

刻《同文算指》序 徐光启, 作于1614年春, 收入《耶译提要》卷6

《表度说》序 熊明遇, 作于约1614年, 收人《耶译提要》卷6

《七克》自序 庞迪我, 作于1614年孟冬, 收人《耶译提要》卷2

《表度说》序 周子愚, 作于1614年冬, 收入《耶译提要》卷6

《天问略》小序 孔贞时, 作于1615年夏, 收入《耶译提要》卷6

刻《西学凡》序 杨廷筠, 作于1623年季夏, 收入《耶译提要》卷7

《西学凡》引 许胥臣, 作于约1623年, 收人《耶译提要》卷7

《名理探》序 李次虨, 作于约1626年, 收人《耶译提要》卷4

《西儒耳目资》序 王徵, 作于1626年春, 收人《耶译提要》卷7

《远西奇器图说录最》序 王微, 作于1627年孟春, 收人《耶译提要》卷7

译《寰有诠》序 李之藻, 作于1628年, 收人《耶译提要》卷4

呈历书总目表书 徐光启, 作于1631年春, 收入《徐光启集》

《哀矜行诠》自叙 罗雅谷, 作于约1633年, 收入《耶译提要》卷2

《性学桷述》序 陈仪, 作于约1646年, 收人《耶译提要》卷4

《超性学要》自序 利类思, 作于1654年孟冬, 收入《耶译提要》卷4

《归真要道》序 伍遵契, 作于1679年, 载《归真要道》卷首

《天方至圣实录》序 刘智, 作于1724年, 载《天方至圣实录》卷首

《盛世刍荛》仁爱引言 冯秉正等, 作于1733年, 收入《耶译提要》卷2

《耳溪诗集》序 纪昀, 收人《纪文达公文集》卷9

缍清说 魏象乾, 1740年乾隆内府刻本

采西学议 冯桂芬, 作于1861年, 收人《校邠庐抗议》
奏设同文馆折 奕䜣等, 作于1862年8月20日, 收入《筹办夷务始末》同治朝卷8
上海设立同文馆议 冯桂芬, 作于1862年, 收人《显志堂集》卷10
请设外国语言文学学馆折李鸿章
作于1863年3月11日, 收入《李文忠公全书》奏稿卷3
江南制造总局翻译西书事略 傅兰雅, 作于1880年, 载《格致汇编》
拟设翻译书院议 马建忠, 作于1894年, 收人《适可斋记言》卷4
强学会章程 张之洞(康有为起草), 作于1895年
奏请推广学校设立译局报馆折 李瑞棻(梁启超起草), 作于1896年6月12日, 收人《光绪朝东华录》卷134
《华盛顿传》序文 · 凡例 黎汝谦, 载1896年8月9日《时务报》第1期
答严幼陵 吴挚甫, 作于1896年8月26日, 收人《桐城吴先生全书》尺牍卷1
答严幼陵 吴挚甫, 作于1897年3月9日, 收人《桐城吴先生全书》尺牍卷1
翻译泰西有用书籍议 高凤谦, 载1897年5月12日《时务报》第26期
论译书 梁启超, 载1897年5月至7月《时务报》, 收人《变法通议》第7章
译书篇 孙学修, 载1897年6月至7月《时务报》第31·32期
为设立通艺学堂呈总理各国事务衙门文 张元济等, 作于1897年9月20日, 收人《张元济诗文》
复友人论翻译格致书籍书 驻德华翻译官, 载1897年9月《新学报》第4期
大同译书局叙例 梁启超, 载1897年10月16日《时务报》第42期
译书公会叙 屠寄, 载1897年10月《译书公会报》第1期
译书公会叙 章炳麟, 载1897年11月《译书公会报》第2期
译《天演论》自序 严复, 载1897年12月18日《国闻汇编》第2期
《西学书目表》序例梁启超 作于1897年 答严几道吴挚甫
作于1898年3月20日, 收人《桐城吴先生全书》尺牍卷1
《天演论》译例言 严复, 作于1898年6月10日, 载《天演论》卷首
请广译日本书设立京师译书局折 康有为, 作于1898年7月, 收入《戊戌变法》第2册
论译书当先政后艺(录自《苏报》), 载1898年8月《中西教会报》复刊第44期
译印政治小说序 任公(梁启超), 载1898年12月23日《清议报》第1期
《马氏文通》后序 马建忠, 作于1898年, 收人《马氏文通》
《绝岛飘流记》序 高凤谦, 作于1898年, 载《绝岛飘流记》卷首

广译 张之洞, 作于1898年, 收入《劝学篇》外篇
译书 邵作舟, 作于1898年, 收人《邵氏危言》
论学习日本文之益 哀时客(梁启超), 载1899年4月1日《清议报》
答严几道 吴挚甫, 作于1899年4月3日, 收入《桐城吴先生全书》尺牍卷2
与张元济书 严复, 作于1899年春, 收人《严复集》
《译林》叙 林纾, 作于1900年12月22日, 载1901年1月11日《清议报》第69期、1901年3月5日《译林》第1期
亟请筹款译书议 李提摩太、蔡尔康, 载1901年5月《万国公报》第148期
亟请筹款译书续议 李提摩太、蔡尔康, 载1901年6月《万国公报》第149期
《原富》译事例言 严复, 作于1901年9月27日, 收入《严复集》
《黑奴吁天录》例言 林纾, 作于1901年秋, 载《黑奴吁天录》卷首
《黑奴吁天录》跋 林纾, 作于1901年秋, 载《黑奴吁天录》卷末
论译书为今日之急务, 载1901年12月《集成报》第24期
答友人问学堂事务 张元济, 载1902年3月《教育世界》第20期
教育赘言八则·编译 罗振玉, 载1902年3月《教育世界》第21期
译书条议 罗振玉, 载1902年3·4月《教育世界》第22期
通译 孙诒让, 载1902年瑞安普通学堂刊刻《周礼政要》
《译书汇编》发行之趣意, 载1902年4月3日《译书汇编》第1期
奏请开设译书局折 赵惟熙, 载1902年4月《万国公报》第159期
与《新民丛报》论所译《原富》书 严复, 载1902年5月8日《新民丛报》第7期
《新庵谐译初编》自序 周桂笙, 作于1902年仲冬, 载《新庵谐译初编》卷首
支那翻译会社设立之趣意, 载1902年12月1日《翻译世界》第1期
东籍月旦叙论 梁启超, 作于1902年, 载《新民丛报》
《月界旅行》辨言(鲁迅), 作于1902年新秋, 收入《鲁迅全集》
《利俾瑟战血余腥录》序 林纾, 作于1903年10月, 载该书卷首
《毒蛇圈》译者识语 知新室主人(周桂笙), 载1903年《新小说》第8期
江宁江楚编译书局章程, 载1904年11月2日《东方杂志》第1卷第9期
编译私议 罔生, 载1905年1月6日《直隶教育杂志》第1期
《神女再世奇缘》自序 周树奎, 作于1905年2月3日, 载《新小说》第22期
论新学语之输入 王国维, 载1905年4月《教育世界》第96期
《撒克逊劫后英雄略》序 林纾, 作于1905年8月6日, 载该书卷首

编译课本条陈 屈熾, 载1905年10月《华北杂志》卷10
《鲁滨逊漂流记》序 林熾, 作于1905年11月, 载该书卷首
《洪罕女郎传》跋语 林纾, 约作于1905年12月, 载该书卷末
对版权律、出版条例草稿意见书 张元济, 作于1905年, 收人《张元济诗文》
《母夜叉》闲评 (佚名), 载1905年小说林社版《母夜叉》
《电术奇谈》附记 我佛山人(吴沃尧), 载1905年《新小说》第18期
《拜伦诗选》自序 苏曼殊, 作于1906年, 载该书卷首
《雾中人》叙林纾, 作于1906年7月26日, 载该书卷首
译界之怪现象 韩梯云, 载1906年9月3日《直隶教育杂志》第12期
论译学馆宜兼重国文(录《北京日报》), 载1906年9月3日《直隶教育杂志》第12期
译书交通公会序(周桂笙撰), 作于1906年10月11日, 载《月月小说》第1期
译书交通公会试办简章(周桂笙撰), 同上
《预备立宪》弁言 偈, 载1906年《月月小说》第2期
《小说林》缘起 觉我(徐念慈), 作于1907年3月2日, 载《小说林》第1期
《红星佚史》周逴(周作人), 作于1907年约3月, 收人《苦雨斋序跋文》
拟译英文百科全书引言 董寿慈, 载1907年6月《寰球中国学生报》第5、6期合刊
《爱国二童子传》序 林纾, 作于1907年7月28日, 载该书卷首
《孝女耐儿传》序 林纾, 作于1907年9月17日, 载该书卷首
《剑底鸳鸯》序 林纾, 作于1907年9月27日, 载该书卷首
书辜氏汤生英译《中庸》后 王国维, 载1907年10至12月《教育世界》第160至163期, 又载1925年7月《学衡》第43期
海底漫游记 新庵(周桂笙), 载1907年《月月小说》第7期
《解颐语》叙言 芽庵, 载1907年《月月小说》第7期
初步梵文典序 章太炎, 作于1907年, 载《太炎文录》别录卷3
驳中国改用万国新语 章太炎, 载1908年5月《民报》
西人译中国书籍及在中国发行之报章 陈潜, 载1908年10月19日《东方杂志》第5卷第9期
《名学浅说》译者自序 严复, 作于1908年秋冬, 载该书卷首
余之小说观(四)(五) 觉我(徐念慈), 载1908年《小说林》第10期
《块肉余生述》后编识语 林纾, 载1908年商务印书馆版该书
《域外小说集》序言(鲁迅), 作于1909年2月5日, 载该书卷首
《域外大说集》略例(鲁迅), 同上

《劲草》译本序(鲁迅), 作于1909年4至5月, 收入《集外集拾遗》
《论翻译名义》按语 沧江(梁启超), 载1910年11月22日《国风报》第29期
论翻译名义 民质(章士钊), 载同上
论译名 T. K. T.(按, 有章士钊附记), 载1912年4月26日《民立报》
论译名答 T. K. T.君 吴稚晖, 载1912年4月28~29日《民立报》
论译名 张礼轩, 载1912年5月17日《民立报》
论译名 行严(章士钊), 载1912年5月17日《民立报》
论翻译名义 张礼轩(按, 有章士钊附记), 载1912年7月6日《民立报》
问翻译名义 蔡尔文(按, 有章士钊附记), 载1912年7月14日《民立报》
论译名 李禄骥, 载1912年9月22日《独立周报》第1期
论译名 张杲芬, 载同上, 又有章士钊的附记
论译名 冯叔鸾, 载1912年9月29日《独立周报》第2期
论译名 耿毅之, 载同上
论统一译名当先组织学社 庄年, 载1912年10月13日《独立周报》第4期
论小说·第五章 管达如, 载1912年10月《小说月报》第3卷第10期
译叹 林纾, 载1913年2月2日《平报》
译文 绿天翁(孙毓修), 载1913年3月《小说月报》第3卷第12期
论译名 胡以鲁, 载1914年2月15日《庸言》第2卷第1、2期合刊
海天诗话 胡怀深, 载1914年4月《古今文艺丛书》第3集
译名 秋桐(章士钊), 载1914年5月10日《甲寅》第1卷第1期
逻辑 吴宗毂, 载同上, 并有记者(章士钊)的按语
逻辑 吴市(按, 有章士钊按语), 载1914年6月10日《甲寅》第1卷第2期
译名 容挺公, 载1914年11月10日《甲寅》第1卷第4期
答容挺公论译名 记者(章士钊), 载同上, 原无题
《中华大字典》序 林纾, 载1914年《中华大字典》卷首
译名 张振白, 载1915年6月15日《甲寅》第1卷第6期
论言情小说撰不如译 铁樵(恽铁樵), 载1915年7月《小说月报》第6卷第7期
《作者七人》序 铁樵(恽铁樵), 载1916年7月《小说月报》第6卷第7期
《鹰梯小豪杰》叙 林纾, 作于1915年7月17日, 载该书卷首
通信 陈光辉、树珏, 载1916年1月《小说月报》第7卷第1期
西文译音私议 陈独秀, 载1916年12月1日《新青年》第2卷第4期

《古诗今译》题记 周作人, 载1918年2月15日《新青年》第4卷第2期
复王敬轩书 刘半农, 载1918年3月15日《新青年》第4卷第3期
建设的文学革命论 胡适, 载1918年4月15日《新青年》第4卷第4期
论译书 东荪(张东荪), 载1918年5月23日《时事新报, 学灯》
今日中国之小说界 罗家伦, 载1919年1月《新潮》第1期
译书感言 傅斯年, 载1919年3月《新潮》第3期
论译书方法及译名 孙几伊, 载1919年6月15日《新中国》第1卷第2期
译名 朱佩弦(朱自清), 载1919年11月15日《新中国》第1卷第7期
小说新潮栏宣言(沈雁冰), 载1920年1月10日《小说月报》第11卷第1期
我对于译书的意见 吾三, 载1920年1月23日《时事新报, 学灯》
对于系统的经济的介绍西洋文学底意见 沈雁冰, 载1920年2月4日《时事新报, 学灯》
我对于译书的意见 于鹤年, 载1920年2月11日《时事新报, 学灯》
译名问题 济之(耿济之), 载1920年3月11日《新社会》第14助
田汉译《歌德诗中所表现的思想》附白 郭沫若, 载1920年3月15日《少年中国》第1卷第9期
《俄罗斯名家短篇小说集》序 郑振铎, 作于1920年3月20日, 载该书卷首
翻译专门书籍的机会 周怆怆, 载1920年3月22日《民国日报, 觉悟》
借书翻译的说明 周怆怆, 载1920年3月24日《民国日报, 觉悟》
译名的私见和三个译名的批评 东荪(张东荪), 载1920年4月13日《时事新报, 学灯》
译名刍议 徐祖心, 载1920年4月16日《时事新报, 学灯》
译名的讨论 闻天, 载1920年4月17日《时事新报, 学灯》
《点滴》序 周作人, 作于1920年4月17日, 载该书卷首
"译名问题"的意见 徐仁镕, 载1920年4月19日《时事新报, 学灯》
我的译名讨论 王棟, 载1920年4月20日《时事新报, 学灯》
对于译名问题的我见 万良浚, 载同上
对于译名问题的评论 徐祖心, 载1920年4月24日《时事新报, 学灯》
"译名问题"的我见 朱锡昌, 载同上
我对于统一译名的意见 芮逸夫, 载1920年4月26日《时事新报, 学灯》
译书方法底讨论 祖基, 载1920年5月6日《民国日报, 觉悟》
翻译日本名词的商榷 瑞书, 载1920年5月6日《时事新报, 学灯》
对于"译名讨论"和"现在译著"者的评论 毛用, 载1920年5月20日《时事新报, 学灯》
译书感言 光典, 载1920年6月18日《民国日报, 觉悟》

出版界复译问题 万韬, 载1920年7月3日《民国日报, 觉悟》

我对于编译丛书底几个意见 郑振铎, 载1920年7月6日《晨报》, 又载7月8日《民国日报, 觉悟》

译书的我见 力子(邵力子), 载1920年7月8日《民国日报一觉悟》

译书的批评 冰, 载1920年11月10日《时事新报, 学灯》

对于译书的我见 沈子善, 载1920年11月23日《时事新报, 学灯》

译书要有目的 存统(施存统), 载1921年1月4日《民国日报, 觉悟》

致李石岑 郭沫若, 作于1920年12月20日, 载1921年1月15日《时事新报一学灯》

翻译文学与佛典 梁启超, 作于1920年, 收《梁任公近著》第1卷中卷

沸典之翻译 梁启超, 同上

新文学研究者的责任与努力 沈雁冰, 载1921年2月10日《小说月报》第12卷第2期

翻译文学书的讨论 周作人·沈雁冰, 载1921年2月10日《小说月报》第12卷第2期

译名统一的旧话重提 曹仲渊, 载1921年2月15至17日《时事新报, 学灯》

屠尔格涅甫之散文诗 郭沫若, 载1921年2月16日《时事新报, 学灯》

翻译界底工作自由和营业自由 汉胄(刘大白), 载1921年3月6日《民国日报, 觉悟》

译文学书的三个问题 郑振铎, 载1921年3月10日《小说月报》第12卷第3期

关于译诗的一点意见 刘半农, 作于1921年3月20日, 收人《半农杂文二集》

泽文学书方法的讨论 沈雁冰, 载1921年4月10日《小说月报》第1.2卷第4期

泽书的讨论 雷震同, 载1921年5月3日《时事新报, 学灯》

泽文学书三问题的讨论 沈泽民, 载1921年5月10日《小说月报》第12卷第5期

翻译与创作天才 西谛(郑振铎), 载1921年5月20日《文学旬刊》第2期

可阻止别人译书吗？ 其章, 载1921年5月26日《民国日报, 觉悟》

处女的尊重 蠢才(胡愈之), 载1921年5月29日《文学旬刊》第3期

审定文学上名词的提议 郑振铎, 载1921年6月10《小说月报》第12卷第6期(按, 有沈雁冰附注)

语体文欧化之我观(一) 雁冰(沈雁冰), 载1921年6月10日《小说月报》第12卷第6期, 又载7月10日《文学旬刊》第7期

语体文欧化之我观(二) 振铎(郑振铎), 载同上

处女与媒婆 西谛(郑振铎), 载1921年6月10日《文学旬刊》第4期

盲目的翻译家 西谛(郑振铎), 载1921年6月30日《文学旬刊》第6期

语体文欧化的商榷 剑三(王统照), 载1921年7月10日《文学旬刊》第7期

语体文欧化 傅冻葫(傅东华), 载同上
语体文欧化问题与东华先生讨论 郑振铎, 载同上
“语体文欧化”答冻葫君 沈雁冰, 载同上
文学名辞的审定 厚生, 载同上
俄国文学史中的翻译家 郑振铎, 载1921年7月15日《改造》第3卷第11期
欧洲文艺复兴时代翻译事业之先例 蒋百里, 载同上
中国古代之翻译事业 梁启超, 载同上
儿童文学的翻译问题 春, 载1921年8月20日《文学旬刊》第11期
语体文欧化讨论 周作人、记者(沈雁冰)等, 载1921年9月10日《小说月报》第12卷第9期
语体文欧化平议 张友仁, 载1921年10月11日《文学旬刊》第16期
语体文欧化讨论 胡天月、记者(沈雁冰)等, 载1921年12月10日《小说月报》第12卷第12期
一年来的感想与明年的计划 记者(沈雁冰), 载同上
语体文欧化问题 梁绳祎、雁冰(沈雁冰)等, 载1922年1月10日《小说月报》第13卷第1期
语体文欧化问题 吕冕韶、记者 等, 载1922年2月10日《小说月报》第13卷第2期
介绍与创作 西谛(郑振铎), 载1922年2月21日《文学旬刊》第29期
与翻译界商権 一岑(柯一岑), 载1922年3月2日《时事新报^学灯》
语体文欧化的讨论 吕一鸣、雁冰(沈雁冰)等 载1922年3月10日《小说月报》第13卷第3期
论译诗 云菱, 载1922年3月15日《诗》第1卷第3期
海外归鸿 郭沫若, 载1922年3月15日《创造季刊》第1卷第1期
语体文欧化问题和文学主义问题的讨论 徐秋冲、雁冰(沈雁冰)等, 载1922年4月10日《小说月报》第13卷第4期
本栏的旨趣与态度 郑振铎, 载1922年5月11日《文学旬刊》第37期
译名统一与整理旧籍 陈德徵、雁冰(沈雁冰), 载1922年6月10日《小说月报》第13卷第6期
译书的问题 东山, 载1922年7月6日《时事新报, 学灯》
论文学的研究与介绍 郭沫若, 载1922年7月27日《时事新报, 学灯》
介绍外国文学作品的目的 — 兼答郭沫若君 雁冰(沈雁冰), 载1922年8月1日《文学旬刊》第45期
论国内的评坛及我对于创作上的态度 郭沫若, 载1922年8月4日《时事新报》
“直译”与“死译” 雁冰(沈雁冰), 载1922年8月10日《小说月报》第13卷第日期
夕阳楼日记 郁达夫, 载1922年8月25日《创造季刊》第1卷第2期
批判《意门湖》译本及其他 郭沫若, 载同上

译诗短论与中国译诗评 梦华, 载1922年8月28至30日《时事新报, 学灯》
译诗的一个意见 西谛(郑振铎), 载1922年9月1日《文学旬刊》第48期
编辑余谈·骂人 适(胡适), 载1922年9月17日《努力周报》第12期
翻译问题(译诗的一些意见) 玄珠(沈雁冰), 载1922年10月10日《文学旬刊》第52期
译书问题的讨论 Z. K. W., 载1922年11月21日《民国日报, 觉悟》
学者的态度 成仿吾, 载1922年11月25日《创造季刊》第1卷第3期
波斯诗人我默伽亚谟 郭沫若, 载同上
雪莱的诗 郭沫若, 载1923年2月1日《创造季刊》第1卷第4期
文学上名词译法的讨论发端 西谛(郑振铎), 载1923年2月10日《小说月报》第14卷第2期
标准译名问题 沈雁冰, 载同上
翻译名词 — 一个无办法的办法 胡愈之, 载同上
文学上名辞的音译问题 郑振铎, 载同上
关于诗歌名辞的译例 吴致觉, 载同上, 有西谛(郑振铎)附记
枇评翻译的批评 戈乐天, 载1923年3月13日《时事新报, 学灯》
最后的批评 — 胡适之"骂人"的余波 成仿吾, 载1923年3月20日《时事新报, 学灯》
译书 胡适, 载1923年4月1日《努力周报》第46期
就批评而运动"注释" 吴稚晖, 载1923年4月1至5日《时事新报, 学灯》, 又载4月6至13日《晨报》
我默伽亚谟之绝句 闻一多, 载1923年5月1日《创造季刊》第2卷第1期
"雅典主义"成仿吾, 载同上
喜剧与手势戏 — 读张东荪的《物质与记忆》 成仿吾, 载同上
讨论注释运动及其他 郭沫若, 载同上
诗之防御战 成仿吾, 载1923年5月13日《创造周报》第1期
读了张成郭吴诸位的批评之后 戈乐天, 载1923年5月24、25日《时事新报, 学灯》
成仿吾致戈乐天, 载1923年5月30日《时事新报, 学灯》
郭沫若致戈乐天, 载同上
论译书东荪(张东荪), 载1923年6月3日《时事新报, 学灯》
有意的与无意的重译 柏生, 载1923年6月4日《晨报》
钱慰华致编辑, 载1923年6月5日《时事新报, 学灯》
郭沫若致钱慰华, 载1923年6月9日《时事新报, 学灯》
成仿吾致钱慰华, 载同上

论孙君铭传译歌德诗的谬误 梁俊青, 载1923年6月12日《文学旬刊》第76期
戈乐天致成仿吾, 载1923年7月1日《时事新报, 学灯》
戈乐天致郭沫若, 载同上
翻译与创作 西谛(郑振铎), 载1923年7月2日《文学旬刊》第78期
读郑振铎译的《飞鸟集》 梁实秋, 载1923年7月7日《创造周报》第9期
读《飞鸟集》 赵荫棠, 载1923年7月12日《文学旬刊》第79期
论《飞鸟集》的译文 — 答赵荫棠君 西谛(郑振铎), 载同上
论翻译的标准 郭沫若, 载1923年7月14日《创造周报》第10期
再论《飞鸟集》译文 — 答梁实秋君 西谛(郑振铎), 载1923年7月22日《文学旬刊》第80期
论雪莱的郭译 孙铭传, 载1923年8月27至30日《创造日》第33至36期
答孙铭传君 郭沫若, 载1923年8月31日《创造日》第37期
论译诗 成仿吾, 载1923年9月9日《创造周报》第18期
雅言与自力 郭沫若, 载1923年12月2日《创造周报》第30期
郑译《新月集》正误 成仿吾, 载同上
译名 — 一个紧要问题 张资珙, 载1924年2月14日《时事新报一学灯》
关于译名的商榷 陆渊, 载1924年2月23日《时事新报, 学灯》
文体转译问题 徐文台, 载1924年2月27日《时事新报, 学灯》
《小物件》译文的商榷 敬隐渔, 载1924年3月9日《创造周报》第43期
征译诗启 徐志摩, 载1924年3月10日《小说月报》第15卷第3期(并有郑振铎附记〉, 又载3月 22 日《晨报》
读王靖译的《泰谷儿小说》后之质疑 华清, 载1924年3月28日《创造周报》第46期
对于译名划一的一个紧要提议 林玉堂(林语堂), 载1924年4月4日《晨报》
雪莱译诗之商榷 田楚侨, 载1924年4月5日《创造周报》第47期
瞿译《春之循环》的一瞥 唐汉森, 载1924年4月19、27日《创造周报》第49·50期
译用西词与借用西词 林绍昌, 载1924年4月30日《时事新报, 学灯》
译邓演存先生译的《邮局》 绍原(江绍原), 载1924年5月5日《晨报》
评郭沫若译的《少年维特之烦恼》 梁俊青, 载1924年5月12日《文学》第121期
研究《塔果尔及其森林哲学》里面的翻译 绍原(江绍原), 载1924年5月13日《晨报》
梁俊青致沈雁冰(有沈雁冰附言), 载1924年5月19日《文学》第122期
谁配翻泰戈尔底《诗人的宗教》 绍原(江绍原), 载1924年6月6日《晨报》
郭沫若致梁俊青, 载1924年6月9日《文学》第125期

成仿吾致梁俊青(有编者附言), 载同上
梁俊青致郑振铎, 载1924年6月16日《文学》第126期
梁俊青致郭沫若, 载同上
梁俊青致成仿吾, 载同上
译玄学文章的研究 东君, 载1924年6月22日《晨报》
成仿吾答梁俊青, 载1924年6月23日《文学》第127期
译宗教文章的研究 绍原(江绍原), 载1924年6月25日《晨报》
两个翻译上的问题 绍原(江绍原), 载1924年6月27日《晨报》
读了铛生的译诗而论及于翻译 郁达夫, 载1924年6月29日《晨报》
"翻译玄学文章"与"咬人"胡愈之, 载1924年7月3日《晨报》
梁俊青致成仿吾, 载1924年7月7日《文学》第129期
郭沫若致编辑诸君, 载1924年7月21日《文学》第131期
编者公开答复信(郑振铎、沈雁冰), 载同上
我对于郭沫若致《文学》编辑一封信的意见 梁俊青, 载1924年8月4日《文学》第133期
结束我的征译并宣布我的翻译信条 江绍原, 载1924年10月8日《晨报》
译诗讨论 玉狼, 载1924年10月9、10日《时事新报, 学灯》
关于江绍原先生结束征译以后的一点微言 彭基相, 载1924年10月16日《晨报》
译书问题 朱希亮, 载1924年10月17日《晨报》
林琴南先生 郑振铎, 载1924年11月《小说月报》第15卷第11期
《苦闷的象征》引言 鲁迅, 作于1924年11月22日, 载该书卷首
创作翻译与批评之交光互影 甘蛰仙, 载1924年12月7、8日《晨报》
翻译之难 胡适, 载1924年12月13日《现代评论》第1卷第1期
评天心君译的相见于不见中 若明, 载1924年12月13日《晨报》
相见于不见中的闲话 开明(周作人). 载1924年12月18日《晨报》
答《评天心君译的相见于不见中》 天心, 载1924年12月21日《晨报》
翻译之易 张定璜, 载1925年3月14日《现代评论》第1卷第14期
卷头语 西谛(郑振铎), 载1925年4月10日《小说月报》第16卷第4期
胡说 胡适, 载1925年5月2日《现代评论》第1卷第21期
关于译诗的答复 王统照, 载1925年5月15日《晨报, 文学旬刊》
迻译外国地名的商榷 杨世恩, 载1925年5月15日《时事新报, 学灯》
难译亦必译不好 江绍原, 载1925年5月23日《现代评论》第1卷第24期

《陀螺》序 周作人, 载1925年6月22日《语丝》第32期
译书 沧硕, 载1925年7月3日《时事新报, 学灯》
再论译书 沧硕, 载1925年7月7日《时事新报, 学灯》
"胡译"顾仁铸, 载1925年11月1日《洪水》第1卷第4期
写在《胡译》之后 为法(洪为法), 载同上
严复的翻译 贺麟, 载1925年11月《东方杂志》第22卷第21期
《出了象牙之塔》后记 鲁迅, 载1925年12月14日《语丝》第57期
评田汉君的莎译《罗密欧与朱丽叶》 焦尹孚, 载1926年1月16日、2月5日《洪水》第1卷第9和第10、11期合刊
此图书馆大约以蟋蟀多而著名 — 王绍照的胡译 皑岚, 载1926年6月1日《洪水》第2卷第18期
英译李太白诗 闻一多, 载1926年6月3日《晨报》
外国专名汉译问题之商榷 何炳松、程瀛章, 载1926年12月10日《东方杂志》第23卷第23期
任白涛译订《恋爱心理研究》的批评 古有成, 载1927年1月16日《洪水》第3卷第25期
《小约翰》序 鲁迅, 载1927年6月26日《语丝》第137期
说译诗朱湘, 载1927年11月13日《文学周报》第290期
谈翻译工作 张毓鹏, 载1927年《南开大学周刊》第45期
翻译新名词的原理 孔祥鹅, 载1927年《学艺》第8卷第10期
翻译的困难 虚白(曾虚白), 载1928年1月16日《真善美》第1卷第6期
翻译说明就算答辩 郁达夫, 载1928年2月16日《北新》第2卷第8期
读张凤《用各体诗译外国诗的实验》 病夫(曾朴), 载1928年3月16日、4月1日《真善美》第1卷第10、11期
《拜金艺术》译者的话 郁达夫, 载1928年4月16日《北新》第2卷第11期
对《少女日记》译本的商榷 耀仲, 载1928年4月16日《真善美》第1卷第12期
说翻译之难 端先(夏衍), 载1928年4月《一般》第4卷第4期
黄药眠的译诗 博董(赵景深), 载1928年5月27日《文学周报》第318期
《思想·山水·人物》题记 鲁迅, 载1928年5月28日《语丝》第4卷第22期
我的翻译经验谈 李孟君, 载1928年5月《天声日报七周年纪念册》
《奔流》编校后记 鲁迅, 载1928年6月至1929年12月《奔流》第1卷第1期至第2卷第5期
戴万叶的翻译小说 博董(赵景深), 载1928年8月12日《文学周报》第329期
中国翻译欧美作品的成绩 虚白, 载1928年10月16日《真善美》第2卷第6期

刘半农译品的一斑 全农, 载1928年10月28日《文学周报》第341期
校《茵梦湖》谈到翻译 厚生(成仿吾), 载1928年11月15日《日出旬刊》第2期
论翻译 鲁毓泰, 载1928年11月上海华普书局出版《茜萝之园》
译诗应注意的五大要点 鲁毓泰, 载同上
翻译 实秋(梁实秋), 载1928年12月10日《新月》第1卷第10期
论翻译 — 寄梁实秋 胡适, 载1929年1月10日《新月》第1卷第11期
《托尔斯泰之死与少年欧罗巴》译后附记 鲁迅, 载1929年2月15日《春潮》第1卷第3期
说"曲译" 摩(徐志摩), 载1929年4月10日《新月》第2卷第2期
《艺术论》小序 鲁迅, 作于1929年4月22日, 载该书卷首
关于哈代的翻译 — 并致《人生小讽刺》的译者虚白君 钱歌川, 载1929年5月6日《文学周报》第369期
论翻译 西滢(陈西滢), 载1929年6月10日《新月》第2卷第4期
致张逢汉 鲁迅, 载1929年7月20日《奔流》第2卷第3期
论鲁迅先生的"硬译" 梁实秋, 载1929年9月10日《新月》第2卷第6、7期合刊
两种《造谣学校》的译本的比较 浩然(夏康农), 载同上
《小彼得》译本序 鲁迅, 作于1929年9月15日, 载该书卷首
翻译中的神韵与达 虚白, 载1929年11月16日《真善美》第5卷第1期
论外国地名的译法 湛亚达, 载1929年《学艺》第9卷第6期
译学问题商榷 艾伟, 载1929年《中央大学半月刊》第2期
论戴望舒批评徐译《女优泰绮思》 王声、虚白, 载1930年2月16日《真善美》第5卷第4期
"硬译"与"文学的阶级性" 鲁迅, 载1930年3月《萌芽月刊》第1卷第3期
胡适博士米格尔译文的商榷 符生, 载1930年4月16日《真善美》第5卷第6期
论翻译 赵景深, 载1931年3月《读书月刊》第1卷第6期
翻译莎士比亚 余上沅, 载1931年4月10日《新月》第3卷第5、6期合刊
论《论翻译》 摩顿, 载1931年6月22日《文艺新闻》第15期
论翻译 国熙, 载1931年7月1日《北平晨报》
与摩顿谈翻译 赵景深, 载1931年7月6日《文艺新闻》第17期
翻译谈 长之(李长之), 载1931年7月16日《北平晨报》
翻译论战之一零二碎, 载1931年7月20《文艺新闻》第19期
翻译论之再零碎 赵景深, 载1931年8月17日《文艺新闻》第23期
论翻译 张伯燕, 载1931年8月17日《北平晨报》

意译与直译 君亮, 载1931年8月31日《北平晨报》
从"翻译论战"说开去 杨晋豪, 载1931年9月《社会与教育》第2卷第22期
苦力的翻译 笑峰(瞿秋白), 载1931年10月20日《北斗》第1卷第2期
从翻译论战说拢来 李俊民, 载1931年11月30日《文艺新闻》第38期
论翻译 J. K. (瞿秋白), 载1931年12月11日、25日《十字街头》第1、2期
几条"顺"的翻译 长庚(鲁迅), 载1931年12月20日《北斗》第1卷第4期
风马牛 长庚(鲁迅), 载同上
译名商榷 幼雄, 载1931年《开明》第30期
论翻译 曾觉之, 载1931年《中法大学月刊》第1卷第2期
再来一条"顺"的翻译 长庚(鲁迅), 载1932年1月20日《北斗》第2卷第1期
再论翻译 — 答鲁迅 J. K., (瞿秋白), 载1932年7月10日《文学月报》第1卷第2期
论翻译的一封信 — 致公超 梁实秋, 载1932年12月1日《新月》第4卷第5期
译名的讨论, 载1932年12月1日《东方杂志》第29卷第7期
翻译的问题 黄仲苏, 载1932年《华年周刊》第1卷第8期
论意译与直译 朱复钧, 载1932年《新时代》第2卷第2、3期
论翻译 林语堂, 载1933年1月光华书局《翻译论》卷首
说翻译和创作之类 郁达夫, 载1933年1月1日《论语》第8期
论翻译与文字的改造 — 答梁实秋 叶公超, 载1933年3月1日《新月》第4卷第6期
"翻译"与"编述" 林翼之, 载1933年7月31日《申报, 自由谈》
关于翻译的话 大圣, 载1933年8月13日《申报, 自由谈》
为翻译辩护 洛文(鲁迅), 载1933年8月20日《申报, 自由谈》
从《为翻译辩护》说到楼译《二十世纪之欧洲文学》 穆木天, 载1933年9月9日《申报, 自由谈》
关于翻译(上)(下)洛文(鲁迅), 作于1933年9月11日, (上)未刊, 后收人《准风月谈》, (下)载9月14日《申报, 自由谈》
再谈楼译《二十世纪欧洲文学》 穆木天, 载1933年9月14日《申报, 自由谈》
关于翻译 鲁迅, 载1933年9月《现代》第3卷第5期
新发见的"创译"与"直译" 魏鉴青, 载1933年10月31日《申报, 自由谈》
谈翻译介绍 穆木天, 载1933年11月25日《申报, 自由谈》
译剧之难 祥, 载1933年12月6日《益世报》
翻译名著的条件 侃然, 载1933年12月20日《申报, 自由谈》
关于标准译音的建议 石声汉, 载1933年《图书评论》第1卷第10期

"直译之故" 余扬灵(徐懋庸), 载1934年1月18日《申报, 自由谈》
"媒婆"与"处女" 丙生(茅盾), 载1934年3月1日《文学》第2卷第3期
直译·顺译·歪译 明(茅盾), 载同上
任译的《侠隐记》和《浮华世界》 味茗(茅盾), 载同上
读《文学》的"翻译专号"后余扬灵(徐懋庸), 载1934年3月24日《申报, 自由谈》
论翻译 晦, 载1934年3月30、31日, 4月2、3日《申报, 自由谈》
《几个伟大的作家》译者序引 郁达夫, 载1934年3月中华书局版该书卷首
谈翻译 — 介绍《文学》翻译专号 一之, 载1934年4月20日《北平晨报》
翻译 高平, 载1934年5月23日《申报, 自由谈》
各尽所能 穆木天, 载1934年6月19日《申报, 自由谈》
论重译 史贲(鲁迅), 载1934年6月27日《申报, 自由谈》
论重译及其他 穆木天, 载1934年6月30日、7月2日《申报, 自由谈》
再论重译 史贲(鲁迅), 载1934年7月7日《申珉, 自由谈》
玩笑只当它玩笑(上) 康伯度(鲁迅), 载1934年7月25日《申报, 自由谈》
翻译的直接与间接 茅盾, 载1934年8月1日《文学》第3卷第2期
翻译 朱湘, 收入1934年8月上海北新书局出版《文学闲谈》
欢迎《译文》月刊 袁澈, 载1934年10月3日《申报, 自由谈》
翻译今年又盛行了 黑婴, 载1934年10月6日《申报, 自由谈》
《英译中国歌诗选》序 张元济, 作于1934年10月10日, 载该书卷首
我们所需要的译本 苗埒, 载1934年11月15日《申报, 自由谈》
翻译的信与雅 霜杰, 载1934年12月14日《申报, 自由谈》
《达夫所译短篇集》序 郁达夫, 作于1934年12月, 载该书卷首
我与翻译 顾仲彝, 载1934年生活书店版《我与文学》
我对翻译工作的希望 马宗融, 载同上
翻译论 张梦麟, 载1934年《新中华》第2卷第7期
翻译是艺术 傅东华, 载1934年《中学生》第45期
谈翻译 雪甫, 载1934年《中学生》第46期
翻译谈 胡依凡, 载1934年《新语林》第5期
谈翻译 布兹, 载1934年《清华周刊》第42卷第9、10期合刊
谈翻译 邵询美, 载1934年《人言周刊》第1卷第43期
《比较文学史》译序 傅东华, 收入1935年2月上海生活书店出版《山胡桃集》

《我们的世界》译序 傅东华, 收入同上
翻译的理想和实际 傅东华, 收入同上
译什么和叫谁译 傅东华, 收入同上
非有复译不可 庚(鲁迅), 载1935年4月1日《文学》第4卷第4期
《世界文库》发刊缘起、编例 郑振铎, 载1935年5月20日《世界文库》第1册
关于翻译 王了一(王力)、余一(巴金), 载1935年6月16日《文学季刊》第5卷第2期
"题未定"草(二) 鲁迅, 载1935年7月1日《文学》第5卷第1期
《俄罗斯的童话》小引 鲁迅, 作于1935年8月8日, 载该书卷首
"翻译年"的翻译工作 杜若遗, 载1935年《文化建设》第1卷第6期
论翻译 李子温, 载1935年《文化与教育》第55期
论翻译 李培恩, 载1935年《文汇学报》第4期
外交名词译名的商榷 王光, 载1935年《东方杂志》第32卷第13期
清末翻译小说对新文学的影响 郑振铎, 载1936年7月20日《今代文艺》第1期
谈曰译学术名词 余又荪, 载1936年《文哲月刊》第1卷第7期
论翻译之真实困难 — 并就正于胡道维先生 张周勋, 载1936年《文化与教育》第89期
谈翻译 郑伯奇, 收人1936年12月上海良友图书公司出版《两栖集》
清末的翻译小说 郑伯奇, 收入同上
清末的翻译论争 郑伯奇, 收人同上
《简爱》的两个译本 茅盾, 载1937年1月16日《译文》第2卷第5期
翻译谈 艾思奇, 载1937年1月《语文》第1期
怎样翻译 刘延陵, 载1937年《中学生》第73期
论翻译 萧乾, 收人1937年1月上海文化生活出版社出版《废邮存底》
创作与翻译 李唯健, 收入1937年1月成都统一评论社出版《唯健的漫谈》
英雄的翻译 林微音, 收人1937年1月上海绿社出版部出版《散文七辑》
伍光建的译笔 林微音, 收人同上
名作的胡译 林微音, 收人同上
翻译丛谈 张榖若, 载1937年3月15、22日、5月3、17日《北平晨报》
《德诗汉译》序 张元济, 作于1939年1月, 载该书卷首
语及翻译 郁达夫, 载1939年8月15日《星洲日报半月刊》第28期
论汉译地名人名的标准 王了一, 载1939年《今日评论》第1卷第11期
《驴背之旅》译文讨论 DD、何慢, 载1940年5月1日《中国文艺》第2卷第3期

谈翻译及其他 郁达夫, 载1940年5月26日《星洲日报星期刊》
关于翻译 俞磐, 载1940年9月25日《现代文艺》第1卷第6期
论翻译 贺麟, 载1940年《今日评论》第4卷第9期
论翻译之标准及其方法 陈石孚, 载1940年《读书通讯》第2期
谈翻译与习俗 武祝唐, 载1941年《中国公论》第5卷第2期
初期的翻译杂志 魏如晦(阿英), 载1941年6月《译文丛刊》第3辑
翻译释义 木曾, 载1941年《北华月刊》第2卷第2期
略论翻译 朱文振, 载1942年《学生之友》第4卷第4期
论翻译 柳无忌, 收入1943年5月桂林建文书店出版《明日的文学》
论翻译 李霁明, 收人1943年7月上海新中国报社出版《艺文小语》
《巴门尼德斯篇》序 陈康, 作于1942年8月, 载该书卷首
翻译与正名 钱歌川, 载1942年《文学创作》第1卷第1期
曰文中译漫谈 张我军, 载1942年《中国留日同学会季刊》第1期
谈翻译 洪芸苏, 载1943年《中国留日同学会季刊》第3期
晚清的翻译 林榕, 载1943年《文学集刊》第1辑
谈翻译 知堂(周作人), 载1944年《中国留日同学会季刊》第7期
《莎士比亚戏剧全集》译者自序 朱生豪, 作于1944年4月, 载该书卷首
谈翻译 朱光潜, 载1944年12月25日《华声》第1卷第4期
急待商榷之化学名词 谭勤余, 载1944年《东方杂志》第40卷第1期
晚清的翻译 林榕, 收入1945年6月北京文章书店出版《夜书》
地名转译问题 金祖孟, 载1945年《新中华》第3卷第1期
翻译之艺术 张其春, 载1945年《新中国》第2至5期
诸家英译中国诗杂论 吕湘, 载1946年《中国文化研究汇刊》第6卷
关于间接翻译 秋斯(董秋斯), 载1946年《读书与出版》第8期
论翻译原则 董秋斯, 载1946年《新文化》第2卷第11、12期合刊
译音 丁易, 载1946年《国语周刊》第51期
我国的翻译事业 李季, 载1946年《中华论坛》第2卷第3期
三十年来戏剧翻译之比较 田禽, 收人1946年商务印书馆版《中国戏剧运动》
《浮士德》简论 郭沫若, 作于1947年8月28日, 载该书卷首
译诗 朱自清, 收人1947年12月作家书屋版《新诗杂话》
论外国地人名的音译 董同和, 载1947年《现代学报》第1卷第4、5期合刊

谈翻译 季羡林, 载1947年《观察》第1卷第21期

谈伍光建先生的翻译戴镏龄, 载同上

翻译与创作 高植, 载1947年《文艺先锋》第11卷第6期

翻译佛典中的两个虚字 周一良, 载1947年8月6日《经世日报》

翻译佛典中"曼"字即"闻"字说 胡适, 载1947年8月13日《经世日报》

谈佛典翻译文学 周一良, 载1947年12月20、27日, 1948年1月10日《申报, 文史》

中国人对音译梵字的解释 季羡林, 载1947年12月24日《经世日报》

论南传大藏经的翻译 季羡林, 载1948年3月13日《申报, 文史》

古代的翻译 王宗炎, 载1948年《民主时代》第2卷第2期

求经和翻经 王宗炎, 载1948年《民主时代》第2卷第3期

翻译的价值 董秋斯, 载1948年《读书与出版》第3年第9期

译文的风格 常乃慰, 载1948年《文学杂志》第3卷第4期

译音偶录 张其春, 载1948年《读书通讯》第154期

关于音乐上的译音问题 朱理惺, 收人1949年8月上海潮锋出版社出版《困乐纪闻》

关킈译音问题敬复张宁先生 朱理惺, 收人同上

翻译工作的新方向 孙思定, 载1949年9月1日《翻译》第1卷第1期

《明清间耶稣会士译著提要》绪言 徐宗泽, 载1949年中华书局版该书卷首

鲁迅与翻译 董秋斯, 载1949年10月1日《翻译》第1卷第2期

[说明]1950年代以后的翻译研究文章多不胜收, 又相对容易查找, 限于篇幅, 本篇目未予收入。

초판서

호맹호(胡孟浩)

1987년부터, 출판이 어려웠던 상황 속에서, 우리 상해외국어대학의 최고정책결정자(교무위원)들은 매년 얼마간의 경비를 마련해서, 우리학교 교수들의 학술저작의 출판을 돕기로 결정하였다. 학교의 모든 교수들이 이 결정이 대단히 훌륭한 결정이라고 여겼으며, 많은 사람들이 기쁜 마음으로 분야를 선택해서 지원을 하였는데, 경쟁도 상당히 치열했다. 진복강(陳福康)동지의 이 책도 1989년도 우리 학교의 자금지원계획으로 출판되어진 책이다.

당시 복강(福康)동지는 북경에서 졸업한 후 우리학교에 부임한지 1년여 밖에 되지 않았고, 나는 잘 알지를 못했다. 그가 계획서와 견본을 제출한 후, 심사위원으로 참가한 전문가와 교수들은 모두 대단히 가치 있는 계획이며, 그의 경력으로 미루어 충분히 잘 쓸 수 있을 것으로 판단하여, 비준을 하였다. 최근 2년간의 노력 끝에 마침내 그는 원고를 다 썼다. 어느 날, 아주 두툼한 원고 꾸러미를 들고서 나를 찾아왔다. 그가 나를 찾아온 이유는, 한 가지는 그의 이 계획서가 선택되게 된 것은 당시 원장이었던 내가 최후에 삼사비준을 하여 결정되었기 때문에, 항상 나의 지지와 격려에 고마운 마음을 가지고 있었고, 다른 한 가지는 나는 현재 이미 나이가 많아서 원장(총장)의 직책에서 물러나 있어 시간적으로 여유가 있어, 이전처럼 시간에 쫓겨 아무 것도 쓸 수 없는 그런 상황이 아니라는 것이었다. 뒤의 이유는 오히려 사실로, 내가 다른 사람을 위해서 서문을 쓰는 일에 습관이 되어 있지는 않았지만, 그의 호의를 거절할 수 없도록 만들었다.

스스로 이미 외국어교학과 연구에 종사한지 40여 년이 되었으니, 번역이론문제에 대해서 당연히 접촉과 생각을 한 적이 있긴 하였다. 그러나, 중국 전체의 번역이론사에 대해서는 전문적인 연구를 해 본적이 없었다. 따라서 복강(福康)동지의 이 책의 원고에 대해서 비교적 큰 흥미를 느꼈다. 나는 일찍이 어떤 사람들이 중국의 번역사는 대단히 유구하며, 역저도 대단히 많으나, 역사적으로 번역이론은 오히려 발달하지 않았다고 이야기를 하는 것을 들은 적이 있었고, 또 다른 동료들이 우리나라(중국)에는 스스로의 체계를 갖춘 번역이론이 있다고 말하는 것을 들은 적도 있었다. 이 두 가지 서로 다른 견해가 존재하는 것 같았다. 누가 맞고 누가 틀렸는지는 잠시 접어두고, 나는 마땅히 비교적 전면적으로 우리의 "유산(遺産)"과 "가산(家底)"을 정리하는 것이 필요하다고 생각한다. 이렇게 하는 것은 중국의 전통번역이론에 대해서 평가를 하고 논리를 전개할 근거를 세우는 일일 뿐만 아니라 우리들이 현재나 앞으로 번역이론을 발전시킬 기초를 닦는 일이 될 것이다. 따라서 나는 이 책의 저자가 《引言(인언; 들어가는 말)》에서 이야기한 그 의견에 대단히 찬성한다. 나는 저자가 《引言(인언)》에서 이 책을 위해서 제기한 몇 가지 임무에 대해서는 비교적 잘 완성했다고 생각한다. 그러나 평가는 많은 독자들이 읽고 나서 평가할 문제이므로, 여기에서는 더 이상 거론하지 않겠다. 여기에서는 내가 마음속으로 생각하고 있던 두 가지 문제에 대해서 이야기하고자 한다.

첫 번째는 학풍(學風)과 문풍(文風)의 문제이다. 이 책도 여타의 다른 책들과 마찬가지로 자신의 장점과 단점이 있을 수밖에 없는데, 어쩌면 아직도 그리 뚜렷하지 않을 수도 있다.: 그러나 내가 알기로는, 이 책은 이 방면에 있어서 최초로 출판된 전문역사서이므로, 의심의 여지없이 창의적으로 개척한 의의가 있다. 저자는 어렵사리 여러 도서관을 뛰어다니면서. 성실하게 많은 량의 사료(史料) 조사하여 읽었고, 겸손하게 수많은 전문가, 학자들에게 자문을 구하였으며, "論從史出(모든 주장은 사료에 근거를 둔다.)"의 원칙을 견지하여, 실사구시(實事求是)의 정신을 구현하였으며, 근거가 없는 이야기는 하지 않았다. 저자는 《引言(인언)》에서 이 책을 씀에 있어 "揚長避短(장점은 살리고 단점은 피해간다.)"을 거론하였는데, 내가 알기로는 그의 전문연구분야가 중국문학사이어서, (저자가) 문헌자료의 수집, 고증, 분석에 뛰어나서, 이 책도 이러한 장점을 비교적 잘 살렸는데, 이 점은 "史(역사)"를 저술함에 있어서 매우 중요하다. 내가 보기로는, 가령 자료의 측면에서 보더라도 이 책은 적지 않은 새로운 자료를 발굴하는 성과도 있었는데, 특히 근, 현대 방면의 역론사료(譯論史料)의 발굴이 비교적 많았다. 예를 들면, 풍계분(馮桂芬), "양무파(洋務派)", 강유위(康有爲), 장원제(張元濟), 고봉겸(高鳳謙), 라진옥(羅振玉), 호회침(胡懷琛), 장백리(蔣百里) 등과 같은 사람들의 중요한 평론들은, 이전의 사람들이 번역이론자료서적에도 수록하지 않았을 뿐만 아니라, 심지어는 번역이론자료와 관련된 자료목록 중에도 찾을 수 없는 것이었다. 그밖에도 몇 명의 역론가들은 비록 몇몇 자료서적들에 그들의 문장이 수록되어 있기는 하지만, 중대한 탈루가 있었다. 예를 들면 장사쇠(章士釗)의 젊은 시절의 중요한 역론(譯論)이나 주작인(周作人)의 만년의 중요한 역론들은 그들이 다른 이름(筆名 등) 으로 발표하였기 때문에 다른 사람에게 알려지지 않았는데, 이 책에서 처음으로 이에 대해 언급하였다. 최근에 새롭게 발견된 청(淸)대 건륭(乾隆)초년의 《繙淸說(번청설)》에 대해서도 저자가 처음으로 번역이론사상의 의의를 지적하였다. 그밖에도 중국고대최초의 단편적인 번역이론에 대해서도 저자는 《論語(논어)》 이외의 서적에서 공자의 양구(兩句; 두 가지 말씀)를 찾아내어, 이전 사람들이 하지 못했던 것을 해 내었으니, 대단히 의의가 있는 일이라 할 수 있다. (이로 미루어) 그가 확실히 최선의 노력을 다했음을 볼 수 있다. 따라서, 가령 독자들이 이 책의 어떤 관점에 대해서 찬동을 하지 않는다 하더라도, 최소한 수많은 지식을 얻을 수는 있을 것이다. 이 점에 있어서는 과거의 공허하고 현실적이지 못한 서적들에 비해서는 훨씬 더 내실이 있다고 할 수 있다. 그밖에도, 최근 몇 년 동안에 약간의 서적들은 날조한 단어, 생소한 어휘들로 채워져, 서로 다투어 "玄(현)", "怪(괴)", "澀(섭)"을 유행시켜, 이렇게 해야만 무슨 고상한 학문이나 되는 것처럼 떠들었지만, 이 책의 저자는 이러한 "時尙(시대조류)"에 물들지 아니하였다. 나는 이러한 성실한 학풍(學風)과 문풍(文風)은 마땅히 제창되어야 한다고 생각한다.

두 번째는 (학문을 대하는)태도문제이다. 저자는 외국어대학출신이 아니며, 처음부터 번역을 전문적으로 연구하지도 않았으나, 오히려 아주 두터운 《鄭振鐸年譜(정진탁년보)》, 《鄭振鐸論(정진탁론)》을 저술하였으며, 약간의 문학사료서적들을 편찬하였다. 그가 더욱 더 잘 할 수 있는 것은 중국현대문학사연구(그는 이 방면의 연구로 문학박사학위를 받았다.)였다. 그런데 왜 번역이론을 연구하게 되었을까? 그는 전에 나에게 우리학교에 와서 근무하게 된 이후로 마땅히 조금씩 "외국어"와 관계된 전문과목(영역)으로 바꾸어야겠다고 생각하고 있다고 말했다. 특히 우리학교에서 그에게 거주할 집을 분배할 때, 몇 개의 서가를 놓을 수 있는 작은 거주공간을 분배해 주자, 그는 학교의 배려에 대단히 고맙게 생각하며, 어려운 줄을 알면서도, 주동적으로 이 연구과제를 신청하였다. 당시 이미 국내(홍콩을 포함)의 몇몇 출판사에서 그에게 《鄭振鐸傳(정진탁전)》을 쓰도록 예약을 하고자 하였다. 이 일은 그에게 있어서는 흥미가 있을 뿐만 아니라 부담도 적고 자신의 전문영역이기도 하였으나, 그는 그에게 있어서는 훨씬 더 힘이 드는 역학이론사를 먼저 공략하기로 마음을 먹었다. 나는 이야기를 듣고서 상당한 감동을 받았다. 당연하지만, 만약 그가 《鄭振鐸傳(정진탁전)》을 쓴다고 하였더라도, 나는 그를 지지하였을 것이다. 왜냐하면 그것도 우리의 정신문명건설에 좋은 점이 있었기 때문이었다. 그러나 그가 이 책을 먼저 쓰기로 결정을 한 것은 의심할 여지없이 "조직의 배려에 보답한다."는 마음을 가지고 있었기 때문이었을 것이다. 그것은 이 책이 당연히 우리 대학의 전공에 훨씬 더 부합했기 때문이었을 것이다. 나는 아직까지도 우리나라에 적지 않은 어려움이 있어, 당과 정부가 여러 가지 조치들을 취하고 있지만, 그러나 지식분자들의 생활이나 작업환경 등이 사람들의 기대에 미치지 못하는 부분이 있다는 생각을 하고 있기 때문에, 어려움 속에서도 분투하고 봉사하는 정신을 가져달라고 강조하고, 조금씩 개선되어가는 환경을 아쉬워하면서 더욱더 열심히 노력해 주기를 바랐다. 어떤 동지들은 환경이 좋아지고 직책이 높아질수록 연구성과가 이전만 못한 경우도 있다. 심지어는 아예 연구성과를 내지 못하는 경우도 있는데 이는 참으로 애석한 일이다. 나는 평소에 "報恩(보은)"이라는 단어를 별로 좋아하지는 않지만, 그러나 조국에 보답하고, 인민에 보답하고, 더 많은 공헌을 하는 것은 우리 지식분자들이 마땅히 해야 하는 공통적인 바람이다.

위에서 이야기한 내용들, 특히 두 번째의 이야기는 서(序)라고 하기에는 약간은 의제에서 벗어난 느낌이 있으나, 내가 급하게 이 원고를 읽고 났을 때 느낀 생각을 그대로 적은 것이다. 두서없이 쓴 글이기는 하나, 독자와 저자의 가르침이 있기를 바란다.

후기(後記) 一

《中國譯學理論史稿(중국역학이론사고)》라는 책이 쓰여진지도 이미 십여 년의 세월이 흘렀다. 졸저(拙著: 자신의 책을 낮춰 부르는 겸어)가 출판된 후 호평을 받기도 하고, 약간의 건의를 받기도 하였다. 두 번이나 인쇄를 하였지만, 여전히 독자들로부터 살 수가 없다는 편지를 받기도 하고, 다른 출판사로부터 다시 출판을 하자는 제안을 받기도 하였다. 나는 (그때마다) 다시 한 번 수정을 해야겠다는 생각을 하곤 했다. 이러한 희망은 우리학교출판사 왕동복(王彤福) 총편집의 열렬한 도움으로 마침내 실현되었다. 나는 이 일에 대해서 매우 감사드린다.

스스로 몇 번이나 다시 읽어 보고, 문자나 수사상의 수정을 가한 것 외에도, 주로 채원배(蔡元培), 추도분(鄒韜奮) 등의 전절(專節: 새로운 장)을 신설을 하고, 엄복(嚴复), 노신(魯迅), 주작인(周作人), 구추백(瞿秋白), 전종서(錢鐘書) 등의 장절에서 비교적 많은 보충을 하였으며, 번역문론의 참고편목(參考篇目)에도 증보(增補)를 하였다. 원래는 최근 몇 년간의 역학이론에 대해서 평술(評述)을 하려고 하였으나, 시간이 너무 가까운 탓에 쓰기가 쉽지 않고, 시간이 많이 걸리는 작업일 뿐만 아니라 나의 이 책을 읽는 일반 독자들이 관심을 갖는 분야는 역사상의 역론(번역이론)이기 때문에, "힘은 많이 드나 좋은 결과를 예상하기 어려운" 일을 그만두기로 하였다. 여러분들의 양해를 바란다.

원래, 졸저(拙著)는 이전에 통행하던 "고대(古代)", "근대(근대)", "현대(現代)", "당대(當代)" 등의 시대구분법에 따라 각 장의 제목을 정했었다. 후에 나는 시간이 지날수록 이러한 호칭이 타당하지 않다는 것을 느꼈다. 사실상, 중국뿐만 아니라 외국에서도 "근대(近代)"와 "현대(現代)", "현대(現代)"와 "당대(當代)"는 뜻이 비슷한 단어이거나, 심지어는 같은 단어로 여겨졌다. 특히 우리가 소위 말하는 "현대(現代)"는 "근대(近代)와 "당대(當代)" 사이에 끼어 잇는 기껏해야 30년 밖에 안 되는 기간이었다. 그 기간 동안에 발생한 인사(人事: 사람에게 발생한 일)나 언론(言論)은 이미 50년이나 80년이 지난 오래된 일이 되어버리고 말았으니, 어찌 "현대(現代)"라고 부를 수 있겠는가? 더욱 황당한 일은 우리들은 아직도 "근현대(近現代)", "현당대(現當代)" 등과 같은 말을 만들어내고 있으니, 중국의 일반 독자들마저도 이해할 수가 없는데, 외국어로 번역을 하는 것은 더 말할 필요도 없다(내가 전에 배웠던 전공은 "중국현대문학사(中國現代文學史)"였었는데, 나는 최근에 신문에《마땅히 "은퇴시켜야 할" 학문명칭(學科名稱)》이란 글을 발표하였다.). 따라서 나는 이번에 책에서 이러한 명칭을 모두 다 바꾸었다.

원래부터 있었던 호맹호(胡孟胡) 전총장의 서(序)는 비록 그 가운데 이야기한 일부의 일은 이미 옛날의 흔적(학교의 명칭까지도 이미 바뀌었다.)이 되어버리긴 했지만, 나는 여전히 이 책에 수록하여, 전 총장님의 관심과 격려를 오래오래 기억하고자 하였다. 졸저(拙著)가 세상에 나온 후, 나는 일찍이 각지(홍콩을 포함)의 신문에 실린 조무평(趙武平), 조수명(趙秀明), 왕굉지(王宏志), 곽건중(郭建中) 등(당시에는 서로 알지 못하였음) 선생들이 글을 쓰서 졸저(拙著)를 평론하는 문장을 읽었었다. 비록 글 가운데 어떤 부분은 지나치게 관장을 해서 칭찬을 한 부분도 있었고, 또 어떤 이야기는 내가 잘 이해하지 못할 부분(예를 들면, 졸저에서는 직역과 의역에 대해서 명확한 인식이 결여되어 있으며, 결론이 막연(애매모호)하다.: 그러나 이 책에서는 노신(魯迅), 주작인(周作人), 모순(茅盾) 등이 이 문제에 대하여 대단히 명확하게 논술을 하였다.)들이 있기도 하였으나, 그러나 나는 이 문장들이 대단히 진지하게 쓰여졌으며, 우리나라(중국) 번역연구에 대한 견해는 주목할 만한 점이 있다고 생각한다. 나는 독자와 전문가들께서 졸저(拙著)에 대해서 비평하고 질정(叱正)을 해주시기를 바라며, 충심으로 감사를 드리고자 한다.

최근에 다시 시칩존(施蟄存) 선생의 시 "서양의 학문이 들어오기도 전에 중국의 학문이 먼저 폐지가 되는 구나, 오랑캐말에 능통한 것이 무슨 큰 자랑거리라고?(西學未聞中學廢, 能通胡語卽天驕)"라는 구절을 읽으니 감개가 무량하다. 현재 세상에는 외국어를 배우는 사람들은 대단히 많지만, 그러나 학문을 하려는 사람들은 매우 적다. 사실 "학문을 하겠다."는 뜻을 세우지 않은 사람은 외국어도 잘 배우기는 불가능하다. 번역사업에 종사하려는 사람이 번역이론도 배우지 아니하고, 번역사를 이해하지도 못하면 안 된다. 나의 이 책이 더 많은 외국어를 배우고자 하는 친구들로 하여금 독자가 되도록 하고, 역사상의 번역이론이 현재의 번역학의 건설에 더 많은 역할을 해주기를 바랄 뿐이다.

진복강(陳福康)

著雍攝提格之歲, 仲冬子月寢日子時

于上海外國語大學廣中樓, 寒燈下疾書

후기(後記) 二

20여년전, 어떤 과학기술연구기금도 없던 시절에 아무도 주목하지 않는 분야의 하나의 학술성 작은 책자가 쓰여져서, 연속적으로 끊임없이 인쇄가 되어, 2만 여 부가 인쇄되었으며, 유관한 연구자의 저서나 논문에서의 인용율도 상당히 높을 뿐만 아니라, 더 나아가 전국대학교인문사회과학연구우수성과저작상까지 받았으니, 나에게는 대단히 기쁘고 자부심을 갖게 하는 일이다.

지금 졸저(拙著)가 또다시 재판되어질려고 하는 시점에 두 가지에 대해서 설명하려고 한다.

첫 번째는 졸저(拙著)의 원명은 《中國譯學理論史稿(중국역학이론사고)》로, 10년 전 수정하여 재판을 하였을 때, 일찍 책이름 가운데의 "이론(理論)" 두 자를 떼어버릴까 하고 생각을 했었다. 왜냐하면 한 친구가 "역학(譯學)"이라는 것이 곧 "역학이론(譯學理論)"인데, 그러면 "역학이론(譯學理論)"이라는 말은 "역학이론(譯學理論)의 이론(理論)"이 되고 마니, 어찌 옥상 옥이 아니겠는가? 하고 말했다. 나는 그 말이 이치에 맞다고 생각하였으나, 당시에 출판사에서 이름을 바꾸는 것에 동의하지 않았다. (다만 "역학이론(譯學理論)"이란 단어도 내가 만들어낸 생소한 단어는 아니었다. 이 책의 《引言(인언)》의 첫머리에 인용한 중국번역공작자협회회간 《중국역학(中國飜譯)》의 매기마다 실리는 《本刊宗旨(본간종지: 발간취지)》의 첫 문장에서 "번역이론"이라는 단어를 사용하였다.) 금년 1월 상해외어교육사(上海外語教育社)의 동의하에, 상해인민출판사(上海人民出版社)에서 이 책을 《中國譯學史(중국역학사)》라는 이름으로 학술계에 아주 영향력이 큰 《專題史系列叢書》에 수록하여 출판하기로 하였다(합해서 2,000책). 또 "고(稿)"자를 떼어버렸으니, 오히려 이 책의 본래이름인 "사고(史稿)"라는 이름보다도 한 걸음 더 나아간 것 같은 느낌이 든다. 이 총서에 수록되어진 책 모두가 다 "《中國○○史(중국○○사)》"로 명명되었으니, 졸저(拙著)도 따를 수밖에 없었다. 현재 상해외어교육출판사(上海外語教育出版社)에서 신판을 출간하면서, 《中國譯學史(중국역학사)》란 이 명칭을 사용하였는데, 나도 이 간결한 책이름을 사용하기를 좋아한다.

두 번째는 신판을 출간하는 기회를 이용하여, 약간의 수정보완을 하였다(주요한 것은, 인언, 제1장 제1절 가장 이른 시기의 역사와 논술, 제2장의 오여륜(吳汝倫), 손육수(孫毓修)의

역론, 그밖에 손이양(孫詒讓), 장태염(章太炎) 등 두 절을 새로 썼다.). 졸저(拙著)에서는 1980년까지 만을 썼는데, 일찍이 친구가 그 후의 30년을 더 보충하여 쓰기를 권했다. 솔직히 말하면 이것 또한 결코 어려워 할 수 없는 일은 아니지만, 많은 시간과 정력을 필요로 하는 일이다. 나의 시간과 정력도 아주 제한적이고, 다른 연구과제도 많아 쌓여 있다. 또 스스로 "역사벽(歷史癖: 역사강박증)" 같은 것을 가지고 있어, 눈앞에 펼쳐지고 있는 오래되지 않은 것들엔 별로 흥미가 없다. 나는 "양장피단(揚長避短: 좋은 점은 계승하고 나쁜 점은 회피한다.)"과 상반된 힘은 드나 별로 좋은 결과가 기대되지 않는 그러한 일을 하고 싶지가 않다. 다시 말하면, 무릇 나의 이 졸저를 읽는 사람들이 중요하게 생각하는 것은 내가 정리, 발굴, 논술한 역사상의 번역이론이라는 것을 나도 알고 있다. 그 무슨 당대역학이론은 다른 사람이 쓰도록 보류하고자 한다. 뿐만 아니라, 이 책의 초판이 출판된 이래로, 광동외어외모대학(廣東外語外貿大學)에서 나를 초청하여 번역이론사와 관계된 강좌(나는 이 자리를 빌려서 감사드린다.)를 열어 준 것 이외에는, 국제적·전국적·전시적 번역이론사나 번역사와 관계된 회의에 초청되어 참가해 본 적이 없다. 심지어는 내가 소속된 대학에서 개최하는 이와 관계된 회의에도 참가하라고 부른 적이 없다. 이미 이와 같이 "변방"으로 밀려났으니, 본인 또한 억지로 다가가서 귀찮게 굴 필요가 없을 뿐만 아니라, 내가 거론하고도 싶지 않은 사람의 공허한 이론을 써내려가는 것도 생략할 수 있다. 아직도 다음과 같은 말 한마디를 기억한다.: "총애를 받는 사람들은 오로지 총애를 받는 일에만 매달리고, 변방으로 밀려난 사람은 스스로 변방임을 알아차린다."

이 글을 새로 쓴 후기(後記)로 삼는다.

陳福康

上章攝提格之歲季夏荷月子時

于上海外國語大學中國文學研究所

역자후기

내가 《中國譯學理論史稿(중국역학이론사고)》라는 책을 접하게 된 것은 대학원 중어중문학과 과정을 중한번역·한중번역전공으로 바꾸면서 중국번역이론사라는 과목을 개설한 인연으로 시작되었다. 대학원생들과 함께 공부를 하면서 이 책을 한 번 번역해보리라고 생각하면서 교재로 채택했다. 한 학기 동안 모두들 힘을 합쳐 돌아가면서 발표도 하고 토론도 하면서 많은 노력을 하였으나, 힘을 들인 것에 비하면 성과는 그렇게 크지 않았다. 워낙 내용이 방대하고, 인용문이 많았으며, 불교의 번역과 관계된 내용이 많아, 지명(地名)·인명(人名)·명사(名詞: 주로 불교와 관계된 용어)의 번역 등 해결하기 어려운 문제가 많아 "번역이 이렇게 어려운 것이구나!" 하는 감탄사를 연발하면서, 열심히도 했고, 배운 것도 매우 많은 한 학기 수업이었다. 그후 이 작업은 보류하기로 하고 공부를 좀 더 한 후 다시 시도하기로 하였다.

그 후 10여 년이 흐른 후 중국학생들이 대학원생으로 대거 유학을 오기 시작했다. 다시 용기를 내어 그들과 함께 수업을 해보기로 하였다. 그러나 이 작업은 한국 학생들과 중국학생들이 공동작업을 하여도 결코 쉬운 일이 아님을 깨달을 수 있었다. 중국의 고문은 외국학생들에게만 어려운 것이 아니라 중국인학생들에게도 여전히 어려운 문장이었고, 고문의 인용문은 주석이 없으면, 중국인들에게도 매우 어려웠다. 그리고 불경번역과 관계된 문장들이라 불교에 대한 상당한 지식을 가지지 못한 사람은 이해하기도 어려웠다. 다행스러운 것은 불교사전이나, 《辭海(사해)》《詞源(사원)》《中文大辭典(중문대사전)》 등과 같은 사전을 찾던 수고는 "www.baidu.com"으로 거의 대부분이 해결되었다는 점이다. 이렇게 하나하나 해결해 나가는 과정 속에서 다소나마 자신감을 회복하게 되었다. 진도는 별로 나가지 못했지만 그래도 다들 열심히 하고난 후의 어떤 희열감 같은 것은 느낄 수 있었다.

그 후 나는 이 책을 수업교재로 쓰기에는 너무 어려워 부적절하다는 생각을 하게 되었고, 수업을 하는 동안에 지식의 절대량을 전달하는 것이 부족하다고 느껴, 아예 번역을 하여 번역본으로 수업을 하면, 매우 효과적으로 많은 양의 지식을 전달할 수 있는 매우 훌륭한 교재가 될 수 있다고 판단을 하고, 혼자서 번역을 하기로 마음을 먹었다. 학기 중에는 집중하기가 어려워, 여름방학·겨울방학을 이용하여 번역을 하다 보니 시간도 많이 걸리고, 중간에 단절이 되는 어려움도 있었다. 이르기를 5~6년을 계속하여 겨우 겨우 번역을 마치게 되었다.

나는 이 한 권의 책을 번역하고 나서, 세상에 쉬운 일이 하나도 없음을 절실하게 느꼈다. 번역하기도 이렇게 어려운데, 이 책의 저자는 얼마나 많은 시간과 정력을 투자하였을까? 이 책은 이 방면에 있어 최초로 나온 책이다. 나는 아래의 몇 가지 방면에서 저자인 진복강(陳福康) 선생님께 특별한 존경과 감사를 표하고자 한다.

첫째, 저자는 이 많은 자료를 어떻게 수집하였을까? 이 책의 뒷면에 수록된 飜譯文論參考篇目(번역문론참고서목 p.391-426)에 보이는 이 수많은 참고서적들을 어떻게 수집하고, 읽고 정리하였을지 참으로 경이로울 따름이다. 자료가 많기도 하지만 자료의 난이도가 보통이 아니어서 이를 모두 다 이해하고 정리를 하는 데는 특별한 노력이 필요하였을 것이다.

둘째, 이 책의 저자는 서문에서 여러 가지 어려웠던 점을 밝히고 있는데, 그 중 한 가지는 시대구분의 문제였다. (작자의 서문을 읽어보기 바람.) 이 번역의 역사는 어떤 방법으로도 중국사의 시대구분법과 일치할 수가 없는 문제이다. 사실은 중국역사에서 번역을 시대별로 나눈다면, 인도에서 들어온 불경의 번역시대와 서양에서 들어온 성경과 과학기술문명의 번역시대 두 시대로 나눌 수 밖에 없기 때문이다. 그러니 저자가 어떤 방법으로 시대구분을 하더라도 만족하기가 어려웠을 것이다. 그 고민의 흔적을 느끼면서 그 노고에 위로를 보낸다.

셋째, 저자가 밝힌 바와 같이 이 책의 전체적인 구상에서 취한 방법이다. 저자는 “여기에는 여러 가지 문학 이론사를 참고하여 두 가지의 구체적인 서술방법을 적용하기로 하였다. 한 가지는 역사 발전의 순서에 따라 중요한 번역이론가들을 뽑아서 한 사람씩 따로 소개를 하고 평을 하는 것이다. 다른 한 가지는 시간의 선후에 관계없이 자신의 견해와 이론적 계획에 따라 관련 자료들을 새롭게 조합하여 어떤 유형(類型)이나 유파(類派)에 따라 나누고, 여기에 종합적인 서술을 해 나가는 것이다. 전자의 단점은 서술이 너무 평이하게 흘러 ‘나무만 보고 숲을 보지 못하게’ 되어 각 개인의 번역이론에 대한 평론을 한데 모아놓은 것처럼 되고 만다는 것이다. 그 반면에 중요한 번역이론가들에 대해서 상세하게 서술할 수 있어서 연구자들에게 비교적 많은 자료정보를 제공할 수 있다는 장점이 있다."고 설명하였다. 이러한 선택은 매우 적절하였으며, 주입식인 아닌 계발식 교육의 교재로 독자들로 하여금 많은 것을 스스로 생각하고 연구할 수 있도록 하는 장점이 있다. 저자의 세심한 배려에 감사를 표할 따름이다.

넷째, 나는 이 책을 번역하면서 사마천(司馬遷)의 명저《史記·列傳(사기·열전)》의 체제가 떠올랐다. 저자는 수많은 번역인재들 가운데 어떻게 취사선택을 하였을까? 아마도 "不以成敗論英雄, 而以人格魅力爲抑揚的標準(성공과 실패로 영웅을 논하는 기준으로 삼지 않았고, 인격적 매력으로서 포폄(褒貶)의 표준으로 삼았다.)"을 기준으로 하여 취사선택을 하지 않았을까? 더욱 놀라운 점은 이 수많은 사람들을 시대 순으로 배치를 하면서 구슬을 꿰듯이 한 사람 한 사람 꿰었는데, 모두 적절한 평가를 하여 일목요연하게 연결을 시켜놓았다. 이는 대가의 솜씨가 아니면 참으로 감당하기 어려운 작업이었으리라 생각한다. 그 능력에 감탄할 따름이다. 특히 번역에 엄청난 업적을 남긴 대번역가들도 번역이론을 남긴 글이 많지 않아, 자그마한 실마리를 찾아 그 업적을 추적한 작업들은 후학들에게 많은 귀감이 될 것이다.

다섯째, 이 책에는 당(唐)나라 때의《大秦景教流行中國碑(대진경교유행중국비)》와 기독교 성경번역의 역사가 송두리째 생략되어 있다. 이 부분도 다음의 개정판에는 보완이 되었으면 하는 바람이 있다.

이상 번역을 마친 후 몇 가지 역자로서의 소회를 적어 보았다. 마지막으로 이 책을 번역하면서 느꼈던 여러 가지 소회를 간략하게 요약하고자 한다. 중국의 기나긴 역사에서 불경번역과 서양의 과학·기술·문명의 번역이라는 두 차례의 전성기가 있었다. 이 두 전성기를 가만히 들여다보면, 불경번역시기에는 지겸(支謙)·도안(道安)·구마라십(鳩摩羅什)·승예(僧叡)·언종(彦琮)·현장(玄奘) 등과 같은 걸출한 번역가들이 출현했고, 그들은 목숨을 건 종교적 사명감으로 번역에 임했으며, 그들의 진정성에 감동한 군주들의 국가적 지원에 힘입어 역사상 전무후무한 대장경의 번역사업과 같은 불경번역 사업이 성공적으로 이루어졌으며, 그 결과 문화 전체를 바꿔놓는 크나큰 성과를 이룩하였다. 서양의 과학·기술·문명의 번역사업 시기에도 서광계(徐光啟)·이지조(李之藻)·부란아(傅蘭雅) 등 서양선교사와 엄복(嚴

復)·임서(林紓) 등과 같은 특출한 사명감을 가진 번역자들이 출현했고 동문관(同文館)과 강남제조국(江南製造局) 등과 같은 국가기관의 지원과 정치가와 사회운동가들의 강력한 지원과 지도편달이 있었다. 동·서양문화의 충돌로 시작된 이 변화는 아직도 진행 중에 있으며, 번역은 언제나 그 변화의 중심에 있었다.

번역의 실천에 따라서 수준이 높은 번역이론이 나타났으며, 그 번역이론이 다시 번역 실천의 질을 끌어 올려놓았다. 그 번역이론의 역사가《中國譯學史(중국역학사)》라는 이 한 권의 책으로 결실을 보았다. 이 책은 한국의 중국문학을 연구하는 독자들에게도 많은 도움을 줄 수 있으리라고 생각한다. 우리나라에서도 우리나라의 번역이론과 번역의 역사를 총정리한 한국번역사와 같은 책이 나오기를 기대해 보면서 두서없는 글을 마치고자 한다.

나는 위의 번역대가들이 가졌던 목숨을 건 사명감도 열정도 없이 그저 밥을 벌어먹기 위한 수단으로 대충대충 번역한 것이 아닌가 하는 깊은 반성을 하면서 35년간의 학교생활을 마무리하면서 이 한 권의 책으로 마무리를 하고자 한다. 그동안 함께 공부한 많은 대학원생들과 우리학과 교수님들 그리고 학교 당국에 깊은 감사를 드리며, 그밖에도 도와주신 많은 분들과 도서출판 신아사에도 진심으로 감사를 드린다.

2020년 3월
역자 씀

김태관

1955년 울산광역시 울주군 온산읍에서 태어남
1981년 연세대학교 중어중문학과 졸업(학사)
1984년 대만 국립정치대학교 중문연구소 졸업(석사)
1997년 중국화동사범대학교 중문연구소 졸업(박사)
1985년 동의대학교 중어중문학과 전임강사
현재 동의대학교 중국어학과 교수

중국역학사

초판 발행 _ 2020년 4월 30일

역　　자 · 김 태 관
발 행 인 · 정 현 걸
발　　행 · 신 아 사
인　　쇄 · 한승인쇄
주　　소 · 서울시 은평구 통일로 59길 4(2F)
전　　화 · 02)382-6411 · 팩스 02)382-6401
홈페이지 · www.shinasa.co.kr
E-MAIL · shinasa@daum.net
출판등록 · 1956년 1월 5일 (제9-52호)

ISBN 978-89-8396-394-9(93720)

정가 28,000원